François Bovon · Das Evangelium nach Lukas

EKK
Evangelisch-Katholischer Kommentar
Zum Neuen Testament

Herausgegeben von
Josef Blank, Rudolf Schnackenburg,
Eduard Schweizer und Ulrich Wilckens

in Verbindung mit
Otto Böcher, François Bovon, Norbert Brox, Gerhard Dautzenberg,
Joachim Gnilka, Erich Gräßer, Ferdinand Hahn, Martin Hengel,
Paul Hoffmann, Traugott Holtz, Hans-Josef Klauck,
Ulrich Luck, Ulrich Luz, Rudolf Pesch, Jürgen Roloff,
Wolfgang Schrage, Peter Stuhlmacher, Wolfgang Trilling,
Anton Vögtle, Hans Weder und Alfons Weiser

Band III/1
François Bovon
Das Evangelium nach Lukas
Lk 1,1–9,50

Benziger Verlag
Neukirchener Verlag

François Bovon

Das Evangelium nach Lukas

1. Teilband
Lk 1,1–9,50

Benziger Verlag
Neukirchener Verlag

CIP-Titelaufnahme der Deutschen Bibliothek

EKK: evang.-kath. Kommentar zum Neuen Testament / hrsg. von Josef Blank . . . in Verbindung mit Otto Böcher . . . – Zürich; Braunschweig: Benziger; Neukirchen-Vluyn: Neukirchener Verl.

NE: Blank, Josef [Hrsg.]; Evangelisch-Katholischer Kommentar zum
   Neuen Testament

Bd. III. Das Evangelium nach Lukas / François Bovon
   Teilbd. 1. Lk 1,1–9,50. – 1989
   ISBN 3-545-23117-8 (Benziger) Pb.
   ISBN 3-7887-1270-8 (Neukirchener Verl.) Pb.
NE: Bovon, François [Mitverf.]

© 1989 by Benziger Verlag AG, Zürich
und Neukirchener Verlag des Erziehungsvereins GmbH, Neukirchen-Vluyn
Alle Rechte vorbehalten
Umschlaggestaltung: Atelier Blumenstein + Plancherel, Zürich
Gesamtherstellung: Breklumer Druckerei Manfred Siegel KG
ISBN 3-545-23117-8 (Benziger Verlag)
ISBN 3-7887-1270-8 (Neukirchener Verlag)

Vorwort

So wie Lukas vor der Geschichte des jungen Christentums stehe ich vor seinem Werk mit meinem Wissen und meinen Überzeugungen. Ich möchte das Evangelium mit der Nüchternheit des Gelehrten und dem Vertrauen des Gläubigen betrachten, weil ich hoffe, auf diese Weise zu echtem Verstehen zu gelangen. Und ich weiß, daß dies erst möglich wird, wenn Gott mich zu seinem Wort hinführt.

Als Exeget bin ich nie allein vor dem Text. Ich werde von der langen Kette meiner Vorgänger und von der noch größeren Schar der christlichen Leser begleitet. Ich weiß, daß sowohl die Auslegung wie die Rezeption des Textes eine Geschichte haben, die ich allerdings nur bruchstückhaft kenne. Bei der Lektüre sind mir die Väter und Lehrer von einst wie die Studenten und Kollegen von heute eine bereichernde Begleitung. Die Zahl der Exegeten und die Menge ihrer Veröffentlichungen wirken einschüchternd auf mich. Ich will diese Veröffentlichungen und ihre Ergebnisse ernst nehmen, sie aber auch relativieren können beim direkten Kontakt mit dem Text, der immer ausschlaggebend bleiben soll.

Bei meiner Beschäftigung mit Arbeiten über Lukas haben mir formale Analysen der Perikopen und jüdische Beiträge zu den Evangelien besonderes Licht gebracht. Ältere Werke aus den Jahren 1800–1950 sowie Kommentare aus dem Mittelalter und der Reformationszeit sind bei meiner Lektüre zu kurz gekommen. Für die Wirkungsgeschichte habe ich mich auf einige Werke aus der Zeit der Kirchenväter und der Reformation konzentriert und auf die Ergebnisse der auf diesem Gebiet leider noch nicht zahlreichen Aufsätze und Monographien gestützt. Ich hoffe, im zweiten Band das Gespräch mit der Auslegung und der Rezeption in der christlichen Vergangenheit intensiver führen zu können.

Zwei Themenkreise sind bestimmend für meinen Kommentar: 1. Lukas bleibt m. E. trotz seines Interesses für die Geschichte Theologe des Wortes Gottes, das freilich nur innerhalb der menschlichen Konkretionen und Vermittlungen hörbar wird. 2. Lukas entfaltet seine Christologie nie außerhalb einer lebendigen Beziehung zu Christus. Das gleiche gilt für die Ekklesiologie und für die Ethik: Nach Lukas sind es immer persönliche Beziehungen, innerhalb derer die Menschen an der Kirche teilhaben und den Forderungen des Evangeliums treu bleiben. Es ist meine Überzeugung, daß Lukas sowohl dem Wort als auch der Beziehung Gewicht geben will.

Ein paar Worte über die Entstehung dieses Bandes: Ich danke den Kollegen des EKK, daß sie mich immer wieder neu motiviert und angesichts aller Schwierigkeiten zur Weiterarbeit ermuntert haben. Vor allem deshalb, weil meine Muttersprache Französisch ist, ergaben sich – gerade in sprachlicher Hinsicht – größere Hindernisse als zunächst gedacht; ich benötigte immer wieder fremde Hilfe. Mein Dank gilt von daher allen, die mich unterstützt haben: Herrn Pfr. Peter Strauss und Frau Elisabeth Hartmann, die eine erste sprachliche Glättung des Manuskripts besorgten, sodann Frau Dr. Emi Bätschmann, die es stilistisch bearbeitete, und Herrn Prof. Dr. Eduard Schweizer, der das allzu umfangreiche Werk zu kürzen und in eine knappere Form zu bringen half. Die Anmerkungen, die ich französisch verfaßte, wurden von Herrn Albert Frey mit außergewöhnlicher Akribie übersetzt und oft vervollständigt und kontrolliert. Auch ihm gilt mein Dank. Fünf Jahre lang besprach ich verschiedene Perikopen mit meinen Assistenten, Frau Denise Jornod und Herrn Marcel Durrer; gemeinsam mit ihnen verarbeitete ich auch die wichtigsten Kommentare und die uferlose Sekundärliteratur. Meine Frau wiederum lenkte meinen Blick auf Auslegungen der jüngsten Zeit und auf die Aktualität des biblischen Textes. Viele Anregungen stammen von Studentinnen und Studenten, mit denen ich das Lukasevangelium las. Inzwischen stehen mir als Assistenten Herr Frédéric Amsler und Frau Dr. Emi Bätschmann zur Seite; sie trugen mit mir die Last, den Band endlich druckfertig zu machen, und die Freude, die Weiterarbeit, besonders die Wirkungsgeschichte, treu weiterzuführen. Diese »lukanische« Gemeinschaft mit vielen war mir wertvoll und anregend. Ich möchte allen herzlich danken, auch den Freunden, die ihre manchmal ungeduldige Hoffnung auf die Geburt dieses Bandes (besonders in seiner französischen Fassung) ausgesprochen haben. Mein Dank gilt ebenso dem Neukirchener Verlag, vor allem Herrn Dr. Volker Hampel, der das Manuskript für den Druck sehr gründlich vorbereitet und lektoriert hat. Auch danke ich Frau Marie Molina für das nochmalige Korrekturlesen.

Genf, den 6. Juni 1989   François Bovon

Inhalt

Exkurse

Abkürzungen und Literatur

I. *Abkürzungen*

1. Für die biblischen Bücher: Ökumenisches Verzeichnis der biblischen Eigennamen nach den Loccumer Richtlinien, Stuttgart ²1981. Bei den Psalmen steht zuerst die Zählung der Septuaginta, dann – in Klammern – die des hebräischen Textes.
2. Für Werke der Antike (außer der jüdischen und der frühchristlichen Literatur): ThWNT X 53–85. Wenn dort nicht vorhanden: Liddell-Scott.
3. Für jüdische und frühchristliche Literatur, für Zeitschriften, Reihen, Wörterbücher und Lexika: Theologische Realenzyklopädie (= TRE). Abkürzungsverzeichnis, zusammengestellt von S. Schwertner, Berlin / New York 1976.

Darüber hinaus wurde folgendermaßen abgekürzt:

Emm	Emmanuel, New York
EpworthRev	Epworth Review, London
EWNT	Exegetisches Wörterbuch zum Neuen Testament, 3 Bde., hrsg. v. H. Balz – G. Schneider, Stuttgart 1980–1983
Imm	Immanuel, Jerusalem
IndTheolStud	Indian Theological Studies, Bangalore
JSNT	Journal for the Study of the New Testament, Sheffield
SNTU	Studien zum Neuen Testament und seiner Umwelt, Linz
TOB	Traduction Œcuménique de la Bible. Version intégrale, I–II, Paris 1972–1975

Mit vollständigem Titel werden folgende Zeitschriften zitiert:

Bible Bhashyam. Indian Biblical Quarterly, Vedavathoor, Kottayam, Kerala
The Bible Today, Collegeville, MN
Bible Review, Washington
Biblische Notizen, Bamberg
Bulletin du Centre Protestant d'Etudes, Genève
Crux, Vancouver
Estudios Trinitarios, Salamanca
Grace Theologiecal Journal, Winona Lake, IN
Irish Biblical Studies, Belfast
The Living Light (US Catholic Conference), Huntington
Near East School of Theology. Theological Review, Beirut
Rivista Catalana de Theología, Barcelona
Sémiotique et Bible, Lyon

Studies in Religion, Toronto
Vidyajyoti, Delhi
Zeitschrift für dialektische Theologie, Kampen

4.   Allgemeine Abkürzungen (über TRE und ThWNT hinaus):

BET   Beiträge zur biblischen Exegese und Theologie, Frankfurt a.M. / Bern / Las
           Vegas
GNT   The Greek New Testament, hrsg. v. K. Aland – M. Black – B.M. Metzger –
           A. Wikgren, Stuttgart 1966
NTG   The Gospel according to St. Luke, I., Chapters 1–12 (The New Testament in
           Greek), ed. by the American and British Committees of the International
           Greek New Testament Project, Oxford 1984
S^{Lk} Sondergut des Lukas

5.   Abkürzungen bibliographischer Angaben in den Anmerkungen: Kommentare
zum Lukasevangelium werden nur unter dem Verfassernamen (ohne Vornamen) aufgeführt. Allgemeine Literatur erscheint unter dem Verfassernamen (mit abgekürztem
Vornamen) nebst einem Schlüsselwort. Vollständige Hinweise sind in den Literaturangaben zu Beginn des betreffenden Abschnitts oder im Verzeichnis der Kommentare
bzw. im allgemeinen Literaturverzeichnis am Anfang des Bandes zu finden.

II.   *Kommentare*

(Strack, H.L. –) Billerbeck, P., Kommentar zum Neuen Testament aus Talmud und Mi-
     drasch, Bd. I–IV, München ^{5}1969; Bd. V–VI (Register, hrsg. v. J. Jeremias und K.
     Adolph), München ^{3}1963
Bossuyt, Ph. – Radermakers, J., Jésus Parole de la grâce selon Saint Luc, 2 Bde., Bruxel-
     les 1981
Caird, G.B., The Gospel of St. Luke. Harmondsworth 1963 (PNTC) (seither mehrere
     Nachdrucke)
Creed, J.M., The Gospel according to St. Luke. The Greek Text, with Introduction, No-
     tes, and Indices, London 1930
Easton, B.C., The Gospel According to Luke, Edinburgh 1926
Ellis, E.E., The Gospel of Luke, London ^{2}1974 (NCeB)
Ernst, J., Das Evangelium nach Lukas. Übersetzt und erklärt, Regensburg 1977
     (RNT 3)
Fitzmyer, J.A., The Gospel According to Luke. Introduction, Translation, and Notes, 2
     Bde., New York 1981/1985 (AncB 28–28A)
Gander, G., L'Evangile pour les étrangers du monde. Commentaire de l'Evangile selon
     Luc, Lausanne 1986
Godet, F., Commentaire sur l'Evangile de saint Luc, 2 Bde., Neuchâtel ^{4}1969
Grundmann, W., Das Evangelium nach Lukas, Berlin 1969 (ThHK 3)
Klostermann, E., Das Lukasevangelium. Erklärt, Tübingen ^{3}1975 (HNT 5)
Lagrange, M.-J., Evangile selon Luc, Paris ^{4}1927 (EtB)
Leaney, A.R.C., A Commentary on the Gospel according to St. Luke, London 1958
     (BNTC)
L'Eplattenier, Ch., Lecture de l'Evangile de Luc, Paris 1982
Lightfoot, J., Horae Hebraicae et Talmudicae, III, Oxford 1859 (Nachdr. unter dem Ti-

tel: A Commentary on the New Testament from the Talmud and Hebraica. Matthew – I Corinthians, Grand Rapids 1979)

Loisy, A., L'Evangile selon Luc, Paris 1924 (Nachdr. Frankfurt a.M. 1971)

Marshall, I.H., The Gospel of Luke. A Commentary on the Greek Text, Exeter 1978 (The New International Greek Testament Commentary)

Plummer, A., A Critical and Exegetical Commentary on the Gospel According to St. Luke, New York o.J. (1986?) (ICC)

Rengstorf, K.-H., Das Evangelium nach Lukas. Übersetzt und erklärt, Göttingen [13]1968 (NTD 3)

Schlatter, A., Das Evangelium des Lukas. Aus seinen Quellen erklärt, Stuttgart 1931

Schmithals, W., Das Evangelium nach Lukas, Zürich 1980 (ZBK 3/1)

Schneider, G., Das Evangelium nach Lukas, 2 Bde., Gütersloh/Würzburg [2]1984 (Ökumenischer Taschenbuch-Kommentar zum Neuen Testament 3/1–2)

Schürmann, H., Das Lukasevangelium. Erster Teil. Kommentar zu Kap. 1,1–9,50, Freiburg i.Br. [2]1982 (HThK 3/1)

Schweizer, E., Das Evangelium nach Lukas. Übersetzt und erklärt, Göttingen 1982 (NTD 3)

Talbert, C.H., Reading Luke. A Literary and Theological Commentary on the Third Gospel, New York 1982 (Nachdr. 1986)

Zahn, Th., Das Evangelium des Lukas. Ausgelegt, Leipzig/Erlangen [1-2]1913 (KNT 3)

III. *Übrige Literatur*

Abel, F.-M., Grammaire du grec biblique suivie d'un choix de papyrus, Paris [2]1927 (EtB)

Les Actes apocryphes des apôtres. Christianisme et monde païen, hrsg. v. F. Bovon, Genève 1981 (Publications de la Faculté de Théologie de l'Université de Genève 4)

Les Actes des apôtres. Traditions, rédaction, théologie, hrsg. v. J. Kremer, Gembloux/Leuven 1979 (BEThL 48)

Aland, K. (Hrsg.), Synopsis Quattuor Evangeliorum. Locis parallelis evangeliorum apocryphorum et patrum adhibitis, Stuttgart [3]1965

Alexander, L.C.A., Luke-Acts in its Contemporary Setting with Special Reference to the Prefaces. Luke 1,1–4 and Acts 1,1 (Ph.D. Oxford 1977), London o.J. (1986)

Ambroise de Milan, Traité sur l'Evangile de Luc, introduction, traduction et notes de G. Tissot, 2 Bde., Paris 1955([2]1971)–1958 (SC 45 [45bis] und 52)

Antoniadis, S., L'Evangile de Luc. Esquisse de grammaire et de style, Paris 1930

Bachmann, M., Jerusalem und der Tempel. Die geographisch-theologischen Elemente in der lukanischen Sicht des jüdischen Kultzentrums, Stuttgart 1979 (BWANT 109)

Von Baer, H., Der Heilige Geist in den Lukasschriften, Stuttgart 1926 (BWANT 39)

Bailly, A., Dictionnaire grec-français . . ., Paris 1897

Balz, H. – Schneider, G. (Hrsg.), Exegetisches Wörterbuch zum Neuen Testament, 3 Bde., Stuttgart 1980–1983

Barth, K., Die Kirchliche Dogmatik, Bd. I,1–IV,4, München 1932–1967

Bartsch, H.W., Codex Bezae versus Codex Sinaiticus im Lukasevangelium, Hildesheim 1984

The Beginnings of Christianity, I. The Acts of the Apostles, hrsg. v. F.J. Foakes Jackson und K. Lake, 5 Bde., London 1920–1933 (Nachdr. Grand Rapids 1979)

Bauer, W., Griechisch-Deutsches Wörterbuch zu den Schriften des Neuen Testaments und der übrigen urchristlichen Literatur, Berlin [5]1963

Benoit, P. – Boismard, M.-E. – Lamouille, A., Synopse des quatre Evangiles en français, 3 Bde., Paris 1965–1977

Bieler, L., ΘΕΙΟΣ ΑΝΗΡ. Das Bild des »göttlichen Menschen« in Spätantike und Frühchristentum, 2 Bde., Wien 1935–1936 (Nachdr. in einem Band Darmstadt 1976)

Black, M., An Aramaic Approach to the Gospels and Acts, Oxford [3]1967

Blomberg, C.L., The Tradition History of the Parables Peculiar to Luke's Central Section (Ph.D. Aberdeen 1982), London o.J. (1986?)

Bock, D.L., Proclamation from Prophecy and Pattern. Lucan Old Testament Christology, Sheffield 1987 (JSNT Supplement Series 17)

Börner, M., Das Heil Gottes. Studien zur Theologie des lukanischen Doppelwerkes, Köln/Bonn 1978 (BBB 51)

Bonsirven, J., Textes rabbiniques des deux premiers siècles chrétiens pour servir à l'intelligence du Nouveau Testament, Roma 1955

Bornhäuser, K., Studien zum Sondergut des Lukas, Gütersloh 1934

Bovon, F., De Vocatione Gentium. Histoire de l'interprétation d'Act. 10,1–11,18 dans les six premiers siècles, Tübingen 1967 (BGBE 8)

–, Luc le Théologien. Vingt-cinq ans de recherches (1950–1975), Neuchâtel/Paris [2]1988 (Le Monde de la Bible)

–, Lukas in neuer Sicht. Gesammelte Aufsätze. Übersetzt von E. Hartmann, A. Frey und P. Strauss, Neukirchen-Vluyn 1985 (Biblisch-Theologische Studien 8)

–, L'œuvre de Luc. Etudes d'exégèse et de théologie, Paris 1987 (LeDiv 130)

Brown, R.E., The Birth of the Messiah. A Commentary on the Infancy Narratives in Matthew and Luke, New York / London 1977

Brown, S., Apostasy and Perseverance in the Theology of Luke, Roma 1969 (AnBib 36)

Bultmann, R., Die Geschichte der synoptischen Tradition, Göttingen [3]1957 (FRLANT 29). Mit Ergänzungsheft, bearb. v. G. Theißen und Ph. Vielhauer, Göttingen [4]1971

Busse, U., Die Wunder des Propheten Jesus. Die Rezeption, Komposition und Interpretation der Wundertradition im Evangelium des Lukas, Stuttgart 1979 (fzb 24)

Cadbury, H.J., The Making of Luke-Acts, London 1927 (Nachdr. London 1958, [2]1961)

–, The Style and Literary Method of Luke, Cambridge (Mass.) 1920 (HThS 6) (Nachdr. New York 1969)

Calvin, J., Commentaires sur le Nouveau Testament, I, Sur la Concordance ou Harmonie composée de trois évangélistes asçavoir S. Matthieu, S. Marc, et S. Luc, Paris 1854

Casalegno, A., Gesú e il tempio. Studio redazionale di Luca – Atti, Brescia 1984

Cassidy, R.J., Jesus, Politics and Society. A Study of Luke's Gospel, New York 1978

A Cause de l'Evangile. Etudes sur les Synoptiques et les Actes (FS J. Dupont), Paris 1985 (LeDiv 123)

Charlesworth, J.H. (Hrsg.), The Old Testament Pseudepigrapha, 2 Bde., London 1983–1985

Conzelmann, H., Die Mitte der Zeit. Studien zur Theologie des Lukas, Tübingen [3]1960 (BHTh 17)

Cremer, H., Biblisch-Theologisches Wörterbuch des neutestamentlichen Griechisch, Gotha 1923

Crossan, J.D., In Parables. The Challenge of the Historical Jesus, New York 1973

Cullmann, O., Die Christologie des Neuen Testaments, Tübingen ²1958

–, Petrus. Jünger – Apostel – Märtyrer. Das historische und das theologische Petrusproblem, Zürich ²1960

De Jésus aux Evangiles. Tradition et Rédaction dans les Evangiles synoptiques, hrsg. v. I. de la Potterie, Gembloux/Paris 1967 (BEThL 25)

Degenhardt, H.-J., Lukas, Evangelist der Armen. Besitz und Besitzverzicht in den lukanischen Schriften. Eine traditions- und redaktionsgeschichtliche Untersuchung, Stuttgart 1965

Delebecque, E., Etudes grecques sur l'Evangile de Luc, Paris 1976 (CEA)

–, Evangile de Luc. Texte traduit et annoté, Paris 1976 (CEA)

Dibelius, M., Aufsätze zur Apostelgeschichte, hrsg. v. H. Greeven, Göttingen ⁴1961 (FRLANT 60)

–, Die Formgeschichte des Evangeliums. Dritte, durchgesehene Auflage mit einem Nachtrag von G. Iber, hrsg. v. G. Bornkamm, Tübingen 1959

–, Jungfrauensohn und Krippenkind. Untersuchungen zur Geburtsgeschichte Jesu im Lukas-Evangelium, Heidelberg 1932 (SHAW.PH 4) (= ders., Botschaft und Geschichte. Gesammelte Aufsätze I, Tübingen 1953, 1–78) (zitiert nach dem Sammelband)

Dietrich, W., Das Petrusbild der lukanischen Schriften, Stuttgart 1972 (BWANT 94)

Dodd, C.H., The Parables of the Kingdom, London (1935) 1961

Dömer, M., Das Heil Gottes. Studien zur Theologie des lukanischen Doppelwerkes, Köln/Bonn 1978 (BBB 51)

Drury, J., Tradition and Design in Luke's Gospel. A Story in Early Christian Historiography, London 1976

Dubois, J.-D., De Jean-Baptiste à Jésus. Essai sur la conception lucanienne de l'Esprit à partir des premiers chapitres de l'évangile, thèse inédite, Strasbourg 1977

Dupont, J., Les Béatitudes, 3 Bde., Paris ²1969/1969/1973 (EtB)

–, Etudes sur les Actes des apôtres, Paris 1967 (LeDiv 45)

–, Etudes sur les Evangiles synoptiques présentées par F. Neirynck, 2 Bde., Leuven 1985 (BEThL 70 A–B)

–, Nouvelles études sur les Actes des apôtres, Paris 1984 (LeDiv 118)

–, Pourquoi des paraboles? La méthode parabolique de Jésus, Paris 1977 (Lire la Bible 46)

–, Les sources du livre des Actes. Etat de la question, Bruges 1960

Egelkraut, H.L., Jesus' Mission to Jerusalem. A Redactional Critical Study of the Travel Narrative in the Gospel of Luke, Lk 9,51–19,48, Frankfurt a.M. / Bern 1976

Einheitsübersetzung der Heiligen Schrift. Das Neue Testament, Stuttgart ⁴1973

Epp, E.-J., The Theological Tendency of Codex Bezae Cantabrigiensis in Acts, Cambridge 1966 (MSSNTS 3)

Erikson, A. (Hrsg.), Sancti Epiphani episcopi interpretatio Evangeliorum, Lund 1939 (SHVU 27)

Ernst, J., Lukas. Ein theologisches Portrait, Düsseldorf 1985

Escudero Freire, C., Devolver el Evangelio a los pobres. A propósito de Lc 1–2, Salamanca 1978 (Biblioteca de estudios biblicos 19)

L'Evangile de Luc. Problèmes littéraires et théologiques. Mémorial Lucien Cerfaux, hrsg. v. F. Neirynck, Gembloux 1978 (BEThL 32)

L'Évangile selon Luc commenté par les Pères, textes choisis, introduits par J.D. Butin, traduction par A. Maignan et P. Soler, Paris 1987 (Les Pères dans la foi)

Farris, S., The Hymns of Luke's Infancy Narratives. Their Origin, Meaning and Significance, Sheffield 1985 (JSNT Supplement Series 9)

Feldkämper, L., Der betende Jesus als Heilsmittler nach Lukas, St. Augustin 1978 (Veröffentlichungen des Missionspriesterseminars bei Bonn 29)

Finnell, B.S., The Significance of the Passion in Luke, M.A. Baylor University 1983

Fitzmyer, J.A., To Advance the Gospel. New Testament Studies, New York 1981

Flender, H., Heil und Geschichte in der Theologie des Lukas, München 1968 (BEvTh 41)

France, R.T. – Wenham, D. (Hrsg.), Gospel Perspectives. Studies of History and Tradition in the Four Gospels, Sheffield 1981

Galling, K. (Hrsg.), Biblisches Reallexikon, Tübingen ²1977

George, A., Etudes sur l'œuvre de Luc, Paris 1978 (SBi)

Giblin, C.H., The Destruction of Jerusalem According to Luke's Gospel. A Historical-Typological Moral, Rome 1985 (AnBib 107)

Gils, F., Jésus prophète d'après les Evangiles synoptiques, Louvain 1957 (OBL 2)

Glöckner, R., Die Verkündigung des Heils beim Evangelisten Lukas, Mainz o.J. (1975) (WSAMA.T 9)

Gnilka, J., Das Evangelium nach Markus, 2 Bde., Zürich/Neukirchen-Vluyn ²1986 (EKK II/1–2)

Goppelt, L., Theologie des Neuen Testament, I, Jesu Wirken in seiner theologischen Bedeutung; II, Vielfalt und Einheit des apostolischen Christuszeugnisses, hrsg. v. J. Roloff, Göttingen 1976

The Gospel according to St. Luke, I, Chapters 1–12 (The New Testament in Greek), ed. by The American and British Committees of the International Greek New Testament Project, Oxford 1984

Goulder, M.D., Type and History in Acts, London 1964

Gräßer, E., Das Problem der Parusieverzögerung in den synoptischen Evangelien und in der Apostelgeschichte. Dritte, durch eine ausführliche Einleitung und ein Literaturverzeichnis ergänzte Auflage, Berlin 1977 (BZNW 22)

Grundmann, W., Das Evangelium nach Markus, Berlin 1965 (ThHK 2)

Gueuret, A., L'engendrement d'un récit. L'Evangile de l'enfance selon saint Luc, Paris 1983 (LeDiv 113)

Haenchen, E., Die Apostelgeschichte. Neu übersetzt und erklärt, Göttingen ⁷1977 (KEK 3)

–, Der Weg Jesu. Eine Erklärung des Markus-Evangeliums und der kanonischen Parallelen, Berlin 1966 (STö.H 6)

Hahn, F., Christologische Hoheitstitel. Ihre Geschichte im frühen Christentum, Göttingen ⁴1974 (FRLANT 83)

Harnack, A., Sprüche und Reden Jesu. Beiträge zur Einleitung in das Neue Testament II, Leipzig 1907

Harnisch, W., Die Gleichniserzählungen Jesu. Eine hermeneutische Einführung, Göttingen 1985 (UTB 1343)

Hatch, E. – Redpath, H.A., A Concordance to the Septuagint and the Other Greek Versions of the Old Testament (including the Apocryphal Books), 3 Bde., Oxford 1897–1906 (Nachdr. in 2 Bänden, Graz 1954)

Hawkins, J.C., Horae Synopticae. Contributions to the Study of the Synoptic Problem, Oxford ²1909

Hennecke, E. – Schneemelcher, W., Neutestamentliche Apokryphen in deutscher Übersetzung, 2 Bde., Tübingen ³1964

Hoehner, H.W., Herod Antipas, Cambridge 1972 (MSSNTS 17)

Hoffmann, P., Studien zur Theologie der Logienquelle, Münster 1972 (NTA NS 8)

Hoffmann, R.J., Marcion. On the Restitution of Christianity. An Essay on the Development of Radical Paulinist Theology in the Second Century, Chico 1984 (American Academy of Religion, Academy Series 46)

Holtz, T., Untersuchungen über die alttestamentlichen Zitate bei Lukas, Berlin 1968 (TU 104)

Horn, F.W., Glaube und Handeln in der Theologie des Lukas, Göttingen 1983

Huck, A. – Greeven, H., Synopse der drei ersten Evangelien. Mit Beigabe der johanneischen Parallelstellen, Tübingen ¹³1981

James, D.R., The Elijah/Elisha Motif in Luke (Eschatology, Christology) (Ph.D. The Southern Baptist Theologica Seminary), Fort Worth, Texas 1984

Jeremias, J., Abba. Studien zur neutestamentlichen Theologie und Zeitgeschichte, Göttingen 1966.

–, Die Gleichnisse Jesu, Göttingen ⁵1958

–, Jerusalem zur Zeit Jesu. Eine kulturgeschichtliche Untersuchung zur neutestamentlichen Zeitgeschichte, Göttingen ³1969

–, Die Sprache des Lukasevangeliums. Redaktion und Tradition im Nicht-Markusstoff des dritten Evangelisten, Göttingen 1980 (KEK Sonderband)

Jervell, J., Luke and the People of God. A New Look at Luke-Acts, Minneapolis 1972

–, The Unknown Paul. Essays on Luke-Acts and Early Christian History, Minneapolis 1984

Jülicher, A., Die Gleichnisreden Jesu, Erster Teil. Die Gleichnisreden im Allgemeinen, Tübingen ³1910; Zweiter Teil. Auslegung der Gleichnisreden der drei ersten Evangelien, Tübingen ²1910 (Nachdr. der beiden Teile in einem Band Darmstadt 1963)

Jüngel, E., Paulus und Jesus. Eine Untersuchung zur Präzisierung der Frage nach dem Ursprung der Christologie, Tübingen ⁴1972 (HUTh 2)

Kaegi, A., Grammaire abrégée de la langue grecque, nouvelle édition, revue et corrigée par A. Perrenoud, Paris/Neuchâtel o.J. (1949)

Kahl, B., Armenevangelium und Heidenevangelium. »Sola scriptura« und die ökumenische Traditionsproblematik im Lichte von Väterkonflikt und Väterkonsens bei Lukas, Berlin 1987

Kautzsch, E. (Hrsg.), Die Apokryphen und Pseudepigraphen des Alten Testaments, 2 Bde., Tübingen 1900 (Nachdr. Darmstadt 1962)

Keck, L.E. – Martyn, J.L. (Hrsg.), Studies in Luke-Acts (FS P. Schubert), Philadelphia ²1980

Kissinger, W.S., The Parables of Jesus. A History of Interpretation and Bibliography, Metuchen, N.J. / London 1979 (ATLABS 4)

Klauck, H.-J., Allegorie und Allegorese in synoptischen Gleichnistexten, Münster 1978 (NTA NS 13)

Klein, H., Barmherzigkeit gegenüber den Elenden und Geächteten. Studien zur Botschaft des lukanischen Sonderguts, Neukirchen-Vluyn 1987 (Biblisch-Theologische Studien 10)

Klostermann, E., Das Markusevangelium. Erklärt, Tübingen 1926 (HNT 3)

Kopp, C., Die heiligen Stätten der Evangelien, Regensburg ²1964

Kränkl, E., Jesus der Knecht Gottes. Die heilsgeschichtliche Stellung Jesu in den Reden der Apostelgeschichte, Regensburg 1972 (BU 8)

Kümmel, W.G., Verheißung und Erfüllung. Untersuchungen zur eschatologischen
Verkündigung Jesu, Zürich ³1956 (AThANT 6)

Lampe, G.W.H., A Patristic Greek Lexicon, Oxford 1961

Laurentin, R., Les Evangiles de l'enfance du Christ. Vérité de Noël au-delà des mythes.
Exégèse et sémiotique. Histoire et théologie, Paris 1982

–, Structure et théologie de Luc I–II, Paris 1957 (EtB)

Léon-Dufour, X., Dictionnaire du Nouveau Testament, Paris 1975

– (Hrsg.), Les Miracles de Jésus selon le Nouveau Testament, Paris 1977 (Parole de
Dieu)

Liddell, H. G. – Scott, R., A Greek-English Lexicon. A New Edition Revised and Aug-
mented throughout by H.S. Jones with the Assistance of R. McKenzie, Oxford
⁹1940 (Nachdr. 1961)

Lohfink, G., Die Himmelfahrt Jesu. Untersuchungen zu den Himmelfahrts- und Erhö-
hungstexten bei Lukas, München 1971 (StANT 26)

–, Die Sammlung Israels. Eine Untersuchung zur lukanischen Ekklesiologie, München 1975 (StANT 39)

Lohmeyer, E., Das Evangelium des Matthäus. Nachgelassene Ausarbeitungen und
Entwürfe zur Übersetzung und Erklärung. Für den Druck erarbeitet und herausgegeben von W. Schmauch, Göttingen 1967 (KEK Sonderband)

Loos, H. van der, The Miracles of Jesus, Leiden 1965 (NT.S 9)

Lövestam, E., Spiritual Wakefulness in the New Testament, Lund 1963 (Lunds Universitets Årsskrift, N.F. Avd. 1, Bd. 55, Nr. 3)

Lührmann, D., Die Redaktion der Logienquelle. Anhang: Zur weiteren Überlieferung
der Logienquelle, Neukirchen-Vluyn 1969 (WMANT 33)

Das Lukas-Evangelium. Die Redaktions- und Kompositionsgeschichtliche Forschung, hrsg. v. G. Braumann, Darmstadt 1974 (WdF 280)

Luthers Evangelien-Auslegung. Ein Kommentar zu den vier Evangelien. Aus seinen
Werken gesammelt und bearbeitet von Ch.G. Eberle, Stuttgart ²1877

Luz, U., Das Evangelium nach Matthäus, Teilband 1: Mt 1–7, Zürich/Neukirchen-
Vluyn 1985 (EKK I/1)

Maddox, R., The Purpose of Luke-Acts, Göttingen 1982 (FRLANT 126)

Maier, J. – Schubert, K., Die Qumran-Essener. Texte der Schriftrollen und Lebensbild
der Gemeinde, München 1973 (UTB 224)

Manson, T.W., The Sayings of Jesus as Recorded in the Gospels According to St. Matthew and St. Luke Arranged with Introduction and Commentary, London 1949
(Nachdr. Glasgow 1961)

Marguerat, D., Le jugement dans l'Évangile de Matthieu, Genève 1981 (Le Monde de
la Bible)

Marshall, I.H., Luke. Historian and Theologian, Exeter 1970

Martin, V. – Kasser, R., Papyrus Bodmer XIV–XV, Evangiles de Luc et de Jean, P⁷⁵, 2
Bde., Cologny/Genève 1961 (BBod)

März, C.-P., Das Wort Gottes bei Lukas, Leipzig 1974 (EThS 11)

Massaux, E., Influence de l'Evangile de saint Matthieu sur la littérature chrétienne
avant saint Irénée (thèse Louvain), Louvain/Gembloux 1950

Masson, Ch., Vers les sources d'eau vive. Etudes d'exégèse et de théologie du Nouveau
Testament, Lausanne 1961 (Publications de la Faculté de Théologie, Université de
Lausanne 2)

Mayer, G., Index Philoneus, Berlin 1974

Menoud, Ph.H., Jésus-Christ et la foi. Recherches néotestamentaires, Neuchâtel/Paris 1975 (BT[N])

Metzger, B.M., A Textual Commentary on the Greek New Testament. A Companion Volume to the United Bible Societies' Greek New Testament (third edition), London / New York 1971

Meynet, R., Quelle est donc cette parole? Lecture »rhétorique« de l'évangile de Luc (1–9,22–24), 2 Bde., Paris 1979 (LeDiv 99 A–B)

Miyoshi, M., Der Anfang des Reiseberichtes Lk 9,51–10,24. Eine redaktionsgeschichtliche Untersuchung, Roma 1977 (AnBib 60)

Monloubou, L., La prière selon saint Luc. Recherche d'une structure, Paris 1976 (LeDiv 89)

Morgenthaler, R., Die lukanische Geschichtsschreibung als Zeugnis. Gestalt und Gehalt der Kunst des Lukas, 2 Bde., Zürich 1948/1949

Moule, C.F.D., An Idiom Book of New Testament Greek, Cambridge ²1963

Moulton, J.H. – Milligan, G., The Vocabulary of the Greek Testament Illustrated from the Papyri and Other Non-literary Sources, London 1930 (Nachdr. 1963)

Nestle, E. – Aland, K., Novum Testamentum Graece, Stuttgart ²⁶1979

New Documents Illustrating Early Christianity. A Review of the Greek Inscriptions and Papyri published in 1976–1979, 4 Bde., hrsg. v. G.H.R. Horsley, Macquarie University, North Ryde (Australia), 1981–1987

Neyrey, J., The Passion According to Luke. A Redaction Study of Luke's Soteriology, New York / Toronto 1985 (Theological Inquiries)

Nützel, J.M., Jesus als Offenbarer Gottes in den lukanischen Schriften, Würzburg 1980 (fzb 39)

O'Reilly, L., Word and Sign in the Acts of the Apostles. A Study in Lucan Theology, Roma 1987 (AnGr 243 SFT B, n. 82)

Origène, Homélies sur s. Luc. Texte latin et fragments grecs. Introduction, traduction et notes H. Crouzel, F. Fournier, P. Périchon, Paris 1962 (SC 87)

La parole de grâce. Etudes lucaniennes à la mémoire d'Augustin George, réunies par J. Delorme et J. Duplacy, Paris 1981 (RSR 69 [1981])

Percy, E., Die Botschaft Jesu. Eine traditions-kritische und exegetische Untersuchung, Lund 1953 (Lunds Universitets Årsskrift, N.F. Avd. 1, Bd. 49, Nr. 5)

Pereira, F., Ephesus. Climax of Universalism in Luke-Acts. A Redaction-Critical Study of Paul's Ephesian Ministry (Acts 18,23–20,1), Gujara Sehitya Prakash (Indien) (Jesuit Theological Forum. Studies 10,1)

Pesch, R., Die Apostelgeschichte, 2 Bde., Zürich/Neukirchen-Vluyn 1986 (EKK V/1–2)

Pirot, J., Paraboles et allégories évangéliques. La pensée de Jésus. Les commentaires patristiques, Paris 1949

Radl, W., Paulus und Jesus im lukanischen Doppelwerk. Untersuchungen zu Parallelmotiven im Lukasevangelium und in der Apostelgeschichte, Frankfurt a.M. / Bern 1975 (EHS.T 49)

–, Das Lukas-Evangelium, Darmstadt 1988 (EdF 261)

Rasco, E., La Teología de Lucas: Origen, Desarollo, Orientaciones, Roma 1976 (AnGr 201 SFT A, n. 21)

Réau, L., Iconographie de l'art chrétien, II, Iconographie de la Bible, II, Nouveau Testament, Paris 1957

Rehkopf, F., Die lukanische Sonderquelle. Ihr Umfang und Sprachgebrauch, Tübingen 1959 (WUNT 5)

Reicke, B., Neutestamentliche Zeitgeschichte. Die biblische Welt 500 v. – 100 n.Chr., Berlin 1965 (STö.H 2)

Reicke, B. – Rost, L., Biblisch-Historisches Handwörterbuch. Landeskunde, Geschichte, Religion, Kultur, Literatur, 4 Bde., Göttingen 1962–1979

Reiling, J. – Swellengrebel, J.L., A Translator's Handbook on the Gospel of Luke, Leiden 1971 (HeTr 10)

Reist, Th., Saint Bonaventure as a Biblical Commentator. A Translation and Analysis of his *Commentary on Luke,* XVIII,34–XIX,42, New York / London 1985

Rengstorf, K.-H. (Hrsg.), A Complete Concordance to Flavius Josephus, 4 Bde., Leiden 1973–1983

Rese, M., Alttestamentliche Motive in der Christologie des Lukas, Gütersloh 1969 (StNT 1)

Reuss, J., Lukas-Kommentare aus der griechischen Kirche. Aus Katenenhandschriften gesammelt und herausgegeben, Berlin 1984 (TU 130)

Robinson, W.C., Der Weg des Herrn. Studien zur Geschichte und Eschatologie im Lukas-Evangelium. Ein Gespräch mit Hans Conzelmann, Hamburg-Bergstedt 1964 (ThF 36)

Roloff, J., Apostolat – Verkündigung – Kirche. Ursprung, Inhalt und Funktion des kirchlichen Apostelamtes nach Paulus, Lukas und den Pastoralbriefen, Gütersloh 1965

–, Das Kerygma und der irdische Jesus. Historische Motive in den Jesus-Erzählungen der Evangelien, Göttingen [2]1973

Rydbeck, L., Fachprosa, vermeintliche Volkssprache und Neues Testament. Zur Beurteilung der sprachlichen Niveauunterschiede im nachklassischen Griechisch, Uppsala 1967 (AUU SGU 5)

Sahlin, H., Der Messias und das Gottesvolk. Studien zur protolukanischen Theologie, Uppsala 1945 (ASNU 12)

Sanders, J.A., The Jews in Luke-Acts, London 1987

De Santos Otero, A., Los Evangelios Apócrifos. Colección de textos griegos y latinos, versión crítica, estudios introductorios, commentarios e ilustraciones, Madrid [2]1963 (BAC 148)

Schlatter, A., Der Evangelist Matthäus. Seine Sprache, sein Ziel, seine Selbständigkeit. Ein Kommentar zum ersten Evangelium, Stuttgart [7]1982

Schmid, J., Matthäus und Lukas. Eine Untersuchung des Verhältnisses ihrer Evangelien, Freiburg i.Br. 1930 (BSt[F] 23,3–4)

Schmidt, K.L., Der Rahmen der Geschichte Jesu. Literarkritische Untersuchungen zur ältesten Jesusüberlieferung, Berlin 1919 (Nachdr. Darmstadt 1964)

Schneider, G., Lukas, Theologe der Heilsgeschichte. Aufsätze zum lukanischen Doppelwerk, Königstein Ts. / Bonn 1985 (BBB 59)

Schottroff, L. – Stegemann, W., Jesus von Nazareth – Hoffnung der Armen, Stuttgart 1978

Schrage, W., Das Verhältnis des Thomas-Evangeliums zur synoptischen Tradition und zu den koptischen Evangelienübersetzungen. Zugleich ein Beitrag zur gnostischen Synoptikerdeutung, Berlin 1964 (BZNW 29)

Schramm, T., Der Markus-Stoff bei Lukas. Eine literarkritische und redaktionsgeschichtliche Untersuchung, Cambridge 1971 (MSSNTS 14)

Schulz, S., Q. Die Spruchquelle der Evangelisten, Zürich 1972

Schürmann, H., Traditionsgeschichtliche Untersuchungen zu den synoptischen Evangelien. Beiträge, Düsseldorf 1968 (KBANT)

–, Ursprung und Gestalt. Erörterungen und Besinnungen zum Neuen Testament, Düsseldorf 1970 (KBANT)

Schütz, F., Der leidende Christus. Die angefochtene Gemeinde und das Christuskerygma der lukanischen Schriften, Stuttgart 1969 (BWANT 89)

Schweizer, E., Luke. A Challenge to Present Theology, Atlanta 1982

–, Zur Frage der Quellenbenützung durch Lukas, in: *ders.,* Neues Testament und Christologie im Werden. Aufsätze, Göttingen 1982, 33–51

Seccombe, D.P., Possessions and the Poor in Luke-Acts, Linz 1982 (SNTU B 6)

Shelton, J.B., »Filled with the Holy Spirit«. A Redactional Motif in Luke's Gospel, Stirling 1982

Soards, M.L., The Passion According to Luke. The Special Material of Luke 22, Sheffield 1987 (JSNT, Supplement Series 14)

Spicq, C., Notes de lexicographie néo-testamentaire, I–II und Supplément, 3 Bde., Freiburg (Schweiz) / Göttingen 1978–1982 (OBO 22,1–3)

Steck, O.H., Israel und das gewaltsame Geschick der Propheten. Untersuchungen zur Überlieferung des deuteronomistischen Geschichtsbildes im Alten Testament, Spätjudentum und Urchristentum, Neukirchen-Vluyn 1967 (WMANT 23)

Strack, H.L. – Stemberger, G., Einleitung in Talmud und Midrasch, München [7]1982

Streeter, B.H., The Four Gospels. A Study of Origins, Treating of the Manuscript Tradition, Sources, Authorship, and Dates, London 1924

Taeger, J.-W., Der Mensch und sein Heil. Studien zum Bild des Menschen und zur Sicht der Bekehrung bei Lukas, Gütersloh 1982 (StNT 14)

Talbert, C.H., Literary Patterns. Theological Themes, and the Genre of Luke-Acts, Missoula 1974 (SBLMS 20)

– (Hrsg.), Luke-Acts. New Perspectives from the Society of Biblical Literatur Seminar, New York 1984

– (Hrsg.), Perspectives on Luke-Acts, Danville 1978 (PRSt Special Studies Series 5)

Tannehill, R.C., The Narrative Unity of Luke-Acts. A Literary Interpretation, I, The Gospel according to Luke, Philadelphia 1986 (Foundations and Facets)

Taylor, V., Behind the Third Gospel. A Study of the Proto-Luke Hypothesis, Oxford 1926

–, The Gospel According to St. Mark. The Greek Text with Introduction, Notes, and Indexes, London [2]1959

Theißen, G., Urchristliche Wundergeschichten. Ein Beitrag zur formgeschichtlichen Erforschung der synoptischen Evangelien, Gütersloh 1974 (StNT 8)

Traduction Oecuménique de la Bible. Edition intégrale, 2 Bde., Paris 1972–1975

Trench, R.C., Synonymes du Nouveau Testament, französische Übersetzung von C. de Faye, Paris 1869

Van Unnik, W.C., Sparsa Collecta, I–III, Leiden 1973–1983 (NT.S 29–31)

Vögtle, A., Das Evangelium und die Evangelien. Beiträge zur Evangelienforschung, Düsseldorf 1971 (KBANT)

–, Offenbarungsgeschehen und Wirkungsgeschichte. Neutestamentliche Beiträge, Freiburg i.Br. 1985

Voss, G., Die Christologie der lukanischen Schriften in Grundzügen, Paris/Bruges 1965 (SN Studia 2)

Wahl, Ch.A., Clavis Librorum Veteris Testamenti Apocryphorum philologica (1853). Indicem verborum in Libris pseudepigraphis usurpatorum adiecit J.B. Bauer, Graz 1972

Walaskay, P.W., »And so we came to Rome«. The Political Perspective of St. Luke, Cambridge 1983 (MSSNTS 49)

Weder, H., Die Gleichnisse Jesu als Metaphern. Traditions- und redaktionsgeschichtliche Analysen und Interpretationen, Göttingen 1978 (FRLANT 120)

Weinert, F.D., The Meaning of the Temple in the Gospel of Luke, Ph.D. Fordham University, 1978–1979

Wettstein, J.J., Η ΚΑΙΝΗ ΔΙΑΘΗΚΗ. Novum Testamentum Graecum, 2 Bde., Amsterdam 1751–1752

Wilson, S.G., The Gentiles and the Gentile Mission in Luke-Acts, Cambridge 1973 (MSSNTS 23)

–, Luke and the Law, Cambridge 1983 (MSSNTS 50)

Wrege, H.-Th., Die Überlieferungsgeschichte der Bergpredigt, Tübingen 1968 (WUNT 9)

Zingg, P., Das Wachsen der Kirche. Beiträge zur Frage der lukanischen Redaktion und Theologie, Freiburg (Schweiz) / Göttingen 1974 (OBO 3)

A   Einleitung
Das Werk des Lukas

1   Der Text

Literatur: *Aland, K.,* Synopsis; *Boismard, M.E. – Lamouille, A.,* Le Texte Occidental des Actes des Apôtres. Reconstitution et réhabilitation, Paris 1984 (Synthèse 17); *Delebecque, E.,* Les deux Actes des Apôtres, Paris 1986 (EtB NS 6); *Duplacy, J.,* P[75] (Pap. Bodmer XIV–XV) et les formes les plus anciennes du texte de Luc, in: L'Evangile de Luc 111–128; *Fitzmyer* I 128–133; *GNT*; *Martini, C.,* Il problema della recensionalità del codice B alla luce del papiro Bodmer XIV, Roma 1966 (AnBib 26); *Metzger, B.M.,* Textual Commentary 129–193; *Nestle*[26]; *NTG*; *Rice, G.,* Western Non-Interpolations. A Defense of the Apostolate, in: Talbert, C.H., New Perspectives 1–16; *Vaganay, L. – Amphoux, C.B.,* Initiation à la critique textuelle du Nouveau Testament, Paris ²1986.

Das lukanische Doppelwerk ist eine sichtbare und gleichzeitig eine abstrakte Wirklichkeit. Wie jede heilige Schrift wurde es bis zum einzelnen Buchstaben respektiert, aber sein geschichtliches Los hat es nicht unberührt gelassen. Abschreiber des 2. Jahrhunderts haben mit bester Absicht an seinem Text gearbeitet und so auch die ursprüngliche Textgestalt verdeckt. Theologen wollten es entweder durch Kürzungen reinigen (wie Marcion) oder mit den anderen Evangelien harmonisieren (wie Tatian). Sogar seine Übernahme in den christlichen Kanon, die es eigentlich vor Änderungen hätte bewahren sollen, ließ das Evangelium nicht unberührt, denn gerade sie führte – vermutlich gegen die Absicht des Lukas – zur Aufspaltung und zur Sakralisierung des Doppelwerkes. Das Lukasevangelium und die Apostelgeschichte hörten von da an auf, zwei Bände eines einzigen auf dem Büchermarkt zirkulierenden Produktes zu sein. Keine einzige Handschrift, auch nicht die älteste, überliefert uns das lukanische Doppelwerk in seiner ursprünglichen Gestalt und Intention. Die Textkritik ist also ein Stück Auslegungsgeschichte, ermöglicht uns jedoch zugleich, durch diese Geschichte hindurch die Stimme und den Wortlaut des Lukas selbst zu vernehmen.

Trotz der zahlreichen Varianten ist der Text in relativ gutem Zustand. Ich kann die Meinung Marcions, daß das Lukasevangelium durch judaisierende Interpolationen verfälscht wurde, nicht teilen, denn Lukanismen begegnen allzu regelmäßig im ganzen Werk. Marcion kannte vielleicht noch eine oder mehrere Quellen des Lukas und nutzte dies als Rechtfertigung für seine Schnitte und »Extrapolationen«.
Es sind drei, eventuell vier verschiedene Formen des Textes unterscheidbar, die weniger einmaligen als graduellen Rezensionen entsprechen: Der ägyptische Text (vor al-

lem P[75], **א**, B und C) entstand im 2. Jahrhundert. Der westliche Text (D, altlateinische Zeugen, eine syrische Übersetzung [Cureton] und Zitate der Kirchenväter) ist ungefähr gleich alt wie der ägyptische. Eine dritte Form aus dem 4. Jahrhundert wird für die Evangelien durch A vertreten: der byzantinische Text, der Jahrhunderte lang vorherrschte (der von Erasmus gedruckte *textus receptus*). Es mag offen bleiben, ob man – viertens – auch noch einen palästinischen Text anzunehmen hat oder nicht.

Die divergierenden Lesarten innerhalb der handschriftlichen Überlieferung haben verschiedene Ursachen: Versehen der Abschreiber, Einfluß der mündlichen Tradition oder der anderen Evangelien, besonders des Matthäus, Rezensionen, Tendenzen der theologischen Entwicklung und der ekklesiologischen Sensibilität. Hier sei wenigstens auf einige der Hauptprobleme der Textkritik am Lukasevangelium hingewiesen. Welche ist die ursprüngliche Fassung der zweiten Bitte des Vaterunsers: »Dein Reich komme« oder »Dein heiliger Geist komme über uns und reinige uns« (Lk 11,2)? Ist das kleine Gespräch Jesu mit dem Arbeiter am Sabbat apokryph oder echt (Lk 6,4 D)? Hat Jesus nach Lukas siebzig oder zweiundsiebzig Jünger ausgesandt (Lk 10,2)? Ist im Einsetzungsbericht des Abendmahls der lange oder der kurze Text (ohne Lk 22,19b–20) vorzuziehen? Muß man in der Gethsemani-Szene die Erscheinung des schützenden Engels einbeziehen oder nicht (Lk 22,43–44)? Sind die Worte in Lk 24,51 »und er wurde in den Himmel aufgenommen« Zuwachs oder nicht? Vgl. weiter Lk 5,39; 9,55; 10,20.41–42; 11,8.13.41; 12,19.21.39; 16,9; 17,36; 19,25; 20,20; 21,35; 22,62.68; 23,13.15.17.35; 24,3.6.12.17.36.40–42.52.

2   Die Gliederung und der Stil

Literatur zur Gliederung: Bossuyt-Radermakers; Conzelmann, H., Mitte; Fitzmyer I 91–97 (Literatur 105f); George, A., Etudes 15–41; L'Eplattenier; Morgenthaler, R., Geschichtsschreibung; Radl, W., Paulus und Jesus; Talbert; Talbert, C.H., Patterns. *Literatur zum Stil:*   Cadbury, H.J., Style; ders., Making; Fitzmyer I 107–127 (Literatur 125–127); Haenchen, E., Apostelgeschichte 89–92; Turner, N., The Style of Luke-Acts, in: Moulton, J.H., A Grammar of the Greek New Testament, IV, Edinburgh 1976, 45–63; van Unnik, W.C., Eléments artistiques dans l'évangile Luc, in: L'Évangile de Luc 129–140; Vogel, T., Zur Charakteristik des Lukas nach Sprache und Stil, Leipzig 1899.

Das Werk umfaßt zwei Bücher gleicher Länge (der damaligen Durchschnittslänge, die wahrscheinlich wirtschaftlich bedingt war). Während das erste das Leben Jesu beschreibt, veranschaulicht das zweite die Verbreitung der neuen Botschaft durch einige Hauptzeugen.

Nach dem Prolog (Lk 1,1–4), der formal die evangelische Tradition auf literarisches Niveau heben will und inhaltlich Methode, Absicht und Ergebnisse des Verfassers angibt, erzählt Lukas in unausgeglichener Symmetrie die Ereignisse um die Geburt Johannes' einerseits und Jesu andererseits (Lk 1,5–2,52). Erst danach beginnt mit einem komplizierten, feierlichen Synchronismus (Lk 3,1) die Zeit des Wirkens Johannes' und – im Anschluß daran – Jesu. Das Leben Jesu wird von Lukas literarisch in drei Abschnitte unterteilt: Jesus wirkt zumeist in Galiläa (Lk 3,14–9,50), daraufhin unterrichtet und heilt er auf dem Weg nach Jerusalem (Lk 9,51 bis wahrscheinlich 19,27), schließlich beendet er seine Heilsaktivität in Jerusalem durch eine letzte Lehrzeit im Tempel, sein Leiden, seinen Tod, seine Auferstehung und seine Himmelfahrt (Lk 19,28–24,53).

Der Parallelismus zwischen Johannes und Jesus, der im Kindheitsevangelium so prägend ist, tritt in der Zeit, in der beide ihre Berufung erfüllen, zurück. Johannes, eine Gestalt an der Schwelle der Zeiten, den einen Fuß in der Verheißung (er ist der letzte Prophet), den andern in der Erfüllung (er ist der erste Prediger der frohen Botschaft), hat seine Rolle rasch zu Ende gebracht. Lukas, der keine Parallel-Vitae schreiben will, führt bald neben und nach Johannes die Hauptperson, Jesus, ein. Bis Lk 4,13 sind wir immer noch in den Vorbereitungsphasen; erst dann markiert Lukas den Anfang des Wirkens Jesu durch die breitangelegte Szene des Auftretens in Nazaret (Lk 4,14–30).

Das Bild Jesu, das er im folgenden zeichnet, ist das des heilenden (Lk 4,14–6,19) und des lehrenden Messias (Lk 6,20–49), der durch die Städte Galiläas zieht. Die Verklärung (Lk 9,28–36) bereitet die Thematik des Reiseberichtes vor: Das dortige Gespräch der drei Gestalten über den »Ausgang« Jesu (Euphemismus für seinen Tod) lenkt die Aufmerksamkeit der Leser darauf, daß der Messianismus Jesu durch sein Leiden bestimmt wird. Nach der apologetischen Ansicht des Lukas wie der Christen seiner Zeit gehört dieses Leiden zum Plan Gottes (vgl. Apg 2,23). Logischerweise eröffnet die feierliche Ankunft in Jerusalem (Lk 19,28–44) den dritten Teil.

Anhaltspunkte für eine Gliederung des Reiseberichtes sind vielleicht die mehrmaligen Hinweise auf das Fortschreiten Jesu auf seinem Weg nach Jerusalem (vor allem Lk 13,22 und Lk 17,11). So entsteht ein erster Abschnitt in Lk 9,51 bis 13,21. Der Verfasser orientiert über die christliche Existenz nach dem Willen Jesu (Was heißt es, Jünger zu werden? Welche Verzichte setzt dieser Zustand voraus? Wie kommt man zum Glauben? Wie wird die Frohbotschaft verkündet? Wie hat Gott seine Liebe ausgesprochen?). Ein zweiter Abschnitt umfaßt Lk 13,22 bis 17,10 und stellt formal die Mitte des Evangeliums dar. Im Vordergrund steht das Thema der Großzügigkeit Gottes gegenüber den Verlorenen, ohne daß dabei die mögliche Ablehnung seitens der Angeredeten, die kontrastierend in den ablehnenden Geladenen in Lk 14,15–24 oder im älteren Sohn in Lk 15,25–32 beschrieben wird, übersehen wäre. Als hinderlich für den Empfang des Heils nennt dieser Abschnitt die Habsucht (ein Indiz für die soziologische Zusammensetzung der Gemeinden zur Zeit des Lukas), ferner die Eifersucht des auserwählten Volkes sowie das Lauwerden der Christen angesichts der Parusieverzögerung. Der dritte Abschnitt hat gleichnisartigen Charakter, und zwar mit eschatologischer Ausrichtung (Lk 17,11–19,27).

Lukas kombiniert längere Texteinheiten mit einleitenden und abschließenden Rahmenversen, die der Erzählung eine bestimmte Richtung und Deutung geben (vgl. z.B. die programmatische erste Predigt Jesu in Nazaret [Lk 4,16–30]). Er weiß aber auch in der Mitte der Einheiten und Abschnitte Höhepunkte zu gestalten: Das Gleichnis vom verlorenen Sohn etwa steht genau in der Mitte des Evangeliums (Lk 15,11–32), die entscheidende Jerusalemer Konferenz in der Mitte der Apostelgeschichte (Apg 15,1–35). Solche durchdachten und wohlgebauten Episoden liefern eine Art literarischer Zusammenfassung und einen hermeneutischen Schlüssel für das ganze Werk (etwa wie die »mise en abîme« der neueren französischen Kritik).

Innerhalb der Abschnitte und Texteinheiten verwendet Lukas eine einfache Erzähltechnik: Er reiht kleinere geschlossene Geschichten aneinander, die belehren und bewegen. Dieser sogenannte Episodenstil war ihm schon durch seine Quellen vorgegeben; er verfeinert ihn aber noch, indem er, wenn möglich, zwischen die Episoden kleinere Sammelberichte einfügt, die Übergänge schaffen, den Lesern Atempausen ermöglichen und vor allem die Verallgemeinerung der Ereignisse bewirken. Während der Aorist logischerweise das Tempus der Einzelereignisse ist (z.B. die Salbung durch die Sünderin [Lk 7,36–50]), sind die Sammelberichte im Imperfekt geschrieben (z.B. die Nachrichten über die Jüngerinnen [Lk 8,1–3]). In der Regel sind die Episoden länger als die Summarien.

Obwohl Lukas über eine breite und umfassende Bildung verfügt, ist Einfachheit sein Ziel. Er verzichtet weitgehend auf die Überredungstechniken der Rhetorik, um seine Erzählkunst dem biblischen Stil der Geschichtsbücher anzugleichen und so die Kontinuität zwischen der Septuaginta und seinem Werk zu betonen. Den Büchern der Verheißung stellt er sein Doppelwerk, das ihre Erfüllung beschreibt, zur Seite. Biblische Charakteristika nimmt er auf im Satzbau (z.B. die berühmten Anfänge ἐγένετο δέ . . .), im Wortschatz (z.B. ἐν ταῖς ἡμέραις ἐκείναις [Lk 2,1]) und im Episodenstil. Weniger biblisch ist seine Konzentration auf eine einzige heilige Person, Jesus, als Vertreter des göttlichen Willens. Hier erweist sich Lukas als Tradent christlicher Überlieferungen, die vom hellenistischen Stil der Propaganda und von der antiken Biographie beeinflußt sind.

Je nach Episode wandelt Lukas seinen Stil ab. Die Gedanken oder Sorgen Marias weiß er in mütterlichen Worten auszudrücken, die Anfänge des Täufers feierlich zu datieren, den mißlungenen Fischfang mit Fachausdrücken, die Verklärung Jesu geheimnisvoll, die Auseinandersetzungen des Paulus mit den Juden in Rom polemisch, das Gebet und die Haltung der Apostel nach der Himmelfahrt hierarchisch wie eine Ikone, die Begegnung mit Zachäus anschaulich, rührend, fast naiv, den dramatischen Schiffbruch des Paulus romanartig, die Missionsreden des Petrus kerygmatisch kirchlich, die exegetische Predigt des Paulus in der Synagoge in ihrer Gedankenführung jüdisch, die Verteidigungsreden des Apostels rhetorisch-juristisch darzustellen. Dieser wechselnde Stil ist nicht auf die Übernahme verschiedenartiger Quellen zurückzuführen, sondern Beweis für die Kunst eines begabten Schriftstellers. Man hat sich Lukas nicht ohne Grund jahrhundertelang als Maler vorgestellt, da er das Sichtbare der Ereignisse aufzeigt. Abstrakte Reden veranschaulicht er sofort durch ein Beispiel oder ein Gleichnis. So illustriert er das doppelte Liebesgebot einerseits durch das Gleichnis vom barmherzigen Samariter und anderseits durch das Gespräch mit Maria und Marta (Lk 10,25–42). Schwierige theologische Fragen bringt er dem Verständnis näher durch einprägsame Inszenierungen, wie etwa die Jungfrauengeburt durch das lebendige Gegenüber von Maria und Engel und ihren Dialog (Lk 1,26–38). Ethische Entscheidungen und ekklesiologische Fragen werden nicht allein mit intellektuellen Argumenten allein begründet bzw. beantwortet, sondern durch konkrete Beispiele untermauert (die Aufnahme der Heiden in die Kirche z.B. wird durch den Präzedenzfall des Kornelius samt seiner Familie und seinen Freunden begründet [Apg 15,8–9.11.14]).

Man hat behauptet, Lukas verdränge emotionale Empfindungen, besonders die Gefühlsregungen Jesu. Diese Feststellung erscheint mir verfehlt. Er spekuliert zwar nicht über Gefühle, aber er malt ihre Äußerungen: Der ungeborene Johannes z.B. hüpft im Mutterleib (Lk 1,41), die Sünderin vergießt Tränen (Lk 7,38), Jesus beugt sich über die schwerkranke Schwiegermutter des Petrus (Lk 4,39).

Gliederung wie Stil des lukanischen Doppelwerkes bezeugen die schöpferische Kunst des Lukas in literarischer und theologischer Hinsicht. Die Art, wie Lukas die griechische Sprache beherrscht, bestätigt diese Feststellung.

3   Die Sprache

Literatur: *Argyle, A.W.*, The Greek of Luke and Acts, NTS 20 (1973/74) 441–445; *Antoniadis, S.*, Evangile; *Delebecque, E.*, Etudes; *Fitzmyer* I 107–127 (Literatur 125–127); *Hawkins, J.C.*, Horae; *Jeremias, J.*, Sprache; *Pernot, H.*, Etudes sur la langue des Evangiles, Paris 1927 (Collection de l'Institut néo-hellénique de l'Université de Paris 6); *Turner, N.*, The Quality of the Greek of Luke-Acts, in: Studies in New Testament Language and Text (FS G.D. Kilpatrick), hrsg. v. J.K. Elliot, Leiden 1976, 387–400; *Wilcox, M.*, The Semitisms of Acts, Oxford 1965.

Lukas ist ein Zeuge der sogenannten Koine, d.h. der griechischen Sprache der hellenistischen und römischen Zeit auf halbem Weg zwischen der attischen Prosa der klassischen Zeit und dem modernen Griechisch. Was er *schreibt,* ist freilich nicht, was man damals *sprach.* Er versucht, einen Weg zu finden zwischen der Volkssprache (z.B. des Markus oder der nichtliterarischen Papyri) und den künstlichen Reformbewegungen (z.B. der attizistischen Mode im 2. Jahrhundert). Die seiner Meinung nach sprachlich am besten formulierten Passagen (z.B. das Proömium) werden m.E. noch überboten durch die geradlinigen Erzählungen, in denen er mit sicherem Sprachgefühl die Höhepunkte setzt.

Die derbe Sprache des Markus versucht Lukas zu verbessern. Wo Markus umständlich sagt: »und seine Jünger fingen an hindurchzugehen, indem sie Ähren rauften« (Mk 2,23), schreibt Lukas: »und seine Jünger rauften Ähren aus und aßen sie, indem sie sie mit den Händen zerrieben« (Lk 6,1). Er weigert sich, das, was nur ein See ist, mit »Meer« (Mk 1,16–20; 4,1–2) zu bezeichnen (Lk 5,1–2). Was für die Gebildeten vulgär klingt (Listen solcher zu vermeidender Wörter überliefert Phrynikus) oder die christliche Sensibilität stört, ersetzt er (vgl. Lk 18,25; 21,14 und 22,46 mit den Markus-Parallelen). Auch mit dem Wortschatz der Sexualität geht er auf Kosten der Spontaneität und Anschaulichkeit zurückhaltend um: Er streicht das Wort σπέρμα als Bezeichnung der Nachkommenschaft (Lk 20,29 // Mk 12,20) und wagt nicht, den Terminus πορνεία zu gebrauchen. Prüde nennt er eine Dirne »eine sündige Frau in der Stadt« (Lk 7,37).

Schwierig ist die Frage nach dem Vorkommen von Semitismen zu beantworten. Einerseits vermeidet Lukas viele ihm von Markus vorgegebene Semitismen. Andererseits bevorzugt er eine semitische, besser gesagt eine biblische Färbung seiner Erzählung und verwendet Semitismen immer dann, wenn sie ihm erträglich, d.h. durch den Sprachgebrauch der Septuaginta legitimiert erscheinen. Stilistische Änderungen werden auch durch die zahlreichen Worte Jesu, die er nicht antasten will, begrenzt. Lukas ist hier in einer ähnlichen Situation wie die heutige Werbung, die um der Verständlichkeit willen auf manchen englischen Ausdruck, der den begehrten »american way of life« evozieren würde, verzichten muß.

An der lukanischen Syntax wird deutlich, daß der Evangelist die monotone Parataxe des Markus soweit wie möglich durch Hypotaxen, d.h. Nebensätze ersetzt. Eine Vorliebe hat er anderseits für Partizipialsätze (vgl. Καὶ ὑποστρέψαντες . . . Καὶ παραλαβὼν αὐτοὺς . . . οἱ δὲ ὄχλοι γνόντες . . . καὶ ἀποδεξάμενος . . . [Lk 9,10–11]). Als Historiker verwendet er gern den Aorist, durch den er regelmäßig das Präsens historicum des Markus ersetzt. Er benützt im Unterschied zu anderen neutestamentlichen Verfassern die Tempora und die Modi in korrekter Weise. Er ist einer der wenigen christlichen Schriftsteller seiner Zeit, der es noch wagt und versteht, den Optativ zu gebrauchen (freilich selten, z.B. Lk 6,11). Auch verwendet der gebildete Schriftsteller fast immer die richtigen Termini. In der Apostelgeschichte, wo er von den schriftlichen Quellen weniger abhängig ist, schreibt er leichter und flüssiger. Sein Stil, sein Wortschatz, auch seine Tendenzen treten dort noch deutlicher hervor.

4 Die Gattung und die Absicht

Literatur: *Aune, D.E.*, The Problem of the Genre of the Gospels. A Critique of C.H. Talbert, in: France, R.T. – Wenham, D., Gospel Perspectives II 9–60; *Barr, D.L. – Wentling, J.L.*, The Conventions of Classical Biography and the Genre of Luke-Acts. A Preliminary Study, in: Talbert, C.H., New Perspectives 63–88; *Cantwell, L.*, The Gospels as Biographies, SJTh 34 (1981) 193–200; Das Evangelium und die Evangelien. Vorträge vom Tübinger Symposium 1982, hrsg. v. P. Stuhlmacher, Tübingen 1983 (WUNT 28); *Dihle, A.*, Die Evangelien und die biographischen Traditionen der Antike, ZThK 80 (1983) 33–49; *Drury, J.*, Tradition; *Fusco, V.*, Tradizione evangelica e modelli letterari. Riflessioni su due libri recenti, BeO 27 (1985) 77–103; Markus-Philologie. Historische, literargeschichtliche und stilistische Untersuchungen zum zweiten Evangelium, hrsg. v. H. Cancik, Tübingen 1984 (WUNT 33); *Talbert, C.H.*, What is a Gospel? The Genre of the Canonical Gospel, Philadelphia 1977; *Vorster, W.S.*, Der Ort der Gattung Evangelium in der Literaturgeschichte, VF 29 (1984) 2–25.

Während Einstimmigkeit über die Gattungen der kleineren Einheiten herrscht, bestehen Zweifel über die Gattung des Werkes als Ganzes. Der Prolog zeigt großes Interesse an der Geschichte, begnügt sich aber nicht mit einem didaktischen Ziel. Er will eher überzeugen als belehren. Sein Werk ist mehr als eine historische Monographie und erinnert an die jüdische Geschichtsschreibung, die sich zwar in den Spuren des alttestamentlichen Schreibers bewegt, zugleich jedoch das Instrument der hellenistischen Historiographie reichlich benützt. Doch will Lukas nicht das Los eines Volkes oder einer Stadt erzählen; hier bleibt er der urchristlichen Tradition verhaftet. Er will zeigen, wie Gott durch die Vermittlung seines Sohnes die entscheidende Rettungstat verwirklichte und wie die Nachricht von diesem Ereignis durch die Zeugen und mit Hilfe des göttlichen Geistes überall verbreitet wurde. Im ersten Buch konzentriert sich seine Aufmerksamkeit logischerweise auf die Person Jesu, wobei er hier und da die Regeln der antiken Biographie zu Hilfe nimmt. Die Tragik des göttlichen Unternehmens liegt nach Lukas darin, daß das Volk Israel, das erster Empfänger der εὐδοχία Gottes sein sollte, mit Unverständnis reagiert. Daß dies aber immer so war in der Geschichte Israels, ja daß die Schrift solche Verstocktheit vorausgesehen hat, beseitigt die Zweifel des Lukas und seiner christlichen Leser. Die durch die polemische Haltung der Juden verunsicherten Christen verlangen nach einer sachlichen Bestätigung und theologischen Begründung dieser Tatsachen. Lukas will in seinem Doppelwerk also nicht situationslos das Heil Gottes verkündigen, sondern die von Gott vorgesehene Richtung in der konkreten Geschichte bezeugen. Die Gefahren für die lukanische Kirche erwachsen eher von außen als durch dogmatische Spaltungen oder ethische Auseinandersetzungen von innen.

5 Die Quellen

Literatur: *Brodie, Th.L.,* Greco-Roman Imitation of Texts as a Partial Guide to Luke's Use of Sources, in: Talbert, C.H., New Perspectives 17–46; *Cadbury, H.J.,* Style; *Farmer, W.R.,* The Synoptic Problem. A Critical Analysis, Dillsboro ²1976; *Fitzmyer* I 63–106 (Literatur 97–106); *ders.,* The Priority of Mark and the »Q« Source in Luke, in: Jesus and Man's Hope, I, hrsg. v. D.C. Müller, Pittsburgh 1970, 131–170; jetzt in: *ders.,* Advance 3–40; *Griesbach, J.J.,* Synoptic and Text-critical Studies 1776–1976, hrsg. v. B. Ochard und Th.R.W. Longstaff, Cambridge 1978 (MSSNTS 34); *Hawkins, J.C.,* Horae; *Jeremias, J.,* Sprache; *Neirynck, F.,* La matière marcienne dans l'évangile de Luc, in: L'Evangile de Luc 157–201; *Rehkopf, F.,* Sonderquelle; *Rese, M.,* Das Lukas-Evangelium. Ein Forschungsbericht, in: ANRW II 25/3 (1985) 2268–2280 und 2320 (Literatur); *Schramm, T.,* Markus-Stoff; *Schweizer, E.,* Quellenbenützung; *Streeter, B.H.,* The Four Gospels; *Taylor, V.,* Proto-Luke; *Tyson, J.B.,* Source Criticism of the Gospel of Luke, in: Talbert, C.H., Perspectives 24–39.

Wie jeder Historiker der Antike verfügt Lukas über schriftliche Quellen und allerlei Informationen. Er stützt sich auf die Werke seiner Vorgänger (Lk 1,1), bearbeitet sie aber so, daß sie innerhalb seiner Gesamtkonzeption in ihrer früheren Eigenständigkeit kaum noch zutage treten.

Die Quellenfrage läßt sich nur im Zusammenhang der synoptischen Frage insgesamt beantworten. Trotz neuerer anderslautender Hypothesen befürworte ich nach wie vor die Priorität des Markus und die Existenz der Logienquelle Q. Lukas benutzt eine Form des Markusevangeliums, die von der kanonischen nur wenig abweicht. Allerdings übergeht er unerklärlicherweise Mk 6,45–8,26. Lukas kennt vermutlich auch die Logienquelle in Gestalt einer schriftlichen Vorlage. Dabei respektiert er die Reihenfolge der Worte Jesu deutlicher als Matthäus, revidiert jedoch stärker ihre sprachliche Form.

Ein Vergleich mit Markus ergibt: Weder zergliedert Lukas seine Quellen noch verschmilzt er sie; er neigt vielmehr dazu, Blöcke unterschiedlicher Herkunft einander abwechseln zu lassen (vgl. etwa Lk 3,1–4,30 [Q]; Lk 4,31–6,20a [Markus]; Lk 6,20b–7,50 [Q]; Lk 8,1–9,50 [Markus]).

So enthält Lk 3–9 praktisch alle Perikopen aus Mk 1–9 (mit der erwähnten Ausnahme Mk 6,45–8,26, die sonst ihren Platz zwischen Lk 9,17 und 9,18 gehabt hätte). Die wenigen kurzen Auslassungen erklären sich weitgehend aus literarischen oder theologischen Gründen: Mk 1,1–20 entspricht zu sehr Q; Mk 6,1–6 wurde schon in der Antrittspredigt Jesu verarbeitet; Mk 6,17–29 (Tod des Johannes) empfindet Lukas als Abweichung vom Thema.

Einige Perikopen entstammen weder Markus noch Q: die Standespredigt des Täufers (Lk 3,10–14); der Stammbaum Jesu (Lk 3,23–38); die Antrittspredigt in Nazaret (Lk 4,16–30); die Berufung des Petrus (Lk 5,1–11); die Auferstehung des Jünglings von Nain (Lk 7,11–17); die Salbung durch die Sünderin (Lk 7,36–50). Lukas verfügt also noch über weiteres Material. Da er auch dieses an geeigneter Stelle in seine Gesamtkomposition einfügen muß, kann er sein Blocksystem nicht überall duchhalten. So integriert er die Standespredigt in die übrige Predigt des Täufers und lokalisiert Perikopen wie Lk 4,16–30; 5,1–11 und ·7,11–17 innerhalb der galiläischen Periode Jesu.

Schwierig ist es, das vorgegebene Material im Reisebericht zu überblicken. Den Gedanken der Reise von Galiläa nach Jerusalem als solchen verdankt Lukas Mk 10 (// Lk 18,15–43), aber er erweitert ihn, indem er ihn breit ausladend entfaltet und ihm eine theologische Dimension verleiht.

Mit Ausnahme von Lk 9,52–56 sind alle Notizen über die Reise redaktionell (Lk 9,51; 10,38; 13,22.33; 14,25; 17,11; 18,35; 19,28). Lukas benutzt somit im Reisebericht Dokumente, die ursprünglich nicht unbedingt in dieser Periode des Lebens Jesu lokalisiert waren. Vor allem Reden, Gleichnisse und Worte wurden höchstwahrscheinlich ohne Ortsangaben überliefert.

Zwischen Lk 9,51 und 19,39 folgt Lukas zunächst dem Faden von Q, schaltet jedoch zusätzlich mehrere Perikopen aus Markus ein, wie der Blick in eine Synopse verdeutlicht, sowie aus seinem Sondergut (S^Lk). Ab Lk 14 hingegen gewährt er in aller Regel seinem literarisch gepflegteren Sondergut den Vorzug vor Markus und Q.

Ihm entstammen z.B. die Gleichnisse vom verlorenen Sohn (Lk 15,11–32), vom ungerechten Verwalter (Lk 16,1–9), vom reichen Mann und armen Lazarus (Lk 16,19–31)
und die erste apokalyptische Rede (Lk 17,20–37). Andere Gleichnisse innerhalb dieses
Zusammenhangs haben wiederum ein Pendant bei Matthäus (z.B. die Einladung zum
Gastmahl in Lk 14,15–24 oder das Gleichnis vom verlorenen Schaf in Lk 15,3–7); entweder stammen sie aus Q, wo sie innerhalb eines anderen Kontextes ihren Ort hatten, oder sie sind S^{Lk} entnommen, wo sie in einer von Q abweichenden Form überliefert wurden. Neben breitangelegten Einheiten stehen in diesem Abschnitt aber auch
kurze Worte und Reden Jesu (aus Q oder S^{Lk}): vom Salz (Lk 14,34), von den zwei Herren (Lk 16,13), vom Gesetz und Reich Gottes (Lk 16,14–18), Ratschläge an die Jünger
(Lk 17,1–6).

Im dritten Teil seines Evangeliums übernimmt Lukas wieder den Erzählfaden
des Markus, zumindest bis zum Ende von Kapitel 21, also vom Einzugsbe-
richt an bis hin zur – bei Lukas zweiten – apokalyptischen Rede. Im Passionsbericht hingegen sind die Divergenzen mit Markus groß. Lukas hat hier entweder Markus stärker adaptiert als sonst bei ihm üblich oder eine konkurrierende Erzählung aufgenommen. Die Übereinstimmungen von Lk 22–23 mit
dem johanneischen Passionsbericht deuten eher auf letzteres.
Am Schluß des Evangeliums ist der Einfluß des lukanischen Sonderguts unübersehbar, wie die Erzählungen von den Erscheinungen des Auferstandenen
bei Emmaus (Lk 24,13–35) und vor den Elf (Lk 24,36–49) sowie der Himmelfahrt (Lk 24,50–53) – sämtlich ohne Parallele bei Markus oder Matthäus –
zeigen.
Nicht ohne Quellen arbeitet Lukas im Kindheitsevangelium. Einerseits benutzt er eine Personallegende über die Geburt des Täufers, andererseits mehrere Legenden, die sich mit Jesu Geburt und Kindheit befassen: die Ankündigung seiner Geburt vor Maria (allerdings ohne die schließliche Erfüllung dieser Verheißung: seine Geburt in Nazaret), die Hirtensage, die Darstellung im
Tempel und die Perikope vom zwölfjährigen Jesus im Tempel. Die Szene des
Besuches Marias bei Elisabet dient als Bindeglied zwischen den Johannes-
und Jesusüberlieferungen. Es läßt sich nur schwer entscheiden, ob Lukas oder
bereits ein Schriftsteller vor ihm für diese Annäherung verantwortlich ist.
Auch die Lieder des Kindheitsevangeliums stammen nicht von Lukas selbst,
sondern möglicherweise aus der Täuferbewegung (das *Benedictus* [Lk 1,68–
79]), der pharisäischen Spiritualität (das *Magnificat* [Lk 1,46–55]) oder dem
Gebetsschatz der Urkirche (das *Nunc Dimittis* [Lk 2,29–32]).
Wie hat Lukas all diese Dokumentation erhalten? Als Evangelist durch den
Strom der kirchlichen Tradition, vor allem durch das paulinische Missions-
werk, das sein Traditionsgut wiederum Antiochien und den Hellenisten verdankt, als Schriftsteller durch persönliche Kontakte und eigene Forschung.
Wußte Lukas, aus welchem christlichen Milieu diese Quellen flossen und
welche Interpretation des christlichen Glaubens sie widerspiegeln? Diese
Frage ist ebenso schwer zu beantworten wie die, inwieweit Lukas Kenntnis
darüber hatte, daß Markus und Q ursprünglich zwei divergierende Ausprä-

gungen des Christentums darstellten. Aus welchem Milieu stammt aber sein Sondergut? Wir wissen es letztlich nicht. Lediglich für die Legenden über Jesu Geburt und Kindheit läßt sich begründet vermuten, daß sie aus judenchristlichen Kreisen stammen, möglicherweise aus der Umgebung des Jakobus und der Familie Jesu.

Abschließend bleibt anzumerken, daß trotz aller schriftlichen Fixierungen der Strom der mündlichen Überlieferung nicht unmittelbar abbrach, so daß Lukas hier und da seine schriftlichen Quellen aus dem Schatz der mündlichen berichtigen oder ergänzen konnte.

6 Der Verfasser

Literatur: *Aubineau, M.,* Les homélies festales d'Hésychius de Jérusalem, II, Bruxelles 1980 (AnBoll 59), 902–950; *Bovon, F.,* Luc. Portrait et projet, in: Commencement étaient les Actes des apôtres, LV(L) 153–154 (1981) 9–18; *Fitzmyer* I 35–62 (Literatur 59–62); *Hengel, M.,* Die Evangelienüberschriften, Heidelberg 1984 (SHAW.PH 3), 1–51; *Maddox, R.,* Purpose; *Merkel, H.,* La pluralité des Evangiles comme problème théologique et exégétique dans l'Eglise ancienne, version française par J.-L. Maier, Bern 1978 (TC 3); *Rese, M.,* Das Lukas-Evangelium. Ein Forschungsbericht, in: ANRW II 25/3 (1985) 2260–2264 und 2280–2284 (Literatur).
Weitere Literatur bei Lk 1,1–4 unten S. 29f.

Der Verfasser teilt uns über sich selbst recht wenig mit und verschweigt seinen Namen. Dennoch nennt er im Unterschied zu Markus und Matthäus im Prolog des Lukasevangeliums das Motiv, das ihn zur Abfassung seines Werkes bewog; zweimal spricht er dabei von sich in der ersten Person. Seine gepflegte Sprache weist auf seine Herkunft aus einer höheren Gesellschaftsschicht und eine gute Ausbildung hin, die sowohl die griechische Rhetorik als auch die Methoden der jüdischen Schriftauslegung umfaßt. Lukas ist m.E. von Geburt aus ein Grieche, der sich jedoch früh der jüdischen Religion zuwandte. Er gehört zum Kreis jener Sympathisanten, die man »Gottesfürchtige« nannte. In diesem Milieu vernahm er die Botschaft des Evangeliums und wurde Christ. Wie er selbst im Prolog (Lk 1,1–4) betont, gehört er der zweiten oder dritten Generation der Kirche an, hat also keinen unmittelbaren Zugang oder direkten Kontakt zu den Ereignissen, die er erzählt (παρακολουθέω in Lk 1,3 meint »in Gedanken verfolgen« und nicht »teilhaben«). Die »Wir«-Stücke der Apostelgeschichte sind eines seiner künstlerischen Mittel, um die Glaubwürdigkeit der Erzählung zu erhärten und ihre Lebendigkeit zu steigern. Daß das »Wir« erstmals in einer Darstellung der Mission in der Nord-Ägäis auftaucht, und zwar in Beziehung zur Erscheinung des Mazedoniers im Traum des Paulus in Apg 16,9–10, ist für mich ein Indiz für die Herkunft des Verfassers. Er dürfte ein Makedonier sein, der Kontakte zu Troas unterhält. Obwohl er an den Ereignissen, die er beschreibt, nicht teilgenommen hat, will er sich selbst in diesem Raum, der seine Heimat ist, situieren. M.E. haben die

Schreiber, die das »Wir« schon in Apg 11,28 D, innerhalb einer Erzählung über Antiochien also, sekundär zugefügt haben, ähnlich wie der Verfasser des lukanischen Doppelwerkes reagiert und gehandelt, indem sie gemäß der damals vorherrschenden Meinung den Geburtsort des Lukas dort, nämlich in Antiochien, lokalisierten. Daß Lukas aus Makedonien (Philippi?) stammt, ist auch aufgrund seiner präzisen Kenntnisse über diese Region, besonders über die römischen Institutionen, wahrscheinlich.

Nach seiner Bekehrung war Lukas möglicherweise als Mitarbeiter an weiteren Missionsreisen beteiligt und hat so die lukanische Mission fortgesetzt. Sein Interesse gilt nämlich mehr der Verbreitung der Botschaft als dem Ausbau der neu gegründeten Gemeinden. Altkirchliche Prologe zu den Evangelien und verschiedene Kirchenväter erinnern an diese Missionstätigkeit. Daß er sein Doppelwerk in den Jahren 80–90 verfaßte, also nach dem Tod von Petrus und Paulus und vor allem nach dem Fall Jerusalems, ist ziemlich sicher. Da er viel reist, verliert die Frage nach dem Entstehungsort des lukanischen Werkes an Dringlichkeit. Rom ist immer noch die nächstliegende Möglichkeit.

Theophilus, dem Lukas das Werk widmet, ist eine geschichtliche, keine abstrakte Persönlichkeit (siehe im Kommentar bei Lk 1,3). Lukas erwartet von ihm, dem reichen Freund, daß er sein Doppelwerk einem breiteren Publikum nahebringt. Dabei erhofft sich Lukas, der mit der Sorgfalt eines Historikers, dem apologetischen Enthusiasmus eines Bekehrten und dem Eifer eines Missionars schreibt, drei Zielgruppen unter seiner Leserschaft: gebildete Heiden, hellenistische Juden und durch Gerüchte verunsicherte Christen (Lk 1,4; Apg 22,30).

Er möchte die Wahrheit des Christentums beglaubigen und die Angst der Römer vor der christlichen Mission beschwichtigen. Lukas ist überzeugt davon, daß das Evangelium politisch ungefährlich ist, im Gegenteil: Die ethische Haltung der Christen kann für ihre heidnischen Mitbürger nur von Vorteil sein. Lukas setzt sich für die soziale Anerkennung der christlichen Kirche ein, indem er das Interesse der Behörden und der höheren Schichten für die Botschaft des Petrus und noch mehr des Paulus mit einer Mischung von Naivität und Selbstsicherheit unterstreicht. Er verteidigt die Kirche gegenüber der jüdischen Polemik, indem er behauptet, die christlichen Gemeinden seien die legitimen Erben der Verheißungen der Schrift. Zugleich verteidigt er die paulinische Mission gegenüber der judenchristlichen Polemik und hebt die harmonische Zusammenarbeit von Petrus und Paulus sowie die lückenlose Kontinuität der in Jerusalem seßhaften Zwölf mit den missionierenden Hellenisten und speziell mit Paulus hervor.

Leider ist uns die Meinung des Papias (erste Hälfte des 2. Jahrhunderts) über das Lukasevangelium nicht überliefert. Den Namen Lukas bezeugen weder Marcion noch Justin. Erst eine Generation später taucht er bei Irenäus auf: »Und Lukas, der Begleiter des Paulus, legte in einem Buch das von diesem gepredigte Evangelium nieder« (Adv

Haer III 1,1; griechisch bei Euseb, Hist Eccl V 8,3). Wahrscheinlich aus der gleichen
Zeit stammt das Muratorische Fragment: »Tertium evangelii librum secundum Lu-
cam, Lucas iste medicus, post ascensum Christi cum eum Paulus quasi ut iuris studio-
sum secundum [secum?] adsumpsisset, nomine suo ex opinione conscripsit, domi-
num tamen nec ipse vidit in carne, et ideo prout assequi potuit ita et a nativitate Iohannis incipit dicere« (Text unsicher). Das Entstehungsdatum der sogenannten anti-
marcionitischen Prologe (nach ihnen ist Lukas Antiochener, Arzt, Schüler der Apostel und des Paulus, ledig, kinderlos, mit 84 Jahren in Böothien gestorben, nachdem er
in Achaia zunächst das Evangelium, dann die Apostelgeschichte verfaßt hatte) und
der sogenannten monarchianischen Prologe (ähnlicher Inhalt, außer daß Lukas dort
mit 74 Jahren in Bithynien stirbt) ist unsicher.

Um 200 (Clemens und Tertullian) steht die Verfasserschaft des *Lukas* für das
3. Evangelium und die Apostelgeschichte fest und bleibt so im christlichen
Bewußtsein verankert.
Die ältesten Titelformulierungen in den Handschriften (Inskriptionen und
Subskriptionen) stammen ebenfalls vom Ende des 2. Jahrhunderts.

M. Hengel hat kürzlich die Frage gestellt, ob die Überschrift κατὰ Λουκᾶν nicht auf
Theophilus zurückgehen könnte. Ich möchte sie jedoch eher auf die damalige Tendenz der Kirchenväter zu apostolischer Historisierung zurückführen. Papias (erste
Hälfte des 2. Jahrhunderts) benutzt die Formel εὐαγγέλιον κατὰ in bezug auf das
Matthäusevangelium. M.E. ging der ursprüngliche Titel des lukanischen Doppelwerkes (und damit eventuell der Name des Verfassers) mit der Kanonisierung des Evangeliums verloren. Εὐαγγέλιον κατὰ Λουκᾶν ist eine Anpassung an die anderen Evangelien, πράξεις ἀποστόλων eine polemische Formulierung gegenüber den damals
entstehenden Apostelromanen. Weshalb man auf den Namen Lukas kam, bleibt rätselhaft. Vielleicht wünschte man sich für dieses Werk einen Schüler des Paulus. Die
Namen Titus und Timotheus waren schon – freilich als Adressaten und nicht als Ab-
sender der Pastoralbriefe – vergeben. Unter den übrigen geläufigen Namen innerhalb
des Corpus Paulinum bot sich Lukas geradezu an (Kol 4,14; 2Tim 4,11; vgl. auch Hieronymus, vir 7; außerdem identifizierte man Lukas mit dem namentlich nicht genannten »Bruder« aus 2Kor 8,18).

7   Die Theologie

Literatur: Bovon, F., Luc le théologien (Literatur); *ders.,* Lukas; *Conzelmann, H.,*
Mitte; *Dömer, H.,* Heil; *Fitzmyer* I 143–270 (Literatur 259–270); *Flender, H.,* Heil; *Jer-*
vell, J., Luke; *Marshall, I.H.,* Luke; *Rasco, E.,* Teología (Literatur); *Rese, M.,* Das Lukas-
Evangelium. Ein Forschungsbericht, in: ANRW II 25/3 (1985) 2298–2312 und 2320–
2325 (Literatur); *Schneider, G.,* Lukas; *Schweizer, E.,* Luke.

Nach Lukas ist der Gott der Christen der Schöpfer, von dem die Schrift
spricht, und der Erlöser Israels. Seit je verfolgt er seinen Heilsplan, dem sich
sein erwähltes Volk immer wieder entgegensetzt. Das Wirken Jesu ist der

endgültige und abschließende Versuch des gütigen Gottes, Israel doch noch für sich zu gewinnen und zugleich die Heiden zu erreichen. Alles, was der Messias Jesus, der Sohn, Herr, Retter, Lehrer und Arzt tut, gilt dem einen Volk und zugleich den Völkern insgesamt.

Da sich zur Zeit des Evangelisten die Synagogen dem christlichen Evangelium verschlossen haben, darf die Mission jetzt auf ihren Erfolg in der heidnischen Welt hoffen (siehe den Schluß der Apostelgeschichte [Apg 28,28]). Die christliche Botschaft ist eine universale, nach Lukas frei von jeder partikularistischen Begrenzung (Apg 10,34–35).

Obwohl die Christen aus allen Völkern stammen und dem Gesetz, speziell seinen rituellen Verordnungen, nicht mehr buchstäblich gehorchen, verleugnen sie das Erbe Israels nicht. Sie sind im Gegenteil die legitimen Ausleger der Schrift. Denn die damals vom heiligen Geist inspirierte Schrift erschließt sich jetzt durch den Willen des Herrn Jesus und die Hilfe desselben Geistes; sie befindet sich in Harmonie mit der christlichen Botschaft. Paulus atmet die gleiche Luft wie Jesaja. So dominieren Freude und Triumph in der christologischen Auslegung der Schrift (vgl. Apg 15,14–15; 28,25).

Lukas bezeugt die hellenistische Form des Christentums, die sich in den Spuren des Paulus der strikten Erfüllung des Gesetzes entzogen hat. Wenn er dennoch die jüdische Praxis der Apostel und der übrigen Zeugen unterstreicht, ist dies die Reaktion des Historikers, der die geschichtliche Wurzel des christlichen Glaubens unterstreicht, nicht die Meinung des Theologen, der eine solche Haltung von jedem Christen verlangt.

Glücklicherweise ist die Situation inzwischen eine andere. Nicht die mosaischen Gesetze bestimmen das christliche Ethos, sondern die Gebote des Evangeliums, speziell das doppelte Liebesgebot. Lukas wünscht sich Christen, die auf die Menschen und nicht auf die Gebote achten, die sich als treue, fröhliche, freie, nicht berechnende, solidarische, fromme Jünger des Auferstandenen verstehen. Die Sorge um Frau und Kinder und alle Vernachlässigten sowie die Reflexion über Armut und Schwäche beweisen eine erstaunlich neue Einstellung innerhalb der damaligen Welt. Der radikale Verzicht der Zwölf und ihre buchstäbliche Nachfolge hinter Jesus her lassen sich in der städtischen Situation der lukanischen Gemeinden nicht mehr verwirklichen. Aber die Haltung und der Geist, die hinter und in diesen eindrücklichen und provokativen Entscheidungen stecken, dürfen und müssen nach wie vor lebendig bleiben und neu konkretisiert werden. Das ist die ethische Botschaft des Lukas.

Lukas bezeugt eine besondere Form des Paulinismus in der zweiten bzw. dritten Generation. Durch seine optimistische Anthropologie (darf man von seinem Humanismus sprechen?) kann er die Auffassung vom Versklavtsein des menschlichen Willens, wie sie Paulus im Römerbrief vertritt, nicht nachvollziehen. Deshalb bedeutet das Kreuz nicht die notwendige Verfluchung des Sohnes, sondern die von Gott vorherbestimmte (Apg 2,23) Folge seines Gehorsams und ist Ausdruck der menschlichen Sünde. Dennoch besiegelt das vergossene Blut Jesu den neuen Bund Gottes mit den Menschen (Lk 22,19–20) und die Errichtung der Kirche (Apg 20,28).

Bei alldem ist Lukas gerade nicht derjenige, der von sich aus die traditionelle apokalyptische Naherwartung durch eine von ihm konzipierte heilsgeschichtliche Sicht überwinden will. Wie die Mehrzahl seiner christlichen Zeitgenossen muß vielmehr auch er das Problem der Parusieverzögerung bewältigen, ohne dabei den ursprünglichen Glauben zu verraten. In Apg 1,1–11 verdeutlicht er seine eigene Sicht der Dinge: Die Christen sollen mit Geduld und klarem Blick der Parusie entgegensehen. Dabei hat jede Form partikularistischer Hoffnung keinen Raum. Das Hauptgewicht liegt nicht mehr auf der Zukunft, sondern auf der Vergangenheit: auf dem in Jesu Kommen, Sterben und Auferstehen schon offenbar gewordenen Heil Gottes. Aus diesem Rückblick erwächst alle gegenwärtige Hoffnung für die Zukunft. Lukas unterscheidet eben nicht drei heilsgeschichtliche Perioden (die Zeit der Verheißung, die Zeit Jesu als Mitte der Zeit, die Zeit der Kirche), sondern zwei: die Zeit der Verheißung und die Zeit der Erfüllung. Die Zeit der Erfüllung wiederum ist zu untergliedern in die Zeit Jesu einerseits und die Zeit der Zeugen andererseits, wobei hinsichtlich letzterer nochmals differenziert werden kann zwischen der Zeit der Augenzeugen und der Zeit danach einschließlich der Zeit der lukanischen Generation (Lk 1,4). Bei jedem Übergang von einem Zeitabschnitt zum nächsten sorgt Gott für Gestalten, die für die nötige Kontinuität sorgen, wie gerade an Johannes dem Täufer besonders deutlich wird. Das gemeinsame Leben der Urgemeinde in Jerusalem, der missionarische Erfolg der Apostel und Zeugen, besonders des Paulus, und die Bereitschaft zum Martyrium (Beispiel: Stephanus) sind noch immer Pfand für das Kommen des Reiches Gottes.

Ekklesiologisch vertritt Lukas bewußt oder unbewußt eine besondere Form des Christentums. Sein Interesse liegt einerseits bei der Gruppe der Zwölf, deren Aktivität er sich vor allem in Jerusalem als vergangene Gründungsphase denkt, und andererseits bei den Hellenisten, denen er die besseren Zukunftschancen zugesteht. Denn sie pflegen die richtigere christliche Praxis sowohl in der Ethik (Überwindung des Gesetzes) wie in der Mission (Aufnahme der Heiden ohne Beschneidung). Lukas nimmt also die Überlieferungen über die Zwölf und die Sieben auf. Seine Hauptgestalten sind Petrus und Paulus, denn die erfolgreiche Ausbreitung des Christentums verläuft westwärts, weshalb Lukas die Anfänge der Kirche in Ostsyrien oder in Ägypten übergeht. Sein kirchlicher Horizont ist somit geographisch begrenzt, jedoch auf den Bereich konzentriert, in dem der christliche Glaube in der unmittelbaren Folgezeit die größten Wirkungen erzielte.

B Kommentar

Der Prolog (1,1–4)

Literatur: *Alexander, L.,* Luke's Preface in the Context of Greek Preface-Writing, NT 28 (1986) 48–74; *Bauer, J.,* Πολλοί Luk 1,1, NT 4 (1960) 263–266; *Cadbury, H.J.,* Commentary on the Preface of Luke, in: Beginnings I/2 489–510 (Appendix C); *Callan, T.,* The Preface of Luke-Acts and Historiography, NTS 31 (1985) 576–581; *Delebecque, E.,* Le prologue de l'Evangile de S. Luc, Itinéraires 157 (1971) 278–285 (= *ders.,* Etudes, 1–14); *Dibelius, M.,* Aufsätze 61.79.108f.118.127f; *Dillon, R.J.,* Previewing Luke's Project from His Prologue (Luke 1:1–4), CBQ 43 (1981) 205–227; *Dubois, J.-D.,* Le prologue de Luc (Lc 1,1–4), ETR 52 (1977) 542–547; *Dupont, J.,* Sources 99–107; *Gese, H.,* Natus ex virgine, in: Probleme biblischer Theologie (FS G. von Rad), hrsg. v. H.W. Wolff, München 1971, 73–89; *Gibbs, J.M.,* Mark 1,1–15, Matthew 1,1–4,16, Luke 1,1–4,30, John 1,1–51. The Gospel Prologues and their Function, StEv 6 (1973) 154–188 (TU 112); *Glöckner, R.,* Verkündigung 3–41; *Goodman, F.W.,* Ἐπειδήπερ πολλοὶ ἐπεχείρησαν (Luke 1,1). A proposed Emendation, StEv 4 (1968) 205–208 (TU 102); *Güttgemanns, E.,* In welchem Sinne ist Lukas »Historiker«? Die Beziehung von Lk 1,1–4 und Papias zur antiken Rhetorik, LingBibl 54 (1983) 7–26; *Higgins, A.J.B.,* The Preface to Luke and the Kerygma in Acts, in: Apostolic History and the Gospel (FS F.F. Bruce), hrsg. v. W.W. Gasque, Exeter 1970, 78–91; *Kahl, B.,* Armenevangelium 25–85; *Klein, G.,* Lukas 1,1–4 als theologisches Programm, in: Zeit und Geschichte (FS R. Bultmann), hrsg. v. E. Dinkler, Tübingen 1964, 193–216 (= *ders.,* Rekonstruktion und Interpretation, 1969 [BEvTh 50], 237–261; ebenso in: Lukas-Evangelium 170–203); *Kürzinger, J.,* Lk 1,3. ... ἀκριβῶς καθεξῆς σοι γράψαι, BZ NS 18 (1974) 249–255; *Minear, P.S.,* Dear Theophilus. The Kerygmatic Intention and Claim of the Book of Acts, Interp. 27 (1973) 131–150; *Mußner, F.,* Die Gemeinde des Lukasprologs, in: SNTU A 6/7, hrsg. v. A. Fuchs, Linz 1981/1982, 113–130; *ders.,* Καθεξῆς im Lukasprolog, in: Jesus und Paulus (FS W.G. Kümmel), hrsg. v. E.E. Ellis und E. Gräßer, Göttingen 1975, 253–255; *Nock, A.D.,* Martin Dibelius, Aufsätze zur Apostelgeschichte, hrsg. v. H. Greeven, Göttingen 1951 (FRLANT NF 42), Gn. 25 (1953) 497–506; *Norden, E.,* Agnostos Theos. Untersuchungen zur Formengeschichte religiöser Rede, Leipzig/Berlin 1913 (Nachdr. Darmstadt 1956); *du Plessis, I.I.,* Once More. The Purpose of Luke's Prologue (Lk I 1–4), NT 16 (1974) 259–271; *Radaelli, A.,* I racconti dell'infanzia nel contesto del prologo all'evangelo, RBR 15 (1980) 7–26.199–227; 16 (1981) 292–330; *Robbins, V.K.,* Prefaces in Greco-Roman Biography and Luke-Acts, PRSt 6 (1979) 94–108; *Samain, E.,* L'évangile de Luc. Un témoignage ecclésial et missionnaire Lc 1,1–4; 4,14–15, ASeign 34 (1973) 60–73; *Schneider, G.,* Zur Bedeutung von καθεξῆς im lukanischen Doppelwerk, ZNW 68 (1977) 128–131; *Schulz, S.,* Die Stunde der Botschaft. Einführung in die Theologie der vier Evangelisten, Hamburg 1967, 237–238.243–250; *Schürmann, H.,* Evangelienschrift und kirchliche Unterweisung. Die repräsentative Funktion der Schrift nach Lk 1,1–4, in: *ders.,* Untersuchungen 251–271 (= Lukas-Evangelium 125–169); *Schwaiger, G.,* »Diener des Wortes« (Lk 1,2) oder Größe und Grenze der Theologen, in: Kirchengemeinschaft – Anspruch und Wirklichkeit (FS G. Kretschmar), hrsg. v. W.-D. Hauschild, Stuttgart 1986, 177–186; *Stein, R.H.,* Luke 1:1–4 and »Traditionsgeschichte«, JETS 26 (1983) 421–430; *Trocmé, E.,* Le ›Livre des Actes‹ et l'histoire, Paris 1957, 39–49.78.125–127 (EHPhR 45); *van Unnik, W.C.,* Once More St. Luke's Prologue, Neotestamentica 7 (1973) 7–26; *ders.,* Remarks on the Purpose of Luke's Historical Writing (Luke 1,1–4), in: *ders.,* Sparsa Collecta, I, Leiden 1973, 6–15 (erschien zuerst in Holländisch in NedThT 9 [1955] 323–331); *Vögtle, A.,* Was hatte die Widmung des lukanischen Doppelwerks an Theophilus zu bedeuten?, in: *ders.*, Evangelium 31–42; *Völkel, M.*, Exegetische Erwägungen zum Verständnis des Begriffs καθεξῆς im lukanischen Prolog, NTS 20 (1973/74) 289–299.

1 Da ja schon viele es in die Hand genommen haben, die Ereignisse, die sich unter uns erfüllt haben, in eine Erzählung zu fassen – 2 so wie sie uns die überliefert haben, die von Anfang an zu Augenzeugen und Dienern des Wortes geworden sind –, 3 schien es auch mir richtig, nachdem ich allem von Beginn an mit Sorgfalt nachgegangen bin, es dir, verehrter Theophilus, der Reihe nach aufzuschreiben, 4 damit du die Worte, die du erfahren hast, genau erkennst in ihrer Zuverlässigkeit.

Analyse Lukas ist der einzige Evangelist, der in Form eines Prologs Anlaß, Absicht und Vorgehen seiner Arbeit beschreibt. Er orientiert sich hierbei an der griechischen Literatur und gibt dadurch seinem Unternehmen den Charakter eines öffentlichen und literarischen Produktes[1]. Er versucht, die christliche Überlieferung, die bis jetzt volkstümlich tradiert wurde, auf diese höhere Stufe hinaufzuziehen[2]. Zwei Schwierigkeiten stehen ihm im Weg: 1. Inwieweit darf er es als Historiker und Evangelist, der die Tradition, besonders die Worte Jesu, treu überliefern will, wagen, literarisch zu intervenieren? 2. Hat er ausreichend Bildung und Begabung, um diese Aufgabe zu erfüllen? Die erste Schwierigkeit ergibt sich bereits bei der Lektüre von Lk 1, denn nach dem ausgewogenen Prolog (1,1–4) beginnt eine erste Episode (1,5ff) abrupt im volkstümlichen Stil. Das Nebeneinander von 1,1–4 und 1,5ff mußte die griechischen Leser erstaunen. Da Lukas jedoch dem Stil der Septuaginta folgt, war der befremdliche semitische Stil literarisch schon bekannt und wurde – obgleich man ihn für sich selbst nicht übernahm – letztlich doch akzeptiert[3]. Die Bedenken und Kritiken der Gebildeten gegenüber den Evangelien, welche die Kirchenväter beseitigen mußten, sprechen dafür, daß nicht einmal Lukas dem Geschmack seiner Zeitgenossen entsprach. In gewissem Sinn formuliert er übertrieben kunstvoll, und das Satzgefüge Lk 1,1–4 veranschaulicht ebensosehr seine Mühe wie sein Können[4].

[1] Van Unnik, W.C., Once More 24 Anm. 62 nennt Exegeten des 18. Jahrhunderts, die schon damals den Lukas-Prolog mit Prologen profaner Werke der Antike verglichen: G. Raphelius und J.J. Wettstein.

[2] Vgl. van Unnik, W.C., Remarks 7: »By means of the dedication to Theophilus (repeated in Acts i 1) the writer would have it known that he is conforming to the prevailing literary customs of his time and that he had a genuine books to offer; not a somewhat odd collection of pious stories.«

[3] Vgl. Cadbury, H.J., Commentary 490.

[4] Mit Norden, E., Agnostos Theos 316 Anm. 1 bleibt festzuhalten, daß Lk 1,1–4 die beststilisierte Satzperiode des Neuen Testaments darstellt; das heißt allerdings nicht, daß sie im Vergleich mit jenen der klassischen Prosa als besonders schön erschiene. Man kann jedoch die Anstrengung des Verfassers nachempfinden.

Ἐπειδήπερ sollte eigentlich nicht am Anfang stehen (man erwartet ἐπειδή), sondern nach dem Hauptsatz[5]. Im Werk eines Schriftstellers ist der Gebrauch des Verbs ἀνατάσσομαι ungewöhnlich; naheliegend wäre συντάσσομαι. Wenn im Blick auf Ereignisse (πράγματα), die geschehen sind, πληροφορέω statt des üblichen πληρόω verwandt wird, wirkt dies gekünstelt. Καθώς steht da, wo man eher καθά vermuten sollte[6]. Das Nebeneinander von ἄνωθεν, ἀκριβῶς und καθεξῆς verunsichert den Leser, da er nicht weiß, welchem Verb er diese Adverbien zuordnen muß[7]. Verglichen mit anderen Prologen sind die wenigen Zeilen Lk 1,1–4 außerordentlich kurz[8]. Damit ist keineswegs die sprachliche Kunst des Lukas in Zweifel gestellt, sondern lediglich gesagt, daß seine Kunstfertigkeit nicht unbedingt darin besteht, den Stil damaliger Schriftsteller nachzuahmen. Zugleich gilt: Lk 1,1–4 ist fast zu schön, um wahr sein zu können.

Der lukanischen Absicht im Prolog stehen einige wenige Texte im johanneischen Schrifttum am nächsten, in denen die Verfasser auf der Ebene der Metasprache über ihre Werke nachdenken (Joh 20,30–31; 21,24–25; Offb 1,1–3; 22,18–19). In der antiken Literatur finden solche Sätze ihren Platz am Anfang oder am Ende eines Buches. Während Joh 20,30–31 etwas über die schriftstellerische Arbeit und die Funktion des Werkes sagt, weist Joh 21,24–25, der Abschluß des Nachtragskapitels 21, auf die Glaubwürdigkeit des Lieblingsjüngers – er ist als der Verfasser zugleich Augenzeuge – und auf die Zuverlässigkeit seines Zeugnisses (ἀληθὴς αὐτοῦ ἡ μαρτυρία ἐστίν) hin. Die chronologische und theologische Distanz zwischen Joh 20,31 (ταῦτα δὲ γέγραπται ἵνα πιστεύσητε . . .) und Joh 21,24 (οἴδαμεν ὅτι ἀληθὴς αὐτοῦ ἡ μαρτυρία ἐστίν) entspricht dem Übergang von Markus zu Lukas, vom unliterarischen Zeugnis zur Literatur.

Unter allen Exegeten herrscht Einigkeit darüber, daß sich der Verfasser der literarischen Formen seiner Zeit bedient habe. Uneinigkeit taucht auf, sobald man fragt, zu welchem Zweck diese Übernahme geschah. Soll man nur auf das literarische Streben des Verfassers achten und auf seinen Wunsch, Interesse für sein Werk und für seine Sache zu wecken? Oder steckt in diesem literarischen und konventionellen Prolog ein theologisches Programm? H.J. Cadbury und W.C. van Unnik können als Vertreter der ersten Interpretation gelten, G. Klein und R.J. Dillon als Vertreter der zweiten. Gegen eine vorschnelle theologische Ausbeutung des Prologs sprechen vor allem zwei Tatsachen: 1. Außer dem mehrdeutigen ὁ λόγος fehlen spezifisch theologische Begriffe[9]. 2. Der Inhalt des Werkes wird – sicher aufgrund der bewußten Zurückhaltung des Lu-

---

[5] Vgl. Cadbury, H.J., Commentary 492: »Usually, however, like some other relatives in -περ, it occurs when it does not precede the main clause.« Nach Bl-Debr-Rehkopf § 456,3 nimmt der mit dieser Konjunktion eingeführte Satz auf etwas schon Bekanntes Bezug.

[6] Vgl. Cadbury, H.J., Commentary 496f: »Here is at least one word that the strictest Atticism condemns . . . Codex Bezae and Eusebius (H.E. iii 4.6; Demon. Evang. p. 120) cor-

rect it here to καθά, another post-classical word, which the Atticists recommend in its place (Phrynicus, edit. Rutherford, p. 495).«

[7] Vgl. unten S. 38f.

[8] Auch wenn der Prolog – wie Cadbury, H.J., Commentary 490 bemerkt – in der Regel relativ kurz war. Van Unnik, W.C., Once More 8 ist ebenso von der auffallenden Kürze des Lukas-Prologs überrascht.

[9] Weder Gott noch Jesus werden erwähnt.

kas – nicht konkret präzisiert (vgl. im Unterschied dazu Apg 1,1). Gegen eine literarische Bagatellisierung wiederum läßt sich das Bewußtsein der chronologischen Distanz zu den Tatsachen und die als Überbrückungsversuch durch die Generationen
laufende Tradition anführen.

Der Prolog besteht aus einem einzigen Satz. Er beginnt mit einem kausalen
Nebensatz, der faktisch eher eine Einräumung darstellt, und einem Infinitiv
als näherer Bestimmung (V 1), darauf folgt ein Nebensatz des Nebensatzes,
der eine wichtige Erklärung enthält (V 2). An dritter Stelle nach dieser Pro-
tasis notiert Lukas in der Apodosis zunächst den feierlich formulierten
Hauptsatz, in dem er selbst als Verfasser stark hervortritt (ἔδοξε κἀμοί) und
zugleich anonym bleibt (V 3), sodann als Abschluß der Periode einen Finalsatz
(ἵνα), der seinerseits einen kurzen Relativsatz integriert (V 4). Es ist klar, daß
diese Periode das Ergebnis einer absichtlichen Konstruktion ist und daß kein
zweiter neutestamentlicher Verfasser so würdevoll geschrieben hat.

Schema wie Wortschatz weisen auffallende Ähnlichkeiten mit Prologen anderer
Werke der Antike auf, geschichtlichen und wissenschaftlichen. Es gehörte zu der Gattung des Prologs[10], daß der Verfasser die Vorgänger erwähnte und ein Urteil über ihre
Arbeit abgab, sodann die Qualität seiner Information (Augenzeugenschaft und Forschung aus erster Hand) und die Disposition seines Werkes unterstrich, um schließlich einige Angaben über seine Person sowie über sein literarisches Ziel weiterzugeben. Oft wurde auch eine Widmung beigefügt, nicht weil der Verfasser auf die kom-
merzielle Verbreitung seines Werkes durch den Empfänger der Widmung hoffte, sondern weil er sich mit ihm verbunden fühlte und seine Freundschaft oder Dankbarkeit
sowie den Wunsch ausdrücken wollte, er möge das Werk im Kreis seiner Freunde be-
kanntmachen[11]. Wenn ein Werk zu umfangreich war, mußte der Verfasser es in verschiedene Bücher aufteilen (aus Gründen der Herstellung, der Verbreitung, des Ge-
schmacks oder der Gewohnheit war die Durchschnittslänge eines Buches nicht viel
größer als die unserer längsten Evangelien). Der Prolog galt dem ganzen Werk, aber
jedes folgende Buch besaß einen kleineren und bescheidenen Prolog, der auf den vorausgehenden Band Bezug nahm und den Inhalt des nächsten angab. Auch hier folgt
Lukas der griechischen Tradition. Der Prolog der Apostelgeschichte entspricht dieser
Gattung (Apg 1,1)[12]. Ohne daß eine literarische Abhängigkeit nachweisbar wäre,
kommt dennoch der Zwang zur Sitte der damaligen Zeit zum Tragen.
Als Beispiel für einen Prolog zu einem ganzen Werk möchte ich Dioskurides zitieren,
einen hellenistischen Arzt aus dem 1. Jahrhundert n.Chr.[13]: »Obschon nicht nur in alter, sondern auch in neuer Zeit viele Aufzeichnungen über die Herstellung von Arz-
neimitteln gemacht wurden, ihre Wirkung und ihre Überprüfung, will ich doch ver-

---

[10] Vgl. Dubois, J.-D., Prologue 543f.
[11] Vgl. Nock, A.D., der in seiner Besprechung der Aufsätze von M. Dibelius den
deutschen Gelehrten in diesem Punkt korrigiert (S. 501f).
[12] Mit der Eigentümlichkeit, daß es Lukas
in Apg 1,4–8 - speziell in V 8 - gelingt, den

Auferstandenen den Inhalt seines zweiten
Buches aussprechen zu lassen. Auch Josephus' Schrift Contra Apionem enthält einen
Hauptprolog zu Beginn des ersten Buches
und einen zweiten am Anfang des zweiten;
vgl. Higgins, A.J.B., Preface 79.
[13] Vgl. Samain, E., Evangile 64.

suchen, verehrter Areios, dich darin zu unterrichten, wobei der Entschluß zu einem solchen Unternehmen weder unnütz noch unvernünftig ist, weil die einen von meinen Vorgängern nicht fertig geworden sind, die anderen aber das meiste vom Hörensagen aufgeschrieben haben.«[14]

Zwei Fragen werden in der Forschung oft vernachlässigt: 1. Ist es erstaunlich oder nicht, daß der Verfasser im Prolog über seinen Namen und seine Person schweigt? 2. Wenn das lukanische Doppelwerk Literatur sein will, wie lautete dann sein Titel?

Das Fehlen des Autorennamens im Prolog bleibt aus meiner Sicht rätselhaft, trotz der kirchlichen Tradition der Anonymität[15] und der Möglichkeit der Namensnennung im Titel des Werkes. Der Titel müßte eigentlich als *subscriptio* am Ende des zweiten Bandes vermerkt sein, doch wurde er bei der Trennung von Evangelium und Apostelgeschichte getilgt. Die *subscriptio* am Ende des Lukas-Evangeliums, im Apparat von Nestle[26] vergessen, lautet in der ältesten Handschrift (P[75] [175–225 n.Chr.]); εὐαγγέλιον κατὰ Λουκᾶν[16] (so oder ähnlich auch in der *inscriptio* in anderen Handschriften[17]). Sie ist wohl nicht ursprünglich. Die Handschriften der Apostelgeschichte scheinen auch keine Erinnerung an die ursprüngliche *subscriptio* mehr zu haben[18].

Jeder, der schreiben muß, kennt die Schwierigkeit, seine Gedanken in schriftliche Form umzusetzen und dabei den richtigen Einstieg zu finden. Deshalb ist genau darauf zu achten, wie ein Verfasser seine Schrift einleitet. Lukas beginnt mit dem Hinweis auf Vorläufer (V 1), die Art und Weise jedoch, wie er sie erwähnt, zeigt, daß er ihnen zugleich mehr oder weniger widerspricht. Wenn er anders verfährt als sie, heißt das nicht, daß er analogielos schreibt. Im Gegenteil folgt er formal, wie wir sahen, den »vielen« anderen, die bereits vor ihm die Ereignisse um Jesus darzustellen versucht haben[19]. Seinen litera-

Erklärung

1

---

[14] Περὶ ὕλης ἰατρικῆς I 1; vgl. van Unnik, W.C., Remarks 7–13, außerdem im lateinischen Bereich den Prolog des Titus Livius zu seiner römischen Geschichte Ab urbe condita.
[15] Schürmann betont in seinem Kommentar 2 Anm. 8 (gegen Ende), es sei überflüssig gewesen, den Verfassernamen eines Werkes anzugeben, das sich unter anderem an die Kirche wandte. Van Unnik, W.C., Once More 8 erinnert demgegenüber daran, daß ein Verfasser seinen Namen meistens nannte und gleichzeitig erklärte, was ihn dazu führte, zur Feder zu greifen.
[16] Vgl. Martin, V. – Kasser, R., P[75] I 150 und Tafel 61: Der Titel, der in der Mitte der Seite erscheint, erstreckt sich über drei Zeilen, besteht also aus drei Zeilen mit jeweils einem Wort.
[17] Vgl. Nestle[26] 150; Plummer 1, Lagrange 1 und Fitzmyer I 35f.

[18] Zur verlegerischen Technik und zur Verbreitung von Büchern in der Antike vgl. Marrou, H.I., La technique de l'édition à l'époque patristique, VigChr 3 (1949) 208–224 (jetzt in: ders., Patristique et humanisme. Mélanges, Paris 1976 [PatSor 9]), 239–252. Um sich eine Vorstellung von der Herstellung eines Buches in der Antike machen zu können, lese man Gryson, R., Le recueil arien de Vérone . . ., Steenbrugge 1982 (Instrumenta Patristica 13).
[19] Vgl. dazu den Beginn des 1. Buches von Josephus' Jüdischem Krieg (Bell I 6 § 17): Ἐπειδήπερ καὶ Ἰουδαίων πολλοὶ πρὸ ἐμοῦ τὰ τῶν προγόνων συνετάξαντο μετ' ἀκριβείας (»da auch viele Juden vor mir die Geschichte der Vorfahren mit Sorgfalt verfaßt haben« [Übers. nach O. Michel und O. Bauernfeind]).

rischen Modellen entspricht auch das emphatische πολλοί[20], denn über die
Verfasser des Markus-Evangeliums sowie Q und S[Lk] hinaus waren es gewiß
nicht allzu »viele«, auf deren Ausführungen er bereits zurückgreifen konnte[21].

»Viele« haben es »in die Hand genommen« (buchstäblich: »die Hand aufgelegt«[22])
heißt weder, daß sie erfolgreich waren, noch, daß sie ihr Ziel verfehlt haben[23]. Lukas
sieht sich daher einerseits auf der Seite der »vielen« (siehe besonders ἐπειδήπερ πολλοί . . ., ἔδοξε κἀμοί), stellt aber anderseits sein eigenes Produkt als zuverlässiger und
besser hin[24].
»Viele« wollten ἀνατάξασθαι διήγησιν[25]. Διήγησις bezeichnet eine mündliche oder
schriftliche Erzählung, die länger als eine χρεία ist und eine narrative Folge voraussetzt[26]. Das Wort kann auch einen Geschichtsbericht bezeichnen[27]. Ἀνατάσσομαι
(der Akzent liegt auf ἀνά) bedeutet: »in eine Reihe stellen«, in übertragenem Sinn:
»der Reihe nach wiederholen«, »eine Erzählung reproduzieren«. Wenn Lukas dieses
für eine schriftstellerische Arbeit ungewöhnliche Verb nicht gleichbedeutend mit
συντάσσομαι (»verfassen«) versteht[28], darf man daraus schließen, daß seine Vorgänger diese Erzählung nacherzählt haben, möglicherweise im Sinne der schriftlichen
Nacherzählung einer mündlichen Erzählung.

Wenn Lukas mit der Arbeit seiner Vorgänger einigermaßen zufrieden wäre,
hätte er sich gewiß nicht die Mühe gemacht, ein neues Werk zu verfassen.
Seine Kritik ist jedoch diskret und zurückhaltend. Was er beanstandet, läßt
sich nur durch die Analyse seiner eigenen Ausführungen erschließen. Dabei
wird deutlich: Die Arbeiten seiner Vorgänger vernachlässigen erstens den
Anfang (ἄνωθεν [V 3]) der Geschichte Jesu, denn weder Markus noch Q setzen mit der Geburtsgeschichte ein. Zweitens übergehen sie die Wirkungsgeschichte des Auferstandenen, da ihre Darstellung lediglich die Geschichte des
irdischen Jesus und insofern wiederum nicht das Ganze (πᾶσιν [V 3]) umfaßt.
Ihre Arbeit ist drittens nicht präzis genug (ἀκριβῶς [V 3]), viertens schenken
sie in ihrem Werk der Komposition (καθεξῆς [V 3]) nicht genügend Beach-

---

[20] Vgl. Bauer, J., ΠΟΛΛΟΙ.
[21] Cadbury, H.J., Commentary 492f zeigt, daß πολύς oft zu Beginn einer Rede oder eines Werkes vorkommt, daß es aber nicht immer die Vorgänger bezeichnet; vgl. Apg 1,3 und Hebr 1,1.
[22] Zu ἐπιχειρέω vgl. Lagrange 2, der eine Widmung an Nero zitiert, in der ein Arzt namens Thessalos formuliert: πολλῶν ἐπι-χειρησάντων . . . παραδοῦναι (»viele haben es unternommen . . . weiterzugeben«).
[23] Cadbury, H.J., Commentary 493f verspürt hier keine Kritik, während Klein, G., Programm 195f einen Hinweis auf die Unzulänglichkeit dieser Versuche erkennen will.
[24] An den beiden anderen Stellen verwen-

det Lukas ἐπιχειρέω in negativem Sinn (Apg 9,29; 19,13).
[25] Vgl. Klein, G., Programm 196.
[26] Vgl. Moulton-Milligan s.v.
[27] Zu διήγησις als Bezeichnung für einen Geschichtsbericht vgl. Aristeasbrief 8.322; 2Makk 2,32; 6,17; Diodorus Siculus XI 20,1; Lucian von Samosata, Hist Conscr 55; Polybius III 4,1; Dionysius Halicarnassensis, Ant Rom I 7,4 und Pomp 3; vgl. van Unnik, W.C., Once More 12–15 (mit umfangreichen Anmerkungen).
[28] Etliche alte Übersetzungen des Neuen Testaments haben das Verb ἀνατάσσομαι gleichbedeutend mit συντάσσομαι verstanden; vgl. Bauer s.v.

tung. Fünftens schließlich entsprechen vor allem der Stil und die Art ihres Schrifttums keineswegs dem Kanon der schriftstellerischen Kunst.

Mit den Worten »die Ereignisse, die sich unter uns erfüllt haben«, faßt Lukas dennoch den *Inhalt* sowohl dieser Werke wie seines eigenen Vorhabens zusammen (περί ist die technische Präposition für Titel und Inhaltsangabe eines Werkes[29]). Zu erwarten ist also weder eine wissenschaftliche Monographie noch eine religiöse Lehre, sondern ein Bericht über Ereignisse. Die Bedeutung von πρᾶγμα ist breit und reicht von »Handlung« über »Sache« bis hin zu »Geschehen« und »Ereignis«. Πράγματα dürfte das griechische Äquivalent des stärker semitisierenden ῥήματα/דְּבָרִים (Apg 5,32) darstellen. Es bezeichnet demnach heilsgeschichtliche Ereignisse, in denen – gemäß ihrer lukanischen Deutung – Gott durch sein Wort und die Vermittlung seiner Gesandten mit den Menschen zusammenwirkt[30]. Der Terminus kann aber auch von einem nichtchristlichen Leser verstanden werden[31], wenn auch nicht in seiner ganzen Fülle. Das geschichtliche Moment, das im Wort πρᾶγμα mitschwingt und das der unvoreingenommene Leser richtig versteht, ist in der lukanischen Formulierung enthalten.

Πληροφορέω meint »vollbringen«, »vollziehen«, »erfüllen« (»volle Überzeugung verschaffen« paßt nur im Blick auf Personen [vgl. Kol 4,12]). Nach dem Verständnis des Lukas impliziert dieses umständliche und seltene Verb[32], das zu seiner Zeit schon in einem spezifisch christlichen Sinn verwendet wurde, eine religiöse Aussage: Die Ereignisse, von denen hier die Rede ist, sind nicht nur »geschehen«, sondern »erfüllt geschehen«[33], d.h. wie Gott sie wollte. Wenn ein so profanes Wort wie πρᾶγμα Leben, Tod und Auferstehung des Messias abdecken kann, dürfte ein Verb wie πληροφορέω auf die Harmonie von verheißender Schrift und erfüllender Geschichte hindeuten[34].

Ἐν ἡμῖν ist unpräzis: Die Ereignisse liegen zum Teil weit zurück (ἡμῖν in V 2 ist präziser und unterscheidet die Generation des Lukas von der vorhergehenden der Apostel). Aber verglichen mit der Weltgeschichte oder besser mit der alten Zeit der Väter sind diese Ereignisse jung und wohl »unter uns« geschehen – in der letzten Etappe der

---

[29] Zum Beispiel die Schrift Περὶ ἀρχῶν (Von den ersten Dingen) des Origenes.

[30] Zu diesem Zusammenwirken Gottes mit den Menschen bei der Entfaltung der πράγματα vgl. Bovon, F., Lukas 75–97.

[31] Vgl. im Alten Testament, wo das Wort positiv oder negativ verwendet wird, Jes 25,1: ἐποίησας θαυμαστὰ πράγματα (»du hast wunderbare Werke getan«), im Neuen Testament Hebr 6,18; 10,1 und 11,1. Lukas benutzt auch den Terminus ἔργον, um den von den Menschen in der Geschichte verwirklichten Plan Gottes zu bezeichnen; vgl. Apg 13,2.

[32] Vgl. du Plessis, I.I., Once More 263.

[33] Gegen Klein, G., Programm 198 sollte man vermeiden, von vergangenen Ereignissen zu sprechen, die heute ihre Erfüllung gefunden hätten (aufgrund der gekünstelten Identifikation des jeweiligen ἡμῖν in V1 und V2). Diese Erklärung wirkt zu gesucht. Dagegen ist auf das Partizip *Perfekt* von πληροφορέω hinzuweisen: Die Ereignisse der Vergangenheit haben Auswirkungen auf die Gegenwart.

[34] Eine gründliche Untersuchung dieses Verbs erfolgt bei Lagrange 3f. Er verweist auf seine profane Bedeutung und spricht von einem festumrissenen geschichtlichen Ereignis, dessen Auswirkungen anerkannt sind; vgl. Bauer s.v. (mit Literatur).

Heilsgeschichte (Lk 16,16), die vom ersten Auftreten Jesu bis zur Gegenwart reicht. Auch Livius rückt die Gründung Roms mit der Behauptung, daß ein einziges Volk Träger des Geschehens sei, in die Nähe seiner Leser[35]. Chronologische Distanz und persönliche Nähe gehören in der biblischen wie in der profanen Geschichtsschreibung zusammen. »Unsere« Identität, ja unsere Existenz ist durch die »geschehenen Ereignisse« bestimmt. Glaube und Gedächtnis gehören in Israel zusammen.

2   V 2, der sich vor allem für die Übermittlung der Erzählung interessiert, setzt ein durchdachtes Bewußtsein der Geschichte voraus. Lukas gehört einer Zeit an, in der die Erinnerung durch Tradition schon kanalisiert und legitimiert sein dürfte. Die eigentlichen Tradenten und zugleich die Garanten für die Richtigkeit des Überlieferten sind jedoch nicht die πολλοί, sondern die höher geschätzte Gruppe derjenigen, »die von Anfang an zu Augenzeugen und Dienern des Wortes geworden sind«. Παραδίδωμι in der Bedeutung »überliefern« (der Lehrer an seine Schüler, die Eltern an die nächste Generation usw.) ist in der griechischen wie in der jüdischen Sprache und zur Zeit des Lukas auch schon in der Kirche tief verwurzelt[36]. Gesetze, Mythen, Lehren oder Berichte werden so gewissenhaft und sorgfältig überliefert. Zwar sprach bereits Paulus von Überlieferungen – ähnlich die Pastoralbriefe –, jedoch im Blick auf liturgisches, kerygmatisches oder ethisches Gut[37]. Bei Lukas hingegen wird erstmals die ganze Geschichte Jesu und seiner Apostel Inhalt der Überlieferung. Παραδίδωμι ist für ihn in erster Linie ein schriftstellerischer und nicht ein dogmatischer Terminus[38]. Er denkt dabei an mündliche Überlieferung[39] und betont, daß die ersten Zeugen ihre Berichte nicht einfach nur überlieferten[40], sondern zugleich richtig und sachgemäß weitergaben. In καθώς steckt also das Bewußtsein der möglicherweise falschen Überlieferung.

So wie Lukas in V 1 auf die Heilsereignisse hinwies, ohne Gott und Christus zu erwähnen, spricht er hier von den Aposteln und Zeugen, ohne die entsprechenden Termini zu verwenden; vermutlich deshalb, um profane Leser nicht zu befremden und durch »Sektensprache« zu entmutigen.

Für die damalige Historiographie war Augenzeugenschaft von großer Bedeutung, da man sich sagte: Gesehen zu haben ist besser als gehört zu haben[41]. Für den Glauben des Lukas sind die Augenzeugen jedoch zugleich die Zeugen der göttlichen Heilsgeschichte: nicht nur der Auferstehung Jesu (wie etwa Paulus in 1Kor 9,1 und 15,3–9), sondern des Lebens Jesu insgesamt (vgl. pro-

---

[35]   Vgl. Livius, Ab urbe condita, Praefatio.
[36]   Zum griechischen Gebrauch dieses Verbs vgl. Bauer, s.v.
[37]   Vgl. 1Kor 11,23; 15,1–3; 1Thess 4,1–2. Innerhalb der jüdischen Literatur vgl. Arist 148.196.
[38]   Zu παραδίδωμι bei den Christen vgl. Cadbury, H.J., Commentary 497.
[39]   Vgl. Godet 87.

[40]   Παρέδοσαν ist die attische Form, literarischer als παρέδωκαν, das im Neuen Testament, Lukas inbegriffen (vgl. Lk 24,20; 24,42 [ἐπέδωκαν]; Apg 1,26 [ἔδωκαν]; 3,13; 15,30 [ἐπέδωκαν]), gebräuchlich ist. »The literary flavour of this form [παρέδοσαν] is unmistakable« (Cadbury, H.J., Commentary 497).
[41]   Vgl. van Unnik, W.C., Once More 13f.

grammatisch Apg 1,22–23)[42]. Daß ihr Zeugnis mit dem »Anfang« beginnt, ist ein Sonderanliegen des Lukas, denn nur so kann eine Lücke vermieden und Sicherheit (V 4) erreicht werden[43].

Die Augenzeugen sind zugleich auch die Diener des Wortes. Da nämlich nur ein einziger Artikel (οἱ) notiert ist, muß es sich um zwei Funktionen derselben Personen handeln[44]. Schwieriger ist die Frage zu beantworten, ob sich γενό-μενοι nur auf ὑπηρέται bezieht oder auch αὐτόπται umfaßt. Trotz der Stellung des Partizips spricht sowohl die Parallelstelle Apg 26,16 (ὑπηρέτην καὶ μάρτυρα) als auch die griechische Sprachgewohnheit, nach der man Augenzeuge »wird«, für letzteres[45]. Die überlieferte »Erzählung« war in der Zeit vor Lukas auf das Leben Jesu beschränkt, obwohl für ihn die »Ereignisse« bis in die Zeit der Apostel reichen.

Wie αὐτόπτης ist ὑπηρέτης ein Wort, das man sowohl profan wie christlich lesen kann. Ursprünglich ein »Ruderer«, ist der ὑπηρέτης ein »Diener«, ein »Beauftragter«, ein »Adjudant«[46]. Lukas denkt sofort an die Verantwortung der Apostel, die sowohl dem Wort untertan als auch mit der Verkündigung des Wortes beauftragt worden sind.

Λόγος ist ohne folgendes τοῦ θεοῦ ebenfalls doppeldeutig, und diese Doppeldeutigkeit ist von Lukas beabsichtigt. Λόγος meint hier sowohl das Wort Gottes wie die erzählte Heilsgeschichte, die in zwei Büchern (in einem ersten und einem zweiten λόγος [Apg 1,1]) niedergeschrieben wurde.

V 3: Das Ich des Verfassers ist ein Novum in der urchristlichen Evangelienüberlieferung. Hier spricht bewußt der Schriftsteller[47], der hervorhebt, daß er selbst zu Wort kommt (Metasprache). Ἔδοξε κἀμοί erinnert an Apg 15,22.25.28: Der richtige Entschluß, der im Einverständnis mit Gottes Willen erfolgt, wird feierlich betont. Es ist sein Einfall, »dir zu schreiben«, d.h. dieses Werk für Theophilus zu verfassen.

Καί in κἀμοί besagt, daß nun »auch« Lukas gleiches beabsichtigt wie die πολλοί vor ihm. Dabei wirkt er stolz und bescheiden zugleich, wenn er er-wähnt, mit welcher Absicht er sein Doppelwerk verfaßt (V 4): Er selbst ist all dem, was er beschreibt, nachgegangen (παρηκολουθηκότι). Die Bedeutung von παρακολουθέω an dieser Stelle ist heftig debattiert worden[48], denn man kann das Verb buchstäblich oder übertragen verstehen: »nachfolgen«, »begleiten« oder »(geistig) verfolgen«, »(einer Sache) nachgehen«. Letzteres ist

3

---

[42] Zur Augenzeugenschaft vgl. Klein, G., Programm 201f; vgl. Apg 10,41 und 13,31.

[43] Vgl. Joh 15,27 und du Plessis, I.I., Once More 266.

[44] Cadbury, H.J., Commentary 498 ruft die passendste Parallelstelle in Erinnerung: Apg 26,16.

[45] Gegen Klein, G., Programm 204f. Josephus, Ant XVIII 9,5 § 342 und XIX 1,15 § 125 verbindet γενόμενος mit αὐτόπτης (weitere Stellen bei Bauer, s.v. αὐτόπτης).

[46] Vgl. Aischylos, Prom 954: ὑπηρέτης θεῶν (»Götterknecht«).

[47] Einige lateinische Handschriften fügen bei: et spiritui sancto (»und dem heiligen Geist«); vgl. Apg 15,28.

[48] Higgins, A.J.B., Preface 79–83 spricht sich für eine Doppelbedeutung aus: Nachforschung für den einen Teil seines Materials, eine unmittelbarere Erkenntnis im verbleibenden Teil (Ende der Apostelgeschichte).

wahrscheinlicher: Erstens ist das Verb Gemeingut der antiken Historiographie[49] und signalisiert die gründlichen Vorarbeiten eines Verfassers[50], denn als Forscher nahm Lukas Einsicht in alle ihm zugänglichen Quellen. Zweitens nennt er in V 2 die Apostel, also die Augenzeugen, als Bindeglied zwischen den Ereignissen und »uns«. Möglicherweise möchte er für sich selbst dennoch einen direkten Kontakt zu diesen suggerieren (vgl. entsprechend Josephus[51]), den er den πολλοί nicht zugesteht. So oder so gewinnt der Leser den Eindruck korrekter Information.

Πᾶσιν kann neutrisch die Ereignisse oder maskulinisch die Menschen (die Vielen oder die Zeugen) bezeichnen. Das Neutrum ist jedoch wahrscheinlicher, da τὰ πάντα oder πάντα in Sammelberichten des Lukas öfter belegt ist (vgl. 3,19 und 7,18 sowie vor allem Apg 1,1: περὶ πάντων, . . ., ὧν ἤρξατο ὁ Ἰησοῦς . . .). Für Lukas sind die Ereignisse nur mit Kenntnis sowohl der Überlieferung der Augenzeugen als auch der Erzählung der Vorgänger faßbar[52].

Die ersten Tradenten begnügten sich damit, die jeweilige Überlieferung zu empfangen. Lukas versucht darüber hinaus, die unterschiedlichen Überlieferungen historisch zu überprüfen und zu bewerten[53]. Die faktische Geschichtsbezogenheit der synoptischen Traditionen darf dabei aber sowenig übersehen werden wie die Tatsache, daß Lukas die apostolische Überlieferung nicht durch die historische Betrachtung ersetzen, sondern bestätigen will (vgl. V 4).

Die Worte ἀπ' ἀρχῆς und ἄνωθεν treffen wir in einer literarisch gepflegten Rede des Paulus in Apg 26,4–5 an. Gebraucht Lukas beide synonym oder bezeichnet er mit ἀπ' ἀρχῆς den Anfang der öffentlichen Wirksamkeit Jesu und mit ἄνωθεν[54] den Anfang seines Lebens insgesamt? Wie für die ersten Christen und besonders die πολλοί beginnt die ἀρχή Jesu (vgl. Mk 1,1) auch für Lukas mit seiner Taufe (vgl. Lk 3,21–23; Apg 1,22 und 10,37). Daß Lukas dem synoptischen Anfang einen weiteren Anfang (ἄνωθεν) hinzugefügt haben könnte, nämlich Lk 1–2[55], erscheint allzu spitzfindig. Es bleibt offen, ob ἀκριβῶς nach vorne (παρηκολουθηκότι) oder nach hinten (γράψαι) zu ziehen ist. Dem Sinn nach paßt ἀκριβῶς eher zur gewissenhaften Nachforschung[56], was für die erstgenannte Möglichkeit zu sprechen scheint, jedoch verweist

---

[49] Belegstellen bei Cadbury, H.J., Commentary 501f. Beispiel: Demosthenes, De corona 172; vgl. van Unnik, W.C., Once More 17.

[50] In seiner Vita 357 wirft Josephus seinem Gegner vor, er verzerre die geschichtliche Wahrheit, da er den Wahrheitsgehalt seiner Aussagen nicht belegen könne: Weder sei er bei den Ereignissen selbst zugegen gewesen noch habe er sich sorgfältig informiert (παρακολουθήσας) noch habe er Handeln und Aussagen anderer Beteiligter überprüft; vgl. van Unnik, W.C., Once More 17.

[51] Josephus, Vita 357 und Ap I 10,53–55; vgl. Cadbury, H.J., Commentary 502.

[52] Gegen Klein, G., Programm 206f. Lukas überspringt die apostolische Überlieferung nicht. Er ergänzt sie vielmehr und wendet

eine historische Untersuchungsart an, um sie zu überprüfen.

[53] »Tendenziell ersetzt für ihn die eigene Wahrheitsfindung den Rekurs auf die apostolische Tradition«, schreibt Klein, G., Programm 206f. Diese These ist überspitzt, wie bereits Anm. 52 zeigt.

[54] Eine Untersuchung des Wortes ἄνωθεν und Belege für die Schriftsteller des Altertums bei du Plessis, I.I., Once More 267f.

[55] Klein, G., Programm 208.

[56] Vgl. Dionysos Halicarnassensis, Ant Rom I 6,1; vgl. van Unnik, W.C., Once More 17, der ebd. 18 an einem Eunapius-Beleg (Vitae Sophistarum I 1,3) die Beziehung zwischen der Gewissenhaftigkeit der Untersuchung und der daraus resultierenden Sicherheit aufzeigt.

die Syntax – normalerweise gehört ein Adverb zum folgenden Verb hinzu – auf letztere. Des Rätsels Lösung liefert möglicherweise der Hinweis auf den lukanischen Stil: Es ist eine Gewohnheit des Verfassers, lose Beziehungen nach vorne und hinten *gleichzeitig* herzustellen[57].

Καθεξῆς gehört zur Sprache eines Prologs[58]; die Bedeutung schwankt von »der Reihe nach« zu »im folgenden«. Der Hinweis auf die Ordnung[59] einer Darstellung zielt sowohl auf einen lückenlosen Umfang als auch auf eine chronologisch oder heilsgeschichtlich korrekte Reihenfolge sowie auf eine ausgewogene Komposition. Jedenfalls gibt das Adverb, sofern man es auf γράψαι bezieht, einen Hinweis auf die literarische Gestalt des Gesamtwerks.

Γράψαι[60] steht für die Kunst eines Schriftstellers und ist hier betont. Die christlichen Schriftsteller wagten bis tief ins 2. Jahrhundert hinein nur mit Entschuldigungen und Hemmungen literarische Werke zu veröffentlichen, da dies im Kontext des mündlichen Wortes und angesichts der Nähe der Parusie überheblich schien[61].

»Verehrter Theophilus«: Κράτιστος[62] ist im Neuen Testament nur noch in Apg 23,26; 24,3 und 26,25 in der Anrede offizieller Beamter (immer im Vokativ) belegt[63]. Darüber hinaus taucht der Terminus öfter in Widmungen literarischer Werke auf, deren Empfänger nicht unbedingt eine offizielle Stellung einnehmen (der ersten Verwendung entspricht lateinisch *egregius*, der zweiten *optimus*). Unser κράτιστε in Lk 1,3 zwingt also nicht zur Annahme, Theophilus sei ein offizieller Beamter höheren Ranges[64].

Theophilus ist ein bekannter Eigenname, dessen Urbedeutung den Eltern vielleicht noch bewußt war[65]; griechischen Ursprungs, wurde er auch von Juden übernommen. Abgesehen von der fraglichen Notiz in den Pseudo-Clementinen, Theophilus sei in Antiochien seßhaft gewesen[66], wissen wir nichts von ihm. Doch ist er eine historische Persönlichkeit und nicht der symbolische Träger »aller *amici* oder *amatores dei*, wie die Kirchenväter wollten«[67]. Der literarische Gebrauch von κράτιστε verbietet nicht zu folgern, daß er schon Christ geworden ist[68].

Ein Wort über den Namen Lukas, mit dem die kirchliche Tradition und besonders die

---

[57] Vgl. Cadbury, H.J., Commentary 504.

[58] Beispiele ebd. 504f.

[59] Lk 8,1; Apg 3,24; 11,4; 18,23.

[60] Zuerst: »kratzen«, »schaben«; dann: »Zeichen ritzen, um zu zeichnen oder schreiben«; schließlich: »schreiben«.

[61] Vgl. Vischer, L., Die Rechtfertigung der Schriftstellerei in der alten Kirche, ThZ 12 (1956) 320–336.

[62] Es handelt sich um einen Elativ; vgl. Cadbury, H.J., Commentary 505.

[63] Papyri und offizielle Dokumente belegen diesen Gebrauch reichlich; vgl. ebd. 505–507.

[64] Vgl. ebd.: »The word may be merely an illustration of conventionally formal, friendly, or flattering speech (cf. Theophrastus, Characteres, 5).«

[65] Das geht aus der Inschrift Θεόφιλος Φιλοθέου Λαμπτρεύς (»Theophilos Sohn des Philotheos [= der Gott Liebende] aus dem Demos der Lamptrer«) hervor (IG II² 788.8 [3. Jahrhundert v.Chr.]).

[66] Vgl. Pseudo-Clementinen, Rec X 71: »Der erste Mann der Stadt aber, Theophilus, weihte voll feuriger Begeisterung die große Basilika seines Palastes zur Versammlungsstätte der Gemeinde« (Übers. nach H. Veil, in: Hennecke, E., Neutestamentliche Apokryphen, Tübingen ²1924, 226).

[67] Klostermann 3.

[68] Mit Klostermann 3 gegen Zahn 57–58.

Handschriften das Ich aus V 3 identifizieren: Der Name ist wahrscheinlich Abkürzung des lateinischen Vornamens Λούκιος[69]. Ein treuer Freund des Paulus, Arzt von Beruf, trägt diesen Namen[70]. Die Tradition denkt an diesen Mann als Verfasser des Doppelwerkes.

4   V 4: Ἵνα führt einen Nebensatz ein, der das Ziel des Verfassers ausdrückt, das weder in seinem eigenen Ruhm noch in der Verteidigung eines Volkes noch in der Analyse der menschlichen Natur besteht, sondern im ἐπιγινώσκω seiner Leser. Ἐπιγινώσκω hat hier die Bedeutung »genau erkennen«[71], nachdem die Aufmerksamkeit auf (ἐπί) die Person oder die Sache gelenkt worden ist, meint also eine bewußte und erarbeitete Einsicht, nicht vollständiges Wissen[72].

Ἡ ἀσφάλεια ist die »Festigkeit«, übertragen die »Zuverlässigkeit«. Das Wort ist in Geschichtswerken, in der Justizsprache und in der Sphäre der politischen Macht als Ausdruck für die Zuverlässigkeit einer Information, einer Quelle, eines Dokuments oder eines Berichtes belegt, manchmal mit ἐπιγινώσκω oder mit γράφω verbunden[73]; so etwa in Apg 25,26: περὶ οὗ ἀσφαλές τι γράψαι τῷ κυρίῳ [dem Kaiser] οὐκ ἔχω. Wie damals Paulus in Apg 26 für Festus Informationen und Beweise beschaffte, so jetzt Lukas für Theophilus[74]. Absichtlich ist das Wort ἀσφάλεια emphatisch ans Ende der Periode gestellt[75].

Im Gefolge R. Bultmanns traf Lukas der Vorwurf, er ersetze die Glaubenswahrheit durch die Geschichtserkenntnis und die Glaubensentscheidung durch die auf Beweise gestützte Erkenntnis. In der Tat unternimmt Lukas Markus oder Q gegenüber etwas Neues: Bewußt will er neben der Predigt eine geschichtliche Betrachtung einführen. Dies geschieht nun aber gerade nicht aus Zweifel am Kerygma, sondern aus der vielleicht optimistischen Überzeugung heraus, daß die ehrliche Forschung die evangelische Wahrheit nur bestätigen kann. Es gibt für Lukas nur eine Wahrheit, eine Welt, und die Beweise sind für ihn (wie für seine Zeit im Unterschied zu unserem wissenschaftlichen Jahrhundert) immer rhetorische Argumente[76] im Bereich der Überzeugung und nicht der objektiven Evidenz. Welt und Wahrheit sind nicht wie für die heutige Wissenschaft rationalistisch auf das Sichtbare und

---

[69]   Andere Möglichkeiten: Abkürzung für die Namen lateinischer Herkunft Λουκίλιος oder Λουκανός; vgl. den Exkurs bei Zahn 735–738.

[70]   Vgl. Kol 4,14; Phlm 24; 2Tim 4,11.

[71]   Mit Moulton-Milligan s.v.

[72]   Freilich kann ἐπιγινώσκω auch »wiedererkennen«, »anerkennen« oder, ohne Nachdruck auf der Präposition, einfach »erkennen«, »bemerken« bedeuten; vgl. Bauer s.v.

[73]   Vgl. ebd. s.v. ἀσφαλής und Cadbury, H.J., Commentary 509.

[74]   Vgl. Apg 2,36: Ἀσφαλῶς οὖν γινωσκέτω πᾶς οἶκος Ἰσραήλ (»mit Gewißheit also erkenne das ganze Haus Israel«). Lukas führt historische Fakten an, um seinen theologischen Plan abzustützen; vgl. du Plessis, I.I., Once More 270.

[75]   Vgl. Cadbury, H.J., Commentary 509.

[76]   Vgl. die Suche nach Überzeugungsgründen bei Aristoteles, Rh I 1, 1355b, 7–12.25–26.

Verfügbare beschränkt. Freilich gehört nicht Gott selbst, wohl aber seine Stimme, sein Wort, seine vermittelte Handlung zu der Geschichte, die Lukas mit Fleiß und Begabung erforscht[77]. Lukas ist also nicht nur Historiker, sondern zugleich Evangelist und Zeuge[78].

Das Bedürfnis nach historischer Bestätigung ist sicher durch die chronologische Distanz und durch die widerspruchsvollen Gerüchte, Reden und Informationen über die Jesusbewegung, die sich schließlich in Kritik an der Kirche und ihrer Botschaft niederschlugen (wiederum suggeriert das Apg 25,26), geweckt worden. Die ἀσφάλεια der lukanischen Berichterstattung bezieht sich also auf den profanen wie auf den theologischen Bereich, weil sich das Heil in der Geschichte ereignete. Ein Leser wie Theophilus erhält daher konkrete historische Informationen, kann sich dabei aber zugleich den Inhalt des Glaubens zu eigen machen. Mit seiner Erzählung will Lukas sowohl überzeugen als auch bestätigen und verteidigen[79].

Die grammatikalischen Versuche der Exegeten, die Konstruktion περὶ ὧν κατηχήθης λόγων τὴν ἀσφάλειαν in ihre Elemente zu zerlegen, wirken manchmal peinlich[80]. Die Grundbedeutung von κατηχέω, »ertönen lassen« (τὸ ἦχος = »der Klang«), hat sich in unterschiedliche Richtungen entfaltet: »berichten«, »mitteilen« (passivisch: »erfahren«) auf der einen Seite, »unterweisen«, »belehren« (schon bei Paulus für die christliche Unterweisung in 1Kor 14,19 und Gal 6,6; auch bei Lukas in Apg 18,25; später technisch für den Katechismus in 2Cl 17,1) auf der anderen. Wie in Apg 21,21.24 liegt das Gewicht wohl auf der profanen Bedeutung »erfahren«. Die λόγοι bezeichnen verschiedene Gerüchte, das gepredigte Wort Gottes insgesamt (vgl. V 2) oder auch konkrete Jesusworte[81]. Angesichts der Unsicherheit des Theophilus, die mit dem Hin- und Hergerissenwerden zwischen kirchlicher Unterweisung und kritischen Bemerkungen oder gar falschen Gerüchten zusammenhängen dürfte, betont Lukas jedoch weniger die Wahrheit der λόγοι als ihre Zuverlässigkeit[82].

Zu den beiden Prologen des lukanischen Doppelwerkes bleibt festzuhalten, daß die Geschichte Jesu zweifellos wichtiger ist als die der Apostel (Lk 1,2 bestätigt diesen Sachverhalt). Die »Ereignisse« (V 1) reichen jedoch über die Himmelfahrt Jesu hinaus. Zugleich geht der Anspruch des Verfassers dahin, die erste Zeit der Kirche als Periode der Verbreitung des Wortes zu beschrei-

---

[77] Meine theologische Position ist der von du Plessis, I.I., Once More 271 und Samain, E., Evangile 65 nahe. Samain unterstreicht die theologische Verwandtschaft zwischen dem Plan des Lukas und der Geschichtsschreibung des Alten Testaments und des Judentums: Die Geschichte beweist nicht die Existenz Gottes, aber sie läßt sie erkennen.

[78] Vgl. Higgins, A.J.B., Preface 89–91.

[79] Van Unnik, W.C., Remarks 13–15 hebt die Bekräftigung der Wahrheit und Berichtigung von Unkorrektheiten hervor, Cadbury, H.J., Commentary 510 hingegen die Verteidi-

gung des Christentums, zu der sich Lukas anschickt.

[80] Schon Godet 90 erwähnte drei mögliche Konstruktionsweisen. Apg 18,25 konstruiert κατηχημένος mit dem Akkusativ der Beziehung, während Apg 21,21 auf περί zurückgreift; vgl. Bauer s.v. κατηχέω.

[81] Vgl. van Unnik, W.C., Remarks 13.

[82] Mit van Unnik, W.C., ebd. 13f, der unter anderem folgende Hypothese aufstellt: Die schon bekannte Wahrheit konnte Theophilos bereits in den Werken der πολλοί finden.

ben (V 3). Ohne es expressis verbis zu betonen, eröffnet der Prolog Lk 1,1–4 das gesamte Werk und nicht nur das Evangelium[83]. Damit erweist sich noch einmal, daß Lukas ein gebildeter Schriftsteller ist. Nach dem Prolog der Apostelgeschichte ist das Lukasevangelium »das erste Buch« des Gesamtwerkes (Apg 1,1). Das Wort διήγησις, das Lukas im Blick auf seine Vorgänger verwendet, käme wohl ebenso als Gattungsbezeichnung für seine eigenen Ausführungen in Frage, weil διήγησις auch die schriftstellerische Arbeit eines Historikers bezeichnen kann. Laut Apg 1,1 umfaßt sein erstes Buch das ganze Leben Jesu (ἤρξατο ... ἄχρι), obwohl Lukas in Apg 1,1 und 10,37 in Übereinstimmung mit der frühchristlichen Tradition erst mit der Taufe einsetzt (ἤρξατο ... ποιεῖν ...). Jesu Leben ist charakterisiert durch die nach Lukas auch in der Reihenfolge typische Komplementarität des Tuns und des Wortes. In Apg 1,2 legt Lukas großes Gewicht auf die Apostel, ihre Wahl und ihre Ausbildung: Sie schlagen die Brücke zwischen der Zeit Jesu und der Zeit der Kirche und sichern die Zuverlässigkeit der Botschaft. Die VV 3–8 geben Einblick in das folgende Buch, und in V 8 umschreibt der Auferstandene selbst den Inhalt der Apostelgeschichte. Für diesen theologischen Gewinn zahlt Lukas jedoch im literarischen Bereich einen hohen Preis. Denn nach einem stilistisch guten Anfang in V 1 folgt ab V 2 eine nicht stilgemäße Weiterführung: die begonnene Satzperiode wird nicht fortgesetzt, dem μέν aus V 1 steht kein δέ gegenüber, die Syntax der VV 2–3 ist nicht korrekt.

Zusammen- Im Prolog Lk 1,1–4 legt Lukas seine literarische, geschichtliche und theologi-
fassung   sche Absicht offen dar. Deutlich bringt er zum Ausdruck, wie sehr ihm die zeitliche Distanz zu den Ereignissen, über die er berichten will, bewußt ist. Zugleich tritt seine schriftstellerische Autonomie in den Blick.
Während Lukas die Vermittlerrolle der Augenzeugen mit Anerkennung und Bewunderung akzeptiert, gibt er sich gegenüber den Schriftstellern vor ihm distanzierter. Er weiß sich zwar in einer Reihe mit den πολλοί, er gehört zu ihnen, stellt aber den Anspruch, mehr und zugleich Besseres, d.h. geschichtlich zuverlässigere Informationen literarisch korrekt weiterzugeben.
Inhaltlich beschreibt Lukas mehrdimensionale Ereignisse: die Werke, die Gott durch Jesus bewirkt hat, einschließlich der sie weitertragenden Zeugnisse der Apostel, die ihrerseits zwar ein Teil der Geschichte sind, zugleich aber auch Heilsbedeutung haben. Sie betreffen die heutigen Christen so sehr, daß Lukas sagen kann, sie seien in unserer Mitte geschehen.
Wie die geschilderten Ereignisse geschichtliche (πράγματα) und zugleich heilsgeschichtliche (πεπληροφορημένα) Bedeutung haben (V 1) und die Apostel Augenzeugen und Wahrheitszeugen in einem sind (V 2), so begleitet die Erkenntnis den Glauben, d.h. wirkt die historiographische Tätigkeit des Lu-

---

[83] Nach Klein, G., Programm 215f fallen das Zurückgreifen auf die Geschichtsschreibung und die Berufung auf die Apostel zusammen, da sich ja das Apostolat in der Geschichte er- weist. Zwischen dem Lukas-Prolog und der Apostelgeschichte besteht eine theologische Beziehung.

kas mit den kerygmatischen Überlieferungen der Kirche zusammen. Dadurch können die Leser, die über den christlichen Glauben nur halb oder gar falsch informiert wurden, genau erfahren, worum es geschichtlich ging und existenziell geht.

Bescheiden wirkt Lukas, wenn man ihn mit dem Seher von Patmos vergleicht, der eine neue Offenbarung empfing und verkündigt, anspruchsvoll ist er hingegen in seinem Drang nach Ordnung, Zuverlässigkeit, Kunst und theologischer Disposition des Zeitablaufs. Denn das Bewußtsein des zeitlichen Abstandes zu den damaligen Ereignissen geht bei Lukas einher mit der unbedingten Zuversicht, daß die Kirche, die Augenzeugen und die Heilsereignisse als Einheit zusammengehören.

Das Kindheitsevangelium (1,5–2,52)

Literatur: *Anderson, J.G.*, Mary's Difference. Gender and Patriarchy in the Birth Narratives, JR 67 (1987) 183–202; *Beauduin, A.*, The Infancy Narratives, a Confession of Faith (Texts from Lk 1), LV.E 39 (1984) 167–177; *Beckwith, R.T.*, St. Luke, the Date of Christmas and the Priestly Courses at Qumran, RdQ 9 (1977) 73–94; *Brodie, L.T.*, A New Temple and a New Law. The Unity and Chronicler–based Nature of Lk 1,1–4, 22a, JSNT 5 (1979) 21–45; *Brown, R.E.*, Birth; *ders.*, Gospel Infancy Narrative Research from 1976 to 1986. Part II (Luke), CBQ 48 (1986) 660–680; *Brunner-Traut, E.*, Die Geburtsgeschichte der Evangelien im Lichte ägyptologischer Forschungen, ZRGG 12 (1960) 97–111; *Cabaniss, A.*, Christmas Echoes at Paschaltide, NTS 9 (1962/1963) 67–69; *Conybeare, F.C.*, Ein Zeugnis Ephräms über das Fehlen von Kapitel 1 und 2 im Texte des Lukas, ZNW 3 (1902) 192–197; *Craig-Faxon, A.*, Women and Jesus, Philadelphia 1973; *Davies, J.H.*, The Lucan Prologue (1–3). An Attempt at objective Redaction Criticism, StEv VI (1973) 78–85 (TU 112); *Derrett, J.D.M.*, Further Light on the Narratives of the Nativity, NT 17 (1975) 81–108 (= *ders.*, Studies in the New Testament, II, London 1978, 4–32); *Dibelius, M.*, Jungfrauensohn; *Diez, Macho, A.*, Dêráš y exégesis del Nuevo Testamento, Sef. 35 (1975) 37–89; *Drewermann, E.*, Dein Name ist wie der Geschmack des Lebens. Tiefenpsychologische Deutung der Kindheitsgeschichte nach dem Lukasevangelium, Freiburg i.Br. 1986; *Dubois, J.-D.*, De Jean-Baptiste à Jésus; *Erdmann, G.*, Die Vorgeschichten des Lukas- und Matthäus-Evangeliums und Vergils vierte Ekloge, Göttingen 1932 (FRLANT 48); *Escudero Freire, C.*, Devolver; *Farris, S.*, Hymns; *Feuillet, A.*, Jésus et sa mère d'après les récits lucaniens de l'enfance et d'après S. Jean. Le rôle de la Vierge Marie dans l'histoire du salut et la place de la femme dans l'Eglise, Paris 1974; *ders.*, Quelques observations sur les récits de l'enfance chez S. Luc, AmiCl 82 (1972) 721–724; *Firpo, G.*, Il problema cronologico della nascita di Gesù. Con una nota di F. Fabbrini, Brescia 1983 (BCR 42); *Ford, J.M.*, Zealotism and the Lucan Infancy Narratives, NT 18 (1976) 280–292; *George, A.*, La mère de Jésus, in: *ders.*, Etudes 429–463; *ders.*, Le parallèle entre Jean-Baptiste et Jésus en Lc 1–2, in: Mélanges Bibliques (FS B. Rigaux), hrsg. v. A. Descamps und A. de Halleux, Gembloux 1970, 147–171 (= *ders.*, Etudes 43–65); *Gibbs, J.M.*, Mk 1,1–15; Mt 1,1–4,16; Lk 1,1–4,30; Jo 1,1–51. The Gospel Prologues and their Function, StEv 6 (1973) 154–188 (TU 112); *Globe, A.*, Some Doctrinal Variants in Matthew 1 and Luke 2, and the Authority of the Neutral Text, CBQ 42 (1980) 52–72; *Glöckner, R.*, Verkündigung 68–

124; *Goulder, M.D. – Sanderson, M.L.,* St. Luke's Genesis, JThS 8 (1957) 12–30; *Grelot, P.,* La naissance d'Isaac et celle de Jésus. Sur une interprétation »mythologique« de la conception virginale, NRTh 94 (1972) 462–487.561–585; *Gryglewicz, F.,* Die Herkunft der Hymnen des Kindheitsevangeliums des Lukas, NTS 21 (1974/1975) 265–273; *Gueuret, A.,* L'engendrement; *dies.,* Luc I–II. Analyse sémiotique, Sémiotique et Bible 25 (1982) 35–42; *Gunkel, H.,* Die Lieder in der Kindheitsgeschichte Jesu bei Lukas, in: Festgabe von Fachgenossen und Freunden . . . dargebracht (FS A. von Harnack), Tübingen 1921, 43–60; *Higgins, A.J.B.,* Luke 1–2 in Tatian's Diatessaron, JBL 103 (1984) 193–222; *Himmler, D.L.,* History and Christology in the Lucan Infancy Narratives, Diss. Cath. Univ. of America 1971; vgl. DissAb 32 (1971) 2177–A; *Isaacs, M.E.,* Mary in the Lucan Infancy Narratives, Way, Suppl. 25 (1975) 80–95; *Kassel, M.,* Weibliche Aspekte im lukanischen Kindheitsevangelium, Diak. 15 (1984) 391–397; *Kirchschläger, W.,* Beobachtungen zur Struktur der lukanischen Vorgeschichten Lk 1–2, BiLi 57 (1984) 244–251; *Krafft, E.,* Die Vorgeschichten des Lukas. Eine Frage nach ihrer sachgemäßen Interpretation, in: Zeit und Geschichte (FS R. Bultmann), hrsg. v. E. Dinkler, Tübingen 1964, 217–223; *Larson, S.,* The 26th Edition of the Nestle-Aland Novum Testamentum Graece. A Limited Examination of its Apparatus, JSNT 1981, Nr. 12, 53–58; *Laurentin, R.,* Bulletin sur la Vierge Marie, RSPhTh 65 (1981) 123–154.299–335; *ders.,* Enfance; *ders.,* Structure et théologie de Luc I–II, Paris 1957 (EtB); *ders.,* Traces d'allusions étymologiques en Luc 1–2, Bib. 37 (1956) 435–456; 38 (1957) 1–23; *ders.,* Vérité des Evangiles de l'enfance, NRTh 105 (1983) 691–710; *Lauverjat, M.,* Luc 2. Une simple approche, Sémiotique et Bible 27 (1982) 31–47; *Leaney, R.,* The Birth Narratives in St Luke and St Matthew, NTS 8 (1961/1962) 158–166; Luc I–II, Sémiotique et Bible 3 (1976) 6–25; *Malet, A.,* Les évangiles de Noël. Mythe ou réalités, Paris 1971 (Alethina 1); *Mann, C.S.,* The Historicity of the Birth Narratives, in: Historicity and Chronology in the New Testament, hrsg. v. D.E. Nineham, London 1965 (TCSPCK 6), 46–58; *McHugh, J.,* The Mother of Jesus in the New Testament, London 1975; *Meagher, G.,* The Prophetic Call Narrative, IThQ 39 (1972) 164–177; *Mees, M.,* Lukas 1–9 in der Textgestalt des Codex Bezae. Literarische Formen im Dienste der Schrift, VetChr 5 (1968) 89–110; *Meynet, R.,* Quelle est donc cette parole? Lecture »rhétorique« de l'évangile de Luc (1–9; 22–24), A, Paris 1979 (LeDiv 99), 149–165; *Minear, P.S.,* Luke's Use of the Birth Stories, in: Studies in Luke-Acts (FS P. Schubert), hrsg. v. L.E. Keck und J.L. Martyn, Philadelphia ²1980, 111–130 (= *ders.,* Die Funktion der Kindheitsgeschichten im Werk des Lukas in: Lukas-Evangelium 204–235); *Moloney, F.J.,* The Infancy Narratives. Another View of R.E. Brown's ›The Birth of the Messiah‹, CleR 64 (1979) 161–166; *Muñoz Iglesias, S.,* Los Cánticos del Evangelio de la Infancia segun San Lucas, Madrid 1983; *ders.,* Estructura y teología de Lucas I–II, EstB 17 (1958) 101–107; *ders.,* El evangelio de la infancia en S. Lucas y las infancias de los héroes bíblicos, EstBíb 16 (1957) 329–382; *ders.,* Los Evangelios de la Infancia, III, Nacimiento e infancia de Juan y de Jesús en Lucas 1–2, Madrid 1987 (BAC 488); *ders.,* Maria y la Trinidad en Lucas 1–2, Estudios Trinitarios 19 (1985) 143–161; *ders.,* Midráš y evangelios de la infancia, EstBíb 47 (1972) 331–359; *Neirynck, F.,* L'évangile de Noël selon S. Luc, Paris/Bruxelles 1960 (EtRel 749); *Norden, E.,* Die Geburt des Kindes. Geschichte einer religiösen Idee, Leipzig/Berlin 1924 (SBW 3) (Nachdr. Darmstadt 1958); *Oliver, H.H.,* The Lucan Birth Stories and the Purpose of Luke-Acts, NTS 10 (1963/1964) 202–226; *Perrot, C.,* Les récits de l'enfance de Jésus. Matthieu 1–2. Luc 1–2, CEv 18 (1976) 35–72; *Redford, J.,* The Quest of the Historical Epiphany. Critical Remarks on R.E. Brown's ›The Birth of the Messiah‹, CleR 64 (1979) 5–11; *Resch, A.,*

Aussercanonische Paralleltexte zu den Evangelien, III, Das Kindheitsevangelium nach Lucas und Matthaeus unter Herbeiziehung der aussercanonischen Paralleltexte quellenkritisch untersucht, Leipzig 1897 (TU 10,5); *Richard, L.*, L'Evangile de l'Enfance et le décret impérial, in: Mémorial J. Chaine, Lyon 1950 (Bibliothèque de la Faculté catholique de Théologie de Lyon 5), 297–308; *Ryoo, S.W.*, The Lucan Birth Narratives and the Theological Unity and Purpose of Luke-Acts, Diss. Boston University of Theology 1969; vgl. DissAb 30 (1970) 4539–A; *Rossmiller, C.J.*, Prophets and Disciples in Luke's Infancy Narrative, BiTod 22 (1984) 361–365; *Sahlin, H.*, Messias; *Schürmann, H.*, Aufbau, Eigenart und Geschichtswert der Vorgeschichte Lk 1–2, BiKi 21 (1966) 106–111 (= *ders.*, Untersuchungen 198–208); *Schweizer, E.*, Zum Aufbau von Lukas 1 und 2, in: Intergerini Parietis Septum (Eph. 2,14) (FS M. Barth), hrsg. v. D.Y. Hadidian, Pittsburgh, Pa., 1981, 309–335 (= *ders.*, Neues Testament und Christologie im Werden. Aufsätze, Göttingen 1982, 11–32); *Stenger, H.*, Die Wiederentdeckung der Bilder. Überlegungen zu E. Drewermanns Deutung der lukanischen Kindheitsgeschichte, TGA 30 (1987) 232–241; *Tam, D.S.*, The Literary and Theological Unity between Lk 1–2 and Lk 3 – Acts 28, Diss. Duke 1978; vgl. DissAb 39 (1978s) 5663/5664–A; *Tatum, W.B.*, The Epoch of Israel. Luke I–II and the Theological Plan of Luke-Acts, NTS 13 (1966/1967) 184–195 (= *ders.*, Die Zeit Israels. Lukas 1–2 und die theologische Intention der lukanischen Schriften, in: Lukas-Evangelium 317–336); *Tsuchiya, H.*, The History and the Fiction in the Birth Stories of Jesus. An Observation on the Thought of Luke the Evangelist, AJBI 1 (1975) 73–90; *Venetz, H.J.*, Kindheitsgeschichten für Erwachsene. Zur Bedeutung der neueren Exegese für die Verkündigung, Diak. 7 (1976) 390–402; *Vögtle, A.*, Offene Fragen zur lukanischen Geburts- und Kindheitsgeschichte, BiLe 11 (1970) 51–67 (= *ders.*, Evangelium 43–56); *Wilson, R.M.*, Some Recent Studies in the Lucan Infancy Narratives, StEv 1 (1959) 235–253 (TU 73); *Winandy, J.*, Autour de la naissance de Jésus. Accomplissement et prophétie, Paris 1970 (Lire la Bible 26); *Wink, W.*, John the Baptist in the Gospel Tradition, Cambridge 1968 (MSSNTS 7).

Lk 1,5–2,52 bildet eine Einheit. Der kurze Prolog (1,1–4) mit seiner metalinguistischen Ebene steht allein für sich; mit dem großen Synchronismus (3,1) beginnt dann das Evangelium im traditionellen Sinn des Markus mit der Botschaft des Täufers. 1,5–2,52 besteht also für sich als Zyklus der Geburt des Täufers und des Messias. Ein und dieselbe Thematik, gleiche Gattungen und ein einheitlicher Stil prägen diese Einheit.

    Analyse

Der Anfang einer neuen Intervention Gottes ist narrativ durch die wunderbaren Geburten gesetzt. Dies ist die Vorphase des Lebens und Loses des Messias. Die vorliegende Gattung kann nur bedingt als Midrasch bezeichnet werden, denn zum Wesen des Midrasch gehört die Aktualisierung einer vorausgegangenen Offenbarung. Hier stellen die Erzählungen Berichte über Ereignisse dar, die das Wort Gottes überhaupt erst verursacht. Ihre Verfasser wollen die bisherigen schriftlich fixierten Offenbarungsinhalte durch neuere Berichte bereichern. Aufs Ganze gesehen ist die Gattung die der alttestamentlichen Historiographie, z.B. die des Richterbuches, hinsichtlich der kleinen Einheiten die der Personallegenden und der Hymnen. Wir stehen hier vor dem Phänomen der Nachtextualität[1]. Die gleiche Tendenz beherrscht die Zyklen der Apostelgeschichte, die sich oftmals an die Evangelien anlehnen und sie nachzuahmen suchen.

Zu den einfachen Mitteln der Gliederung dieser beiden Kapitel durch Ort, Zeit, Personen und Handlungen kommen stilistische und formale: Die Erzählungen sind mit Hymnen durchsetzt. Sind diese Hymnen refrainartige hermeneutische Schlüssel des Ganzen (A. Gueuret)[2] oder, wie andere Exegeten vermuten, künstlich vom letzten Verfasser interpolierte Elemente[3]? Die auffallenden Parallelen im Blick auf Johannes und Jesus haben natürlich alle Leser bemerkt. Aber sind sie einfach als Symmetrie im Sinn der Lebensgeschichten Plutarchs[4] konzipiert? Oder eignet ihnen eine bewußte Ungleichheit zugunsten Jesu?[5] Die Beurteilung des Parallelismus hängt nicht nur von stilistischen Beobachtungen, sondern auch vom Gewicht und von der Art der Quellen ab. So enthält Kap. 2,21–52 Einzelelemente, auf die Lukas auf keinen Fall verzichten will, obwohl sie das literarische Gleichgewicht stören, dafür aber Jesus stärker hervorheben (vgl. im Johannesevangelium die Zufügung des Nachtragskapitels 21). Die Störung des Gleichgewichts ist aber nicht gleichbedeutend mit einer Störung der Harmonie[6]. Auch sind die Verkündigungsinhalte insgesamt wie auch die Geburtsdarstellungen nicht völlig analog. Lukas hat das ihm überkommene Material über den Täufer und über Jesu Geburt koordiniert durch die Begegnung von Maria und Elisabet, die eine einheitliche Legende über den Täufer unterbricht. Zudem hat er die beiden Legenden auch nicht einfach nacheinander erzählt, sondern ineinandergeflochten, so daß die jeweilige Verkündigung und Geburt parallel zueinander verlaufen. Symmetrie herrscht also in zwei Hauptwellen (1,5–25 // 1,26–38 und 1,57–66 // 2,1–40); die erste wird durch die Begegnung der beiden Mütter und die zweite durch den Bericht von der Überlegenheit des zwölfjährigen Jesus im Tempel (2,41–52) abgeschlossen. Die von R. Laurentin und M. Dibelius inspirierte Struktur bei W. Wink ist *paradigmatisch* mit der Zwei und *syntaktisch* mit der Drei bestimmt. In der vorliegenden Reihenfolge haben wir also sechs Untereinheiten vor Augen, die sich wie Paare verhalten:

A   Die Ankündigung der Geburt Johannes des Täufers (1,5–25)
A′   Die Ankündigung der Geburt Jesu, des Messias (1,26–38)
   B   Die Begegnung zwischen Maria und Elisabet (1,39–56)
     C   Die Geburt Johannes des Täufers (1,57–80)
        a)   Geburt (1,57–66)
        b)   Begrüßung (1,67–80)

---

[1]   Vgl. Genette, G., Palimpsestes. La littérature au second degré, Paris 1982, 11f (Poétique).
[2]   Vgl. Gueuret, A., Engendrement 295.
[3]   Vgl. Brown, R.E., Birth 244.
[4]   Vgl. Plutarch, Vitae parallelae, hrsg. v. C.

Lindskog und K. Ziegler, 8 Bde., Leipzig 1914–1939; Übersetzung: Große Griechen und Römer, hrsg. v. K. Ziegler und W. Wuhrmann, 6 Bde., Zürich 1954–1964.
[5]   Schema bei Brown, R.E., Birth 248f.
[6]   Vgl. Wink, W., John the Baptist 59.

C' Die Geburt Jesu, des Messias (2,1–40)

    a) Geburt (2,1–21)

    b) Begrüßung (2,22–40)

    D Jesus im Tempel (2,41–52).

Formgeschichtlich gehören die beiden Kapitel zu den jüngsten Gattungen der synoptischen Tradition. Schon die Länge der Einheiten, aber auch ihr biographisches Interesse verraten den Stil der Personallegende. Es wurde viel zu wenig beachtet, daß diese Einheiten den Zyklen der Apostelgeschichte gleichen. Besonders Lk 1,5–80 ist strukturell der Geschichte des Kornelius ähnlich:

a) Ein »vorchristlicher« Gerechter empfängt eine göttliche Botschaft (Lk 1,5–25; Apg 10,1–8)

b) Um annähernd die gleiche Zeit empfängt eine »christliche« Gestalt eine göttliche Botschaft (Lk 1,26–38; Apg 10,9–23).

c) Begegnung der beiden Personen und christliches Kerygma (Lk 1,39–56; Apg 10,24–43).

d) Eintreten des Angekündigten und seine Folgen (Lk 1,57–80; Apg 10,44–11, 18).

Wichtig ist für mich, daß Lukas von Haus aus eigenständige Traditionen oder Texte (einerseits die Verkündigung an Maria und die Heimsuchung, andererseits die Vision des Petrus) in geschlossene Legenden einfügt. Auch die Gebete und Reden sind mit Material anderer Herkunft angefüllt (*Magnificat* und *Benedictus* einerseits, die beiden Reden des Petrus in Apg 10,34–43 und 11,5–17 andererseits).

So können wir Lk 1 in folgende Elemente aufteilen (»Dekomposition«[7]): eine Personallegende über die Geburt des Täufers, eine Verkündigungsszene an Maria, eine Begegnung von Maria und Elisabet und zwei Lieder. Die hermeneutische Funktion der Reden oder der Gebete sagt noch nichts über ihre Herkunft: Traditionelles Material wie *Magnificat* und *Benedictus* kann sehr wohl eine redaktionelle Funktion übernehmen. Die Herkunft der Engelsbotschaften (1,13–17 und 1,30–33.35) wird im Lauf der Exegese deutlicher werden.

Verglichen mit den Gleichnissen, Wunderberichten oder Apophthegmen gehören die Legenden aus Lk 1 einer späteren Phase der Entwicklung an. Ihre Herkunft ist schwierig zu lokalisieren. Die immer wieder bemerkten[8] Semitismen[9] – freilich oft nur Septuagintismen – sind mit lukanischen Redeweisen verflochten, so daß Lukas als der eigentliche, als der Endverfasser dieser Kapitel gelten muß und die Vorgeschichte in seinen theologischen Entwurf zu integrieren ist[10]. Für die Annahme einer semitischen Vorlage gibt es keinen zwingenden Grund. Lukas verwendet eher griechische, ver-

---

[7] Dibelius, M., Jungfrauensohn 2.

[8] Vgl. Benoit, P., Enfance.

[9] Wohl eher Hebraismen als Aramaismen, wie Benoit, P., ebd. 171 Anm. 4 meint.

[10] Mit Perrot, Ch., Récits 35; Gueuret, A., Engendrement 297; Bovon, F., Luc le théologien 64.279 Anm. 5.

mutlich bereits schriftlich fixierte Quellen[11], die jedenfalls schon eine feste Struktur aufweisen.

Die Sprache ahmt die der Septuaginta nach und erweist, daß der Verfasser in der legitimen Nachfolge der Schrift stehen will. Es geht ihm nicht darum, einen bestimmten Bericht zu aktualisieren, sondern durch die Übernahme des Stils die heilige Geschichte weiterzuführen (deshalb die vielen »Zitate« und Motive aus Geburtsgeschichten des Alten Testaments[12]). Während die Legenden des Matthäus semitischen Ursprungs sind, liegt hier jüdische Tradition in griechischer Sprache vor. Ihre Herkunft aus der Täuferbewegung ist (gegen P. Benoit und W. Wink[13]) wahrscheinlich, da der Täufer in der Legende in keiner Weise herabgesetzt wird und auch nicht nur Vorläufer ist.

Formgeschichtlich muß man die beiden Legenden als zwei unabhängige Einheiten betrachten, die erst Lukas in der Art Plutarchs parallel erzählt hat, wobei die christlichen Spuren in der Geburtslegende des Täufers winzig sind. Aber die Geschichte der Geburt Jesu ist nicht deren sklavische Nachahmung, schließlich waren Johannesschüler und Jesusjünger eine Zeitlang Konkurrenten. Lukas hat daher diese Konkurrenz in eine *concordia* umgewandelt. Was ihm später für Petrus und Paulus so glänzend gelang, versuchte er hier schon für Johannes und Jesus[14].

Jene christliche Bewegung zu ermitteln, der die Verkündigung an Maria, die Heimsuchung und die Geburt Jesu entstammt, ist schwierig. Jedenfalls folgt Lukas der Spur des Paulus und der Hellenisten, während Matthäus der petrinischen Tradition nähersteht. Die Hellenisten haben diese Überlieferungen möglicherweise vom judenchristlichen Kreis des Herrenbruders Jakobus übernommen. Demgegenüber ist die Hypothese, die von Lukas tradierte Erinnerung Marias gingen auf den Apostel Johannes zurück (Joh 19,25–27), rein spekulativ und apologetisch. Stilistisch gehören die Erzählungen der Kap. 1–2 in das gleiche Stadium wie zahlreiche andere des Sonderguts und der Zyklen der Apostelgeschichte. Nicht ohne Grund hat man ihre ästhetische Schönheit oft bewundert.

Die Verkündigung an Zacharias (1,5–25)

Literatur: *Balz, H.*, Art. λειτουργία κτλ., in: EWNT II (1981) 858–861; *Benoit, P.*, L'enfance de Jean-Baptiste selon Luc 1, NTS 3 (1956/57) 169–194 (= ders., Exégèse et théologie, III, Paris 1968, 165–196) (zitiert nach der Zeitschrift); *Berger, C.*, Die literarische Eigenart von Lk 1,5–38. Zum Sprachstil der Evangelien, Diss. masch. Jena 1972; vgl. ThLZ 98 (1973) 153–156; *Betz, O.*, Art. μέγας κτλ., in: EWNT II (1981) 982–987;

---

[11] »Il valait la peine d'énumérer ces cas qui résistent à l'hypothèse d'un document hébreu; ils sont nettement plus nombreux que ceux auxquels on demande la preuve d'un tel document« (Benoit, P., Enfance 175).

[12] Vgl. Benoit, P., ebd. 177. Für die formellen Zitate vgl. die Zusammenstellung bei Gueu-

ret, A., Engendrement 273–281, die fünf moderne Ausgaben oder Übersetzungen miteinander vergleicht.

[13] Darstellung und Kritik dieser Hypothese bei Wink, W., John the Baptist 60–71.

[14] Vgl. George, A., Parallèle.

Brown, R.E., Birth 1–38.232–269; *Dibelius, M.*, Jungfrauensohn 1–9; *Dörner, M.*, Heil 15–42; *Dubois, J.-D.*, De Jean-Baptiste à Jésus 15–42; *ders.*, La figure d'Elie dans la perspective lucanienne, RHPhR 53 (1973) 155–176; *Escudero Freire, C.*, Devolver 55–66; *Fearghail, F.O.*, The Literary Forms of Lc 1,5–25 and 1,26–38, Mar. 43 (1981) 321–344; *George, A.*, Le parallèle entre Jean-Baptiste et Jésus en Lc 1–2 in: Mélanges bibliques (FS B. Rigaux), hsrg. v. A. Descamps und A. de Halleux, Gembloux 1970, 147–171 (= *ders.*, Etudes 43–65); *Gueuret, A.*, Engendrement 31–65; *Hahn, F.*, Hoheitstitel 371–374; *Hubbard, B.J.*, Commissioning, Stories in Luke-Acts. A Study of their Antecedents, Form and Content, Semeia 8 (1977) 103–126; *Klaiber, W.*, Eine lukanische Fassung des Sola Gratia. Beobachtungen zu Lk 1,5–56, in: Rechtfertigung (FS E. Käsemann), hrsg. v. J. Friedrich u.a., Tübingen/Göttingen 1976, 211–228; *Laurentin, R.*, Enfance 178–183 und passim; *ders.*, Structure et théologie de Luc I–II, Paris 1957 (EtB), 32–42; *Leaney, R.*, The Birth Narratives in St Luke and St Matthew, NTS 8 (1961/62) 158–166; *Lohfink, G.*, Sammlung 17–23; *Perrot, C.*, Les récits de l'enfance de Jésus. Matthieu 1–2. Luc 1–2, CEv 18 (1976) 40–42; *Sahlin, H.*, Messias 70–97; *Sussarellu, B.*, De praevia sanctificatione praecursoris. Quaestio exegetica in Luc. 1,15.41–44, SBFLA 3 (1952/53) 37–110; *Wilckens, U.*, Das christliche Heilsverständnis nach dem Lukasevangelium, in: Das Heil der Welt heute, hrsg. v. P.A. Potter, Stuttgart/Berlin 1973, 65–74; *Wink, W.*, John the Baptist in the Gospel Tradition, Cambridge 1968 (MSSNTS 7), 58–86; *Winter, P.*, Lukanische Miszellen, I. Lk 1,17 und Ben Sira 48,10 Heb., ZNW 49 (1958) 65–66; *ders.*, Ὅτι ›recitativum‹ in Lk 1,25.61; 2,23, ZNW 46 (1955) 261–263 (= HThR 49 [1955] 213–216).

5 Es geschah in den Tagen des Herodes, des Königs von Judäa, da war ein Priester mit Namen Zacharias aus der Klasse des Abia, und er hatte eine Frau aus den Töchtern Aarons, und ihr Name war Elisabet. 6 Sie waren beide gerecht vor Gott und wandelten untadelig in allen Geboten und Satzungen des Herrn. 7 Und sie hatten kein Kind, weil Elisabet unfruchtbar war, und beide waren schon in vorgerücktem Alter. 8 Da geschah es, als er nach der Ordnung seiner Klasse Priesterdienst vor Gott tat, 9 da traf ihn nach der Sitte des Priesterdienstes das Los, in den Tempel des Herrn hineinzugehen, um das Räucheropfer darzubringen, 10 und die ganze Menge des Volkes betete draußen zur Stunde des Räucheropfers. 11 Da erschien ihm ein Engel des Herrn, der rechts vom Räucheraltar stand. 12 Und Zacharias wurde erschüttert, als er es sah, und Furcht fiel auf ihn. 13 Es sprach aber der Engel zu ihm: Fürchte dich nicht, Zacharias, denn dein Gebet ist erhört worden, und deine Frau Elisabet wird dir einen Sohn zur Welt bringen, und du wirst seinen Namen Johannes nennen. 14 Und er wird dir Freude und Jubel bringen, und viele werden sich über seine Geburt freuen. 15 Denn er wird groß werden vor dem Herrn, und Wein und Rauschtrank wird er nicht trinken, und mit heiligem Geist wird er erfüllt werden schon im Mutterleib, 16 und viele der Kinder Israels wird er zum Herrn, ihrem Gott, kehren. 17 Und er wird vor ihm hergehen in Geist und Kraft Elijas, um Herzen von Vätern zu den Kindern zu kehren und Ungehorsame zur Einsicht der Gerechten – vorzubereiten dem Herrn ein gerüstetes

Volk. 18 Und Zacharias sprach zum Engel: Woran soll ich das erkennen? Denn ich bin alt, und meine Frau ist betagt. 19 Und der Engel antwortete und sprach zu ihm: Ich bin Gabriel, der vor Gott steht, und wurde gesandt, zu dir zu reden und dir diese Frohbotschaft zu bringen. 20 Und siehe, du wirst stumm sein und nicht reden können bis zu dem Tag, daß dies geschieht, weil du meinen Worten nicht geglaubt hast, die erfüllt werden auf ihre Zeit hin. 21 Und das Volk wartete auf Zacharias und wunderte sich, daß er so lange im Tempel verweilte. 22 Als er aber herauskam, konnte er nicht zu ihnen reden, und sie erkannten, daß er eine Vision im Tempel gesehen hatte, und er winkte ihnen zu und blieb stumm. 23 Und es geschah, als die Tage seines Dienstes erfüllt waren, zog er weg in sein Haus. 24 Nach diesen Tagen wurde Elisabet, seine Frau, schwanger und verbarg sich fünf Monate und sagte: 25 So hat mir der Herr getan in den Tagen, in denen er darauf sah, meine Schmach unter den Menschen wegzunehmen.

Analyse   Es sei darauf hingewiesen, daß »die Erzählung von der Zacharias-Verkündigung und der Geburt des Täufers Eigenform und Eigenwert, Rundung, Stil und Pointe« hat; beide Teile der Erzählung (1,5–25 und 1,57–80) hängen zusammen und »bilden eine echte Personallegende, die die Bedeutung ihres Helden an den Ereignissen seiner Erzeugung und Geburt darstellt.«[15]

Lukas überliefert den jüdischen Rahmen und die Details der jüdischen Zeremonien fast fehlerlos[16]. Man spürt keine Kritik am Tempel und am Priestertum, wie es von einem essenischen Bericht zu erwarten wäre[17]. Was vom Tempel herkommt, ist erneuerte Prophetie, wie sie für die Bewegung des Täufers charakteristisch ist.

Es ist nicht ausgeschlossen, daß spätere christliche Schriftsteller ähnlich wie Lukas gearbeitet haben. Mk 6 bezeugt, daß sich über den Täufer wie über Jesus eine Reihe von Legenden verbreitet hatten: mindestens über seine Geburt, seine Taufe, seine Botschaft und seinen Tod. Auch Josephus und die Existenz der Sekte der Mandäer zeigen seine Wirkung. Hüter dieser Erinnerungen und Verantwortliche der weiteren Entwicklung waren zunächst die Jünger des Täufers[18].

Die Elemente der Legende sind: VV 5–7: Die Vorstellung der Eltern, die Spannung zwischen ihrer Gerechtigkeit und ihrer Kinderlosigkeit, die auf eine Erzählung hoffen läßt[19]. VV 8–12: Der Anfang der Geschichte: Gott benutzt die

---

[15] Dibelius, M., Jungfrauensohn 3.
[16] Nach Lukas gab es einen feierlichen Augenblick, während dem sich der diensttuende Priester allein im »Heiligen« (dem »Allerheiligsten« vorgelagerter Raum) befand. Entspricht diese Einzelheit der Wahrheit? Vgl. dazu Billerbeck, P., Ein Tempelgottesdienst in Jesu Tagen, ZNW 55 (1964) 1–17.
[17] Diesen Umweg über Qumran darf man sich füglich ersparen. Die Essener waren nicht die einzigen, die sich in die Wüste zurückzo-

gen; vgl. die Täuferbewegung und Bannus (Josephus, Vita 11).
[18] Gnilka, J., Markus I 246 zögert, Mk 6,14–29 der Täuferüberlieferung zuzuschreiben; doch seine Lösung einer im Volk umlaufenden Geschichte ist eher vage.
[19] Vielleicht läßt sich diese anfängliche Spannung mittels der Kategorien des Märchens verstehen, z.B. als Mangelsituation; vgl. Propp, V., Morphologie des Märchens, München 1972, 39f.

institutionelle Begegnung mit Zacharias, um sich charismatisch zu offenbaren. Trotz Jes 6 hat die Szene keine Entsprechung im Alten Testament, wohl aber in der rabbinischen Literatur[20]. VV 13–17: Die Botschaft des Engels (trotz ihrer rhythmischen Form nicht wie in Nestle[26] als Poesie abzuheben)[21]. VV 18–20: Gut alttestamentlich verlangt Zacharias ein Zeichen[22]. Da er aber im Unglauben fragt, wird das Zeichen zur Strafe (ein dem Alten Testament gegenüber neuer Tatbestand). VV 21–23: Die wichtige Rolle des Volkes (A. Gueuret[23]) und Rückblick auf die VV 9–10. VV 24–25: Jetzt wird Elisabet wichtig: Sie erwartet ein Kind und versteckt sich. Die Daten (VV 24.26.56–57) sind vor allem als Bindeglied zwischen der Legende und der Interpolation genannt. VV 57–58: Die Geburt des Täufers und die Freude des Volkes. VV 59–66: Acht Tage später erfolgt bei der liturgischen Zeremonie der Beschneidung die charismatische Namensgebung (symmetrische Szene mit 1,18–20). Die Etymologie »Gott ist gnädig« übergeht Lukas, weil sie für Juden selbstverständlich ist oder, noch wahrscheinlicher, weil sie für Griechisch Sprechende keine Bedeutung hat.

Zusammenfassung: Lukas weiß, daß Johannes der Vorläufer ist. Eine der Geburtsgeschichte Jesu entsprechende Darstellung der Geburt des Johannes entnimmt er der Täuferbewegung und verbindet sie kunstvoll im griechischen Stil der parallelen *vitae* mit den sich entwickelnden Überlieferungen über Jesu Zeugung und Geburt. Die Begegnung der Mütter ist der narrative Ausdruck der Annäherung der Traditionen. Eine Verschiebung des Gewichts hebt aber den später Geborenen – den Messias – hervor, der allein von Gott als seinem Vater (2,49) sprechen kann. Diese Fragestellungen gehören einem späteren Stadium der synoptischen Tradition an, in dem die Vater-Sohn-Verbindung von der Auferstehung über die Taufe bis auf die Geburt zurückgeführt wird[24].

Der Rahmen der Geschichte[25] ist angegeben (V 5): Palästina[26] zur Zeit Herodes' des Großen[27]. Ἐγένετο ohne δέ markiert den Anfang, der nach dem griechischen Prolog

Erklärung 5–7

---

[20] Vgl. bYom 39b und yYom 5,42c (Zusammenfassung bei Dibelius, M., Jungfrauensohn 35).

[21] Vgl. Nestle[26] 151.

[22] Vgl. Ex 4,1–9 (Mose) und Ri 6,17–24 (Gideon).

[23] Vgl. Gueuret, A., Engendrement 44–45.54–55.

[24] Marshall 47–49 faßt die verschiedenen Hypothesen über die Herkunft der Berichte in Lk 1,5–2,52 geschickt zusammen und nennt ihre Verfechter: a) Lukas schreibt ohne Quellen, b) Lukas stützt sich auf einen Proto-Lukas, c) Lukas benutzt verschiedene Quellen usw.

[25] Die Zeitangabe (Lk 1,5) ist nicht sehr genau. Dies bedeutet jedoch nicht, daß Lukas seinem Programm (Lk 1,3) untreu geworden wäre (gegen Fitzmyer I 321).

[26] Zum weiten Bedeutungsbereich des Wortes Ἰουδαία im hellenistischen Sprachgebrauch – nicht aber im jüdischen – vgl. Benoit, P., Enfance 174.

[27] »König Judäas« lautete der Titel, den der römische Senat Herodes auf Bitten Antonius', Messalas' und Attratinus' verlieh (Josephus, Ant XIV 14,4 § 384); vgl. Plummer 8. Zu Herodes, der von 40 (tatsächlich 37) bis 4 v.Chr. regierte, vgl. Godet 96f und die Bibellexika. Die Manuskripte schwanken in der Setzung des bestimmten Artikels vor »König«; die Septuaginta läßt ihn in solchen Fällen normalerweise weg.

stark semitisch klingt[28]. Ein Ehepaar wird kurz und präzis vorgestellt, wie es auch für Maria und Josef der Fall sein wird (V 27). Trotz des Protevangeliums des Jakobus ist Zacharias[29] nicht Hoherpriester, auch nicht aus hoherpriesterlicher Familie, sondern einfacher Priester[30]. Von den vierundzwanzig Klassen der Priesterschaft ist die Reihe des Abias die achte, d.h. keine der vornehmsten. Die Priester einer Klasse[31] sind zweimal im Jahr für eine Woche im Tempel tätig. Für den Rest des Jahres wohnt Zacharias mit seiner Frau in den Bergen Judas, also außerhalb Jerusalems (1,23.39[32]). Elisabet ist ebenso priesterlicher Herkunft[33] (vorgeschrieben ist für die Ehefrau eines Priesters lediglich ihre legitime Herkunft aus Israel). Das Neue, die Prophetie, entsteht also im überlieferten sakralen Raum.

Im gleichen biblischen Ton beschreibt Lukas in V 6 die Gerechtigkeit beider Eltern[34], weil für Lukas Gott mit den Menschen, die ihn lieben, zusammenarbeitet. V 6b formuliert die Gerechtigkeit der Eheleute[35] in auffällig symmetrischem Satzbau[36].
Wie bei Abraham[37] und Sara (Gen 18,11)[38] sind Sterilität[39] und Alter Gründe

[28] Ἐγένετο mit persönlichem Subjekt ist nicht griechisch (vgl. Lagrange 8, zudem Joh 1,6), der Ausdruck ἐν ταῖς ἡμέραις semitisch (vgl. Plummer 7 und Fitzmyer I 322, zudem Tob 1,16; Ri 1,1). Verschiedentlich wird ein Stilwechsel zwischen Lk 1,1–4 und 1,5ff vermerkt (vgl. Marshall 51).

[29] Zu Zacharias, dessen Name »Gott hat sich erinnert« bedeutet, und den Überlieferungen über diesen Priester (sein Tod wird am Ende des Protevangeliums des Jakobus erzählt) vgl. Dubois, J.-D., L'apocryphe de Zacharie et sur les traditions concernant la mort de Zacharie (Dissertation Oxford), Paris 1978.

[30] Der Hohepriester wurde nicht durch das Los bestimmt; man würde ihn auch nicht mit den Worten ἱερεύς τις bezeichnen.

[31] Ἐφημερία bezeichnet zuerst den Tagesdienst, dann die Reihenfolge und schließlich die dieser Reihenfolge unterworfene Gruppe (vgl. Godet 97). Zur Geschichte dieser Einrichtung vgl. Bill. II 55–68 und Fitzmyer I 322 (vgl. 1Chr 23,6; 24,1–18; Esr 2,36–39; 10,18–22; Neh 12,1–7; 13,30).

[32] In Lk 1,39 fügt Lukas noch den Begriff πόλις ein, denn bei ihm spielt sich alles in einer städtischen Umgebung ab (vgl. dazu den Kommentar zu Lk 4,43 unten S. 226).

[33] Die von Godet 98 vorgeschlagene Etymologie für Elisabet »Gott ist mein Schwur« ist nach Marshall 52 nicht gesichert. Die Kommentatoren erwähnen Parallelausdrücke zu den »Töchtern Aarons«: »Töchter Dans« (2Chr 2,14; vgl. Fitzmyer I 322) und »Tochter Bilgas« (bSuk 56b; vgl. Bill. II 71). Doch wer sind diese »Töchter Aarons«? Dieser Ausdruck ist wohl eher dem Stilmittel der

betonten Wirklichkeitsbezeugung als einer Erinnerung an eine historische Tatsache zuzuschreiben.

[34] Dieser Vers mischt lukanische Redeformen mit solchen der Septuaginta (Num 36,13; Dtn 4,40; Gen 26,5). Benoit, P., Enfance 172 spricht von einer verunglückten Nachahmung der Septuaginta.

[35] Die handschriftliche Überlieferung schwankt zwischen ἐναντίον und ἐνώπιον (Lk 1,6). Nach Marshall 52 wurde ἐναντίον durch das gebräuchlichere ἐνώπιον ersetzt. Gott wird am Ende des Verses – wie oft in den »alttestamentlichsten« Texten des Neuen Testaments (in Lk 1–2 24- bzw. 25mal) – ὁ κύριος genannt.

[36] Man beachte die »rhythmische Breite des Satzes« (Loisy 77): πορευόμενοι zu Beginn, ἄμεμπτοι am Schluß und dazwischen die näheren Bestimmungen, die sich gewiß auf beide beziehen. »Wandeln«, »gehen« in ethischem Sinn ist im Alten Testament, in der Apostelgeschichte und den Briefen (weniger in den Evangelien) gebräuchlich; »untadelig« ist ein Frömmigkeitsideal (Gen 17,1).

[37] Das klassische καθότι (Lk 1,7) ist eine Eigenheit des Lukas; vgl. Godet 99, der dort auch die Syntax des Schlußsatzes von V 7 untersucht.

[38] Das ἐν (Lk 1,7), das in der Septuaginta fehlt, bedeutet nicht, daß Lukas sich auf einen hebräischen Text stützt (mit Benoit, P., Enfance 173); vgl. Lk 1,5.

[39] Zur Unfruchtbarkeit im Alten Testament vgl. Gen 17,17; Ri 13,2; 1Sam (LXX 1Kön) 1,2.5.11; 2,5; vgl. Grundmann 49. Zur Fruchtbarkeit vgl. Ps 127,3; 128,3.

der Kinderlosigkeit, Glaube und Gehorsam dagegen Bürge der Nachkommenschaft – ein paradoxer Zustand voller Spannung[40].

Den im Tempeldienst stehenden Zacharias beschreibt Lukas nicht als Liturg,   8–10
sondern als jüdischer Schriftsteller[41]. Die Vollständigkeit tritt zugunsten der
lebendigen Erzählung zurück: Lukas zentriert die Beschreibung auf eines der
verschiedenen Lose[42] und schweigt über die Begleitpriester[43]. Für diesen Tag
ist Zacharias Hauptoffiziant. Lukas kennt die Reihenfolge: 1. Los, 2. Eingang
in das Heilige, 3. Opfer[44]; er weiß, daß das Opfer aus Weihrauch besteht[45] und
daß der Augenblick des Opferns gefährlich ist, weil der Priester im Heiligen
sich in der Nähe der im Allerheiligsten bleibenden Gegenwart Gottes aufhält[46]. Er weiß auch, und deshalb kann er spannend erzählen, daß das Volk
diesen Augenblick mit besonderer Aufmerksamkeit miterlebt (V 10)[47]. Die jüdischen Riten werden anschaulich. V 6 betont den von Gott im Gesetz verlangten Gehorsam, die VV 8–10 die kultische, von Gott geschenkte und
durch Opfer erlangte Verbindung mit der Gottheit. Gott gegenüber steht das
Volk, dessen Gebet die rituelle Handlung des Priesters begleitet[48]; die Priesterschaft hat – wie das Gesetz – eine Vermittlerrolle inne.

V 11–12: Mitten in dieser kultischen Pflichterfüllung ergreift Gott die Initia-   11–12
tive, wobei ihr Signal die Offenbarung eines Engels ist. Um diese Epiphanie an
der Schwelle der neuen Zeit verständlich zu machen, benutzt Lukas einen jüdischen Topos, dessen Modell in der Theophanie vor Abraham besteht[49]. Die
Ankündigungen derartiger Geburten waren im Alten Testament immer Ausdruck der Initiative des rettenden Gottes: Das jeweilige Heilsereignis erfolgte
nicht nur für einzelne, sondern auch für das ganze Volk.

Lukas will nicht alle Einzelheiten erzählen: Ist die »Stunde des Räucheropfers« die des

---

[40] Vgl. Joh 9,3 (dazu Marshall 53).

[41] Auch Josephus (z.B. Bell V 5,7 §§ 228–237) versucht seinen heidnischen Lesern das jüdische Priestertum und Ritual verständlich zu machen.

[42] Λαγχάνω, dem normalerweise ein Akkusativ oder ein Infinitiv folgt, ist hier vom Artikel τοῦ und dem Infinitiv begleitet; vgl. Bl-Debr-Rehkopf § 400,3 Anm. 5.

[43] Vgl. oben S. 50 Anm. 16.

[44] Die Syntax dieses Verses (Lk 1,9) ist nach Loisy 79 nicht ganz so seltsam oder semitisch, wie viele Kommentatoren annehmen; κατὰ τὸ ἔθος wiederum läßt sich auf das Vorangehende oder auch auf das Folgende, am ehesten jedoch – nach lukanischer Vorliebe – auf beides beziehen.

[45] Zu diesem unblutigen Opfer (Weihrauch usw.) vgl. Billerbeck, P., Tempelgottesdienst (siehe oben S. 50 Anm. 16).

[46] Ναός bezeichnet das Gebäude selbst,

ἱερόν den sakralen Raum insgesamt. Zum Tempel bei Lukas vgl. Marshall 54 und Bachmann, M., Tempel.

[47] In den entscheidenden Augenblicken der Heilsgeschichte und der Geschichte der einzelnen Menschen läßt sie Lukas – wie hier das Volk (Lk 1,10) – eine Gebetshaltung einnehmen; vgl. Monloubou, L., Prière 61. Zu beachten ist die seltsame bzw. gesuchte Formulierung πᾶν τὸ πλῆθος ἦν τοῦ λαοῦ προσευχόμενον.

[48] Wie Joh 18,28–19,16 spielt Lukas auf dem Register des »Innen« und »Außen«.

[49] Vgl. Gen 18; ferner Ri 13 und 1Sam (LXX 1Kön) 1. Es wird a) eine Engelserscheinung (vgl. z.B. Dan 8,15–18; 9,20–22; 10,9–11) mit b) einer Ankündigung einer wunderbaren Geburt (vgl. z.B. Ri 13,3; Lk 1,26–39) verbunden; vgl. oben S. 52 Anm. 39. Zu den Erscheinungen beim Räucheraltar vgl. Josephus, Ant XIII 10,3 §§ 282f und Grundmann 50.

Morgens oder des Abends[50]? Ist »rechts vom Räucheraltar« von Zacharias oder der göttlichen Gegenwart aus gesehen[51]? Wichtig ist ihm, daß ein Engel Gottes[52] erscheint. Der Artikel fehlt, dieser Engel hat einen Namen (V 19), der ihn von anderen unterscheidet. Lukas entwickelt jedoch die Angelologie nicht weiter. Ὤφθη (in der Septuaginta belegt sowie im Neuen Testament, dort besonders in den Ostererscheinungen) hat aktive, intransitive Bedeutung; »erschien« ist die richtige Übersetzung[53]. Als Gesandter Gottes »steht« der Engel da[54].

Die narrative Sequenz ist dem Topos adäquat und bis zum Wortschatz den vorgegebenen Modellen konform: Zacharias ist angesichts der Erscheinung erschüttert und »Furcht fällt auf ihn«. Durch sein Wort beruhigt ihn der Engel jedoch[55].

13–14   Διότι hat erst Sinn, wenn man eine Verkürzung von »Fürchte dich nicht, Zacharias, sondern glaube, *denn*« usw. voraussetzt. Ἡ δέησίς σου kann narrativ nur die persönliche Fürbitte des Zacharias bezeichnen. Die unfruchtbare Frau des alten Mannes – so charakterisiert die biblische Sprache das Wunder – wird gebären (γεννάω anstelle von τίκτω, obwohl in der damaligen Sprache nicht einzigartig, wirkt vom Sprachgefühl her störend[56]). Diese persönliche Erhörung paßt jedoch zur προσευχή des Volkes, das nach Lukas die Erlösung erwartet (1,68), denn mit Johannes wird die neue Zeit für das ganze Volk (VV 16–17) anbrechen[57].

Gott schenkt nicht nur das Kind, er legt zugleich seinen Namen fest[58]. Wahrscheinlich hat die Etymologie »JHWH ist gnädig« in der ersten Überlieferung der Tradition mitgeklungen (zu symbolischen und prophetischen Namen der Kinder vgl. Hos 1,2–9). Für Lukas spielt sie keine Rolle mehr (weil er sie nicht verstand oder nicht verstehen wollte?). Die rabbinische Literatur[59]

---

[50]   Für den Morgen sprechen: die Auslosung und die Ankündigung einer Geburt. Für den Abend spricht: die Parallelstelle in Dan 9,21; vgl. Godet 101; Loisy 79; Marshall 54.

[51]   Der Standort muß wohl der Gottes sein: Der Engel steht an der rechten Seite des Altars, d.h. links vom Altar (von Zacharias aus gesehen, der ihm zugewandt davorsteht). Zu göttlichen Erscheinungen im Tempel vgl. 1Sam (LXX 1Kön) 3; Jes 6; Josephus, Ant XIII 10,3 §§ 282–283; vgl. Marshall 55.

[52]   Mit Godet 101f. Vom Engelchor (Lk 2,13f) abgesehen handelt es sich bei Lukas immer um die Erscheinung eines einzelnen Engels, der zuweilen »Engel des Herrn« (Apg 5,19; 8,26; 12,7) genannt wird. Hier trägt der Engel einen Namen, der ihn von den anderen, deren Existenz stillschweigend angenommen wird, unterscheidet. Doch Lukas führt seine Engellehre nicht weiter aus. Der Engel ist das Instrument Gottes, durch das er in seiner Gnade mit seinem Volk, d.h. mit den aufmerksamsten seiner Diener (außer den religiösen Führern) Kontakt aufnimmt; vgl. Godet 102; Grundmann 50; Marshall 55; Broer,

I., Art. ἄγγελος κτλ., in: EWNT I (1980) 32–37 (Literatur).

[53]   Vgl. Caird, G.B., The Glory of God in the Fourth Gospel. An Exercise in Biblical Semantics, NTS 15 (1968–1969) 265–277.

[54]   Zur stehenden Haltung (ἑστώς), die nicht jene des Richters ist, der sitzt, sondern die des Gesandten, des Verteidigers, des Zeugen oder des Siegers, der kommt und sich hinstellt; vgl. Apg 7,55 und Offb 5,6, dazu Barrett, C.K., Stephen and the Son of Man, in: Apophoreta (FS E. Haenchen), hrsg. v. W. Eltester und F.H. Kettler, Berlin 1964 (BZNW 30), 32–38.

[55]   Vgl. Lk 1,30; 2,10; Apg 18,9. Jesus benutzt den Ausdruck in Lk 5,10 und 8,50. Im Alten Testament vgl. Gen 15,1 und Dan 10,12.

[56]   Vgl. Godet 105.

[57]   Lukas scheint vorauszusetzen, daß Zacharias Gott schon vorher (und nicht erst jetzt) gebeten hatte, er möge ihm einen Sohn schenken.

[58]   Καλέω τὸ ὄνομα ist semitisch (vgl. Gen 16,11). Normalerweise gibt der Vater seinem Kind den Namen.

[59]   Vgl. Plummer 13.

bezeugt, daß die biblischen Helden ihre Namen schon vor ihrer Geburt er-
hielten[60].

V 14 erwähnt die erwartete Freude des Vaters und des Volkes (beides futurisch). Die Zusammengehörigkeit des einzelnen und des Volkes , die Erwählung des einzelnen zum Heil der Gemeinde ist selten so klar ausgedrückt[61].
Freude und Jubel sind nicht profan, sondern Gefühle der Gläubigen in der
Nähe Gottes[62]. Πολλοί hat vielleicht einen ekklesiologischen Ton wie im Lö-
segeldlogion (Mk 10,45)[63] und in den Qumran-Texten. Objekt der Freude ist
nicht irgendeine Geburt[64], sondern die Geburt des Propheten.

Der Voraussage von Freude und Jubel über die Geburt folgt die Voraussage 15
der Zukunft des Kindes (VV 15–17). Es wird groß werden. Ist μέγας ein göttlicher Hoheitstitel hellenistischer, samaritanischer oder jüdischer Herkunft?
Und wie verhält sich dieser Terminus zur gleichlautenden Bezeichnung Jesu
(1,32)? Ich verstehe ihn im jüdischen Sinn. Johannes wird groß vor dem
Herrn[65], d.h. ein großer Prophet werden. Entsprechend wird Elija in Sir 48,22
bezeichnet, ebenso Johannes in Lk 7,28 (unter Einfluß der Elija-Tradition)[66].
Wahrscheinlich hat Lukas das Wort aus der Legende übernommen[67]: Dort
hatte es eschatologische Bedeutung (Johannes als letzter Prophet wie Elija,
was auch aus V 17 hervorgeht). In der Botschaft des Engels an Maria hingegen
hebt Lukas mit christlicher Präzision hervor: Jesus und nicht Johannes ist der
absolut »Große« (in der Septuaginta Privilegium Gottes), nicht nur wie Nim-
rod (Gen 10,9) oder Elija (Sir 48,22) groß *vor Gott*[68].

Die Worte vom Verzicht auf Wein stehen Lev 10,9 näher als Num 6,3,
erinnern also eher an die Regel für Priester (und ihre Kinder!) zur Vorbereitung ihres Dienstes als an das Leben eines Nasiräers. Das Verbot für
die Nasiräer, das Haar zu schneiden, steht nicht da (bei Simson fehlt umgekehrt das Alkoholverbot[69]). Die Enthaltsamkeit soll demnach einen wir-

---

[60] Das σοι von V 13 fehlt in einigen Handschriften.
[61] Nach Godet 105 wird es eine nationale
Freude werden.
[62] Subjekt zu ἔσται ist χαρά; vgl. Lagrange
66.
[63] Vgl. Lk 2,10; Jeremias, J., Das Lösegeld für
viele (Mk 10,45), Jud 3 (1947) 249–264. Nach
Godet 105 jedoch werden es die Besten sein;
vgl. Marshall 57.
[64] Die handschriftliche Überlieferung
schwankt zwischen γένεσις (»Entstehung«,
»Abkunft«, »Geburt«) und γέννησις (»Zeugung«, »Geburt«).
[65] Der Text ist hier nicht gesichert; man
kann ἐνώπιον κυρίου oder ἐνώπιον τοῦ κυρίου oder ἐνώπιον τοῦ θεοῦ lesen. Da ὁ
κύριος hier Gott meint, ändern die verschiedenen Lesarten den Sinn nicht. Nach Plummer 14 ist der präpositionale Gebrauch von
ἐνώπιον ein Semitismus.

[66] Vgl. unten S. 378.
[67] »Es ist nicht glaublich, daß ein Christ,
wenn er aus Eigenem frei gestaltete, den Heiland und seinen Vorläufer mit gleichem Bei-
wort bedacht hätte. Hier ist von keiner Un-
terlegenheit, also auch von keinem christlichen Gesichtspunkt etwas zu spüren« (Dibelius, M., Jungfrauensohn 4).
[68] Mit Laurentin, R., Structure 36f. Zu
μέγας vgl. Fitzmyer I 325; Betz, O., Art.
μέγας, in: EWNT II (1981) 982–987; Hahn, F.,
Hoheitstitel (vgl. Index). TestLev 17,2 ist eine
merkwürdige Parallelstelle (christliche Interpolation?); vgl. Lk 7,28.
[69] Die Furcht der Israeliten vor allem, was
mit der Weinrebe zu tun hat, kommt in Num
6 zum Ausdruck. Nach Loisy 80f entspricht
σίκερα dem hebräischen שֵׁכָר, d.h. einem aus
Getreide oder Früchten hergestellten, vergo-
renen Getränk; vgl. Ri 13,4.7.14.

kungsvollen Dienst für Gott zur Errettung des Volkes vorbereiten und begleiten.

In der Überlieferung war vielleicht die eschatologische Figur des Propheten dem priesterlichen Messias angeglichen, denn wenn TestLev 17–18 nicht ganz christlich interpoliert ist, stehen verschiedene Vergleichselemente zur Verfügung[70]: Der Priester des ersten Jubeljahres εἰς ἱερωσύνην μέγας ἔσται (TestLev 17,2) und der Messiaspriester des letzten (achten?) wird das πνεῦμα der Klugheit und der Heiligung von oben empfangen (TestLev 18,7). Das könnte erklären, weshalb der Vater des Johannes Priester sein mußte: Neben der Qumransekte hätten wir es in der Täuferbewegung mit einer Reformbewegung eschatologischer Prägung zu tun, in der sich Prophetie und Priestertum angenähert haben. Das hat Lukas so gut wie möglich eingeschränkt und Johannes auf seine prophetische Funktion, freilich am Anfang der letzten Phase der Heilsgeschichte, begrenzt. Die Vorstellung der Wohnungnahme des Geistes im Täufer war wohl traditionell, der Ausdruck ist jedoch typisch lukanisch[71]. Lukas versteht sie als prophetische Begabung, wie im Fall Elisabets (1,41), Zacharias' (1,67) und Simeons (2,25–26). Aber es entsteht doch eine Spannung, da nach Lukas (1,35; 3,2 und 4,18–21) allein Jesus die eschatologische Begabung des Geistes empfängt und seine Jünger erst nach der Himmelfahrt an ihr beteiligt werden (3,16; 24,49; Apg 1,4–5.8; 2,4)[72]. Der stehende Ausdruck »schon im Mutterleib« ist in der prophetischen Berufungssprache verwurzelt[73] und im 1. Jahrhundert wieder lebendig geworden (vgl. Gal 1,15). Ἔτι deutet das ἐκ: Johannes wird den Geist schon vor seiner Geburt empfangen. Anstelle der Wirkung des Alkohols, wie in gewissen mantischen Praktiken der Heiden, kommt der willkommene Einfluß des Geistes (Eph 5,18 drückt den gleichen Gegensatz aus und unterstreicht die Weisheit als Frucht dieser Inspiration).

16   **V 16:** Die Mission des Täufers ist zunächst nicht apokalyptisch, sondern prophetisch: Johannes soll das Volk zu seinem Gott[74] zurückführen. »Viele« bedeutet zunächst exklusiv »nicht alle« (der Gedanke der Verstockung ist mitbedacht), sodann inklusiv »die Menge« des Volkes. Typisch für diese späte Zeit der israelitischen Theologie ist zugleich die individuelle Verantwortung (der Ausdruck bereitet die an einzelne gerichtete Predigt des Täufers vor). »Ihr Gott« meint nicht, daß sich Lukas im »johanneischen« Sinn vom jüdischen Glauben distanziert, sondern betont die Beziehung zwischen Gott und *seinem* Volk.

---

[70] Zu diesem Text vgl. Dupont-Sommer, A., Le Testament de Lévi (XVII–XVIII) et la secte juive de l'Alliance, Sem. 4 (1952) 33–53.

[71] Im Neuen Testament findet man πίμπλημι fast ausschließlich im lukanischen Wortschatz. Lukas bezeichnet damit die Gegenwart des heiligen Geistes; vgl. Benoit, P., Enfance 180 Anm. 1.

[72] Vgl. Bovon, F., Luc le théologien 217.

[73] Vgl. Benoit, P., Enfance 180; als Belege zudem Jer 1,4–5 und Ri 13,5–7 LXX. Benoit bemerkt weiter (ebd. 180 Anm. 1), daß die Geisterfülltheit kein alttestamentliches Thema ist.

[74] Zum formelhaften Ausdruck κύριος ὁ θεός der Septuaginta vgl. Quell, G., Art. κύριος, in: ThWNT III (1938) 1057.

V 17 erwähnt explizit die Vorläufertätigkeit[75] des Johannes und die unmittel- 17
bar bevorstehende Erfüllung von Mal 3,23. Er ist also Vorläufer Gottes. Wir
stoßen hier auf traditionellen Bestand, denn von sich aus hätte Lukas diese
Tätigkeit mit der Ankunft des Messias verbunden. »In Geist und Kraft Elijas«
ist ein merkwürdiger Ausdruck[76]: Ist Johannes Elija redivivus oder nicht? Ja,
betonte die Tradition, die Redaktion hingegen schränkt diese Aussage ein;
unser Text ist ein Ergebnis dieses Kompromisses. Man weiß, wie lebendig die
Hoffnung auf einen letzten Propheten in den Reformbewegungen des damaligen Judentums war: sei es ein Prophet wie Mose (Dtn 18,15.18), sei es ein
Wegbereiter (Jes 40,3), sei es ein Vorläufer und neuer Elija (Mal 3,1.23–24)[77].

In Mal 3 kommt der Kontrast zwischen dem sündigen Zustand und der erwarteten
Umkehr des Volkes besonders stark zum Ausdruck. Die Botschaft des Propheten ist
die letzte Chance zur Umkehr für das Volk angesichts des kommenden »Tag des
Herrn« mit seinem vernichtenden Gericht[78]. Lukas deutet es hier nur an, indem er
sagt, das Volk werde durch Johannes auf etwas vorbereitet werden. So bekommt die
zukünftige Tätigkeit des Täufers auch einen endzeitlich apokalyptischen Aspekt. Die
täuferische Überlieferung hinter diesen Versen spiegelt das prophetische Bewußtsein
des historischen Täufers (3,7–9) wider; es ist nicht einfach Lukas, der das synoptische
Bild des Täufers in die Vorgeschichte zurückprojiziert[79]. Erstaunlich ist das Fehlen jeder Vorankündigung der Johannestaufe, vermutlich deshalb, weil eine Taufe bei den
alttestamentlichen Propheten nicht vorgesehen war.

Wie Jesus und vor ihm jüdische Gelehrte auf ein Doppelgebot als Kanon im
Kanon hinwiesen[80], so verlangt Johannes eine »doppelte« Umkehr. Die
Struktur ist dieselbe wie im doppelten Liebesgebot: Die Umkehr bringt zu-
nächst die Menschen zu Gott zurück[81], sodann stellt sie die Gemeinschaft der
Menschen untereinander wieder her. V 17b ist ein freies Zitat aus Mal 3,24,
das weder von der Septuaginta noch vom masoretischen Text abhängig ist[82].

Daß zuerst die Herzen der Väter zu den Kindern umkehren sollen, ist eine Erwartung
Maleachis. Wie versteht sie die Legende und wie Lukas? Daß die Eltern, gegen jede
Erwartung, den ersten Schritt zur Versöhnung machen, ist ein Zeichen der eschatologischen Weisheit und Buße. Vielleicht denkt Lukas an die deuteronomistische Tradition der sündigen *Väter*[83] und an die *jüngere*, christliche Generation, die die letzte

---

[75] Die Lesart προσελεύσεται »wird hingehen«, die keinen Sinn ergibt, ist ein Schreib-
fehler.
[76] Vgl. dazu Grundmann 51 und Fitzmyer I
326f. Πνεῦμα und δύναμις sind eng miteinander verwandt in Lk 1,35; 4,14; 1QH 7,61.
[77] Zu diesem Propheten vgl. Hahn, F., Hoheitstitel 351–407.
[78] Vgl. Mal 3,19.23.
[79] So Benoit, P., Enfance 181.194 und Wink,
W., John the Baptist 79–82.

[80] Vgl. dazu meinen Kommentar zu Lk
10,25–29.
[81] Zu ἐπιστρέφω vgl. Bovon, F., Luc le théologien 286–307.
[82] Vgl. Mal 3,7.
[83] Vgl. Lk 11,47–48 und Apg 7,52. Grundmann 52 denkt an die chassidische Bewegung, die sich aus Jüngeren zusammensetzte,
die mit der älteren, schuldig gewordenen Generation gebrochen hatte (vgl. Jub 23,26;
äthHen 90,6–7).

Botschaft gehört hat. Wichtiger als die Richtung Väter → Söhne ist die theologische Symbolik der gestörten Familienverhältnisse, denn die apokalyptische Tradition sieht für die letzten Tage schreckliche Familienkonflikte voraus[84]. Die hier vorliegende Tradition schaut noch weiter in die Zukunft und erhofft eine eschatologische Versöhnung nach gemeinsamer Anstrengung. Wir kennen Varianten des folgenden Ausdrucks καὶ ἀπειθεῖς[85] . . . λαὸν κατεσκευασμένον (V 17b):

Mal 3,24: »und das Herz der Söhne zu den Vätern«.

Mal 3,24 LXX: καὶ καρδίαν ἀνθρώπου πρὸς τὸν πλησίον αὐτοῦ.

Sir 48,10: καὶ καταστῆσαι φυλὰς Ἰακώβ.

Sir 48,10 hebräisch: »und die St[ämme Israe]ls zur Einsicht zu führen«[86].

Lk 1,17b will wohl die Bewegung der Väter zu den Söhnen (gemäß Mal 3,24 MT und LXX) mit einem ekklesiologischen Zusatz (gemäß Sir 48,10) in eins bringen[87]. Wichtig ist, daß Mal 3,24 das letzte Wort der prophetischen Bücher darstellt: Tradition und Redaktion wollen also mit Hilfe der Typologie die enge Verknüpfung des Neuen Bundes mit dem Alten herausstellen[88].

In dieser Zeit genügt die alte Tatethik nicht mehr: Die Umkehr ist Sache des *Herzens*, und der Gehorsam fängt mit der φρόνησις an. Die Gerechten sind Leute, die wie die Glaubenden der Vorgeschichte auf Gott warten.

Das Volk ist nicht bereit für den Besuch seines Gottes: Die Verantwortung und die Mission des letzten Propheten besteht nun darin, die »doppelte Umkehr« (VV 16–17) des Volkes vorzubereiten[89]. Dessen Zurüstung (κατασκευάζω: für ein Schiff, eine Stadt, eine Armee)[90] zielt auf nichts anderes als Buße und Gerechtigkeit. Die Kontinuität des Volkes besteht also in der fortwährenden Fürsorge Gottes (G. Lohfink), obwohl dieses – angefangen bei den Vätern – immer wieder die Verbindung mit Gott und untereinander zerstörte[91].

18 Vom Gemütszustand des Zacharias wird in V 18 nichts gesagt, allein seine Unsicherheit wird erwähnt[92] sowie sein Verlangen nach einem Zeichen[93]. Im Alten Testament wird ein solches Zeichen oft von einem Engel gegeben, jedoch dokumentiert eine Zeichenforderung hier und da einen schwachen

[84] Vgl. Lk 21,16.
[85] Wer sind diese ἀπειθεῖς? Die Alten oder die Jungen? Man kann die beiden mittleren Satzglieder des V 17 als Parallelen (ἀπειθεῖς = Väter) oder aber als Chiasmus (ἀπειθεῖς = Kinder) auffassen.
[86] Vgl. Winter, P., Miszellen 65 und Grundmann 52.
[87] Winter, P., Miszellen 65f bemerkt, daß auch der hebräische Text des Sirach von einer Rückkehr zur Einsicht spricht und führt dies als Argument für eine semitische Quelle in Lk 1,17 an.
[88] Marshall 60 erwähnt vier verschiedene Interpretationsweisen für V 17.

[89] Zu ἑτοιμάζω vgl. Lohfink, G., Sammlung 22f und meine Auslegung von Lk 2,31 unten S. 144.
[90] Zu κατασκευάζω vgl. Balz, H., Art. κατασκευάζω, in: EWNT II (1981) 662.
[91] Lohfink, G., Sammlung. Zu λαός bei Lukas vgl. Frankemölle, H., Art. λαός, in: EWNT II (1981) 843–845.
[92] Zum Erkennen bei Lukas vgl. Bovon, F., Lukas 112–114 und meine Auslegung von Lk 1,4 oben S. 40.
[93] Zum Begriff σημεῖον bei Lukas vgl. meine Auslegung zu Lk 2,12 unten S. 126f.

Glauben[94]. Menschlich gesehen hat Zacharias gute Gründe, skeptisch zu sein: Sein Zustand[95] und der seiner Frau erinnern an V 7 (mit der gepflegten lukanischen Sorgfalt, Wiederholungen zu vermeiden).

Höflich und diskret übergeht Zacharias die Unfruchtbarkeit seiner Frau. Vom Engel her gesehen sieht die Situation jedoch völlig anders aus: Er verteidigt beleidigt seine würdig und korrekt ausgeführte Mission. Gabriel – jetzt stellt er sich vor – findet solchen Unglauben wirklich unglaublich. Die Stummheit ist mehrdeutig: Sie ist Strafe und zugleich ein Zeichen, das den Unglauben des Zacharias umkehrt.

Die Rede des Engels ist stark lukanisch geprägt. Lukas hat viel gelesen und erinnert **19** sich an Tob 12,15 oder an ähnliche Texte (vielleicht auch an apokalyptische)[96]. Gabriel[97] ist seit Daniel bezeugt und geschätzt, ebenso seine Stellung vor Gott[98] (obgleich das damalige Judentum sieben Engel dieser Art kennt). Sendung und Verkündigung gehören zum Wesen eines Engels. Da es hier gute Nachrichten sind, verwendet Lukas das Verbum εὐαγγελίζομαι, freilich im jesajanischen und noch nicht im christlichen Sinn[99].

In V 20 kommt der Engel mit »und siehe« auf die nähere Zukunft zu sprechen. **20** Das positive σιωπῶν und das negative μὴ δυνάμενος λαλῆσαι bilden eine rhetorische Redundanz, wobei der erstgenannte Begriff vielleicht auch Taubheit impliziert (vgl. 1,62)[100].

Die Vergeltung ist durch ἀνθ᾽ ὧν klar ausgedrückt. Nach Lukas – erst jetzt kommt ein Urteil über Zacharias – hat der Priester nicht *geglaubt*[101]. Die Rede des Engels besteht aus »Worten«[102], die sich als Verheißung erfüllen werden[103]. Das alles ist lukanisch, wie auch die Überzeugung, daß der Plan Gottes nicht nur seine Chronologie, sondern auch seine Kairologie[104] besitzt.

---

[94] Vgl. Gen 15,8; Ex 4,3.6 (zwei unverlangte Zeichen); Ri 6,36–40 (Gideon merkt, daß er zuviel verlangt); 1Sam (LXX 1Kön) 10,2–9; 2(4)Kön 20,8–11; Jes 7,11; 1Kor 1,22.

[95] Die Exegeten sind sich uneinig darüber, ob sich die Priester ab einem bestimmten Alter zurückzogen. Die Altersgrenze der Leviten für die Ausübung ihres Amtes ist auf 50 Jahre angesetzt (Num 8,25); vgl. Godet 112.

[96] Vgl. Loisy 82.

[97] Zu Gabriel vgl. vor allem das Danielbuch (Dan 8,16; 9,21). Gabriel ist der dritte der sieben Engel, die vor dem Angesicht Gottes stehen; vgl. äthHen 40,9 und Offb 4,5, dazu Grundmann 52 und Fitzmyer I 327f.

[98] Vgl. 1(3)Kön 10,8 (nicht für einen Engel gebraucht).

[99] Εὐαγγελίζομαι ist in der Septuaginta etwa 20mal belegt; vgl. z.B. Jes 52,7.

[100] Κωφός in V 22 kann »taub« oder »stumm« bedeuten (vgl. Lk 1,62). Für Godet 114 gibt μὴ δυνάμενος λαλῆσαι die Ursache und σιωπῶν das Faktum an. Fälle von

Stummheit im Alten Testament sind Ez 3,26 (Stummheit als Zeichen) und 2Makk 3,29 (Stummheit als Strafe); vgl. Dan 10,15–17.

[101] Zur πίστις bei Lukas vgl. meinen Kommentar zu Lk 7,9 unten S. 351f. Das Johannesevangelium wird über den Übergang von einem Glauben mit Zeichen zu einem Glauben ohne Zeichen nachdenken (Joh 20,29). Lk 1,20 geht schon in diese Richtung; vgl. Grundmann 53.

[102] Zu λόγοι vgl. Lk 1,4. Οἵτινες an Stelle des einfachen Relativums οἵ wird nicht nur in der Umgangssprache (wie die neutestamentlichen Grammatiken meinen), sondern auch (von den Attizisten abgesehen) literarisch gebraucht; vgl. Rydbeck, L., Fachprosa 98–118.

[103] Zu πληρόω bei Lukas vgl. Hübner, H., Art. πληρόω κτλ., in: EWNT III (1983) 259f.

[104] Zu καιρός (und seinem heilsgeschichtlichen Sinn) vgl. Lk 12,56; 18,30; 19,44; 21,8.24; Apg 1,7; 3,20; 17,26; dazu Fitzmyer I 328.

21   V 21[105] beschreibt mehr als die bloße Ungeduld des Volkes[106]; jedem einzelnen Wort ist theologisches Gewicht beizumessen: Das von Gott erwählte Volk erwartet die Errettung Israels und wundert sich über die Verspätung Gottes. Ich möchte aber zugleich vor jeder Überinterpretation warnen. Was vorliegt, ist die nicht ungewöhnliche Spannung zwischen dem liturgischen Ritus und dem liturgischen Ereignis. Die Mischna expliziert die Angst des Volkes, wenn am Versöhnungstag der Hohepriester zu lange im Allerheiligsten weilte[107]. Es ist gefährlich, die Gegenwart Gottes zu nah und zu lang zu erleben.

22   V 22: Endlich kommt der Priester heraus (narrativ gelungen, aber geschichtlich unpräzis verschweigt Lukas, daß Zacharias beim Hinausgehen von anderen Priestern begleitet wurde[108]). Das Volk bemerkt die Stummheit, weil der Priester jetzt den Segen austeilen sollte. Logisch folgert es daraus, daß im Tempel (siehe die Wiederholung ἐν τῷ ναῷ in V 21 und V 22) etwas Numinoses geschehen ist, was Lukas, um die narrative Spannung zu erhalten, sofort mit dem Nebensatz »daß er eine Vision[109] im Tempel gesehen hatte« auslegt[110].

Da Zacharias nichts erzählen kann, hört die Geschichte eigentlich gar nicht auf; anstatt vor einer Abschlußhandlung steht der Leser vor einer Beschreibung (V 22b), die auf eine Folge warten läßt[111].

23   V 23: Die Dienstperiode[112] dauerte eine Woche[113]. Dann ging der Priester normalerweise nach Hause; 1,39 setzt wie hier voraus, daß Zacharias nicht in Jerusalem wohnte, und spricht von einem Städtchen mitten in den Hügeln Judas.

24   V 24: Nach den Tagen seines Dienstes hält sich Zacharias an seinem Wohnort auf. Lukas beläßt das Wunder – anders als bei der Zeugung Jesu – in den Grenzen der natürlichen Eheverhältnisse[114].

Weshalb versteckt sich Elisabet[115] fünf Monate lang? Vielleicht war sie schon

---

[105] Nestle[26] zieht ἐν τῷ χρονίζειν zwar ἐν τῷ ναῷ αὐτόν vor, treibt dabei aber das Prinzip der *lectio difficilior* zu weit, denn ἐν τῷ χρονίζειν αὐτὸν ἐν τῷ ναῷ ist besser bezeugt und auch stilistisch besser.

[106] Das Volk wartet gewiß auf den aaronitischen Segen (Num 6,24–26), der »du haut de la corniche qui entourait l'autel des holocaustes dans le parvis« gegeben wurde (Godet 115). Nach Loisy 83 waren fünf Priester daran beteiligt.

[107] Vgl. mYom 5,1.

[108] Im einzelnen vgl. Billerbeck, P., Tempelgottesdienst (siehe oben S. 50 Anm. 16).

[109] Zu ὀπτασία bei Lukas vgl. Betz, O., Die Vision des Paulus im Tempel von Jerusalem. Apg 22,17–21 als Beitrag zur Deutung des Damaskuserlebnisses, in: Verborum Veritatis (FS G. Stählin), hrsg. v. O. Böcher und K. Haacker, Wuppertal 1970, 113–123.

[110] »Luke does not tell us how the crowd could have been so perceptive; but to ask how is to miss the point of his story« (Fitzmyer I 329).

[111] Διανεύω und κατανεύω (Lk 5,7) deuten auf ein Zeichengeben mit dem Kopf hin.

[112] Λειτουργία nur hier bei Lukas; in Hebr 9,21 (vgl. in 10,11 das Verb) bezeichnet das Wort wie hier den Tempeldienst. Denselben Begriff findet man in der Septuaginta und bei Josephus; vgl. Loisy 84; Marshall 61; Balz, H., Art. λειτουργία κτλ., in: EWNT II (1981) 858–861.

[113] Im Gegensatz zu πληρόω (vgl. oben Anm. 103) schließt πίμπλημι (vgl. oben Anm. 71) die Vorstellung der Schrifterfüllung nicht mit ein. In Lk 1–2 kann man dieses bei Lukas häufige Verb im Unterschied zum restlichen Evangelium mit der Kategorie der Zeit in Verbindung bringen; vgl. Benoit, P., Enfance 175.

[114] Συλλαμβάνω bezeichnet im Profangriechischen und in der Septuaginta die Zeugung eines Kindes, z.B. Gen 21,2.

[115] Περικρύβω ist eine sehr seltene Neubildung, abgeleitet vom Aorist 2 des seinerseits seltenen und jungen Verbs περικρύπτω (περιεκρύβην). Es kommt weder in der Septuaginta noch bei Josephus vor; es bedeutet: »sich auf allen Seiten verstecken«, d.h. »sich sorgfältig verstecken«; vgl. Bl-Debr-Rehkopf § 73,1 Anm. 3.

vorher wegen ihrer Schande im Haus geblieben und verweilt nun dort, bis die Leute sehen können, daß sie schwanger ist. Aber die Zahl schafft auch, wie gesagt[116], eine Verbindung mit der Überlieferung über Maria; Maria soll die erste sein, die die heilsgeschichtliche Schwangerschaft Elisabets bewundern darf.

Ὅτι in V 25 hat den Wert eines typographischen Doppelpunktes[117]. Es steht vor dem kurzen, biblisch und soteriologisch tönenden Magnificat Elisabets. Das Tun Gottes ist bei Lukas entweder mit der Schöpfung oder mit der Erlösung verbunden[118]. Kinderlosigkeit galt als Schuld der Frau; deshalb steht »mir« und nicht »uns«. Der Relativsatz ermöglicht einen Parallelismus und ist redundant, weil er den Hauptsatz nur exegesiert[119]. Im Perfekt πεποίηκεν ist das Ergebnis für *Elisabet* zentral, im Aorist ἐπεῖδεν ist das Handeln *Gottes* allein wichtig (sein rettender Blick; ἐπί »auf« bzw. hier »zugunsten«)[120]. Ἀφελεῖν[121] »wegnehmen« (z.B. von der Vergebung [Hebr 10,4]) zeigt, wie biblisch Elisabet spricht und so Rachel bei der Geburt Josephs nachahmt: Ἀφεῖλεν ὁ θεός μου τὸ ὄνειδος (Gen 30,23 LXX)[122]. 25

Kinderlosigkeit wurde als Schmach[123] empfunden, wo Mutterschaft die raison d'être der Frau war (Lea- und Rachellegenden), so daß die Rettung durch Gott wie das »Wegnehmen« einer Last empfunden wurde. Elisabet spricht nicht nur biblisch, sondern in zwei rhythmisch gebauten Teilen auch poetisch. Die Artikellosigkeit (κύριος, ὄνειδος) bestätigt das Poetische[124].

Innerhalb des Judentums, innerhalb des Kultus ereignet sich mehr als eine Verheißung: der Neuanfang durch Gott. Dieser Gott ist der Gott der Erfüllung der alten Zeit: Gott der Väter (Abraham) und der Mütter (Hanna); schon viele Kinder hatte er versprochen und gegeben. »In diesen Tagen« hatte er aber geschwiegen und war untätig geblieben. Jetzt fängt er ein letztes Mal an. Er erhört das Gebet eines einzelnen und durch ihn – weil er Priester ist – das Gebet des Volkes. Er nimmt die Schmach einer einzelnen hinweg und durch sie die Schmach Israels. Beispielhaft ist hier die Möglichkeit der Errettung vor

Zusammenfassung

---

[116] Vgl. oben S. 47.
[117] Zu diesem ὅτι vgl. Winter, P., Ὅτι ›recitativum‹ und Fitzmyer I 329.
[118] Zum »Tun« Gottes bei Lukas vgl. Lohfink, G., Gottes Taten gehen weiter. Geschichtstheologie als Grundvollzug neutestamentlicher Gemeinden, Freiburg i.Br. 1985, 15–43.
[119] Vgl. Lk 1,49.51, zudem in der Septuaginta Jes 48,3.6.11.14.
[120] Ἐφοράω erscheint verschiedentlich in der Septuaginta, um das Auge Gottes zu bezeichnen, dem a) nichts entgeht (Sach 9,1; vgl. Ez 8,12; 9,9) und das b) den Niedrigen erkennt (Ps 137[138],6).

[121] Zu ἀφαιρέω vgl. Bauer s.v.
[122] Ἐπεῖδεν ἀφελεῖν erinnert auch an Gen 30,22 LXX: Ἐμνήσθη δὲ ὁ θεὸς τῆς Ραχήλ, καὶ ἐπήκουσεν αὐτῆς ὁ θεός.
[123] Zu ὄνειδος und ὀνειδίζω vgl. 1Sam (LXX 1Kön) 17,36 und Jes 25,8; dazu Spicq, C., Notes II 623–625.
[124] Godet 115f erwähnt verschiedene Auslegungsarten für Lk 1,24–25. Loisy 84f betrachtet den Text redaktionsgeschichtlich: Zacharias schweigt; Elisabet versteckt sich; Gott allein bereitet alles vor und wird Maria seine Absicht durch den Engel Gabriel kundtun.

dem letzten Zorn gegeben. Das Volk, jeder Israelit, muß dieses Geschenk jedoch erst annehmen und sich aneignen.

Was Gott gibt, ist noch nicht die Erfüllung des Heils, aber das Wort des Heils. Johannes wird die Umkehr predigen: Umkehr zu Gott und Umkehr zum Nächsten. So wird er Israel auf den letzten »Besuch« Gottes vorbereiten.

Die Verkündigung an Maria (1,26–38)

Literatur: *Audet, J.P.,* L'annonce à Marie, RB 63 (1956) 346–374; *Bauer, J.B.,* Philologische Bemerkungen zu Lk 1,34, Bib. 45 (1964) 535–540; *Bellet, P.,* Estructura i forma. Anunciació de naixement i forma d'elecció prophètica (Lc 1,26–38), Revista Catalana de Theologiá 7 (1982) 91–130; *Benoit, P.,* L'annonciation, ASeign 6 (1965) 40–57 (= *ders.,* Exégèse et théologie, III, Paris 1968, 197–215); *Berger, C.,* Die literarische Eigenart von Lk 1,5–38. Zum Sprachstil der Evangelien, Diss. masch. Jena 1972; vgl. ThLZ 98 (1973) 153–156; *Boslooper, T.,* The Virgin Birth, London 1962; *Bostock, G.,* Divine Birth, Human Conception, ExpT 98 (1987) 331–333; *Brock, S.,* Passover, Annunciation and Epiclesis. Some Remarks on the Term Aggen in the Syriac Versions of Like 1:35, NT 24 (1982) 222–233; *Brown, R.E.,* Birth 286–341; *ders.,* Luke's Description of the Virginal Conception, TS 35 (1974) 360–362; *Brunner-Traut, E.,* Die Geburtsgeschichte der Evangelien im Lichte ägyptologischer Forschungen, ZRGG 12 (1960) 97–111; *Buzzeti, C.,* Traducendo κεχαριτωμένη (Lc 1,28), in: Testimonium Christi (FS J. Dupont), Brescia 1985, 111–116; *Cambe, M.,* La χάρις chez Saint Luc, RB 70 (1963) 193–207; *Delebecque, E.,* Sur la salutation de Gabriel à Marie (Lc 1,28), Bib. 65 (1984) 352–355; *Dumermuth, F.,* Bemerkungen zu Jesu Menschwerdung, ThZ 20 (1964) 52–53; *Escudero Freire, C.,* Alcance cristológica y traducción de Lc 1,35. Aportación al estudio de los títulos Santo e Hijo de Dios en la obra lucana, Communio 8 (1975) 5–77; *ders.,* Devolver 67–171; *Espinel, J.L.,* Maria como discipula responsable y fiel en el Evangelio de San Lucas, CTom 112 (1985) 197–204; *Fitzmyer, J.A.,* The Contribution of Qumran Aramaic to the Study of the New Testament, NTS 20 (1973–1974) 382–407, bes. 391–394; *Fuller, R.H.,* A Note on Luke 1:26 and 38, in: The New Testament Age (FS B. Reicke), hrsg. v. W.C. Weinrich, I, Macon, Ga, 1984, 201–206; *George, A.,* La royauté de Jésus, in: *ders.,* Etudes 257–282; *Gese, H.,* Natus ex virgine, in: Probleme biblischer Theologie (FS G. von Rad), hrsg. v. H.W. Wolff, München 1971, 73–89; *Gewiess, J.,* Die Marienfrage, Lk 1,34, BZ NS 5 (1961) 221–254; *Harnack, A.,* Zu Lc 1,34.35, ZNW 2 (1901) 53–57; *Hubbard, B.J.,* Commissioning Stories in Luke-Acts. A Study of their Antecedents, Form and Content, Semeia 8 (1977) 103–126; *Lattke, G.,* Lukas 1 und die Jungfrauengeburt, in: K.S. Frank – R. Kilian – O. Knoch – G. Lattke – K. Rahner, Zum Thema Jungfrauengeburt, Stuttgart, 1970 61–89; *Laurentin, R.,* Enfance 184–195; *La Verdière, E.,* Be it done to me, Emm 90 (1984) 184–190.196; *ders.,* The Virgin's Name Was Mary, Emm 92 (1986) 185–189; *Legrand, L.,* L'annonce à Marie (Lc 1,26–38), une apocalypse aux origines de l'Evangile, Paris 1981 (LeDiv 106); *ders.,* L'arrière-plan néo-testamentaire de Lc 1,35, RB 70 (1963) 160–192; *Lemmo, N.,* Maria, »Figlia di Sion«, a partire da Lc 1,26–38. Bilancio esegetico dal 1939 al 1982, Mar. 45 (1983), 175–258; *Luke, K.,* The Koranic Recension of Luke 1:34, IndTheolStud 22 (1985) 380–399; *Lyonnet, S.,* L'annonciation et la mariologie biblique. Ce que l'exégèse conclut du récit lucanien de l'annonciation concernant la mariologie, in:

Maria in Sacra Scriptura, IV, Romae 1967, 59–72; *ders.*, Χαῖρε, κεχαριτωμένη, Bib. 20 (1939) 131–141; Mary in the New Testament, hrsg. v. R.E. Brown u.a., New York 1978, 105–134; *McHugh, J.*, The Mother of Jesus in the New Testament, London 1975, 37–67; *Meynet, R.*, Dieu donne son Nom à Jésus. Analyse rhétorique de Lc 1,26–56 et de 1 Sam 2,1–10, Bib. 66 (1985) 39–72; *Miyoshi, M.*, Zur Entstehung des Glaubens an die jungfräuliche Geburt Jesu in Mt 1 und Lk 1, AJBI 10 (1984) 33–62; *Muñoz Iglesias, S.*, El anuncio del Angel y la objeción de Maria, EstB 42 (1984) 315–362; *ders.*, El procedimiento literario del annuncio previo en la Biblia, EstB 42 (1984) 21–70; *Norden, E.*, Die Geburt des Kindes. Geschichte einer religiösen Idee, Leipzig/Berlin 1924 (SBW 3), (Nachdr. Darmstadt 1956); *Orsatti, M.*, Verso la decodificazione di una insolita espressione. Analisi filologica di *andra ou ginosko* (Lc 1,34), RivBib 29 (1981) 343–357; *de la Potterie, I.*, Κεχαριτωμένη en Lc 1,28. Etude philologique, exégétique et théologique, Bib. 68 (1987) 357–382.480–508; *Saintyves, P.*, Les vierges mères et les naissances miraculeuses, Paris 1908; *Schneider, G.*, Jesu geistgewirkte Empfängnis (Lk 1,34f). Zur Interpretation einer christologischen Aussage, ThPQ 119 (1971) 105–116; *ders.*, Lk 1,34.35 als redaktionelle Einheit, BZ NS 15 (1971) 255–259; *Schürmann, H.*, Die geistgewirkte Lebensentstehung Jesu: Eine kritische Besinnung auf den Beitrag der Exegese zur Frage, in: Einheit in der Vielfalt (FS H. Aufderbeck), hrsg. v. W. Ernst und K. Feiereis, Leipzig 1974, 156–169; *Smith, D.M.*, An exposition of Luke 1,26–38, Interp. 29 (1975) 411–417; *Stock, K.*, Die Berufung Marias (Lk 1,26–38), Bib. 61 (1980) 457–491; *Strobel, A.*, Der Gruß an Maria (Lc 1,28). Eine philologische Betrachtung zu seinem Sinngehalt, ZNW 53 (1962) 86–110; *Talbert, C.H.*, Luke 1:26–31, Interp. 39 (1985) 288–291; *Topping, E.C.*, The Annunciation in Byzantine Hymns, Mar. 47 (1985) 443–469; *Vallauri, E.*, L'annunciazione in Luca e la verginità di Maria. Una rassegna esegetica, Laur. 28 (1987) 286–327; *Verweyen, H.*, Mariologie als Befreiung. Lk 1,26–45.56 im Kontext, ZKTh 105 (1983) 168–183; *Vicent, A.*, La presunta sustantivación τὸ γεννώμενον en Lc 11,35b (sic! lege 1,35b), EstB 33 (1974) 265–273; *Vogels, H.*, Zur Textgeschichte von Lc 1,34ff, ZNW 43 (1950/51) 256–260; *Vorster, W.S.*, The Annunciation of the Birth of Jesus in the Protevangelium of James, in: A South African Perspective on the New Testament (FS B.M. Metzger), hrsg. v. J.H. Petzer und P.J. Hartin, Leiden 1986, 33–53; *Voss, G.*, Christologie 62–83; *Weis, A.*, Madonna Platytera. Entwurf für ein Christentum als Bildoffenbarung anhand der Geschichte eines Madonnenthemas, hrsg. v. E. Weis, Königstein 1985; *Winter, U.*, Frau und Göttin. Exegetische und ikonographische Studien zum weiblichen Gottesbild im Alten Israel und dessen Umwelt, Freiburg (Schweiz) / Göttingen 1983 (OBO 53); *Zedda, S.*, Lc 1,35b, Colui che nascerà santo sarà chiamato Figlio di Dio, RivBib 33 (1985) 29–43.165–189; *ders.*, Il χαῖρε di Lc 1,28 in Luce di un triplice contesto anticotestamentario, in: Parola e Spirito, I (FS S. Cipriani), hrsg. v. C.C. Marcheselli, Brescia 1982, 273–292.

26 Im sechsten Monat wurde der Engel Gabriel von Gott in eine Stadt Galiläas mit Namen Nazaret gesandt 27 zu einer Jungfrau, die mit einem Mann mit Namen Josef aus dem Hause Davids verlobt war, und der Name der Jungfrau war Maria. 28 Und als er zu ihr eintrat, sprach er zu ihr: Gruß dir, Begnadete, der Herr ist mit dir. 29 Das Wort aber machte sie bestürzt, und sie überlegte, was dieser Gruß wohl bedeute. 30 Und der Engel sprach zu ihr: Fürchte dich nicht, Maria, denn du hast Gnade

gefunden bei Gott. 31 Und siehe, du wirst schwanger werden und einen Sohn gebären und wirst seinen Namen Jesus nennen. 32 Dieser wird groß sein und Sohn des Höchsten genannt werden, und der Herr Gott wird ihm den Thron Davids, seines Vaters, geben, 33 und er wird über das Haus Jakob ewig König sein, und seiner Königsherrschaft wird kein Ende sein. 34 Da sprach Maria zum Engel: Wie wird das geschehen, da ich keinen Mann kenne? 35 Und der Engel antwortete und sprach zu ihr: Heiliger Geist wird über dich kommen, und Kraft des Höchsten wird dich überschatten, deshalb wird das Erzeugte heilig genannt werden, Sohn Gottes. 36 Und siehe, Elisabet, deine Verwandte, auch sie wurde mit einem Sohn schwanger in ihrem Alter, und dies ist der sechste Monat für sie, die unfruchtbar genannt wird. 37 Von Gott aus ist kein Ereignis unmöglich. 38 Da sprach Maria: Siehe, des Herrn Magd; mir geschehe nach deinem Wort. Und der Engel ging weg von ihr.

Exkurs   *Exkurs: Die Jungfrauengeburt und die Religionsgeschichte*

I.   *Die Gattung der Ankündigung*

Das Motiv der Jungfrauengeburt, besser gesagt der wunderbaren Empfängnis der Maria durch den heiligen Geist ist in eine Erzählung eingebettet, deren Gattung wir klar bestimmen können als »göttliche Botschaft an eine Einzelperson«[1]. Innerhalb dieser Gattung gehört sie zur »Verheißung eines Kindes«[2], die im Alten Testament eine bestimmte Struktur besitzt:

1. Erscheinung des göttlichen Boten;
2. Betroffenheit des Angeredeten;
3. Botschaft des Engels;
4. Argument des Angesprochenen;
5. Bestätigung der Botschaft durch ein Zeichen.

Innerhalb dieser Struktur zeigt der lukanische Bericht eine Redundanz: V 35 fügt der Aussage des Engels vor dem beweisenden Zeichen (VV 36–37) eine Antwort auf Marias »wie?« hinzu, weil Maria (V 34) nicht wie üblich auf hohes Alter oder Unfruchtbarkeit anspielt, sondern auf ihre Jungfräulichkeit. Über die Gattung hinaus zeigen Thema und Form eine gewisse Autonomie[3]. So vernehmen wir in Lk 1,26–38 eine *doppelte* Botschaft: In den VV 30–33 werden die demnächst bevorstehende Geburt des Sohnes und seine herrliche Zukunft, in V 35 seine Zeugung durch Geist und Kraft Gottes verheißen.

---

[1]   Vgl. Hubbard, B.J., Commissioning Stories, der allerdings McCarthy, D.J., An Installation Genre? JBL 90 (1971) 31–41 nicht kennt.

[2]   Vgl. Muñoz Iglesias, S., Evangelio (vgl. Literatur zu Lk 1,5–2,52 oben S. 44); Escudero Freire, C., Devolver 70–77; Audet, J.P., Annonce 350–355.

[3]   Escudero Freire, C., Devolver 70 meint gar, daß die Erzählung das Gattungsschema durchbricht.

II. Die Motive

Die zukünftige Mutter ist als παρθένος (V 27) vorgestellt, und Maria selbst bestätigt diesen Tatbestand. Im folgenden wird verschiedentlich von der Schwangerschaft der Maria und von der Geburt Jesu gesprochen, aber nie vom Ende ihrer Jungfräulichkeit.

Schwangerschaft und Geburt sind mit dem üblichen Wortschatz ausgedrückt (1,31; 2,5–7.11.21.23), in 1,35 jedoch ersetzt Gott durch die Wirkung seines Geistes den männlichen Vater, so daß »Sohn des Höchsten« (V 32) nun im buchstäblichen Sinn zu verstehen ist.

Neben das Motiv der Jungfräulichkeit tritt also das der Vaterschaft Gottes und schließlich das der Verheißung des Engels. Die zukünftige Natur und Funktion des Kindes ist stufenartig beschrieben (VV 32–33): Sein Titel lautet »Sohn«, seine Funktion ist »Herrschen«; das Reich ist zwar räumlich begrenzt, aber zeitlich unendlich. V 35 wiederholt den Titel des Sohnes (in Verbindung mit θεοῦ statt mit ὑψίστου [V 32]) und fügt das kultische ἅγιον hinzu.

III. Die Überlieferungsgeschichte der Erzählung

Die Parallelisierung Johannes' und Jesu ist m.E. zwar das Werk des Lukas, aber er benutzt dabei ihm vorliegende Legenden zur Geburt sowohl des Vorläufers wie auch des Messias. Die Verkündigung an Maria ist also nicht nach dem Modell der Zachariasperikope von Lukas konzipiert worden. Er hat sie aber auch nicht einfach so, wie sie war, übernommen, sondern überarbeitet. Spannungen innerhalb der Erzählung sind zwischen V 35 und V 36 spürbar, die VV 34–35 sind aber nicht als sekundäre Weiterentwicklungen zu betrachten. Ob sie erst von Lukas stammen, bleibt unsicher. Jedenfalls hätte die Episode ohne Wunder, wenn der Engel einfach so einer Braut ein Kind verspräche, keine raison d'être. Die Voraussage einer glanzvollen Zukunft genügte narrativ nicht; die Jungfräulichkeit der Maria ist also innerhalb der Legende unentbehrlich. Dazu kommt, daß V 35 sprachlich nicht spezifisch lukanisch ist[4]. Dennoch bleibt die Spannung zu V 36: Könnte dieser Vers eine sekundäre und redaktionelle Anknüpfung an den Täuferkomplex darstellen? Wie in der Weihnachtsgeschichte wäre dann in einer früheren Fassung das Jesuskind selbst Zeichen seiner eigenen Zukunft gewesen. Aber auch dann ist eine dogmengeschichtliche Entwicklung zwischen dem davidischen Messianismus der VV 31–33 und dem göttlichen Ursprung des Sohnes in V 35 vorauszusetzen, die vermutlich in der Zeit vor der Entstehung der Legende stattfand, so daß die Legende von Anfang an das Motiv von der Jungfrauengeburt des göttlichen Messias enthielt[5].

---

[4] Trotz aller Argumente, die Schneider, G., Lukas 255–257 vorbringt.

[5] Nach einigem Zögern spricht sich auch Fitzmyer I 338 in diesem Sinne aus.

IV. Die Herkunft der Motive

Die Frage der Herkunft der Motive ist von erheblicher Bedeutung, denn diese Thematik findet man im Neuen Testament sonst nur noch in Mt 1,18–25[6]. Dort wird sie mit Jes 7,14 LXX in Verbindung gebracht, auch dort gehören Jungfräulichkeit und Vaterschaft Gottes zusammen.

Wir kennen die sonstige Entwicklung der Christologie in der Urkirche. Kurz nach Ostern wurde Jesus als Messias verkündigt: Auferstehung und Erhöhung beweisen die Messianität Jesu. Der davidische Messianismus wurde sodann in der Urgemeinde einerseits mit Hilfe der Menschensohnkonzeption universalisiert, anderseits mit dem Leiden des Boten Gottes verbunden. Schnell konzentrierte sich dann die Reflexion auf den »Anfang« Jesu: Die Christologie der griechisch sprechenden Christen übertrug die Sophia-Lehre des hellenistischen Judentums auf den präexistenten Messias Jesus, anderseits projizierte die Christologie der synoptischen Tradition – weniger spekulativ – die Messianität Jesu in das Leben Jesu hinein (bis auf die Taufe Jesu und schließlich auf seine Geburt). Die Jungfrauengeburt steht *am Ende* dieser Entwicklung, wie die späten Legenden von Mt 1–2 und Lk 1–2 auch formgeschichtlich bezeugen[7].

Apologetische Erklärungen argumentieren an dieser Stelle gern mit Erinnerungen Marias[8]. Nach langem Schweigen habe sie endlich den Schatz ihrer intimen Erfahrungen eröffnet. Was die älteste synoptische Überlieferung jedoch über die Familie Jesu zu berichten weiß, spricht eindeutig gegen eine solche Lösung[9].

Wichtiger ist die exegetische Arbeit der jungen Kirche. Wie Mt 1,18–25 beweist, interpretierte man Jes 7 in den judenchristlichen Kreisen christologisch, was wahrscheinlich eine inspirierende Rolle spielte. Auch die Lukasszene ist schwerlich ohne die Immanuel-Verheißung verständlich[10]. Aber das allein genügt nicht zur Erklärung. In Werken wie den Targumim oder den pseudophilonischen *Antiquitates biblicae* finden sich nachbiblische Legenden über von Wundern begleiteten Geburten wie die von Isaak oder Mose[11]. Die Rolle Gottes war so entscheidend, daß die Figur des Vaters manchmal verdrängt wurde[12]. Anderseits trifft man im hellenistischen Judentum Ägyptens auf eine Spiritualisierung der biblischen Ehen und auf eine Übertragung des sexuellen Wortschatzes auf die mystische Vereinigung mit Gott. Bei Philo wird deutlich, daß Geburten wie die Isaaks als Jungfrauengeburt angesehen worden sind; für ihn selbst ist dies nur noch Allegorie der ekstatischen Vereinigung der Seele mit Gott[13]. Sie war schon durch die Septuaginta vorbereitet[14]. Andererseits entspricht die

---

[6] Brown, R.E., Birth 518–521 weist in diesem Zusammenhang auf das Schweigen des restlichen Neuen Testaments hin.

[7] Vgl. Bultmann, R., Syn. Trad. 316–329; Dibelius, M., Formgeschichte 119–120.

[8] Vgl. z.B. Laurentin, R., Bulletin sur la Vierge Marie, RSPhTh 58 (1974) 67–102.277–328; 60 (1976) 309.345.451–500.

[9] Vgl. Mk 3,21.31–35.

[10] Mit Schneider I 48f. Fitzmyer I 336 dagegen schließt einen Rückgriff auf Jes 7,14 aus.

[11] Vgl. Perrot, Ch., Récits (vgl. Literatur zu Lk 1,5–2,52 oben S. 44) 13–16. Delling, G., Art. παρθένος, in: ThWNT V (1954) 831f.

[12] Demselben Phänomen begegnet man in Vergils 4. Ekloge (V 49): Pollio, der Vater, tritt hinter Jupiter zurück; vgl. Hommel, H., Vergils »messianisches« Gedicht, ThViat 2 (1950) 199f (jetzt in: Wege zu Vergil . . ., hrsg. v. H. Oppermann, Darmstadt 1963 (WdF 19), 380f.

[13] Vgl. Philo, Cher 40–52; VitCont 25; MigrAbr 33–35; Som I 200; vgl. Legrand, L., Annonce 260–263.

[14] Vgl. den Gebrauch des Wortes παρθένος in Jes 7,14. Wahrscheinlich hat der Übersetzer der Septuaginta an eine Jungfrauengeburt gedacht, doch läßt sich dies nicht mit absoluter Bestimmtheit sagen; vgl. Delling, G., Art. παρθένος, in: ThWNT V (1954) 831.

Hoffnung auf einen davidischen Messias (VV 32–33) sowohl der pharisäischen wie der essenischen Erwartung[15]. Die alttestamentlich klingenden Ausdrücke von V 35 sind nicht weit entfernt von 4Q 243 (= 4QpsDan A³). Von Gen 6,4 her kannte das Judentum die Vorstellung einer Zeugung von Menschen durch Engel (vgl. 1QGenApocr 2,1), vielleicht sogar die Zeugung des Messias durch Gott (1QSa 2,11–12).

Aber schon dabei spielen synkretistische Einflüsse eine Rolle. E. Norden hat besonders auf Ägypten, den Sonnenkult und die Isisreligion hingewiesen: »Helios hat am Tag des Wintersolstitiums das Regiment übernommen; unter diesem erfolgt auf Erden die Geburt eines Knaben und die eines neuen Zeitalters.«[16] Bei aller heutigen Kritik der religionsgeschichtlichen Schule und Offenheit gegenüber dem Judentum ist festzuhalten, daß das Judentum nicht einmal in Palästina von fremden Einflüssen unberührt blieb. Astrologie und Sonnensymbolik waren verbreitet, aber auch Motive wie das der Geburt eines verheißungsvollen Kindes. Sogar die Polemik hat zur Übernahme fremder Elemente geführt: Antiochus IV. hat in Jerusalem einen *Sonnenkult* eingeführt, und nachdem die Juden den Tempel gereinigt und wiedereröffnet hatten, feierten sie am 25. Dezember beim Tempelweihfest[17] das *Licht*[18]. Die christliche Messiaslehre konnte von diesen diffusen und verbreiteten Erwartungen eines menschlichen und göttlichen Retters nicht unberührt bleiben. »Die Endzeit ist gekommen, die Geburt eines göttlichen Kindes steht bevor. Es ist dazu berufen, nach Tilgung der alten Sündenschuld die Menschheit zu erneuern, für die ein Zeitalter des Friedens und der Gerechtigkeit anbricht. Darob herrscht in der ganzen Welt, im Himmel wie auf Erden, Freude«[19]. Diese Zusammenfassung der 4. Ekloge des Virgil, Ausdruck der politischen Ideologie, könnte auch für die lukanischen Weihnachtserzählungen stehen[20].

Eindrücklich sind ein paar Zitate, die andeuten, daß die Alte Kirche gegen heidnische Solarfeste kämpfte, wenn sie die Geburt Christi am 6. Januar oder am 25. Dezember feierte, wobei durchaus ein Gefühl für die Konnotationen der evangelischen Vorgeschichte mit diesem Datum mitspielte: In der Nacht vom 24. auf den 25. Dezember versammelte sich in Alexandrien eine Gemeinde, die, sobald die Strahlen der neugeborenen Sonne auf die Gläubigen

---

[15] Legrand, L., Annonce 262 Anm. 32 diskutiert zwei umstrittene Texte: 1QSa 2,11 und 2Hen 23.

[16] Norden, E., Geburt 22.

[17] Das Fest heißt nach Josephus, Ant XII 7,7 § 325 τὰ φῶτα; vgl. Norden, E., Geburt 26. Im Gegensatz dazu meint Hanhart, R., Art. Tempelweihfest, in: BHH III (1966) 1951: »Die Rückführung des Tempelweihfestes auf das Fest der Wintersonnenwende entbehrt historischer Grundlagen.«

[18] Vgl. Norden, E., Geburt 141f. Auch Antonius und Kleopatra haben diese Sonnensymbolik für die Namen ihrer Kinder beansprucht; vgl. Weis, A., Madonna 147.

[19] Norden, E., Geburt 3.

[20] Die Geschichte der Forschung an der 4. Ekloge seit E. Norden bis 1963 wird dargestellt von Hummel, H. (vgl. oben S. 66 Anm. 12) 182–212 (Zeitschrift); 368–423 (Sammelband).

fielen, in den Ruf ausbrach: »Die Jungfrau hat geboren, zu nimmt das Licht«[21]. Ein Parallelfest wurde in Alexandrien in der Nacht zwischen dem 5. und 6. Januar für die Geburt des Aion zelebriert[22]. Eine Formel behauptet: Ταύτῃ τῇ ὥρᾳ σήμερον ἡ κόρη ἐγέννησε τὸν Αἰῶνα (vgl. Lk 2,11)[23]. Auch mit der Geburt des Kaisers Augustus wurden in der Priene-Inschrift solche Hoffnungen verknüpft[24]. Die Assos-Inschrift, die den Regierungsantritt des Kaisers Gaius festhält, bezeichnet die damit angesprochene Zeit als die für die Menschen schönste Periode: Ὡς ἂν τοῦ ἡδίστου ἀνθρώποις αἰῶνος νῦν ἐνεστῶτος[25]. Öfter wird auch das Zeugnis einer Ankündigung an die junge Mutter des Aion zitiert: Eine Stimme spricht zu ihr und verspricht im Namen des Helios die Geburt eines Kindes[26].

Die göttliche Erzeugung spielt in der ägyptischen Religion und in der pharaonischen Ideologie[27] eine bedeutende Rolle. Der Sonnengott Amon-Râ ist der Vater des Königs, und dieser empfängt den Titel Sohn. Ein Protokoll der Inthronisation in drei Phasen gleicht der Struktur von Lk 1,31–33 und mehreren neutestamentlichen christologischen Texten: 1. Der Sohn bekommt das göttliche Leben, 2. er weilt bei den Göttern, 3. er wird Weltherrscher[28]. In der Titulatur ist nicht nur die Sohnschaft, sondern auch die Größe wichtig (μέγας [Lk 1,32])[29]. Außerdem ist der König als Sohn geliebt und erwählt. Die von Philo und Plutarch erwähnten Texte, die von einer Erzeugung durch das πνεῦμα sprechen, sind sicher von dieser ägyptischen Theologie geprägt. Die Theogamie wurde also spiritualisiert und als solche erträglicher[30]. Die

[21] Ἡ παρθένος τέτοκεν, αὔξει φῶς, zitiert bei Norden, E., Geburt 25 und Holl, K., Der Ursprung des Epiphanienfestes, in: SPAW 1917, Bd. 1, 427 Anm. 4 (= ders., Gesammelte Aufsätze, II, Der Osten, Tübingen 1928 [Nachdr. Darmstadt 1964], 145 Anm. 3).

[22] Einzelheiten bei Fauth, W., Art. Aion (Αἰών), in: KP I 186; Fauth erwähnt, daß das Fest vom 5./6. Januar vielleicht einer anderen Gottheit, nämlich Osiris/Adonis, gewidmet war.

[23] Diese Formel verzeichnet Epiphanius, Haer LI 22,8; vgl. Norden, E., Geburt 28. Beifügen muß man eine Aussage des Astrologen Hephaistion (in der Übersetzung Nordens, ebd. 21): »Dieser wird aus göttlichem Samen entspringen und groß sein und mit den Göttern verehrt werden, und er wird ein Weltherrscher sein und alles wird ihm gehorchen.«

[24] Die Inschrift ist leicht zugänglich bei Friedrich, G., Art. εὐαγγελίζομαι κτλ., in: ThWNT II (1935) 721, der sie auch übersetzt: »Der Geburtstag des Gottes war für die Welt der Anfang der Freudenbotschaften, die seinetwegen ergangen sind.«

[25] Vgl. Norden, E., Geburt 43 Anm. 2.

[26] Dieser Text stammt aus dem von Usener, H., Religionsgeschichtliche Untersuchungen,

I, Das Weihnachtsfest, Bonn ³1969, 32–38 erwähnten und von Norden, E., Geburt 50 zitierten Dialog »Religionsgespräche am Hofe der Sassaniden«; vgl. dazu den Text Hippolyt, Ref V 8,45 über die Naassener (zitiert ebd. 51): »Dieses ist die Jungfrau, die schwanger ist und einen Sohn gebiert‹ – keinen irdischen, keinen leiblichen, sondern einen seligen Äon der Äone.« Der griechische Text ist zu finden bei Völker, W., Quellen zur Geschichte der christlichen Gnosis, Tübingen 1932 (SQS NF 5), 23.

[27] Vgl. Plutarch, Is et Os 36; Vitae, Numa 4; QuaestConv VIII 1,717–718; vgl. Norden, E., Geburt 76–78.

[28] Vgl. dazu die von Norden, E., Geburt 123 zitierte Obeliskinschrift, in der diese drei Phasen deutlich zum Ausdruck kommen: 1. ᾧ οἱ θεοὶ ζωῆς χρόνον ἐδωρήσαντο, 2. ὃν οἱ θεοὶ ἐτίμησαν, 3. ὁ πάσης γῆς βασιλεύων (vgl. Erman, A., Die Obeliskenübersetzung des Hermapion, SPAW 1914, 245–273, bes. 250).

[29] Z.B. im Zitat aus Hephaistion oben Anm. 23.

[30] Vgl. die sofortige Befruchtung durch den Geist in OrSib VIII 460–468; vgl. Norden, E., Geburt 87.

Jungfräulichkeit als Keuschheit hingegen ist in Ägypten ein spätes Motiv, dessen Ursprung in Griechenland zu suchen ist[31]. Auch an die Verbindung Isis – Horus, Mutter – Sohn soll erinnert werden. Horus (= Harpokrat) gilt als »das Kind« (τò παιδίον) par excellence[32].

Wunder geschahen auch bei der Geburt Zoroasters, Krischnas und Buddhas[33]. Aber wir sollten im Nahen Osten bleiben, besonders bei den Königsideologien Ägyptens oder Mesopotamiens, die schon auf die alttestamentliche Davidsideologie eingewirkt haben.

V. Ergebnis

In Lk 1,26–38 werden folgende Elemente von diesen Theologumena her besser verständlich: die Jungfräulichkeit der Mutter des Messias (VV 27.34–35), die Größe (μέγας) (V 32) und die Sohnschaft (υἱός) des Kindes (VV 32 und 35), der Titel ὕψιστος für Gott (VV 32 und 35)[34], die ewige Herrschaft des Davidssohnes (V 33) und die Erzeugung durch den Geist (V 35). Hinzu kommt vielleicht einerseits der Wohnort der Maria; E. Norden denkt, daß sie schon mit Josef zusammen wohnt, d.h. daß die Jungfräulichkeit gegenüber der ägyptischen Struktur der Legende sekundär sei[35]. Anderseits ergibt die Chronologie, daß Jesus sechs Monate nach Johannes geboren wird, wie die Wintersonnenwende der Sommersonnenwende im Abstand von sechs Monaten folgt[36]. Die drei Motive (Abschnitt II) gehören also zusammen und verlangen eine gemeinsame Antwort.

Lk 1,26–38 wie Mt 1,18–25 sind der neutestamentlichen Christologie nicht fremd: Die Zeugung des Messias durch den göttlichen Geist ist eine unter fremdem Einfluß stehende Entwicklung des jüdischen Messianismus und der urchristlichen Christologie, aber kein Fremdkörper[37]. Auf narrative Art will die Jungfrauengeburt wie auch die Präexistenz des Messias den göttlichen Ursprung des Sohnes bezeugen. Die Terminologie sowohl der VV 31–33 wie der VV 34–35 ist durch und durch jüdisch, aber der jüdische Messianismus brachte seine Identität – wie oft bei Minderheiten nachweisbar – polemisch in ausländischen Kategorien zum Ausdruck. Wir sollten also die Religionswissenschaft weder fürchten noch vernachlässigen[38]. Die lukanische Fassung

---

[31] Ist das Motiv der göttlichen Vaterschaft in Ägypten anzusiedeln, so stammt das Motiv der Jungfräulichkeit aus Griechenland; vgl. ebd. 81.

[32] Vgl. ebd. 73–76.

[33] Vgl. Legrand, L., Annonce 259 Anm. 23, wo man die Literatur findet. Zu Zoroaster vgl. Lattke, G., Lukas 76.

[34] Zu diesem Titel vgl. den Kommentar zu Lk 1,32.35.76 unten S. 75f.109.

[35] Vgl. Norden, E., Geburt 81.

[36] Norden, E., ebd. 99–112 spricht sich schließlich gegen eine symbolische Auslegung dieser Daten aus.

[37] Vgl. Legrand, L., Annonce 262 Anm. 32 und Fitzmyer I 339.

[38] Man kann hier auf die Exkurse der Kommentatoren (Grundmann 59–61; Ernst 75–80; Marshall 72–77; Brown, R.E., Birth 517–533), auf einige Monographien (Saintyves, P., Vierges; Boslooper, T., Virgin; Legrand, L., Annonce) und Aufsätze (Lattke, G., Lukas; Brunner-Traut, E., Geburtsgeschichte) hinweisen. Die gegenwärtige Forschung steht Thesen wie jenen von E. Norden weitgehend reserviert gegenüber und sucht für die Vorstellung der Vaterschaft Gottes und der Jungfrauengeburt lieber nach einem hebräischen Ursprung.

wurde einerseits von der schnell wachsenden Entwicklung der Christologie, andererseits von der jüdisch-hellenistischen Messiaslehre geprägt, wobei die Ausstrahlung der jüdischen Gemeinde Alexandriens besonders spürbar ist. Wichtig ist nicht die unbeweisbare Historizität der Ereignisse, sondern die theologische Bedeutung der Aufnahme und Korrektur der verschiedenen Motive.

Analyse   Lukas hat die Erzählung von der Verkündigung an Maria vorgefunden. Überlieferungsgeschichtlich hat sie nichts zu tun mit der Johannesgeschichte, in die Lukas sie einfügt und diese damit auseinandersprengt. Aber redaktionell benötigt Lukas Angaben über Chronologie und Verwandtschaftsverhältnisse (VV 26–27.36), um unabhängige Berichte miteinander zu verbinden.

Es befremdet, daß er in den folgenden Perikopen, die von der Erfüllung der Verheißung handeln, außer in 2,21 keine Verbindung zur Verheißungsszene herstellt, insbesondere, daß er die Vorstellung von der jungfräulichen Empfängnis nicht erneut aufgreift[1].

Die Geschichte selbst entfaltet sich nach der alttestamentlichen Gattung der Verheißung einer Geburt. In solchen Legenden geht es jeweils um eine bestimmte einzelne Person, die von einem Boten Gottes aufgesucht wird, der das ganze Geschehen und den Verlauf des Gesprächs bestimmt[2]. Die Elemente der vorliegenden Legende sind folgende: Ankunft des Engels bei der Jungfrau und Grußwort, Erschrecken Marias, Verheißung des Engels, Frage des Mädchens, klärende Antwort und Zeichen durch den Engel, gläubige Annahme der Botschaft durch Maria, Verschwinden des Engels. Ängstliches Schweigen ist die normale Antwort auf einen Engelsgruß (V 29), »Fürchte dich nicht« die zu erwartende Ermunterung (V 30), Zweifel oder, wie hier, eine Frage die vorgeprägte Reaktion auf eine göttliche Botschaft (V 34). Stilgemäß verspricht der Engel ein Zeichen, das zugleich die Antwort auf die Frage darstellt (V 35). Biblisch sind auch am Schluß die Haltung Marias (V 38a) und der Weggang des Engels (V 38b)[3].

Freilich erwartet man nach der Verheißung der VV 31–33 zwar eine bescheidene Reaktion (»Eine solche Zukunft für ein Kind von *mir*«), aber nicht die für eine vor der Hochzeit stehende Jungfrau höchst erstaunliche Antwort, die Maria gibt (V 34). Man hat daher vorgeschlagen, V 34 und V 35 als Zufügung durch Lukas oder einen späteren Interpolator, der die von Mt 1,18–25 vorgetragene Jungfrauengeburt integrieren wollte, zu verstehen[4]. Die Sprache der

---

[1] Vgl. Dibelius, M., Jungfrauensohn 9f.
[2] Vgl. den Exkurs »Die Jungfrauengeburt und die Religionsgeschichte« oben S. 64–70; Escudero Freire, C., Devolver 70–77; Legrand, L., Annonce 89–125 (mit Literatur 89 Anm. 1).

[3] Nach Legrand, L., Arrière-Plan soll Lukas auch eine apokalyptische Perspektive (Geist und Kraft schaffen die Abstammung) aufnehmen und aktualisieren.
[4] Vgl. Harnack, A., Zu Lc I,34.35 (gewiß kurz nach Lukas); Schneider, G., Einheit (Lukas selbst).

VV 34–35a klingt zwar lukanisch, der Inhalt des V 35b gibt sich jedoch als vor- und nicht als nachlukanisch zu erkennen[5]. Ferner beherrscht der Gedanke der jungfräulichen Geburt die ganze Verkündigungsgeschichte und nicht nur oder erst die VV 34–35 (siehe V 27)[6]. Schließlich zeigt die Textüberlieferung keine Spur einer nachträglichen Einfügung dieser zwei Verse. Eher bildet das Theologumenon in V 35, das *Abschluß* einer christologischen Entwicklung ist, den *Anfang* der Erzählung. Wie bei der Auferstehung oder der Höllenfahrt steht ein kerygmatischer oder hymnischer Ausdruck (also V 35) *vor* seiner narrativen Entfaltung. In der Fragestellung der Jungfrau in V 34 kommt der Erzähler zu Wort, der im voraus weiß, wie die Empfängnis geschehen wird, und der seinen Bericht danach ausrichtet. V 35 stellt also keinen zusätzlichen präzisierenden Einschub dar[7].

Keinem Leser von Lk 1 entgeht die exakte Übereinstimmung mit der Zachariasszene im Tempel. Daß Lukas jedoch die eine Szene frei nach der ihm traditionell vorgegebenen anderen selbst komponiert habe[8], erscheint mir unwahrscheinlich. Beide Erzählungen haben eine mündliche Vorgeschichte: Jede steht narrativ und theologisch für sich, jede ist von alttestamentlichen Modellen geprägt[9]. Unwahrscheinlich ist auch die Hypothese[10], es stecke hinter Lk 1,26–38 eine Verkündigung an *Elisabet*, weil Elisabet in V 60 auch schon den Namen Johannes wisse, im Unterschied zu Zacharias jedoch nie zweifle und das Magnificat ursprünglich anstelle von Maria gesprochen habe (siehe den Kommentar zu 1,46). So wäre die Kette der Täuferlegenden mit zwei Verkündigungen und Lobgesängen ausgeglichen gewesen. Die Argumente sind nicht von gleichem Gewicht: Das dritte ist sehr hypothetisch, und die beiden ersten vergessen die Regel der narrativen Sparsamkeit: Eine göttliche Verkündigung genügt, und die Rolle der Elisabet bleibt kulissenhaft. Freilich kennt Lukas die *griechische* Gattung der doppelten Vision[11], aber abgesehen von der Tatsache, daß wir mit der Täuferüberlieferung auf *palästinischem* Boden stehen, dient diese Gattung dazu, Personen miteinander in Kontakt zu bringen. Zacharias und Elisabet leben aber seit Jahren zusammen.

Die Legende von der Verkündigung an Maria ist in einem jüdisch-hellenistischen Milieu entstanden, wo die Christen am Ursprung des Messias interessiert waren und die göttliche Zeugung, die wahre Sohnschaft des Messias und die Jungfrauengeburt narrativ in einem festhalten wollten. Als Gegenstück erzählten sie wohl eine von Lk 2,1–20 verschiedene Geburtsgeschichte, die

---

[5] Vgl. den Kommentar zu diesem Vers unten S. 77.
[6] Mit Dibelius, M., Jungfrauensohn 3.15–18; Fitzmyer I 336f.
[7] Obwohl ich weiß, daß Lukas einer Geschichte gern mit einer eingeschobenen Frage neuen Schwung verleiht; vgl. Gewiess, J., Marienfrage 242–243 und Schneider, G., Einheit 255.

[8] Sei nun die Verkündigung an Maria derjenigen an Zacharias nachgebildet (so vorsichtig Schürmann I 59) oder umgekehrt (Benoit, P., Enfance 191 [vgl. Literatur zu Lk 1,5–25 oben S. 45]).
[9] Mit Marshall 63.
[10] Grundmann 54, der diese Hypothese nicht als erster vorbringt.
[11] Vgl. Wikenhauser, A., Doppelträume, Bib. 29 (1948) 100–111.

jedoch nicht überliefert worden ist. Theologisch waren sie vom hellenistischen Judentum Ägyptens beeinflußt, das seinerseits von ägyptischen Anschauungen mitgeprägt war. Dem Stil nach gehört unsere Erzählung dem späten Strom der synoptischen Traditionen an und gleicht Perikopen des Sonderguts wie der Emmauslegende (Lk 24,13–35). Für die christologischen Motive wie für die Erzählung selbst einen Sitz im Leben innerhalb der hellenistisch-jüdischen Kirche zu finden, ist nicht leicht.

Erklärung 26

V 26: Das Datum knüpft an die voranstehende Geschichte an. Wie Jesus auf Johannes folgt, so seine prophetische Mission auf die des Vorläufers. Die Kirche erinnert sich daran, daß sie jünger ist als die Täuferbewegung.

Der Name des Engels (vgl. 1,19) ist ein weiterer Berührungspunkt beider Verkündigungen. Die erste Erzählung beginnt aber mit der Beschreibung eines Zustandes (1,5–10), die zweite direkt mit einer Handlung (1,26). Im ersten Fall ist die plötzliche Erscheinung des Engels der erste Kontakt und gilt als sein Grußwort. Im zweiten kommt der Engel ruhig zu Maria und spricht zu ihr (1,28). Der Verfasser setzt hier sogar mythologisch bei Gott ein, der Gabriel aussendet (1,26)[12]. Wohnort der Maria (vgl. 1,56) ist ein Städtchen in Galiläa: Nazaret[13]. Hier spürt man die Hand des Lukas: Die Heilsgeschichte läuft wie die Mission von Stadt zu Stadt. Judäa, dem Ort des Täufers (1,39) und später der Passion (9,51; 13,22 usw.), steht narrativ und theologisch Galiläa gegenüber, der Ort des Anfangs.

27

V 27: Bei παρθένος denken die Tradenten der Überlieferung sicher an Jungfräulichkeit. Im offiziellen Judentum war sie weder moralisch noch mystisch wertvoll. Aber wir befinden uns nicht im offiziellen Judentum. Vorchristliche asketische Bewegungen waren die Essener und die Therapeuten, die ein wahrscheinlich aus griechischen Wurzeln stammendes Keuschheitsideal vertraten[14]. Die Erzähler der Verkündigung an Maria gehörten vielleicht zu einer dieser Reformbewegungen und waren an der Jungfräulichkeit Marias als solcher interessiert. Wenn nicht schon die Übersetzer der Septuaginta selbst, so haben wohl ihre Leser bei Jes 7,14 an eine Jungfrau als Mutter des Messias gedacht. Methodologisch darf man auch die im Neuen Testament positiv beurteilten Jungfrauen (vgl. Apg 21,9; 1Kor 7,25; Offb 14,4; vgl. 2Kor 11,1) nicht vergessen. Obwohl diskret (vgl. 1,34), ist der Text doch nicht nur am Wunder der göttlichen Zeugung, sondern auch am Zustand der Jungfrau Maria interessiert. Geschichtlich sind freilich nur der Name der Mutter Jesu und der Wohnort der Familie in Nazaret.

---

[12] »Von … her«. Die meisten Handschriften lesen ὑπό (»durch«, »von«).

[13] Zu Galiläa bei Lukas vgl. Conzelmann, H.. Mitte 21–52; vgl. unten S. 208. Seltsamerweise lesen einige Handschriften »Judäa« (wohl im umfassenden Sinn wie Lk 4,44) an Stelle von »Galiläa«. Zu Nazaret vgl. Godet 119 und Saunders, E.W., Art. Nazareth, in: BHH II (1964) 1291f.

[14] Vgl. Delling, G., Art. παρθένος, in: ThWNT V (1954) 824–834 und Rousselle, A., Porneia. De la maîtrise du corps à la privation sensorielle, IIe–IVe s. de l'ère chrétienne, Paris 1983, welche die Vorbehalte der antiken Medizin gegenüber der Sexualität ans Licht bringt.

Im Judentum erreichte ein Mädchen mit zwölf Jahren eine entscheidende Phase seines Lebens. Zwischen zwölf und zwölfeinhalb hieß es in der rabbinischen Tradition נַעֲרָה: Es stand noch unter der Macht seines Vaters, wurde aber schon als verantwortlich angesehen. Während dieser Zeit durfte es ehelich versprochen werden. Nachher hieß es בַּגְרָת. Παρθένος setzt voraus, daß Maria in der Zeit der נַעֲרָה steht und mit Josef verlobt ist[15]. Die Verlobung war ein wichtiger rechtlicher Akt. »Dabei wurde ganz oder teilweise die Brautsumme erlegt, die Abfindung, die der Verlobte dem Schwiegervater bezahlen sollte (Mohar). Durch die Verlobung erwarb der Bräutigam das Eigentumsrecht an dem Mädchen.«[16] »Während der je nach Umständen (Alter, Aussteuer) bemessenen Frist bis zur Hochzeit unterstand die Braut weiter der Autorität des Vaters, ihre rechtliche Stellung aber war die der Frau.«[17]

Nach Lukas stammt Josef von David ab: Das Auftauchen des Mannes im komplizierten Satz soll die VV 32–33 vorbereiten und wurde womöglich sekundär von Lukas eingeführt. In diesem Fall spielt für Lukas das Wunder der Jungfrauengeburt, nicht aber der Dauerzustand der Jungfräulichkeit eine Rolle: In Kap. 2 betrachtet Lukas Maria[18] voll als Josefs Frau, später spricht er von Brüdern Jesu (8,19–21 und Apg 1,14).

V 28: Ist χαῖρε, der Gruß des Engels[19], einfach ein Morgengruß[20] oder eine wirkliche Einladung, sich zu freuen? Katholische Exegeten haben Maria auf die Tochter Zion bezogen und den Gruß als Aufruf zu eschatologischer Freude[21] verstanden. Sicher enthält die weit hergeholte κεχαριτωμένη ein Wortspiel, V 29 jedoch versteht V 28 als Gruß. So würde ich mit A. Strobel an der profanen Bedeutung, die allerdings gelegentlich wieder den ursprünglichen Sinn des Heilsgrußes bekommen kann, festhalten. Das ist der Fall, wenn der Gruß wie hier durch weitere Nachsätze begleitet ist[22].

Κεχαριτωμένη ist in der profanen Gräzität selten, aber in der biblischen Grä-

28

---

[15] Zu verschiedenen Fällen von Vergewaltigungen (von verlobten Mädchen und Jungfrauen) vgl. Dtn 22,23–29. In der Regel unterhielten die Verlobten während ihrer Verlobungszeit keine sexuellen Beziehungen. Ἐμνηστευμένη und μεμνηστευμένη sind zwei Varianten des Partizips Perfekt Passiv von μνηστεύω (Bl-Debr-Rehkopf § 68,2) und bezeichnen gewöhnlich die »Verlobte« oder ausnahmsweise eine »verheiratete Frau«; vgl. Benoit, P., Annonciation 203 (Sammelband).
[16] Hansen, S., Art. Verlobung, in: BHH III (1966) 2091 umreißt klar, was die Verlobung in Israel bedeutete; vgl. Tosato, A., Il matrimonio israelitico. Una teoria generale, Rom 1982 (AnBib 100).
[17] Strobel, A., Art. Braut, Bräutigam, in: BHH I (1963) 271.
[18] Zu den verschiedenen Schreibarten des Namens Maria vgl. Schneider, G., Art. Μαρία κτλ., in: EWNT II (1981) 95 und Bovon, F., Le

privilège pascal de Marie-Madeleine, NTS 30 (1984) 58f Anm. 1.
[19] Vgl. besonders Strobel, A., Gruß.
[20] Vgl. Mt 26,49; 27,29; 28,9. Neben χαῖρε findet man das elliptische χαίρειν und das gehobene χαίροις. Strobel, A., ebd. tritt energisch für diese Bedeutung ein. Wie bei jeder anderen Formel konnte sich der Sinn von χαῖρε verwischen, aber auch wieder zur ursprünglichen Bedeutung (Morgengruß an das Licht) zurückkehren. Strobel meint, χαῖρε sei hier in seinem eigentlichen Sinn gebraucht (er sieht einen Zusammenhang mit dem Kommen des Königs [V 32]), doch sei dieser eher griechisch (Gruß) als jüdisch (Freude).
[21] Vgl. Lyonnet, S., Χαῖρε; er stützt sich auf vier Texte der Septuaginta: Zef 3,14; Joël 2,21; Sach 9,9 und Klgl 4,21 (Spezialfall); vgl. Laurentin, R., Structure 64–65; Stock, K., Berufung 468–471.
[22] Strobel, A., Gruß 108.

zität verhältnismäßig oft belegt[23]. Die Übersetzung der Vulgata mit *gratia plena* ist verführerisch, weil das Wort bei Lukas auf die Gunst Gottes, nicht auf die den Menschen heiligende Gnade hinweist[24]. Maria wird erst im zweiten Wort des Engels (V 30) mit Namen angesprochen. Ihr widerfährt hier, wie damals Gideon (Ri 6,12)[25], eine von Gott vorgesehene heilsgeschichtliche Anrede. Gott hat ihr seine Gunst schon durch den Besuch selbst mitgeteilt. »Der Herr ist mit dir« wiederholt die Anrede und aktualisiert sie[26]. Wenn Gott »mit« Israel oder mit einem einzelnen Erwählten ist, bedeutet dies nicht nur Schutz, sondern weist auch schon auf die Aufgabe[27] hin.

29 In V 29 zeigen die verschiedenen Korrekturen, daß die Abschreiber mit der gesuchten Sprache dieses Verses nicht ganz zufrieden waren[28]. Wenn die Jungfrau verwirrt und zum Nachdenken[29] veranlaßt wird, liegt das weder an der ungewohnten Begrüßung noch an der Erscheinung des Engels, sondern am Inhalt seiner Botschaft.

30 V 30 wiederholt mit anderen Worten V 28. Die Beschwichtigung »Fürchte dich nicht« gehört zur Gattung der Erscheinungen[30]. »Gnade finden« ist ein Semitismus, der besonders in der Septuaginta häufig vorkommt[31]. Er beschreibt gerade nicht das Ergebnis menschlicher Aktivitäten, sondern drückt die gnädige Erwählung seitens Gottes aus.

31 V 31 kann das Wunder mit normalem Wortschatz prophezeihen, weil die göttliche Handlung dem Dreischritt Empfängnis, Geburt und Namengebung[32] vorangegangen ist. Καὶ ἰδού ist Signal des beginnenden, hier prophetisch vorausgesehenen Geschehens. Empfängnis, Geburt und Namengebung sind die menschliche Entsprechung der göttlichen Absicht. Auf die Etymologie des Namens Jesus wird hier im Unterschied zu Mt 1,21–23 nicht angespielt. Aber man spürt im Duktus der lukanischen Ausführungen eine Ehrfurcht vor diesem Namen wie im Hymnus Phil 2,10.

32–33 VV 32–33: Wie oft in religiösen Reden wird der Text am Schluß immer breiter. Es ist deshalb nicht leicht, die Struktur des Abschnittes zu bestimmen.

---

[23] In ActPhil 48 gebraucht der Verfasser das Partizip für Ireos.
[24] Vgl. Benoit, P., Annonciation 200 (Sammelband) und Audet, J.P., Annonce 358–360, der die Übersetzung »privilégiée« (»bevorzugte«) vorschlägt.
[25] Vgl. ebd. 352–355; Stock, K., Berufung 461–465 zieht zu Lk 1,26–38 den Text Ri 6,11–24 heran, spricht sich aber gegen eine beiden gemeinsame literarische Form aus.
[26] Für die Hebräer bestimmt der Name, besonders wenn Gott ihn gibt, den ganzen Menschen; vgl. Lyonnet, S., Annonciation 64.
[27] Einige Schreiber haben – sicher unter dem Einfluß des tatianischen Diatessarons – am Ende des V 28 eine dritte Formel angefügt, die sie V 42 entnahmen: »Gepriesen seist du unter den Frauen«; vgl. Strobel, A., Gruß 108f.

[28] Ἡ als Demonstrativpronomen ist korrekt, überrascht aber ebenso wie das für eine einzelne Person gebrauchte διαλογίζομαι. Ποταπός mit Optativ (obliquus; vgl. Bl-Debr-Rehkopf § 386,1) ist im Neuen Testament zwar selten, entspricht aber durchaus den Regeln der Grammatik.
[29] Διαλογίζομαι wird von Lukas oft in verächtlichem Sinn gebraucht, hier drückt es Marias Verwirrung aus.
[30] Vgl. Lk 1,13. Man findet die Formen »Fürchte dich nicht« mit nachfolgendem Eigennamen in Gen 15,1 und Dan 10,12, zwei Erscheinungsszenen.
[31] מָצָא חֵן; vgl. Gen 6,8: Νῶε δὲ εὗρεν χάριν ἐναντίον κυρίου τοῦ θεοῦ, zudem 1Sam (LXX 1Kön) 1,18. Mit παρά vgl. Ex 33,16.
[32] In Israel gibt normalerweise der Vater seinem Kind den Namen; vgl. Lk 1,13.62 und Mt 1,21.

Am Ende finden wir in V 33 einen Parallelismus membrorum: Zweimal ist von der endlosen Herrschaft Jesu die Rede; V 32b erwähnt ihren göttlichen Ursprung (»Davidsthron«). V 32a schildert im Zweierrhythmus das Wesen des Messias; dabei sind Titel wichtig. Bedeutend ist auch der Übergang von V 31, wo die Mutter Subjekt ist (Geburt des Messias), zu den VV 32–33, wo der Sohn bestimmend wird (Inthronisation des Messias)[33].

Ideologisch stehen wir in der Tradition des davidischen Königsmessias[34], nicht des endzeitlichen Propheten oder des messianischen Priesters. Auch der Gedanke der Erlösung und des Heilands fehlt, ebenso die Vorstellung des Sieges über die Feinde wie auch der Titel Messias selbst. Grundlage dieser Tradition ist 2Sam (LXX 2Kön) 7. Sie lebt in den Chronikbüchern und der jüdischen Literatur weiter[35]. Diese expliziten Äußerungen sind in einer Zeit, in der sich der jüdische Messianismus aus politischer Vorsicht hinter Symbolen und Bildern versteckt, erstaunlich. Der Grund dafür liegt in der Transzendierung des davidischen Messianismus in der jüdisch-hellenistischen Kirche zur Zeit des Lukas. Auch war die israelitische Königsideologie wie später der jüdische davidische Messianismus von Anfang an sowohl vom ägyptischen wie vom mesopotamischen Königsverständnis mitgeprägt. Deshalb ist es nicht erstaunlich, daß wir die Elemente des Inthronisationsprotokolles hier wiederfinden (freilich nicht so schön strukturiert, wie E. Norden[36] dachte): 1. Der Messias bekommt das Leben; 2. er wird inthronisiert, erhält Titel und Ehre; 3. er herrscht.

Einige Detailbemerkungen: Μέγας wie υἱὸς ὑψίστου sind nicht exklusiv an die Davidstradition gebunden, sondern auch an jede religiös gefärbte Herrscherideologie[37], daher auch Nicht-Juden verständlich.

Gott ist mit seinem hellenistisch-jüdischen Titel erwähnt: κύριος ὁ θεός. Als Vater erscheint er erst V 35. Hier wird Jesus in seiner menschlichen Abstammung beschrieben: David ist sein »Vater«. Ohne daß wir präzis alttestamentliche Texte zitieren können (außer 2Sam [LXX 2Kön] 7,14 // 1Chr 17,13), ist die Verheißung der VV 32–33 eine Art von Schriftanthologie[38].

V 34: In der Zachariaslegende war die Frage »Woran soll ich das erkennen?«   **34**
(V 18) Ausdruck des schuldhaften Unglaubens (V 20). Hier sind die Worte der Maria »Wie wird das geschehen . . .?« (V 34) Ausdruck des fragenden Glaubens und damit legitim (V 38). Der Unterschied zeigt bereits die verschiedenen Ursprünge der Traditionen an und spiegelt ferner die divergierende Be-

---

[33] Ich glaube nicht, daß die VV 30b–33 in rhythmischer Prosa geschrieben sind. Die typographische Anordnung in Nestle[26] trügt.
[34] Zum davidischen Messianismus vgl. Hahn, F., Hoheitstitel 133–158.242–279.
[35] Beruht unser Text – wie ich es annehme – auf Überlieferung, ist er stark vom jüdischen Davidsmessianismus geprägt. Ist er in erster Linie dem Verfasser zuzuschreiben, hat dieser den Messianismus der Schrift entnommen, was auch außerhalb des jüdischen Mutterbodens möglich ist.
[36] Vgl. Norden, E., Geburt 126f.
[37] Vgl. den Exkurs »Die Jungfrauengeburt und die Religionsgeschichte« oben S. 64–70.
[38] Vgl. Laurentin, R., Structure 71–73.

wertung des Verlangens nach einem Zeichen im Alten Testament. Im Vergleich zwischen Zacharias und Maria zeigt sich die Verinnerlichung der Ethik und des Glaubens im neutestamentlichen Zeitalter: Gleiche Sätze wie gleiche Handlungen können je nach innerer Absicht Glaubens- oder Unglaubenssätze, gute oder böse Taten sein.

Daß γινώσκω semitisch die intime Ehebeziehung bezeichnet, bezweifelt niemand. Fraglich ist die Bedeutung des Präsens: Will Maria einfach sagen, daß sie bis jetzt keine sexuellen Beziehungen gehabt hat? Wäre aber in diesem Fall nicht das Perfekt zu erwarten? Einzelne Kirchenväter[39] haben unter dem Druck des Ideals der Jungfräulichkeit geschlossen, Maria habe das Gelübde abgelegt, nie einen Mann zu »erkennen« (dauernder Wert des Präsens). Solche Gelübde sind in der Urkirche anachronistisch, aber nicht in Reformbewegungen des Judentums[40]. Von der geschichtlichen Maria können wir in dieser Hinsicht nichts Sicheres wissen. Von der lukanischen Redaktion her ist die mittelalterliche Hypothese des Gelübdes sicher falsch, aber ich schließe die Möglichkeit nicht aus, daß die mündliche Tradition noch etwas vom asketischen Ideal der hellenistisch-jüdischen Bewegung, aus der die Legenden der Vorgeschichte stammen, wußte.

35   V 35: Schon in 1,17 sind »Geist« und »Kraft« zusammengerückt[41]. Ohne Artikel ist πνεῦμα ἅγιον die schöpferische Kraft Gottes. Ἐπέρχομαι ἐπί verwendet Lukas in Apg 1,8 für die Gabe des heiligen Geistes (vgl. Jes 32,15). Der Ausdruck spricht hier nicht vom zukünftigen Wesen *Jesu*, sondern vom Handeln Gottes an *Maria*, und ἐπισκιάζω bedeutet »seinen Schatten werfen«, »überschatten« (Apg 5,15 vom heilenden Schatten des Petrus, Lk 9,34 im alttestamentlichen Stil für die »die Gegenwart Gottes bekundende Wolke«[42]). Beide Verben besitzen als solche keine sexuelle Komponente, erklären hier aber, wie die göttliche Kraft die männliche Zeugung ersetzen wird. Auch wußten die jüdischen Gelehrten Euphemismen geschickt zu verwenden. Es ist hier vom ὕψιστος und nicht einfach von Gott die Rede, weil ὕψιστος im hellenistischen Judentum verbreitete Gottesbezeichnung ist. Damit wird die Erhabenheit des göttlichen Vaters Jesu ausgesprochen[43].

Der letzte Satz von V 35 ist schwierig[44]. Τὸ γεννώμενον[45] ist das sich im Mutterleib entwickelnde Kind, nicht das Kind bei der Geburt, da im Unterschied zu Mt 1,20 (τὸ γεννηθέν) das Präsens steht. Ist ἅγιον Substantiv und mit τὸ γεννώμενον Subjekt oder Adjektiv und Attribut neben υἱὸς θεοῦ? Weil ἅγιον κληθήσεται (ἅγιον als Attri-

---

[39]   Vgl. Gregor von Nyssa und Augustin, ferner das Mittelalter; vgl. Legrand, L., Annonce 238.

[40]   Vgl. Lohse, B., Askese und Mönchtum in der Antike und in der alten Kirche, München 1969, 88–101 (Essener und Therapeuten).

[41]   Vgl. Lk 4,14; Apg 1,8; 6,8; 10,38; Legrand, L., Arrière-plan 164–169.

[42]   Bauer s.v. ἐπισκιάζω; vgl. Ex 40,35. Die

von der Mystik her argumentierende Darstellung bei Norden, E., Geburt 92–99 ist nicht sehr überzeugend.

[43]   Vgl. Bertram, G., Art. ὕψιστος, in: ThWNT VIII (1969) 616f.

[44]   Nach Legrand, L., Annonce 243–248 folgt das konsekutive διὸ καί einer christologischen Logik.

[45]   Vgl. Vicent, A., Substantivación.

but) alttestamentlich (Jes 4,3) klingt und der Verheißung πνεῦμα ἅγιον ἐπελεύσεται ἐπὶ σέ entspricht, ist es als prädikatives Adjektiv zu betrachten: Dieses Kind wird heilig (d.h. für Gott und von Gott ausgesondert) geheißen[46]. Ἅγιος gehört ursprünglich zur Sprache des Kultes, bezeichnet aber nicht unbedingt eine priesterliche Funktion. Ἅγιος ist auch der Prophet, hier der zukünftige Messias. Υἱὸς θεοῦ taucht im Evangelium hier zum ersten Mal auf[47]. Es hinkt ein wenig nach und könnte ungeschickter Zusatz des Lukas sein; störend wirkt der Übergang vom Neutrum zum Maskulinum. Aber dieser Titel gehörte dennoch eher von vornherein zur Satzaussage hinzu, da sich υἱὸς θεοῦ wie auch ἅγιον auf δύναμις θεοῦ und auf πνεῦμα ἅγιον bezieht (vgl. V 32 mit υἱὸς ὑψίστου). Jesus wird also nicht nur heilig, sondern auch – in anderem Sinn als Israel oder die alten Könige – Sohn Gottes genannt.

V 35 deutet den jüdischen davidischen Messianismus christlich: Der Messias wird kein nationaler Herrscher sein. Die Nachkommenschaft Davids wird spiritualisiert: Der Sohn der Maria wird von Gott selbst gezeugt. V 35 entspricht weniger der Struktur von Röm 1,3–4 (Sohn Davids nach dem Fleisch, Sohn Gottes nach dem Geist); er ist Auslegung der VV 31–33[48]: Als Sohn Davids ist Jesus Sohn Gottes, wie das Reich Davids durch die Herrschaft Gottes seinen wahren Sinn bekommt. Natürlich bleibt Jesus Sohn der Maria, d.h. Mensch, aber die Thematik des Verses ist weder die der zwei Naturen noch die der zwei christologischen Stufen, sondern die der wahren Natur des Messias und seines Reichs. Wir stehen damit innerhalb der Polemik gegen das Judentum, aber die christliche Position ist vom hellenistischen Judentum geprägt.

V 36: »Und siehe« gehört hier zum Zeichen, während es in V 31 auf die Verheißung bezogen ist: Gott wirkt in Ereignissen, ist nicht nur in Gedanken oder Gefühlen gegenwärtig. Die Annäherung der Überlieferungen bringt eine Verwandtschaft zwischen beiden Müttern mit sich: Der Hinweis auf die »Verwandte«[49] schlägt eine Brücke, ohne dabei zu präzisieren. Sogar sie erwartet trotz ihres Alters[50] ein Kind. Fast poetisch wiederholt und präzisiert der Engel: »Und dies ist der sechste Monat[51] für sie, die unfruchtbar genannt wird.« V 37: Der Engel kann seine Rede nicht derart nüchtern beschließen; V 37 rundet theologisch und fromm die Botschaft mit einem Zitat aus Gen 18,14 ab. Daß Gott nichts unmöglich ist, ist alttestamentlicher Glaubenstopos[52]. Der Kontrast ist nicht der zwischen Gott und Natur, sondern der zwischen dem mächtigen Gott und der ohnmächtigen Menschheit. Ῥῆμα weist hier eher auf ein versprochenes *Ereignis* (wie Apg 10,37) als auf bloße *Worte* hin. Die futu-

36

37

---

[46] Anstatt ein ἔσται vor ἅγιον anzunehmen, ziehe ich es vor, nach κληθήσεται ein Komma zu setzen.
[47] Zu diesem Titel vgl. Hahn, F., Hoheitstitel 280–333 und Hengel, M., Der Sohn Gottes. Die Entstehung der Christologie und die jüdisch-hellenistische Religionsgeschichte, Tübingen ²1977.
[48] Vgl. Legrand, L., Arrière-plan 177–183.

[49] Vgl. Spicq, C., Notes II 836–839.
[50] Der neuere Dativ γήρει tritt oft an Stelle von γήρα; vgl. Bl-Debr-Rehkopf § 47,1.
[51] Μήν bedeutet hier »Monat« und ist nicht Partikel! Vgl. 1,26.
[52] Neben Gen 18,14 vgl. noch Ijob 10,13 LXX; 42,2; Sach 8,6 LXX; 2Chr 14,10; Jer 32(39),17 (Aquila und Symmachus), im Neuen Testament Lk 18,27par; Mk 14,36.

rische Form[53] steht im Rahmen einer Theologie der Hoffnung: Gott wird bald die mögliche Unmöglichkeit verwirklichen. Man liest besser παρὰ τοῦ θεοῦ (von Gott aus)[54] als statisch παρὰ τῷ θεῷ (bei Gott).

38   V 38: Maria stellt sich in den Dienst Gottes (vgl. 16,13). Damit fügt sie sich nicht nur, sondern bezeugt ihr Einverständnis. Die menschliche Antwort gehört zur Geschichte (ἰδού) und nicht zu einer abstrakten Ontologie (εἰμί). Wie später Jesus vor der Passion (22,42) oder Paulus angesichts seines Schicksals (Apg 21,14) erwartet Maria die Erfüllung des Willens Gottes, einer nicht in den Buchstaben der Schrift, sondern im Leben des Volkes geschriebenen Geschichte Gottes[55].

Die Botschaft ist übermittelt. Der Adressat hat sie nicht nur empfangen, sondern auch angenommen. Nun kann sich der Engel entfernen.

Zusammen-fassung   Narrativ erzählt und malt Lukas die erneuerte Verbindung zwischen Gott und Mensch. Der treue Gott wird wieder mit einer Geburt anfangen. Der erwartete König wird nicht nur von Gott geschützt, sondern von ihm gezeugt. Aber das Ende wird den Anfang weit überbieten. Der Geist ist das eschatologische Instrument des ansetzenden Endes, hier für den Sohn (1,35) wie später für das Volk (Apg 1,8). Die Ausdrücke »Thron Davids« und »Haus Jakobs« bezeichnen lokal Begrenztes (1,32), aber das Endlose der Herrschaft spricht für die zukünftige Erweiterung auf das Universale. Zeit und Raum werden Eigentum des Sohnes Gottes. Um seinen Plan durchzuführen, wählt Gott das menschlich Begrenzte und Vernachlässigte, diesmal ein Mädchen von ungefähr zwölf Jahren (1,27), damals den jungen Mann Gideon (Ri 6,15). Das Unmögliche, das Gott möglich ist (1,37), wird offenbar beim Vergleich der schwachen Mittel mit der Größe des Ergebnisses. Die Schwachheit ist aber nicht Schwäche, da Maria innere Kraft und offenen Glauben besitzt[56]. Der erste Schritt über die Schwelle in Gottes Zukunft ist getan.

Die Begegnung von Maria und Elisabet (1,39–56)

Literatur: Bailey, K.E., The Song of Mary. Vision of a New Exodus (Lk 1,46–55), Near East School of Theology, Theological Review 2 (1979) 29–35; Bemile, P., The Magnificat Within the Context and Framework of Lukan Theology. An Exegetical Theological Study of Lk 1,46–55, Frankfurt a.M. / Bern 1986 (Regensburger Studien

---

[53] Mit Plummer 25 sind οὐκ und ἀδυνατήσει zusammen zu lesen; οὐκ ist nicht an πᾶν ῥῆμα anzuschließen.

[54] Mit Nestle[26].

[55] Das ῥῆμα des Engels (V 38) entspricht dem ῥῆμα Gottes (V 37). Für Lukas hat ῥῆμα dieselbe Dichte wie das דָּבָר der hebräischen

Bibel; es ist das von Gottes Willen getragene Wort, das seinen Heilsplan im Leben seines Volkes verwirklichen will und kann.

[56] In keiner der alttestamentlichen Parallelgeschichten findet man eine so ausformulierte Zustimmung wie hier; vgl. Lyonnet, S., Annonciation 62.

zur Theologie 34); *Beverly, H.B.*, An Exposition of Luke 1,39–45, Interpr. 30 (1976) 396–400; *Bogaert, P.M.*, Episode de la controverse sur le »Magnificat«. A propos d'un article inédit de Donatien de Bruyne (1906), RBen 94 (1984) 38–49; *Brown, R.E.*, Birth 330–366; *Buth, R.*, Hebrew Poetic Tenses and the Magnificat, JSNT 21 (1984) 67–83; *Delorme, J.*, Le Magnificat: la forme et le sens, in: La vie de la Parole. De l'Ancien au Nouveau Testament (FS P. Grelot), Paris 1987, 175–194; *Dubois, J.-D.*, De Jean-Baptiste à Jésus 94–99; *Dupont, J.*, Béatitudes III 186–193; *ders.*, Le Magnificat comme discours sur Dieu, NRTh 102 (1980) 321–343 (= *ders.*, Synoptiques II 953–975) (zitiert nach der Zeitschrift); *Escudero Freire, C.*, Devolver 173–221; *Farris, S.*, Hymns 108–126; *Gueuret, A.*, Sur Luc 1,46–55. Comment peut-on être amené à penser qu'Elisabeth est »sémiotiquement« celle qui a prononcé le Cantique en Lc 1,46? Supplément au Bulletin (du) Centre protestant d'études et de documentation, Paris 1977, 3–11; *Gunkel, H.*, Die Lieder in der Kindheitsgeschichte Jesu bei Lukas, in: Festgabe von Fachkollegen und Freunden . . . dargebracht (FS A. von Harnack), Tübingen 1921, 43–60; *Grigsby, B.*, Compositional Hypotheses for the Lucan »Magnificat« – Tensions for the Evangelical, EvQ 56 (1984) 159–172; *Gryglewicz, F.*, Die Herkunft der Hymnen des Kindheitsevangeliums des Lukas, NTS 21 (1974/75) 265–273; *Hamel, E.*, Le magnificat et le renversement des situations, Gr. 60 (1979) 55–84; *Horn, F.W.*, Glaube 137–144.181–183; *Irigoin, J.*, La composition rythmique du magnificat (Luc I 46–55), in: Zetesis (FS E. de Strycker), Antwerpen 1973, 618–628; *Jacquemin, P.-E.*, Le Magnificat Lc 1,46–55, ASeign 66 (1973) 28–40; *ders.*, La visitation, ASeign 8 (1972) 64–75; *Jones, D.*, The Background and Character of the Lukas Psalms, JThS NS 19 (1968) 19–50; *Joüon, P.*, Notes de philologie évangélique: Luc 1,54–55. Une difficulté grammaticale du Magnificat, RSR 15 (1925) 440–441; *Karris, R.J.*, Mary's Magnificat and recent Study, RevRel 42 (1983) 903–908; *Köbert, R.*, Lk 1,28.42 in den Syrischen Evangelien, Bib. 42 (1961) 229–230; *Laurentin, R.*, Traces d'allusions étymologiques en Luc 1–2, Rib. 38 (1957) 15–23; *Leivestad, R.*, Ταπεινός – ταπεινόφρων, NT 8 (1966) 36–47; *McHugh, J.*, The Mother of Jesus in the New Testament, London 1975, 68–79; *Mínguez, D.*, Poética generativa del Magnificat, Bib. 61 (1980) 55–77; *Monloubou, L.*, Prière 219–239; *Muñoz Iglesias, S. – Pérez, G.A. – Prieto, A.M. – Villar, E. – Franquesa, P. – Schnackenburg, R.*, El Magnificat, teología y espiritualidad, EphMar 36 (1986) 9–147; *Obbard, E.R.*, Magnificat. The Journey and the Song, Darton 1986; *Perrot, C.*, Les récits de l'enfance de Jésus. Matthieu 1–2. Luc 1–2, CEv 18 (1976) 47–48; *Ramaroson, L.*, Ad structuram cantici »Magnificat«, VD 46 (1968) 30–46; *Rinaldi, I.B.*, Chiarificazioni sul Magnificat, EphMar 37 (1987) 201–205; *Rivera, L.F.*, El concepto »tapeinos« en el Magnificat, RevBib 20 (1958) 70–72; *Sahlin, H.*, Messias 140–154; *Schöpfer, J.*, Der Christ steht vor Gott. Albertus Magnus und Martin Luther kommentieren das Magnificat, GuL 58 (1985) 460–466; *Schoonheim, P.L.*, Der alttestamentliche Boden der Vokabel ὑπερήφανος Lukas 1,51, NT 8 (1966) 235–246; *Schottroff, L.*, Das Magnificat und die älteste Tradition über Jesus von Nazaret, EvTh 38 (1978) 298–312; *Tannehill, R.C.*, The Magnificat as Poem, JBL 93 (1974) 263–275; *Thaidigsmann, E.*, Gottes schöpferisches Sehen. Elemente einer theologischen Sehschule im Anschluß an Luthers Auslegung des Magnificat, NZSTh 29 (1987) 19–38; *Valentini, A.*, La controversia circa l'attribuzione del Magnificat, Mar. 45 (1983) 55–93; *ders.*, Il Magnificat e l'opera lucana, RivBib 33 (1985) 395–423; *ders.*, Il Magnificat. Genere letterario, struttura, esegesi, Bologna 1987 (Supplementi alla RivBib 16); *ders.*, Il Magnificat. Ricerche di struttura letteraria, Mar. 48 (1986) 40–104; *Verweyen, H.*, Mariologie als Befreiung. Lk 1,26–45.56 im Kontext, ZKTh 105 (1983) 168–183; *Vogels, T.*, Le Magnificat, Marie et Israël, EeT 6 (1975) 279–296; *Winter, P.*, Le Magnificat et le Bénédictus sont-ils des Psaumes macchabéens?, RHPhR 36 (1956) 1–17.

39 Da machte sich Maria in diesen Tagen auf und wanderte eifrig ins Bergland in eine Stadt Judas 40 und ging ins Haus des Zacharias und begrüßte Elisabet. 41 Und es geschah, als Elisabet den Gruß Marias hörte, hüpfte das Kind in ihrem Leib, und Elisabet wurde mit heiligem Geist erfüllt 42 und erhob ihre Stimme mit lautem Ruf und sprach: Gesegnet bist du unter allen Frauen und gesegnet die Frucht deines Leibes. 43 Und weshalb kommt mir dies zu, daß die Mutter meines Herrn zu mir kommt? 44 Denn siehe, als die Stimme deines Grußes in meine Ohren drang, hüpfte jubelnd das Kind in meinem Leib. 45 Und glücklich du, die geglaubt hat, daß Vollendung über das kommen wird, was ihr vom Herrn versprochen worden ist. 46 Und Maria sprach: Es preist meine Seele die Größe des Herrn, 47 und es frohlockt mein Geist über Gott, meinen Retter; 48 denn er hat auf die Niedrigkeit seiner Magd gesehen; denn siehe, von jetzt an werden alle Geschlechter mir Heil zurufen; 49 denn Großes hat mir der Machtvolle getan und heilig ist sein Name 50 und sein Erbarmen über Geschlechter und Geschlechter für die, die ihn fürchten. 51 Macht hat er geübt durch seinen Arm. Zerstreut hat er die, welche in den Gedanken ihrer Herzen hochfahrend sind, 52 Mächtige von den Thronen gestürzt und Niedrige erhöht, 53 Hungrige erfüllt mit Gütern und Reiche leer weggeschickt. 54 Er hat sich Israels, seines Knechtes, angenommen, damit er sich an sein Erbarmen erinnere, 55 wie er unseren Vätern in Aussicht gestellt, Abraham und seiner Nachkommenschaft für immer versprochen hat. 56 Da blieb Maria mit ihr etwa drei Monate lang und kehrte wieder in ihr Haus zurück.

Analyse   *Die Erzählung*

In der Begegnung von Maria und Elisabet verknüpft Lukas die Johannes- und die Jesusüberlieferungen. Er hat die Szene schon in der vorausgehenden Perikope dadurch vorbereitet, daß Elisabets Schwangerschaft Zeichen für Maria geworden ist. Das Gewicht, das die Szene für Lukas hat, äußert sich in der Eindringlichkeit des Bildes, das er gestaltet. Die gegenseitige Anerkennung der Schwangerschaft verleiht den Frauen doppelte Würde. Indem Maria Elisabet aufsucht, ist die Aufmerksamkeit zunächst auf das Geschehen an Johannes' Mutter gerichtet. Aber mit der Bewegung des Johannes im Mutterleib, der sich damit schon als Prophet und Vorläufer zu erkennen gibt, geht die Bewegung zu Maria hin. Der Akzent der Szene liegt auf Jesus, was sich auch darin erweist, daß Elisabet Gott für Maria und Jesus lobt[1], im Magnificat aber kein Wort über Elisabet oder Johannes erklingt.

---

[1] Vgl. Jacquemin, P.-E., La visitation 70f: hohen Grad christlicher Reflexion.
Die VV 42b–45 zeugen von einem schon recht

Ob Lukas frei gestaltet oder sich auf eine Einzelüberlieferung bezieht, bleibt offen. Eine eigentliche Gattung der Begegnung gibt es nicht im Alten Testament, obwohl es von mehreren Besuchen erzählt[2].

Der Gang der Erzählung hält in den beiden Reden der Frauen inne. Diese, in der Gebetssprache Israels gehalten, heben die Erfüllung des versprochenen Zeichens und die freudige Zuversicht der Mütter hervor.

Das Magnificat

Das Gebet der Maria ist ein Hymnus, genauer das Loblied eines Einzelnen – eine Aufforderung an die Gemeinde zum Mitsingen fehlt –, in dem Gott meist nicht direkt, sondern in der dritten Person angeredet wird. Stilgemäß beginnt der Hymnus mit einer Beschreibung »des bereits angestimmten Lobpreises«[3] (VV 46–47).

Israel hat eine ununterbrochene Tradition der Hymnen-, Psalm- und Gebetsdichtung[4], so daß wir das Magnificat auch mit jüngeren Texten, den *Hymnen von Qumran*, den *Psalmen Salomos* oder mit einzelnen *Lobliedern*[5] vergleichen können[6].

Hauptstück ist wie in jedem Hymnus das Lob Gottes. Der Übergang von der Einführung zum Hauptteil ist hebräisch durch כִּי, griechisch durch ὅτι signalisiert. Hier lesen wir *zwei* ὅτι (VV 48 und 49), weil in V 48b eine Seligpreisung die Lobrede unterbricht. Der übliche kurze Schluß (Abgesang), wo Elemente der Einführung wieder aufgenommen werden oder Wünsche und Bitten auftauchen, fehlt. Immerhin lenkt V 55 den Blick von der gelobten Heilstat Gottes auf die alten Orakel, was einen guten Schluß (mit εἰς τὸν αἰῶνα fast doxologisch) ergibt[7]. Vielleicht ist V 54 schon dazuzuzählen[8].

Gott ist Subjekt aller Verben mit Ausnahme von V 48b. Die Verben stehen im Aorist, weil das Hauptstück eines Hymnus um das Wort und Wirken Jahwes in Schöpfung und Geschichte kreist[9]. Daß in Nominalsätzen wie V 49b und V 50 neben *Handlungen* auch *Eigenschaften* Gottes erwähnt werden, gehört ebenfalls zur Gattung des Hymnus (vgl. Ps 110[111],9: »sein Name ist heilig und furchtbar« und Ps 144[145],9: »sein

---

[2] Vgl. das Zusammentreffen von Abraham und Melchisedek (Gen 14,17–24) mit einem Segenswort im Munde des priesterlichen Königs und einem Schwur Abrahams Gott gegenüber. Die Endgestalt von Gen 14 gilt eindeutig der Verherrlichung Abrahams; vgl. Westermann, C., Genesis I, Neukirchen-Vluyn 1981 (BK I/2), 225f.

[3] Kraus, H.-J., Psalmen I, Neukirchen-Vluyn 1961 (BK XV/1), LXI.

[4] Vgl. Winter, P., Magnificat 1–5 und Perrot, Ch., Récits 48, der die Pijjutim, die nach der Bibellesung gesungenen Gedichte, erwähnt.

[5] Vgl. 1Chr 16,8–36; 1Makk 2,7–13; 4Esr 10,20–24; syrBar 10,6–12,4; Offb 15,3b–4; 4,11; 11,17–18; 12,12a; 19,1–2.5b.6b–8a.

Philo, VitCont 79–80 erinnert an den Gebrauch der Hymnen bei den Therapeuten. In Agr 79–80 erwähnt er zwei Chöre: Nach Ex 15,1–21 steht Mose dem Chor der Männer und Miriam dem der Frauen vor; vgl. Winter, P., Magnificat 1–5.

[6] Gunkel, H., Lieder; Kraus, H.-J., Psalmen I (siehe oben Anm. 3) XXXVII–LVI; Westermann, C., Das Loben Gottes in den Psalmen, Berlin 1953. Literatur zu den lukanischen Hymnen bei Fitzmyer I 370f.390.433.

[7] Gunkel, H., Lieder 52 zeigt feinfühlig die Unterschiede zwischen VV 49–54 und V 55 auf.

[8] So Brown, R.E., Birth 356.

[9] Vgl. Kraus, H.-J., Psalmen I (siehe oben Anm. 3) XLII.

Erbarmen ergeht über alle seine Werke«). Die Empfängerin der Heilshandlung Gottes
(μου, μοι, με) erweitert sich verallgemeinernd zu den Gottesfürchtigen, die wahrscheinlich mit den Erniedrigten und Hungrigen, sogar mit Israel selbst identisch sind.
Die vage und allgemein bleibende Beschreibung des Werkes Gottes ist typisch für einen Psalm, der liturgisch in der gleichen Form von verschiedenen Betenden gesprochen werden kann.

J. Dupont verweist auf Anspielungen im Magnificat auf den Kontext[10]: Ἠγαλλίασεν
(V 47) erinnert an ἐν ἀγαλλιάσει (V 44); die Sängerin spricht von sich selbst als ἡ
δούλη Gottes (V 48), was V 38 ἰδοὺ ἡ δούλη κυρίου entspricht; ihre Seligpreisung ist
vorausgesetzt (V 48) wie schon im Munde Elisabets (V 45); ὁ δυνατός könnte den Inhalt von V 37 wieder aufnehmen.

Dennoch bleibt wahrscheinlich, daß Lukas ein vorgefundenes Lied[11] übernimmt und
verarbeitet, da es sich weder auf eine Geburt noch eine Jungfrauengeburt bezieht. Die
Entsprechungen zum Kontext sind entweder redaktionell, oder Lukas hat gerade diesen Hymnus ausgewählt, weil er besser als andere zur Situation paßt. Für den Fortgang der Erzählung ist er überflüssig[12], hat aber eine hermeneutische Funktion, wie
noch zu zeigen ist.

Im Unterschied zu den Qumranpsalmen wird Gott nicht als Schöpfer gelobt, zudem
fehlen die Problematik von Verfolgung und Tod, jede Polemik wie auch die messianische Hoffnung. Formal wird Gott in den *Hodajot* regelmäßig in der zweiten Person
angeredet, und der Psalmist benutzt für sich und andere oft Bilder und Metaphern.
Verglichen mit den *Psalmen Salomos* ist das Magnificat diskret in bezug auf die
Feinde, schweigsam zur Thematik des Sieges des Gerechten und zu der von Sünde
und Gericht. Es betont auch stärker den Glauben an das geschichtliche Handeln Gottes, als daß es Hoffnung erweckte.

Zweifellos kennt der Verfasser das Lied Hannas nach der Geburt Samuels (1Sam
[LXX 1Kön] 2,1–10); er greift darauf zurück, seine kompositorische Technik ist jedoch
eine andere, insofern er sein Gedicht aus entlehnten Bruchstücken zusammenstellt[13].
Fast jeder Ausdruck hat eine alttestamentliche Parallele (vgl. Nestle[26]). Aber auch die
Nähe zu den *Psalmen Salomos* ist nicht zu übersehen. Zunächst im Wortschatz: »die,
die Gott fürchten« (V 50) PsSal 2,33; 3,12; 4,23; 15,13; Israel, sein oder dein Knecht
(V 54) PsSal 12,6; 17,21; die Nachkommenschaft Abrahams (V 55) PsSal 18,3; die
ὑπερηφανία (V 51) PsSal 2,1–2.31; 17,13.23; der Kontrast zwischen Reichen und Armen (V 53) PsSal 5,11 (freilich mit dem Gedanken, daß Gott sich um beide Gruppen
kümmert); die Herabsetzung (V 52) PsSal 11,4; das Mitleid Gottes (V 50) PsSal 10,3;
der Arm Gottes (V 51) PsSal 13,2; die Kraft Gottes (V 51) PsSal 17,3; ἐπιβλέπω (V 48)
PsSal 18,2; ἀντιλαμβάνομαι (V 54) PsSal 16,3.5; μιμνήσκομαι (V 54) PsSal 10,1.4; λαλέω in der semitischen Bedeutung von versprechen (V 55) PsSal 11,7. Sodann zwei
formale Elemente: Ἰδού als Anfangswort (V 48) PsSal 8,25 und – was mir sehr wichtig

---

[10] Vgl. Dupont, J., Magnificat 324.
[11] Brown, R.E., Birth 347 vertritt die folgende These: Das Magnificat und das Benedictus entstammen einer judenchristlichen
Bewegung von Armen Gottes. Lukas selbst,
nachdem er die Kindheitserzählungen bereits
geschrieben hatte, habe sie hier sekundär eingefügt.

[12] Vgl. Dupont, J., Magnificat 325. Im Gegensatz dazu meint Schürmann I 78: »Der Bericht ruft nach einem derartigen Höhepunkt«.
[13] Vgl. Winter, P., Magnificat 6f; Perrot, Ch.,
Récits 48.

erscheint – das häufige Vorkommen von Seligpreisungen innerhalb des Hymnus (V 48) PsSal 4,23; 5,16; 6,1; 10,1; 17,44; 18,6, weshalb der Versuch scheitert, V 48b als Interpolation zu betrachten[14]. Bedeutungsvoll ist auch die nicht streng festgelegte Gliederung der *Psalmen Salomos*[15], in deren Zusammenhang die Kürze und Gediegenheit des Magnificats, die der Verfasser mit seinen entlehnten Bruchstücken erreicht hat, besonders hervorzuheben ist. Die pharisäische Prägung der *Psalmen Salomos* ist bekannt. Da Lukas auch in der Apostelgeschichte Sympathie für die Pharisäer zeigt, ist der Ursprung des Magnificats in dieser Bewegung wahrscheinlicher als in der jüdisch-christlichen oder täuferischen.

Modell aller Loblieder Israels bleibt der Hymnus nach dem Wunder des gespaltenen Meeres (Ex 15), der von einem Männerchor und dann von den Frauen unter Mirjams Leitung gesungen wurde[16]. Sollte dies die Verdoppelung des Magnificats durch den Hymnus des Zacharias beeinflußt haben?

Für die Exegese hängt viel von der Auslegung der Aoriste ab: Sind sie normale Feststellungen vergangenen Geschehens, gnomische Bezeugung des regelmäßigen Tuns Gottes, inchoative Markierung des Anfangs eschatologischer Ereignisse oder vom prophetischen Perfekt des Hebräischen beeinflußte Schilderung der Zukunft? Ist also dieser Hymnus eigentlicher Lobpreis Gottes für geschenkte Hilfe oder versteckte Prophetie des erwarteten Heils?

Gliederung. Metrische Kriterien weisen in der Silben- und Akzentanordnung auf eine zweiteilige Komposition (VV 46b–50 und VV 51–55) mit je drei Strophen hin: Die zweite (VV 48b–49a) und dritte Strophe (VV 49b–50) des ersten Teiles entsprechen sich, wie die erste (VV 51–52) und dritte (VV 54–55) des zweiten[17].

Von den Sinneinheiten her kann man das Lied als Gedicht mit zwei Hauptstrophen verstehen. Deren Schluß erhält jeweils durch ein breiteres Versschema Gewicht (VV 49b–50 und VV 54b–55), die andern Zeilen setzen mit einem Verb des Handelns ein (ausgenommen die VV 48b und 53)[18]. Ich selber betrachte das Magnificat als Hymnus und werde es mit Kriterien der jüdischen Poesie analysieren[19]. Es ist dabei zu bedenken, wie die ältesten Handschriften solche poetische Texte abschrieben: ob mit oder ohne Trennungszeichen und Strukturierung. Außerdem sollte die Kanonisierung nicht als Ga-

---

[14] Nach Ramaroson, L., Ad structuram 43–45 und McHugh, J., Mother 74 ist V 48b eine sekundär eingefügte Klammer.

[15] Die *dispositio* ist nach Gunkel, H., Lieder 52 »die schwache Stelle des alttestamentlichen Kunstwerks«.

[16] Vgl. oben S. 81 Anm. 5. Während die philonische Aktualisierung von Ex 15 allegorisierende Züge trägt, verwirklicht sich die lukanische im Dichten neuer Geschichten.

[17] Vgl. Irigoin, J., Composition.

[18] Vgl. Tannehill, R.C., Magnificat.

[19] Nach Jones, D., Background stellt der Hymnus eine Mischform dar und zeigt die Auflösung dieser Gattung nach dem Exil an. Auch nach Schürmann I 71 handelt es sich um eine »»Mischform‹ von eschatologischem Hymnus und persönlichem Danklied«.

rantie für eine vollendete äußere Form[20] und eine tiefsinnige Theologie[21] angesehen werden.

Erklärung 39–40   Im Unterschied zu Kap. 2 und zu Mt 1–2 spielt Josef hier keine Rolle. Maria begibt sich allein auf eine längere Reise. Ἀναστάς (V 39) ist eine semitische Wendung, die von der Septuaginta her beliebter Ausdruck des Lukas geworden ist. Er bezeichnet nicht unbedingt ein Aufstehen, wohl aber bildlich die Vorbereitung oder den Anfang einer Handlung, manchmal auch pleonastisch und formelhaft[22]. Πορεύομαι[23] erhält im Lukas-Evangelium theologische Bedeutung: Jesus oder hier Maria »geht«, »wandert« gemäß dem Willen und Heilsplan Gottes[24]. Μετὰ σπουδῆς (»schnell« oder »eifrig«) bestätigt narrativ die Willigkeit Marias sowie die Harmonie zwischen ihrem Glauben und der göttlichen Absicht[25]. Die Menschen der Bibel »laufen« oft, sobald die göttliche Aktivität spürbar ist[26]. Wie Maria auf dem Weg verliert Lukas keine Zeit, die doch mehrtägige Reise zu beschreiben[27]. Alles zielt auf die Ankunft hin, wie das fast übertriebene dreifache εἰς verdeutlicht (ähnlich Apg 14,21; 21,1 und 25,8).

Von der Bibel her weiß Lukas, daß das verheißene Land aus »Tal« und »Berg« besteht[28]: Maria wandert aus dem tiefer gelegenen Galiläa in die Berge Judas[29] hinauf. Lukas erwähnt öfter nach einer allgemeinen Zielangabe (z.B. eine Stadt) einen genauen Bestimmungsort wie eine Synagoge oder ein Haus (Apg 13,14; 18,19; 21,8; vgl. Lk 14,8), manchmal ohne ein dazwischenstehendes καί (Lk 2,4; 4,16). Εἰς τὴν ὀρεινήν und εἰς πόλιν Ἰούδα sind also nicht auf unterschiedliche Quellen zurückzuführen.

Maria erreicht ihr Ziel und grüßt Elisabet[30]. Viele Leute grüßen sich in diesen Kapiteln (1,28–29; hier VV 40.41 und 44), weil viele Begegnungen erzählt

---

20   Das wird vor allem bei Ramaroson, L., Ad structuram 30 deutlich: »hymnus valde perfectus«. Ramaroson teilt den Hymnus in drei Strophen: Die VV 46–50 beschreiben Gottes Handeln an Maria, die VV 51–53 an den Niedrigen, die VV 54–55 an Israel.

21   Nach Tannehill, R.C., Magnificat 265 erfüllt der Hymnus die Funktion einer Arie.

22   Außer den Kommentaren vgl. noch Bl-Debr-Rehkopf § 419,2.4 und § 461,3; Abel § 74c.

23   »In diesen Tagen« (V 39) ist ein unbestimmter Ausdruck, der an die Bibel erinnert. Plummer 39 bemerkt, daß Lukas solche Ausdrücke gern verwendet.

24   Vgl. vor allem auf größeren Reisen: Lk 9,51; 13,22 usw.

25   Vgl. Ex 12,11 LXX.

26   Vgl. Daube, D., The Sudden in the Scriptures, Leiden 1964; Jacquemin, P.-E., Visitation 68; vgl. Gen 18,20.

27   »Commodément en quatre jours« meint Lagrange 41, der das Land kannte.

28   Vgl. den Kommentar zu Lk 6,12 unten S. 280f. Zum Gebirge Judäas vgl. Num 13,29 und Jdt 4,7.

29   Ἰούδας heißt der Patriarch, der Sohn Jakobs, dann der Stamm, der auf ihn zurückgeht, und endlich das von diesem Stamm besiedelte Gebiet (diese Region wird auch mit dem substantivierten Adjektiv ἡ Ἰουδαία [zu ergänzen wäre γῆ] bezeichnet); vgl. Mt 2,6. In diesem Ἰούδα ist nicht ein falscher Städtename zu sehen. Die Kommentatoren sind hier sehr weitschweifig und erfinderisch; vgl. Godet 129; Plummer 41 und Marshall 80.

30   Im Gegensatz zum damals üblichen Ausdruck »in das Haus des Zacharias« (V 40) deutet die Formulierung εἰς τὸν οἶκον αὐτῆς (d.h. Μαρίας) »in ihr (d.h. Marias) Haus« (V 56) auf die außergewöhnliche Situation der Eltern Jesu hin.

werden. Der aktiv eingreifende Gott bringt Menschen zusammen: Das Heil entfaltet sich in menschlichen Beziehungen. Der Gruß wird hier zum Ausdruck liebevoller Begegnung und, wie die Geburten, Beginn neuen Lebens. Die Grußworte haben in der Antike und besonders im jüdischen und urchristlichen Raum noch nicht die Formelhaftigkeit wie heute (vgl. Röm 16,16; 1Kor 16,19–20; 1Petr 5,13–14): Sie sind nicht nur bloßer Wunsch im Blick auf das Wohl des Angeredeten, ihnen eignet vielmehr eine wirkmächtige Kraft[31]. Lukas gibt den Inhalt des Grußes der Maria nicht an, weil ihn vor allem die Reaktion Elisabets beschäftigt.

Die VV 41–42a sind schwerfällig (zweimal der Name Elisabet, dazu Parataxe   **41–42a** mit Wechsel des Subjekts[32]. Das Kind hüpft[33] vor Freude im Mutterleib (VV 41 und 44), was hier Zeichencharakter bekommt. Gott bedient sich nicht nur der Worte, sondern auch der Sprache des Körpers. Aus Wunderzeichen neugeborener Kinder zog man in der Antike Folgerungen für deren Zukunft[34]. So wie in Gen 25,22–28 Esau und Jakob im Mutterleib schon ihr künftiges Verhältnis vorab darstellen[35], übt der Täufer schon jetzt seine prophetische Vorläufer-Funktion[36] aus.

Nach diesem Zeichen wird Elisabet vom heiligen Geist erfüllt[37] und stößt einen prophetischen Ruf aus[38]. Der freudige Ausbruch veranschaulicht wie das Hüpfen des Kindes den heilsgeschichtlichen Neuanfang. In V 42b liegt ein   **42b** poetischer Parallelismus aus zwei Nominalsätzen vor[39]. Das implizite Verb (Indikativ) drückt eine Tatsache aus, nicht einen Wunsch. Εὐλογημένη und εὐλογημένος sind göttliche Passive. »Unter den Frauen« steht semitisch für

---

[31] Vgl. Trummer, P., Art. ἀσπάζομαι κτλ., in: EWNT I (1980) 416f (mit zahlreichen Literaturangaben).

[32] Gerade die Schwerfälligkeit des Satzes hat die Abschreiber dazu verleitet, den Text zu verbessern; vgl. dazu den kritischen Apparat zu V 41 in Nestle[26]. Zu ἐγένετο mit Aor. (ἐσκίρτησεν) ohne καί vgl. Bl-Debr-Rehkopf § 442,4 Anm. 11.

[33] Vgl. Fitzer, G., Art. σκιρτάω, in: ThWNT VII (1964) 403–405: Das Verb bezeichnet zuerst das ungelenke Springen und die Bewegungsfreude der Jungtiere. »Sicher bestimmen zwei Motive den Gebrauch des Wortes bei Lukas: die natürliche Bewegung des Kindes im Mutterleib und die eschatologische Freude über die Erscheinung des Christus. Das eine Motiv ist in Gn 25,22 vorgebildet..., das andere in Mal 3,20..., wo die Freude über das eschatologische Heil im Vergleich ausgedrückt wird« (404f).

[34] Z.B. wenn ein Säugling vor dem vierzigsten Tag lächeln konnte; vgl. Norden, E., Geburt (vgl. Literatur zu Lk 1,5–2,52 oben S. 44) 59–72.

[35] Sahlin, H., Messias 143 Anm. 1 verweist auf das Targum von Ps 68,27: »Preiset Gott, ihr Embryos im Mutterleibe, ihr Same Israels!« und auf OdSal 28,2: »Mein Herz ist fröhlich und hüpft wie ein Kind, das im Leib seiner Mutter hüpft«.

[36] Jacquemin, P.-E., Visitation 70 nimmt zu Recht an, daß die in Lk 1,15 bezeugte Überlieferung auf die Abfassung von Lk 1,41 eingewirkt hat.

[37] Vgl. Lk 1,15 und dazu den Kommentar oben S. 56 mit Anm. 73; vgl. Dubois, J.-D., De Jean-Baptiste à Jésus 94–99.

[38] Vgl. Grundmann, W., Art. κράζω κτλ., in: ThWNT III (1938) 899,31–35 und 900,23–42. Einige Schreiber haben den semitisch angehauchten Pleonasmus ἀνεφώνησεν φωνῇ μεγάλῃ oder den Ausdruck ἀνεβόησεν φωνῇ μεγάλῃ (vgl. Gen 27,34 LXX: ἀνεβόησεν φωνὴν μεγάλην) vorgezogen.

[39] Vgl. Jdt 13,18; auf diese Stelle verweisen Laurentin, R., Structure 81f; McHugh, J., Mother 69–71 und Brown, R.E., Birth 347. Mit Sahlin, H., Messias 146 Anm. 1 kann man syrBar 54,10 und Ri 5,24 beifügen. Vgl. 4Esr 10,6: »Du törichste von allen Frauen...«.

eine superlativische Wendung[40]. Der Segen Gottes trifft sich mit der Erwählung Gottes; der Herr segnet *neue* Menschen am Rande Israels und außerhalb der Amtsträger. Nach antiker Weltanschauung bringt der Sohn einer Frau ihre Würde: Der Segensgruß findet seinen Grund und sein Ziel in der Frucht der Maria. Im Parallelismus steckt eine Symmetrie, nicht eine Wiederholung. Der Segen Gottes ist zuerst Wort (εὐλογέω), aber als Gottes Wort zugleich auch Kraft. Er begleitet die, die von Gott eine Mission empfangen, schließt aber Leiden nicht aus (vgl. 2,35)[41]. Das Evangelium beginnt mit dem Segen für Maria und Jesus und endet mit dem Segen für die Jünger durch den Auferstandenen (24,50).

43–44   VV 43–44: Auf die Frage πόθεν (»weshalb«, nicht »woher«[42]) . . . τοῦτο (durch ἵνα expliziert) folgt keine Antwort[43], da es sich um eine Exklamation handelt, die mit dem Unterschied zwischen der Würde Johannes' und Jesu spielt. »Mein Herr« ist eher jüdisch als christlich (Phil 3,8; Joh 20,13.28).

Lukas hat Mühe, eine kohärente Rede Elisabets zu gestalten: Nach dem poetischen Segen (V 42) wechselt er abrupt zur Prosa, nach der rhetorischen Frage (V 43) zur Zusammenfassung (V 44 wiederholt V 41). Nach den VV 42–43 macht die prophetisch begabte Mutter eher den Eindruck einer erstaunten Frau, die nicht recht versteht, was geschieht. Die Inkohärenz kann am Mangel an fester Überlieferung liegen oder an der Absicht, die Gefühlsgeladenheit zum Ausdruck zu bringen. In V 45 kommt die Inspiration jedoch wieder zum Zug in einer schönen Seligpreisung.

So verläuft die Rede Elisabets in drei Wellen: Die mittlere behandelt die Begegnung beider Mütter, die erste die Zuwendung Gottes, die dritte den Glauben der Maria.

45   In V 45 wiederholt Lukas, der den Unglauben des Zacharias (1,20) gebrandmarkt hatte, auf der metanarrativen Ebene der Seligpreisung die glaubensvolle Einstellung der Maria aus 1,38 (ὅτι heißt hier »daß«, nicht »weil«).

Trotz des lukanischen Schemas von Verheißung und Erfüllung steht einzig an dieser Stelle in seinem Werk das Wort τελείωσις[44]. Λαλέω verwendet er geschickt mit dem hebräischen Unterton der Verheißung[45], besonders wenn die Worte göttlichen Ursprungs sind (παρά statt ἀπό, das die Vermittlung des Engels voraussetzt). Trotz der in diesem Kapitel herrschenden Atmosphäre der Erfüllung erinnert das futurische ἔσται diskret daran, daß der Plan Gottes bei weitem noch nicht verwirklicht ist. Form-

---

[40] Vgl. Bl-Debr-Rehkopf § 245,3 und Fitzmyer I 364.

[41] Zur Literatur über den Segen in der Bibel vgl. ThWNT X/2 (1979) 1089f und EWNT II (1981) 198.

[42] Vgl. Bailly, s.v. πόθεν (3). Man muß sich ein γέγονεν dazudenken.

[43] Einige Exegeten, wie Laurentin, R., Structure 79–81; Escudero Freire, C., Devolver 182f und Ernst 83 vergleichen Lk 1,43 mit

2Sam (LXX 2Kön) 6,9, wo David über die Präsenz der Lade in Jerusalem beunruhigt ist. Die Symbolik Maria = Lade ist jedoch zu weit hergeholt; vgl. dazu Fitzmyer I 364.

[44] Vgl. Delling, G., Art. τελείωσις, in: ThWNT VIII (1969) 85–87. Vgl. Jdt 10,9, worauf Sahlin, H., Messias 148 Anm. 2 verweist: Καὶ ἐξελεύσομαι εἰς τελείωσιν τῶν λόγων, ὧν ἐλαλήσατε μετ᾽ ἐμοῦ.

[45] Wie in Lk 1,55.

geschichtlich ist die einzelne Seligpreisung ursprünglicher als die Reihung. Während die alttestamentlichen Seligpreisungen ein konkretes und gegenwärtiges Glück bezeichneten, ist hier etwas Verinnerlichtes, etwas Vergeistigtes gemeint[46].

V 46: Ein Teil der lateinischen Handschriften legt das Magnificat Elisabet in den 46 Mund. Auch σὺν αὐτῇ in V 56 scheint sie als Sängerin vorauszusetzen; hypothetisch könnte man für die Täuferüberlieferung zwei Verkündigungen annehmen, eine an Zacharias, eine an Elisabet; dazu entsprechend auch zwei Lieder, eines von Elisabet, eines von Zacharias. Sämtliche griechischen Handschriften und alten Versionen, von der einen erwähnten Ausnahme abgesehen, lesen jedoch Maria. Nach Elisabets Rede ist auch eine Reaktion Marias zu erwarten. Wenn weiterhin Elisabet zu Wort käme, wäre eine neue Einführung überflüssig oder mindestens ein Hinweis am Platz, daß sie ihr Wort wieder aufnimmt und weiterführt. Wie jedoch konnte Elisabet in diesen lateinischen Handschriften zur Beterin des Magnificats werden? Hat man vielleicht die Begegnung der beiden Frauen als liturgische Lesung für das (sehr alte) Fest des Zacharias und der Elisabet gewählt und darum das Lied der Mutter des Johannes zugesprochen?[47]

Maria reagiert – da sie auf Elisabets Frage (V 43) letztlich nicht antwortet – sehr eigenwillig mit dem Jubel über die Bestätigung des Zeichens (V 36): »Es preist meine Seele die Größe des Herrn«. Ähnlich dankt Hanna Gott für die Geburt Samuels (1Sam [LXX 1Kön] 2,1), eine deutliche Nähe besteht aber auch zu den Psalmen, besonders Ps 33(34),2–4 LXX. »Meine Seele« steht für Marias »Ich« in ihrem Bewußtsein und ihrer Innerlichkeit. »Der Herr« ist der lebendige Gott der Väter, der in der jetzigen Generation treu und gütig handelt. Μεγαλύνω (»großmachen«) heißt hier wie oft in der religiösen Sprache der Juden »loben«, »preisen«[48]. Anerkennung der Größe Gottes und ihr Aussprechen in der Form eines Gebets gehören dazu. Die lobpreisend bezeugte Größe Gottes ist nicht die eines erniedrigenden Herrschers, sondern die eines seine Kraft für die Menschen einsetzenden Heilands.

V 47 steht zu V 46b symmetrisch, in der poetischen Sprache der Psalmen ist 47 die zweite Aussage des Parallelismus jedoch nicht einfach eine Wiederholung der ersten[49]. Hier exegesiert sie deren Inhalt: Der κύριος ist der alttestamentliche Gott, der die Menschen rettet. Ἀγαλλιάω, nur im biblischen und kirchlichen Sprachgebrauch nachgewiesen, ist eine hellenistische Neubildung von ἀγάλλω[50]. Der Gegenstand der Freude ist mit ἐπί eingeführt. Im Neuen Testament taucht es neben χαίρω und εὐφραίνομαι auf und bekommt einen

---

[46] Zu den Makarismen bei Lukas vgl. den Kommentar zu Lk 6,20 unten S. 296f. Der Streit darüber, ob Maria aufgrund ihres Glaubens, ihrer Persönlichkeit oder ihres Erlebnisses gepriesen wird, ist oft von konfessioneller Voreingenommenheit geprägt.
[47] Diese letztgenannte Hypothese wurde mir von meinem Assistenten M. Durrer vorgeschlagen. Zu diesem großen textkritischen

Problem vgl. Metzger, B., Textual Commentary 130f; Brown, R.E., Birth 334–336; Fitzmyer I 365f; Gueuret, A., Sur Luc 1,46–55; dies., Engendrement 75 Anm. 36; 85–100.
[48] Zu μεγαλύνω bei Lukas (selten; vgl. Apg 10,46 und 19,17) und im Neuen Testament vgl. Spicq, C., Notes II 545f.
[49] Vgl. Tannehill, R.C., Magnificat 266.
[50] Vgl. Bauer, s.v.

eschatologischen Ton. Die gegenwärtige Lobrede (μεγαλύνει) schöpft aus der erlebten Freude (ἠγαλλίασεν [Aorist])[51]. Τὸ πνεῦμα ist Ersatzbegriff für ἡ ψυχή μου und bezeichnet im Unterschied zum intellektuellen νοῦς die affektive Innerlichkeit[52]. Man kann schwerlich übersehen, daß der Verfasser in V 47 Hab 3,18 LXX zitiert, einen Vers, der seinerseits der liturgischen Sprache Israels angehört.

48 Mit V 48 beginnt der Hauptteil des Liedes. Grund der Lobrede ist der »Blick« Gottes. Ἐπιβλέπω ἐπί erinnert an ἐπελεύσεται ἐπὶ σέ und an ἐπισκιάσει in V 35. Wenn Gott nach den Menschen schaut, vergißt er sie nicht (vgl. 1Sam [LXX 1Kön] 1,11). Sein Blick kann sie entweder richten oder, wie hier, erwählen oder retten (Lev 26,9). Hier benutzt[53] der Verfasser 1Sam (LXX 1Kön) 1,11 (ἐὰν ἐπιβλέπων ἐπιβλέψῃς ἐπὶ τὴν ταπείνωσιν τῆς δούλης σου; aber vgl. 1Sam [LXX 1Kön] 9,16; Ps 101[102],17). In der Septuaginta und im Neuen Testament sind nach griechischem Gebrauch ταπεινός und ταπείνωσις im übertragenen Sinn sozial und wirtschaftlich zu verstehen[54]. Der masoretische Text wie die Septuaginta unterscheiden zwischen dieser Bedeutung und der Tugend der Demut, die durch ταπεινὸς τῇ καρδίᾳ, ταπεινόφρων und ταπεινοφροσύνη ausgedrückt ist. Erst der Kontext kann – besonders in der Weisheitsliteratur – andeuten, daß die Elenden auch demütig sind. Aber sogar in der profanen Prosa können ταπεινός und ταπείνωσις eine positive Nuance erhalten[55]. Die ταπείνωσις Maria drückt in den Augen des Lukas ihre Distanz Gott gegenüber (»Magd«) und ihre Zugehörigkeit zu den sozial Armen in Israel aus.

V 48b denkt an die zuversichtliche Erwartung künftiger Seligpreisung[56]. Die Septuaginta[57] zeigt den soziologischen Sitz im Leben der Seligpreisung bei einer Geburt, einem Sieg oder einem Fest sowie den literarischen Ort in der Rede, den die versprochene Seligpreisung innehat. Die Verheißung hat mit der Zeit den gleichen Wert bekommen wie eine zugesprochene Seligpreisung[58]. Der Verfasser schöpft wieder aus der Leageschichte (Gen 30,13) und deutet dieses Wort auf alle Generationen[59]. In der Seligpreisung durch Bileam lag die Ankunft des Messias noch in der Zukunft (καὶ οὐχὶ νῦν [Num 24,17]), hier ist sein gegenwärtiges Kommen (ἀπὸ τοῦ νῦν) diskret gedeutet.

---

[51] Grammatische Argumente führen an: Lagrange 46 (καί vor ἠγαλλίασεν entspreche einer hebräischen Wendung und habe kausalen Sinn); Schürmann I 73 Anm. 216 (»Der Aorist ἠγαλλίασεν verrät vielleicht den Tempuswechsel einer hebr. Vorlage [Vaw mit Imperfekt]«) und Plummer 31f (Der Aorist ἠγαλλίασεν sei hier gleichbedeutend mit dem Perfekt).

[52] Τὸ πνεῦμά μου kommt in den Psalmen viel seltener vor als »meine Seele«: Ps 30(31),6; 76(77),4.7; 142(143),4.7.

[53] Vgl. 4Esr 9,45: »Da erhörte nach dreißig Jahren Gott deine Magd. Er sah meine Er-

niedrigung, achtete auf meine Bedrängnis und gab mir einen Sohn« (Übers. nach J. Schreiner). Die weinende Frau steht für Zion.

[54] Vgl. Leivestad, R., Ταπεινός.

[55] Vgl. Grundmann, W., Art. ταπεινὸς κτλ., in: ThWNT VIII (1969) 1–27 und in jüngerer Zeit Escudero Freire, C., Devolver 204–207.

[56] Ἰδοὺ γάρ kann die Rede lebhafter gestalten, die Aufmerksamkeit wecken oder ein Beispiel einführen; vgl. Bauer, s.v. ἰδού (1).

[57] Gen 30,13; Num 24,17 LXX; Hld 6,9(8).

[58] Neben Gen 30,13 vgl. auch Ijob 29,10–11.

[59] Ausdehnung auf »alle Völker« in Ps 71(72),17 und Mal 3,12.

V 49a ist vielleicht ein Zitat aus Dtn 10,21, könnte aber ebenso von der hym-   49a
nischen Prosa inspirierte Gebetssprache sein[60]. Die großen Taten[61] des Herrn
sind die Rettungen und Siege, die Gott für das Volk oder den einzelnen er-
ringt. Ursprung jeder Lobrede bleibt in Israel der Auszug aus Ägypten (vgl.
Dtn 3,24). Ὁ δυνατός ist in der Septuaginta Hoheitsprädikat für den König,
einen Helden oder – wenn auch nicht sehr häufig[62] – für Gott. Woran der Verfasser dachte, wissen wir nicht. Lukas hat sicher die göttliche Zeugung im
Sinn (vgl. δύναμις ὑψίστου [Lk 1,35]) und versteht V 48a und V 49a synonym[63].

Wie V 48b die Empfängerin selig sprach, loben die VV 49b–50 den Geber. So   49b–50
beschreiben beide ὅτι-Sätze (V 48a und V 49a) eine Folge, die über die göttliche Handlung nachdenkt. Die VV 49b–50 erkennen hinter der Tat die Eigenschaften Gottes: die Heiligkeit seines Namens und sein ewiges Mitleiden. Wie
vor ihm die Psalmisten denkt der Dichter nicht philosophisch an das Wesen
Gottes, sondern erinnert daran, daß das Handeln Gottes seinem Wesen entspricht und Gott nicht in sich selbst eingeschlossen bleibt. Beide Begriffe,
ὄνομα wie ἔλεος, setzen eine Verbindung zwischen Gott und seinem Volk
voraus. Gott rettet sein Volk in der Treue zu seinem heiligen Namen, d.h. zu
sich selbst. Die Geretteten erfahren den Namen ihres Retters, indem sie die
Wirkung seiner Liebe erleben. Ähnliche Formulierungen sind in den Psalmen
häufig[64], zum Beispiel in Ps 110(111),9[65] und 102(103),17[66].
Mit »denen, die ihn fürchten«[67] erweitert sich der Blick. An die Stelle der ersten Person Singular tritt der Plural der dritten. Der Text schaut über die
Grenzen des jüdischen Volkes hinaus zu den Heiden, die sich zum Evangelium bekennen werden (vgl. Apg 10,35).
Mit V 51 beginnt die zweite Hälfte des Gebets. Die kausale Bestimmung ver-   51
band die Lobrede (VV 46–47) mit ihrem persönlich erfahrenen Grund
(VV 48–50). Ὅτι darf hier fehlen, weil der Dichter eine allgemeine Beschreibung des Werkes Gottes beginnt[68]: Es werden drei kleine Strophen aneinan-
dergereiht (VV 51.52–53.54–55).

---

[60]   Ps 70(71),18–19 der Septuaginta ist zwar
nicht Vorlage des Magnificat, doch klingen
ähnliche Töne an.
[61]   Nicht wenige Handschriften lesen μεγα-
λεῖα (vgl. Apg 2,11).
[62]   Vgl. Ps 119(120),4 LXX; Zef 3,17; Grundmann, W., Art. δύναμαι κτλ., in: ThWNT II
(1935) 286–318.
[63]   Daher scheint mir das in Nestle[26] am
Ende des V. 48a wie übrigens auch am Ende
des V. 49a gesetzte Zeichen (ein Punkt auf der
Grundlinie) zu stark. Erst am Ende der ersten
Strophe sollte man eine so lange Pause erwarten.
[64]   Vgl. Gunkel, H., Lieder 49.

[65]   Vgl. Ps 8,2; 75(76),2; 112(113),3; 134(135),
3.13; 148,13; Jes 12,4; Jer 10,6.
[66]   Vgl. Ps 88(89),2; 99(100),5; 102(103),11.
13; 118(119),156; 144(145),9; Klgl 3,22. Gunkel, H., Lieder 50 zitiert PsSal 2,33: »Das Erbarmen des Herrn ergeht über seine Frommen beim Gericht«; vgl. PsSal 10,3.
[67]   Gleiche oder ähnliche Ausdrücke in Ps
102(103),11.13.17 und PsSal 2,33; 3,12.
[68]   Der Übergang von der ersten in die dritte
Person ist in den Psalmen nicht ungewöhnlich. Er ermöglicht es, das dem Betenden angebotene Heil der Strafe der Ungläubigen
entgegenzusetzen; vgl. PsSal 2,31.

V 51a nimmt Gedanken von V 49a wieder auf (ἐποίησεν). Anstatt die Tat Gottes zu erwähnen, bleibt der Verfasser wie in VV 49b–50 bei den beiden Eigenschaften Gottes stehen und nennt eine dritte, die Macht (κράτος). Sie ist wahrscheinlich positiv zu fassen: die Erlösung der Gläubigen als Folie für die Strafe der Hochmütigen. Die Rettung der einen (V 51a) bedeutet die Niederlage der anderen (V 51b)[69]. Modell einer solchen Tat Gottes durch seinen »Arm« ist der Exodus aus Ägypten (vgl. Apg 13,17)[70]. Die Sprache bleibt hymnisch. Parallelen finden sich in Ps 117(118),15–16 für V 51a, in Prov 3,34 für V 51a und b, in Ps 88(89),11 für V 51b. Doch hat V 51b mit διανοίᾳ καρδίας αὐτῶν einen zusätzlichen Gedanken aufgenommen. Der Dativ kann mit ὑπερηφάνους (die Feinde sind in den Gedanken ihres Herzens hochmütig[71]) oder mit διασκόρπισεν[72] verbunden werden und die Art erklären, wie Gott diese Menschen straft; für die erstgenannte Verbindung spricht jedoch, daß die Septuaginta für die zweite regelmäßig die Präpositionen ἐν, εἰς oder ἐπί benutzt (vgl. Röm 1,24).

52–53   Die VV 52–53 gehören als zwei antithetische Doppelzeilen eng zusammen. Die Symmetrie ist mit zwei Reimen (-ων und -ους) eine chiastische: Die Gestraften werden in den Zeilen 1 und 4, die Geschützten in den Zeilen 2 und 3 genannt. Der Topos der Umkehrung der Verhältnisse ist auch in der griechischen Literatur bekannt[73]; als verantwortlich dafür kann dort Zeus, die Gottheit oder das Schicksal gelten. V 52 hat jedoch eher eine alttestamentliche Wurzel, denn dort ist sowohl von Gottes Überlegenheit über Reich und Arm wie von seiner aktiven Entscheidung zugunsten der Kleinen die Rede[74]. Beides ist Bestandteil des eschatologischen Programms. Sowohl die Gleichnisse Jesu als auch die Kreuzestheologie des Paulus bezeugen diese Umkehrung der Verhältnisse[75]. Das Magnificat paßt in die jüdische Tradition wie in die christliche Interpretation. V 52 spricht ausdrücklich nur von sozialen Situationen, doch das Äußere ist – gut alttestamentlich – Spiegel der inneren Haltung. Das Lied singt nicht nur von den Gefahren der Macht oder des Besitzes; ebenso-

---

[69] Mit Tannehill, R.C., Magnificat 266, der daraus schließt, daß V 51 einen synthetischen Parallelismus bildet.

[70] Vgl. Ex 6,6 LXX: »Und ich werde euch erlösen mit ausgerecktem Arm und durch das große Gericht.« Das ist eine seltsame Wendung, doch zeigt sie – wie Lk 1,51 –, daß das Heil des Volkes und die Bestrafung der Gegner zusammengehören; vgl. Dtn 4,34 und Jes 51,9 (MT).

[71] Schoonheim, P.L., Boden untersucht die Verwendungsweisen des Begriffes ὑπερήφανος im Alten Testament und teilt die etwa hundert Stellen, an denen das zumeist religiös gefärbte Wort erscheint, in sechs Kategorien ein: a) Spezialfälle; b) Übermut, Vermessenheit; c) Spott, Hohn; d) Gesetzesverachtung; e) Frechheit, Einschüchterung; f) Empörung gegen Gott. Er schließt daraus auf eine *theologische* Verfehlung mit *menschlichen* Be-

standteilen, für die ein fürchterlicher Fall vorgesehen ist; vgl. Bertram, G., Art. ὑπερήφανος κτλ., in: ThWNT VIII (1969) 526–530.

[72] Διασκορπίζω ist in der Septuaginta recht häufig zu finden: Meistens zerstreut Gott die Feinde Israels, er kann aber auch Israel bestrafen, indem er es unter die Völker zerstreut.

[73] Vgl. Hesiod, Op 5–8; Aristoteles, Poët IX 11 1452a,23; Aesop, Fabula 20 von den beiden Hähnen und dem Adler; Xenophon, An III 2,10; HistGraec VI 4,23; vgl. Plinius der Jüngere IV 11,2; vgl. Schottroff, L., Magnificat 298–300 und Hamel, E., Magnificat 58–60.

[74] Vgl. 1Sam (LXX 1Kön) 2,7–8; Jes 2,11–17; Ez 21,26.31; Ps 146(147),6; Ijob 12,14–25; Sir 10,14; vgl. Hamel, E., ebd. 60–64.

[75] Vgl. Lk 10,29–37; 15,11–32; 16,19–31; 18,9–14; 1Kor 1,26–31; 2Kor 8,9; Phil 2,6–11; vgl. Hamel, E., ebd. 65–70.

wenig dämonisiert es die politische und wirtschaftliche Welt. Der Umsturz wird von Gott gewünscht und durchgeführt, weil unter den Menschen Ungerechtigkeit herrscht. Wenn Gott seine Herrschaft einführt, rüttelt er notwendigerweise an den Thronen und verlangt das Geld der Reichen. Täte er es nicht, wäre er weder gerecht noch gütig, wäre er nicht Gott. Die Geburt des Kindes bedeutet das Ende vieler Privilegien und vieler Unterdrückungen. Es genügt weder zu sagen, daß Reiche und Arme im Armutsgeist der Evangelien leben sollen, noch, daß die alten Kategorien des Machtdenkens keine Bedeutung mehr haben[76]. Das Magnificat entspricht der hebräischen Weisheit und Vergeltungslehre: Θρόνους ἀρχόντων καθεῖλεν ὁ κύριος καὶ ἐκάθισε πραεῖς ἀντ᾽ αὐτῶν (Sir 10,14)[77].

Im Chiasmus beschreibt das Lied die soziale Erhöhung und das »Wirtschaftswunder« der Erwählten Gottes. Nach alttestamentlicher Symbolik bedeuten ὑψόω wie ἀγαθά mehr als menschlichen Status und Konsumgüter; man denke nur an die Erhöhung Christi und die eschatologischen Güter (bei Lukas der heilige Geist)[78]. In der liturgischen Sprache sind die ταπεινοί auch als Glaubende hungrig nach Gottes Wort. Sie sind ebenso die φοβούμενοι αὐτόν (V 50b)[79].

Die VV 54–55 wirken etwas schwerfällig nach den kunstvollen VV 52–53. Das   54–55 hängt mit dem literarischen Gesetz der Beschwerung und Verlangsamung des Schlusses zusammen[80]. Nach dem »Ich« und den »Gottesfürchtigen« taucht zum ersten Mal »Israel« auf. Die Bezeichnung der Sängerin als Magd ist wie die Israels als Knecht Gottes ein traditioneller Ausdruck[81]. Gott hat sich um sein Volk gekümmert. Das Verb ist in der Sprache der Psalmen eindeutig soteriologisch (vgl. Ps. 117.[118],13: Καὶ ὁ κύριος ἀντελάβετό μου). Erstaunlich ist die Infinitiv-Konstruktion μνησθῆναι ἐλέους »sich an sein Erbarmen erinnern«, die einen biblischen Ausdruck darstellt[82]. Gott bleibt seinem »Erbarmen« treu. Das Wort, das das Affektive hervorhebt, steht am Schluß der ersten Hälfte (V 50) und taucht am Ende der zweiten wieder auf.

Der Infinitiv hatte die Reihe der Aoriste schon unterbrochen. Der καθώς-Satz (V 55) bricht die Konstruktion definitiv ab und ermöglicht so den Abschluß. Die Rettung Israels wurde den Vätern in Aussicht gestellt (πρός), Abraham und seiner Nachkommenschaft (Dativ) versprochen – sofern man diesen Dativ nicht mit μνησθῆναι, sondern mit ἐλάλησεν verbindet[83] und λαλέω semitisch als »versprechen« versteht, also das Komma nach ἡμῶν streicht. Ps 97(98),3 kombiniert jedoch μνησθῆναι ἐλέους mit

---

[76] Vgl. Ernst 87.
[77] Ἐξαποστέλλω mit κενός ist eine biblische Wendung: Gen 31,42; Dtn 15,13; 1Sam (LXX 1Kön) 6,3; Ijob 22,9; vgl. Rut 1,21; 3,17; Lk 20,11.
[78] Ὑψόω (vgl. Apg 3,22 und Joh 3,14); ἀγαθά (vgl. Mt 7,11).
[79] V 53a nimmt Ps 106(107),9b auf: Καὶ ψυχὴν πεινῶσαν ἐνέπλησεν ἀγαθῶν.

[80] Vgl. dazu den Schluß der Seligpreisungen (Lk 6,22).
[81] (Ὁ) παῖς μου als Bezeichnung für Israel: Jes 41,8–9 (wo wir noch die Worte σπέρμα Ἀβραάμ und ἀντελαβόμην lesen können); 42,1; 44,1; 45,4; 52,13.
[82] Ps 97(98),3; vgl. PsSal 10,4.
[83] Vgl. Joüon, P., Note.

τῷ Ἰακώβ, was wiederum für V 55a als Klammer spricht. So schließt das Lied je nach der Beurteilung der Satzkonstruktion mit dem Hinweis auf die ewige Verheißung oder die Treue Gottes ab.

56 Maria bleibt ungefähr[84] drei Monate bei Elisabet[85]. Sie ist dadurch so lange von Josef getrennt, daß der Leser die Jungfrauengeburt nicht bezweifeln kann. Maria darf andererseits aber auch nicht zu lange bleiben, denn sie soll die Szene für die Geburt Johannes' verlassen[86]. Im Unterschied zu Elisabet, die im Haus des Zacharias wohnt (V 40), kehrt Maria in *ihr* Haus zurück (V 56), was kein biographisches Interesse zum Ausdruck bringt, wohl aber ein theologisches im Blick auf die Jungfräulichkeit Marias.

Zusammen-fassung   Die Begegnungsszene ist durch Rede und antwortenden Hymnus geprägt. Der Hymnus scheint auf einen älteren, aus biblischen Zitaten und liturgischen Formeln zusammengesetzten Psalm zurückzugehen[87]. Der Evangelist hat das Lied nur wenig christianisiert, jedoch durch die Übernahme annexiert und umgedeutet. Wie den Reden der Apostelgeschichte mißt er ihm sogar große Bedeutung zu: Es soll die Ereignisse theologisch deuten. Diese hermeneutische Funktion hilft, die Richtung der Neuinterpretation des Lukas besser zu verstehen. Der Schlüssel dazu ist für mich die lukanische Seligpreisung V 45, in der Maria als glückselig beschrieben wird; sie erwartet im Glauben die Erfüllung der Verheißung Gottes.

In der Vorlage waren die vorliegenden Aoriste[88] völlig gattungsgemäß. In der jetzigen Fassung erhalten sie hingegen eine neue Bedeutung. Maria hat die Aufmerksamkeit Gottes schon erlebt, V 48a (ἐπέβλεψεν) hat sich in der Verkündigung erfüllt. Das kann man auch für V 49 annehmen, obwohl der Satz – wie das Lied der Hanna (1Sam [LXX 1Kön] 2,1–10) – *nach* der Geburt passender wäre. V 45 spricht von der durch Maria erwarteten τελείωσις. Für Lukas besingen die VV 51–55 also auch die im Glauben erhoffte endzeitliche Erfüllung. Der Evangelist weiß, wie Propheten, besonders Deuterojesaja, die hymnische Gattung eschatologisch übertragen haben[89]. Das hebräische Perfekt wurde sogar von den späten Propheten beibehalten, so fest war ihre

---

[84] Lukas gebraucht ὡς zuweilen vor Zeitangaben, entweder um anzuzeigen, daß es eine ungefähre Bestimmung ist, oder um dem Leser anzudeuten, er solle ihnen nicht allzuviel Bedeutung zumessen; vgl. Bauer, s.v. ὡς (5).
[85] Lukas zieht das σύν dem μετά vor und vermeidet den Eigennamen Elisabets in V 56, um einer Wiederholung in V 57, wo der Name unerläßlich ist, vorzubeugen.
[86] Nach Lagrange 51 vertritt die patristische Überlieferung der Griechen – im Gegensatz zu der der Lateiner – die Überzeugung, daß Maria Elisabet schon verlassen hat, als Johannes der Täufer zur Welt kommt.

[87] Vgl. die Liste der Vertreter der verschiedenen Hypothesen über den Ursprung des Magnificats bei Schürmann I 78 Anm. 264–266.
[88] Die verschiedenen Hypothesen (Aorist, der ein Ereignis der Vergangenheit beschreibt; gnomischer Aorist; inchoativer Aorist; Aorist, der einem hebräischen Perfekt entspricht) werden dargelegt von Plummer 33; Lagrange 48; Gunkel, H., Lieder 53 und Dupont, J., Magnificat 331–335 (letzterer entscheidet sich schließlich für die inchoative Bedeutung dieser Aoriste).
[89] Vgl. Gunkel, H., Lieder 53–56.

Hoffnung verwurzelt. Die prophetische Funktion der Aoriste ist um so wahrscheinlicher, da Lukas mehr weiß als Maria und *nach* der Mission Jesu, *nach* Kreuz und Auferstehung lebt. Er weiß, wie sich Gott in Jesus Christus um sein Volk Israel gekümmert *hat*. Aber die Spannung bleibt: Die Reichen und die Herrscher haben heutzutage weniger denn je ihre Machtstellung verloren. Die Voraussetzung des Liedes – laut V 45 – ist der Glaube. Die Christen glauben, daß der Auferstandene *jetzt* herrscht, und sie erleben manchmal, daß die Erniedrigten durch die Tat Gottes ihre Würde bekommen. Zeichenhaft hat die Umkehr der Verhältnisse schon begonnen. So könnte Lukas die Aoriste auch inchoativ verstanden haben. Wir finden insofern keine endgültige Lösung, aber wir können das Magnificat *beten* im Glauben, daß eine Vollendung der Worte Gottes zu erwarten ist und schon begonnen hat.

Der Übergang vom individuellen »Ich« zum die Gemeinschaft betreffenden Plural ist formgeschichtlich typisch. Der einzelne Gläubige drückt seine Erfahrung Gottes ekklesiologisch aus. Lukas übernimmt diese Perspektive: Maria ist für ihn nicht die Verkörperung des Volkes Israel, der Tochter Zion, sondern der Kleinen und Hungrigen, die Gott besonders schätzt und schützt. »In its dynamic unity this text holds together the small and the great, the birth of a baby to an unimportant woman and the fulfillment of Israel's promise through the overturn of human society.«[90]

Der Hymnus handelt explizit nicht vom Messias[91]. Lukas will mit dem Magnificat etwas über *Gott* mitteilen. Das Lied besingt nämlich die dreifache Wirkung Gottes auf religiösem, soziopolitischem und ethnischem Gebiet. Als Herr und Gott ist er transzendent, steht auf der Seite der Armen und wendet sein Wort durch Israel der ganzen Menschheit zu[92]. Ich erkenne darin den Gott, der das menschliche Leben als Ganzes in Anspruch nimmt und seine Macht in den Dienst seines Erbarmens stellt. Aber infolge des Widerstandes der Menschen (jeder sitzt auf einem eigenen Thron) muß sie, um das Mitleid *konkret* zu machen, richterlich werden. »So kann Gott seine Kraft nicht in den Dienst des Erbarmens gegenüber den Demütigen und Schwachen stellen, ohne daß diese Kraft mit derjenigen der Mächtigen dieser Welt in Konflikt gerät.«[93]

Vom Magnificat geht in unserer Zeit eine neue Kraft aus. Die Befreiung, die es ankündigt, wird von all denen, die auf die Befreiung des einzelnen und der Völker hin arbeiten, als Versprechen aufgefaßt. Wie alle biblischen Texte ist das Magnificat im Lauf der Geschichte im wörtlichen und im übertragenen Sinn interpretiert worden. Luise Schottroff[94] wendet sich entschieden gegen

Wirkungsgeschichte

---

[90] Tannehill, R.C., Magnificat 275.
[91] Escudero Freire, C., Devolver 117–179 übertreibt den messianischen Charakter der Szene.

[92] Vgl. dazu allein schon den Titel des Artikels von J. Dupont: Le Magnificat comme discours sur Dieu.
[93] Dupont, J., Magnificat 342.
[94] Vgl. Schottroff, L., Magnificat 311–312.

Versuche, »arm« nur im spirituellen Sinn zu verstehen. Nach ihr dürfen die beiden Aspekte nicht voneinander getrennt werden. Weil die Armen nichts besitzen, das ihr Herz an diese Welt bindet, hindert sie nichts daran, sich den Forderungen des Gottsreichs hinzugeben. Für manche Theologen der Dritten Welt ist der soziologische Aspekt so wesentlich geworden, daß sie gelegentlich nur noch die Horizontale sehen und die Vertikale vergessen. G. Guttiérrez[95] wiederum erkennt darin eine neue »Spiritualität der Befreiung«, d.h. eine konkrete Weise, das Evangelium zu leben: in Bewegung gehalten vom heiligen Geist, in Solidarität mit allen Menschen vor dem Herrn. In diesem Sinn ist das Magnificat exemplarisch für jedes Gebet, jedes Gotteslob, zugleich aber einer der Texte des Neuen Testaments, deren Inhalt am stärksten politisch und freiheitlich akzentuiert ist. Es ruft uns auf, die Worte ganz konkret zu nehmen und gegen die Unterdrückung zu kämpfen, um den Herrn der Geschichte ernst zu nehmen. Dorothee Sölle schließlich formuliert in dichterischen Worten das Magnificat für unsere Zeit[96]. Sie fordert uns auf, Marias Lied wiederaufzunehmen und mittels dieses Gesangs der Freude, des Sieges und der Demut zu fragen, wo unser Ort ist. Sie besingt nicht nur den allgemeinen Sieg Gottes, sondern spricht ihre Gewißheit über die beginnende Freiheit aus, da, wo sie das Magnificat auf sich selbst bezieht und auf die übergangenen, in den Schatten zurückgestoßenen Frauen:
»Die leeren Gesichter der Frauen
werden mit Leben erfüllt«[97].
Und die Freiheit, auf die sie sich beruft, von der sie für alle Frauen träumt, sieht sie wie Maria, indem sie ihr »Ich« ausdehnt zum »Wir« und zu »allen«. Es ist ein erster Schritt in Richtung einer universellen Freiheit:
»Die große Veränderung, die an uns
und durch uns geschieht,
wird mit allen geschehen«.[98]

Die Geburt des Johannes (1,57–80)

Literatur: *Audet, J.P.,* Esquisse historique du genre littéraire de la »bénédiction« juive et de l'»eucharistie« chrétienne, RB 65 (1958) 371–399; *Auffret, P.,* Note sur la structure littéraire de Lc 1,68–79, NTS 24 (1977/1978) 248–258; *Benoit, P.,* L'enfance de Jean-Baptiste selon Luc 1, NTS 3 (1956/1957) 169–194, bes. 176.182–191 (= *ders.,* Exégèse et Théologie, III, Paris 1968, 165–196) (zitiert nach der Zeitschrift); *Bikerman, E.,* Ἀνάδειξις, in: Mélanges (FS E. Boisacq), Bruxelles 1937 (AIPh 5), 117–124; *Brown, R.E.,* Birth 367–392; *Carter, W.,* Zechariah and the Benedictus (Luke 1,68–79). Practising What He Preaches, Bib. 69 (1988) 239–247; *Croatto, J.S.,* El ›Benedictus‹ como

[95]   Vgl. Gutiérrez, G., Théologie de la libération. Perspectives, übers. v. F. Malley, Bruxelles 1974, 206–212.
[96]   Vgl. Sölle, D., Meditation über Lukas 1, in: dies., Die revolutionäre Geduld. Gedichte, Berlin 1974, 26.
[97]   Ebd., 26.
[98]   Ebd. 26; vgl. Stocker, M., Dorothee Sölle. Eine Begegnung auf den vier Lebensfeldern der Dichterin, Neue Wege 79 (1985) Nr. 1, 19–25.

memoria de la alianza (Estructura y teología de Lucas, 1,68–79), RevBib 47 (1985) 207–219; *Del C. Oro, M.*, Benedictus de Zacarias (Luc 1,68–79). Indicios de una cristología arcaica? RevBib 45 (1983) 145–177; *Dibelius, M.*, Jungfrauensohn 1–9.77–78; *Dubois, J.-D.*, De Jean-Baptiste à Jésus 83–86.99–101; *Erdmann, G.*, Die Vorgeschichten des Lukas- und Matthäus-Evangeliums und Vergils vierte Ekloge, Göttingen 1932 (FRLANT 48), 10f.37f.41f; *Escudero Freire, C.*, Devolver 223–239; *Farris, S.*, Hymns 127–142; *Funk, R.W.*, The Wilderness, JBL 78 (1959) 205–214; *George, A.*, Le parallèle entre Jean-Baptiste et Jésus en Lc 1–2, in: Mélanges bibliques (FS B. Rigaux), hrsg. v. A. Descamps und A. de Halleux, Gembloux 1970, 147–171 (= *ders.*, Etudes 43–65); *Geyser, A.S.*, The Youth of John the Baptist. A Deduction from the Break in the Parallel Account of the Lucan Infancy Story, NT 1 (1956) 70–75; *Gnilka, J.*, Der Hymnus des Zacharias, BZ NS 6 (1962) 215–238; *Gunkel, H.*, Die Lieder in der Kindheitsgeschichte Jesu bei Lukas, in: Festgabe von Fachgenossen und Freunden . . . dargebracht (FS A. von Harnack), Tübingen 1921, 43–60; *Jacoby, A.*, Ἀνατολὴ ἐξ ὕψους, ZNW 20 (1921) 205–214; *Jones, D.*, The Background and Character of the Lucan Psalms, JTS NS 19 (1968) 19–50; *van Kasteren, J.*, Analecta exegetica – Luc 1,76s, RB 3 (1894) 54–56; *Legrand, L.*, L'Evangile aux bergers. Essai sur le genre littéraire de Luc 2,8–20, RB 75 (1968) 161–187; *Mussies, G.*, Vernoemen in de antieke wereld. De historische achtergrond van Luk. 1,59–63, NThT 42 (1988) 114–125; *Rousseau, F.*, Les structures du Benedictus (Luc 1,68–79) NTS 32 (1986) 268–282; *Sahlin, H.*, Messias 153–159.175–182.288–306; *Vanhoye, A.*, Structure du Benedictus, NTS 12 (1965–1966) 382–389; *Vielhauer, P.*, Das Benedictus des Zacharias (Lk 1,68–79), ZThK 49 (1952) 255–272 (= *ders.*, Aufsätze zum Neuen Testament, München 1965 [TB 31] 28–46); *Winter, P.*, Lukanische Miszellen. II. a) Lc 1,68.72.73 und die Kriegsrolle, b) Lc 1,48–52 und Judiths Jubellied, ZNW 49 (1958) 66–67; *ders.*, Le Magnificat et le Bénédictus sont-ils des Psaumes macchabéens?, RHPhR 36 (1956) 1–17.

57 Für Elisabet erfüllte sich die Zeit zu gebären, und sie brachte einen Sohn zur Welt. 58 Und ihre Nachbarn und Verwandten hörten, daß der Herr sein Erbarmen mit ihr groß gemacht hatte, und freuten sich mit ihr. 59 Und es geschah am achten Tage, da kamen sie, das Kindlein zu beschneiden und nannten es nach dem Namen seines Vaters Zacharias. 60 Und seine Mutter antwortete und sprach: Nein, sondern Johannes soll er genannt werden. 61 Und sie sprachen zu ihr: Niemand ist in deiner Verwandtschaft, der mit diesem Namen genannt ist. 62 Da winkten sie seinem Vater, wie er wohl wünsche, daß es genannt werde. 63 Und er forderte ein Schreibtäfelchen und schrieb: Johannes ist sein Name. Und alle verwunderten sich. 64 Da wurde sogleich sein Mund aufgetan und seine Zunge, und er redete zum Preis Gottes. 65 Und Furcht kam über alle, die in ihrer Nachbarschaft wohnten, und im ganzen Bergland Judäas wurden all diese Ereignisse besprochen, 66 und alle, die es hörten, nahmen es in ihre Herzen auf und sagten: Was wird wohl aus diesem Kind? Denn die Hand des Herrn war mit ihm. 67 Und Zacharias, sein Vater, wurde erfüllt mit heiligem Geist und weissagte: 68 Gepriesen sei der Herr, der Gott Israels, weil er sein

Volk besucht und die Befreiung für sein Volk gemacht hat, 69 und er hat uns ein Horn des Heils erweckt im Hause Davids, seines Knechtes, 70 wie er geredet hat durch den Mund seiner heiligen Propheten von jeher, 71 Heil vor unseren Feinden und vor der Hand all derer, die uns hassen, 72 Erbarmen zu tun mit unseren Vätern und seines heiligen Bundes zu gedenken, 73 den Eid, den er Abraham, unserem Vater, schwor, 74 und uns zu verleihen, ohne Angst, befreit aus der Hand von Feinden, 75 ihm zu dienen in Frömmigkeit und Gerechtigkeit vor ihm all unsere Tage. 76 Und du aber, Kindlein, wirst Prophet des Höchsten genannt werden; denn du wirst vor dem Herrn herwandern, seine Wege zu bereiten 77 und Erkenntnis des Heils seinem Volk zu verleihen in Vergebung ihrer Sünden 78 durch das mitleidige Herz unseres Gottes, der uns durch das Aufgehende aus der Höhe besuchen wird, 79 denen zu erscheinen, die in Finsternis und Todesschatten sitzen, unsere Füße auf den Weg des Friedens zu richten. 80 Das Kindlein aber wuchs und wurde stark im Geist und war in der Wüste bis zum Tage seiner Einsetzung in Israel.

Analyse   Die Erfüllung der Verheißung (siehe oben S. 60f) hat mit der Empfängnis (VV 24–25) schon angefangen, ereignet sich aber erst wirklich mit der Geburt selbst (VV 57–58). Auch muß die zeichenhafte Stummheit (VV 18–20) ihr schließliches Ende finden (VV 59–66a). Das Benedictus gehörte nicht zur Legende und wurde von Lukas hier eingeführt. Lukanisch sind vermutlich die zwei kleinen Sammelberichte (V 66b [mit Apg 11,21 vergleichbar] und V 80 [mit 2,40 eng verbunden]), die mehr oder weniger geschickt eine Pause markieren.

Die Erzählung

Während die Geburt nüchtern und blaß erzählt wird, wirkt die nächste Szene besonders lebendig: Es entsteht eine Spannung zwischen Elisabet und den Verwandten (VV 59–61), die Zacharias befragen; dieser bestätigt die Meinung der Mutter (VV 62–63). Nach dieser wunderbaren Übereinstimmung geschieht ein weiteres Wunder, die Öffnung des Mundes von Zacharias (V 64). Die Kunde über dieses Geschehen verbreitet sich über die ganze Gegend, und jedermann staunt über die Zukunft des derart von Wundern begleiteten Neugeborenen (VV 65–66a). Nach der Form des Berichts und der Natur der Sache erwarten die Fragenden (VV 66a) keine Antwort. Die breitangelegte Geburtslegende des Johannes – ihre entwickelte Struktur spricht für eine späte Entstehung – erzählt verschiedene Episoden und benutzt mehrere kleinere Gattungen: hier ein Apophthegma (VV 59–66a), zuvor (VV 8–20) eine Verkündigung.

Das Benedictus

1.   *Form.* Der Lobgesang des Zacharias ist ein Psalm in der alttestamentlichen Tradition, ein Dankgebet, das mit einem Segen beginnt (V 68a) und dann formgeschicht-

lich korrekt den Grund zum Danken (mit ὅτι eingeführt [V 68b]) angibt. Nach drei Aussagen im Aorist (ἐπεσκέψατο, ἐποίησεν und ἤγειρεν) erweitert sich das Gebet – wie am Schluß des Magnificats (V 55) – durch einen Nebensatz (καθὼς ἐλάλησεν . . .). Im Folgenden ist die Gliederung schwerer zu erkennen, weil die Periode, die in V 70 einen Abschluß gefunden hat, weiterläuft. Ähnlich der hebräischen Syntax der Psalmen folgen bis zum Ende von V 75 mehrere unverbundene, durch einen Akkusativ (σωτηρίαν, V 71) oder einen Infinitiv (ποιῆσαι [V 72]; τοῦ δοῦναι [V 73]; λατρεύειν [V 74]) eingeführte Syntagmen. Mit V 76 beginnt ein neuer Satz, verbunden mit einem Wechsel der Person (von der dritten [Gott] zur zweiten [dem Kind]) und des Tempus (vom Aorist zum Futur[1]). Wie im ersten Teil beginnt der Satz besser, als er endet, denn die zwei koordinierten (γάρ) Hauptsätze ziehen eine Reihe von Nebensätzen nach sich, deren Artikulation nicht ganz durchsichtig ist: V 77 beschreibt ein Ziel, V 78b ein Hauptereignis, allerdings in einem Relativsatz, V 79 enthält zwei Infinitivsätze. Störend wirken der schlecht zu verbindende V 78a und die unkoordinierten Infinitive von V 79. Formgeschichtlich ist der zweite Teil des Benedictus kein Gotteslob mehr, sondern ein Genethliakon, d.h. Ausdruck des über einem Neugeborenen ausgesprochenen Wunsches oder Orakels[2]. Die Prosa zeigt vom Anfang bis zum Schluß einen Rhythmus, der eine Gliederung von kleinen Einheiten aufweist. Die Einteilung bei Nestle[26] in Zeilen ist berechtigt, obwohl man die Länge und Zahl dieser Zeilen, die kein Gleichmaß haben, bestreiten kann. V 69 ist eine einzige Zeile und soll in einem Atemzug ausgesprochen werden; im Unterschied dazu wäre V 71, der einen Parallelismus membrorum enthält, anders als bei Nestle[26] aufzuteilen.

In der formalen Beschreibung des Gebets habe ich mit Hilfe der Grammatik auf zwei Teile hingewiesen (VV 68–75 und VV 76–69). A. Vanhoye[3] achtet auf inhaltliche Entsprechungen innerhalb des Gedichtes (z.B. den »Besuch« [V 68 und V 78] oder die »Feinde« [V 71 und V 74]) und arbeitet eine chiastische Struktur mit Zentrum in den VV 72b–73a (mit dem Bundesgedanken und dem Schwur) heraus. Das Gebet artikuliert damit drei Themen: die Heilstat Gottes, die Rettung des Volkes und das Wort Gottes. Daß das Kind nicht im Zentrum steht, ist theologisch relevant: Der Täufer wird wie die Propheten (V 70) nur Zeuge sein (V 76). Wie P. Auffret[4] bemerkte, übersieht diese Strukturierung die unüberhörbare Zäsur zwischen V 75 und V 76 und vernachlässigt zugleich andere formale Elemente (zum Beispiel die Pronomina er – wir – du).

2. *Ursprung.* Eine rein lukanische Dichtung[5] liegt sicher nicht vor, wohl aber eine mehr oder weniger starke Überarbeitung einer jüdischen oder jüdisch-christlichen Vorlage.

Die Lukanismen sind uneinheitlich verteilt. V 70 stimmt fast wörtlich mit

---

[1] Benoit, P., Enfance 185 sieht im Aorist ἐπεσκέψατο (V 78) eine Reminiszenz der Vorlage, im (von Nestle[26] bevorzugten) Futur ἐπισκέψεται (V 78) die redaktionelle Hand des Lukas. Lukas habe die VV 76–77 eingefügt und daraufhin das Tempus des V 78 den beiden Futura des Einschubs angepaßt.

[2] Zu dieser Gattung vgl. Erdmann, G., Vorgeschichten (vgl. Literatur zu Lk 1,5–2,52, oben S. 43) 32.41.136f; Berger, K., Formgeschichte des Neuen Testaments, Heidelberg 1984, 348.

[3] Vanhoye, A., Structure.

[4] Auffret, P., Note 248.

[5] Zusammenstellung der Verteidiger dieser Hypothese bei Brown, R.E., Birth 377.

Apg 3,21b überein, der Anfang von V 76 bildet ein Gegenstück zu 1,32. Σωτηρία und andere Ausdrücke dieser Verse sind lukanisch. Müssen die VV 76–77 als lukanischer Einschub[6] oder als allgemeine christliche Tradition[7] betrachtet werden, die nur indirekt (vgl. Mk 1,2–3 // Lk 3,4–5) auf Mal 3,1 und Jes 40,3 anspielt? Vokabular und Stil der übrigen Teile sind nicht lukanisch[8], obwohl Themen wie »Heil« und »Mitleid« der Intention des Evangelisten entsprechen. Ich bin der Meinung, daß Lukas nicht einmal die VV 70 und 76–77 vollständig interpoliert hat: Man spürt seine Hand, aber es ist die Hand des Redaktors (das gleiche gilt für Apg 3,20–21: Apg 3,21b wiederholt unseren V 70)[9]. Auch προπορεύομαι, γνῶσις und σωτηρίας in den VV 75–76[10] sind keine spezifisch lukanischen Ausdrücke. Kannte Lukas nur *eine* Vorlage oder deren zwei? H. Gunkel und viele andere trennen Danklied (VV 68–75) und Grußwort (VV 76–79), denn gattungsgemäß findet sich eine Prophetie selten innerhalb eines solches Liedes[11]. Zu bedenken ist, daß die VV 68–75 für sich genommen einen reinen Hymnus bilden, der die Einladung zum Lob, den Grund zum Dank und einen Abschluß (typisch für einen Schluß sind der breitere Stil und die Erwähnung der vielen Tage) enthält. Wenn die Aoriste der VV 68–69 konkrete, vor kurzem geschehene Heilstaten Gottes beschreiben, ist das Gedicht messianisch, wurde also von Christen verfaßt. V 69 ist jedoch nicht unbedingt christlich und kann von V 70 her als Erfüllung der Prophetie angesehen werden; dies entsprechend 1QM 11,5–6: »Nicht unsere Kraft und unserer Hände Stärke übte Gewalt, sondern durch Deine Kraft und durch die Stärke Deiner großen Macht. Sow[ie] Du es uns verkündet hast von längsther folgendermaßen: ›Es geht ein Stern aus Jakob auf, ein Szepter erhebt sich aus Israel . . .‹«[12]. Auch Israel dankt Gott für einzelne, vorläufige Rettungen. In 1QM 18–19 dankt das Heer der Erwählten zunächst für einen ersten Sieg (wie unsere VV 68–75) und erhofft sodann das endgültige Heil (wie unsere VV 78b–79)[13]. In der jüdischen Literatur gab es auch Mischformen[14]. Als Danklied lobt das Benedictus Gott für den Beginn des Heils, als Prophetie erhofft es den endgültigen Sieg. Lukas besaß also eine einzige Vorlage, die er nur wenig veränderte. Der Entstehungsort ist eher nicht christlich, sondern jüdisch, freilich weder pharisäisch noch essenisch, da beide Milieus mit einem

---

[6] Vgl. Brown, R.E., Birth 379f.389. Nach Gunkel, H., Lieder 57–60 ist der gesamte Schluß, die VV 76–79, ein christlicher Zusatz zu einem jüdischen Psalm.

[7] So Gnilka, J., Hymnus 232–234.

[8] Ποιέω λύτρωσιν, κέρας σωτηρίας und μνησθῆναι διαθήκης, um nur drei Beispiele zu erwähnen.

[9] Gegen Lohfink, G., Christologie und Geschichtsbild in Apg 3,19–21, BZ NS 13 (1969) 223–241.

[10] Προπορεύομαι begegnet nur noch einmal im lukanischen Schrifttum: in Apg 7,40, einem alttestamentlichen Zitat.

[11] Vgl. Gunkel, H., Lieder 53; ebenso Winter, P., Magnificat 8.

[12] Maier, J. – Schubert, K., Qumran-Essener 259.

[13] Der Parallelismus könnte noch weitergeführt werden, wenn der Angerufene (1QM 12,8–13 und 19,2–5) nicht Gott selbst ist, sondern wie in Lk 1,76–77 das menschliche Werkzeug des göttlichen Heils.

[14] Vgl. Gunkel, H., Lieder 59: »Nun könnte zwar eine spätere Dichtung, der die Gattungen nicht mehr recht vertraut sind, Verschiedenartiges unorganisch durcheinanderbringen.«

kriegerischen Messias rechnen. Anders als in den *Psalmen Salomos* und den Liedern der *Kriegsrolle* ereignet sich hier die Rettung des Volkes *nicht* durch die Macht der Waffen. Ein Makkabäer-Psalm liegt mit dem Benedictus also nicht vor[15], sondern eher ein Gedicht der Täuferbewegung, ohne daß man deswegen Johannes mit dem Messias identifizieren sollte[16]. Die Vorlage charakterisiert den Täufer eher als Propheten und Vorläufer Gottes, eine Beschreibung, die zur Verkündigung des Täufers selbst paßt[17]. Sie gehört also einer frühen Periode der Täuferbewegung zu, die Johannes noch nicht als Messias sah. Der Verfasser ließ sich von der Sprache der Psalmen inspirieren und stellte seinen Text aus entlehnten Bruchstücken zusammen, obwohl diese Entlehnungen weniger durchsichtig sind als im Magnificat[18]. Eine gewisse Nähe zu den *Testamenten der zwölf Patriarchen*[19] ist besonders in den VV 76–79 vorhanden: Σπλάγχνα ἐλέους, weder im Alten Testament noch sonst im Neuen belegt, begegnet in TestSeb 7,3 und 8,2, wenn auch in anthropologischer Verwendung, ἐπισκέπτομαι, das die göttliche Heilstat beschreibt, des öfteren in Test XII[20].

3. *Funktion.* Falls das Benedictus ursprünglich christlicher Herkunft sein sollte, wäre es ein Gemeindelied, das Gott für die Geburt des Messias Jesus dankt (V 76; die VV 76–77 oder 76–79 werden in diesem Fall als lukanische Zusätze betrachtet). Wie ich es sehe, ist es ein Loblied und zugleich eine Prophetie, im Hinblick auf die Geburt des Johannes von seinen Schülern gesungen. Aber ich bin mir zweier Schwierigkeiten bewußt: a) Welchen konkreten Inhalt wollte die Täufergemeinde in den VV 68–69 ausdrücken? b) Konnte diese Prophetie unabhängig von einem Bericht über die Geburt des Johannes gesungen werden, oder gehörte das Lied schon in der Tradition zur Erzählung, wie etwa das Lied der Hanna in 1Sam (LXX 1Kön) 1–2?

Wir vergleichen das Benedictus oft mit dem Magnificat, aber wir vergessen dabei, daß nach der Komposition des Lukas die glaubende Maria mit dem Magnificat auf den Unglauben des stummen Zacharias antwortet, während das Benedictus als Geburtslied dem Nunc dimittis Simeons entspricht. Freilich ist der Parallelismus nicht völlig symmetrisch; Zacharias singt, weil er jetzt gläubig geworden ist und sich so Maria angleicht. Auf dieser zweiten Ebene wären dann Magnificat und Benedictus vergleichbar. Die jetzige *Funktion* des Benedictus in der Komposition des Lukas ist also nicht zu vernachlässigen, zumal Prosa und Poesie nebeneinander den Sinn der Erzählung aussprechen, also eine hermeneutische Funktion haben. Die Tempora weisen auf das »Wann« und »Wo« des Heils.

Gott ist Subjekt der meisten Verben, aber er wirkt nicht allein: Dem Kind wird eine Vorbereitungsrolle zugeschrieben, der rätselhaften ἀνατολή eine

Erklärung

---

15   Gegen Winter, P., Magnificat. In einem weiteren Artikel weist ders., Miszellen auf die Kriegsrolle und besonders auf die Parallele in 1QM 14,4–5 hin, um den kriegerischen Charakter des Benedictus und des Magnificat zu erhärten.

16   Vgl. Vielhauer, Ph., Benedictus.
17   Vgl. Lk 3,7–9.15–17.
18   Die nächsten Parallelen bei Brown, R.E., Birth 386–389; vgl. unten S. 103–110.
19   Vgl. Gnilka, J., Hymnus 235–237.
20   TestLev 4,4; TestJud 23,5; TestAss 7,3.

Exekutivfunktion. Die menschlichen Vermittlungen lassen sich von dem überall auftretenden »Wir« nicht trennen. Wie entwickeln sich die Taten Gottes und die Beziehungen der menschlichen »Wir« zu ihm? Ist das Lied nicht auch deshalb ein Lob, weil jetzt Leben und Bewegung die Geschichte des Volkes durchziehen: der auftretende Herr auf seinem Weg wie die wandernde Gemeinde auf ihrem Pfad?

Die Erzählung

57–58 VV 57–58: Maria ist von der Bühne verschwunden. Elisabet bleibt allein mit ihrer Schwangerschaft. »Die Zeit erfüllte sich« können die an die Sprache der Bibel gewöhnten Leser auch als Erfüllung einer göttlichen Verheißung verstehen (vgl. 2,6)[21].

Die Botschaft des Engels (1,13) erfüllt sich wörtlich[22]. Die Nachricht verbreitet sich: Elisabet, die sich angesichts ihrer Schwangerschaft zunächst verbarg (1,24.56), freut sich jetzt zusammen mit ihren Nachbarn und Verwandten. Dieses Crescendo ist ästhetisch, nicht geschichtlich gemeint. Der Neugeborene wird – in hebraisierender Sprache – als Frucht des Erbarmens Gottes[23] vorgestellt (1,58). Μεγαλύνω hat hier die wörtliche Bedeutung »großmachen«. Eine Geburt ist normalerweise mit Freude verbunden, erst recht diese wunderbare, von Gott beschlossene Geburt. Die Freude ist bei Lukas ein Charakteristikum des Glaubens, der das Fortschreiten der Heilsgeschichte erkennt[24]. Aber in V 58 wird zuerst nur die Relevanz des Ereignisses für die Mutter beschrieben. Erst die nächste Episode erweitert diese Bedeutung im Blick auf das Volk insgesamt.

Narrativ gelungen macht diese Episode nur den Gelehrten Probleme. Normale Leser verstehen, daß so erzählt wird, weil etwas Außergewöhnliches ge-
59–66 schehen ist. Bei der Beschneidung ist noch alles wie sonst. Bei der Namensgebung jedoch beginnt das Besondere: Elisabet steht mit Zacharias auf der Seite des göttlichen Plans. Wie die Mutter den vorgesehenen Namen erfahren hat, soll nicht gefragt werden. Ihr Wissen ist Zeichen ihrer Erwählung. Der damals noch ungläubige Zacharias zeigt seinerseits mit seiner schriftlichen Mitteilung, daß er dem Engel endlich vertraut. Plötzlich[25], d.h. wunderhaft, kann Zacharias wieder sprechen. Er versteht dies als Abschluß des Zeichens (1,18–20), das Volk sieht darin den göttlichen Ursprung des unerwarteten Namens.

---

[21] Mit Fitzmyer I 373; vgl. Gen 25,24; Lk 1,23; 2,6.
[22] An beiden Stellen (Lk 1,13 und 57) wird γεννάω υἱόν gebraucht, in Lk 2,6–7 dagegen das korrektere τίκτω verwendet.
[23] Die Septuaginta entschied sich für das Neutrum τὸ ἔλεός, während im Profangriechischen fast ausschließlich das Maskulinum ὁ ἔλεός vorkommt; vgl. Bauer s.v. Will die Septuaginta damit die Besonderheit dieses Erbarmens herausstreichen?

[24] Zur Freude bei Lukas, dem diese persönliche und gemeinschaftliche, an die Heilsgeschichte gebundene und auf das Reich ausgerichtete Freude am Herzen liegt, vgl. Bovon, F., Luc le théologien 423 (Schluß der Anm. 2 von S. 422).
[25] Zu παραχρῆμα vgl. Lk 5,25 und den dortigen Kommentar unten S. 245.

Nach dem Staunen aller (V 63) kommt es jetzt zur Gottesfurcht, die die ganze Gegend erfaßt (V 65). Ein Kind weckte damals immer auch das Interesse an seiner Zukunft. Deshalb besprechen die Leute alle diese Ereignisse[26] (V 65) und fragen nach dem Plan Gottes für dieses Kind (V 66). Da Lukas erst in Kap. 3 auf Johannes zurückkommen will, betont er vorläufig nur mit einem alttestamentlichen Ausdruck, der die Fürsorge und die Vorsehung Gottes bezeugt: »Denn die Hand des Herrn war mit ihm« (V 66).

Die Beschneidung am achten Tag gründet sich auf die Schrift (Gen 17,12; 21,4; Lev 12,3) und gehört zur allgemeinen jüdischen Tradition[27]. Zu einer ersten Schwierigkeit kommt es bei der Namensgebung[28]. Normalerweise hieß ein Sohn nicht wie sein Vater, eher wie sein Großvater[29]. Ist das großväterliche Alter des Zacharias der Grund für die vorgeschlagene Ausnahme (V 59)? Haben sich die Sitten geändert? Oder ist Lukas nur nicht richtig informiert? Es könnte aber auch sein, daß *wir* nicht recht informiert sind. Ein Vater, der physisch behindert war, gab seinem Sohn seinen eigenen Namen, vermutlich, um die Unvollkommenheit des Vaters im Sohn wiedergutzumachen[30]. So nannte Mathias, ein Vorfahre des Josephus, der stotterte, seinen Sohn Mathias.

Matthäus, der im Judentum zu Hause ist, läßt den Engel zu Josef sagen: »Sie wird einen Sohn gebären und *du* [der Vater] wirst ihm den Namen Jesus geben« (Mt 1,21). Lukas beläßt dagegen im Engelwort an Maria (1,31) diese Verantwortung bei der Mutter. Denn hier ist Zacharias ja nicht imstande zu reden. Zudem ist nicht sicher, daß Elisabet ausschließlich selbständig spricht. Im Gegenteil, die Bewegung des Textes deutet eher auf die harmonische Einmütigkeit der Eheleute. Dennoch stellt die Tatsache, daß Maria und Elisabet ihren Kindern den Namen geben, für Lukas vermutlich eine Ausnahme dar.

Irrt Lukas darin, daß die Namensgebung erst am achten Tag erfolgte? Im Alten Testament empfängt ein Kind seinen Namen normalerweise gleich bei der Geburt, und die Anknüpfung an die Zeremonie der Beschneidung ist nicht bezeugt[31]. Im späteren Judentum ist aber eine Koppelung dieser wichtigen Ereignisse zustandegekommen[32]. Vielleicht haben wir hier eines der ältesten Zeugnisse für diese Tendenz. Lukas könnte

---

[26] Zu ῥῆμα bei Lukas vgl. Lk 1,37–38 und den dortigen Kommentar oben S. 77.

[27] Vgl. Lk 2,21; Apg 7,8; Phil 3,5; Bill. IV/1 23–40.

[28] Ἐκάλουν ist ein Imperfekt de conatu: »sie wollten ihn so nennen«; vgl. Bl-Debr-Rehkopf § 326. Καλέω ἐπὶ τῷ ὀνόματι ist ein – wenn auch seltener – Ausdruck der Septuaginta; vgl. 2Sam (LXX 2Kön) 18,18 Codex Alexandrinus; 1Chr 6,50; 1Esr 5,38; 2Esr 2,61; 10,16 Codices Alexandrinus und Sinaiticus (Corrector).

[29] Bill. II 107f, Fitzmyer I 380 und Brown, R.E., Birth 369 führen trotz allem einige Beispiele von Söhnen an, die wie ihre Väter heißen: Josephus, Vita 1,4; Ant XIV 1,3 § 10 u.a.

[30] Es geht also um das, was man in der Systemtheorie eine »Delegation« nennt (was ein Elternteil nicht erreichen konnte, wird vom Kind erwartet). Man versteht deshalb, warum die Nachbarn dem Kind angesichts seines dienstunfähig gewordenen Vaters dessen Namen geben wollten. Die körperlichen Gebrechen wurden in den priesterlichen Familien besonders schwer empfunden, da sie die Betroffenen vom Priesterdienst ausschlossen.

[31] Gen 4,1; 25,25–26. In Gen 21,3–4 stehen sich die beiden Zeremonien jedoch sehr nahe; vgl. Gen 17,5.10–14.

[32] Zum Beispiel des Mose vgl. PRE 48 (27c); zitiert bei Brown, R.E., Birth 369.

aber auch unter dem Einfluß der griechischen Sitte stehen, nach der einem Kind sein Name erst nach sieben oder zehn Tagen gegeben wurde.

Der Name Johannes heißt auf hebräisch: »JHWH ist gnädig«[33]. »Gnade« wurde in der Septuaginta regelmäßig mit ἔλεος und χάρις übersetzt. Ἔλεος taucht sowohl in der Erzählung (1,58) als auch im Benedictus (1,72) auf. Jüdische Ohren verstehen die Bedeutung des Namens Johannes. Aber gilt dies auch für Lukas? Unterläßt er eine Erklärung, weil er mit Etymologien nicht gerne spielt?

Für das Kind steht in 1,59 und 66 wie in 1,76 und 80 τὸ παιδίον, in 1,41 und 44 hingegen ist wie für Jesus in 2,12 und 16 βρέφος (Säugling, kleines Kind) notiert. Die unterschiedliche Terminologie zeigt, daß die Jesustradition (und auch die lukanische Redaktion?) lieber τὸ βρέφος liest, während die Johannestradition τὸ παιδίον bevorzugt.

Zacharias wird in V 62 nicht nur als stumm, sondern auch als taub vorgestellt[34]. Die an ihn gerichtete Frage ist gut lukanisch und gut griechisch mit Hilfe eines vorangestellten Artikels und einem Optativ potentialis[35] ausgedrückt. Πινακίδιον ist ein Diminutiv von πιναξίς[36]; λέγων dient formal als Doppelpunkt und ist damit semitisch geprägt (vgl. 2[4]Kön 10,1.6; Jdt 4,6–7)[37]. Καὶ ἡ γλῶσσα αὐτοῦ in V 64 steht ohne Verb, weil der Leser es, bedingt durch den voranstehenden Satz, stillschweigend ergänzt[38]. Sollte der Hinweis auf das Bergland Judäas (vgl. 1,39) einen Hinweis auf den traditionsgeschichtlichen Ort der Legende darstellen?[39]

Im Zentrum der VV 57–66 steht nicht nur die Erfüllung der Verheißung in Gestalt der Geburt des Kindes, sondern auch die Namensgebung. Der Mensch lebt eben nicht nur biologisch, sondern auch in gesellschaftlichen Beziehungen: in der Familie und im Volk. Der Name ermöglicht ihm, mit anderen in Kontakt zu treten und sich zugleich seiner Identität gewiß zu werden. Hier kommt noch eine zusätzliche Komponente hinzu: Der Name stellt dieses Kind in Beziehung zu Gott, da der Engel ihn vorgegeben hat. Das Kind ist Trost für seine Eltern und zugleich Zeichen des Erbarmens Gottes. Überlieferungsgeschichtlich kann man die Entstehung der Legende als Ätiologie des Namens lesen. Aber wichtiger als diese diachronische Betrachtung ist die synchronische Feststellung, daß die Legende *narrativ* die Bedeutung des Namens entwickelt und der Name als *Emblem* der Erzählung gilt. Der Kreis der Beziehungen dieses Kindes ist größer als seine Familie, die Erzählung ist mehr als nur eine Familienerinnerung. Sie hat ihren Sitz im Leben einer Gemeinde

[33]   Vgl. Lk 1,13 und den dortigen Kommentar oben S. 54. Der Name Johannes war zu jener Zeit bekannt; vgl. Neh 12,13.42; 1Makk 2,1f; Lk 6,14; Offb 1,9.
[34]   In Lk 1,20 wird nur von Stummheit gesprochen, doch schon in Lk 1,22 ist κωφός zweideutig.
[35]   Zu τό vgl. Bl-Debr-Rehkopf § 267,2 Anm. 3 und zum Optativ potentialis ebd. § 65,2 und § 385,1 Anm. 2.
[36]   Der Vergleich von Ez 9,2 (πινακίδιον) und Ez 9,11 (πιναξίς) in der Übersetzung des Symmachus zeigt, daß der Diminutiv nicht

mehr als solcher aufgefaßt wurde. Es handelt sich gewiß um ein Wachstäfelchen. Holz als Schreibunterlage wird in Num 17,17; Ez 37,16.20 und 4Esr 14,24 genannt; vgl. Bill. II 108–110.
[37]   Vgl. Sahlin, H., Messias 156. Man findet eine ähnliche Verbindung aber auch in klassischer Sprache bei Thukydides VI 54,7.
[38]   Zum Zeugma vgl. Bl-Debr-Rehkopf § 479,2. Einige Hss ergänzen und fügen ἐλύθη (»wurde gelöst«) ein.
[39]   Vgl. Schürmann I 83 Anm. 18.

und beschreibt deshalb nur den Anfang eines Lebens, das öffentliche Bedeutung hat.

Genau das bezeugt der Vater in seinem Gebet. Wie Elisabet die von Gott geschenkte Einsicht zuteil geworden war (1,41–45), so kann nun auch Zacharias, bedingt durch die Fülle des heiligen Geistes, prophetisch reden (V 67)[40]. Die an die Geschichte und das Wort Gottes gebundene Religion Israels war damals wie blockiert; die Heilserfahrungen wie die schöpferischen Worte Gottes gehörten der Vergangenheit an. Es war die Stunde der Gelehrten. Die Hoffnung der Tapfersten war apokalyptisch. Im Kreis des Johannes und schließlich mit Jesus ereignet sich aber wieder Heil und ist das Wort Gottes neu zu vernehmen. Doch trifft die Erfüllung nicht sofort ein, man muß vielmehr mit einem Wachstum rechnen; dafür sind die Monate der Schwangerschaft Elisabets Zeichen. Zacharias kann die Erfüllung noch nicht anzeigen, sondern muß auf prophetische Art auf sie hinweisen. Auch das Benedictus charakterisiert dieses Ineinander von Erfüllung und vertrauensvoller Erwartung, diese »Schwangerschaft« der Heilsgeschichte, wie wir dies vom Anfang der Johanneslegende an bemerkt haben. Deshalb kann man in den poetischen Stücken der Vorgeschichte die hermeneutische Seite der erzählten ῥήματα sehen.

Das Benedictus

In seiner ersten Hälfte steht das Benedictus beispielhaft für das Gotteslob, von dem V 64 spricht (V 68)[41]. In V 66a lautete die erwartungsvolle Frage aller Zuhörer: »Was wird wohl aus diesem Kind?«. Auf diese Frage antwortet – formal gelungen – die zweite Hälfte des Benedictus.

V 68a: »Gepriesen sei der Herr, der Gott Israels« (V 68a) ist formgeschichtlich ein Segensspruch[42]. In der Zeit des Lukas hat diese Formel ihren Platz in den Gebeten (z.B. der Psalmbücher oder des Achtzehngebetes) gefunden, am Ende, in der Mitte oder am Anfang (vgl. Ps 40[41],14; 71[72],18; 105[106],48); 143[144],1). »Gepriesen sei Israels Gott, der Gnade bewahrt Seinem Bund und Bezeugungen der Hilfe dem Volke Seiner Erlösung« beginnt ein essenisches Lied (1QM 14,4–5)[43]. Die passive Wendung εὐλογητός läßt das Subjekt des Segens in einer theologischen Schwebe[44]. Sowohl das Werk Gottes selbst wie die Empfänger oder Zuschauer können das Lob aussprechen. Der einzelne oder die Gemeinde loben Gott erst dann adäquat, wenn er oder sie in diese Lobrede einbezogen werden. Letztlich kann nur Gott selbst Gott loben. Die Be-

---

[40] Vgl. Dubois, J.D., De Jean-Baptiste à Jésus 100.

[41] Es wäre verfehlt, wegen der Formulierung ἐλάλει εὐλογῶν τὸν θεόν (Lk 1,64) anzunehmen, daß sich das Benedictus (Lk 1,68–79) unmittelbar an V 64 angeschlossen habe und die VV 65–67 später eingefügt worden seien.

[42] Vgl. Gen 9,26; 1Sam (LXX 1Kön) 25,32;

1(3)Kön 1,48; öfter im Buch Tobit, z.B. Tob 3,11; PsSal 2,37; vgl. Audet, J.P., Esquisse. Muß man sich einen Indikativ (ἐστίν) oder einen Optativ (εἴη) hinzudenken?

[43] Maier, J. – Schubert, K., Qumran-Essener 264.

[44] Gewöhnlich ist εὐλογητός Gott (vgl. Lk 1,68) und εὐλογημένος den Geschöpfen (vgl. Lk 1,42) vorbehalten.

schränkung auf Israel (τοῦ Ἰσραήλ) bezeugt nicht Gottes Grenze, sondern seinen Willen und seine Liebe. Die universale Absicht beginnt konkret.

68b–69   Der Grund zum Preisen wird in den Segenssprüchen wie in den Dankliedern durch einen ὅτι-Satz angegeben. Der Gott Israels[45] hat sein Volk »besucht«. Ἐπισκέπτομαι besagt: Gott hat nicht nur den Überblick über sein Volk, er kommt auch konkret, um seine Gemeinde zu strafen (Ps 88[89],39; Sir 2,14) oder zu retten (Gen 50,24–25; Ex 3,16; 4,31; 13,19; 30,12; Jes 23,17; Ps 79[80],15; 105[106],4; Rut 1,6). Der Ausdruck (Verb oder Substantiv) ist im damaligen Judentum wie hier auch im absoluten Gebrauch belegt; er bezeichnet den eschatologischen »Besuch« (Weish 3,7; PsSal 3,11; 10,4; 11,6; 15,12). Lukas kennt diese Bedeutung: Lk 1,78; 7,16; 19,44; Apg 15,14[46].

»Er hat die Befreiung für sein Volk gemacht« klingt alttestamentlich und erinnert an die Exodus-Tradition. Doch kommt der Ausdruck ποιέω λύτρωσιν sonst in der Bibel nicht vor. In Ps 110(111),9 liest man jedoch Ähnliches: Λύτρωσιν ἀπέστειλεν τῷ λαῷ αὐτοῦ[47]. Λύτρωσις heißt Befreiung von den Feinden (VV 71.74), doch ist das Wort so stereotyp, daß auch eine übertragene Bedeutung möglich ist.

Der Gesichtspunkt des Liedes ist der des Volkes (τῷ λαῷ αὐτοῦ), nicht mehr der der Familie (1,58).

»Und er hat uns ein Horn des Heils erweckt im Hause Davids, seines Knechtes«: Ton und Sprache sind weiterhin biblisch. Das Horn ist Symbol der Kraft (Dtn 33,17), besonders der kriegerischen Macht. Gott selbst oder sein Knecht, der König oder der Messias können damit verglichen werden[48]. Hier wird die Davidstradition aktualisiert, und Lukas deutet sie sicher messianisch. Ἐγείρω heißt »aufstehen lassen«, »erwecken«[49]. Diese erste Strophe drückt im Indikativ aus, was der fünfzehnte Segensspruch des Achtzehngebetes mit dem Imperativ der Fürbitte sagt: »Den Sproß Davids laß eilends aufsprossen, und sein Horn erhebe sich durch deine Hilfe. Gepriesen seist du, JHWH, der Hilfe sprossen läßt«[50].

Das Lied spricht in Metaphern: Besuch, Rettung und Horn sind übertragen gebraucht, aber statt Metaphern, die träumen lassen, sind es eher Chiffren

---

[45] Obwohl das Wort in guten Textzeugen fehlt, muß κύριος ursprünglich sein.
[46] Vgl. Wahl, Ch.A. – Bauer, J.B., Clavis 229f.569.615. In Qumran vgl. CD 1,7–11; vgl. Rohde, J., Art. ἐπισκέπτομαι, in: EWNT II (1981) 83–85.
[47] Vgl. Sahlin, H., Messias 288. Das Wort λύτρωσις begegnet nur noch einmal im lukanischen Schrifttum und auch da gehört es der Überlieferung an: Lk 2,38.
[48] Κέρας σωτηρίας; vgl. 2Sam (LXX 2Kön) 22,3; Ps 17(18),3; über den Gesalbten Gottes:

1Sam (LXX 1Kön) 2,10; Ez 29,21; Ps 131(132),17; 148,14. Im Danielbuch kommt das Wort öfter vor. Zu den Hörnern des messianischen Königs vgl. 1QSb 5,26; vgl. Bill. II 110f und Schürmann I 86 Anm. 33.
[49] Fitzmyer I 383 weist darauf hin, daß ἐγείρω im Alten Testament nicht mit κέρας, sondern mit anderen Begriffen, die ein Heilsinstrument bezeichnen, gebraucht wird: Ri 2,16.18; 3,9.15; vgl. Apg 13,22.
[50] Übersetzung bei Bill. IV/1 213; vgl. Bill. II 111; Gnilka, J., Hymnus 223f.

für Eingeweihte, die darin eine schon bekannte Wahrheit erkennen[51]. Was im Judentum immer neu sein kann, ist die Verbindung der Bekenntnissprache mit der Geschichte des Volkes: Durch die alten Metaphern des Gebets spricht eine von der eschatologischen Realität ergriffene Stimme. Wenn Lukas sich mit dieser Stimme vereinigt und für die Ankunft Jesu, des davidischen Messias, dankt (1,31–33), blühen die alten Bilder neu auf.

V 70: Das Benedictus hat mit dem Magnificat gemeinsam, daß die Erfüllung 70 des Heils gleichzeitig Erfüllung des prophetischen Wortes ist (vgl. 1,55). Dieser Sachverhalt ist schon im Alten Testament verwurzelt (2Chr 36,22) und erklärt auch die Hermeneutik des essenischen Habakuk-Kommentars (1QpHab). Es wird mit Freude von der christlichen Gemeinde und speziell von Lukas übernommen[52]. Die Bezeichnung der Propheten als heilig ist fromme Terminologie[53] und setzt die Kanonisierung ihrer Schriften voraus (vgl. 24,44). Ἀπ' αἰῶνος meint hier nicht »von Anfang an«, sondern »die ganze Zeit«, »immer«[54].

Die VV 71–73a bilden eine zweite Strophe von vier Zeilen, die erste und die letzte Zei- 71–73a le mit einem Akkusativ, die zweite und die dritte mit einem Infinitiv an der Spitze. Grammatisch steht dieser ganze Teil unverbunden da. Als nomina actionis sind die Substantive nicht weit von den Infinitiven entfernt, und das Ganze kann sowohl als Apposition zu dem in den VV 68–69 angegebenen Werk Gottes als auch als Ziel der göttlichen Absicht verstanden werden. Die biblischen Psalmen kennen Nominative als Apposition des gelobten Gottes (z.B. ἔλεός μου καὶ καταφυγή μου in Ps 143[144],2); auch findet man Akkusative an der Spitze einer Zeile vor einem Verbum dicendi (Ps 144[145],5–7). Ist hier ein solches Verbum vorauszusetzen? Die Struktur der ersten Strophe spricht eher für eine epexegetische Apposition: Der Besuch Gottes, seine Errettung des Volkes, die Einführung der Metapher »Horn« bedeuten die Befreiung von den Feinden.

Die Formulierung von V 71 paßt zur lukanischen Vorliebe für den Wortschatz des Heils, aber »die Feinde« und »die, die uns hassen« sind Ausdrücke der konventionellen Sprache der Psalmen (vgl. Ps 17[18],18). Wo Lukas die Tragik der menschlichen Gefangenschaft analysiert, ist normalerweise der Teufel der eigentliche Feind[55]; selten sind es, wie hier, menschliche Feinde. Vor allem ist nicht von fehlender menschlicher Bußfertigkeit, die Lukas sonst wichtig ist,

---

[51] Ricœur, P., La métaphore vive, Paris 1975 (L'ordre philosophique) hat wohl der Bedeutung und Funktion der verblaßten Metaphern zu wenig Gewicht beigemessen.
[52] Vgl. Bovon, F., Luc le théologien 85–117.
[53] Denselben Ausdruck »heilige Propheten« findet man im lukanischen Schrifttum nur in Apg 3,21 wieder. Im Singular ist er zudem in Weish 11,1, im Plural in syrBar 85,1 belegt; er fehlt m.E. bei Philo. Bei Josephus ist er nur

durch einige Hss in einem Abschnitt in Ant XII 10,6 § 413 bezeugt; vgl. Rengstorf, K.H., Concordance III 588. Ein V 70 ähnlicher Satz findet sich in 1QS 1,3 (vgl. Fitzmyer I 384).
[54] Vgl. Grundmann 72: »Ἀπ' αἰῶνος ist formelhaft gebraucht und bedeutet nicht ›von Beginn der Weltzeit an‹, sondern ›von alters her‹«.
[55] Vgl. Lk 13,16 und Apg 10,38.

die Rede[56]. Da er zugleich an der Gegenwart des Heils interessiert ist, weniger an seinem Ursprung oder gar an der Kehrseite des Heils, am Gericht[57], gibt sich V 71 als *alttestamentliche* Formulierung (Sprache des Exodus) der *neutestamentlichen* Realität.

Nach V 72a hat Gott sein Erbarmen konkret werden lassen (ποιεῖν) oder, wenn man einen finalen substantivierten Infinitiv annimmt[58], dies jedenfalls gewollt. Ποιῆσαι ἔλεος μετά ist in der Septuaginta häufig belegt[59]. Lukas schreibt »mit unseren Vätern« statt »mit uns«[60], wahrscheinlich weil die VV 68–75 in der Tradition auf eine vergangene erste Phase der Befreiung hingewiesen haben, während die Prophetie der zweiten Hälfte (VV 76–69) »unser« Heil ins Auge faßt. Er nimmt diese kleine Spannung in Kauf. Vielleicht schwebt ihm noch die Verbindung zwischen der Verheißung an die Väter (V 70; vgl. Abraham, »unser Vater« in V 73) und der jetzigen Erfüllung (VV 68–69) vor.

V 72b führt zurück zur Verheißung, hier zum Gedächtnis Gottes. Der Herr will treu bleiben; er vergißt nicht. Sein Bund ist heilig, weil es *sein* Bund ist (hier mit Abraham [Gen 17,4.7.21; 22,18]). Der Bundesgedanke taucht bei Lukas nicht oft auf, ist dann aber trotz der häufigen Exodus-Typologie immer mit Abraham verbunden[61]. Die Liste der Parallelen zu V 72b aus dem Alten Testament ist lang[62].

Für einen Parallelismus in den VV 72b–73a spricht die alttestamentliche Verbindung von Bund und Schwur, besonders im Falle Abrahams (Gen 174 und 22,16–17; vgl. Ps 104[105],8–9)[63]. Aber das Verhältnis zwischen Erbarmen und Bund ist genauso traditionell (vgl. Dtn 7,9 und 1[3]Kön 8,23)[64]. Die drei Themen Bund, Schwur und Erbarmen gehören also zusammen (VV 72–73a) und sind alttestamentlich auch mit der Befreiung (VV 68–69) verbunden. Der Inhalt des Bundes und des Schwures, die zahlreiche und gesegnete Nachkommenschaft, ist nicht angegeben; beides wird als bekannt vorausgesetzt. Zur Zeit des Lukas war die nationalistische wie die universalistische Erwartung möglich[65]. Lukas wird an die von Juden und Heiden gebildete Kirche gedacht

---

[56] Vgl. Lk 15,11–32. Nach Taeger, J.-W., Mensch ist Lukas der Meinung, der Mensch komme mit seinem Willen und durch die Umkehr selbst zurecht. Taeger unterbewertet dabei die Rolle des Feindes.

[57] Vgl. Bovon, F., Lukas 67–69.

[58] So Plummer 41.

[59] Vgl. Gen 24,12; Ri 1,24; 8,35; Rut 1,8; 1Sam (LXX 1Kön) 20,8; vgl. Plummer 41.

[60] Sahlin, H., Messias 289f sieht dieses Problem und beurteilt die Worte »mit unseren Vätern« als einen »Marginalzusatz, der an falscher Stelle eingefügt worden ist«.

[61] Vgl. Lk 1,72; Apg 3,25; 7,8. In Lk 22,20

bezeichnet das Wort den Bund in Jesus Christus.

[62] Vgl. Ex 2,24; Lev 26,42; Ps 105(106),45; Ez 16,60 u.a.; vgl. Jaubert, A., La notion d'alliance dans le judaïsme aux abords de l'ère chrétienne, Paris 1963 (Patristica Sorbonensia 6), 30f.

[63] Vgl. Vanhoye, A., Structure 382f. Er führt eine weitere Verwendung der Verbindung Bund – Schwur in Ps 88(89),4.35–36 an; vgl. Weish 12,21; 18,22.

[64] Vgl. Auffret, P., Esquisse 250.

[65] Apg 3,25 zitiert Gen 22,18 oder 26,4: Die Erwartung, die Lukas aus dem Genesistext herausliest, läßt sich nur schwer bestimmen.

haben, die die Tradition noch jüdisch interpretierte: Israel soll groß werden. Die Voraussetzung dazu war die Befreiung (VV 73b–74a)[66].

Daß die Befreiung des Volkes und nicht seine Expansion Hauptinhalt der Ver- 73b–74a heißung an Abraham geworden ist[67], spiegelt wohl den Elendszustand der Juden in dieser Zeit wider. Man spricht vom Bund mit Abraham (VV 72–73), man erinnert sich an die Verheißungen an David (V 69), aber man muß dabei die soteriologischen Kategorien des Exodus gebrauchen. Die Syntax ist weniger eindrucksvoll als der Gedankengang: Anstößig ist vor allem das Nebeneinander von Dativ (ἡμῖν) und Akkusativ (ῥυσθέντας) im Blick auf die gleichen Personen, ebenso die semantische Funktion von ἀφόβως[68]. Mit Hinweis auf die Übersetzung läßt sich dieser Sachverhalt kaum erklären, da kein eindeutiger Semitismus vorliegt. Ἀφόβως ist anthropologisch zu verstehen und nicht mit Gott, dem Subjekt von δοῦναι, zu verbinden. Eine normale Befreiung geschieht nicht ohne Angst. Hier aber ist die Hand Gottes so aktiv, daß das Volk ohne Furcht vor den Feinden gerettet wird. Es ist sowohl Empfänger der Gabe als auch Objekt der Rettung, und insofern befreit zum Leben mit Gott (VV 74b–75)[69].

Die göttliche Rettung geschieht in Israel konkret, d.h. auch sozial und poli- 74b–75 tisch, aber eben vor Gott (ἐνώπιον αὐτοῦ): im religiösen (ἐν ὁσιότητι) sowie im gemeinschaftlichen (καὶ δικαιοσύνῃ) Lebensvollzug[70]. Ziel des versprochenen Exodus ist eine kultische Existenz im heiligen Land. Treu und nüchtern hat Lukas diese jüdische Perspektive bewahrt. Er hat sie weder universalisiert noch eschatologisiert, wohl aber an die soteriologische Wirkung des Lebens Jesu und ihre endgültige, universale Bedeutung gedacht, vielleicht sogar Heiligung und Gerechtigkeit als Zusammenfassung der beiden Hauptgebote (vgl. 10,26–28) verstanden. Seine Ethik der täglichen Beharrlichkeit zeigt sich in der Erwähnung »all unserer Tage« (vgl. 9,23)[71]. Die theologische Struktur des Indikativs und des Imperativs in den VV 73b–75 erweisen das Werk Gottes als den Grund alles menschlichen Lebens.

Mit den VV 76–77 wird in der Sprache der Prophetie die Zukunft des Täufers 76–77 beschrieben; Lukas greift jetzt stärker ein, weil das Orakel konkreter ist als die hymnische Sprache der VV 68–75. Dem Sohn der Maria wurde verheißen,

---

[66] Der Akkusativ ὅρκον bereitet Schwierigkeiten. Handelt es sich um eine ungewöhnliche Angleichung des Beziehungswortes an das Relativpronomen? Oder richtet sich ὅρκον nach σωτηρίαν in V 71? Doch dafür läge διαθήκης (V 72) vom Sinn her näher.

[67] Τοῦ δοῦναι läßt keinen Zweifel zu: Gerade diese Befreiung will Gott, wenn er sich erinnert.

[68] Sahlin, H., Messias 291 ist der Meinung, daß Lukas hier schlecht übersetzt habe und schickt sich an, es besser zu machen: τοῦ ποιεῖν ἡμᾶς ἄνευ φόβου, ἐκ χειρὸς ἐχθρῶν ῥυσθέντας.

[69] Gewiß besteht eine Symmetrie zwischen V 71 und den VV 73b–74a (Errettung von den Feinden) sowie zwischen V 70 und den VV 72b–73a (Treue Gottes), doch darf man darüber das Fortschreiten des Gedankengangs nicht vergessen: Die Befreiung mündet in das Leben mit Gott (VV 74b–75).

[70] Verbunden findet man diese beiden Begriffe noch in Weish 9,3; Eph 4,24 und bei Philo, Abr 208 (Heiligkeit für Gott, Gerechtigkeit für die Menschen).

[71] Vgl. Lk 9,23; Bovon, F., Luc le théologien 404–410.

Sohn des Höchsten zu werden (1,32), Johannes hingegen wird *Prophet* des Höchsten. Die von Jes 40,3 und Mal 3,1 angekündigte Vorläufertätigkeit hat die Täufergemeinde auf Gott selbst (ἐνώπιον κυρίου) gedeutet. Die christliche Gemeinde bezieht sie auf den *Messias Jesus.* Auch Lukas unterstreicht in 3,1–22 weniger die täuferische als die prophetische Funktion des Johannes: Als Prophet steht Johannes nur noch mit dem einen Fuß im alten Bund, mit dem anderen jedoch im neuen. Er ist der letzte Prophet, der Vorläufer. Seine Geburt und sein Amt stehen auf der Schwelle zwischen den beiden Testamenten[72].

Das Benedictus wiederum schweigt erstaunlicherweise über die Hauptaktivität des Johannes, nämlich seine Taufe. Es gehört jedoch zum Wesen des Geburtsliedes, daß die Prophetie rätselhaft bleibt: In den Worten ἐν ἀφέσει ἁμαρτιῶν αὐτῶν sollen die Leser vermutlich einen Hinweis auf die Johannestaufe (3,3) erkennen. Der Ausdruck ist nicht alttestamentlich[73], umgekehrt aber auch nicht unbedingt christlich[74]. Was Lukas darunter versteht, ist von seinem Gesamtwerk her klar: Nicht der Ritus schenkt die Vergebung, auch nicht nur der allein wirkende Gott, sondern ebenso der in sich selbst gekehrte Mensch, der sich beim Anruf der prophetischen oder kerygmatischen Stimme Gott zuwendet. Daß Gott die Buße schenkt, heißt für ihn, der Mensch solle sie als Einladung zur existentiellen Entscheidung empfangen (Apg 5,31 und 11,18).

Das *Heil* selbst kann erst mit Jesus eintreten (VV 68–71). Was der Vorläufer bringt, ist aber mehr als eine Heilsverheißung durch die Propheten. Johannes wird die »Erkenntnis des Heils« schenken. Diese ist kein rein intellektuelles Wissen, da sie aus der existentiellen Erfahrung der Vergebung quillt[75] und aus einer lebendigen Beziehung mit Gott als Frucht der gepredigten Buße entsteht. Das unlukanische Wort γνῶσις[76] ist semitisch als praktisches Wissen, Weisheit, Glaube, Anerkennung zu verstehen. Hat die Synagoge des hellenistischen Judentums Elemente der griechischen γνῶσις wie theoretisches Erkennen und beobachtende Erkenntnis übernommen, ohne auf die alttestamentliche Anerkennung zu verzichten?[77] Für Lukas ist die den Menschen einbeziehende Seite der γνῶσις und die mit Gott verbindende Perspektive[78] zentral. Das Volk erkennt sein Heil erst, wenn es über sich selbst nachdenkt, seine falsche Gottesvorstellung in Frage stellt und auf das Wort Gottes hört.

---

[72] Gegen Conzelmann, H., Mitte 16–21. Ich stehe mit meiner Position nahe bei Kränkl, E., Jesus 88–97.211f.

[73] Vgl. Brown, R.E., Birth 373.

[74] Den Ausdruck »Vergebung der Sünden« findet man auch bei Philo, VitMos II 147; SpecLeg I 190 (vgl. Her 20); vgl. Josephus Ant VI 5,6 § 92.

[75] Vgl. Brown, R.E., Birth 373; Brown bemerkt auch, daß der Ausdruck γνῶσις σωτηρίας kein alttestamentlicher ist. Nach Sahlin, H., Messias 294 bezeichnete er ur-

sprünglich das Ablegen der Sünden, während er jetzt bedeutet, daß die von Gott angebotene Vergebung die Erkenntnis des Heils eröffnet. Van Kasteren, R.P., Analecta bietet eine scharfsinnige Umschreibung der VV 76–77 und erwähnt die Parallele Apg 26,18.

[76] Das Wort taucht in Lk 11,52, einem Drohwort des lukanischen Sonderguts, wieder auf.

[77] Vgl. Schmithals, W., Art. γινώσκω κτλ., in: EWNT I (1980) 600.

[78] Vgl. Bovon, F., Lukas 112–114.

Ein starker Ausdruck (»durch das mitleidige Herz unseres Gottes«) verbindet 78–79
die Beschreibung des Vorläufers (VV 76–77) mit der Ankündigung des Messias (VV 78–79) und gilt dem einen wie dem anderen. Das Werk des Täufers
wie der Besuch der ἀνατολή sind erst als konkrete Folgen des Erbarmens Gottes verständlich[79]. Ἐλέους ist Genitivus qualitativus und beschreibt die »Eingeweide« Gottes, d.h. den Sitz der Gefühle, nach unserem Sprachgebrauch
»das Herz«[80]. Selten wird das Erbarmen Gottes so persönlich und so existentiell als Grund und Anlaß der Heilsgeschichte genannt. Lukas, der die εὐδοκία als Inbegriff des aktiven Gottes versteht[81], übernimmt den Ausdruck in
V 78a des Benedictus mit Freude[82].

V 78b: Nach den Futura κληθήσῃ und προπορεύσῃ in V 76 ist nun ein weiteres Futur
zu erwarten. Deshalb gebührt ἐπισκέψεται der Vorzug vor der ebenso gut bezeugten
Lesart ἐπεσκέψατο[83]. Für Lukas wie m.E. für seine Vorlage ist ἀνατολή Subjekt von
ἐπισκέψεται und nicht mit dem Täufer identisch. Sonst versteht man nicht, wessen
Weg Johannes vorbereiten soll.
Auf Gott als ὕψιστος verweist die Wendung ἐξ ὕψους, ist damit aber nicht einfach
deckungsgleich. Im Gegensatz zu einem Besucher »von der Erde« beschreibt sie den
»göttlichen« Messias (vgl. 1,32 und 35).

Daß ἀνατολή messianische Metapher ist, bezweifelt niemand. In der Septuaginta kann es צֶמַח (»Sproß«) übersetzen, einen der stereotypen Titel des Messias[84]. Ἐξ ὕψους würde ihm die unentbehrliche Bestimmtheit geben: Der Davidssohn »sproßt« nicht wie andere aus der Erde, sondern aus dem Himmel.
Ich bin der Meinung, daß bereits der Verfasser des Benedictus wie die Übersetzer der Septuaginta diese Bedeutung vor Augen hatten, zumal sie griechisch näherliegt, wie das in Qumran wichtige[85] Bileam-Orakel ἀνατελεῖ
ἄστρον ἐξ Ἰακώβ, καὶ ἀναστήσεται ἄνθρωπος ἐξ Ἰσραήλ (Num 24,17)
zeigt[86]. Gewiß ist das »Aufgehen« eines Sterns »aus« dem Himmel unnatürlich, aber diese kodierte Sprache ist durch die theologische Absicht bestimmt:
Ἀνατολή beschreibt das Erscheinen des Messias, ἐξ ὕψους seine Herkunft.
Für Lukas ist die Spannung inhaltsreich: Jesus wird aufstehen mitten in der
Menschheit, innerhalb seines Volkes. Und doch wird es »vom Himmel« her
geschehen (vgl. 1,35)[87].
Das angegebene Ziel des Besuchs bestätigt die genannte Bedeutung: Der

---

[79] Zur Bedeutung von διά mit Akkusativ an dieser Stelle vgl. Bl-Debr-Rehkopf § 222,2b: »Durch jmds Verdienst«.
[80] Vgl. Bauer s.v. σπλάγχνον. Auf die Gläubigen angewandt kommt der Ausdruck σπλάγχνα ἐλέους in TestSeb 7,3; 8,2 (vgl. Gnilka, J., Hymnus 235) vor.
[81] Vgl. Bovon, F., Lukas 106–108.
[82] Ἐν οἷς verweist auf die σπλάγχνα: Sie sind beim Kommen des Messias in Bewegung.

[83] Zu diesen Lesarten vgl. oben S. 97 und Metzger, B.M., Textual Commentary 132.
[84] Vgl. Sach 3,8; 6,12.
[85] 1QM 11,6–7; CD 7,18–21; vgl. TestLev 18,3–4.
[86] Vgl. Mal 3,20(4,2); Jes 4,2; Jer 23,4; 33,15.
[87] Vgl. den wichtigen Aufsatz Jacoby, A., Ἀνατολή.

Messias wird das göttliche Licht schenken (ἐπιφᾶναι)[88]. Die Leser von V78 denken an Ps 106(107),10 und den Anfang des messianischen Orakels Jes 9,1. Das eschatologische Licht des Messias erleuchtet plötzlich die dunkle Welt der Sterblichen. Ἐπιφᾶναι weist zuerst auf das *leben*bringende Licht. »Die in Finsternis und im Todesschatten sitzen«, sind nicht zuerst die Heiden, sondern die »Wir« (V70). Lukas denkt freilich an die christliche Botschaft, die auch die Heiden von der Blindheit zum Sehen und vom Tod zum Leben führt (Apg 26,17–18).

Die »Epiphanie« des Messias fordert auch das Handeln der Sehenden (V79b). Das bis dahin sitzende Volk kann aufstehen und gehen. Seine Schritte werden gerade sein (κατευθῦναι). Das Judentum wie die junge Kirche haben diese alttestamentliche Thematik übernommen: Der Gehorsam drückt sich in einem Gehen aus; das Leben innerhalb des Bundes und nach dem Willen Gottes ereignet sich auf einem Weg[89]. Der Friede[90] ist der harmonische Zustand des von den Feinden geretteten und in der Gemeinschaft mit Gott lebenden Volkes.

Der Sammelbericht (V 80)

80   Schon V66b bezeugte in einem kleinen Sammelbericht die andauernde Fürsorge Gottes. Jetzt wird der Wachstumsprozeß des Kindes kurz besprochen (παιδίον wie im Bericht in den VV 57–66 und im Lied in den VV 68–79). Anthropologischer Rahmen ist – trotz der biblischen Tradition – die griechische Unterscheidung von Leib und Seele. Biblisch sind die Ausdrücke, die das physische Wachstum des Kindes und die Kräftigung seines πνεῦμα (und nicht seiner Seele) festhalten. Wie Lukas αὐξάνω und κραταιόω versteht, erfährt man in den Sammelberichten der Apostelgeschichte, die das Wachstum der Gemeinde oder des Wortes beschreiben. Gott ist der Urheber dieses Prozesses[91]. Das Wachstum[92] ist Zeichen des Lebens und des Segens. Mit Johannes ist also alles in Ordnung; die Aufmerksamkeit gilt ab jetzt Jesus.

Aufenthaltsort des Johannes ist die Wüste, nicht die Stadt der Eltern in den Bergen Judas (1,39; vgl. 1,23 und 1,65), sondern wohl eine einsame Stelle in der Wüste Judas[93]. Die Distanz zwischen der Theologie des historischen Täufers und der Qumransekte scheint mir zu groß, um einen Aufenthalt dort wahrscheinlich zu machen[94].

---

[88] Ein oder zwei Hss führen ein erklärendes φῶς ein.

[89] Vgl. TestSim 5,2: Ἀγαθύνατε τὰς καρδίας ὑμῶν ἐνώπιον κυρίου, καὶ εὐθύνατε τὰς ὁδοὺς ὑμῶν ἐνώπιον τῶν ἀνθρώπων. Vgl. Sahlin, H., Messias 298.

[90] Vgl. Comblin, J., La paix dans la théologie de Saint Luc, EThL 32 (1956) 439–460.

[91] Πνεύματι ist vielleicht mit Absicht zweideutig: in seinem menschlichen Geist und durch den Geist Gottes.

[92] Vgl. Zingg, P., Wachsen, der eher das Wachstum der Gemeinde und des Wortes als das Wachstum des einzelnen behandelt.

[93] Die Septuaginta und das Neue Testament sprechen gewöhnlich im Singular von der Wüste; darum überrascht hier der Plural; vgl. Fitzmyer I 388. Vgl. auch Lk 3,2, wo der Singular steht.

[94] Fitzmyer I 388f hält einen Aufenthalt des jungen Johannes in Qumran für gut möglich. Er nennt auch die Literatur zu diesem strittigen Problem.

Die »Wüste« bestimmt die Vorbereitungsphase mit Erprobung, Gebet und Askese bis zur ἀνάδειξις[95] Johannes' in Israel. Auf Griechisch heißt ἀναδείχνυμι »zeigen« und beschreibt das Wiederauftauchen eines unterirdischen Flusses, ebenso die Geste von jemandem, der einen Gegenstand oder eine Person in die Höhe hebt und auf ihn oder sie zeigt; z.B. zeigt und erhebt man nach dem Tode eines Königs einen potentiellen Nachfolger auf ein Podest. Von da hat das Verb die Bedeutung »in ein Amt einsetzen« bekommen. Gebraucht ist es auch für die feierliche Bekanntmachung eines königlichen Ediktes. Die ἀνάδειξις – ein seltenes Wort – bezeichnet die Zeremonie der Investitur eines Monarchen oder eines hohen Amtsträgers oder das Vorzeigen einer Gottheit, deren Abbild in einer Zeremonie aus dem Tempel vor das Volk getragen wird. Nach Lk 3 wird Johannes vom Wort Gottes in der Wüste in Anspruch genommen und zum Auftreten gerufen. Das ist seine von Gott aus gesehen offizielle ἀνάδειξις. Dafür spricht der Gebrauch in Lk 10,1. Aber Lukas könnte αὐτοῦ auch subjektiv verstanden haben, denn Lk 3 erzählt, wie der Täufer auf Jesus hinwies. Die ἀνάδειξις wäre dann die Vorstellung des königlichen Fürsten *Jesus* durch Johannes.

Mit dem Benedictus wird die Heilsgeschichte nicht nur erzählt, sondern auch *gesungen*. Das hat die Kirche verstanden, als sie Benedictus und Magnificat in die Liturgie aufnahm und bis heute bewahrte[96]. Freilich wird dadurch der *Sinn* unausweichlich verändert: Hier z.B. wird das Heil spiritualisiert und die Eschatologie verkirchlicht. Aber die Worte des Gebets bleiben daher lebendig und können im Lauf der *Kirchen*geschichte wieder etwas von ihrer *heils*geschichtlichen Bedeutung bekommen.

Zusammenfassung

Natur, Ort und Zeit des Heils bleiben im Benedictus ja unbestimmt. Etwas hat angefangen. Es gibt Grund, Gott zu loben. Aber wer sind unsere Feinde? Wo ist nach den VV 74b–75a der Ort unserer liturgischen Existenz? Die Zeit hält an. Wir stehen zwischen zwei Besuchen, noch in der Zeit der Verheißungen (V 76) und schon in den Stunden des Dankgebets (V 68). Wir schauen hinter uns auf den Weg des Vorläufers und vor uns auf den Weg unserer Entschlüsse. Vielleicht will das Lied kunstvoll die Stimmung der Vorbereitung andeuten, so daß wir die theologische Rolle eines Vorläufers nicht nur kognitiv, sondern auch affektiv begreifen. Weshalb sind Vorläufer und Nachfolger, Johannes und die Apostel, unentbehrlich? Hängt dies mit der Natur des Wirkens Gottes zusammen? Seine Tat soll bezeugt werden, zunächst prophetisch und dann zeugenhaft, weil sie nicht die Kraft des Beweises besitzt und auf das Wagnis des Glaubens angewiesen ist. Selbst in der Mitte der Zeit handelt Gott weder direkt noch allein. Deshalb verlaufen die Anfänge von Johannes und Jesus parallel. Menschen sind gerufen, mitzuwirken. Das Volk Gottes empfängt nicht nur das Heil. Auch die erwartete Mitwirkung ist Ausdruck des Erbarmens Gottes. Sein erster Ausdruck ist jedoch ein Kind. Gott kommt

---

[95] Der Begriff wurde umfassend untersucht von Bikerman, E., Ἀνάδειξις.

[96] In den Klöstern des Westens wird jeden Morgen bei den Laudes das Benedictus und jeden Abend beim Vesper das Magnificat gesungen. Haben diese Hymnen für die Protestanten, die den liturgischen Gebrauch aufgegeben haben, etwas von ihrer Lebendigkeit verloren?

nicht in der lauten Stimme eines strafenden Engels, sondern in der leisen Stimme eines verheißenden Propheten.

Die Geburt Jesu (2,1–21)

Literatur: Aubineau, M., Proclus de Constantinople, In illud: »Et postqua, consummati sunt dies octo« (Lc 2,21), in: Mémorial André-Jean Festugière. Antiquité païenne et chrétienne, 25 études réunies et publiées par E. Lucchesi et H.D. Saffrey, Genève 1984 (Cahier d'orientalisme 10), 199–207; *Barnett, P.W.,* Ἀπογραφή and ἀπογράφεσ-θαι in Luke 2,1–4, ET 85 (1973) 377–380; *Bellia, G.,* »Confrontando nel suo cuore«. Custodia sapienziale di Maria in Lc 2,19b, BeO 25 (1983) 215–228; *Benoit, P.,* »Non erat eis locus in diversorio« (Lc 2,7), in: Mélanges bibliques (FS B. Rigaux), hrsg. v. A. Descamps und A. de Halleux, Gembloux 1970, 173–186 (= *ders.,* Exégèse et théologie, IV, Paris 1982, 95–111); *ders.,* Quirinius (Recensement de), in: DBS IX (1977) 693–720; *Berger, P.R.,* Lk 2,14: ἄνθρωποι εὐδοκίας. Die auf Gottes Weisung mit Wohlgefallen beschenkten Menschen, ZNW 74 (1983) 129–144; *ders.,* Menschen ohne »Gottes Wohlgefallen« Lk 2,14?, ZNW 76 (1985) 119–122; *Berief, M.,* »Maria aber bewahrte alle diese Worte und erwog sie in ihrem Herzen« (Lk 2,19). Eine Meditation, Diak. 16 (1985) 127–128; *Brindle, W.,* The Census and Quirinius. Luke 2:2, JETS 27 (1984) 43–52; *Brown, R.E.,* Birth 393–434; *Burchard, C.,* Fußnoten zum neutestamentlichen Griechisch II, ZNW 69 (1978) 145–146; *ders.,* A Note on Ῥῆμα in JosAnt 17,1f; Luke 2,15; Acts 10,37, NT 27 (1985) 281–295; *Craig-Faxon, A.,* Women and Jesus, Philadelphia 1973; *Derrett, J.D.M.,* The Manger at Bethlehem. Light on St. Luke's Technique from Contemporary Jewish Religious Law, in: StEv 6 (1973) 86–94 (TU 112); *ders.,* The Manger. Ritual Law and Soteriology (Lk 2,7.12.16), Theol. 74 (1971) 566–571 (= *ders.,* Studies in the New Testament, II, London 1978, 48–53); *Dibelius, M.,* Jungfrauensohn 9–10.53–77; *Dodd, C.H.,* New Testament Translation Problems II, BiTr 28 (1977) 104–110; *Ellingworth, P.,* Luke 2,17: Just who spoke to the sheperds?, BiTr 31 (1980) 447; *Escudero Freire, C.,* Devolver, 241–329; *Eulenstein, R.,* ». . . und den Menschen ein Wohlgefallen« (Lk 2,14). Ein Beispiel für Sinn und Umfang philologischer Arbeit am Neuen Testament, WuD 18 (1985) 93–103; *Fatio, N.,* Marie, servante du Seigneur. Des images tenaces . . . un regard nouveau, in: Groupe »IBSO«. Réflexions théologiques au féminin, Bulletin du Centre Protestant d'Etudes [Genève] 35 (1983) Nr. 5, 17–21; *Feuillet, A.,* Les hommes de bonne volonté ou les hommes que Dieu aime. Note sur la traduction de Luc 2,14b, BAGB (1974) 91–92; *Fitzmyer, J.A.,* Peace upon Earth among Men of His Good Will« (Lk 2,14), TS 19 (1958) 225–227 (= *ders.,* Essays on the Semitic Background of the New Testament, Missoula 1974, 101–104); *Flusser, D.,* »Sanctus« und »Gloria«, in: Abraham unser Vater (FS O. Michel), hrsg. v. O. Betz u.a., Leiden/Köln 1963, 129–152 (redigiert in: *ders.,* Entdeckungen im Neuen Testament, Bd. 1: Jesusworte und ihre Überlieferung, hrsg. v. M. Majer, Neukirchen-Vluyn 1987, 226–244); *Ford, J.M.,* Zealotism and the Lucan Infancy Narratives, NT 18 (1976) 280–292; *Fusco, V.,* Il messaggio e il segno. Riflessioni esegetiche sul racconto lucano della natività (Lc 2,1–20), in: Parola e Spirito (FS S. Cipriani), I, hrsg. v. C.C. Marcheselli, Brescia 1982, 293–333; *George, A.,* »Il vous est né aujourd'hui un Sauveur« Lc 2,1–20, ASeign 10 (1970) 50–67; *Giblin, Ch.H.,* Reflections on the Sign of the Manger, CBQ 29 (1967) 87–101; *Greßmann, H.,* Das Weihnachtsevangelium auf Ursprung und

Geschichte untersucht, Göttingen 1914; *Gros Louis, K.R.R.,* Different Ways of Looking at the Birth of Jesus, Bible Review 1 (1985) 33–40; *Gueuret, A.,* Engendrement 101–119.192–196.215–223; *Haacker, K.,* Erst unter Quirinius? Ein Übersetzungsvorschlag zu Lk 2,2, Biblische Notizen, 1987, Nr. 38–39, 39–43; *Hayles, D.J.,* The Roman Census and Jesus' Birth: Was Luke Correct?, Buried History 9 (1973) 113–132; 10 (1974) 16–31; *Hunzinger, C.-H.,* Ein weiterer Beleg zu Lc 2,14 ἄνθρωποι εὐδοκίας, ZNW 49 (1958) 129–130; *ders.,* Neues Licht auf Lc 2,14 ἄνθρωποι εὐδοκίας, ZNW 44 (1952/1953) 85–90; *Jansen, J.F.,* An Exposition of Lk 2,4–52, Interp. 30 (1976) 400–404; *Jeremias, J.,* ῎Ανθρωποι εὐδοκίας (Lc 2,14), ZNW 28 (1929) 13–20; *Kellermann, U.,* Gottes neuer Mensch. Exegetische Meditation der Weihnachtsgeschichte Lk 2,1–20, Neukirchen-Vluyn 1978; *Kilpatrick, R.S.,* The Greek Syntax of Luke 2.14, NTS 34 (1988) 472–475; *Kipgen, K.,* Translating κατάλυμα in Luke 2,7, BiTr 34 (1983) 442–443; *Kirchschläger, W.,* Die Geburt Jesu von Nazaret (Lk 2,1–20). Zur biblischen Verkündigung der Weihnachtsbotschaft, ThPQ 131 (1983) 329–342; *Kleiner, J.R.,* »Sie gaben ihm den Namen Jesus« (Lk 2,21), GuL 57 (1984) 456–458; *Laurentin, R.,* Enfance 37.80.125–126.218–236; *La Verdiere, E.,* Jesus the First-born, Emm 89 (1983) 544–548; *ders.,* Wrapped in Swadding Clothes, Emm 90 (1984) 542–546; *ders.,* No Room for them in the Inn, Emm 91 (1985) 552–557; *ders.,* At the Table of the Manger, Emm 92 (1986) 22–27; *Legrand, L.,* L'Evangile aux Bergers. Essai sur le genre littéraire de Luc II,8–20, RB 75 (1968) 161–187; *ders.,* The Christmas Story in Lk 2,1–7, IndTheolStud 19 (1982) 289–317; *Loftus, F.,* The Anti-Roman Revolts of the Jews and the Galileans, JQR 68 (1977–1978) 78–98; *McHugh, J.,* The Mother of Jesus in the New Testament, London 1975, 80–98; *Must, H.,* A Diatessaric Rendering in Luke 2,7, NTS 32 (1986) 136–143; *Pax, E.,* »Denn sie fanden keinen Platz in der Herberge«. Jüdisches und frühchristliches Herbergswesen, BiLe 6 (1965) 285–298; *Perrot, C.,* Jésus et l'histoire, Paris 1979, 81–93; *Pesch, R.,* Das Weihnachtsevangelium (Lk 2,1–21). Literarische Kunst. Politische Implikation, in: Zur Theologie der Kindheitsgeschichten. Der heutige Stand der Exegese, hrsg. v. R. Pesch, München/Zürich 1981, 97–118; *Prete, B.,* »Oggi vi è nato . . . il Salvatore che è il Cristo Signore« (Lc 2,11), RivBib 34 (1986) 289–325; *de Robert, Ph.,* Le berger d'Israël. Essai sur le thème pastoral dans l'Ancien Testament, Neuchâtel 1968 (CTh 57); *Safrai, S. – Stern, M.,* The Jewish People in the First Century I, Assen 1974, 372–374 (The Census of Quirinius); *Schmithals, W.,* Die Weihnachtsgeschichte Lukas 2,1–20, in: Festschrift (FS E. Fuchs), hrsg. v. G. Ebeling u.a., Tübingen 1973, 281–297; *Schwarz, G.,* ». . . ἄνθρωποι εὐδοκίας?« (Lk 2,14) ZNW 75 (1984) 136f; *Sherwin-White, A.N.,* Roman Society and Roman Law in the New Testament, Oxford ²1965, 162–171; *Smith, R.,* Caesar's Decree (Luke 2,1–2): Puzzle or Key?, CThMi 7 (1980) 343–351; *Smyth, K.,* »Peace on Earth to Men . . .« (Lk 2,14), Irish Biblical Studies 9 (1987) 27–34; *Soderlund, S.K.,* Christmas as the Shalom of God, Crux 16 (1980) 2–4; *Steffen, U.,* Die Weihnachtsgeschichte des Lukas, Hamburg 1978; *Stramare, T.,* La circoncisione di Gesù. Significato esegetico et teologico, BeO 26 (1984) 193–203; *Sudbrack, J.,* Die Geburt des Lichts. Zur Ikonographie von Weihnachten, GuL 57 (1984) 451–455; *Trémel, B.,* Le signe du nouveau-né dans la mangeoire. A propos de Lc 2,1–20, in: Mélanges (FS D. Barthélemy), hrsg. v. P. Casetti u.a., Freiburg (Schweiz) / Göttingen 1981 (OBO 38), 593–612; *van Unnik, W.C.,* Die rechte Bedeutung des Wortes treffen. Lukas 2,19, in: *ders.,* Sparsa Collecta, I, Leiden 1973, 72–91; *Vattioni, F.,* Pax hominibus bonae voluntatis, RivBib 7 (1959) 369–370; *Vogt, E.,* »Peace among Men of God's Good Pleasure« Lk 2,14, in: The Scrolls and the New Testament, hrsg. v. Stendahl, New York 1957, 114–117; *Vögtle, A.,* Offene Fragen zur lukanischen Geburts- und Kindheitsgeschichte, BiLe 11 (1970) 51–67 (= *ders.*, Evangelium 43–56); *ders.*, Was Weihnachten bedeutet. Meditation zu Lk 2,1–20, Freiburg i.Br. 1977; *Westermann, C.*, Alttestamentliche Elemente in Lukas 2,1–20 in: Tradition und Glaube (FS K.G. Kuhn), hrsg. v. G. Jeremias u.a., Göttingen 1971, 317–327; *Wiseman, T.P.*, ›There went out a Decree from Caesar Augustus . . .‹, NTS 33 (1987) 479f.

1 Da geschah es in jenen Tagen, daß eine Verordnung von Kaiser Augustus ausging, daß der ganze Erdkreis eingeschrieben würde. 2 Dies wurde die erste Schätzung, als Quirinius Statthalter von Syrien war. 3 Und alle wanderten, um sich einschreiben zu lassen, jeder in seine Stadt. 4 So zog auch Josef von Galiläa aus der Stadt Nazaret hinauf nach Judäa in die Stadt Davids, die Betlehem genannt wird, weil er aus dem Haus und Stamm Davids war, 5 um sich schätzen zu lassen mit Maria seiner Verlobten, die schwanger war. 6 Da geschah es, als sie dort waren, daß sich die Tage, da sie gebären sollte, erfüllten, 7 und sie gebar ihren ersten Sohn und wickelte ihn und legte ihn in einen Futtertrog, weil im Wohnraum kein Platz für sie war. 8 Und Hirten waren in dieser Gegend draußen und hielten nachts Wache über ihre Herde. 9 Und ein Engel des Herrn trat zu ihnen, und Herrlichkeit des Herrn umleuchtete sie, und sie gerieten in große Furcht. 10 Und der Engel sprach zu ihnen: Fürchtet euch nicht! Denn siehe, ich verkündige euch Frohbotschaft, eine große Freude, die für das ganze Volk sein wird; 11 denn euch wurde heute der Retter geboren, welcher der Messias, der Herr ist in der Stadt Davids. 12 Das ist euch das Zeichen: Ihr werdet den Säugling gewickelt und in einem Futtertrog liegend finden. 13 Und sogleich war eine Menge des himmlischen Heeres mit dem Engel, die lobten Gott und redeten: 14 Herrlichkeit in der Höhe Gott, und auf Erden Friede unter den Menschen des Wohlgefallens. 15 Und es geschah, als die Engel von ihnen weggingen in den Himmel, daß die Hirten zueinander redeten: Laßt uns doch nach Betlehem gehen und diese Sache sehen, die da geschehen ist, die der Herr uns berichtet hat. 16 Und sie gingen schleunigst und fanden Maria und Josef und den Säugling in dem Futtertrog liegend. 17 Als sie das sahen, berichteten sie von dem Wort, das zu ihnen über dieses Kind geredet worden war. 18 Und alle, die es hörten, staunten über das, was von den Hirten zu ihnen geredet wurde. 19 Maria aber bewahrte all diese Worte und bewegte sie in ihrem Herzen. 20 Und die Hirten kehrten zurück, priesen und lobten Gott über alles, was sie gehört und gesehen hatten, wie es zu ihnen geredet worden war. 21 Und als sich die acht Tage, ihn zu beschneiden, erfüllten, da wurde sein Name Jesus ausgesprochen, der vom Engel ausgesprochen worden war, bevor er im Mutterleib empfangen wurde.

Nach dem summarischen Abschlußvers über Johannes (1,80) beginnt mit 2,1 eine Analyse
neue – in alttestamentlichem Stil abgefaßte – Perikope über Josef und Maria. Erstaunlich ist die Wiederholung von ἐγένετο δέ in V 6; sie erinnert an die Geschichte
des Zacharias: Dort führte das erste ἐγένετο (1,5) die Situation, das zweite (1,8) die eigentliche Erzählung ein. Ähnlich gilt 2,1–5 als narrative Voraussetzung für 2,6–20.
Formgeschichtlich endet diese Episode in V 20 mit dem Chorschluß, redaktionsgeschichtlich in V 21 mit der Beschneidung und Namensgebung[1]. Die Ähnlichkeit der
Anfänge der VV 21 und 22 ist rätselhaft.
V 25 setzt mit καὶ ἰδού ein, die VV 22–24 liefern wie 1,5–7 oder 2,1–5 die einführen-
de Beschreibung der Lage. V 21 steht also isoliert, nur mit der Verkündigung des Engels
in 1,26–38 verknüpft (V 21b). Er ist vermutlich Bestandteil der uns ansonsten nicht
überlieferten Geburtsgeschichte, die die Verkündigung an Maria im Grunde voraussetzt.

Die heutige Geburtsgeschichte ist überlieferungsgeschichtlich nicht die ursprüngliche Fortsetzung von 1,26–38: Maria wird in V 5 neu vorgestellt; trotz
der Botschaft des Engels in 1,26–38 versteht sie die Größe des Ereignisses erst
nach dem Besuch der Hirten; mit keinem Wort wird die Jungfrauengeburt
oder die göttliche Zeugung durch den heiligen Geist angedeutet[2]; Josef und
Maria tauchen wie ein gewöhnliches Ehepaar auf; auch christologisch ist der
Akzent jeweils verschieden: Während 1,26–38 die davidische Königsherrschaft entfaltet, bezeugt 2,1–20 die soteriologische Funktion Jesu (2,11).
Einheitlich und eindrucksvoll ist die Perikope 2,1–20 durch die Kunst des Lukas erst *geworden*. Indizien verweisen auf die lukanische Redaktion: a) V 7b
hinkt *nach* und wirkt wie eine Anpassung an die folgende Geschichte. In einer
homogenen Legende hätte man die Situation in der Unterkunft *vor* dem Ereignis erzählt. b) Narrativ ist die Zensusepisode unnötig, die Geschichte
könnte erst in V 6 (natürlich mit einer präziseren Ortsangabe) beginnen[3]. c)
Mit V 8 nimmt eine Episode ihren Anfang, die formgeschichtlich vom übrigen Kapitel deutlich unterschieden werden muß. Sie ist eine Verkündigungs-
und keine Geburtsgeschichte, eine Hirten- und keine Jesusgeschichte. Der
Gattung nach handelt es sich um eine Engelsbotschaft mit soteriologischem
Inhalt, die von der Verheißung eines Zeichens begleitet wird. Der ersten
Hälfte, der Botschaft (VV 8–12), entspricht die zweite, die Bestätigung
(VV 15–20)[4]. Dazwischen liegen als Scharnier die VV 13–14, der Hymnus der
Engelscharen. Der Inhalt des Hymnus bestätigt den Sinn der Geschichte: die
Verbindung von Himmel und Erde durch die liebevolle Tat Gottes.
Losgelöst von einer Einleitung der VV 8–20 bliebe unklar, wer Maria und Jo-
sef eigentlich sind und weshalb das Kind in einem Futtertrog liegt.

[1] Pesch, R., Weihnachtsevangelium 99 weist V 21 der von Lukas nur leicht überarbeiteten Überlieferung der VV 1–21 zu.
[2] Das bemerkte schon Greßmann, H., Weihnachtsevangelium 2.
[3] »Wenn aber das Motiv der Reise hinfällt, so wird die Reise selbst fraglich«, meint Greßmann (ebd. 9) und fügt hinzu, daß die Volks-
zählung ab V 8 überhaupt nicht mehr erwähnt wird (ebd. 12).
[4] Die literarische Einheit ist anschaulich dargestellt bei Schweizer 31.

H. Greßmann meinte, die Eltern gehörten nicht zur ursprünglichen Geschichte, ihre Einfügung in den Text habe die Originalfunktion der Hirten verdunkelt[5]. Ursprünglich seien die Hirten vom Engel dazu berufen, das Findelkind zu hüten und zu erziehen. Diese von der ägyptischen Osirislegende abhängige jüdische Messiaslegende sei übernommen und auf Jesus angewandt worden.

M. Dibelius hat demgegenüber auf das schon in der Tradition in Windeln gewickelte Kind hingewiesen[6], dennoch sind einige Beobachtungen Greßmanns nach wie vor gültig: 1. Die Geburtslegende ist ursprünglich eine Einzelerzählung (S. 1). 2. Sie steht am Ende der christologischen Entwicklung (S. 6). 3. Maria wird ursprünglich als Frau dargestellt, nicht als Braut (S. 10f). 4. Die Reise nach Betlehem ist sekundär (S. 8f). 5. Die Funktion der Hirten erscheint in der heutigen lukanischen Fassung rätselhaft (S. 13).

M. Dibelius selbst erklärt darüber hinaus: 1. Die heutige Zensusgeschichte zerstört den ursprünglichen Anfang der Legende, der erzählte, wie die Eltern in einem κατά-λυμα für das neugeborene Kind nur einen Futtertrog fanden. 2. Das Motiv der Hirten ist weder bukolisch noch proletarisch, sondern wahrscheinlich davidisch und biblisch[7].

Jüngere Gelehrte, besonders R. Laurentin[8] und R.E. Brown[9], unterstreichen die midraschartige Kunst des Lukas: Die alttestamentlichen Texte über Betlehem[10] und Migdal Eber (den Turm der Herde)[11] stünden im Hintergrund. Sogar die Zensusepisode könnte auf die Quinta-Version von Ps 86(87),6 zurückgeführt werden[12]. Auch die katholische Exegese sucht nicht mehr die Historizität der Ereignisse zu retten, sondern ihre »Biblizität«. M.E. ist es an der Zeit, mit dem ästhetischen Gefühl der ersten Formgeschichte die Narrativität des Textes wiederzuentdecken. Die Weihnachtsgeschichte soll uns nicht blind machen für die schriftstellerische Arbeit des Evangelisten, auch wenn er hier sicher nicht losgelöst von vorgegebenen Traditionen sein Werk gestaltet.

Die Verkündigung an Maria besaß in der Tradition eine Fortsetzung, die die Geburt berichtete; dies nach dem Schema Verheißung – Erfüllung. Von diesem zweiten Teil scheint in der Redaktion des Lukas nur noch ein Torso erhalten zu sein (VV 6–7a.21)[13], weil die Geburt vermutlich in Nazaret stattfand. Zur Zeit des Lukas kommt jedoch nur noch Betlehem als Geburtsort des Messias in Frage. Zum notwendigen Platzwechsel fügt Lukas die Zensus-Episode (VV 1–5) ein, die ihm auch ein eindrückliches Gegenüber zwischen dem allen bekannten Kaiser und dem verborgenen Messias ermöglicht. Zur Er-

---

[5] Vgl. Greßmann, H., Weihnachtsevangelium 16: »Die Eltern haben demnach die Hirten verdrängt . . .«

[6] Vgl. Dibelius, M., Jungfrauensohn 61.

[7] Vgl. ebd. 64–66.

[8] Vgl. Laurentin, R., Structure 99–101.

[9] Brown, R.E., Birth 557–562 spricht Lk 1–2 den Charakter eines Midrasch ab, gesteht aber zu, daß die in den Midraschim angewandten Verfahren in den beiden Kapiteln ausgiebig benutzt werden.

[10] Vgl. vor allem Mi 5,1–5.

[11] Vgl. Mi 4,8; Gen 35,19–21; vgl. Brown, R.E., Birth 422f.

[12] Nach Eusebius, Comm Ps (PG 23,1052C). Die *Quinta* ist die letzte der fünf griechischen Kolonnen, die den beiden hebräischen in den Psalmen der Hexapla des Origenes zur Seite standen; vgl. Brown, R.E., Birth 417f.

[13] Schweizer 31 faßt die VV 4–7 als Einleitung zu den VV 22–38 aus Lk 2 auf.

er die Erzählung von den Hirten ein, deren Anfang er kürzt und dem heutigen Kontext anpaßt. Diese war zunächst eine doppelpolige Einzellegende mit apokalyptischer Verheißung und geschichtlicher Erfüllung. M.E. ist also der ganze Sagenkranz in Lk 2 weder eine rein lukanische Komposition noch eine einzige, von Lukas nahezu unverändert übernommene Tradition. Trotz des mannigfaltigen Ursprungs des Stoffes gestaltet Lukas eine wohldurchdachte Komposition und vervollständigt so den Parallelismus zwischen Johannes und Jesus, den er in Kap. 1 angelegt hatte.

Dogmengeschichtlich gesehen suchen die Geburtsgeschichte und die Hirtenerzählung die Frage des »Anfangs« Jesu zu beantworten. Von der Auferstehung ausgehend verlief die christologische Reflexion rückwärts – in gebildeten Kreisen mit Hilfe der Sophia-Spekulation und der Präexistenzvorstellung, in anderem Milieu oder für einen anderen Zweck in der narrativen Schilderung der Geburt des »Helden«. Wer für die ersten Fassungen verantwortlich zeichnete, ist schwer zu sagen. Man sollte die volkstümliche Erzählkraft nicht unterschätzen, die das messianische Recht Jesu sowie seinen göttlichen Ursprung bestätigen wollte. Die Hirtenepisode will weniger etwas *beweisen* als eine himmlische Offenbarung *bezeugen*, die den christlichen Anspruch und die kerygmatische Botschaft stützt. Es geht ihr weniger um die Person Jesu als um seine soteriologische Bedeutung, weshalb die Atmosphäre so stark von eschatologischer Freude geprägt ist.

Unter Kaiser Augustus (VV 1–5)

Der Abschnitt besteht aus zwei Teilen, nämlich (a) der Veröffentlichung des Edikts (VV 1–2) sowie seiner Durchführung (V 3) und (b) der Darstellung des konkreten Einzelfalls Josef und Maria (VV 4–5). Ist das Motiv der Schätzung ein Mittel, um die galiläische Familie nach Betlehem zu führen? Ein Midrasch, der die Erfüllung einer Prophetie erzählt, eine Gelegenheit, die Gegenüberstellung von Augustus und Christus aufzuzeigen, oder einfach eine historische Begebenheit?

Erklärung 1–3

Lukas hat eine Vorliebe für Daten, die er redaktionell einfügt: In 3,1 wird er den Anfang des Wirkens Johannes' eindrucksvoll datieren. In 1,5 reihte er die Verkündigung an Zacharias »in die Tage des Herodes« ein. Die Perspektive blieb dort noch gut jüdisch an die Verheißung gebunden. Jetzt, in 2,1, wo die Erfüllung beginnt, erweitert sich der Horizont auf die οἰκουμένη (für Lukas das Imperium Romanum). Vor dem Hintergrund des kaiserlichen Erlasses[14] bekommt die Engelsbotschaft über die Geburt des σωτήρ und des κύριος ihre besondere Relevanz. Während die Datierung als solche auf die Geschichtlichkeit des Heils hinweist, besitzt sie hier zugleich eine polemische Spitze: Die »politische Theologie« des Augustus, besonders im Orient durch die religiöse Verehrung des Herrschers unterstützt, wird durch den christologischen An-

---

[14] Τò δόγμα heißt zunächst »Meinung«, bezeichnet dann die »Anordnung«, die »Verordnung«, das »Dekret«, das »Edikt« und bedeutet schließlich »Lehrformel«, »Dogma«.

spruch enthüllt und entkräftet[15]. Zugleich richtet sich die Polemik des Lukas mit dem Hinweis auf den Gehorsam Josefs und Marias gegen zelotische Bewegungen. Lukas spielt also nicht eine politische Theologie gegen eine andere aus. Das Evangelium ist Kritik der Herrscher- wie der Zelotenideologie.

Die heutigen Leser übersehen leicht den Machtanspruch einer damaligen Volkszählung, in der ein Herrscher sich der Zahl seiner Untertanen versichern wollte, um sie militärisch und finanziell besser in der Hand zu haben. Die Bibel kennt seit David ihre Versuchung und Gefahr[16]: Das Volk gehört Gott, und selbst der erwählte König soll sich jeder Zählung enthalten, um sich einzig auf die Kraft Gottes zu verlassen. Allein Gott darf eine Volkszählung veranstalten (Num 1; 26). Sollte Lukas Ps 86(87),6 in einer messianischen Deutung kennen, die die Geburt des Messias während einer universellen Volkszählung erwartet? Auf jeden Fall hatte sich in Israel die Ablehnung jeder Volkszählung zugespitzt. Bedeutete die Anpassung an die römische Herrschaft nicht Verrat am einzigen Herrn, am Gott Israels? Über dieser Frage hatten sich die Geister erregt und auseinandergelebt. Die Anfänge der zelotischen Bewegung sind nach Josephus (Bell II 8,2 § 118) untrennbar mit einem römischen Zensus verbunden.

Jedoch ist die ἀπογραφή von der ἀποτίμησις zu unterscheiden. Ἀπογραφή meint die offizielle Einschreibung jedes Einwohners (Alter, Beruf, Frau, Kinder), damit unter anderem die Militärpflicht und die Kopfsteuer festgelegt werden können[17]; ἀποτίμησις hingegen zielt auf Angaben über Güter und Einkommen[18]. Lukas verwendet in den VV 1–5 ἀπογραφή im üblichen Sinn (»Schätzung«) und ἀπογράφεσθαι regelmäßig im Medium (»sich einschreiben«).

Profane Quellen berichten, daß Augustus verschiedentlich einzelne Provinzen zählen oder seinen Privatbesitz (die imperialen Provinzen wohl inbegriffen) schätzen lassen wollte. Eine bestimmte Regelmäßigkeit (alle 14 Jahre) scheint bei der Kopfzählung mindestens in Ägypten geherrscht zu haben. Aber es kam nie zu einem einzigen, allgemeingültigen Erlaß[19]. Wörtlich genommen irrt Lukas also, trifft aber dennoch die geschichtliche Tendenz der Zeit und des Kaisers narrativ und volkstümlich richtig[20]. Soll man in V 2 textkritisch αὕτη oder αὐτή, mit oder ohne den Artikel ἡ, πρώτη ἐγένετο oder ἐγένετο πρώτη lesen? Ist πρώτη komparativisch zu verstehen (»eine frühere«)? Die Übersetzung »die Schätzung fand vor der des Statthalters Quirinius statt«

[15] Vgl. Pesch, R., Weihnachtsevangelium und Schmithals, W., Weihnachtsgeschichte 286–294. Hippolyt, Komm Dan IV 9,3 stellt die Schätzung der Gläubigen der kaiserlichen Schätzung gegenüber.
[16] Vgl. 2Sam (LXX 2Kön) 24 und 1Chr 21.
[17] Vgl. Benoit, P., Quirinius 695f.
[18] Der Gebrauch schwankt jedoch und es kommt vor, daß ἀπογραφή diese zweite Operation bezeichnet.
[19] Zu der Flut von apologetischen oder kritischen Veröffentlichungen über diesen Erlaß vgl. Benoit, P., Quirinius.

[20] Vgl. ebd. 697. Benoit verweist dort für Augustus auf Sueton, Aug 28,1; Dio Cassius LIII 30,2; Tacitus, Ann I 11,7 und schreibt: »Parmi les documents qu'il laissa à sa mort, en 14 ap. J.-C., figurait un ›Breviarium totius imperii‹ qu'il avait préparé dès l'an 23 av. J.-C.« In dieser Denkschrift wurden sämtliche Einnahmequellen des Reiches aufgeführt. Nach Dio Cassius LIV 35,1 führte Augustus überdies in den Jahren 11–10 v.Chr. eine Schätzung seiner Güter durch.

ist jedenfalls apologetisch[21]. Wahrscheinlich ist die traditionelle Lösung die richtige: »Dies wurde die erste Schätzung« (das Pronomen αὕτη – ohne ἡ – ist Subjekt und tritt dadurch in Kongruenz mit dem Prädikatsnomen[22]). Ἡγεμονεύοντος . . . Κυρηνίου ist dann als Genitivus absolutus zu verstehen.

Nach der Chronologie des Lukas (vgl. 1,5.24.26.39.56.67) stehen wir damit noch in den Tagen des Herodes oder kurz nach seinem Tod (4 v.Chr.). Aber nach Josephus kommt Quirinius erst 6 n.Chr. als Legatus Augusti pro praetore (Statthalter einer imperialen Provinz) mit dem Auftrag nach Syrien, die Schätzung in Syrien und Palästina und die Liquidation der Güter des kürzlich abgesetzten Sohnes des Herodes, Archelaus, der bis dahin über Judäa geherrscht hatte, durchzuführen[23]. Alle möglichen Versuche wurden unternommen, um Josephus und Lukas zu harmonisieren. So sprach man etwa eine fragmentarische Inschrift[24], den *Titulus Tiburtinus*, Quirinius zu, der damit zweimal Statthalter Syriens gewesen wäre (was nicht unmöglich, aber ungewöhnlich wäre). Oder man argumentierte damit, daß Herodes am Ende seines Lebens von Augustus getadelt wurde und deshalb durch einen Eid seine Treue gegenüber der römischen Macht zeigen wollte[25]. Ein Eid ist aber keine ἀπογραφή[26].

Gewiß ist Josephus über die Zeit nach Herodes schlecht informiert. Die Erinnerung des Volks konnte auch die Unruhen nach dem Tod des Herodes mit denen nach der Absetzung des Archelaus verwechselt haben. Beide Male kam eine große, fast messianische Hoffnung auf, beide Male setzte sich nicht der göttliche, sondern der kaiserliche Wille durch. So spricht Lukas von der Zeit kurz nach dem Tod des Herodes und verbindet das mit der Schätzung unter Quirinius nach der Absetzung des Archelaus[27].

Die juristische Regel in V 3 versteht Lukas in V 4 als Anlaß zur Reise in die Heimatstadt. Aber jede Volkszählung setzt eine Einschreibung am Wohnort voraus. Mit einer Rückkehr dorthin, nicht in die Heimatstadt, rechnen auch die Papyri[28].
4–5

Lukas kennt wohl diese gesetzliche Verfügung, deutet sie aber für sein narratives und theologisches Ziel um, damit er Josef und Maria vom geschichtlichen Nazaret in das messianische Betlehem hinüberführen kann. »Betlehem« ist also geschichtlich nicht kontrollierbarer als die Auferstehung; es verhält sich zu Nazaret wie Ostern zu Karfreitag. Die romanhafte Lösung[29] wie-

---

[21] Lagrange 67.

[22] Vgl. Kaegi § 108,5 und Bl-Debr-Rehkopf § 132,1; ebenso auch Benoit, P., Quirinius 694.

[23] Vgl. Josephus, Ant XVII 13,5 § 355 – XVIII 1,1 § 1 und 2,1 § 26; zitiert ebd. 707.

[24] CIL XIV 3613 und ILS 918; vgl. ebd. 702f.

[25] Vgl. Josephus, Ant XVII 2,4 § 42.

[26] Quirinius wäre vielleicht ein außerordentlicher, für diese besondere Aufgabe ausersehener Legat, während Saturninus der ordentliche Legat gewesen wäre (9–6 v.Chr.). So ließe sich auch die merkwürdige Ansicht Tertullians, unter Saturninus habe eine Zählung in Judäa stattgefunden (AdvMarc IV 19,10), erklären. Zur Verbindung der ἀπογραφή mit

diesem Diensteid vgl. Barnett, P.W., Ἀπογραφή, der die Schätzung nicht unter Quirinius ansetzt, da er πρώτη (»erste«) im Sinne von πρότερος (»frühere«) interpretiert.

[27] Lukas wußte auch von den Anfängen des jüdischen Widerstands, insbesondere vom Galiläer Judas (Apg 5,37), der sich gegen die Schätzung erhob.

[28] Vgl. dazu das in diesem Zusammenhang gern erwähnte Edikt des Präfekten von Ägypten, C. Vibius Maximus (104 n.Chr.). Der Text (Pap. Lond. III 904, S. 125) ist zitiert bei Benoit, P., Quirinius 699.

[29] Ebd. 700 beurteilt Benoit diese These günstiger als in Non erat 110f (Sammelband).

Betlehem sei Josefs Wohnort gewesen und er habe in Nazaret nur seine Braut besucht, hilft nicht weiter (weder 2,4 noch 1,27 geben explizit den Namen des Wohnortes an). Der Duktus der Erzählung weist aber eindeutig auf Nazaret als Wohnort und auf Betlehem als Heimatstadt Josefs hin. Sonst hätte Lukas ihn in 1,27 auch als Einwohner Betlehems vorstellen und zugleich spätestens in 2,39 den Umzug von Betlehem nach Nazaret erklären müssen; er spricht dort jedoch von Nazaret als »ihrer Stadt«.

Lukas sieht also in der kaiserlichen Volkszählung den Grund der Reise und erwähnt dabei die Gegenden und die Städte, die später Schauplatz des Wirkens Jesu werden. Josef ergreift als pater familias die Initiative. Seine davidische Herkunft wird redundant angegeben[30]. Maria wird zum ersten Mal als Schwangere diskret erwähnt[31]. Schockierend für den Leser ist, daß eine Braut[32] mit ihrem Verlobten reist und überdies schwanger ist. Schwerlich läßt sich das durch den die Ehe rechtlich begründenden Charakter der Verlobung rechtfertigen. Einen Grundbesitz Marias in Betlehem, der ihre persönliche Anwesenheit in der Stadt Davids verlangen würde[33], könnte allenfalls ein Romanschriftsteller postulieren; der schockierende Charakter der schwangeren[34] und mitreisenden Braut soll jedoch nicht geglättet werden. Er ist von Lukas provoziert.

Die Geburt Jesu (VV 6–7.21)

6–7a   Josef und Maria sind »dort« (ἐϰεῖ). Nicht nur der richtige Ort, auch die Zeit ist »erfüllt«. Schon in 1,57 hat Lukas mit πληρόω etwas von der Erfüllung der Verheißung anklingen lassen[35]. Aber was sich hier erfüllt, ist nicht eine biblische, liturgische, heilige Zeit (in Verbindung mit dem messianischen Ort), sondern ein natürlicher, menschlicher Lebensabschnitt. Maria erlebt eine normale Geburt. Im Unterschied zur späteren Mariologie, die das Wunder der Jungfrauengeburt nach hinten (unbefleckte Empfängnis) und nach vorn (Jungfräulichkeit in partu et post partum)[36] erweitert, ist hier kein weiteres Wunder erzählt. Kein göttliches Einschreiten erspart Maria die Schmerzen der Wehen, die Angst vor dem Unbekannten einer ersten Geburt, ihre wachsende Schwäche. Die Mariologie in Dogma und Kunst hat diesen Realismus der Inkarnation verdrängt, und auch Protestanten haben Mühe angesichts der nüchternen Verse Kurt Martis:

---

[30]   Josef stammt nicht nur aus dem »Haus«, sondern auch aus der »Familie« Davids.

[31]   Ἔγϰυος = ἐγϰύμων »schwanger« (wird sowohl für die Frau als auch für das Tierweibchen gebraucht).

[32]   Zur Verlobung vgl. oben S. 72f.

[33]   »Sa [de Marie] présence n'était pas requise par le recensement; le chef de famille déclarait tous les siens . . .« (Benoit, P., Quirinius 700).

[34]   Der Text ist nicht ganz gesichert. Neben der von Nestle[26] gebotenen Lesart, die ich

beibehalte, findet man die schlecht bezeugte Variante »seine Frau« und die in byzantinischer Zeit am weitesten verbreitete kombinierende Lesart »die ihm verlobte Frau«.

[35]   Vgl. oben S. 100.

[36]   Schon im zweiten Jahrhundert (Protev 19–20 und auch 4–10) setzt sich die Jungfräulichkeit in partu und post partum sowie eine von Wundern begleitete Geburt und Kindheit der Maria durch.

> damals
> als gott
> im schrei der geburt
> die gottesbilder zerschlug
> und
> zwischen marias schenkeln
> runzelig rot
> das kind lag[37].

Weshalb sagt Lukas πρωτότοκος? Mit μονογενής hätte er auf die Jungfräulichkeit Marias post partum hingedeutet. Πρωτότοκος soll kein Argument für natürliche Brüder Jesu bieten. Weist es aber auf den Urwillen des Schöpfers, dem Jesus gehört[38]? Ist es ein christologischer Titel geworden[39], der den Herrn in seiner Inkarnation wie in seiner Auferstehung als die führende Gestalt der neuen Menschheit bezeichnen will? Lukas benutzt dieses Eigenschaftswort jedoch nicht im Rahmen der Auferstehungsberichte oder des Kerygmas. Während πρωτοτόκος (die »Erstgebärende«) klassisch ist, ist πρωτότοκος (»erstgeboren«) nur biblisch. Das Wort erinnert hier an die Geburt der Väter oder an die Existenz Israels als erstgeborenes Kind Gottes[40]. Auf jeden Fall setzt Lukas Jesus in ein Vorzugsverhältnis zu Gott, nicht in Beziehung zu nachkommenden Geschwistern[41].

V 21: Wie in den VV 6–7a und in 1,26–38 verschwindet Josef auch in V 21 im Hintergrund. Wie in 2,6 ist die Rede von einer Erfüllung der Tage, und hier erfüllt sich die Ankündigung aus 1,26–38. Als jüdisches Kind wird Jesus in das Volk der göttlichen Verheißungen eingegliedert: Er empfängt das Zeichen der Treue Gottes, seines Bundes mit Israel. Lukas freilich erwähnt dieses Ereignis, ohne es zu deuten, weil für ihn, den Heidenchristen, die Beschneidung als Eingliederung ins Volk Gottes nicht mehr nötig ist. Daß Jesus Jude war und seine Geburt und Kindheit noch zum alten Bund gehört, kann und will er nicht leugnen. Aber sein Interesse richtet sich auf die Zukunft des Kindes und damit auf die Zukunft des Volkes Gottes, eine Zeit, in der Glaube und Taufe die Beschneidung ersetzen werden. Nun will aber Lukas diese theologische Folgerung hier noch nicht ziehen. Der Streit in Antiochien (Apg 15) wird ihm die Gelegenheit geben, immer noch im narrativen Stil sein eigenes Verständnis darzustellen.
Der einzige Kommentar zur Namengebung bleibt streng innertextlich: Jesus

---

[37] Das Gedicht »Weihnacht« erschien im Gedichtband K. Marti, Gedichte am Rand, Teufen (Aargau) ³1974, 6.
[38] Vgl. ἐμοὶ [Gott] γὰρ πᾶν πρωτότοκον (Num 3,13; Ex 22,23). Das mosaische Gesetz kümmert sich auch um die Auslösung der Erstgeburt (Num 18,15). Die Leviten stehen vor Gott stellvertretend für jede Erstgeburt (Num 3,12).
[39] Vgl. Röm 8,29; Kol 1,15.18; Hebr 1,6; Offb 1,5.

[40] Das Adjektiv πρωτότοκος kommt in der Septuaginta häufig vor, vor allem a) in den Vätergeschichten der Genesis, b) im Bericht über die Tötung der Erstgeburt des Exodus und c) in der Gesetzgebung über die Erstgeburt (hier wird vor allem das Neutrum gebraucht, das die Erstlingsfrüchte der Pflanzen, Tiere und Menschen bezeichnet); vgl. Hatch-Redpath, s.v. und Michaelis, W., Art. πρῶτος κτλ., in: ThWNT VI (1959) 873–875.
[41] Mit Schneider I 66.

bekommt den vom Engel ausgesprochenen Namen (vgl. 1,31). Gott will, daß Jesus Jesus heißt und dadurch wird, was sein Name sagt. Immerhin bleibt erstaunlich, daß Lukas nach 2,11 nicht auf die Etymologie dieses Namens (»JHWH rettet«) anspielt[42]. Beschneidung und Etymologie sind so scheu und so sparsam behandelt wie bei Johannes dem Täufer. Etwas der spannenden Szene 1,57–66 Vergleichbares weiß Lukas hier hingegen nicht zu berichten. Das stört ihn nicht, weil er in der Tradition aus seiner Sicht Wertvolleres fand: die Prophetie des Greises Simeon (2,24–35).

7b   Κατάλυμα ist trotz der entsprechenden christlichen Tradition keine Herberge im heutigen Sinn, denn Lukas kennt dafür das Wort πανδοχεῖον (Lk 10,34). Κατάλυμα heißt allgemein ein Ort, wo man anhalten und seine Reit- oder Zugtiere ausspannen (oder sein Gepäck ablegen?) kann (καταλύω), ein provisorischer Übernachtungsort. Die Semiten haben Herbergen und Hotels erst spät, wahrscheinlich unter griechischem Einfluß, kennengelernt. Bis dahin war der Reisende auf die heilige Pflicht der Gastfreundschaft angewiesen[43]. In der neutestamentlichen Zeit kennt man einerseits die Privatunterkunft, das Fremdenhaus der Synagogen, die Hütten, die zur Übernachtung der Wallfahrer aufgestellt wurden, die Raststätten, anderseits die Gasthäuser und die Karawansereien sowie die *mutationes* (nur für die Fütterung und das Auswechseln der Tiere) und die *mansiones* (für die Übernachtung, besonders in den Städten). Hier ist das Wort allgemein und unbestimmt gebraucht[44]; m.E. bezeichnet es einen Raum in einem Privathaus, in dem die Reisenden gewöhnlich übernachten konnten. Daß Lukas an das eigene Haus Josefs denkt, wo das Familienoberhaupt bei seiner Rückkehr keinen Platz gefunden habe[45], ist sehr unwahrscheinlich. Daß die Eltern nur für das Kind keinen Platz fanden und es darum in den Futtertrog legten, widerspricht dem Text, der sagt, es gebe für *sie* (nicht nur für *es*) keinen Platz.

Die Hirten (VV 8–13)

Weshalb Lukas die Geburt Jesu nicht ausführlicher erzählt, bleibt ein Rätsel. Daß er in V 7 eine Tradition unterbricht, um der Hirtenlegende Platz zu machen, hat theologisch zur Folge, daß wir weniger über die Person Jesu als über seine Ausstrahlung unterrichtet werden[46].

8   Ein Rätsel bleibt auch das Verständnis der Hirten. Die ihnen gegenüber kritischen Texte der rabbinischen Literatur[47] wiegen nicht schwer genug, um die positive Wertung der Hirten in der biblischen Literatur aufzuheben[48]. So versteht sich Israel im Unterschied zu seinen Nachbarn, die Stadtbewohner oder seßhafte Bauern sind, als Hirtenvolk. Wie diese benutzten zugleich auch sie

[42] Vgl. Schneider, G., Art. Ἰησοῦς, in: EWNT II (1981) 442f.
[43] Vgl. Pax, E., Herberge.
[44] Vgl. die vielen von Benoit, P., Non erat zitierten Texte.
[45] Vgl. oben S. 119 Anm. 29.

[46] Vgl. Melanchthon, Ph., Loci communes von 1521, in: Melanchthons Werke in Auswahl II,1, hrsg. v. R. Stupperich, Gütersloh 1952, 7.
[47] Vgl. Bill. II 113f.
[48] Vgl. de Robert, Ph., Berger.

das Bild des Hirten sowohl für ihren Gott[49] als auch für ihren König und Messias.

In Ez 34 lesen wir zuerst von einer Kritik an den schlechten Hirten Israels (VV 1–10), dann von der Sammlung des Volkes durch Gott, seinen wahren Hirten (VV 11–16), vom Gericht Gottes über die Schafe (das Volk), Widder und Ziegenböcke (die Führer) (VV 16–22), endlich von der Verheißung des eschatologischen Hirten, seines »Knechtes David« (VV 23–24), und von der Beschreibung der messianischen Zeit (VV 25–31). Im Unterschied dazu findet sich in Lk 2,8–20 keinerlei Kritik an den Hirten. In der Stadt Davids[50], nicht weit vom »Turm der Herde«, ist es nicht erstaunlich, daß Hirten als Vertreter des Volks die ersten Empfänger der guten Nachricht sind. Was von Betlehem seit Mi 5 erwartet wurde, war freilich nicht eine messianische Geburt mitten unter den Hirten, sondern die Geburt des messianischen Hirten[51].
Bei der Redaktion spielt m.E. jedoch auch ein griechisches Motiv mit: die Entdeckung des königlichen Säuglings durch Hirten[52]. Damit will die Erzählung die Verborgenheit des neuen Messias narrativ beschreiben. Die nächtliche Stunde bekräftigt sowohl das unerwartete Ereignis wie auch den dunklen Zustand des Volkes Israel.

Der deskriptive V 8 beschreibt die Hirten, wie sie in der erwähnten[53] Gegend[54] im Freien übernachten[55]. Schon Homer spricht von den »draußen lebenden Hirten« (ποιμένες ἄγραυλοι [Il 18,162]). Die Hirten versehen auch den Wachdienst[56] während der Nacht, handeln also so, wie Hirten handeln müssen. Der Inhalt von V 8 ist, vielleicht bewußt, banal, um die göttliche »Überrumpelung« zur Geltung zu bringen. Die Botschaft hatte bis dahin nur Maria gehört, jetzt wird sie ein größerer Kreis aufnehmen (V 18).
Das lebendige Verhalten Gottes zu seinem Volk erfolgt für Lukas in der »sakramentalen« Einheit von *res* und *verbum*, indem dem Ereignis die Deutung zugefügt wird[57]. Gott schenkt beides zugleich. In V 9 wird schon die dritte Engeloffenbarung erzählt. Gott hat also seinem Volk Wichtiges zu berichten.

9

---

[49] Vgl. Philo, Agr 50: »In der Tat ist die Aufgabe des Hirten eine so vornehme, daß man sie zu Recht nicht nur den Königen, den Weisen, den vollkommen reinen Seelen, sondern auch dem höchsten Gott zuweist.« Den Schriftbeweis für seine Ausführungen findet Philo in Ps 22(23),1.
[50] »Now, a scriptural relationship between Bethlehem and the Messiah seems to have been commonplace in first-century Judaism, if we can follow NT indications (Appendix III)« (Brown, R.E., Birth 421); vgl. Joh 7,42.
[51] Vgl. ebd. 420–424. George, A., Il vous est né 55 dagegen ist der Ansicht, der Text weise nirgends darauf hin, daß Lukas besonders empfänglich für den Davidssymbolismus sei (1Sam [LXX 1Kön] 16,11; 17,15; 2Sam [LXX 2Kön] 7,8).
[52] Man denkt an Ödipus, Paris oder Romu-

lus; vgl. Greßmann, H., Weihnachtsevangelium 18f (dessen Gesamthypothese ich allerdings ablehne) und de Robert, Ph., Berger 19.
[53] Ich fasse τῇ αὐτῇ eher im Sinne von »die erwähnte« auf (vgl. Liddell-Scott-Jones, s.v. αὐτός [III]), als im Sinne von »dieselbe« (vgl. Bailly, s.v. αὐτός [IV]).
[54] V 15 legt nahe, daß sich die Hirten nicht in Bethlehem selbst befanden.
[55] Die umschreibende Formulierung unterstreicht die Dauer und hebt den Gegensatz zum Hereinbrechen des Ereignisses in V 9 hervor.
[56] Zu φυλάσσειν φυλακάς vgl. Xenophon, Anabasis II 6,10; Plato, Leges VI 758D; vgl. Bl-Debr-Rehkopf § 153,2.
[57] Vgl. Ricœur, P., Evénement et sens, in: Révélation et histoire. La théologie de l'histoire, hrsg. v. E. Castelli, Paris 1971, 18–22.

Die jetzige Vorstellung des Engels divergiert gegenüber den vorausgehenden aufgrund der Vorlage oder um Monotonie zu vermeiden. Im Unterschied zum Perfekt (»da sein«) kennzeichnet der Aorist ἐπέστη das Herantreten und das Sichvorstellen des Boten. Für die Ankunft eines himmlischen Wesens ist das Verb geläufig[58]. Wie in 1,11 (und in der Septuaginta[59]) heißt der Engel ἄγγελος κυρίου; zudem ist er wahrscheinlich mit Gabriel gleichzusetzen.

Nach diesem Signal eines göttlichen Einschreitens fügt Lukas ein außergewöhnliches Motiv an: Die Herrlichkeit Gottes erscheint und umrahmt die Hirten. Das Gegenüber von Nacht und Licht ist so kunstvoll hergestellt wie im messianischen Text Jes 9,2. Das übertrifft die Zeit der Vorbereitung in 1,11.26. Jetzt (»heute« [V 11]) ist es Tag geworden. Bemerkenswert ist, daß die göttliche Herrlichkeit nicht rings um den Futtertrog, sondern um den Engel erstrahlt. Nicht die Geschichte, sondern das Wort Gottes hat Glanz. Nur das unverfügbare Wort des Herrn kann als theologia gloriae aufleuchten. Was hier geschieht, zielt auf das Menschliche und Sterbliche, das Kreuz. Das Crescendo der δόξα κυρίου weist gegenüber dem Alten Testament auf die eschatologische Relevanz des jetzigen Geschehens hin[60].

In Symmetrie dazu kann die Furcht vor Gott nur groß sein (V 9), Lukas läßt jedoch keinen Raum für den Zweifel: Er gibt zwar keine Definition des Glaubens, qualifiziert aber die Unwiderruflichkeit des Unternehmens Gottes. V 9 dient als großartige Szenerie für die Rede, aber auch als Vorwegnahme des Engelchores der VV 13–14. Die Herrlichkeit Gottes lebt nicht ohne den himmlischen Hofstaat. Sie ist weder verschwunden noch im Tempel gefangen. Unheimlich lebendig strahlt sie hier und jetzt, in Widerspruch zu jedem menschlichen, sogar religiösen Programm. Hier, um die Treue Gottes, jetzt, um seine Freiheit auszudrücken[61].

Der Engel erfüllt seine Mission (VV 10–12). Seine Botschaft knüpft stilgemäß an die durch die Offenbarung verursachte Furcht an (vgl. schon 1,13.30). Wie dort und in der alttestamentlichen Gattung der Engelserscheinung begründet der Bote seine Ermutigung mit dem Inhalt seiner Botschaft, so daß »fürchtet euch nicht« nach hinten und nach vorn weist. Dies wird hier noch kunstvoll durch die Gegenüberstellung von »große Furcht« (V 9) und »große Freude« (V 10) bekräftigt.

10   In V 10 enthüllt der Engel den Inhalt seiner Botschaft noch nicht. Auf der

---

[58]   Vgl. Diodor Siculus I 25,5 (ein Engel); Lucianus von Samosata, Dial deor 17,1 (Isis, im Traum); vgl. Ditt., Syll. ³III 1168,37; Josephus, Ant III 8,1 § 188; V 6,3 § 215; Apg 12,7; 23,11; Hermas, Vis III 1,6.

[59]   Vgl. Gen 16,7; 22,11.15 LXX.

[60]   Jdt 9,8 setzt voraus, daß der Name der Herrlichkeit Gottes im Tempel wohnt (wo er von der Entweihung durch die Ungläubigen bedroht wird).

[61]   Die Herrlichkeit Gottes hat sich während des Auszuges aus Ägypten (Ex 16,10) und besonders Mose (Ex 24,16–18; 33,18–23; 34, 29–35) geoffenbart. Sie erfüllt den Tempel (2Chr 7,1), wohnt aber vor allem im Himmel (Tob 12,15). Die Engel gehen von ihr weg, um auf die Erde zu kommen (Tob 3,16–17); vgl. von Rad, G., Art. δοκέω κτλ., in: ThWNT II (1935) 240–245. Zum lukanischen Verb περιλάμπω, das in der Septuaginta und im übrigen Neuen Testament fehlt, vgl. Apg 26,13.

metalinguistischen Ebene qualifiziert er seine eigene Rede im voraus als frohe Botschaft. Lukas weiß um die alttestamentlichen Wurzeln des Verbs εὐαγγελίζομαι[62], aber auch um seine ideologische Bedeutung für die Griechen, was ihm hier eine antikaiserliche Spitze verleiht.

Die Freude[63] hatte schon die ersten Seiten des Evangeliums geprägt, hier wird sie im Blick auf das Hauptereignis hervorgehoben. Wie die Hand Gottes am Anfang und am Ende des Evangeliums am Werk ist, wie die Engel diese Handlung bezeugen (vgl. 24,4), so erfährt das Volk[64] den Frieden (vgl. 24,36) und die große Freude (vgl. 24,52). Die inclusio ist nicht nur ein stilistisches Mittel, sondern auch inhaltlich die adäquate menschliche Aneignung der Geburt des Sohnes und seiner Wiedergeburt in der Auferstehung.

Die Vermittlungsrolle der Hirten ist angedeutet (»uns« – »allem Volk«). Die Hirten sind im *Neuen* Testament verwurzelt: Die Nachricht wird mit dem Wortschatz der christlichen Mission beschrieben, und Lukas hat das apostolische Werk der christlichen Missionare vor Augen[65]. Natürlich ist die »Freude« auch metonymisch zu verstehen. Die gute Nachricht für das ganze Volk ist die Geburt des Sohnes, nicht die Freude der Hirten.

Während die Hirten in V 11 die Nachricht erfahren, erfährt der Leser, der das 11
Ereignis schon kennt (VV 6–7), dessen christologische Bedeutung[66] – das »Für euch«[67]. Das »Heute« des Ereignisses unterstreicht einerseits die Erfüllung, anderseits die Aktualität. Wenn Gott für uns wirkt, soll man heute seine Stimme hören[68]. Weder die Vergangenheit des σήμερον[69] noch seine im deuteronomistischen Sinne perennierende Aktualität ist einseitig zu betonen. Es gehört zur Vergangenheit, weil die Heilsgeschichte auch Geschichte ist, aber diese Vergangenheit bleibt uns gegenwärtig, wenn wir auf das Heil schauen. Lukas ist Historiker wie Evangelist, sein Historikersein ist ein Mittel, seine Aufgabe als Verkünder zu erfüllen[70].

Mit einem allen, Juden und Griechen, verständlichen Titel verkündet der Engel die Geburt des σωτήρ. Dieser Titel spielte damals, besonders in der hellenistischen Herrschaftsideologie, eine große Rolle. Lukas beansprucht ihn für den Messias, der in den ersten Kapiteln vor allem ein *heilender* Messias ist und so seine Güte handgreiflich erweist, ohne dabei den Mißverständnissen der damaligen politischen Theologie zu unterliegen. In der Septuaginta beschreibt der Titel die von Gott erweckten Retter Israels (z.B. Ri 3,9.15) oder steht, besonders in den Psalmen (z.B. Ps 24[25],5), für Gott selbst. Eine Anpas-

62   Vgl. oben S. 59 und unten S. 211f.
63   Vgl. oben S. 100.
64   Vgl. Lohfink, G., Sammlung 28.
65   Vgl. Legrand, L., Evangile 161.
66   Ἐτέχθη (V 11) nimmt ἔτεκεν (V 7) und τοῦ τεκεῖν αὐτήν (V 6) auf.
67   Man beachte die Hervorhebung εὐαγγελίζομαι ὑμῖν (V 10); ἐτέχθη ὑμῖν (V 11).
68   Vgl. Hebr 3,7–4,13.

69   Vgl. Conzelmann, H., Mitte 94: »Das σήμερον V 21 ist bereits als historische Vergangenheit verstanden.« Es geht hier um Lk 4,21.
70   Vgl. Dibelius, M., Der erste christliche Historiker, in: ders., Aufsätze 118. Da es das Weihnachtsfest noch nicht gab, ist es verfehlt, σήμερον einen liturgischen Wert zuzuschreiben; vgl. Brown, R.E., Birth 402.

sung an die hellenistischen Leser stellt also weniger der Titel selbst dar als vielmehr seine emphatische Stellung vor andern Titeln[71].

Die Geburt »in der Stadt Davids« versteht Lukas nicht nur geschichtlich, sondern auch biblisch als Erfüllung der prophetischen Verheißung (Mi 5,1). Sie verleiht dem Retter messianischen Charakter. Der Relativsatz benutzt eine Qualifikationsformel[72]. Die Abwesenheit des Artikels im Prädikat ist normal: Der Retter ist der, nicht ein Messias. Ungewöhnlich ist aber χριστὸς κύριος. Die alttestamentliche Titulatur kennt den Gesalbten Gottes ὁ χριστὸς κυρίου[73]. Zur Zeit des Lukas ist der κύριος-Titel zwar Bestandteil der Christologie, aber ohne Artikel und ohne καί stehen im Neuen Testament diese zwei Titel sonst nie nebeneinander. Lukas will offenbar neben der Heilandsfunktion auch die Herrschaft Jesu unterstreichen. Für die jüdischen Leser war ὁ χριστός mit dem Betlehem-Kontext eindeutig, für die griechischen erfüllte ὁ κύριος die gleiche Funktion. Die Herrschaft des Messias gehört schon im Judentum zum »Gesalbten«, vielleicht auch hier und da der κύριος-Titel, obwohl er in der Septuaginta fast ausschließlich für Gott selbst reserviert ist. Χριστὸς κύριος (»der Herr Messias«[74]) könnte also traditionelle Titulatur des hellenistischen Judentums gewesen sein (Klgl 4,20 und PsSal 17,32).

12 Die drei bis jetzt behandelten Syntagmen der Engelsrede bilden eine erste Hälfte, die Hauptnachricht. Was nachher kommt, ist das unverlangte Angebot eines Zeichens[75]. Daß Lukas die traditionelle, biblische Funktion der Zeichen übernimmt, beleuchtet seine Theologie: Die Transzendenz des aktiven Gottes und die Unverfügbarkeit seines Handelns sind respektiert, wenn man auf Zeichen angewiesen ist. Es beweist zugleich (mit der Kraft der rhetorischen Beweisführung), daß Gott innerhalb dieser Welt wirkt. Das Anstößige an diesem Zeichen ist seine Identität mit der Sache (référent): Jesus ist Zeichen der Christologie! Anders ausgedrückt: Jesus als in Windeln gewickelter Säugling wird zum Zeichen für Jesus als Retter, Christus und Herr. Selten werden signum und res in der Bibel so dicht aneinandergefügt. Selten, nie ist Gott uns Menschen so nahe gekommen. Doch narrativ bleibt der Kontrast zwischen »Futtertrog« und »Herr«, theologisch zwischen dem von Jesus ge-

---

[71] Zu σωτήρ bei Lukas vgl. Voss, G., Christologie 45–55; Glöckner, R., Verkündigung 116–121; Bovon, F., Luc le théologien 163.205.

[72] Zu den verschiedenen Interpretationsarten dieser Sätze (Präsentations-, Qualifikations-, Identifikations- und Rekognitionsformel) vgl. Bultmann, R., Das Evangelium des Johannes, Göttingen [17]1962 (KEK II) 167 Anm. 2.

[73] Einige lateinische Handschriften (ß r[1]) bevorzugen in Lk 2,11 diese Formulierung.

[74] Mit Sahlin, H., Messias 214–218, der die Ansichten verschiedener Exegeten zusammenfaßt. Im Gegensatz zu Sahlin glaube ich

aber nicht, daß man über das Griechische hinaus zu einer Formel »Messias-JHWH« gelangen kann.

[75] Zu σημεῖον vgl. Trémel, B., Signe 595: »Le signe du nouveau-né couché dans une mangeoire est le ›signifiant‹ (σημεῖον) de l'évangile du salut.« Trémel hebt das dreimalige Wiederkehren der Formel (VV 7.12.16) hervor, die seines Erachtens die ganze Handlung bestimmt: »Le signe du nouveau-né couché dans la mangeoire est à la fois le terme de la démarche de foi des bergers et le fondement de leur témoignage« (596); vgl. dazu meinen Kommentar zu Lk 11,29–30.

lebten Messianismus und der nachösterlichen Christologie. Oft wird gesagt, daß die Vorgeschichte des Lukas die christologische *Größe* Jesu nach rückwärts entfalte. Genausogut könnte diese Zeichengebung aber z.B. die *Niedrigkeit* Jesu unterstreichen. Wie das Jonazeichen das einzige ist, das der erwachsene Jesus seinen Zeitgenossen zugesteht (Lk 11,29–30), so ist dieses Zeichen die einzige Möglichkeit, Gott jetzt am Werk zu betrachten. Die Art der Geburt und die Art des Todes entsprechen sich. Der Mensch Jesus ist selbst das Zeichen, das Gott seinem Volk verspricht. Aber als Zeichen führt er das Heil auch durch: Die Auferstehung (mit Himmelfahrt) verhält sich zu Geburt, Leben und Tod Jesu wie die Sache zum Zeichen.

Ein neugeborenes Kind in Windeln ist in Palästina normal[76], anders als in Ägypten[77]. Was ungewöhnlich ist und daher zum Zeichen wird, ist die φάτνη[78]. Ihre erste Bedeutung ist schon vor Homer der »Futtertrog«. Das Wort könnte aber auch »Stall« bedeuten oder in Judäa den halb offenen, eventuell in einer Höhle gelegenen »Futterplatz«. Trotz des Kontrasts κατάλυμα – φάτνη ist bei φάτνη wohl die erste Bedeutung anzunehmen[79], wobei der Trog nach Lukas an einem Futterplatz oder in einem Stall zu denken ist; sonst wäre gesagt, wo er steht[80]. In den großen Landgütern baute man aufwendige Höhlenställe, im Bauernhaus waren oft »die Futterplätze für das Großvieh und die Wohnung der Familie in einem Raum beieinander«; Ställe fanden sich »auch im niederen Untergeschoß des Hauses oder in Anbauten, daneben standen Futtertröge im Freien, etwa in dem das Bauernhaus umgebenden Hof.«[81] Wahrscheinlich besteht der Trog aus Stein, etwa in die Wand einer Höhle oder eines Felsens gehauen, oder aus Lehm; Holz war zu teuer. Literarisch wichtig ist das dreifache, refrainartige Vorkommen des in einen Futtertrog gelegten Kindes (VV 7.12.16).

Der Lobgesang der Engel (VV 13–14)

Wie in Jes 6,1–2 entsprechen sich die Herrlichkeit des Herrn (V 9) und die Schar der Engel (V 13). Plötzlich (das Adverb unterstreicht das Wunderbare) nehmen die Hirten am himmlischen liturgischen Dienst teil. Der Blick des Verfassers richtet sich jedoch nicht auf die zuschauenden Hirten[82], sondern auf das himmlische Heer, von dem Gott als König umgeben ist. So stellte man sich den Inhalt einer himmlischen Vision schon in 1(3)Kön 22,13 vor. Πλῆθος στρατιᾶς οὐρανίου kann die Sterne bezeichnen, die nach Auffassung bestimmter jüdischer Gelehrter von Engeln bewegt werden[83], was hier aber

13–14

---

[76] Die griechischen Schriftsteller und die Septuaginta (Ijob 38,9; Ez 16,4) gebrauchen σπαργανόω in der Bedeutung »(in Windeln) wickeln«.

[77] Vgl. Greßmann, H., Weihnachtsevangelium 23, der im übrigen ägyptische Herkunft annimmt.

[78] Gegen Ernst 105, der die »Banalität« der Umstände unterstreicht.

[79] Vgl. Hengel, M., Art. φάτνη, in: ThWNT IX (1973) 51–57 und Trémel, B., Signe.

[80] Zur Legendenbildung (»Höhle«) vgl. Protev 18; Justin, Dial 78; Hieronymus, Ep ad

Paulinum 58,3; vgl. Greßmann, H., Weihnachtsevangelium 18f und Schürmann I 106.

[81] Hengel, M., Art. φάτνη (vgl. oben Anm. 79) 54.

[82] So Protev 18 (innerhalb dieses Kap. 18 werden jedoch dessen Paragraphen 2 und 3 nicht von der gesamten handschriftlichen Überlieferung bezeugt).

[83] Die als Götzendienst aufgefaßte Verehrung der Gestirne wird auch als Verehrung der himmlischen Heerscharen beschrieben; vgl. 2Chr 33,3; Zef 1,5; Jer 7,18 LXX; Apg 7,42.

keine Rolle spielt. Überlieferungsgeschichtlich sind der Engel Jahwes, der eine Epiphanie einführt (Gott kommt zu uns herab), und die Schar der dienenden Engel, die zur himmlischen Vision gehören (sie schauen zu Gott empor), zwei getrennte Motive[84]. Die Erzählung verbindet beide und verleiht jedem eine andere Funktion. Der Offenbarungscharakter des ersten ist in den VV 10–12 offensichtlich. Das zweite dient als liturgischer Kommentar und Chorschluß: Was die Engel singen, situiert die christologische Offenbarung der VV 10–12 im größeren Rahmen des Bundes Gottes mit seinem Volk: die Anerkennung der Distanz zwischen dem Schöpfer und dem Geschöpf, die hier durch Himmel und Erde signalisiert wird, und die liturgische Anbetung Gottes »oben« durch die himmlischen Scharen, aber auch »unten« durch die Gläubigen. Gott kennen heißt für Lukas, ihn zu loben (V 13) und ihn anzubeten (V 14).

Aber die Herrlichkeit Gottes ist so wenig selbstzentriert, daß sie bis zu den Hirten ausstrahlt (V 9): Gott fügt sie in die Bewegung zu den Menschen ein. Der Friede[85], der die Herrlichkeit begleitet, ist der von Gott verlangte Zustand des Bundes zwischen ihm und seinem Volk (V 14). Er ist jetzt[86] durch die Geburt des Messias und die Kundgabe des Gotteswortes hergestellt. Jede spätere menschliche Bewegung für den Frieden ist damit verbunden, kann sich aber nicht damit identifizieren. Er ist göttliche Gabe und als solche wie die paulinische δικαιοσύνη auch Macht und Gebot.

Strukturell ist das Lied also *zweiteilig*[87], wie das καί zeigt. Daß der zweite Teil länger ist, entspricht dem jüdischen Stil der Gebete. Chiastisch stehen Herrlichkeit (A) – Höhe (B) – Erde (B') – Friede (A') einander gegenüber. Symmetrisch stehen Gott am Ende des ersten und Menschen am Ende des zweiten Teils. Die Schönheit des Liedes entsteht aus dieser »zopfartigen« Komposition.

Textkritisch lesen byzantinische Handschriften, alte Versionen und Kirchenväter ἐν ἀνθρώποις εὐδοκία (»bei den Menschen Wohlgefallen«) und setzen dabei eine Dreiteilung voraus. Aber die ältesten griechischen Handschriften und die lateinische Überlieferung lesen ἐν ἀνθρώποις εὐδοκίας[88], was ursprünglich ist, da die andern Lesarten das nicht eindeutige εὐδοκίας verbessern wollen (wenn sie nicht paläographisch zu erklären sind).

Unterstützt durch die unklare lateinische Übersetzung *hominibus bonae voluntatis* und die Moralisierung des christlichen Glaubens in der Spätantike hat man die εὐδοκία anthropologisch verstanden: Der göttliche Friede gilt den Menschen guten Willens.

---

[84] Vgl. Westermann, C., Elemente 322f.
[85] Zum Frieden bei Lukas und seiner gegen die Reichsgewalt gerichteten, d.h. politischen Spitze vgl. oben S. 110 Anm. 90.
[86] Zu ergänzen ist ein »ist« und nicht ein »sei«.

[87] Gegen Flusser, D., Sanctus, der das *Gloria* auf das *Sanctus* (Jes 6,3) bezieht, dessen erläuternde Umschreibung es darstelle, und der von daher eine Dreiteilung vertritt.
[88] Ein Teil der lateinischen Handschriften läßt das ἐν jedoch weg. Zu diesem Problem vgl. Metzger, B.M., Textual Commentary 133.

Bei Lukas bezeichnen εὐδοκία und εὐδοκέω[89] sonst immer den göttlichen Heilswillen (in 1QH 4,32–33 finden wir den stützenden Ausdruck »die Fülle seines Erbarmens über alle Söhne seines Wohlgefallens«)[90]. Wie רָצוֹן[91] ist die εὐδοκία in Lk 2,14 das Wohlgefallen Gottes. C.H. Dodd[92] hat den Begriff im Neuen Testament gründlich analysiert und den Aspekt des göttlichen Entschlusses und der göttlichen Wahl bemerkt: »Essentially it is an act of will, not an expression of feeling«[93], »then εὐδοκία would indicate, not so much gratification or approval, but divine action, and the action in question is, characteristically, the predestinating act of grace which is the ultimate ground of our salvation.«[94]

Mindestens bei Lukas ist aber der Wille nicht gegen das Gefühl auszuspielen; sein Gottesbild ist stark affektiv geprägt[95]. Dabei denkt er weniger an einen Ratschluß als an die liebevolle Bewegung der ganzen Person, welche auf Gegenliebe wartet. Εὐδοκία hat also Beziehungscharakter; vielleicht steht deshalb kein Personalpronomen (αὐτοῦ)[96]; die εὐδοκία Gottes setzt die εὐδοκία der Menschen in Bewegung und wartet ungeduldig auf sie. Das ist kein Synergismus im dogmengeschichtlichen Sinn, sondern gegenseitige Anerkennung und Liebe.

Die Engel sprechen den Namen Jesu nicht aus, ihr Gebet (V 14) kommentiert jedoch seine Geburt (VV 6–7) und vervollständigt die Deutung seiner messianischen Aufgabe (VV 10–11). Erst dieses eschatologische, vom Wort Gottes erklärte Geschehen bewirkt und ermöglicht die reine Freude der Engel und die Harmonie zwischen himmlischer Liturgie und irdischem Frieden.

Die Engel singen ihr Loblied ohne jede Eifersucht und geben ihre eigene Unfähigkeit und Ohnmacht zu. Ihre Funktion ist, den Menschen zu helfen (Hebr 1,14), aber erst die Rettung durch Jesus hat der Menschheit das Heil gebracht[97].

Der Besuch der Hirten (VV 15–20)

Der Leser empfindet die VV 15–20 als eine Antiklimax. Jeder der vorherigen VV 8–14 beinhaltet ein erstaunliches Ereignis oder eine schwerwiegende Nachricht. Jetzt entwickelt sich monoton das vorgesehene Programm: Der Wortschatz hört auf, anschaulich zu sein, und bestätigt diesen negativen Eindruck. Hätte der Leser nicht eine glanzvolle Entdeckung des Zeichens erwartet? Lukas hat also die Verheißung des Zeichens gepflegter beschrieben als die Wirklichkeit, auf die es verweist; jedoch nicht aus Mangel an schöpferischer

15

---

[89] Εὐδοκία: Lk 10,21; εὐδοκέω: Lk 3,22; 12,32; vgl. Bovon, F., Lukas 106–108.
[90] Vgl. 1QH 4,32–33; 11,9; 1QS 8,6; 8,10 (über der Zeile nachgetragen); 9,23. Umfangreiche Literatur zu diesen Texten und ihren Beziehungen zu Lk 2,14 bei Vogt, E., Peace; Fitzmyer, J.A., Peace; Hunzinger, C.-H., Beleg; Vattioni, F., Pax; Feuillet, A., Hommes.
[91] רָצָה wird in der Septuaginta oft mit εὐδοκέω wiedergegeben.

[92] Vgl. Dodd, C.H., Translation.
[93] Ebd. 106.
[94] Ebd. 110.
[95] Vgl. Bovon, F., Lukas, 98–119.
[96] Teils ist das Suffix in den Qumrantexten notiert, teils fehlt es; vgl. Feuillet, A., Hommes 91.
[97] Vgl. Origenes, Hom Luc 13,1–3.

Kraft, sondern gezielt: Am wichtigsten ist ihm die Botschaft der Engel, weniger relevant ist für ihn der Besuch der Hirten, weil das ganze Leben Jesu die frohe Botschaft bestätigt, nicht nur die ersten Stunden dieses Lebens. Die VV 15–20 bilden einen Übergang. Ihr farbloser Duktus, besonders die Wiederholungen (λαλέω 4mal, ῥῆμα 3mal, ὁράω 3mal usw.) sowie der abstrakte und formale Wortschatz dienen als Einladung, das Evangelium weiterzulesen[98]. Folgen wir den Hirten: In V 15 erfahren wir, daß die Schar der Engel nach Lukas wirklich auf die Erde hinuntergestiegen war und die Hirten nicht einfach eine Vision gesehen hatten. Die Hirten (in ProtEv 18,2–3 differenziert dargestellt) müssen die Sache zuerst zusammen besprechen.

Wie in 2,15; Apg 9,38; 11,19 (vgl. 13,6) »betont ἕως das Ziel und δι- impliziert eine Distanz«.[99] »Auch die Eile V 16 (…) setzt nicht notwendig einen kurzen Weg voraus: 1,39. Ein längerer paßt zu Lk 1–2; hier wird viel und weit gereist.«[100] Aber für die Nähe des Futtertrogs beim Feld spricht m.E. das Schweigen über seine Lage (eine große Distanz mußte erwähnt sein, wie ja auch in Apg 9,11 Straße und Name des Gastes in Damaskus genannt sind).

Die Worte der Hirten klingen sehr lukanisch, und Lukas seinerseits spricht biblisch. Die Botschaft der Engel kommt von Gott (ὁ κύριος) und hat eine heilsgeschichtliche Nachricht enthüllt (γνωρίζω). Das Wort Gottes begleitet seine Tat, so daß τὸ ῥῆμα τοῦτο zu sehen (V 15) wie zu hören (VV 17–18) ist.

16   V 16: Einzig die Eile (σπεύσαντες) verleiht der Erzählung ein wenig Spannung. Sie ist ein literarisches Mittel, um die Nähe zu dem die Geschichte leitenden Gott auszudrücken (vgl. 1,39). Der Besuch selbst füllt nur einen blassen Halbvers (V 16b): Im Unterschied zu εὑρίσκω beschreibt ἀνευρίσκω den Moment der Entdeckung.

17–20 Die VV 17–18 übernehmen den Topos einiger Wunderberichte (der Geheilte verkündigt seine Heilung[101]) und könnten redaktionell sein. Sie stehen in Konkurrenz zu V 20, wo eigentlich erst vom Ende des Besuches die Rede ist. So entsteht die Bewunderung in einer indirekten Reaktion: Nicht die Hirten staunen, sondern ihre Zuhörer.

Die theologischen Begriffe dieses Abschnittes haben ihre Bedeutung auch für die christliche Predigt, weil ῥῆμα[102] das Heilsereignis und seine göttliche Deutung meint und λαλέω[103] nicht einen gewöhnlichen Sprechakt, sondern die sich selbst einbeziehende und überzeugen wollende Rede (Predigt) bedeutet. In der proleptischen Situation des Glaubens ist es nicht erstaunlich, daß die Hirten in V 20 die Lobrede der Engel (V 13) übernehmen.

---

[98] Ähnlich Brown, R.E., Birth 429: Die Hirten müssen als Glaubensvorbilder zurück- und aus dem Gesichtsfeld heraustreten, da die Botschaft der Apostel erst später aufklingen wird.
[99] Burchard, Ch., Fußnoten 145.
[100] Ebd. 146.

[101] Vgl. Lk 8,39. Es scheint, als ob die ganze Stadt mitten in der Nacht versammelt wäre, um ihnen zuzuhören (Loisy 117).
[102] Zu ῥῆμα vgl. oben S. 77.
[103] Vgl. Jaschke, H., Λαλεῖν bei Lukas, BZ NS 15 (1971) 109–114.

Maria steht in V 19 den Hirten und Hörern gegenüber wie damals Zacharias seiner Familie und seinen Nachbarn (1,63–67). Συντηρέω und συμβάλλω sind für Lukas ungewöhnlich[104]. Sie bestimmen eine höchst positive Haltung und Handlung. Nicht weit entfernt vom johanneischen τηρέω bedeutet das erste das Aufnehmen und das Behalten des Geschehens, sowohl der Tat, die man sieht, wie der Worte, die man hört[105]. Es ist keine melancholische Erinnerung an die Vergangenheit, sondern Gedächtnis lebendiger Glaubensinhalte.

Aber es genügt nicht, diese ῥήματα[106] aufzunehmen. Maria, Vorbild der Gläubigen, muß sie verstehen und richtig deuten. Συμβάλλουσα bezeichnet die klare und richtige Interpretation der göttlichen Intervention[107]. Maria versteht, was sie gesehen und gehört hat. Wie γνωρίζω keine reine Informationsübermittlung beschrieb, so weist συμβάλλουσα auch nicht auf eine logische und intellektuelle Deutung des Geschehens. Deshalb ereignet sich diese Interpretation nicht in ihrem Intellekt (νοῦς), sondern im Organ des Willens und des Gefühls, d.h. in ihrem Herzen.

Zusammenfassung

Wie die Sprache lukanisch ist, so paßt auch der Inhalt der Weihnachtsgeschichte ins theologische Programm des Lukas. In Jesus geschieht das definitive Heilshandeln Gottes; die Vorgeschichte gehört zu dieser Phase der Heilsgeschichte. Weil das Wunder bei Lukas heranreifen soll, beginnt die frohe Botschaft bereits mit der Kindheit Jesu, ja schon mit der Geburt des Täufers.

Typisch für Lukas ist auch das Ineinander von Herrlichkeit und Niedrigkeit. Engelscharen begleiten eine ärmliche Geburt. Je nach Gesichtspunkt steht dieser Anfang wie das Ende des Lebens Jesu unter dem Zeichen des Kreuzes oder der Auferstehung. Das Kind trägt diese Doppeldeutigkeit in sich: die jetzige Armut und die potentielle Zukunft.

Gott und Mensch treffen sich im Weihnachtsgeschehen. Lukas versteht es, diese Begegnung anschaulich zu machen. Der Besuch geschieht nicht in einer Art mystischer Einheit, sondern geschichtlich (VV 1–5), unter der Rubrik des Zeichens (V 12), das die Deutung durch das Wort (V 14) verlangt.

Der eschatologischen Bedeutung wohnt auch eine Kritik inne: kaiserlicher Anspruch wie religiöser Fanatismus werden durch die Weihnachtsgeschichte zurückgewiesen. Die Gottes Tat entsprechende Haltung ist durch die Hirten und besonders durch Maria veranschaulicht. Es ist nicht die der Unterwürfigkeit und des blinden Gehorsams, sondern die des aktiven Glaubens. Maria

---

[104] Zahn 147 weist auf den Wechsel vom Aorist (V 18) zum Imperfekt (V 19) hin.
[105] Van Unnik, W.C., Bedeutung 88f untersucht den Gebrauch von συντηρέω und bespricht Sir 39,2; Dan 7,28 (Theodotion); Test Levi 6,2.
[106] Warum dieser durch πάντα noch verstärkte Plural τὰ ῥήματα ταῦτα? Wegen der

Folge der Ereignisse seit der Verkündigung.
[107] Vgl. van Unnik, W.C., Bedeutung. Die wichtigsten Texte, die für seine Auslegung sprechen: Josephus, Ant II 5,3 § 72 (der Text ist aber unsicher); Bell III 8,3 § 352; Philo, Flacc 139; Xenophon Ephesius, Ephesiaca I 7,1; Arrianus, Anabasis I 20,1; Dionysius Halicarnassensis, Ant Rom I 24,1; 34,5.

wird im Text weder als Mitvermittlerin des Heils noch als Beispiel der demütigen Frau, sondern wie Abraham als Typus der Gläubigen[108] dargestellt. Ihr
Glaube ist im doppelten Sinn aktiv: Sie versteht und sie erlebt, was sie glaubt.
Lukas erzählt eine Geschichte und zitiert göttliche Stimmen. Damit bleibt er
seinem theologischen und literarischen Programm treu. Gott wirkt durch
menschliche Situationen, die er dem Glauben durch das Wort seiner Zeugen
erschließt. So entsteht ein kompliziertes Gebilde, wobei Ereignisse gleichzeitig Zeichen Gottes werden und deutungsbedürftig wirken. Hier müssen die
Ereignisse besonders zweideutig und verhüllt bleiben, weil die Rolle Jesu nur
angedeutet werden kann. Lukas kennt die Entwicklung der Heilsgeschichte
zu gut, als daß er sich erlauben könnte, ihre Etappen nicht zu respektieren. Er
wehrt sich dagegen, der Taufe Jesu ihre »kanonische« Relevanz zu entziehen.
Ich sehe Lukas in einem Zwiespalt: Einerseits möchte er über die Funktion
Jesu mehr sagen, anderseits muß er damit warten, bis Jesus erwachsen ist. Er
möchte wie die Hirten sprechen und muß doch wie Maria »alle diese ῥήματα«
in seinem Herzen behalten. Wenn man in der Wirkungsgeschichte eine ver-
herrlichende und eine erniedrigende Tendenz feststellt, kann man sagen, daß
sie in den Spuren des Evangelisten selbst gelaufen ist, besser gesagt: gehinkt
hat.

Wirkungs-
geschichte

Es gibt eine längere Predigt von Luther für das Weihnachtsfest über Lk 2,1–4
und eine kürzere für den Sonntag danach[109] über Lk 2,15–20.

Ich kann diese für Luther typischen Predigten geschichtlich nicht einordnen, will sie
auch nicht erklären, wohl aber weitergeben, was mich in ihnen angesprochen hat. Insgesamt fällt dabei auf, daß trotz der Reformation m.E. durch die ganze Kirchengeschichte hindurch der weihnachtliche Ton erstaunlich gleich geblieben ist, auch in der
Stimme Luthers.

Die erste Predigt gliedert den Text (VV 1–14) aus einem inhaltlichen Grund in
zwei Teile: Die von Lukas »mit allem Fleiß beschriebene« Historie ist zweige-
teilt, weil die erste Hälfte »von dem Elende in der Stadt Bethlehem« spricht,
während die zweite die »Freude im Himmel« erzählt. Nach Luther gibt es
wohl eine Zweiteilung, zwar keine literarische zwischen der Verkündigung
der Engel (VV 8–14) und dem Besuch der Hirten (VV 15–20), aber eine theologische zwischen der Menschwerdung, die das Elend und das Kreuz in sich
trägt, und dem freudigen Wort, das diese Geburt für den Glauben bezeugt.
Stark unterstreicht Luther also Erde und Himmel, Geschichte und Wort, Ereignis und Deutung.
Das erlaubt ihm zuerst, das Reich Christi von jedem weltlichen Regiment ab-
zusetzen: »damit Er anzeigt, wie sein Reich nicht sollte weltlich sein, noch

---

[108] Vgl. Fatio, N., Marie, 20–21.   [109] Vgl. Luthers Evangelien-Auslegung 55–
70.

über weltliche Herrschaft weltlich regieren, deßhalb Er Sich und Seine Eltern derselbigen unterwirft.« »Es ist aber diese Engelpredigt sehr nöthig gewesen; denn wenn Christus zwanzigmal wäre geboren, so wäre es doch vergebens gewesen, wenn wir nichts davon wissen sollen.« Dennoch ist die Gefahr groß, daß die Menschen auf die Historie nicht achtgeben, weil sie nach Größe und Reichtum streben. Deshalb hat Gott dafür gesorgt, daß die Engel im Anschluß daran sofort die erste christliche Predigt gehalten haben. So inszeniert Luther die ganze Bedeutung der Engelsbotschaft als Predigt, damit die Hirten und ebenso wir glauben, nicht im einfachen Fürwahrhalten des Verstands, sondern mit dem Glauben des Herzens.

Für Luther ist bedeutsam, daß der Engel die frohe Botschaft nicht allgemein, sondern den Hirten persönlich (»Euch«) angekündigt hat. So sind auch wir persönlich angeredet. Und was wir tun sollen, ist nicht ein Akt der Vernunft, sondern des affektiven Herzens: »Diese Historie hat der Evangelist also eigentlich ohne Zweifel uns wollen vormalen, die wir sonst so kalt sind, ob sie doch ein wenig unser Herz erwärmen könnte, weil unser Heiland so elendiglich auf diese Welt geboren ist.« Mit dem Glauben hängt die Freude, die Zuversicht, das »Schmecken« zusammen: »Derhalben sollst du in dein Herz gehen und sehen, ob wir diese Worte auch schmecken.«

Daß dieser Glaube am äußeren Menschen nichts ändert, zeigt Luther am Beispiel der Hirten, die, gläubig geworden, dennoch in den Beruf und ins tägliche Leben zurückkehren. Die Polemik gegen die Mönchsorden spürt man hier ebenso wie in der Erklärung der εὐδοκία, wo Luther eine billige Gnade genauso heftig wie eine Auslegung nach dem Prinzip der guten Werke ablehnt. Im zweiten Teil (VV 8–14) führt er das *Gloria* so ein: »Auf eine gute Predigt gehört ein fröhlicher Gesang.« Die ganze Szene wird so aktualisiert, daß die Weihnachtsgeschichte zu einem evangelischen Gottesdienst der Reformationszeit wird. Deshalb wird die zweite Predigt (über den Besuch der Hirten [VV 15–20]) zur Rede über den Glauben und das christliche Leben. Während die patristische Predigt eines Leo des Großen[110] die Gemeinde durch die liturgische Auslegung des »Heute« in die Vergangenheit der ersten Weihnacht zurückprojiziert, zieht die Predigt Luthers das Ereignis in seine Zeit. Der Reformator meint, das Recht dazu zu haben, weil er den Buchstaben der Geschichte respektiert (VV 1–7) und die Predigt des Engels als zeitloses, aber immer gegenwärtiges Wort Gottes versteht. Sind die zwei Wege der Aktualisierung so verschieden, weil beide auf eine echte Begegnung mit dem Text, dem Wort und der Geschichte hinzielen?

110 Vgl. In nativitate Domini sermo I 1, in: Léon le Grand, Sermons I, Paris ²1964, 66f (SC 22bis).

Die Darstellung im Tempel (2,22–40)

Literatur: *Benoit, P.*, »Et toi-même, un glaive te transpercera l'âme!« (Luc 2,35), CBQ 25 (1963) 251–261 (= *ders.*, Exégèse et Théologie, III, Paris 1968, 216–227); *Berger, K.*, Das Canticum Simeonis (Lk 2,29–32), NT 27 (1985) 27–39; *Brown, R.E.*, Birth 435–470; *Cutler, A.*, Does Simeon of Luke 2 refer to Simeon the Son of Hillel?, JBR 34 (1966) 29–35; *Deug-Su, I.*, La festa della purificazione in Occidente, StMed 15 (1975) 143–216; *Elliot, J.K.*, Anna's Age (Luke 2,36–37), NT 30 (1988) 100–102; *Escudero Freire, C.*, Devolver 332–363; *Feuillet, A.*, L'épreuve prédite à Marie par le vieillard Siméon (Luc 2,35a), in: A la rencontre de Dieu (Mémorial A. Gelin), Le Puy 1961, 243–263; *ders.*, Le jugement messianique et la Vierge Marie dans la prophétie de Siméon (Lc 2,35), in: Studia mediaevalia et mariologica (FS C. Balić), Roma 1971, 423–447; *Figueras, P.*, Syméon et Anne ou le témoignage de la loi et des prophètes, NT 20 (1978) 84–99; *Garofalo, S.*, »Tuam ipsius animam pertransibit gladius« (Lc 2,35), in: Maria in Sacra Scriptura, IV, Roma 1967, 175–181; *George, A.*, La présentation de Jésus au temple, ASeign 11 (1970) 29–39; *Grelot, P.*, Le Cantique de Siméon (Luc II,29–32), RB 93 (1986) 481–509; *Gueuret, A.*, Engendrement 119–146.196–203; *Hatch, W.H.P.*, The Text of Luke II,22, HThR 14 (1921) 377–381; *Jervell, J.*, Die Beschneidung des Messias, in: Theologie aus dem Norden, hrsg. v. A. Fuchs, Linz 1976 (SNTU A 2), 68–78; *John, M.P.*, Lk 2,36–37: How Old was Anna?, BiTrans 26 (1975) 247; *Jones, D.*, The Background and Character of the Lucan Psalms, JThS NS 19 (1968) 19–50; *Jörgensen, P.H.*, Das alte und das neue Israel. Der Lobgesang Simeons Lk 2,25–35, FÜI 59 (1976) 147–159; *Joüon, P.*, Notes philologiques sur les Evangiles. Lc 2,31, RSR 18 (1928) 352; *Kilpatrick, G.D.*, ΛΑΟΙ at Luke II.31 and Acts IV.25,27, JThS NS 16 (1965) 127; *Knoch, O. – Pesch, R.*, Die Weissagung Simeons. Beiträge zu einem Text des Neuen Testaments (Lk 2,35), GuL 57 (1984) 214–223; *Laurentin, R.*, Enfance 84.88.91–93.95.98–103.237–255; *Legrand, L.*, On l'appela du nom de Jésus (Luc II,21), RB 89 (1982) 481–491; *Mann, J.*, Rabbinic Studies in the Synoptic Gospels, II. The Redemption of a First-Born Son and the Pilgrimages to Jerusalem, HUCA 1 (1924) 329–335; *Maria Alonso, J.*, La espada de Simeón (Lc 2,35a) en la exégesis de los Padres, in: Maria in Sacra Scriptura, IV, Roma 1967, 183–285; *Marquet, C.*, Femme et homme il les créa, Paris 1984, 159–163; *McHugh, J.*, The Mother of Jesus in the New Testament, London 1975, 99–112; *Miyoshi, M.*, Jesu Darstellung oder Reinigung im Tempel unter Berücksichtigung von »Nunc Dimittis« Lk 2,22–38, AJBI 4 (1978) 85–115; *Prete, B.*, Il senso della formula ἐν εἰρήνῃ in Lc 2,29, in: Chiesa per il mondo, I (FS M. Pellegrino), Bologna 1974, 39–60; *Scharfenberg, J.*, Den Widerspruch auf sich nehmen, Schritte ins Offene, Zürich 1986, Nr. 4, 28f; *Schmaus, M.*, De oblatione Iesu in templo (Lc 2,22–24), in: Maria in Sacra Scriptura, IV, Roma 1967, 287–295; *Stramare, T.*, Compiuti i giorni della loro purificazione (Lc 2,22). Gli avvenimenti del Nuovo Testamento conclusivi di un disegno, BeO 24 (1982) 199–205; *ders.*, La presentazione di Gesù al tempio (Lc 2,22–40). Eventi e parole intrinsecamente connessi, BeO 25 (1983) 63–71; *ders.*, Sanctum Domino vocabitur (Lc 2,23). Il crocevia dei riti è la santità, BeO 25 (1983) 21–34; *Varela, A.T.*, Lk 2,36–37. Is Anna's Age What is Really in Focus?, BiTrans 27 (1976) 446; *Vincent, H.*, Luc II,32, RB 9 (1900) 601–602; *Vogels, H.J.*, Die »Eltern« Jesu (Textkritisches zu Lk 2,23ff), BZ 11 (1913) 33–43; *ders.*, Lk 2,36 im Diatessaron, BZ 11 (1913) 168–171; *Winandy, J.*, La prophétie de Syméon (Lc II,34–35), RB 72 (1965) 321–351; *Winter, P.*, Lukanische Miszellen, IV. Lc 2,38 im Verhältnis zu 2,13.28.34a, ZNW 49 (1958) 76–77.

22 Und als sich die Tage ihrer Reinigung erfüllten, nach dem Gesetz Moses, zogen sie nach Jerusalem hinauf, ihn dem Herrn darzustellen, 23 wie im Gesetz des Herrn geschrieben ist, daß alles Männliche, das den Mutterschoß öffnet, dem Herrn heilig genannt werden soll, 24 und um ein Opfer zu bringen nach dem, was im Gesetz des Herrn gesagt ist: Ein Paar Turteltauben oder zwei junge Tauben. 25 Und siehe, ein Mensch war in Jerusalem, mit Namen Simeon, und dieser Mensch war gerecht und fromm; er wartete auf den Trost Israels, und heiliger Geist war auf ihm. 26 Und es war ihm vom heiligen Geist verheißen, er werde den Tod nicht sehen, bevor er den Messias des Herrn gesehen hätte. 27 Und er kam im Geist in die Tempelanlage. Und als die Eltern das Kind Jesus hineinbrachten, um zu handeln an ihm, wie es Brauch des Gesetzes war, 28 da empfing er es in die Arme und pries Gott und sprach: 29 Jetzt entlässest du deinen Knecht, Herr, nach deinem Wort in Frieden; 30 denn meine Augen haben dein Heil gesehen, 31 das du bereitet hast vor allen Völkern, 32 Licht zur Offenbarung für die Völker und Herrlichkeit deines Volkes Israel. 33 Und sein Vater und seine Mutter wunderten sich über das über ihn Gesagte. 34 Und Simeon segnete sie und sprach zu Maria, seiner Mutter: Siehe, dieser ist zum Fall und Aufstehen vieler in Israel gelegt und zu einem Zeichen des Widerspruchs – 35 und durch deine Seele selbst wird ein Schwert dringen –, damit die aus vielen Herzen hervorkommenden Gedanken enthüllt würden. 36 Und es war eine Prophetin Hanna, Tochter Phanuels aus dem Stamme Ascher, die war schon hochbetagt, nachdem sie sieben Jahre nach ihrer Jungfrauschaft mit einem Mann gelebt hatte, 37 und sie war Witwe, an die vierundachtzig Jahre alt. Sie verließ die Tempelanlage nicht und diente dem Herrn Nacht und Tag mit Fasten und Gebeten. 38 Und zur selben Stunde trat sie herzu, pries ihrerseits Gott und redete über ihn zu allen, die auf die Erlösung Jerusalems warteten. 39 Und als sie alles nach dem Gesetz des Herrn vollendet hatten, kehrten sie nach Galiläa in ihre Stadt Nazaret zurück. 40 Das Kindlein aber wuchs und wurde stark, erfüllt mit Weisheit, und die Gnade Gottes war über ihm.

Die VV 22–39 bilden eine literarische Einheit, während V 21 für sich steht und V 40 die Parallele zu Johannes (1,80) abschließt. Die Handlung geschieht in Jerusalem (VV 22.25.38). Aus dem Zusammenhang mit der vorausgehenden Perikope wäre zu erwarten, daß Jerusalem Etappe auf der Rückreise von Betlehem nach Nazaret ist. Lukas stellt aber hier die Hauptstadt als das vom Gesetz geforderte Ziel dar (VV 22.23.24.27.39). Wie durch »Jerusalem« markiert Lukas auch durch »Gesetz« eine *inclusio*, die den einheitlichen Charakter der VV 22–39 unterstreicht. Ferner steht der Gedanke des Geschehenen und des Erledigten am Anfang und am Schluß der Perikope (V 22a und 39a). Die literarische Kunst des Lukas rundet die Episode einerseits ab und reiht sie

Analyse

anderseits in eine Kette ein, um die Kontinuität der damit konstruierten Geschichte zu bezeugen: In 2,6 ist die Zeit so weit erfüllt, daß Maria gebiert; in 2,21, daß Jesus beschnitten wird; in 2,22, daß man ihn dem Herrn vorstellt. Erst nach dieser Aufreihung markiert der im Imperfekt verfaßte Sammelbericht des V 40 eine Pause.

Die Erfüllung des Gesetzes bleibt für Lukas der Rahmen, in dem Außergewöhnliches zu erzählen ist: die letzte Prophetie. Wie die Beschneidung (V 21) sind die Vorschriften der VV 22–24 nicht näher beschrieben: Sie sind Ziel (VV 22.24.27) und erledigte Pflicht (V 39), nie Inhalt des Berichts.

Wie die römische Schätzung (2,1–5) die Reise nach Betlehem zur Folge hatte, so die jüdische Observanz die nach Jerusalem[1]. Lukas nennt die Darstellung Jesu (VV 22b–23) und das Opfer für die Mutter (V 24) zwei zusammengehörende Gesetzesforderungen (VV 23.24b), die »ihre« (d.h. der Mutter und des Kindes) Reinigung bewirken (V 22)[2], wobei freilich V 22b nur noch Jesus nennt[3]. Lukas stellt so die – ungenau wiedergegebenen (siehe Erklärung) – Vorschriften und ihre gesetzestreue Erfüllung zusammen.

Er sichert damit (VV 22–24) die Anwesenheit der Familie im Tempel. Die Geschichte beginnt mit einer Begegnung, die durch die VV 25–27 ermöglicht wird. V 25 erwähnt einen gerechten Mann, V 26 eine Verheißung des heiligen Geistes, deren Erfüllung (VV 27–35) Inhalt der Episode wird. Die Heilsgeschichte entsteht also nicht aus dem Nichts, sondern aus dem täglichen gesetzestreuen Leben, ist aber auch nicht durch menschlichen Gehorsam bewirkt. Dieser ist Rahmen oder Grundlage, doch Bewegung entsteht erst durch den Geist Gottes. Nach der dreimaligen Erwähnung des Gesetzes (VV 22–24) klingt auch dreimal das Wort »Geist« an. Gesetz und Geist stehen sich gegenüber und sind zugleich ineinandergefügt – wie der alte Bund (und der alte Simeon) und der neue (und das kleine Kind).

Wie oft beginnt die Haupthandlung mit der non-verbalen Tat[4], der Geste. Auf sie folgt das Wort, ein Danklied in drei Strophen (das Nunc dimittis [VV 29–32]).

Narrativ könnte die wunderbar von Gott geleitete Handlung mit der Reaktion der Eltern enden, einem Motiv, das sonst Wundergeschichten abschließt[5]. Aber im »Staunen« liegt auch eine Frage, der Text wird überschwänglich, der Blick Simeons wie der des Verfassers richtet sich von nun an auf die Eltern. Die Wiederholung des εὐλόγησεν deckt nicht die gleiche Wirklichkeit ab: Auf das Dankgebet (V 28) folgt hier eine Segenshandlung (V 34),

---

[1]   Vgl. Brown, R.E., Birth 450.
[2]   Das αὐτῶν stellte die Abschreiber vor Probleme: Nach Lagrange 81f bezog eine Minuskelhandschrift καθαρισμός auf Lev 12, wo von der Reinigung der Wöchnerinnen die Rede ist, und schrieb αὐτῆς; betrachtet man den Apparat in Nestle[26], sieht man, daß etli-

che an Christus dachten und αὐτοῦ schrieben; andere wiederum übten sich in Vorsicht und ließen das Pronomen aus.
[3]   Mit Lagrange 82 muß man annehmen, daß der Satzbau nicht der beste ist.
[4]   Vgl. z.B. Lk 7,14.
[5]   Vgl. Theißen, G., Wundergeschichten 78.

die narrativ die Rolle des non-verbalen Moments spielt und der Aufnahme Jesu in die Arme des Greises entspricht. Symmetrisch zum Dankgebet (VV 29–32) stehen die an Maria gerichteten Sprüche (VV 34b–35).

Selbst nach dieser doppelten Reaktion des alten Mannes schließt Lukas die Perikope noch nicht ab. Breiter als Simeon wird Hanna beschrieben (VV 36–37). Ihre Frömmigkeit (V 37b) erklärt ihre Anwesenheit im Tempel (V 38). Wie Simeon versteht sie sowohl zum Herrn wie zu den Menschen zu sprechen. Gegenüber den VV 28–35 erweitert sich das Publikum (»allen« … [V 38]). Die sprachliche Sparsamkeit des Lukas – über den Inhalt des Gebets und der Predigt Hannas wird nichts gesagt – betrachte ich hingegen eher als Rückschritt. Von daher messe ich der Episode mit der Prophetin, deren heilsgeschichtliche Tragweite in der wunderbaren Begegnung des greisen Simeon mit dem jungen Messias liegt, die Funktion des Chorschlusses bei.

Formgeschichtlich handelt es sich hier wie in 1,39–56 um eine von Gott geführte Begegnung. Mutter und Sohn werden wie dort von einem gläubigen Glied des wartenden Volkes Gottes empfangen. Die Lobrede Simeons erreicht wie der Segensspruch der Elisabet (1,42; vgl. 1,45) Sohn und Mutter. Wiewohl auf verschiedene Weise, nimmt Gott hier wie dort an der Begegnung aktiv teil. Aber während dort von einem Familienbesuch berichtet wird, ist es hier ein fast offizielles, sakrales Treffen im Zentrum des religiösen Lebens des Judentums. Lukas erzählt gerne solche von Gott geführten Begegnungen[6]. Wahrheit und Gewicht des Erzählten sind durch providenzielle Momente narrativ angedeutet. Diese Gattung, einzureihen in die der Novelle, gehört nicht zum älteren Überlieferungsgut. Indiz für ein spätes Datum sind auch die oben angeführten Redundanzen.

Das Motiv des Greises, der noch etwas Besonderes erlebt, ist in der griechischen wie in der jüdischen Literatur verwurzelt: Die zwei alten Diener des Odysseus, Eumaios, der Schweinehirt, und Euryklaia, die Amme, warten zwanzig Jahre lang auf ihren Herrn und dürfen ihn noch empfangen[7]. Im Alten Testament darf der alte Jakob seinen Sohn Josef wiedersehen und erklärt daraufhin: »Jetzt will ich gerne sterben, nachdem ich dein Angesicht geschaut und gesehen habe, daß du noch am Leben bist.«[8] Es sind fast die gleichen Worte, mit denen Hanna, die Frau Tobits, ihren zurückkehrenden Sohn begrüßt (Tob 11,9), woraufhin der Vater ebenso eine Art Nunc dimittis anstimmt (Tob 11,14). Schließlich darf der sterbende Mose das versprochene Land noch »sehen« (Dtn 32,49–50 und 34,1–5). »Das Motiv selbst spielt auch in der Buddha-Legende eine Rolle, wo von dem greisen Asketen Asita erzählt wird, daß er, durch göttliche Kunde unterrichtet, in den Palast des Vaters des neugeborenen Kindes kommt, das Kindlein in die Arme nimmt und dann die große Rolle des Neugeborenen weissagt, die er selbst, am Ende seiner Tage stehend, nicht mehr erleben wird.«[9] Natürlich

---

[6]   Vgl. die Begegnung des Paulus mit Hananias (Apg 9,10–18) und jene des Petrus mit Kornelius (Apg 10,17–29).

[7]   In diesem Kontext wurde oft auf den Besuch von Alexander im Tempel von Ammon hingewiesen, dessen Orakel die Abstammung des Makedoniers von Zeus enthüllte. Diese göttliche Abstammung wurde von anderen Orakeln bestätigt (Kallisthenes; zusammengefaßt bei Strabo XVII 1,43.

[8]   Gen 46,30; vgl. Tob 11,9, wo Hanna mit ähnlichen Worten von ihrem Sohn Tobias Abschied nimmt.

[9]   Bultmann, R., Syn. Trad. 326 verweist auf den von Aufhauser, J., Buddha und Jesus, Bonn 1926 (KlT 157), 9–11 edierten Text.

zeigen sich Unterschiede: In Lk 2,25–35 empfängt Simeon nicht seinen Sohn, sondern den Messias, und im Unterschied zu Mose ist das Sehen keine strafende Begrenzung. Immerhin stehen wir jedoch vor bekannten Elementen, die Lukas kunstvoll anwendet, um einen bedeutenden Übergang vorzubereiten.

Nach der synchronischen Analyse fragen wir nach der vorlukanischen Tradition: Nach R. Bultmann[10] wurde in Lk 2,22–40 eine ursprünglich selbständige Einzelgeschichte sekundär erweitert, vermutlich durch die VV 22d–24a (von παραστῆσαι bis κληθήσεται, καί), da die Reise doppelt motiviert ist, und durch die VV 28b–34a, die eine universalistische Erweiterung enthalten. Die Erzählungen von Simeon und Hanna sind demnach Dubletten, »was auch darin zur Geltung kommt, daß Hanna und Simeon nichts Rechtes mehr zu sagen hat«. Als vorlukanisches Hauptmotiv betrachtet er »die Weissagung der beiden Musterfrommen auf Jesus«.

Nach R.E. Brown[11] hat bei der Entstehung der Erzählung die Schrift, besonders Mal 3,1, eine inspirierende Rolle gespielt: »Plötzlich wird der Herr, den ihr sucht, in seinen Tempel eintreten«. Lukas habe ohne schriftliche Vorlage ziemlich frei eine erste Version mit nur einem Orakel (VV 34b–35) aufgeschrieben und erst in einer zweiten Auflage seines Werkes die nicht von ihm verfaßten Hymnen, hier den Nunc dimittis, noch hinzugefügt. Das gleiche gelte für die Geschichte des zwölfjährigen Jesus im Tempel: In der Urfassung des Lukas habe der Sammelbericht 2,40 sowohl den Parallelismus zwischen Johannes und Jesus wie auch die ganze Kindheitsgeschichte abgeschlossen. Wie Bultmann spürt also Brown den interpolierten Charakter des Nunc dimittis, aber während der erste eine formgeschichtliche Antwort gibt, schlägt der zweite eine redaktionsgeschichtliche vor.

Die gründlichste Stilanalyse durch M. Miyoschi[12] erkennt die gestaltende Hand des Lukas quer durch die ganze Einheit, so daß eher keine schriftliche Vorlage anzunehmen ist, wohl aber eine feste mündliche Überlieferung jüdisch-christlichen Ursprungs. Die alttestamentliche Verwurzelung ist klar: Beide Teile von Simeons Lobpreis sind von Jes 51–52 beeinflußt, und die Verwandtschaft mit 1Sam (LXX 1Kön) 1–2 erstreckt sich nicht nur auf das Narrative; auch sachlich soll man Jesus mit dem Nasir Samuel vergleichen. Darum beschreibt die Perikope die Reinigung des Nasirs Jesus nach Num 6 (»zwei Turteltauben oder zwei junge Tauben«, also dasselbe Opfer wie für die Reinigung der Wöchnerin [Lev 12]). So erklärt sich die rätselhafte doppelte Reinigung der Mutter und des Sohnes. »Im Schlußsatz der Reinigungsbestimmung in Num 6 wird auch der priesterliche Segen vorgeschrieben, und zwar mit denselben Worten des Friedens und des Lichtes, die auch den Kern von Simeons Lobpreis bilden.«

Das ist nach Miyoschi die bis jetzt fehlende Verbindung zwischen der Darstellung Jesu und dem Lobpreis Simeons. Die Reinigung Jesu ist Vorbereitung auf seine zukünftige Aufgabe, Licht für die Völker zu sein. Für die Theologie des Lukas sind besonders die redaktionellen VV 22–24 und 29–32 symptomatisch: »Dazu dürfte man sich fragen, ob die Reinigungserzählung in der vorlukanischen Tradition – auch wenn mündlich – überhaupt im jetzigen Zusammenhang gestanden hat.« Traditionell wäre dann eine Weissagung Simeons (VV 34–35) anläßlich der Beschneidung (V 21) ohne Lokalisation in Jerusalem.

---

[10] Vgl. Bultmann, R., Syn. Trad. 326f; wir zitieren im folgenden zweimal aus S. 326.
[11] Vgl. Brown, R.E., Birth 455f.469.

[12] Vgl. Miyoshi, M., Jesu Darstellung; wir zitieren aus S. 111 und 92.

Eine Verklammerung mit der Beschneidung bleibt m.E. unwahrscheinlich. Die Überlieferung ist mit Jerusalem und dem Tempel untrennbar verbunden. Wahrscheinlich verweist die Erwähnung Simeons und Hannas nicht auf Dubletten, sondern auf komplementäre Gestalten, wie die alten Eltern von Tobias oder Eumaios und Euryklaia. Sie sind Bestandteil der alten Überlieferung. Zur ursprünglichen Fassung gehört wohl auch die zweite Intervention Simeons (VV 34b–35) und damit ebenso die Mutter und ihre Reinigung nach der Geburt.

Lukas hat diese Jerusalemer Tradition mit einem neuen Akzent versehen, indem er das Gewicht auf die Darstellung des Messias im Tempel legt, und redaktionell das Nunc dimittis – das ursprünglich vermutlich einer anderen Tradition zugehörte – hinzugefügt. Verschiedene Texte aus der Schrift haben ihn dabei narrativ wie theologisch begleitet: 1Sam (LXX 1Kön) 1–2 bei den Erzählungen, Ex 13 bei der Darstellung des Heiligen, Deuterojesaja beim Nunc dimittis, die Erlösungshoffnung, die jetzt die ganze Perikope durchzieht. Die Verbindung zwischen der Darstellung Jesu im Tempel und dem Inhalt des Nunc dimittis durch die Nasirvorstellung erscheint mir unwahrscheinlich.

Sollen wir dem Gang der Erzählung, der wie ein Abschied aussehenden Begegnung der Generationen, folgen, also eine narrative und affektive Auslegung durchführen, oder die paradigmatische Struktur, den wie eine Offenbarung aussehenden Lobpreis des greisen Simeon, als das Wichtigste betrachten, also eine theologische und kognitive Auslegung versuchen? Sollen wir die gehorsame Haltung der Eltern betonen oder sie wegen der prophetischen Handlungen der Alten gerade begrenzen? Sollen wir diese literarische Einheit in ihrer formgeschichtlichen Isolierung oder in ihrem redaktionsgeschichtlichen Kontext betrachten? Die zahlreichen Möglichkeiten erklären die starke Wirkung der Perikope in der Kirchengeschichte. Nicht weniger als vier Predigten hat Origenes diesem Abschnitt gewidmet[13]. Am Ende des 4. Jahrhunderts ist die Existenz eines Festes in Jerusalem vierzig Tage nach der Epiphanie bezeugt[14]. Auch Hesychius von Jerusalem (5. Jahrhundert) hat zwei Homilien für diese Gelegenheit verfaßt[15]. Bei Dionysios von Furna[16] können wir lesen, wie die byzantinischen Maler die Szene gestalten müssen: »Und neben ihm steht die Prophetin Anna, welche auf Christus hinweist und eine Tafel mit der Inschrift trägt: Dieser Jüngling hat Himmel und Erde geschaffen.«

Erklärung

Das Ziel der Reise nach Jerusalem (VV 22–24)

Nach V 22 ist die Zeit erreicht, um die Reinigung zu vollziehen. Lukas gebraucht hier das in der Septuaginta öfter belegte καθαρισμός (Lev 12,4–6 LXX: κάθαρσις; nie im

22–24

---

[13] Vgl. Origenes, Hom Luc XIV–XVII.
[14] Vgl. Egeria, Itinerarium 26.
[15] Vgl. Aubineau, M., Les homélies festales d'Hésychius de Jérusalem I, Brüssel 1978 (SH 59,1), 1–75 gibt Text, Übersetzung und Kom-

mentar sowie die Literatur (S. 2 Anm. 1) zu diesem Fest wieder.
[16] Vgl. Denys de Fourna, Manuel d'iconographie chrétienne, hrsg. v. A. Papadopoulos-Kerameus, St. Petersburg 1909, 87.

Neuen Testament), ebenso für die »Zeremonien, denen sich der geheilte Aussätzige unterzieht«[17] (Lk 5,14 und Lev 14,32). Trotz des Plurals »ihre Reinigung« ist nicht an eine rituell zu reinigende Befleckung Jesu[18] zu denken. Der Ausdruck soll nur »Reinigung« und »Darstellung« verbinden. Diese bringt Lukas, wie das Zitat aus Ex 13 andeutet, mit dem Loskauf des Erstgeborenen zusammen; sicher deshalb, weil »reinigen« in diesem Kontext hin und wieder vorkommt, wenn auch nicht in Ex 13. Dennoch liegt mit καθαρισμός eine letztlich ungenaue Bezeichnung für die Reinigung der Mutter (Lev 12) wie für den Loskauf des Sohnes (Ex 13) vor, obwohl sie als solche der Sache nach allgemein verständlich ist.

Daß Lukas die narrative Qualität der juristischen Exaktheit vorzieht, erklärt sich noch aus zwei weiteren Umständen: Für die Reinigung der Mutter war die Anwesenheit des Kindes nicht nötig, während der Loskauf des Erstgeborenen nicht an den Tempel gebunden war. Aber das freie Zitat aus Ex 13,2.12.15 zeigt, daß Lukas weniger an Loskauf denkt (die fünf Schekel [Num 18,15–16] bleiben unerwähnt) als an die Urbedeutung[19], daß der Erstgeborene dem Herrn gehört. Damit stoßen wir auf ein altes Christologumenon: Jesus als »heilig« (1,35). Das freie Zitat sanktioniert diese Benennung (κληθήσεται wie in 1,35). Lukas konkretisiert diesen christologischen Gedanken durch die Darstellung[20] Jesu im Tempel. Die Schilderung entspricht weniger dem Einzug des Herrn in den Tempel nach Mal 3 (der Herr ist schon im Tempel) als der Hingabe Jesu als Opfer an seinen Vater. Aber damit ist verbunden, daß im Tempel die Entwertung des Tempels geschieht, weil das Heilige, die Gegenwart Gottes, sich vom Haus auf die Person Jesu verschiebt.

Die Opferung Jesu an den Herrn, das »Gott geben, was Gott gehört« (20,25), ist narrativ in Anlehnung an die Samuelgeschichte erzählt. Deshalb ist das zweite Zitat geschickt ausgewählt: Das Paar Turteltauben oder junge Tauben gilt sicher zuerst der Mutter (Lev 12,8); aber ein gleiches Opfer wurde vom Nasir im Fall der Befleckung verlangt (Num 6,10), von einem Mann wie Samuel (oder Jesus), der dem Herrn geheiligt wird. Die jetzige Erzählung betont eher den Sohn als die Mutter. Das Dringen des Lukas auf das Gesetz unterstreicht nicht die Observanz als solche, sondern bereitet die nächste Phase der Heilsgeschichte vor, den Übergang vom Gesetz zum Christus.[21]

---

[17] Bauer s.v. Das klassische καθαρμός erscheint weder in der Septuaginta noch im Neuen Testament. Philo scheint καθαρισμός nicht zu kennen und benutzt κάθαρσις.
[18] Mit Lagrange 82.
[19] Διανοῖγον μήτραν: Da Lukas diese Worte zitiert, hat er sicher an eine normale Geburt und nicht an eine *virginitas in partu* gedacht.
[20] Zu »vor dem Herrn stehen« vgl. Sach 6,5.
[21] Eingehende Untersuchungen des Vokabulars der VV 22–24 bei Miyoshi, M., Jesu Darstellung 86.89 und bei Plummer: Καὶ ὅτε ist lukanisch (Lk 2,21.42; 6,13; 22,14; 23,33); κατὰ τὸν νόμον (Apg 22,12; 24,6.14) findet

man schon in der Septuaginta (Dtn 17,11; 2[4]Kön 17,34); ἀνάγω ist lukanisch (z.B. Lk 4,5; Apg 9,39); δοῦναι θυσίαν findet man weder in der Septuaginta noch im übrigen Neuen Testament; zu τὸ εἰρημένον ἐν τῷ νόμῳ vgl. Apg 2,16 und 13,40; Ἱεροσόλυμα ist die *griechische* Form des Eigennamens (dieses Beispiel widerlegt die Theorie I. de la Potteries, derzufolge Lukas für die feierlichen Momente der Heilsgeschichte die *semitische* Form gebrauchte; vgl. de la Potterie, I., Les deux noms de Jérusalem dans l'évangile de Luc, in: La parole de grâce 57–70, bes. 68).

Die Geste Simeons (VV 25–28)

Mit dem Signal καὶ ἰδού beginnt die Überraschung innerhalb des Ritus, das 25
Ereignis innerhalb der Institution. Da aber diese von Gott geführte Ge-
schichte eine Begegnung sein soll, muß der Schriftsteller zuerst die zweite
Partei vorstellen. So erklärt sich die leichte Spannung zwischen dem ereignis-
reichen καὶ ἰδού und der im Imperfekt gehaltenen (ἦν) Beschreibung des
Greises.

Trotz der späteren Hagiographie wird Simeon nicht als Priester vorgestellt und sein
Alter nicht angegeben[22], wohl aber sein würdiger Aufenthaltsort (Ἱερουσαλήμ sakral
geschrieben), sein Name (denkt Lukas an die Etymologie »Gott hat gehört«?) und vor
allem seine Frömmigkeit: Er ist δίκαιος (schon in 1,6) und εὐλαβής (in der klassischen
Sprache »vorsichtig«, »zurückhaltend«, manchmal »ängstlich«, in der der Septuaginta
und der Christen »gottesfürchtig«, »gesetzestreu«, »fromm«[23]; wie etwa bei Zacharias
und Elisabet [1,6] in Treue zum göttlichen Gesetz). Die ähnliche Einführung von Hananias (Apg 22,12; vgl. Apg 2,5 und 8,2) erweist dies als typisch lukanisch[24].

Παράκλησις hat hier eindeutig eschatologische Färbung und bedeutet reli-
giös »Trost«[25]. Wie die Prophetin Hanna und ihre Zuhörer (V 38) ist der Laie
Simeon eine »wartende« Figur[26]: Er hofft auf *Gott*, nicht für sich, sondern für
das Volk *Israel*. Eindrucksvoll ist die Botschaft des Lukas in ihrer Einfachheit:
Der Christusglaube ist die legitime Antwort auf die legitime jüdische Erwar-
tung. Die ständige Begleitung des heiligen Geistes schenkt diesen wartenden
Gläubigen (vgl. 1,41; 1,67) nach Lukas die Bürgschaft des Herrn.
Die Beschreibung Simeons genügt noch nicht. Lukas greift in V 26 auf die 26
Vergangenheit, auf ein altes Orakel an Simeon zurück[27]. Oft haben göttliche
Weisungen in Israel wie in Hellas mit dem Tod zu tun (Apg 21,11; Röm 14,8).

[22] Nach Protev 24,4 wird Simeon durch das
Los zum Hohenpriester bestimmt. In den
Acta Pilati (16,2.6) ist er ein Lehrer, ein Rabbi
(sein Name taucht auch in 17,1 auf). Laut
Pseudo-Matthäus (15,2) ist er 112 Jahre alt.
Cutler, A., Simeon führt noch weitere apokryphe Schriften an und meint, es handle sich
um den Sohn Hillels und den Vater Gamaliels. Die von de Santos-Otero, A., Apócrifos,
213 Anm. 54 zitierte Handschrift B (Lauren-
tianus, Goddiani 208) enthält einen merkwürdigen Zusatz. Danach trug der Greis das
Kind, doch das Kind leitete ihn; und Jesus,
obgleich noch ein Säugling, sagte dem Simeon zum allgemeinen Erstaunen, daß sein
Gebet erhört worden sei.
[23] Plato, Politeia 311AB verbindet das Gerechte (τὸ δίκαιον) mit dem Vorsichtigen (τὸ
εὐλαβές) und macht daraus die Eigenschaften
der wahren Regenten; die Septuaginta gebraucht das Adjektiv εὐλαβής nur dreimal:
Lev 15,31; Sir 11,17 (nur in einem Teil der

handschriftlichen Überlieferung); Mi 7,2; bei
Josephus (7–8mal) hat das Wort seinen griechischen Sinn; vgl. Bultmann, R., Art.
εὐλαβής κτλ., in: ThWNT II (1935) 749–751;
Plummer 66.
[24] Wie in vielen anderen Texten (vgl. z.B. Sir
11,17) schwankt die handschriftliche Überlieferung zwischen εὐλαβής und εὐσεβής.
[25] Zur παράκλησις vgl. Plummer 66.
[26] Προσδέχομαι hat bei Lukas häufiger die
Bedeutung »warten«, »erwarten« (Lk 2,25.38;
12,36; 23,51; Apg 23,21) als »annehmen«,
»aufnehmen« (Lk 15,2; Apg 24,15).
[27] Χρηματίζω hat im Passiv die Bedeutung:
»durch eine göttliche Weisung belehrt werden« (vgl. Mt 2,22); dann auch: »einen Namen
tragen«, z.B. den Namen »Christen« (vgl. Apg
11,26). Auch wenn sie anders ausgedeutet
wird (Joh 21,23), ist hier die in Joh 21,22 auf
den geliebten Jünger bezogene Voraussage
Jesu zu erwähnen; vgl. Lk 9,27 und den dortigen Kommentar unten S. 486.

Das eine wie das andere Los kann heilsgeschichtlich relevant werden.

27 Der Aorist ἦλθεν (V 27) antwortet dem Aorist ἀνήγαγον (V 22) und ermöglicht die Begegnung: Der heilige Geist, der die Verheißung erklingen ließ (V 26), bewirkt die Erfüllung (V 27). Schauplatz ist das Tempelgebiet, das Gebäude mit seinen verschiedenen Höfen (τὸ ἱερόν = die heilige Anlage; der Tempel selbst heißt ὁ ναός [1,21] oder τὰ ἅγια)[28]. Nach dem Umweg in die Vergangenheit Simeons führt Lukas wie ein Reporter die Eltern Jesu ein (V 27b). Geschickt und elegant vermeidet er jede Wiederholung und bringt die Handlung rasch zum Höhepunkt: In V 22 zogen sie nach Jerusalem hinauf, in V 27 bringen sie das Kind (in den Tempel) hinein. Dicht nebeneinander stehen die Titulatur der Verheißung (ὁ χριστὸς κυρίου)[29] und die Person der
28 Erfüllung (τὸ παιδίον Ἰησοῦς). Die Handlung ist auf das Wesentliche beschränkt: Nicht die Begrüßung zählt (anders 1,40–41), sondern der Kontakt zwischen dem alten Mann und dem Kind: Simeon »nimmt« es nicht, sondern »empfängt« es in seine Arme, wohl mit dem Einverständnis der Eltern. Die mütterliche Geste ist durch den Ausdruck »in seinen Armen tragen« veranschaulicht[30]. Das göttliche Orakel ist erfüllt, nicht nur im »Sehen« (V 26.30), sondern auch im Berühren. Die mikrokosmische Beziehung zwischen Simeon und Jesus ist auch Abbild des makrokosmischen Verhältnisses zwischen der messianischen Erwartung des Volkes Israel und ihrer Vollendung. Der jetzt noch stärkere Simeon trägt den noch für kurze Zeit schwachen Jesus. Jener steht vor dem Tod, dieser vor dem Leben. Trotzdem ist Simeon glücklich, wie sein Lobpreis beweist. So sollte in der Zeit der Kirche das jüdische Volk die christliche Botschaft empfangen. Aber schon in 4,24 sagt Jesus mit dem gleichen Verb δέχομαι, daß kein Prophet in seiner Heimat angenommen wird (δεκτός). Das Thema des Empfangs Jesu, seiner Botschaft und seiner Jünger ist im dritten Evangelium zentral[31]. Der Empfang Jesu durch Simeon ist eine globale Handlung und Haltung, in denen die ganze Person des Greises, sein Körper wie seine Innerlichkeit, seine Gedanken wie seine Gefühle aktiv werden[32].

---

[28] Für Lukas steht der Tempel nach dem Willen Gottes im Zentrum Jerusalems, der heiligen Stadt. Er wird zum Ort der Offenbarung (Lk 2,46.49) und des Lehrens Jesu (Lk 19,45–47) und später zum ersten Wirkungsort der Zwölf (Apg 3,1.11). Dann verliert er jedoch durch eine von der Vorsehung bestimmte Verschiebung seine heilsgeschichtliche Funktion zugunsten Christi und der Gemeinde. Literatur zum Tempel in lukanischer Sicht ist aufgeführt bei Bachmann, M., Tempel und Weinert, F.D., Temple.
[29] Der Gesalbte des Herrn: Die alttestamentliche Wendung kommt in der Septuaginta häufig vor (z.B. 1Sam [LXX 1Kön] 24,7.11; 26,9.11.16). Man findet sie auch in der zwischentestamentlichen Literatur, z.B. PsSal 17,32.
[30] Vgl. Xenophon, Cyrop VII 5,50; Euripides, Or 464; 1(3)Kön 3,20 LXX; Est 5,1e LXX; Josephus, Ant VIII 2,2 § 28; XI 6,9 § 238. Im allgemeinen wird ἀγκών im Singular und ἀγκάλη im Plural gebraucht. Bill. II 138 spricht von den jüdischen Kindern, die man herbeiführt, um sie von den Alten segnen zu lassen.
[31] Vgl. Lk 8,13; 9,5.48.53; 10,8.10; 18,17.
[32] Origenes, Hom Luc XV 3 geht vom Beispiel des Simeon aus, um die leitende Rolle des heiligen Geistes und unser verdienstliches Handeln zu unterstreichen, so daß wir von ihm in den Tempel Jesu, seine Kirche, geführt werden.

Simeons Abschiedsgebet (VV 29–32)

Auf die Geste folgt ein Wort, ein Lobgesang (εὐλόγησεν)[33]. Man kann die 29
VV 29–32 redaktionsgeschichtlich mit den Augen des Lukas oder formgeschichtlich nach der Absicht einer jüdischen oder frühchristlichen Tradition
lesen.
In der Sicht des Evangelisten stellt das Gebet Gott als δεσπότης[34], d.h. als
Herrn und Besitzer seines δοῦλος vor. Das ist die Anerkennung des juristischen Verhältnisses zwischen Gott und Mensch. Aber wie der *gesetzliche* Rahmen der Perikope 2,22–40 das Eingangstor für das *geist*gewirkte Ereignis
bildet, so ereignet sich zwischen dem Herrn und Simeon auch noch etwas anderes als diese hierarchische Beziehung: Gott kann jetzt den alten Mann *in*
Frieden ziehen lassen.

’Απολύω (»loslassen«) kann Euphemismus für den Tod sein oder die Befreiung des
Sklaven oder die Entlassung des im Dienst stehenden Simeon beschreiben. Trotz der
Nachbarschaft δοῦλος – δεσπότης sprechen der vorherige Kontext (V 26) sowie der
Gebrauch in der Septuaginta und in der klassischen Sprache für die erste Bedeu-
tung[35].
Das Präsens mag betonen, daß Simeon den nahenden Tod spürt und für ihn bereit ist.
Das Nunc dimittis ist wirklich Gebet, Gespräch mit Gott im Moment des Sterbens:
Man versteht den Akkusativ τὸν θεόν (V 28) nach εὐλόγησεν, wenn man ihn mit
αὐτούς (V 34) vergleicht.

Νῦν ist wie σήμερον Signal der entscheidenden Etappe der Heilsgeschichte.
Gott ist aktiv auf der Ebene der Welt (V 32) wie auf der des einzelnen (V 29),
er hat die Verheißung ausgesprochen[36] und die Erfüllung in Gang gesetzt. Ziel
und Mittel Gottes ist der Friede[37], im Rahmen des Bundes mit seinem Volk
wie in der Beziehung mit einem einzelnen Gläubigen. Durch die eschatologische Erfüllung erhält der Tod des einzelnen eine andere Bedeutung: Simeon
darf sie im Frieden »sehen« (V 26), nicht (alttestamentlich[38]) in seiner Nachkommenschaft, sondern (neutestamentlich) im heilbringenden Messias.
In V 30 beginnt der zweite Teil des Gebets, wie im Hymnus mit einem ὅτι ein- 30
geführt[39], das gleichzeitig den Grund des jetzt möglichen Sterbens und der

---

[33] Das Segnen (15mal im lukanischen Doppelwerk) verläuft in beide Richtungen: Der
Segen geht von Gott und Christus auf die
Gläubigen nieder (Lk 24,51) und von deren
Lippen zum Himmel empor (Lk 2,28). Wort
und Wirkung sind die Bestandteile dieser Beziehung; vgl. Westermann, C., Der Segen in
der Bibel und im Handeln der Kirche, München 1968.

[34] Die Anwendung des Titels δεσπότης auf
Gott geschieht sowohl in der Septuaginta
(späte, hellenisierte Bücher) als auch im
Neuen Testament (10mal, davon 4mal bei Lukas) erst spät. Es ist dies eine Anpassung an

die religiöse Terminologie der Griechen; vgl.
Rengstorf, K.H., Art. δεσπότης κτλ., in:
ThWNT II (1935) 43–48 und Haufe, G., Art.
δεσπότης, in: EWNT I (1980) 697f.

[35] Vgl. Gen 15,2; Num 20,29; Tob 3,6.13;
2Makk 7,9; Sophokles, Antigone 1268.1314.

[36] Vgl. Lk 1,38 und 5,5 (hier mit ἐπί).

[37] Vgl. Schürmann I 125 Anm. 201.

[38] Vgl. dazu das Beispiel Abrahams, Gen
15,15: Σὺ δὲ ἀπελεύσῃ πρὸς τοὺς πατέρας
σου μετ’ εἰρήνης.

[39] Vgl. zu diesem ὅτι jene in Lk 1,48 und
1,68 sowie den dortigen Kommentar oben S.
81 und 97.

Lobrede angibt. Gott selbst bleibt zwar unsichtbar, doch wird sein konkretes
Handeln in der Geschichte offenbar. Die hebräische Hymnik lobt ihn für of-
fenbare Siege (Ps 97[98],2–9), die jüdische Hoffnung erwartet sie. Jesus hatte
bereits den Fall Satans vor Augen (Lk 10,18) und bezeichnet die Augen seiner
Jünger als selig (Lk 10,23–24; mit 3,6 die nächste Parallele). V 30 ist in Anlehnung an alttestamentliche Sprechweise formuliert[40].
Selten wird so klar wie hier, daß die Christologie des Lukas (τὸν χριστὸν κυρίου [V 26]) vor allem Soteriologie ist (τὸ σωτήριόν σου [V 30]). Die eschatologische Tat Gottes ist Heil als Befreiung und Wohlsein. Mit der Wurzel σαο-
(»unversehrt«) drückt Lukas den Inhalt des Evangeliums am liebsten aus[41].
Das Heil ereignet sich unabhängig vom menschlichen Tun, und doch soll der
Mensch auf diese objektive Wirklichkeit mit subjektiver Aneignung reagieren. Objektiv heißt aber nicht verfügbar. Sichtbar ist das Heil nur zeichenhaft.
Σωτήριον steht zwischen gleichbedeutenden Ausdrücken wie der
παράκλησις τοῦ Ἰσραήλ (V 25) und der λύτρωσις Ἰερουσαλήμ (V 38).

31   V 31 ist nicht ohne alttestamentliche Parallelen. Zwar sollen sich *Menschen* in der Bibel für die Begegnung mit Gott vorbereiten, nicht umgekehrt[42], aber Gott hat auch
für seine Erwählten und für die letzte Zeit verborgene Güter vorbereitet (Jes 64,3[4],
auch 1Kor 2,9)[43]. Simeons Lobrede dankt Gott gerade für ihre Offenbarung, die seine
Augen endlich gesehen haben. Die VV 30–31 setzen eine apokalyptische Tradition in
eine Offenbarung um, weil der Verfasser überzeugt ist, in den letzten Zeiten zu leben.
Besonders interessant ist auch Ps 30(31),20, eine Parallelstelle zu Jes 64,3(4), welche die
Güte des Herrn »vor den Menschensöhnen« preist; entsprechend »vor allen Völkern«
in Lk 2,31. Auch Rabbinen[44] interpretieren: »vor den Söhnen dieser Welt« – im Gegensatz zu den Gläubigen –, weil nicht gesagt sei: »mitten unter ihnen«.

Die »Vorbereitung« wird in Lk 1–2 narrativ durch die zwei Schwangerschaf-
ten und sprachlich durch die Verben κατασκευάζω (1,17) und ἑτοιμάζω
(1,17.76) bezeugt. Der Verfasser denkt weniger an die Mühe jeder Vorbereitung (»planen«, »versuchen«, »aufbauen«) als an die Offenbarung des damals
vorgesehenen und jetzt geschaffenen Heils. Ps 30(31),20 bewirkt hier eine
universalistische Perspektive, die bis jetzt fehlte (vgl. 1,17.32–33.54–55.68–
79; 2,10).

[40]   Vgl. Ps 97(98),3; Jes 40,5 LXX; Bar 4,24
(οὕτως ὄψονται ἐν τάχει τὴν παρὰ τοῦ θεοῦ
ὑμῶν σωτηρίαν). Weitere Stellen bei Jones,
D., Background 41.
[41]   Vgl. Bovon, F., Luc le théologien 255–284
(Statistik 260 Anm. 1); ders., Lukas 61–74.
[42]   Vgl. Jones, D., Background 42.
[43]   Vgl. Stone, M.E. – Strugnell, J., The Books
of Elijah, Parts 1–2, Missoula 1979 (SBLTT
18, Pseudepigrapha 8), 41–73.
[44]   Aus dem Munde R. Levis (gegen 300) in
MMish 13,25 (Ausg. S. Buber, Wilna 1892

[Neudr. Jerusalem 1965]), 37a; gekürzt zitiert
bei Bill. III 329, in extenso bei Stone, M.E. –
Strugnell, J., Books (vgl. oben Anm. 43) 52f.
R. Levi stützt sich für seine Aussage, daß die
Güter der Endzeit jetzt schon sichtbar sind,
ohne daß man sie allerdings schon erhalten
hätte, auf Ps 30(31),20. R. Jochanan widerspricht ihm und meint, daß die Prophezeiun-
gen nur das messianische Zeitalter erreichen,
nicht aber die künftige Welt. Die endzeitlichen Güter sehen heißt für Lukas, sie jetzt
schon irgendwie besitzen.

Während die Vorbereitung *vor* den Völkern[45] stattfand, geschieht die Erfül- 32
lung auch *für* sie. Dies ist in V 32, dem dritten Teil des Liedes, ausgesprochen.
Die Sprache ist wieder alttestamentlich, speziell deuterojesajanisch (Jes 42,6;
49,6; ebenso 46,13; vgl. 60,1–3). Der Gedanke der endgültigen Offenbarung
klingt schon in Jes 52,10 und 56,1 an, erweitert sich aber in der apokalyptischen Literatur[46].

Drei Gründe stehen für die Verbindung von ἐθνῶν mit φῶς und nicht mit ἀποκάλυψις: a) die alttestamentlichen Parallelen (vgl. oben); b) der Genitiv nach ἀποκάλυψις bezeichnet den Urheber oder den Inhalt der Offenbarung, nicht den Empfänger; c) der Parallelismus mit δόξα λαοῦ σου Ἰσραήλ in 32b zeigt, daß Gott das verborgene Heil nicht nur offenbart, sondern auch zuteilt.
Die übliche Trennung zwischen Israel und den Völkern ist respektiert, erstaunlicherweise stehen aber die Völker am Anfang und nicht an zweiter Stelle; vielleicht weil sie
es sind, die die Offenbarung annehmen werden (vgl. Apg 28,28: »den Heiden« im
Kontrast zum hartnäckigen λαός in V 26[47]).

Das eschatologische Heil wird hier als »Licht« begriffen: Wir sind der Geschichte , Leiden und Tod nicht entzogen, aber wir können durch die göttliche
Offenbarung unseren Zustand und unsere Zukunft verstehen[48].
Δόξα ist zunächst Gottes Herrlichkeit, die sich wie früher im Gesicht Moses
jetzt in Israel widerspiegelt, wenn es sie annimmt[49]. Für die, die das sehen,
wird sie so zum »Ruhm« Israels (im Sinne von Jes 46,13). Noch ist nichts von
der Probe gesagt, die viele in Israel nicht bestehen werden, so daß Lukas am
Ende seines Werkes für das Volk nicht mehr viel Hoffnung besitzt.
Während die VV 30–31 die Christologie in die Soteriologie einmünden lassen, bezeugt V 32 die innere Verbindung zwischen Christus und seiner Kirche.
Das Nunc dimittis wird in der Kirche regelmäßig am Abend vor der an den
Tod erinnernden Nacht gesungen. Es gehört zur täglichen Liturgie der Kom-
plet. Es kann ein von Lukas übernommenes Gebet sein, vielleicht sogar »an
early Christian response to the problem of the death of a believer, at a time
when the coming of the Lord was regarded as imminent (Acts 1.11)«.[50] Dann
wäre es nach einem kleinen Umweg über die Schrift seinem natürlichen Sitz
im Leben, dem Gottesdienst, treu geblieben. Der vorlukanische Ursprung der
anderen beiden Lieder ist wohl jüdisch, nicht christlich; hier bleibt er fraglich.
1. Daß die Situation Simeons, das Heilsgut und die Empfänger in Gebet und

---

[45] Joüon, P., Notes 352 macht den Vorschlag, κατὰ πρόσωπον im Sinne von לִפְנֵי
»zur Verfügung von« (vgl. Gen 13,9 und
24,51) zu verstehen.
[46] Vgl. z.B. grBar 1–2; 11,7; 17,4 (Substantiv)
und 4,13.14 (Verb); vgl. Wahl, Ch.A. – Bauer,
J.B., Clavis 632.

[47] Zur Ausweitung auf die Völker von diesem Vers an vgl. Escudero Freire, C., Devolver
345.
[48] Vgl. Conzelmann, H., Art. φῶς κτλ., in:
ThWNT IX (1973) 335 mit Anm. 269.
[49] Vgl. Ex 34,29–35; 2Kor 3,18; vielleicht
auch Apg 6,15.
[50] Jones, D., Background 48.

Rahmen anders beschrieben sind, kann der Kunst des Verfassers wie verschiedenem Ursprung entstammen. 2. Nicht inhaltlich, wohl aber sprachlich ist das Nunc dimittis mit dem ersten Gebet der Christen in Apg 4,24–30 verwandt (δοῦλος – δεσπότης, λαοί[51]), könnte also wie dieses traditionell sein. 3. Die jüdische Unterscheidung zwischen »prophetisch sehen« und »eschatologisch genießen« könnte, was aber unwahrscheinlich ist, auf vorchristliche Herkunft deuten. 4. Die Betonung des Heils und der universalistischen Perspektive ist typisch lukanisch, so daß ich mit redaktioneller Entstehung rechne. In diesem Fall bildeten die VV 34b–35 in der Tradition die einzige Rede, vielleicht gefolgt vom Staunen der Eltern (V 33).

Die Weissagung Simeons (VV 33–35)

33 Warum wählt Lukas (nach 1,26–38) den Ausdruck »sein Vater«, an dem viele Schreiber Anstoß genommen haben?[52] Um das Wort »Eltern« (V 27) nicht zu wiederholen, wobei »Vater« juristisch und nicht biologisch zu verstehen wäre? Wahrscheinlich sind wir hier einer Vorlage auf der Spur, die wie die anderen Einheiten von Lk 2 die Jungfrauengeburt noch nicht kennt. Aber θαυμάζω mit ἐπί wie τὰ λαλούμενα sind lukanisch[53].

34 Erstaunlich ist, daß das Kind von Simeon nie gesegnet wird. Ist das Ehrfurcht für den Sohn Gottes, den ein Sterblicher nicht segnen darf (vgl. aber 1,42), oder war Jesus in der Tradition im αὐτούς von V 34 inbegriffen?

Wie im Gebet des Zacharias folgt dem allgemeinen Lobpreis ein persönlicher Abschnitt (2,34–35; vgl. 1,76–79). Die Parallelisierung von Mutter und Sohn (2,34–35) erinnert aber an die Sprüche Elisabets (besonders 1,42). Wahrscheinlich stehen wir vor der Konstruktionstechnik des Evangelisten.
Die Leser verpassen oft die Spannung zwischen dem Hymnus (VV 29–32) und der Fortsetzung, die sich privat an Maria wendet (VV 34–35). Auf der einen Seite Frieden und Licht, auf der anderen Schwert und Leiden. Mit J. Scharfenberg[54] würde ich sagen, daß der alte Mann in diesen beiden Reden seinen inneren Widerspruch entdeckt und auf sich nimmt. Erst dann kann er »in Frieden« gehen, d.h. die Versöhnung der Gegensätze erreichen.
Im Parallelismus »zum Fall . . . zum Zeichen . . .« kann das zweite als Schlüssel für das erste gelten. Σημεῖον[55] ist hier keine Bestätigung eines Wortes, sondern Konkretion der göttlichen Handlung (vgl. 11,30). An ihm werden

---

[51] Der Plural λαοί bildet bei Lukas die Ausnahme (nur hier und in Apg 4,25–27).
[52] Viele Abschreiber taten sich schwer mit dem Ausdruck »sein Vater« (Lk 2,33) und ersetzten ihn durch den Eigennamen »Josef«. Etliche stießen sich auch an den Worten »die Eltern« (Lk 2,27) und »seine Eltern« (Lk 2,41.43) und korrigierten sie. Vogels, H.J., Eltern versuchte zu zeigen, daß diese doktrinalen Korrekturen auf Tatian zurückgehen.

[53] Θαυμάζω ἐπί: Lk 4,22; 9,43; 20,26; Apg 3,12; τὰ λαλούμενα: Lk 1,45; Apg 13,45; 16,14; vgl. Apg 17,19. Mit Ausnahme von Mk 5,36 und 1Kor 14,9 findet man die Wendung im Neuen Testament nur bei Lukas.
[54] Vgl. Scharfenberg, J., Widerspruch 29.
[55] Vgl. εἰς σημεῖον κείμενον διὰ παντός (Jos 4,6 LXX).

sich die Geister scheiden[56]. Die Struktur des lukanischen Doppelwerkes wird dieses Orakel bestätigen. Der Fall betrifft also die einen, die Wiederherstellung die anderen. Freilich ist Jes 8,14, wie so oft in diesen Kapiteln, nicht zitiert, bleibt aber immer im Hintergrund. Nach Jes 8,18 werden der Prophet und seine Kinder zu Zeichen und Wundern für Israel werden. Demnach ist der Gedanke von Fall und Wiederherstellung auch von Jes 8 inspiriert: In Jes 8,14 ist es Gott selbst, der beides durch das Zeichen seiner Propheten eröffnet. Bei Lukas spielt Jesus sowohl die Rolle des prophetischen Zeichens (Jes 8,18) als auch die der Gottheit selbst (Jes 8,14)[57].

Daß Lk 2,34 dem hebräischen Text Jesajas näher stehe als dem griechischen[58], ist unkontrollierbar. Bei Lukas wie bei Jesaja ist es ein Orakel, das in ein Gericht einmündet (Lk 2,35b und Jes 8,15). Jes 8,14 sowie der Wortschatz in Lk 2,34b lassen an Jesus als an einen heiligen Stein denken, dem niemand ausweichen kann; κεῖται (»ist gelegt«) kann »ist bestimmt zu« heißen (vgl. Phil 1,16; 1Thess 3,3). Die einen stolpern darüber und fallen, die anderen finden bei ihm neue Kraft, wie in Jes 8,14 nicht aufgrund doppelter Vorherbestimmung, sondern menschlicher Entscheidung gegenüber Gottes Offenbarung. »In Israel« mag traditionell sein, weil Lukas universalistischer denkt. Aber die innerjüdische Diskussion bleibt bis zum Schluß der Apostelgeschichte neben der Mission an die Heiden ständiges Motiv der lukanischen Redaktion (vgl. Apg 28,19 und 25). Ἀνάστασις[59] sollte nicht voreilig mit »Auferstehung« übersetzt werden, trotz der von Lukas geschätzten Doppeldeutigkeit[60].

V 35a stellt vor große Probleme[61]. Καὶ σοῦ δὲ αὐτῆς markiert eine dringliche 35 Anrede. Ἡ ῥομφαία bezeichnet ein großes gerades Schwert mit doppelter Klinge, das sich von der krummen μάχαιρα (mit einer einzigen Klinge) unterscheidet. In der Septuaginta wird aber beides synonym gebraucht, auch metaphorisch, besonders als Bild für das Gericht Gottes[62].
Das häufige Bild für Strafe kommt hier (und überhaupt bei Lukas) nicht in Frage, auch nicht als Hinweis auf christologische Zweifel im Herzen Marias[63]. Neben der Probe von außen (V 34) steht die von innen (V 35; vgl. Ps 36[37],15, ebenso 21[22],21). Jdt 16,9 verwendet διέρχομαι für die Bewegung einer Waffe (vgl. Jdt 6,6). Die persönliche Folge der Auseinandersetzung im öffentlichen Wirken Jesu ist diskret, aber doch anschaulich angekündigt. Der ge-

---

[56] Ἀντιλέγω: »sprechen gegen«, »seinerseits sprechen«, »widersprechen«, »sich widersetzen«; hier: »um ein Zeichen zu sein, das Widerspruch erzeugt«. Feuillet, A., Epreuve 246f und Winandy, J., Prophétie 323f fassen den Ausdruck anders auf: »um ein Zeichen zu sein, dem widersprochen, d.h. das zurückgewiesen werden muß«; vgl. Apg 13,45; 28,19.22. Wenn auch selten, so findet man das Verb doch schon in der Septuaginta, an Israel gerichtet: Jes 65,2; Hos 4,4; vgl. Miyoshi, M., Darstellung 88.

[57] Mit Winandy, J., Prophétie 329 könnte man vielleicht auch an die Kombination von Jes 28,16 und 8,14, die auch Röm 9,33 und 1Petr 2,7–8 bezeugen, denken.
[58] Vgl. Winter, P., Observations 118f.
[59] Vgl. Winandy, J., Prophétie 323.
[60] Anders ebd. 332.336.
[61] Literatur zu V 35 findet sich im Aufsatz von Benoit, P., Et toi-même 216 Anm. 1 (Sammelband).
[62] Bibelstellen vgl. ebd. 216f.
[63] Vgl. Origenes, Hom Luc XVII 6.

genwärtige Messias (VV 26 und 30) wird ein leidender Messias sein (Lk 9,22 und Apg 26,23), und seine Mutter wird an seinen Schmerzen mitleiden[64]. So kann der mit ὅπως eingeleitete Nebensatz nur von V 34b abhängig und V 35a als Parenthese zu verstehen sein.

Mit anderen katholischen Auslegern[65] betrachtet P. Benoit Maria auch als Verkörperung der alttestamentlichen Tochter Zion, d.h. des Volkes Israel. Das »Schwert« wäre mit Ez 14,17 (διέρχομαι wie hier) als göttliches Instrument zur Erprobung und Scheidung des Volkes zu verstehen. Das ganze Leben, nicht nur der Tod des Messias, brächte diesen Prozeß in Gang. Dann wäre V 35a Parallele zu V 34b und nicht Parenthese, doch scheint mir eine kollektive Deutung der Maria schwierig.
J.A. Fitzmyer[66] versteht die Stelle bei individueller Deutung der Maria wie P. Benoit von Ez 14,17 her, vergleicht das Schwert mit dem Wort Gottes und interpretiert διέρχομαι als Weg der Verkündigung. Maria wird innerhalb ihrer Familie und in ihrem eigenen Leben die Diskriminierung des Wortes Gottes spüren (vgl. Lk 8,21 und 11,28)[67]

V 35b: Wie die göttliche Vorbereitung (V 31) auf die menschliche wartet, so steht die menschliche ἀποκάλυψις der Herzen der göttlichen Offenbarung (V 32) gegenüber. Διαλογισμοί ist sonst bei Lukas immer negativ gefärbt. Wie in Jes 8,15 hat Lukas hier wie sonst wahrscheinlich die Verstockung des Volkes im Blick. Das Wirken Jesu zwingt Israel, die letzte Chance zu ergreifen oder zu verpassen. Die Einstellung eines jeden wird dann ersichtlich. Diese im voraus angekündigte Notwendigkeit gibt dem literarischen Werk die Größe und die Spannung einer Tragödie[68].

Die Prophetin Hanna (VV 36–38)

36–37   Obwohl symmetrisch, sind die Beschreibungen Simeons und Hannas völlig verschieden und haben auch eine andere Funktion. Der Mann ist bestimmt durch das, was er ist. Diesem Blick nach *innen* steht bei der Frau ein Blick nach *außen* gegenüber: Hanna bekommt ihre Identität durch ihre Herkunft (V 36a), ihr Alter (V 36b) und ihre soziale und religiöse Stellung (VV 36c–37). Wahrscheinlich spiegelt dieser literarische Unterschied den soziologischen Statusunterschied zwischen Mann und Frau im damaligen Judentum. Hängt das Schweigen des Lukas über die Worte der Prophetin damit zusammen?

---

[64]   Mit Feuillet, A., Epreuve 249, auch wenn die mariologischen Konsequenzen (262: »une véritable association de la Mère du Sauveur aux souffrances rédemptrices«), die er aus dieser Auslegung zieht, zu kritisieren sind.
[65]   Vgl. besonders Laurentin, R., Structure 148–163.
[66]   Fitzmyer I 423 verweist auf Lk 11,28 und auch auf Lk 8,21.
[67]   Winandy, J., Prophétie 336–348 denkt an Sach 12,10 und 13,7, an den Tod Christi und den Fall Jerusalems sowie an die daraus für

die christliche Gemeinde und Maria hervorgehenden Leiden. Garofalo, S., Tuam ipsius animam dagegen zweifelt, daß Lukas irgendeinen alttestamentlichen Text vor Augen hatte, als er Lk 2,35 schrieb.
[68]   Ohne Sinnveränderung kann man καρδιῶν allein als Genitivattribut zu διαλογισμοί gelten lassen oder ihm noch ἐκ πολλῶν zuordnen. Der substantivische Gebrauch von πολλῶν in Lk 2,34 und auch die Satzstruktur lassen die erste Möglichkeit wahrscheinlicher erscheinen.

»Hanna« ist die griechische Form für חַנָּה (חֵן bedeutet »Gunst«, »Gnade«) und erinnert an die Mutter Samuels wie an die Frau Tobits[69]. Lukas freut sich über ihre Herkunft und unterstreicht fast pleonastisch ihr Alter[70]. Wegen ἕως mit Genitiv ist 84 eher ihr gegenwärtiges Alter als die Dauer ihrer Witwenschaft. Die drei Teile ihres Lebens sind genau zu unterscheiden: Jungfrau – Frau[71] – Witwe. In den Augen des Lukas hat sie fromm gelebt und recht daran getan, nicht wieder zu heiraten. Sie entspricht dem Ideal der jüdischen und christlichen Witwe[72]: Natürlich hat sie nicht jede Minute gebetet und gefastet. Wahrscheinlich meint Lukas, daß sie in der Tempelanlage gelebt habe, denn während Simeon hereinkommen muß (V 27), ist sie schon dort.

Besonders interessant ist die Beschreibung der Hanna als Prophetin. Das Alte Testament kennt nur vier solche Gestalten[73], und das Neue verhält sich der prophetischen Aktivität der Frauen gegenüber wortkarg[74]. Nach Lukas steht Hanna wie Johannes und Simeon auf der Schwelle der Testamente: Alle drei sind noch Propheten, noch nicht Zeugen, gehören aber doch zum endzeitlichen Aufblühen der geistgewirkten Prophetie (vgl. Apg 2,17).

Mit V 38 fängt die Handlung parallel zu V 27 (»und zur selben Stunde«) 38 erst an. Hanna bleibt keine passive Zuschauerin, sondern sie betet zu Gott. Ἀνθομολογέομαι, Hapaxlegomenon im Neuen Testament, bedeutet »ein Abkommen gutheißen«, »etwas anerkennen«; absolut heißt es in der Mehrzahl der vereinzelten Stellen der Septuaginta »Gott danken« und »preisen« (das Moment der Antwort ist wegen ἀντί noch spürbar): Ps 78(79),13; Esr 8,88; Dan 4,37 und 37b[75]. Nach dem Gebet folgt die prophetische Predigt (V 38b). V 38b ist lukanisch, mit Ausnahme von λύτρωσις. Auch ohne Artikel ist »Erlösung« determiniert und bezeichnet heilsgeschichtlich (Exodustradition), juristisch (Rut 3,12–4,14) und liturgisch (kultischer Sitz im Leben) die eschatologische Befreiung[76]. Bei Deuterojesaja[77] schafft Gott sie, wie nach

[69] Vgl. 1Sam (LXX 1Kön) 1–2; Tob 1,20; 2,1; 11,9. Der Name des Vaters der Prophetin, Penuël, ist in 1Chr 4,4 belegt (in Gen 32,32 und Ri 8,8 ist es ein Ortsname). Ascher ist ein Nordstamm; vgl. Figueras, P., Syméon 96 Anm. 31. Mit seinen genealogischen Nachrichten will Lukas seinen Lesern eine jüdische Herkunft und Umwelt nahelegen. Jdt 8,1–2, Tob 1,1–2 und Phil 3,5–6 zeigen, daß es unter den Juden eine gewohnheitsmäßige Form gab, jemanden vorzustellen.
[70] John, M.P., How old 247 meint, sie sei über hundert Jahre alt. Varela, A.T., Anna's Age mißt den 84 Jahren einen symbolischen Wert (7 × 12) zu und hebt den Wert der Ehe sowie den noch höheren der Witwenschaft der Hanna hervor.
[71] Die Verminderung der sieben Jahre auf sieben Tage in einem Teil der syrischen Überlieferung geht nach Vogels, H.J., Diatessaron auf Tatian zurück.

[72] Vgl. Jdt 8,4–6; 1Tim 5,3–16; Brown, R.E., Birth 467.
[73] Mirjam (Ex 15,20), Debora (Ri 4,4), Hulda (2[4]Kön 22,14) und die Frau Jesajas (Jes 8,3).
[74] Vgl. Apg 21,9 und 1Kor 11,5. Nach Offb 2,20 nennt sich Isebel Prophetin, Apg 2,17 zitiert die Prophezeiung Joëls (auch die Töchter werden weissagen).
[75] Vgl. zudem 2mal bei Josephus (Ant VIII 10,3 § 257 und VIII 13,8 § 362), beide Male in der Bedeutung »bekennen«, einmal mit »seine Sünden«, einmal mit »seine Verfehlungen« als Objekt.
[76] Man findet das Wort in Hebr 9,12; 1Clem 12,7 und Did 4,6.
[77] Vgl. Jes 43,3–4; 45,14; 49,26; 54,1–8; die Wortgruppe λύτρωσις tritt auch in den Psalmen häufig auf: Ps 48(49),8.9.16; 129(130),8.

Lev 25,47–54 ein Mitglied der Familie für seine Verwandten als »Erlöser« eintritt. Eine solche, auch in den Psalmen bezeugte »Erlösung« erwarten nach Lukas viele in Jerusalem. Jerusalem[78] (in semitischer Orthographie) steht synekdotisch für das ganze Volk (vgl. 2,10).

Die Heimreise (V 39)

39 Mehr über Hanna will oder kann uns Lukas nicht erzählen. Nach einer Abschlußformel (vgl. 7,1; Apg 13,29) führt er die Familie nach Hause.

Die Jugend Jesu (V 40)

40 In einem einzigen Vers werden die zwölf Jugendjahre Jesu zusammengefaßt (vgl. 2,42). Redaktionell sind die Sprache und die Symmetrie mit der Johannesgeschichte (1,80). Nach der nächsten Episode wird Lukas einen ähnlichen Sammelbericht verfassen (2,52). Inspirationsquelle ist 1Sam (LXX 1Kön) 2,21c und 2,26. Gegenüber 1,80 steht »Weisheit« statt »Geist«, wie in 2,52 möglicherweise deshalb, weil das πνεῦμα mit Jungfrauengeburt und Taufe verbunden ist[79].

Die Worte »und die Gnade[80] Gottes war über ihm« (vgl. 2,25) unterstreichen die göttliche Hilfe[81]. Der Herr sorgt für ihn, nicht nur, weil er ihn liebt, sondern weil er für ihn einen Plan hat[82]. So unterstützt wächst Jesus heran und wird kräftig. Mehr wissen wir (leider?) nicht[83], Lukas vermutlich auch nicht.

Zusammenfassung Thesenartig möchte ich diese Auslegung abschließen:

1.   Das Gesetz ist der Rahmen der Prophetie[84] und der Erfüllung. In den Determinismen schafft der lebendige Gott die Möglichkeit des Neuen.

2.   Der Geist ist für Lukas der adäquate Begriff für Prophetie wie für Erfüllung, weniger als eschatologisches (am Ende des Endes) denn als heilsgeschichtliches Gut (am Anfang des Endes).

3.   In dieser Szene treffen sich die Treue Gottes, die seit jeher da ist, und die neubezeugte, denn der gleiche Gott steht hinter Simeon wie hinter Jesus. Lu-

---

[78] Einige Handschriften lesen »die Erlösung in Jerusalem« und nicht »die Erlösung Jerusalems«.

[79] In Apg 6,8 heißt es von Stephanus, er sei »voll Gnade und Kraft«. Nach Apg 7,10 erhält Josef von Gott »Gnade und Weisheit«. Das passive Partizip Präsens von πληρόω findet man noch in Eph 1,23; häufiger ist dagegen das passive Partizip des Perfekts.

[80] Vgl. Cambe, M., La χάρις chez saint Luc, RB 70 (1963) 193–207.

[81] Die Formulierung in Lk 2,40 (mit ihrer Parallele in Apg 4,33) kommt so im Alten Testament nicht vor. Sie ist noch abstrakter als die Wendung in Apg 11,21 (»die Hand des

Herrn war mit ihnen«), hat aber dieselbe Bedeutung.

[82] Die hier auf Jesus bezogene Formulierung ist mit dem an Maria gerichteten Wort in Lk 1,30 in Verbindung zu bringen.

[83] Die apokryphen Kindheitsevangelien, besonders das des Pseudo-Thomas, versuchen diese Lücke zu schließen; vgl. Gero, S., The Infancy Gospel of Thomas. A Study of the Textual and Literary Problems, NT 13 (1971) 46–80.

[84] Figueras, P., Syméon erkennt demgegenüber in Simeon das Sinnbild für das Gesetz, in Hanna das für die Prophetie.

kas erzählt sowohl die Kontinuität des Heilsplans Gottes als auch den Übergang von der vorletzten zur letzten Phase. Symptomatisch »geschieht« dies in Form einer *menschlichen* Begegnung.

4.   Als »heilig« gehört Jesus zu Gott. Er wird nicht losgekauft. Deshalb kann er die λύτρωσις Israels erfüllen.

5.   Jeder Gläubige darf sich mit Simeon identifizieren, denn jeder lebt noch im Vorletzten, darf aber im Licht der Offenbarung in Frieden auf seinen Tod hinschauen.

6.   In Christus empfängt sowohl die Geschichte des einzelnen (2,29–30) wie die Geschichte der Kirche (2,31–32) ihre Bedeutung. Lukas malt eine mikrokosmische Komposition, gibt uns aber zu verstehen, daß sie Abbild des makrokosmischen Planes Gottes ist.

Der zwölfjährige Jesus im Tempel (2,41–52)

Literatur: Brown, R.E., Birth 471–496; *Couroyer, B.,* A propos de Lc II,52, RB 86 (1979) 92–101; *Delebecque, E.,* Note sur Lc 2,41–52, BAGB (1973) 75–83 (= *ders.,* Etudes 39–51); *Dupont, J.,* Jésus retrouvé au temple, ASeign 11 (1970) 40–51; *Elliott, J.K.,* Does Luke 2,41–52 Anticipate the Resurrection?, ET 83 (1971/1972) 87–89; *Escudero Freire, C.,* Devolver 365–418; *Gueuret, A.,* Engendrement 145–173.228–244; *Glombitza, O.,* Der Zwölfjährige Jesus. Lk 2,40–52. Ein Beitrag zur Exegese der lukanischen Vorgeschichte, NT 5 (1962) 1–4; *Gray, J.R.,* Was our Lord an Only Child? – Luke 2,43–46, ET 71 (1959/1960) 53; *Hastings, A.W.,* Was our Lord an Only Child – Luke 2,43–46?, ET 71 (1959/1960) 187; *van der Horst, P.W.,* Notes on the Aramaic Background of Luke 2,41–52, JSNT 7 (1980) 61–66; *van Iersel, B.,* The Finding of Jesus in the Temple. Some Observations on the Original Form of Luke 2,41–51a, NT 4 (1960) 161–173; *Jansen, J.F.,* An Exposition of Luke 2,41–52, Interp. 30 (1976) 400–404; *de Jonge, H.J.,* Sonship, Wisdom, Infancy. Lk 2,41–51a, NTS 24 (1977/1978) 317–354; *Kilgallen, J.J.,* Luke 2,41–50. Foreshadowing of Jesus Teacher, Bibl. 66 (1985) 553–559; *Laurentin, R.,* Enfance 102–113.119.584; *ders.,* Jésus au temple. Mystère de Pâques et foi de Marie en Luc 2,48–50, Paris 1966 (EtB); *ders.,* »Non intellexerunt verbum quod locutus est ad eos« (Lc 2,50), in: Maria in Sacra Scriptura, IV, Roma 1967, 299–314; *Lindemann, F.-W.,* »Wisset ihr nicht, daß ich sein muß in dem, das meines Vaters ist?« WzM 38 (1986) 70–77; *Legrand, L.,* Deux voyages: Lc 2,41–50; 24,13–33, in: A cause de l'Evangile 409–429; *Manns, F.,* Luc 2,41–50 témoin de la Bar Mitswa de Jésus, Mar. 40 (1978) 344–349; *McHugh, J.,* The Mother of Jesus in the New Testament, London 1975, 113–124; *Peretto, E.,* La lettura origeniana di Lc 2,41–52, Mar. 37 (1975) 336–357; *Pesch, R.,* »Kind, warum hast du so an uns getan?« (Lk 2,48), BZ NS 12 (1968) 245–248; *Schmahl, G.,* Lk 2,41–52 und die Kindheitserzählung des Thomas 19,1–5. Ein Vergleich, BiLe 15 (1974) 249–258; *Stock, A.,* Der zwölfjährige Jesus in der Schulbibelillustration, KatBl 112 (1987) 385–387; *Sylva, D.D.,* The Cryptic Clause *en tois tou patros mou dei einai me* in Lk 2,49b, ZNW 78 (1987) 132–140; *Winter, P.,* Luke 2,49 and Targum Yerushalmi, ZNW 45 (1954) 145–179; *ders.,* Lk 2,49 and Targum Yerushalmi Again, ZNW 46 (1955) 140–141; *Weinert, F.D.,* The Multiple Meanings of Luke 2,49 and their Significance, BibTheolBull 13 (1983) 19–22.

41 Und seine Eltern wanderten jährlich nach Jerusalem zum Passafest. 42 Und als er zwölfjährig wurde und sie nach dem Brauch des Festes hinaufzogen 43 und die Tage vollbracht hatten, da blieb der Knabe Jesus, als sie weggingen, in Jerusalem zurück, seine Eltern aber erfuhren es nicht. 44 Da sie meinten, er sei bei den Reisegenossen, zogen sie einen Tagemarsch hin und suchten ihn bei den Verwandten und Bekannten 45 und kehrten, als sie ihn nicht gefunden hatten, nach Jerusalem zurück, ihn zu suchen. 46 Und es geschah nach drei Tagen, da fanden sie ihn in der Tempelanlage mitten unter den Lehrern sitzen und ihnen zuhören und sie fragen. 47 Alle aber, die ihn hörten, erstaunten über sein Verständnis und seine Antworten. 48 Und als sie ihn sahen, gerieten sie außer sich, und seine Mutter sprach zu ihm: Kind, weshalb hast du uns so getan? Siehe, dein Vater und ich suchten dich voller Schmerzen. 49 Und er sprach zu ihnen: Wieso suchtet ihr mich? Wußtet ihr nicht, daß ich im Bereich meines Vaters sein muß? 50 Und sie verstanden das Wort nicht, das er zu ihnen redete. 51 Und er ging mit ihnen hinab und kam nach Nazaret und war ihnen untertan. Und seine Mutter bewahrte alle Worte in ihrem Herzen. 52 Und Jesus machte Fortschritte in Weisheit und Alter und Gnade bei Gott und Menschen.

Analyse   Die Perikope wird von zwei Sammelberichten eingerahmt (2,40 und 2,52), welche beide den Blick auf die Weisheit und die Gnade lenken. Der Verfasser betrachtet die Episode als Beispiel: Die VV 47 und 49 unterstreichen einerseits die Klugheit Jesu, andererseits seine Verbundenheit mit dem Vater.

Mit 2,40 kam der ausgewogene Parallelismus zwischen Johannes und Jesus zu einem Abschluß, so daß mehrere Exegeten die Szene des Kindes Jesus im Tempel als einen Zuwachs betrachten. Der sprachliche Charakter von 2,41–52 ist unzweifelhaft lukanisch. Sollte Lukas selbst in einem zweiten Atemzug oder in einer zweiten Auflage seinen eigenen Text erweitert haben[1]? Dagegen spricht: 1. Der Parallelismus ist wegen der Vielfalt der Traditionen und dem christologischen Anliegen der Redaktion nirgendwo vollkommen, und immer wieder gilt dem Messias die größere Aufmerksamkeit; 2,41–51 stört zwar die Symmetrie, nicht aber die Absicht des Schriftstellers. 2. Sammelberichte gibt es an jedem wichtigen Übergang. Die zwölf Jahre, über die Lukas nichts erzählt, verlangen einen solchen (V 40), ebenso die folgende Etappe (V 52). Daß sich bei Lukas Sammelberichte gleichen, ist natürlich. Doch hat jeder seine Eigenart: Der erste betont das Wachstum in der Kindheit, der zweite den Fortschritt in Jesu Jugendzeit. 2,41–52 ist also ein ursprünglicher Bestandteil der Vorgeschichte Jesu.

---

[1]   Brown, R.E., Birth passim, z.B. 455 meint, daß Lukas die Lieder (Lk 1,46–55; 1,68–79; 2,29–32) und diese Szene (Lk 2,41–52) angefügt habe.

1. *Gliederung.* Die Perikope ist nach H.J. de Jonge ein Musterbeispiel für konzentrische Symmetrie[2]. Der Hinreise (VV 41–42) (A) entspreche die Heimreise (V 51a) (A'), dem unbemerkten Bleiben Jesu (V 43) (B) seine unverstandene Reaktion (VV 49–50) (B'), dem Suchen und Finden seitens der verstörten Eltern (VV 44–46a) (C) ihr Vorwurf gegenüber Jesus (V 48) (C'). Zentrum der Perikope wäre dann Jesu Stellung zu den Gelehrten (VV 46b–47) (X). Nach S. Sibinga steht das Wort μέσῳ genau in der Mitte als das 85. Wort einer aus 170 Wörtern gebildeten Einheit[3].

Diese Strukturierung wird jedoch der Bewegung der Erzählung nicht gerecht. Ihre dramatische Spannung erhält sie durch die entgegengesetzten Programme der Eltern und des Kindes: Der Wille der Eltern entspricht dem Gesetz, der Wille Jesu der neuen Offenbarung. Die Normalität ist am Anfang stark betont (κατ᾽ ἔτος [V 41]; κατὰ τὸ ἔθος [V 42]). In den VV 41–42 handeln Josef und Maria wie gewohnt als gesetzestreue Juden. In V 43b taucht zum ersten Mal das Unerwartete auf: Der Knabe bleibt in Jerusalem. Geschickt verläßt Lukas das heilsgeschichtlich Neue und folgt wieder dem Programm frommer Gesetzeserfüllung (VV 43c–44), das durch V 45a abgebrochen wird. Nach dem langen Suchen (V 45b) bietet sich den Eltern ein unerwarteter Anblick (VV 46–47): Jesus in der Mitte der Gelehrten. Dieses Bild ist sicher ein Höhepunkt der Erzählung, doch nur der erste. Denn auf das Bild folgt ein Wort, auf das Zeichen eine Erklärung, auf das Ereignis eine Deutung (VV 48–49). Nach diesem Höhepunkt bringt Lukas die Erzählung mit der endgültigen Reaktion der Eltern (V 50) und der darauf antwortenden Haltung Jesu (V 51) zu ihrem Abschluß. Die Eltern bleiben dem Programm des Sohnes gegenüber verschlossen, während der Sohn sich bis auf weiteres dem ihren wieder einfügt. Nach H.J. de Jonge hingegen bildet V 51a den Abschluß, während V 51b mit V 52 zu verbinden ist und den Schlußabschnitt der ganzen Vorgeschichte darstellt. Hingegen weist »*seine* Mutter« auf die vorherige Episode, so daß Lukas progressiv vom Abschluß der Einzelerzählung zu dem der ganzen Vorgeschichte übergeht – mit einem doppelten Interesse: für die Mutter und für den Sohn.

2. *Tradition und Redaktion.* Hinter der eindeutigen lukanischen Redaktion verbirgt sich jedoch Tradition: a) Die abgerundete Form läßt eine Einzelerzählung als möglich erscheinen. b) Die Vorgeschichte ist ohne Einfluß (vgl. die Jungfrauengeburt dort und die Vaterschaft Josefs hier). c) Das »Bild« der ungewöhnlichen Weisheit des Kindes steht in Spannung zum »Wort« von der Vater-Sohn-Beziehung. d) Trotz des Chorschlusses in V 47 hat der Verfasser V 48 nicht korrigiert, so daß eigentlich die Zuschauer von V 47 noch Subjekt wären[4].

---

[2] Vgl. de Jonge, H.J., Sonship 339.
[3] Vgl. ebd. 338 Anm. 5.
[4] Das Vokabular von V 47a ist lukanisch, wie Apg 9,21 zeigt; vgl. ebd. 344. Dasselbe läßt sich von V 47b nicht behaupten. Van Iersel, B., Finding 170 bemerkt jedoch, daß Lk 20,26 – eine Beurteilung des Lukas – unserem V 47 ähnlich ist.

Lukas hat am Duktus der Erzählung wenig geändert, sie aber in seine eigenen Worte[5] umgesetzt. Mit dem zusätzlichen V 47 hat er dem »Bild« (V 46) gleichviel Gewicht gegeben wie dem »Wort« und der Erklärung, die er in die beiden Sammelberichte eingebettet hat (Thema der Weisheit Jesu). Die Klimax stand nach der Tradition am Schluß: die schlagende Antwort Jesu (V 49). Ohne die Formulierung selbst zu verändern, sieht Lukas die dortige Vater-Sohn-Beziehung in einer höheren christologischen Perspektive als die Tradition. Er und seine Leser denken zwangsläufig an die Zeugung durch den heiligen Geist (1,35)[6].

3. *Die Gattung.* Handelt es sich nicht um eine Personallegende[7], bei der die Betonung auf dem Abschluß in V 49 liegt? Dann stand unsere Perikope als Legende am Ende der Jesusüberlieferung; als Apophthegma bildet sie umgekehrt »the most reliable information about Jesus«[8]. Sitz im Leben wäre die katechetische Unterweisung[9].
Aber der biographische Charakter der Überlieferung, ihr Interesse an der Identität und am Leben Jesu ist nicht zu übersehen. Auch kennzeichnet die ältesten Apophthegmen eine soteriologische, nicht wie hier eine ontologische Christologie. Nach Form, Inhalt und Ton steht unser Bericht in der Nähe der anderen Episoden der Vorgeschichte. Formgeschichtlich würde ich sie zu den Anekdoten zählen, wie sie bei antiken Biographen beliebt waren, besonders wenn sie ein *bon mot* enthielten. Solches biographische Interesse spricht für späte Zeit und judenchristliches Milieu. Die Anekdote hatte die Funktion, die bescheidene menschliche Herkunft Jesu durch seine Beziehung zum himmlischen Vater apologetisch zu entschärfen.
Das apokryphe *Kindheitsevangelium* des Pseudo-Thomas (2. Jahrhundert) schließt mit dieser Episode und betont die wunderbare Weisheit Jesu, unterstreicht also die redaktionelle Tendenz des Lukas[10].
Dort und schon vorher in der *Epistula apostolorum* liest man eine formgeschichtlich wie inhaltlich unserer Perikope vergleichbare Anekdote: Die Eltern Jesu haben das Kind einem Lehrer anvertraut. Als dieser von ihm die Wiederholung des Buchstabens Alpha erwartet, kennt Jesus schon das Beta und verlangt vom Lehrer die Erklärung dieses zweiten Buchstabens[11].

4. *Ergebnis der Analyse.* Lukas übernimmt und verarbeitet eine isolierte Anekdote und beschließt damit die ganze Vorgeschichte. Zwischen zwei Sammelberichten eingereiht, zeigt sie die Weisheit Jesu auf (VV 46–47), während ursprünglich der Spruch Jesu (V 49), der etwas über die göttliche Identität des Kindes sagte, die Klimax bildete. Sitz im Leben der Tradition war eine inner-

---

[5] Vgl. van Iersel, B., Finding 166f.
[6] Vgl. ebd. 171. Finding glaubt aufgrund der lukanischen Sprache und des »novellenhaften« Stils, daß auch V 44 ein redaktioneller Zusatz sein könnte. Dibelius, M., Formgeschichte 103 ist der Meinung, daß in der Tradition der Ausspruch Jesu den Abschluß der Episode bildete.
[7] Vgl. Dibelius, M., Formgeschichte 103–106.
[8] So van Iersel, B., Finding 172f.

[9] Derselben Ansicht ist Laurentin, R., Jésus 84.143.158f.
[10] Ein scharfsinniger Vergleich der beiden Texte findet sich bei Schmahl, G., Lk 2,41–52.
[11] Ich fasse hier die älteste Form dieser Szene, jene der Epistula apostolorum 4 (15), zusammen. Weiter ausgestaltet erscheint die Episode 2mal im Kindheitsevangelium des Thomas 6 und 14; vgl. Pseudo-Matthäus 31,1–2 und 38,1; arabisches Kindheitsevangelium 48–49; armenisches Kindheitsevangelium 20,1–7.

jüdische Diskussion, besonders die apologetische Antwort der Christen auf jüdische Vorwürfe gegen Jesu armselige Herkunft. Unsicher bleibt, ob der Schluß der Erzählung (von V 50 an) traditionell oder redaktionell ist und wo Lukas seinen abschließenden Sammelbericht (in V 51b?) beginnt.

Die Pilgerreise (VV 41–45)

Erklärung

Nur Lukas erzählt etwas über die Jugend Jesu. Ist diese Szene die wichtigste der Vorgeschichte und Vorschau der Auferstehung[12] oder der Anfang apokrypher Wucherung, erstes Zeichen eines Niedergangs? Andeutungen der Auferstehung fehlen, aber wichtig ist sie als Abschluß der Vorgeschichte und als Übergang von der Geburt zum Auftreten des Messias, und darin besonders die Vater-Sohn-Verbindung, die auf der Linie von der Verkündigung an Maria (1,35) zur Taufe Jesu (3,32) liegt. Wie immer bei Lukas ist die Theologie in die Narrativität eingebettet: V 49 kann als theologische Beschreibung des ganzen Lebens Jesu gelten, auch wenn der Satz zuerst die nüchterne Antwort eines Kindes an seine Mutter darstellt.

VV 41–42: Der Bericht ist weder pro- noch antijüdisch. Die Eltern Jesu[13] sind **41–42** fromme Leute, was Juden wie Heiden verständlich[14] und respektabel ist. Die Meinung, das Kind sei mit zwölf Jahren an einem Fest »Sohn des Gebotes« (בַּר מִצְוָה) geworden, ist für diese Zeit noch nicht zu belegen[15]. Anders als ein Mädchen[16] ist ein zwölfjähriger Knabe noch nicht ganz erwachsen, ist allerdings schon ein παῖς. Wer Jesus hier auf die Stufe der Erwachsenen stellt, verpaßt gerade die Pointe: Schon als Kind besaß Jesus die Weisheit der Großen. Das volle Joch des Gesetzes hatte er erst später auf sich zu nehmen, obwohl er nach der Mischna an den Pilgerfahrten nach Jerusalem teilnahm, seit er gehen konnte[17].

In der griechischen wie in der jüdischen Biographie gab es den Topos des begabten Helden, der mit zwölf Jahren seine überlegene Intelligenz beweist[18]. Cyrus, Cambyses, Alexander und Epikur, ebenso Mose, Salomo, Samuel und Daniel[19]. Nach Josephus begann Samuel als Zwölfjähriger zu prophezeien[20]. So will Lukas in den Spuren der großen Helden Jesu Überlegenheit beschreiben.

In V 43a spricht Lukas als Schriftsteller, nicht als Vertreter der jüdischen Liturgik: Ob **43–45**

---

12 Vgl. Laurentin, R., Jésus 8.

13 Einige Abschreiber ersetzen diesen Ausdruck mit Rücksicht auf die Jungfrauengeburt durch »Josef und Maria«; vgl. oben S. 146.

14 Lukas unterläßt es möglichst, Fremdwörter zu gebrauchen. In Lk 2,41, wo das Wort πάσχα unvermeidlich ist, verdeutlicht er es durch das Wort »Fest«, in Lk 2,42 läßt er es weg.

15 Die meisten der bei Manns, F., Bar Mitswa zitierten talmudischen Texte setzen die Volljährigkeit der Knaben bei 13 Jahren an. Manns erwähnt jedoch auch einige Stellen, bei denen das Alter von 12 Jahren genannt wird (bBer 24a und Sifre Num 22 [hier schwankt die handschriftliche Überlieferung zwischen 12 und 13 Jahren]). Weiterhin hält er fest, daß eine Bar-miṣwa-Feier erst in den jüngeren Texten auftaucht.

16 Vgl. den Kommentar zu Lk 8,42 unten S. 447.

17 Vgl. mHag 1,1; de Jonge, H.J., Sonship 317–324.

18 Vgl. ebd. 323.

19 Vgl. ebd. 322f.

20 Vgl. Josephus, Ant V 10,4 § 348.

die vollen sieben Tage des Festes oder nur die zwei ersten, die für die Pilger vorgeschrieben waren, vollendet sind, interessiert ihn nicht[21].

Ἀναβαινόντων[22] und τελειωσάντων stehen nicht im gleichen Tempus. Das erste Partizip bezeugt im Präsens die Dauer, das zweite faßt im Aorist eine abgeschlossene Handlung zusammen und eröffnet die Episode (siehe Übersetzung)[23]. Anderseits hält Lukas von Anfang an Eltern und Kind geschickt auseinander; bis V 43b handeln nur Maria und Josef. Natürlich ist Jesus mitgezogen, aber als unabhängige Person fällt er erst durch seinen Willen auf, in Jerusalem zu bleiben. Sein Zurückbleiben wird durch das Kompositum ὑπομένω in Gegensatz zum Fortgehen der anderen gestellt[24]. Καὶ οὐκ ἔγνωσαν οἱ γονεῖς αὐτοῦ kann nicht auf ein früheres, von Lukas nicht überliefertes Wort Jesu bezogen sein, das seinen Eltern angekündigt hätte, er müsse in Jerusalem bleiben[25]. Weder γινώσκω noch der absolute Gebrauch sind erstaunlich (vgl. 9,11 sowie 24,18 und Apg 17,13). Textkritisch ist »Jerusalem« in V 42 wohl zu streichen, da es in V 41 wie in V 43 vorkommt. Bemerkenswert sind in V 44 die elegante Syntax und Wortwahl[26].

Wann fangen die Eltern an, das Kind zu suchen? Sobald sie bemerkten, daß es nicht bei ihnen war oder erst am Abend im Zusammenhang der Übernachtungsetappe? Die Dramatisierung der Erzählung spricht für die zweite Antwort: Eine Suchaktion wird erst nötig, nachdem am Ende der täglichen Etappe ängstliche Unruhe in ihren Herzen aufsteigt[27]. »Bei den Verwandten und Bekannten« erinnert an ähnliche lukanische Ausdrücke (1,58; 14,12; 21,16; Apg 10,24). V 45 steht im antithetischen Parallelismus zu V 43: Als die Eltern »zurückkehrten«, blieb Jesus in Jerusalem; als sie das Kind nicht fanden, kehrten sie nach Jerusalem zurück. Durch das Partizip Präsens (ἀναζητοῦντες)[28] suggeriert Lukas, daß die Eltern jede Gruppe, die sie treffen, befragen.

Καὶ ἐγένετο bezeichnet einen Abschnitt: Nach dem Suchen kommt das Finden (V 46 kontrastiert V 45). Μετὰ ἡμέρας τρεῖς deutet nicht auf die Auferstehung[29] (die bei Lukas τῇ τρίτῃ ἡμέρᾳ oder τῇ ἡμέρᾳ τῇ τρίτῃ datiert wird: 9,22; 18,33; 24,7.46; Apg 10,40), sondern drückt eine unbestimmte Dauer aus, ist also nicht genauer zu berechnen[30].

---

21 Vgl. Plummer 75 und Godet 204. Zum Fest vgl. Ex 12,15.16; Lev 23,6–8; Dtn 16,3.
22 Da Jerusalem auf einer Anhöhe liegt, sagt man »nach Jerusalem hinaufsteigen«.
23 Vgl. Delebecque, E., Note 45 (Sammelband).
24 Vgl. Bauer s.v.
25 Vgl. Delebecque, E., Note 41–47 (Sammelband).
26 Im Bemühen, Josef und Maria vor der Kritik, sie hätten nicht genug achtgegeben, zu schützen, haben verschiedene Autoren angenommen, die Frauen und Männer seien in getrennten Gruppen nach Jerusalem gepilgert. Lagrange 94 wendet sich gegen diese alte Hypothese.

27 Die Syntax verbietet es nicht, die Suche schon unterwegs beginnen zu lassen. Plummer 75 stellt sich vor, daß sie während des ganzen Tages den langen Pilgerzug von vorn bis hinten, und von hinten bis vorn absuchten.
28 Man darf das ἀνά von ἀναζητέω nicht unbeachtet lassen: »aufsuchen«.
29 Gegen Laurentin, R., Jésus 101f und Elliott, J.K., Resurrection 88.
30 Mit de Jonge, H.J., Sonship 324–327 gegen die Kommentatoren, die in der Folge H. Grotius' rechnen: einen Tag für die Rückreise nach Galiläa, einen Tag für die erneute Reise nach Jerusalem und den Tag, an dem sie Jesus fanden.

Das Bild des weisen Sohnes (VV 46–47)

Die Überraschung besteht darin, daß die Eltern das Kind nicht einfach ir- 46–47
gendwo entdecken. Zum zweiten Mal überrascht das »Programm« Jesu die
Erwartung der Eltern: Er hat sich im Tempel installiert. Darum ist die fol-
gende Diskussion voll von Mißverständnissen: Die Eltern fragen nach dem
Zurückbleiben, während der Sohn mit der Behauptung seines Platzes im
Tempel antwortet.

Im Tempelareal (ἱερόν und nicht ναός) weilt Jesus »mitten unter den Lehrern«
– die zweite Angabe präzisiert die erste in 1,39. Eine Synagoge im Tempel von
Jerusalem ist nirgends belegt, jedoch vom 17. Jahrhundert an immer wieder
Gegenstand der Spekulation. Da der Raum für den Unterricht die Stoa (der
Porticus, die Säulenhalle) war, denkt Lukas wohl an die Halle Salomos (Apg
3,11; 5,12.21.25), dessen Weisheit ihm natürlich bekannt ist (Lk 11,31). Dort
lokalisiert er später auch die Lehrstätte der Apostel. Wie das Evangelium
durch Paulus der griechischen Philosophie nur in Athen begegnen kann (Apg
17), so soll die erste Diskussion Jesu mit den Lehrern Israels nicht in der Dorf-
synagoge Nazarets, sondern im weltberühmten Tempel der heiligen Hauptstadt stattfinden, wohin ihn ein religiöser Anlaß (Passafest) bringt (vgl. 2,1–
5.22)[31]. Das Bild zeigt nicht eine Schulklasse mit einem Lehrer, sondern eine
gelehrte Versammlung von Weisen[32]. Ob jüdische Rabbinen sich so trafen
oder nicht, Lukas gebraucht das Bild aller dasitzenden Gelehrten, unter die
Jesus gleichrangig aufgenommen wird. Er sitzt nicht wie ein Jünger zu den Füßen dieser Lehrer (vgl. Apg 22,3). Seine Position ist eher die des Lehrers. Daß
die Lehrer ihn so empfangen, beweist Jesu Weisheit, die sich in Hören[33] und
Fragen ausdrückt.

V 47 läßt Publikum vermuten. Der redaktionelle Vers erweitert auch die
Weisheit des Kindes, das es sogar wagt, schwierige Fragen, an diesem Ort natürlich religiöser Natur, zu beantworten. Ohne rabbinische Ausbildung kennt
das Kind Jesus den Willen Gottes. Dahinter wie hinter der Apologie der »un-
gebildeten« Apostel (Apg 4,13) steht eine Auseinandersetzung mit den jüdischen Intellektuellen, die die Lücken der Ausbildung bei Jesus und innerhalb
der Urgemeinde verspotten. »Sein Verständnis und seine Antworten« ist insofern Hendiadyoin[34], als das Verständnis sich in den Antworten zeigt, doch
will Lukas mit σύνεσις nicht nur die Antworten, sondern auch die Person Jesu
beschreiben.

Σύνεσις ist die intellektuelle Fähigkeit, Zusammenhänge zu sehen und Urteile zu fällen, kann also mit Verständnis, Verstand, Urteilskraft oder Einsicht
übersetzt werden. In der Septuaginta, besonders in der weisheitlichen Litera-

---

[31] Vgl. de Jonge, H.J., Sonship 330.
[32] Mit διδάσκαλος bezeichnet Lukas die
Rabbinen nur hier; ein Hinweis darauf, daß
Lukas die Stelle aus der Überlieferung übernommen hat.
[33] In diesem Falle ist ἀκούω mit dem Geni-

tiv für die Person, der man zuhört, der Nor-
malfall; vgl. dazu die Diskussionen um ἀκούω
mit Genitiv oder mit Akkusativ in den Berichten über die Bekehrung des Paulus (Apg
9,7 und 22,9).
[34] Vgl. Bl-Debr-Rehkopf § 442,9b.

tur, bedeutet das Wort häufig die vom religiösen Glauben genährte Einsicht, oft fast synonym mit σοφία. Der Mensch hat sie nach biblischer Tradition nicht in seiner weltlichen Autonomie, sondern in der Verbundenheit mit dem Willen Gottes. Das hellenistische Judentum zeigt sich jedoch mehr als eine Welt der Lehre und der Weisheit denn als eine Welt der Offenbarung und der Prophetie, und das beeinflußt die späteren Weisheitsbücher der Septuaginta. Trotzdem bleibt die σύνεσις eine religiöse und inspirierte Einsichtskraft, was auch für Lukas gilt. Später im Evangelium wird Jesus als Thaumaturg und Messias auftreten. Hier ist er, schon als Kind, Modell der frommen Weisheit[35].

Wenn man von Isotopie sprechen darf, beherrscht die des Wissens die Perikope. Wie oft bei Lukas ist die Thematik nicht die Antinomie des Guten und des Bösen, des Wissens und der Unwissenheit, sondern die Alternative zwischen einem Gut und einem noch höheren Wert. Es geht um die Spannung zwischen der jüdischen, noch nicht aufgeklärten Weisheit und der höheren, christlichen, geoffenbarten Weisheit. Die Eltern Jesu meinen das mosaische Gesetz zu kennen, doch genau das ist die Frage (V 49). Es bleibt jedoch offen, ob sie sich an das durch Jesus manifestierte Neue anschließen wollen (V 51b) oder nicht (V 50). Je nach Entscheidung kann dieses Halbwissen entweder ein- oder irreführend werden. Darauf liegt aber nicht der Akzent, sondern auf der Weisheit Jesu; sie ist zuerst (VV 46–47) die der Lehrer, d.h. Kenntnis der Schrift, der vergangenen Offenbarung, aber dann (im Spruch V 49) die des Propheten, d.h. Kenntnis der eschatologischen und christologischen Offenbarung.

In diese Richtung ging eine Auslegung in der Antike. Nach Irenäus (*Adv Haer* I 20,2) haben Häretiker behauptet, Jesus hätte den bis dahin unbekannten Gott den uneinsichtigen Eltern vorstellen wollen. Origenes insistiert im Gegenteil auf dem Suchen der Eltern nach dem Sohn und lädt seine Zuhörer ein, die Schrift und das Wort mit gleicher Energie zu suchen[36]. Ferner haben viele Kirchenväter das Wortspiel bemerkt und unterstrichen, wie Jesus uns zum wahren Vater führen will[37].

Die rätselhafte Deutung (VV 48–49)

48   V 48 schildert den menschlich gesehen verständlichen Schlag[38] für die Eltern und ihren Schmerz. Daß die Mutter und nicht der Vater spricht, liegt an der

---

[35] Vgl. Conzelmann, H., Art. σύνεσις κτλ., in: ThWNT VII (1964) 886–894 und Balz, H., Art. σύνεσις κτλ., in: EWNT III (1983) 730f.
[36] Vgl. Origenes, Hom Luc XVIII 2–3 und XIX 4–5; Peretto, E., Lettura. Laurentin, R., Jésus 190 zitiert ein weiteres Origenes zugeschriebenes Fragment (Origenes, Werke IX 116,17–117,4 [GCS 49]).
[37] Siehe z.B. das Fragment aus dem Lukaskommentar von Titus aus Bostra, hrsg. v.

Sickenberger, J., Titus von Bostra, Studien zu dessen Lukashomilien, Leipzig 1901 (TU 21,1), 152; zitiert bei Laurentin, R., Jésus 199.
[38] Die Eltern (Lk 2,48) teilen die Bewunderung der Menge nicht. Sie sind ungehalten darüber, daß Jesus sie verlassen hat, und bewundern die Weisheit ihres Sohnes keineswegs. Die Logik der Erzählung verbietet es, sie »in Schutz zu nehmen«.

marianischen Perspektive der lukanischen Vorgeschichte wie an der literarischen Absicht des Verfassers, im Dialog ein Gegenüber der zwei Väter anschaulich zu machen.

Freilich geht der Text in Richtung einer höheren Christologie, aber es steckt auch eine ernsthafte Anerkennung der Inkarnation dahinter. Ist Lk 1–2 nicht auch ein Bekenntnis der Menschwerdung, die nicht nur im Leiden und in Getsemani evident wird? Der Zwölfjährige wird auch in seinem Wachstumsprozeß (vgl. 2,40), in seiner sich ausbildenden und sich behauptenden Autonomie dargestellt (V 43). Er tut nicht, was seine Eltern erwarten, und tut, was sie nicht wollen. Darunter leiden sie, und Marias Satz können vor allem Frauen mitfühlen: »Kind, weshalb hast du *uns* (ἡμῖν) so getan?« Und wie ein Halbwüchsiger gibt Jesus nicht nach: Er behauptet seine Meinung mit absoluter Selbstverständlichkeit. Wie oft in den Generationskonflikten verstehen die Eltern am Schluß der Auseinandersetzung den Sohn nicht, und wie oft in solchen Fällen bleibt der Vater stumm. Im Gedächtnis der lukanischen Gemeinde ist Jesus nicht nur als Sohn des göttlichen Vaters aufgetreten, sondern auch völlig menschlich als mündig werdender Knabe.

Auf der Stufe der theologischen Botschaft drücken die narrativen Elemente dieses Verses (V 48) die heftige Abwehrreaktion der Halbwissenden vor der neuen Perspektive der neuen Offenbarung aus. Nicht anders, nur heftiger werden die Einwohner Nazarets reagieren (4,16–30). Nicht anders die Gemeindeglieder von Cäsarea (Apg 21,10–14), wenn Paulus sich der höheren Norm unterstellen wird. Das Wissen um Gott ist bei weitem nicht nur kognitiv: starke Emotionen, affektive Momente sind mit einbezogen. Bis zum Schluß der Apostelgeschichte wird Lukas die jüdische Gesetzesfrömmigkeit, die für ihn Halbwissen ist, in das richtige Licht der endgültigen Offenbarung rücken (Apg 28,23–28)[39].

Im Neuen Testament taucht τέκνον (V 48) im Vokativ viel häufiger als παῖς (V 43) auf (nur Lk 8,54 enthält eine grammatisch im Nominativ stehende Anrede), weil der Vokativ ὦ παῖ ungebräuchlich geworden ist und in τέκνον noch etwas von der etymologischen Bedeutung (τίκτω = gebären) anklingt (vgl. Gal 4,19). Τί ἐποίησας ἡμῖν οὕτως ist alttestamentliche Formel (Gen 12,8; 20,9; 26,10; 29,25; Ex 14,11; Num 23,11; Ri 15,11); sie gehört »immer in den Zusammenhang einer Täuschung, aus der heraus sie gesprochen ist; sie ist somit Ausdruck einer ›Ent-täuschung‹. In diesem Sinne trifft sie auch genau die in Lk 2,48 vorausgesetzte Situation.«[40] Daß Lukas die alte Formel bewußt anwendet, zeigt sich im Ersatz eines vorangestellten τοῦτο durch nachgestelltes οὕτως, das sich auf V 43 zurückbezieht, nicht auf die letzte Handlung Jesu (VV 46–47). Normalerweise steht »ich« in einer koordinierten Formel an erster Stelle (»ich und Barnabas« [1Kor 9,6; vgl. 1Kor 15,11; Joh 8,16; 10,30]). Maria sagt

---

[39] Vgl. die Untersuchung der verschiedenen Schemata bei Zumstein, J., L'apôtre comme martyr dans les Actes de Luc. Essai de lecture globale, RThPh 112 (1980) 371–390.

[40] Pesch, R., Kind 247.

umgekehrt »dein Vater und ich«. Nach Augustin folgt Maria dem *ordo conjugalis* (der
Mann ist nach Eph 5,23 Haupt der Frau)[41], aber Lukas will eben das Wortspiel mit den
49 beiden Vätern deutlich machen (V48 und V49). Τί ὅτι (V49) ist selten (vgl. Apg
5,4.9)[42] und fordert eine Ergänzung durch ein unausgesprochenes Verb (ἐστίν oder γέγονεν [vgl. Joh 14,22]). Lukas verwendet in den VV 44 und 45 ἀναζητέω, da die Eltern
ihren Sohn auf dem Weg zurück (ἀνά) suchen, in den VV 48 und 49 hingegen, wo sie
sich in Jerusalem befinden, notiert er das einfache ζητέω[43]. Οὐκ in einer Frage (V49)
läßt eine positive Antwort erwarten: Nach Meinung des Evangelisten hätten die Eltern Jesus nicht suchen müssen, da sie hätten wissen sollen, wo er sich aufhält.

Ἐν τοῖς τοῦ πατρός μου δεῖ εἶναί με ist eine alte crux interpretum, weil verschiedene Bedeutungen möglich sind: a) Da die Szene im Tempel spielt, kann
man eine lokale Bedeutung annehmen: »im Bereich meines Vaters«, »bei meinem Vater sein«[44]. b) Da τά plus Genitiv normalerweise »was einem gehört«
und εἶναι ἐν gut griechisch »sich beschäftigen mit« heißt, kann man übersetzen: »mich mit den Sachen meines Vaters beschäftigen«[45]. c) Da Lukas Dop-
peldeutigkeiten schätzt, führt die lokale Antithese (bei seinem himmlischen,
nicht bei seinem irdischen Vater) zur Aussage über Jesu Beschäftigung mit
dem, was seinem himmlischen Vater eigen ist. Eine solche änigmatische Antwort paßt zur Gattung der Anekdote. Das Präsens δεῖ weist auf eine über die
von Jesus bald abgebrochene Szene im Tempel hinaus dauernde Haltung hin.
Von dieser dauerhaften Beziehung zu Gott hätten die Eltern wissen sollen.
Durch die doppeldeutige[46] Antwort gibt Jesus seinem Handeln eine symbolische Bedeutung: Der unerwartete Aufenthalt im Tempel wird ein Gleichnis
für die andauernde Tätigkeit des Messias, wie später die bescheidene Geste
der Reinigung des Tempels (19,45–46) einen symbolischen Gehalt gewinnen
wird.
Formal wird die doppelte Reaktion der Mutter (V48) vom Sohn mit einem
doppelten Spruch beantwortet (V49). Die Konstruktion zeigt sowohl chiastische wie parallele Elemente[47].
Inhaltlich beschreibt das von Lukas geliebte δεῖ[48] die Beziehung zwischen Vater und Sohn als eine heilsgeschichtliche. Die Zuwendung Jesu zum Vater
entspricht dem Willen des Vaters für den Sohn: Die gegenseitige Beziehung
manifestiert sich in der Heilsökonomie, die weder rein funktionell zu sehen

---

[41] Vgl. Augustinus, Sermo LI 11,18 (PL 38,343); vgl. Laurentin, R., Jésus 217f und de Jonge, H.J., Sonship 330f.
[42] Vgl. Bl-Debr-Rehkopf § 293,3 Anm. 3 und Delebecque, E., Note 41 (Sammelband).
[43] Die Handschriften schwanken beide Male (Lk 2,48.49) zwischen dem Imperfekt, das Nestle[26] setzt, und dem Präsens.
[44] Vgl. Laurentin, R., Jésus 68–72; ders., Enfance 261f, der sich für die Bedeutung »bei meinem Vater« entscheidet; vgl. dazu in der Septuaginta Ijob 18,19 und Est 7,9.

[45] Vgl. Delebecque, E., Note 40–42 (Sammelband).
[46] Vgl. de Jonge, H.J., Sonship 331–337.
[47] Chiastisch sind die Subjekte der Verben (Sohn – Eltern in 2,48b und Eltern – Sohn in 2,49) gesetzt, parallel die beiden die Fragen einleitenden τί und die Erwähnung des »Va-ters«.
[48] Vgl. de Jonge, H.J., Sonship 350f; Dupont, J., Jésus 46f.

ist noch abstrakt als ontologische Wesenseinheit, sondern als persönliche Agape-Beziehung.

Ob »mein Vater« schon in der Tradition diese ganze christologische Breite besaß, ist fraglich, daß jedes jüdische Kind so hätte reden können, ist unwahrscheinlich, denn die Gottesanrede Abba gehört zur spezifischen Identität des historischen Jesus. Wohl aber zeigt die Midrasch-Literatur den orakelhaften Charakter, den Juden, Heiden und Christen den Sprüchen der Kinder gern zuerkannten[49]. Besonders interessant ist der Zusatz im Fragmenten-Targum zu Ex 15,2: »Von der Brust [ihrer] Mütter winkten die Säuglinge mit ihren Fingern zu ihren Vätern und sagten zu ihnen: Dieser ist unser Vater, der uns Honig aus dem Felsen zu saugen gab und uns Öl aus dem harten Stein gab.«[50]

Wichtiger als die Frage nach einer nicht auszuschließenden geschichtlichen Erinnerung ist es, den Kräften nachzuspüren, die die Überlieferung einer solchen Erzählung bewirkt haben. An erster Stelle steht das christologische Anliegen einer Gemeinde, die soviel Weisheit bei ihrem Herrn voraussetzt wie bei anderen jüdischen und heidnischen Helden. Diese Konkurrenz erklärt auch die fremden literarischen Elemente und thematischen Motive[51]. Die biblischen Berichte von Samuel (1Sam [LXX 1Kön] 2,18–26) und von Daniel haben ihre Prägung hinterlassen[52]. Die zweite Kraft ist die Erinnerung an die menschliche Seite Jesu: Das Kind besitzt nach V 46 kein übernatürliches Wissen und bleibt im Verlauf der Erzählung sehr menschlich. Der zwölfjährige Jesus paßt also in die Christologie des Urchristentums: Er ist der Sohn Gottes, und er ist Mensch.

Der Rückgang in das Normale (VV 50–52)
Ein Fenster hatte sich in das christologische Mysterium[53] geöffnet. 50–51
Lukas schließt es jetzt und bricht mit dem *Novum* ab, um die Familie – Jesus inbegriffen – wieder in die Sphäre des gesetzestreuen Judentums zu bringen. Die Eltern verstehen das ῥῆμα (wohl V 49) nicht und kehren nach Nazaret zurück. Jesus bleibt ihnen – dem fünften Gebot (Ex 20,12) gemäß – gehorsam (die periphrastische Form und das Partizip Präsens unterstreichen die Dauer).

---

[49] Man braucht nur an das *tolle, lege* der Kinderstimme, das Augustinus bei seiner Bekehrung als Befehl des Himmels interpretiert, zu denken; vgl. Augustinus, Confessiones VIII 12.
[50] Winter, P., Targum (1954) 170f.
[51] Vgl. Bultmann, R., Syn. Trad. 327f; de Jonge, H.J., Sonship 339–342; Laurentin, R., Jésus 147–158.
[52] Verschiedenen alten Zeugen zufolge – z.B. nach der Harclensis, einer der syrischen Übersetzungen in Waltons Polyglottenbibel, London 1657, IV, Historia Susannae, oratio

Azariae cum cantico trium puerorum et historia Beli et draconis 8 – war Daniel zwölf Jahre alt, als er sich zu den Alten setzte, um zu richten (Susanna 1,45 = Dan 13,45); vgl. Dupont, J., Jésus 45 und de Jonge, H.J., Sonship 323 Anm. 1. Nach Josephus, Ant V 10,4 § 348 war Samuel (1Sam [LXX 1Kön] 2,26) zwölf Jahre alt, als er zu weissagen begann. Viele Handschriften der Septuaginta erwähnen schließlich, daß Salomo bei seiner Thronbesteigung zwölf Jahre alt war (1[3]Kön 2,12).
[53] Vgl. Laurentin, R., Jésus 84.

Dann erweitert Lukas den Blick in der Form eines Sammelberichts: Maria bleibt in der gleichen Haltung wie vor zwölf Jahren. Der Satz klingt an 2,19[54] an, aktualisiert aber auch eine biblische Formel[55].

52　Das gleiche gilt für Jesus: V 52 wirkt wie ein Refrain, den wir in 2,40 schon gehört haben, und nimmt 1Sam (LXX 1Kön) 2,26 auf; doch handelt es sich jetzt weniger um die Phase des Wachstums (2,40) als der Fortschritte (προκόπτω). Doch zwischen σοφία und χάρις (beide schon in 2,40) wird ἡλικία (Lebensalter, Körpergröße)[56] eingefügt. Χάρις ist Beziehungsbegriff (»bei Gott und Menschen«) und darf nicht substanzhaft verstanden werden. Die Gnade Gottes und die menschliche Anerkennung ruhen auf dem ungestört sich entwickelnden Kind.

Zusammenfassung　Lukas veranschaulicht hier wie ein Maler die wunderbare Weisheit Jesu. Des Gesetzes kundig, ist er wohl – das ist mit Stolz weitererzählt worden – das weiseste Kind in Israel. Die Perikope enthält aber im schlagenden Wort des Knaben einen zweiten Pol: Der Wille Jesu entspricht der neuen Offenbarung Gottes und überholt den gesetzmäßigen Willen seiner irdischen Eltern. Dieser Wille hat seine Legitimität im explizit gewordenen Anspruch auf die Sohnes-Beziehung zum wahren Vater.

Das Wirken des Täufers und die Taufe Jesu (3,1–22)

Literatur:　*Alonso Diaz, J.,* El Bautismo de fuego anunciado por el Bautista y su relación con la profecía de Malaquías, EstB 23 (1964) 319–331; *von Baer, H.,* Der Heilige Geist in den Lukasschriften, Stuttgart 1926; *Bernard, L.W.,* Matt. III.11 / Luke III.16, JThS NS 8 (1957) 107; *Bertrand, D.A.,* Le baptême de Jésus. Histoire de l'exégèse aux deux premiers siècles, Tübingen 1973 (BGBE 14); *ders., L'Evangile des Ebionites.* Une harmonie évangélique antérieure au *Diatessaron,* NTS 26 (1979–1980) 548–563; *Best, E.,* Spirit-Baptism, NT 4 (1960) 236–243; *Betz, O.,* Die Proselytentaufe der Qumransekte und die Taufe im Neuen Testament, RdQ 1 (1958/1959) 213–234; *Braun, H.,* Entscheidende Motive in den Berichten über die Taufe Jesu von Markus bis Justin, ZThK 50 (1953) 39–43; *Brown, S.,* »Water-Baptism« and »Spirit-Baptism« in Luke-Acts, AThR 59 (1977) 135–151; *Collins, R.F.,* Luke 3,21–22. Baptism or Anointing, The Bible Today 84 (1976) 821–831; *Conzelmann, H.,* Mitte 12–21; *Cronin, H.S.,* Abilene, the Jewish Herods and St Luke, JThS 18 (1917) 147–151; *Dennison, C.G.,* How is Jesus the Son of God? Luke's Baptism Narrative and Christology, CTJ 17 (1982) 6–25; *Dieckmann, H.,* Das fünfzehnte Jahr des Tiberius (Lk 3,1), BZ 16 (1922/1924) 54–65;

---

[54]　Πάντα τὰ ῥήματα (unsicherer Text) geht über die Tempelepisode hinaus und faßt die Ereignisse in Lk 1–2 zusammen. Διατηρέω unterstreicht das Im-Gedächtnis-Bewahren, während in Lk 2,19 συντηρέω das Zusammenhalten und συμβάλλω das Interpretieren der Worte durch Maria hervorhob. Das Moment des Interpretierens kann hier in 2,51

nicht wieder aufgenommen werden, da nach 2,50 weder Maria noch Josef die Aussage Jesu begriffen hatten.

[55]　Vgl. Gen 37,11 (TPsJ fügt »in seinem Herzen« hinzu); Dan 4,28 LXX; Dan 7,28 Theodotion; TestLev 6,2.

[56]　Vgl. Dupont, J., Jésus 43.

ders., Das fünfzehnte Jahr des Caesar Tiberius, Bib. 6 (1925) 63–67; *Dunn, J.D.G.*, Baptism in the Holy Spirit. A Re-examination of the New Testament Teaching on the Gift of Spirit in Relation to Pentecostalism Today, London 1970 (SBT II/15); *ders.*, Jesus and the Spirit. A Study of the Religious and Charismatic Experience of Jesus and the first Christians as Reflected in the New Testament, London 1975 (NTLi); *ders.*, Spirit-and-Fire Baptism, NT 14 (1972) 81–92; *Feuillet, A.*, Le baptême de Jésus, RB 71 (1964) 321–352; *ders.*, Le symbolisme de la colombe dans les récits évangéliques du Baptême, RSR 46 (1958) 524–544; *Fledermann, H.*, John and the Coming One (Matt 3,11–12 // Luke 3,16–17), in: Society of Biblical Literature, Seminar Papers 1984, hrsg. v. K.H. Richards, Chico, 1984 (SBL Seminar Papers Series 23), 377–384; *Garnet, P.*, The Baptism of Jesus and the Son of Man Idea, JSNT 9 (1980) 49–65; *George, A.*, La venue du Seigneur, ASeign 6 (1969) 70–79; *Gero, S.*, The Spirit as a Dove at the Baptism of Jesus, NT 18 (1976) 16–35; *Geyser, A.S.*, The Youth of John the Baptist, NT 1 (1956) 70–75; *Glasson, T.F.*, Water, Wind and Fire (Luke 3,16) and Orphic Initiation, NTS 3 (1956/1957) 69–71; *Gnilka, J.*, Die essenischen Tauchbäder und die Johannestaufe, RdQ 3 (1961/1962) 185–207; *Goguel, M.*, Au seuil de l'évangile, Jean-Baptiste, Paris 1928; *Grant, R.M.*, The Occasion of Luke 3,1–2, HThR 33 (1940) 151–154; *Hoffmann, P.*, Logienquelle 15–33; *Jacquemin, P.-E.*, Le baptême du Christ, ASeign 12 (1969) 48–66; *Jeremias, J.*, Der Ursprung der Johannestaufe, ZNW 28 (1929) 312–320; *Kazmierski, C.R.*, The Stones of Abraham. John the Baptist and the End of Torah (Matt 3,1–10 par. Luke 3,7–9), Bib. 68 (1987) 22–40; *Keck, L.E.*, The Spirit and the Dove, NTS 17 (1970/1971) 41–67; *Lentzen-Deis, F.*, The Gospel Between Myth and Historicity – as Demonstrated in the Accounts about the Baptism of Jesus, Tantur Yearbook (1980/1981) 165–186; *ders.*, Die Taufe Jesu nach den Synoptikern. Literarkritische und gattungsgeschichtliche Untersuchungen, Frankfurt a.M. 1970 (FTS 4); *Potterie, I. de la*, L'onction du Christ. Etude de théologie biblique, NRTh 80 (1958) 225–252; *Robinson, J.A.T.*, The Baptism of John and the Qumran Community, HThR 50 (1957) 175–191 (= *ders.*, Twelve New Testament Studies, London 1962 [SBT 34]), 11–27; *Rius-Camps, J.*, ¿Constituye Lc 3,21–38 un solo periodo? Propuesta de un cambio de punctuación, Bib. 65 (1984) 189–209; *Sabbe, M.*, Le baptême de Jésus. Etude sur les origines littéraires du récit des Evangiles synoptiques, in: De Jésus aux Evangiles 184–211; *Sahlin, H.*, Die Früchte der Umkehr. Die ethische Verkündigung Johannes des Täufers nach Lk 3,10–14, StTh 1 (1948) 54–68; *ders.*, Studien zum dritten Kapitel des Lukasevangeliums, Uppsala 1949 (UAA 2); *Samain, E.*, La notion de ἀρχή dans l'œuvre lucanienne, in: L'Evangile de Luc 299–328; *Schottroff, W.*, Die Ituräer, ZDPV 98 (1982) 125–152; *Schramm, T.*, Markus-Stoff 34–36; *Schulz, S.*, Q 366–378; *Schwarz, G.*, τὸ δὲ ἄχυρον κατακαύσει, ZNW 72 (1981) 264–271; *Thompson, G.H.P.*, Called – Poved – Obedient. A Study in the Baptism and Temptation Narratives of Matthew and Luke, JThS 11 (1960) 1–12; *Thyen, H.*, Βάπτισμα μετανοίας εἰς ἄφεσιν ἁμαρτιῶν, in: Zeit und Geschichte (FS R. Bultmann), hrsg. v. E. Dinkler, Tübingen 1964, 97–125; *Trilling, W.*, Le message de Jean-Baptiste, ASeign 7 (1969) 65–73; *Uprichard, R.E.H.*, The Baptism of Jesus, IrBibStud 3 (1981) 187–202; *Vögtle, A.*, Die sogenannte Taufperikope Mk 1,9–11 – Zur Problematik der Herkunft und des ursprünglichen Sinns (EKK.V 4), Zürich 1972, 105–139 (= *ders.*, Offenbarungsgeschehen 70–108 [mit einem Nachtrag]); *Voss, G.*, Christologie 83–94; *Williams, G.O.*, The Baptism in Luke's Gospel, JThS 45 (1944) 31–38; *Wink, W.*, John the Baptist in the Gospel Tradition, Cambridge 1968 (MSSNTS 7), 42–58.

1 Im fünfzehnten Jahr aber der Regierung des Kaisers Tiberius, als Pontius Pilatus Statthalter über Judäa und Herodes Vierfürst über Galiläa war, sein Bruder Philippus aber Vierfürst über die Gegend von Ituräa und der Trachonitis und Lysanias Vierfürst über Abilene, 2 unter dem Hohenpriester Hannas und Kajafas, da kam das Wort Gottes über Johannes, den Sohn des Zacharias, in der Wüste. 3 Und er kam in die ganze Umgebung des Jordans, eine Bußtaufe zur Sündenvergebung verkündigend, 4 wie geschrieben steht im Buch der Worte Jesajas, des Propheten: »Die Stimme eines Rufenden in der Wüste: Bereitet den Weg des Herrn; macht seine Pfade gerade. 5 Jede Schlucht wird aufgefüllt und jeder Berg und Hügel eingeebnet werden, und es wird das Krumme gerade und die rauhen zu ebenen Wegen werden, 6 und sehen wird alles Fleisch das Heil Gottes.«

7 Er sagte aber der Menge, die herauskam, sich von ihm taufen zu lassen: Ihr Otternbrut, wer hat euch gewiesen, den künftigen Zorn zu fliehen? 8 Bringt nun Früchte, die der Buße würdig sind. Und beginnt nur nicht bei euch zu sagen: Wir haben Abraham zum Vater. Denn ich sage euch: Gott vermag dem Abraham aus diesen Steinen Kinder zu erwecken. 9 Aber schon ist auch die Axt den Bäumen an die Wurzel gelegt; nun wird jeder Baum, der nicht gute Frucht bringt, abgehauen und ins Feuer geworfen. 10 Und es fragte ihn die Menge: Was sollen wir tun? 11 Er aber antwortete und sagte ihnen: Wer zwei Untergewänder hat, der teile mit dem, der keines hat, und wer Speise hat, tue gleichermaßen. 12 Es kamen aber auch Zöllner, sich taufen zu lassen, und sprachen zu ihm: Lehrer, was sollen wir tun? 13 Und er sprach zu ihnen: Fordert nicht mehr, als euch aufgetragen ist. 14 Es fragten ihn aber auch Soldaten und sagten: Und wir, was sollen wir tun? Und er sprach zu ihnen: Erpreßt niemanden und verleumdet nicht und laßt euch an eurem Sold genügen. 15 Da aber das Volk in Erwartung stand und alle in ihren Herzen sich über Johannes Gedanken machten, ob er nicht etwa der Messias sei, 16 antwortete Johannes und sagte zu allen: Ich taufe euch mit Wasser; es kommt aber der, der stärker ist als ich, dem auch nur die Schuhriemen zu lösen ich nicht genug bin. Er wird euch mit heiligem Geist und Feuer taufen. 17 Er hat seine Wurfschaufel zur Hand, seine Tenne zu säubern und den Weizen in seine Scheuer zu sammeln; die Spreu aber wird er verbrennen mit unauslöschlichem Feuer. 18 So verkündete er auch mit vielen anderen Mahnungen dem Volk die Frohbotschaft. 19 Herodes, der Vierfürst, von ihm zurechtgewiesen wegen Herodias, der Frau seines Bruders, und wegen alles Bösen, das Herodes getan hatte, 20 fügte auch das noch allem hinzu, daß er Johannes ins Gefängnis einschloß.

21 Und es geschah bei der Taufe des ganzen Volkes, daß sich, als Jesus getauft worden war und betete, der Himmel öffnete 22 und der heilige Geist auf ihn herunterstieg in leiblicher Gestalt wie eine Taube und eine

Stimme aus dem Himmel erging: Du bist mein geliebter Sohn, an dir habe ich Gefallen gefunden.

Lukas markiert den neuen Abschnitt stilistisch mit einem breiten Synchro-   Analyse
nismus. Ein heilsgeschichtliches Ereignis wird so eingeführt: der Ruf Gottes
an Johannes und das von ihm initiierte Wirken des Propheten. Den Abschluß
bildet ein Schriftbeweis (3,4–6).
Drei Abschnitte der für Johannes typischen Predigt-Worte (3,7–9; 10–14; 15–
17) werden in einer Art Sammelbericht (V 18) noch ausgeweitet. Angeredet
werden die Menge (ὄχλοι [VV 7 und 10]) und das Volk (λαός [VV 15 und 18)] –
hier wohl Synonyma –, also weder wie bei Markus Judäa und die Jerusalemer
noch wie bei Matthäus die Pharisäer und Sadduzäer.
Lukas berichtet knapp, im Stil des Historikers, von der Verhaftung des Johannes (VV 19–20)[1] und der (zeitlich früher liegenden) Taufe Jesu (VV 21–22).
Ἐγένετο δέ (V 21) läßt einen Übergang spüren: Das Hauptinteresse wechselt
von Johannes auf Jesus über, dessen Genealogie (VV 23–28), »Amtseinsetzung« (4,1–13) und erstes Wirken (4,14–30) folgen.
Der Kurzbericht über Predigt und Leben des Täufers knüpft über Kap. 2 an
die Geburtsgeschichte des Johannes an, besonders an 1,80. Die folgenden Berichte über Jesus dienen als literarisches Pendant zu Lk 3. So herrscht in Lk
1–2 wie in Lk 3–4 eine – freilich zugunsten Jesu akzentuierte – Symmetrie
zwischen beiden.
Abgesondert und in das Wirken Jesu verlegt hat Lukas die Worte Jesu an Johannes und über Johannes (Lk 7,18–35). Dazu kommen noch die Anspielungen auf ihn in Apg 1,5–22; 10,37; 11,16; 13,24–25; 19,3–4.

Gattungsmäßig gehört Lk 3 zur Historiographie mit der Eigentümlichkeit, daß der
Verfasser die Worte der Hauptfigur vor die Darstellung der Ereignisse ihres Lebens
setzt, was alttestamentlich-jüdischer Historiographie mit ihrem göttlichen Eingreifen
durch den Mund eines Propheten verwandt ist. Nächstliegende Parallelen sind die
Anfänge der prophetischen Bücher (bes. Hag 1,1) und Josephus oder die *Antiquitates
Biblicae.* Der jüdischen Geschichtsschreibung sind im übrigen Schriftzitate nicht
fremd (1Makk 4,24; 7,17; 9,21.41; 2Makk 7,6). Die Kürze des Berichtes über Johannes
darf nicht erstaunen. Im Richterbuch wie in seinem Nachwirken bei Josephus und bei
Pseudo-Philo reicht ein Bericht über einen Propheten, Richter oder König oft nicht
über zwei Seiten hinaus, und es werden nur ein oder zwei charakteristische Ereignisse
und typische Worte aus deren Leben ausgewählt.
Woher schöpft der Verfasser seine Information? Das Problem des Verhältnisses zwischen Tradition und Redaktion ist von vielen durch die Markus-Hypothese gelöst
worden, da von hier an bei Lukas eine ähnliche Reihenfolge wie bei Markus vorliegt
(Täufer-Taufe-Versuchung usw.). Besonderheiten gegenüber Markus könnten durch
die Kompositionskunst des Lukas erklärt werden. Nach H. Conzelmann gehört Jo-

---

[1] Bossuyt-Radermakers 134 betrachten Lk
3,1–20 als Einheit und sehen in den beiden
Erwähnungen des Herodes in 3,1–2 und
3,19–20 die einschließenden Klammern.

hannes noch zum Prophetentum, also zum Alten Testament, da er bei Lukas weder mit Judäa noch mit Galiläa, den Stätten des Wirkens Jesu, zu tun hat. In meiner Sicht ist er eine Figur auf der Schwelle, sowohl Prophet als auch Vorläufer. Da man ähnliches bei Matthäus wiederentdeckt, basiert dieser Tatbestand wohl auf der Überlieferung der Logienquelle. Insgesamt gilt dies für den größten Teil der VV 1–18[2], d.h. für die Botschaft des Johannes. Ob die Standespredigt (VV 10–14), die ohne matthäische Parallele ist, auf eine Sonderquelle zurückgeht oder lukanische Formulierung ist, bleibt unbekannt. Die VV 19–20 (Gefangennahme) sind literarische Aufnahme von Mk 6,17–18 (stilgemäß wird Justin [Dial 49,4–5] Mk 6 ähnlich zusammenfassen). Der lukanische Bericht über die Taufe Jesu steht Markus sehr nahe. Ein minor agreement könnte in die Richtung eines Q-Berichtes weisen: das Verbum ἀνοίγω (3,21 par); aber da Lukas in V 22 Markus folgt (σὺ εἶ), bleibt der Rückgriff auf Q unsicher.

Gemeinsamkeiten in Inhalt und Aufbau zwischen Lukas und Matthäus sprechen für den Ursprung der VV 1–9 und 14–18 aus Q: a) Die Beschreibung des Ereignisses geht – im Unterschied zu Markus (VV 2–6 par) – dem Zitat voraus. b) In V 4 par wird allein Jes 40,3 zitiert (Mal 3,1 folgt später in Q, nämlich in 7,17 par). c) Allein Lukas und Matthäus geben die Bußpredigt des Täufers wieder (VV 7–9 par). d) Anders als bei Markus werden die Worte über Wasser- und Feuertaufe einerseits und den Stärkeren andererseits ineinandergeflochten (mit der Q-Sonderlesung des Feuers neben dem Geist [V 16]). e) Die VV 17–18 par sind ohne Parallele bei Markus[3].
Das heißt nicht, daß Lukas Markus völlig ignoriert. Aus dem Markus-Exemplar, das er als gebildeter Historiker wahrscheinlich offen auf seinem Schreibtisch liegen hatte, schöpft er die Zusammenfassung des Wirkens des Johannes (»eine Bußtaufe zur Sündenvergebung verkündigend« [V 3b]), die ihm einleuchtet, weil die Predigt des Johannes im Vordergrund steht, nicht der Ritus. Was hatte Q an dieser Stelle, wenn Mt 3,2 redaktionell ist (Ruf zur Buße und Nähe des Gottesreiches[4])?
Weil Lukas ungern verschiedene Quellen miteinander mischt und lieber zuerst dem einen Erzählfaden folgt (hier Q), um dann einen zweiten (Markus) aufzugreifen, fehlen die Tracht des Johannes und seine asketische Ernährung.

Redaktionell ist offensichtlich der breite Synchronismus, wenn auch nicht ohne literarische Vorbilder. Dann öffnet Lukas das Buch des Jesaja (oder der Propheten). Wie in Q läßt er das Wort αὐτοῦ (LXX: τοῦ θεοῦ ἡμῶν) am Ende von V 4 stehen, ist aber besonders an Jes 40,5 (»und sehen wird alles Fleisch das Heil Gottes« – das Wort

---

[2] Bis 4,15 – vielleicht sogar bis 4,30 – folgt Lukas wahrscheinlich Q.
[3] Auch die Worte πᾶσα ἡ περίχωρος τοῦ Ἰορδάνου (3,3a; vgl. die Parallelstelle Mt 3,5b; der Ausdruck kommt schon in der Septuaginta vor: Gen 13,10) könnten auf Q zurückgehen. In der lukanischen Redaktion werden sie gebraucht, um eine Ortsverände-

rung des *Johannes* zu erwähnen; in der Q-Überlieferung (vgl. Mt 3,5b) bezeichnen sie die Bewegung der *Menge* auf Johannes zu.
[4] Wie Schulz, S., Q 368 nehme ich an, daß die Worte »es kommt aber der, der stärker ist als ich« (Lk 3,16b) aus Markus stammen, während die Parallele bei Matthäus (Mt 3,11b) Q widerspiegelt.

»Heil« steht nur in der Septuaginta[5]) interessiert. Danach erst bricht er das Zitat ab. Weshalb Lukas die Worte καὶ ὀφθήσεται ἡ δόξα κυρίου aus Jes 40,5 überging (einige Versionen haben sie nachträglich eingefügt), ist mir rätselhaft[6].

Aus der Sprache und dem Vergleich mit Matthäus geht hervor, daß V7a und die drei Fragen τί ποιήσωμεν samt ihren Einleitungen (V10; V12; V14a) redaktionell sind. Bemerkenswert ist das Partizip στρατευόμενοι, weil das Gebot (V14b) auch auf andere Berufe angewandt werden könnte.

In der Einführung (V15) des Doppellogions (V16) sind Wortschatz und Konstruktion typisch lukanisch[7], der Inhalt der Frage ist jedoch unlukanisch. Wie besonders in der Passionsgeschichte kommt hier eine mit dem Evangelisten Johannes verwandte Tradition zum Vorschein. Auch Joh 1,24–27 verbindet eine Frage über die messianische oder prophetische Identität des Täufers mit dem Logion über die Taufe und den Stärkeren (beide von Johannes stark überarbeitet). Die als Einleitung für die zwei Q-Logien nach den VV 10–14 geltende Frage fand Lukas inhaltlich in der auch Johannes bekannten Überlieferung vor.

Der Sammelbericht V18 (imperfektische Verallgemeinerung) ist wie immer redaktionell. Jedes Wort stammt von Lukas (λαός, εὐαγγελίζομαι; vgl. ἕτερα πολλὰ βλασφημοῦντες [Lk 22,65]; παρακαλέσας αὐτοὺς λόγῳ πολλῷ [Apg 20,2]; πολλὰ καὶ βαρέα αἰτιώματα καταφέροντες [Apg 25,7]).

Lukas schickt also dem Wirken Jesu einen längeren Abschnitt über den Vorläufer voraus. Er benutzt besonders die Q-Quelle, übernimmt aber auch Markus und kennt noch andere Traditionen. All diese Überlieferungen haben schon in einem längeren Prozeß archaisches Material geordnet. Es enthält vor allem Worte des Täufers, Informationen über seine Praxis und seine Gefangennahme wie auch Interpretationen seines prophetischen Wirkens (mit Hilfe der Schrift) und seiner Person (in Verbindung mit der Person Jesu). Es wurzelt im ältesten christlichen Kerygma (vgl. Apg 10,37–38); einzelne Logien könnten dem historischen Johannes zugesprochen werden, wobei er wahrscheinlich nur vom Feuer des Gerichtes und nicht von dem des Geistes gesprochen und mit dem Stärkeren eher an Gott als an den Messias gedacht hat.

Das Auftreten des Johannes (VV1–6)

Erklärung
1–2

Nach der ersten Datumsangabe in 1,5 weist Lukas jetzt, getreu alttestamentlicher Datierung[8], auf eine ungefähr eine Generation spätere Zeit hin. Die politische Lage hat sich geändert: In Judäa herrscht ein römischer Statthalter. Die heilsgeschichtlichen Ereignisse gehören sogar der Zeit fremder Herrscher über Israel an. Über diese ist er gut informiert und kennt die Amtssprache, denn ἡγεμονεύω wird für einen römischen Statthalter benutzt, besonders ei-

---

[5] Vgl. Rese, M., Motive 170.
[6] Der Septuagintatext des Lukas steht dem Codex Alexandrinus nahe: siehe εἰς ὁδοὺς λείας (V5); vgl. Holtz, T., Untersuchungen 39.

[7] Προσδοκάω, λαός, διαλογιζομένων πάντων ἐν ταῖς καρδίαις αὐτῶν sind sämtlich lukanisch; vgl. Schulz, S., Q 368 Anm. 300f.
[8] Vgl. Jer 1,2–3.

nen praefectus, was Pontius Pilatus war. Der Titel procurator (Codex D: ἐπι-τροπεύω) wurde erst später eingeführt. Testamentarisch hatte Herodes der Große sein Königtum auf drei seiner Söhne aufgeteilt: Archelaus, Herodes Antipas und Philippus[9]. Auf Bitte jüdischer und samaritanischer Delegationen hatten die Römer 6 n.Chr. Archelaus ab- und einen römischen praefectus eingesetzt. Mit Pontius Pilatus an Stelle von Archelaus, mit Herodes Antipas und Philippus ist also das ganze Reich Herodes' des Großen beschrieben. Samaria, das Lukas sonst interessiert, fehlt, weil nicht der Raum, sondern die Zeit im Vordergrund steht und Judäa die ganze Provinz inklusive Samaria und Idumäa bedeuten kann, wie Galiläa auch Länder wie Peräa einschließt.

Von Augustus, der das Testament des Herodes anerkannt hatte, erhielt Archelaus nicht den erhofften Königstitel, sondern den des Ethnarchen, Antipas und Philippus den des Tetrarchen (ursprünglich Regent über den vierten Teil eines Gebiets, »später unter völliger Abstreifung des ursprünglichen Sinnes [. . .] Bezeichnung eines kleinen abhängigen Fürsten, dessen Rang und Machtstellung geringer sind als die eines Königs«[10]). Das hat Lukas vielleicht nicht verstanden, an eine vierfache Teilung gedacht und dabei Lysanias, Tetrarch von Abilene, hinzugefügt. Möglich ist aber auch, daß er auf diese Weise auf die heidnische Welt hinlenken will oder ein besonderes Interesse an dieser Gegend hat. Da Abilene ursprünglich ein Teil des ituräischen Reiches war und Caligula es 37 n.Chr. mit der Tetrarchie des Philippus dem Herodes Agrippa I. samt dem Königstitel schenkte, könnte Abilene einmal dem Großreich des Herodes zugehört haben, so daß es für Lukas jüdisches Gebiet wäre. Zur Zeit, da er schreibt, gehört es ja noch dem jüdischen König Agrippa II. (53–100). Das alles bleibt hypothetisch, über Lysanias ist nichts Sicheres zu finden.

Jedenfalls konnten die Herrscher Israels ihre Macht nur unter der Herrschaft des Kaisers Tiberius ausüben, der darum mit seinem Amtsjahr an den Anfang des Synchronismus tritt. Auch prophetische und apokalyptische Schriften müssen seit der Exilszeit – nicht nur für ihre Daten – mit fremden Herrschern rechnen, wenn auch sicher nicht ohne Hemmungen. Hier wie auch im 2,1 scheint Lukas ohne Zögern im Römischen Reich den gegebenen Rahmen der göttlichen Intervention zu sehen.

Ab wann Lukas datiert, wissen wir nicht genau, vermutlich vom Tod des Augustus (14 n.Chr.) an, womit die Berufung des Johannes im Jahr 28/29 n.Chr. erfolgt wäre[11].

Nach den politischen Herrschern nennt Lukas zwei Hohepriester. Hannas hatte sein Amt von 6–15 n.Chr., Kajafas, sein Schwiegersohn, von 18–36 n.Chr. inne. Will Lukas eine längere Periode andeuten? Das ist, verglichen mit dem »politischen« Abschnitt des Synchronismus, unwahrscheinlich. Dächte er an zwei gleichzeitig amtierende Hohepriester, wäre der Plural ἀρχιερέων zu erwarten. Klar ist nur, daß Lukas wie auch der Evangelist Johannes Hannas

---

[9]   Vgl. Reicke, B., Zeitgeschichte 82–85.
[10]   Bauer s.v. τετράρχης.
[11]   Zur Erörterung dieses Datums sowie des ganzen Synchronismus im 19. Jahrhundert

z.Z. der Leben-Jesu-Forschung – von Kritikern wie Apologeten – vgl. Zahn 175–188 sowie aus jüngerer Zeit Hoehner, H.W., Herod 307–312.

und Kajafas mit der Geschichte Jesu verbinden und beide als Hohepriester betrachten (Apg 4,6; Joh 11,49; 18,13.18). Da andere neutestamentliche Schriften wie auch Josephus von den Hohenpriestern oft im Plural sprechen, bezeichnet dieser wohl das Kollegium der höchsten religiösen Behörde, insbesondere den amtierenden Hohenpriester und – so weit diese noch am Leben waren – dessen Vorgänger[12].

Der Synchronismus führt auf der literarischen Ebene zuerst einen neuen Abschnitt ein, in einem Werk historischer Art aber eine neue Etappe der Geschichte. Wir können diese elementaren Feststellungen in zwei Richtungen weiterführen: Einerseits werden die Ereignisse des Evangeliums durch den Bezug zu den Großen dieser Welt aus dem Dunkel gezogen: »Dies alles hat sich ja nicht in irgendeinem Winkel zugetragen« (Apg 26,26). Durch den Synchronismus wie durch das ganze lukanische Doppelwerk erfährt die synoptische Tradition einen sozialen Aufstieg: Eine Volkstradition wird auf die Ebene der Literatur gehoben, auf ein höheres Niveau gebracht und dadurch beglaubigt[13]. Andererseits stellt sich Lukas damit in die Nachfolge der prophetischen Literatur. Die Tradition über Johannes gestaltet er zu einer Berufungsszene, die dem Anfang eines prophetischen Buches gleicht. Deshalb folgt dem Synchronismus nicht wie bei Matthäus und Markus ein Satz über das Wirken des Täufers, sondern über das Eingreifen Gottes: »Da kam das Wort Gottes über Johannes«. Dadurch gelangt das Handeln Gottes in die Bahnen der Zeit. Ist das so gefährlich, wie H. Conzelmann vorgibt? Es gibt prophetische und apokalyptische Präzedenzfälle, und Gottes Eingreifen erfolgt durch das Wort. Lukas behauptet nicht, daß Gott geschichtliche Ereignisse, die in sich Heilscharakter hätten, direkt bewirke. Doch hat sein Wort geschichtliche, sogar historische Folgen. Aber sie sind nicht von Gottes Macht oder Glanz erfüllt. Wenn Gott spricht, dann durch einen Boten: hier durch Johannes. Was diesen als historische, konkrete Gestalt von anderen Menschen unterscheidet, gehört nicht zum Sichtbaren, Verfügbaren. Er wandert durch das Land (V 3a) wie andere auch. Was neu ist, was Gott mitten unter die Menschen trägt, ist seine Botschaft (V 3b). Es ist weder eine Besetzung des Irdischen durch das Göttliche noch ein Wortereignis ohne geschichtliche Folgen. Das Wort Gottes bewirkt Heilsgeschichte, wenn Menschen es hören, es lieben und ihm gehorchen.

Seien es theologische Gründe oder literarische Anforderungen[14], bei Lukas, der hier eher Q folgt, kommen, im Unterschied zu Markus, Wüste und Jordan nicht im gleichen Satz vor. Die Wüste ist Ort der Berufung, die Jordangegend Ort der Verkündigung. Der zweite Ausdruck ist alttestamentlich[15] und

---

12 Vgl. Vanhoye, A., Prêtres anciens, prêtre nouveau selon le Nouveau Testament, Paris 1980 (Parole de Dieu 20), 22.

13 Vgl. die feierliche Einleitung, die man an den Anfang des Philippusmartyriums setzte, als dieses Stück aus dem Zusammenhang der gesamten Philippusakten herausgetrennt wurde (ActPhil §§ 107f).

14 Vgl. Conzelmann, H., Mitte 12–15 sowie die Kritik an Conzelmann bei Wink, W., John 49f.

15 Vgl. Gen 13,10–11; 2Chr 4,17.

weist auf die Gegend von Sodom und Gomorra, das Stammland der Sünde, das freilich nach jüdischer Tradition ans südliche Tote Meer gebunden ist. Denkt Lukas an Lot und Abraham, wenn er Johannes und Jesus trennt? Er entfaltet im Fall von Johannes das Bild eines Wanderpredigers (aus Q; vgl. Mt 3,1). Mit Markus weiß er, daß das Volk zu Johannes kam (ἐκπορευομένοις [V 7]).

Die dichte Zusammenfassung der Botschaft des Johannes[16] ist wörtlich Markus entnommen. Aber sie bekommt eine lukanische Deutung: Die Wassertaufe des Täufers besiegelt einen persönlichen Entschluß, das ganze vergangene Leben unter Gottes Gericht zu verstehen und einzig auf seine Vergebung zu warten[17]. Die eschatologische Einmaligkeit ist nicht mehr das Primäre, die persönliche Verantwortung des einzelnen wird unterstrichen. Dieser Schritt führt zur Konstruktion einer neuen Realität in Gedanken, Glauben und Praxis.

4–6   Das Zitat dient als Schriftbeweis: Die Predigt des Täufers, von den Christen in ihren Glauben integriert, war echte Antwort auf eine göttliche Berufung. Johannes war die Stimme, die in der Wüste ruft. Lukas muß eine kleine Spannung[18] in Kauf nehmen: Eigentlich befindet sich Johannes bei seinem »Rufen« nicht mehr in der Wüste, sondern im Jordantal. Vielleicht weiß Lukas, daß die Wüste fast bis zum Jordan reicht. Lukas trennt Wüste und Jordangebiet, da diese üppige Gegend seiner Meinung nach symbolisch mit der Sünde verbunden ist.

Das Zitat ruft aber nicht nur zu Bußpredigt und Wassertaufe auf, sondern zugleich zur aktiven Erwartung des Herrn. Schon die Essener hatten Jes 40,3 für sich in Anspruch genommen[19], jetzt ebenso die Christen (Q, Markus), wahrscheinlich in der Folge des historischen Täufers. Natürlich weist für sie, für Lukas insbesondere, ὁ κύριος auf Jesus (für Jesaja, Qumran und den Täufer war es noch Gott); deshalb die Korrektur von τοῦ θεοῦ ἡμῶν zu αὐτοῦ in Q und Markus.

Die apokalyptischen Bilder, besonders das Einebnen des Wegs (V 4), an dem das heutige Verhältnis zur Schöpfung Anstoß nimmt, zielen auf prophetische Verkündigung: Johannes bereitet das Volk auf den Messias Jesus vor; man schmückte und richtete die Straßen her, die ein Prinz oder König beim Einzug in eine Stadt betreten mußte. Die Ankunft dieses Herrn (V 4) gilt nicht nur Israel, sondern allen Menschen. Sie bringt ihnen das Heil. Es »sehen« ist im Semitischen gleichbedeutend mit »daran teilhaben«.

---

[16] Der Herold (κῆρυξ) versieht in Griechenland eine offizielle Funktion. Er untersteht einer Behörde, vermittelt eine öffentliche Botschaft und fordert von seinen Zuhörern Aufmerksamkeit. Das im Neuen Testament häufige Vokabular der Verkündigung erscheint schon in der Septuaginta: Gen 41,43; Dan 3,4; Sir 20,15; vgl. Cremer, H., Wörterbuch 599–601. Dem Wort κήρυγμα begegnet man zwar nur einmal im lukanischen Doppelwerk (Lk 11,32, aus Q übernommen), dem

Verb κηρύσσω dagegen häufig (9mal im Evangelium, 8mal in der Apostelgeschichte). Es wird damit die Verkündigung der Zeugen – Jesu oder, wie hier, Johannes des Täufers – bezeichnet. Es kommt dem Wort »evangelisieren« nahe; vgl. Fitzmyer I 147.
[17] Zur Sündenvergebung vgl. ebd. I 459f und Leroy, H., Art. ἀφίημι κτλ., in: EWNT I (1980) 436–441.
[18] Vgl. Conzelmann, H., Mitte 14.
[19] Vgl. 1QS 8,12–16.

Die Bußpredigt (VV 7–9)

Mit V 7 kommt Lukas auf die Predigt (V 3) des Täufers zurück. Anders als   7
Markus interessiert ihn – wie vor ihm Q – Johannes eher als Prediger denn als
Täufer. Formgeschichtlich liegt die Gattung der prophetischen Droh- und
Gerichtsorakel[20] vor. Gegen S. Schulz sehe ich die VV 7–9 und 15–17 nicht als
formgeschichtliche Einheit an; ebenso scheint mir die Charakterisierung der
VV 7–9 als apophthegmatisch unzutreffend zu sein. Die Reaktion der Angeredeten ist nicht direkt ausgesprochen, sondern in die Rede des Täufers eingebettet[21]; so entsteht kein Dialog. Es ist eher eine Spruchkette mit einer kurzen
Einführung, die Lukas von Q übernommen hat[22]. Angeredet ist die Menge,
später das Volk (anders Matthäus). Johannes wendet sich also nach Lukas
ebenso wie Jesus[23] an das Volk Israel, das aus Stadt und Land zu ihm herauskommt[24].

Lukas betrachtet diese Worte als historischen Ausdruck des Täufers; er weiß,
daß die Mehrheit der »Menge« Israels trotz der Predigt des Johannes und der
Botschaft Jesu die Früchte der Umkehr nicht erbrachte. Die Drohworte des
Johannes sind zur Zeit des Lukas zum gefällten Urteil geworden: Der »Zorn«
ist unausweichlich[25], und andere, die Heiden, sind zu Kindern Abrahams geworden. Die unbußfertigen Söhne sind für Lukas wie unfruchtbare Bäume.
Ob das Gericht über Israel nach Meinung des Evangelisten bereits vollzogen
ist (z.B. mit dem Fall Jerusalems im Jahr 70) oder noch aussteht, sei dahinge-
stellt, zumindest erkennt er in der Predigt des Täufers vergangene Drohung
und gegenwärtiges Gericht zugleich und insofern erfüllte Prophetie. Das bedeutet nicht, daß sich Lukas darüber freut und den Triumph des Heidenchristentums mit Schadenfreude legitimiert. Möglicherweise überliefert er diese
Worte gerade auch deshalb, um seine Adressaten vor einer »falschen Sicherheit« zu warnen und sie vor einem ähnlichen Schicksal zu bewahren. Die Begriffe »den Zorn fliehen« und »Früchte der Buße« (der Plural ist lukanisch, wie
Mt 3,8 zeigt) gehören zur christlichen Paränese und Missionssprache (vgl. in
Apg 26,20 ἄξια τῆς μετανοίας ἔργα πράσσοντας neben τοῦ λαβεῖν αὐτοὺς
ἄφεσιν ἁμαρτιῶν in V 18). Die überlieferten Worte des Johannes sind also
nicht nur historisch verstanden, sondern wurden auch für die Gemeinde aktualisiert (zum Teil schon in Q).

Bewundernswert ist die Vielfalt der Ausdrucksmittel: Nach einer polemischen Anrede, die das sonst von Juden gegenüber Heiden verwendete

---

[20] Lohmeyer, E., Matthäus 37 meint: »Die
Worte des Täufers sind nach Art. at.-licher
Prophetenrede eine Spruchreihe.« Insbesondere Mt 3,8–9 = Lk 3,8 ist seiner Meinung
nach eine Streitrede.
[21] Vgl. Schulz, S., Q 366–369. Μὴ ἄρξησθε
(Lk 3,8) ist redaktionell, doch verglichen mit
dem traditionellen μὴ δόξητε (Mt 3,9) handelt es sich nur um eine stilistische Änderung.

[22] Vgl. ebd. 367.
[23] Vgl. Conzelmann, H., Mitte 15.
[24] Schulz, S., Q 371f führt fünf Argumente
an, die für eine Spätbildung dieser Verse innerhalb der hellenistisch-christlichen Q-Gemeinde sprechen.
[25] Ebenso wie die Christen glaubten viele
Juden jener Zeit, sie könnten dem Zorn Gottes entgehen; vgl. ebd. 374 Anm. 336.

Schimpfwort »Otternbrut« gegen Israel kehrt, erfolgt eine rhetorische *Frage* im Stil der Propheten[26]. Johannes geht davon aus, daß die Menge von falscher

8 Weisheit verführt wurde. Der Imperativ, der zur Buße auffordert, stellt der Verführung die positiven Folgen (»Früchte«) der Umkehr entgegen. Das durch λέγω γὰρ ὑμῖν eingeführte *Bekenntnis* zur schöpferischen und erlösenden Kraft (δύναται) Gottes (ἐγεῖραι) kommt dem vorausgeahnten Einwand (»wir haben Abraham zum Vater«) zuvor. Wir sind nicht weit vom Gedanken der Erwählung: Aber wenn die Kinder nicht mehr durch das Fleisch in die Nachkommenschaft Abrahams kommen, dann hier auch nicht durch die freie Wahl Gottes wie bei Paulus, sondern durch die verantwortliche Entscheidung des Menschen. Freilich ist die für alle Völker freigegebene Umkehr (Apg 11,18) Antwort auf die liebevolle Bewegung Gottes, der wie in Apg 11,18 (»Gott hat also auch den Heiden die Umkehr zum Leben geschenkt«) Subjekt ist. Weit von jeder Diskussion über den Synergismus entfernt, kann Lukas Heil nur als eine relationale Verbindung verstehen, für die, wie in der menschlichen Liebe, das Zusammenwirken beider Partner nötig ist. Steinharte Herzen müssen zuerst Fleisch, d.h. lebendig werden (Ez 36,26; deshalb das Verbum ἐγεῖραι in V 8)[27].

Geht das Bild von den Steinen darauf zurück oder auf ein aramäisches Wortspiel zwischen Steinen (אַבְנַיָּא) und Söhnen (בְּנַיָּא) oder auf eine Anspielung auf Jes 51,1–2[28]? J. Jeremias versteht ἐγείρω ἔκ τινός als Semitismus: »Es wird also in bewußt auffälligem Bild gesagt, daß Gott die Macht habe, Steine ›mit dem Vermögen auszurüsten, Menschen hervorzubringen‹ (Schlatter, Matthäus, 74). Das seltsame Bild von den Abrahamskinder hervorbringenden Steinen knüpft an Jes 51,1–2 an, wo Abraham mit einem Felsen verglichen wird, seine Nachkommenschaft mit Steinen, die aus dem Felsen gehauen sind.«[29] Aber mindestens für Lukas sind die Steine (λίθος bedeutet »Stein« und nicht »Felsen«) nicht die Mütter der zukünftigen Kinder Abrahams, sondern die Heiden selbst, die ein neues Leben, eine Auferstehung (ἐγείρω ἐκ τῶν νεκρῶν) durch die μετάνοια empfangen können. Ἐκ τῶν λίθων τούτων ἐγεῖραι kann heißen: Gott wird »diese Steine« lebendig machen und dem Abraham Söhne schaffen, wofür der Kontext, oder: Gott wird aus der Menge dieser Steine einige auslesen und lebendig machen, wofür die Wendung selbst spricht. Schon in prophetischen und apokalyptischen Schriften werden Menschen mit leblosen (nicht wertlosen) Steinen verglichen. Im Alten Testament werden Steine in Verbindung mit dem Jerusalemer Tempel positiv, mit den heidnischen Kultstätten negativ bewertet. In der damaligen Spiritualisierung des Kultes werden sie zum Bild für Menschen: positiv in Sach 9,16. In Lk 3,9 sind die Steine wohl im negativen Sinn Bild für die Heiden. Eine Anspielung an Jes 51,1–2 ist, jedenfalls auf der Ebene der Redaktion, unwahrscheinlich.[30]

---

[26] Ὑποδείκνυμι ist in der jüdischen Weisheit in der Bedeutung »beweisen«, »nachweisen« zu finden; vgl. Schulz, S., Q 373.

[27] Zur μετάνοια vgl. Bovon, F., Luc le théologien 285–307 und Taeger, J.-W., Mensch 130–147.

[28] Vgl. Schulz, S., Q 375 Anm. 340.

[29] Jeremias, J., Art. λίθος κτλ., in: ThWNT IV (1943) 274.

[30] Trotz Jeremias, J., ebd., 274f; Kratz, R., Art. λίθος κτλ., in: EWNT II (1981) 870.

Den Abschluß bildet ein Gerichtsorakel in der Form eines *Gleichnisses* (V 9). 9
Schon jetzt (ἤδη) nähert sich dramatisch das Gericht, der Zorn von V 7. Die
Axt[31] liegt am Fuß der fruchtlosen Bäume; ihre Bewegung auf die Bäume hin
ist zu erwarten. Dtn 19,5 gibt uns einen Einblick in die Arbeit der Holzhauer.
Ps 73(74),6 benützt das Bild der Axt für das Werk der Feinde, Jer 46,22 für die
Strafe der Assyrer über Ägypten (immer ἀξίνη). Die Verbindung Baum –
Frucht ist der jüdischen Paränese geläufig: Jesus und die Christen werden sie
übernehmen[32]. Möglicherweise ist V 9b par christliche Glosse zur überliefer-
ten Täuferaussage (V 9a par). Nur in Mt 7,19 wird ein ähnliches Jesuswort
überliefert, das jedoch vermutlich seinerseits aus dem Täufer-Logion der
Q-Tradition (Mt 3,10 // Lk 3,9) erwuchs. Wichtig ist die Verantwortung der
Bäume; ihr Wesen wird an ihren Früchten abgelesen (vgl. 6,43–44).
Für Lukas gehört wahrscheinlich das ἤδη zur Vergangenheit: Die »Axt« der
Römer und mit ihr das »Feuer« des Gerichts (nicht der Hölle) hat die »Bäume«
Jerusalems gefällt. Aber drohen Axt und Feuer nicht jeder Gemeinde, allen
Gläubigen, die keine Früchte tragen?

Die Standespredigt des Täufers (VV 10–14)
Im Sonderabschnitt des Lukas fällt nach der Vielfalt der Ausdrucksmittel in
den VV 3–9 die regelmäßige Struktur der Fragen und Antworten auf, und der
apokalyptischen Spannung folgt eine zeitlose ethische Unterweisung. Ist es
eine christliche Paränese aus der hellenistischen Gemeinde, dem Täufer in
den Mund gelegt, vielleicht sogar von Lukas verfaßt?[33]
In diese Richtung weisen die dialogische Form mit der stereotypen Frage τί 10
ποιήσωμεν[34] (ebenso Apg 2,37) und die gediegene lukanische Sprache.
Wahrscheinlich betrachtet der Evangelist die VV 7–9 als ersten Kontakt mit
der Menge. In den VV 15–18 hat er prophetische Sprüche des Täufers gelesen.
Dazwischen fehlt ihm eine Unterweisung für die Menschen, die Buße tun.
Natürlich kann sie (anders als Apg 2,14–36) noch zu keinem christlichen
Glaubensbekenntnis führen.
Das erste Gebot gilt den ὄχλοι. Kleid und Speise sind die elementarsten Gü- 11
ter. Von diesen sollen die Hörer nur das Nötigste behalten. Kein Armutsideal
wird gefordert, sondern Erfüllung des Gebotes der Nächstenliebe, daß keiner
in Israel in Not sei (Dtn 15,4; vgl. später Zachäus in Lk 19,8)[35].
Zöllner und Soldaten werden ermahnt; es gibt im Unterschied zur späteren 12
Kirche noch keine verbotenen Berufe[36]. Niemand ist von der Buße ausgeschlossen. Der Mensch wird weder vom Äußeren her definiert noch durch ein

---

[31] Vgl. Weippert, H., Art. Axt, in: Galling, K., Reallexikon 23–26.

[32] Vgl. Hirt des Hermas, Sim IV 4.

[33] Vgl. Bultmann, R., Syn. Trad. 155.

[34] Alle drei Male schreibt Codex D die Frage – dem Sinne nach korrekterweise – aus: »damit wir gerettet werden«; vgl. Apg 16,30.

[35] Vgl. Schottroff, L. – Stegemann, W., Jesus 128.

[36] Vgl. Hippolyt von Rom, Trad apost 16. Zu den im Judentum verachteten Berufen vgl. Jeremias, J., Jerusalem 337–347.

allgemeines Ethos bestimmt. Zöllner[37] sollen und können ehrlich sein; das ist
13 die (alleinige oder erste?[38]) Frucht ihrer Buße. Für uns ist dies selbstverständlich, aber Ciceros *De signis* oder seine Reden gegen Verres zeigen, zu welchen
Exzessen die Macht damals führen konnte.

Johannes ist nicht nur Prophet, sondern auch weiser Lehrer (διδάσκαλε); dem
Propheten entsprechen die apokalyptischen (VV 7–9) und messianischen Abschnitte (VV 15–18), dem Lehrer die weisheitlichen (VV 10–14), was für die
lockere und implizite Verbindung der Weisheit mit der Tora typisch ist.
14 Den Neubekehrten, den Zöllnern in der judenchristlichen, den Soldaten in
der hellenistischen Gemeinde, wird durch Buße und Taufe Zugang zu Gott
und Kirchengemeinschaft geschenkt[39].

Das zusätzliche καὶ ἡμεῖς der Soldaten ist Zeichen des Endes der Liste oder
Ausdruck ihrer Befürchtung, ausgeschlossen zu werden[40].

Διασείω (»erpressen«) wie συκοφαντέω (»fälschlich anklagen«, »verleumden«, »erpressen«) begegnen in den Papyri, dies auch substantivisch[41]. Die Wurzel συκοφαντ-
erscheint öfter in der Septuaginta für verschiedene hebräische Verben. Besonders
wichtig ist Lev 19,11 (οὐ συκοφαντήσει ἕκαστος τὸν πλησίον[42]). Der Vers steht in einem Kapitel, das M. Noth so beschreibt: »Das Kapitel bietet einen für jedermann in
Israel, für ›die ganze Gemeinde der Israeliten‹ (so die Einleitungsformel in V 2aα), bestimmten Kodex von Vorschriften, die meist das alltägliche Leben mit seinen verschiedenen Verhältnissen und Tätigkeiten betreffen.«[43]

Die drei Ausdrücke[44] von V 14b umschreiben eine einzige Gefahr: den Mißbrauch des Waffentragens, um Geld zu gewinnen. Die Situation ist also nicht
die des Krieges (weder Plündern noch Blutgewalt sind erwähnt), sondern die
des Friedens, genau die des römischen Reiches zur Zeit des Evangelisten. Lukas ist hier wie in der Antwort an die Zöllner an einer Ethik des rechten Er-
werbs und Gebrauchs des Vermögens interessiert.

[37] Zu den Zöllnern vgl. Herrenbrück, F., Steuerpacht und Moral. Zur Beurteilung des τελώνης in der Umwelt des Neuen Testaments, in: ANRW II 26 (im Druck).
[38] Die Paränese, d.h. die Liebeswerke, die Johannes der Täufer in Lk 3,10–14 fordert, bilden nach Sahlin, H., Früchte 54.66 zusammen mit dem Kerygma und der Taufe die grundlegenden Aspekte seines Amtes, wie es in 3,3b vorgestellt wird. Seiner Meinung nach entspricht diese moralische Botschaft der Ethik des Alten Testaments, Jesu und der im Entstehen begriffenen Kirche. Trilling, W., Message 70 dagegen meint, Johannes, der auf die Umkehr verweist, sei nachsichtiger als Jesus, der auf den Glauben abzielt.
[39] Im historischen Bild des Lukas können diese Soldaten Söldner des Herodes Antipas sein, der nicht nur über Galiläa, sondern auch

über Peräa (die ganze Umgebung des Jordans [V 3]) herrschte. Aber es ist nicht ausgeschlossen, daß der Evangelist im Hinblick auf die zukünftige heidenchristliche Gemeinde an römische Soldaten denkt (Schneider I 86f ist anderer Ansicht).
[40] Vgl. Zahn 194f und Marshall 143.
[41] Vgl. Moulton-Milligan s.v. Eine große Anzahl Beispiele profanen Gebrauchs bei Wettstein I 672.
[42] Vgl. Gen 43,18. Διασείω taucht in der Septuaginta nur 2mal auf: Ijob 4,14 (Codices B und 68) und 3Makk 7,21.
[43] Noth, M., Das dritte Buch Mose. Leviticus, Göttingen 1962 (ATD 6), 119.
[44] Bauer s.v. definiert τὰ ὀψώνια: »Der *Sold*, eigentlich die Ration, die der Soldat erhält, dann auch die *Löhnung* . . .«

Lukas hat eine allgemeine Weisung an das Volk (VV 10–11) und zwei Extrem-
fälle anschaulich ausgestaltet (VV 12–14). Teilen – ohne selbst arm zu werden
(V 11) – und nichts weiter begehren als das, was vereinbart wurde, bilden eine
Art Höchstgebot; Habsucht ist die lukanische Ursünde. Gehorsam gegen dieses Doppelgebot ermöglicht es, dem Zorn Gottes zu entgehen. Die Botschaft
des Johannes ist für Lukas nicht neu, nicht einmal spezifisch, sondern umfaßt
die Anforderung der Weisheit, der Propheten und schließlich des Gesetzes
Gottes insgesamt. Als Gegenstück dazu wird er in Apg 2,37–47 die christliche
Anforderung am Ende des Pfingstberichts entfalten.
Wie dort Ethik und Christologie als Inhalt des gläubigen Lebens zusammengehören, folgt hier der moralischen Unterweisung eine christologische Lehre,
die aus dem Gegenüber Johannes – Jesus entsteht. So schafft sich Lukas die
Möglichkeit, weitere überlieferte Worte des Täufers in einem angemessenen
Rahmen weiterzugeben.

Die Ankündigung des Messias (VV 15–18)

In der redaktionellen Situationsangabe von V 15 werden wie in V 7 und V 10
die Hörer des Täufers mit ihren Hoffnungen oder Fragen zuerst eingeführt, so
daß die Logia als Antworten gelten. Durch Bildung oder Umformung zahlreicher Apophthegmen unterstreicht Lukas die dialogische Struktur von Lehre
und Predigt[45].

Mit προσδοκῶντος öffnet Lukas wieder (siehe die VV 7–9) den Blick auf die Zukunft,   15
aber nicht mehr auf die des Zornes Gottes, sondern die des Messias. Ὄχλοι war das
Wort für die Buße benötigenden Scharen, λαός dasjenige für das zu Recht wartende
Volk Israel. Das Herz ist für Lukas der Ort des Willens und des Denkens (mehr als der
Gefühle). In ihm wohnen die Entschlüsse wie die Fragen.
In der religiösen Tradition des Judentums findet eine Person ihre Identität letztlich
nur vom Auftrag Gottes her. Daß das Volk nach der theologischen Identität des Johannes fragt, ist grundsätzlich legitim. Sein Warten ist positiv konnotiert.
Die Frage nach der Messianität des Täufers kennt das 4. Evangelium auch, ebenso das
antwortende Doppellogion vom Schuhriemen und den beiden Taufen[46]. Darin spiegelt sich wahrscheinlich eine historische Polemik zwischen Christen und Jüngern des
Täufers. Jüdische Tradition erweist der einem Griechen schwer verständliche Titel ὁ
χριστός[47]. Q und Markus, überlieferungsgeschichtlich älter, kennen nur die Antwort
des Täufers. Wo das 4. Evangelium (Joh 1,20–21) mit drei Möglichkeiten rechnet (der
Messias, Elija und der Prophet), führt Lukas nur die wichtigste an, die des Messias. Er
hat den Dialog seiner Ansicht nach vereinfacht.

---

45   Zu den Apophthegmen bei Lukas vgl.
Schneider, G., Jesu überraschende Antworten. Beobachtungen zu den Apophthegmen
des dritten Evangeliums, NTS 29 (1983) 321–
336. Man beachte die durch das Wort λαός
gebildete *inclusio* (V 15 und V 18).
46   Zu den beiden Taufen vgl. die Arbeiten

von Dunn, J.D.G., Baptism und Spirit-and-
Fire sowie Brown, S., Baptism.
47   Vgl. den Kommentar zu 2,11 oben S. 126.
Luz, U., Matthäus I 151 Anm. 7 meint aufgrund von V 15, Lukas setze sich mit Täufer-
gruppen auseinander, die Johannes den Täufer als Messias verehren.

16   V 16: Die Antwort ist grundsätzlich an das ganze Judentum (πᾶσιν) gerichtet, speziell an die Täufergruppe. Lukas folgt dem komplizierten Duktus von Q mit Zügen von Markus[48]. Er deutet christlich, meint aber, dem historischen Täufer treu zu bleiben. Schon in der Tradition (Q, auch Johannes) war der Spruch über die beiden Taufen mit dem Logion über die Schuhriemen kombiniert. Das μέν . . . δέ stellt Johannes dem Stärkeren entgegen, betont also, in christlicher Tendenz, weniger die Analogie (zwei Täufer) als die Hierarchie (Überordnung des Stärkeren). Der »Starke Israels« ist im Alten Testament Gott selbst, und wahrscheinlich hat der historische Täufer allein Gott als »Stärkeren« erwartet. Aber besonders das messianisch gedeutete Verbum ἔρχεται führte bald zu einem christologischen Verständnis, spätestens dann, als sich die Christen Sprüche aus der Täufertradition zu eigen machten. Angesichts dieses Sachverhalts ist die christliche Treue zur Gestalt und Lehre des Täufers erstaunlich[49]. Indem Johannes nicht einmal wie ein Sklave oder Schüler die Schuhe des Kommenden zu lösen wagt, ist seine Distanz überdeutlich veranschaulicht[50].

Die beiden Sprüche wurden ursprünglich getrennt überliefert. Der erste erscheint auch in Apg 1,5 und 11,16 – als Jesuswort. Lukas will also die Lehre des Täufers durch den auferstandenen Herrn bestätigen und formt sie so für seinen Gebrauch um (Wechsel der Person, heilsgeschichtliche Streichung des ersten ὑμᾶς, christologische Zurückhaltung durch passivische Wendung anstelle einer Ich-Aussage). Sie wird in 1,5 auf die judenchristliche, in 11,16 auf Cornelius und die heidenchristliche Gemeinde bezogen. Der zweite Spruch (über die Schuhriemen) erscheint in der Rede des Paulus in Antiochien (Apg 13,24–25) als Wort, das Johannes am Ende seines »Laufes« (was die Nähe von Lk 3,16 zu 3,19–20 bestätigt). Wie in Lk 3,15–18 und Joh 1,24–28 wird der Satz auf eine Fehlhoffnung des Volks zurückgeführt: »Ich bin nicht das, wofür ihr mich haltet« (neutrales τί an Stelle des Wortes ὁ χριστός; zu μετ' ἐμέ vgl. ὀπίσω μου in Joh 1,27 und Mk 1,7).

V 16b spricht allein von Johannes und Jesus, während die Versteile a und c mit ihren Aussagen über die Taufe die heilsgeschichtliche Gemeinde einschließen (zweimal ὑμᾶς). Das für Lukas vergangene Präsens der Johannestaufe[51] steht dem für Lukas gegenwärtigen Futur der Jesustaufe gegenüber. In der Schrift

---

[48] Vgl. Schulz, S., Q 368.

[49] Die ersten christlichen Gemeinden haben Johannes den Täufer mit gutem Gewissen für sich in Anspruch genommen. Er hatte einer eschatologischen Erwartung, nach der das Ende unmittelbar bevorstand, Ausdruck verliehen und Jesus getauft. Die Gemeinden haben daraus gefolgert, daß er den Messias angekündigt habe. Um die Gestalt des Täufers zu interpretieren, bedienten sie sich des jüdischen Modells des Propheten als eines Vorläufers (vgl. 11QMelch).

[50] Das von Lukas bevorzugte Adjektiv ἱκανός, das seiner Bedeutung nach ἄξιος (Offb 5,9) nahesteht, bedeutet hier »kompetent«, d.h. »fähig«, »befähigt«.

[51] Die Worte εἰς μετάνοιαν (Mt 3,11) müssen wohl der matthäischen Redaktion zugerechnet werden; vgl. Schulz, S., Q 368.

wurde der Geist verheißen, im Evangelium ist er einzig Sache Jesu, nach Ostern und Himmelfahrt (Apg 2,33) wird er den Christen verliehen[52].

Die Taufe im heiligen Geist kann nicht vom christlichen Ritus der Taufe völlig getrennt werden; Lukas denkt weder einseitig vom Charisma noch vom Sakrament her. Die beiden Begebenheiten in Apg 8 und 10, wo der Geist unabhängig von der Taufe verliehen wird, sind heilsgeschichtliche Ausnahmen. Die kirchliche Taufe vollzieht sich nach Lukas in der Doppelbewegung von Wasserritus (als sichtbares Zeichen der Buße, der Sündenvergebung und der Anrufung des Namens Jesu) und Handauflegung (als wirksames Zeichen der Geistverleihung). »Er wird euch mit heiligem Geist und Feuer taufen« weist auf die Zeit der Kirche, den Geistempfang der Apostel an Pfingsten und die Eingliederung der Glaubenden durch Taufe und Handauflegung in die Heilsgemeinde.

Die Erwähnung des »Feuers« gehört zur Urfassung des Q-Logions[53], die des »heiligen Geistes« hingegen geht vermutlich auf die christliche Auslegung zurück. In der Bildsprache des Alten Testaments ist das Feuer Gerichtssymbol. Ihm verfällt der Unbußfertige, wie der nächste Spruch erklärt, für den »Feuer« als Anknüpfungswort diente. Anders als Q denkt Lukas jedoch nicht mehr an das eschatologische Gericht, sondern in bildlicher Metapher an die Geistausgießung (Apg 2,3–4).

Die Metapher des Bauern (V 17) entspricht einer agrarischen Gesellschaft, jedoch sollte eine soziologische Betrachtung die literarische nicht verdecken. Das Bild der Ernte für die eschatologischen Ereignisse war seit langem geläufig. Die aufeinander folgenden Handlungen sind gedrängt dargestellt[54]. Die Tenne steht metonymisch für das ausgedroschene Korn. Mit der Wurfschaufel trennt der Bauer den schon gedroschenen Weizen von der Spreu, dann sammelt er ihn und bringt ihn in seine Scheune. Anschließend verbrennt er die Spreu.   17

῎Ασβεστος, typischerweise als letztes Wort und als Schlüsselbegriff genannt, fällt aus dem Rahmen und schlägt den Bogen von der Metapher zur Allegorese und lädt damit zu christlicher Deutung ein. Die schon in Q vorliegende leichte Allegorisierung haben weder Matthäus noch Lukas intensiviert[55].

Das letzte Wort des Täufers entspricht den ersten, besonders V 9 (inclusio): Die Bilder von Baum und Kornfeld implizieren einen Bußruf und eine Drohung im Stil und in der Sprache der alttestamentlichen Prophetie.

Auf der Redaktionsebene unterstreicht Lukas in V 18 das Erfreuliche und Er-   18

---

[52] Vgl. von Baer, H., Geist 111f; Bovon, F., Luc le théologien 217–220.
[53] Vgl. Hoffmann, P., Logienquelle 18–25.
[54] Die Infinitive (διαχαθᾶραι und συναγαγεῖν) wie auch das auf ἀποθήκη und nicht auf σῖτον bezogene αὐτοῦ sind Ergebnisse der redaktionellen Arbeit des Lukas.

[55] MShir 7,3 (127a) zufolge verglich R. Abin in einem Gleichnis Israel mit dem Weizenkorn und die Völker mit der Spreu; vgl. Bill. I 122.

munternde dieser Botschaft (παρακαλῶν[56], εὐηγγελίζετο). Lukas sieht Johannes also nicht exklusiv auf der Stufe der alttestamentlichen Erwartung[57], sondern auf der Schwelle zur neuen Ära[58]. Durch ihn kommt das Volk (wieder ὁ λαός) mit der Frohen Botschaft in Berührung. Dem entspricht das Bild in der Apostelgeschichte: Seine Bußpredigt mit dem Zeichen der Taufe und seine messianische Prophetie sind nach Lukas die beiden Hauptmerkmale des Täufers.

Der Sammelbericht V 18 dient sowohl als Abschluß (πολλά . . . καὶ ἕτερα . . .) wie als Neuansatz (μέν). Der Verfasser will von der Botschaft zu den beiden Hauptereignissen im Leben des Johannes überleiten: der Taufe Jesu und der Gefangennahme des Täufers. Die Reihenfolge läuft gegen den Strom der Geschichte. Ist dies eine theologische Ordnung[59], die den Täufer möglichst von Jesus trennt und ihn in den alten Bund einordnet? Gewiß brechen die Botschaft der βασιλεία und die Gegenwart des Geistes erst mit dem Heiland Jesus in der Geschichte an, aber die lukanische Reihenfolge hat einen näherliegenden literarischen Grund: Der Evangelist will erst zu Jesus hinüberführen, wenn er seinen Bericht über den Täufer vollendet hat. Für ihn gehört die Taufe Jesu in das Leben Jesu, nicht mehr in die Geschichte des Täufers.

Die Gefangennahme des Johannes (VV 19–20)

19 Quelle für die Gefangennahme des Täufers ist Mk 6,17–18. Lukas verbessert sie logisch und sprachlich, indem er die geschichtliche Reihenfolge bewahrt: Von Johannes überführt, reagiert Herodes Antipas mit Repression. Aber die explizite Angabe (unerlaubte Ehe) fehlt bei Lukas. Nur der Zusatz »und wegen alles Bösen« qualifiziert die Angabe »wegen Herodias«.

Die Länge der Periode zwingt Lukas – was bei ihm selten ist –, das Subjekt Herodes zu wiederholen, freilich ohne den Titel »Vierfürst«. Herodes tut das Böse, der Verfasser jedoch steht auf der Seite des »guten« Täufers. Diese Vereinfachung ist eher volksliterarisch als alttestamentlich geprägt.[60]

20 Mit κατακλείω (»einschließen«) statt δέω (»fesseln«) liegt eher eine sprachliche Verbesserung als eine sachliche Präzisierung vor. Die Gefangennahme des Johannes, bei Markus nicht ausdrücklich erwähnt, erscheint jetzt eindrucksvoll als Höhepunkt der Bosheit dieses Herrschers. Wieder hat das letzte Wort »Gefängnis« Gewicht. Mehr will und braucht Lukas über das Ende des Täufers nicht zu erzählen. Alles Interesse richtet sich nun auf den von Johannes angekündigten Stärkeren: auf Jesus.

---

[56] An anderen Stellen bedeutet παρακαλέω »bitten«, »anflehen« (Lk 7,4; 8,31.32.41; Apg 9,38; 13,42) oder jemanden »beschwören«, eine Botschaft anzunehmen oder zu bewahren (Apg 2,40; 14,22). Diese zweite Bedeutung paßt hier: Johannes der Täufer beschwört das Volk mit noch anderen sentenzhaften Worten; vgl. Bauer s.v. παρακαλέω (2 [in fine]).

[57] Gegen Conzelmann, H., Mitte 17.

[58] Vgl. Kränkl, E., Jesus 88–97; Bovon, F., Luc le théologien 145.

[59] Vgl. Conzelmann, H., Mitte 15.

[60] Zu Herodes bei Lukas vgl. den Kommentar zu Lk 9,7–9 unten S. 461–465.

Den Bericht vom Tod des Täufers (Mk 6,19–29) könnte Lukas aus ästhetischen, historischen oder theologischen Gründen weggelassen haben (Abneigung gegen den markinischen Stil des Berichtes, Kenntnis eines divergierenden Berichtes wie bei Josephus oder Vermeidung von Konkurrenz zum Märtyrertod des Messias). Aber schon die Zahl der Gründe zeigt, daß wir letztlich nicht wissen, weshalb er diese anschauliche Geschichte übergeht.

Die Taufe Jesu (VV 21–22)

Lukas benutzt Markus als Grundlage für die Taufe Jesu. Der Bericht dient mehr der Geschichte des Messias als der des Vorläufers, dessen Namen nicht einmal erwähnt wird und der für Lukas eher Prophet und Prediger ist als Täufer. Wie in der Tradition erscheint die Taufe Jesu als Abschluß und Übergang. Hauptereignis ist dennoch nicht die in zwei Worten berichtete (vgl. den gravitätischen Bericht Mk 1,9) Taufe Jesu selbst, die der Urgemeinde Schwierigkeiten bereitete[61], weil doch der sündlose Jesus der Buße bzw. der Bußtaufe nicht bedurfte[62]. Lukas baut sie ein in die allgemeine Darstellung des Erfolgs der Johannes-Taufe, um den er aus Q (Mt 3,5–6) und Mk 1,5 weiß. Die Sammlung Israels nahm also mit dem Täufer ihren Anfang, ihre eigentliche Fortführung findet sie jedoch erst mit Jesu Wirken, für das die Taufe des Johannes lediglich eine heilsgeschichtliche Vorbereitung darstellt. Nicht zu leugnen ist jedoch bei alldem eine Spannung zwischen dem Schema »Bußpredigt des Täufers – Buße und Taufe des Volkes – Endgericht« und dem Schema »Vorläufer – Messias«. Sie wurzelt letztlich in der Schrift selbst, wo nicht alle apokalyptischen Texte eine messianische Erwartung enthalten[63]. Lukas hat diese Spannung selbst durchdacht und im Benedictus gelöst: Mit dem Täufer und seiner Sündenvergebung wird dem Volk nur die Erkenntnis des Heils zuteil (Lk 1,77), nicht mehr, aber auch nicht weniger.

Jede wichtige Etappe der Zeit Gottes wie jede Kommunikation zwischen dem Menschen und seinem Schöpfer ist literarisch mit einem Gebet bezeichnet. Das Gebet wird auf der menschlichen Seite zur angemessenen Einstellung. Während die Taufe schon vollzogen ist (Partizip Aorist), dauert das Beten Jesu an (Partizip Präsens)[64].

Gattungsmäßig gehört der Bericht über die Taufe Jesu[65] mit der Öffnung des

---

[61] Siehe den Dialog zwischen Johannes dem Täufer und Jesus in Mt 3,14–15.

[62] Vgl. das χωρὶς ἁμαρτίας in Hebr 4,15.

[63] Vgl. z.B. die Weissagungen Joels.

[64] Zum betenden Jesus vgl. Monloubou, L., Prière 57.

[65] Man hat diesen Abschnitt als Berufungsbericht, als Legende, als Mythos oder als eine Begebenheit aus dem Leben Jesu betrachtet. Mit Hilfe der Targumim, besonders jener der Opferung Isaaks (Gen 22) und des Traumes Jakobs (Gen 28), bestimmt Lentzen-Deis, F.L., Taufe 249–289 die Taufe Jesu als eine erklärende Vision, wie sie zu wichtigen Zeitpunkten einem Gesandten und Erwählten Gottes gewährt wird, damit die Gemeinschaft dieser Erklärung teilhaftig wird. Lentzen-Deis findet also für diese Perikope einen Sitz im Leben in der nachösterlichen judenchristlichen Gemeinde.

Himmels zur apokalyptischen Literatur[66]; doch während Markus noch mit einer Vision rechnet (εἶδεν), historisiert Lukas das Ereignis, jedoch nicht im Sinn einer Berufungsgeschichte, da der Auftrag fehlt. Auch steigt der Geist konkret auf Jesus herab, und zwar σωματικῷ εἶδει. Eine überlieferte apokalyptische Vision in Verbindung mit einer Audition wird in eine geschichtliche Szene mit göttlichem Einbruch umgewandelt[67]. Das wunderartige Ereignis, die Gabe des Geistes, ist jedoch nicht das abschließende Wort; Lukas läßt am Schluß eine himmlische Stimme ertönen und verzichtet auf einen Chorschluß seitens des staunenden Volkes, weil Jesus als Empfänger der Stimme im Zentrum bleibt. So steht Lukas halbwegs zwischen Markus, nach dem die Vision und die Himmelsstimme allein Jesus vorbehalten sind, und Matthäus, der sich eine öffentliche Manifestation vorstellt.

Daß Lukas mit der eschatologischen Bedeutung des Geistes in der Theologie des damaligen Judentums vertraut war, zeigt der Zusatz »in den letzten Tagen« zum Pfingstzitat des Joelbuches in Apg 2,17. Lukas mißt also der Taufe Jesu bzw. dem dortigen Handeln Gottes gleichzeitig heilsgeschichtliche *und* eschatologische Bedeutung bei. Ob er an Jes 11,4 denkt, ist nicht sicher; eher bewegt ihn die jüdische These der Abwesenheit des göttlichen Geistes in der Gegenwart[68].

Das Verhältnis dieser Geistausgießung zur Jungfrauengeburt ist weder von der Zweistufenchristologie (Röm 1,3–4) noch von der späteren Zweinaturenlehre, sondern nur von Lukasstellen her zu denken. Das ganze Kindheitsevangelium verkündet, daß der Geist Gottes am Ende der Zeit wieder aktiv geworden ist. Alle sind von ihm geprägt, vor allem Maria (1,35). Daß der Geist Gottes bei der wunderbaren Geburt Jesu gehandelt hat, heißt für Lukas nicht, daß der Messias völlig ausgestaltet ist. Für seine Mission (mehr als für ihn selbst) bekommt er jetzt die Zustimmung und die Beigabe der göttlichen Kraft.

Das rätselhafte »wie eine Taube«[69] gehört zum Stil der apokalyptischen Vision. Es wird von Lukas durch die Worte »in leiblicher Gestalt« ergänzt, die sich auf das Aussehen wie eine Taube als auch auf das leibhafte Kommen des Geistes beziehen können. Das erste paßt besser zum Duktus des Satzes. Im Pfingstbericht gebraucht Lukas andere, in der jüdischen Tradition verwur-

---

[66] Vgl. Jes 63,19; TestLevi 18,6–7: »Die Himmel werden geöffnet werden, und aus dem Tempel der Herrlichkeit wird über ihn Heiligkeit kommen mit väterlicher Stimme wie von Abraham zu Isaak. Und die Herrlichkeit des Höchsten wird über ihm gesprochen werden, und der Geist der Einsicht und der Heiligung wird auf ihm im Wasser ruhen.« (Übersetzung nach Becker, J., Die Testamente der zwölf Patriarchen, Gütersloh 1980 [JSHRZ III/ 1], 60; Becker betrachtet diese Verse als christliche Interpolation.)

[67] Dieselbe Tendenz zeigt sich in den Auffahrtsberichten (Lk 24,50–53 und Apg 1,9–11), die das Erhöhungskerygma vergeschichtlichen.

[68] Vgl. Chevallier, M.-A., Souffle de Dieu, le Saint-Esprit dans le Nouveau Testament I, Paris 1978, 48f; vgl. tSot 13,3 und 1Makk 4,46; 9,27; 14,41.

[69] Zum Rätsel der Taube vgl. Bill. I 123–125; Lentzen-Deis, F.L., Taufe 170–183; Keck, L.E., Dove; Gero, S., Dove; Fitzmyer I 483f.

zelte Bilder: die des Feuers und der Zungen. Hier folgt er seiner Quelle, Markus, für deren Bild bislang keine direkte Parallele in der jüdischen Literatur gefunden wurde[70].

Die textkritische Bezeugung der Himmelsstimme spricht für den Nestle[26]-Text, die innere Kritik vielleicht für die westliche Lesart: »Du bist mein Sohn. Heute habe ich dich gezeugt« (Ps 2,7)[71]. Obwohl Lukas in Apg 13,33 sein Interesse an Ps 2,7 zeigt und die Anpassung an Markus auf Abschreiber zurückgehen könnte, ist dennoch der Nestle[26]-Text vorzuziehen: a) Eine Angleichung an Matthäus, das kirchliche Hauptevangelium, wäre wahrscheinlicher als an Markus. b) Apg 13,33 will die Auferstehung Jesu, nicht seine Taufe beweisen. c) Mischzitate haben auch sonst spätere Abschreiber manchmal gestört.
Die Einleitung (»und eine Stimme aus dem Himmel erging«) erinnert an Gen 15,4 und Dan 4,28 und 31 Theodotion, sie ist jedoch wegen des himmlischen Ursprungs eher apokalyptisch als schriftgemäß (obwohl φωνή in der Septuaginta üblich ist) oder rabbinisch. Während dort die Bath-Qol, die »Tochter der Stimme«, »als Echo einer göttlichen Stimme gedacht (war)«[72], spricht Gott hier direkt zu seinem Sohn.

Der Inhalt der Himmelsstimme ist einerseits eine Prädikationsformel (in Anlehnung an Ps 2,7) und andererseits ein Ausdruck der höchsten Liebe (in Anlehnung an Jes 42,1). Ursprung von Ps 2,7 ist die Königsideologie mit ihrer als Sitz im Leben geltenden Inthronisationsliturgie. In der jüdischen Auslegung hat sich eine Verschiebung in die Hoffnung auf einen zukünftigen Messias ereignet, so daß Lk 3,22 die Erfüllung dieser eschatologischen Erwartung zum Ausdruck bringt. Da es sich um eine Prädikationsformel handelt, bedeutet dies, daß die Erfüllung nicht abstrakt, vage oder allgemein bleibt, sondern an die menschliche Gestalt Jesu gebunden ist. Alles, was Lukas bis jetzt über Jesus geschrieben hat, dient dazu, ihn als Gottessohn auszuweisen. Darum erfahren die Leser nichts völlig Neues gegenüber 1,31–32[73]. Neu ist nur, daß Jesus jetzt da ist, den Geist bekommen hat und selbst (σύ) die Stimme hört. Lukas versteht die göttlichen Worte also nicht im Sinne einer Adoption, sondern als Enthüllung einer Wahrheit, eines Geheimnisses.
Ihr Inhalt ist nicht eine abstrakte Wahrheit, sondern das Bekenntnis einer persönlichen Verbindung in der Metapher einer der engsten menschlichen Verbindungen, die des Vaters mit dem Sohn. Das Affektive (ὁ ἀγαπητός) begleitet das Juristische (ὁ υἱός μου) und übersteigt es am Schluß (ἐν σοὶ εὐδόκησα).
A. George[74] hat die Taufe Jesu als messianische, die Nazaretpredigt hingegen

---

[70] Vgl. Gnilka, J., Markus I 52.
[71] Nestle[26] z.St. nennt D it Ju (Cl) Meth Hil Aug und gibt zwei weitere von der matthäischen Parallelstelle beeinflußte Lesarten an. Metzger, B.M., Textual Commentary 136 entscheidet sich gegen den westlichen Text. George, A., Jésus Fils de Dieu dans l'Evangile selon saint Luc, RB 72 (1965) 185–209 (=

ders., Etudes 215–236) wiederum neigt eindeutig dem westlichen Text zu (S. 216–218 des Sammelbandes).
[72] Vgl. Gnilka, J., Markus I 52.
[73] Vgl. Lk 2,11.
[74] Vgl. George, A., Jésus (siehe oben Anm. 71) 217f (Sammelband).

als prophetische Amtseinsetzung bezeichnet und nachweisen wollen; die Titel Sohn und Prophet seien erst nach der Verklärung Jesu miteinander verbunden worden. Diese Erklärung erscheint mir jedoch zu schematisch, da die Gottesstimme – zumindest wenn man den Nestle[26]-Text und nicht die westliche Lesart, die sich allein auf Ps 2,7 bezieht, zugrunde legt – auch prophetische Elemente enthält und die Predigt in Nazaret zugleich messianische (vgl. die Bezugnahme auf Jes 61,1–2). Es stimmt aber, daß Lukas uns durch diese beiden Berichte Jesus als Messias und Prophet vorstellen will. Sie bilden zusammen den Anfang, die berühmte ἀρχή des Evangeliums. Im ersten empfängt Jesus, vom ganzen Volk umgeben, die Enthüllung seiner Identität, im zweiten versucht er sie seinem Volk durch Schrift und Auslegung nahezubringen. Wirklich verstehen werden dies die Jünger erst nach der Auferstehung; und erst zur Zeit der Verklärung wird das Leiden in die Messias-Lehre eingeführt. Die himmlische Stimme bei der Taufe Jesu entfaltet die (innere) Sohn-Vater-Beziehung, das Schriftzitat der Nazaret-Szene den messianischen und prophetischen Auftrag nach außen: für das Volk.

Ἀγαπητός[75] kann »geliebt«, »einzig geliebt« und schließlich »einzig« heißen[76], ähnlich wie μονογενής. Seine Exklusivität wird jedoch durch die Liebe Gottes in eine Integration der Gemeinde in die Sohn-Vater-Beziehung umgewandelt (10,21–22).

Da die Verbindung υἱός – ἀγαπητός[77] mehrmals in der Szene von Isaaks Opferung vorkommt (Gen 22 LXX), könnte die עֲקִידָה-Typologie (vgl. Röm 8,32) angedeutet sein; damit würde schon der Schatten der Passion sichtbar. Aber ἀγαπητός ist eher Ausdruck einer christlichen Vertiefung der Sohn-Vater-Verbindung, die im jüdischen Messianismus wie im Prophetentum wurzelt (auch im Targum zu Ps 2,7 zugefügt).

Für eine Verbindung der Taufe Jesu mit Deuterojesaja und den deuterojesajanischen Gottesknechtsliedern ist Jes 42,1 wichtig[78], wo Ich-Du-Verwandtschaft, Zugehörigkeit des Knechts, Zuneigung des Vaters und Gabe des Geistes genannt sind. Freilich könnte eine Beziehung nur auf der Stufe der mündlichen und aramäischen Überlieferung bestanden haben, da die Septuaginta in jeder Hinsicht von der synoptischen Tradition abweicht. Am ehesten sehe ich einen Einfluß bei ἐν σοὶ εὐδόκησα, weil der Gedanke der Liebe Gottes für seine Propheten traditionell und Jesus in Lk 3,22 auch als Prophet angesprochen ist.

Lukas übernimmt den Wortschatz der εὐδοκία bewußt, weil die liebevolle Zuneigung Gottes für seinen Sohn und für seine Kinder das Zentrum seines eigenen Glaubensverständnisses ist[79].

---

[75] Zum »Sohn« vgl. den Kommentar zu Lk 1,32.35 oben S. 75–77.

[76] So kann Pollux (Onomasticon 3,19; zitiert bei Bauer s.v.) schreiben: Καλοῖτο ἂν υἱὸς ἀγαπητὸς ὁ μόνος ὢν πατρί.

[77] Vgl. Gnilka, J., Markus I 53.

[78] Vgl. Cullmann, O., Christologie 65f.290.

[79] Vgl. Bovon, F., Lukas 105–108.

Eine Verbindung der Taufe Jesu mit seinem Tod ist aber unwahrscheinlich. Den Spruch über das Kreuz als Taufe hat Lukas übernommen und nicht selbst gebildet (Lk 12,50). Auch tritt die Passion erst nach der Verklärung ins Blickfeld. Der Wassertaufe Jesu als solcher mißt Lukas wenig Bedeutung bei. Nur die Geschichtlichkeit des Ereignisses kann und will er als gewissenhafter Historiker und Theologe der Vermittlung nicht übergehen. Die Bedeutung der Handlung hängt für ihn an der doppelten Intervention Gottes durch den Geist und durch das Wort, wie die Zusammenfassung Apg 10,38 »wie Gott Jesus von Nazaret gesalbt hat mit heiligem Geist und Kraft« zeigt, wobei die Salbung (ἔχρισεν) vermutlich, sofern das Logion redaktionell ist, den Christustitel verständlich machen soll. Eine Adoption oder Inthronisation ist die Taufe deswegen jedoch nicht.

Die Enthüllungsszene bei der Taufe eröffnet das messianische Wirken Jesu in Galiläa. Dementsprechend wird die Verklärung zur zweiten Etappe des Auftrags Christi hinführen[80].

Die Taufe Jesu wurde im zweiten Jahrhundert heftig diskutiert[81], wie die große Zahl der patristischen und auch der häretischen Bezugnahmen beweist[82]; zuvor war es recht still um sie.

Ignatius konzentriert sich in seinen theologischen und soteriologischen Überlegungen ganz auf die Geburt, das Kreuz und die Auferstehung Jesu[83]. Nur bei judenchristlichen Schriftstellern weisen gewisse Texte auf alte Traditionen über die Taufe Jesu, die dort in drei verschiedene Richtungen gehen[84]:

1. Eine tiefe Verlegenheit gegenüber einer Reinigungs-Taufe wird offenkundig. Jesus, anscheinend von seiner Mutter gedrängt[85], verteidigt sich: »Was habe ich gesündigt, daß ich hingehe und mich von ihm taufen lasse?«[86]

2. Jesus erfüllt durch seine Taufe Jes 11,2: Er ist der Prophet, der alle Propheten zusammenfaßt. Jesus ist der präexistente Sohn: Er wird nicht erst durch die Taufe zum Sohn Gottes, sondern wird hier als solcher erkannt[87].

Wirkungsgeschichte

---

[80] Vgl. Conzelmann, H., Mitte 50f. Williams, G.O., Baptism hebt hervor, daß Johannes als Zeuge wichtiger ist denn als Täufer, da ihn der Evangelist ja unauffällig aus dem Blickfeld treten und die Sache im ungewissen läßt, um Markus nicht zu widersprechen.

[81] Mein Dank gebührt Frau D. Jornod, die den vorliegenden Abschnitt »Wirkungsgeschichte« erarbeitet hat.

[82] Paulus kümmert sich nicht um die Taufe Jesu. Gleiches gilt von den Apostolischen Vätern, die sich mehr mit pastoralen als mit exegetischen Fragen beschäftigen. Bei den Apologeten findet man nur wenige Hinweise auf das menschliche Tun des irdischen Jesus. Für sie ist die Taufe Jesu eher problematisch als überzeugend; vgl. Bertrand, D.A., Baptême 134.

[83] Diese Überlegungen verdanke ich im wesentlichen Bertrand, D.A., ebd. 134–136.

[84] Ich stütze mich hier auf die Meinung E. Junods, die er mir in einem Brief vom 15. April 1985 mitgeteilt hat.

[85] Vgl. Praedicatio Pauli, in: Pseudo-Cyprianus, De rebaptismate 17 (CSEL 3, 90).

[86] Nazaräerevangelium; zitiert bei Hieronymus, Dialogus adversus Pelagianos 3,2 (PL 23,570B–571A); vgl. Hennecke-Schneemelcher I 95).

[87] Vgl. Hebräerevangelium; zitiert bei Hieronymus, Comm in Is IV zu Jes 11,2 (CCL 73, 148; vgl. Hennecke-Schneemelcher I 107); vgl. PsClemens, Recg I 48,3–6 (GCS 51,36).

3.   Die Taufe ist der Moment, in dem Jesus zum Christus wird. Der Geist Gottes vereinigt sich mit dem Menschen Jesus[88].

So glaubte Kerinth, daß bei der Taufe der göttliche Christus in der Form der Taube auf den Menschen Jesus hinunterstieg und von nun an den unbekannten Vater verkündigte[89].

Andere christliche Schriftsteller sehen in der Taufe Jesu die Herabkunft des Geistes auf ihn (Jes 11,2), den Beginn des öffentlichen Lebens Jesu oder, in der Kombination beider Motive, die genaue Mitte der pneumatischen Erscheinungen aller vergangenen und künftigen Zeiten[90].

Für die Kirchenväter[91] hat die Salbung Jesu heilsgeschichtliche Bedeutung. Ihre Meinungen scheiden sich aber, wenn es darum geht, den Zeitpunkt dieser Salbung zu bestimmen: Ist es die Inkarnation (so Didymus, Hesychius und Augustin, die gegen die Subordinatianer kämpfen) oder die Taufe (so Athanasius, Hilarius von Poitiers, Cyrill von Jerusalem und Theodor von Mopsuestia)? Ob man diese Einsetzung Jesu auf die jungfräuliche Geburt oder sogar die Präexistenz zurückverlegt, der Sinn der Taufe wird ungewiß. Für Augustin hat sie kirchliche und nicht christologische Tragweite: Der getaufte, mit dem Geist vereinte Christus symbolisiert die Kirche, die ihrerseits mit Wasser getauft und mit dem heiligen Geist gesalbt werden wird.

Die spätere Theologiegeschichte, besonders des 19. Jahrhunderts, zeigt uns stark voneinander abweichende Meinungen. Die einen sehen in der Taufe den Bruch mit dem Vorher und den Akt des Eintritts in das neue Leben. Für andere hat sich Gott beim Kontakt mit dem Menschlichen beschmutzt, so wie man sich bei der Berührung eines Toten verunreinigt. Die Taufe soll die nötige Reinigung bringen. Für wieder andere ist die Taufe die Verurteilung Jesu zum Tod zugunsten der Menschen[92]. Für F. Godet wird Jesus durch die Taufe eingesetzt. Die Tatsache, daß der heilige Geist herniederkommt (καταβῆναι [Lk 3,22]), widerspricht jeder anderen Interpretation. Lk 4,1 bestätigt diese Herabkunft und hebt das Moment der Neuheit hervor. Der Sohn ist also nicht identisch mit dem Messias. Die Taufe ist eine Stunde der Entscheidung für Jesus. Hier enthüllt sich für ihn das Mysterium seines Daseins. Seit der Taufe identifiziert sich Jesus mit dem heiligen Geist.

Auch K. Barth[93] versteht es so, daß Jesus mit der Taufe seinen messianischen Auftrag übernimmt. Er sieht vor allem den subjektiven Aspekt der Taufe; sie ist die Türangel zwischen der von Gott bewirkten Wendung und dem diese bejahenden menschlichen Entschluß. In Jesus sind die beiden Momente eins.

---

[88]   Vgl. Ebionäerevangelium; zitiert bei Epiphanius, Haer 30,13,7–8 (GCS 25,350f; vgl. Hennecke-Schneemelcher I 103).

[89]   Vgl. Irenäus, Adv Haer I 26,1. Die gleiche Lehre vertreten laut Irenäus, Adv Haer III 11,1 auch die Nikolaiten. Zu den Ophiten vgl. Irenäus, Adv Haer I 30,11–14, zu den Basiliden Klemens von Alexandrien, Extr Theod

16; Strom I 146,1–2; II 36,1 und II 38,1–2.

[90]   Vgl. Bertrand, D. A., Baptême 91–98.

[91]   Vgl. Bovon, F., De vocatione gentium 229.245f (Belegstellen).

[92]   Vgl. Godet 262–265, der alldem kritisch gegenübersteht.

[93]   Vgl. Barth, K., KD IV 4,58.

Der Stammbaum Jesu (3,23–38)

Literatur: Abel, E.L., The Genealogies of Jesus Ο ΧΡΙΣΤΟΣ, NTS 20 (1973/1974) 203–210; *Burger, C.,* Jesus als Davidssohn. Eine traditionsgeschichtliche Untersuchung, Göttingen 1970, 116–123; *Byskov, M.,* Verus Deus – verus homo, Lc 3,23–38, StTh 26 (1972) 23–32; *Hartl, V.,* Zum Stammbaum Jesu nach Lukas, BZ 7 (1909) 156–173.290–302; *Holtzmeister, U.,* Ein Erklärungsversuch der Lk-Genealogie (3,23–38), ZKTh 47 (1923) 184–218; *ders.,* Geneaologia S. Lucae (Lc 3,23–38), VD 23 (1943) 9–18; *Jeremias, J.,* Jerusalem zur Zeit Jesu. Eine kulturgeschichtliche Untersuchung zur neutestamentlichen Zeitgeschichte, Göttingen ³1962, 241–243.308–331; *Johnson, M.D.,* The Purpose of the Biblical Genealogies with Special Reference to the Setting of the Genealogies of Jesus, Cambridge 1969 (MSSNTS 8); *Kurz, W.S.,* Luke 3,23–38 and Greco-Roman and Biblical Genealogies, in: Talbert, C.H., New Perspectives 169–187; *Lambertz, M.,* Die Toledoth in Mt 1,1–17 und Lc 3,23bff, in: Festschrift F. Dornseiff, hrsg. v. H. Kusch, Leipzig 1953, 201–225; *Lee, G.M.,* Luke 3,23, ET 79 (1967/1968) 310; *Lerle, E.,* Die Ahnenverzeichnisse Jesu. Versuch einer christologischen Interpretation, ZNW 72 (1981) 112–117; *Nestle, E.,* Sala, Salma, Salmon, ZNW 11 (1910) 242–243; *ders.,* Salomo und Nathan in Mt 1 und Lc 3, ZNW 8 (1907) 72; *ders.,* Zur Genealogie in Lukas 3, ZNW 4 (1903) 188–189; *Overstreet, R.L.,* Difficulties of New Testament Genealogies, Grace Theological Journal 2 (1981) 303–326; *Ramlot, M.-L.,* Les généalogies bibliques: un genre littéraire oriental, BVC 60 (1964) 53–70; *Rius-Camps, J.,* ¿Constítuye Lc 3,21–28 un solo periodo? Propuesta de un cambio de punctuación, Bib. 65 (1984) 189–209; *Seethaler, P.,* Eine kleine Bemerkung zu den Stammbäumen Jesu nach Matthäus und Lukas, BZ NS 16 (1972) 256–257; *Siotis, M.A.,* Οἱ κατὰ σάρκα Προπάτορες Ἰησοῦ Χριστοῦ, Theol (A) 57 (1986) 127–154.273–299; *Spinetoli, O. Da,* Les généalogies de Jésus et leur signification, ASeign 9 (1974) 6–19; *Thompson, P.J.,* The Infancy Gospels of St. Matthew and St. Luke compared, StEv 1 (1959) 217–222 (TU 73); *Throckmorton, B.H.,* Art. Genealogy (Christ), IDB II (1964) 365–366; *Wilson, R.R.,* Genealogy and History in the Old Testament, New Haven 1972; *ders.,* The Old Testament Genealogies in Recent Research, JBL 94 (1975) 168–189; *Winandy, J.,* Autour de la naissance de Jésus. Accomplissement et prophétie, Paris 1970 (LiBi 26), 15–31.

23 **Und er, Jesus, war etwa dreißig Jahre alt, als er anfing. Man hielt ihn für den Sohn des Josef, des Eli,** **24** **des Mattat, des Levi, des Melchi, des Jannai, des Josef,** **25** **des Mattitja, des Amos, des Nahum, des Hesli, des Naggai,** **26** **des Mahat, des Mattitja, des Schemaja, des Josech, des Joda,** **27** **des Johanan, des Resa, des Serubbabel, des Schealtiel, des Neri,** **28** **des Melchi, des Addi, des Kosam, des Elmadam, des Er,** **29** **des Jesus, des Elieser, des Jorim, des Mattat, des Levi,** **30** **des Simeon, des Juda, des Josef, des Jonam, des Eljakim,** **31** **des Melea, des Menna, des Mattata, des Natan, des David,** **32** **des Isai, des Obed, des Boas, des Schelach, des Nachschon,** **33** **des Amminadab, des Admin, des Arni, des Hezron, des Perez, des Juda,** **34** **des Jakob, des Isaak, des Abraham, des Terach, des Nahor,** **35** **des Serug, des Regu, des Peleg, des Eber, des Schelach,** **36** **des Kenan, des Arphachschad, des Sem, des**

Noach, des Lamech, 37 des Metuschelach, des Henoch, des Jered, des Mahalalel, des Kenan, 38 des Enosch, des Set, des Adam, Gottes.

Analyse Listen finden wir heutzutage langweilig. Viele ältere Kulturen dagegen schätzten sie[1]. Völkerlisten können Ausdruck eines Anfangs von Wissenschaft sein und die Lust nach Vollständigkeit und Ordnung aufzeigen. So sind Genealogien bis heute der Stolz älterer Familien. Damals spiegelten sie den Drang nach göttlichem Ursprung und Legitimation wider. Die alttestamentlichen Genealogien gaben zudem dem Volk oder einem Stamm einen Zusammenhalt, wenn dieser gefährdet war, und verbanden getrennte Perioden der Heilsgeschichte. Besonders wichtig war die Reinheit des Blutes in den priesterlichen Familien, deshalb wurden präzise Genealogien aufbewahrt. Ihrem Wesen nach soll eine Genealogie eine überindividuelle Dimension der Zeit umfassen und, im Unterschied zu einer Lehrer-Schüler-Überlieferung, nicht die Kontinuität des Glaubens oder des Wissens, sondern des Blutes und der Familie nachweisen. Voraussetzung ist dann der Anspruch, eine Begabung oder Macht geerbt zu haben. Der Erwählungsgedanke ist sowohl durch das charismatische Individuum als auch mittels natürlicher Nachkommenschaft artikulierbar. Hinzu kommt der apodiktische Charakter einer Liste ohne Beweisführung, der keinen Zweifel und keine Diskussion erträgt und so einen bestimmten Glauben vermittelt.

Von einem Interesse der jüdischen Gelehrsamkeit und der messianischen Erwartung an der Nachkommenschaft Davids gibt es kaum Spuren; es ist aber wahrscheinlich, denn in Juda erhoben verschiedene Familien Ansprüche auf königliche, davidische Abstammung[2]. Dagegen bildete sich wohl der Gedanke des verborgenen Ursprungs des Messias aus. Für uns merkwürdig, aber für das damalige Empfinden typisch, bleibt die Rolle der als messianisch betrachteten Familie Jesu in der Urgemeinde. Noch unter Domitian wußte man von zwei Verwandten Jesu, die beim Kaiser wegen ihrer davidischen Abstammung denunziert wurden[3].

Mt 1,1–17 und Lk 3,23–38 sind die wichtigsten Zeugnisse für das urchristliche Interesse an der Abstammung Jesu. Ohne Begründung durch eine Genealogie wird die Davidssohnschaft Jesu auch sonst genannt[4]. Sicher haben die Evangelisten die Listen nicht selbst verfaßt und nicht die gleiche Quelle verwendet, ihr Material aber mit bestimmten Absichten benutzt.

Nach einem Übergangssatz über Jesu Alter (V 23) beginnt die Liste mit einer – verglichen mit dem weiteren Stereotyp (NN, Sohn des NN)[5] – höchst interessanten Ausnahme: »Man hielt ihn für den Sohn des Josef« (V 23b). Nach Je-

[1] Literatur bei Fitzmyer I 504f; vgl. besonders Wilson, R.R., Genealogies und Johnson, M.D., Purpose.

[2] Vgl. Jeremias, J., Jerusalem 309f.

[3] Vgl. Eusebius, Hist Eccl II 19,1–20,7, der Hegesippus zitiert.

[4] Vgl. Röm 1,3; 2Tim 2,8; Offb 5,5; 22,16; vgl. auch Hebr 7,14.

[5] Vgl. Bl-Debr-Rehkopf § 162,2 Anm. 2: Τοῦ gehört zum *vorhergehenden* Namen; man muß sich ein υἱοῦ dazudenken.

sus und Josef werden dann 75 (76, wenn man Gott hinzurechnet) weitere Namen nacheinander erwähnt, die der biblischen Geschichte rückwärts nachgehen[6]. Rätselhaft ist der Schluß, wo Lukas vom ersten Mann, Adam, zu Gott selbst überzugehen wagt: . . . τοῦ Ἀδὰμ τοῦ θεοῦ, so daß eine gegenüber 3,22 besondere Art Gottessohnschaft ausgesprochen wird.

Die meisten der genannten Namen sind der Bibel entnommen. Von Adam zu Sem (VV 36b–38) entspricht die Liste Gen 5, von Sem zu Abraham (VV 34–36a) Gen 11,10–32[7]. Für die Zeit von Abraham zu David sind Angaben aus 1Chr und Rut aufgenommen. Da die Kanonizität von 1Chr und Rut damals noch nicht feststand, war eine gewisse Freiheit erlaubt. Für die jüngere Zeit von David zu Jesus wissen wir nicht, welche Quelle und welches Material zur Verfügung stand.

Matthäus und Lukas konzentrieren sich auf die direkte Nachkommenschaft, die über die Männer läuft. In der damaligen Kultur war nur dies beweiskräftig, so daß trotz Jungfrauengeburt die Abstammung durch Josef und nicht durch Maria übertragen wird. Beide Evangelisten (kaum schon ihre Vorlagen) haben diese Spannung gespürt und so gut wie möglich gelöst. Die Ähnlichkeit beider Listen für die Zeit von Abraham zu David ist wegen der Autorität der Schrift nicht erstaunlich. Daß Lukas, obwohl er es nicht ausdrückt, wie Matthäus eine bestimmte Ordnung der Generationen voraussetzt, ist nicht ausgeschlossen.

Schwerwiegender sind die Unterschiede: Gegen die von Matthäus vertretene Gewohnheit geht die lukanische Genealogie rückwärts. Und während Matthäus zugunsten einer israelitischen Perspektive erst bei Abraham anknüpft, stößt Lukas bis Adam vor und erreicht durch ihn das ganze menschliche Geschlecht. Auch wenn dies auf verschiedener Tradition beruht, beleuchtet es doch theologische Eigentümlichkeiten: die auf das Privileg der Nachkommenschaft Abrahams ausgerichtete Sicht des Matthäus und die universalistische Tendenz des Lukas[8].

Formal benutzt Matthäus, wie 1Chr 2,1–15, das Verbum γεννάω (»zeugen«, »erzeugen«), während Lukas den Sohn mit seinem Vater durch eine Genitivkonstruktion mit Artikel verbindet. Wenn auch beide Genealogien keine zusätzlichen Auskünfte über die Ahnen Jesu enthalten, erwähnt Matthäus doch fünfmal den Namen der Mutter mit ἐκ τῆς. Genealogien stehen im Alten Testament entweder am Anfang (Abraham[9]) oder nach einigen ersten Berichten (Mose[10]). Die gleiche Kompositionsfreiheit zeigt sich bei Matthäus und Lukas. Mt 1,17 teilt ausdrücklich in drei Perioden gleicher Länge (mit je vierzehn Generationen) ein. Vielleicht zählt Lukas – oder besser seine Quelle – 77 Gene-

---

[6] Wie oft in solchen Fällen ist die Textgrundlage nicht ganz sicher, so daß die gesamte Zahl der Ahnen Jesu von einer Handschrift zur andern variieren kann; vgl. Fitzmyer I 491–494.

[7] So nach der Septuaginta, denn der Name Kenan (Καϊνάμ oder Καϊνάν; in der Septua-

ginta Καϊνάν) findet sich im hebräischen Text nicht; vgl. Harl, M., La Bible d'Alexandrie. La Genèse, Paris 1986, 151.

[8] Zum lukanischen Universalismus vgl. Bovon, F., Lukas 121–127.

[9] Vgl. Gen 11,10–16.

[10] Vgl. Ex 6,14–20.

rationen, so daß Jesu Wirken am Schluß der elften und am Anfang der zwölften (und letzten!) Periode von 7 Generationen steht[11].

In der Periode von David zu Jesus klaffen sowohl die Zahl der Generationen wie die Namen der Ahnen auseinander. Bei den 28 Namen des Matthäus beträgt die Durchschnittslänge einer Generation 36 Jahre, Lukas hingegen kommt auf 43 Namen und setzt damit eine Durchschnittslänge von 25 Jahren voraus. Schon der Großvater Jesu heißt bei Lukas Eli, bei Matthäus Jakob. Man kann die Verzweiflung der Abschreiber und Theologen der alten Kirche begreifen, die in der für sie irrtumsfreien Schrift plötzlich Widersprüche erkannten. Radikal hat Codex D[12] die Schwierigkeit gelöst, indem er im Lukasevangelium an Stelle der lukanischen Liste die matthäische in umgekehrter Reihenfolge abgeschrieben hat. Für Julius Africanus[13] (Ende des 2. bis Anfang des 3. Jahrhunderts) sind beide Listen kanonisch und die Schrift fehlerlos, weil er zwischen φύσις (Natur) und νόμος (Gesetz), zwischen biologischem und juristischem Vater, den die Sitte der Leviratsehe als schriftgemäß bezeugt, unterscheidet. Seine Beweisführung wird freilich erst verständlich, wenn man im Auge behält, daß sein Lukastext kürzer ist als unser Nestle[26]-Text. Die matthäische Reihenfolge Mattan – Jakob – *Josef* und die nach seinem Text lukanische Melchi – Eli – *Josef* stimmen, weil Vater und Großvater im einen Fall nach der Natur, im anderen nach dem Gesetz genannt sind. Um das zu beweisen, erzählt Julius die Geschichte der Familie: Mattan (aus der Nachkommenschaft Salomos) heiratet Estha, sie haben Jakob zum Sohn. Nach dem frühen Tode Mattans schließt Estha eine zweite Ehe mit Melchi (aus der Nachkommenschaft Natans), vom gleichen Stamm wie Mattan; er muß aus Juda stammen, aber aus einer anderen Familie. Aus dieser Ehe Melchi-Estha kommt Eli. Jakob und Eli sind also Halbbrüder: »-brüder«, damit die Regeln der Leviratsehe für sie in Frage kommen; »Halb-«, damit sie auf zwei verschiedene Söhne Davids, Salomo und Natan, zurückgehen. Da Eli ohne Kinder stirbt, ist Jakob verpflichtet, seinem Bruder Nachkommenschaft zu schaffen. So wurde Josef geboren, Sohn Jakobs nach der Natur, Sohn Elis nach dem Gesetz (§ 10). Darum verwendet Matthäus γεννάω, um die biologische Nachkommenschaft zu beschreiben, während Lukas durch die Genitivverbindung die gesetzliche Zugehörigkeit unterstreicht. Die Archive der Familien wurden nach Julius aufbewahrt, aber von Herodes verbrannt, so daß nur die einiger weniger Familien, die vorsorglich Kopien gemacht hatten, erhalten blieben (§ 11–14). Es bleibt nur ein Schluß übrig: Τὸ γέ τοι εὐαγγέλιον πάντως ἀληθεύει (§ 15).

Eusebius, der uns das Zeugnis des Julius überliefert, erkennt, daß Jesus nicht

---

[11] Zu dieser möglichen Schematisierung des Stammbaums vgl. Metzger, B.M., Textual Commentary 136 Anm. 1 sowie Schweizer 52, der diese Einteilung der Tradition zuzuschreiben scheint, da er meint: »Lukas ist aber

diese heilsgeschichtliche Gesetzmäßigkeit nicht mehr bewußt«; vgl. unten S. 190f.

[12] Vgl. Schürmann, I 200 Anm. 86.

[13] Vgl. Eusebius, Hist Eccl I 7,1–16.

der biologische Sohn Josefs ist. Also muß auch Maria Davididin sein[14], so daß Jesus doch Sohn Davids κατὰ σαρκά (Röm 1,3) sein kann.

Die Lösung des Julius ist in ihrem Rationalismus eindrucksvoll. Die christliche Theologie hat sehr früh angefangen, logisch zu denken. Ein ähnlicher Rationalismus herrscht mit einem gleichen Dogma der Unfehlbarkeit der Schrift im heutigen Fundamentalismus vor. Heute kann man eine solche Lösung jedoch nicht mehr anwenden, schon weil bei Lukas nichts von Leviratsehe steht. Erst wenn wir auf eine künstliche Harmonisierung verzichten, können wir die Bedeutung und Funktion jeder Liste ins Auge fassen, die wohl beide auf frühchristlicher gelehrter Spekulation beruhen.

Der brüsk abbrechende Taufbericht ist durch V 23 nur lose mit der Genealogie verbunden. Αὐτός und Ἰησοῦς bilden das Subjekt: er, nämlich Jesus[15]. In ἦν Ἰησοῦς ἀρχόμενος ὡσεὶ ἐτῶν τριακόντα hat ἦν eine doppelte Funktion: einerseits bildet es mit ἀρχόμενος eine periphrastische Konstruktion und beschreibt die Periode des Anfangs, andererseits dient es als Verbum für die Angabe des Alters (richtig mit Genitiv). Unklar ist, ob die umschreibende Konjugation die Dauer der Periode meint oder von der einfachen Form im Sinn nicht verschieden[16] ist; unklar ist auch, wie stark die semitischen Sprachen, die die periphrastische Konstruktion oft benutzen, Lukas dabei beeinflußt haben.

Der »Anfang« ist für Lukas theologisch immer wichtig (vgl. Apg 10,37) als Beginn einer neuen Etappe in der Heilsgeschichte. Gott vereinigt sich mit seinen Knechten, hier mit seinem Sohn, um »anzufangen«, wie Lukas manchmal absolut formuliert[17]. Dem Anfang in Jesus (Apg 1,21–22) wird der Anfang der Kirche (Apg 11,15) entsprechen. Er ist nicht mit der Entstehung des Seins, sondern mit dem Wirken Gottes in der Zeit verbunden. Er zielt also auf einen Abschluß, wo sich die jetzt gesäte Realität entfalten kann. Deshalb macht Lukas sorgfältige Angaben der Richtung, in die dieser Anfang führt: von Galiläa nach Jerusalem, von der Taufe zur Himmelfahrt, von Pfingsten zur Parusie[18].

Nach Epiphanius[19] enthielt auch das Evangelium nach Matthäus der Ebionäer eine Angabe über das dreißigste Jahr Jesu: Ἐγένετό τις ἀνὴρ ὀνόματι Ἰησοῦς, καὶ αὐτὸς ὡς ἐτῶν τριάκοντα ὃς ἐξελέξατο ἡμᾶς. Formgeschichtlich gehört die Altersangabe in die Gattung der Biographie. Dreißig Lebensjahre waren damals schon viel und be-

---

[14] Da in Israel jeder Mann verpflichtet war, eine Frau aus demselben Stamm zu heiraten, mußte Maria nach Eusebius, Hist Eccl I 7,17 aus demselben Geschlecht wie Josef stammen.

[15] Vgl. Bl-Debr-Rehkopf § 277,3 Anm. 5: Αὐτός kann die Bedeutung eines Demonstrativpronomens οὗτος oder ἐκεῖνος haben und die Wichtigkeit des Subjekts herausstreichen.

[16] Vgl. ebd. § 353,3.

[17] Vgl. die Partizipialform ἀρξάμενος in Lk 24,27; Apg 1,22; 8,35; 10,37; 11,4; dazu Conzelmann, H., Mitte 16 Anm. 4. Zum Thema des »Anfangs« vgl. Bovon, F., Luc le théologien 83.115.

[18] Vgl. Samain, E., La notion de ἀρχή dans l'œuvre lucanienne, in: L'Evangile de Luc 299–328.

[19] Vgl. Epiphanius, Haer XXX 13,2; zitiert bei Aland, K., Synopsis 30.

zeichneten das beste Alter[20] (siehe David in 2Sam [LXX 2Kön] 5,4 und Josef in Gen 41,46). Typologie mit diesen Gestalten des alten Bundes liegt jedoch nicht vor[21]. Dreißig war wahrscheinlich das richtige Alter für das Höchstmaß an Verantwortung; mit dreißig wird David König, noch mit der Kraft der Jugend und schon mit der Weisheit des Alters. So hat Lukas biographische und narrative Interessen. Ὡσεί (»ungefähr«) benutzt er gern vor Zahlen, um nicht pedantisch zu wirken. Die Altersangabe stammt wohl erst von Lukas. Das *Ebionäerevangelium* fand sie wahrscheinlich bei ihm vor.

Grammatisch kann man ἐνομίζετο zwei ganz verschiedene Bedeutungen geben: 1. »Man hielt ihn für den Sohn Josefs« (aber ich, Lukas, weiß, daß es nicht stimmt). 2. »Er wurde rechtmäßig zum Sohn Josefs erklärt« (und ich, Lukas, bin damit einverstanden). Gegen die erste Übersetzung spricht, daß damit die Genealogie ihr Gewicht verliert[22]. Daß Lukas nicht nur archaisches Material abschreiben will, zeigt die sehr wahrscheinlich redaktionelle Hinzufügung des letzten Gliedes (»Gottes« [V 38]). Wenn Lukas neben der Jungfrauengeburt die Gottessohnschaft noch anders begründet, hält er die Genealogie, die Jesus durch Josef in die Nachkommenschaft Davids einfügt, sicher für richtig, nämlich in der Folge der Kap. 1–2 aufgrund einer Adoption, die damals wie heute die gleichen Rechte wie die Sohnschaft schenkte. Diese rechtliche Verbindung (ἐνομίζετο) besteht nur zwischen Jesus und Josef, von Adam bis zu Josef rechnet er mit normaler Abstammung. In diesem Sinn ist Jesus Sohn Gottes durch das schöpferische Wort Gottes an Adam, seine Verheißung an David[23] und, in menschlicher Vermittlung, durch die gesetzliche Vaterschaft Josefs. In anderem Sinn ist er für Lukas Sohn Gottes durch die geistgewirkte Empfängnis, durch die Enthüllung dieser Sohnschaft bei der Taufe und bei der Auferstehung.

24–38   Die ersten Verfasser der Genealogie lebten wahrscheinlich in jüdisch-christlichem Milieu und wollten apologetisch den Galiläer Jesus durch die ad hoc konstruierte Genealogie in den Stammbaum der notwendigerweise in Judäa beheimateten Nachkommenschaft Davids einführen. Die Tendenz, die hinter dieser Genealogie liegt, entspricht also der Bewegung der Eltern Jesu von Nazaret nach Betlehem. In dieser Zeit wußte man noch nichts von der Jungfrauengeburt, und Josef galt ohne Einschränkung als Vater.

Zugleich sollte auch die Heilsgeschichte von der Schöpfung (Adam) bis zur Erlösung (Jesus) eindrucksvoll artikuliert werden. Nach einer apokalyptischen Tendenz, die menschlichen Zeitalter zu fixieren in 3×7 Generationen nach dem Exil, 3×7 Generationen von David bis zum Exil, steht Jesus am Anfang der siebenten Periode (eschatologische Zeit). Nach der Zählung 2×7 von Abraham zu David und 3×7 von Adam zu Abraham beginnt mit Jesus

---

[20]   Vgl. Num 4,3; vgl. TOB zu Num 8,24 Anm. h.
[21]   Mit Fitzmyer I 499.
[22]   Vgl. Lk 2,27.41 (Maria und Josef werden »die Eltern« und »seine Eltern« genannt) und Lk 2,48 (Josef heißt im Munde Marias »dein Vater«).
[23]   Nach Lk 1,27 und 2,4 stammt Josef aus dem Hause Davids.

das zwölfte Zeitalter der Weltgeschichte, das nach 4Esr 14,11 das letzte ist. Wenn das stimmt, sind die ersten Verfasser der Liste apokalyptisch geprägte Christen[24].

Die Verbindung zwischen Lukas und den apokalyptischen Traditionen wird heute immer deutlicher. Seine Heilsgeschichte ist also nicht Ersatz für die erste urchristliche Eschatologie. Sie verleugnet ihre apokalyptischen Wurzeln nicht, auch wo Lukas andere Einteilungen bevorzugt.

Eine Analyse der zahlreichen Namen[25], ihrer Träger und ihrer eventuellen Beziehungen ist weniger interessant als die Frage der literarischen Einordnung der Abstammung Jesu zwischen Taufe und Versuchung. Im Unterschied zu Markus hat Lukas damit die enge Beziehung zwischen diesen beiden heilsgeschichtlichen Ereignissen gelockert. Nach der Bezeugung der Zugehörigkeit Jesu zur göttlichen Sphäre (Lk 3,22) will er die menschliche Identität Jesu veranschaulichen. Sie läßt auch die Versuchungen des durch Gottes Stimme proklamierten Sohnes Gottes real, d.h. gefährlich werden[26].

Zusammenfassung

Die Versuchungen Jesu (4,1–13)

Literatur: Achtemeier, P.J., It's the Little Things that Count (Mark 14,17–21; Luke 4,1–13; Matthew 18,10–14), BA 46 (1983) 30–31; *Brown, S.,* Apostasy and Perseverance in the Theology of Luke, Rom 1969 (AnBib 36); *Dupont, J.,* Les tentations de Jésus au désert, Bruges 1968 (SN 4) (= ders., Die Versuchungen Jesu in der Wüste, Stuttgart 1969 [SBS 37]); *Duquoc, Ch.,* La tentation du Christ, LV(L) 53 (1961) 21–41; *Feuillet, A.,* Le récit lucanien de la tentation (Lc 4,1–13), Bib. 40 (1959) 613–631; *Fridrichsen, A.,* Le problème du miracle, Straßburg 1925, 84–90; *Fuchs, A.,* Versuchung Jesu, in: SNTU A 9, hrsg. v. A. Fuchs, Linz 1984, 96–159; *Gerhardsson, B.,* The Testing of God's Son (Matt 41–11 & Par). An Analysis of an Early Christian Midrash, Lund 1966 (CB.NT 2); *Hahn, F.,* Hoheitstitel 72.175–176.303; *Harsch, H.,* Psychologische Interpretation biblischer Texte?, WzM 20 (1968) 281–289 (= Psychoanalytische Interpretation biblischer Texte, hrsg. v. Y. Spiegel, München 1972, 49–59; *den Heyer, C.J.,* Die Versuchungserzählung in den Evangelien. Zeitschrift für dialektische Theologie 2 (1986) 10–20; *Hoffmann, P.,* Die Versuchungsgeschichte in der Logienquelle. Zur Auseinandersetzung der Judenchristen mit dem politischen Messianismus, BZ NS 13 (1969) 207–223; *van Iersel, B.M.F.,* »Der Sohn« in den synoptischen Jesusworten. Christusbezeichnung der Gemeinde oder Selbstbezeichnung Jesu?, Leiden 1964, 165–171 (NT.S

---

[24] Vgl. oben S. 188 Anm. 11.
[25] Zu diesen Namen vgl. die Überlegungen bei Fitzmyer I 492–494.499–504.
[26] Nach Byskov, M., Verus hat Lukas dem Stammbaum Jesu durch den Rahmen, in den er ihn stellt, und den Ort, den er ihm zuweist, einen kerygmatischen Wert gegeben: Er soll den Zusammenhang zwischen dem göttli-

chen und dem menschlichen Leben Jesu bezeugen; vgl. Bossuyt-Radermakers, Jésus 148, die zugleich die Taufe, den Stammbaum und die Versuchungen Jesu (Lk 3,21–4,15) als eine literarische Einheit auffassen, die sich auf die *Identität* Jesu konzentriere, während Lk 4,16–44 seine *Mission* herausstreiche (143f).

3); *Köppen, K.-P.*, Die Auslegung der Versuchungsgeschichte unter besonderer Berücksichtigung der Alten Kirche. Ein Beitrag zur Geschichte der Schriftauslegung, Tübingen 1961 (BGBE 4); *Mahnke, H.*, Die Versuchungsgeschichte im Rahmen der synoptischen Evangelien. Ein Beitrag zur frühen Christologie, Frankfurt a.M. 1978 (BET 9); *Meynet, R.*, Cette parole 169–172; *Panier, L.*, Récit et commentaires de la tentation de Jésus au désert. Approche sémiotique du discours interprétatif, Paris 1984; *Pokorný, P.*, The Temptation Stories and their Intention, NTS 20 (1973/1974) 115–127; *Rey, B.*, Les tentations et le choix de Jésus, Paris 1986 (Lire la Bible 72); *Riesenfeld, H.*, Le caractère messianique de la tentation au désert, in: La Venue du Messie, Bruges 1962 (RechBib 6), 51–63; *Schnackenburg, R.*, Der Sinn der Versuchung Jesu bei den Synoptikern, ThQ 132 (1952) 297–326; *Schulz, S.*, Q 177–190; *Smyth-Florentin, F.*, Jésus, le Fils du Père, vainqueur de Satan, ASeign 14 (1973) 56–75; *Steiner, M.*, La tentation de Jésus dans l'interprétation patristique de Saint Justin à Origène, Paris 1962 (EtB); *Wengst, K.*, Anmerkungen zur Barthschen Auslegung der Versuchungsgeschichte aus heutiger exegetischer Perspektive, Zeitschrift für dialektische Theologie 2 (1986) 21–38; *Wilkens, W.*, Die Versuchungsgeschichte Luk. 4,1–13 und die Komposition des Evangeliums, ThZ 30 (1974) 262–272; *Zeller, D.*, Die Versuchungen Jesu in der Logienquelle, TThZ 89 (1980) 61–73.

1 Jesus aber, voll heiligen Geistes, kehrte vom Jordan zurück und wurde durch den Geist in der Wüste geleitet, 2 vierzig Tage lang, wobei er vom Teufel versucht wurde. Und er aß nichts in jenen Tagen, und als sie vollendet waren, hungerte ihn. 3 Da sprach der Teufel zu ihm: Wenn du Gottes Sohn bist, sprich zu diesem Stein, daß er Brot werde. 4 Und Jesus antwortete ihm: Es steht geschrieben: »Nicht vom Brot allein wird der Mensch leben«. 5 Und er führte ihn hinauf und zeigte ihm alle Reiche des Erdkreises in einem Augenblick. 6 Und der Teufel sprach zu ihm: Dir werde ich diese ihre ganze Macht und Herrlichkeit geben; denn mir ist sie gegeben, und ich gebe sie, wem ich will. 7 Wenn du nun mich anbetest, wird sie ganz dir gehören. 8 Und Jesus antwortete und sprach zu ihm: Es steht geschrieben: »Den Herrn, deinen Gott, wirst du anbeten und ihm allein dienen«. 9 Er leitete ihn aber nach Jerusalem und stellte ihn auf den Giebel der Tempelanlage und sprach zu ihm: Bist du Gottes Sohn, so wirf dich von hier hinab; 10 denn es steht geschrieben: »Er wird seinen Engeln Befehl geben deinetwegen, dich zu bewahren«, 11 und »auf den Händen werden sie dich tragen, daß du deinen Fuß nicht an einen Stein stößest«. 12 Jesus antwortete und sprach zu ihm: Es ist gesagt: »Du wirst den Herrn, deinen Gott, nicht versuchen«. 13 Und als der Teufel alle Versuchung zu Ende gebracht hatte, stand er von ihm ab bis zu gelegener Zeit.

Analyse Während sich Jesus in 3,1–22 und 23–38 eher passiv verhält (er empfängt nach seiner Taufe Kraft und Erkenntnis, er wird in den Stammbaum eingeordnet), ergreift er hier die Initiative. Grammatisch wird er Subjekt der Verben. Aufgrund dessen, was er von Gott bekommen und geerbt hat, beginnt er zu handeln[1].

V 13 setzt, typisch für den Episodenstil des Lukas, einen deutlichen Schluß. Da V 1 zweifellos die Perikope einleitet, ist die Abgrenzung des Textes klar.

Hauptbezugstext des Lukas ist hier noch die Logien-Quelle. Der Einfluß von Markus ist schwach[2]: Matthäus und Lukas notieren den Namen Jesus, lesen ὁ διάβολος und nicht ὁ Σατανᾶς, haben eine Passivwendung (Lukas: ἤγετο, Matthäus: ἀνήχθη), wo Markus ἐκβάλλει schreibt, verwenden das Zahlwort vierzig nach dem Wort Tage und ignorieren die Tiere. Matthäus allein übernimmt von Markus das Motiv der Engelhilfe. Spuren des markinischen Einflusses auf Lukas zeigen sich wahrscheinlich nur in der schwierigen Wendung ἐν τῇ ἐρήμῳ (nach ἐν τῷ πνεύματι), im Partizip πειραζόμενος und der Reihenfolge Wüste – vierzig Tage – Versuchung.

Die Versuchungsgeschichte begann in Q ähnlich wie bei Markus: Jesus wird, vom Geist geleitet und geführt, vierzig Tage versucht. Als Schluß des Berichtes werden nicht die Tiere und Engel erwähnt, sondern das Verschwinden des Teufels.

Innerhalb dieses Rahmens erzählt Q drei Versuchungen in der Form eines Dialogs. Matthäus und Lukas haben die zweite und die dritte Versuchung in umgekehrter Reihenfolge überliefert[3]. Matthäus hat wahrscheinlich die ursprüngliche Reihenfolge bewahrt[4]. Lukas hat umgestellt, weil damit a) die letzte Versuchung im Tempel stattfindet, der im Verlauf der letzten Etappe des Lebens Jesu heilsgeschichtliche Bedeutung erlangt, und b) die für Lukas unangenehme Frage nach der politischen Macht nicht den abschließenden, d.h. wichtigsten Platz einnimmt. Sie gehört zu den »vorletzten Dingen«. Die Abstufung der drei Versuchungen erweist die Versuchung Gottes (4,12) als die schwerwiegendste.

Es ist Lukas wichtig, daß der Teufel seine größte Verführung in Schriftzitate (VV 10–11) einkleidet und daß, wie im Leben Jesu selbst, die erste Versuchung in der Wüste und die letzte in Jerusalem stattfindet.

Den drei Versuchungen entsprechen also die drei Etappen des Wirkens Jesu[5]. Möglicherweise ließ Lukas darum den Berg (Mt 4,8) unerwähnt, weil bei ihm ein Berg im Leben Jesu keine Rolle spielt. Das Partizip ἀναγαγὼν αὐτόν könnte sogar den Reisebericht im Blick haben, so daß der Teufel nicht bis zu 22,3 warten würde, um wieder aktiv zu werden[6].

Allgemein entspringt der Bericht der Überzeugung, daß die von Gott geliebten Menschen wie Adam, Abraham[7], Mose, David und Ijob in die Versuchung

---

[1] Meynet, R., Cette parole 169–172 schlägt eine andere Abgrenzung vor.

[2] Andere halten ihn für größer; Lukas und Matthäus hätten Mk 1,12–13 gewissermaßen die Q-Fassung übergestülpt (Lk 4,1–2 wäre dann eine Überarbeitung der Markus-Fassung).

[3] Mahnke, H., Versuchungsgeschichte 170–183 hat die Frage nach der ursprünglichen Reihenfolge ausführlich behandelt.

[4] Derselben Ansicht ist Schulz, S., Q 177.

[5] Wilken, W., Versuchungsgeschichte legt diese Übereinstimmung etwas zu bestimmt dar.

[6] So die These Conzelmanns, H., Mitte 9.22f.73f; vgl. Lk 22,28.

[7] Vgl. die Prüfung Abrahams im Feuerofen, nachdem er sich geweigert hatte, den Turm zu Babel zu errichten. Diese Legende, die keinen Eingang in die Bibel gefunden hat, wird in LibAnt VI erzählt.

geraten[8]. Daß sie vom Teufel kommt und nicht direkt von Gott, hängt mit der
Entwicklung der jüdischen Theologie zusammen[9]. Noch allgemeiner könnte
man mit der Semiotik sagen, daß in der Logik der Narrativität der Taufbericht und die Versuchungsgeschichte die zwei Pole der Kompetenzerwerbung
darstellen. Wichtiger ist aber die Frage, die erst die Einzelexegese beantworten kann: Geht es um die Abwehr einer jüdischen Kritik an Jesus (als Zauberer oder als falscher Messias) oder um ein ermutigendes Beispiel für die Christen? Die Entstehung erklärt sich am besten, wenn man mit der haggadi-
schen[10] und schöpferischen Kunst der christlichen Lehrer rechnet, die Schrift
und Erinnerungen, Auslegung und Kunst bis zum geschlossenen Produkt zu-
sammenfließen läßt. Die dialogische und polemische Form macht als Sitz im
Leben die Auseinandersetzung mit dem Judentum, als Thematik die Christologie, nicht nur die Ethik denkbar.

Erklärung   Die Dreizahl der Versuchungen hängt mit folgender jüdischer Vorstellung zusammen: »Der dreimalige Vollzug einer Handlung bzw. der dreimalige Vorgang eines Geschehens läßt sie als vollständig, abgeschlossen, endgültig erscheinen.«[11] Überdies
liegt nach orientalischer Regel die Hauptversuchung gerade im letzten Ge-
sprächsgang vor[12]. Vielleicht haben jüdische Legenden über Mose Einfluß ausgeübt:
Zwei der Versuchungen, denen der junge Mose widersteht, sind die Vergnügungen
des Tisches und die Ausübung der mit dem Titel »junger König« gegebenen politischen Macht[13].

1–2a   VV 1–2a: Die erste Hälfte des Satzes (V 1a) trägt redaktionellen Charakter, wie
πλήρης mit Genitiv, ὑπέστρεψεν (siehe 4,14) und die geographische Auskunft beweisen. Außergewöhnlich ist bei Lukas das Fehlen des Artikels vor Jesus (siehe 22,48.52),
das durch die Vorlage bestimmt sein könnte. Die zweite Hälfte (V 1b) ist stärker traditionell: »Obwohl die drei Synoptiker in der Einleitung zur Versuchungsgeschichte
stark differieren und obwohl absolutes τὸ πνεῦμα bei ihnen ganz selten ist, sind sich
alle drei darin einig, daß zur Einleitung der Versuchungsgeschichte ein anaphorischer
Artikel vor das absolute πνεῦμα gehört, der auf die Taufe zurückverweist (Mk 1,12: τὸ
πνεῦμα; Mt 4,1: ὑπὸ τοῦ πνεύματος; Lk 4,1: ἐν τῷ πνεύματι). Diese Übereinstimmung
der Synoptiker zeigt, daß wir es mit ganz alter urkirchlicher Überlieferung zu tun haben.«[14]

[8] Zu diesem Zusammenhang zwischen der
Versuchung und den Gliedern des Bundes vgl.
Gerhardsson, B., Testing 24. Nach Gerhardsson liebt Jesus, indem er den Versuchungen
widersteht, Gott aus ganzem Herzen (Brote),
mit seinem ganzen Leben (Tempelgiebel) und
mit all seiner Kraft, d.h. all seinen Gütern
(alle Reiche der Welt).
[9] Vgl. die Gott mißfällige Volkszählung, die
David anstellte, weil ihn nach 2Sam (LXX
2Kön) 24,1 Gott, nach dem Paralleltext 1Chr
21,1 aber Satan reizte.

[10] Gerhardsson, B., Testing hält die beiden
Versionen der Versuchungen Jesu für haggadische, aus Dtn 6–8 entwickelte Midraschim.
[11] Delling, G., Art. τρεῖς κτλ., in: ThWNT
VIII (1969) 221.
[12] Vgl. Schulz, S., Q 185; Mahnke, H., Versuchungsgeschichte 377 Anm. 23.
[13] Vgl. Philo, VitMos I 28.32.
[14] Jeremias, J., Sprache 115.

Lukas hat diese Überlieferung gern aufgenommen und sie sogar weiterentwickelt. Daß Jesus seit seiner Taufe vom heiligen Geist erfüllt ist, ändert den Sinn seiner Führung durch den Geist. Ἐν τῷ πνεύματι nach πλήρης πνεύματος kann nicht die Unterwerfung Jesu bedeuten, sondern die Solidarität des Messias und des Geistes.

Jesus geht den gleichen Weg wie Johannes (3,2–3), jedoch in umgekehrter Richtung: vom Jordan in die Wüste. In der Wüste hört der Täufer den Ruf Gottes, Jesus die Stimme des Teufels. Die Symbolik der Wüste ist also nicht festgelegt, sie ist weder positiv noch negativ geprägt. Sie ist der befremdende Ort, wo der Mensch (oder das Volk) die Erfahrung des Göttlichen oder des Ungeheuren machen kann.

Der zweite Himmelfahrtsbericht (Apg 1,3) zeigt das Interesse des Evangelisten an den traditionellen vierzig Tagen. Dort wurde während dieser Periode der engste Kreis der Auferstehungszeugen vom Herrn belehrt und ausgerüstet. Die symbolische, im Alten Orient verbreitete Bedeutung der vierzig Tage oder Jahre wurde in Israel auf wichtige Perioden im Leben der Knechte Gottes oder des ganzen Volkes bezogen. Vierzig Tage verbringt Mose während der Bundesschließung auf dem Sinai (Ex 24,18; 34,28). In der jüdischen Tradition, die Lukas kennt, ist dies die normative Dauer für den Empfang der göttlichen Offenbarung[15]. Da vierzig Jahre in der Wüste auch eine Zeit der Strafe und der Erprobung für das Volk sind (Dtn 8,2)[16], hat Lukas diese Zeit im Leben Jesu mit der Tradition als Versuchung und Erprobung, aber auch als existentielle Erkenntnis der im Geist und in der Schrift vermittelten Offenbarung verstanden. Die vierzig Tage sind eher mit dem durativen Imperfekt ἤγετο als mit dem Partizip πειραζόμενος zu verbinden.

Πειράζω ist Intensivform (»zu versuchen streben«) zu πειράω, aber auch die ionische Form neben der attischen πειράω. Im hellenistischen Judentum behält πειράω seine profane Bedeutung (»versuchen«, »auf die Probe stellen«), während πειράζω durch die Septuaginta (Übersetzung von נָסָה) meistens religiöse Bedeutung bekommt. Der Gehorsam des Volkes oder des Gläubigen ist ständig durch Versuchung – durch Gott oder den Satan[17] – bedroht. Umgekehrt können auch Menschen Gott versuchen[18]. Inhalt der Versuchung ist weniger die moralische Verfehlung als der Abfall von Gott, obwohl die ethischen Komponenten unter philosophischem Einfluß im hellenistischen Judentum spürbar werden. Verglichen mit der damaligen jüdischen Psychologie

---

[15] Vgl. Menoud, Ph.H., Pendant quarante jours (Actes 1,3), in: Neotestamentica et Patristica (FS O. Cullmann), Leiden 1962 (NT.S 6), 148–156, jetzt in: ders., Jésus-Christ 100–118, hier 113; vgl. Philo, VitMos II 71: Während seines Aufenthaltes auf dem Sinaigipfel wurde Moses in alle Geschäfte des Priestertums eingeweiht.

[16] Da ein einzelner Mensch nicht vierzig Jahre lang in der Wüste versucht werden kann, ist es begreiflich, daß man bei der Übertragung des Motivs vom Volk des Alten Testaments auf Jesus zwar die Zahl beibehalten, aber die Jahre in Tage umgewandelt hat.

[17] Vgl. Bill. I 139–141 zur Rolle des Satans als Versucher.

[18] Vgl. Seesemann, H., Art. πεῖρα κτλ., in: ThWNT VI (1959) 24.

des Gläubigen zeigt sich der Versuchungsbericht der Evangelien erstaunlich sachlich und theologisch.

Das Partizip πειραζόμενος scheint in der Sprache der ersten Christen ein bekannter Ausdruck für den Gläubigen zu sein: Hebr 2,18 und Jak 1,13. Daß πειρασμός bei Lukas »Abfall« heiße und nicht »Versuchung«, scheitert schon an Lk 4,13[19]. Aber das Wort ist in der Apostelgeschichte nicht für die Versuchungen der ersten Christen gebraucht, so daß wir die ethische Komponente der lukanischen Versuchungsgeschichte Jesu nicht überbetonen dürfen.

Im Unterschied zu δοκιμάζω (»erproben«) wohnt πειράζω das Moment der feindlichen Absicht inne. So ist ὁ διάβολος, den Lukas rein negativ versteht, Urheber der Versuchung (nicht: der Erprobung) Jesu.

Exkurs: Der Teufel

Für den Teufel verwendet Lukas 7mal ὁ διάβολος (besonders in 4,1–13 [aus Q übernommen]) und 7mal ὁ Σατανᾶς (5mal im Evangelium [von Markus übernommen: Lk 11,18; Sondergut: Lk 10,18; 13,16; 22,3.31], 2mal in der Apostelgeschichte). Der Wechsel von »Satan« (Mk 4,14) zu »Teufel« (Lk 8,12) zeigt die Vorliebe des Lukas für die griechische Form. Auch wenn er keine Dämonologie entwickelt, bringt er doch einige Gedanken in dieser Richtung. Nach den gescheiterten Versuchungen entfernt sich der Teufel von Jesus ἄχρι καιροῦ. Der πειρασμός der Passionszeit gilt eher den Jüngern als Jesus: Der Teufel überrumpelt Judas (22,3) und »schüttelt« die Jünger »im Sieb« (22,31), während Jesus sie vor der Versuchung in Getsemani warnt (22,40.46). Daß Jesus nach der Szene in der Wüste (4,1–13) noch auf die Probe gestellt, aber nicht mehr versucht wird[20], ist wohl zu spitzfindig. Klar ist, daß der Teufel in 22,3 wieder aktiv wird und Jesus sein erstes Ziel ist. Dazwischen liegt nicht so sehr eine »satansfreie Zeit«[21], als vielmehr eine Periode, in der Jesus die Initiative gegen Satan ergriffen hat. Daß die Menschen vom Teufel bedrängt werden und unter ihm leiden (13,16; Apg 10,38 und 26,18), ist feste Überzeugung des Lukas. Diese allgemeine Macht des Teufels, die bis zur politischen reicht (4,6), steht logisch unverbunden, aber narrativ konsequent neben dem plötzlichen Einfall des Bösen in einen Menschen (13,16; 22,3). Beides steht bei Lukas nebeneinander, weil jede Erzählung auf Einmaligkeit und Ereignischarakter angewiesen ist, aber vor allem, weil die Ereignisse für ihn nicht Ausnahmen sind, sondern sichtbare Zeichen der unsichtbaren Realität: Wenn der Teufel von Jesus Besitz ergreift, wird ersichtlich, was schon vorher vorhanden war. Die Zeit Jesu ist dennoch eine gute Periode, weil die Wirkung des Mes-

---

[19] Vgl. Brown, S., Apostasy; Bovon, F., Luc le théologien 407f.

[20] Vgl. Dupont, J., Tentations 70. Über den Bedeutungsunterschied zwischen πειράζω und δοκιμάζω vgl. Trench, R.C., Synonymes 309.312.

[21] So Conzelmann, H., Mitte 22; vgl. 9 und 73f.

sias und die Macht Gottes den Teufel angreifen und ihn aus seiner starken Position verdrängen (10,18; 13,16; Apg 10,38). Doch ist der Kampf bis zur Parusie zu führen und der Sieg noch nicht endgültig, weil der aus dem Himmel gestürzte Teufel immerhin auf der Erde tätig ist (1Kor 7,5; Eph 6,11; Offb 13,1; 1Petr 5,8; Jak 4,7 usw.). Das Wort Gottes und der Heilige Geist geben den Gläubigen keine Garantie gegen den Rückfall in die Hände Satans (8,12 // Mk 4,15). Auch die nachösterlichen Menschen müssen aus der Macht des Teufels in die Hände Gottes überführt werden (Apg 26,18).

Die mythologische Rede über den Teufel hat Lukas übernommen und seinerseits nicht weiterentwickelt. Sie bleibt streng auf die Menschen bezogen; weder die Schöpfung noch die Geschichte werden dämonisiert, zugleich aber auch nicht sakralisiert. Dieser mythologische Sprachgebrauch bewahrt die menschliche Existenz vor einem zu leichtfertigen Optimismus. Lukas ist dabei aber frei von Defaitismus; die μετάνοια ruft den Menschen zu ethischer Verantwortung auf. Lukas weiß um die Macht der übermenschlichen Kräfte, die die Menschen fesseln, aber erst recht um die Kraft, die die Gefangenen befreien kann (Apg 5,19; 12,7–10; 16,25–30).

Was bleibt bei Lukas vom eschatologischen Verständnis des πειρασμός und der Überwindung des Teufels[22]? Eindeutig verzögert sich das Ende der Zeit, aus der einen Versuchung wird eine Mehrzahl. In diesem Sinn ereignet sich eine Umdeutung des Eschatologischen ins Ethische. Aber andererseits glaubt auch Lukas, daß die Endzeit mit Jesus angebrochen ist (Lk 16,16) und daß nichts ihrer Erfüllung im Wege stehen kann. Sie kommt, wenn auch nicht allzu bald.

V 2b: Bereits Q erzählte vom Hunger Jesu nach den vierzig Tagen, zugleich ist jedoch die lukanische Redaktion offenkundig: in der Doppelnegation (vgl. 10,19 und Apg 4,12), der Zeitangabe (vgl. 9,36), im Genitivus absolutus und in συντελέω (4,13 und Apg 21,27 [wie hier für »Tage«]). Matthäus hat die Typologie durch die Erwähnung der Nächte unterstrichen und liest nicht οὐκ ἔφαγεν (Ex 34,28 LXX), sondern νηστεύσας. Das Interesse der neutestamentlichen Gemeinde für die Fastenpraxis genügt als Erklärung nicht. Könnte sowohl νηστεύσας (Matthäus) als auch οὐκ ἔφαγεν οὐδέν (Lukas) redaktionell Erweiterung der Logienquelle sein, die nur vom Hunger Jesu (ἐπείνασεν [bei Matthäus und Lukas]) gesprochen hat[23]? Dann hätte Lukas auch Sinn für eine Typologie Mose – Jesus[24]. Freilich war Moses Aufenthalt mit der Gesetzgebung und der Bundesschließung, nicht mit einer Versuchung verbunden, und damals wurde das Gesicht des Mose verklärt, was die Verklärung Jesu, nicht seine Versuchung vorbereitete; außerdem fand das Ereignis auf dem Berg, nicht in der Wüste statt.

2b

---

[22] Vgl. Bovon, F., Luc le théologien 22–24.407–409.
[23] Vgl. Schulz, S., Q 179.

[24] Verschiedene Handschriften nehmen, indem sie οὐδὲ ἔπιεν anfügen (vgl. den Apparat bei Nestle[26] zu Lk 4,2), Bezug auf καὶ ὕδωρ οὐκ ἔπιεν in Ex 34,28 LXX.

Dies zeigt die kunstvolle haggadische Arbeit der ersten christlichen Lehrer, die sich nicht scheuen, verschiedene Gestalten in Jesus zu vereinigen: Wenn Jesus Züge des Mose trägt, übernimmt er auch die Funktion des von Gott geliebten Volkes, des »Sohnes Gottes«, das unten in der Wüste der Versuchung erliegt[25], während Mose oben auf dem Berg wartet. Zur Typologie kommt die Antinomie hinzu. Wie Paulus Sünde und Gnade an den Gestalten Adams und Christi durchdenkt, so die Q-Überlieferung Versuchung und Glaube an Israel und Jesus. Sie sind nicht Beispiele, sondern heilsgeschichtliche Typen der beiden Ökonomien.

3–4   VV 3–4: Nach der Beschreibung der Situation beginnt der Dialog. Der erste Befehl verknüpft die Wunderthematik mit der Frage der Ernährung. Jesus antwortet mit einem Zitat aus Dtn 8. In V 3 ist δέ (Lukas) sekundär gegenüber καί (Matthäus). Matthäus fügt die suggestive Bewegung (προσελθών) hinzu und ersetzt ὁ διάβολος durch ὁ πειράζων. Lukas verbessert εἰπέ ἵνα in εἰπὲ τῷ λίθῳ τούτῳ ἵνα. Ob Q von Stein und Brot im Singular oder im Plural sprach, läßt sich nicht entscheiden. Mt 4,4 hat das Zitat verlängert[26].

Nach Dtn 8 erzieht Gott sein Volk in der Wüste und stellt es auf die Probe (besonders in der targumisch interpretierenden Septuaginta). Aus diesem Kapitel (VV 2–5) nimmt Lukas manches wörtlich auf.
Im Unterschied zu Israel besteht Jesus die ihm auferlegte Probe. Wunder, wie etwa das Mannawunder, die damals als Zugeständnis gewährt worden waren, lehnt er ab. Jesus erweist sich als gehorsamer Israelit, und sein Glaube ist, wenn man den Einfluß von Dtn 8 voraussetzt, mit dem »Sich-Erinnern« verbunden, das im Schriftzitat zum Ausdruck kommt. Nach der in Israel bekannten Entwicklung[27] stellt nicht mehr Gott auf die Probe, sondern der Teufel. Εἰ ist nicht rein hypothetisch, sondern fast kausal zu deuten. Der Teufel zweifelt nicht, er glaubt an die Gottessohnschaft Jesu.
Jesus ist mehr als lediglich Symbol des neuen Volkes. Er ist »Sohn Gottes«. Das Fehlen des Artikels besagt nicht, daß υἱός indeterminiert ist; das Prädikatsnomen steht häufig ohne Artikel, wenn die Kopula folgt[28]. In Verbindung mit seiner Taufe ist Jesus, mindestens für Lukas, mehr als *ein* Sohn Gottes: Er ist *der* eschatologische Gottessohn. Weshalb vollzieht er dann nicht die Wunder des Mose? Soll nicht in der Endzeit ein Prophet wie Mose erstehen (Dtn 15,15.18)? Jesus wird später allerdings Wunder tun, sogar Brot vermehren (Lk 9,12–17). Aber er wird es für die andern tun, nicht für sich selbst. Wenn das Brot die Prio-

---

[25] Bultmann, R., Syn. Trad. 275 schließt eine solche Annäherung aus.
[26] Nicht wenige Abschreiber des Lukasevangeliums haben, wenn auch etwas anders als bei Matthäus, das Zitat weitergeführt; vgl. den Apparat bei Nestle[26] zu Lk 4,4.
[27] Vgl. oben S. 194 Anm. 9.
[28] Vgl. Bl-Debr-Rehkopf § 273.

rität hätte, nicht die Verbindung mit dem Vater[29], wäre er der Versuchung erlegen. Seine messianische Macht wäre damit zuschanden geworden.

R. Bultmann hat die messianische Deutung der Versuchungen abgelehnt, da das Judentum die Gestalt des Messias als Wundertäter nicht kenne und nichts von Versuchungen des Messias wisse; Inhalt der Diskussion sei das richtige Wunderverständnis[30]. Verteidigt also die Urgemeinde in der Versuchungsgeschichte Jesus gegen den Vorwurf der Zauberkunst und seine Wunder als Zeichen des Reiches Gottes, nicht einer teuflischen Zauberei[31]? Gewiß wird nicht der Titel »Sohn Gottes« als solcher verteidigt, sondern die Ausübung der Macht, die damit verbunden ist; aber diese Macht ist m.E. für Lukas und wohl schon für Q die des Messias. Vermutlich verteidigt der ursprünglich semitische Bericht den christologischen Anspruch der Urgemeinde; in der heidnischen Umwelt hingegen wird die Abwehr eines falschen Verständnisses des Titels »Sohn Gottes« hineininterpretiert[32].

Lukas hat (V 5) die semitisierende Parataxe von Q in eine hypotaktische Konstruktion umgewandelt, sie damit stilistisch verbessert[33] und zugleich die Rede vom Berg gestrichen[34]. Auf ihn geht auch der Austausch von ὁ κόσμος durch ἡ οἰκουμένη zurück[35] sowie der Zusatz ἐν στιγμῇ χρόνου. Sehr wahrscheinlich redaktionell ist schließlich die breitere Fassung des V 6. Das doppelte Versprechen des Teufels in den VV 6–7 wie auch sprachliche Beobachtungen (ἅπας und ἐνώπιον) sind Indizien dafür. 5–8

Mit »alle Reiche des Erdkreises« ist die Thematik der Macht schon angedeutet. Daß die Weltschau in einem Augenblick (ἐν στιγμῇ χρόνου) möglich ist, zeigt die Zauberkraft des Teufels und die übermenschliche Dimension des Ereignisses.

Der δόξα fügt Lukas, was ihn noch wichtiger dünkt, die ἐξουσία dieser Reiche hinzu. Beide sind dem Sohn versprochen. Die Erweiterung der Q-Fassung wird bei Lukas zur sprachlichen Parodie göttlicher Inspiration: Der redaktionelle Zusatz erinnert an Dan 4,31 LXX; 7,14 und Lk 10,22. In den Worten ὅτι ἐμοὶ παραδέδοται sagt also der Teufel, daß Gott ihm die politische Vollmacht

---

[29] Vgl. Hahn, F., Hoheitstitel 303: »Der Gottessohn darf seine Macht weder zur Selbsthilfe noch für ein Schauwunder mißbrauchen, sondern allein für den Auftrag, den er erhalten hat. So ist die Gottessohnschaft gerade im Zusammenhang mit der Ausrüstung durch die wunderbare Macht des Geistes von dem Gedanken des Gehorsams geprägt.«

[30] Vgl. Bultmann, R., Syn. Trad. 272–274.

[31] Vgl. Luz, U., Matthäus I 164. Luz verweist auf PsClemens, Recg II 9,3; III 47,2 und auf ActPetr 31–32.

[32] Vgl. Hahn, F., Hoheitstitel 303; Pokorný, P., Temptation 125.

[33] Vgl. Schulz, S., Q 180f.

[34] So Conzelmann, H., Mitte 23. Im Partizip

ἀναγαγών (V 5) verbirgt sich noch ein Rest des Bergmotivs. Ein Teil der Textüberlieferung hat den »hohen Berg« unter dem Einfluß von Matthäus wieder eingeführt.

[35] Οἰκουμένη: Lk 2,1; 4,5; 21,26; Apg 11,28; 17,6.31; 19,27; 24,5. Der Gebrauch dieses Wortes spiegelt die lukanische Universalitätsperspektive wider; Universalität meint jedoch den Raum der zivilisierten, d.h. bekannten Welt, den Raum also innerhalb der Grenzen des Römischen Reiches. Lukas bezeichnet die Welt kaum je mit dem Begriff ὁ κόσμος (vgl. Lk 9,25; 11,50; 12,30; Apg 17,24. Lk 12,30 bildet die einzige Ausnahme – wenn überhaupt, denn die Wendungen dieses Verses sind traditionell).

über die Reiche der Welt gegeben habe. Jesus geht nicht auf diese Behauptung ein. Daher dürfte die hinter ihr stehende pessimistische Sicht der Welt Lukas eigen sein. Der Teufel behauptet weiter, daß er diese Macht geben kann, wem er will. Dies impliziert, daß die Fürsten Macht und Glanz weder direkt von Gott noch vom Volk, sondern vom Teufel erhalten, daß sie also ihn und nicht Gott ehren oder, in nicht-mythologischer Sprache, daß sie ihre Macht im eigenen Interesse und nicht als Dienst für andere ausüben. Das ist die Knechtschaft derer, die die anderen in Knechtschaft bringen. Aber der Teufel ist ein Lügner, und Lukas könnte wohl in anderem Zusammenhang den alttestamentlichen Glauben an Gott als Ursprung der politischen Autorität übernehmen.

Lukas verfaßt keinen Traktat politischer Theologie, sondern erzählt eine Geschichte; wichtig ist deshalb die Bedingung, die an die Verheißung geknüpft ist. Προσκυνέω[36] heißt hier »anbeten« und nicht einfach »ehren«. Der Teufel verlangt nicht weniger als einen Herrschaftswechsel. Kurz nach der Herstellung der Vater-Sohn-Verbindung schlägt er einen anderen, einen pervertierten Bund vor. Hofft er, daß Jesus beide Verbindungen gleichzeitig erhalten oder das Lager wechseln möchte? Wieder antwortet Jesus mit einem Wort aus der Schrift[37].

Lukas weiß, daß Gott einen exklusiven Dienst verlangt (16,13). Die Versuchung zur Gottesverleugnung im Bereich der weltlichen Macht hat mit Geld zu tun. Politik und Wirtschaft werden so zum Ort existenzieller Glaubensentscheidung. Weder die Politik noch die Wirtschaft als solche werden angegriffen, sondern der Mensch, der sie für sich in Anspruch nimmt.

Jesus reagiert nicht nur als frommer Jude, sondern auch – mindestens im heutigen Text – als christlicher Messias und Menschensohn. Wie die Wunder Jesu als Zauberei verdächtigt wurden, so wurde der messianische Anspruch der ersten Christen im Blick auf Jesus von jüdischen Gelehrten als satanisch angesehen. Die Antwort Jesu in den Worten der ersten Christen beschreibt sein Leben als Dienst Gottes ohne jegliche dämonische Hoffnung auf persönliche Allmacht. Messianische Allmacht gibt es in der Zukunft, vorläufig gilt noch der pessimistische V 6b. Erst nach der Auferstehung, für Lukas sogar erst nach der Parusie, wird Jesus Christus »Macht und Herrlichkeit« aller Reiche der Erde erhalten. Darum steht diese zweite Versuchung parallel zum Reisebericht, wo Jesus erfährt, daß ihn gerade Sohnschaft und Messianität ins Leiden führen werden.

---

[36] Bei Lukas hat προσκυνέω immer auch einen religiösen Sinn. Die Proskynese ist Gott und – nach seiner Auferstehung (Lk 24,52) – Jesus vorbehalten; sie wird zum Götzendienst, wenn sie bewußt vor jemand anderem als Gott vollzogen wird (Apg 7,43). Petrus weist Kornelius, der ihn über Gebühr verehrt (Apg 10,25–26), zurecht. Jesus weigert sich, vor dem Satan niederzufallen (Lk 4,7–8); vgl. Nützel, J.M., Art. προσκυνέω, in: EWNT III (1983) 419–423.

[37] Zitiert wird Dtn 6,13 oder 10,20 nach dem Text des Alexandrinus. Andere Hauptzeugen legen φοβηθήσῃ an Stelle von προσκυνήσεις und übersehen das wichtige μόνῳ; vgl. Holtz, T., Untersuchungen 62f.

VV 9–12: In der dritten Phase der Versuchung führt der Teufel Jesus nach Je- 9–12
rusalem auf den Giebel der Tempelanlage[38].

Auch hier basiert Lukas auf Q-Tradition. Wie in V 5 verzichtet er darauf, den Teufel
ausdrücklich zu nennen. »Die heilige Stadt« (Mt 4,5) an Stelle von »Jerusalem« wird
auf das Konto der matthäischen Redaktion gehen. Mit τοῦ διαφυλάξαι σε führt Lukas das Zitat (Ps 90[91],11) weiter. Ἐν πάσαις ταῖς ὁδοῖς σου am Ende des Verses in
der Septuaginta war ihm zu allgemein, um es zu zitieren. Die Einleitung des V 12
dürfte traditionell sein[39]. Εἴρηται für das Wort der Schrift ist dagegen lukanisch (vgl.
Apg 2,16; 13,40).

Die Versuchung findet im Tempelbezirk statt. Folgt nach der prophetischen
und königlichen jetzt die priesterliche Versuchung?[40] Der Teufel führt Jesus
an den Ort der größten Öffentlichkeit. Die Versuchung soll eher die Echtheit
der Vater-Sohn-Verbindung bestätigen als die wunderbare Kraft Jesu erweisen. Weshalb ist es eine Versuchung, wenn das Zitat aus Ps 90(91) stimmt?
Weil man Gott damit versuchen würde, antwortet Jesus mit einem anderen
Zitat: »Du wirst den Herrn, deinen Gott nicht versuchen« (Dtn 6,16 LXX). Die
damalige Versuchung Israels bestand darin, daß das Volk Gott versuchte, indem es Wasser von ihm verlangte. In allen drei Versuchungen will Jesus also
nichts für sich und stellt deshalb Gott nicht auf die Probe. Der Teufel zitiert
die Schrift, aber er versteht sie nicht. Die Hermeneutik der Christen, die Jesus
Dtn 6,16 in den Mund legen, besteht a) im Feingefühl für die Metapher: Ps
90(91),11–12 soll nicht buchstäblich verstanden werden, b) in der Überzeugung, daß die in diesem Psalm versprochene Hilfe Gottes keine automatische
ist: Der Gläubige riskiert kein Unglück, um seinen Gott zu erfahren. Das Heil
kommt durch Leiden und Tod hindurch.
Diese biblische Theologie ist nicht zufällig vorgetragen. Sie dient als Antwort
auf eine Kritik, nicht am Wunder, sondern am Kreuz Jesu. Weshalb hat Gott
seinem Sohn diesen Tod nicht erspart (Lk 23,35.37.39)? Die christliche Antwort lautet also: Es ist Glaube und nicht Ohnmacht, daß Jesus sich selbst nicht
gerettet hat. Wieder ist dies nicht nur die Antwort eines Gläubigen, sondern
die des angegriffenen Messias der Christen.
V 13: Der Teufel besitzt größte Macht (V 6), aber er ist nicht imstande, die 13
Entschlüsse der Menschen zu erzwingen. Die einen, wie Adam[41] und das Volk

---

[38] Zu πτερύγιον vgl. Mahnke, H., Versuchungsgeschichte 116–118: Das πτερύγιον
der Tempelanlage (ἱερόν) ist nicht ein Teil des
Gebäudes (ναός) sondern eine erhöhte Stelle
der Umgebung, die wir nicht mehr identifizieren können, oder aber der Giebel eines der
Portale.
[39] Vgl. Jeremias, J., Sprache 117.
[40] Vgl. Mahnke, H., Versuchungsgeschichte
113–126. Kritisch Luz, U., Matthäus I 161
Anm. 14.

[41] Mit Fitzmyer I 512 und gegen Feuillet, A.,
Récit 617 halte ich die Anspielungen auf
Adam in den Versuchungen Jesu für gering
und lehne es ab, von einer Typologie Adam –
Christus zu sprechen. Nach Feuillet möchte
Lukas mit dem über den Teufel triumphieren-
den Jesus den Getauften für ihren Kampf ge-
gen den Versucher ein ethisches Modell vor
Augen führen.

in der Wüste, fallen, die anderen, wie Ijob und Jesus, widerstehen. Der Teufel hat seine Möglichkeiten eingesetzt, nun muß er seine Niederlage somatisch kundgeben: Er verläßt Jesus, obgleich eine Drohung noch in der Luft schwebt: bis zur nächsten Gelegenheit.

Zusammen-
fassung
Ich habe von einem Streitgespräch gesprochen. Das ist jedoch nur der eine Aspekt. Freilich streiten der Teufel und der Sohn wie zwei Rabbinen mit Bibeltexten. Aber der Thematik nach ist der Bericht noch mit Erzählungen anderer Art verwandt: mit den Geschichten, die Versuchung, Sünde und Fall bestimmter Menschen erzählen, wie auch mit solchen, die den Widerstand und den Sieg der Gläubigen beschreiben[42].

An formgeschichtlichen Parallelen sind mir nur zwei bekannt: Dan 3 (die drei Männer im Feuerofen) und Sifra 22,32[43]. An letztgenannter Stelle ist die Legende von Kaiser Trajan überliefert, der zwei Juden verfolgt und ihnen sagt: Seid ihr nicht vom Volk Ananias, Mischaël und Azarias (vgl. Dan 3)? Laßt euren Gott kommen und euch retten. Die Juden antworten: Ananias, Mischaël und Azarias waren würdig, und Nebukadnezzar verdiente, daß ein Zeichen geschah. Wir und du sind eines Wunders nicht würdig usw. Wie der Teufel in Lk 4 argumentiert der Kaiser mit der Schrift und den Privilegien des Gottesvolkes. Wie Jesus verwerfen die beiden Juden für sich das Recht auf ein Wunder. Dan 3 und Sifra 22,32 lenken unsere Aufmerksamkeit in die Richtung des göttlichen Zeichens. Wie die jüdische und die urchristliche Theologie ist Lukas überzeugt, daß a) Gott in der Not durch Wunder hilft und seinen Knechten Zeichen gibt, b) sich nur ein falscher Prophet ein Zeichen zunutze macht und c) nur Scheingläubige in die Versuchung geraten, ein Wunder zu verlangen. Das gilt auch für die Stellen, wo Jesus ein Zeichen verweigert (Lk 11,16.29–30).

Wenn die Polemik gegenüber Juden der soziologische Sitz im Leben der Versuchungsgeschichten ist, könnte die Diskussion Jesu mit Pharisäern über göttliche Zeichen die historische Verwurzelung der Versuchungen Jesu darstellen. Das Neue Testament weiß auch von anderen Versuchungen Jesu: Lk 22,28.39–46; Hebr 2,17; 4,15; 5,2 und Joh 6,15.26–34; 7,1–4[44]. Von diesen ist aber in den eigentlichen Versuchungsgeschichten nicht die Rede. Sie entstammen vielmehr einer Polemik, die die Kirche – analog zu Jesus – mit jüdischen Gelehrten führen mußte[45].
Lukas bemüht sich, korrekt zu schreiben und die Geschichte wahrscheinlich zu machen. Matthäus legt das Gewicht mehr auf die Antworten Jesu, Lukas hingegen unterstreicht die Angriffe des Teufels[46]. Während der Anfang an den Bericht über die Taufe Jesu anschließt, verbindet der Schluß mit seiner Passion. Von der Wüste nach Jerusalem führt auch der Weg Jesu. Seine Haltung

---

[42] Vgl. die jüdischen Versuchungsgeschichten, in denen der Satan sich verwandelt, um die Menschen zu verführen, bei Bill. I 140f.
[43] Zu Sifra 22,32, 99d vgl. Bonsirven, J., Textes rabbiniques 45f § 206.

[44] Vgl. Duquoc, Ch., Tentation 32f.
[45] Mit Fitzmyer I 510.
[46] Mit Dupont, J., Tentations 70.

erweist im Gegensatz zum sündigen Volk in der Wüste den Glauben an den einzigen Gott, den Schöpfer und vor allem den Retter Israels[47]. Aber indem er auf Zeichen wie auf königliche Macht verzichtet, ist er auch der Messias, der den Weg des Dienstes und der gehorsamen Sohnschaft verfolgt. Deswegen wird er das Zeichen der Auferstehung und die Würde des Königtums erlangen, aber erst nach seinem Wirken in Galiläa, seinem Gang nach Judäa und seiner Passion in Jerusalem[48]. Daß der Messias Jesus in dieser Perikope auch prophetische und priesterliche Züge trägt, ist möglich, aber schwer zu beweisen[49].

Die Geschichte der Exegese von Lk 4,1–13 ist außerordentlich lehrreich[50], weil die Lebenssituation des Exegeten stets seine Interpretation beeinflußt. Für Ambrosius ist der ethische Aspekt der zentrale. Jesus »erleidet es, vom Teufel versucht zu werden, damit wir alle durch ihn lernen, über ihn zu triumphieren«. Die »drei wichtigsten Speere des Teufels« erscheinen in den drei Versuchungen: die Völlerei, die Eitelkeit, der Ehrgeiz[51].
Origenes sieht in den Steinen die häretischen Lehren, die den Christen anstelle von Brot angeboten werden[52].
Calvin, der hellhörig geworden ist für die Gefahr der Akzentsetzung auf menschliche Werke, wendet sich gegen jeden Vergleich zwischen der Versuchung Jesu und der unseren. »Dieses Fasten war wie ein Wappen der göttlichen Herrlichkeit, das Christus trug«[53]. Folglich wäre es Hohn und verabscheuenswürdiger Spott, Christus nachzuahmen. Die Versuchung läßt sich nicht auf Gefräßigkeit, Ehrgeiz, Geiz beschränken. Alle drei Versuchungen sprechen von Distanznahme gegenüber Gott: sich von Gott entfernen (erste Versuchung), Satan eine Macht zuschreiben, die Gott allein hat (zweite Versuchung), die Macht Gottes zum eigenen Vorteil gebrauchen (dritte Versuchung).
K. Barth[54] steht auf derselben Linie wie Calvin. Wenn Jesus der Versuchung nachgegeben hätte, hätte er eine unendlich schwerwiegendere Tat begangen als alle Delikte oder Verbrechen gegen die Moral oder das Gesetz, nämlich den Gipfel des Bösen. »Und es geht in keiner von den dreien um die Verlockung zu einem auf der moralischen oder gar juristischen Ebene so zu nennen-

Wirkungs-
geschichte

---

[47] Schlatter, A., Matthäus 108 verbindet die erste Versuchung (Brote) mit dem Glauben, die zweite (Reiche) mit der Gott entgegengebrachten Liebe und die dritte (Sprung von der Zinne) mit dem Gehorsam. Jesus wird so zum frommen Juden. Harsch, H., Interpretation deutet die Versuchungen mit Hilfe der Archetypen C.G. Jungs, die Brote z.B. bringt er mit der Großen Mutter in Verbindung.
[48] Dupont, J., Tentations 70 hebt den Zusammenhang unseres Textes mit der Passionsgeschichte hervor.

[49] Vgl. Mahnke, H., Versuchungsgeschichte 123.
[50] Vgl. die beiden Monographien Köppen, K.P., Auslegung und Steiner, M., Tentation.
[51] Vgl. Ambrosius, Exp Luc IV 4–42; zitiert sind IV 4 und IV 17.
[52] Vgl. Origenes, Hom Luc XXIX 3–5.
[53] Calvin, J., Harmonie évangélique 117.
[54] Vgl. Barth, K., KD IV,1 286–291 (Zitat 287).

den Verbrechen oder Vergehen. Es geht in allen dreien ›nur‹ um den Rat und
die Zumutung, daß er dem am Jordan angetretenen Weg des einen großen
Sünders, der Buße tut, nicht treu bleiben, von da aus in einer Richtung weitergehen möchte, an deren Ziel nicht sein Kreuz stehen müßte.«
Gewisse zeitgenössische Theologen sehen in der Versuchung Jesu das Beispiel
nicht nur eines ethischen, sondern auch eines spirituellen Verhaltens. Die
Haltung Jesu gegenüber Gott ist dabei exemplarisch. Nach G. Lafon[55] versagt
sich Christus in allen drei Versuchungen jeglichen Besitz, »weil das Mensch-
sein in uns nur durch die Anwesenheit des Fehlenden garantiert ist«. Weder
Brot noch Macht, die in den ersten beiden Versuchungen angeboten werden,
genügen, um aus uns Menschen zu machen. In der dritten Versuchung versagt sich Christus das Bestimmen über den Tod. »Er lebt daraus, nichts zu besitzen«. Ebenso die Christen. Derart werden die beiden Achsen der Vresu-
chung, die christologische und die anthropologische, hervorgehoben.

Die Antrittspredigt in Nazaret (4,14–30)

Literatur: Agua Pérez, A. del, El cumplimiento del Reino de Dios en la misión de Jesús. Programa del Evangelio de Lucas (Lc 4,14–44), EstB 38 (1979/1980) 269–294; *Al-
bertz, R.,* Die »Antrittspredigt« Jesu im Lukasevangelium auf ihrem alttestamentlichen Hintergrund, ZNW 74 (1983) 182–206; *Aletti, J.-N.,* Jésus à Nazareth (Lc 4,16–
30). Prophétie, Ecriture et typologie, in: A cause de l'Evangile 431–451; *Anderson, H.,*
Broadening Horizons. The Rejection of Nazareth Pericope of Lk 4,16–30 in Light of
Recent Critical Trends, Interp. 18 (1964) 259–275; *Bajard, J.,* La structure de la péricope de Nazareth en Lc IV,16–30, EThL 45 (1969) 165–171; *Baarda, T.,* »The Flying Jesus«. Luke 4,29–30 in the Syrian Diatessaron, VigChr 40 (1986) 313–341; *ders.,* Over
de vaststelling van de tekst van Lukas 4,17 in het Diatessaron, NThT 40 (1986) 199–
208; *Baarlink, H.,* Ein gnädiges Jahr des Herrn und Tage der Vergeltung, ZNW 73
(1982) 204–220; *Betz, O.,* The Kerygma of Luke, Interp. 22 (1968) 131–146; *Blosser,
D.W.,* Jesus and the Jubilee, Luke 4,16–30. The Significance of the Year of the Jubilee
in the Gospel of Luke, Diss. St. Andrews (USA), 1979; *Bornhäuser, K.,* Sondergut 20–
33; *Busse, U.,* Das Nazareth-Manifest. Eine Einführung in das lukanische Jesusbild
nach Lk 4,16–30, Stuttgart 1978 (SBS 91); *Chevalon, M.,* A propos de Nazareth,
CCER 32 (1984) 75–76; *Combrink, H.J.B.,* The Structure and Significance of Luke
4,16–30, Neotestamentica 7 (1973) 24–48; *Crockett, L.C.,* Luke 4,16–30 and the Jewish Lectionary Cycle. A Word of Caution, JJS 17 (1966) 13–46; *ders.,* Luke 4,25–27
and the Jewish-Gentile Relations in Luke-Acts, JBL 88 (1969) 177–183; *Delobel, J.,* La
rédaction de Lc. IV,14–16a et le »Bericht vom Anfang« in: L'Evangile de Luc 203–223;
Dupont, J., Le salut des Gentils et la signification théologique du livre des Actes, NTS 6
(1959–1960) 141–146 (= *ders.,* Etudes 404–409); *Eltester, W.,* Israel im lukanischen
Werk und die Nazareth-Perikope, in: Jesus in Nazareth, hrsg. v. W. Eltester, Berlin /
New York 1972 (BZNW 40), 76–147; *Escudero Freire, C.,* Jesús profeta, libertador del

---

[55]   Vgl. Lafon, G., Esquisses pour un christianisme, Paris 1979, 13.17.

Hombre. Visión lucana de su ministerio terrestre, EE 51 (1976) 463–495; *Finkel, A.*, Jesus' Sermon at Nazareth (Luk. 4,16–30), in: Abraham unser Vater. Juden und Christen im Gespräch über die Bibel (FS O. Michel), hrsg. v. O. Betz u.a., Leiden 1963, 106–115; *George, A.*, La prédication inaugurale de Jésus dans la synagogue de Nazareth. Luc 4,16–30, BVC 59 (1964) 17–29; *Hahn, F.*, Hoheitstitel 394–396; *Haenchen, E.*, Historie und Verkündigung bei Markus und Lukas, in: Lukas-Evangelium 287–316; *Hill, D.*, The Rejection of Jesus at Nazareth (Luke IV 16–30), NT 13 (1971) 161–180; *Horn, F.W.*, Glaube 171–174; *Houston, W.*, 'Today in Your Very Hearing'. Some Comments on the Christological Use of the Old Testament, in: The Glory of Christ in the New Testament (Memoria G.B. Caird), hrsg. v. L.D. Hurst und N.T. Wright, Oxford 1987, 37–47; *Jülicher, A.*, Gleichnisreden II 171–174; *Kearney, S.M.*, A Study of Principal Compositional Techniques in Luke-Acts Based on Lk 4,16–39 in conjuction with Lk 7,18–23, Ph. D. Boston University 1978; vgl. DissAb 38 (1978) 7395A; *Kenik, H.A.*, Missianic Fulfilment in Luke, BiTod 18 (1980) 236–241; *Kirk, A.*, La conciencia mesiánica de Jesús en el sermón de Nazaret, Lc 4,16ss, RevBib 33 (1971) 127–137; *Kodell, J.*, Luke's Gospel in a Nutshell (Lk 4,16–20), BTB 13 (1983) 16–18; *Koet, B.-J.*, »Today this Scripture has been fulfilled in your ears.« Jesus' explanation of Scripture, Bijdr. 47 (1986) 368–394; *Mangatt, G.*, The Acceptable Year of the Lord (Lk 4,16–30), Bible Bhashyam 9 (1983) 179–186; *Masson, Ch.*, Jésus à Nazareth (Marc 6,1–6a; Luc 4,16–30), in: *ders.*, Sources 38–69; *Menezes, F.*, The Mission of Jesus According to Lk 4,16–30, Bible Bhashyam 6 (1980) 249–264; *Miller, D.G.*, Luke 4,22–30, Interpr. 40 (1986) 53–58; *Nolland, J.L.*, Words of Grace (Luke 4,22), Bib. 65 (1984) 44–60; *O'Fearghail, F.*, Rejection in Nazareth. Lk 4,22, ZNW 76 (1985) 60–72; *Perrot, Ch.*, La lecture de la Bible dans la synagogue. Les anciennes lectures palestiniennes du Shabbat et des fêtes, Hildesheim 1973 (PIRHT, Section biblique et massorétique, Collection Massorah I/1); *ders.*, Luc 4,16–30 et la lecture biblique de l'ancienne synagogue, RevSR 47 (1973) 324–340 (= Exégèse biblique et judaïsme, hrsg. v. J.-E. Ménard, Straßburg 1973, 170–186); *Reicke, B.*, Jesus in Nazareth – Lk 4,14–30, in: Das Wort und die Wörter (FS G. Friedrich), hrsg. v. H. Balz und S. Schulz, Stuttgart 1973, 47–55; *Reid, D.P.*, Jesus' Return to Nazareth, BiTod 23 (1985) 39–43; *Rese, M.*, Alttestamentliche Motive in der Christologie des Lukas, Gütersloh 1969, 143–154; *Rodgers, M.*, Luke 4,16–30 – A Call for a Jubilee Year?, RTR 40 (1981) 72–82; *Samain, E.*, Aucun prophète n'est bien reçu dans sa patrie, ASeign 35 (1973) 63–72; *ders.*, Le discours-programme de Jésus à la synagogue de Nazareth, Lc 4,16–30, CBFV 10 (1971) 25–43; *ders.*, Le discours-programme de Nazareth, ASeign 20 (1973) 17–27; *ders.*, L'évangile de Luc: un témoignage ecclésial et missionnaire, ASeign 34 (1973) 60–73; *Sanders, J.A.*, From Isaiah 61 to Luke 4, in: Christianity, Judaism and other greco-roman Cults (FS M. Smith), I, New Testament, Leiden 1975, 75–106; *Schrage, W.*, Thomas-Evangelium 75–77; *Schürmann, H.*, Der »Bericht vom Anfang«. Ein Rekonstruktionsversuch auf Grund von Lk 4,14–16, StEv 2 (1964) 242–258 (= *ders.*, Traditionsgeschichtliche Untersuchungen zu den synoptischen Evangelien, Düsseldorf 1968, 67–80); *ders.*, Zur Traditionsgeschichte der Nazareth-Perikope Lk 4,16–30, in: Mélanges bibliques (FS B. Rigaux), hrsg. v. A. Descamps und A. de Halleux, Gembloux 1970, 187–205; *Strobel, A.*, Das apokalyptische Terminproblem in der sogen. Antrittspredigt Jesu (Lk 4,16–30), ThLZ 92 (1967) 251–254; *ders.*, Die Ausrufung des Jobeljahres in der Nazarethpredigt Jesu. Zur apokalyptischen Tradition Lk 4,16–30, in: Jesus in Nazareth, hrsg. v. W. Eltester, Berlin / New York 1972 (BZNW 40), 38–50; *Sturch, R.L.*, »The Patris« of Jesus, JThS 28 (1977) 94–96; *Tannehill, R.C.*, The Mission of Jesus According to Luke IV 16–30, in: Jesus in Nazareth, hrsg. v. W. Eltester, Berlin / New York 1972 (BZNW 40), 51–75; *Thiering, B.E.,* The Three and a Half Years of Elijah, NT 23 (1981) 41–55; *Völkel, M.,* Der Anfang Jesu in Galiläa. Bemerkungen zum Gebrauch und zur Funktion Galiläas in den lukanischen Schriften, ZNW 64 (1973) 222–232; *Walker, T.V.,* Luke 4,16–30, RExp 85 (1988) 321–324.

14 Und Jesus kehrte in der Kraft des Geistes nach Galiläa zurück, und sein Ruf verbreitete sich in der ganzen Umgebung, 15 und er lehrte in ihren Synagogen, von allen gepriesen. 16 Und er kam nach Nazaret, wo er aufgezogen war, und ging nach seiner Gewohnheit am Tag des Sabbats in die Synagoge und stand auf, um zu lesen. 17 Und es wurde ihm das Buch des Propheten Jesaja gegeben. Und als er es öffnete, fand er die Stelle, wo geschrieben war: 18 »Der Geist des Herrn ist auf mir, weil er mich gesalbt hat. Um den Armen die Frohbotschaft zu verkündigen, hat er mich gesandt, um Gefangenen Freilassung und Blinden das Wieder-Sehen anzukünden, um die Zerschlagenen in Freiheit zu entlassen, 19 um anzukünden ein willkommenes Jahr des Herrn.« 20 Und er rollte das Buch zusammen, gab es dem Diener zurück und setzte sich. Und aller Augen in der Synagoge waren auf ihn gerichtet. 21 Er begann aber zu ihnen zu reden: Heute ist diese Schrift vor euren Ohren erfüllt worden. 22 Und alle spendeten ihm Beifall und staunten über die Worte voll Gnade, die aus seinem Munde kamen und sagten: Ist dieser nicht Josefs Sohn? 23 Und er sprach zu ihnen: Jedenfalls werdet ihr mir dieses Wort sagen: Arzt, heile dich selbst! All das, was wir gehört haben, was in Kafarnaum geschehen ist, tue das auch hier in deiner Vaterstadt. 24 Und er sprach: Wahrlich ich sage euch, kein Prophet ist willkommen in seiner Vaterstadt. 25 In Wahrheit sage ich euch: Viele Witwen waren in den Tagen Elijas in Israel, als der Himmel drei Jahre und sechs Monate lang verschlossen war, als eine große Hungersnot über das ganze Land kam, 26 und zu keiner von ihnen wurde Elija geschickt außer nach Sarepta in Sidonien zu einer verwitweten Frau. 27 Und viele Aussätzige waren in Israel unter dem Propheten Elischa und keiner von ihnen wurde geheilt als Naaman der Syrer. 28 Und alle in der Synagoge wurden von Wut erfüllt, als sie das hörten, 29 standen auf und stießen ihn zur Stadt hinaus und führten ihn bis an einen Abhang des Berges, auf dem ihre Stadt gebaut war, um ihn hinunterzustürzen. 30 Er aber ging mitten durch sie und zog weg.

Analyse　Die VV 14–15[1] bilden einen Übergang und blicken nach hinten wie nach vorn. Die formale Verwandtschaft mit 4,1 zeigt ihren Einleitungscharakter.

Heftig wird diskutiert, ob hinter 4,14–15 ein früher Bericht über den Anfang Jesu sichtbar werde[2]. Lk 4,14–44 und Mt 4,12–25 würden dann eine Variante dieser Über-

---

[1]　Vgl. Fitzmyer I 521–524.　　　　　[2]　Vgl. Schürmann, H., Bericht.

lieferung verarbeiten, während Mk 1,14–39 (+ 6,1–6?) eine andere weitergäbe. Dieser doppelten Überlieferung (Q oder Protolukas?) werden sodann zwei Hauptteile zugeordnet: a) Täufer, Taufe und Jesu Versuchungen, b) erste Botschaft, erste Jünger und erste Zeichen.

Die detaillierte Analyse J. Delobels[3] erweist jedoch die VV 14–15 als lukanisch, so daß kaum eine andere Quelle als Markus vorliegt.

H. Schürmann schließt auch Lk 4,16–30 ein: »Lukas hat eine Variante der auch Markus zugekommenen Nazareth-Perikope (Mk 6,1–6) vorgefunden. Diese vorlukanische Variante war schon stärker redigiert, als sie Lukas vorfand, und – vor allem in christologischem und in universalistischem Interesse – um VV. 17–21(23a) und VV. 25–27 erweitert. Der Grundbestand jener vorlukanischen Perikope (hinter Lk 4,16.22.23b.24[28ff]) bewahrte an nicht wenigen Stellen gegenüber Mk 6,1–6 die ältere Fassung.«[4]

Andere rechnen mit einem größeren Anteil der Redaktion: »Unter Einfluß der Logienquelle, Mk 1,14f und 6,1–6 komponiert Lukas seine dramatische Episode 4,16–30 vom ersten öffentlichen Auftreten Jesu in Nazareth. Aus Q übernimmt er die schon dort (vgl. Lk 7,22f par Mt 11,4–6) aus den Makarismen der Feld- bzw. Bergpredigt abgeleitete Interpretation des Wirkens Jesu nach Is 61,1f«[5]. Das deuteronomistische Modell vom gewaltsamen Prophetengeschick stammt auch aus Q, während Mk 6,1–6 den Darstellungsrahmen liefert. Lk 3,21–4,14 sind demnach eine redaktionelle Entfaltung von Mk 1,14–15, jedoch mit der Korrektur, daß sich in Jesu Auftreten nicht so sehr die Zeit als vielmehr die Schrift erfüllt hat.

Klar ist a) die redaktionelle Bearbeitung dieser Verse in Sprache und Gedankengut, b) das Auftauchen heterogener Elemente (V 15: »ihre« Synagogen; V 16: Ναζαρά [wie Mt 4,13]; V 17 und V 20: τὸ βιβλίον; V 23: die vorzeitige Erwähnung der Wunder in Kafarnaum), c) die Schwierigkeit, dies mit lukanischer Aufnahme von Mk 6,1–6 zu erklären. Die markinische Darstellung ist mit unserer Perikope nur von ferne verwandt und erscheint in einem anderen Zusammenhang. Lukas kennt ihn, aber benutzt ihn hier wahrscheinlich nicht als Vorlage. Die Gemeinsamkeiten lassen allerdings auf eine Urform schließen: In seiner Stadt lehrte Jesus am Sabbat. Die Zuhörer drücken ihr Erstaunen mit einer Frage aus: Ist er nicht der Sohn Josefs? Jesus antwortet mit einem Spruch über den in seiner Heimat unverstandenen Propheten. Dann geht er empört oder vertrieben aus seiner Heimatstadt weg.

Könnte es sich um eine »conflation« zweier Geschichten handeln? »Because Luke's narrative is a conflation, there is, on the one hand, the fulfillment-story ending on the note of Jesus' success; on the other, there is the rejection-story.«[6] Der ursprüngliche Bericht hat sich jedoch im Laufe der Überlieferung in zwei Richtungen entwickelt.

---

[3] Vgl. Delobel, J., Rédaction.

[4] Schürmann, H., Traditionsgeschichte 205. Eine sorgfältige Untersuchung der Traditions- und Redaktionsgeschichte bei Tannehill, R.C., Mission: VV 16–21: Die nicht-markinische Tradition beschränkt sich auf Nazara und den kontextuellen Bezug (zwischen den Versuchungen und Jesu Auftreten in Kafarnaum), der Rest ist redaktionell; V 22: sehr lukanisch; VV 23–24: nicht-markinische Tradition vor allem in V 23; VV 25–27: ursprünglich vom übrigen unabhängige Überlieferung; VV 28–30: Die Ablehnung Jesu ist traditionell, die Evangelisation der Heiden redaktionell. Lukas hat die wesentlichen Elemente von Mk 6,1–6 übernommen, ihre Stoßrichtung jedoch abgeschwächt. Die Gesamtgestaltung von Lk 4,16–20 ist redaktionell.

[5] Busse, U., Manifest 113.

[6] Fitzmyer I 528.

Die Markus-Variante legte das Gewicht auf den Unglauben der Nazarener, die spätere Lukas-Variante auf die prophetische Rede Jesu.

Unwahrscheinlich ist eine Entwicklung aus zwei ursprünglich unabhängigen Elementen, einem isolierten Logion und einer Szene des Erfolges Jesu[7]. Beide Elemente des Apophthegmas (Situation samt Spruch) gehören wohl von Anfang an zusammen, wobei die Überlieferung der Situation weniger fest war als die des Spruches, obwohl auch dieser im Thomasevangelium (griechisch und koptisch) ohne Rahmen, dafür aber mit einem Arztspruch (vgl. 4,23) überliefert ist. In Q oder wahrscheinlicher S[Lk] fand Lukas eine erweiterte Fassung vor, in der das Schriftzitat und seine Erklärung, vielleicht auch die alttestamentlichen Beispiele (VV 25–27) und der Angriff der Einwohner gegen den Propheten Jesus (V 29) schon ihren Platz gefunden hatten, freilich in einer anderen Formulierung. Gerade die Kompositionskunst des Lukas, die die Quelle(n) so umarbeitet, daß der Leser sie nicht mehr eindeutig erkennen kann, spricht für die Existenz einer Vorlage. Das ist das ständige Paradox.

Formgeschichtlich ist die Perikope künstlerische Umarbeitung eines schon erweiterten Apophthegmas. Das Gewicht verschob sich dabei vom Spruch (V 24) zur Inanspruchnahme der Schrift (VV 17–21) und vom Gleichnis über den Arzt (V 23) zu den Schriftbeispielen (VV 25–27). Aus der mißlungenen Begegnung zwischen Jesus und seiner Stadt hat sich mit der Zeit, in der über Schrift und Geschichte nachgedacht wurde, ein christologisch und ekklesiologisch beladener Bericht entfaltet. Im Unterschied zur Theologie der neutestamentlichen Briefe bleibt aber die Perikope narrativ.

Erklärung 14   V 14: Die Rückkehr Jesu geschieht in zwei Etappen: Die erste führt ihn vom Jordan in die Wüste und nach Jerusalem (4,1.9), die zweite nach Hause (4,14; vgl. 2,39). Die Versuchung in der Wüste ist eine Verzögerung, aber kein Umweg.

Die Verbindung Jesu mit dem Geist wird ausgedrückt durch die Verheißung des Engels an Maria (1,35), die Herabkunft des Geistes bei der Taufe (3,22) und die Aussagen von Kap. 4 (»voll heiligen Geistes«, »durch den Geist«, »in der Kraft des Geistes«, »der Geist des Herrn auf mir« [VV 1.14.18]). Diese Wiederholungen sind alles andere als literarische Ungeschicklichkeit. Lukas will damit sagen, daß mit Jesus die Macht und das Recht Gottes in der Welt und in der Geschichte wieder aktiv und spürbar geworden sind. Erstaunlich ist, daß Lukas diesen Geistbesitz nicht auf Jesus allein beschränkt, vielmehr ebenso Zacharias (1,67), Johannes (1,15), Elisabet (1,41), Maria (1,35) und Simeon (2,25) daran Anteil haben, weil der Geist der Prophetie und der Geist der Erfüllung für Lukas eins sind. Auf diese Weise verdeutlicht er, daß die Wende der Zeit gekommen ist.

Diese apokalyptische Wende geschieht konkret in Zeit und Raum. Galiläa ist für Lukas gleichzeitig eine konkrete Gegend und eine theologische Größe: der geschichtliche und heilsgeschichtliche Ort des ersten Wirkens Jesu[8].

---

[7] So Bultmann, R., Syn. Trad. 31.

[8] Vgl. den Kommentar zu Lk 1,26 oben S. 72.

Lukas spricht hier zum ersten Mal vom Ruf Jesu. Eine solche Notiz gehörte zur Gattung der Biographie. Berühmt zu werden war in Griechenland oft Lebensziel. Lukas bezeugt diese Berühmtheit Jesu an verschiedenen Stellen und mit mehreren Ausdrücken: Καὶ ἐξεπορεύετο ἦχος περὶ αὐτοῦ (4,37); διήρχετο δὲ μᾶλλον ὁ λόγος περὶ αὐτοῦ (5,15); καὶ ἐξῆλθεν ὁ λόγος οὗτος . . . περὶ αὐτοῦ (7,17). Wenn Lukas auch Wiederholungen meidet und im Vokabular wechselt, bleibt doch die Struktur solcher Notizen gleich: ein Verb der Bewegung – ein Wort für die Lobrede und ihre Folge – die Person Jesu als Inhalt der Rede (περὶ αὐτοῦ). Hinzu kommt oft die Angabe der Gegend, in der diese φήμη umläuft. Die jeweilige Bedeutung des Terminus φήμη wird durch den Kontext und durch die Nähe von δοξαζόμενος bestimmt. Sie lautet nicht nur »Kunde von ihm«[9] oder »reports of him«[10], sondern zugleich »Ruf« oder »Ruhm«. Dies gilt für den ersten Teil des Evangeliums. Im zweiten und vor allem im dritten Teil wird weniger von Jesu Ruhm als von Angriffen auf ihn erzählt. Auch ist Lukas nicht der einzige christliche Schriftsteller, der vom Ruf und Erfolg Jesu spricht (vgl. Mk 1,28, woher Lukas seine Formulierung möglicherweise übernahm, und Mt 9,26, eine redaktionelle Wendung, die zufälligerweise Lk 4,14b sehr ähnlich ist).

Der Unterschied zur griechischen Tradition liegt also nicht in der konsequenten Kritik jeglicher Lobrede, sondern in der Ablehnung des Eigenruhms. Der Christ sucht nicht den Ruhm für sich selbst, aber er verbreitet den Ruf seines Herrn und seiner Mitgläubigen[11]. Ferner werden nicht Überlegenheit und Sieg, sondern rechtes Verhalten und Dienst gelobt. Damit ist freilich die Wurzel des Stolzes nicht ausgerottet. Der lukanische Paulus schaut mit Stolz auf den Ursprung des Evangeliums zurück: »Dies alles hat sich ja nicht in irgendeinem Winkel zugetragen« (Apg 26,26). Vielleicht sollte man zwischen Stolz und (legitimer) Ehre, wofür die Christen durchaus offen waren, unterscheiden. In Lk 4,14 ist dann die breite Anerkennung Jesu bezeugt, obgleich Jesus bis jetzt noch nicht öffentlich in Erscheinung getreten ist. Denkt Lukas daran, daß die Versuchungen nicht unbekannt geblieben sind?

In V 15 folgt in Form eines Sammelberichts die erste Zusammenfassung des Wirkens Jesu, wobei seine Lehrfähigkeit an oberster Stelle genannt wird. Διδάσκω ist hier der entscheidende Terminus, den bereits die vorlukanische Tradition im Blick auf Jesus verwendet. Sie versteht διδάσκω jedoch nicht im Sinne der griechischen Schultradition, sondern jüdisch als Schrifterklärung (Mk 1,21). Dabei ist der Lehrer Jesus für Lukas zugleich der eschatologische Gesalbte Israels. Deshalb ist seine Lehrtätigkeit Enthüllung der Christologie und Erfüllung der Prophetie. Lukas verwendet διδάσκω als zusammenfassenden Terminus für Jesu Wirken bis in die Apostelgeschichte hinein (vgl. Apg 1,1), an seine Seite tritt jedoch das eschatologische ποιέω, das manchmal so-

---

[9] Einheitsübersetzung 121.
[10] Fitzmyer I 521.
[11] Die christlichen Schriftsteller der patristischen Zeit haben die literarische Form des ἐγκώμιον (Lobrede) erst nach anfänglichem Zögern und mit Abänderungen übernommen; die Lobrede wurde dann zu einer der meistverwendeten literarischen Formen der hagiographischen Literatur; vgl. Piédagnel, A., Jean Chrysostome. Panégyriques de S. Paul. Introduction, texte critique, traduction et notes, Paris 1982 (SC 300), 21–38.

gar an erster Stelle steht. So geht auch die Versuchung Jesu, in der Lukas Jesus
aktiv tätig beschreibt, seiner öffentlichen Lehrtätigkeit voraus. Der Inhalt der
Lehre Jesu bleibt hier noch offen, weil Lukas dem folgenden Musterbeispiel
für Jesu Lehre, seiner Predigt in Nazaret, nicht vorgreifen will, um ihr so nicht
ihre Wirkungskraft zu rauben.

Die Lehrtätigkeit Jesu wie die erste christliche Predigt waren an die Synagogen gebunden. Die jüdische Predigt, die den Laien offenstand, gab den Christen Gelegenheit, ihre Botschaft zu verkünden (vgl. Apg 13,15).

Weshalb Lukas »ihre« Synagogen betont, ist schwer zu beurteilen. In der Apostelgeschichte spricht er oft von »Synagogen der Juden« (Apg 13,5; 14,1; 17,1.10). Wenn er es
hier auf ähnliche Weise tut, liegt es daran, daß er a), wie oft, einen von Markus übernommenen Ausdruck nach vorn zieht (ἐν τῇ συναγωγῇ αὐτῶν [Mk 1,23]), b) sich mit
den Juden nicht identifiziert (vgl. »ihre Stadt« in V 29).

Der Ruhm Jesu wird geschickt mit anderen Worten wiederholt. Der Grund zu dieser
breiten Bewunderung: die Lehre Jesu wie vorher schon sein Sieg über den Teufel (vgl.
das ποιεῖν von Apg 1,1).

16–20a Die Tradition über Jesus in Nazaret war ursprünglich nicht mit dem Anfang
seines Wirkens verbunden (vgl. Mk 6,1–6). Lukas will jedoch programmatisch erzählen, daß gerade auch seine Heimatstadt Nazaret – sie steht letztlich stellvertretend für ganz Israel – die frohe Botschaft (im lukanischen
Sinn[12]) hört und von Anfang an Widerstand leistet. Daß Jesus aus diesem un-
bedeutenden Dorf stammt, wird im Urchristentum notgedrungen anerkannt
(vgl. Joh 1,46); das Gewicht des Geschichtlichen ließ es nicht zu, diesen Tatbestand zu verschweigen.

Lukas kennt die griechische chronologische Dreiteilung Geburt – erste Jahre
zu Hause (ἦν τεθραμμένος) – Zeit der Schulerziehung (vgl. Apg 22,3)[13].

Jesus wird als frommer Jude mit guter Erziehung vorgestellt; er besucht regelmäßig die Synagoge. Κατὰ τὸ εἰωθός mit Dativ ist lukanisch (vgl. Apg 17,2)
wie auch »am Tag des Sabbats« (5mal im Evangelium, 3mal in der Apostelgeschichte). Das Aufstehen zum Lesen könnte eine damalige Sitte bezeichnen.
Lukas sagt nicht, ob Jesus im voraus gebeten worden war, die Lektüre und die
Predigt zu übernehmen, wie es an sich üblich war. Er scheint dies anzunehmen, sonst hätte er sicher die ungewöhnliche Initiative Jesu als solche signalisiert.

[12]   Vgl. Röm 1,16; 2,10.
[13]   Vgl. van Unnik, W.C., Tarsus or Jerusalem. The City of Paul's Youth (engl. Übersetzung von G. Ogg), London 1962; jetzt in:
ders., Sparsa Collecta I, Leiden 1973, 259–
320; zusammengefaßt und besprochen bei
Bovon, F., Luc le théologien 374f. In einem
biographischen Kontext bedeutet τρέφω, wie
auch ἀνατρέφω, nicht einfach »ein Kind er-

nähren« und auch nicht nur »ein Kind aufzie-
hen«, diese Verben bezeichnen vielmehr den
Zeitabschnitt der Kindheit, den das Kind zu
Hause verbringt, wo es von seiner Mutter
und seinem Vater ernährt und zunächst einmal aufgezogen wird; vgl. van Unnik, W.C.,
Tarsus 33f.59–72 (Monographie). Soll man
hier – mit guten Zeugen – wie in Apg 22,3
ἀνατεθραμμένος lesen?

Lukas beschreibt zumindest in detaillierter Form einen Synagogengottesdienst am Sabbat[14], wobei aus verständlichen Gründen so wichtige Elemente wie der erste Teil mit Sch^ema, Gebet, Segen und der Anfang des zweiten Teils, etwa die Toralesung, fehlen. Weil er ein besonderes Ereignis innerhalb des Gewohnten erzählen will, wählt er einen Augenblick mitten in der zweiten, der eher didaktischen Hälfte des Gottesdienstes. Er setzt voraus, daß ein anderer aus der Tora vorgelesen hat. In Apg 13 wird Paulus noch später einsetzen: nach den Lesungen für die Predigt. Es ist nicht sicher, ob die Toraperikopen im 1. Jahrhundert schon als fester Zyklus organisiert waren. Wahrscheinlich stand die Wahl der Prophetentexte damals noch frei. Wichtig ist, daß trotz der verschiedenen Typen der damaligen Homilien der Prediger den Seder (Toraperikope) oft mit Andeutungen an die Haphtara (Prophetenperikope) und mit Hilfe der sogenannten Petiḥtot (hauptsächlich Zitate aus den Hagiographen) erklärte[15].

In der lukanischen Beschreibung fällt die vollkommene Komposition der ersten Szene auf: Jesus erhebt sich, man reicht ihm die Rolle, er öffnet sie und findet die Stelle, die er sucht, schließt die Rolle, gibt sie zurück, setzt sich. Kunstvoll spricht Lukas nicht aus, daß Jesus vorliest, sondern impliziert diesen Tatbestand im Ausdruck der Absicht und im folgenden Zitat (VV 18–19). Ὑπηρέτης bezeichnet den Chazzan, den Offizianten, von dem Jesus die Rolle empfängt.
Lukas deutet vielleicht an, daß Jesus selbst die Stelle ausgesucht (»gefunden«) hat, es ist aber auch möglich, daß sie für diesen Tag vorgesehen war oder daß sie Jesus durch das Los zugeteilt wurde.
Lukas hat das Zitat als Haphtara verstanden, auch wenn normalerweise die Prophetenlesung länger war und der normale Abschnitt bis V 9 reichte. Aber er spart Raum bei Zitaten, und »der Tag der Rache« (Jes 61,2) wäre unpassend. Außerdem zitiert er die Septuaginta, die ihn zu Wortspielen anregt (δεκτός [V 19 und V 24]). Trotzdem sollte der Einfluß der synagogalen Praxis auf die Tradition und auf die Redaktion nicht unterschätzt werden[16].

Die Jesaja-Handschriften von Qumran bezeugen, daß Jes 61 in Schulen und Synagogen gelesen und kommentiert wurde[17]. Jes 61 wurde einerseits mit dem Anfang des Jobeljahres am Kippur verbunden (vgl. 11QMelch und die dortige Hoffnung auf einen priesterlichen Messias). Andererseits diente Jes 61 wahrscheinlich als Haphtara für den Seder Gen 35,9ff (Segen Gottes über Jakob, in der mündlichen Tradition als Trost verstanden). Der lukanische Text legt weder auf die priesterliche Perspektive noch auf den expliziten Gedanken des Trostes Gewicht.
Das Zitat stimmt wörtlich mit der Septuaginta überein, nur übersieht Lukas die Worte »um die in ihrem Herz Betrübten zu heilen« und fügt einen Nebensatz »um die Zerschlagenen in Freiheit zu entlassen« aus Jes 58,6 hinzu. Wollte Lukas die Beziehung des heiligen Geistes zur Wundertätigkeit Jesu meiden[18] oder sich nur auf die

---

[14] Vgl. Busse, U., Manifest 107–112.
[15] Vgl. Perrot, Ch., Lecture.
[16] Vgl. ebd. 195–204.
[17] Vgl. ebd. 197–199. Auf Jes 61,1–2 wird in 11QMelch 14 und 1QH 18,14–15 angespielt,

und in einem der ersten christlichen Texte, in Barn 14,9, wird Jes 61,1–2 zitiert; vgl. Sanders, J.A., Isaiah 87–91.
[18] Vgl. Schweizer, E., Art. πνεῦμα κτλ., in: ThWNT VI (1959) 405.

messianische Deutung konzentrieren und gegen die jüdische Auslegung den Zuspruch des Trostes weglassen[19]? Beides ist nicht überzeugend, aber ich habe keinen besseren Vorschlag[20]. Der Zusatz aus Jes 58,6 könnte mit der Haphtara-Technik und den Verbindungen gleicher Vokabeln zusammenhängen (vgl. Jes 58,4: σήμερον; Jes 58,5: δεκτήν)[21]. Texte wie Jes 57,15–58,14 und Jes 61,1–11 hatten sich aus Anlaß des Kippurfestes einander angenähert, der erste wegen des Fastens und der Buße, der zweite wegen des Anfangs des Jobeljahres[22].

20b–21   Redaktionsgeschichtlich wichtig ist die Verbindung zwischen Geschichte und Schrift. Von der Erfüllung nach der Taufe (3,22) geht sie zur Verheißung des Messias als Geistträger (4,18)[23] über. Die Geistsalbung rechtfertigt den Christustitel (2,11; vgl. Apg 10,38). Lukas vertritt keinen engen königlichen Messianismus. Sein Christus ist der Sohn Davids, trägt aber auch prophetische Züge; vieles im Zitat verweist auf seine Botschaft. Das Proprium dieser Christologie wird einerseits durch das σήμερον (V 21) deutlich (der Messias ist nicht mehr nur Gegenstand der Hoffnung), andererseits durch die Feindschaft der Mitbürger (V 29), die auf die Passion hinweist. Εὐαγγελίσασθαι πτωχοῖς kann von ἔχρισέν με oder, m.E. eher, von ἀπέσταλκέν με abhängen. Die verschiedenen Kategorien von Menschen versteht Lukas kaum nur buchstäblich. Jedenfalls übersteigt das Angebot Jesu – die frohe Botschaft, die ἄφεσις und die neue Sicht, auch wenn sie konkret zu spüren sind – jede menschliche Verheißung[24]. Aber die Worte sind auch nicht rein bildhaft für geistliche Güter nach dem Tod oder der Parusie zu verstehen. Reden und Wunder Jesu werden zeigen, daß das Heil schon jetzt den ganzen Menschen erreicht. Das Angebot Jesu wird das Jobeljahr eröffnen[25]. Κηρύξαι bezeichnet das Inkrafttreten dieses Heils im Wort, freilich noch nicht völlig in der Geschichte. Das »Jahr« ist für Lukas die eschatologische Zeitenwende, die in der prophetischen Wiederaufnahme des Jobeljahres (Lev 25,8–54) angezeigt wurde. Sowohl die Gestalt des Gesalbten wie die Angabe der Zeit weisen auf die Enderfüllung des Willens Gottes hin.
Die VV 20b–21 markieren den Übergang zur Predigt, die sitzend vorzutragen war. Daß die Zuhörer auf Jesus schauen, hebt die Person Jesu stärker hervor als sein Wort. Lukas dramatisiert die Szene und deutet damit bereits an, daß während dieses gewöhnlichen Gottesdienstes etwas Außergewöhnliches geschehen wird. Der erste Satz (ἤρξατο) enthält Explosionsstoff: Heute ist diese Bibelstelle erfüllt. Natürlich gehört dieses σήμερον für Lukas in die Vergangenheit, aber die Komposition seines Werkes dient nicht der Historisierung,

---

[19]   Vgl. Perrot, Ch., Lecture 203.

[20]   Wie Lagrange 138 meint auch Delebecque, E., Evangile 23, daß Lukas aus dem Gedächtnis zitiert.

[21]   Jes 58,6c anzufügen ist vielleicht kein Zufall, meint Samain, E., Synagogue 30, denn Jes 58 scheint im Neuen Testament ziemlich ausgiebig benutzt worden zu sein.

[22]   Vgl. Perrot, Ch., Lecture 197f.

[23]   Vgl. Rese, M., Motive 148.

[24]   Samain, E., Synagogue 31 Anm. 9 zeigt, daß eine vergeistigte Auffassung schon in Jes 61 vorzufinden ist.

[25]   Zur performativen Rede vgl. Benveniste, E., Problèmes de linguistique générale I, Paris 1966, 269–276.

sondern dem Leben der heutigen Kirche in der Heilszeit, die damals ihren Anfang nahm.

»Erfüllen«[26] betrifft sowohl den Weg von der Schrift zur Geschichte wie von der Verheißung zur Erfüllung. Neben den »Augen« (V 20) werden jetzt die »Ohren« genannt: Die sichtbare Erfüllung der Schrift hat bei der Taufe Jesu stattgefunden; jetzt folgt die hörbare Botschaft von dieser Erfüllung. So verfeinert sich das Schema Verheißung und Erfüllung. Diese geschieht in Tat und Wort, im Ereignis und in seiner Deutung, in der Geschichte und in der Predigt. All das erinnert an Lk 1,1–2: Das σήμερον wird für den jeweiligen Hörer bzw. Leser zum »heute«, sofern er die verkündigte Botschaft recht versteht[27]. Wenn erklärt wird, Markus verkündige die Erfüllung der Zeit (Mk 1,14–15), Lukas hingegen die der Schrift, wird übersehen, daß die Erfüllung der Schrift bei ihm zugleich die Erfüllung der Zeit einschließt.

Die VV 22–30 beschreiben a) die Reaktion der Zuhörer (V 22), b) die stufenartige Antwort Jesu (VV 23–27), c) den Zorn und den Angriff der Nazarener gegen Jesus (VV 28–29), d) den Weggang Jesu (V 30). Kurz, aber eindringlich sind die Abschnitte a), c) und d), breit angelegt und fast barock die Rede Jesu b). 22

Die Zuhörer bilden wie in V 20 einen Block (πάντες [V 22]). Sie fangen an, Jesus anzuerkennen und zu bewundern. Μαρτυρέω (1mal im Evangelium des Lukas, 11mal in seiner Apostelgeschichte) meint oft »ein gutes Zeugnis ausstellen«, »Beifall spenden« (Apg 22,5)[28]. Auch θαυμάζω ist Ausdruck positiver Bewunderung. Die Struktur des wohl redaktionellen Satzes erinnert stark an Apg 2,7[29], der folgende und eindeutig lukanische Teil von V 22 an Apg 14,3. Das Wort Gottes ist für Lukas in den »Worten« des Menschen eingebettet, und diese vermitteln die Gunst Gottes, die nicht nur ein Gefühl ist, sondern vor allem das mit ihm verbindende Ereignis. Χάρις begegnet bei Lukas selten, aber nicht unsymptomatisch: Sie ist die Gnade Gottes für Jesus (2,40), die sich wie die Weisheit bei ihm und in ihm widerspiegelt (2,52); hier erreicht

---

[26] Zu πληρόω und der Erfüllung der Schrift bei Lukas vgl. Hübner, H., Art. πληρόω κτλ., in: EWNT II (1981) 259f und Bovon, F., Luc le théologien 91–97.111–117.

[27] Das »Heute« des Deuteronomiums wurde von Paulus, Lukas und dem Verfasser des Hebräerbriefes je verschieden aktualisiert. Es zeigt sich jedoch, daß bei allen dreien dieselbe Struktur die Geschichte mit ihrer Aktualisierung verbindet. Sanders, J.A., Isaiah meint, die Aktualisierung von Jes 61,1 durch das Heute in Lk 4,21 gehe auf Jesus selbst zurück und übersteige alles, was das Judentum zu tun gewagt und was die Urkirche getan habe, da ja Jesus die Vergebung mit Macht über Israel hinaus auch den Heiden verkündigt habe. Sanders unterschätzt die redaktionelle Arbeit des Lukas.

[28] Vgl. Bauer s.v. Jeremias, J., Jesu Verheißung für die Völker, Stuttgart 1956, 37–39 hat vorgeschlagen, das Verb hier vom Hebräischen und Aramäischen her im Sinne von »gegen ihn zeugen« zu verstehen (was die Spannung zwischen V 22 und den VV 28–29 aufhöbe). Diese Ansicht hat sich jedoch nicht durchgesetzt; vgl. Anderson, H., Horizons 266–270; Hill, D., Rejection 163–165; Fitzmyer I 534. Es ist natürlich richtig, daß der Dativ αὐτῷ ein *dativus incommodi* (Bl-Debr-Rehkopf § 188,1) sein könnte, doch der Rest des V 22 zeigt, daß dies wenig wahrscheinlich ist.

[29] Samain, E., Synagogue 41 hebt Lk 4,22 und Apg 2,7 heraus.

sie die anderen durch seine eigenen Worte, später durch die Worte seiner Jünger (Apg 14,3; 20,24.32)[30].

Die Reaktion »Ist dieser nicht Josefs Sohn?« findet sich in verschiedenen Überlieferungen der Evangelien (ebenso Mt 13,55 und Joh 6,42). Lukas kommentiert sie nur indirekt durch die folgende Rede Jesu. Aus seiner Sicht ist solche Reaktion zwar nicht falsch, aber doch nur ein Aspekt neben anderen, zudem hier irrelevant. Schon in V 21 hatte sich Jesus nicht direkt vorgestellt. Auch hier wird der eigentlich relevante Aspekt – »Ich bin der Sohn Gottes« – nicht offen ausgesprochen. Die Zuhörer haben nur die erste Hälfte des Weges zum Glauben beschritten (V 22), nicht die entscheidende zweite. Deshalb stellt Jesus sie jetzt auf die Probe (V 23).

Lukas verwendet hier traditionelles Material. Das futurische ἐρεῖτε wie die Erwähnung der in Kafarnaum geschehenen Wunder sind ein Indiz dafür, daß die Episode in der Tradition wie bei Markus später im Leben Jesu stattgefunden hat.

23 Der lukanische Jesus beschreibt die Reaktion der Leute in einer παραβολή, was bei Lukas (6,39) und in der Septuaginta (1Sam [LXX 1Kön] 1,12) auch »Sprichwort« bedeuten kann. Die Antwort Jesu ist ironisch. Das Bild des Arztes ist selten im Judentum und in der urchristlichen Literatur (vgl. 5,31)[31]. In EvThom 31 steht das Bild des Arztes neben dem des Propheten. Ob dieses Logion aus der Verbindung von V 23b mit V 24 entstanden ist oder ob parallele Überlieferungen vorliegen, ist unsicher[32].

Die merkwürdig häufigen Formen des Verbums »sprechen« (λέγειν [V 21]; ἔλεγον [V 22]; εἶπεν [V. 23]; ἐρεῖτε [V 23]; εἶπεν [V 24]; λέγω [V 24]; λέγω [V 25])[33] dürfen nicht alle auf die gleiche Linie gestellt werden. Die wichtigsten sind a) die Ausdrücke des Lukas über das prophetische Reden Jesu (VV 21.23.24) und b) die Aussagen Jesu selbst in der ersten Person: Ἀμὴν λέγω ὑμῖν (V 24) wird semitisch als Orakelanfang verstanden[34], ἐπ' ἀληθείας δὲ λέγω ὑμῖν (V 25) führt den Kommentar ein.

24 Es ist kein Zufall, daß das Orakel V 24 traditionell ist (vgl. Mk 6,4b, allerdings ohne »Wahrlich ich sage euch« und mit ἄτιμος an Stelle von οὐδεὶς . . . δεκτός). Der Spruch enthüllt die beginnende Spannung zwischen dem Plan Gottes und dem Willen des Volkes. Durch Jesus wird das willkommene (δεκτόν) Jahr des Herrn angekündigt, aber seiner Heimatstadt ist der Prophet unwill-

---

30   Vgl. Cambe, M., La χάρις chez saint Luc, RB 70 (1963) 193–207.

31   Vgl. Wettstein 681; Bill. II 156; Lagrange 142f.

32   Schrage, W., Thomas-Evangelium 75–77 nimmt dagegen an, daß das Logion im Thomasevangelium von den Synoptikern und insbesondere von Lukas abhängig ist.

33   Das εἶπεν δέ des V 24 nimmt das εἶπεν des V 23 auf, um unüberhörbar anzuzeigen, daß nicht mehr die Einwohner Nazarets sprechen. Ἔλεγον und ἐρεῖτε beziehen sich auf die Einwohner.

34   Vgl. Kuhn, H.-W., Art. ἀμήν, in: EWNT I (1980) 167.168: »Das vorangestellte ἀ. der Evv. kommt nur in Worten Jesu in einer Art Beteuerungs- und evtl. auch Vollmachtsformel vor: ἀ. (ἀ.) λέγω ὑμῖν/σοι.« »Bis jetzt ist vorangestelltes nichtresponsorisches ›Amen‹ im antiken Judentum nicht sicher nachzuweisen. . . . Daß aber bereits Jesus selbst *'āmēn* am Anfang gebraucht hat, ist ebenfalls nicht erwiesen«; vgl. Fitzmyer I 536f.

kommen (οὐδεὶς . . . δεκτός). Meist wird dabei die Verbindung zwischen Jobeljahr und Heimat in der Septuaginta vergessen: Während dieses Jahres der
Vergebung (Lev 25,10 LXX: διαβοήσετε ἄφεσιν ἐπὶ τῆς γῆς πᾶσιν τοῖς κατοι-
κοῦσιν αὐτῆς) und des Segens (Lev 25,21 LXX) soll jedermann in seine Heimat zurückkehren: καὶ ἕκαστος εἰς τὴν πατρίδα αὐτοῦ ἀπελεύσεσθε (Lev
25,10 LXX). Es ist also schriftgemäß, wenn Jesus die Predigt des Gnadenjahres
in seiner Stadt beginnt. Nur wird sein Ruf dort nicht angenommen[35].

Die VV 25–27 enthalten eine christliche Auslegung, die dem negativen Urteil   25–27
eine positive Erweiterung hinzufügt: Schon im alten Bund wirkten Propheten
außerhalb Israels[36]. Damit ist nicht so sehr auf die Heidenmission wie auf die
Gemeinschaft von Juden und Heiden verwiesen[37], wobei weniger die Stellen
der Apostelgeschichte (ἐπὶ πᾶσαν τὴν γῆν [V 25; vgl. Apg 11,28]) aufschluß-
reich sind als die vom Jobeljahr in Lev 25, da die »ganze Erde« (ursprünglich
das Land Israel) von Lukas[38] und schon vor ihm von Heidenchristen universalistisch verstanden werden konnte. Darf man daraus folgern, die Kirche An-
tiochiens sei für diese Erweiterung verantwortlich, da beide Beispiele Syrien
betreffen? Es läßt sich nicht mehr sagen als dies, daß die VV 26–27 ein Christentum widerspiegeln, das seine jüdischen Schranken durchbrochen hat.

Der Schluß (VV 28–30) weicht deutlich von der markinischen Darstellung ab.   28–30
Das Wort Jesu an Stelle seiner Wunder, der Widerstand der Hörer an Stelle
der Wirkung seiner Person kennzeichnen die lukanische Version. Jesus
kommt in der Kraft des Geistes (V 14), doch alle seine Hörer (gemäß der lukanischen globalisierenden Darstellungsweise) packt die Wut (V 28). Deren
Grund erklärt Lukas nicht, nur ihr Entstehen vom Erstaunen (V 22) bis zur
Empörung (V 28). Weshalb Israel die Frohe Botschaft nicht angenommen
hat, begreift Lukas bis zum Schluß der Apostelgeschichte letztlich nicht.
Der präzisen und eleganten Beschreibung[39] des Ereignisses wie der Örtlich-
keit in V 29 eignet das, was die Literaturkritiker »effet de réel« nennen (ent-

---

[35] Fitzmyer I 537 meint, Lukas nenne die
Familie Jesu im Gegensatz zu Markus nicht,
um Maria zu schonen. Diese Hypothese hat
nur dann einige Wahrscheinlichkeit, wenn
man davon ausgeht – und daran zweifle ich –,
daß Lukas hier Markus aufnahm und überarbeitete.

[36] Verschiedene Einzelheiten wie der geschlossene Himmel und die 42 Monate fehlen
im alttestamentlichen Text, sind aber in anderen jüdischen und christlichen Texten belegt; vgl. Sir 48,3 und Jak 5,17; vgl. Crockett,
L.C., Relations.

[37] Vgl. ebd. Nach Crockett erfüllt sich diese
Gemeinschaft in verschiedenen Episoden der
Apostelgeschichte (Apg 11,28; 10,1–11,18).

[38] »L'exemple d'Elie et d'Elisée octroyant
les bienfaits de Dieu à des païens fait prévoir
que, refusé par Israël comme il l'est par les

compatriotes de Jésus, le message du salut
passera aux Gentils. L'épisode de Nazareth
présage ainsi ce qu'on voit se produire à Antioche de Pisidie et à Rome, et la manière
dont Paul agit en se tournant vers les Gentils
est justifiée d'avance par ce que, de leur temps
déjà, Elie et Elisée avaient déjà fait« (Dupont,
J., Salut des Gentils 406f [Sammelband]).

[39] Ἡ ὀφρύς bezeichnet zunächst die Au-
genbraue und bedeutet dann im übertragenen Sinn »Bergrücken«, »Bergkamm«. Κα-
τακρημνίζω bedeutet »hinunterstürzen«; vgl.
2Chr 25,12: »Und die Männer von Juda fingen zehntausend von ihnen lebendig; die
führten sie auf die Spitze eines Felsens und
stürzten sie von der Spitze des Felsens, daß sie
alle zerschellten.« Der Stil in Lk 4,29 (vgl.
auch ἀναστάντες) ist also von der Septuaginta geprägt.

spricht allerdings der geographischen Lage Nazarets nicht). Vielleicht will er eine typologische Verbindung zwischen Nazaret und Jerusalem herstellen, zwischen dem ersten und dem letzten Mordversuch[40] »außerhalb der Stadt« (vgl. Hebr 13,12–13 sowie im Blick auf Stephanus Apg 7,58). Noch ist nicht die Zeit der Passion. Deshalb geht er (christologisches αὐτός) einfach durch sie hindurch, unberührt und meisterhaft. Πορεύομαι ist »theologisches« Verbum für die Reise Jesu von Galiläa nach Jerusalem und für seinen heilsgeschichtlichen Lebenslauf (vgl. 9,51 und 13,22)[41].

Zusammen-
fassung
Hier stehen wir am Anfang: am Anfang der neuen Zeit (des Gnadenjahres), der Verkündigung Jesu, des Amtes Jesu, auch der menschlichen Reaktion auf all dies. Dieser Anfang ist nicht nur in der Zeit, sondern auch im Raum verankert. Von diesem einen Ort aus wird er sich auf der ganzen Erde entfalten. Programmatisch ist das Wort Jesu, das die Botschaft Gottes und die Vermittlerrolle des Messias ankündigt. Programmatisch ist ebenso der soteriologische Inhalt, leider aber auch die menschliche Ablehnung[42].

Das erste Wirken in Galiläa (4,31–44)

Literatur: Busse, U., Wunder 66–90; *Dietrich, W.,* Petrusbild 18–23; *Fuchs, A.,* Entwicklungsgeschichtliche Studie zu Mk 1,29–31 par Mt 8,14–15 par Lk 4,38–39, in: SNTU A 6/7, hrsg. v. A. Fuchs, Linz 1981/1982, 21–76; *Lamarche, P.,* La guérison de la belle-mère de Pierre et le genre litéraire des evangiles, NRTh 87 (1965) 515–526; *Léon-Dufour, X.,* La guérison de la belle-mère de Simon-Pierre, EstB 24 (1965) 193–216 (= *ders.,* Etudes d'Evangile, Paris 1965, 123–148); *Pesch, R.,* Die Heilung der Schwiegermutter des Simon-Petrus. Ein Beispiel heutiger Synoptikerexegese, in: *ders.,* Neuere Exegese – Verlust oder Gewinn?, Freiburg i.Br. 1968, 143–175; *Rice, G.E.,* Luke 4,31–44. Release for the Captives, AUSS 20 (1982) 23–28; *Schramm, T.,* Markus-Stoff 85–91; *Talbert, C.H.,* The Lukan Presentation of Jesus' Ministry in Galilee. Luke 4,31–9,50, RExp 64 (1967) 485–497; *Völkel, M.,* Der Anfang Jesu in Galiläa. Bemerkungen zum Gebrauch und zur Funktion Galiläas in den lukanischen Schriften, ZNW 64 (1973) 222–232.

[40]   Vgl. Samain, E., Synagogue 37.

[41]   Lukas will gewiß kein Wunder erzählen, sondern wie Joh 7,30; 8,59; 10,39 und 18,6 die Allmacht Jesu bezeugen. Wir sind indessen nicht weit vom Motiv der wunderbaren Reise des Heiligen oder göttlichen Menschen entfernt. Lukas kennt dieses Motiv (Apg 8,39–40); vgl. Bieler, L., ΘΕΙΟΣ ΑΝΗΡ. Das Bild des »göttlichen Menschen« in Spätantike und Frühchristentum I, Wien 1935 (Nachdr. Darmstadt 1976) 94–97. Vielleicht könnte man auch sagen, daß Jesus zu diesem Zeitpunkt noch unerfaßlich und unbegreiflich war, da seine Stunde – wie im Johannesevangelium (Joh 2,4; 7,30) – noch nicht gekommen

war (vgl. Lk 22,53). Im Papyrus Egerton II, Fragm 1ʳ,24–32 findet man eine Lk 4,28–30 ähnliche Szene; darauf folgt im Papyrus die Heilung eines Aussätzigen, ein Paralleltext zu Lk 5,12–14; vgl. de Santos Otero, A., Apócrifos 98 und Hennecke-Schneemelcher I 60; vgl. unten S. 241 Anm. 30.

[42]   Hill, D., Rejection unterstreicht die Kohärenz der lukanischen Komposition: Indem Jesus das Gnadenjahr des Herrn verkündigt, ruft er zustimmende Bewunderung hervor, mit der Präzisierung jedoch, daß es sich außerhalb Israels verwirklichen wird, erregt er zornige Ablehnung.

31 Und er kam hinab nach Kafarnaum, einer Stadt Galiläas, und lehrte sie an den Sabbaten. 32 Und sie erstaunten über seine Lehre, denn sein Wort geschah in Vollmacht. 33 Und es war in der Synagoge ein Mensch, der den Geist eines unreinen Dämons hatte. Und er schrie mit lauter Stimme: 34 Au, was haben wir mit dir zu tun, Jesus, Nazarener? Du bist gekommen, uns zu verderben. Ich kenne dich, ich weiß, wer du bist, der Heilige Gottes. 35 Und Jesus schalt ihn und sagte: Verstumme und geh aus von ihm. Und der Dämon riß ihn in die Mitte und ging aus von ihm, ohne ihm Schaden anzutun. 36 Und der Schrecken kam über alle, und sie redeten miteinander und sagten: Was ist dies Wort? Denn in Vollmacht und Kraft gebietet er den unreinen Geistern, und sie gehen aus. 37 Und er hatte Echo in jedem Ort der Umgebung. 38 Er stand aber auf und ging von der Synagoge weg in das Haus des Simon hinein. Und die Schwiegermutter Simons war von hohem Fieber ergriffen, und sie baten ihn ihretwegen. 39 Und er beugte sich über sie und schalt das Fieber, und es verließ sie. Sofort stand sie auf und diente ihnen. 40 Nach Sonnenuntergang brachten alle, welche an vielerlei Krankheiten Leidende hatten, sie zu ihm. Und er legte einem jeden einzelnen von ihnen die Hände auf und heilte sie. 41 Es gingen auch Dämonen aus vielen, die schrien und sagten: Du bist der Sohn Gottes. Und er schalt sie und ließ sie nicht reden, weil sie erkannten, daß er der Christus war. 42 Nach Tagesanbruch aber ging er hinaus und wanderte an einen einsamen Ort, und die Menge suchte ihn und kam bis zu ihm hin und hielt ihn zurück, damit er von ihnen nicht wegginge. 43 Er aber sprach zu ihnen: Auch den anderen Städten muß ich die Frohbotschaft von Gottes Reich verkündigen; denn dafür bin ich gesandt worden. 44 Und er verkündigte in den Synagogen Judäas.

Lukas schließt sich von 4,31 bis 6,19 dem markinischen Bericht an. Diese Anknüpfung ist leicht möglich, da seine vorherige Reihenfolge, die aus Q stammt, der markinischen entsprach: Täufer – Taufe – Versuchung – Predigt Jesu. Nur fügte Lukas die Predigt in Nazaret nachträglich ein und verzichtete zugleich auf die Jüngerberufung Mk 1,16–20, weil er über eine ihm willkommenere Berufungsszene verfügt (Lk 5,1–11). Dieser soll das soteriologische Wirken des Messias in Wort (Lk 4,24–30) und Tat (Lk 4,31–44) vorausgehen. Während die Predigt in der Heimatstadt auf Widerstand stößt, hat die Thaumaturgie großen Erfolg, den der Wundertäter freilich in Grenzen hält (V 43). Die Anknüpfung an Markus bringt einen Schauplatzwechsel mit sich. Von nun an wirkt Jesus in Kafarnaum, so daß bei Lukas ein Gegenüber Nazaret – Kafarnaum entsteht[1]. Der Bericht beginnt, wie in 4,1 und 4,14, mit einer

Analyse

---

[1]   Nach Goulder, M.D., Type 125–137 schuf Lukas nach dem Abschnitt »Nazaret« (Jesu Wohnort) einen Abschnitt »Kafarnaum« (seine Ausgangsbasis), der sich von 4,31 bis 8,1 erstreckt.

Reise Jesu und einem Sammelbericht (4,31–32; vgl. die Imperfekte). Der Übergangscharakter solcher Sammelberichte zeigt sich in V 44, den man mit der voranstehenden oder der folgenden Perikope verbinden kann. Mehrere Sammelberichte übernahm Lukas von Markus, er kannte die kompositorische Technik aber auch von seiner Ausbildungszeit her und verwandte sie, um Atempausen in der spannenden Erzählung und elegante Übergänge zu schaffen. Zwischen diesen zwei Sammelberichten (VV 31–32 und V 44) liegen vier Einzelgeschichten: zwei Wunder an einzelnen, örtlich bestimmt (VV 33.38), sowie zwei Begegnungen Jesu mit der Menge, zeitlich fixiert (VV 40.42).

Lukas sagt natürlich, nach den Regeln seiner Kunst, nichts von besagtem Quellenwechsel. Aus Markus – in seiner uns bekannten Form[2] – übernimmt er den Duktus der Ereignisse und sogar der Sätze, solange ihm nichts stilistisch oder gedanklich Wichtiges widersteht. Logische und sprachliche Korrektur scheint ihm manchmal notwendig, wie z.B. der Wechsel in den Singular in V 31, da Jesus nach lukanischer Darstellung ja noch ohne Jünger ist. Die verschiedenen εὐθύς (Mk 1,21.23.28.29.30) eliminiert Lukas, da sie ihm monoton und unliterarisch erscheinen. Hier und da präzisiert er: Die Leser wissen nicht unbedingt, daß Kafarnaum in Galiläa liegt (V 31). Mk 1,22 ist in V 32 neu formuliert und gibt durch das Verständnis von ὅτι als kausaler Verbindung der Bestürzung der Leute einen Grund. Der Vergleich mit den Schriftgelehrten fehlt. Will er sie schonen? Oder setzt er voraus, daß seine Leser sie nicht kennen? Der ihm theologisch wichtige Lieblingsbegriff λόγος erscheint in V 32 und V 36. Es ist selten beachtet worden, daß Lukas Markus vorausliest und öfter spätere markinische Elemente schon früher verarbeitet. Z.B. verwendet er »eure Synagogen« (Mk 1,23) nicht erst jetzt (Lk 4,33), sondern schon im voranstehenden Sammelbericht (Lk 4,14). In V 38 stammt ἀναστάς, das keine Parallele in Mk 1,29 hat, vielleicht aus Mk 1,35. In den parallelen Stellen verzichtet Lukas dann auf den markinischen Ausdruck, den er zuvor schon benutzt hat: So fehlt αὐτῶν in Lk 4,33 und ἀναστάς in Lk 4,42. Dieser Sachverhalt erklärt möglicherweise das Fehlen von »Galiläa« in Lk 4,37: Der Evangelist hat es in V 31 schon vorweggenommen.

Die VV 33–37 verbessert Lukas sprachlich und theologisch. Der Mann trägt »den Geist eines unreinen Dämons« in sich und schreit »mit lauter Stimme« (V 33)[3]. Statt vom Herausgerissenwerden (Mk 1,26) spricht Lukas von einem heftigen Schlag, der keinen Schaden verursacht (V 35). Ob in der Neuformulierung von V 36a die Vorliebe des Lukas für καὶ ἐγένετο oder die religiöse Bedeutung von θάμβος eine Rolle spielt, bleibt unsicher, ebenso, weshalb Lukas die Parataxe (καὶ συνελάλουν) statt der markinischen Hypotaxe (ὥστε συζητεῖν [Mk 1,27]) wählt. Theologisch wichtig ist in Lk 4,36 gegenüber Markus der Eintrag ὁ λόγος, erstaunlich für ein Wunder, und das Weglassen des Hinweises auf die »neue Lehre« (Mk 1,27). Nicht die »Lehre« stört ihn (VV 15.32), aber vielleicht ist ihm ihr »Neu«-Sein verdächtig wegen jüngerer, abwegi-

---

[2] Ich sehe keine bessere Erklärung für den Zusammenhang zwischen Markus und Lukas am Ende dieses Kapitels (Lk 4,31–44).

[3] Lukas führt das Wort δαιμόνιον für seine griechischen Leser ein, die den semitischen Gebrauch des πνεῦμα (»Geist« im Sinne von »Dämon«) nicht kennen; vgl. Fitzmyer I 544f.

ger Lehren, wie die Glosse Lk 5,39 bestätigen könnte, die dem Wort Jesu die Würde des Alters zuspricht.

Das Fehlen von »und Andreas mit Jakobus und Johannes« (Mk 1,29) dürfte, obwohl die Wendung auch in Mt 8,14 nicht notiert ist, zufällig sein. Matthäus kürzt Wunderberichte gern, und Lukas seinerseits hat die Jünger noch nicht eingeführt. Stilistisch ist »von hohem Fieber ergriffen« (V 38) gewählter als πυρέσσουσα (Mk 1,30). Bei Markus spielt das Ergreifen der Hand eine Rolle, bei Lukas das Sich-Beugen über die Kranke. Das Wort Jesu (V 39) darf bei Lukas neben der Geste nicht fehlen. Weil er trotz Umstellungen die markinische Andeutung eines neuen Lebens oder gar der Auferstehung (ἤγειρεν [Mk 1,31]) nicht missen will, fügt er ἀναστᾶσα (V 39) hinzu. Wie oft geschieht das Wunder »sofort« (V 39), ein Adverb, das diskret und doch narrativ den göttlichen Ursprung eines Ereignisses suggeriert[4].

Die Heilungen am Abend (VV 40–41) sind ein Musterbeispiel stilistischer Verbesserungen. Von den pleonastischen Zeitangaben behält Lukas die Erwähnung des Sonnenuntergangs bei (Matthäus umgekehrt die des Abends). Konsequenter als Markus unterscheidet Lukas die Kranken (V 40) von den Besessenen (V 41)[5]. Er vermeidet den populären Ausdruck »die, denen es schlecht geht«, der bei Markus ungeschickt zweimal vorkommt, und formuliert einen gewählten Satz über die in Mk 1,34 farbig geschilderten Krankheiten: ἅπαντες ὅσοι εἶχον ἀσθενοῦντας νόσοις ποικίλαις. Im Gebrauch des unklassischen »haben« mit Partizip verbirgt sich eine Spur des markinischen Ausdrucks. Nicht erstaunlich ist das Weglassen des übertriebenen Ausdrucks der Massenbewegung von Mk 1,33. Stilistisch schön ist die Steigerung von »alle«, welche Leidende hatten (V 40a), zu »ein jeder«, der Heilung bekommt (V 40b), inhaltlich bedeutsam die Hinzufügung der »Handauflegung« (V 40b), die bei Lukas öfter als Wundermethode im Zusammenhang einer Heilung als wirkmächtige Geste belegt ist (z.B. Apg 9,12.17; 28,8). Ihre Erwähnung könnte aus einem kirchlichen Brauch der Zeit des Lukas erklärt werden[6], erinnert doch die Situation des Paulus in Malta stark an diejenige Jesu hier: Jeweils wird im Haus eines wichtigen Gastgebers (Simon/Publius) ein Verwandter (Mutter/Vater) geheilt, was andere Kranke anzieht. Ihre Heilung geschieht dank der Macht des Mannes Gottes (Jesus/Paulus) durch Handauflegung und Gebet (Apg 28,8). Bei Lukas warten die Dämonen nicht auf die Initiative Jesu (Mk 1,34): Sie fliehen von sich aus »aus vielen« (4,41). Wie anderswo konkretisiert Lukas auf diese Weise eine sonst eher blasse Tradition. Das Schweigegebot an die Dämonen interessiert ihn weniger als ihr christologisches Wissen (Mk 1,34b). Den Titel »Heiliger Gottes« hat er aus Mk 4,34 übernommen. Jetzt nutzt Lukas die Gelegenheit, ihn seinen Lesern vorzustellen. Im Sinne lukanischer Christologie nennen die Dämonen Jesus den Sohn Gottes (4,41a). Um dieses christologische Verständnis lückenlos zu sichern, wird »Sohn Gottes« in V 41b mit »Messias« gleichgesetzt. In diesem Zusammenhang gelingt es Lukas, viele Worte aus Markus zu übernehmen: καὶ ... οὐκ ... λαλεῖν, ὅτι ᾔδεισαν ... αὐτόν[7].

---

[4] Vgl. Lk 1,64 und den Kommentar zu Lk 1,39 oben S. 84. Rydbeck, L., Fachprosa 166–176.184f hat gezeigt, daß παραχρῆμα entgegen einer verbreiteten Meinung nicht einer gehobeneren Sprache angehört als εὐθέως; παραχρῆμα ist, wie man den Papyri entnehmen kann, ein Wort der Verwaltungs- und Geschäftssprache; vgl. Busse, U., Wunder 75f.

[5] Gegen die Anm. *s* der TOB zu Lk 4,41.
[6] Jak 5,14 erwähnt das Gebet und die Salbung, nicht aber das Auflegen der Hände. Sind diese Unterschiede unterschiedlichen Gemeindeverhältnissen zuzuschreiben?
[7] Lukas liest aber εἴα für das ἤφιεν des Markus. Der Bedeutungsunterschied ist gering, εἴα paßt jedoch besser für eine Erlaubnis.

Γενομένης δὲ ἡμέρας (V 42) ist korrekter als die drei Adverbien in Mk 1,35, zugleich sagt Lukas dabei etwas anderes. Bei Markus ist es noch dunkel, und die geheimnisvolle Atmosphäre wird durch das Gebet Jesu noch unterstrichen. Lukas will den Eindruck einer Flucht Jesu vermeiden; daher ist es schon Tag und Jesus geht – symmetrisch zu V 30 (gleiches Verbum πορεύομαι) – ungehindert weg. Weshalb Lukas das Gebet Jesu, das ihm sonst sehr wichtig ist (vgl. Lk 3,21), hier nicht übernimmt, ist mir unklar; möglicherweise will er damit später einen Sammelbericht gestalten (5,16; anders Mk 1,45). Markus unterscheidet zwei Gruppen: »Simon und die Seinen« und »alle« (Mk 1,36–37). Lukas, der die Jüngerberufung noch nicht erzählt hat, vereinfacht: Er erwähnt nur die redaktionsgeschichtlich wichtige Menge. Das verändert auch die Reihenfolge der Ereignisse: Logischerweise sucht jetzt die Menge Jesus[8], findet ihn[9] und hält ihn mit einer Bitte auf[10]. Bei Markus sucht sie ihn, um neue Wunder zu erlangen, bei Lukas hält sie ihn zurück, um ihn nicht zu verlieren[11].

Wenn man als christlicher Leser weiß, was »verkündigen« heißt, kann man wie Markus formulieren: ἵνα καὶ ἐκεῖ κηρύξω (Mk 1,38). Lukas nennt den Inhalt dieser Verkündigung für seine zum Teil nicht christlich unterrichteten Leser. Dabei verbessert er sprachlich den ganzen Satz: Aorist (εἶπεν) an Stelle eines historischen Präsens (λέγει), »die anderen Städte« an Stelle der merkwürdigen »benachbarten Orte«. Das Ziel wird nicht mehr mit ἵνα, sondern mit dem theologisch wichtigen δεῖ festgestellt. »Die Frohe Botschaft verkündigen« erscheint als Nachklang des Jesaja-Zitats (4,18). Inhalt der Predigt ist das Reich Gottes. Lukas holt so nach, was er in Mk 1,14 übergangen hat. Auch »dafür bin ich gesandt worden« statt des merkwürdigen »deshalb bin ich ausgegangen« (Mk 1,38) mag aus Jes 61,1 stammen, gibt aber gleichzeitig Einblick in das Glaubensverständnis des Verfassers: Was in Mk 1,38 ein selbständiges Ich entscheidet, entscheidet bei Lukas der Wille Gottes (εὐαγγελίσασθαί με δεῖ und ἐπὶ τοῦτο ἀπεστάλην). Die völlige Harmonie mit diesem Willen Gottes erweist sich in der Weigerung Jesu (V 43) und seinem Wirken in Judäa (V 44). So ist V 43 nicht Ausdruck der Resignation eines sklavischen Gehorsams.

Der markinische Ausdruck »gehen wir anderswohin« (Mk 1,38), den Lukas bis jetzt nicht benutzt hat, erklärt die auffällige Ortsangabe Judäa; sie soll den heilsgeschichtlichen Willen Gottes und Jesu, anderswohin zu gehen, konkretisieren. Lukas läßt die Exorzismen aus Mk 1,39 weg, da ihm hier die Predigt Jesu wichtiger ist.

Sprachliche, stilistische und theologische Tendenzen der Redaktion sind deutlich geworden. Es besteht deshalb kein Grund, hier eine Nebenquelle vorauszusetzen[12].

---

[8] Zum Ausdruck οἱ ὄχλοι ἐπεζήτουν αὐτόν (V 42b) wurde Lukas durch den Ausspruch des Petrus und der Jünger in Mk 1,37 πάντες ζητοῦσίν σε angeregt. Daß Lukas dabei ἐπιζητέω gebraucht, deutet auf seine Vorliebe für zusammengesetzte Verben hin. Dagegen läßt er das καταδιώκω der Parallelstelle Mk 1,36 weg, da dieses Verb für ihn die Verfolgung bezeichnet.

[9] Um dem möglichen Gedanken, Jesus sei geflohen, zu begegnen, ersetzt Lukas »und als

sie ihn fanden« (Mk 1,36) durch »und sie kamen zu ihm« (V 42).

[10] Κατέχω mit seinem nuancenreichen Bedeutungsfeld muß hier »zurückhalten«, »festhalten« bedeuten; vgl. TOB zu Lk 4,42 und Delebecque, E., Evangile 26.

[11] Zu diesem Motiv vgl. die Literaturangabe unten S. 226 Anm. 41.

[12] Mit Busse, U., Wunder 74 und Schramm, T., Markus-Stoff 85–91.

In der Synagoge zu Kafarnaum (VV 31–32)   Erklärung

Der lehrende Messias ist ein reisender Prediger. Nazaret für immer verlas-   31–32
send, geht er nach Kafarnaum hinunter[13]. Die traditionellen Namen füllt Lukas mit neuem Inhalt. Nazaret symbolisiert für ihn den Anfang, an dem sich
der Messias manifestiert und in einer prophetischen Rede sowohl die Schrift
auslegt wie die Geschichte deutet, an dem zugleich aber auch die mörderische
Ablehnung Jesu erfolgt. Kafarnaum[14] dagegen ist der Ort, wo die Erfüllung
der Schrift nicht nur, wie in Nazaret, verkündigt, sondern auch erlebt wird.
Die Dämonenaustreibungen entnimmt Lukas den ihm vorliegenden Quellen, dennoch beleuchten sie in spezifischer Weise die lukanische Auslegung
von Jes 61,1 wie auch sein Verständnis menschlicher Tragik als einer dämonischen Unterdrückung (vgl. schon 4,6)[15]. Kafarnaum, bereits traditionell als
Schauplatz der Wundertätigkeit Jesu bekannt (vgl. 4,23), ist der Ort der ersten Befreiung. Die Lehre Jesu schlägt sich sogleich in entsprechenden Taten
nieder[16], und dies bewundern die Zuschauer[17] (vgl. V 32). Den aus der Tradition (besonders Markus) vorgegebenen Begriff der ἐξουσία Jesu integriert Lukas in seine eigene Christologie und verwendet ihn sogar selbständig, vor allem in Verbindung mit Jesu Vergebungszusage (5,24) und seinem Wirken als
Wundertäter (4,36). Jesu Vollmacht kommt von Gott, wie es sich im Geistempfang ausdrückt (3,22; 4,14.18), und wird von ihm legitim ausgeübt. Dem
lukanischen Begriff ἐξουσία wohnen also als Komponenten sowohl die Kraft
wie das Recht inne[18]. Lukas verwendet ἐξουσία aber auch polemisch und
ebenso in ekklesiologischer Bedeutung: polemisch, wenn er Jesu einzigartige
Vollmacht der Macht des Teufels gegenüberstellt (4,6; 22,53; Apg 26,18), ekklesiologisch, wenn er von der Übertragung der ἐξουσία Jesu auf die Zwölf
(9,1) und die (Zweiund)Siebzig (10,19) spricht. Sollte Lukas auch an Teufels-
jünger denken, wenn er bestimmte Inhaber politischer Macht mit dem Teufel
in Verbindung bringt (vgl. 4,6; 20,20; 23,7)?[19] So steht z.B. das Bündnis von
Herodes und Pilatus laut Apg 4,27 im Zeichen des Teufels, obwohl beide
Machthaber nicht von vornherein als dem Teufel untertan vorgestellt werden. Man wird von daher festhalten dürfen, daß innerhalb des lukanischen
Doppelwerks an der einen oder anderen Stelle eine dualistische Weltsicht zutage tritt.

Hier wird die Macht Jesu ausdrücklich mit seinem Wort verbunden. Sie ist

---

[13] »Und er ging hinab«: Lukas scheint sich
dessen bewußt zu sein, daß die Straße von
Nazaret bis an das Seeufer, an dem Kafarnaum liegt, bergab führt. Nach Conzelmann,
H., Mitte 32f dagegen setzt Lukas nie voraus,
daß Kafarnaum am Seeufer gelegen ist.

[14] Beeinflußt von der Parallelstelle Mt 4,13
fügt D an: »das am Meer im Gebiet von Sebu-
lon und Naftali liegt«.

[15] Vgl. Busse, U., Wunder 65.

[16] Fitzmyer I 546f verweist für V 36 auf
2Sam (LXX 2Kön) 1,4 und auf Apg 8,21; 15,6,
wo λόγος, wie דָּבָר, »Ereignis«, »Sache« bedeuten kann. Mit Recht zieht er hier die Bedeutung »Wort«, d.h. wirksames Wort vor.

[17] Zum Erstaunen (ἐξεπλήσσοντο) vgl. 9,43.

[18] Zur Nähe der ἐξουσία und der δύναμις
vgl. 4,36 und 9,1.

[19] Vgl. den Kommentar zu Lk 4,5–8 oben S.
199f.

also keine rein übernatürliche Kraft, die die Menschen überkommt, sondern erweist sich als Beziehung schaffend, wie ein Ruf von Person zu Person, der auf eine Antwort wartet[20].

Die Heilung des Besessenen (VV 33–37)

33 Während ὁ δαίμων für die Griechen die Gottheit, das Nominose, meint, konnte τὸ δαιμόνιον abstrakt das Göttliche oder konkret ein Zwischenwesen bezeichnen. Die Septuaginta verwendet δαιμόνιον im abschätzigen Sinn, und die damalige jüdische Literatur schloß sich dem an. Sie zeugt auch von einem entwickelten Dämonenglauben. Eine dualistische Lehre von bösen und guten Geistern breitete sich damals auch in der griechischen Welt aus[21]. Δαιμόνιον im griechischen Sinn als Bezeichnung der Gottheit ist bei Lukas nur ein einziges Mal (Apg 17,18) belegt. Für ihn wie für das zeitgenössische Judentum stehen die Dämonen im Dienst des Teufels und im Gegensatz zu Gott und seinen Engeln[22]. Sie bringen Schaden und Verderben, aber Lukas denkt weder über ihren Ursprung noch über ihren Bereich nach. Alles hängt für ihn mit dem Druck zusammen, den sie auf die Menschen ausüben. Die lukanische Dämonologie schöpft aus der urchristlichen Tradition, besonders aus Markus. Wenn er sie auch nicht weiterentwickelt, unterstreicht er doch den eschatologischen Sieg des Messias über die Dämonen[23], der, anthropologisch orientiert, als Geschenk und Befreiung der Menschen verstanden ist.

Ἀκάθαρτον nach δαιμόνιον wirkt für einen Juden pleonastisch, aber diese Übernahme aus Markus macht jede Auslegung ad bonam partem unmöglich. Es sieht so aus, als ob nur der Geist des Dämons den Menschen beherrschte, aber nach den VV 35–36 treten πνεῦμα und δαιμόνιον fast synonym auf[24].

34 Der Dämon beklagt sich und greift Jesus an. Das τί ἡμῖν καὶ σοί bedeutet für semitische Ohren: »Weshalb mischst du dich in unsere Sache ein?« Ein griechischer Leser versteht eher: »Was ist uns gemeinsam?« Lukas fügt ein ἔα ein, d.h. einen Schrei oder ein Seufzen[25], vielleicht, um die richtige semitische Bedeutung wiederzugeben. Der Folgevers beseitigt jeden Zweifel: »Du bist gekommen, uns zu verderben.«[26] Nach dieser soteriologisch und eschatologisch einwandfreien Diagnose kommt eine ebenso korrekte christologische Identifi-

---

[20] Vgl. den Kommentar zu Lk 4,16–30 oben S. 210–216.
[21] Vgl. Bauer s.v. und Böcher, O., Art. δαιμόνιον κτλ., in: EWNT I (1980) 649–657.
[22] Fitzmyer I 545 meint dagegen, Lukas stelle keine Verbindung zwischen den Dämonen und dem Teufel her. Lk 13,11 und 16 zeigen aber, daß er in diesem Punkt irrt. Darüber hinaus steht das Wissen um die Gottessohnschaft Jesu, das die Dämonen an den Tag legen (Lk 4,41), auf derselben Ebene wie jenes des Teufels in Lk 4,3.9.

[23] Vgl. Böcher, O., Art. δαιμόνιον κτλ., in: EWNT I (1980) 651: »Für die Endzeit erwartet die altjüdische Eschatologie die Entmachtung des Teufels und seiner Dämonen (1QS 3,24f; 4,20–22; 1QH 3,18; 1QM 1,10f; 7,6; 12,7f).«
[24] Der Genitiv δαιμονίου ἀκαθάρτου kann demnach als Erläuterung des Wortes πνεῦμα aufgefaßt werden (epexegetischer Genitiv).
[25] Zu ἔα vgl. Fitzmyer I 545: »It expresses displeasure or surprise.«
[26] Der Plural »wir« wird die Welt der Dämonen und nicht den Dämon und den Besessenen bezeichnen.

kationsformel. Der Titel ὁ ἅγιος τοῦ θεοῦ, im Alten Testament verwurzelt, ist archaische Bezeichnung für Jesus (vgl. Ri 13,7; 16,17 LXX [Codex B] [für Samson] und Ps 105[106],16 [für Aaron]; Mk 1,24 und Joh 6,59). Der Ausdruck weist hier nicht auf eine priesterliche Mission hin[27]. Er beleuchtet das Verhältnis zu Gott und die von Gott übertragene prophetische Mission. Lukas übernimmt diesen Titel.

Das machtvolle Wort Jesu gebietet Ruhe und sagt die Austreibung an. Ἐπιτι- **35** μάω (»tadeln«, »schelten«) und seine hebräischen und aramäischen Äquivalente können in der jüdischen Literatur einen technischen Sinn erhalten und bezeichnen dann das Wort, das Gott oder sein Bote ausspricht, um sich böse Geister zu unterwerfen[28]. Die Redundanz ἐξέρχομαι (3mal in diesen Versen) ist weder zufällig noch ungeschickt: Jedes Vorkommen hat seine narrative Funktion, und seine Wiederholung will mit Markus die Wichtigkeit der Exorzismen des Messias für die Menschen und damit auch für die Leser des Lukasevangeliums betonen. Von der Austreibung selbst sagt Lukas, daß der Dämon seine Niederlage offen zugibt, indem er beim Ausfahren den befreiten Menschen in die Mitte reißt, und daß sie schmerzlos geschieht.

Nicht nur Bewunderung, auch religiöser θάμβος[29] erfüllt alle Zuschauer. Das **36–37** Wort Jesu siegt über die dämonische Welt, weil es mit Macht und Kraft erfüllt ist. Wie Kreise auf einem See, wenn man einen Stein ins Wasser wirft, bewirkt der autoritative λόγος Jesu das Wunder, dann den θάμβος der Zuschauer und endlich einen positiven ἦχος in der ganzen Gegend. Lukas liebt solche generalisierenden Notizen.

Formgeschichtlich bleibt Lukas dem Wunderbericht des Markus treu[30], weil er auf jeder Stufe sein eigenes Anliegen entfalten kann. Allein den christologischen Titel »Heiliger Gottes« wird er erst später kommentieren (4,41). Das Schweigegebot, das Markus so beschäftigt, ist für ihn vielleicht nur Zeichen des Sieges Jesu und der Niederlage der Dämonen; φιμόω heißt »den Mund mit einem Maulkorb verschließen«. Ob die übertragene Bedeutung »zum Schweigen bringen« auf der vulgären sprachlichen Ebene lag, ist mir nicht klar. Gesichert ist der Gebrauch in der Magie für das »Binden« oder Bewältigen durch Beschwörungen[31].

---

[27] Trotz der gelehrten Studie von Friedrich, G., Beobachtungen zur messianischen Hohenpriestererwartung in den Synoptikern, ZThK 53 (1956) 265–311.

[28] Vgl. Kee, H.-C., The Terminology of Mark's Exorcism Stories, NTS 14 (1967/68) 232–246; Kee bietet eine gute Untersuchung von ἐπιτιμάω und der entsprechenden semitischen Wurzel גער (z.B. in der Austreibung, die Abraham mit dem Mittel des Gebets und der Handauflegung in 1QapGen 20,16–32 vollzieht).

[29] Vgl. Bertram, G., Art. θάμβος κτλ., in:

ThWNT III (1938) 6: »Die Ausdrücke der Furcht und des Staunens … dienen also dazu, den Offenbarungsgehalt und d.h. die christologische Bedeutung zahlreicher synoptischer Jesusszenen hervorzuheben.«

[30] Nach Bultmann, R., Syn. Trad. 223f und Fitzmyer I 542 zeigte die ursprüngliche Geschichte die typischen Züge einer Dämonenaustreibung. Mit Theißen, G., Wundergeschichten 94–102 muß man Exorzismen und Heilungen unterscheiden.

[31] Vgl. Bauer s.v. und vor allem Moulton-Milligan s.v.

Die Heilung der Schwiegermutter des Petrus (VV 38–39)

38 Wie Lukas in den VV 40–41 zwischen Krankheit und Besessenheit unterscheidet, läßt er jetzt einem Exorzismus eine Heilung und dabei zugleich der Befreiung eines Mannes die einer Frau folgen[32]. Der kurze Bericht beginnt mit einem Ortswechsel von der Synagoge ins Haus (entsprechend sind Synagoge und das Haus eines Neubekehrten in der Apostelgeschichte und im Leben der Christen Wirkungsstätten der Missionare). Lukas kann den Gastgeber, Simon Petrus, nicht richtig vorstellen oder auch nur sagen, weshalb Jesus gerade in dieses Haus hineingeht, weil die Jüngerberufung noch nicht stattgefunden hat[33]. Er unterstreicht den Ernst der Krankheit: Das Fieber ist hoch.

39 Dies ist der Anlaß zur Bitte Simons und wohl seiner Frau an Jesus um Hilfe[34]. Die Reaktion Jesu verläuft anders als bei Markus. Ἐπιστάς meint kaum nur »herantreten«[35], sondern neben ἐπάνω αὐτῆς doch wohl dies, daß Jesus sich über sie beugt (wie Paulus in Apg 20,10 über Eutychus). Die folgende Handlung Jesu geschieht zuerst nonverbal, dann verbal. Die nonverbale stellt wie bei Elija (1[3]Könige 17,21) die Kraft und Überlegenheit Jesu heraus, vielleicht auch seine Nähe, aus der er den heilenden Atem einhauchen kann (so hat die Septuaginta die Geste Elijas verstanden)[36]. Die verbale bringt das für Lukas so wichtige Wort Jesu zum Ausdruck. Ἐπιτιμάω wird bei Lukas zum typischen Ausdruck des heilenden Messias (vgl. 4,35.41). Das Fieber wird dabei personifiziert und in die Nähe des Dämons der voranstehenden Verse gerückt. Doppelt wird auch der Erfolg Jesu erzählt: Das Fieber verschwindet, die Frau kann wieder arbeiten. Das geschieht wunderbar schnell, so daß Genesung wie ein neues Leben erscheint (ἀναστᾶσα). Die dienstfertige Gastfreundschaft der Schwiegermutter ist Bestätigung des Wunders, zugleich aber auch Zeichen dafür, daß die Befreiung sich in einem neuen Dienst niederschlägt. Für Lukas äußert sich Nachfolge Jesu bei einer Frau in erster Linie im diakonischen Handeln. Dieses schlägt sich nicht nur in praktischer Arbeit nieder, sondern auch in finanzieller Unterstützung (vgl. 8,3).

Mit diesen beiden Geschichten erzählt Lukas an einem typischen Beispiel die Befreiung des Volkes Gottes, die λύτρωσις (2,38). Hier tritt nicht nur die Kraft Jesu oder die Allmacht Gottes in den Vordergrund, sondern die Güte des rettenden Messias (vgl. 19,44). Dieses Bild Jesu im programmatischen Kafar-

---

[32] Vgl. Flender, H., Heil 15 Anm. 8.
[33] Der Gebrauch des Artikels bezeugt die Verlegenheit des Lukas: In V 38a fehlt der Artikel (»ins Haus eines gewissen Simon«), in V 38b ist er notiert (»die Schwiegermutter des Simon«).
[34] Außer für Noomi, die Schwiegermutter Ruts (11mal πενθερά im Buch Rut), verwendet die Septuaginta das Wort nur in Dtn 27,23 und Mi 7,6; vgl. Hatch-Redpath II s.v. Josephus verwendet das Wort 4mal, 3mal davon

für Noomi; vgl. Rengstorf, K.H., Concordance III s.v.
[35] Vgl. Delebecque, E., Evangile 25 Anm. (zu V 39).
[36] Es ist zu bemerken, daß die Stellung in der Septuaginta nicht mehr angegeben ist; die Septuaginta spricht nur vom Einhauchen. Léon-Dufour, X., Guérison 140 (Sammelband) interpretiert die Gebärde Jesu (»hinunterbeugen«) als Ausdruck seiner Güte.

naumaufenthalt entspricht der redaktionellen Beschreibung Jesu in Apg 10,38[37].

Heilungen am Abend (VV 40–41)

Von Markus hat Lukas die chronologische Einordnung in einen Tagesablauf 40 übernommen. Er selbst ist daran nicht besonders interessiert; Mk 1,21 wird im lukanischen Sammelbericht 4,31 zu einer Periode. Der Abend ist wichtig, weil der Transport der Kranken am Sabbat erst nach Sonnenuntergang erlaubt war. Aber für Lukas sind einzig die Heilungen und die Exorzismen (chiastisch gezählt gegenüber 4,33–37 und 38–39) von Belang. Der gütige Messias übernimmt die Aufgabe des hellenistischen Arztes[38]. Es sind aber auch die Gesten des christlichen Missionars, so daß christliche Praxis, ihrerseits vom jesuanischen Beispiel beeinflußt, auf die Darstellung Jesu im Lukasevangelium einwirkt. Der markinische Sammelbericht paßt ausgezeichnet zu der generalisierenden Tendenz des Lukas: Der Exorzismus[39] (4,33–37) und die Heilung (4,38–39) sind nur Beispiele eines intensiven Wirkens (4,40–41). Zur hermeneutischen Funktion der christologischen Titel vgl. oben S. 181f 41 und 198f. Was der Teufel weiß (4,3.9), wissen auch die Dämonen. Daß sie es schreiend zum Ausdruck bringen (κραυγάζω oder κράζω; vgl. ἀνακράζω [4,33]), weist nicht auf Lärm, sondern auf Angst oder religiöse Spannung hin. Das Schweigegebot hat, wie in 4,35, schwerlich die markinische Bedeutung. Auch ist es kaum ausgesprochen, um zu betonen, daß das Bekenntnis ohne gleichzeitigen Glauben leere Formel ist. Es geht vielmehr darum, daß die Dämonen Gott kennen und vor seiner Macht zittern (vgl. Jak 2,19), weshalb sie ihr Bekenntnis als ein Abwehrmittel einsetzen, um so den Anschein zu erwecken: Wir sind doch rechtgläubig und also von dir, Jesus, nicht angreifbar. Der scharfsinnige Messias durchkreuzt aber dieses Ansinnen und siegt über sie, indem er sie zuerst zum Schweigen zwingt.

Jesus verläßt Kafarnaum (VV 42–43)

Ἐπεζήτουν und κατεῖχον beschreiben die Menge kaum als aggressiv[40], son- 42 dern eher so: Sie fühlt sich verlassen und sucht darum ängstlich ihren Hirten; sie will ihn aufhalten, damit er sie für immer beschütze. Ähnlich klammert sich die Gemeinde in Cäsarea an Paulus, als er sie verlassen will (Apg 21,8– 14). Das ist eine verständliche, in der Verbundenheit verankerte Reaktion. Aber es gibt eine höhere Norm, die, daß der Messias auch für andere da ist

---

[37] Léon-Dufour, X., ebd. 139f schreibt, indem er – ohne es zu sagen – Apg 10,38 aufnimmt: »Jésus apparaît sous les traits du Sauveur qui passe en faisant le bien et en libérant ceux qui sont tombés au pouvoir du démon.«
[38] Literatur über die Ärzte in der Antike bei Bovon, F., Lukas 206 Anm. 7.

[39] Zu ἐξέρχομαι vgl. oben S. 223, zu ἐπιτιμάω oben S. 223 Anm. 28.
[40] Vgl. Busse, U., Wunder 74 Anm. 1; auf S. 78 urteilt er weniger negativ.

und deshalb seine Mission weiterführen muß. Das Wort Jesu (V 43) enthält, wie in Apg 21 die Stimme des Paulus, keine Kritik, aber eine Weisung. Die weitere Mission ist wichtiger als das erwünschte Zusammensein. Andere Städte müssen ebenso die Frohe Botschaft hören. Um diese menschliche und auch kirchliche Spannung auszudrücken, bedient sich Lukas eines griechischen Topos, den schon die Ilias (Dialog zwischen Andromache und Hektor) kennt[41]. Entscheidend für diese Auslegung sind die Worte »damit er von ihnen nicht wegginge«.

43   Soziologisch wichtig ist der Begriff πόλις (4,43; 5,12). Nazaret (4,29), Kafarnaum (4,31) und Nain (7,11) sind für Lukas Städte. Er spricht seltener von Dörfern (5,17; 8,1; 9,52–56; 10,38; 13,22; 17,12). Die Herrschaft Gottes wird in Städten verkündigt (wie später in der Apostelgeschichte). Hier wird wieder die geschichtliche Lage des städtischen Christentums zur Zeit des Lukas in die Zeit Jesu projiziert.

Die psychologische Bedeutung der Antwort Jesu für das Volk ist die, daß sein Weggehen Frustration bringt, aber auch die Möglichkeit zum Mündigwerden. Zugleich gilt, daß Jesus nicht nur für Kafarnaum von Gott geschickt ist, auch andere sollen die Heilsbotschaft hören. Eine bessere Zusammenfassung der Mission und der Botschaft Jesu nach Lukas gibt es nicht: heilsgeschichtliches δεῖ, christologische Mission (ἀπεστάλην) durch das erlösende Wort (εὐαγγελίσασθαι), Herrschaft Gottes, deren Wesen wichtiger ist als ihre Nähe, als Inhalt der Verkündigung.

Der zweite Sammelbericht (V 44)

44   V 44 ist von Markus her vorgegeben und als nützlicher Abschluß von Lukas aufgenommen und korrigiert worden: Die Exorzismen sind gestrichen, der geographische Wirkungskreis Jesu heißt hier Judäa. Unter Judäa scheint Lukas nicht nur den südlichen Teil, sondern das ganze Land zu verstehen.

Zusammen-   Dieser Abschnitt gibt uns einen guten Einblick in die Arbeitsweise des Lukas.
fassung   Als antiker Historiker benutzt er eine Quelle, ohne dies eigens zu erwähnen. Er schenkt ihr sein Vertrauen, paßt sie jedoch literarisch und theologisch seiner persönlichen Absicht an. Was bei Markus ein Tag des Missionars Jesus mit seinen Jüngern war, wird von Lukas zum zweiten Teil des »Besuchs« des heilenden Messias in Israel umgewandelt. So bilden die Episoden in Nazaret und in Kafarnaum ein programmatisches Diptychon.

Markus hatte den »Tag in Kafarnaum« aus älterem Material (unabhängigen Einzelepisoden) unter dem Eindruck der missionarischen Praxis seiner Zeit gesammelt, welche sicher auch von der Praxis Jesu beeinflußt war (Rolle der Synagoge, Bedeutung eines Hauses, Predigt und Wundertaten, von Mitar-

---

[41]   Vgl. Homer, Il VI 405–502; Bovon, F., Lukas 181–195. Die Bewohner möchten, daß Jesus als »Stadtprophet« bei ihnen bleibt; vgl. Völkel, Anfang 225.

beitern begleitete reisende Missionare usw.). Was als Spiegel seiner Zeit bei Lukas vorkommt, ist eine Distanz gegenüber dem Judentum (vgl. 4,32 mit Mk 1,22), das Bemühen, von Griechen verstanden zu werden (vgl. 4,31 mit Mk 1,21), die quasi liturgische Heilkunst Jesu (4,40), das christologische Interesse (Christus als »Wohltäter«, aber auch als prophetischer Messias), die Stadt als Ort der Mission und der Kirche, das Erzählen des Wortes und der Wunder Jesu als Mittel zur Verbreitung der Botschaft (4,37).

Damit ist noch nicht gesagt, daß hinter Lukas und Markus nicht auch ältere und zum Teil zuverlässige Nachrichten liegen, freilich keine Erinnerungen des Petrus, wie manchmal behauptet wird, aber bedeutsame Einzelepisoden, die unter den ersten Christen erzählt worden sind. Doch ist die historische Frage in der Exegese nicht allein die nach dem historischen Jesus, sondern auch, und vielleicht vor allem, die nach der geschichtlichen Stellung des Lukas. Lk 4,43 hat sicher recht mit der Aussage, Jesus predige die Gottesherrschaft, aber so, wie er dasteht, sagt dieser Vers mehr über die lukanische Theologie aus als über die jesuanische.

Der Fischzug des Petrus (5,1–11)

Literatur: *Abogunrin, S.O.*, The Three Variant Accounts of Peter's Call. A Critical and Theological Examination of the Texts, NTS 31 (1985) 587–502; *Betz, O.*, Donnersöhne, Menschenfischer und der davidische Messias, RdQ 3 (1961/1962) 41–70; *Bornhäuser, K.*, Sondergut 34–51; *Delorme, J.*, Luc V.1–11. Analyse structurale et histoire de la rédaction, NTS 18 (1971/1972) 331–350; *Deltombe, F.*, Désormais tu rendras la vie à des hommes (Luc V,10), RB 89 (1982) 492–497; *Derrett, J.D.M.*, Ἦσαν γὰρ ἁλιεῖς (Mk 1,16). Jesus' Fishermen and the Parable of the Net, NT 22 (1980) 108–137, bes. 121–125; *ders.*, James and John as Co-Rescuers from Peril (Lk 5,10), NT 22 (1980) 299–303; *Dietrich, W.*, Petrusbild 23–81; *Geninasca, J.*, Pêcher/prêcher. Récit et métaphore. Luc 5,1–11, in: *Groupe d'Entrevernes*, Signes et paraboles. Sémiotique et texte évangélique, Paris 1977, 143–171; *Grollenberg, L.*, Mensen »vangen« (Lk. 5,10). Het redden van de dood, TTh 5 (1965) 330–336; *Jeremias, J.*, Sprache 129–137; *Klein, G.*, Die Berufung des Petrus, ZNW 58 (1967) 1–44 (= *ders.*, Rekonstruktion und Interpretation, München 1969 [BEvTh 50]), 7–48; *Mánek, J.*, Fishers of Men, NT 2 (1957) 138–141; *McKnight, E.V.*, Meaning in Texts. The Historical Shaping of a Narrative Hermeneutics, Philadelphia 1978, 290–295; *Pesch, R.*, La rédaction lucanienne du logion des pêcheurs d'homme (Lc. V,10c), EThL 46 (1970) 413–432 (= L'Evangile de Luc 225–244); *ders.*, Der reiche Fischfang. Lk 5,1–11 / Jo 21,1–14. Wundergeschichte – Berufungserzählung – Erscheinungsbericht, Düsseldorf 1969 (KBANT 6); *Rice, G.E.*, Luke's Thematic Use of the Call to Discipleship, AUSS 19 (1981) 51–58; *Schlichting, W.*, »Auf dein Wort hin« (Lukas 5,1–11), ThBeitr 17 (1986) 113–118; *Schürmann, H.*, La promesse à Simon-Pierre. Lc 5,1–11, ASeign 36 (1974) 63–70; *ders.*, Die Verheißung an Simon Petrus. Auslegung von Lk 5,1–11, BiLe 5 (1964) 18–24 (= *ders.*, Ursprung 268–273); *Theobald, M.*, Die Anfänge der Kirche. Zur Struktur von Lk 5,1–6.19, NTS 30 (1984) 91–108; *Wuellner, W.H.*, The Meaning of »Fishers of Men«, Philadelphia 1967; *Zillessen, K.*, Das Schiff des Petrus und die Gefährten vom anderen Schiff, ZNW 57 (1966) 137–139.

1 **Und es geschah, als die Menge ihn umdrängte und das Wort Gottes hörte, da stand er am See Genezaret** 2 **und sah zwei Boote am Seeufer liegen; die Fischer aber waren aus ihnen ausgestiegen und wuschen die Netze.** 3 **Da stieg er in eines der Schiffe, das Simon gehörte, und bat ihn, ein wenig vom Land wegzufahren. Und er setzte sich und lehrte die Menge vom Schiff aus.** 4 **Als er aber aufgehört hatte zu reden, sprach er zu Simon: Fahre weg ins tiefe Wasser, laßt eure Netze ins Wasser hinunter, um etwas zu fangen.** 5 **Und Simon antwortete und sprach: Meister, die ganze Nacht hindurch haben wir uns gemüht und nichts gefangen; auf dein Wort aber werde ich die Netze ins Wasser hinunterlassen.** 6 **Und als sie das getan hatten, fingen sie eine große Menge Fische ein, ihre Netze aber waren am Zerreißen.** 7 **Und sie winkten den Genossen im andern Schiff, sie sollten kommen und mithelfen. Und sie kamen und füllten beide Schiffe, so daß sie am Sinken waren.** 8 **Als Simon Petrus das aber sah, ließ er sich vor den Knien Jesu nieder und sagte: Gehe weg von mir, denn ich bin ein sündiger Mensch, Herr.** 9 **Erschrecktes Staunen hatte nämlich ihn und alle mit ihm erfaßt über den Fischfang, den sie zusammen getan hatten,** 10 **ebenso Jakobus und Johannes, die Söhne des Zebedäus, die Simons Teilhaber waren. Und Jesus sprach zu Simon: Fürchte dich nicht, von nun an wirst du Menschen lebend fangen.** 11 **Und sie fuhren die Schiffe ans Land zurück, verließen alles und folgten ihm nach.**

Analyse   Lukas führt die ersten Jünger gleich nach der doppelten Vorstellung des Messias (4,16–30 und 4,31–44) ein. Apg 1,21–22 lehrt, daß Lukas das Apostelamt in der Begleitung des Herrn von Anfang an begründet. Markus, dem Lukas in der vorausgehenden und der nächsten Perikope folgt (Mk 1,21–39.40–45), überliefert die Berufung der ersten Jünger an früherer Stelle (Mk 1,16–20). Lukas holt sie erst jetzt nach, weil er den Messias vorab in doppelter Weise vorstellen wollte: in Lehre (4,16–30) und Tat (4,31–44).

Die Jüngerberufung des Lukas ist trotz der Übernahme einiger Angaben bedeutend mehr als eine bloße Bearbeitung von Mk 1,16–20. Außerdem verhelfen ihm Mk 4,1–2 und vielleicht auch Mk 2,13 dazu, eine Einführungsszene zu gestalten[1]: Als erfolgreicher Lehrer betritt Jesus ein Boot. Die Situation der Gleichnisrede (Mk 4) wird also nach vorn verschoben, ähnlich anderen Umordnungen. Das erklärt auch den Verzicht auf das Boot in Lk 8,4, der Parallelstelle zu Mk 4,1–2.
Der »Rahmen« von Lk 5,1–11 wurde also künstlich und kunstvoll zugleich aus Elementen des Markusevangeliums gestaltet. Das Zentrum, das »Bild« selbst, enthält die Geschichte eines wunderbaren Fischfangs, die das Nachtragskapitel 21 des Johannesevangeliums ebenso kennt (Joh 21,1–11). Wichtige Strukturelemente sind beiden Be-

---

[1]   Zu solchen Umstellungen vgl. Cadbury, H.J., Style 78f, der allerdings Lk 5,1–11 nicht behandelt.

richten gemeinsam: das Gegenüber Jesus – Simon, der erste erfolglose Fischzug, Jesu Gebot, einen neuen Versuch zu unternehmen, der vertrauensvolle Gehorsam der Fischer, der wunderbare Fischfang, eine Geste des Simon als Ausdruck seines Glaubens und wahrscheinlich eine Verheißung.

Die meisten evangelischen Berichte zirkulierten eine Zeitlang »rahmenlos«. Lukas hat diese Geschichte mit einer Berufungsszene verbunden, das Johannesevangelium mit einer Ostererscheinung. Die Tendenz ist dabei gar nicht so verschieden, da die zentrale Bedeutung der Jünger in der Verbindung zwischen Berufungsszene und Erscheinungsbericht besteht. Die Urgemeinde erzählte also den reichen Fischzug[2] in einer ekklesiologischen Perspektive, die sich bei Lukas in einer Berufung und bei Johannes in einer Einsetzung verkörpert. Ostern war so etwas wie eine erneuerte Berufung. Wahrscheinlich liegt am Anfang der Tradition ein Wunderbericht mit einer Verheißung an Simon vor, da bei Lukas die Nachfolge, bei Johannes der Auftrag zurückhaltend und sekundär wirken. Das Nachfolgemotiv hinkt bei Lukas nach und entsteht erst durch die Kombination mit Mk 1,16–20. Der Ruf Jesu selbst (δεῦτε ὀπίσω μου [Mk 1,17]) bleibt bei Lukas unausgesprochen. Erst in V 11 erfahren wir, daß die Fischer zu Jüngern werden, da sie alles verlassen und Jesus folgen.

Die Redaktionsarbeit des Lukas scheint hier schöpferischer zu sein als in der vorherigen und in den nächsten Perikopen (Lk 4,31–44 und 5,12–6,19). Anders als sonst vereinigt er hier Elemente aus mehreren Vorlagen. Die literarischen Zäsuren zwischen V 3 und V 4 wie zwischen V 9 und V 10 sowie die markinischen Parallelen für die VV 1–3 und große Teile der VV 10–11 machen es unwahrscheinlich, daß die ganze Einheit *als solche* aus dem Sondergut stammt. Möglich ist dies für das Wunder selbst und die Verheißung, d.h. für die Überlieferung hinter den VV 4–9.10b. Dafür spricht der Stil. Es ist aber auch möglich, daß Lukas eine isoliert tradierte Einzelüberlieferung hier verankert.

V 1: Ἐγένετο δέ und καὶ ἐγένετο gehören zu den Lieblingsausdrücken des Evangelisten[3]. Er benutzt sie mit verschiedenen Konstruktionen, hier mit zwei mit καί koordinierten und mit ἐν τῷ eingeführten Infinitiven und einem Indikativ. Die lukanischen ἐγένετο erinnern an den biblischen Stil der Septuaginta, auch wenn sie nach dem Modell der Konstruktion mit συνέβη (Apg 21,35) an die griechische Syntax angepaßt sind. Damit sagt Lukas dem Leser diskret, auf welcher Ebene man seine Geschichten lesen soll. Zugleich haben diese Sätze eine narrative Funktion. In einer Schrift, die weder Abschnitte noch Satzzeichen kennt, stehen sie meist am Anfang als eine Art Anzeige für einen neuen Abschnitt (vgl. 5,1.12.17, wo die ἐγένετο dem Leser helfen, den Text zu strukturieren).

Erklärung
1

---

[2] Vgl. Schneider I 122. Pesch, R., Simon Petrus. Geschichte und geschichtliche Bedeutung des ersten Jüngers Jesu Christi, Stuttgart 1980 (Päpste und Papsttum 15), 36 bemerkt zu Recht, daß es sich um einen bestimmten Wundertyp handelt: um ein Vermehrungs- oder Geschenkwunder.

[3] Vgl. Plummer 45; Cadbury, H.J., Style 132; Reiling, J., The Use and Translation of »and it Happened« in the New Testament, BiTr 16 (1965) 153–163.

Die lukanische Erzählung beginnt also mit einer Notiz über den Erfolg Jesu,
auf den Lukas in den ersten Perikopen gern verweist (4,14–15.22.32.37 usw.).
Hier steht die Menge dicht bei ihm (ἐπικεῖσθαι mit Dativ). Kap. 4 sprach verschiedentlich vom Wort *Jesu* (4,22.32.36.43–44). Was das Volk erwartet und
was dem Wort prophetische Macht gibt, ist das Wort *Gottes*. Das betont 5,1
kurz, aber eindeutig.

Exkurs   *Exkurs: Das Wort Gottes*

Ὁ λόγος τοῦ θεοῦ taucht hier zum ersten Mal auf, obwohl Lukas auf ὁ λόγος (absolut) schon im Vorwort (Lk 1,2) hinwies. Der Ausdruck ist bekannt und zugleich rätselhaft wie das Gesicht einer geliebten Person oder das Bild eines berühmten Malers; er
ist schwer zu kommentieren. Freilich ist zunächst nichts Neues daran: Lukas übernimmt ὁ λόγος τοῦ θεοῦ aus der christlichen Tradition (vgl. Mk 7,13 und 4,13–20 mit
Lk 8,12–15, wo ständig mit »Wort« gespielt wird). Wichtiger als die synoptische Überlieferung scheint mir die Sprache der Mission, besonders der paulinischen[4]. Das heißt,
daß für Lukas die Arbeit der christlichen Prediger in der Kontinuität des Wirkens Jesu
steht.
Jesu Verkündigung ist ganz besonderer Art. Lk 4 spricht vom Wort Jesu, aber Kap. 5
zeigt, daß Jesus als Delegierter gesprochen hat; durch ihn redet Gott. Träger des Wortes zu sein, ist ein bekanntes Phänomen. Aber heute verschwindet oft der Mensch
hinter dem Delegierten, dem Diplomaten oder dem Politiker. Wir möchten deshalb
wissen, was er *selbst* eigentlich meint und glaubt, aber das erfahren wir oft nicht, so
daß wir ein großes Mißtrauen gegenüber jedem öffentlichen Wort entwickelt haben.
Jesus spricht im Namen Gottes, wie später die Zeugen in der Apostelgeschichte. Daß
das Volk Vertrauen zu ihm hat und er seinerseits aufmerksame Hörer, bedeutet nicht,
daß hier keine Delegation vorliegt. Sie ist aber darin spezifisch christlich, daß Jesus als
Prophet Träger des Wortes Gottes ist und doch zugleich er selbst bleibt. Der öffentlich
in Erscheinung tretende Mensch (der Amtsträger) ist mit dem privaten eins. Das Wort
ist nicht nur Vehikel eines anderen, sondern steht in jeder Hinsicht in kognitiver und
affektiver Harmonie mit dem Wort Gottes. Ausstrahlungskraft und Wahrheitsgehalt
des Wortes Jesu wie der christlichen Predigt sind nicht objektiv zu messen. Sie sind
von der persönlichen Verbindung zwischen Vater und Sohn, Gott und seinen Kindern
abhängig. Das hochgeschätzte Wort Gottes kennen wir nicht direkt. Der Umweg, es
nur im Mund des Propheten zu vernehmen, bedeutet zwar ein Manko, führt aber zur
Entdeckung einer lebendigen und exemplarischen Beziehung zwischen dem Propheten und seinem Gott. Konstitutiv für das Wort Gottes bei Lukas, aber wohl schon vor
ihm für die Kirche und für die Schrift, ist das relationale Element. Deshalb bedeuten
λόγος wie ῥῆμα Wort und Tat, Aussprache und Wirkung zugleich. Gott ist nicht nur
in seinem Wort gegenwärtig, er integriert auch die Hörer in den Kommunikations-
prozeß: Jesus als Zuhörer Gottes und Träger des Wortes, dann ebenso die Hörer Jesu.
Wenn also das Wort erklingt, läßt es nicht nur verbal auf das Leben *hoffen*, sondern
wirkt schon jetzt in uns das neue Leben, weil dabei jeder die Gnade des Anspruchs,

---

[4] Ὁ λόγος τοῦ θεοῦ in der Apostelge-   Paulus: Röm 9,6; 1Kor 14,36; 2Kor 2,17; 4,2;
schichte: Apg 4,31; 6,2.7; 8,14; 11,1 usw.; bei   1Thess 2,13.

das Gewicht der Verantwortung, das Nicht-Tötende von Schuld und Begrenztsein erfährt. Jetzt verstehen wir, weshalb die Scharen sich um Jesus drängten. Der Mensch
lebt nicht vom Brot allein, aber auch nicht vom falsch verstandenen Wort Gottes,
nämlich in einer abstrakt formulierten, in einer Einbahnstraße laufenden christlichen
Lehre.

Lukas bezeichnet mit ὁ λόγος τοῦ θεοῦ in der Apostelgeschichte das nachösterliche
Kerygma, im Evangelium die Verkündigung Jesu[5]. Das »Wort Gottes«[6] ist bei Lukas
also der Ort, wo Gott sich nach außen als der lebendige und gnädige Gott manifestiert. Weil dieser Gott sich treu bleibt, ist das Wort nicht exklusiv an die Person Jesu
gebunden. Es ist im Alten Bund als Verheißung des Heils in Christus erklungen und
bleibt als soteriologische Verkündigung auch in der Zeit der Kirche lebendig. Spezifisch lukanisch sind Apg 6,7; 12,24 und 19,20, wo von einem »Wachsen« bzw. »Erstar-
ken« des Wortes die Rede ist. Das Wort Gottes ist nicht nur wirksam, sondern auch lebendig und dynamisch. Es beweist sein Wachstum in der Entstehung und im Aufbau
der christlichen Gemeinden (Apg 2,41.47; 4,4; 5,14)[7].

Nach der Einführung der aufmerksamen Menge läßt Lukas Jesus auftreten. Καὶ
αὐτός (»und er«) ist redaktionell und typisch für Lukas, der damit seine Verehrung für
Jesus ausspricht[8]. Jesus *steht* zunächst, weil die Menge sich so um ihn drängt, daß er
das Wort Gottes nicht weitergeben kann. Deshalb ist die Notwendigkeit eines Sitz-
platzes narrativ geschaffen und die Bootsepisode vorbereitet. Das Volk steht am
Strand wie in einem Auditorium. Für den Redner bleibt als Pult nur die Fläche des
Sees[9]. Mit V 2 beginnt sodann nach der Situationsbeschreibung die Handlung. Jesus
sieht zwei Boote, die am Strand liegen (ἑστῶτα παρὰ τὴν λίμνην nach ἑστὼς παρὰ
τὴν λίμνην ist ungeschickte Wiederholung ohne tiefere Bedeutung).

Alles beginnt mit dem »Blick Jesu«, wie er am Anfang beider Berufungen Mk   2
1,16 und 19 entscheidend ist. Daß Mk 1,16–20 zwei Fischerpaare unterscheidet, erklärt wahrscheinlich auch die Anwesenheit von zwei Booten im Unterschied zu Mk 4,1–2. Das »Flicken« in Mk 1,19 variiert Lk 5,2 zum »Waschen«
der Netze. Der Einfluß von Mk 1,16–20 ist nicht nur literarkritisch, sondern
auch exegetisch wichtig, da Lukas später auf die bildliche Bedeutung des
Fischfanges hinweisen wird (5,10). Die Leser sollen beim *Nach*lesen – das so-
wieso Anfangssituation jeder »Allegorese« ist – auf die ekklesiologische Relevanz der Fischerarbeit stoßen. Der berufende Blick Jesu steht zwischen der
Notsituation der Menge und der Bereitschaft der Fischer.

[5] Vgl. Jeremias, J., Sprache 129.
[6] Vgl. März, C.-P., Wort Gottes; Zingg, P.,
Wachsen 69–73.
[7] Vgl. ebd. 19–60.
[8] Vgl. Jeremias, J., Sprache 37f; Michaelis,
W., Das unbetonte καὶ αὐτός bei Lukas, StTh
4 (1951) 86–93.

[9] Lukas weiß zwischen einem See und einem Meer zu unterscheiden; er spricht vom
»See Gennesaret«, wie das auch Josephus tut;
vgl. Rengstorf, K.H., Concordance II s.v.
θάλασσα und III s.v. λίμνη.

3   V 3: Das ἐμβάς bewirkt für Jesus die Möglichkeit, seine Bitte auszusprechen[10]. In der
    Zeit und Lage des Lukas kann die Bitte Jesu jedoch nur noch ein Gebot sein[11], das so
    unbedingt auf eine positive Antwort zielt, daß direkt seine Wirkung erwähnt wird:
    Jetzt hat das Boot ein wenig Distanz zum Ufer, und Jesus kann endlich lehren. Daß Je-
    sus sitzt, paßt doppelt: theologisch, weil es die Position des Predigers ist, narrativ, weil
    man sich in einem Boot nur sitzend für längere Zeit aufhalten kann.
    Die Episode ist von Mk 4,1–2 her inspiriert. Doch kamen auch andere Schriftsteller
    der Antike auf die gleiche Lösung. Josephus erzählt von einer Rede, die er – freilich
    unter anderen Bedingungen – von einem Boot aus gehalten hat[12]. Dies ist kein richti-
    ger literarischer Topos geworden, doch verstehen die Leser, daß der bewundernswerte
    Held trotz schwieriger Verhältnisse seinen Willen, eine Botschaft oder Rede zu ver-
    mitteln, durchgesetzt hat. Ähnlich muß Paulus in Apg 21,35–36 und 40, von der
    Menge bedrängt, die Treppe des Tempels benutzen, um eine wichtige Rede halten zu
    können.

4   Mit V 4 endet die Predigt Jesu bereits[13]. Lukas will mit einem durativen Im-
    perfekt nur allgemein auf die Lehre Jesu hinweisen, weil er hier nicht eine
    Rede wiedergeben will, sondern ein Wunder mit einer Verheißung, die Nach-
    folge bewirkt. Die Menge tritt jetzt in den Hintergrund, so daß man nicht
    weiß, inwieweit sie von der Geschehensfolge Kenntnis erhält.
    Simon war schon in der Bootsepisode höflich und entgegenkommend, wenn
    auch nur diskret und stumm dabei. Jetzt wird er in direkter Rede angeredet.
    Jesus drückt sich elegant aus. Lukas läßt beide gebildet, mit präzisen und doch
    nicht pedantischen Ausdrücken zu Wort kommen: »wegfahren ins tiefe Was-
    ser« (V 3), »die Netze ins Wasser hinunterlassen«, »um etwas zu fangen« (von
    Jägern wie von Fischern) (V 4). Beachtenswert ist auch der Wechsel vom Sin-
    gular (für Simon) zum Plural (für die Besatzung)[14]. Blieb Jesus nun nach dem
    Abschluß des Lehrens auf dem Schiff oder nicht? Wo spielt sich die Proskyne-
    se des Simon (V 8) ab, im Boot oder am Strand? Diese Unschärfe hat viel-
    leicht Bedeutung für die heutige Art der Gegenwart Christi im »Boot« seiner
    Kirche.

5   In den VV 4–5 kommt es zu einem Dialog zwischen Jesus und Simon. Die Ant-
    wort Simons auf Jesu Aufforderung klingt zögernd: einerseits wie die Ant-

---

[10] Ἐπαναγαγεῖν: »(aufs Wasser) hinaus-
führen«, »wegfahren«. Die Bezeichnung ist
korrekt und treffend.
[11] Ἐρωτάω: »bitten, um etwas zu erfahren oder etwas zu erhalten«, d.h. also »fragen«
oder, wie hier, »ersuchen«; vgl. Greeven, H.,
Art. ἐρωτάω κτλ., in: ThWNT II (1935) 682–
684 (»ein herzliches, demütiges oder doch
höfliches Bitten« [684]).
[12] Vgl. Josephus, Vita 33 § 167: »Als ich
mich Tiberias näherte, hieß ich die Steuer-
leute, die Anker noch einiges vom Ufer entfernt auswerfen, damit den Leuten von Tiberias nicht offenbar würde, daß die Schiffe

ohne Soldaten waren; ich rückte in einem der
Boote näher heran und hielt ihnen ihre Un-
vernunft vor...« Im Unterschied zu Jesus
kam Josephus vom Wasser her, als er zur
Menge sprach.
[13] Zu dieser Predigt (V 3b) Jesu, des mächtigen Herrn, die dem später folgenden V 10b
Gewicht gibt, vgl. Schürmann, H., Promesse
65.
[14] Jeremias, J., Sprache 131 hat folgende
redaktionelle Wendungen beobachtet: ὡς δέ,
ἐπαύσατο mit prädikativem Partizip (λαλῶν)
und εἶπεν πρός.

wort eines Fischers, andererseits wie die eines Jüngers. Als Fischer kann er eigentlich nichts lernen von einem Gleichaltrigen, der sich nur zu Land auskennt. Er bringt dies prompt zum Ausdruck: Fischen in der Hitze des Tages ist eigentlich Unsinn, wenn man schon in den günstigen Nachtstunden nichts gefangen hat; die Mannschaft ist außerdem müde. Zugleich hält er jedoch fest: »Auf dein Wort aber werde ich die Netze ins Wasser hinunterlassen«. Einerseits Fischer, andererseits fast schon Jünger, lautet seine Anrede Jesu: ἐπιστάτα. Dieser Titel bedeutet zunächst profan »Chef«; im profanen Kontext der Fischer paßt er gut, sieht man einmal davon ab, daß sich Simon als Besitzer des Schiffs von Jesus eigentlich nichts sagen zu lassen brauchte. Hier zeigt sich, wie der Bericht allmählich von einer ersten Bedeutung in eine zweite übergeht. Indem Simon den Menschen Jesus als ἐπιστάτης erkennt, beginnt er, seinen Glauben zu artikulieren, der sich dann auch in dem schönen »auf dein Wort aber« äußert. Der Titel ἐπιστάτης hat zwar innerhalb des jüdischen Schulsystems keine Verwendung gefunden, bringt aber dennoch den höheren Rang und die Autorität des so Angeredeten zum Ausdruck. Deshalb wird er vor allem von Jüngern Jesu ihrem Herrn gegenüber benutzt[15].

Fischer aus dem Mittelmeergebiet helfen uns, die anschauliche Szene in den VV 6–7 richtig zu lesen. Die Netze sollen nicht nur die Fische fangen, sondern sie zuerst einkreisen; συνέκλεισαν zeugt von einer besonderen Art des Fischfangs, bei der die Fische von verschiedenen Seiten her umzingelt werden, was bei nur einem einzigen Boot oft mißlingt. Die schwierigste Arbeit ist das Herausziehen der Netze, damit weder Verlust an Fischen noch Schaden an den Netzen entsteht. Deshalb kann man διερρήσσετο so verstehen, daß die Netze in Gefahr waren zu zerreißen[16]. Nur so wird das »Herbeiwinken«[17] des anderen Bootes verständlich. Ein »Herbeirufen« würde den Fischfang mindern oder gar mißlingen lassen, denn die Fische *hören* die Gefahr. Sobald Simon und seine Gruppe bemerken, daß der Fischfang so reichhaltig ist, daß die Netze zu zerreißen drohen, lassen sie also den Kreis der vollen Netze im Wasser und warten auf das zweite Boot. Dessen Besatzung wird zunächst einen Platz gegenüber aufsuchen, um die Fische einzukreisen. Erst dann werden sie zusammen die umkreisten Fische fangen. Der Fang ist so groß, daß beide Schiffe fast sinken[18] (βύθος ist in der Septuaginta öfter als Bezeichnung der Tiefe des Meeres, die den Gläubigen bedroht, belegt[19]).

VV 8–11: Der Blick des Herrn (5,2) organisiert die Kirche, der Blick der Gläu-

6–7

8–11

---

[15] Der Titel ἐπιστάτης erscheint in Lk 5,5; 8,24; 9,33.49; 17,33 (in 17,33 gebrauchen ausnahmsweise andere Personen als die Jünger diesen Titel); vgl. Glombitza, O., Die Titel διδάσκαλος und ἐπιστάτης für Jesus bei Lukas, ZNW 49 (1958) 275–278 und Bovon, F., Luc le théologien 193.

[16] Das haben die Übersetzer der Einheitsübersetzung sehr richtig erfaßt: »daß ihre Netze zu reißen drohten«.

[17] Vgl. Bornhäuser, K., Sondergut 40.

[18] Über den traditionellen Fischfang in Griechenland vgl. Levkaditis, G., Τὸ ψάρεμα στὰ ἑλληνικὰ ἀκρογιάλια. Τὰ σύνεργα. Οἱ τρόποι. Τὰ ψάρια, mit Holzschnitten von Vasilios, S., Athen 1941.

[19] Vgl. 2Makk 12,4: Die Heiden aus Joppe handeln gotteslästerlich, indem sie zweihundert Juden ertränken (das Verb ist hier aktiv gebraucht).

bigen eröffnet das Bekenntnis. Als Simon der Erfolg seines Fangs bewußt wird, wirft er sich vor Jesus nieder; ob im Boot oder am Strand (so Joh 21,4) wird nicht gesagt. Simons Reaktion ist wie die Jesu in 4,39 non-verbal und verbal zugleich. Die nonverbale Proskynese ist religiöse Haltung dem Göttlichen gegenüber: einerseits Huldigung, andererseits eine Frage des Überlebens. Die numinose Erscheinung deckt die Sünde des Menschen auf und wird ihm gefährlich. Simons Reaktion entspricht den alttestamentlichen Theophanien: Man kann Gott nicht sehen, ohne zu sterben. Im Stil einer Offenbarungsszene erklingt dann die göttliche Antwort »Fürchte dich nicht!« (V 10b), die im Anschluß an die VV 9–10a wieder allein Simon zugesprochen wird. Lukas will also weder mit »Geh weg von mir« sagen, daß Petrus die Verbindung mit Jesus abbrechen möchte, noch mit »denn ich bin ein sündiger Mensch«, daß er in besonderer Weise schuldig ist. Im Gegenteil steht die ganze Geschichte im Dienst einer pro-petrinischen Perspektive: Simon Petrus wird wie Mose oder Jesaja der Ehre einer göttlichen Offenbarung oder Verheißung in einem Naturwunder teilhaftig.

Mit der einzig richtigen Antwort hat er seine menschliche Begrenztheit bekannt und um Mitleid gebeten. Und ebenso stilgemäß hat der Herr (von Simon richtig mit κύριε angesprochen [V 8]) seine Offenbarung mit einem Auftrag beschlossen. ᾽Απὸ τοῦ νῦν ἀνθρώπους ἔσῃ ζωγρῶν (V 10c) ist nicht nur redaktionelle Aufnahme von Mk 1,17, sondern eines traditionellen, parallel dazu überlieferten Logions[20]. Obwohl Lukas in V 9 durch eine generalisierende Notiz im Imperfekt einen ersten Abschluß gestaltet (der von Lukas geliebte religiöse θάμβος verbreitet sich) und in den VV 10a und 11 Material aus Mk 1,16–20 verarbeitet hat, glaube ich, daß die Fischfangtradition formgeschichtlich mit einer Verheißung an Simon, die auf die metaphorische Bedeutung des Fanges anspielt, ihre Pointe und ihren Abschluß gefunden hat.

Mk 1,16–20 und Lk 5,1–11 stehen der Überlieferung näher als Johannes: Das Wort über den »Fischfang« der Menschen ist in einer Offenbarungsszene und nicht in einer Ostererscheinung verankert. Die johanneische Redaktion mußte das Ganze auf die Zeit nach Ostern verschieben, weil Joh 21 nur als Nachtrag und nicht als Interpolation am Anfang des Evangeliums eingeordnet werden konnte.

Der Wunderbericht läßt sich am ehesten als Midrasch oder als Weiterentwicklung der vorliegenden Wortüberlieferung beschreiben. Demgegenüber erscheint Mk 1,16–20 nüchtern und blaß. Auch wirkt das Logion bei Lukas reflektierter als bei Markus, der hervorhebt: Sie waren Fischer, sie werden jetzt Menschen fischen. Lukas betont: Du warst Fischer, du wirst die Menschen *lebendig* fangen[21]. Die Allegorie wirkt und deckt die Grenze des Bildes

---

[20] Pesch, R., Rédaction will dagegen den redaktionellen Charakter des V 10c beweisen.

[21] Vgl. Deltombe, F., Désormais, der unterstreicht, daß das Verb nicht nur den Sinn »lebendig gefangennehmen«, sondern auch »beleben«, »wiederbeleben« hat.

vom Fischfang auf. Sekundär ist auch die singularische Anrede, die Simon hervorheben soll, was zugleich das Verschwinden des Andreas (Mk 1,16) erklärt.

Die Zebedaiden übernimmt er, so gut er kann, narrativ eher ungeschickt, mit dem Einschub V 10a nach dem auch als Verbindungsglied dienenden Sammelbericht V 9. Ich sehe hinter V 10a und V 11 keine andere Überlieferung als Mk 1,16–20. Erstaunlicherweise überliefert Lukas den Entschluß der Jünger (ohne eigentlichen Ruf in die Nachfolge[22]), alles zu verlassen und Jesus zu folgen, wieder im Plural. Der Hinweis, die ersten Jünger hätten *alles* hinter sich gelassen, was sie besitzen, ist lukanisch (vgl. zu diesem lukanischen Radikalismus Lk 9,62; 12,33; 14,26.33).

In der modernen Exegese sind verschiedene Aspekte des Textes als zentral angesehen worden[23]: der Vorrang des Petrus[24] und die missionarische Verantwortung der Apostel; das apostolische Amt, das allein vom Gnadenruf Christi und nicht von der ethischen Persönlichkeit der Apostel abhängt; Zweifel und Glaube, Vergebung und Macht Christi, um die jeder Christ, der Menschenfischer sein soll, weiß; die Öffnung der Kirche Christi nicht nur für Juden, sondern auch für Heiden.

Zentral sind für mich die Metapher des Fischfangs und die Verantwortung der Verkündigung. Daß Jesus als Vorbild von einem Schiff aus predigt, hilft den Lesern, die Entsprechung zu sehen. Jesus ist der erste Menschenfischer; sein Fang ist immens. Im Zentrum dieser Perikope steht jedoch der andere, materielle und dennoch wunderbare Fischzug. Daß Simon, der seither Petrus heißt, der erste, aber doch nicht der einzige Fischer ist, ist durch seine führende Rolle in der Jerusalemer Urgemeinde bedingt. Seine Hervorhebung soll den ersten Führer der Urgemeinde ehren und zugleich die Kirche als solche legitimieren, dient jedoch weniger oder kaum dazu, sein Amt herauszustellen oder gar eine Amtssukzession zu begründen. Daß zwei Boote bei diesem Fischfang benötigt werden, hat in der Darstellung des Lukas möglicherweise mit der zweifachen Ausprägung der christlichen Kirche in Juden- und Heidenchristen zu tun. Doch zieht Lukas explizit keine allegorische Parallele zwischen Booten und Kirche.

Oft wird übersehen, daß wir hier von keiner Berufung hören. Eher werden eine Prophetie und eine Verheißung ausgesprochen[25], die uns zwingen, das Wunder als Metapher zu verstehen. So erklärt sich die paradoxe Botschaft der

[22] Zu ἀκολουθέω vgl. den Kommentar zu Lk 5,27 unten S. 257f.
[23] Vgl. McKnight, E.V., Meaning 293.
[24] Vgl. Pesch, R., Simon Petrus (s. oben Anm. 2) 16f. Für Schürmann, H., Promesse 64 liegt der Hauptakzent des lukanischen Berichts auf Petrus: Es gehe Lukas darum, die Mission und Vollmacht der Apostel in einer vorösterlichen Willensbezeugung Jesu zu ver-

ankern. Theobald, M., Anfänge ist der Ansicht, daß sich Lk 4,14–44 auf Jesus konzentriere (christologische Orientierung), während Lk 5,1–6,19, wo die Jünger eingeführt werden, eine ekklesiologische Orientierung erhalte.
[25] Wie McKnight, E.V., Meaning 290 richtig bemerkt: »The mandate is accepted, but not yet finally accomplished.«

Perikope: Die Predigt Jesu steht diesmal am Rand und der Fischzug des Petrus im Zentrum, aber das Wunder gilt als Gleichnis und weist auf die Verkündigung des Wortes hin, die, vom Ganzen des lukanischen Doppelwerkes her gesehen, in der Mitte steht[26].

Wo sich Jesus während dieses Wundergeschehens aufhält, bleibt in der Schwebe.[27] So ist er sozusagen gleichzeitig anwesend und abwesend, wie auch auf dem Schiff der Kirche heute.

Die Heilung eines Aussätzigen (5,12–16)

Literatur: *Betz, H.D.,* The Cleansing of the Ten Lepers (Luke 17,11–19), JBL 90 (1971) 314–328; *Boismard, M.-E.,* La guérison du lépreux (Mc 1,40–45 et par.), Salm. 28 (1981) 283–291; *Busse, U.,* Wunder 103–114; *Masson, Ch.,* La guérison du lépreux (Marc 1,40–45) RThPh, 2ᵉ série 25 (1938) 287–295 (= *ders.,* Sources 11–19); *Mussner, F.,* Die Wunder Jesu. Eine Hinführung, München 1967, 34–42; *Neirynck, F.,* Papyrus Egerton 2 and the Healing of the Leper, EThL 61 (1985) 153–160; *Paul, A.,* La guérison d'un lépreux. Approche d'un récit de Marc (1,40–45), NRTh 92 (1970) 592–604; *Pesch, R.,* Jesu ureigene Taten? Ein Beitrag zur Wunderfrage, Freiburg i.Br. 1970 (QD 52), 98–113; *Schramm, T.,* Markus-Stoff 91–99; *Theißen, G.,* Wundergeschichten 54.144.148–149.186; *Zimmermann, H.,* Neutestamentliche Methodenlehre. Darstellung der historisch-kritischen Methode, Stuttgart 1967, 237–242.

12 Und es geschah, als er in einer der Städte war, siehe, da war ein Mann voller Aussatz. Als er Jesus sah, fiel er auf sein Gesicht und flehte ihn an: Herr, wenn du willst, kannst du mich reinigen. 13 Und er streckte seine Hand aus, rührte ihn an und sagte: Ich will, werde rein. Sofort wich der Aussatz von ihm. 14 Und er gebot ihm, niemandem etwas zu sagen, sondern: Gehe weg, zeige dich dem Priester und bringe für deine Reinigung dar, wie Mose angeordnet hat, ihnen zum Zeugnis. 15 Das Wort über ihn verbreitete sich aber noch mehr, und große Scharen kamen zusammen, um zu hören und von ihren Krankheiten geheilt zu werden. 16 Er aber zog sich in die Wüste zurück und betete.

Analyse Nach dem Einschub Lk 5,1–11 knüpft Lukas hier wieder an den markinischen Erzählfaden an, dem er seit 4,31 folgte. Kleine Übereinstimmungen mit Matthäus könnten zwar eine andere Überlieferung vermuten lassen[1], wahr-

---

[26] Geninasca, J., Pêcher/prêcher hebt, wie das der Titel seines Beitrags anzeigt, den Parallelismus zwischen der Arbeit des Fischers und der des Predigers hervor.

[27] Geninasca, J., ebd. untersucht mit Scharfsinn die Funktionen, die Jesus in den drei Teilen der Geschichte, in den VV 1–2, 3–7 und 8–11, hat. Im zweiten Teil übernimmt Jesus die Funktion des faktitiven, d.h. die Handlung bewirkenden Subjekts (vgl. ebd. 164).

[1] Vgl. Schramm, T., Markus-Stoff 91–99.

scheinlich haben aber Matthäus und Lukas oft ähnlich reagiert und unabhängig voneinander ihre Quelle entsprechend bearbeitet[2].

V 12a nimmt über 5,1–11 auf 4,43–44 Bezug: Jesus soll noch in anderen Städten wirken. Die VV 15–16 divergieren stark von Mk 1,45, einem Vers, der auch Matthäus irritiert hat. An Stelle der unangemessenen Verkündigung durch den Geheilten (Mk 1,45) erwähnt Lukas die Verbreitung des Rufes Jesu (5,15a), die, ähnlich wie in 4,43–44, den Zustrom der Menge und den Rückzug Jesu in die Wüste bewirkt (5,15b–16). Dieser Schluß dient auch als Vorbereitung von 5,17–39[3]. Die generalisierende Notiz von V 16 im Imperfekt gilt somit als Abrundung und Zäsur.

Lukanisch sind Lieblingsworte wie καὶ ἐγένετο ἐν τῷ mit Infinitiv und καὶ ἰδού als Einleitungsformel, ferner das Übergehen des ὅτι-recitativum (Mk 1,40), ebenso ἀνήρ wie πλήρης mit Genitiv und die Substitution eines zweiten koordinierten Verbs durch eine partizipiale Wendung (λέγων [V 13]; ἀπελθών [V 14]). Die Wortfolge wird in V 13 (Stellung des αὐτοῦ) der griechischen Sprache angepaßt. Ἐδεήθη (»er flehte ihn an«) paßt besser zur Situation als das markinische παρακαλῶν, wie auch πεσὼν ἐπὶ πρόσωπον literarischer als γονυπετῶν ist. Εὐθύς wird natürlich bei Lukas zu εὐθέως (V 13). Παραγγέλλω mit Infinitiv (V 14), διέρχομαι (V 15), μᾶλλον (im addierenden oder alternativen Sinn), συνέρχομαι, θεραπεύω und ὑποχωρέω gehören zum lukanischen Wortschatz[4].

Der Stil und die Komposition lassen die lukanisch überarbeitete Perikope zu einem der Edelsteine in der lukanischen Kette der Gesamtdarstellung werden. Lukas benutzt nämlich den sogenannten Episodenstil[5] und »schreibt offensichtlich Geschichte in einzelnen Geschichten«[6]. Noch besser eingerahmt als bei Markus gibt sich die Erzählung als geschlossene Einheit zu erkennen, denn die Wunderhandlung (VV 12b–14) erfolgt nach einer kurzen Exposition (V 12a) und endet mit einer Reaktion der Bevölkerung (V 15) sowie einer Gegenreaktion Jesu (V 16). Der Anfang im Stil der Septuaginta schlägt einen spannenden Ton und Rhythmus an[7]: Der Messias – Lukas fügt von sich aus κύριε (V 12) und καὶ αὐτός (V 14)[8] hinzu – trifft auf die nächste Probe und besteht auch sie.

Die Geschichte war vielleicht ursprünglich in einem Haus lokalisiert. Weil es einem Aussätzigen verboten ist, ein Haus zu betreten, wird Jesus zornig (Mk 1,41) und schickt den Mann sofort weg (Mk 1,43)[9]. So wird die Mischung von

---

[2] So auch Schürmann I 278 Anm. 39; Busse, U., Wunder 105; Fitzmyer I 571.574.

[3] Nach Zimmermann, H., Methodenlehre 237–242 wandelt Lukas die Begleitumstände des markinischen Berichts am Anfang und am Ende ab. Das Paradigma des Markus wird extrem vereinfacht: Alles, was nicht unbedingt nötig ist, wird weggelassen. Nur die Worte Jesu werden kaum verändert. Lukas legt das theologische Gewicht auf die Einleitung und den Schluß.

[4] Vgl. dazu Busse, U., Wunder 106f.

[5] Zu diesem Stil des Lukas vgl. Haenchen, E., The Book of Acts as Source Material for the History of Early Christianity, in: Keck, L.E. – Martyn, J.L., Studies 260.

[6] Busse, U., Wunder 109f.

[7] Vgl. ebd. 109. Busse spricht hier – ohne nähere Erklärung – von konzentrischer Form.

[8] Zu καὶ αὐτός vgl. den Kommentar zu Lk 5,1 oben S. 231 Anm. 8.

[9] So Masson, Ch., Guérison.

Zorn und Mitleid Jesu verständlich, vielleicht auch das Schweigegebot (Mk 1,44). Ob diese erste Fassung der Überlieferung eine historische Erinnerung widerspiegelt oder eher eine redaktionelle Voraussetzung des Markus, ist umstritten[10]. Wichtiger ist für uns der Grund, weshalb die ersten Christen diese Geschichte geliebt und weitererzählt haben, und zwar in der Form einer Wundererzählung.

Die Wiederholungen im Bericht des Markus haben zu verschiedenen exegetischen Lösungen geführt: Mk 1,40–45 habe zwei Geschichten miteinander verschmolzen, die eine mit dem Zorn Jesu, die andere mit seinem Mitleid, die erste mit dem Schweigegebot, die zweite mit der Verkündigung endend, während die Mitte der Geschichte in beiden Fällen gleich sei[11]; oder aber die Geschichte sei mit der Zeit erweitert worden[12] bzw. parallel zur Erzählung sei noch eine Erklärung dazu im Umlauf gewesen[13]. Man begreift auf jeden Fall, daß Lukas eingegriffen hat. Die propagandistische Vorstellung Jesu als Wundertäter war nicht die wichtigste; die Urgemeinde hat die Heilungen, besonders die der Aussätzigen, als legitimierende Zeichen und Werke des Messias verstanden (vgl. 7,22)[14]. Da der Aussätzige durch die Heilung zugleich in das Gottesvolk reintegriert wurde, haben die ersten Christen auch ihre soteriologische Existenz in dieser Geschichte wiedererkannt. Gleiches gilt für die Heilung des Gelähmten (VV 17–26), deren Sitz ebenfalls im Leben der Urgemeinde, vielleicht sogar ihres Taufunterrichts (Thema Vergebung) zu suchen ist. Es ist ausgeschlossen, daß Lukas diesen christologischen Zug wie diese ekklesiologische Komponente ignoriert hätte[15].

Erklärung 12   V 12: Jesus wirkt, wie angekündigt (4,43), von Stadt zu Stadt. »In einer der Städte« (nicht einfach: »in einer Stadt«) hebt die breite Wirkung hervor. Der Ausdruck »und siehe« (καὶ ἰδού) bringt die Geschichte in Gang.

Ob Lukas den Aussatz – wie vorher das Fieber (4,38–39) – personalisiert[16], bleibt unklar. Aber er zweifelt nicht daran, daß diese Krankheit von der Gottesgemeinschaft trennt und die Menschen leiden und sterben läßt. Der Bereich des Aussatzes ist also nicht weit von dem des Todes und des Teufels.

---

[10]   Vgl. Gnilka, J., Markus I 94.
[11]   Vgl. Grundmann, W., Markus 50.
[12]   Vgl. Bultmann, R., Syn. Trad. 227.
[13]   Vgl. Theißen, G., Wundergeschichten 148.
[14]   Vgl. Schürmann I 276, der diesen Anspruch auf Jesus selbst zurückführt.
[15]   Man vergleiche diese Heilung eines Aussätzigen mit der Heilung der zehn Aussätzigen in Lk 17,11–19. Die Stoßrichtung der beiden Heilungsgeschichten ist verschieden, da es in Lk 17 um den Glauben und die Dankbarkeit eines Fremden geht. Was die Heilung selbst betrifft, folgt jene in Lk 17,12–14 mit ei-

ner Ausnahme demselben Schema wie die in Lk 5,12–14: Nach der Begegnung Jesu mit den Aussätzigen und dem Hilferuf ergeht der Befehl, sich dem Priester zu zeigen, die Heilung, die sich erst auf dem Weg zum Tempel vollzieht, vorauf. Durch diese Umstellung schließt sich der weitere Verlauf der Geschichte (der Aussätzige muß zu Jesus zurückkehren, um ihm zu danken und Gott zu preisen) besser an und wird es Lukas ermöglicht, den Glauben des vom Aussatz Geheilten hervorzuheben; vgl. Betz, H.D., Cleansing.
[16]   Vgl. Busse, U., Wunder 110.112.

Mit »Aussatz«[17] faßt die hebräische Literatur verschiedene schwere Hautkrankheiten zusammen. Lev 13 beschreibt zwei Arten: Die Symptome der ersten sind, neben Geschwulst, Ausschlag und hellen Flecken, die weiß werdenden Haare sowie die einfallende Haut (Lev 13,23); die der zweiten sind glänzende und um sich greifende Flecken auf der Haut (Lev 13,4–8). Sind diese Symptome zu erkennen, muß der Priester den Erkrankten zum Aussätzigen erklären und vom übrigen Volk absondern (Lev 13,45–46). Dieser muß abseits leben und seine Krankheit durch seine Kleidung und zudem verbal zur Kenntnis geben. Für die Gemeinde ist er wie tot, und das Absonderungsritual erinnert an das der Trauer. Der Priester ist weder Arzt noch Thaumaturg. Er kennt die Schrift und fällt aufgrund dessen, was er sieht, sein priesterliches Urteil, das insofern keine medizinische Diagnose darstellt. Entsprechend entscheidet er, ob ein Aussätziger wieder gesund geworden ist. Die Tora ist an dieser Stelle erstaunlich optimistisch: Sie rechnet mit einer möglichen Genesung, allerdings ohne jeden Hinweis, wodurch sie ermöglicht werden könnte. Deshalb ist ein Ritual für die Reinigung der geheilten Kranken vorgesehen (Lev 14), eigentlich sogar eines für die Reichen und eines für die Armen, weil die Krankheit die Klassenunterschiede nicht aufhebt. Dadurch wird der Geheilte für rein erklärt (Gott gegenüber) und in die Gemeinde »resozialisiert«. Einem von den Toten Auferstandenen vergleichbar lebt er wieder.

Weil der Aussätzige den guten Ruf Jesu kennt (Lk 4,37) und auf die in der Schrift nicht ausgeschlossene Hoffnung noch nicht verzichtet hat, ruft er ihn an. Um seine Freiheit und seinen Glauben zu bekunden, wirft er sich vor Jesus zu Boden. Seine Haltung und seine Worte erinnern in Bekenntnis und Flehen[18] an die Sprache der Psalmisten.

Das folgende Gespräch ist geschickt gestaltet durch die Worte »wenn du willst« (V 12), die die Zuversicht des Kranken ausdrücken. Es gibt also potentielles und aktuelles messianisches Können. Der Wille Jesu (betont in 5,12–13) führt von einer Stufe zur anderen. Damit wird die allgemeine messianische Macht eine »mich« rettende Kraft (δύνασαί με καθαρίσαι).

Ziel der Erzählung ist zu zeigen, wie sich der Wille Jesu entscheidet und wie tatsächlich hinter diesem Willen die entsprechende Fähigkeit steht. Die Gefühle Jesu werden nicht angesprochen. Die Notiz vom Zorn Jesu (Mk 1,41) verstand oder ertrug Lukas nicht und tilgte sie; entsprechend verfuhr Matthäus. Wie bei der Bitte beschreibt Lukas das Non-Verbale und das Verbale der Antwort. Wie Markus bezeugt er den Mut und die Überlegenheit Jesu, der die Hand ausstreckt, was in der Septuaginta eine soteriologische Kategorie ist; in der Not braucht der bedrohte Mensch eine Hand, die ihn herauszieht, und die hat der Herr seinem Volk entgegengestreckt. Hier konkretisiert sich die Hilfe im Berühren.

13

---

[17] Vgl. dazu ausführlich Paul, A., Guérison 601–604; Gnilka, J., Markus I 92 (Literatur in Anm. 12).

[18] Vgl. Busse, U., Wunder 107: »Lukas ersetzt wiederum das farblose λέγω durch seine Vorzugsvokabel δέομαι, ein Idiom der hellenistischen Petitionsformulare.«

Jede Kultur, jede Generation und jeder einzelne versteht etwas anderes unter »berühren«. Sinn und Empfindung hängen vom Kontakt und von der Art der Geste ab. Man berührt jemanden, um seine Aufmerksamkeit zu wecken, um ihn zu bitten, sich zu bewegen, um ihn zu pflegen, um Liebe auszudrücken. Die Analyse solcher elementarer Handlungen ist entscheidend. Lukas will sagen: Jesus hat es gewagt, er ist mit ihm in direkten Kontakt getreten, nicht in der Haltung eines Arztes, sondern in der des göttlichen Helfers. Seine Geste sagt den Augen, was seine Stimme den Ohren sagt: »Ich will, werde rein!« (V 13). Sie erinnert an die Handauflegung in 4,40.

Εὐθέως unterstreicht wie παραχρῆμα (4,39) das Wunder, das in den kurzen Worten »sofort wich der Aussatz von ihm« beschrieben wird. Ob Lukas diese Krankheit als Dämon und die Genesung als Austreibung verstanden hat[19], ist ungewiß. In 4,40–41 unterscheidet Lukas die Kranken von den Besessenen. In 5,15 spricht er von Heilung von Krankheiten, wozu der Aussatz in V 12 gehört.

14 V 14: Lukas ersetzt das banale λέγει durch παρήγγειλεν. In den Papyri ist dieses Wort Terminus technicus der Gerichtssprache für offiziell ausgesprochene Anweisungen und Aufforderungen[20]. In der Umgangssprache bedeutet es »anweisen«, »auffordern«, »befehlen«, »gebieten« (von Respektspersonen aller Art, weltlichen Würdenträgern usw.)[21]. Mit καὶ αὐτός ist also der Befehl einer Person, die Autorität besitzt, unterstrichen.

Im Unterschied zu Markus notiert Lukas die weniger wichtige erste Aufforderung, das Schweigegebot, in indirekter Rede, möglicherweise deshalb, weil er dessen Bedeutung bei Markus nicht verstanden hat[22]. Ihm ist die in direkter Rede gehaltene zweite Aufforderung wichtig. Die Genesung bewirkt nichts, solange die Gesellschaft sie nicht als Reinigung anerkennt. Der einzelne »lebt« erst wieder, wenn er neu in die Gemeinschaft aufgenommen worden ist. Formgeschichtlich dient dieses Gebot aber auch als Bestätigung des Wunders.

Καθαρίζω begegnet im Lukasevangelium 6mal bei Heilungen von Aussätzigen (4,27; 5,12.13; 7,22; 17,14.17) und 1mal bei rituellen Reinigungen nach dem Gesetz Mose (11,39), in allen Fällen also in seiner jüdischen Bedeutung. Darüber hinaus erscheint der Terminus in Apg 10,15; 11,9 und 15,9 in einer christlichen, spiritualisierten Bedeutung: Gott erklärt die unreinen Tiere von Lev 11 wie das Herz der Heiden und der Juden für rein. Es sind also zwei Bedeutungsvarianten zu unterscheiden, eine jüdische, von Lukas rituell verstandene, und eine christliche, persönlich verstandene. Wichtig ist, daß in die-

---

[19] Vgl. Busse, U., Wunder 110–114.

[20] Vgl. Moulton-Milligan s.v. παραγγέλλω.

[21] Vgl. Bauer s.v. παραγγέλλω.

[22] Dieses Schweigegebot ist verschieden interpretiert worden: Es gehe darum, a) das Wunder zu verbergen (historisierende Perspektive), b) die Überprüfung durch die Priester abzuwarten (harmonisierende Auslegung), c) die Messianität Jesu zu verhüllen (dogmatische Perspektive biblischer Theologie), d) eine Aura des Geheimnisses um den Thaumaturgen aufzubauen (religionsvergleichende Perspektive), e) mit Rücksicht auf die Juden seine christliche Identität zu verschweigen (soziologische Orientierung).

sem Stadium der christliche Glaube seine Identität nur in einem neuen Verständnis der jüdischen Muttersprache ausdrücken kann.

Es fragt sich, ob Lukas in 5,12–16 rein geschichtlich den jüdischen Rahmen eingrenzt oder in den jüdischen Ausdrücken etwas von der christlichen Neuinterpretation der Heiligkeit anklingen läßt. Einerseits ändert er den markinischen Bericht in dieser Hinsicht praktisch nicht[23], andererseits versteht er die Geschichte Jesu nicht nur historisierend. In Verbindung mit 4,27 ist die Heilung der Aussätzigen Bestandteil der messianischen Mission Jesu. Als physisches Wunder und soziale Wiedereingliederung zugleich ist sie (wie der wunderbare Fischzug [5,1–11]) Zeichen der göttlichen Ökonomie und der kirchlichen Eingliederung[24]. Hinsichtlich des Gesetzesverständnisses will Lukas weder Jesus als besonders gesetzestreu darstellen noch die gesetzliche Reinigung gegenüber der christlichen Heiligung herabwürdigen.

VV 15–16: Im Unterschied zum Markusevangelium, wo der geheilte Aussätzige ostentativ den Befehl Jesu, nichts zu erzählen, übertritt, wird er bei Lukas gar nicht mehr erwähnt[25]. Wie Markus berichtet auch Lukas nicht, daß und wie sich der Aussätzige dem Priester zeigte, wohl um unnötige Längen zu vermeiden. Lukas übernimmt von Markus den Terminus λόγος, aus diesem vom Geheilten missionarisch verkündeten Wort wird aber das Wort über »ihn« (wohl eher über Jesus als über den Geheilten)[26]. 15–16

Dann fährt der Sammelbericht mit dem gewohnten Doppelinhalt fort: Die Scharen versammeln sich[27], um zu hören (christliches absolutes ἀκούειν) und geheilt zu werden[28]. Von einer positiven Antwort Jesu wird nichts gesagt. Im Gegenteil, Jesus zieht sich zurück, wahrscheinlich – aber das wird nicht ausgesprochen – aus dem gleichen Grund wie in 4,42–43. Die Wüste ist nicht mehr wie in Mk 1,45 ein Versammlungsort, sondern ein Gebiet, wo Jesus seine Verbindung mit Gott durch das Gebet pflegt[29]. Man möchte gerne wissen, wie sich Lukas dieses ὑποχωρέω Jesu genau vorstellte, doch wird dies vielleicht in 9,10 klarer[30].

---

[23] Ἆ durch καθώς zu ersetzen (V 14) ist eine stilistische Eigenart der Septuaginta, auf die Lukas gerne zurückgreift.

[24] Die Worte εἰς μαρτύριον αὐτοῖς sind bekanntlich schwer zu verstehen. Es geht nicht um ein Zeugnis gegen die Priester noch darum, den Gehorsam Jesu gegenüber dem Gesetz zu bezeugen, sondern um öffentliche Beglaubigung der Heilung; vgl. Schürmann I 277.

[25] Codex D hat diese Änderung bedauert und nach Lk 5,14 den Paralleltext aus Mk 1,45–2,1a eingefügt.

[26] Lk 5,15a ähnelt Lk 7,17.

[27] Wie Schürmann I 278 Anm. 33 richtig gesehen hat, läßt sich Lukas (συνήρχοντο ὄχλοι πολλοί) von den Worten in einem späteren Abschnitt des Markus (Mk 2,2: συνήχθησαν πολλοί) inspirieren.

[28] Vgl. Lk 4,40–44 und 9,11.

[29] Vgl. Lk 4,42 und Monloubou, L., Prière 57.

[30] Das Fragment eines apokryphen Evangeliums, Papyrus Egerton II, Fragm. 1ʳ,32–42, berichtet dasselbe (oder ein analoges) Wunder; man beachte a) die beiden voraufgehenden Linien (30–31: Jesus entrinnt seinen Gegnern), die an Lk 4,30 erinnern; b) die Genauigkeit, mit der die Herkunft der Krankheit (der Umgang mit anderen Aussätzigen) bezeichnet wird; c) das Fehlen des Schweigegebots (es sei denn, dieses hätte in der Lücke nach dem Befehl, er solle sich den Priestern zeigen, gestanden); vgl. de Santos Otero, A., Apócrifos 98 und Hennecke-Schneemelcher I 60, zudem oben S. 216 Anm. 41).

Zusammen-
fassung

In dieser Perikope handelt Jesus als Wundertäter. Seine Macht, aber auch seine Liebe drücken sich aus im verheißenden Wort (»Ich will, werde rein!« [V 13b]) und in der riskierten Geste des direkten Kontakts (»Und er streckte seine Hand aus, rührte ihn an . . .« [V 13a]). Vor allem tritt Jesus als heilender Messias auf, der das Wohl des Individuums innerhalb des erwählten Volkes bewirkt. Nach jüdischem Empfinden erscheint die Genesung vom Aussatz als eschatologischer Sieg.

Lukas lädt uns ein, die Episode zuerst geschichtlich innerhalb der jüdischen Kategorien zu lesen. Als christliche Leser werden wir aber zu einer zweiten Lektüre hingeführt, bei der wir die Genesung und die Heilung als Andeutungen auf die Erlösung in Christus und auf den Gehorsam des Glaubens verstehen lernen.

Die Heilung eines Gelähmten (5,17–26)

Literatur: *Bultmann, R.,* Syn. Trad., Ergänzungsheft 18; *Busse, U.,* Wunder 115–134; *Dupont, J.,* Le paralytique pardonné (Mt 9,1–8), NRTh 92 (1960) 940–958; *Feuillet, A.,* L'ἐξουσία du Fils de l'homme (d'après Mc. II,10–28 et par.), RSR 42 (1954) 161–192; *Jülicher, A.,* Gleichnisreden II 174–202; *Kertelge, K.,* Die Vollmacht des Menschensohnes zur Sündenvergebung (Mk 2,10), in: Orientierung an Jesus (FS J. Schmid), hrsg. v. P. Hoffmann u.a., Freiburg 1973, 205–213; *Klauck, H.-J.,* Die Frage der Sündenvergebung in der Perikope von der Heilung des Gelähmten (Mk 2,1–12 parr), BZ NS 25 (1981) 223–248; *van der Loos, H.,* The Miracles of Jesus, Leiden 1965 (NT.S 9), 440–449; *Maisch, I.,* Die Heilung des Gelähmten. Eine exegetisch-traditionsgeschichtliche Untersuchung zu Mk 2,1–12, Stuttgart 1971 (SBS 52); *May, E.,* '. . . For Power went forth from Him . . .' (Luke 6,19), CBQ 14 (1952) 93–103; *Neirynck, F.,* Les accords mineurs et la rédaction des évangiles. L'épisode du paralytique (Mt IX,1–8 / Lc V,17–26 par. Mc II,1–12), EThL 50 (1974) 215–230; *Schramm, T.,* Markus-Stoff 99–103.

17 Und es geschah an einem der Tage, da lehrte er, und Pharisäer und Gesetzeskundige saßen da, die aus jedem Dorf Galiläas und Judäas und aus Jerusalem gekommen waren. Und es war Kraft des Herrn, daß er heilte. 18 Und siehe, Männer, die auf einem Lager einen Menschen trugen, der gelähmt war, und sie suchten ihn hineinzubringen und vor ihn zu legen. 19 Und da sie nicht fanden, wie sie ihn hineinbrächten wegen der Menge, stiegen sie auf das Dach hinauf und ließen ihn samt seiner Bahre durch die Ziegel hinunter in die Mitte gerade vor Jesus hin. 20 Und als er ihren Glauben sah, sprach er: Mensch, vergeben sind dir deine Sünden. 21 Und die Schriftgelehrten und die Pharisäer fingen an zu diskutieren: Wer ist dieser, der da Lästerungen redet? Wer kann Sünden vergeben außer allein Gott? 22 Jesus aber erkannte ihre Gedanken, antwortete und sprach zu ihnen: Was denkt ihr in euren Herzen? 23 Was ist leichter zu sagen: Vergeben sind dir deine Sünden, oder zu sagen: Steh auf und geh umher? 24 Damit ihr aber wißt, daß der

Menschensohn Vollmacht hat, auf Erden Sünden zu vergeben, sprach er zu dem, der gelähmt war: Ich sage dir: Stehe auf und nimm deine Bahre, gehe in dein Haus! 25 Und sofort stand er vor ihnen auf, nahm das, worauf er gelegt war, und ging weg in sein Haus, Gott preisend. 26 Und alle gerieten außer sich, und sie priesen Gott und wurden erfüllt mit Furcht und sagten: Außerordentliches haben wir heute gesehen.

Lukas folgt Mk 2,1–12 mit dem gleichen Respekt, den er auch sonst seinen Quellen entgegenbringt. Ein erster redaktioneller Eingriff liegt in καὶ ἐγένετο ἐν μιᾷ τῶν ἡμερῶν vor[1]. Auch die eigentliche Handlung beginnt nicht sofort (wie in 5,12), sondern – ähnlich wie in 5,1 – erst nach einem Sammelbericht (5,17). Lukas streicht den Hinweis auf die Rückkehr nach Kafarnaum (Mk 2,1), da Jesus nach ihm diese Stadt für immer verlassen hat (4,42–44). Voller Autorität (καὶ αὐτός) erfüllt Jesus seine Lehrtätigkeit. Die Erwähnung der Menge an der Tür läßt er weg (vgl. aber V 18b [redaktionell] sowie V 19a [= Mk 2,4a]). Jesus stellt er die zum ersten Mal eingeführten Pharisäer und Schriftgelehrten als Zuschauer gegenüber, in einem Satz, der bei Markus erst später begegnet (Mk 2,6) und dort nur die Schriftgelehrten erwähnt. Lukas setzt bei seinen Lesern die Kenntnis der Pharisäer voraus. In V 21 wird er γραμματεῖς von Markus übernehmen, hier nennt er sie mit einem verständlichen, vor ihm sonst nicht bekannten Ausdruck νομοδιδάσκαλοι, vielleicht weil im Griechischen γραμματεῖς Schreiber und nicht Gelehrte sind. Daß Lukas diese zukünftigen Widersacher schon jetzt einführt, hat seine Logik: Sie sind Zuschauer in der ersten Reihe. Sie kommen, fügt Lukas hinzu, von überall, d.h. aus den drei wichtigsten Orten des Wirkens Jesu: Galiläa, Judäa und Jerusalem. Da Lukas die *Stadt* als Ort Jesu und später der Kirche betrachtet, ist es vielleicht Geringschätzung, daß er die Gegenpartei in den *Dörfern* situiert[2]. Daß sich hier der Widerstand gegen Jesus organisiert, übernimmt er von Markus und notiert diesen Hinweis erstaunlicherweise zwischen dem einleitenden Satz über die Lehrtätigkeit und dem den Sammelbericht abschließenden Satz über die Heiltätigkeit Jesu[3]. Der abschließende Satz ist redaktionell angefügt, um Wort und Tat des Messias zusammenzubringen und den Wunderbericht vorzubereiten. Lukas hat so die Einleitung gegenüber Markus stilistisch abgerundet[4].

In V 18 benennt Lukas wie Mt 9,2 schon das Lager[5], das er in V 19 als Tragbahre mit dem Diminutiv κλινίδιον präzisieren wird. Er meidet dort das vulgäre κράβαττον[6] von Mk 2,4. Den Kranken nennt er ἄνθρωπος ὃς ἦν παραλελυμένος anstelle des von

Analyse

---

[1] Vgl. Lk 5,12: Καὶ ἐγένετο . . . ἐν μιᾷ τῶν πολέων.

[2] Zu diesem Unterschied zwischen Stadt und Dorf vgl. den Kommentar zu Lk 4,43 oben S. 226.

[3] D.h. zwischen V 17a und V 17c. Die Formulierung am Ende des V 17c, εἰς τὸ ἰᾶσθαι αὐτόν, ist nicht eindeutig, denn αὐτόν kann grammatikalisch Akkusativobjekt oder auch Subjekt des Verbes sein. Nicht wenige Schreiber dachten, es sei ein Akkusativobjekt und ersetzten den Singular durch einen Plural (αὐτούς): »um sie zu heilen«.

[4] Mit Bultmann, R., Syn. Trad. 70; Haenchen, E., Weg 105 Anm. 6; Schramm, T., Markus-Stoff 100.

[5] Καὶ ἰδού und ἐπὶ κλίνης sind zwei minor agreements zwischen Lukas und Matthäus. Schramm, T., Markus-Stoff 99f sieht darin Anhaltspunkte für eine Parallelquelle zu Markus.

[6] Phrynichos, Ecl 41 (Fischer) empfiehlt, es nicht zu gebrauchen. Dennoch verwendet es Lukas – wohl unter dem Einfluß seiner Quellen – in Apg 5,15 und 9,33.

ihm als unliterarisch empfundenen παραλυτικός. V 18b wird zum redaktionellen Ersatz des beseitigten V 2 von Mk 2[7]. Daß es vier Männer sind, wird von Lukas wie von Matthäus als nicht erwähnenswert angesehen.

V 19 sagt genau das gleiche wie Markus 2,4, obwohl Lukas fast ausnahmslos andere Worte als Markus gebraucht[8]. Das Ergebnis ist nicht unbedingt schöner als die Vorlage: Die Beschreibung der Dachöffnung und des Hinunterlassens der Bahre hat gegenüber Markus an Anschaulichkeit eingebüßt, da das konkrete χαλάω, in 5,4–5 für die Netze gebraucht, durch das blasse καθίημι ersetzt ist. Markus versteht die Handlung so, daß die Träger ein Loch durch das Dach aus Ästen und Strohlehm graben. Lukas, der noch das von Markus vorausgesetzte Hinaufsteigen expliziert, stellt sich als Städter das Dach[9] als ein von κέραμοι gedecktes vor, was leichter wegzuhebende Ziegel oder auch Steinplatten bezeichnet[10]. Εἰς τὸ μέσον (vielleicht aus Mk 3,3 vorweggenommen) dramatisiert die Situation. Mit ἔμπροσθεν τοῦ Ἰησοῦ wird non-verbal die entscheidende Bitte ausgesprochen (vgl. 4,40).

Τέκνον (Mk 2,5) meint wohl nicht ein Kind, sondern ein von Jesus väterlich betrachteter Mann. Lukas zieht den Vokativ »Mensch« vor. Wichtiger ist der Wechsel von ἀφίενται (Präsens) zu ἀφέωνται (Perfekt). Will Lukas sagen, daß die Vergebung schon vor der tapferen Handlung der Menschen geschenkt wurde (siehe unten zu V 20)?

Mit V 21 will Lukas wie oft als Historiker und Künstler die unsichtbare Welt der Gefühle und Meinungen erzählerisch sichtbar machen[11]. Aus den »dialogues intérieurs« des Markus (Mk 2,6) entstehen[12] hier[13] laute Diskussionen[14]. Mit βλασφημία stehen wir zwischen der griechischen Bedeutung (Schmährede) und der präzisen rabbinischen (den Namen Gottes lästernd aussprechen). In der jüdisch-hellenistischen wie in der allgemein hellenistischen Literatur bezeichnet βλασφημία jeden Ausdruck der Lästerung gegen die Gottheit[15]. Lukas ersetzt hier das markinische εἷς ὁ θεός durch μόνος ὁ θεός, während er den gleichen Ausdruck in 18,19 von Markus übernimmt.

---

[7]   Vokabular und Syntax des V 18 sind lukanisch: ἐζήτουν mit Infinitiv, ἐνώπιον.

[8]   Nach ποίας (welches) muß man sich ein ὁδοῦ (Weges) hinzudenken. Hier übersetzen wir mit »wie«.

[9]   Στέγη (Markus) bezeichnet etwas, das bedeckt, oder etwas Gedecktes: ein Dach oder ein Haus. Δῶμα (Lukas) bezeichnet etwas Erbautes, ein Gebäude, ein Haus oder ein Zimmer und dann den Gipfel des Hauses, das Dach (in der Septuaginta das als Terrasse dienende Flachdach, z.B. 1Sam [LXX 1Kön] 9,25–26; im gleichen Sinn wird das Wort Lk 17,31 gebraucht).

[10]   Vgl. Lagrange 166f.

[11]   Ebenso verfährt er mit den himmlischen und göttlichen Dingen; vgl. z.B. das Bild der Taube für das Herabkommen des heiligen Geistes (Lk 3,22) oder die greifbare Anschaulichkeit der Himmelfahrt (Lk 24,50–53 und Apg 1,9–11) im Vergleich mit dem Kerygma

der Erhöhung; vgl. Lohfink, G., Himmelfahrt 276–283 und Bovon, F., Luc le théologien 188.

[12]   Lukas hat bekanntlich eine Vorliebe für das Verb »beginnen«, »anfangen« (ἄρχομαι). Zu den Gegenspielern oder Gegnern Jesu vgl. Lk 7,49; 11,53.

[13]   Dasselbe Phänomen findet man in V 22a (verglichen mit Mk 2,8a).

[14]   Τί οὗτος οὕτως λαλεῖ; βλασφημεῖ (Mk 2,7) ist besonders ungelenk. Lukas verbessert in τίς ἐστιν οὗτος ὃς λαλεῖ βλασφημίας; (Lk 5,21); vgl. Schürmann I 282 Anm. 24.

[15]   In den Makkabäerbüchern wird die Gotteslästerung beschworen; vgl. z.B. im Gebet 2Makk 15,24: »Durch die Größe deines Arms laß sie mit Schrecken erfüllt werden, die Gott lästernd wider dein heiliges Volk heranziehen«; vgl. Hofius, O., Art. βλασφημία κτλ., in: EWNT I (1980) 527–532.

In V 22 beläßt er trotz seines Drangs nach Sichtbarkeit die Erwähnung der Herzen, weil Jesus den innersten Grund der menschlichen Taten durchschaut[16]. Lukas übergeht τῷ πνεύματι αὐτοῦ (Mk 2,8), weil es in seinem Markus-Exemplar nicht stand oder weil er vom menschlichen, nicht vom heiligen Geist spricht. Jesus hört, ohne daß sein übermenschlicher Geist erwähnt werden müßte[17]. In V 23 läßt auch Mt 9,5 das Wort »Paralytiker« sowie die Wendung »und nimm deine Tragbahre mit« weg. Haben beide unabhängig voneinander volkstümliche Ausdrücke vermieden[18]?

Bei den Worten Jesu folgt Lukas seiner Vorlage treuer als bei den Taten oder Beschreibungen. V 24 ist daher praktisch[19] mit Mk 2,10 identisch. In V 25 ist παραχρῆμα typisches Signal des Wunders in der lukanischen Redaktion. Als lukanisch erweist sich ebenso die von Mk 2,12b inspirierte Verherrlichung Gottes durch den Geheilten[20]. Wie in den Gesprächen (V 22) ersetzt Lukas auch in V 26 ein Verbum (Markus) durch ein Substantiv: ἔκστασις. Erstaunlich ist das Matthäus und Lukas gemeinsame Motiv der Furcht, gut lukanisch das Heute des Heils und das Außerordentliche (παράδοξα) der göttlichen Handlung durch Jesus[21].

Für die kleinen Übereinstimmungen zwischen Matthäus und Lukas gegen Markus bleibt, falls sie nicht zufällig sind, außer einer hypothetischen anderen schriftlichen Quelle nur die Möglichkeit der gemeinsamen mündlichen Überlieferung, da die Priorität des Markus unzweifelhaft und die Kenntnis des Matthäus durch Lukas unwahrscheinlich ist.

Formgeschichtlich ist diese Perikope ein in die Richtung des Streitgesprächs erweiterter Wunderbericht. Spuren des reinen Wunderberichtes sind am Anfang bei Markus und Matthäus und am Schluß bei allen Synoptikern zu finden. Zeichen einer Mischform sind die doppelte Problematik (Genesung und Vergebung) und die Naht zwischen der Wundererzählung und der Frage der Vergebung (vgl. 5,20 und 5,24b). Als Sitz im Leben des Wunders darf man die missionarische oder homiletische Tätigkeit der Kirche annehmen, die mit

---

[16] Matthäus reagiert in Mt 9,4 mit τὰς ἐνθυμήσεις αὐτῶν entsprechend.

[17] Weitere Detailveränderungen in V 22: a) Lukas fügt ein δέ ein; b) er zieht εἶπεν mit πρός dem Präsens mit Dativ vor; c) er notiert lieber das Substantiv (τοὺς διαλογισμοὺς αὐτῶν) als das Verb mit nachfolgendem ὅτι (der Satz wird dadurch flüssiger); d) er führt ein ἀποκριθείς ein, das nötig wird, weil die Schriftgelehrten und Pharisäer ihren Gefühlen nun mündlich Ausdruck geben; e) das ταῦτα des Mk wird gestrichen (D ersetzt es bei Lukas durch ein πονηρά).

[18] In Mt 9,2.6 hat Matthäus dagegen das Wort »Lahmer« stehen lassen.

[19] Zweifellos unter dem Einfluß der mündlichen Überlieferung (Matthäus tut dasselbe) vertauscht Lukas die Reihenfolge der Worte »auf der Erde« und »die Sünden vergeben« gegenüber seiner Markus-Vorlage. Er ersetzt darüber hinaus das Substantiv »Lahmer«

durch das Partizip »gelähmt« und κράβαττον durch κλινίδιον; beides sind nach – seiner Meinung nach – Verbesserungen.

[20] Drei Detailbemerkungen zu diesem V 25: a) ἐνώπιον αὐτῶν (Lukas) charakterisiert das Ereignis als Streitgespräch (das ἔμπροσθεν πάντων in Mk 2,12 entspricht dem Schluß eines Wunderberichts); b) Lukas vermeidet ein weiteres Mal das Wort κράβαττον, indem er es diesmal umschreibt (ἐφ' ὃ κατέκειτο); c) endlich findet man ein überraschendes minor agreement mit Mt 9,7 in ἀπῆλθεν εἰς τὸν οἶκον αὐτοῦ (Einfluß der mündlichen Überlieferung?).

[21] Lukas verwendet oft (wie hier in V 26) lieber ἅπας als πᾶς (Mk 2,12); vgl. Cadbury, H.J., Style 195f. Er entscheidet sich auch für die korrekte Form des Aorist II εἴδομεν (Markus hat die vom Aorist I beeinflußte Form εἴδαμεν); vgl. Bl-Debr-Rehkopf § 81,3 Anm. 3.

dieser Geschichte die heilende Kraft Jesu Christi veranschaulichen möchte. Die Polemik gegenüber der damaligen Synagoge, aus der die Auseinandersetzung um die Vergebung entstanden ist, ist der zweite Sitz im Leben. Markus hat die Mischform schon vorgefunden, und Lukas hat mit Hilfe der noch Matthäus vertrauten mündlichen Überlieferung die zweite Thematik unterstrichen: Es geht bei ihm aber weniger um eine Vertiefung der Bedeutung der Vergebung als um die Bezeugung der beginnenden Beziehung zwischen Jesus und den angeredeten Menschen.

Erklärung 17–19 Die Exposition läßt eine Disputation erwarten. Als Zuhörer Jesu sitzen Lehrer von überall da. Sie prüfen und (V 21) bedrohen Jesus – und also die Kirche. Wie die andern Evangelisten versteht Lukas nicht, daß der Pharisäismus eine Bewegung bildete, der Stand der Schriftgelehrten hingegen eine Institution[22]. Das läßt sich damit erklären, daß das Schulsystem in Israel nicht so offiziell war wie z.B. die jüdische Priesterorganisation. Andererseits waren es zur Zeit des Lukas, nach dem Jüdischen Krieg, die pharisäischen Schriftgelehrten, die das jüdische Volk leiteten und antichristliche Polemik betrieben. Zwei Kennzeichen haben die Pharisäer bei Lukas: 1. Sie stehen Jesus nur in den ersten zwei Etappen seines Lebens gegenüber, nicht während des Prozesses. Ihre Machtausübung bleibt im Rahmen von Lehre und Praxis: Die heftige Polemik zwischen ihnen und Jesus geht um das Gesetz, die Gottes- und die Messiaslehre. 2. In der Apostelgeschichte schwächt sich die Aggressivität der Pharisäer ab, da der Glaube an die Auferstehung beide Parteien verbindet. Außerdem hofft Lukas auch auf die Bekehrung der jüdischen Gegner.

Die zwei Hauptzüge des Messias, der den Pharisäern gegenübersteht, sind weder königlich noch priesterlich: Jesus lehrt und heilt. Das setzt sowohl die Unwissenheit wie die Krankheit des Volkes voraus. Als endzeitlicher Ausdruck der εὐδοκία Gottes ist Jesus kein gewöhnlicher Lehrer und Arzt. Seine Lehre ist durch »Autorität« (4,32) und seine Heilungskunst von der »Kraft des Herrn« (5,17) gekennzeichnet[23]. Göttliche Sendung und Besitz des Geistes ermöglichen diese messianische Wirkung.

---

[22] Zu den Pharisäern bei Lukas vgl. Rese, M., Einige Überlegungen zu Lukas 13,31–33, in: Jésus aux origines de la christologie, hrsg. v. J. Dupont, Leuven/Gembloux 1975 (BEThL 40), 201–225; Ziesler, J.A., Luke and the Pharisees, NTS 25 (1978–1979) 146–157; Sanders, J.T., The Pharisees in Luke-Acts, in: The Living Text (FS E.W. Saunders), hrsg. v. D.E. Groh und R. Jewett, New York / London 1985, 141–188; Carroll, J.T., Luke's Portrayal of the Pharisees, CBQ 50 (1988) 604–621.

[23] Gott ist Ursprung und Quelle der δύναμις. Er übergibt sie in Form des heiligen Geistes (Lk 4,14) seinem Sohn (Lk 1,35; 5,17). Jesus ist seinerseits Quelle der δύναμις (Lk 8,46) und kann davon seinen Mitarbeitern,

den Jüngern, weitergeben (Lk 9,1; 24,49). Die Konkurrenten, wie etwa Simon (Apg 8,10), können nur zu Unrecht als »Gotteskraft, die die große genannt wird« betrachtet werden. Über der Schöpfung, doch von Gott beherrscht, gibt es Kräfte, die am Ende der Zeiten ins Wanken kommen werden (Lk 21,26), wenn der Sohn mit großer Kraft kommen wird (Lk 21,27). Es gibt meines Wissens keine befriedigende Untersuchung des Begriffs δύναμις bei Lukas (25mal im lukanischen Doppelwerk gegenüber 119mal im Neuen Testament). Diejenige von May, E., Power ist überholt, hat aber das Verdienst, die Positionen von Theologen der Antike und des Mittelalters zu referieren.

Das in V 18 erzählte Ereignis wird von einer anderen, nichtpharisäischen 20
Gruppe verursacht, deren Tun in V 20a mit dem schwerwiegenden Wort
πίστις beschrieben wird. Sie steht für das Leben, das Vertrauen, den Glauben.
Ihre πίστις wird nicht theoretisch beschrieben, wohl aber narrativ: Sie ist Entscheidung, Handlung, Durchschlagskraft, Gemeinschaftlichkeit und Zuruf
zugleich. Erstaunlicherweise spricht kein Evangelist aus, daß dieser Glaube
auch der Glaube des Gelähmten ist. Der Gelähmte ist logisch in das αὐτῶν
einbezogen, obwohl kein Evangelist seinen Glauben eigens erwähnt.

Lukas stellt sich den Hergang so vor, daß die Träger die äußere Treppe benutzen und vom flachen Dach (δῶμα[24]) ein paar Steine entfernen, um den Gelähmten ins Zentrum des bescheidenen Hauses[25] hinunterzulassen.

Exkurs: Die Vergebung der Sünden

Exkurs

Der Leser erwartet ein Wunder und hört ein Wort über die Vergebung
(V 20b)[26]. Das ist erstaunlich, aber nicht ganz außergewöhnlich, da Lukas in
mehreren Wunderberichten eine Zwischenbemerkung, oft einen Satz Jesu
über den Glauben des Flehenden, zwischen Bitte und Wunder einschaltet
(z.B. 7,9). Diese formgeschichtliche Möglichkeit wurde schon von der Tradition benutzt, um das Gespräch über die Vergebung hier einzuführen. Nach
Lukas[27] ist die Vergebung der Sünden an das Werk Jesu Christi gebunden.
Durch die Auferstehung und Erhöhung des leidenden Messias hat Gott den
Menschen die Versöhnung versprochen (Apg 5,31 und 26,18). Die Vergebung
ist aber auch sehr eng mit Umkehr und Taufe verbunden (Apg 2,38; 13,38).
Einerseits hat Gott durch Jesus den Weg der Versöhnung eröffnet, andererseits zeigt der Mensch seinen Willen, sich Gott zuzuwenden – freilich nicht
durch Gesetzesgehorsam (Apg 13,38), sondern durch eine persönliche und lebendige Beziehung, die Glaube und Liebe einbezieht. Die Sündenvergebung
ist also für Lukas nicht ein für allemal am Kreuz realisiert, denn es handelt
sich um eine *Beziehung*, in der die menschliche Entscheidung für die erneuerte Verbindung mit Gott konstitutiv ist. Deshalb kann Lukas schreiben, daß
»durch ihn« (d.h. Jesus Christus«) die Vergebung der Sünden angekündigt
(Apg 13,38), aber gleichzeitig gegeben ist (Apg 5,31). Ohne das heilsgeschichtliche Werk Jesu Christi ist die Vergebung unmöglich, aber ohne die
menschliche μετάνοια ist sie nicht zu verwirklichen. Lukas weiß, daß dieses
Verhältnis mit Gott ein eschatologisches ist: Es entsteht das gnädige Jahr des
Herrn (4,19), das Johannes vorbereitet (vgl. 1,77 und 3,3) und Jesus schon vor

---

[24] Es war gewiß ein solches Dach, auf das
Petrus (Apg 10,9) stieg, um zu beten.
[25] Wahrscheinlich ein Haus ohne Tor
(πυλών [Mt 26,71]) und ohne Vorhof (προαύ-
λιον [Mk 14,68]); vgl. Léon-Dufour, X., Dictionnaire 58.
[26] Ἀφίημι kann »gehen lassen«, »fortlas-

sen«, »wegschicken«, »aussenden«; »auslas-
sen«, »weglassen«, »entlassen«, »verstoßen«;
»erlassen« (eine Schuld), »vergeben«; »gewäh-
ren lassen«, »zulassen«, »gestatten«; »zurück-
lassen«, »verlassen« bedeuten.
[27] Vgl. Taeger, J.-W., Mensch 32f; Bovon, F.,
Luc le théologien 132f.263.267.303.

seiner Passion einführt. Die Vergebung hängt also nicht ausschließlich vom Blut Christi, sondern von der ganzen Sendung, der Wirkung und dem Werk des Sohnes ab. Man könnte sagen, die Vergebung der Sünden ist für den einzelnen, was das Reich Gottes für das Volk bedeutet.

Worin die Sünden bestehen, wird nicht präzisiert. Lukas denkt nicht primär an moralische Verfehlungen, sondern an die abgebrochene Beziehung zu Gott, die freilich ethische Folgen nach sich zieht. Die Anthropologie des Menschen vor der Vergebung ist die eines Sklaven des Teufels (siehe das Bild des Gefangenen und des Blinden in 4,18 und Apg 26,18). Die Vergebung ist Sache Gottes, wie das passivische ἀφέωνται (V 20) zeigt, sie wird jedoch von Jesus im Namen Gottes zugesprochen und durch diesen »performatorischen« Sprechakt[28] in Kraft gesetzt. Es gibt eine Anteriorität Gottes, wie die Predigt des Täufers und die Sendung des Sohnes beweisen. Aber Gott rettet uns nicht ohne uns. Jesus spricht hier die Vergebung aus, weil Menschen diese Antwort aufgrund ihres Glaubens schon gegeben haben. Das Perfekt ἀφέωνται ist also nicht im paulinischen Sinne der exklusiven Gnade Gottes, sondern als Feststellung der wiederhergestellten Verbindung zwischen Gott und Mensch zu verstehen. Dem Sinn nach hat es keine andere Bedeutung als das Präsens ἀφίενται. Dieses war bei Markus aoristisch gedacht, konnte aber als »duratives« Präsens falsch verstanden werden. Mit dem Perfekt hat Lukas sowohl das Angefangene als auch seine jetzige Realität ausgesprochen.

Vom *jüdischen* Glauben her ist die heftige Reaktion (V 21) verständlich, aber sie ist hier von einem *Christen* tradiert. Obwohl Jesus nicht *ego te absolvo* gesagt und die Prärogative Gottes durch die passivische Wendung respektiert hat, nimmt er sich doch das Recht, die Vergebung Gottes *hic et nunc* zuzusprechen. Besteht die Blasphemie darin, daß Jesus tut, was das Judentum nicht einmal vom Messias erwartete?[29] Eher beanspruchte das damalige Judentum die für die Sündenvergebung zuständigen Institutionen zu besitzen: den Kultus bzw. seine gesetzliche Frömmigkeit. Jesus wird so heftig angegriffen, weil er beides geradezu ignoriert und auf ganz neue Weise Gottes Sündenvergebung vermittelt. Natürlich hängt die Vergebung letztlich von Gott ab, aber die Frage ist: Wie erfahren und durch welche Vermittlung bekommen wir sie? Die frühchristliche Antwort[30], wie sie aus der synoptischen Tradition und in der synoptischen Redaktion noch ersichtlich ist, wird durch den Menschensohn gegeben, der »auf Erden« jetzt (ἔχει = Präsens), also *hic et nunc* die Vollmacht der Vergebung besitzt.

---

28 Zur performativen Rede vgl. den Kommentar zu 4,21 oben S. 212 Anm. 25.
29 Vgl. Bill. I 495: »Dagegen ist uns keine Stelle bekannt, in der der Messias kraft eigener Machtvollkommenheit einem Menschen die Vergebung der Sünden zuspricht.«
30 Man beachte, daß sich Jesus nicht unmotiviert verhält (V 22b); er hat die Lage erkannt (ἐπιγνοὺς ... τοὺς διαλογισμοὺς αὐτῶν [V 22a]). Seine kritische Frage ist darum in den Augen des Lukas gerechtfertigt. Für den Evangelisten sind die διαλογισμοί meistens schuldhafte Erwägungen, da sie sündigen Herzen entspringen; vgl. Bovon, F., Lukas 89f.

Zum ersten Mal benutzt Lukas den christologischen Titel Menschensohn. **21–24**
Welche Kenntnisse er dabei seitens seiner Leser voraussetzt, ist nicht klar.
Aus der Logik des Satzes können sie nicht verstehen, was der Ausdruck genau
bedeutet, wohl aber, daß er Jesus bezeichnet. Und für die gegenwärtige Problematik genügt das[31]. Daß Jesus, der Menschensohn, Sünden vergeben kann,
gründet in einer »Vollmacht«. Sie wurde schon 4,32 erwähnt, aber auch dort
ohne Erklärung. Aus der biblischen Tradition und aus den christologischen
Abschnitten der Kap. 1–3 geht hervor, daß sie a) nicht von unten, von Menschen, sondern von oben, von Gott, zugestanden ist, b) nicht nur eine Erlaubnis, sondern ein Recht und damit zugleich eine Macht ist[32]. Aus dem theologischen Schweigen des Lukas können wir schließen, daß sein Bericht den
»Katechismusunterricht« nicht ersetzen, sondern begleiten will (vgl. 1,4).
Auf die Frage, wie man die Vermittlung der Sündenvergebung des Messias Jesus in der Zeit der Kirche, d.h. der leiblichen Abwesenheit Christi empfängt,
lautet die lukanische Antwort: durch die apostolische Verkündigung des
Wortes[33] und der neuen Möglichkeit (μετάνοια) für den Menschen, mit Gott
zu leben (vgl. Apg 13,38, eine in dieser Hinsicht äußerst wichtige Stelle). Lk
5,21–24 zeugt von dem frühchristlichen Anspruch, jetzt, am Ende der Zeit,
mit der Verwaltung der Vergebung Gottes betraut worden zu sein. Unsere Perikope spiegelt also ein Machtverhältnis und einen Machtkonflikt wider, da
die ersten Christen innerhalb ihrer jüdischen Heimat von den religiösen Äm-
tern wahrscheinlich ausgeschlossen waren, so daß ihr Verhältnis zu Gott ihrem Gefühl nach von den jüdischen Behörden »konfisziert« war; so mußten
sie etwas höchst Wichtiges für sich erkämpfen. Die offizielle jüdische Reaktion konnte sich ihrerseits nur zum Kampf um die Institution entwickeln.

---

[31] Der Menschensohn ist für Lukas zunächst eine apokalyptische Gestalt, der vollmächtige Richter (Lk 9,26; 12,8; 18,8; 21,36),
dessen Kommen (Lk 12,40; 17,24; 21,27) die
Endzeit der Heilsgeschichte (Lk 17,22.26.30)
eröffnet. Daß er kommt, ist gewiß, der Zeitpunkt seines Kommens aber unabsehbar.
Man soll ihn nicht zu früh erwarten (Lk
17,22), angesichts der Verzögerung seiner Ankunft jedoch auch nicht die Hände müßig in
den Schoß legen (Lk 18,8). Man muß sich be-
reithalten (Lk 12,40). Der Menschensohn
kann dem Märtyrer in Form einer Einzelof-
fenbarung begegnen (Apg 7,55–56). Da Lukas
– wie die synoptische Tradition insgesamt –
Jesus mit dem Menschensohn identifiziert, ist
das irdische Geschick Jesu dem des Menschensohnes gleich: Jesus ist der Menschensohn, der Retter und Erlöser (Lk 19,10); er ist
frei (Lk 7,34), ungeschützt (Lk 9,58), Jona
gleich (Lk 11,30) und zum Leiden berufen
(Lukas legt besonderes Gewicht darauf, daß
der Menschensohn verraten [Lk 22,48] und
verfolgt [Lk 9,22.44; 18,31; 22,22; 24,7]
wurde). Die Gläubigen sind mit ihm verbunden, stellen sich in seinen Dienst und sind bereit, für ihn zu leiden (Lk 9,26; 12,8; 6,22).
Der Menschensohn erlöst sie jetzt schon, indem er ihnen die Vergebung anbietet (Lk
5,24), und leitet sie in ihrem Verhalten (Lk
6,5); vgl. Lk 12,10 und insgesamt Marshall
215f (eine gute Zusammenstellung der wichtigsten historischen Fragen, die die Men-
schensohnproblematik aufwirft); Schneider,
G., »Der Menschensohn« in der lukanischen
Christologie, in: Jesus und der Menschensohn
(FS A. Vögtle), hrsg. v. R. Pesch und R.
Schnackenburg, Freiburg i.Br. 1975, 267–282;
Bovon, F., Luc le théologien 166.195.

[32] Vgl. den Kommentar zu Lk 4,32 oben S.
221f.

[33] Die matthäische Version von Mk 2,12 ist
bezeichnend für diese menschliche Verantwortung: ». . . priesen Gott, der den *Menschen*
solche Macht gegeben hat« (Mt 9,8).

Motiviert waren die ersten Christen durch die reformatorische und prophetische Haltung *Jesu* und die Überzeugung, den *Geist* Gottes zu besitzen. Lk 5,24a wirkt archaisch und stellt vielleicht sogar ein – ursprünglich isoliert tradiertes – authentisches Jesuswort dar, das, redaktionell ausgestaltet, schließlich an seinem heutigen Ort eingefügt wurde. Das Wunder blieb dadurch nicht mehr nur prophetisches Zeichen der anbrechenden Heilszeit, sondern wurde zum eigentlichen Symbol der christlichen Vollmacht, die Vergebung Gottes in dieser Zeit zuzusprechen und damit zu verwirklichen.

Die VV 23–24 sagen nicht, die Vergebung sei leichter als das Wunder. Sie ist im Gegenteil viel schwerwiegender als das Wunder, das nur die tiefere Realität veranschaulicht. Der Text lautet lediglich: »Was ist leichter zu *sagen* (εἰπεῖν): Vergeben sind dir deine Sünden, oder zu sagen: Steh auf und geh umher?« (V 23), weil es im Wesen des Zeichens liegt, sichtbar und kontrollierbar zu sein. Die ganze Diskussion um die Vergebung ist zwischen Jesus und Schriftgelehrten, dann zwischen Urgemeinde und Synagoge entzündet worden, weil die Vergebung *unverfügbar* ist. Der für die junge christliche Bewegung wichtige Drang nach legitimierenden Zeichen erklärt zum Teil die Rolle und die Bedeutung der Wunderberichte in der synoptischen Tradition.

V 24 wirkt wie eine Folge der Rede Jesu[34], aber anstelle von »ich sage dir« taucht in V 24b unerwartet »sprach er zu dem, der gelähmt war« auf. Daß der von Markus übernommene Anakoluth, der dort eine Zwischenbemerkung des Evangelisten darstellte, eine Verstehenshilfe für seine Leser (vgl. entsprechend z.B. Mk 13,23[35]), bei Lukas ebenso in diesem Sinn zu verstehen ist, ist unwahrscheinlich: Die zweite Person Plural in V 22 ist Anrede an die Pharisäer, nicht an die Leser. Ein plötzlicher Wechsel wäre genau so ungeschickt wie der Anakoluth. In V 24 geht die Rede in die Erzählung über. Das ist nicht ganz korrekt, gibt aber der Erzählung eine gewisse Lebendigkeit. Jedenfalls hat diese Besonderheit des Markus weder Lukas noch Matthäus zu redaktioneller Korrektur veranlaßt.

25–26 Theologisch ist hinzuzufügen, daß die Vergebung[36] nicht nur mit der Vergangenheit des Menschen zu tun hat, sondern vor allem mit seiner Gegenwart und Zukunft. Der Blick nach hinten spielt nicht einmal die erste Rolle. Sehr schön verbindet Apg 26,18 die Vergebung mit dem eschatologischen Zustand (»und sollen durch den Glauben an mich Vergebung der Sünden empfangen und mit den Geheiligten am Erbe teilhaben«). Das konnte in seiner narrativen Art auch der Wunderbericht eindrücklich darstellen: Die Heilung zeigt, wie die Vergebung nach vorwärts, an der Dynamik der christlichen Existenz orientiert ist. Das Aufstehen, Laufen, Nach-Hause-Gehen und Gott-Preisen (V 25) bezeugt die geheilte, d.h. hier die Existenz, die Vergebung empfangen hat und von nun an durch die Verbindung Gott – Mensch bestimmt ist. Der

---

[34] Ἵνα δὲ εἰδῆτε kann – wie gewöhnlich – finale, aber auch imperativische Bedeutung haben; vgl. Moule, C.F.D., Idiom Book 144f.

[35] So Gnilka, J., Markus I 97.

[36] Zur Sündenvergebung vgl. oben S. 247f und unten S. 394f.

Glaube des Anfangs (V 20) kommt in der Lobrede (V 25) zum Ausdruck. V 26 spricht von der messianischen Wirkung der Vergebung und des Glaubens. Wenn Christus die neue Verbindung zwischen Gott und Mensch ermöglicht und in Gang setzt, wird etwas davon sichtbar, so daß der Zuschauer staunen, Gott loben und Ehrfurcht vor den παράδοξα empfinden kann. Eben dies ist nach Lukas damals im Leben Jesu Wirklichkeit geworden. Die damals als eschatologisches Heute (σήμερον) betrachtete Vergangenheit wird zur Heilszeit der Begegnung des Lesers mit Gott.

Sünde und Leiden stehen im Verhältnis zueinander, obwohl Lukas nicht sagt, daß der, der viel leidet, viel gesündigt hat (vgl. Lk 13,1–5). Krankheiten und Unfälle sind Zeichen der Zerstörung, in die der Aufruhr gegen Gott die Menschen geführt hat. Weil jetzt Unrecht herrscht, verbietet es sich, Schuld und Leiden des einzelnen direkt zu verbinden. Nach Lukas fragt Jesus nicht nach dem Ursprung des Leidens und der Sünde[37], sondern eröffnet Hoffnung: Die Auferstehung als endgültige Überwindung des Leidens ist ein noch zukünftiges Gut, aber schon jetzt ist die Möglichkeit der Vergebung angeboten (5,24). Wenn die Verweigerung der μετάνοια in den Tod (13,1–5), wird die Vergebung der Sünde zur Wiederherstellung des Lebens führen. Deshalb kann eine Heilung theologisch auf die Vergebung der Sünden hinweisen. Wenn die Analogie zutrifft, dann sind in den Augen des Lukas die Pharisäer und die Schriftgelehrten die Gelähmten, die zur Umkehr aufgerufen werden müssen.

Die Berufung und das Gastmahl des Levi (5,27–39)

Literatur: Arbesmann, R., Art. Festtage, RAC VII (1969) 500–524, bes. 509–510; Beckwith, R.T., The Feast of New Wine and the Question of Fasting, ET 95 (1984) 334–335; Brooke, G., The Feast of New Wine and the Question of Fasting, ET 95 (1984) 175–176; Cousar, C.B., Luke 5,29–35, Interp. 40 (1986) 58–63; Cremer, F.G., Lukanisches Sondergut zum Fastenstreitgespräch. Lk 5,33–39 im Urteil der patristischen und scholastischen Exegese, TThZ 76 (1967) 129–154; Dupont, J., Vin vieux, vin nouveau (Luc 5,39), CBQ 25 (1963) 286–304; Feuillet, A., La controverse sur le jeûne (Mc 2,18–20; Mt 9,14–15; Lc 5,33–35), NRTh 90 (1968) 113–136.252–277; Flusser, D., »Do you prefer new wine?«, Imm. 9 (1979) 26–31; Good, R.S., Jesus, Protagonist of the Old in Lk 5,33–39, NT 25 (1983) 19–36; Hahn, F., Die Bildworte vom neuen Flicken und vom jungen Wein, EvTh 31 (1971) 357–375; Hengel, M., Nachfolge und Charisma. Eine exegetisch-religionsgeschichtliche Studie zu Mt 8,21f. und Jesu Ruf in die Nachfolge, Berlin 1968 (BZNW 34), 5f.21; Herrenbrück, F., Steuerpacht und Moral, ANRW II 26/2 (im Druck); ders., Wer waren die ›Zöllner‹?, ZNW 72 (1981) 178–194; ders., Zum Vorwurf der Kollaboration des Zöllners mit Rom, ZNW 78 (1987) 186–199; van Iersel, B.M.F., La vocation de Lévi (Mc., II,13–17; Mt., IX,9–13; Lc., V,27–32). Traditions et rédactions, in: De Jésus aux Evangiles, hrsg. v. I. de la Potterie, Gembloux 1967, 212–232 (BEThL 25/2); Kee, A., The Old Coat and the New Wine. A Parable of

---

[37]　Vgl. Grundmann, W., Markus 59.

Repentance, NT 12 (1970) 13–21; *ders.*, The Question about Fasting, NT 11 (1969) 161–173; *Lapide, P.*, Er wandelte nicht auf dem Meer. Ein jüdischer Theologe liest die Evangelien, Gütersloh 1984, 7–15; *Mead, A.H.*, Old and New Wine. St Luke 5,39, ET 99 (1988) 234–235; *Mouson, J.*, »Non veni vocare iustos, sed peccatores« (Mt IX,13 = Mc II,17 = Lc V,32), CMech NS 28 (1958) 134–139; *Pesch, R.*, Levi-Matthäus (Mc 2,14 / Mt 9,9; 10,3), ZNW 59 (1968) 40–56; *ders.*, Das Zöllnergastmahl (Mk 2,15–17), in: Mélanges bibliques (FS B. Rigaux), hrsg. v. A. Descamps und A. de Halleux, Gembloux 1970, 63–87; *Quispel, G.*, The Gospel of Thomas and the New Testament, VigChr 11 (1957) 194–195; *Reicke, B.*, Die Fastenfrage nach Luk. 5,33–39, ThZ 30 (1974) 321–328; *Rice, G.E.*, Luke 5,33–6,11. Release from Cultic Tradition, AUSS 20 (1982) 127–132; *Rolland, P.*, Les prédécesseurs de Marc. Les sources présynoptiques de Marc II,18–22 et parallèles, RB 89 (1982) 370–405; *Schrage, W.*, Thomas-Evangelium 109–116; *Schramm, T.*, Markus-Stoff 104–111; *Schulz, A.*, Nachfolgen und Nachahmen. Studien über das Verhältnis der neutestamentlichen Jüngerschaft zur urchristlichen Vorbildethik, München 1962 (StANT 6), 97–116; *Steinhauser, M.G.*, Doppelbildworte in den synoptischen Evangelien, Würzburg 1983, 42–69; *Wibbing, S.*, Das Zöllnergastmahl, in: *Stock, H. – Wegenast, K. – Wibbing, S.*, Streitgespräche, Gütersloh 1968, 84–107; *Ziesler, J.A.*, The Removal of the Bridegroom. A Note on Mark II,18–22 and Parallels, NTS 19 (1972/1973) 190–194; *Zimmermann, H.*, Neutestamentliche Methodenlehre. Darstellung der historisch-kritischen Methode, Stuttgart 1967, 90–104.177–180.

27 Und danach ging er hinaus und bemerkte einen Zöllner mit Namen Levi am Zoll sitzen und sprach zu ihm: Folge mir nach. 28 Und er verließ alles, stand auf und folgte ihm nach. 29 Und Levi bereitete ihm ein großes Mahl in seinem Haus, und es war eine große Menge von Zöllnern und anderen, die mit ihnen zu Tische lagen. 30 Und ihre Pharisäer und Schriftgelehrten murrten und sagten zu den Jüngern: Warum eßt und trinkt ihr mit den Zöllnern und Sündern? 31 Und Jesus antwortete und sprach zu ihnen: Die gesund sind, haben den Arzt nicht nötig, sondern die Leidenden. 32 Ich bin nicht da, Gerechte zur Umkehr zu rufen, sondern Sünder. 33 Und sie sprachen zu ihm: Die Jünger des Johannes fasten häufig und halten Gebete, ebenso auch die der Pharisäer, die deinen aber essen und trinken. 34 Jesus aber sprach zu ihnen: Ihr könnt die Teilnehmer der Hochzeit nicht fasten lassen, während der Bräutigam bei ihnen ist. 35 Es werden aber Tage kommen, und wenn der Bräutigam von ihnen weggerissen wird, dann werden sie fasten, in jenen Tagen. 36 Und er sagte auch ein Gleichnis zu ihnen: Niemand trennt einen Lappen von einem neuen Kleid und setzt ihn auf ein altes Kleid, sonst wird er das neue zertrennen, und zum alten wird der Lappen vom neuen nicht passen. 37 Und niemand schüttet neuen Wein in alte Schläuche, sonst wird der neue Wein die Schläuche zerreißen, und er wird auslaufen, und die Schläuche werden verloren sein; 38 vielmehr muß man neuen Wein in neue Schläuche schütten. 39 Und niemand, der alten getrunken hat, will neuen, denn er sagt: Der alte ist bekömmlich.

Analyse   Die Person des Levi verbindet die kurze Berufungsszene (5,27–28) und das

Festmahl (5,29–39), das er für Jesus gibt, zu einer Einheit. Eine Trennung zwischen 5,32 und 33 wäre nur bei Markus sinnvoll, der die Fastenfrage (5,33–39) von anderen Gesprächspartnern stellen läßt (Mk 2,18). Bei Lukas findet ein durchgehendes Gespräch mit denselben Partnern statt. Obwohl an seine Markus-Vorlage gebunden, bringt Lukas doch zwei zunächst selbständige Abschnitte in einen literarisch kontinuierlichen Zusammenhang. Was daraus entsteht, ist ein Symposium (Gastmahlszene), eine in der griechischen Geschichte verwurzelte Gattung, die er besonders schätzt (vgl. 7,36–50 und 14,1–24). Soziologisch wie literaturgeschichtlich haben die griechischen Gastmahle zu Gelegenheitsreden geführt. Wie in 7,37 oder 14,2 verursachte oft ein unerwartetes Ereignis – etwa das Auftreten eines nicht geladenen Gastes – die Diskussion. Hier führt das unbequeme γογγύζω der Pharisäer und Schriftgelehrten zu einem Streitgespräch. Die Thematik entspricht dem Rahmen: Mit wem darf man essen? Mit wem will Jesus verkehren? Wann darf man feiern und wann soll man fasten? Es ist nicht nur seine griechische Bildung, die Lukas zu diesen Fragen veranlaßt, sondern auch die geschichtliche Lage seiner Kirche. Sie ist aus ehemaligen Sündern zusammengesetzt, die in religiösem Sinn Jesus »folgen«, »alles verlassen« und von den Gemeindeleitern gebeten werden, ihr Haus der Kirche zur Verfügung zu stellen. Diese von Jesus inspirierte Kirche will weiterhin Sünder aufnehmen. Gegenüber jeder Absonderung erinnert Lukas an die offene Einstellung Jesu den Sündern gegenüber (V 32). Freilich gilt dies nur, wenn sie sich bekehren, weshalb Lukas εἰς μετάνοιαν hinzufügt. Die Frage, wer eingeladen ist, ist für Lukas entscheidend. Neben Simon Petrus und den Seinen (5,8–11) sind es auch Sünder wie Levi (5,27–28), nach deren Beispiel sich die Heidenchristen eingeladen fühlen. Alle sind Sünder (auch Simon in 5,8), alle sind von Gott durch Jesus zu Bekehrung und Vergebung ihrer Sünden eingeladen. Die Unterscheidung zwischen Gottesvolk und Heiden bleibt, aber sie hat sich verschoben: Zum Gottesvolk gehören die, die umkehren, woher sie auch immer kommen. Heiden werden erst in der Apostelgeschichte explizit dazugerechnet, doch ist ihr Hinzukommen symbolisch bereits im Evangelium vorgezeichnet. In dieser Hinsicht wurde also das Gesetz des Mose uminterpretiert. Gleiches gilt für die Fastenfrage. Die VV 33–39 geben eine nuancierte Antwort: einerseits eine Kritik der jüdischen Praxis im Namen der eschatologischen Freiheit und andererseits eine neue Regelung im Namen des eschatologischen Vorbehalts.
Für Lukas paßt es zu den Gegnern, daß sie draußen bleiben, also durch Türe und Fenster (wenn es solche gab) Jesus und seinen Jüngern nachspionieren. Man kann deshalb nur *cum grano salis* von einem Symposium reden. Dieser ironische Rahmen paßt zur Zeit des Lukas, in der die christliche Gemeinde von den jüdischen »Nachbarn« von außen kritisiert wurde.

Das Verhältnis zu Markus

Die lukanische Tendenz, an dieser Stelle eine Einheit zu schaffen, wurde von Markus und bereits von der vormarkinischen Tradition vorbereitet. Es ist ersichtlich, daß die

Verse über Levi wie die über das Fasten ein Konglomerat ursprünglich unabhängiger Elemente waren. Der Name Levi steht noch nicht in der markinischen Fassung des Gastmahls (Mk 2,15); »sein Haus« könnte das Haus bezeichnet haben, in dem Jesus lebte. Die Berufung des Levi und das Mahlgespräch gehören formgeschichtlich nicht unbedingt zusammen. Gleiches gilt für die Fastenfrage, die stilgemäß ein Apophthegma ist und mit dem Hochzeitsbild abgeschlossen wird. Die zwei folgenden, aufgrund der Verbindungsworte »alt« und »neu« zusammengestellten Gleichnisworte wurden spätestens bei Markus ohne Übergang miteinander verbunden[1]. Das authentische Logion Mk 2,19a wurde von der Urkirche wegen ihrer neuen Fastenpraxis abgeschwächt (Mk 2,19b–20). So ist die Überlieferung in jeder neuen Kirchensituation neu verstanden und angepaßt worden.

Lukas spürt den redaktionellen Rahmen von Mk 2,13 und fühlt sich frei, ihn praktisch auszuschalten[2]. Was übrig bleibt, ist καὶ . . . ἐξῆλθεν (von Markus übernommen) sowie die Übergangswendung μετὰ ταῦτα. Lukas streicht das Seemotiv und den Hinweis auf die Belehrung der Menge, da beides schon vorher erwähnt wurde (vgl. 4,31–32; 5,1–3 usw.). Ob er das εἶδεν durch ἐθεάσατο (»bemerkte«) aus stilistischen Gründen ersetzt oder die Wahl Levis durch ein wohlerwogenes Urteil Jesu theologisch begründen will, ist unklar. Lukas tilgt den Namen des Vaters (Alfäus), weil ein Jakobus, Sohn des Alfäus, in 6,15 erscheint, um eine Verwechslung zu vermeiden. Wichtiger ist der gleiche Zusatz wie in 5,11: Die Nachfolge der ersten Jünger setzt ein Verlassen allen Besitzes voraus (V 28), da Lukas die Nachfolge nicht nur als eine erste Bewegung (Aorist bei Markus), sondern als dauernde Praxis (Imperfekt[3]) versteht. Das farblose Zusammensitzen aus 2,15 wird bei Lukas zu einem großen Gastmahl des Levi[4]. Zweifel über den Besitzer des Hauses sind nicht mehr möglich. Als Gäste liegt »mit ihnen« (an Stelle von »Jesus und seine Jünger«) »eine große Menge von Zöllnern und anderen« zu Tisch (V 29). Mit dem beliebten Wort »Menge« für die Hörer Jesu vermeidet Lukas das Wort »Sünder«, das er freilich in V 30 verwendet.

Lukas kann Mk 2,15c schlecht integrieren: Die Erwähnung der Nachfolge paßt theologisch gut, aber bildlich schlecht in eine Szene, in der die Leute zu Tisch liegen. Gegner Jesu sind im allgemeinen »die Pharisäer« (wie bei Matthäus) und nicht nur ein Teil von ihnen (Mk 2,16), aber aus Quellentreue fügt Lukas »und ihre Schriftgelehrten« hinzu. Anstelle einer Wiederholung der Situation (Mk 2,16a) drückt er mit »Murren« das Gefühl der Zuschauer aus. Γογγύζω und διαγογγύζω sind redaktionelle Wendungen, die Lukas der Septuaginta entlehnt (vgl. 15,2; 19,7). Nach den Verba dicendi zieht Lukas πρός mit Akkusativ dem Dativ vor (VV 30–31). Der Vorwurf gilt nicht nur Jesus (Markus und Matthäus notieren ἐσθίει), sondern auch den angeredeten Jüngern.

---

[1] EvThom 104 entspricht Mk 2,18–20 // Lk 5,33–35. Mk 2,21–22 // Lk 5,36–39 hat dagegen in EvThom 47 seine Entsprechung; dies deutet darauf hin, daß die beiden Perikopen ursprünglich unabhängig voneinander tradiert wurden. Kee, A., Fasting tritt für die ursprüngliche Einheit von Mk 2,19a und 2,19b–20 ein und ist der Ansicht, daß die darin angesprochene Problematik die der Urgemeinde und nicht die Jesu widerspiegele.

[2] In diesem Vers (Lk 5,27) überliefert auch Kodex D einen sehr frei gehaltenen Text, der sich annähernd an Mk 2,13 anschließt.

[3] Die Lesart ἠκολούθησεν ist sehr gut bezeugt, aber sicherlich aus den markinischen bzw. matthäischen Parallelstellen übernommen.

[4] In V 29 findet man einige unterschiedliche Lesarten, die – zumindest teilweise – von den Parallelstellen des Markus und Matthäus beeinflußt sind, z.B. καὶ ἁμαρτωλῶν (anstatt καὶ ἄλλων) und μετ' αὐτοῦ (anstatt μετ' αὐτῶν).

Denkt Lukas mehr als Markus an die Zeit der Kirche? Der griechische Ausdruck »essen und trinken« taucht auch öfter bei jüdischen Autoren an Stelle hebräischer Wendungen auf[5].

Wie in 5,22 erweist sich ἀποκριθείς . . . εἶπεν in V 31 als redaktionell. Οἱ ὑγιαίνοντες paßt Lukas besser als οἱ ἰσχύοντες (Mk 2,17). Ἰσχύω heißt bei ihm nur: Die Kraft haben, um etwas zu vollenden. Das Perfekt ἐλήλυθα (V 32) drückt besser als der Aorist ἦλθον (bei Markus und Matthäus) das geschehene Ereignis mit gegenwärtigen Folgen aus. Lukas unterstreicht, daß der Ruf ein Ruf zur Umkehr ist[6].

Weil V 33 Antwort der *Pharisäer* ist (siehe oben), verschiebt er das zweite Beispiel (»ebenso auch die der Pharisäer«) etwas nach unten, sonst müßte er in direkter Rede »unsere Jünger« schreiben. Zudem fügt er den Hinweis auf das Gebet[7] nicht ganz logisch zur Fastenfrage hinzu[8]. Wie im Judentum und in Mt 6,1–18 geschieht das Fasten auch bei ihm nicht ohne Gebet (vgl. auch Apg 13,2–3). In Lk 18,12 gehören das Fasten und der Zehnte zusammen. Um μαθηταί und νηστεύω nicht zu oft zu gebrauchen, notiert Lukas ähnlich wie in V 30 οἱ δὲ σοὶ ἐσθίουσιν καὶ πίνουσιν. Er schafft damit eine Verbindung zwischen den VV 27–32 und 33–39. Denkt Lukas an das Menschensohnlogion 7,34? In V 34 fehlt in vielen Handschriften der Name Ἰησοῦς, doch ist der Sinn unzweideutig: Der Singular εἶπεν kann nur Jesus als Subjekt haben. Wichtiger ist, daß Lukas mit wenig Aufwand den Sinn ändert: »Ihr könnt die Teilnehmer der Hochzeit nicht fasten lassen . . .« macht das Gleichnis zur Allegorie und expliziert die Rolle der Pharisäer als Gegner. Mk 2,19b streicht er wie Matthäus als Wiederholung von Mk 2,19a. In V 35 stellt Lukas das καί um und gibt dadurch den Worten »es werden aber Tage kommen« ein Eigengewicht. Der merkwürdige markinische Wechsel vom Plural (ἡμέραι) zum Singular (ἐν ἐκείνῃ τῇ ἡμέρᾳ) verschwindet: Es gibt nur eine – freilich längere – Periode für die christliche Fastenpraxis, die Zeit der Kirche.

V 36: Lukas spürt, daß ein Übergang zwischen den Bildworten (VV 34–35 und 36–39) nötig ist. Sein Zusatz ἔλεγεν δὲ καὶ παραβολὴν πρὸς αὐτούς zeigt sein Verständnis von παραβολή (siehe unten zu V 36). Das schwer verständliche Wort Mk 2,21 verbessert Lukas sprachlich und inhaltlich so gut wie möglich. Dadurch entsteht ein zusätzlicher Gedanke: Der intakte Stoff wird durch das Abschneiden eines Stückes verdorben[9]. Die VV 37–38 sind praktisch mit Mk 2,22 identisch[10]. Erstaunlich ist jedoch

---

[5] Vgl. Bauer s.v. πίνω.
[6] Vgl. Bovon, F., Luc le théologien 299.304.
[7] Die Frage nach dem Beten wird in der Folge nicht mehr aufgegriffen; vgl. Fitzmyer I 594.
[8] Πυκνός findet man 3mal im Neuen Testament: 1mal als Adjektiv (1Tim 5,23) und 2mal als Adverb (hier und – im Komparativ – in Apg 24,26); dazu kommt eine wichtige Variante in Mk 7,3 (vgl. Bauer s.v. πυγμή und πυκνός). Als modales Adverb findet man πυκνά »schon bei Homer, und es hat sich bis heute erhalten«, schreibt Antoniadis, S., Evangile 72.
[9] Lukas ersetzt εἰ δὲ μή (Mk 2,21.22) durch εἰ δὲ μή γε (V 36 und V 37). Das Zufügen von γε verändert den Sinn in keiner Weise; vgl. ebd. 290.

[10] Die einzigen Unterschiede sind: Beim zweiten Mal, da das Wort »Wein« vorkommt (V 37b), wird ὁ νέος zugefügt; das dritte οἶνος (V 37c) wird durch αὐτός ersetzt, zugleich wird das Verb »fließen« (ἐκχυθήσεται) beigefügt; am Schluß wird das Verbaladjektiv (das eine Notwendigkeit ausdrückt; vgl. Kaegi § 201,2) βλητέον angehängt, das den schon bei Markus vorhandenen Sinn ausdeutet. Die minor agreements mit Matthäus (ἐπιβάλλει [V 36]; εἰ δὲ μή γε [VV 36 und 37]; vgl. das ἐκχεῖται des Matthäus mit dem ἐκχυθήσεται des Lukas) genügen nicht, die These, eine Parallelversion zu Markus habe auf Matthäus und Lukas eingewirkt, zu erhärten (gegen Schramm, T., Markus-Stoff 104–111).

der unerwartete, durch die Thematik »alt und neu« verwandte V 39. De Satz findet sich auch in EvThom 47, wobei das dortige Logion den Inhalt von Lk 5,36–39 in umgekehrter Reihenfolge wiedergibt und ihm ein unbekanntes Wort über den Menschen vorausgehen läßt, der weder auf zwei Pferden reiten noch zwei Bogen spannen kann, und das Wort über die zwei Herren (Lk 16,13). Freilich haben die Sätze dort zum Teil eine andere Bedeutung. Da sie formgeschichtlich Lukas gegenüber nicht unbedingt sekundär aussehen, stammen sie vielleicht aus einer unabhängigen Überlieferung; das Wort über den Wein und die Schläuche ist symmetrischer und könnte eine ältere Fassung widerspiegeln. Zur Begründung der Unabhängigkeit von EvThom 47 läßt sich über die andersartige Reihenfolge der Logien[11] hinaus auch das Verb ἐπιθυμεῖν (gegenüber θέλειν in Lk 5,39) anführen[12]. Zudem erweist sich der dort vorliegende Parallelismus membrorum als älter. Im Wort über die Kleider steht EvThom 47 Lukas näher als Markus und Matthäus[13].

Erklärung   *Die Berufung des Levi (VV 27–28)*
27–28   Formgeschichtlich kann man zwei Typen der Berufung unterscheiden[14]. Während die Jünger des ersten Typs bekannte und mit Namen erwähnte Persönlichkeiten sind, bleiben die der zweiten anonym. Im ersten ergreift Jesus die Initiative, im zweiten die um Aufnahme Bittenden. Während im ersten der Ruf Jesu einen sofortigen Erfolg erzielt, bleibt seine Antwort im zweiten unerwähnt. Soziologischer Sitz im Leben des ersten Typs wird eine christliche Gemeinde sein, die auf die Bekehrung ihrer ersten Führer zurückblickt. Der zweite Typus ist missionarischer und paränetischer Art: Durch die Anonymität und die Offenheit des Schlusses ruft der Prediger die Zuhörer in die Entscheidung und in die Nachfolge. Hier liegen die Strukturelemente des ersten Typs vor, die Lukas treu übernimmt. Er insistiert nicht auf Jesu Unterwegssein, sondern achtet auf seinen Blick: »Le verbe θεᾶσθαι, rare dans le N.T. . . ., indique un regard appuyé, une contemplation chargée de pensée; cf. 7,24 et surtout 23,55«[15]. Was liest Lukas in diesem Blick Jesu? Wahrscheinlich die Zuwendung zum Sünder – das nächste Wort ist »Zöllner«, das durch »am Zoll« unterstrichen wird – und die Zuversicht für die Nachfolge.

---

[11] Die gegenüber den Synoptikern umgekehrte Reihenfolge Wein – Kleid findet man in früher Zeit nicht nur in EvThom 47, sondern, wenn auch selten, noch anderswo: bei Marcion, bei Schenute und an weiteren Stellen (vgl. Schrage, W., Thomas-Evangelium 114); dies bestätigt die Hypothese einer unabhängigen Überlieferung.

[12] Schrage, W., ebd. 109–116 versucht zu zeigen, daß EvThom 47 gegenüber der synoptischen Version sekundär ist. EvThom 47 entspricht dagegen nach Quispel, G., The Gospel of Thomas and the New Testament, VigChr

11 (1957) 189–207, hier 194f einer judenchristlichen Quelle, dem Hebräerevangelium, die von der heidenchristlichen Tradition der kanonischen Evangelien unberührt geblieben ist.

[13] Mit Schrage, W., Thomas-Evangelium 112 und Gärtner, B., The Theology of the Gospel of Thomas, London 1961, 66–68.

[14] Vgl. Schulz, A., Nachfolgen 97–110. Die eine Art der Berufungserzählungen gehört der dreifachen synoptischen Tradition, die andere der Q-Überlieferung an.

[15] Delebecque, E., Evangile 30 zu V 27.

Lukas übernimmt die paradigmatische Bedeutung der Zöllner. Neben der direkten Steuer gab es verschiedene Zollarten, die an Landesgrenzen, Brücken, in Häfen und wichtigen Städten auf Waren und Sklaven erhoben wurden. In Galiläa und in Judäa wurden sie nicht von Beamten erhoben, sondern von freien Unternehmern, von Abgabenpächtern. Die Oberzöllner hatten den Zoll einer Stadt oder Region gepachtet und waren dadurch ziemlich frei, durch ihre Untergebenen ein Mehrfaches an Einkommen zu erlangen (dadurch die moralische Kritik der Pharisäer). In Galiläa gelangten die Pachteinnahmen in die Kasse des Herodes Antipas, in Judäa und Samarien in die des römischen Fiskus. Die Zöllner, deren Arbeit in Judäa wahrscheinlich als prorömisch empfunden wurde, zogen durch ihren Mißbrauch den Haß der Juden auf sich[16]. Da Furcht und Mißtrauen gegenüber den Zöllnern im Römischen Reich verbreitet war, konnte Lukas die von Markus übernommene Zuwendung Jesu zu den Sündern mit dieser Berufung eines Zöllners anschaulich verdeutlichen.

Ἀκολουθέω hat sich bereits im Profangriechischen in Richtung des bildlichen, moralischen oder religiösen Sinnes erweitert: mit dem Intellekt folgen, einem Beispiel, einem Führer oder den Gesetzen folgen, der Gottheit nachfolgen. Für die religiöse Haltung ist allerdings häufiger ἕπομαι belegt. So schreibt Epiktet: »Ziel ist es, den Göttern nachzufolgen«[17]. Die Nachfolge *Gottes* wird im Neuen Testament wegen der Transzendenz Gottes vermieden. Da die Zwölf immer Jünger Jesu bleiben, ist auch in der Apostelgeschichte von einer Nachfolge Gottes seitens der Apostel nicht die Rede. Alles konzentriert sich auf die Nachfolge Jesu. Im Alten Testament bekommt der profane Ausdruck »hinter jemandem hergehen« (הָלַךְ אַחֲרֵי) religiösen Sinn, öfter »den Götzen nachgehen«, wird jedoch selten im Blick auf Gott gebraucht[18]. Im zeitgenössischen Judentum gibt es Nachfolge dergestalt, daß der Schüler dem Rabbi wie auch – in der Apokalyptik – das Volk dem charismatischen Führer nachfolgt[19].

Daß die Initiative von Jesus ausgeht, weist auf den Führer hin. Daß die Nachfolge im Gehorsam und nicht in enthusiastischer Teilnahme am Heilsgut besteht, erinnert an den Rabbi. Aber wichtig ist gegenüber der griechischen Sprache und dem jüdischen Gedankengut das christliche Proprium. Die Nachfolge ist streng christologisch bestimmt und als solche Nachfolge auf dem Leidensweg Jesu – vor jeder Teilnahme an der Herrlichkeit (vgl. 9,23–24).

[16] Vgl. Bill. I 377–380; Gnilka, J., Markus I 105f; Herrenbrück, F., Zöllner. Nach letzterem sind die neutestamentlichen Zöllner weder die römischen Großsteuerpächter (publicani) noch deren Angestellte (portitores), sondern hellenistische Kleinpächter.

[17] Τέλος ἐστὶ τὸ ἕπεσθαι θεοῖς (Diss I 20,15).

[18] In der Septuaginta kommt ἀκολουθέω nur 14mal vor; vgl. z.B. Rut 1,14 (Rut folgt Noomi); Jdt 15,13 (die Israeliten folgen der triumphierenden Judit); Jes 45,14 (die unterlegenen Fremden folgen Israel); 2Makk 8,36 (die Gesetze befolgen). Soweit ich sehe, sagt man nie »Gott folgen (ἀκολουθέω)«. Die Formulierung »hinter (ὀπίσω) ... nachgehen oder -laufen« dagegen ist häufig belegt; vgl. z.B. 1Sam (LXX 1Kön) 12,14 (dem Herrn folgen).

[19] Vgl. Schulz, A., Nachfolgen 19–32; Hengel, M., Nachfolge und Charisma 20–37.

Für Lukas[20] ist Nachfolge Sache des Intellekts, des Willens und des Gefühls, vor allem auch des konkreten täglichen Lebens, nicht nur eschatologische Entscheidung, sondern heilsgeschichtlicher Lebenslauf im Anbruch der letzten Zeiten. Der Jünger verläßt alles; er steht auf (ἀναστάς in V 28 neben καθήμενον in V 27), schaut nicht mehr nach hinten. Daß diese christliche Existenz, die auch »mein Jünger sein« (14,27.33) oder »hinter mir hergehen« (9,23) genannt werden kann, zur Teilnahme an der βασιλεία führt, kommt in 9,61–62 schön zum Ausdruck.

So hat Lukas in 5,1–11 und 5,27–28 zwei Berufungen erzählt, die vielleicht, durch zwei Wunderberichte getrennt, die zwei Gesichter der Kirche vorwegnehmen: die judenchristliche Gemeinde und die heidenchristliche, aus Sündern bestehend.

Mit wem essen? (VV 29–32)

29–32   Lukas stört es nicht, daß Levi, der alles verlassen hat, noch ein Haus besitzt und ein Gastmahl veranstalten kann. Nach der von der Apostelgeschichte bestätigten Ethik des Lukas verlassen die Christen nicht alles im buchstäblichen Sinn, sondern stellen alles zur Verfügung. Immerhin hebt er jedoch in 12,33 und 14,33 die Jünger ideal als solche hervor, die alles verkaufen und den Erlös den Armen schenken[21]. Die Spannung zwischen der radikalen Redaktion und der Tradition vom Mahl läßt sich nicht ganz verleugnen.

Die kritischen Überlegungen (διαλογισμοί) der Pharisäer (5,21–22) wurden bereits erwähnt. Hier ist nun von ihrem Murren (γογγύζω) die Rede. Lukas hebt hervor, wie sehr die Pharisäer ihre alten Privilegien behalten und die alte Auslegung des Gesetzes weitertreiben wollen sowie die neue letzte Initiative Gottes durch den Messias nicht verstehen können. Deshalb ist ihre Reaktion ein Murren. Vergleichbar ist die Haltung des Volkes Gottes in der Wüste[22]. Was sie nicht verstehen, ist, daß Gott seine Gnade, für die die Tischgemeinschaft sichtbarer Ausdruck ist, den Sündern gewährt[23]; der Vorwurf taucht in Lk 7,34 par auf und ist sehr alt.

Das Bild des Arztes ist noch nicht verbraucht, weil die Medizin in Israel erst

---

[20] Vgl. Schneider, G., Art. ἀκολουθέω, in: EWNT I (1980) 122f; Schneider erwähnt, daß Lukas 8mal ein ἀκολουθέω des Markus beseitigte. Für dieses Ausweichen des Lukas lassen sich m.E. literarische Erwägungen und das Bemühen um historische Wahrscheinlichkeit als Gründe anführen. Lukas ist am christologischen Inhalt der Nachfolge gelegen, deren Tragweite er umreißt; vgl. Bovon, F., Luc le théologien 422 Anm. 2.

[21] Vgl. ebd. 410–415.

[22] Γογγύζω kommt in der Septuaginta etwa 15mal vor; vgl. insbesondere Ex 16,7 (Codex Alexandrinus); 17,3; Num 11,1; 14,27–29.

[23] In V 30 begegnen wir zum ersten Mal im Evangelium dem Begriff »Jünger«. Während das Wort in Griechenland auf die Schüler der Philosophen und Rhetoren angewandt wurde, diente es in Israel zur Bezeichnung des Schülers eines Rabbi. Der hebräische Begriff תַּלְמִיד »Jünger«, »Schüler« ist ziemlich jung, da es in Israel – im Gegensatz zu Griechenland – ursprünglich keine »Lehrkultur« gab. Im christlichen Sprachgebrauch bezeichnet das Wort die ausschließliche Hingabe an den Meister, dem man immer als Jünger verbunden bleibt und dem man nie ebenbürtig werden wird, weil er der Herr ist; vgl. Rengstorf, K.H., Art. μανθάνω κτλ., in: ThWNT IV (1943) 417–464.

spät zu Bedeutung gelangte. Die Weisheitsliteratur kann die Einbeziehung eines Arztes sowohl als Glaubensschwäche wie als göttliche Hilfe betrachten[24]. Das Bild störte womöglich Jesu Zuhörer, dem hellenistischen Schriftsteller macht es keine Sorge. Er will im Gegenteil Jesus als Lehrer und Arzt des Volkes vorstellen[25].

Gibt es überhaupt »Gesunde« (V 31) und »Gerechte« (V 32)? Haben nicht alle in Israel die Bekehrung nötig? Sind die »Gerechten« nicht »Selbstgerechte«? Erst 15,7 wird darauf eine Antwort geben. Hier ist nur betont, daß es Kranke, d.h. Sünder, gibt und Jesus (vgl. das christologische, messianische »Ich«) gekommen ist, sie zu heilen, d.h. zur Umkehr aufzurufen[26]. Wahrscheinlich ist V 32 Auslegung des Jesus-Gleichnisses. Das Verb ἔρχομαι hat hier messianische Bedeutung[27] und scheut im Aorist (Markus, Matthäus) wie im Perfekt (Lukas) auf das gesamte Leben Jesu zurück[28]. In V 31 wird die Hilfe des Arztes nur erhofft, hier angekündigt und vollzogen.

Wann und weshalb fasten? (VV 33–35)

Mit V 33 beginnt die zweite Runde. Fasten und Gebete gehören zum Wesen   33–35
der Jüngerschaft des Täufers wie der Pharisäer. Die frommen Mitglieder der
Reformbewegungen fasteten nicht nur bei den obligatorischen Gelegenheiten (am Versöhnungstag und bei Katastrophen), sondern auch freiwillig[29]. Der Pharisäer aus Lk 18,9–14 fastet zweimal in der Woche. Durch das individuelle Fasten wollte man eine Schuld sühnen, eine Weihe, eine Buße oder ein Gebet begleiten, sich Verdienste sichern[30]. Das Fasten der pharisäischen Reformbewegungen hatte kollektive Bedeutung und sollte das Land schützen und zum Wohl des Volkes beisteuern. »Um der sühnenden Bedeutung des Fastens willen steht hinter diesem Vorwurf die Beschuldigung, eine nationale

[24] Ärzte werden in Jes 3,7 und Jer 8,22 erwähnt. Sich an einen Arzt zu wenden, wird in 2Chr 16,12 getadelt. Jesus Sirach bewundert die ärztliche Kunst (Sir 10,10 und 38,1–15); vgl. Karner, K., Art. Arzt, BHH I (1963) 133. Zum Arzt in der Antike vgl. die Literatur oben S. 225 Anm. 38.

[25] Zum zweiten Mal begegnet hier der Arzt in einem Bildwort; vgl. Lk 4,23 (das von der Menge auf Jesu bezogene Sprichwort). Cadbury, H.J., Style 39–72 hat gegen W.K. Hobart, A. von Harnack und Th. Zahn gezeigt, daß das lukanische Vokabular keine professionelle Kenntnis der Medizin verrät. Die Sprache des Lukas ist nicht spezialisierter als die irgendeines Schriftstellers seiner Zeit, vgl. z.B. Lucianus von Samosata. Der Verfasser des lukanischen Doppelwerkes war demnach nicht unbedingt ein Arzt.

[26] Das Logion V 32 hatte einen großen Erfolg in der mündlichen und schriftlichen Überlieferung; vgl. Barn 5,9; Papyrus Oxyrhynchos 1224; 2Clem 2,4; Justinus, Apol I 15,8 (zitiert bei Aland, K., Synopsis 63f).

[27] Das Verb ἔρχομαι kann im Judentum für das Kommen des Messias gebraucht, aber auch auf alles, was mit dem Ende der Zeiten zu tun hat, angewandt werden; vgl. Hahn, F., Hoheitstitel 393. Bei den Christen hat das Wort zur Zeit des Lukas sicher messianischen (Neben-)Sinn.

[28] Vgl. Bultmann, R., Syn. Trad. 167.

[29] Gelegentliches selbstgewähltes Fasten findet man seit alttestamentlicher Zeit: 2Sam (LXX 2Kön) 12,16; Ps 34(35),13; Dan 9,3.

[30] Versöhnungstag: Lev 16,29–31. Buße: 1(3)Kön 21,27; Joël 1,14; 2,15–27; Jes 58,1–9. Trauer: Est 4,3. Diese Liste ist Fitzmyer I 596 entnommen.

Pflicht des Gottesvolkes zu verletzen«[31]. Fasten bedeutete konkret, kein Brot zu essen, keine Nahrung zu sich zu nehmen. Ex 34,28 und Dtn 9,9 betonen, daß Mose vierzig Tage lang sogar kein Wasser getrunken habe. Ob nur alkoholische Getränke verboten waren oder auch Wasser, weiß ich nicht. Äußerlich manifestiert sich das Fasten durch Sack und Asche (Dan 9,39). Aus Mk 1,6 kennen wir die asketische Haltung des Täufers. Zu ihr paßt, daß er auch seine Jünger fasten gelehrt hat; Lukas fügt das Beten[32] wahrscheinlich wegen der Frage der Jünger Jesu 11,1 hinzu.

Jesus antwortet mit einer rhetorischen Frage. Das Bild der Hochzeit ist im damaligen Kontext verständlich[33]; während der Feierlichkeiten hatten die Menschen nicht nur die Erlaubnis, sondern geradezu die Pflicht, das Fasten zu durchbrechen. So gibt ein rabbinischer Traktat *Megillat Taanit* die Liste der Tage im Jahr an, an denen das Fasten verboten war, damit man sich der Freude des Festes, der Erinnerung an das geschichtliche Wirken Gottes für sein Volk widmete[34]. Ihnen wurde der Hochzeitstag gleichgestellt, an dem ein Lehrer sogar seinen Gesetzesunterricht unterbrechen mußte. Obwohl eine Hochzeit keine kultische Veranstaltung war, symbolisierte sie doch die Geschichte Gottes mit seinem Volk (Hos 1–2; Ez 20). Noch mehr als heute lag der Ton auf der Freude.

Νυμφών bedeutet für gewöhnlich das Brautgemach (Tob 6,14.17). Ob hier der Hochzeitssaal gemeint ist wie in Mt 22,10 (manche Handschriften lesen γάμος), ist nicht sicher zu entscheiden. »Die Söhne τοῦ νυμφῶνος« sind jedenfalls die Teilnehmer der Hochzeit, nicht speziell die Brautführer (Joh 3,29). Sie können nicht fasten, solange[35] der Bräutigam noch bei ihnen ist. Für Jesus ist die Zeit seiner Gegenwart Hochzeitstag, ohne daß er sich direkt mit dem Bräutigam identifizierte. Die Evangelisten konnten nicht anders, als Jesus mit dem Bräutigam gleichzusetzen. Der allegorische Auslegungsprozeß entwikkelt sich hier nicht in die Richtung des Ehepaares (Christus und seine Kirche) wie in 2Kor 11,2, Eph 5,25 und Offb 21,2.9; 22,17), sondern betrachtet wie in Mt 25,1–13 den Bräutigam und seine Begleiter. Die Symbolik ist demzufolge die der Abwesenheit innerhalb des Bedeutungsfeldes der Freundschaft, nicht der ehelichen Treue oder Liebe[36]. Wir stehen damit noch auf dem Boden des Judentums, wo »Bräutigam« kein messianischer Titel ist. Innerhalb des Heidenchristentums wird sich später das Bild der *unio mystica* der Seele mit dem

---

[31] Vgl. Grundmann, W., Markus 65.

[32] Δέησις: »Bitte«, »Gesuch«; vgl. Monloubou, L., Prière 100–102. Wörtlich: ein zum Ausdruck gebrachtes Bedürfnis (δέομαι).

[33] Zur Hochzeit und ihrem symbolischen Gehalt in Israel vgl. Bill. I 500–518 und Jeremias, J., Art. νύμφη κτλ., in: ThWNT IV (1943) 1095f.

[34] Zu diesem Traktat vgl. Strack, H.L. – Stemberger, G., Einleitung 44f.

[35] Ἐν ᾧ: Man muß sich ein Beziehungswort wie ὁ χρόνος hinzudenken. Man könnte eigentlich ein »solange als« (ἐφ᾽ ὅσον), wie es Matthäus notiert hat (Mt 9,15), erwarten.

[36] Mit Jeremias, J., Art. νύμφη κτλ., in: ThWNT IV (1943) 1095f und gegen Brownlee, W.H., Messianic Motifs of Qumran and the New Testament, NTS 3 (1956–1957) 195–210, bes. 205 ist Fitzmyer I 599 der Ansicht, das Logion identifiziere den Bräutigam nicht mit dem Messias.

göttlichen Bräutigam im Brautgemach entwickeln[37]. Hier bleiben wir nüchtern innerhalb einer zwischenmenschlichen Beziehung, die kein Einswerden ist, in dem die eigene Persönlichkeit in die des anderen hineinfließt. Das Gegenüber der klar voneinander abgegrenzten Menschen ist trotzdem ein glückliches Zusammensein. Der Bräutigam steht für sich: Die Hochzeit ist *sein* Fest, die andern sind ihm weder untertan noch gleich. Das Bild der Freundschaft für die Beziehung zwischen Christus und den Christen taucht selten auf, doch hier ist es wie in Joh 15,15 lebendig; in der Apostelgeschichte benutzt es Lukas für das Verhältnis der Christen untereinander (mit einer Adaptation des griechischen Sprichworts: »Freunden ist alles gemeinsam«[38]).

Bei Lukas tritt noch eine andere Gruppe hinzu: die Pharisäer. Schon ihre Anwesenheit bedeutet Bedrohung, zumindest erinnert sie an das Realitätsprinzip, das sorglose Freude verbietet. In V 34 treffen wir die gleiche Situation an wie in der gesamten lukanischen Szene der VV 29–39: Jesus und seine Jünger (der Bräutigam und seine Freunde) werden von draußen, aber doch aus der Nähe beobachtet, die Kritiker sind also mit den Pharisäern identisch. Lukas versteht die Antwort Jesu kaum im Sinne eines »Ihr könnt euch doch nicht vorstellen, daß sie fasten«[39], sondern eher so: »Ihr könnt sie nicht zwingen zu fasten«. Hinter der lukanischen Redaktion steht also die Auseinandersetzung der *christlichen* Gemeinde mit der *jüdischen* Praxis.

Ἀπαρθῇ in V 35 darf man nicht überinterpretieren: Lukas denkt weder im allegorischen Sinn einzig an das Kreuz noch an die Himmelfahrt Jesu (vgl. Apg 1,9 D). Anvisiert wird allgemein die Zeit der Kirche, in der Christus nicht mehr »mit ihnen« sein wird. Diese Zeit der Kirche wird wieder eine Zeit des Fastens sein (Apg 13,2–3; Mt 6,16–18). Die Christen haben früh wieder Fastentage eingeführt, wenn auch am Mittwoch und Freitag, damit diese Praxis nicht mit einer jüdischen oder judaisierenden (Montag und Donnerstag) verwechselt wird[40]. Ist das christliche Fasten nur ein Rückfall, der die Freude und

---

[37] Vgl. EvPhil (NHC II,3) 64,31–65,26 (das Mysterium der Hochzeit); 67,27–30 (das Brautgemach, drittes durch den Herrn erfülltes Mysterium); 69,1–4 (das Brautgemach für die freien Menschen und die Jungfrauen); 69,14–70,4 (das Brautgemach); 70,9–34 (Adam - Eva); 71,3–21 (die Geburt Adams und die Geburt Christi); 72,17–29 (den Kindern des Brautgemachs werden Ruhe und Kontemplation angeboten); 74,21–22 (der wahre Christ erhält die Gaben des Vaters im Brautgemach); 75,25–76,9 (die Zeugung); 78,13–24 (die Kinder gleichen ihren Eltern); 78,26–79,13 (die Eheleute entsprechen sich); 81,28–82,26 (die geistliche Hochzeit); 84,22–23 (das noch verborgene Brautgemach); 85,32–86,7 (der versprochene Eintritt in das Brautgemach). In den Ausgaben von Till, W.C., Das Evangelium nach Philippus, Berlin 1963 und von Ménard, J.E., L'Evangile selon Philippe, Paris 1967 ist die Seitenzahl des Manuskripts um zwei höher: 64,31 = 66,31. Weiter ist der Text in Abschnitte zerlegt. Die Seitenangaben dieser Anmerkung entsprechen den Abschnitten 60–61; 68; 73; 76; 78–80; 82–83; 87–88; 95; 102–104; 112; 113; 121–122; 125; 126–127.

[38] Vgl. Dupont, J., La communauté de biens aux premiers jours de l'Eglise, in: ders., Etudes sur les Actes des apôtres, Paris 1967, 503–519.

[39] So Delebecque, E., Evangile 30.

[40] Vgl. Did 8,1. Das Fasten wird noch in Did 1,3 und 7,4 erwähnt; vgl. Rordorf, W. - Tuilier, A., La Doctrine des apôtres (Didachè), Paris 1978 (SC 248), 36–38. Reicke, B., Fastenfrage weist auf die Entwicklung der christlichen Fastenbräuche vom 1. bis zum 6. Jahrhundert hin.

Freiheit Jesu vergißt? Oder hat die Fastenpraxis eine neue Bedeutung erhalten, so daß die Zeit Jesu die zwei Perioden verklammert? Die folgenden VV 36–39 sowie die Apostelgeschichte lassen vermuten, daß die christliche Praxis von Lukas eschatologisch neu verstanden wurde. Wie das Gebet wird das Fasten Teil der christlichen Liturgie, in der die Gegenwart Christi erfahrbar ist und die Christen für den Geist ansprechbar sind (Apg 13,2). Während des Lebens Jesu war die Gegenwart des Heils durch Nicht-Fasten angezeigt, jetzt, in der Zeit der Kirche, durch Fasten, das damit eine von Grund auf neue Bedeutung bekommt und mit der Freude am gegenwärtigen Heil zusammenhängt[41]. Freilich hat sich die Fastenpraxis der Kirche schnell mit dem Gedanken der Buße verbunden: der Mittwoch als Tag des Todesbeschlusses des Hohen Rates, der Freitag als Todestag Jesu (vgl. *Constitutiones apostolorum* V 14,20; VII 23,2 u.a.).

Drei Gleichnisworte (VV 36–39)

36–39 Gleichnishaft ist die Weisheitsregel V 36[42]; οὐδείς bringt ihre Allgemeingültigkeit zum Ausdruck. Während Markus von einem ungewalkten Stück Stoff spricht, führt Lukas ein neues Kleid ein[43]; »die Torheit des Verfahrens ist gesteigert . . .«[44]. Jetzt stehen neues und altes Kleid einander gegenüber. Die Folge dessen ist eine Umdeutung des schwierigen Satzes Mk 2,21b, so daß zum unpassenden Flicken auf dem alten Kleid ein Schaden am neuen hinzukommt[45].

Für Lukas stehen alte und neue Praxis einander gegenüber. Vor allem soll die neue unangetastet bleiben. Sehr anschaulich ist das Bild nicht, weil die von den Pharisäern verlangte Fastenpraxis das alte Stück zu sein scheint, das man nicht auf das christliche neue Kleid flicken sollte (im Sinne von Gal 2,18). Oder sieht Lukas wie Markus und die mündliche Tradition in der Fastenreform des Täufers und der Pharisäer eine nicht genügend radikale Erneuerung

[41] Also gerade nicht, was Baumgarten, J., Art. καινός κτλ., in: EWNT II (1981) 565 schreibt: »Insofern ist das Fasten Ausdruck der Trauer in der Zeit der Abwesenheit des Bräutigams.« Reicke, B., Fastenfrage unterstreicht zu Recht den neuen Sinn, den das Fasten im christlichen Bereich erhält. Nach Reicke ist das Fasten vor allem infolge der meditativen Theologie der Alten Kirche spiritualisiert worden.

[42] Zum Begriff παραβολή vgl. den Kommentar zu 8,4 unten S. 406 Anm. 17. Elemente einer Auslegungsgeschichte dieses V 36 bei Cremer, F.G., Sondergut; er unterscheidet vier Auslegungsarten, von denen wir zwei erwähnen: a) Augustinus, De consensu evangelistarum 27,63 (CSEL 43,167): Die Jünger gleichen alten Kleidern, zu denen ein neues Stoffstück (nur das Fasten) der voll-

ständigen Askese (das ganze neue Kleid) schlecht paßt. b) Kyrillos von Alexandrien, Comm Luc V 36 (PG 72,573C): Man kann nicht ein altes Stoffstück (die alten Gesetze) auf ein neues Kleid (die durch den Geist erneuerten Gläubigen) aufsetzen. Dieselbe Auslegung auf die Schläuche angewandt in Fragment 26, publiziert von Reuss, J., Lukas-Kommentar 65.

[43] Ἐπίβλημα ist eine vage Bezeichnung: Wie seine Etymologie nahelegt, bezeichnet das Wort etwas, das man über eine andere Sache wirft oder legt: »Deckel«, »Kopfbedeckung«, »Decke«, »Hülle«, »Teppich« usw.; vgl. Liddell-Scott-Jones s.v. Hier handelt es sich um einen »(aufgesetzten) Flicklappen«; vgl. Bauer s.v., der die Belegstellen angibt.

[44] Klostermann 73f.

[45] Vgl. ebd. 74; Bl-Debr-Rehkopf § 444,3.

der alten Religion? Für Lukas ist wahrscheinlich der durch Jesus eingeführte Lebensweg so neu, daß man nicht gleichzeitig christlich und jüdisch leben kann.

Um das Neue (3mal χαινός in V 36) geht es auch in den VV 37–38, wo neben χαινός (für die Schläuche) dreimal νέος (für den Wein) steht. Für den Wein ist νέος (frisch, jung) das richtige Wort. Καινός weist in der klassischen Sprache auf die qualitative Neuheit hin, sei sie positiv oder negativ, hier aber wie auch in V 36 auf etwas noch nie Benutztes, wofür νέος besser am Platz wäre. Καινός und νέος werden in der Koine jedoch *promiscue* gebraucht, beide nicht a priori positiv, was Lukas als griechischer Schriftsteller wohl weiß. Er verwendet zwar das traditionelle Logion vom neuen Bund (22,20), gebraucht in eschatologischem Kontext sonst aber nie diese Adjektive. In Apg 17,19.21 ist χαινός gemäß griechischem Sinn etwas, das man noch nicht kennt. Hier hingegen verwendet er χαινός und νέος aufgrund der ihm vorgegebenen Tradition rein positiv für die christliche Wahrheit. Er selbst glaubt, daß das christliche Proprium das uralte, der Schöpfung gemäße ist (siehe unten zu V 39).

Trotz des Begriffspaares neu – alt haben die VV 37–38 unabhängig von V 36 ihren Sinn[46]. Die vorliegende Weisheit entstammt diesmal der Sphäre der Weinbauern. Gegen gärenden Wein haben nur gut verarbeitete und sich in gutem Zustand befindliche Schläuche die nötige Widerstandskraft. Man muß also neuen Wein in neue Schläuche füllen.

Man kann fragen, ob Jesus, die synoptische Überlieferung und die Evangelisten die Symbolik des eschatologischen Gastmahls mitgehört, also eine leichte allegorische Bedeutung des Weines eingeführt haben: Die mit dem Wein verglichene Freude des Reiches Gottes, die man schon jetzt genießen kann, darf nur von neuen Menschen empfangen werden[47]. Wenn Lukas dies so mitgehört hat, ist sein Echo zurückhaltend geblieben[48].

Grundbedeutung des Gleichnisses ist, daß der Mensch das Geschenk Gottes mit der adäquaten Weisheit empfangen soll. Im Kontext der Fastenfrage ist die jüdische Praxis nicht mehr die richtige Glaubenshaltung. Vertrauen und Freude sollen Sühne und Werkgerechtigkeit ersetzen. Aber es gehört zum Wesen des Glaubens und der Freude, daß man sie nicht wie ein Gebot befehlen kann. Man kann sie nur durch Anrede und Dialog in Bewegung setzen. Das Gleichnis hat die Funktion, die Menschen zu provozieren, sie zur Entscheidung zu leiten und sie so aus Sackgassen herauszuziehen.

V 39[49] wurde nicht von Lukas verfaßt. Wenn man ihn isoliert betrachtet, ist

---

[46] Sehr viele Zeugen übernehmen aus Mt 9,17 die Worte χαὶ ἀμφότεροι συντηροῦνται (»so bleiben beide miteinander erhalten«) und fügen sie am Ende des V 38 an.

[47] Zur Thematik des neuen Weines vgl. Lebeau, P., Le vin nouveau du Royaume. Etude exégétique et patristique sur la Parole eschatologique de Jésus à la Cène, Paris 1966 (ML.B 5).

[48] Vgl. Jülicher, A., Gleichnisreden II 200: »Und auch bei Lc, der ohnehin mehr für Ausmalung als für Eindeutung beanlagt ist, nehme ich nichts wahr, was eine andre Beurteilung forderte.«

[49] V 39 fehlt in einigen griechischen und lateinischen Handschriften (D it) und bei einigen alten Autoren (Marcion, Irenäus, Eusebius).

sein Sinn klar: Alter Wein ist besser[50]. Wer mit dem alten angefangen hat, will nicht mit dem neuen vorliebnehmen[51]. Solche Weisheit ist auch im Judentum und in Griechenland bekannt[52]. Bei Lukas kann der alte Wein a) negativ die jüdische Fastenpraxis bedeuten, die die Menschen, auch die Christen, anziehen und verführen kann, b) positiv die christliche Lebensführung meinen, weil das Neue des Evangeliums einerseits für Lukas das Uralte ist (älter als das Gesetz [vgl. Gal 3,17.19]) und andererseits jetzt, am Ende des ersten Jahrhunderts, schon alte Überlieferung gegenüber den jüngeren Lehrabweichungen. Wenn b) zutrifft, verstünde Lukas wie der Verfasser des 1. Johannesbriefes die christlichen Gebote gleichzeitig als neu (VV 36–38) und alt (V 39)[53].

Zusammen-
fassung

1.   Mit Lk 5,27–39 endet der zweite polemische Abschnitt des Lukasevangeliums. Der erste (5,17–26) konzentriert sich christologisch auf die Vergebungsvollmacht des Menschensohnes, der zweite ekklesiologisch auf die christliche Lebensführung[54].

2.   Das christliche Leben ist für Lukas von außen bedrohte Existenz. Jeder euphorische Enthusiasmus ist ausgeschlossen, weil in der Realität des Lebens jede Form der Flucht ausgeschlossen ist.

3.   Die Glaubenshaltung wird von der Gemeinschaft und von der eschatologischen Freude bestimmt. Das eschatologisch Neue stellt die alte religiöse Praxis in den Schatten.

4.   Christlich leben heißt nicht gesetzlos leben: Es gibt nach, aber auch vor dem Gesetz eine Weisheit, die Jesus durch Gleichnisse wiederbelebt und mit der er die Menschen konfrontiert und eingeladen hat.

Das Ährenraufen am Sabbat (6,1–5)

Literatur: Audet, J.-P., Jésus et le »calendrier sacerdotal ancien«. Autour d'une variante de Luc 6,1, ScEc 10 (1958) 361–383; *Aichinger, H.*, Quellenkritische Untersuchungen der Perikope vom Ährenraufen am Sabbat Mk 2,23–28 par, Mt 12,1–8 par, Lk 6,1–5, in: Jesus in der Verkündigung der Kirche, hrsg. v. A. Fuchs, Linz 1976 (SNTU A 1), 110–153; *Bammel, E.*, The Cambridge Pericope. The Addition to Luke 6,4 in Codex Bezae, NTS 32 (1986) 404–426; *Baumgarten, J.*, The Counting of the Sabbath in Ancient Sources, VT 16 (1966) 277–286; *Beare, F.M.*, »The Sabbath was made for

---

[50]   Χρηστός hat hier die Bedeutung eines Komparativs (wie das verschiedene Handschriften und Übersetzungen, die χρηστότερος lesen oder übersetzen, verstanden haben) oder eines Superlativs; vgl. Klostermann 74.
[51]   Wie Joh 2,10 bezeugt, schenkte man damals im Gegensatz zu heute zuerst den guten Wein aus, da nicht auszuschließen war, daß ihn die Gäste am Ende des Abends nicht mehr zu würdigen wußten.

[52]   Vgl. Sir 9,10b; mAv 4,20; bBer 51a; Lucianus von Samosata, De merc cond 26; weitere Parallelstellen bei Wettstein 689f.
[53]   Elemente der Wirkungsgeschichte von V 39 bei Dupont, J., Vin.
[54]   Während Mk 2,16 noch eine christologische Spitze hat (*Jesus* wird angegriffen), zeigt die Parallelstelle bei Lukas ganz klar die ekklesiologische Dimension (es werden die *Jünger* angesprochen).

man?«, JBL 79 (1960) 130–136; *Benoit, P.*, Les épis arrachés (Mt 12,1–8 et par.), SBFLA 13 (1962/1963) 76–92 (= *ders.*, Exégèse et Théologie, III, Paris 1968, 228–250); *Buchanan, G.W. – Wolfe, C.*, The »Second-First Sabbath« (Luke 6,1), JBL 97 (1978) 259–262; *Bultmann, R.*, Syn. Trad. 14–15; Ergänzungsheft 18–19; *Daube, D.*, Responsibilities of Master and Disciples in the Gospels, NTS 19 (1972/1973) 1–15, bes. 4–8; *Delebecque, E.*, Les moissonneurs du sabbat (6,1), in: *ders.*, Etudes grecques sur l'évangile de Luc, Paris 1976, 71–84; *ders.*, Sur un certain Sabbat, RPh 48 (1974) 26–29; *Delobel, J.*, Luke 6,5 in Codex Bezae: The man who worked on Sabbath, in: A cause de l'Evangile 453–477; *Duprez, A.*, Deux affrontements un jour de sabbat (Mc 2,23–3,6), ASeign 40 (1972) 43–53; *Grassi, J.A.*, The Five Loaves of the High Priest (Mt xii,1–8; Mk ii,23–28; Lk vi,1–5; 1Sam xxi,1–6), NT 7 (1964/1965) 119–122; *Hay, L.S.*, The Son of Man in Mark 2,10 and 2,28, JBL 89 (1970) 69–75; *Hinz, C.*, Jesus und der Sabbat, KuD 19 (1973) 91–108; *Hultgren, A.J.*, The Formation of the Sabbath Pericope in Mark 2,23–28, JBL 91 (1972) 38–43; *Isaac, E.*, Another Note on Luke 6,1, JBL 100 (1981) 96–97; *Käser, W.*, Exegetische Erwägungen zur Seligpreisung des Sabbatarbeiters Lk 6,5 D, ZThK 65 (1968) 414–430; *Kuhn, H.W.*, Ältere Sammlungen im Markusevangelium, Göttingen 1971 (StUNT 8), 61–81; *Lapide, P.*, Er predigte in ihren Synagogen. Jüdische Evangelienauslegung, Gütersloh ⁴1985, 56–76; *Lindemann, A.*, »Der Sabbat ist um des Menschen willen geworden . . .« Historische und theologische Erwägungen zur Traditionsgeschichte der Sabbatperikope Mk 2,23–28 par, WuD 15 (1979) 79–105; *Lohse, E.*, Jesu Worte über den Sabbat, in: Judentum – Urchristentum – Kirche (FS J. Jeremias), hrsg. v. W. Eltester, Berlin 1960 (BZNW 26), 79–89; *Mezger, E.*, Le sabbat »second-premier« de Luc, ThZ 32 (1976) 138–143; *Murmelstein, B.*, Jesu Gang durch die Saatfelder, Angelos 3 (1930) 111–120; *Neirynck, F.*, Jesus and the Sabbath. Some Observations on Mark II,27, in: Jésus aux origines de la christologie, hrsg. v. J. Dupont, Gembloux 1975 (BEThL 40), 227–270; *Pfättisch, J.M.*, Der Herr des Sabbats, BZ 6 (1908) 172–178; *Roloff, J.*, Kerygma 52–62; *Schramm, T.*, Markus-Stoff 111–112; *Skeat, T.C.*, The 'Second-First' Sabbath (Luke 6,1). The Final Solution, NT 30 (1988) 103–106; *Staudinger, F.*, Die Sabbatkonflikte bei Lukas, Diss. masch., Graz 1964; *Vogt, E.*, Sabbatum »deuteróprôton« in Lc 6,1 et antiquum kalendarium sacerdotale, Bib. 40 (1959) 102–105; *ders.*, Hat ›sabbât‹ im A.T. den Sinn von ›Woche‹?, Bib. 40 (1959) 1008–1011; *Wegenast, K.*, Das Ährenausraufen am Sabbat (Mk 2,23–28; vgl. Mt 12,1–8; Lk 6,1–5) in: *Stock, H. – Wegenast, K. – Wibbing, S.*, Streitgespräche, Gütersloh 1968, 27–37.

1 Es geschah, daß er am zweiten Sabbat frühmorgens durch die Saaten hindurchwanderte, und seine Jünger rauften Ähren aus und aßen sie, indem sie sie mit den Händen zerrieben. 2 Einige aber von den Pharisäern sprachen: Was tut ihr, was an den Sabbaten nicht erlaubt ist? 3 Und Jesus antwortete und sprach zu ihnen: Habt ihr auch nicht gelesen, was David tat, als ihn hungerte, und die mit ihm waren? 4 Wie er ins Haus Gottes ging und die Schaubrote nahm und aß und sie denen, die mit ihm waren, gab, die Brote, die doch niemand essen darf außer die Priester allein? 5 Und er sagte zu ihnen: Herr über den Sabbat ist der Menschensohn.

Analyse Der Text ist in dieser Perikope besonders unsicher, und es lohnt sich, einmal bei der Frage der Textgestalt länger zu verweilen. Auch Lesarten, die den Sinn beibehalten, geben Einblick in die Arbeit der Schreiber, die oft unter dem Einfluß der anderen Evangelien, besonders Matthäus, standen, vor leicht divergierenden Handschriften saßen und bewußt oder unbewußt die lukanische Sprache beim Abschreiben des Texts hier und da der eigenen Sprachgewohnheit anpaßten. Viele Handschriften lesen nicht »am Sabbat« (Nestle[26]-Text), sondern ἐν σαββάτῳ δευτεροπρώτῳ.

Diese Lesart ist seit Hieronymus[1] eine Crux, da dieses Eigenschaftswort sonst einfach nicht existiert. Soll man sie trotzdem nach dem Prinzip der *lectio difficilior* als die ursprüngliche ansehen? Die Bezeugung durch die Handschriften Alexandrinus (A), Ephraimi rescriptus (C) und Codex Bezae (D) ist eindrucksvoll, und andere haben möglicherweise das rätselhafte Wort einfach gestrichen. Könnte es eine Analogiebildung zu δευτερέσχατος (»vorletzter«) sein[2] (vgl. Epiphanios, der δευτερόπρωτος im Sinne von »zweiter nach dem ersten Sabbat« versteht[3], oder eine lateinische Handschrift, die in sabbato secundo a primo notiert[4])? Eustratius (6. Jahrhundert) nennt den ersten Sonntag nach dem Ostersonntag ἡ δευτεροπρώτη κυριακή[5]. Oder läßt sich das merkwürdige Wort aus der jüdischen Praxis ableiten, wo die einen, z.B. die Essener, den alten priesterlichen Kalender verteidigten, und andere, z.B. die Pharisäer, den neuen? Besonders schwierig war dabei die Datierung von Pfingsten nach der unklaren Stelle Lev 23,15. In diesem Zusammenhang könnte das Adjektiv »am zweiten Sabbat nach Ostern, der der erste nach dem Fest der Schaubrote ist«[6], heißen. Oder liegt einfach ein Fehler vor? Dann jedoch müßte man seine Entstehung erklären können. Der beste Vorschlag ist der von B.M. Metzger[7]: Ein Schreiber schrieb wegen des nächsten Sabbats in 6,6 πρώτῳ, woraufhin dieses Wort von einem anderen Schreiber wegen des Sabbats in 4,31 in δευτέρῳ korrigiert und von einem dritten, der die Punkte unter der Linie (als Zeichen einer Streichung) nicht bemerkt hatte, als δευτεροπρώτῳ weitergegeben wurde[8]. Abenteuerlich ist hingegen der Vorschlag, ἐγένετο δὲ ἐν σαββάτῳ βίᾳ πορεύεσθαι αὐτόν zu lesen und zu erklären, Jesus sei gezwungen – um am Sabbat nicht zu viele Schritte zu machen – durch die Felder zu gehen[9]. Wenn er den Sabbat so respektierte, weshalb hat er dann das Handeln seiner Jünger nicht verboten? Vorsichtiger kann man fragen, ob nicht ἐν σαββάτῳ δευτέρῳ

---

[1] In einem Brief (Epist 52,8) berichtet Hieronymus, er habe Gregor von Nazianz über den Sinn des Wortes δευτερόπρωτον befragt; die scherzhafte Antwort des Gregor, meint er, beantworte seine Frage jedoch nicht, sie bedeute vielleicht eher, daß auch er es nicht wisse.
[2] So Klostermann 74. Moulton-Milligan s.v. stellen sich gegen eine solche Annäherung.
[3] Vgl. Epiphanius, Panarion 51,31 (GCS 31,304).
[4] Es ist dies der ursprüngliche Schreiber der Handschrift f; vgl. Klostermann 75.
[5] Vgl. Eustratius, Vita Eutychii X 96 (PG 86, 2381); Klostermann 75.

[6] Vgl. Fitzmyer I 607f, der diese Hypothese referiert, sie aber nicht übernimmt.
[7] Vgl. Metzger, B.M., Textual Commentary 139.
[8] Ein anderer scharfsinniger Vorschlag bei Moulton-Milligan s.v.: Ausgehend vom numerischen Wert (α = 1; β = 2) sei dann das kuriose δευτεροπρώτῳ so gebildet worden: »... the βα of σαββάτῳ was repeated at the beginning of a new line, and then βατω expanded as δευτερο-πρώτω«.
[9] Vgl. Delebecque, E., Moissonneurs 72–75. (Ein βία sei zu einem β'α' verlesen worden, was dann wegen seines numerischen Wertes zu δευτερόπρωτος geführt habe.)

πρωΐ (so der lateinische Zeuge e: *sabbato mane*[10]) zu lesen wäre, also »am zweiten Sabbat frühmorgens« (das würde den Hunger erklären). Keine Lösung überzeugt völlig, aber die Autorität der Bibel hängt nicht am Buchstaben[11].

Interessanter sind zwei Entscheidungen von Codex Bezae (D): Wie Marcion, also vielleicht von einer marcionitischen Handschrift beeinflußt, verlegt D den ganzen V 5 zwischen V 10 und V 11. Dafür fügt D im Anschluß an V 4 ein kleines Apophthegma ein, das aber meistens als apokryph gilt[12], weil seine existentielle Distanz gegenüber der Sabbatregelung und dem Gesetz erst aus der Sicht einer späteren Zeit verständlich ist: »An demselben Tage sah er jemanden am Sabbat arbeiten und sprach zu ihm: Mensch, wenn du weißt, was du tust, bist du selig; wenn du es aber nicht weißt, bist du verflucht und ein Gesetzesübertreter.«[13]

Kleinere Schwankungen des Textes betreffen a) die Reihenfolge der Wörter (2mal in V 1, 1mal in V 3); b) die Präsenz eines Wortes, z.B. »zu tun« nach »was . . . nicht erlaubt ist« in V 2 (auch ohne das Verbum ist der Gedanke implizit natürlich da); c) »die . . . waren« in V 3; d) »auch« vor »denen, die mit ihm waren« in V 4; e) »daß« am Anfang des Spruches Jesu (V 5); f) Schwankungen in den Konjunktionen (ὅτε oder ὁπότε in V 3; ὡς oder πῶς oder nichts am Anfang von V 4) oder in der Syntax (λαβὼν ἔφαγεν oder die Parataxe ἔλαβεν καὶ ἔφαγεν in V 4).

In V 5 variieren die Handschriften zwischen der markinischen (»Menschensohn« vor »Sabbat«) und der matthäischen Lesart (»Sabbat« vor »Menschensohn«). Im zweiten Fall, d.h. die matthäische Wortstellung vorausgesetzt (so auch Nestle[26]), stimmen Matthäus und Lukas gegen Markus miteinander überein, eine Tatsache, die möglicherweise von Bedeutung ist, da beide zugleich den markinischen Vers Mk 2,27 nicht überliefern.

Die Gemeinsamkeiten zwischen Matthäus und Lukas sind überhaupt auffällig. Anders als Markus präzisieren der erste und der dritte Evangelist die Tatsache, daß die Jünger die Ähren essen; ein Sachverhalt, den natürlich auch Markus, aber eben unausgesprochen, voraussetzt. Zugleich tilgen beiden den Latinismus ὁδὸν ποιέω *(iter facere)* aus Mk 2,23, die Worte χρείαν ἔσχεν aus Mk 2,25, die irrtümliche Erwähnung des Hohenpriesters Abjatar (Mk 2,26), den gesamten Vers Mk 2,27 sowie die bereits erwähnte Wortfolge »Sabbat – Menschensohn« in Lk 6,5 bzw. Mt 12,8.

---

[10] Der Nachteil dieser Hypothese: Lukas verwendet πρωΐ nur ungern (nur 1mal [Apg 28,23]) und vermeidet es, wenn er es bei Markus findet (Mk 1,35 und 16,2).

[11] Im obigen Abschnitt und den dazugehörigen Anmerkungen habe ich versucht, die folgenden Studien zu verarbeiten: Baumgarten, J.W., Counting (zweiter Sabbat des ersten Monats); Buchanan, G.W. – Wolfe, Ch., Sabbath (in den Text eingefügte Randnotiz); Delebecque, E., Moissonneurs (vgl. meine Zu-sammenfassung im Text); Mezger, E., Sabbat (zweiter Sabbat des ersten Monats [= Nisan], d.h. Samstag, 29. März 32!); Vogt, E., Sabbatum (sehr alte, von einem frühen liturgischen Kalender beeinflußte Randglosse).

[12] Anders Jeremias, J., Unbekannte Jesusworte, Zürich 1948 (AThANT 16), 12.45–48.

[13] Übersetzung nach Klostermann 75. Zu diesem Text vgl. Käser, W., Seligpreisung und Bammel, E., Perikope.

Das einzige wirkliche Problem – und damit sind wir schon bei der Überlieferungsgeschichte der Perikope – ist die Nicht-Übernahme von Mk 2,27[14]. Kennt Lukas neben seiner markinischen Vorlage eine weitere zusätzliche Überlieferung?[15] Oder enthielt das Markus-Exemplar, das Lukas vorlag, 2,27 nicht?[16] Eher ist die Neueinführung mit καὶ ἔλεγεν αὐτοῖς Mk 2,27a // Lk 6,5a ein Indiz für die ursprüngliche Nicht-Zusammengehörigkeit beider Logien (Mk 2,27–28) zur ursprünglichen Episode. Das haben Matthäus und Lukas von der mündlichen Tradition her noch gewußt und deshalb Mk 2,27 weggelassen. Wahrscheinlich ist Mk 2,27 ein authentisches Jesuswort, das gut in den Kampf Jesu für den an die Schöpfung gebundenen Urwillen Gottes gegen eine degradierte Spätinterpretation des Gesetzes hineinpaßt[17] und vormarkinisch als Kommentar zugefügt wurde. Später erschien es als allzu dürftiger christologischer Schluß und wurde durch V 28 interpretiert. Das Weglassen von V 27 durch Matthäus und Lukas zeigt die weitere christologische Entwicklung an, in der der irdische Jesus neben dem erhöhten Christus zu verblassen droht. Aber die Anekdote selbst bleibt in allen Phasen die gleiche. In dieser Treue zur Tradition wirken Abhängigkeit von Jesus und Liebe zu Christus zusammen[18].

Redaktionell weisen fast alle Elemente auf die literarische Tendenz des Schriftstellers hin, der präzisiert, daß die Jünger die Ähren »mit den Händen zerrieben« (V 1), und der den Dialog (V 2) durch die direkte Anrede an die Jünger zugleich lebendiger gestaltet. Es kommt ebenso zu einer gewissen Spannung, da die Antwort – entsprechend der Verteidigung von Jüngern durch ihren Lehrer in Israel[19] – vom Lehrer Jesus kommt.

Formgeschichtlich ist die Anekdote »ein Musterbeispiel für eine örtlich und

---

[14] Vgl. Fitzmyer I 605f.
[15] Vgl. Schramm, T., Markus-Stoff 111f.
[16] Vgl. Benoit, P., Epis 235 (Sammelband).
[17] Die Kommentatoren zitieren bis zum Überdruß die rabbinische Parallele in MekhY 31,14 (109b): »Euch ist der Sabbat übergeben, und nicht seid ihr dem Sabbat übergeben« (hier in der Übersetzung von Gnilka, J., Markus I 123); vgl. bYom 85b: »Er (= der Sabbat) ist euren Händen übergeben, und nicht seid ihr seinen Händen übergeben.«
[18] Die Literatur zur Vorgeschichte des Textes ist unübersehbar; hier die eingesehenen Beiträge: Aichinger, H., Untersuchungen (Aichinger hält die Zwei-Quellen-Theorie aufrecht, doch sind Matthäus und Lukas von einer sekundären markinischen Form abhängig); Beare, F.F., Sabbath (alles spielt sich in nachösterlicher Zeit ab: Mk 2,27–28 bildet den Ausgangspunkt; diesen beiden Versen wird zunächst die Anekdote Mk 2,23–24 und später der Schriftbeweis Mk 2,25–26 ange-

fügt); Benoit, P., Epis (Matthäus und Lukas nehmen Markus auf, doch sind sie noch von einer weiteren Überlieferung abhängig, die auf den aramäischen Matthäus zurückgeht und oft zuverlässiger ist als Markus); Duprez, A., Affrontements (Mk 2,27 ist redaktionell; die Erwähnung [bei Matthäus und Lukas], daß die Jünger essen, ist älter als das, was Markus berichtet; das Beispiel Davids hatte schon Jesus angeführt); Hultgren, A.J., Formation (Mk 2,27 ist authentisch; daraufhin wurden zuerst die VV 23–24 und später die VV 25–26.28 angefügt); Kuhn, H.-W., Sammlungen (Mk 2,23–24.27 ist ein altes Apophthegma; V 28 wurde in der vormarkinischen Sammlung zugefügt; VV 25–26 sind markinisch); Roloff, J., Kerygma (Mk 2,23–26 bilden eine Einheit, die auf Jesus zurückgeht; auch die VV 27–28 sind authentisch, wurden aber zunächst unabhängig von den VV 23–26 überliefert).
[19] Vgl. Daube, D., Responsibilities 7f.

zeitlich nicht festgelegte Einzelerzählung«[20]. Es wird kein biographisches Interesse ersichtlich, nur ein Minimum wird gesagt, um die Geschichte verständlich zu machen. Die ganze Situation ist am Anfang mit der Erwähnung von Sabbat und Kornfeldern, Jesus und seiner Jüngerschar beschrieben. Die Pharisäer sind nur als Kritiker eingeführt; über ihre plötzliche Anwesenheit wird letztlich nichts gesagt. Man denkt sofort an die nachösterliche Situation der Jünger, die von ihnen belauert werden. Die kleine Einheit ist Apophthegma und Streitgespräch zugleich: Auf die pharisäische Kritik antwortet Jesus mit Autorität und rechtfertigt so das Handeln seiner Jünger. Ihre Freiheit wird also *post eventum* in einem polemischen Kontext legitimiert. Sie spiegelt eine kirchliche Situation, in der die Christen auf die ihnen vorliegende Jesusüberlieferung zurückgreifen, indem sie sie aktualisieren und also auf ihre Situation anwenden. Es gibt keinen Grund, das hohe Alter, ja die Historizität des Ereignisses selbst in Frage zu stellen. Wie oft in den Dialogen mit den Pharisäern bleibt die Geschichte in der Sphäre der jüdischen Tradition, wo die Legitimität der Sitten oder des Glaubens diskutiert wird, indem Jesus und die Pharisäer Gott gegen Gott ausspielen. Es geht um eine *querelle des interprétations*. Jesus argumentiert mit dem Alten Testament. Die Freiheit Davids und seine königliche Autorität legitimieren die Einstellung der Jünger dem Sabbat gegenüber. Daß diese Auslegung gesucht ist, weil das Beispiel nicht an einem Sabbat spielte, spricht für ein hohes Alter. Weil die Antwort Jesu nicht ganz befriedigt, haben die ersten Christen durch die nacheinander angefügten Logien versucht, die Diskussion auf den Sabbat zu konzentrieren (Mk 2,27) und die Lösung in der Christologie zu finden (Mk 2,28 // Lk 6,5). Durchweg sieht es so aus, als ob nicht der Sabbat als solcher kritisiert würde, sondern sein Verständnis und seine Regelung durch die pharisäische Tradition.

Das Ährenraufen verhält sich zur Ernte wie der Zorn zum Mord (Mt 5,21–22). Im einen Fall ist Jesus liberaler als das Gesetz, im anderen radikaler. Weshalb schwimmt er immer gegen den Strom? Weil er den Menschen und das Gottesvolk ins Zentrum stellt (vgl. V 8: εἰς τὸ μέσον) und nicht den Gehorsam als solchen, d.h. das Gesetz als Gesetz. | **Erklärung**

Hier wird das Verhältnis zwischen Jesus und seinen Jüngern als das des Lehrers zu seinen Schülern vorausgesetzt. Er ist verantwortlich für ihr Tun. Vorausgesetzt wird auch die Übereinstimmung des Willens der Jünger mit dem des Lehrers. Dann wird also der neue Gehorsam Jesu und seiner Jünger gegen den alten der Pharisäer stehen (wie in 5,30–32.33–35). Der jüdische Gesetzesgehorsam besaß seine eigene Logik und rechnete mit der menschlichen Schwäche: Um die Ernte am Sabbat zu verhindern, wurde selbst das Pflücken einzelner Ähren verboten[21]. Es geht um das tägliche Leben. Die Jünger Jesu, | **1–2**

---

[20] Schmidt, K.L., *Rahmen* 89.

[21] Vgl. Fitzmyer I 608. Zum Ährenausraufen vgl. Dtn 23,26.

für Lukas damit auch die Christen, essen *anders*. Sie teilen den Tisch mit anderen (5,30), sie fasten *nicht* oder *anders* (5,33–35) und respektieren auch eine andere Auslegung des Sabbatgebotes. Soziologisch und theologisch wird eine *andere* Ethik verteidigt, die Haltung einer Minderheit innerhalb des Judentums, die, unterstützt von ihrem Lehrer, wagt, *anders* zu leben. Darin steckt natürlich Polemik gegen den gewöhnlichen Lebensstil. So ist die Aggressivität der Pharisäer nicht *Initiative*, sondern *Reaktion*. Bei Jesus und in der ersten Überlieferung war die Nähe des Reiches und das Verhältnis des Sabbats zum Schöpfungswillen Gottes der theologische Grund der Freiheit und der neuen Haltung.

3–4   Jesus antwortet mit den Waffen der Pharisäer[22], d.h. mit der Schrift. Er verteidigt einen Einzelfall[23] mit einer biblischen Ausnahme, die sehr frei erzählt wird[24]. Ausnahme und Einzelfall sind für jeden Erzähler wichtig – Regeln sind langweilig –, aber dahinter steckt eine generelle Problematik. Der soziologische Sitz im Leben der Perikope ist die Diskussion um das richtige Verständnis des Sabbats. Die Thematik, von Markus übernommen, läuft parallel zu der des Sondergutes (vgl. Lk 13,10–17 und 14,1–6): In der Situation der Gefahr oder der Not darf man für das Leben, sein eigenes und das der anderen, eintreten. Hier essen die Jünger (V 1), weil sie hungrig sind. Hunger (V 3) ist eine Not, die das Verbot (VV 2 und 4) relativiert. Das Erlaubte wird am Leben, dem Abbild des eschatologischen Lebens, gemessen. Anders leben bedeutet *endlich* und *schon jetzt* nach dem Schöpfungswillen und dem Reichsethos zu leben. Das zu sagen, der Mehrheit zu sagen, die glaubt, im Recht zu sein, kostet viel: Der Weg von der Polemik gegen bestimmte Haltungen zur Polemik gegen Menschen ist nicht weit (vgl. V 11). Es könnte freilich sein, daß Jesus weniger polemisiert als seine Jünger verteidigt und die Pharisäer belehrt[25]. Die Jünger waren, wie David, hungrig und daher unschuldig, und die Pharisäer werden durch den Schriftbezug eingeladen, ihren Gehorsam neu zu überdenken.

Diese Geschichte mit ihrer Sabbatthematik hat Lukas in seiner Gemeinde und von Markus empfangen. Er selber lebt nicht gern in der Minderheit: Alle Menschen sollten (vgl. die Apostelgeschichte) Christen werden; evangelische

---

[22]   Mit der Formulierung τινὲς δὲ τῶν Φαρισαίων verwendet Lukas eine weniger volkstümliche Sprache als Markus (der οἱ Φαρισαῖοι notiert), vielleicht auch eine polemischere; vgl. dazu das verächtliche τινές in der Polemik der Briefe (1Kor 15,12; Gal 1,7).

[23]   Der Zusatz in Lk 6,1 (ψώχοντες ταῖς χερσίν) beschreibt, was die Jünger tun: Sie trennen die Spreu vom Korn. Das Verb ψώχω »zerreiben« ist sehr selten; vgl. Bauer s.v. und Moulton-Milligan s.v. Τὰ σπόριμα bezeichnet das (die) angesäte(n) Feld(er); τίλλω bedeutet »rupfen«, »ausraufen«.

[24]   Zum Zusammenhang mit 1Sam 21 vgl. Fitzmyer I 608f. Grassi, J.A., Five loaves ist der Ansicht, dieser Abschnitt spiegle eine Eucharistiekatechese wider, die auf einer christlichen Interpretation von 1Sam 21,1–6 beruhe. Für diese Hypothese stützt er sich auf die Exegese der Kirchenväter.

[25]   In der Antwort Jesu verwendet Lukas da, wo Markus Jesus οὐδέποτε (»nie«) in den Mund legt, das Wort οὐδέ (»etwa nicht«, »nicht einmal«: »Habt ihr etwa nicht gelesen, . . . ?«). Die Formulierung des Lukas ist eindeutig ironisch; wie ironisch die des Markus sein soll, ist schwer abzuschätzen.

Lebenshaltung und christliche Glaubensbotschaft können jedermann erreichen und überzeugen. Sie sind allgemein gültig. So liest er die Geschichte des
Markus mit christlichem Bewußtsein und kritischer Überlegenheit gegenüber der partikularistischen und überholten jüdischen Ethik. Das heißt nicht,
daß die Schrift mit ihrem Sabbatgebot überholt sei. Nach Meinung des Lukas
hat Jesus den richtigen Sinn des Sabbats wieder getroffen. Deshalb (V 5) ist er 5
der Herr, d.h. nicht nur der Hermeneut des Sabbats[26]. Jesus hat nach Lukas
die jüdische Begrenztheit des Sabbats aufgehoben und ihm seine Bedeutung
als Zeit für das Gute (V 9), für die Befreiung (13,16) und Heilung (14,3) des
Menschen zurückgegeben, in Erinnerung an die Ruhe der Schöpfung und in
Vorwegnahme der Ruhe des Gottesreiches.

Kann man einen Schritt weitergehen und sagen: Als der Herr über Sabbat und Tempel wagt Jesus wie David, seine Jünger zu ernähren? Vielleicht liest Lukas die Geste
Davids in eucharistischer Perspektive: Aus dem alten Tempel kommt jetzt das neue
christliche Mahl. Λαβὼν ἔφαγεν καὶ ἔδωκεν klingt liturgisch; die alten Restriktionen
»außer die Priester allein« sind aufgehoben, es ist jetzt erlaubt, das Brot[27] zu essen.

Die Thematik des Sabbats hat Lukas nur in übernommenen Stücken erörtert.   Zusammen-
In der Apostelgeschichte pflegen die Apostel und sogar Paulus noch jüdische   fassung
Sitten und Feste[28], aber nie wird auf den Sabbat angespielt. Die Frage des Sabbats stellt sich in der Kirche des Lukas wie auch in den paulinischen Gemeinden a) *nicht mehr*, weil der jüdische Gesetzesgehorsam inaktuell geworden ist,
und b) *noch nicht*, weil der Sonntag seine Position noch nicht gewonnen hat[29].
Die Christen respektierten vielleicht noch den Sabbat, aber in der neuen
christlichen Bedeutung und ungestört von den Juden, mit denen sie den Kontakt abgebrochen hatten, vor dem Tag, an dem sie in der Nacht oder am frühen Morgen die Auferstehung ihres Herrn feierten.

Die Heilung der verdorrten Hand (6,6–11)

Literatur: Bultmann, R., Syn. Trad. 9; Ergänzungsheft 17; *Busse, U.,* Wunder 135–
141; *Dautzenberg, G.,* Sein Leben bewahren, München 1966 (StANT 14), 154–160;
Geoltrain, P., La violation du sabbat. Une lecture de Marc 3,1–6, CBFV 9 (1970) 70–90;
Hübner, H., Das Gesetz in der synoptischen Tradition, Witten 1973, 128–136; *van der
Loos, H.,* Miracles 436–440; *Roloff, J.,* Kerygma 63–66; *Schramm, T.,* Markus-Stoff

---

[26]   Vgl. Busse, U., Wunder 139: »Im Unterschied zu Markus schränkt Lukas V 5 [durch
die Streichung von Mk 2,27] die eschatologische Freiheit des Menschen über das Sabbatgebot ein, indem er Jesus die *kyriotes* des
Menschensohns hervorheben läßt.«

[27]   Zu den Schaubroten vgl. Fitzmyer I 609.
Nach Lev 24,5–9 wurden jeden Sabbat 12

frischgebackene Brote in zwei Reihen auf den
Tisch vor dem Allerheiligsten gelegt und danach von den Priestern an heiliger Stätte gegessen.

[28]   Vgl. Apg 2,46; 3,1; 16,3; 20,16.

[29]   Vgl. Apg 20,7, eine Stelle, die vielleicht
doch schon auf den Sonntag hinweist.

112; *Trautmann, M.*, Zeichenhafte Handlungen Jesu. Ein Beitrag zur Frage nach dem geschichtlichen Jesus, Würzburg 1980 (fzb 37), 293–308; *van Unnik, W.C.*, Die Motivierung der Feindesliebe in Lk 6,32–35, NT 8 (1966) 284–300 (= *ders.*, Sparsa Collecta, I, Leiden 1973, 111–126).

6 Es geschah an einem anderen Sabbat, daß er in die Synagoge kam und lehrte. Und ein Mensch war dort, und seine rechte Hand war verdorrt. 7 Es belauerten ihn aber die Schriftgelehrten und Pharisäer, ob er am Sabbat heilen würde, damit sie etwas fänden, ihn zu verklagen. 8 Er jedoch wußte ihre Gedanken und sprach zu dem Mann, der die verdorrte Hand hatte: Steh auf und stelle dich in die Mitte. Und er stand auf und war da. 9 Jesus aber sprach zu ihnen: Ich frage euch, ob es erlaubt ist, am Sabbat Gutes oder Böses zu tun, ein Leben zu retten oder zu verderben? 10 Und als er sie alle im Kreis herum angeblickt hatte, sprach er zu ihm: Strecke deine Hand aus! Und er tat es, und seine Hand wurde wiederhergestellt. 11 Sie aber wurden erfüllt von blinder Wut und beredeten miteinander, was sie Jesus antun könnten.

Analyse   Lukas folgt weiterhin seiner Markus-Vorlage. Kleine Übereinstimmungen mit Matthäus sind unerheblich[1] (ξηρά [Lk 6,6 // Mt 12,10] und Streichung von αὐτόν nach θεραπεύει [Lk 6,7 // Mt 12,10]).

Charakteristisch für seine Art der Redaktion sind in V 6a der Anfang mit seinem Lieblingsausdruck ἐγένετο δέ mit Infinitiv (hier mit zwei Infinitiven)[2], die Datierung »an einem anderen Sabbat«[3], die Erwähnung »*der* Synagoge«, obwohl wir nicht wissen, welche konkret gemeint ist[4], und die Erinnerung an die Hauptmission Jesu (διδάσκειν). Nach V 6a führt Jesus also sein messianisches Wirken fort. V 6b hebt das einfache ξηρά[5] hervor, beschreibt aber novellistisch die Hand als die »rechte«[6]. Was bei Markus implizit vorausgesetzt ist, wird bei Lukas expliziert (V 7): Die kritischen Zuschauer sind die Pharisäer (vgl. Mk 2,24), aber bei ihm wirken sie seit 5,17 mit den Schriftgelehrten zusammen (vgl. 5,21.30; anders 6,2). Wichtig ist die Streichung des αὐτόν nach θεραπεύει (V 7)[7]: Die Gegner schauen nicht den Einzelfall, sondern die Gesamthaltung Jesu an. Lukas hat eine Vorliebe für das Verbum εὑρίσκω; hier schiebt er es ein und wagt sogar, ihm einen Infinitiv als Objekt zuzuordnen[8]. Statt von Ara-

---

[1] Sogar Schramm, T., Markusstoff 112 gesteht dies zu.
[2] Vgl. Busse, U., Wunder 137 Anm. 3.
[3] Lukas zieht – gegenüber Mk 3,4 – den Singular σάββατον vor.
[4] Busse, U., Wunder 135 meint, Jesus setze seine »lukanische« Wanderung als Prediger und Wundertäter, die ihn von Stadt zu Stadt führt, fort. M.E. denkt Lukas hier an die Synagoge der dem Kornfeld der vorangehenden Perikope nächstgelegenen Stadt.
[5] Mk 3,1 verwendet das anschaulichere Partizip Passiv.

[6] Der D-Text ist durch die Paralleltexte des Matthäus sowie vor allem des Markus beeinflußt.
[7] Viele Handschriften streichen αὐτόν nach παρετηροῦντο δέ. Einige wählen, von Markus beeinflußt, das futurische θεραπεύσει.
[8] Εὑρίσκω mit folgendem Infinitiv findet man schon in klassischer Sprache (vgl. Liddell-Scott-Jones s.v. εὑρίσκω [II 2]); es bedeutet: »Gelegenheit finden«, »die Möglichkeit haben«, »können«.

maismen ist eher von einer Tendenz zum Gebrauch von Infinitiven zu sprechen[9]. Der hier vorliegende Infinitiv hat fast die Bedeutung eines Substantivs erlangt, was zahlreiche Handschriften, die κατηγορίαν notieren[10], verstanden haben[11]. Dem markinischen Text fügt er in V 8 die Worte »Er jedoch wußte ihre Gedanken« hinzu, die er aus einer späteren Stelle bei Markus (Mk 3,5) übernimmt und bereits hier aufgreift[12]. Freilich schwächt er sowohl die Gefühle Jesu (μετ᾽ ὀργῆς συλλυπούμενος [Mk 3,5])[13] wie den Seelenzustand der Hörer ab (ἡ πώρωσις, ein markinisches Wort, das er wie das Verbum πωρόω [Mk 6,52 und 8,17] gern meidet). Aber die inneren διαλογισμοί werden doch negativ gewertet als von Sünde geprägt[14]. Daß Lukas den Begriff ἄνθρωπος, der schon in V 6 steht, in ἀνήρ ändert, ist nicht erstaunlich. Durch die Umarbeitung von V 8 bekommt dieser Mann eigenes Gewicht; Lukas fügt ein »Steh auf« Jesu hinzu. Der sofortige Gehorsam (»Und er stand auf und war da«) ist ein zusätzlicher Zug, der das Verhältnis des Kranken zu Jesus im Rahmen des Wunderberichtes unterstreicht. Wirkt Jesus in V 9 arroganter als bei Markus? Ist das zusätzliche »Ich frage euch« ironisch zu verstehen?[15] Weshalb übergeht Lukas das Schweigen der Gegner (Mk 3,5)?[16] Ist das ein Element der Verschiebung des Interesses vom Sabbat auf die Heilung? Von V 10 an wiegt die Umarbeitung schwerer. Die lukanische Tendenz zur Verallgemeinerung zeigt sich in πάντας[17]. Die Textüberlieferung ist hier unsicher; manche Handschriften fügen »wie die andere« oder »gesund wie die andere« hinzu. V 11 ist aus inhaltlichen Gründen ganz neu formuliert (im gleichen Stil wie 4,28; 5,26 und Apg 3,10[18]).

Formgeschichtlich ist die Einheit eine Mischform wie schon bei Markus: Ein Wunderbericht dient als Argument in einem Streitgespräch. V 6 und V 7 sind der Situation gewidmet, die sich aus einer Diagnose (Imperfekt) ergibt[19]. Dann spricht Jesus als Hauptperson und einziger Redner in diesem Dialog sukzessiv zum Kranken, zu den Gegnern und wieder zum Kranken (5,17–26 sind formal sehr ähnlich). Auf non-verbaler Ebene gibt der Kranke durch seine vertrauensvolle Bewegung allerdings Antwort. Diese gelungene Kom-

---

[9] Zum übermäßigen Gebrauch des Infinitivs bei Lukas vgl. Antoniadis, S., Evangile 174f.

[10] So der *textus receptus.*

[11] Einige Handschriften lesen in V 7 κατ᾽ αὐτοῦ an Stelle des einfachen und durchaus korrekten αὐτοῦ.

[12] Eine stilistische Verbesserung liegt mit εἶπεν δέ (Mk 3,3 liest καὶ λέγει) in V 8 vor.

[13] Dies bedauern etliche Handschriften und führen in Anlehnung an Markus »mit Zorn« oder »zornig« ein. Den ausführlichsten Apparat hierzu findet man bei Huck, A. – Greeven, H., Synopse z.St. Lukas konnte nicht zugestehen, daß Jesus sich zornig zeigt; vgl. Metzger, B.M., Textual Commentary 140.

[14] Vgl. den Kommentar zu 5,22 oben S. 248 Anm. 30.

[15] Verbesserungen in V 9: Εἶπεν δὲ ὁ Ἰη-σοῦς πρὸς αὐτούς (Mk 3,4: Καὶ λέγει αὐτοῖς. Bei Markus kommt der Name Jesus in der ganzen Perikope nicht vor). Lukas ersetzt des weiteren ἀποκτεῖναι durch ἀπολέσαι, denn er merkt, daß es eher um ein sittliches als um ein physisches Problem geht.

[16] Auch hier, in Lk 6,9, haben wiederum einige Zeugen den ausführlicheren Text des Markus (οἱ δὲ ἐσιώπων) eingefügt.

[17] Änderungen in V 10 mit εἶπεν αὐτῷ (Mk 3,5 notiert λέγει τῷ ἀνθρώπῳ); Einfügung des σου zu τὴν χεῖρα; Ersatz (um eine Wiederholung zu vermeiden) des gewöhnlichen ἐποίησεν durch ἐξέτεινεν.

[18] Vgl. Busse, U., Wunder 137 und meinen Kommentar unten S. 276.

[19] Busse, U., ebd. 136–138 entdeckt hier den Einfluß einer früheren Perikope, nämlich Lk 5,17–26.

munikation (der Kranke steht jetzt in der Mitte [V 8]) führt zur Heilung
(V 10) und endlich zur Reaktion im Kreis der Gegner (vgl. περιβλεψάμενος
[V 10] sowie V 11). Die Jünger Jesu bleiben unerwähnt. Den Schluß bildet
nicht der Sieg Jesu, sondern, formgeschichtlich über die Einheit hinwegfüh-
rend, die Aggressivität gegen ihn. Der weitere Weg Jesu kommt in Sicht.
Lukas bleibt der Struktur seiner Vorlage treu und gleicht die Gewichte zwischen den Gegnern und dem Kranken durch Aufmerksamkeit für dessen Person aus. Er stellt also neben dem negativen ein positives Verhältnis her. Die
Fürsorge Jesu ist für die lukanische Redaktion ebenso wichtig wie die vormarkinische antipharisäische Haltung. V 9 gleicht in ausgeweiteter Form einer
ähnlichen Frage in einem parallelen Wunderbericht (Lk 14,1–6).

Erklärung Der lukanische Jesus benutzt wie die christlichen Missionare in der Apostel-
6–7 geschichte[20] Synagoge und Sabbat, um zu predigen; in der Sprache des Lukas:
»zu lehren« (vgl. 4,43–44 und 5,17). Volkstümlich wie Markus stellt Lukas
ihm einen Mann mit einer verdorrten Hand[21] gegenüber, wobei ξηρός die Bedeutung »trocken« beinhaltet (vgl. Hebr 11,29; Mt 23,15); so auch in Joh 5,3
für »Ausgezehrte« in einer Liste von Kranken. Die Hand des Mannes ist medi-
zinisch gesehen wahrscheinlich gelähmt[22]. Niemand bittet um Heilung, auch
der Mann nicht. Die Schriftgelehrten und Pharisäer kennen seinen Fall und
warten darauf, daß sich Jesus zu einer Heilung provozieren läßt. Ein Kranker
oder Gelähmter war damals kein tragischer Einzelfall, sondern ein Problem
für die ganze Gemeinde. Das Volk der Erwählung in der Wüste wie das eschatologische Volk müßte eigentlich ein gesundes Volk sein, weil Krankheit und
Sünde zusammengehören. Wie die heutige Familientherapie[23] wieder neu
entdeckt hat, ist die Gemeinschaft »an den einzelnen« krank, hier aber verursacht die Heilung dieses einzelnen – das ist die Tragik – die »Krankheit«
(ἄνοια [V 11]) anderer. Strittig ist dabei nicht die Heilung selbst, sondern die
Frage des Datums, d.h. des Sabbatgebots. Παρατηρέω ist ein wichtiges Verb
der lukanischen Redaktion. In der Septuaginta bezeichnet es die Bösen, die
auf den Fehltritt des Gerechten lauern[24]. Evident ist, daß die Schriftgelehrten
und Pharisäer *am Sabbat* nicht aus der vom Gesetz gebotenen Liebeshaltung

---

[20] Vgl. z.B. Apg 14,1; 17,1–2.
[21] Die novellenhafte Tendenz, die sich in
der Erwähnung des Lukas, daß es die *rechte*
Hand war, bemerkbar macht, tritt in dem von
Hieronymus in seinem Matthäus-Kommen-
tar zu 12,13 zitierten Fragment aus dem
»Evangelium, das die Nazarener und Ebioni-
ten gebrauchen ... und das von den meisten
als das authentische (Evangelium) des Matthäus bezeichnet wird«, noch stärker hervor:
»Ich [der Mann mit der verdorrten Hand] war
Maurer und verdiente mit (meinen) Händen
(meinen) Lebensunterhalt; ich bitte dich, Jesus, daß du mir die Gesundheit wieder her-

stellst, damit ich nicht schimpflich um das Essen bitten muß« (Übersetzung nach Ph. Vielhauer in: Hennecke-Schneemelcher I 96; lateinischer Text bei Aland, K., Synopsis 158).
[22] Vgl. van der Loos, H., Miracles 438f.
[23] Vgl. z.B. Wirsching, M. und Stierlin, H.,
Krankheit und Familie. Konzepte – For-
schungsergebnisse – Therapie, Stuttgart 1982
(Konzepte der Humanwissenschaften), 50–
62.
[24] Vgl. Ps 36(37),12: Παρατηρήσεται ὁ
ἁμαρτωλὸς τὸν δίκαιον, zudem Schürmann I
306.

heraus handeln[25]. Eine Sabbatheilung als Argument gegen Jesus bezeugt auch Joh 5,9–16; 9,14.

In der ersten Phase befiehlt Jesus mit Autorität dem Mann, in die Mitte zu treten. Nach Lukas gehorcht er sofort. Der »Fall«, der für Lukas eine Person ist, wird von Jesus behandelt. Wieder wird die Hauptfrage gestellt: Darf man am Sabbat heilen? Diese Frage wird von Jesus geschickt gestellt, fast zu geschickt, denn er verschiebt die Alternative. Heilen oder nicht heilen ist nicht dasselbe wie heilen oder vernichten (V 9). Nun können die Pharisäer weder antworten: Der Sabbat ist da, das Böse zu tun und die Menschen[26] ins Verderben zu stürzen, noch: Es ist Zeit zu heilen (weil am Sabbat nur die dringlichste Nothilfe erlaubt ist[27]). Ihre Aggression gegen die Provokation Jesu (V 11) ist verständlich. Freilich will Jesus in Blick und Wort das Gute, nicht nur für den Kranken, sondern auch für sie. Es geht Jesus nicht um das Recht, anders zu denken (6,1–5), sondern darum, in jedem Fall Liebe zu üben. Gerade das sollte die Pharisäer und Schriftgelehrten veranlassen, über sich selbst und den Willen Gottes nachzudenken. Lukas lehrt ein ethisches Verständnis des Sabbats[28], das in der Christologie des *Retters* Jesus (σῶσαι) verwurzelt ist. Er ist Herr des Sabbats (6,5), indem er die einen rettet (die Kranken brauchen den Arzt [5,31]) und die anderen aufrüttelt.

Jesus gibt sich nicht zufrieden mit der Heilung des Kranken, weil die Aufmerksamkeit der Gegner Ausdruck einer verfälschten Gesetzestreue ist[29]: Ein Sabbatgehorsam, der dazu führt, daß man den Fall seines Nächsten erhofft, ist nicht mehr Gehorsam dem Willen Gottes gegenüber[30]. Lukas möchte, daß der Sabbat Gelegenheit und Grund des ἀγαθοποιῆσαι und des σῶσαι sei, wie Jesus es im Einverständnis mit Gott erlebt hat. Das ist die neue Interpretation des Gesetzes.

Hier ließe sich eine theologische Lobrede der Hand anfügen[31]. Die Hand kann halten, spüren, lieben und schöpferisch sein; durch sie wird die Analogie mit dem Schöpfer und Erlöser am besten sichtbar. Die Symbolik der Hand wurzelt daher tief im Alten Testament und betrifft anthropologisch jede menschliche Existenz. Deshalb ist die Hand so wichtig, weil sie durch ihre Universalität ein Zeichen des rettenden Christus

---

[25] Vgl. Busse, U., Wunder 140: »Für Jesus bedeutet es Böses tun, wenn eine Errettungstat unterlassen wird.«

[26] Zu dem Gebrauch von ψυχή im Sinne von »Mensch« vgl. Dautzenberg, G., Leben 154.158–160. Lukas kennt diese Verwendung: Apg 2,41.43; 7,14; 27,37; vgl. Schürmann I 307 Anm. 60.

[27] Zur Aufhebung des Sabbatgebots bei Lebensgefahr vgl. Lk 14,5; Bill. I 623–629.

[28] Dibelius, M., Formgeschichte 52 schreibt zu Mk 3,4 par Lk 6,9: ». . . sie [die Erzählung] kündet die neue Gerechtigkeit, unter deren

Herrschaft es keinerlei Einschränkung für das Tun des Guten gibt.«

[29] Vgl. Taylor, V., Mark 222.

[30] Schürmann I 308 Anm. 62 lehnt, meiner Meinung nach zu Unrecht, eine gewollte Gedankenverbindung zwischen dem bösen Tun der Schriftgelehrten und Pharisäer und den Worten κακοποιῆσαι und ἀπολέσαι im Logion Jesu ab.

[31] Vgl. das Lob der Hand, das H. Focillon im Anhang zu seiner Vie des formes, Paris 1947 (Bibliothèque de philosophie contemporaine), 99–121 austeilt.

werden kann. Mit der Hand heilt Jesus (8,54), mit dem Finger Gottes treibt er Dämonen aus (11,20)[32].

10 »Die Wiederherstellung der verkrüppelten Hand demonstriert die neue, überlegene Heilsordnung in Jesu Kommen, den Anbruch eschatologischer Heilszeit, die dem Sabbatgebot seinen Tiefensinn zurückgibt: den Menschen in seiner Schöpfungsintegrität *wiederherzustellen*.«[33] Es ist kein Zufall, daß die Genesung durch dieses theologisch beladene Verbum ἀποκαθίστημι ausgedrückt wird. In der Septuaginta hat es nämlich »die spezifische Bedeutung der endzeitlichen Wiederherstellung Israels aus der Zerstreuung.«[34] Durch diese neue Definition der guten Handlung bleibt Lukas nicht nur im Gespräch mit der jüdischen Tradition, sondern wahrcheinlich auch mit der hellenistischen Tradition der Popularethik und der politischen Wohltäter[35].

11 In V 11 streicht Lukas die politische Mitwirkung der Herodianer von Mk 3,6 und vermeidet das zu Mißverständnissen führende Wort συμβούλιον, das nicht nur »Beratung«, sondern auch »Ratssitzung« bedeuten kann. Nach Lukas kommt ein Todesbeschluß gegen Jesus erst nach der galiläischen Phase seines Wirkens, zudem nicht durch die Pharisäer, sondern durch die Jerusalemer Führer des Volkes zustande. Sein Schicksal steht nicht menschlicher Entscheidung zu, sondern der Vorsehung Gottes und dem expliziten Vorauswissen Jesu. Daher ersetzt Lukas den markinischen Vers durch einen längeren Dialog (Imperfekt)[36], wobei διαλαλέω den gleichen negativen Unterton aufweist (vgl. 11a) wie διαλογισμός in V 8.

Vom markinischen Mordplan bleibt bei Lukas nur ein »Erfülltsein« (seit Homer für das innere Leben·des Menschen gebraucht) mit ἄνοια[37].

Die Ableitung des Wortes ist klar (ἀνοέω), aber seine Bedeutung schwankt von »Wahnsinn« zu »Unwissenheit« (Plato: δύο δ' ἀνοίας γένη, τὸ μὲν μανίαν, τὸ δ' ἀμαθίαν[38]). Da Lukas »Unwissenheit« in der Apostelgeschichte mit ἄγνοια bezeichnet[39], hat er hier wohl die Bedeutung »Wahnsinn« im Blick. Entsprechend lauten einige moderne Übersetzungen: »Sie aber wurden voll blinder Wut«[40], »sie wurden ganz toll«[41], »besides themselves with fury«[42], »eux furent remplis de fureur«[43].

---

[32] Vgl. Lohse, E., Art. χεὶρ κτλ., in: ThWNT IX (1973) 413–420. Man kann sich die Frage stellen, ob das Wort χείρ hier nur die Hand oder vielleicht auch, wie χέρι im modernen Griechisch, den ganzen Arm bezeichnet.

[33] Müller, P.G., Art. ἀποκαθίστημι in: EWNT I (1980) 311.

[34] Müller, P.G., ebd. 311, der zudem eine Reihe biblischer Belegstellen anführt.

[35] Vgl. van Unnik, W.C., Motivierung und die Kommentare zu Apg 10,38, wo Jesus als »Wohltäter« (εὐεργετῶν) dargestellt wird.

[36] Τί ἂν ποιήσαιεν: Lukas gebraucht den zu seiner Zeit als literarisch empfundenen Opta-

tiv. Es ist ein Optativus obliquus, wie er in der indirekten Frage verwendet wird, doch steht er hier mit ἄν, was einer im Potentialis gestellten direkten Frage entspricht; vgl. Bl-Debr-Rehkopf § 386,1 Anm. 2.

[37] Die alte attische Akzentsetzung war ἀνοία wie jene von ἄγνοια ἀγνοία; vgl. Bailly s.v. und Liddell-Scott-Jones s.v.

[38] Tim 86B.

[39] Vgl. Apg 3,17; 17,30.

[40] Klostermann 76.

[41] Bauer s.v.

[42] Fitzmyer I 604.

[43] TOB.

Ist ein Mensch erst einmal von einer unwiderstehlichen Wut gepackt, ist er letztlich nicht mehr er selbst; der Wahnsinn des Ajax ist der klassische Fall eines solchen Zustandes[44]. Es steht etwas Tragisches hinter der Mission Jesu, die dazu dienen soll, den Menschen, seinen Leib und seine Vernunft[45], zu heilen, dabei jedoch wie hier sinnlose Wut verursacht. Predigt des Reiches und Kreuz gehören zusammen, wie die ἄγνοια und die ἄνοια der Gegner. Diese ἄνοια wirkt ansteckend, und die Führer des Volkes werden in ἄγνοια Jesus verfolgen. Er selbst wird bis zum Schluß für sie eintreten: »Vater, vergib ihnen, denn sie *wissen nicht*, was sie *tun*« (Lk 23,34).

Zusammen-
fassung

Die Auswahl der Zwölf (6,12–16)

Literatur: Barrett, C.K., The Signs of an Apostle. The Cato Lecture 1969, Philadelphia 1972; *Bovon, F.,* Luc le théologien 379–386.423–424; *Bühner, J.-A.,* Art. ἀπόστολος, in: EWNT I (1980) 342–351; *von Campenhausen, H.,* Der urchristliche Apostelbegriff, StTh 1 (1947) 96–130; *Dietrich, W.,* Petrusbild 82–94; *Dupont, J.,* Le nom d'apôtre a-t-il été donné aux Douze par Jésus?, OrSyr 1 (1956) 267–290.425–444 (= *ders.,* Synoptiques, II,976–1018); *Giblet, J.,* Les Douze. Histoire et théologie, in: Aux origines de l'Eglise, hrsg. v. J. Giblet, Bruges 1965 (RechBibl 7), 51–64 (= *ders.,* Die Zwölf. Geschichte und Theologie, in: Vom Christus zur Kirche. Charisma und Amt im Urchristentum, hrsg. v. J. Giblet, Wien 1966, 61–78; *Jeremias, J.,* Perikopen-Umstellungen bei Lukas?, NTS 4 (1957/1958) 114–119 (= *ders.,* Abba, Göttingen 1966, 93–97); *Klauck, H.-J.,* Judas – ein Jünger des Herrn, Freiburg 1987 (QD 111); *Klein, G.,* Die zwölf Apostel. Ursprung und Gestalt einer Idee, Göttingen 1961 (FRLANT 77); *Kredel, E.M.,* Der Apostelbegriff in der neueren Exegese. Historisch-kritische Darstellung, ZKTh 78 (1956) 169–193.257–305; *Leidig, E.,* Natanael, ein Sohn des Tholomäus, ThZ 36 (1980) 374–375; *Lohfink, G.,* Sammlung 63–83; *Rigaux, B.,* Die »Zwölf« in Geschichte und Kerygma, in: Der historische Jesus und der kerygmatische Christus. Beiträge zum Christusverständnis in Forschung und Verkündigung, hrsg. v. H. Ristow und K. Matthiae, Berlin 1960, 468–486; *Roloff, J.,* Apostolat – Verkündigung – Kirche, Gütersloh 1965, 169–235; *ders.,* Art. Apostel/Apostolat/Apostolizität, I. Neues Testament, in: TRE III (1978) 430–445; *Schramm, T.,* Markus-Stoff 113f; *Trilling, W.,* Zur Entstehung des Zwölferkreises. Eine geschichtskritische Überlegung, in: Die Kirche des Anfangs (FS H. Schürmann), hrsg. v. R. Schnackenburg u.a., Leipzig 1977, 201–222.

12 Es geschah aber in diesen Tagen, daß er hinaufging auf den Berg, um zu beten. Und er blieb die ganze Nacht über im Gebet mit Gott. 13 Und als es Tag wurde, redete er seine Jünger an und wählte zwölf von ihnen,

---

[44] Vgl. die drei Studien, die Starobinski, J., Trois fureurs, Paris 1974 (Le Chemin), dem Ajax des Sophokles, dem Besessenen in Mk 5 und dem »Nachtmahr« des Malers J.-H. Füssli widmet.

[45] Wie das bei dem besessenen Gerasener der Fall ist, der, indem er gerettet wird (ἐσώθη [Lk 8,36]), zu Verstand kommt (σωφρονοῦντα [Lk 8,35]).

die er zugleich Apostel nannte: 14 Simon, den er zugleich Petrus nannte, und Andreas, seinen Bruder, und Jakobus und Johannes und Philippus und Bartholomäus 15 und Matthäus und Thomas und Jakobus, Sohn des Alfäus, und Simon, den sogenannten Zeloten, und Judas, Sohn des Jakobus, 16 und Judas Iskariot, der Verräter wurde.

Analyse   Lukas vertauscht in 6,12–19 Mk 3,7–12 und 13–19, um die Einfügung von Texten aus Q und S^{Lk} (Lk 6,20ff) vorzubereiten: Nach einer Nacht des Gebets auf dem Berg (6,12) ruft Jesus seine Jünger, aus deren Kreis er die zwölf Apostel erwählt (6,13). Es folgt die Liste der Namen (6,14–16 // Mk 3,13–19). Jesus steigt dann »mit ihnen« (wahrscheinlich den Zwölf) hinunter »auf eine ebene Stelle«, wo er zusammen mit der Menge seiner Jünger und dem Volk steht (6,17). Es folgt ein Sammelbericht (6,18–19 // Mk 3,7–12), danach beginnt die Feldrede.

Hier scheint Lukas verschiedene Kategorien von Zuhörern zu unterscheiden (6,20.27.39; 7,1). Das erklärt auch zum Teil die Umstellung: Jesus wählt seine engsten Mitarbeiter aus der Menge der Jünger aus, bevor er zu diesen und zum Volk spricht. Elemente der Q-Tradition dürften schon hinter 6,12–13a stehen, da auch Mt 5,1 die Bergpredigt durch eine szenische Darstellung einleitet (Ortsangabe: Berg; Gegenwart der Jünger). Da Matthäus (4,24–5,1) *und* Lukas (6,17–19) die gleiche Markus-Stelle (3,7–13) für die Rahmung der Bergpredigt/Feldrede verwenden[1], könnte man eine Parallelperikope zur Auswahl der Zwölf hypothetisch voraussetzen, doch gibt es für diese Vermutung kaum hinreichende Gründe[2]. Die Listen der Zwölf haben ihre eigene Überlieferung, wie Apg 1,13 zeigt, zudem sind die Übereinstimmungen zwischen Mt 10,2–4 und Lk 6,14–16 zu gering[3].
Erstaunlich bleibt die Freiheit des Lukas Mk 3,13–19 gegenüber. In 6,12 gestaltet er einen redaktionellen Sammelbericht mit dem Hinweis auf das Gebet Jesu, in 6,13 gibt er seine markinische Vorlage in sprachlich und logisch besserer Form wieder. Das Wort ἀπόστολοι taucht hier auf, weil es a) durch die markinische Vorlage suggeriert ist (ἵνα ἀποστέλλῃ αὐτούς . . .), b) wahrscheinlich am Anfang der neben Markus umlaufenden Listen der Zwölf stand, c) den Kreis der zwölf Apostel im Leben Jesu fest verankert, was ein theologisches Anliegen des Lukas ist. In 6,14–16 stellt Lukas mit Matthäus Andreas an die zweite Stelle und streicht den neuen Namen der Söhne des Zebedäus. Mit Markus steht Matthäus, ohne die Berufsangabe Zöllner, vor Thomas; von Philippus bis zu Jakobus, dem Sohn des Alfäus, sind also die Listen von Markus und Lukas gleich. Lukas eigen sind a) die Abwesenheit jeder Verwandtschaftsangabe bei Jakobus und Johannes (V 14), b) das Fehlen von Thaddäus, c) das Hinzukommen von Judas, dem Sohn des Jakobus, und d) die richtige Übersetzung von κανανᾶιος mit ζηλωτής (V 15). Diese Sachverhalte begegnen auch in der Liste von Apg 1,13, die sich

---

[1]   Vgl. Schramm, T., Markus-Stoff 113; früher bereits Easton 81.
[2]   Gegen Schramm, T., Markus-Stoff 113.
[3]   Vgl. den gemeinsamen Gebrauch des Wortes »Apostel«: οὓς καὶ ἀποστόλους ὠνό-

μασεν (Lk 6,13b) und τῶν δὲ δώδεκα ἀποστόλων (Mt 10,2); vgl. Schürmann I 318 Anm. 55. Metzger, B.M., Textual Commentary 80 und Nestle^{26} sind unschlüssig.

von Lk 6,14–15 jedoch zugleich durch fünf kleine Besonderheiten unterscheidet: a) Jegliche Verwandtschaftsangabe verschwindet (auffällig besonders bei Petrus und Andreas), b) Johannes steht vor Jakobus, c) eine Gruppierung zwei zu zwei entsteht durch Setzen oder Weglassen von καί[4], d) Judas Iskariot gehört nicht mehr zur Liste. Die Namen sind also bei Lukas im Evangelium und in der Apostelgeschichte gleich, sieht man einmal vom besagten Fehlen des Judas Iskariot in der zweiten Jüngeraufzählung ab Lukas kennt aber mindestens zwei Listen, die er seinem Anliegen und dem Verlangen seiner Gemeinde anpaßt.

Formgeschichtlich begegnen wir in Lk 6,12–16 drei verschiedenen Gattungen: a) einem Sammelbericht, der als Einleitung der nächsten Einheit dient, b) der knappen Geschichte einer Wahl mit Herbeirufen, Auswahl und Namensangabe, c) einer Liste.
Die beiden letzten Gattungen sind im Leben jeder Gemeinschaft wichtig. Sie sichern die soziale Existenz und die Verfassung einer Gemeinde[5]. Die lukanische Kirche wie vor ihr die Gemeinde der Hellenisten und die Muttergemeinde in Jerusalem behauptet mittels der Berufung und der Namenliste der Apostel ihre Legitimität, obwohl sie über die Mehrheit dieser Apostel nicht viel erzählt. Andererseits ist in einer solchen Liste implizit eine Kritik an jeder christlichen Bewegung enthalten, die sich auf andere Apostel stützen würde[6].

Bis jetzt lag das Interesse des Verfassers, wie bereits das der ihm vorangehenden Überlieferungen, auf Jesu Person, dessen Einsetzung zum Dienst, erstem Wirken, ersten Jüngerberufungen und ersten Auseinandersetzungen. Bald wird er Jesu Lehre überliefern. Wie die damaligen Biographen, besonders die der Philosophen, sucht Lukas ein für den Leser angenehmes Gleichgewicht zwischen Erzählung und Lehre[7] zu erreichen.
Kap. 5 sprach von wachsendem Widerstand und dem Kern zukünftiger Jüngerschaft, aber – aufgrund der Überlieferung – nicht davon, was aus diesen ersten Jüngern geworden ist. Nach Markus wird er jetzt die zweite Etappe des Lebens der Zwölf kurz und prägnant erzählen.

Erklärung

Es fragt sich, ob Lukas diese Phase nicht nach dem Muster der »Gründung« Israels am Sinai schildert[8]. Im *Leben des Mose* von Philo spielt dieses Ereignis keine Rolle. Für Philo ist die vierzigtägige Askese Moses und die Enthüllung der Geheimnisse, beson-

---

[4] Einzige Unregelmäßigkeit: ein καί vor »Jakobus, Sohn des Zebedäus« in Apg 1,13.
[5] In den antiken Gesellschaften des Mittelmeerraumes begründete eine soziale Gruppe ihre Existenzberechtigung mit Erzählungen – Berufungsgeschichten, Erzählungen von der Stadtgründung oder einer wunderbaren Geburt – und mit Ahnen- oder Königslisten; vgl. dazu den Beginn der Pirqe Avot, die διαδοχαί (»Abfolgen«) der Philosophenschulen und die Bischofslisten.

[6] Vgl. Bovon, F., Lukas 212f.
[7] Vgl. Talbert, Ch., Patterns 89–99.125–129, der das Gleichgewicht von Leben und Denken hervorhebt; Goulet, R., Les vies de philosophes dans l'antiquité tardive et leur portée mystérique, in: Actes apocryphes 161–208.
[8] Ja, antwortet Schürmann I 313 Anm. 7, nein, entgegnet Schweizer 75; vgl. Ex 3,12; 24,1.9; 19,3.20; 24,9–18; 34,29.

ders über Priestertum und Heiligtum, von zentraler Bedeutung[9]. Doch finden sich folgende Entsprechungen: die Wahl a) der zwölf Kundschafter, eines aus jeder Sippe, je nach seiner Tugend[10], b) der Priester (Aaron und seiner Söhne)[11] und später c) der Leviten, von Philo als außergewöhnliches Ereignis angesehen[12]. Bei der Wahl der Priester ist die Vorbereitung im Gebet bedeutsam, aber im Unterschied zum lukanischen Jesus wird Mose von seinem Bruder und den anderen Priestern begleitet[13].

Die *Antiquitates Biblicae* des Pseudo-Philo führen uns vielleicht auf die richtige Spur. Nach der ersten direkten Offenbarung des ewigen Gesetzes Gottes (11) und nach dem Abfall des Volkes (12) steigt Mose ein weiteres Mal auf den Berg und *betet* (12,8) um Vergebung und Erneuerung des Volkes statt seiner Vertilgung. Gott erhört das Gebet und gibt Befehle für den Kultus, d.h. für ein erneuertes Leben nach dem Fall. Nur wenig später (15) folgt die Aussendung der Zwölf mit einer Liste ihrer Namen[14]. Das zeigt, wie man im 1. Jahrhundert n.Chr. die biblischen Berichte las. Vom Exodus zum Deuteronomium hat man die Struktur von Fall und Vergebung ausgebaut mit einer Fürbitte des Mose und einer neuen Gesetzgebung. Lk 6,12–16 ist nicht mit der alttestamentlichen Sinaioffenbarung, sondern mit dieser zweiten Gesetzgebung zu vergleichen: Nur hier sind die Motive des Berges und des Gebets miteinander verbunden und ist die Heiligung des Volkes nicht vorausgesetzt. Die deuteronomistische Tradition betont auch die göttliche Gnade bei der Wahl der Leiter, während die jüdische Exegese sonst von den Verdiensten der Ausgesandten, Priester oder Leviten spricht.

12   V 12: »In diesen Tagen«, d.h. in dieser Zeit der Verstockung steigt Jesus wie damals Mose (Ex 32,30; 34,2) auf den Berg, um zu beten. Jesus betet nach Lukas vor oder während der wichtigsten Ereignisse seines Lebens. Dadurch wird die göttliche Wurzel und Natur des Geschehens wie die Gemeinschaft des Mittlers mit Gott narrativ angedeutet. Strukturelemente des Gebets Jesu nach Lukas sind: der Ausdruck des Verhältnisses zu Gott, d.h. die Anbetung, ferner Bitte und Fürbitte, nicht für ein profanes Gut, sondern für die Entfaltung des Heilsplans durch den Glaubensgehorsam gegenüber dem Offenbarungswort Gottes[15]. Dies ist entscheidend auch für das Gebetsleben der Christen, sowohl des einzelnen (Lk 11,5–13; 18,1–14 usw.) als auch der Gemeinde (z.B. Apg 1,14; 24–31)[16]. Freilich sind die Zeiten, in denen Jesus betet, immer wieder an eine entscheidende Etappe der neuen Heilszeit gebunden[17]; beim Gebet der Christen geht es eher um den Platz des einzelnen oder der Gemeinde in der von Gott durch Christus geführten Geschichte. Beten heißt für sie: den Glauben nicht verlieren, durchhalten, der Versuchung nicht nachge-

---

[9] Vgl. Philo, VitMos II 70f.
[10] Vgl. ebd. I 220–226.
[11] Vgl. ebd. II 141f.
[12] Vgl. ebd. II 159f.
[13] Vgl. ebd. II 153.
[14] Vgl. die von J. Cazeaux übersetzte und von Ch. Perrot kommentierte Ausgabe von Harrington, D.J., Pseudo-Philon. Les Antiquités Bibliques, 2 Bde., Paris 1976 (SC 229–230) und die mit Anmerkungen versehene Übersetzung von Dietzfelbinger, Ch., Pseudo-

Philo, Antiquitates Biblicae, Gütersloh 1975 (JSHRZ II 2).
[15] Zum Gebet bei Lukas vgl. neben den bei Bovon, F., Luc le théologien 420–422 zusammengefaßten Arbeiten Caba, J., La oración de petición, Rom 1974 (AnBib 62); George, A., La prière, in: ders., Etudes 395–427. Literatur bei Fitzmyer I 268f.
[16] Vgl. Monloubou, L., Prière 99 u.ö.
[17] Vgl. ebd. 98.

ben usw. Während bei Jesus das Heilsgeschichtliche beim Beten dominiert, überwiegt bei den Christen das Ethische.

Hier spricht Lukas von der Angleichung des Willens und der beharrlichen Tat (constructio periphrastica). Jesus betet die ganze Nacht. Das hebt nicht die Askese Jesu, sondern die totale Konzentration auf das allein Wichtige hervor. Er bleibt wach für die Stimme Gottes vor dem wichtigen Ereignis. Er bringt den Zustand des Volkes und, implizit, den Unverstand der Theologen seiner Zeit (6,11) vor Gott. Diese Fürbitte wird mit einem gewagten Entschluß verbunden: Jesus hofft nicht auf die plötzliche Umkehr der Schriftgelehrten und Pharisäer, sondern will sie indirekt durch die Wahl der Zwölf erreichen. Es geht ihm um das Wohl und das Heil des Volkes; heilsgeschichtlich wird Jesus nach Lukas mit dem Einverständnis des *alten* Gottes der Väter eine *neue* Führung des Volks einsetzen, bei der weder Schriftgelehrsamkeit noch Werkgerechtigkeit, sondern die messianische Wahl entscheidend werden.

Merkwürdig ist das Hapaxlegomenon ἐν τῇ προσευχῇ τοῦ θεοῦ. Wenn unser alttestamentliches Modell die Szene geprägt hat, ist die Fürbitte Jesu zu Gott gemeint. Er spricht zu Gott, nicht um des Redens, sondern des Hörens willen. Authentische Kommunikation wie wahres Gebet verbinden lebendig Sprechen und Hören. Der Ausdruck umschließt die Anrede wie das Schweigen Jesu, das Zuhören wie die Antwort Gottes. Das geschieht auf dem Berg, dem Ort der Begegnung des Menschen mit Gott[18]. In der *Nacht* (V 12) tritt Jesus allein vor Gott, und der Bericht dramatisiert diese Stunden als gespannte. Am *Tag* (V 13) ist Jesus mitten in der Gemeinde seiner Schüler, und die lebendige Kommunikation zwischen ihnen gibt der Erzählung den Ton der Ruhe.

V 13: Προσφωνέω ist nicht Synonym von προσκαλέομαι (Mk 3,13). Das poetische **13** Verb[19], das in die Prosa der Koine eingegangen ist, ist selten (ein einziges Mal bei Josephus[20]). Es bedeutet »anreden« (so wohl hier) und »mit seinem Namen (oder Titel) rufen«. Die Bedeutung »herbeirufen« ist unsicher und wurde eher von Markus her (προσκαλέομαι [Mk 3,13; vgl. Apg 6,2]) in den lukanischen Text hineingelesen. Auf jeden Fall beginnt die Szene mit keiner Berufung, denn die Angeredeten sind bereits Jünger.

Lukas trennt klarer als Markus und Matthäus den größeren Kreis der Jünger vom inneren Kern der Zwölf; das ist für seine Ekklesiologie relevant. Es wird keine Gemeinde ohne Führer geben, aber diese stehen nicht *vor* der Gemeinde, sondern werden aus ihr von Christus berufen. Andererseits ist von keiner Bedingung (Ausbildung, Verdienst, Kapazität) die Rede. Der Titel ἀπόστολοι deutet auf eine Funktion und nicht auf eine Würde, auf einen Dienst und nicht auf eine Machtposition hin. Die Gattung der Liste und die ersten Kapitel der Apostelgeschichte lassen uns immerhin spüren, daß aus dem Kreis der Zwölf die ersten Verantwortlichen der Kirche geworden sind. Frei-

---

[18] Vgl. Mk 6,46; Joh 6,15.
[19] Vgl. Moulton-Milligan s.v.

[20] Vgl. Josephus, Ant VII 7,4 § 156; Rengstorf, K.H., Concordance III s.v.

lich sind sie Missionare und Prediger; in der Zeit des Lukas, nach ihrem Tod, ist ihnen jedoch auch die Rolle der Begründer und Stützen zugewachsen. Ἐκλέγομαι[21] beschreibt eine konkrete, funktionelle Wahl von Dienstträgern, nicht die göttliche Erwählung zum Glauben in dogmatischem Sinn. Die Namennennung weist auf die neue Verantwortung hin, die nicht nur eine beschränkte Funktion ist, sondern ein dauerndes Amt.

Ἐκλέγομαι ist bei Lukas öfter belegt, sowohl für Jesus (der geliebte Sohn, der »Erwählte« [9,35]) als auch für die Zwölf (Apg 1,2; vgl. Apg 15,7), für den zusätzlichen Apostel (Apg 1,24) und für andere Kirchenmänner (Apg 6,5; 15,22.25). Während die Sieben oder andere Verantwortliche von den Aposteln und der Gesamtgemeinde gewählt werden, bleibt die Wahl der Zwölf das Vorrecht des Herrn allein. In Apg 6,1–5 ist die Wahl der Sieben aus einem Kreis versammelter Jünger mit der *Liste* der Namen ähnlich, anders hingegen die Art der Wahl unter Mitwirkung der Gemeinde und ihrer Vorsteher unter den in 6,3 erwähnten Bedingungen und ohne Titelverleihung[22].

Der Titel Apostel ist für die Lebenszeit Jesu anachronistisch. Wichtig ist Lukas weniger ihre Einsetzung als ihre Präsenz bei Jesus im Blick auf ihre zukünftige Zeugenschaft (Apg 1,22–23). Sie werden kurz vor Jesu Tod, während seiner Passion und nach Ostern erprobt und für ihren Dienst ausgerüstet[23]. Sie werden vorher schon eine erste Mission durchführen (Lk 9,1–6), werden aber erst nach Pfingsten und dem Empfang des heiligen Geistes im vollen Sinn Apostel. Lukas sieht in ihnen eine geschichtliche Größe der Vergangenheit. Er begrenzt ihre Zahl auf die Zwölf und verankert sie im Leben Jesu. Er denkt dabei institutionell, aber nicht frühkatholisch. Als heilsgeschichtliche Größe[24] sind sie erste Zeugen der Auferstehung (und retrospektiv des Lebens und Todes Jesu), erste Vorsteher der Muttergemeinde, Vertreter der zwölf Stämme des erneuerten Volkes Israel und Missionare unter den Juden[25]. Während die Wahl der Zwölf für die älteste mündliche Überlieferung die Wiederherstellung Israels veranschaulichte, dient sie für Lukas dem Werden des Volkes Gottes, nämlich der Kirche. Wenn Pfingsten als Datum der Geburt der Kirche

---

[21] Vgl. Eckert, J., Art. ἐκλέγομαι in: EWNT I (1980) 1012–1014. Neuere Literatur in ThWNT X/2 (1979) 1160f. Dietrich, W., Petrusbild 90f ist der Ansicht, das Verb ὀνομάζειν habe beide Male, da es gebraucht wird (V 13 und V 14), nicht dieselbe Bedeutung: In V 13 bedeute es: »einen Titel (›Apostel‹) geben«, in V 14: »einen Namen geben«.
[22] Zu Apg 6,1–6 vgl. Bovon, F., Luc le théologien 365–369.391f und Weiser, A., Apostelgeschichte I 163f.
[23] Vgl. Roloff, J., Verkündigung 192 u.ö.
[24] Vgl. von Campenhausen, H., Apostelbegriff, der die lukanische Auffassung des Apostolats gut von der des Paulus abgegrenzt hat:

Nur die Zwölf sind Apostel; und um Apostel zu sein, genügt es nicht, den Auferstandenen »gesehen« zu haben, man muß ihn auf seinem irdischen Lebensweg begleitet haben.
[25] Zur Position von Klein, G., Apostel vgl. Bovon, F., Luc le théologien 379.383–385. Dupont, J., Nom 435–443 (Aufsatz) untersucht Lk 6,13: Seiner Meinung nach will Lukas sagen, daß die von Jesus damals erwählten Menschen dieselben sind wie die, die man heute unter dem Namen »Apostel« kennt. Lk 6,13 bedeutet nicht, daß Jesus den Zwölfen damals feierlich den Titel »Apostel« verliehen hat.

gilt, gehört die Berufung der Jünger und die Auswahl der Zwölf in die Phase ihrer Empfängnis und Schwangerschaft[26].

V 14: Die *erste* und die *letzte* Stelle in der Liste[27] sind wichtig: Simon[28], den wir 14 schon kennen (4,38) und um dessen Berufung wir längst wissen (5,1–11), steht an der ersten[29]. Er ist der einzige, der einen neuen Namen bekommt. Lukas betrachtet ihn als Wortführer und Vorsteher der Jerusalemer Gemeinde, wohl auch als ersten Zeugen der Auferstehung (24,34). Mit der judenchristlichen Kirche versteht Lukas Petrus als den *Stein*, d.h. als Fundament der Kirche[30]. Aber seine Kirche ist nicht petrinisch. Er beansprucht das petrinische Erbe, erweitert es aber durch das paulinische. In V 13 ist ὀνομάζω mit einem kollektiven Titel verbunden, hier mit einem Personennamen; dies verweist auf die kollektive wie die persönliche und zugleich nicht übertragbare Verantwortung des Petrus.

An der *letzten* Stelle ist Judas Iskariot[31] erwähnt[32]. Der christliche Leser weiß, wen er verraten hat, der nichtchristliche wartet gespannt auf die entsprechende Antwort. Ist Iskariot – sonst als Name nicht belegt[33] – ein Spitzname (»Mann der Falschheit«) oder ein Beiname (»Mann aus Kariot« oder »sicarius« [»Messerheld«])? Wie Lukas den Namen verstanden hat, wissen wir nicht; festhalten läßt sich nur dies, daß er ihn zur Unterscheidung von Judas, dem Sohn des Jakobus, benutzt.

Von der Parallelliste beeinflußt, stellt Lukas Andreas als »seinen [des Petrus] Bruder« vor, vermutlich deshalb, weil er den entsprechenden Hinweis in Mk 1,16–20 nicht einfach übergehen will. Darüber hinaus ist in seinem Doppelwerk nur noch in Apg 1,13 von Andreas die Rede.

Bei Jakobus und Johannes fehlt die Nennung des Vaters (anders Mk 3,17; Mt 10,2); im Anschluß an 5,10 war dies wohl nicht mehr nötig[34]. In Apg 1,13 steht Johannes neben

---

[26] Vgl. Lohfink, G., Sammlung 93–99, wo er seine Position zusammenfaßt: Jesus hat die Kirche nicht »gegründet«, er hat aber einen entscheidenden Anfang für die eschatologische Sammlung gesetzt. Diese Sammlung vollzieht sich etappenweise.

[27] Die handschriftliche Überlieferung neigt dazu, die Zwölf in Anlehnung an Apg 1,13 und an die Missionsregel »je zwei und zwei« (Lk 10,2) mit Hilfe von καί zu Paaren zu gruppieren.

[28] Lukas kennt weitere Personen mit dem Namen Simon: Simon den Zeloten (Lk 6,15; Apg 1,13), Simon den Pharisäer (Lk 7,40), Simon aus Zyrene (Lk 23,26), Simon den Zauberer (Apg 8,9), Simon den Gerber (Apg 9,43). Den wichtigsten Apostel nennt er von nun an immer mit seinem neuen Namen »Petrus« – außer in Lk 22,31 und 24,34 (zwei Worte der Überlieferung) sowie in Apg 10,5.18.32 und 11,13 (hier präzisiert er jeweils, daß es sich um Petrus handelt).

[29] D hebt die vorrangige Stellung des Petrus hervor, wie das hier zugefügte πρῶτον zeigt; vgl. Menoud, Ph. H., Le texte occidental et la théologie du Livre des Actes, in: ders., Jésus-Christ 59f sowie Epp, E.J., Tendency 155.156.157–164.

[30] Vgl. Cullmann, O., Petrus 18–25.

[31] Viele Handschriften gräzisieren den Namen: Ἰσκαριώτην.

[32] Zu προδότης vgl. Bauer s.v.

[33] Vgl. Gnilka, J., Markus I 141 und Limbeck, M., Ἰσκαριώθ κτλ., in: EWNT II (1981) 491–493.

[34] Zwei syrische Übersetzungen präzisieren: »die Söhne des Zebedäus«. D und eine alte lateinische Handschrift (ff[2] mit einigen kleineren Unterschieden) fügen nach Johannes ein: »seinen Bruder, die er Boanerges nannte, das heißt Donnersöhne«.

Petrus und *vor* Jakobus; vom Zusammenwirken des Johannes mit Petrus (und im Schatten des Petrus) reden auch 22,8; Apg 3,1.11; 4,13.19 und 8,14. Über den Tod des Jakobus wird Lukas in Apg 12,1–2 berichten. In Lk 9,54 erwähnt er die falsche Reaktion des Johannes und Jakobus, nicht aber – im Unterschied zu Markus und Matthäus – in 22,24[35]. An zwei wichtigen Stellen nennt er Petrus, Jakobus und Johannes als die Jesus am nächsten stehenden Jünger (8,51 und 9,28).

15–16 Von Philippus, der vom Hellenisten Philippus zu unterscheiden ist[36], weiß Lukas so wenig zu berichten wie von Bartholomäus, Matthäus (für Lukas nicht identisch mit Levi aus 5,27), Thomas[37], Jakobus, dem Sohn des Alfäus, Simon, dem Zeloten[38], und Judas, dem Sohn (eher als Bruder) des Jakobus[39]. Die Namen am Schluß der Liste werden präzisiert, um Mißverständnisse zu verhindern.

Abgesehen von Simon Petrus und Judas Iskariot notiert Lukas sehr wenig über die vor- wie über die nachösterliche Tätigkeit der Zwölf. Er besitzt zwar die theologisch wichtige Namensliste, er will und kann aber den Namensträgern nicht biographisch nachgehen. Ihre Persönlichkeit spielt auch bei den wenigen Äußerungen in Form von Fragen oder Reaktionen des einen oder andern keine Rolle. Die Namensnennung dient allein der Verlebendigung und Verstärkung der Glaubwürdigkeit der Geschichte. Was wir über die Namen hinaus erfahren, steht strikt im Dienst der Darstellung Jesu und seiner Botschaft.

Zusammen- 1. Die Vermittlungsrolle der Kirche ist von Jesus vorbereitet. 2. Die Apostel,
fassung   die Zeugen Jesu, werden von ihm selbst ausgewählt und ernannt. 3. Die »Augenzeugen und Diener des Wortes« (1,2) bleiben nicht anonym, eine Tatsache, die die Gewißheit (1,4) gegenüber der Botschaft und die Gemeinschaft der Kirche festigt. 4. Die Hauptrolle des Petrus in der ältesten nachösterlichen Zeit ist durch die Stellung am Anfang der Liste angezeigt, entsprechend die Verräterverantwortung des Judas am Schluß. Jesus allein ist der Gesandte Gottes und vom Geiste Gottes Gesalbte (4,18), der das Gnadenjahr Gottes verkündigen und eröffnen kann. Aber so wie die Apostelgeschichte dem Evangelium folgt, werden die Jünger nach der irdischen Lebenszeit des Mes-

---

[35] Handelt es sich in Lk 24,10 um den gleichen Jakobus? Dort heißt es, die Frau oder Mutter eines Jakobus sei am leeren Grab gewesen.

[36] Hengel, M., Zwischen Jesus und Paulus. Die »Hellenisten«, die »Sieben« und Stephanus, ZThK 72 (1975) 177 mit Anm. 95 schließt die Identität beider nicht aus.

[37] D gibt nach Joh 11,16 eine genauere Angabe: »der mit dem Beinamen Didymus«.

[38] Lukas übersetzt das semitische Wort καναναῖος korrekt mit ζηλωτής. Zur zelotischen Bewegung vgl. die Literaturangaben in ThWNT X/2 (1979) 1096f. Der Begriff »Zelot«

(nicht aber, was er bezeichnet) ist vielleicht für die Zeit Jesu noch ein Anachronismus, jedoch nicht mehr für die Zeit des Lukas; vgl. Marshall 240.

[39] Dieser Jakobus ist weder der Sohn des Zebedäus noch der Bruder des Herrn noch der Sohn des Alfäus. Von einigen wird er harmonisierend mit Thaddäus (Mt 10,3; Mk 3,18) identifiziert. Thaddäus wäre dann sein griechischer (Lebbäus [Mt 10,3 D und Mk 3,18 D] sein aramäischer) Name. Ich teile die Zweifel, die Schürmann I 317 Anm. 49 anbringt.

sias in eine Vermittlungsrolle eingesetzt. Sie vermögen von sich aus nichts und wirken nur indirekt in der Geschichte. Die Geschichte des Wortes Gottes braucht jedoch Menschen, die die Sache Jesu weitertreiben.

Die Heilungen vor der Feldrede (6,17–19)

Literatur: Egger, E., Die Verborgenheit Jesu in Mk 3,7–12, Bib. 50 (1969) 466–490; *Keck, L.E.*, Mark 3,7–12 and Mark's Christology, JBL 84 (1964) 341–358; *Mánek, J.*, On the Mount – on the Plain (Mt V 1 – Lk VI 17), NT 9 (1967) 124–131; *May, E.*, »... For Power Went forth from Him ...« (Luke 6,19), CBQ 14 (1952) 93–103; *Schramm, T.*, Markus-Stoff 113–114.

17 Und als er mit ihnen hinuntergestiegen war, machte er an einer ebenen Stelle halt und eine große Menge seiner Jünger und eine große Masse Volk aus ganz Judäa und Jerusalem und der Küste von Tyrus und Sidon, 18 welche kamen, um ihn zu hören und von ihren Krankheiten geheilt zu werden. Und die von unreinen Geistern Geplagten wurden geheilt. 19 Und die ganze Menge suchte ihn anzurühren, weil eine Kraft von ihm ausging und alle heilte.

Es fragt sich, ob Lukas in der Einleitung zur Feldrede neben Mk 3,7–12 auch   Analyse
Q als Vorlage benutzte[1]. Q[2] scheint außer dem Berg und den Jüngern auch die Menge (vgl. Lk 7,1 und Mt 7,28) und vielleicht sogar eine kurze Beschreibung der Wundertätigkeit Jesu enthalten zu haben. Diese Paralleltradition zu Mk 3,7–12 könnte erklären, weshalb Matthäus und Lukas die Bergpredigt bzw. Feldrede an der gleichen Stelle in die markinische Abfolge einschieben.

Doch gibt es sonst keine Übereinstimmungen, und Mt 4,23–25 (außer Mt 4,23b) ist ein Mosaik von Markus-Elementen. Auch komponiert Lukas Sammelberichte gewöhnlich ziemlich frei. Hauptquelle bleibt in Lk 6,17–19 in jedem Fall Markus. Lukas verzichtet wegen der Sinai-Typologie auf das Seemotiv und das Schiff. Von Markus übernimmt er a) die Begleitung der Jünger, b) den Zustrom der Menge sowohl aus Judäa wie aus Syrien, c) den Wunsch der Menge, d) die Exorzismen (wegen deren Erwähnung in 4,41 allerdings in gekürzter Form) und e) die Heilung der Kranken durch physischen Kontakt mit Jesus. Die markinischen Angaben hat Lukas jedoch weitgehend neu formuliert[3].

---

[1] Diese Ansicht teilen verschiedene Exegeten, darunter auch Schürmann I 323 und Schramm, T., Markus-Stoff 113f.
[2] Vgl. oben S. 278.
[3] Vgl. in V 17: μετά, πλῆθος πολύ, ἀπὸ ... τῆς Ἰουδαίας καὶ Ἱερουσαλήμ (Markus wiederholt die Präposition ἀπό und notiert die hellenisierte Form des Namens von Jerusalem); in V 18: ἦλθον, ἀκούω, πνεύματα ἀκάθαρτα (bei Markus mit doppeltem Artikel), θεραπεύω; in V 19: ἅπτεσθαι.

Gattungsgemäß liegt ein Übergangsstück vor, das von der Wahl der zwölf Apostel zur ersten langen Rede Jesu hinführt. Es beginnt narrativ (V 17a), wandelt sich aber schnell zu einem Sammelbericht (VV 17b–19).

Nach der jüdischen Tradition lebte das am Sinai neugeborene Volk eine Zeitlang in einem idealen Zustand. Es gab damals weder Arme noch Kranke[4]. Dieser Glaube könnte Matthäus und Lukas dazu veranlaßt haben, eine Heilungszeremonie in die Nähe der Bergszene und der Predigt Jesu zu rücken (bei Matthäus davor, bei Lukas dazwischen). Vielleicht läßt sich sogar sagen, daß Gott nach dem Auszug aus Ägypten und nach jedem Aufstand Israels in der Wüste es zuerst durch Krankheit strafte und dann durch Heilungen erneuerte[5]. Der Aufstieg auf den Berg und das lange Gebet eröffnet eine neue Etappe (6,12), an deren Anfang die Ernennung der Zwölf (6,13–16) und die Heilungen (6,17–19) stehen.

Erklärung 17

V 17: Auf- und Absteigen stehen im Buch Exodus symbolisch für die Begegnung mit Gott und die Mitteilung des göttlichen Willens an das Volk[6]. Die Septuaginta verwendet πεδεινός zusammen mit ὀρεινός als Eigenschaftswort für das verheißene Land[7]. Lukas könnte beides symbolisch kombiniert haben.

Am Fuß des Berges stehen also Jesus und drei Gruppen: die Apostel, die Schar der Jünger und das Volk. Natürlich denkt Lukas zunächst historisch und narrativ[8]. Aber die gleichen Verhältnisse wiederholen sich in der Urgemeinde und vielleicht zur Zeit des Lukas: Die von ihrem Herrn geführte Kirche unter der Leitung der Zwölf versammelt Jünger aus dem ganzen Volk. Noch nie sprach Lukas so nachdrücklich vom Erfolg Jesu, wobei er zwei Gruppen unterscheidet: die aus dem jüdischen Land (Galiläa einbezogen wie in 4,44) und die von der heidnischen Küste von Tyrus und Sidon[9]. So wird die Zukunft der Kirche wie in Lk 14,21–23 vorgezeichnet. Ihre Entstehung ist also eine progressive und eschatologische Sammlung Israels[10]. Während ὄχλος und πλῆθος prosaische Bedeutung haben, klingt λαός theologisch; es ist noch nicht die Zeit der Heiden (ἔθνη).

---

[4] Vgl. Dtn 15,4 und Apg 4,34.

[5] Vgl. Ps 105(106), der die Untreue, die Strafen und endlich das Erbarmen Gottes aufzählt.

[6] Das ganze Kapitel Ex 19 ist dafür bezeichnend. Nach Mánek, J., Mount stellt Matthäus den Berg als eschatologischen Ort in den Vordergrund, während Lukas – wie die Propheten – für die Endzeit die Einebnung aller Berge erwartet. Dies würde erklären, warum Matthäus die Predigt auf einem Berg, Lukas in einer Ebene lokalisiert.

[7] Vgl. Dtn 11,11 LXX; Jos 11,16 LXX; Sach 7,7 LXX; Jer 17,26 LXX. Seltsam mutet der Ausdruck ἐπ' ὄρους πεδινοῦ in Jes 13,2 LXX an.

[8] Marshall 242 unterstreicht diesen Aspekt.

[9] De la Potterie, I., Les deux noms de Jérusalem dans l'évangile de Luc, in: La parole de grâce 57–70 mißt den beiden Schreibweisen des Namens »Jerusalem« theologische Bedeutung zu: Die hebräische Schreibweise werde für die hervorragenden Ereignisse der Heilsgeschichte, die hellenisierte in den Berichten, in denen die Stadt eine weltliche oder gar sündhafte Rolle spielt, gebraucht. Παραλία (ohne nähere Bezeichnung) für die Mittelmeerküste erscheint auch in Jes 8,23 LXX.

[10] Vgl. Lohfink, G., Sammlung.

Das Heilsereignis nimmt außerhalb Jerusalems seinen Anfang. Jede *Identifi-* 18a
kation mit dem geschichtlichen Volk und der räumlichen Realität Israels wird
damit von Lukas kritisiert. Die christliche Botschaft steht in Kontinuität
(»Berg« und »Ebene«), aber auch in Diskontinuität zur Sinai-Offenbarung
(6,11)[11]. Glücklicherweise gibt es im Volk genug kleine Leute, die das Neue
hören wollen und *hinausgehen*, um ihm zu begegnen. Von Abraham an ist
nach Lukas die Gottesbegegnung mit einem Exodus verbunden. Deshalb ist
der Täufer für ihn so wichtig (3,7). Dem Kommen Christi (5,32) steht das
Kommen der Menge (6,18) gegenüber. Dadurch entsteht die neue Verbindung mit Gott.

Im spätantiken Weltbild wird die Verschiebung bestimmend, daß die *religio*
(als Verhältnis mit dem Göttlichen) sich von nun an weniger in den Tempeln
als in den berufenen Männern und Frauen manifestiert[12]. Das ist der Christologie und der Mission zugute gekommen. Die Evangelien sind die ersten
Zeugnisse dafür.

Die Erwartung der Leute ist stereotyp: Sie wollen ihn hören und von ihm geheilt werden (V 18a [im Unterschied zu Mk 3,8b, wo nur vom »Hören« die
Rede ist]). Eben dies hat der messianische Prophet und Arzt laut Lukas anzu-
bieten. Lukas fügt der Antwort durch die Tat (VV 18b–19) die durch das Wort 18b
(V 20ff) hinzu. Dabei stehen die Austreibungen in V 18b ein wenig bezie-
hungslos da, weil Lukas sie von den Heilungen unterscheidet[13]. Verglichen
mit 4,41 ist hier die Aufmerksamkeit auf die Besessenen und nicht auf die
Dämonen gerichtet. Diese ἐνοχλούμενοι, d.h. »Gestörte«, »Belastete«, »Ge-
plagte«, vielleicht »Kranke«[14], werden durch Austreibung[15] geheilt.

V 19: Lukas teilt seine Überzeugung, daß eine heilende Kraft (δύναμις)[16] von 19
Jesus ausging, ohne Hemmung mit. Es genügte, Jesus anzurühren (ἅπτεσθαι),
um geheilt zu werden. Göttliche Kraft geht als Glanz schon von Mose aus (Ex
34,29–35). Heilende Kraft des Göttlichen wurde damals propagandistisch
oder apologetisch von verschiedenen Kulturen beansprucht. Hier wird her-
ausgestellt: Gott ist mit Jesus; sein Wille, seine Kraft entspricht der Hoffnung
der Menge. Aber wie schon 4,42–44 zeigt die folgende Rede, daß der Mensch
nicht nur von dieser Kraft leben kann, sondern vom Wort Gottes, das Jesus
mitteilt. In Israel wie in Griechenland kämpfte eine Elite vergebens gegen den
Erfolg des »göttlichen Arztes«. Lukas kannte solche Hemmungen nicht[17].

---

[11] Vgl. Bovon, F., Lukas 128–133.
[12] Vgl. Brown, P., The Making of Late Antiquity, Cambridge (Mass.) 1978, 1–26.
[13] Vgl. den Kommentar zu 4,40–41 oben S.
225. Das Verb θεραπεύω legt sich Lukas
durch die Parallele in Mk 3,10 nahe.
[14] Moulton-Milligan s.v. nennen als Beispiel P Petr II 25 (a)[12]: εἰς ἵππον ἐνοχλούμενον
(»für ein krankes Pferd«).
[15] Lukas gebraucht ἀπό hier vielleicht bewußt doppeldeutig: Sie wurden von den Gei-

stern umgetrieben (ἀπό im Sinne von ὑπό)
und von ihnen befreit (ἀπό im üblichen Sinn).
Seiner Gewohnheit gemäß bezieht Lukas ἀπό
πνευμάτων ἀκαθάρτων sowohl auf das Folgende wie auf das Voraufgehende; vgl. Plummer 176.
[16] Vgl. den Kommentar zu Lk 5,17 oben S.
246 Anm. 23.
[17] Vgl. George, A., Miracles dans le monde
hellénistique, in: Léon-Dufour, X., Miracles
102f.

Zusammen- Der Sammelbericht schildert die Begegnung des von Gott begabten Arztes
fassung   und Propheten mit den verschiedenen Gruppen des erwählten Volkes. Der
           göttlichen Herablassung begegnet die menschliche Suche. Das Volk, das das
           Risiko der Begegnung auf sich genommen hat, wird zuerst durch die Heilung
           aller (V 19) zum Hören befähigt. Erst dann kann der messianische »Er«
           (αὐτός) seine Jünger anreden (V 20a).

Die Feldrede (6,20–49)

Literatur: Barth, G. – Aukrust, T., Art. Bergpredigt, in: TRE V (1979) 603–626; *Bartsch, H.-W.,* Feldrede und Bergpredigt. Redaktionsarbeit in Luk. 6, ThZ 16 (1960) 5–18; *Betz, H.D.,* Essays on the Sermon on the Mount, Philadelphia 1984 (= *ders.,* Studien zur Bergpredigt, Tübingen 1985); *Bonnard, P.,* Le Sermon sur la montagne, RThPh 3, 3ᵉ série (1953) 233–246 (= *ders.,* Anamnesis. Recherches sur le Nouveau Testament, Lausanne 1980 [Cahiers de la RThPh 3]), 81–92; *Bornhäuser, K.,* Die Bergpredigt. Versuch einer zeitgenössischen Auslegung, Gütersloh 1923 (BFChTh II/7); *Bornkamm, G.,* Der Aufbau der Bergpredigt, NTS 24 (1977/1978) 419–432; *Davies, W.D.,* The Setting of the Sermon on the Mount, Cambridge 1964; *ders.,* The Sermon on the Mount, Cambridge 1966 (= *ders.,* Die Bergpredigt, München 1970); *Eichholz, G.,* Auslegung der Bergpredigt, Neukirchen-Vluyn 1965 (BSt 46); *Frankemölle, H.,* Neue Literatur zur Bergpredigt, ThRv 79 (1983) 177–198; *Grundmann, W.,* Die Bergpredigt nach der Lukasfassung, StEv 1 (1959) 180–189 (TU 73); *Jeremias, J.,* Sprache 138–151; *Kahlefeld, H.,* Der Jünger. Eine Auslegung der Rede Lk 6,20–49, Frankfurt a.M. 1962; *Kennedy, G.A.,* New Testament Interpretation through Rhetorical Criticism, Chapel Hill 1984 (Studies in Religion), 63–67; *Kieffer, R.,* Essais de méthodologie néo-testamentaire, Lund 1972, 26–50; *Kissinger, W.S.,* The Sermon on the Mount. A History of Interpretation and Bibliography, Metuchen 1975 (ATLABS 3); *Lambrecht, J.,* Ich aber sage euch. Die Bergpredigt als programmatische Rede Jesu (Mt 5–7; Lk 6,20–49), Stuttgart 1984; *Lührmann, D.,* Logienquelle 53–56; *Luz, U.,* Sermon on the Mount/Plain. Reconstruction of Qᴹᵗ and Qᴸᵏ, in: Society of Biblical Literature 1983, Seminar Papers, hrsg. v. K.H. Richards, Chico 1983 (SBL Seminar Papers Series 22), 473–479; *Mánek, J.,* On the Mount – On the Plain (Mt. v 2 – Lk. vi 17), NT 9 (1967) 124–131; *Menestrina, G.,* Matteo 5–7 e Luca 6,20–49 nell'Evangelo di Tommaso, BeO 18 (1976) 65–67; *Minear, P.S.,* Jesus' Audiences, According to Luke, NT 16 (1974) 81–109; *Robinson, J.M.,* The Sermon on the Mount/Plain: Work Sheets for the Reconstruction of Q, in: Society of Biblical Literature 1983, Seminar Papers, hrsg. v. K.H. Richards, Chico 1983 (SBL Seminar Papers Series 22), 451–454; *Schürmann, H.,* Die Warnung des Lukas vor der Falschlehre in der »Predigt am Berge« Lk 6,20–49, BZ NS 10 (1966) 57–81 (= *ders.,* Untersuchungen 290–309); *Strecker, G.,* Die Bergpredigt. Ein exegetischer Kommentar, Göttingen ²1985; *Topel, J.,* The Lukan Version of the Lord's Sermon, BibTheolBull 11 (1981) 48–53; *Weder, H.,* Die »Rede der Reden«. Eine Auslegung der Bergpredigt heute, Zürich 1985; *Windisch, H.,* Der Sinn der Bergpredigt. Ein Beitrag zum geschichtlichen Verständnis der Evangelien und zum Problem der richtigen Exegese, Leipzig ²1937; *Worden, R.D.,* A Philological Analysis of Lk 6,20b–49, Diss. Princeton Theol. Sem. 1973; *ders.,* The Q Sermon on the Mount/ Plain. Variants and Reconstruction, in: Society of Biblical Literature 1983, Seminar

Papers, hrsg. v. K.H. Richards, Chico 1983 (SBL Seminar Papers Series 22), 455–471; Analyse
Wrege, H.-Th., Bergpredigt.

In Wissenschaft und Kirche hat die matthäische Bergpredigt die lukanische Feldrede, die in ihrer eigenen Gestalt gehört werden muß, verdrängt[1]. Jesus kam im Lukasevangelium bisher nur in einzelnen Sprüchen (2,49; 4,4.8.12 usw.) zu Wort. Sogar die programmatische Predigt in Nazaret (4,16–30) ist ihrer Form nach ein Dialog geblieben. Jetzt, da er Jünger berufen (5,1–11.27–28) und die Zwölf erwählt hat (6,12–16), erwarten die Leser eine Belehrung.

Diese erste große Rede Jesu, die nun folgt, ist laut Lukas nicht nur für die Jünger (Kirche) oder die Zwölf (Amtsträger)[2] bestimmt, sondern auch für das Volk. Sie soll keine Geheimlehre darstellen und ist nicht nur zum innerkirchlichen Gebrauch bestimmt. Neben den Jüngern stehen die Sympathisanten Jesu. Sie kommen aus dem Judentum wie aus dem Heidentum. Sie alle sind herbeigekommen, »um ihn zu hören« (6,18). Das lukanische Doppelwerk ist für beide Gruppen bestimmt.

Die Einführung der Feldrede in 6,20 und der Rückblick in 7,1 zeigen, daß Lukas 6,20–49 als eine geschlossene Rede Jesu ansieht. Innerhalb dieser Einheit finden sich jedoch zwei Neueinsätze: in V 27 (von Jesus selbst markiert) und in V 39 (in Form einer Zwischenbemerkung). Die Seligpreisungen und die Weherufe bilden also einen *ersten* Teil (VV 20–26). Es folgen eine Reihe von imperativischen Sätzen, die einen *zweiten* Teil bilden, während eine Kette von Metaphern und Gleichnissen – stilistisch wiederum vom Voranstehenden abweichend – einen *dritten* Teil umfaßt.

In V 20 werden explizit nur die Jünger angesprochen (V 20a), im zweiten und dritten Teil auch die Menge (VV 27a.39a). Man darf diese Unterscheidung nicht überschätzen, weil der Neueinsatz in V 27 neben seiner Funktion, die Rede zu untergliedern, eine weitere Absicht verfolgt: Nach der Reihe der Weherufe[3] am Ende des ersten Teils müssen die für Jesu Lehre aufgeschlossenen Zuhörer[4] wieder ins Geschehen einbezogen werden.

Lukas liefert seinen Lesern kaum Hinweise zur Erschließung von Gedankengang und Struktur der Rede. Es handelt sich um eine Logien*kette*, die er aus Ehrfurcht vor den Herrenworten wenig aktualisiert. Verglichen mit den zunächst isoliert tradierten Sprüchen Jesu besteht der Fortschritt nur in ihrer Sammlung zur heutigen Rede[5]. Matthäus hat stärker redaktionell eingegriffen, ohne jedoch die Gattung Logiensammlung zu verlassen.

---

[1] Sowohl RGG[3] als auch TRE widmen der Bergpredigt einen Artikel, nicht aber der Feldrede.

[2] Die Zwölf erscheinen erst in 8,1 wieder als Gruppe.

[3] Die Gegner, die in 6,1–11 zugegen waren, sind seither verschwunden. Sie tauchen erst in 7,20 wieder auf, auch da in einer Rede Jesu.

[4] *Minear, P.S.*, Audiences legt großes Gewicht auf den Zuhörerwechsel: In den VV 20–26 spricht Jesus zu von seinem Wort Überzeugten, in den VV 27ff zu noch Zögernden. *Dupont, J.*, Béatitudes III 21–40 ist dagegen der Ansicht, Lukas komme nach den in den VV 24–26 angesprochenen Reichen (= die ungläubigen Juden) wieder auf die Zuhörerschaft des V 20 zurück. Meine eigene Position liegt zwischen diesen beiden Extremen.

[5] Dieselbe Situation in der Logienquelle und im Thomasevangelium.

(1)   6,17–19: der Rahmen der Rede

I. Teil

(2)   6,20–23: die Seligpreisungen
(3)   6,24–26: die Weherufe

II. Teil

(4)   6,27–28: die Feindesliebe (vier Imperative in der zweiten Person Plural)
(5)   6,29–30: die Widerstandslosigkeit (vier Imperative in der zweiten Person Singular)
(6)   6,31: die Goldene Regel
(7)   6,32–34: eine Argumentation (drei Beispiele)
(8)   6,35a: die Feindesliebe (drei Imperative in der zweiten Person Plural)
(9)   6,35b: eine doppelte Verheißung mit Begründung
(10) 6,36: Reziprozitätsformel
(11) 6,37–38a: Verzicht auf das Richten; Schenken (vier Imperative in der zweiten Person Plural)
(12) 6,38b: das gute Maß als Lohn
(13) 6,38c: das Maß als Forderung

III. Teil

(14) 6,39: der blinde Führer
(15) 6,40: der Jünger und sein Lehrer
(16) 6,41–42: der Splitter und der Balken
(17) 6,43–44: der Baum
(18) 6,45: der Mensch
(19) 6,46: Herr, Herr
(20) 6,47–49: die beiden Häuser

(21) 7,1: Abschluß und Übergang

Schon hier fällt auf: 1. Der Gegenüberstellung der Seliggepriesenen und Bedrohten am Anfang entspricht am Ende eine mehrmalige Zwei-Wege-Lehre (von V 39 an). Im ersten und im dritten Teil herrscht also wie in weisheitlichen Texten des Alten Testaments eine dualistische Sicht des Lebens vor. 2. Der mittlere Teil bringt vor allem das Gebot der Feindesliebe, vor und nach der Goldenen Regel. Die VV 36–38 fallen dabei ein wenig aus dem Rahmen: V 36 knüpft thematisch an V 35 an (Güte Gottes), während der Lohngedanke die Annäherung der VV 37–38 an V 35 erklären könnte. 3. Stichwortverkettung ist besonders spürbar in V 38b–c (μέτϱον), wo die Sprüche inhaltlich wenig gemeinsam haben.

Im Vergleich mit der matthäischen Bergpredigt wirkt die lukanische Feldrede vor allem in ihrem zweiten Teil missionarischer, was angesichts der hier vorausgesetzten

Zuhörerschaft kaum überrascht[6]. Im Blick auf die Zuhörer kann man möglicherweise sogar von einem Chiasmus sprechen[7]: In den VV 12–16 sind die Apostel angeredet, in 16–19 die Jünger, in 20–38 wiederum die Jünger, in 39–49 entsprechend die Apostel. Dabei sind die Seligpreisungen mit ihrem eschatologischen Zuspruch an die Jünger gerichtet (Indikative), während die Apostel von drei Seiten her angesprochen werden (Imperative [VV 39–49])[8]. So wie Matthäus die Bergpredigt von seiner antipharisäischen Perspektive her gestaltet, so aktualisiert und deutet Lukas die Feldrede im Blick auf seine eigene Situation und Umwelt.

H. Schürmann hebt hervor, die lukanische Feldrede wende sich an die Glaubenden, an solche, die längst schon Christen sind; sie würden in den VV 20–26 an ihre Taufe und den Ursprung ihres Glaubens erinnert, während die VV 27–38 das Liebesgebot neu einschärften und 39–49 vor falschen Führern warnten. Das entspräche (freilich nur im Blick auf 27–49) Eph 4,25–5,14 und der Didache. Somit besagte das Berg-Ebene-Szenarium, daß die Kirche vor ihrem Herrn steht wie Israel damals vor dem vom Sinai heruntersteigenden Mittler: »Das Wort Jesu soll als lebendiges Kerygma in der Kirche und durch die Kirche weiter erklingen.«[9]

Man kann auch wie in der Rhetorik Exordium und Peroration (Redeschluß) unterscheiden, die zwei Teile (Feindesliebe und Liebesgebot) einrahmen[10].

Die Überlieferungsgeschichte

Von Markus stammen nur der Sammelbericht (Lk 6,17–20a), den Lukas als Ortsangabe und Einführung benutzt, und der zweite Spruch über das Maß (Lk 6,38c). Die meisten Worte der Feldrede sind aber zugleich in der matthäischen Bergpredigt zu finden (Ausnahme: Lk 6,24–26.38b), wovon zwei (Lk 6,39.40) bei Matthäus in anderem Zusammenhang überliefert sind (Mt 15,14; 10,24–25a). Bemerkenswert ist die Verdoppelung des Spruches über die Feindesliebe bei Lukas (Lk 6,27–28.35a).

Die in der Bergpredigt und der Feldrede gemeinsam vorliegende Überlieferung hält zudem weithin die gleiche Reihenfolge ein[11].

Einzig im Abschnitt über die Feindesliebe (Mt 5,38–47) folgen die Nummern (5), (4), (9), (7) meiner Gliederung in dieser Reihenfolge, während die Goldene Regel bei Matthäus erst viel später (Mt 7,12) zu stehen kommt. Darüber hinaus sind nur noch zwei Umstellungen festzuhalten: (5) / (4) und (9) / (7).

---

[6] Vgl. Minear, P.S., Audiences 104–109. Zur Aufteilung der Zuhörerschaft vgl. oben S. 289 Anm. 4.

[7] Vgl. Grundmann, W., Bergpredigt.

[8] Bartsch, H.-W., Feldrede vertritt die Ansicht, die Predigt habe bei Lukas – wegen der »Ihr« und »Du« – den Charakter einer *eschatologischen*, an das ganze Volk gerichteten *Predigt* (außer den Seligpreisungen, die nur an die Jünger gerichtet sind). Paränetisch und nicht kerygmatisch sind in den VV 27–47 nur die VV 27–31 und 37–38.

[9] Schürmann, H., Warnung 292 (Sammelband).

[10] Vgl. Lagrange 183 und Dupont, J., Béatitudes I 200. Sie teilen wie folgt auf: Lagrange: VV 20b–26; VV 27–38; VV 39–45; VV 46–49. Dupont: VV 20b–26 (Exordium); VV 27–36 (I); VV 37–42 (II); VV 43–49 (Peroration). Freilich gehen ihre Meinungen in der Versverteilung verschiedentlich auseinander; vgl. Agouridès, S., Tradition 16.

[11] Daran erinnert J. Dupont mit Vehemenz gegen Wrege, H.-Th., Bergpredigt in seiner italienischen Besprechung dieser Monographie in RSLR 4 (1968) 560: »L'insieme degli elementi raggruppati in *Lc.*, VI, 20–49 si ritrova in *Mt.* V–VII *nello stesso ordine*.«

Freilich enthält die Bergpredigt noch eine Menge anderer Logien, die Lukas entweder nicht kennt (Mt 5,33–37: Schwören; 6,1–4: Almosen; 6,16–18: Fasten; 6,22–23: Auge als Lampe des Körpers; 7,6: Perle) oder, oft in einer kürzeren Form, anderswo notiert (Mt 5,13: Salz der Erde [vgl. Lk 14,34]; 5,14–16: Licht der Welt [vgl. Lk 8,16]; 5,17–20: Gesetz [vgl. Lk 16,16–17]; 5,21–26: Weg zum Richter [vgl. Lk 12,57–59]; 5,27–32: Hand abschneiden und Ehebruch [vgl. Lk 9,43–48; 16,8]; 6,5–15: Gebet [vgl. Lk 11,1–4]; 6,19–21: Schätzesammeln [vgl. Lk 12,33–34]; 6,24: zwei Herren [vgl. Lk 16,13]; 6,25–34: Sorgen [vgl. Lk 12,22–32]; 7,7–11: Erhöhung [vgl. Lk 11,9–13]; 7,13–14: zwei Wege [vgl. Lk 13,23–24]; 7,22–23: Verwerfung [vgl. Lk 13,25–27])[12].
In den Parallelstellen variiert der Grad der literarischen Nähe stark. Ähnlichkeit findet sich besonders in einigen Gleichnissprüchen (Lk 6,41–42.44.45.47–49). Je wichtiger die Logien waren (Seligpreisungen oder Feindesliebe), desto lebendiger wurden sie überliefert und desto heftiger in den Gemeinden debattiert.

Die literarische Beziehung der beiden Reden ist Objekt unzähliger Untersuchungen gewesen[13]. Während Augustin[14] einen gemeinsamen Ursprung annimmt, versucht ein orthodoxer Ausleger[15] heute noch die Hypothese von zwei verschiedenen Reden zu verteidigen. Von den fünfzehn theoretischen Lösungen, die R. Kieffer[16] aufzählt, sind vor allem drei wichtig: 1. Matthäus und Lukas haben die gleiche Quelle benutzt, die sie vervollständigen und anpassen. 2. Beide verfügen über verschiedene Vorlagen. 3. Der eine, vermutlich Lukas, kennt den anderen, Matthäus. Die Wiederentdeckung des Gewichts der mündlichen Überlieferung hat die Forschungstechnik verfeinert. Von daher wissen wir, daß mündlich tradierte Logien in verschiedenen Sammlungen mit Verehrung aufbewahrt wurden. Die schriftliche Arbeit unterbrach dabei das Weiterleben der mündlichen Überlieferung[17] nicht. Wer eine schriftliche Vorlage benutzte, stand gleichzeitig unter dem Einfluß der mündlichen kirchlichen Tradition. Mehrere patristische Zitate stammen nicht aus der Bergpredigt oder Feldrede, sondern aus der mündlichen Überlieferung[18]. Die Redaktionsgeschichte hat uns auch gelehrt, die Freiheit und die Kohärenz jedes Evangelisten anzuerkennen.

Ganz unwahrscheinlich ist die Griesbachsche Hypothese[19], nach der Lukas das erste Evangelium kennt und verarbeitet, indem er z.B. jede Andeutung auf das Gesetz des

---

[12]   Der Schluß der Bergrede des Matthäus erinnert in seinem ersten Teil (Mt 7,28a) an den Schluß der Feldrede (Lk 7,1 [= meine Nummer 21]), im zweiten Teil jedoch wandelt Matthäus einen Abschnitt aus Markus (Mk 1,21–22) für seine Bedürfnisse ab.
[13]   Vgl. die Literatur bei Barth, G. – Aukrust, T., Art. Bergpredigt 616–618.626 und Luz, U., Matthäus I 183–185.
[14]   Vgl. Augustinus, De consensu evangelistarum II 19,44–47 (CSEL 43,144–148); vgl. Lagrange 185f.
[15]   Vgl. Agouridès, S., Tradition 26.
[16]   Vgl. Kieffer, R., Méthodologie 31f.

[17]   Zum Zusammenhang zwischen mündlicher Überlieferung und ihrer Niederschrift vgl. Güttgemanns, E., Offene Fragen zur Formgeschichte des Evangeliums, München 1970 (BEvTh 54), 133–153.
[18]   Vgl. die bei Aland, K., Synopsis z.St. nach jeder Perikope der Feldrede aufgeführten patristischen Zitate.
[19]   Vgl. Griesbach, J.J., Synoptic and Text-critical Stuies 1776–1976, hrsg. v. B. Orchard und Th.R.W. Longstaff, Cambridge 1978 (MSSNTS 34); Tuckett, C.M., The Revival of the Griesbach Hypothesis. An Analysis and Appraisal, Cambridge 1983.

Mose streicht. Auch die Hypothese einer lukanischen Sonderquelle[20] ist mir nicht wahrscheinlicher geworden. Die gleiche Reihenfolge in beiden Reden spricht deutlich dagegen.

Hinter beiden Texten steht wohl eine einzige griechische und wahrscheinlich schriftliche Vorlage, nämlich Q, die mit der Lukas-Version ungefähr übereinstimmen dürfte (zu den Weherufen siehe unten).

In Q scheint es, wie in beiden Evangelien, eine Inauguralpredigt gewesen zu sein. Matthäus will jedoch eine erste große Sammlung der Sprüche Jesu aufbauen; deshalb sammelt er hier zugleich solche Logien, die Lukas anderswo notiert. Ferner bildet er aus seiner katechetischen Erfahrung Logien, die er als Worte Jesu versteht, während er andere in den Rahmen von Antithesen einfügt und Schriftzitaten gegenüberstellt.

Die Redaktion des Lukas ist weniger kunstvoll und schöpferisch, dennoch haben wir bereits seine logische und theologische Absicht entdeckt, die durch die Einzelexegese bestätigt werden wird. Die überlieferte Verbindung der Seligpreisungen mit der Feindesliebe liegt ihm am Herzen, aber er legt diese durch die Goldene Regel (V 31) aus. Gleichfalls gibt er der paränetischen Grundlinie vieler Einzelsprüche ein kerygmatisches Gegenstück: Die Ethik seiner Feldrede wäre ohne ihre theologische Begründung in der Liebe Gottes falsch verstanden (Gott als χρηστός und οἰκτίρμων in den VV 35–36).

Die Feldrede I: Seligpreisungen und Weherufe (6,20–26)

Literatur: *Agouridès, S.,* La tradition des béatitudes chez Matthieu et Luc, in: Mélanges bibliques (FS B. Rigaux), hrsg. v. A. Descamps und A. de Halleux, Gembloux 1970, 9–27; *Betz, H.D.,* Die Makarismen der Bergpredigt (Mt 5,3–12). Beobachtungen zur literarischen Form und theologischen Bedeutung, ZThK 75 (1978) 3–19; *Broer, I.,* Die Seligpreisungen der Bergpredigt. Studien zu ihrer Überlieferung und Interpretation, Königstein, Ts. 1986 (BBB 61); *Brown, R.E.,* The Beatitudes according to St. Luke, in: New Testament Essays, New York 1965, 334–341; *Degenhardt, H.J.,* Lukas 43–53; *Dupont, J.,* »Béatitudes« égyptiennes, Bib. 47 (1966) 185–222; *ders.,* Les Béatitudes, I, Paris 1958, 265–298; III, Paris 1973, 19–206; *ders.,* Introduction aux Béatitudes, NRTh 98 (1976) 97–108; *ders.,* Le message des Béatitudes, CEv 24 (1978) 24–37; *Flusser, D.,* Some Notes on the Beatitudes (Mt 5,3–12; Lc 6,20–26), Imm. 8 (1976) 37–47; *Frankemölle, H.,* Die Makarismen (Mt 5,1–12; Lk 6,20–23). Motive und Umfang der redaktionellen Komposition, BZ NS 15 (1971) 52–75; *George, A.,* La »forme« des béatitudes jusqu'à Jésus, in: Mélanges bibliques (FS A. Robert), Paris o.J. (1957), 398–403; *Jacquemin, P.-E.,* Les béatitudes selon saint Luc. Lc 6,17.20–26, ASeign 37 (1971) 80–91; *Jeremias, J.,* Sprache 138–140; *Karris, R.J.,* Poor and Rich. The Lukan *Sitz im Leben,*

---

[20]   Nach Wrege, H.-Th., Bergpredigt (gegen dessen Ansicht sich J. Dupont in seiner Besprechung dieser Monographie in RSLR 4 [1968] 558–560 wendet) sind Matthäus und Lukas nicht von Q, sondern von je verschiedenen katechetischen Überlieferungen abhängig.

in: C.H. Talbert, Perspectives 112–125; *Kähler, G.C.*, Studien zur Form- und Traditionsgeschichte der biblischen Makarismen, Diss. masch. Jena 1974; *vgl.* ThLZ 101 (1976) 77–80; *Kieffer, R.*, Essai de méthodologie néotestamentaire, Lund 1972 (Con Bib NT Ser 4), 26–50; *ders.*, Weisheit und Segen als Grundmotive der Seligpreisungen bei Matthäus und Lukas, in: Theologie aus dem Norden, hrsg. v. A. Fuchs, Linz 1977 (SNTU A 2), 29–43; *Klein, P.*, Die lukanischen Weherufe Lk 6,24–26, ZNW 71 (1980) 150–159; *Koch, K.*, Was ist Formgeschichte? Methoden der Bibelexegese, Neukirchen-Vluyn ⁵1989, 6–9.21–25.29–31.50–55.74–78; *Lachs, S.T.*, Some Textual Observations on the Sermon on the Mount, JQR 69 (1978/1979) 98–111; *Lapide, P.E.*, Die Bergpredigt – Theorie und Praxis, ZEE 17 (1973) 369–372; *Lührmann, D.*, Logienquelle 53–56; *Manson, T.W.*, The Sayings of Jesus, London ³1950, 47–49; *McEleney, N.J.*, The Beatitudes of the Sermon on the Mount/Plain, CBQ 43 (1981) 1–13; *Nickelsburg, G.W.E.*, Riches, the Rich, and God's Judgment in I Enoch 92–105 and the Gospel according to Luke, NTS 25 (1978/1979) 324–344; *Percy, E.*, Die Botschaft Jesu. Eine traditions-kritische und exegetische Untersuchung, Lund 1953, 40–108; *Pokorný, P.*, The Core of the Sermon on the Mount, StEv 6 (1973) 429–433 (TU 112); *Rehkopf, F.*, Sonderquelle 8–11.19–20.96; *Schottroff, L.*, »Selig die Armen – wehe den Reichen«. Entschluß, Wien 1977, 8f.38–43; *Schottroff, L. – Stegemann, W.*, Jesus von Nazareth – Hoffnung der Armen, Stuttgart 1978, 89–153; *Schulz, S.*, Q 76–84; *Schwarz, G.*, Lk 6,22a.23c.26. Emendation, Rückübersetzung, Interpretation, ZNW 66 (1975) 269–274; *Schweizer, E.*, Formgeschichtliches zu den Seligpreisungen Jesu, NTS 19 (1972/1973) 121–126; *Steinhauser, M.G.*, The Beatitudes and Eschatology. Announcing the Kingdom, Living Light 19 (1982) 121–129; *Stenger, W.*, Die Seligpreisung der Geschmähten (Mt 5,11–12; Lk 6,22–23), Kairos 28 (1986) 33–60; *Stramare, P.T.*, Le beatitudini e la critica letteraria, RivBib 13 (1965) 31–39; *Strecker, G.*, Die Makarismen der Bergpredigt, NTS 17 (1970/1971) 255–275; *Tiede, D.L.*, Luke 6,17–26, Interpr. 40 (1986) 63–68; *Tuckett, C.M.*, The Beatitudes. A Source-Critical Study. With a Reply by M.D. Goulder, NT 25 (1983) 193–216; *Waitz, H.*, Eine Parallele zu den Seligpreisungen aus einem außerkanonischen Evangelium, ZNW 4 (1903) 335–340.

20 **Und er richtete seine Augen auf seine Jünger und sagte:**
Glücklich ihr, die Armen, denn euer ist das Reich Gottes.
21 **Glücklich ihr, die jetzt Hungernden, denn ihr werdet satt werden.**
Glücklich ihr, die jetzt Weinenden, denn ihr werdet lachen.
22 **Glücklich seid ihr, wenn die Menschen euch hassen und wenn sie euch ausstoßen und euch schmähen und euren Namen als böse verwerfen wegen des Menschensohnes.** **23** **Freut euch an jenem Tag und springt; denn siehe, euer Lohn ist groß im Himmel. Ebenso haben nämlich ihre Väter den Propheten getan.**
24 **Doch wehe euch, den Reichen, denn ihr habt euren Trost schon.**
25 **Wehe euch, die ihr jetzt gesättigt seid, denn ihr werdet hungern.**
Wehe den jetzt Lachenden, denn ihr werdet trauern und weinen.
26 **Wehe, wenn alle Menschen von euch wohl reden; ebenso haben nämlich ihre Väter den falschen Propheten getan.**

Die Überlieferungsgeschichte

Vier frühchristliche Texte enthalten einander ähnliche Seligpreisungen: a) die Bergpredigt (Mt 5,1–12), b) die Feldrede (Lk 6,20–26), c) das Thomasevangelium (EvThom 54; 68–69; vgl. 58) und d) die Paulusakten (ActPaul 5–6)[21].

Letztere notieren zwei Seligpreisungen, die wahrscheinlich aus Mt 5,8 und 5,7 übernommen wurden. Die übrigen bildet der Verfasser aus paulinischen Briefstellen und aus der eigenen enkratitischen Einstellung heraus. Sie gehen nicht in die Zeit vor Matthäus und Lukas zurück. Im Thomasevangelium stehen zwei Seligpreisungen isoliert (54 entspricht Lk 6,20; 58 ähnelt Mt 5,10), zudem drei zu einer Gruppe zusammengefaßt (68 entspricht Lk 6,22 par Mt 5,11, 69a hat keine direkte neutestamentliche Parallele, könnte aber vielleicht eine Variante zu Lk 6,21b darstellen, 69b entspricht Lk 6,21a). Der Verfasser kennt also wenigstens drei der vier lukanischen Seligpreisungen. Nur die erste (EvThom 54) ist mit der lukanischen Fassung identisch. Die letzte (EvThom 69b) steht Lukas näher als Matthäus, jedoch nicht ohne Unterschiede[22]. Ganz fehlen die zusätzlichen Seligpreisungen des Matthäus wie auch die Weherufe[23]. Die Seligpreisungen über die Verfolgung kennt der Verfasser in zwei oder sogar drei Formen (EvThom 58 und 68 sowie eventuell 69a). Stützt er sich auch auf die Logienquelle (Q) und die mündliche Tradition? Die frühesten Zitate in 1Petr 4,14 und Polyk 2,3 zeigen, daß die Christen die Seligpreisungen Jesu frei benutzten.

Auf Jesus selbst gehen vermutlich die als Einheit überlieferten drei ersten lukanischen Seligpreisungen zurück, wohl aber auch die in einem anderen Stil gehaltene und längere vierte, die jedoch zunächst gesondert tradiert wurde. Diese vier Seligpreisungen stehen in Q bereits nebeneinander, obgleich die vierte, wie 1Petr 4,14; Jak 1,12; Mt 5.10 und Hermas, Sim IX 28,6–8 bezeugen, nach wie vor auch noch isoliert von den übrigen umlief. Möglicherweise wurden in der Zeit zwischen Q und Matthäus, also in einer »Zwischenetappe«, per exegetischer Arbeit drei weitere Sprüche (über die Sanftmütigen, die Herzensreinen und die Friedensstifter) gebildet[24]. Matthäus strebt zumindest die umfangreiche Sammlung an: Er bringt Q, die exegetischen Zusätze und die isolierte Seligpreisung über die Verfolgten zusammen und bildet noch eine zusätzliche über die »Mitleidenden«. Lukas übernimmt Q, d.h. vier Seligpreisungen, aber er oder ein Zwischentradent erweitern sie durch die Weherufe. Daß diese in der Patristik wenig Spuren hinterlassen haben, spricht für ein junges Entstehungsdatum.

Überlieferungsgeschichtlich nimmt sich das Thomasevangelium archaischer aus als Matthäus und Lukas: Der Verfasser kennt nur Q und die isolierte Seligpreisung über

---

[21] Interessant ist der Fall der Kerygmata Petrou; vgl. Waitz, H., Eine Parallele zu den Seligpreisungen aus einem außerkanonischen Evangelium, ZNW 4 (1903) 335–340.

[22] In EvThom 69b steht die dritte an Stelle der zweiten Person, das »jetzt« fehlt, und das

Logion hat einen anderen Schluß (»..., der will«).

[23] Did 1,5 kennt die Gegenüberstellung einer Seligpreisung und eines Weherufs.

[24] Vgl. Koch, K., Formgeschichte 53f.

die Verfolgten, während Tertullian einer der ältesten Zeugen der lukanischen Sammlung ist. Die Philippusakten aus dem 4. Jahrhundert bezeugen die schöpferische Lust der Christen. In einem noch unveröffentlichten Teil habe ich folgende Seligpreisungen zusätzlich entdeckt: »Selig sind die Redlichen im Worte Jesu, denn sie werden die Erde ererben. Selig sind die, welche die Herrlichkeit dieser Welt gehaßt haben, denn sie werden verherrlicht. Selig sind die, welche das Wort Gottes empfangen haben, denn sie werden die Unvergänglichkeit ererben.«[25]

Die Gattung

Seligpreisungen kennt man in der Antike in verschiedenen Kulturräumen, z.B. in Ägypten[26] und in Griechenland[27]. In Israel finden sie sich zuerst in der kultischen und weisheitlichen Literatur, meistens am Anfang (Ps 1,1) oder am Ende einer Darlegung (Prov 8,32–36)[28]. Inhalt der Verheißung ist der irdische Wohlstand, später, besonders in der apokalyptischen Literatur, das eschatologische Heil (Dan 12,12)[29], das den seligen Zustand begründet (Tob 13,15–16).

Formal entstehen neben isolierten Seligpreisungen auch kleine Sammlungen (Sir 25,7–11; slHen 42,6–12), zugleich treten den Seligpreisungen gern Weherufe (Tob 13,12; slHen 52) gegenüber. Das Neue Testament spiegelt den damaligen Stand innerhalb der Geschichte dieser Gattung wider, nämlich ein buntes Spektrum der Möglichkeiten: isolierte Seligpreisungen (Lk 14,15), Reihen wie am Anfang der Bergpredigt (Mt 5,3–12) und Gegenüberstellungen mit Weherufen (Lk 6,20–26)[30]. Einige Seligpreisungen geben eine Begründung an, andere nicht. Das Glück ist meistens, aber nicht immer futurisch und eschatologisch. Es kann von Gott abhängig sein oder von der menschlichen Tat[31]. Normalerweise ist der Satz stilgemäß in der dritten Person verfaßt (doch vgl. Dtn 33,29; Ps 128,2 und Koh 10,17 in der zweiten Person).

Schwierig ist die Frage nach dem soziologischen Sitz im Leben. In jüngerer Zeit war jedenfalls ein kultischer nicht mehr der einzige; auch das Familienleben mit seinen glücklichen Ereignissen oder die Schule, in der das Glück der Gesetzesfrommen gelobt wurde, veranlaßten Seligpreisungen. Es gehörte sogar zum guten Ton, Reden zu den verschiedensten Gelegenheiten mit einer Seligpreisung zu eröffnen (wie die erste Rede Jesu in Q, Matthäus, Lukas)

---

[25] ActPhil V nach der Handschrift Athous, Xenophontos 32, fol. 58ʳ.
[26] Vgl. Dupont, J., »Béatitudes« égyptiennes: In Ägypten gehören die Seligpreisungen zur Kultsprache, und man bedient sich ihrer, um diejenigen zu loben, die auf den Wegen Gottes wandeln.
[27] Vgl. Koch, K., Formgeschichte 23: Vor allem μάκαρ, ὄλβιος und εὐδαίμων werden gebraucht. Begründungen werden, wie es scheint, nicht hinzugefügt. Die Götter können Adressaten der Seligpreisungen sein: Wie sollten sie nicht selig sein?

[28] אַשְׁרֵי (Plural, Status constructus); Bedeutung: »Heil dem, der . . .«, »glücklich ist,. . .«.
[29] Die rabbinische Literatur kennt nur wenige Seligpreisungen, und wenn sie vorkommen, haben sie keine apokalyptische Tragweite.
[30] In der Offenbarung findet man verstreut sieben Seligpreisungen (Offb 1,3; 14,13; 16, 15; 19,9; 20,6; 22,7.14) und sieben Weherufe (Offb 8,13; 9,12; 11,14; 12,12; 18,10. 16.19).
[31] Vgl. Kähler, G.C., Studien nach der Zusammenfassung in ThLZ 101 (1976) 77.

oder zu beschließen. Das galt auch für die schriftlich niedergelegte Rhetorik. Deshalb ist auch und vielleicht vor allem der Arbeitsraum der jüdischen Schriftsteller der damalige Sitz im Leben der Seligpreisungen.

Matthäus und Lukas

Die drei ersten Seligpreisungen bei Lukas finden sich unter den vier ersten bei Matthäus (wobei wir einen Zusatz in Mt 5,5 und eine andere Reihenfolge feststellen). Bis zu V 10 notiert Matthäus gattungsgemäß die dritte Person, Lukas hingegen durchweg die zweite. Es ist Matthäus wichtig, auch in den zusätzlichen Seligpreisungen 5,5.7–10, den frommen Charakter der Seligen darzustellen. Bei Lukas bleiben sie durch ihren Zustand bestimmt, durch Armut, Hunger und Trauer. Lukas seinerseits zeigt Interesse an der Gegenüberstellung von Gegenwart und Zukunft (zweimal steht νῦν in Lk 6,21).

Für die Ursprünglichkeit der dritten Person sprechen folgende Argumente: a) die Gattung, b) der erste Teil der Formel μακάριοι οἱ πτωχοί, der durch nichts die zweite Person erahnen läßt, c) der mögliche Einfluß der vierten Seligpreisung (»Glücklich seid *ihr* . . .«) auf Lukas. Dagegen könnte man einwenden: a) Jesus hat die Formel seinem kerygmatischen Zweck angepaßt (schöpferische Freiheit Jesu), b) Matthäus hat die Tendenz, die Formel dem üblichen Stil gleichzusetzen. Die Entscheidung ist schwierig; ich halte die dritte Person für ursprünglich.
Leichter ist die Beurteilung der übrigen voneinander abweichenden Elemente: Sekundär sind τῷ πνεύματι (Mt 5,3) und καὶ διψῶντες τὴν δικαιοσύνην (Mt 5,6), ebenso ἡ βασιλεία τῶν οὐρανῶν (Mt 5,3), verglichen mit ἡ βασιλεία τοῦ θεοῦ (Lk 6,20). Beide νῦν (Lk 6,21) sind lukanische Zusätze. Der Unterschied in der Formulierung zwischen οἱ πενθοῦντες (Matthäus) und οἱ κλαίοντες (Lukas) sowie παρακληθήσονται (Matthäus) und γελάσετε (Lukas) erklärt sich dadurch, daß Matthäus den Wortschatz von Q als zu prosaisch empfunden und ihn abgeändert hat. Freilich finden sich in den lukanischen Weherufen παράκλησις (Lk 6,24) und πενθήσετε (Lk 6,25). Sollte Matthäus seine Korrekturen von den ihm bekannten, jedoch nicht übernommenen Weherufen bezogen haben? Die αὐτοί in der zweiten Hälfte der matthäischen Seligpreisungen sind vermutlich redaktionell, die lukanische Reihenfolge (die Armen, die Hungrigen, die Trauernden) ist wahrscheinlich die ursprüngliche[32].
In der nach Lukas vierten und letzten Seligpreisung wird die Situation (V 22b), die in den ersten durch ein einziges Wort angegeben war, breit entfaltet. Der Nebensatz (ὅταν) zwingt den Verfasser, das Verb ἐστέ, das in den ersten drei Seligpreisungen fehlte, einzufügen. Die Seligpreisung selbst wird dann durch einen Doppelimperativ (V 23a) wiederholt. Darauf folgt eine Begründung der Freude (ἰδοὺ γάρ . . . [V 23b]) und ein Vergleich mit der Vergangenheit (κατὰ τὰ αὐτὰ γάρ . . . [V 23c]). Diese komplizierte Struktur ist traditionell und beiden Evangelisten bekannt. Aber die Tradition könnte selbst das Ergebnis einer längeren Entwicklung sein. Der Unterschied im Wortschatz zwischen Lukas und Matthäus ist schwierig zu beurteilen. Liegen zwei unabhängige Übersetzungen eines einzigen Originals vor? Dem widerspricht der

---

[32]   In all diesem stehe ich nahe bei Schulz, S.,
Q 76–78.

sonst deutlich griechische Charakter von Q. Diese Seligpreisung steht an letzter Stelle, weil man nach einer bekannten Kompositionsregel in einer Logiensammlung mit Hilfe eines längeren Satzes einen guten Abschluß zu finden sucht.

Sind die Weherufe Produkt der Tradition oder der Redaktion? Klar ist ihr sekundärer Charakter als blasses negatives Abbild der Seligpreisungen. Für vorlukanische Herkunft sprechen: a) ein möglicher Einfluß auf Matthäus[33], b) für Lukas untypische Wendungen (ἀπέχω mit Akkusativ; πενθέω)[34], c) die jüdische Gewohnheit der literarischen Gegenüberstellung von Seligpreisungen und Weherufen. Schwerwiegendere Argumente sprechen m.E. jedoch für eine lukanische Bildung: a) Lukas kennt die Gattung der Weherufe (10,13; 11,42–52; 17,1; 21,23; 22,22), b) die Gegenüberstellung des Armen und des Reichen ist typisch lukanisch (vgl. Lk 16,19–31), c) πεινάω steht neben ἐμπίμπλημι im Magnificat (1,53), d) καλῶς λέγω ist lukanisch (vgl. Apg 28,25), ebenso πάντες οἱ ἄνθρωποι, πλήν usw., e) die zweite Person der Weherufe paßt zu den *lukanischen* Seligpreisungen[35].

Erklärung   Wie kann ich als wohlhabender Exeget es wagen, die Seligpreisungen in einer armen Welt auszulegen? Auf keinen Fall darf ich mich als Vermittler verstehen. Meine einzig mögliche Stellung ist nicht auf der Seite Jesu, sondern auf der seiner Hörer. Seligpreisungen und Weherufe darf ich nur hören. Dies scheint auch die Haltung von Lukas gewesen zu sein. Es ist nicht einmal sicher, daß Lukas die Jünger mit den Armen gleichsetzte: Jesus schaut sie zwar an, Lukas setzt jedoch nach ἔλεγεν (im Unterschied zu V 27) kein Pronomen. Das »Ihr« der Seligpreisungen und der Weherufe schwebt über den anwesenden Hörern und beschreibt fast apokalyptisch die echt Seliggepriesenen und die echt Beklagten. Aber alle sollen sich angesprochen fühlen. Nach Lukas ist die Diagnose Jesu unwiderruflich, denn Jesus kommt wie Mose vom Ort der Offenbarung, vom Berg, und überbringt wie dieser »lebendige Worte« (Apg 7,38).

Die Kirchengeschichte liegt zwischen uns und den Seligpreisungen. Wir müssen deshalb zunächst asketisch auf den Reichtum der Wirkungsgeschichte verzichten, um diese Sprüche in ihrem damaligen Kontext zu verstehen. Deshalb hören wir gern die Stimme der jüdischen Exegeten[36]. Besonders wichtig erscheinen mir zugleich die Beziehung zur Schrift (Jes 61,1–2; Jes 29,18–19;

---

[33]   Vgl. oben S. 297.
[34]   In der Folge von Rehkopf, F., Sonderquelle 8–11.19–20.96 erklärt Jeremias, J., Sprache 139 πλήν und παράκλησις in eschatologischem Sinn und κατὰ τὰ αὐτά für nicht lukanisch.
[35]   Dupont, J., Les Béatitudes I 299–342 und auch Jacquemin, P.-E., Béatitudes halten die Weherufe für redaktionell. Für Lührmann,

D., Logienquelle 54 sind sie zwar traditionell, stammen aber nicht aus Q. Nach Schürmann I 336.339; Frankemölle, H., Makarismen 64–66 sowie Schneider I 151 sind sie traditionell und stammen ohne Zweifel aus Q; Matthäus kannte sie, übernahm sie aber nicht.
[36]   Ich habe bei Flusser, D., Notes; Lapide, P., Bergpredigt und Lachs, S.T., Observations nachgeschlagen.

Jes 40,29–31), der apokalyptische Rahmen (TestJud 25,4; 1QH 18,14–15)[37] und die Feststellung, daß »in Jesus' Hebrew words both the spiritual and the social aspect were present.«[38]

Aber das Lukasevangelium ist eine christliche Schrift, und zwischen Jesus und seiner Redaktion liegt schon ein Stück Kirchengeschichte. Lukas will Jesus hören und hören lassen, aber seine literarische und exegetische Kunst ist nicht untätig geblieben. So wie ein Foto manchmal mehr über den Fotografen als über die aufgenommene Person aussagt, charakterisiert die lukanische Schrift zunächst einmal ihren Verfasser[39].

Arm und reich (V 20 und V 24)

Lukas freut sich, daß die Tradition die Armen an den ersten Platz setzte. 20.24 Während die jüdisch-christliche Überlieferung noch am doppeldeutigen Sinn von πτωχός festhielt, versteht Lukas das Wort konkret[40]. Durch sein Evangelium hindurch zeichnet er ein Bild der Jünger als Arme oder als arm gewordene Menschen. Dieses Bild wird aber in der Apostelgeschichte ersetzt durch das des Teilens. Das Wort πτωχός verschwindet dort.

Schematisch kann man die heutigen Auslegungen so zusammenfassen: 1. Lukas überliefert eine ebionitische Tradition, die ihren Ursprung in Jesus selbst hat, für den Besitz und Reich Gottes völlig unvereinbar waren (E. Percy). 2. Das buchstäblich verstandene Armutsgebot gilt nur einer Elite, den Vorstehern der Gemeinde (H.J. Degenhardt) oder den im Glauben fortgeschrittenen Christen (im Sinn der katholischen Unterscheidung zwischen evangelischen consilia und praecepta). 3. Die Armut ist ein Ideal (P. Grelot). 4. Lukas verlangt nur die innere Bereitschaft, alles zu verlassen (J. Dupont). 5. Er zeichnet ein plastisches Bild der armen Jünger, aber in seiner Zeit und ih-

---

[37] Vgl. TestJud 25,4: »Und die in Trauer starben, werden in Freude aufstehen, und die um des Herrn willen Armen werden reich werden. Und die um des Herrn willen starben, werden aufgeweckt werden zum Leben.« 1QH 18,14–15: »Und den Demütigen zu verkünden von Deinem reichen Erbarmen. [...] aus der Quelle [... denen, die zer]schlagenen Geistes, und für die Trauernden zu ewiger Freude.«

[38] Flusser, D., Notes 43.

[39] Man darf nicht vergessen, daß auch wir keinen direkten Zugang zu Lukas haben. Zwischen ihm und uns steht eine Reihe von Abschreibern, die durchaus schöpferisch tätig waren. Es genügt, sich zu vergegenwärtigen, wie einige von ihnen versucht haben, den lukanischen Text auf jenen von Matthäus abzustimmen: durch Zufügen von τῷ πνεύματι in V 20, durch Umsetzen in die dritte Person, durch Weglassen der νῦν.

[40] Πτωχός bedeutet wörtlich: der sich Dukende, sich Verbergende; dann: der Arme, der Bettler, der Niedrige. Die Notlage wird mit ἐνδεής, d.h. der in der Not sich Befindende, der Notleidende, umschrieben (vgl. Apg 4,34). Πένης bezeichnet denjenigen, der sich abmüht, um zu leben, den Armen, Bedürftigen. Man beachte die Entwicklung, die der Begriff der Armut im Alten Testament durchläuft: von der Strafe zur Gottesnähe. Zur Frömmigkeit der Armen vgl. Ps 39(40),18; 68(69),30–34. Zur Zeit der Seleukiden hat sich die Verbindung Armut – Frömmigkeit allgemein durchgesetzt: PsSal 10,6; 1QM 14,6–7; TestJud 25,4. Zur Annäherung arm – heilig vgl. im Talmud bBer 6b, im Neuen Testament Jak 1,9; 2,5; 5,1–6.

rer bürgerlichen Situation ist buchstäbliche Armut nicht sein literarisches Ziel. Ihr Bild soll nur zur Großzügigkeit anspornen (L. Schottroff)[41].

Dazu ist zu bemerken: 1. Soziologisch sind Lukas, seine Gemeinde und seine potentielle Leserschaft in einer oberen Schicht angesiedelt. Sie sind eben nicht arm und kämpfen deshalb so hart mit dem Problem des Besitzes[42]. 2. Lukas ist theologisch von einer apokalyptischen Gerichtstradition über das Los der Reichen und der Armen bestimmt[43]. 3. Während die πορνεία im Alten Testament als metaphorischer Ausdruck das gestörte Verhältnis zu Gott veranschaulichte, ist bei Lukas die Beziehung des Menschen zum Besitz Test der Glaubensentscheidung. Die Armut-Reichtum-Frage ist also sowohl eine höchst konkrete Angelegenheit als auch gleichzeitig ein Testfall für das christliche Engagement[44]. Die Armen sind *konkret* die Erben des Reiches, aber gleichzeitig Symbol für die, die wie Lukas ihnen gleichen. Und die Besitzenden, die den Armen gleich sein wollen, genießen ihr Vermögen, ihre παράκλησις (V 24) nicht mehr, sondern erreichen die παράκλησις der anderen durch ihre Wohltaten. Einige Sammelberichte der Apostelgeschichte (2,44–45; 4,32.34–35) bilden innerhalb der Kirche die lukanische Konkretion der metaphorischen Seligpreisung.

Strukturell stehen wohl Syntagmen nebeneinander: zuerst ein Nominal- (μακάριοι οἱ πτωχοί), dann ein Kausalsatz (durch ὅτι eingeleitet). Aber der Hörer spürt im kurzen Hauptsatz eine unerträgliche Spannung: Wie kann man Arme als selig betrachten? Sicher steckt in diesem Paradox etwas von der rhetorischen Kunst und der theologischen Kraft Jesu. Der Nebensatz, der nicht ohne Grund *nach* dem Hauptsatz steht, löst die Spannung: »denn euer ist das Reich Gottes«. Der Nebensatz hat also hermeneutische Funktion. Nicht wegen ihrer Armut sind die Armen glücklich! Im Gegenteil: Jesus und Lukas sind mit dem Alten Bund einig, daß die Armut weder ein glücklicher Zustand noch ein Ideal ist. Aber in ihrer Armut können die πτωχοί schon glücklich sein, weil sie wissen, daß das Reich Gottes für sie da ist. Was heißt das? Gott wird bald herrschen und sein Recht in Kraft setzen[45], was eine vollständige soziale Rehabilitation der Armen bedeuten wird. Ἐστίν bezeichnet nach Lukas dreierlei: a) futurisch kollektiv die Erwartung des Reiches Gottes ἐν δυνάμει[46], b) gegenwärtig ekklesiologisch den Anfang der Gütergemeinschaft zwischen den Christen im Sinne der Sammelberichte, c) futurisch individuell ei-

---

41 Diese Positionen sind zusammengefaßt bei Bovon, F., Luc le théologien 410–415 (außer Schottroff, L. – Stegemann, W., Jesus von Nazareth. Hoffnung der Armen, Stuttgart 1978, 89–153); vgl. Bovon, F., Lukas 51f.54 Anm. 42.

42 Vgl. Karris, R.J., Poor.

43 Vgl. Nickelsburg, G.W.E., Riches.

44 Vgl. Bovon, F., Lukas 110–112.

45 So hofft schon der Psalmist (den ich nach der Septuaginta zitiere): Ἔγνων ὅτι ποιήσει κύριος τὴν κρίσιν τοῦ πτωχοῦ καὶ τὴν δίκην τῶν πενήτων (Ps 139[140],13).

46 Lukas beläßt dieses Präsens aus Respekt gegenüber der Überlieferung; doch wenn man betrachtet, wie er das Jetzt (νῦν) von der Zukunft unterscheidet, sieht man, daß es falsch wäre anzunehmen, Lukas interpretiere die Seligpreisung im Sinne der *Naherwartung*.

nen Trost der Armen nach dem Tod (im Sinne der Individualeschatologie des Lukas)[47].

Jesus verbindet die weisheitliche Tradition vom gegenwärtigen Glück mit der apokalyptischen Sicht vom zukünftigen Heil. Verborgen ist das Reich Gottes durch seine Person, sein Wort und sein Werk schon zu den Glaubenden gekommen. Weder der Zustand noch die Tugend der Armut ist der Grund ihres Glücks, sondern Gott, der den gerechten Zustand seines Bundes herstellen wird[48]. Im Mund Jesu ist μακάριοι Feststellung und Zuversicht zugleich. Auf die Armen bezogen ist das ihnen zugesprochene Wohl ein subjektiver Zustand, ein Gefühl der Zufriedenheit, das einer objektiven Situation entspricht. Von Gott her ist es der von ihm gewollte, für die eschatologische Zeit vorgesehene Zustand des Heils für die Seligen[49].

In V 24 signalisiert πλήν den Wechsel der Angeredeten; οὐαί könnte Latinismus *(vae)* sein: kein Fluch, sondern ein starker Ausdruck für ein Unglück oder ein Klagelied. Merkwürdig ist die Formulierung ὅτι ἀπέχετε τὴν παράκλησιν ὑμῶν, die wir so übersetzt haben: »denn ihr habt euren Trost schon«. Das heißt: Euer Glück beschränkt sich auf euren Besitz. Ἀπέχω ist ein Terminus technicus der Geschäftssprache: Ihr wurdet ausbezahlt, euren eschatologischen Lohn habt ihr empfangen und habt dafür eine Quittung ausgestellt.[50]

Hunger[51] und Sattheit (V 21a und V 25a)

Sattheit[52] kann im Alten Testament positiv die Fülle als Geschenk Gottes beschreiben (z.B. im Bild vom eschatologischen Gastmahl), negativ die sündige Erfüllung von Begierden (z.B. als Sehnsucht nach den ägyptischen Fleischtöpfen)[53]. Grund des Glücks ist weder der Hunger noch die Tugend des religiösen Bedürfnisses, sondern einzig die kommende Intervention Gottes. Lukas bleibt im Unterschied zu Matthäus beim buchstäblichen Verständnis des Spruches. Nur im zusätzlichen νῦν spürt man seine Hand; mit diesem kleinen Wort erreicht er verschiedenes: eine chronologische Distanz bis zur Erfüllung, eine Begrenzung des Leidens und eine Zuspitzung des gegenwärtigen Paradoxes.

21a.25a

Weder Jesus noch Q noch Lukas wollen einen Katalog des Elends aufstellen, aber an drei typischen Zuständen das jetzige und das endgültige Heilshan-

---

47 Vgl. Jacquemin, P.-E., Béatitudes 84.
48 Zu dieser Umkehrung der Situationen vgl. das Magnificat Lk 1,52–53. Mk 10,29–30 bietet eine ähnliche Struktur, die zeigt, daß sich die Existenz des Gläubigen, der das nahe Ende erwartet, aus Freuden und Entbehrungen zusammensetzt.
49 Im Gegensatz zum profanen Gebrauch in Apg 26,2.
50 Zu ἀπέχω vgl. Bauer s.v. ἀπέχω (1).
51 Πεινάω bedeutet »Hunger haben« und bezeichnet sowohl das Fehlen der Nahrung als auch das Verlangen danach.

52 Vgl. Sevenster, J.N., Art. Hungersnot, in: BHH II (1964) 753–754.
53 Χορτάζω bedeutet zunächst »das Vieh füttern«; vgl. Plato, Resp 2,372D und 9,586B. Im Neuen Testament wird das Verb nicht für das Vieh gebraucht und hat keinen herabsetzenden Klang; vgl. Plummer 180; bei Lukas vgl. Lk 9,17; 15,16; 16,21. Im Alten Testament mit der Bedeutung »sich sättigen« vgl. Ps 36(37),19. Dieser Psalm ruft das alttestamentliche Thema des die Armen erhaltenden und sättigenden Gottes in Erinnerung; vgl. Ps 131(132),15.

deln Gottes ankündigen. Die Auswahl entspricht der gegenwärtigen Situation wie der Symbolik der Schrift. Jes 61,1–2 wurde beim ersten Auftreten Jesu in Nazaret (4,16–30) christologisch gedeutet. Von den dort genannten Empfängern des Heils finden wir in den Seligpreisungen nur die Armen. Aber es sind die gleichen Typen, die hier und dort anvisiert sind[54]. Daß Jesus sie ausspricht (6,20a), gibt den Seligpreisungen bei Lukas einen kerygmatischen Skopus, während Matthäus eher an der ethischen Situation der Glaubenden interessiert ist.

Noch mehr als für die erste Seligpreisung setzt Lukas für das eschatologische Programm der zweiten und der dritten eine Umkehrung der jetzigen Verhältnisse voraus (vgl. zu 1,52–53). Seligpreisungen *und* Weherufe ergeben die gleiche Botschaft wie das Magnificat: a) Das heutige Elend ist nicht aussichtslos; b) Gott will die Wiederherstellung seiner Bundesgerechtigkeit; c) in der kerygmatischen Darstellung des göttlichen Willens steckt für den Glaubenden die ungeheure ethische Forderung, weder zu resignieren noch vorzusorgen[55]; d) von materiellem oder geistigem Ausgleich zu sprechen genügt nicht, denn die Verheißung betrifft eine neue Beziehung zu Gott und seinem Volk zum Wohl der neuen Kreatur[56].

Weinen und Lachen (V 21b und V 25b)

21b.25b Κλαίω und γελάω bezeichnen nicht nur Gefühle, sondern auch ihren von außen wahrnehmbaren Ausdruck: Weinen wie Lachen sind Botschaft für die anderen; man sieht und hört beides[57]. Κλαίω ist allgemeiner als das matthäische πενθέω (»trauern«) und schließt im Orient auch das Schreien ein.

Hinter dieser dritten Seligpreisung steht die alttestamentliche Theologie des tröstenden Gottes[58]. Inbegriff der Trauer war das babylonische Exil (Ps 136[137],1), wie die Rückkehr Symbol der höchsten Freude geworden ist (Jer 31,7–14). Die drei ersten Seligpreisungen klingen wie Heilsorakel (Jes 66,10).

In der Freude der Geretteten, besonders in ihrem Lachen, kann Schadenfreude, ja ein Rachegefühl mitschwingen[59]. Hier aber erhoffen die Geretteten erstens kein Unglück für die jetzigen Herrscher (ganz anders Ps 136[137],9), zweitens fehlen alle partikularistischen, nationalistischen Ausbrüche. Wahrscheinlich waren in der Sicht Jesu die μακάριοι Juden, aber der universalistisch denkende Lukas hat das Schweigen Jesu in

[54] Vgl. Dupont, J., Introduction 99: »On a de bonnes raisons de penser que Jésus a formulé ses béatitudes en faisant écho à cet oracle.«

[55] Die Kommentare führen eine große Zahl alttestamentlicher Stellen an, z.B. Ps 106(107),9: »Denn er hat die durstige Kehle gesättigt und den hungrigen Schlund mit Gutem gefüllt«; Jes 35,10; 49,10.13; 65,19; Ez 34,29; vgl. Sir 24,21. Im Neuen Testament vgl. Offb 19,1–8; 21,4.

[56] Vgl. Lk 9,17 (Sättigung in der Kirche) und Lk 14,15 (Sättigung im Reich Gottes).

[57] Vgl. Plummer 180.

[58] Getrocknete Tränen: Jes 25,8. Der tröstende Gott: Jes 40,1.29.31; 41,17; Jer 33,6. Freude bei der Heimkehr aus der Verbannung: Ps 125(126). Gott, der die Verbannten zurückführt: Jer 31,7–14; Sach 2,10–17.

[59] Γελάω kann in Klgl 1,7 in negativem Sinn gebraucht werden, nämlich für das Lachen der Spötter; vgl. Marshall 256. Hier hat das Wort positive Bedeutung.

seinem Sinn gedeutet[60]. Drittens wird kein ethisches Urteil gefällt: Der kleine Kreis der Armen wird nicht als Kreis der Frommen im Gegensatz zur Schar der Gottlosen (Ps 36[37]) gekennzeichnet. Auch wenn für Lukas die μακάριοι wohl zugleich Glaubende sind, bleibt das entscheidende Element die eschatologische Tat Gottes und nicht die menschliche Initiative.

Im Weheruf ist neben den Tränen[61] die Trauer genannt. Auch in der Septuaginta trauert der Unglückliche über sich selbst (Jes 3,26; 24,4).

Die Verfolgung (VV 22–23 und V 26)

In der Seligpreisung der Verachteten knüpfte Jesus an die alttestamentliche Tradition $\quad$ 22–23.26
der verfolgten Propheten an (vgl. 13,34–35). Sie ist sowohl isoliert als auch innerhalb von Q überliefert worden. Matthäus addiert beide (Mt 5,10–12), Lukas benutzt nur die Q-Version. Im Lauf der Zeit wurde, christianisierend, der Grund für die Verfolgung angegeben (wie entsprechend in 9,24 durch ἕνεκεν ἐμοῦ), in Lk 6,22 wohl in der ursprünglichen Q-Form (»wegen des Menschensohnes«)[62].
Der Bezug auf die Gegenwart ist anders als vorher, denn der selige Zustand hängt hier vom Eintreten der Verfolgung[63] ab. Diese vierte Seligpreisung steht zu den drei ersten wie das kasuistische Recht zum apodiktischen. Sobald man auf die verschiedenen Fälle eingeht, tauchen immer neue Möglichkeiten auf: drei Verben plus ein Partizip bei Matthäus, vier Verben, die in zwei Wellen (vgl. die zwei ὅταν) auftauchen, bei Lukas. Das letzte Verb ist, wie bei Matthäus, mit einem schwerfälligen Ausdruck verbunden.

Lukas bezeichnet die Verfolger allgemein als οἱ ἄνθρωποι[64], ohne den technischen urchristlichen Ausdruck »verfolgen« zu verwenden. Ob Lukas verschiedene Fälle im Auge hat oder nur aus Stilgründen aufzählt, ist unsicher[65]. Μισέω ist nicht nur das Gefühl des Hasses, sondern auch seine Ausdruckskraft und die Art, wie die Verfolgten ihn erleben[66]. Ἀφορίζω bedeutet eine Absonderung, wohl eher die religiöse Exkommunikation aus der Synagoge als die soziale Benachteiligung[67]. Ὀνειδίζω besagt, daß die Christen in ihrer Ehre be-

---

[60] Das Thema der eschatologischen Sammlung fehlt in den Seligpreisungen.
[61] Das attische Futurum von κλαίω wäre κλαύσομαι, doch die Koine neigt dazu, dem aktiv gebrauchten Futurum auch eine aktive Form zu geben (vgl. Bl-Debr-Rehkopf § 77).
[62] Mit Schulz, S., Q 453. Lukas fügt »Menschensohn« seinen Quellen nicht hinzu.
[63] Ὅταν mit Konjunktiv Aorist in der Bedeutung »wenn es eintrifft, daß« (steht dem hypothetischen ἐάν nahe).
[64] Diese Worte stammen von seiner eigenen Hand.
[65] Es ist schwierig, hier die Quelle Q zu rekonstruieren. Wieviele Verben reiht Q aneinander? Und welche?

[66] Vgl. μισέω in Ps 68(69),5.
[67] Es gab im Judentum verschiedene Arten der »Exkommunizierung«; vgl. Lindeskog, G., Art. Ausschließung, in: BHH I (1963) 168; vgl. Joh 9,22; 12,42; 16,2. Die tannaitische Regelung sah einen Ausschluß vom Synagogengottesdienst, insbesondere von der aktiven Teilnahme daran, nicht aber einen Ausschluß aus der sozialen Gemeinschaft vor; dies hat kürzlich Schiffmann, L.H., At the Crossroads. Tannaitic Perspectives on the Jewish-Christian Schism, in: Jewish and Christian Selfdefinition II, hrsg. v. E.P. Sanders, London 1981, 114–156, hier 149–153 aufgezeigt; vgl. Forkman, G., The Limits of the Religious Community, Lund 1972, 92–105.

leidigt werden (vgl. 1Petr 4,14; dazu Lk 1,25, die »Schmach« der kinderlosen Elisabet)[68]. Das letzte Verb bleibt unklar: Matthäus spricht von Schimpfworten, Lukas davon, daß die Feinde den Namen der Christen verfluchen. Das könnte sich aus zwei verschiedenen Übersetzungen erklären[69]. Dabei ist τὸ ὄνομα ὑμῶν eher ihr Eigenname als die gemeinsame Bezeichnung »Christen« (vgl. 1Petr 4,16)[70]. Matthäus denkt an magische Verfluchung, Lukas an ebenso gefährliche Verleumdung, die vielleicht in seiner Zeit gerichtliche Folgen haben konnte[71]. Ἕνεκα τοῦ υἱοῦ τοῦ ἀνθρώπου präzisiert, daß die Verachtung nicht in einer bösen Haltung der Christen gründet und daß die Beziehung zwischen dem Menschensohn und den Christen so eng ist, daß ihnen das gleiche Los beigemessen wird, wobei der Herr die Ursache für die Verurteilung seiner Knechte ist.

V 23a wiederholt in anderer Form V 22, wobei sich die Symmetrie der beiden Imperative an den Stil der Psalmisten und Propheten anlehnt. V 23b entspricht den ὅτι-Sätzen der anderen Seligpreisungen. Da ich ἐν ἐκείνῃ τῇ ἡμέρᾳ nicht eschatologisch als letzte Zeit, sondern geschichtlich als Zeit der Verfolgung verstehe (nur so wird ἰδοὺ γάρ in V 23b verständlich), sehe ich im Wechsel vom präsentischen zum aoristischen Imperativ nur eine stilistische Verbesserung[72].

Σκιρτάω dürfte traditionell sein. Wäre es das matthäische ἀγαλλιᾶσθε, so hätte es Lukas kaum verändert, wie Apg 2,46 zeigt[73]. Der Jubel gehört zum prophetischen Heilsorakel, zudem ist uns der Terminus bereits aus Lk 1,41.44 bekannt. Er bezeichnet die freudige Bewegung des Körpers, während ἀγαλλιάω das Jubeln des Herzens und des Mundes bezeichnet. In diesem Sinn ist der lukanische Text kohärent, denn er beschreibt die äußeren Manifestationen des christlichen Lebens und nicht die Gefühle der Glaubenden. Die bisher fehlende Begründung wird hinzugefügt, vielleicht in einer Zeit, in der Seligpreisungen und Feindesliebe schon miteinander verknüpft werden. Mit Treue zu Jesus, aber mit wenig Originalität haben die Christen sie aus der Perikope der Feindesliebe (6,35) übernommen. Dadurch ändert sich die Perspektive: Selig sind leidende Christen, nicht mehr leidende Menschen. Ihr eschatologisches Glück gilt nicht mehr theozentrisch als Ausdruck der Gerechtigkeit Gottes, sondern anthropozentrisch als Lohn[74] für ihr Leiden. Redaktionell

---

[68] Zu diesen Schmähungen vgl. Ps 68(69),10; Röm 15,3; Hebr 11,26 und Lk 1,25 (mit dem Kommentar oben S. 61).
[69] Vgl. Marshall 253. Lagrange 188 spricht sich gegen diese Hypothese aus.
[70] Vgl. Apg 5,41; Jak 2,7; 1Petr 4,14–16 und Plinius den Jüngeren, Epist X 96: »Auch bin ich nicht wenig im unklaren, . . . ob der Name an sich, auch wenn er von Schandtaten frei ist, oder ob mit dem Namen verbundene Schandtaten bestraft werden« (Übers. nach A. Lambert).

[71] Für Lukas geht es um mehr als die Streichung aus der synagogalen Namenliste.
[72] Mit Harnack, A., Sprüche 39 und gegen Schulz, S., Q 453 Anm. 380.
[73] Nach Schulz, S., Q 454 dagegen, der die beiden Imperative als eschatologische Imperative auffaßt, erfolgte die Änderung von ἀγαλλιᾶσθε (Matthäus) in σκιρτήσατε (Lukas).
[74] Der Begriff μισθός, an dem sich die Protestanten oft stoßen, hat hier nicht die Bedeutung, die er in der traditionellen katholi-

könnte der Ausdruck »ihre Väter« (vgl. Apg 7,52) sein[75], schwerlich aber die banale Sprache von V 23c (κατὰ τὰ αὐτά und ἐποίουν)[76]. Die Q-Gemeinde klärt in V 23c ihr Selbstverständnis: Ihre Rolle innerhalb Israels ist eine prophetische, und ihre Verfolgung bestätigt dieses Verständnis. Trotz der formalen Unterschiede zu den drei ersten Seligpreisungen bleibt die theologische Hauptstruktur unberührt, denn die geschichtliche Leidenssituation kann wegen des eschatologischen Ausgangs als eine glückliche verstanden werden. Diese Perspektive paßt nicht mehr ganz zur Zeit des Lukas, da die Propheten nur noch eine Minderheit sind. Doch ist er mit seinem Hauptgedanken einverstanden, da auch in Apg 14,22 dem unausweichlichen Leiden die Verheißung der Teilhabe am Reich Gottes folgt. Die formale Breite erklärt sich aus der semitischen Rhetorik: Mit einem längeren Satz wird ein Abschluß ausgezeichnet[77]. Auch inhaltlich wird das Schwerwiegende für den Schluß aufbewahrt (vgl. die Aussicht auf Verfolgung am *Schluß* des Evangeliums, Mk 13 und das *Ende* des Unser-Vater-Gebetes.

Der vierte Weheruf ist eine sehr geschickte Nachbildung der vierten Seligpreisung. Von den vier Teilen der VV 22–23 werden nur der erste und der letzte benutzt, von den vier Verben nur das vierte, freilich in einer Form (καλῶς . . . εἴπωσιν [V 26]), die eher matthäisch (εἴπωσιν πᾶν πονηρόν [Mt 5,11] als lukanisch (ἐκβάλωσιν τὸ ὄνομα ὑμῶν ὡς πονηρόν [V 22] klingt[78]. Beifall von seiten der Menschen wird sonst positiv verstanden (Mt 5,16; Phil 2,15), wird aber verdächtig durch Einstimmigkeit[79] (daher πάντες). Eine neue Vergleichsgruppe findet der Verfasser bei den falschen Propheten (auch Apg 13,6).

Weder die Einführung (V 20a) noch das πλήν (V 24a) zwingen zum triumphalistischen Schluß, daß die zwölf Apostel mit den Seligen gleichzusetzen wären. Der lukanische Jesus redet sowohl die Jünger wie die Welt an, und die Zuhörer erfahren von zwei Kategorien, ohne im voraus zu wissen, zu welcher

Zusammenfassung

---

schen Theologie erhalten hat – trotz der Beteuerungen von Lagrange 189, für den der Mensch, der Gutes tut, ein Recht auf Belohnung erwirbt. Das Wort bezeichnet (wir befinden uns im Umfeld einer Gehorsamsethik; vgl. Ernst 220) einen Lohn, eine Entschädigung, eine Belohnung, hier die schon in den anderen Seligpreisungen angekündigte eschatologische Wiederherstellung. Doch kommt noch etwas dazu: Genauso, wie diese Seligpreisung das Leiden mit der Hingabe an Christus verknüpft, bindet sie die kommende Glückseligkeit an diese Entscheidung für Christus. Lukas merzt die Idee der Belohnung nicht aus, sondern bezieht sie auf die Gnade.

[75] »Ihre Väter« gehören zu den »Menschen« des V 22.

[76] Man beachte das Imperfekt ἐποίουν (V 23 und V 26): iteratives Imperfekt zur Be-

zeichnung einer gewohnheitsmäßigen Handlung; vgl. Godet 434.

[77] Vgl. Daube, D., The New Testament and Rabbinic Judaism, London 1956, 196–201.

[78] An anderen Stellen seines Werkes gebraucht Lukas dennoch καλῶς εἶπεν (Lk 20,39) und καλῶς ἐλάλησεν (Apg 28,25).

[79] Zwar ist es richtig, daß es sich um die öffentliche Meinung und nicht um – mathematisch – *alle* Menschen handelt (Lagrange 191); doch will dies nicht heißen, daß dieses πάντες nicht einer theologischen Notwendigkeit entspräche. Es ist nicht einfach ein von Lukas gern gebrauchtes Wort; vgl. Plummer 183: »Plutarch [Phoc 8,5] says that Phocion, when his speech was received with universal applause, asked his friends wether he had inadvertently said any thing wrong.«

sie gehören. Lukas läßt den Text offen und verschließt ihm nicht jede *paränetische* Seite.

Die zweiteilige Komposition ist jedoch stark *kerygmatisch* beladen. Für den, der hören will, klingt μακάριοι freudig, denn dieses Glück ist weder verdient noch erwartet. Das christliche Gottesbild, das Gott als Person, als Vater zeichnet, ermöglicht diesen Jubelschrei. Der Menschensohn, der Grund der Verfolgung (V 22) ist, ist auch der Verkündiger dieses Gottes (V 20). Seine damalige Stimme (ἔλεγεν, nicht nur εἶπεν) kann in der Kirche durch Mund und Feder der Christen weiterhin laut werden. So dürfen Menschen schon jetzt mitten in einer dramatischen Lage proleptisch am eschatologischen Glück teilhaben. Die Stimme des Menschensohnes, sein heutiges Wort und das Reich Gottes stehen auf einer Linie, der Linie der Treue Gottes.

Jesus selbst kannte sein Leben lang weder Reichtum noch Anerkennung und hatte von seiner Geburt an keinen Anteil am kulturellen und wirtschaftlichen Wohlstand der oberen Schicht. In der Urkirche war die Situation nicht anders; erst in der Zeit des Lukas änderte sich dies, führte aber nicht zu einer Anpassung der Botschaft, wie man es hätte befürchten können. Im Gegenteil fügte man eine zweite Strophe ein, die das Glück der Armen für die Reichen wiederholt.

Jesus wie die ersten Christen erlebten aber auch den anderen Pol der gegenwärtigen Lage; sie nahmen auch am eschatologischen Glück teil. Der Mangel lehrte sie, andere Reichtümer zu entdecken, auf das Unsichtbare zu schauen. In ihrer Lage, die ihnen ungerechterweise widerfuhr, spürten sie in der Gemeinde schon etwas vom Reich Gottes. Daß die Seligpreisungen formal nicht ein »Du« anreden, sondern die Gesamtheit der Gemeinde (»Ihr«), ist ein Zeichen für den engen Zusammenhang der Glaubenden untereinander, für die Einheit der Kirche.

Die Feldrede II: Feindesliebe und anderes (6,27–38)

Literatur: *Bartsch, H.-W.*, Traditionsgeschichtliches zur »Goldenen Regel« und zum Aposteldekret, ZNW 75 (1984) 128–132; *Black, M.*, Aramaic Approach 179–181; *Couroyer, B.*, »De la mesure dont vous mesurez, il vous sera mesuré«, RB 77 (1970) 366–370; *Dihle, A.*, Die Goldene Regel, Göttingen 1962 (SAW 7); *Dupont, J.*, L'appel à imiter Dieu en Matthieu 5,48 et Luc 6,36, RivBib 14 (1966) 137–158 (= *ders.*, Synoptiques II 539–550); *ders.*, Les Béatitudes, I, Paris 1958; *ders.*, »Soyez parfaits« (Mt V,48) »Soyez miséricordieux« (Lc VI,36), in: Sacra Pagina, II, hrsg. v. J. Coppens u.a., Paris/Gembloux 1959, 150–162; *Ford, J.M.*, My Enemy is My Guest. Jesus and Violence in Luke, New York 1984; *Heim, N.J. – Jeremias, J.*, Art. Goldene Regel, RGG³ II (1958) 1687–1689; *Klassen, W.*, Love of Enemies. The Way to Peace, Philadelphia 1984; *Lapide, P.E.*, Die Bergpredigt – Theorie und Praxis, ZEE 17 (1973) 369–372; *Linsksens, J.*, A Pacifist Interpretation of Peace in the Sermon on the Mount?, Conc 164 (1983) 16–25; *Lohfink, G.*, Der ekklesiale Sitz im Leben der Aufforderung Jesu zum Gewaltverzicht (Mt 5,39b–42 / Lk 6,29f), ThQ 162 (1982) 236–253; *Lührmann, D.*, Liebet eure

Feinde (Lk 6,27–36 / Mt 5,39–48), ZThK 69 (1972) 412–438; *Mees, M.*, Außerkanonische Parallelstellen zu den Herrenworten und ihre Bedeutung, Bari 1975, 109–127; *Merkelbach, R.*, Über eine Stelle im Evangelium des Lukas, GrB 1 (1973) 171–175; *Minear, P.S.*, Jesus' Audiences, According to Luke, NT 16 (1974) 81–109; *Neugebauer, F.*, Die dargebotene Wange und Jesu Gebot der Feindesliebe, ThLZ 110 (1985) 865–876; *Neuhäusler, E.*, Mit welchem Maßstab mißt Gott die Menschen? Deutung zweier Jesussprüche, BiLe 11 (1970) 104–113; *Piper, J.*, »Love your enemies«. Jesus' Love Command in the Synoptic Gospels and in the early Christian Parenesis. A History of the Tradition and Interpretation of its Uses, Cambridge 1979 (MSSNTS 38), 49–63.153–170; *Percy, E.*, Die Botschaft Jesu. Eine traditions-kritische und exegetische Untersuchung, Lund 1953, 148–163; *Pernot, H.*, Une correction à Luc VI,35, CRAI (1929) 277–280; *Pokorný, P.*, The core of the Sermon on the Mount, StEv 6 (1973) 429–433 (TU 112); *Reinach, Th.*, Mutuum date, nihil inde sperantes, REG 7 (1894) 52–58; *Rüger, H.P.*, »Mit welchem Maß ihr meßt, wird euch gemessen werden«, ZNW 60 (1969) 174–182; *Sauer, J.*, Traditionsgeschichtliche Erwägungen zu den synoptischen und paulinischen Aussagen über Feindesliebe und Wiedervergeltungsverzicht, ZNW 76 (1985) 1–28; *Schneider, G.*, Die Neuheit der christlichen Nächstenliebe, TThZ 82 (1973) 257–275; *Schottroff, L.*, Gewaltverzicht und Feindesliebe in der urchristlichen Jesustradition: Mt 5,38–48; Lk 6,27–36, in: Jesus Christus in Historie und Theologie (FS H. Conzelmann), hrsg. v. G. Strecker, Tübingen 1975, 197–221; *Schulz, S.*, Q 127–139; *Schwarz, G.*, Ἀγαπᾶτε τοὺς ἐχθροὺς ὑμῶν. Mt 5,44a / Lk 6,27a(35a). Jesu Forderung kat'exochèn, Biblische Notizen 12 (1980) 32–34; *ders.*, Μηδὲν ἀπελπίζοντες, ZNW 71 (1980) 133–135; *Seitz, O.J.F.*, Love Your Enemies. The Historical Setting of Matthew V.43f; Luke VI.27f, NTS 16 (1969/1970) 39–54; *Sladek, P.F.*, »Liebet eure Feinde« (Mt 5,44). Ein moralpsychologischer Vortrag, in: Kirche, Recht und Land (FS A. Kindermann), hrsg. v. K. Reiss, München 1969, 30–48; *Spicq, C.*, Agapè, I, Paris 1958, 98–116; *Strecker, G.*, Compliance. Love of One's Enemy. The Golden Rule, ABR 29 (1981) 38–46; *Theißen, G.*, Gewaltverzicht und Feindesliebe (Mt 5,38–48; Lc 6,27–38) und deren sozialgeschichtlicher Hintergrund, Tübingen 1979 (WUNT 19), 160–197; *van Unnik, W.C.*, Die Motivierung der Feindesliebe in Lukas VI,32–35, NT 8 (1966) 284–300 (= *ders.*, Sparsa Collecta, I, London 1973, 111–126); *Wittmann, D.*, Die Auslegung der Friedensweisungen der Bergpredigt in der Predigt der evangelischen Kirche im 20. Jahrhundert, Frankfurt a.M. 1984 (EHS.T 224); *Wolbert, W.*, Die Liebe zum Nächsten, zum Feind und zum Sünder, ThGl 74 (1984) 262–282.

27 Euch aber, die ihr zuhört, sage ich: Liebet eure Feinde, tut denen Gutes, die euch hassen, 28 segnet die, die euch verfluchen, betet für die, die euch beschimpfen. 29 Dem, der dich auf die Wange schlägt, biete auch die andere dar, und dem, der dein Obergewand raubt, verwehre auch das Untergewand nicht. 30 Jedem, der dich bittet, gib, und von dem, der das Deine wegnimmt, fordere es nicht zurück. 31 Und wie ihr wollt, daß die Menschen euch tun, so tut ihnen gleichermaßen. 32 Und wenn ihr die liebt, die euch lieben, welche Gegenleistung ist das für euch? Denn auch die Sünder lieben die, die sie lieben. 33 Ja, auch wenn ihr denen Gutes tut, die euch Gutes tun, welche Gegenleistung ist das für euch? Auch die Sünder tun das gleiche. 34 Und wenn ihr denen leiht, von denen ihr hofft zu bekommen, welche Gegenleistung ist das für

euch? Auch Sünder leihen Sündern, um das gleiche wiederzubekommen. 35 Liebt jedoch eure Feinde und tut Gutes und leiht, in keiner Weise verzweifelnd, und euer Lohn wird groß sein, und ihr werdet Söhne des Höchsten sein, denn er ist gütig über die Undankbaren und Bösen. 36 Werdet barmherzig, wie euer Vater barmherzig ist. 37 Und richtet nicht, und ihr werdet nicht gerichtet werden, und verurteilt nicht, und ihr werdet nicht verurteilt werden. Laßt frei, und ihr werdet freigelassen werden. 38 Gebt, und euch wird gegeben werden; ein gutes Maß, fest gedrückt, geschüttelt und überfließend, wird man in euren Schoß geben; denn in dem Maß, in dem ihr meßt, wird euch zugemessen werden.

Analyse   *Formale Analyse*

(1) Nach einer *Neueinführung* (V 27a) beginnt Lukas (2) mit dem Aufruf zur *Feindesliebe:* vier präsentische Imperative (durativ oder iterativ)[1], d.h. zweimal zwei synonyme Ausdrücke in der zweiten Person Plural (VV 27b–28). Es folgen (3) der Aufruf zum *Verzicht auf Widerstand:* vier Imperative in der zweiten Person Singular[2], deren erster formal dem dritten und der zweite dem vierten (VV 29–30) entspricht, und (4) die *Goldene Regel:* nach einem vergleichenden Nebensatz ein präsentischer Imperativ in der zweiten Person Plural (V 31). Im Anschluß daran steht (5) der *Vergleich mit den Sündern:* drei symmetrische Sätze, von denen jeder zweiteilig eine von einem hypothetischen Nebensatz eingeleitete rhetorische Frage und eine begründende Aussage enthält (VV 32–34), danach (6) der Hinweis auf das Charaktistikum der Jünger Jesu[3], die *Feindesliebe,* die an drei Imperativen des Präsens (zweite Person Plural) demonstriert wird. Diese drei positiven Möglichkeiten entsprechen den drei negativen Fällen der VV 32–34. Eine doppelte Verheißung (Lohn und Sohnschaft), die am Schluß des langen Verses durch einen Kausalsatz (Güte Gottes) gerechtfertigt wird (V 35), schließt sich an. Es folgen schließlich (7) der *Aufruf zur Barmherzigkeit:* ein präsentischer Imperativ in der zweiten Person Plural mit einem Vergleich (V 36), formal verwandt mit der Goldenen Regel (V 31), (8) zum *Nicht-Richten:* zwei Reziprozitätsformeln mit negativem präsentischem Imperativ in der zweiten Person Plural, die eine passive Aussage mit einer verstärkenden Negation beantworten (V 37ab), und (9) zum *Schenken:* zwei Reziprozitätsformeln mit positivem Imperativ Präsens in der zweiten Person Plural, die eine passive Aussage bestätigen (VV 37c–38a). Ein Zwischensatz über den Lohn (V 38b), der die voranstehende passive Wendung (δοθήσεται ὑμῖν) anschaulich macht, wird angeschlossen, formal durch das Stichwort μέτρον des nächsten Spruches (V 38c) veranlaßt. Dieser Spruch vom *Maß-Nehmen* (10) bildet den Abschluß: eine letzte Reziprozitätsformel, die kein Imperativ ist, sondern eine begründende Funktion (γάρ) erfüllt (V 38c).

---

[1]   Vgl. Bl-Debr-Rehkopf § 335: »Daraus ergibt sich von selbst, daß a) der Imp.Präs. mit Vorliebe allgemeine Vorschriften (auch an einen einzelnen) über das Verhalten und Tun, . . . ausdrückt«.

[2]   Der erste und der dritte Imperativ stehen im Präsens und werden positiv gebraucht; der zweite und der vierte sind negiert (der zweite hat die Form eines μή mit Konjunktiv Aorist [μὴ κωλύσῃς – versuche nicht, seine Geste zu hindern], der vierte die eines μή mit Imperativ Präsens [μὴ ἀπαίτει – bleibe in der Haltung von dem, der nicht verlangt]).

[3]   Man beachte das scharfe πλήν, das der Haltung derjenigen Christen, die wie Heiden leben (VV 32–34), das Verhalten derer, die wie Gott leben (V 36), entgegensetzt.

Trotz der Varietät im Ursprung des Materials ist die Perikope formal durchdacht. Der Leser spürt eine Symmetrie zwischen (2) und (3) einerseits, (8) und (9) andererseits. Nach der Argumentation von (5) folgt eine Wiederholung des Gebots von (2) in (6). Die Goldene Regel (4) und der Aufruf zur Barmherzigkeit (7) gehören formal zusammen. Welches ist aber ihre literarische Funktion, eine einleitende oder eine abschließende? (6) und (9) entfalten am Schluß beide den Gedanken des Lohnes, (10) teilt mit (8) und (9) die Form der Reziprozität.

(2) und (3) sind apodiktische Gebote. (6), (8), (9) und (10) verbinden die verlangte Tat mit ihrer Folge. Die zwei Gebote (4) und (7) sind durch einen Vergleich begründet. Der in (4) eingeführte Vergleich mit den Mitmenschen wird in (5) und (6) weiterentwickelt, während der Vergleich mit Gott in (7) sich in der Reziprozität, in (8), (9) und (10) entfaltet.

Formal würde ich die Einheit so gliedern:

(1)   Einführung (V 27a)
  (2)   Feindesliebe (VV 27b–28)
  (3)   Verzicht auf Widerstand (VV 29–30)
    (4)   Goldene Regel (V 31)
      (5)   Vergleich mit den Sündern (VV 32–34)
      (6)   Eigenart der Christen (V 35)
    (7)   Aufruf zur Barmherzigkeit (V 36)
  (8)   Nicht-Richten (V 37ab)
  (9)   Schenken (VV 37c–38b)
(10)   Maß-Nehmen (V 38c)

Genetische Analyse

Ein Teil des Materials ist auch anderswo bezeugt: in der Bergpredigt des Matthäusevangeliums (Mt 5,38–48; 7,12 und 7,1–2) und in einem Spruch im Markusevangelium (Mk 4,24b). Parallelen, besonders auch zu 6,29–30[4], können der mündlichen Überlieferung entstammen[5] oder ein freies Zitat der Evangelien darstellen. Der ethische Inhalt von Feldrede und Bergpredigt ist natürlich in die Paränese der Urkirche aufgenommen worden (vor allem Röm 12,14.17–20; 1Thess 5,15; 1Petr 3,9; Did 1,2–5). Die synoptische Tradition respektierte dabei die historische Stimme des Herrn besser als die paränetische, die ein anderes Ziel verfolgte und aufgrund der synoptischen Sprüche die Logien Jesu an die aktuelle Situation anpaßte.[6]

Unzählige formale Unterschiede sind ebenso beeindruckend wie der identische Inhalt. Als Beispiel möchte ich drei Parallelen zu Lk 6,27–28 anführen:

Röm 12,14	Did 1,3	Justin, Apol I 15,9
εὐλογεῖτε	εὐλογεῖτε	εὔχεσθε ὑπὲρ
τοὺς	τοὺς	τῶν ἐχθρῶν
διώκοντας	καταρωμέ-	ὑμῶν καὶ

---

[4]   Vgl. Mees, M., Parallelstellen 109–127.
[5]   Vgl. Aland, K., Synopsis 106.108 (die Zusammenstellung auf S. 84 enthält einen zusätzlichen Text, eine Parallelstelle zu Mt

5,45b, die dem Naassenerevangelium entnommen ist).
[6]   Vgl. Piper, J., Love 4–18.100–133.

<table>
<tr><td>

[ὑμᾶς],
εὐλογεῖτε
καὶ μὴ
καταρᾶσθε.

</td><td>

νους ὑμῖν
καὶ προσεύχεσθε
ὑπὲρ τῶν
ἐχθρῶν,
nhsteýete
δὲ ὑπὲρ τῶν
διωκόντων
ὑμᾶς

</td><td>

ἀγαπᾶτε τοὺς
μισοῦντας ὑμᾶς
καὶ εὐλογεῖτε
τοὺq
καταρωμένους
ὑμῖν καὶ
εὔχεσθε ὑπὲρ
τῶν
ἐπηρεαζόντων
ὑμᾶς.

</td></tr>
</table>

Die Abweichungen sind nicht größer als die zwischen Lukas und Matthäus. Nur hatten die Evangelisten ein anderes, nicht primär paränetisches Ziel als die hier zitierten Schriftsteller. Sie wollten den Hauptinhalt der Lehre Jesu innerhalb seiner Mission und seines Lebens vor Augen stellen. Sie hatten dabei nur einzelne oder manchmal kettenartig zusammengestellte Sprüche des Herrn zur Verfügung. Diese wurden mündlich für verschiedene Zwecke und Gelegenheiten weitergegeben, zitiert oder aktualisiert. Die Vielfalt der Formen zeigt, daß die Verwendung der Sprüche variierte und einen Einfluß auf ihre Form ausübte und daß die inhaltliche Botschaft der Sprüche bestimmender war als ihre äußere Form.

Längere Teile unserer Perikope sind allein bei Matthäus, in der Didache und bei Justin[7] zu finden[8]:

	Lk	Mt	Did	Justin
Einführung	(1)		*(4)*	
Feindesliebe	(2)	*(3)*	(2)	(5)
Verzicht auf Widerstand	(3)	(2)	(5)	(2)
Goldene Regel	(4)	(6)	*(6)*	(3)
Vergleich mit den Sündern	(5)	(5)	(3)	(5)
Eigenart: Feindesliebe	(6)	(7)		
Aufruf zur Barmherzigkeit	(7)	(8)		
Nicht-Richten	(8)	*(10)*		
Schenken	(9)	(4)		
Maß-Nehmen	(10)			

Aus dieser Tabelle wird folgendes klar:
Der historische Jesus: Jesus hat das Gebot der Feindesliebe ausgesprochen und mit der Verheißung einer Adoption und der Begründung in der Liebe Gottes verbunden ([2] und [6]). Bei anderer Gelegenheit hat er gelehrt, auf Widerstand zu verzichten (3), Barmherzigkeit zu üben (7), nicht zu richten (8), Maß zu nehmen (10).
Erste Tradition: In der mündlichen Überlieferung wurde früh die Feindesliebe (2) dem

---

   Vgl. Did 1,3–5 und Justin, Apol I 15,9–10; vgl. auch 14,3 und 16,1. In der Tabelle bedeuten die Zahlen die Abschnitte des Textes (vgl. oben S. 309). Die kursiv gesetzten Zahlen zeigen an, daß im jeweiligen Text die hier angegebenen Abschnitte davor und danach nicht direkt aneinander anschließen.

Verzicht auf Widerstand (3) angenähert und wurde zugleich (6) durch den Vergleich mit den Sündern (5) erläutert. Die Aufrufe zum Nicht-Richten (8) und zum Maß-Nehmen (10) wurden früh aneinandergefügt, jedoch erst später in eine größere Komposition aufgenommen. Das gleiche gilt für den Aufruf zur Barmherzigkeit (7). Die Goldene Regel (4) wurde nicht von Jesus, sondern erst von den Christen übernommen[9], aber in ihrer Stellung nicht fixiert. Q, Didache und Justin sind Zeugen dieser mündlichen Tradition.

Die Logienquelle (Q): Schon in der mündlichen Überlieferung oder erst bei Q wurden die Seligpreisungen und das Gebot der Feindesliebe verknüpft. Q bestätigt sodann die Verbindung zwischen der Feindesliebe (2) und dem Verzicht auf Widerstand (3)[10] sowie zwischen der Feindesliebe (6) und dem Vergleich mit den Sündern (5). Durch den Einzelspruch (7) (Aufruf zur Barmherzigkeit) legitimiert Q die Feindesliebe. Dann integriert die Quelle die beiden Sprüche vom Nicht-Richten (8) und vom Maß-Nehmen (10). Die matthäische Form der Antithesen ist redaktionelle Adaption von Q.

Lukas: Die kompositorische Kraft des Evangelisten fügt die Goldene Regel (4) nach der Feindesliebe (2) und dem Verzicht auf Widerstand (3) zusätzlich ein und stellt sie damit dem Aufruf zur Barmherzigkeit (7) gegenüber. Der Vergleich mit den Sündern (5) kommt bei ihm *vor* einer schon traditionellen Wiederholung der Feindesliebe (6). Doch sind solche wiederholten Einschärfungen auch redaktionell, z.B. bei der Feindesliebe (2), wo er von zwei zu vier Imperativen übergeht (2), beim Vergleich mit den Sündern (5), in dem er die zwei Beispiele durch ein drittes ergänzt (wobei er »grüßen« durch »Gutes tun« ersetzt und den kurzen Satz vom »Darlehen« beifügt), beim Gebot, nicht zu richten (8), das er verdoppelt. Aus anderer Herkunft bringt Lukas noch vier Imperative über das »Schenken« (Anfang von [9]) und einen freien Spruch als Verheißung (Ende von [9]).

Sitz im Leben

Die Gemeinden, die unsere Sprüche überlieferten, waren verschieden. Die palästinische Situation ist noch in einzelnen Sprüchen spürbar (Mt 5,46–47: »grüßen«, »Zöllner«). Charakterisiert ist sie durch das Übergewicht des Gesetzes (Matthäus und Didache spüren noch eine Beziehung zwischen dem Gebot der Feindesliebe und der Nächstenliebe). Mt 5,41 zielt wahrscheinlich auf Zwangsarbeit für die römische Besatzungsmacht[11]. Feindesliebe kann auf Zeloten wie auf Römer[12] bezogen sein. Die Träger der Q-Überlieferung vor dem Jüdischen Krieg mögen christliche Wanderprediger gewesen sein, und die matthäische Fassung spiegelt wohl die dramatische Lage des Judentums nach der Niederlage des Jahres 70 wider[13]. Q zeigt, daß man sich früh um eine

---

[9] Vgl. Lührmann, D., Liebet 427: Man weiß nicht, in welchem Stadium der Überlieferung diese Überarbeitung stattgefunden hat.
[10] Vgl. ebd. 417.
[11] Vgl. Theißen, G., Gewaltverzicht 176.
[12] Die Römer warfen den Christen »allge-meinen Menschenhaß« vor (der Ausdruck stammt von Tacitus, Ann XV 44: »odium humani generis«).
[13] Vgl. Theißen, G., Gewaltverzicht 184–191.

als Ethik oder als Heilslehre verstandene Lehre Jesu kümmerte. Die matthäische Form der Antithese ist redaktionell, aber schon vor Matthäus verstand man die Sprüche Jesu als neue Lehre oder als eschatologische Auslegung des Gesetzes. Man setzte sie auch missionarisch ein, und die Übernahme in apologetische Werke des 2. Jahrhunderts weist auf eine ähnliche Benutzung hin. Die lukanische Feldrede paßt sich anderen Verhältnissen an: Sie »übersetzt« die Überlieferung für ein griechisches Publikum (siehe die lukanische Fassung der Worte über die Feindesliebe in Lk 6,27–28 [2]), das seine Liebe durch Almosen und Leihgaben ausdrücken soll (siehe den zusätzlichen Vergleich in Lk 6,34 [5]). Die Besonderheit der Botschaft Jesu wird auch nicht mehr vor dem Hintergrund des Gesetzes Moses betrachtet, sondern im Rahmen des griechischen Ethos (Lk 6,32–35 [5] und [6])[14].

Ergebnis: Die Feldrede faßt die Botschaft Jesu durch die Verbindung von Seligpreisungen und Feindesliebe zusammen. Die Perikope über die Feindesliebe selbst wurde von Lukas mit Q-Material und anderen Sprüchen zu einer geschlossenen Komposition aufgebaut. Zwei in Spannung zueinander stehende Hauptmotive haben dazu beigetragen: die redaktionelle Sorge, verstanden zu werden, und das theologische Bemühen, das christliche Proprium anschaulich zu machen. Der ersten Sorge wohnt der Gedanke der Erfüllbarkeit der christlichen Ethik inne, der zweiten die Perspektive der Trennung der Christen von der Welt und ihrer Verfolgung. Der Text soll den lukanischen Gemeinden helfen, den gefährlichen Weg der christlichen Ethik zwischen bequemer Anpassung und exzessivem Widerstand zu gehen.

Erklärung   Der Ausleger steht hier vor zwei Schwierigkeiten. Einerseits ist die Perikope voll von kleineren philologischen oder textkritischen Fragen. Andererseits benennt sie lebenswichtige Probleme: Kann man seine Feinde lieben? Ist es human, immer nachzugeben? Steht die Goldene Regel nicht im Gegensatz zur Feindesliebe[15]? Der Exeget muß das Ganze des Textes im Auge behalten und darf sich nicht in Details verrennen.

Die Feindesliebe (VV 27–28 und 32–35)

27–28.32–35   Die Kirchenväter des 2. Jahrhunderts, besonders Justin[16], haben im Gebot der Feindesliebe das Novum der christlichen Ethik gespürt und dies voller Stolz ausgesprochen. Und ein jüdischer Gelehrter des 20. Jahrhunderts kann schreiben:»Schadenfreude, Feindeshaß und Vergeltung des Bösen mit Bösem sind also verboten, während Großmut und Liebesdienste für den Feind in der Not geboten werden – aber Feindesliebe als moralisches Prinzip kennt das Judentum nicht. Dieser Imperativ ist wohl der einzige in all den drei Kapiteln

---

14   Vgl. van Unnik, W.C., Motivierung 124f (Sammelband) und Theißen, G., Gewaltverzicht 180–183.
15   Die Spannung zwischen den beiden Geboten wird sehr gut erkannt von Dihle, A.,

Regel 112 und Merkelbach, R., Stelle 171.
16   Justinus, Apol I 15,9–10 bezeichnet das christliche Verhalten als »neu«; vgl. einige weitere bei van Unnik, W.C., Motivierung 111–113 (Sammelband) zitierte Texte.

der Bergpredigt, der einer klaren Parallele oder Analogie in der rabbinischen Literatur entbehrt. Er ist, in der Terminologie der Theologen, jesuanisches Sondergut.«[17] Diese christliche Besonderheit darf jedoch nicht ungeschichtlich verstanden werden.

Das Gleichnis vom barmherzigen Samariter (Lk 10,25–37) verdeutlicht, daß die damaligen Juden und Christen um die rechte Auslegung des Gebots der Nächstenliebe kämpften. Mt 5,43–44 beschreibt die Feindesliebe als eine Zuspitzung, die Didache als die richtige Interpretation der Nächstenliebe (und der Goldenen Regel)[18]. »Nächstenhaß« (Mt 5,43) ist gewiß unjüdisch, aber wie weit sich das Erbarmen des erwählten Volkes erstrecken soll, war eine existentielle Frage. In der Individualethik galt immer noch: »Wenn dein Feind hungert, so speise ihn mit Brot. Wenn er dürstet, so tränke ihn mit Wasser.«[19] Aber was für den schwachen Feind gilt (Erbarmen), ist nicht ohne weiteres für den Sieger und seine Besatzungstruppen erwünscht. Den politischen Feinden Israels gegenüber gab es unterschiedliche ethische Auffassungen: a) die durchweg verdächtige Kollaboration, b) die Verteidigung der Ehre Gottes und die Reinigung des Landes mit Waffengewalt[20], c) die physische Distanzierung, verbunden mit apokalyptischem Dualismus und Haß, d) die Trennung des politischen und des religiösen Gebietes unter pragmatischer Anpassung wie unter starkem Erwählungsbewußtsein, das sich in einer Vorliebe für die Brüder ausdrückte. In der Zeit der Evangelisten haben sich diese Positionen vereinfacht und verinnerlicht. Im Rahmen dieser ethischen Auseinandersetzungen ist die Haltung Jesu wie später die der ersten Christen angesiedelt. Das Gebot der Feindesliebe war während der ersten Jahrzehnte ein wichtiges Element der Kontinuität christlicher Identität, wie seine vielfältige Bezeugung beweist. In der Sicht der Christen hat Jesus die alttestamentliche Linie des Hasses Gottes gegen die Bösen (Ps 5,5; 25[26],5; 118[119],113–115; 138[139],19–22; 2Chr 19,2) unterbrochen und verboten, den Namen des Herrn mit Mißhandlungen der Feinde Israels zu heiligen[21]. So kann der exklusive Partikularismus von Dtn 30,7 nicht mehr gelten: »Und alle diese Flüche wird der Herr, dein Gott, auf deine Feinde und auf deine Hasser legen,

---

[17] Lapide, P., Bergpredigt 371.

[18] Vgl. Mt 5,43–44; Did 1,2–4.

[19] Spr 25,21; vgl. Spr 24,17; Ex 23,4–5; Josephus, Ap II 28 § 209–210; ARN 23. Diese Belegstellen verdanke ich Lapide, P., Bergpredigt 370f; vgl. Percy, E., Botschaft 156–163, der trotz der Parallelstellen zu dem Schluß kommt, die Aufforderung Jesu sei etwas Neues; vgl. Piper, J., Love 27–49, der als jüdische Texte, die dem Gebot der Feindesliebe nahestehen, die folgenden anführt: Arist 227; slHen 50,3; JosAs 23,9; 28,14; 29,3; Philo, Virt 116–118; TestBenj 4,2–3; TestJos 18,2; TestGad 6,4–7.

[20] Diese zelotische Haltung läßt sich durch einen biblischen Präzedenzfall rechtfertigen:

Der Israelit Pinhas tötete in seinem Eifer um JHWH den Israeliten Simri, der eine Midianiterin in sein Zelt geführt hatte (Num 25). Das Kapitel schließt mit dem Gebot Gottes, die Gewalt mit Gewalt zu vergelten (Num 25,17). Zu verschiedenen jüdischen Interpretationsweisen des Falles Pinhas vgl. Starobiski-Safran, E., Les zélotes à Jérusalem, Rencontre chrétiens et juifs 14 (1980) 282–293, bes. 290–291.

[21] »Loving is thus a matter of ›doing mercy‹, which is to stop at no frontiers, levelling all barriers erected by national and even religious hostility.« Diesen Schluß zieht Seitz, O.J.F., Love 47 am Ende seiner Untersuchung der Geschichte vom barmherzigen Samariter.

welche dich verfolgt haben.« Jesus überwindet das Prinzip der Gegenseitigkeit und der Vergeltung[22]. Er steht also im Widerspruch zu den Essenern, die in ihrer Sucht nach kultischer Reinheit den Haß gegen die Bösen von jedem Mitglied der Sekte durch einen Schwur verlangten[23], weil sie so den eschatologischen Kampf vorbereiten wollten.

Auch im Hellenismus war die Stellung zum Feind keine neue ethische Frage. Obwohl Theorie und Praxis oft auseinanderklafften, der Preis des menschlichen Lebens niedrig war und die Gewalt oft unerbittlich herrschte, kannte die öffentliche Meinung verschiedene ethische Lösungen: Beim Zusammenleben im Haus dachte man an die Situation des leidenden Sklaven, dem freilich der Haß gegenüber seinem Herrn verboten war. Hinsichtlich des besiegten »Feindes« versuchten die Weisen, durch ethische Ratschläge Sieger und Herrscher vom Wert des Erbarmens zu überzeugen; blinde Rache sei einem gebildeten Herrn unangemessen. In einem dritten Zusammenhang erklärte der Philosoph, der aus der Erfahrung vieler Vorgänger wußte, daß er oft in seiner eigenen Stadt unerwünscht war, gegenüber diesem ungerechten Unverständnis sei Haß, aber auch schweigende Anpassung verboten; der Weise solle die Folge des Leidens nicht fürchten und trotz aller Ablehnung seine eigene Überzeugung weiter vertreten[24]. Selbst bei größtmöglicher Annäherung an die Feindesliebe bleibt doch immer ein Stück Utilitarismus übrig. Das bestätigt, »daß *das Prinzip der Gegenseitigkeit eine der Grundlagen des sozialen Verkehrs der Griechen gebildet hat*«[25].

In den verschiedenen Überlieferungen ist die Anrede Jesu konstant geblieben. Feindesliebe ist keine allgemeingültige Regel, sondern eine für die Jünger Jesu charakteristische Haltung. Und bis zu Lukas ist ihre Situation in der Gesellschaft keine geschützte oder herrschende, sondern eine prekäre und schmerzliche. Das wird aus dem parallelen Imperativ in Q (dem vierten bei Lukas) ersichtlich: Die Jünger sollen für die Verfolger »beten«. Die Feinde sind also stärker, es bleibt als letzte mögliche Geste der Verfolgten das Gebet. Lukas, der die Gebote Jesu gern narrativ illustriert, schildert Jesus (23,34) wie Stephanus (Apg 7,60) im Gebet für ihre Feinde[26]. Die Gegenwart des Reiches Gottes verdrängt die Gefahren des Leidens nicht. An Stelle von Werten wie Erfolg, Fülle

---

[22] Dies haben Dihle, A., Regel und Merkelbach, R., Stelle sehr richtig erkannt.
[23] Nach Josephus, Bell II 8,7 § 139 besteht dieser Eid darin, μισήσειν δ᾽ ἀεὶ τοὺς ἀδίκους καὶ συναγωνιεῖσθαι τοῖς δικαίοις. Vgl. 1QS 1,3–4,9–11 und Seitz, O.J.F., Love 49–51.
[24] Vgl. Schottroff, L., Gewaltverzicht 204–213; vgl. Seneca, De otio 1,4 (den Feinden helfen); De beneficiis IV 26; De ira II 32,1–34,7 (Schlechtes nicht mit Schlechtem vergelten); Epiktet, Ench 42; Diss III 13,11.13; III 22,54; III 22,81.82.
[25] Bolkenstein, H., Wohltätigkeit und Ar-

menpflege im vorchristlichen Altertum, Utrecht 1939, 158; zitiert bei van Unnik, W.C., Motivierung 118 (Sammelband).
[26] Nach Hegesippus (zitiert bei Eusebius, Hist Eccl II 23,16) erbat Jakobus, der Bruder des Herrn, während seines Todeskampfes von Gott, er möge seinen Peinigern vergeben. Nach Klemens von Alexandrien (zitiert ebd. II 9,2–3) vergab Jakobus, der Sohn des Zebedäus, demjenigen, der ihn vor das Gericht gebracht hatte und der dann, durch das Zeugnis des Jakobus zum Christen geworden, mit diesem zusammen enthauptet wurde.

und Glück bringt die Predigt des Reiches eine leidvolle Spannung, die die Christen ertragen und für die sie sich theologisch rechtfertigen müssen.

Mt 5,44 kennt die Form »betet für die, die euch verfolgen« (wie in den Seligpreisungen). Lukas liest »betet für[27] die, die euch beschimpfen« (6,28b). Ἐπηρεάζω ist selten und bedeutet »bedrohen«, »mißhandeln«, »beschimpfen«[28], d.h. durch Wort oder Tat mißhandeln. Was ist ursprünglich? Chiastisch hat Lukas beide Imperative aus Q paraphrasiert: Vor dem Gebot des Betens (6,28b) fügt er kommentierend ein: »Segnet die, die euch verfluchen« (6,28a). Freilich enthält Röm 12,14 eine Form[29], die zwischen Mt 5,44b und Lk 6,28a steht: »Segnet [lukanisch] die, die euch verfolgen [matthäisch].« Bei Paulus liegt auch eine Wiederholung vor, so daß wir aus der lukanischen Redundanz (Lk 6,28a) auf eine paränetische Benutzung in der griechisch sprechenden Kirche schließen können. Nach Q ist die Gefahr weniger die Verfolgung (Paulus und Q/Matthäus) als das böse Gerede (Lukas und 1Petr 3,16). Ἐπηρεάζω in Lk 6,28b könnte also Korrektur sein. 6,28b stellt das Fluchen[30] dem Segnen gegenüber. Der Wortschatz ist gut hellenistisch-jüdisch und steht in der Linie des alttestamentlichen ethischen Dualismus (Dtn 30,19). Ps 108(109),6–19 nennt den Inhalt einer möglichen Verfluchung: Die Feinde wünschen den Abbruch jeder Beziehung des verfluchten Psalmisten mit Gott, seiner Familie und seinen Freunden, das Ende seines Lebens und seiner Güter, das Tilgen jeder Erinnerung an ihn. Demgegenüber steht – anders als im Gebot der Feindesliebe – die Hoffnung auf den Segen Gottes (Ps 108[109],28). In jüdischer und christlicher Sprache ist εὐλογέω mehr als nur menschliche Rede; es erhält sein Gewicht durch eine religiöse Komponente. In einer Zeit, in der man weniger sprach als heute und in der die Wörter mit der Sache ontologisch verbunden waren, sind Fluchen und Segnen schwerwiegende Handlungen, deren unausweichliche Folgen durch eine Geste anschaulich werden. Bis heute ist den Griechen das Gewicht dieser Worte bewußt geblieben. Sie grüßen den Mönch anders als die gewöhnlichen Leute: Εὐλογεῖτε, πάτερ. Und er antwortet aus Bescheidenheit: ὁ κύριος (d.h.: Einzig der Herr kann segnen).

Sowohl die Wiederholung des Gebots der Feindesliebe in 6,27b wie das dritte Beispiel 6,34 und die synonymen Wendungen in 6,35 zeigen die veränderte Situation gegenüber der der Q-Gemeinde. Die Gefahr der jüdischen Verfolgungen ist kleiner, und Menschen aus höheren Schichten sind Christen ge-

---

[27] Lukas (hier und in Apg 8,15), Hebr 13,18 sowie Paulus und seine Schule (1Thess 5,25; Kol 1,3; 2Thess 1,11; 3,1) verwenden nach dem Verb προσεύχομαι die Präposition περί. Mt 5,44 greift auf ὑπέρ zurück.

[28] Bauer, s.v. und Moulton-Milligan s.v. Liddell-Scott-Jones s.v. unterscheiden die Bedeutung »Schlechtes sagen von« mit dem Akkusativ und die Bedeutung »jemandem Schlechtes antun« mit dem Dativ, doch sie erwähnen auch Ausnahmen von dieser Regel. In Lk 6,28 steht der Akkusativ. Es ist wahrscheinlich, daß Lukas – wie der Verfasser von 1Petr 3,16, der dieselbe Tradition kennt –

eher an aggressive Worte als an aggressive Akte denkt. Nach Spicq, C., Agapè I 101 Anm. 2 enthält das Verb ἐπηρεάζω »la double idée de malignité et d'insolence«.

[29] Vgl. oben S. 309f. Man beachte die Parallelstelle POxy 1224, fol. 2ʳ, col. 1 (S. 176), übersetzt in Hennecke-Schneemelcher I 73: »Und betet für eure Feinde. Denn wer nicht gegen euch ist, der ist für euch. Wer heute fern ist – morgen wird er nahe von euch sein.«

[30] Die Handschriften schwanken zwischen dem Akkusativ und dem Dativ nach dem Verb καταράομαι in V 28.

worden. Ihre Haltung gegenüber ihren Mitmenschen wird durch ihr soziales Ansehen und ihr Vermögen geprägt. Sie werden nicht mehr verfolgt (Q), sondern beschimpft (Lukas). Ihre Antwort kann praktisch über ein Gebet hinausgehen, wie die lukanischen Paraphrasen betonen: Sie können auch Gutes tun[31] (6,27b.35a) und andere finanziell unterstützen (6,34c.35a). Diese soziale Situation erklärt auch die Sondergebote des Lukas (9) über das Schenken (6,37c–38a). Die lukanische Gemeinde oder Lukas selbst wagt also eine unerhörte Aktualisierung und Anpassung der Feindesliebe[32]. Schließlich sprechen die lukanischen Christen alle Griechisch und haben eine gute Schulung hinsichtlich der semitischen Kategorien nötig, angefangen beim Hauptverb der christlichen Ethik, bei ἀγαπάω[33].

Die Septuaginta hat אהב mit ἀγαπάω übersetzt, da στέργω (»schätzen«) zu affektiv erschien, φιλέω die Liebe auf eine Gruppe, die Freunde, beschränkte und ἐράω zu stark auf die irrational-leidenschaftliche Liebe (nicht exklusiv im erotischen Sinn) hindeutete. So wählte man absichtlich ein unbedeutendes Verb. Wie die ältesten Übersetzungen der Jesuslogien ließ auch die Septuaginta folgende Momente anklingen, wenn sie ἀγαπάω gebrauchte: a) die zuvorkommende und uneigennützige Initiative des Liebenden, b) das hoffnungsvolle Warten auf Antwort des Geliebten in der entstehenden Liebesbeziehung, c) das kognitive Moment der Liebe, welches das Gefühl immer begleitet[34], d) die Anerkennung des anderen in seiner Eigenart (wenn der andere Gott ist, schließt ἀγαπάω die Anbetung ein)[35]. Der nur bei Lukas belegte Imperativ »tut denen Gutes, die euch hassen« ist erklärende Paraphrase für griechische Hörer, die die ursprüngliche semitische Formulierung nicht gut verstanden[36].

Der Vergleich mit einer Ethik der Gegenseitigkeit (Lk 6,32–34) war in Q noch palästinisch konzipiert: Die christliche Haltung versteht sich als richtige Auffassung des Gesetzes Gottes. Gut jüdisch wächst darin die eigene Identität und die Rechtfertigung den Heiden gegenüber. Lukas lebt aber in einem hellenistischen Milieu. Von bösen Zöllnern und von fremden Heiden zu sprechen, ist hier sinnlos. Deshalb redet er von »Sündern«, einem Wort, das alle Heidenchristen kennen. Er paßt auch die Vergleichsbeispiele seiner aktuellen Situation an: »lieben« kann angesichts seiner allgemeinen Bedeutung stehenbleiben, »grüßen« (Q und Mt 5,47) spiegelt jedoch jetzt nicht mehr die aktuelle Sitte und Pflicht wider und muß ersetzt werden (vgl. Lk 10,4). Wie in 6,27b exegesiert Lukas durch das zweite Beispiel das erste; »lieben« meint also eine konkrete und aktive Haltung, die man mit »Gutes tun«[37] übersetzen

---

[31] Vgl. Spicq, C., Agapè I 102 Anm. 1.
[32] Zum Zusammenhang zwischen der Feindesliebe und dem Umgang mit den eigenen Besitztümern vgl. Piper, J., Love 158.
[33] Vgl. Spicq, C., Notes I 15–30.
[34] Die christliche Liebe ist also nicht blind.
[35] In diesem Abschnitt bin ich in vielem Spicq, C., Notes I 15–30 zu Dank verpflichtet.

[36] Vgl. van Unnik, W.C., Motivierung 124 (Sammelband).
[37] Die Bedeutung von ἀγαθοποιέω ist klar verständlich, doch wird es von den Griechen kaum gebraucht. Das Verb fällt auch dadurch auf, daß es im paränetischen Vokabular der ersten Christen kaum vorkommt (man vergleiche jedoch 1Petr 2,15.20; 3,6.17; Hermas

kann[38]. Das dritte Beispiel fügt er wegen der sozialen Situation seiner Gemeindeglieder hinzu. Vielleicht stammt das Beispiel aus dem Schatz des philosophischen Unterrichts[39].

Χάρις[40] trägt vom Kontext her keinen theologischen Ton und darf hier nicht mit »Gnade« übersetzt werden. Das Wort kommt öfter in hellenistisch-jüdischen Texten vor[41], wo es die Frucht der Gegenleistung, die Vergeltung bezeichnet. Lukas hat also mit einer griechischen Kategorie das semitische μισθός von Q (Mt 5,46) richtig übertragen; daß er damit Q nicht korrigieren wollte, zeigt die spätere Verheißung καὶ ἔσται ὁ μισθὸς ὑμῶν πολύς[42]. Q wie auch Lukas überwinden das Prinzip der Gegenseitigkeit noch nicht, verschieben es aber von der zwischenmenschlichen Gegenseitigkeit auf die Beziehung zwischen Gott und Mensch. Deshalb ist ποία ganz am Platz: Welche Art Gegenleistung bekommt ihr? Normalerweise nur eine kleine, begrenzte und vorläufige. Der Bruch mit der berechnenden Gegenseitigkeit in der Feindesliebe eröffnet dagegen eine verheißungsvolle Antwort und Gegenleistung Gottes: eine χάρις ganz anderer Art (die Leser sollen auch die theologische Bedeutung mithören), einen (verglichen mit der kleinen menschlichen Gabe) großen »Lohn«, die göttliche Adoption. Christliche »Gegenseitigkeit« ist also gleichzeitig antithetisch und analog zu menschlicher Gegenseitigkeit; der christliche Gott bleibt den undankbaren und bösen Menschen gegenüber gütig (V 35). Seine Liebe ist zuvorkommend, dauerhaft und selbstlos. So ist auch die Haltung der Christen ihren Feinden gegenüber. Hier liegt die vehemente praktische Kritik der christlichen an der hellenistischen oder utilitaristischen jüdischen Ethik. Aber wie die Griechen und die Juden erhoffen die Christen eine lebendige Wechselbeziehung, eine freudige Antwort. Das ist für menschliche Kreatürlichkeit normal, ein Bruch mit der berechnenden Gegenseitigkeit ist jedoch in der Soteriologie und Christologie begründet.

Was bedeutet in V 34, wo es um das Leihen geht[43], τὰ ἴσα[44]? Wer Geld ausleiht, will *mehr* und nicht gleich viel zurückerhalten. Möglich sind fünf Erklärungen: a) Nach

---

13,4 [Vis III 5]; 17,5 [Vis II 9]; 95,1–2 [Sim IX 18]). Auch in der Septuaginta begegnet man dem Verb nur selten (6- oder 7mal, z.B. 1Makk 11,33). Das Verb kann absolut oder – wie hier – transitiv gebraucht werden.

[38] Man beachte das Schwanken der Handschriften in V 33: Soll man ein γάρ zu Beginn des Verses setzen (καὶ γὰρ ἐὰν ἀγαθοποιῆτε . . .)? Oder gehört eines vor die zweite Hälfte des Verses (καὶ γὰρ οἱ ἁμαρτωλοί . . .)?

[39] Vgl. Seneca, De beneficiis IV 16; Piper, J., Love 21.

[40] Van Unnik, W.C., Motivierung 120 Anm. 1 (Sammelband) stützt sich auf Bolkenstein, H., Wohltätigkeit (vgl. oben Anm. 25), bes. 159f: »Lehrreich ist die Tatsache, daß das Griechische (ebenso wie das Lateinische) für Dienst und Gegendienst dasselbe Wort gebraucht: χάρις, die Zweiseitigkeit, die der Handlung des χαρίζεσθαι innewohnende Gegenseitigkeit kommt hierin zum Ausdruck.«

[41] Vgl. z.B. Sir 12,1.

[42] Vgl. Zahn 292 Anm. 62. Die Literatur zu μισθός ist immens; vgl. ThWNT X/2 1179; Pesch, W., Art. μισθός, in: EWNT II (1981) 1063–1065; Piper, J., Love 162–170 (über Lukas); S. 166f schreibt Piper: »Lk never asks a man to act against his own best interests.«

[43] Δαν(ε)ίζω bedeutet in der aktiven Form »leihen« (ursprünglich: »anderen als seinen Freunden gegen Zins leihen«), in der medialen »borgen«.

[44] D it sy^s lesen bzw. übersetzen die Worte τὰ ἴσα nicht, weil sie diese vermutlich als problematisch erachteten.

der Schrift[45] darf der leihende Jude vom Geschlechtsbruder keinen Zins verlangen; er kann also nur die gleiche Summe erhoffen; b) τὰ ἴσα meint die ausgeliehene Geldsumme plus den Zins; c) der Vergleich ist nicht an der Frage des Zinses interessiert, sondern stellt das »Leihen« dem »Schenken« gegenüber: Gewöhnlich leihen Menschen aus, während Christen schenken; d) τὰ ἴσα meint nicht konkret die gleiche Summe, sondern abstrakt die gleiche Dienstleistung[46]; e) das zusätzliche Beispiel hat eine doppelte Pointe, indem es ein finanzielles Problem benennt, dabei aber gleichzeitig die Gegenseitigkeit kritisiert (ἵνα ἀπολάβωσιν τὰ ἴσα): die menschliche χάρις (oder τὸ ἀνταπόδομα). Wenn man diese metaphorische Bedeutung voraussetzt, versteht man das anschauliche τὰ ἴσα. Lukas bezahlt gern den Preis der Unschärfe in seiner Darstellung des Leihens (Zins oder nicht), um bildlich die allgemeine Gegenseitigkeit anzudeuten. Ich bevorzuge diese letzte Erklärung.

Im Zusammenhang mit V 34 möchte man V 35 übersetzen: »Leiht[47], auch wo ihr nichts dafür erhoffen könnt.« Leider heißt aber ἀπελπίζω nicht »dafür« oder »davon erhoffen«, sondern »die Hoffnung verlieren«, »verzweifeln«. Es gibt folgende Erklärungen: a) Im aramäischen Urtext stand ‏פסק‎, ein Wort, das »zweifeln« und »in die Hände klatschen« bedeuten kann. Der Übersetzer hat die falsche Bedeutung gewählt. Der Urtext lautete: »Reichet dar und klatscht nicht (ablehnend) in die Hände!«[48] b) Der Text muß korrigiert werden in ἀντελπίζοντες oder ἐπελπίζοντες[49]. c) Gestützt auf Johannes Chrysostomos und die Vulgata *(nihil inde sperantes)* könnte die Bedeutung »davon erhoffen« schon für die Zeit des Lukas angenommen werden[50]. d) Subtil übersetzt heißt es: »in keiner Weise verzweifelnd«, nicht am Erhalten des Geliehenen, sondern an der Zukunft der unterstützten Person[51]. Ich habe mich für diese Übersetzung entschieden.

Wie ist Feindesliebe hermeneutisch zu verstehen? Wir stehen vor drei Interpretationsmodellen:

1. Das existentialistische Modell (R. Bultmann): Das Gebot Jesu regiert die näheren Beziehungen[52], das Ich-Du-Verhältnis[53]. Feindesliebe ist eine existentielle, individuelle Haltung, die die Nächstenliebe aktualisiert und anpaßt, indem der Begriff des Nächsten sich vertieft und erweitert. Diese Radi-

---

[45] Vgl. Ex 22,25(24); Lev 25,35–37. Nach Dtn 23,21 ist das Leihen gegen Zins an Fremde dagegen zulässig; vgl. Bill. I 346–353 und II 159.

[46] So Marshall 263.

[47] Spicq, C., Agapè I 111 Anm. 2 weist darauf hin, daß die Imperative in V 35 im Präsens stehen; δανείζετε muß demnach etwa mit »macht es euch zur Gewohnheit ... zu leihen« übersetzt werden.

[48] So Schwarz, G., **Μηδέν**.

[49] Für ἀντελπίζοντες **tritt** Reinach, Th., Mutuum date 52 ein, für ἐπελπίζοντες Pernot, H., Correction, der auf die Septuaginta und vor allem auf Euripides, Hipp 1010–1011 verweist.

[50] So Zahn 292 Anm. 63 und Bauer s.v. Pernot, H., Correction hingegen hält diese Bedeutung für unmöglich.

[51] Die Lesart μηδένα für μηδέν läßt sich entweder als Dittographie verstehen (ausgehend von μηδεναπελπιζοντες) oder ist durch das Bemühen bedingt, dem Text einen Sinn zu geben (μηδένα ἀπελπίζοντες bedeutet: »ohne jemanden zu enttäuschen«). Auch wenn diese Variante gut bezeugt ist, ist sie sekundär.

[52] Vgl. Ricœur, P., Le *socius* et le prochain, in: ders., Histoire et vérité, Paris 1955, 213–229.

[53] Vgl. Buber, M., Ich und Du, in: ders., Werke. Erster Band: Schriften zur Philosophie, Heidelberg 1962.

kalisierung der Nächstenliebe führt praktisch zu kosmopolitischer Philan-
thropie[54].

2. Das soziale Modell (L. Schottroff)[55]: Das Gebot Jesu erhält erst in einer
konkreten sozialen und politischen Situation Bedeutung. Es diktiert den ge-
waltlosen Kampf der Jünger Jesu gegen die Macht der Feinde. Feindesliebe ist
nicht Gefühl, sondern Haltung. Die Nähe zum Verzicht auf Widerstand ist
kein Zufall, weil dieser damals die adäquate Auslegung und gezielte Kritik an
den Zeloten war. Die Feindesliebe war in der Zeit des jüdischen Aufruhrs die
christliche Art, die Ehre Gottes und die Integrität des Volkes Gottes zu verteidigen.

3. Das systemische Modell ermöglicht die Integrierung sowohl der näheren
wie der entfernteren Beziehungen, des Verhältnisses zum *proximus* wie zum
socius, denn die Liebes- und Haßmechanismen zwischen Individuen, sozialen
Gruppen und sogar Nationen funktionieren analog. Das Gebot der Feindesliebe ist eine praktikable Alternative zu den immer wieder mit Gewalt und
Erpressung endenden anderen Systemen. Wie kann man es beschreiben?

a) Nach der ältesten Überlieferung (Lk 6,35c; Mt 5,45b) hat Jesus das Gebot
der Feindesliebe auch mit einer theozentrischen Aussage begründet (ὅτι . . .).
Diese steht nicht im Horizont der Nachahmung Gottes, sondern im Rahmen
einer Wechselbeziehung. Die angesprochenen Jünger können sich auf die Initiative des zuerst liebenden Gottes stützen, der uns, seine Feinde, liebt[56].
Diese sehr wichtige Bemerkung situiert das Präskriptive an zweiter Stelle
nach der Performanz Gottes. Der Indikativ steht vor dem Imperativ. Gott ist
mehr als ein Beispiel einer seine Feinde liebenden Person. Seine Initiative
schenkt uns die Möglichkeit und die Kraft, das Gebot Jesu anzuwenden[57].
Ohne seine Liebe wäre es so schwach und kraftlos wie laut Paulus das Gesetz.
Die *imitatio Dei* ist die Folge dieser Initiative Gottes (Lk 6,36; Mt 5,48).

b) Die dahinterstehende Person, das Subjekt von ὑμῖν λέγω (Lk 6,27 und
Mt 5,44), ist weder anonym noch gleichgültig. Jesus hat selbst getan, was er
verlangt. In seinem Leben gründen Nachfolge und Nachahmung. »Seine
Feinde lieben« heißt nicht, allein dazustehen, sondern den Spuren dessen zu
folgen, der in seiner Agonie für seine Verfolger gebetet hat (Lk 23,34).

c) Wohl ist das Gebot mit einer Verheißung verknüpft, sogar der höchsten,
die die Menschen erhoffen können: Söhne Gottes zu werden (Lk 6,35b und
Mt 5,45). Gott will also den Liebenden das Leben schenken, aber die Feindesliebe funktioniert nicht im geschlossenen System der individuellen Vergeltung. Im Akt der Feindesliebe handelt der Christ *für* die Zukunft seiner Gegner. Jesus wie die Träger der Überlieferung und die Evangelisten hoffen, daß

---

54 Vgl. Bultmann, R., Jesus, Tübingen 1958,
96–99; Schottroff, L., Gewaltverzicht 197–
200.
55 Vgl. ebd.
56 Vgl. Piper, J., Love 173. Dies entspricht
m.E. dem, was Paulus von der Gerechtigkeit
Gottes aussagt.

57 Vgl. Pokorný, P., Core 429, der sich auf
die Aneinanderreihung von Seligpreisungen
und Liebesgebot stützt. Piper, J., Love 76–85
stellt dieses Gebot in die Nähe der Botschaft
vom Reich Gottes.

die neue Einstellung den Feinden die Gelegenheit und die Möglichkeit geben wird, selbst aus ihrer Feindschaft herauszutreten. In der Haltung der Christen entdeckt der Feind ein Gegenüber, wo er einen Gegner erwartete. Wenn er diese neue Situation anerkennt, darf man eine neue Einstellung zu sich selbst, zu seinen Mitmenschen und zu Gott erhoffen. Schon die jüdische Theologie hatte die missionarische Wirkung des Erbarmens dem Feind gegenüber bemerkt[58]. Die neutestamentlichen Schriften möchten die Gegner für das Evangelium gewinnen[59]. Feindesliebe ist also keine passive Resignation.

Das richtige Verständnis der Feindesliebe kann einem falschen gegenübergestellt werden, denn ein solches, das nur zwei Pole umfaßt, nämlich die Feinde und uns, reicht nicht aus. Jesus würde dann etwas Unmögliches verlangen: eine krankhafte Vorliebe für das Gehaßtwerden. Wir benötigen deshalb unbedingt einen dritten Pol, auf den die beiden anderen bezogen sind: Jesus, den Geber dieses Gebots, der mit seiner Person dahintersteht.

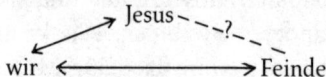

Wenn wir die Stimme Jesu als Gesetz hören, bleiben wir im genannten falschen Verständnis stecken. Aber wenn wir mit ihm in eine lebendige Beziehung treten, können wir – weil wir von Christus und von Gott affektiv viel empfangen – auch die Feinde lieben. So treten wir aus dem tödlichen geschlossenen System der Vergeltung heraus und ermöglichen eine sich ändernde Beziehung des anderen zu uns und zu Jesus (deshalb das hoffnungsvolle Fragezeichen im Schema). Wenn wir unsere Feinde lieben, sind sie schon nicht mehr unsere Feinde. Deshalb ist die Hoffnung nicht ausgeschlossen, daß auch wir in ihren Augen keine Feinde mehr sein werden.

Der Verzicht auf Widerstand (VV 29–30)

29–30 Mt 5,39–42, Lk 6,29–30 und Did 1,4–5 sind Parallelen, trotz formaler und inhaltlicher Unterschiede. Did 1,4 (Ohrfeige, Meile und Hemd) steht Matthäus näher, Did 1,4–5 (dein Gut) hingegen Lukas. Es gehen daher kaum alle Texte auf eine einzige griechische Übersetzung zurück: a) Matthäus und Didache sprechen von der rechten Wange[60] und spiegeln jüdische Empfindsamkeit für

---

[58] Vgl. mAv I 12 und Seitz, O.J.F., Love 43.

[59] Vgl. 1Petr 3,1; 1Kor 9,19; zudem Röm 12,14.21; 1Kor 4,12; Lk 23,34; Apg 7,60.

[60] Σιαγών bedeutet zunächst »Kinnbacken« (gewöhnlich wird für »Kinnbacken« γνάθος oder – poetisch – γναθμός verwandt). Das Wort wird dann auch für »Wange« gebraucht (die »Wange« heißt normalerweise παρειά). Κόρρη bezeichnet die »Schläfe«, in erweitertem Sinn aber auch die »Wange«. Σιαγών wird hier wohl deshalb παρειά vorgezogen, weil παρειά meistens im Plural gebraucht wird. Wenn Matthäus von der *rechten* Wange spricht, denkt er entweder an einen Backenstreich mit der linken Hand, was zwar nicht sehr natürlich ist, da die meisten Leute damals wie heute Rechtshänder waren, aber von den Juden als um so erniedrigender empfunden wurde, oder an einen Hieb, der mit der Rückseite der rechten Hand ausgeführt wurde; vgl. Bill. I 342; Lührmann, D., Liebet 418; Spicq, C., Agapè I 102 Anm. 7; Luz, U., Matthäus I 292 Anm. 14.

ein Crescendo der demütigenden Strafen wider. b) Matthäus hat die Situation eines jüdischen Gerichts vor Augen (σοὶ κριθῆναι), wo der Richter nur die Unterwäsche konfiszieren darf, weil der Mantel (für die Nacht) aus göttlicher Sorge heraus Eigentum selbst des verurteilten Menschen bleibt. Lukas und Didache denken hingegen an Räuber (vgl. Lk 10,30), die natürlich das erste, was sie erreichen, nämlich den Mantel, stehlen[61]. Die Umstellung der äußeren Verhältnisse fordert die Veränderung des Bildes. c) Beim doppelten letzten Fall sind sich Lukas und Didache im Inhalt einig: Wenn jemand »bittet«[62] oder »wegnimmt«, soll der Christ nachgeben (Didache in umgekehrter Reihenfolge). Bei Matthäus »bittet« der andere in beiden Fällen, um etwas als Geschenk oder als Darlehen zu empfangen.

Trotz der Mannigfaltigkeit der Beispiele und der Ausdrücke ist Jesu Gebot von allen ersten Zeugen letztlich gleich verstanden worden. Der Jünger, hier in seiner Individualität gesehen und mit seiner eigenen Verantwortung konfrontiert, soll in jedem Fall nachgeben. Die Verknüpfung der Gebotsreihe mit der Feindesliebe besagt, daß diese im Nachgeben eine Konkretisierung erfährt. Damit erweist sich soziologisch die Lage der ersten Christen wieder als die von Ungeschützten und Verfolgten. Das war nicht unbedingt die Situation der Zuhörer Jesu. Aber seine Logien bekommen zur Zeit des Lukas wieder etwas von ihrer ursprünglichen Aktualität, weil Besitzende und sogar Reiche zur christlichen Gemeinde gehören (vgl. Jak 2).

Der Spruch Jesu über die »andere« Wange, der besagt, daß seine Jünger Böses nicht mit Bösem vergelten[63], impliziert vielleicht eine antizelotische Spitze. Wenn die Übertreibung nicht rhetorisch ist, muß man annehmen, daß er eine provozierende Haltung empfiehlt, um die volle Aggressivität des anderen zu enthüllen, also das dynamische Moment des Verzichts auf Widerstand im Sinn eines Gandhi oder Martin Luther King hervorzuheben. Ist das aber für die Zeit Jesu nicht anachronistisch?

Die Goldene Regel (V 31)

Manche Philologen erkennen in der Ethik Jesu eine absolute Kritik jeglicher Gegenseitigkeit. Sie behaupten entweder, die Goldene Regel[64] sei von der christlichen Ethik 31

---

[61] Matthäus denkt an eine andere Ausgangslage als Lukas: Matthäus an einen Prozeß, Lukas an Diebstahl.

[62] Man beachte die Genauigkeit des verwendeten Vokabulars: Der Gegner könnte bitten oder verlangen (αἰτέω), der Besitzer dagegen zurückfordern (ἀπαιτέω).

[63] Zu dieser ethischen Forderung im Judentum vgl. Piper, J., Love 35–39 und Percy, E., Botschaft 150–152.

[64] Vgl. dazu Merkelbach, R., Stelle; ferner Dihle, A., Regel 12: »Die Goldene Regel zeigt demnach ein doppeltes Gesicht: Während ihre Formulierung die erst in einer relativ

späten Zeit zu erwartende rationale Analyse zwischenmenschlicher Vorgänge voraussetzt, wurzelt die in ihr wirksame sittliche Urteilsweise im hochaltertümlichen Vergeltungsdenken.« Nach Dihle gehört die Goldene Regel zu einer Überlieferung von Volksweisheiten, die von den Philosophen erst nach und nach aufgenommen wurden, um die Universalität ihrer spezifischen ethischen Lehre zu beweisen. Zum ungeklärten Ursprung der Bezeichnung »Goldene Regel«, die – wie es scheint – seit dem 16. Jahrhundert bezeugt ist, vgl. Spicq, C., Agapè I 105 Anm. 3.

erst im nachhinein übernommen worden[65], oder, die ursprüngliche Fassung der Feldrede verneine geradezu deren Sachaussage, wobei letztere Hypothese allerdings ohne die Annahme einer Konjektur nicht möglich ist[66].

Der Bruch mit dem Gesetz eines berechnenden gegenseitig gleichen Handelns steht nicht im Widerspruch zur gegenseitigen Beziehung zwischen Gott und Mensch. Deshalb konnten die ersten Christen (eher als Jesus selbst) die Goldene Regel in ihrer positiven (Lk 6,31; Mt 7,12) und ihrer negativen Fassung (Apg 15,29 v.l.) aufnehmen. Die Herkunft dieser Weisheitsregel liegt außerhalb Israels; sie wurde dem Judentum durch die hellenistische Popularphilosophie (Diogenes Laertius I,36 über Thales) dem Judentum vermittelt. Hillel kennt sie in ihrer negativen Fassung als das Herz des Gesetzes[67]. Die Christen sind nicht die Erfinder der positiven Fassung, denn schon bei Homer findet man ein entsprechendes Beispiel, das die aktive Beteiligung wichtiger erachtet als die passive Vorsicht[68].

Die Goldene Regel hat im Aufruf zur Barmherzigkeit (V 36) ein Pendant. Feindesliebe (2) und Verzicht auf Widerstand (3) einerseits (VV 27b–30) wie Nicht-Richten (8) und Schenken (9) andererseits werden nach Lukas erst durch eine doppelte Analogie (4) und (7) recht verständlich. Die Jünger ergreifen die ethische Initiative wie der liebende Gott gegenüber den Menschen (7) (6,36). Ob sie arm sind und nichts anderes als ihre Gebete zu geben haben oder reich und ihre Großzügigkeit beweisen können, die christliche Ethik nach Lukas zielt auf eine in Gott verwurzelte neue Form der Gegenseitigkeit (4) (6,31).

Der Aufruf zu Barmherzigkeit (V 36)

36 Lukas spricht von Barmherzigkeit, Matthäus von Vollkommenheit. Beide Versionen[69] weisen auf das seltene alttestamentliche Theologumenon der imitatio Dei (Lev 19,2) hin. Aber in Lev 19,2 ist die bestimmende Qualität Gottes die Heiligkeit (ἅγιος). Während der Spruch bei Matthäus paränetische Funktion hat, bekommt er bei Lukas die Rolle einer schon in V 35b vorbereiteten theologischen Begründung.

In der Septuaginta wird οἰκτίρμων (»mitleidig«, »barmherzig«) 13mal für Gott und nur 3- oder 4mal für den Menschen benutzt. In TPsJ Lev 22,28 heißt

---

[65] So Dihle, A., Regel.

[66] So Merkelbach, R., Stelle 172, der vorschlägt, V 31 durch Unterordnung und Änderung der Zeichensetzung dem Folgenden zuzuschlagen: Καὶ ⟨γὰρ ἐὰν⟩ καθὼς θέλετε ἵνα ποιῶσιν ὑμῖν οἱ ἄνθρωποι, ποι⟨ῆ⟩τε αὐτοῖς ὁμοίως καὶ [εἰ] ἀγαπᾶτε τοὺς ἀγαπῶντας ὑμᾶς, ποία ὑμῖν χάρις ἐστίν; »Denn wenn ihr den Leuten tut, was ihr wollt, daß sie euch tun, und wenn ihr die liebt, die euch lieben, welchen Dank habt ihr dafür?«

[67] Vgl. bT Schab 31a; Jeremias, J., in: Heim, N.J. – Jeremias, J., Art. Goldene Regel 1688.

[68] Vgl. Homer, Od V 188–191; Kalypso zu Odysseus (Übers. nach J.H. Voss):
»Sondern ich denke so und rede, wie ich mir selber
Suchen würde zu raten, wär' ich in gleicher Bedrängnis!
Denn ich denke gewiß nicht ganz unbillig, und trage
Nicht im Busen ein Herz von Eisen, sondern voll Mitleid!«
Voll Mitleid = ἐλεήμων. Der Text ist zitiert bei Spicq, C., Agapè I 107.

[69] Vgl. Dupont, J., Parfaits.

es: »Mein Volk, Kinder Israels, wie euer Vater erbarmungsvoll im Himmel ist, so werdet auch ihr erbarmungsvoll auf Erden«[70]. Von den zwei Haupteigenschaften Gottes, seiner Barmherzigkeit und seiner Heiligkeit, wählt Lukas die Barmherzigkeit als Quelle der christlichen Haltung. Diese Tendenz spürt man auch im Begriff εὐδοκία wie in der Komposition von Lk 15: Die Redaktion des Gleichnisses vom verlorenen Schaf (Lk 15,4–7) erklärt die liebevolle Initiative Jesu den Sündern gegenüber (Lk 15,1–3) und darüber hinaus das Zuvorkommen Gottes den Menschen gegenüber (mit dem Ziel der Rehabilitation der Menschen als Söhne [vgl. 6,35 und 15,11–32]), während dasselbe Gleichnis bei Matthäus paränetisch den Führern der Gemeinde gilt (Mt 18,12–14)[71].

Nicht-Richten und Schenken (VV 37–38)

V 37a stammt aus Q[72], V 37b hingegen ist redaktionelle Paraphrase, die jedes Mißverständnis über den Sinn von κρίνω (»urteilen«, »richten«, »verurteilen«, V 37a) aus dem Wege räumt[73]. V 37c ist eine weitere Anweisung des Lukas, der das vorherige Verbot ins Positive[74] überträgt. V 38a steht symmetrisch zu V 37c und nimmt ein dringendes lukanisches Anliegen auf: die Großzügigkeit. In der Linie von V 37a–b verlangt V 37c eine gütige Haltung in der Frage der Personen, V 38a in der Frage der Güter. Der Spruch 6,38c ist in Q[75] und in Mk 4,24 (in Lk 8,18, der lukanischen Parallelstelle, nicht übernommen) belegt. Die Christen haben über den eschatologischen Lohn nachgedacht, wie aus dem markinischen Zusatz καὶ προστεθήσεται ὑμῖν (Mk 4,24) und der lukanischen Einfügung 6,38b eindeutig ersichtlich wird. Lukas hat also stark in seine Vorlage eingegriffen und eine kunstvolle kleine Komposition geschaffen: zwei negative Imperative, zwei positive Imperative, eine Verheißung, eine Feststellung.

Der Aufruf zu Barmherzigkeit (7) nimmt eine Übergangsrolle ein, denn er gibt dem Gebot der Feindesliebe einen Abschluß und eröffnet adäquat die nächste Einheit (8) und (9). Der lukanische Jesus verlangt zuerst, daß wir nicht richten, d.h. kein definitives Urteil über Menschen fällen, und sie weder mit Etiketten versehen noch in hierarchische Kategorien einordnen. Wenn κρίνω[76] in V 37a noch doppeldeutig war, entfällt dies jetzt aufgrund des

37–38

---

[70] Vgl. Dupont, J., Parfaits 155.

[71] Vgl. ebd. 158f.

[72] Καὶ μὴ κρίνετε ist ein negierter Imperativ Präsens, καὶ οὐ μὴ κριθῆτε ein negierter Konjunktiv Aorist (der Imperativ Aorist wäre κρίθητε) mit Zukunftsbedeutung und ohne imperativischen Nebensinn. Schulz, S., Q 146 ist der Ansicht, die plastischere Wendung des Matthäus (7,1: ἵνα μή) sei ursprünglich. Des weiteren meint er – woran ich zweifle –, daß der nach dem Vorbild von Mt 7,2b gebaute Vers 7,2a schon in Q gestanden und Lukas (6,38) ihn übersprungen habe.

[73] Καταδικάζω: »ein Urteil gegen jemanden aussprechen«, »verurteilen«.

[74] Ἀπολύετε: von ἀπο-λύω, was »loslassen«, »entbinden«, »befreien«, »freilassen«, »entlassen«, »erlassen«, »entledigen« bedeutet.

[75] Die Form von Mt 7,2b (mit καί am Anfang und dem einfachen Verb μετρηθήσεται) ist gewiß die Q-Form. Lukas hat eine Vorliebe für γάρ und zusammengesetzte Verben (ἀντιμετρηθήσεται). Auch in Mk 4,25 steht das einfache Verb.

[76] Lukas kennt beide Verwendungen für κρίνω: in 7,43 und 12,57 geht es um eine richtige Beurteilung, in 19,22 um eine Verurteilung.

καταδικάζω in V 37b. Wenn wir Menschen richten, stellen wir uns an die Stelle Gottes. Wir können und müssen zwar unsere christliche Überzeugung vertreten, dabei aber die anderen frei lassen (ἀπολύετε), ihnen ihre Entscheidung überlassen. Für Christen, die mit Prinzipien leben, ist diese Haltung manchmal schwierig. Sie wird uns in der Stellung Jesu gegenüber den Außenseitern paradigmatisch vorgestellt (Lk 15,1–3). Wir kennen unsere Nächsten, oft sogar ihre Schwächen, aber wir wissen auch, daß Gott uns alle beurteilen wird. Individuell wie innerhalb menschlicher Justiz ist zu unterscheiden zwischen Beurteilung von Taten einerseits und von Personen andererseits. Jesus verlangt nicht, daß wir blind alles hinnehmen. Er hat nichts gegen eine richtige Einschätzung der Menschen und der Sachverhalte. Das hat Paulus verstanden, wenn er sagt, daß der vom heiligen Geist erleuchtete Gläubige alles einzuschätzen wisse (1Kor 2,15; dort verwendet er ἀνακρίνει, nicht κρίνει oder κατακρίνει). Lk 6,37 faßt die Haltung des *Seelsorgers*, 1Kor 2,15 die des *Predigers* zusammen.

Lk 6,37 wie schon 6,36 stellen wieder das Geben und das Vergeben an die erste Stelle. Historisch zielte die Aufforderung »richtet nicht« im Mund Jesu polemisch auf die Führer Israels, die das religiöse und das soziale Leben unter die herrschende Kategorie des Gesetzes stellten. Lukas hat die jesuanische Wiederentdeckung der Liebe Gottes als Fundament des Gesetzes gut verstanden und freudig aufgenommen: Die Jünger sollen vergeben (ἀπολύετε), nicht *um* egoistisch am letzten Tag Vergebung zu erlangen, sondern *weil* mit der Botschaft Jesu die Vergebung in ihr Leben eingetreten ist. Wenn sie so frei und selbstlos handeln, werden sie von Gott eschatologisch aufgenommen und freigelassen (ἀπολυθήσεσθε). Ob Lukas mit alledem nur die Vergebung im Auge hat oder an Schulden denkt, die Christen für andere bezahlen oder ihnen erlassen, vielleicht gar die Befreiung von Sklaven, ist unsicher. Sicher ist dies: Wie Gott χρηστός (6,35) für die Menschen ist, sollen auch die Jünger nach Lukas ihre Liebe durch ihr Geben (δίδοτε) erweisen (6,38a). Gerechtigkeit und Vergebung sind in der wiederentdeckten Heilsökonomie Folge der göttlichen Liebesbewegung.

Das Bild des Lohnes (6,38b) stammt aus der Handelspraxis. Der Kunde verstaut das gekaufte oder das ausgeliehene Gut in den Falten seines Kleides (εἰς τὸν κόλπον ὑμῶν)[77]. Der Händler ist so großzügig, daß er das Korn zuerst in das Meßgerät füllt (πιέζω), dann schüttelt (σαλεύω) und schließlich über den Rand fließen läßt[78]. Wie Gott am Anfang die Liebe über das Recht trium-

---

[77] Κόλπος bezeichnet ursprünglich den »Busen« (die Form des Busens). Das Wort wird noch heute im modernen Griechisch für den »Meeresbusen«, den »Golf« (dieses Wort geht übrigens auch auf das griechische κόλπος zurück) verwendet. Hier bezeichnet das Wort eine Falte des Kleides. Seit alttestamentlicher Zeit wurde die Wendung εἰς τὸν κόλπον mit dem Genitiv – im Kontext der

Vergeltung – metaphorisch gebraucht: vgl. Jes 65,6; Jer 32(39),18; Ps 78(79),12 usw.; vgl. Bill. II 160.

[78] Vgl. Couroyer, B., Mesure 370: In den ägyptischen Leihverträgen für Getreide »il est bien spécifié que cette mesure quelle que soit son exactitude, sera pleine mais sans excédent, le grain devant être nivelé au ras du bord supérieur avec une règle.« Das Wort

phieren läßt, so wird er am Ende keine peinlich genaue Vergeltung üben, sondern seine unberechenbare Güte erstrahlen lassen[79].

V 38c[80] versetzt im Anschluß an diese Verheißung in Erstaunen, denn der Spruch ist in eine weisheitliche Form eingekleidet, die auf strikte Vergeltung zielt. Lukas hat ihn wahrscheinlich nicht didaktisch als Beschreibung des Eschaton, sondern paränetisch als Warnung für die Gegenwart verstanden. Bei Lukas verdeckt die eschatologische Heilsperspektive nie den Ernst der gegenwärtigen Entscheidung.

Thomas von Aquin[81] fragt, ob Krieg immer Sünde sei. Er erwähnt *ad primum* vier Argumente, die diese Frage zu bejahen scheinen. Das zweite ist der von Jesus (Mt 5,39a) und Paulus (Röm 12,19) verlangte Verzicht auf Widerstand. Dann *(sed contra)* führt er jedoch Augustin (*Epistula*, 138) an, der sich auf Lk 3,14 stützt: Wenn die Schrift von den Soldaten verlangt, sie sollen mit ihrem Sold zufrieden sein, und ihnen nicht gebietet, die Waffen wegzuwerfen, dann verurteilt sie nicht jeden Krieg. Im folgenden *(respondeo)* analysiert Thomas die drei Bedingungen eines gerechten Krieges: a) Ein Krieg kann nicht von einer privaten Person, sondern vom jeweiligen Herrscher (Röm 13,4) erklärt werden. b) »Secundo, requiritur causa justa«. c) Die aufrichtige Absicht der Kriegführenden muß vorhanden sein. Im letzten Teil dieses ersten *articulus* kann er die vier Argumente des Anfangs abbauen. Die Weisung der Evangelien zum Verzicht auf Widerstand betrifft nach Augustin eine innere Bereitwilligkeit, während wir manchmal äußerlich anders handeln müssen »wegen des allgemeinen Gutes«. Dem Gegner mit sanfter Härte zu widerstehen, liegt oft in dessen eigenem Interesse. Nichts ist unseliger als das ungestrafte Glück der Sünder.

Nicht viel anders stehen die Dinge bei Calvin, der ebenso die Idee des gerechten Krieges verteidigt[82]. Er vertritt den Standpunkt der Herrscher und stützt sich auf die Natur und die Schrift. Ohne sie ausdrücklich zu nennen, versucht er die Anabaptisten zu widerlegen. Wenn die apostolische Lehre keine expli-

(Randnotiz:) Wirkungsgeschichte

σκυτάλη diente zur Bezeichnung dieses Stabes; vgl. ebd. 369 Anm. 23. Wenn Lukas von einem überfließenden Maß spricht, will er nicht sagen, daß das Getreide über den Maßrand oder den Kleiderschoß hinausfließt und gar auf die Erde fällt, sondern er meint, daß das Maß nicht mit der strikt gesetzmäßigen σκυτάλη abgestrichen wird.

[79] Der Plural δώσουσιν ist entweder ein Pluralis majestatis für Gott oder, vielleicht eher, ein Plural, der auf die eschatologischen Mitarbeiter Gottes, d.h. die Engel hinweist.

[80] Die zahlreichen jüdischen Parallelstellen werden untersucht von Rüger, H.P., Maß. In der Regel stützen sie sich auf die drei alttestamentlichen Texte Jes 27,8; Ex 18,11 und Gen 37,32 // 38,25. Rüger weist auf eine Form des

palästinischen Targums zu Gen 38,26(25) hin: »Mit welchem Maß ein Mensch mißt, wird ihm gemessen; sei es ein gutes Maß, sei es ein böses Maß«. Rüger folgert: »Das heißt aber, daß die weit verbreitete Meinung, der rabbinische Grundsatz Sota 1,7 par sei erst in Mt 7,2 ins Eschatologische gewendet worden, schwerlich zu Recht besteht« (ebd. 182). Couroyer, B., Mesure, zeigt Präzedenzfälle in demotischen und griechischen Leihverträgen für Getreide auf: »En Egypte, dans les prêts de grains, et cela dès le règne de Chabaka (715 av. J.-C.), on spécifie donc la mesure qui sera utilisée lors du remboursement« (ebd. 370).

[81] Vgl. Thomas von Aquin, Summa theologica, secunda secundae, quaestio 40, art. 1.

[82] Vgl. Calvin, J., Institutio IV 20,10–12.

zite Aussage enthält, ist der Grund in der Trennung der zwei Reiche zu suchen. Doch helfen Andeutungen im Neuen Testament zu verstehen, daß der
Militärdienst und ein gerechter Krieg nicht sündig sind. Augustin und die
schmale Basis von Lk 3,14 tauchen wieder auf. Dann erwähnt er die Bedingungen eines gerechten Krieges.

Die Gebote der Feindesliebe und der Verzicht auf Widerstand spielen bei beiden Theologen eine erstaunlich geringe Rolle. Die Bergpredigt wird von Gegnern eingeführt, denen sie widersprechen müssen. Dabei sind Augustin, Röm
13 und Lk 3,14 die Hauptautoritäten. In Calvins Auslegung der Bergpredigt
spüren wir verschiedentlich sein Unbehagen[83]. Über den Krieg schweigt er,
weil die Gebote Jesu das private Leben der Christen und nicht das Geschick
der Königreiche regeln. Aber selbst so kann er – gegen seine Gewohnheit –
die Schrift nicht buchstäblich lesen; er ist der Meinung, daß ein Mensch sich
gegen ein Unrecht wehren darf, solange er sich ruhig und nach den zivilen
Gesetzen verteidigt. Den Zins lehnt er ebenfalls nicht ab[84].

Ich stehe in derselben Tradition. Ich sehe ihre exegetische Schwäche, aber als
Historiker stelle ich fest, daß die ersten christlichen Gemeinden sehr früh eine
Anpassung befürwortet haben, die theologisch nicht sehr verschieden ist von
der hier beobachteten Linie Augustin – Thomas – Calvin. Freilich war damals
die Frage des Militärdienstes nicht aktuell. Die Soldaten konnten Christen
werden, und die Christen waren nicht verpflichtet, Soldaten zu werden.
Schon in Korinth konnte Paulus das Gebot der Bergpredigt nicht durchset-
zen, sondern mußte einräumen: Wenn zwei Christen nicht auf ihr Recht verzichten wollen, soll man ein kirchliches Gericht aufstellen (1Kor 6,1–11). Die
Ethik der Pastoralbriefe und der späteren Schriften des Neuen Testaments
zeigen, daß das Urchristentum mit der radikalen Botschaft Jesu nicht fertig
wurde.

Dennoch ist immer wieder die praktische und buchstäbliche Anwendung der
Bergpredigt verlangt worden, mit Recht, weil sie uns ein Modell anbietet, die
menschliche Gewalt und die Ungerechtigkeit jeder menschlichen Ordnung
zu überwinden. Besonders in den letzten Jahren, in denen die Waffenindu-
strie und die Vernichtungstechnik einen Höhepunkt erreicht haben, ist die
Bergpredigt wieder *der* neutestamentliche Text geworden. Die Christen sollen
damit beispielhaft leben. Aber sobald ich diesen Satz schreibe, bin ich von unserer Unfähigkeit, Christen zu sein, überzeugt. Nicht nur vom Staat kann
man nicht die Orientierung an der Bergpredigt verlangen, vielmehr ist jeder
einzelne von uns unfähig, ohne Unterlaß in der Vollkommenheit der christlichen Ethik zu leben. Sobald uns eine öffentliche Verantwortung in Beruf oder
Politik aufgetragen wird, zeigt sich zwischen Evangelium und Sünde der
schwierige Weg der menschlichen Gerechtigkeit. Das haben die ersten Christen, Paulus, und später die Kirchenväter und die Theologen einer christli-

---

[83] Vgl. Calvin, J., Harmonie 167–174.   [84] Vgl. Biéler, A., La pensée économique de
Jean Calvin, Genève 1961, 453–476.

chen Gesellschaft verstanden. Als Theologe will ich z.B. nicht die so schwer erworbene Demokratie in Frage stellen, weil sie der Bergpredigt gegenüber unvollkommen ist. Von den Griechen haben wir gelernt, Stufen im Guten zu unterscheiden. Und die unvollkommene Demokratie steht immerhin auf einer höheren Stufe als eine Diktatur oder die Anarchie.

1582 übermittelte der Genfer Rat (die politische Autorität) der Compagnie des pasteurs (der religiösen Autorität) die Anfrage, ob er die Stadt gegen die Bedrohung der Truppen aus Savoyen mit Waffen verteidigen müsse. Ein Teil der Antwort lautete: »Il n'y a homme, s'il n'est du tout desnaturé, qui n'ait en horreur la guerre, tant pour les effects qui l'ensuivent naturelement comme l'effusion de sang et destruction de toutes sortes, que pour ce qui s'ensuit accidentellement, comme les pilleries, violences, blasphemes, impietez, et aultres tels actes horribles par la licence militaire plus qu'effrenee et indontable par la faulte de la pluspart ordinairement de ceux qui manient les armes. Mais de conclure par là que jamais il n'est licite de faire guerre seroit faire une conclusion qui se trouve fausse tant par l'expresse parole de Dieu confermee par infinis exemples que par le sens commun et toute equité et raison, conformes en cela aux saintes Escritures, estans les magistrats ordonnez de Dieu avec le glaive non seulement pour punir les malefices commis au dedans de leur resort par quelques perturbateurs de la pieté et honnesteté dont ils sont les gardiens, mais // aussi pour defendre, comme peres du commun, les peuples qui leur sont commis contre la violence de ceux de dehors. Il faut donc trouver en cela quelque milieu bien reglé, lequel nous posons en deux poincts, asçavoir en ce que la guerre soit et juste, et necessaire.«[85]

Angesichts unserer heutigen Situation[86] haben unzählige Synoden, Bischofskonferenzen und andere kirchliche Leitungen über Beschlüsse zur Rüstungsfrage Abstimmungen herbeigeführt[87]. Exegeten und Sozialethiker wie engagierte Laien haben Aufsätze und Bücher verfaßt[88]. Allein für die Jahre 1982–1983 und nur für Deutschland zähle ich ohne besondere Nachforschung neun Bände, in denen das Wort Bergpredigt im Titel oder als Sache im Buch auftaucht (F. Alt, I. Baldermann, G. Borné, W. Erk [Hrsg.], J. de Graaf, V. Hochgrebe [Hrsg.], P. Lapide, J. Moltmann [Hrsg.], E. Schweizer[89]. Für die Exegeten entbehrt es dabei – angesichts ihrer Identität in der Kommunikation mit der biblischen Botschaft – nicht einer gewissen Tragik, daß sie manchmal die Irrelevanz der Bergpredigt für die heutige soziale, politische, menschliche Frage feststellen müssen[90].

---

[85] Registre de la Compagnie des pasteurs de Genève, IV (1575–1582), publié sous la direction des Archives d'Etat de Genève par O. Labarthe et B. Lescaze, Genève 1974, 434.

[86] Vgl. Wittmann, D., Auslegung; Arnold, E., Salz und Licht. Über die Bergpredigt, Moers 1982.

[87] Verschiedene Texte bei Baldermann, I., Der Gott des Friedens und die Götter der Macht. Biblische Alternativen, Neukirchen-Vluyn 1983 (Wege des Lernens 1), 138–166.

[88] Hinweise auf diese Polemiken ebd. 63f und bei Alt, F., Frieden ist möglich. Die Politik der Bergpredigt, München [14]1983 (Serie Piper 284), 13.

[89] Literatur ebd. 118f.

[90] Vgl. Baldermann, I., Gott (siehe oben Anm. 87) 62–68.

Viele wehren sich heftig dagegen, die Bergpredigt als Fazit unseres Scheiterns zu lesen: »Sollte die Bergpredigt nichts anderes zu sagen haben, als uns unserer Unfähigkeit zum Guten zu überführen, so daß wir uns dann mit einem vagen ›es mag freilich sein‹ des Heiligen Geistes getrösten müssen?«[91]. Jetzt sei es vielmehr höchste Zeit, die Worte Jesu einfach zu lesen und sie, wie sie dastehen, zu begreifen. Vor allem sollten wir versuchen, nach der Bergpredigt zu leben.

Als Beispiel wähle ich das Bändchen von F. Alt[92] (von dem im Oktober 1983 mehr als 500 000 Exemplare verkauft wurden): Religion und Politik lassen sich nicht mehr trennen (S. 112), denn wir stehen vor einem möglichen Weltdesaster (S. 31). Die Bergpredigt ist hier die einzige Lösung. Zu Ende ist es mit dem Einerseits–Andererseits: Heute gibt es nur noch ein Entweder–Oder (S. 28). »Die Bergpredigt oder das Ende der Geschichte«, ist ein Abschnitt überschrieben. Die Bergpredigt wurde von Jesus ausgesprochen, um erfüllt zu werden. Wir müssen den ersten Schritt tun und die Initiative der Abrüstung einseitig ergreifen. Es ist eine Frage des Willens. Und auch eine Frage der Erkenntnis: durch eine voluntaristische (S. 12) Selbsterkenntnis (S. 80) erhofft der Verfasser eine Besserung (S. 79). Unsere Umkehr (S. 78) soll erreichen, was zweitausend Jahre Christenheit nicht erreicht haben: die Anwendung der Bergpredigt[93], einziges heutiges Mittel, der Weltvernichtung zu entgehen.

Zusammen-
fassung

Was soll man tun, wenn man eine optimistische Anthropologie wie die des Verfassers nicht teilt? Resignieren? Die schablonenhafte Diagnose korrigieren? Eine Annäherung an die Erfüllung des Gebots der Feindesliebe lehrt die Friedenspädagogik. Aufgrund der psychologischen Mechanismen des einzelnen und der offiziellen Meinung können wir lernen, unsere wachsenden Feindbilder abzubauen. Dies kann der Beitrag unseres Jahrhunderts an die Auslegung der Feindesliebe sein. Andererseits kennen wir heute die Verbindung zwischen Angst und Aggressivität, so daß jeder, der mit dieser Erkenntnis die Initiative des Nachgebens ergreift, die Angst des Gegners dämpft und aus dem Kreis der Eskalation herauskommt. Dadurch schwächt er die eigene Position nicht und ermöglicht den Dialog. Das wäre unsere aktuelle Auslegung der Goldenen Regel, die weniger die Gegenseitigkeit als die Herausforderung zum ersten Schritt hervorhebt[94].

Die Feldrede III: Die Gleichnisrede (6,39–49)

Literatur: Abou-Chaar, K., The Two Builders. A Study of the Parable in Luke 6,47–49, NEST.TR 5 (1982) 44–58; *Bouttier, M.,* Les paraboles du maître dans la tradition

[91] Vgl. Baldermann, I., Gott (siehe oben S. 327 Anm. 87) 65.
[92] Siehe oben S. 327 Anm. 8.
[93] Vgl. Alt, F., Frieden (siehe oben Anm. 88) 23: »Die Geschichte der Bergpredigt hat nicht

stattgefunden. Sie ist die Geschichte der Verdrängung ihrer Forderungen.«
[94] Mir liegt eine englisch geschriebene Liste von 198 Nonviolent Tactics (Gene Sharp) vor, deren Herkunft mir unbekannt ist.

synoptique, ETR 48 (1973) 175–195; *Derret, J.D.M.*, Christ and Reproof (Mt 7,1–5 / Lk 6,37–42), NTS 34 (1988) 271–281; *Duplacy, J.*, Le véritable disciple. Un essai d'analyse sémantique de Luc 6,43–49, RSR 69 (1981) 71–86; *George, A.*, Le disciple fraternel et efficace, ASeign 39 (1972) 68–77; *Hahn, F.*, Hoheitstitel 78f.96 Anm. 2; 97f; *Jeremias, J.*, Gleichnisse 30 Anm. 3 (V 39), 145 (VV 39.41–42.43–44), 164 (VV 47–49); *Jülicher, A.*, Gleichnisreden, II, 50–54 (V 39), 44–50 (V 40), 49.51 (VV 41–42), 116–126 (VV 43–46), 22.259–269 (VV 47–49); *Krämer, M.*, Hütet euch vor den falschen Propheten. Eine überlieferungsgeschichtliche Untersuchung zu Mt 7,15–23 / Lk 6,43–46 / Mt 12,33–37, Bib. 57 (1976) 349–377; *Marguerat, D.*, Jugement 183–211; *Pirot, J.*, Paraboles 50–61; *Sahlin, H.*, Zwei Lukas-Stellen. Lk 6,43–45; 18,7, Uppsala 1945; *Schneider, G.*, Christusbekenntnis und christliches Handeln. Lk 6,46 und Mt 7,21 im Kontext der Evangelien, EThSt 38 (1977) 9–24; *Schrage, W.*, Thomas-Evangelium 85–88 (V 39), 71–74 (VV 41–42), 100–106 (VV 43–45); *Schulz, S.*, Q 472–474 (V 39), 449–451 (V 40), 146–149 (VV 41–42), 316–320 (VV 43–45), 427–430 (V 46), 312–316 (VV 47–49); *Spicq, C.*, Notes I 253–255.416–419; *Vielhauer, Ph.*, Oikodome. Das Bild vom Bau in der christlichen Literatur vom Neuen Testament bis Clemens Alexandrinus, Karlsruhe-Durlach 1939, 58–59 (= *ders.*, Oikodome. Aufsätze zum Neuen Testament, II, hrsg. v. G. Klein, München 1979 [TB 65], 59).

39 Er hielt ihnen noch eine Gleichnisrede: Kann ein Blinder einen anderen Blinden führen? Werden sie nicht beide in die Grube fallen? 40 Der Jünger ist nicht über dem Meister. Ganz ausgebildet, wird er wie sein Meister sein. 41 Was siehst du den Splitter im Auge deines Bruders, des Balkens aber im eigenen Auge wirst du nicht gewahr? 42 Wie kannst du zu deinem Bruder sagen: Bruder, laß mich den Splitter in deinem Auge herausziehen, und siehst dabei den Balken in deinem Auge nicht? Heuchler, ziehe erst den Balken aus deinem Auge, dann magst du zusehen, den Splitter im Auge deines Bruders herauszuziehen. 43 Denn es gibt keinen guten Baum, der schlechte Frucht bringt, und wiederum auch keinen schlechten Baum, der gute Frucht bringt; 44 denn jeder Baum wird an seiner eigenen Frucht erkannt. Denn man liest von Dorngestrüpp nicht Feigen auf, auch erntet man nicht vom Dornbusch Trauben. 45 Der gute Mensch bringt aus dem guten Schatz seines Herzens das Gute hervor, und der Böse bringt aus dem bösen das Böse hervor; denn von dem, wovon das Herz überfließt, redet sein Mund. 46 Was nennt ihr mich Herr, Herr! und tut nicht, was ich sage? 47 Jeder, der zu mir kommt und auf meine Worte hört und sie tut, ich will euch zeigen, wem der gleich ist. 48 Er ist gleich einem Menschen, der ein Haus baute, der grub und ausschachtete und das Fundament auf den Felsen legte. Als es aber Hochwasser gab, brach sich der Fluß an jenem Haus und konnte es nicht erschüttern, weil es gut gebaut war. 49 Wer aber hört und nicht tut, der ist gleich einem Menschen, der sein Haus ohne Fundament auf die Erde baute, an dem sich der Fluß brach, und es fiel sofort ein und das Zusammenbrechen jenes Hauses war groß.

Analyse   *Formale Analyse*

Als dritten und letzten Teil der Feldrede[1] bringt Lukas eine Reihe von Bildworten, die er mit »Gleichnisrede« (παραβολή [6,39]) überschreibt.
1. Nach der *Neueinführung* (V 39a) setzt er 2. mit dem *Spruch über die Blinden* (V 39b) ein, der die Form einer Doppelfrage angenommen hat. Ohne Übergangspartikel folgt 3. das *Logion über den Jünger und seinen Herrn* (V 40). Dann schließt sich 4. der breit angelegte *Spruch über den Splitter und den Balken* an (VV 41–42) (zwei rhetorische Fragen, ein Imperativ und ein Abschluß im Futur). 5. rahmt die *Metapher der Früchte des Baumes* (zwei doppelte negative Weisheitsaussagen [VV 43 und 44b]) die positiv ausgedrückte Regel (V 44a) ein; die Aussagen über die Früchte des Menschen bestehen in einem antithetischen Parallelismus membrorum (V 45a), den ein Weisheitsspruch (V 45b) abrundet. 6. folgt eine *Anklage,* die in eine rhetorische Frage eingebettet ist (V 46). Nach einer Jesus in den Mund gelegten redaktionellen Einführung (V 47) schließt 7. das *Gleichnis der zwei Häuser* (VV 48–49) die ganze Komposition ab[2].
Überall außer in V 44b und V 46 herrscht die Zahl zwei vor: die beiden Blinden (V 39), der Jünger und sein Herr (V 40), die beiden Brüder (VV 41–42), die beiden Bäume (VV 43–44), der gute und der böse Mensch (V 45), die beiden Häuser (VV 47–49). Oft, aber nicht überall, ermöglicht diese Dualität eine Gegenüberstellung von Gut und Böse. Der Evangelist erinnert nach guter biblischer Tradition an den Ernst der zwei Wege[3]. Dieser ethische Dualismus wird aber erst V 43 expliziert, denn die VV 41–42 stehen dem Befehl, nicht zu richten (V 37), inhaltlich näher. Weshalb Lukas diese logische Reihenfolge mit dem Bild der Blinden (V 39) unterbricht, bleibt mir unklar, obwohl das Judentum die Metapher mit dem Stand der Lehrer verbindet (V 40).

Lukas kennt von der damaligen Rhetorik her den Unterschied zwischen eigentlicher und uneigentlicher Rede[4] und sammelt hier Logien Jesu mit Bildcharakter. Das heißt weder, daß jeder Spruch metaphorisch sei, noch, daß alle Bilder dieselbe Funktion haben. So wird V 39b in V 40 metaphorisch verstanden, ist aber keine Metapher als solche. Die Übertreibungen »Splitter« und »Balken« in den ironischen VV 41–42 legen die bildliche Auslegung des Spruches von sich aus nahe, so daß eine Anwendung in eigentlicher Rede unnötig ist. Die VV 43–44 sind wie V 39 Weisheitssprüche und als solche keine Metapher. Erst der traditionelle Gebrauch und die Anwendung in V 45 geben dem Wort eine bildhafte Bedeutung. Während die Bilder vom Blinden und vom Baum abgenutzt sind[5] und in die Sphäre der Allegorese führen, wirken die vom Splitter und dem Balken frisch und lebendig. Nach Mensch und Natur

---

[1]   Godet 452 erkennt zwischen V 38 und V 39 keine Zäsur; er ist der Ansicht, die VV 37–42 bildeten ein zusammenhängendes Ganzes, das sich gegen das verurteilende Richten anderer wendet. Für eine Zäsur plädiert Jülicher, A., Gleichnisreden II 50.
[2]   Grundmann, 151f erblickt vier Teile, was der Vierer-Regel entspricht, die seiner Meinung nach die ganze Feldrede gliedert.
[3]   Ein schrecklicher Schluß, meint Augusti-

nus, De sermone Domini in monte II 25,82 (CCL 35,186); zitiert bei Pirot, J., Paraboles 57.
[4]   Was nicht bedeutet, daß für ihn die bildliche Sprache ohne Sinnverlust auf eine einfache Aussage reduziert werden kann; vgl. hierzu Weder, H., Gleichnisse 63–67.
[5]   Zur Abnutzung der Metapher vgl. Ricœur, P., La métaphore vive, Paris 1975 (L'ordre philosophique), 362–374.

als Vergleichsmoment taucht nun ein drittes auf, das Haus. Die Bilder und Metaphern sind der nächsten Lebenssphäre entnommen. Lukas selbst versteht die VV 48–49 nicht als Metapher, sondern als Vergleich (τίνι ἐστὶν ὅμοιός · ὅμοιός ἐστιν . . .).

Genetische Analyse

Alle vorliegenden Sprüche sind auch Matthäus bekannt. Außer Mt 15,14 (die Blinden), 10,24–25 (der Jünger und sein Herr) und 12,33–35 (der Baum, der Mensch) stehen sie in der gleichen Reihenfolge innerhalb der Bergpredigt[6], so daß wir auf eine gemeinsame Q-Vorlage schließen dürfen. Ob die Ausnahmen (Lk 6,39.40.45) schon in Q an gleicher Stelle standen wie heute bei Lukas, ist schwer zu entscheiden.

Das Thomasevangelium überliefert die Hälfte unserer Logien zerstreut und in anderem Kontext[7]. Interessant ist EvThom 45, weil es die lukanische Einheit in einer von Lukas unabhängigen Form enthält, während Matthäus das Ganze an zwei verschiedenen Stellen unterbringt (Mt 7,15–20 und 12,33–35)[8].

Christliche Schriftsteller des 2. Jahrhunderts kennen noch einzelne dieser Sprüche nach der mündlichen Tradition, in einer Form, die freilich eher an Matthäus als an Lukas erinnert. Nur in drei Fällen ist die Nähe zu Lukas größer: Das Logion Jesu in Papyrus Oxyrh. 1,1 zitiert die lukanische Form (Lk 6,42) des Spruches über Splitter und Balken, ein nichtkanonischer Satz Jesu im Papyrus Egerton 2 benutzt die lukanische Form des Logions »Herr, Herr!« (Lk 6,46), Justin (Ap I 16,10) greift eher auf Lk 6,47 als auf Mt 7,24 zurück[9].

Blindheit und Ausbildung (VV 39–40)

V 39a ist redaktionell[10]. Παραβολή kann bei Lukas (vgl. 15,3) »Gleichnisrede« heißen[11]. Die Angeredeten sind dieselben wie in 6,27, d.h. ein größerer Kreis als die Jünger (6,20), nämlich die Menge (6,17–18). Καί nach δέ bedeutet »noch«; die Rede ist noch nicht zu Ende. V 39b ist traditionell, wobei Lukas die Q-Fassung besser erhalten hat als Matthäus[12] und vermutlich auch seine dortige Stellung übernommen hat, weil die Assoziationen zum Spruch

Erklärung
39

---

[6]   Man beachte auch bei Matthäus (Mt 7,1–2 und 7,3–5) die Verbindung zwischen dem »Richtet nicht!« (Lk 6,37–38) und dem »Splitter und dem Balken« (Lk 6,41–42).
[7]   Vgl. Schrage, W., Thomas-Evangelium, 85–88 (über EvThom 34), 71–74 (über EvThom 26) und 100–106 (über EvThom 45).
[8]   EvThom 45 setzt sich zusammen aus a) einem Text, der sich eher Mt 7,16b als Lk 6,44b nähert, b) den Worten »denn sie tragen keine Früchte«, die ebensogut Mt 7,17–19 wie Lk 6,43 zusammenfassen können, und c) einer Parallelstelle zu Lk 6,45 (weniger zu Mt 12,34b–35).
[9]   Vgl. Massaux, E., Matthieu 686 (das Register verweist auf die Seiten, auf denen die verschiedenen patristischen Texte behandelt werden). Die meisten dieser Texte sind – im

Anschluß an jede Perikope – zitiert bei Aland, K., Synopsis 108.109.110.
[10]   Εἶπεν δέ findet man bei Lukas häufig; vgl. Schulz, S., Q 473 Anm. 539. Auch das Akkusativobjekt, hier παραβολήν, nach den verba dicendi ist bei Lukas oft belegt (Lk 5,36; 20,9; 21,29). Und trotz seiner Vorliebe für πρός mit Akkusativ verwendet Lukas nach diesen Verben verschiedentlich, wie auch hier (αὐτοῖς), den Dativ.
[11]   Zum Gebrauch und zur Bedeutung von παραβολή bei Lukas vgl. den Kommentar zu Lk 8,4 unten S. 406f.
[12]   Das πεσοῦνται in Mt 15,14 hingegen scheint der Überlieferung anzugehören, denn Lukas verwendet gern zusammengesetzte Verben (hier ἐμπεσοῦνται).

vom Splitter und vom Balken (blind sein – sehen können) in semitischem Milieu erfolgten[13]. Reizvoll ist die antithetische Symmetrie der beiden Fragen. Die erste verlangt eine negative Antwort (vgl. μήτι), die zweite eine positive (vgl. οὐχί).

Inhaltlich lassen sich drei Auslegungen verteidigen: a) Wie in Mt 15,12–14 und Röm 2,19 herrscht hier eine antijüdische, präziser gesagt antipharisäische Polemik vor. b) Im Zusammenhang der nächsten Sprüche (6,40) greift Lukas bereits hier Gemeindeleiter an, die sich eine überlegene Stellung anmaßen[14]. c) Innerhalb der Feldrede sind die Glaubenden insgesamt angesprochen: Solange sie noch blind sind, dürfen sie andere nicht beraten[15].

Die letztgenannte Auslegung paßt m.E. harmonisch mit dem Spruch über Splitter und Balken zusammen. Durch nichts wird eine Differenzierung zwischen der Gemeinde als ganzer und ihrer Leitung angedeutet. Nicht die disziplinarische, sondern die geistige Führung wird beleuchtet. Der Spruch lehnt nicht jede Verantwortung für den Bruder ab, sondern verlangt die Ausbildung und geistliche Reifung jedes Christen (siehe V 40b). Die anthropologische Voraussetzung ist pessimistisch: trotz des Lichtes des Gesetzes und der natürlichen Offenbarung sind die Menschen wie Blinde. Nach Lukas heißt Christ werden: aus der Finsternis herausgehen und mit neuen Augen eine neue Wirklichkeit aufbauen (vgl. Apg 26,17–18)[16]. Sogar die Augen der Jünger müssen bei der Auferstehung Jesu geöffnet werden (24,31)[17]. Trotz der Symbolik von Schatten und Licht, Blindheit und Sehen, darf man innerhalb des Gleichnisses nicht zu viel allegorisieren[18]. Wichtig bleibt das Argument, daß riskante Führung in eine noch schlimmere Lage als vorher bringen kann. Der geführte Blinde bleibt nicht nur blind, sondern fällt mit seinem Führer in die Grube[19]. Lukas befürchtet also Spannungen innerhalb der Gemeinde zwischen den Glaubenden allgemein und solchen, die sich geistlich fortgeschritten wähnen und die anderen daraufhin meinen belehren zu sollen. Er denkt vielleicht an Situationen, die an den korinthischen Enthusiasmus erinnern[20].

---

[13] Vgl. George, A., Disciple 70.
[14] So Schürmann I 365f über den Schluß der Rede.
[15] Ὁδηγέω »den Weg weisen« kann den Gedanken des »Zurechtweisens« und des »Anleitens«, »Unterweisens« beinhalten; vgl. Godet 453. In der Septuaginta wird das Verb entweder in seinem ursprünglichen Sinn gebraucht, etwa wenn Gott sein Volk durch die Wüste führt (z.B. Dtn 1,33), oder im übertragenen Sinn für die Unterweisung in der Gerechtigkeit und im Glauben (z.B. Ps 85[86],11).
[16] Vgl. Bovon, F., Luc le théologien 307.
[17] Zur Thematik des Aufschließens (der Augen und der Schrift) vgl. Delling, G., »... als er uns die Schrift aufschloß«. Zur lukanischen Terminologie der Auslegung des Alten

Testaments, in: Das Wort und die Wörter (FS G. Friedrich), hrsg. v. H. Balz und S. Schulz, Stuttgart 1973, 75–83.
[18] Jülicher, A., Gleichnisreden II 51 weist darauf hin, daß das Wort βόθυνος in der patristischen Exegese sehr schnell im übertragenen Sinn und insbesondere als »Hölle« aufgefaßt wurde.
[19] Βόθυνος bezeichnet hier eher eine Grube als einen Graben (mit Plummer 190). Lagrange 198f erwähnt die Zisternen und Silos entlang den Wegen. Ἐμπεσοῦνται ist laut Jülicher, A., Gleichnisreden II 50 ein »Futurum der notwendigen Folge«.
[20] Jülicher, A., ebd. 54 führt zu Lk 6,39 und zum Sinn, den Lukas diesem Spruch verleiht, 2Tim 3,13 an, wo man die Worte πλανῶντες καὶ πλανώμενοι findet.

Drei abschließende Bemerkungen: a) Das Bild vom Blinden, der einen Blinden führt, wurde vom Judentum aus Griechenland übernommen[21]. b) Das Bild der Grube spielt in einem alttestamentlichen Spruch auf die Unausweichlichkeit des Gerichtes Gottes an[22]. Pieter Breughel der Ältere hat in zwei Gemälden, denen dieser Spruch zugrunde liegt, die Tragik der menschlichen Existenz dargestellt: jeweil in Form eines Zuges blinder Menschen, die allesamt in die Grube hineinzufallen drohen[23].

V 40: »Das erste Glied des Spruches [Jünger–Lehrer] stimmt bei Matthäus und Lukas (V. 40a) wörtlich überein«[24]. Die Tradition des matthäischen zweiten Gliedes (Knecht–Herr) in Joh 13,16 und Joh 15,20a sowie redaktionelle Tendenzen lassen vermuten, daß Lukas es gestrichen hat[25]. Im zweiten Spruch (V 40b) hat Lukas wahrscheinlich wieder den zweiten Parallelismus (Knecht–Herr) gestrichen und das übrigbleibende Glied neu und literarisch besser formuliert[26], während die matthäische Fassung an rabbinische Sprüche erinnert[27]. Das ursprüngliche Logion wurde selbständig überliefert, aber schon die Q-Überlieferung hat ihm seinen Gleichnischarakter genommen, indem sie es als Kommentar des Blindenspruches benutzte. Während Matthäus den Spruch in eine Rede über die der Passion ihres Herrn vergleichbare Verfolgung der Jünger hineinträgt, steht er bei Lukas mit V 39 zwischen Aussagen über das Richten (VV 37–38 und 41–42). Das Logion, ursprünglich eine sprichwörtliche Feststellung, wird damit zu einer gemeinschaftlichen Regel: Der Jünger steht weder über dem Lehrer noch über anderen Jüngern; und wie der Herr nicht gerichtet hat, soll kein Jünger seinen Bruder richten. Andernfalls erweist er sich als blind, als ungebildet.

40a

V 40b kann heißen: Er wird ganz ausgebildet werden wie sein Lehrer[28], oder: Jeder wird wie sein Lehrer ausgebildet. Καταρτίζω, besonders in der Sprache der Schiffsleute, der Politiker und der Ärzte belegt, kann »in Ordnung bringen«, »vervollständigen«, »ausbilden« oder auch »wiederherstellen« bedeuten. Hier geht es um die »Ausbildung« im christlichen Glauben, die sowohl die Lehre wie das Leben umfaßt[29].

40b

Das Ziel der Ausbildung bestand für einen Jünger im Judentum darin, seinem Lehrer zu gleichen, um schließlich selbst ein Lehrer zu werden. Lukas geht sicher nicht so weit. Für ihn ist allein die Analogie mit der ethischen Einstellung

---

[21] Vgl. Plato, Resp 8,554b; Philo, Virt 7; Jülicher, A., Gleichnisreden II 51f; Schrage, W., Art. τυφλὸς κτλ., in: ThWNT VIII (1969) 275–279.

[22] Jes 24,17–18 und Jer 48(31),43–44 (der Text der Septuaginta notiert βόθυνος) bringen beide dieses Sprichwort.

[23] Das eine befindet sich im Louvre zu Paris, das andere im Nationalmuseum von Neapel.

[24] Schulz, S., Q 449.

[25] Lukas zerstört manchmal Parallelismen; vgl. ebd. 449 Anm. 337. Hier tut er es, um in der Isotopie des Lehrens zu bleiben.

[26] Im Blick auf die Syntax als auch auf den Wortschatz (καταρτίζω).

[27] Vgl. Bill. I 577f.

[28] In diesem Falle ist κατηρτισμένος . . . πᾶς prädikativ verwandt (zu diesem prädikativen Gebrauch des nachgestellten πᾶς vgl. Abel § 32c, Bemerkung I).

[29] Die neutestamentlichen Briefe (1Kor 1,10; 2Kor 13,11; 1Thess 3,10; Hebr 13,21) bezeugen, daß καταρτίζω für die christliche Unterweisung gebraucht wurde; vgl. Spicq, C., Notes I 416–419; Delling, G., Art. ἄρτιος κτλ., in: ThWNT I (1933) 474f.

Jesu wichtig. Es gibt für ihn jedoch keine exemplarische ohne eine soteriologische Christologie. Dem Lehrer Jesus gleichen ist nur durch das Werk Christi und durch die Glaubensbeziehung zu ihm möglich. Ihm gleichen heißt darum, in den Dienst an den Leidenden einzutreten.

Der Blick und die Erziehung (VV 41–42)

41–42   Matthäus und Lukas stimmen hier derart überein, daß als Vorlage nur eine griechische Fassung von Q in Frage kommt. Die Unterschiede erklären sich aus der stilistischen Arbeit des Lukas[30]. Die Sprüche sind aus zwei rhetorischen Fragen, einem ethischen Imperativ und einer im Futur ausgedrückten Erlaubnis konstruiert. Bei beiden kommt nach der durch eine Fragepartikel eingeführten Frage im zweiten Teil eine Restriktion (vgl. δέ in der ersten und αὐτὸς . . . οὐ βλέπων in der zweiten), die jeweils mit der übertriebenen Vorstellung des Balkens im Auge beginnt. Aufmerksame Leser spüren eine progressive Gereiztheit zwischen der ersten Frage (»Was siehst du . . .?«) und der zweiten (»Wie kannst du . . . sagen?«). Beide werden durch βλέπω als inclusio abgerundet. Nach dieser kritischen Diagnose formuliert der Imperativ die Aufgabe. Der abschließende Satz zieht eine logische Folgerung und gibt das Recht zur Kritik frei.

Mündliche Paränese zeigt sich in der zweiten Person Singular. Der Weise, der sie ausspricht, besitzt Autorität, er spricht den Angeklagten als ὑποκριτής an, spielt mit der Ironie und gebraucht, wie semitische Lehrer oft, extreme Beispiele, die ihre Kraft aus der Übertreibung erhalten. Durch ethische Unterweisung versucht der Lehrer, das zwischenmenschliche Leben innerhalb einer Gemeinschaft in Ordnung zu bringen. Darum haben sich auch diese ursprünglich selbständigen Sprüche früh den Worten über das Richten angeschlossen. Gattungsgemäß gehören sie der jüdischen Weisheit an; sie spiegeln keine apokalyptische Besorgnis.

Im Unterschied zu den vom Talionsgesetz geregelten Fällen (Mt 5,38–39) ergreift hier das getadelte »Du« die Initiative, und worum es geht, ist keine Missetat. Die Situation ist eine zwischenmenschliche, ohne daß wir wissen, ob sie gespannt ist oder nicht. Das »Du« beginnt mit einer Bewegung zum anderen, mit einem Blick. Dem entspricht Blindheit sich selbst gegenüber. Das »Du« glaubt, sein Blick sei gut gesinnt, mindestens gerecht. Er wird von einem Wort begleitet, von einer Absicht zu helfen bekräftigt. Aber in der Blindheit gegenüber sich selbst werden Blick und Wort schädlich und wirken einseitig als Richter. Bei der Entlarvung der Mängel verschwindet die Person des anderen. Diese Haltung des »Du« entspricht der eines uneigentlichen Menschen, eines Scheinheiligen, nicht im Sinn bewußter Heuchelei, sondern im Sinn un-

---

[30]   Lk 6,41: Zwei Unterschiede sind der redaktionellen Arbeit des Lukas zuzuschreiben: a) die Stellung von δοκός und die Wiederholung des Artikels (τήν) und b) ἴδιος als Possessivpronomen (Bauer s.v. ἴδιος [2]). Lk 6,42: Eine größere Anzahl kleiner Unterschiede (vgl. Schulz, S., Q 147 und Schürmann I 371), die aus der redaktionellen Feder des Lukas stammen. Wichtig für den Zusammenhang ist der Vokativ »Bruder«, den Lukas diesem Vers zufügt.

bewußter Selbsttäuschung. Das »Du« will das Gute und bewirkt mit seinem Aufzeigen der Schwäche des anderen bzw. mit seinem überempfindlichen Sinn für Ordnung in Wirklichkeit das Böse. Anthropologisch besagt die Anklage Jesu, daß unser Bild des anderen durch unsere Projektionen verzerrt und unser Bild von uns selbst durch unsere Widerstände verdeckt wird. Die Widerstände werden um so stärker, je mehr wir angegriffen werden. Deshalb wird der andere sich verschließen, wenn das »Du« in seiner Blindheit über sich selbst den Splitter bei »ihm« aus dem Auge wischen will. Die Beziehung ist also gefährdet.

Geht Jesus nicht selbst in die Falle, vor der er warnt? Hat er keinen Balken im Auge? Die Sorge Jesu um uns ist eine andere als der Kummer des »Du« über seinen Bruder. Der von ihm bemerkte Mangel ist nicht nur ein Splitter, sondern ein Balken, eine sehr ernsthafte Störung der zwischenmenschlichen Beziehung. Außerdem beurteilt Jesus uns nicht, um uns zu verurteilen, sondern um uns Hoffnung und Zukunft zu eröffnen. Er kümmert sich also liebevoll um die menschliche Person. Weder richtet noch resigniert er. Anstatt einfach eine Erneuerung des Gesetzes vorzuschlagen, schenkt er uns eine ethische Pädagogik. Nach ihm wäre die Hauptaufgabe das Bewußtwerden meiner Heuchelei und die Arbeit an mir selbst. Aber dazu brauche ich eine ungestörte Beziehung zum Mitmenschen, denn allein komme ich aus meiner Blindheit nicht heraus. Die Originalität der jesuanischen Weisungen ist die, daß er die Initiative zu dieser Beziehung zu uns ergreift. Erst dann wird uns die Überwindung der Heuchelei möglich. Die fünf Schritte der von Lukas ekklesiologisch verstandenen Pädagogik Jesu sind: a) der Verzicht, sich als Richter über den anderen zu setzen, b) Offenheit für die Worte Jesu, der mich mit Liebe und Hoffnung anspricht, c) die Anerkennung meiner schwerwiegenden Fehler (»Balken«, nicht einfach »Splitter«), d) die Bereitschaft, ein anderer Mensch zu werden (Wegräumen des »Balkens«). Erst dann kann ich e) Jesus gleichen (V 40b) und ein Meister (weil Bruder oder Schwester!) für den anderen werden. Nur als erneuerter Mensch kann ich ihnen eine minimale Änderung (»Splitter« [V 42b]) vorschlagen, nicht jedoch vorschreiben.

Das Wort »Bruder« versteht Lukas im christlichen Sinn und bezieht sich auf innerkirchliche Verhältnisse, wie sie für alle Gemeindeglieder in ihrer Beziehung zueinander typisch sind, nicht nur exklusiv für die Beziehung zwischen Gemeindeleitern und der Gesamtgemeinde.

Der Baumtest (VV 43–45)

Methodologisch interessant ist die Hypothese[31], die Sprüche Jesu seien in polemischen Situationen mündlich überliefert worden. »Anfangs wurden scheinbar nur die beiden Bildworte [beide Bäume und Baum-Früchte] zusammengeschlossen und stellten eine noch sehr gemäßigte Rüge dar. Beim Anheizen der Auseinandersetzung scheint im Lager der Rigoristen noch der Spruch vom Herr-Herr-Sagen hinzugezogen

43

---

[31] Vgl. Krämer, M., Propheten.

worden zu sein, um eine bestimmtere Mahnung zu erzielen. Im Lager der Antinomisten scheint zum gleichen Zweck der Spruch vom Schatz des Herzens die Kette bereichert zu haben.«[32] Die beiden Stränge des Überlieferungsstoffes spiegeln also die Meinung der beiden Parteien wider: »Die Rigoristen hielten ihren Gegnern vor, sie tun den Willen Gottes nicht, weil sie die Tora nicht befolgen; die Antinomisten wiederum hielten ihnen vor, sie tun nicht den Willen Gottes, weil sie ein anderes Gesetz aufstellen als das Gesetz Christi.«[33] Beide Parteien haben die Schwierigkeit gespürt, die Überlieferung zu einer Jesus-Tora auszubauen. Bergpredigt und Feldrede sind spätere, in anderen Situationen erklingende Echos auf die Jesus-Tora beider Parteien. Lukas übernimmt diejenige des paulinischen, antinomistischen Kreises: »Die Warnung vor der Falschlehre läßt sich, so wie sie dort lautet, auf jede beliebige Falschlehre anwenden.«[34] Die redaktionelle Bedeutung von 6,43–46 wäre dann: Der Mensch, der ein anderes Gesetz als das Gebot der Liebe (6,27–28) einführen will, ist ein schlechter Baum, der schlechte Früchte trägt (6,43–44), ein böser Mensch, der Böses aus dem Schatz seines Herzens schöpft (6,45). Ein solcher Irrlehrer darf sich nicht auf Jesus berufen (6,46).

Mich interessiert die Form der Logien 6,43–45 und ihre lukanische Auslegung. 6,44a ist in der Überlieferung entweder als Abschluß des Spruches über beide Bäume (6,43) angehängt (vgl. Mt 12,33) oder als Einleitung des Bildwortes über die verschiedenen Früchte (6,44b; vgl. Mt 7,16) benutzt worden. In einer Phase der Überlieferung, wahrscheinlich in Q (vgl. Mt 7,15–20), sind die beiden Doppelsprüche (6,43 und 6,44b) mit dem Spruch 6,44a zu einer Dreiergruppe geworden, wie sie Lukas zitiert[35].
Die ursprüngliche Zugehörigkeit des Doppelspruchs V 45 ist nicht sicher. Matthäus führt ihn, wohl nach Q, in Kapitel 12 in Verbindung mit der Variante der beiden Bäume (12,33) und in (wohl sekundärer) umgekehrter Reihenfolge (Mt 12,34b–35) ein. Lukas, der Dubletten vermeidet, hat den Doppelspruch aus Q übernommen und wie die Tradition (vgl. Mt 12,33–35) auf Gut und Böse[36] und den Vergleich Baum – Mensch angespielt. Mit keinem Wort wendet sich der Text gegen Irr*lehrer*. Vielmehr denkt Lukas – und schon die Tradition vor ihm – an die Glaubenden.
Die Partikel γάρ führt mit einem im Alten Testament bekannten Vergleich eine vage logische Begründung ein[37]. Wenn der Mensch weiterhin handelt

---

[32] Krämer, M., Propheten 373.
[33] Ebd. 373.
[34] Ebd. 375.
[35] Die älteste Form dieses Verses läßt sich nur schwer rekonstruieren; vgl. die Versuche von Krämer, M., Propheten 355f und Schulz, S., Q 316f. M.E. gehen Lk 6,43 // Mt 7,17–18 und Mt 12,33a auf ein und dasselbe Logion Jesu zurück.
[36] Καλός – σαπρός (VV 43–44) und ἀγαθός – πονηρός (V 45): Die Bedeutung dieser beiden Wortpaare ist in etwa dieselbe; die unterschiedliche Wortwahl wurde wohl aus ästhetischen Gründen getroffen.

[37] Es gibt in diesen Versen viele γάρ, auch wenn sie textkritisch gesehen nicht alle gesichert sind. Nestle[26] setzt 1mal γάρ in V 43, 2mal in V 44 und 1mal in V 45b: Jeder Spruch (außer V 45a) wird also von einem γάρ begleitet. Nach Sahlin, H., Stellen 3f haben die beiden γάρ in V 44 kaum eine logische Bedeutung, wohl aber das γάρ des V 43, das eine religiöse und moralische Forderung durch den Hinweis auf die Natur begründen will, was einem Verfahren entspricht, das zu den Gewohnheiten Jesu zählte.

wie ein Heuchler (V 42), zeigt seine faule Frucht[38], daß er einem schlechten Baum gleicht. Wichtig ist nicht, was der Christ meint oder sagt[39], wohl aber, was er tut (siehe die zwei ποιοῦν)[40]. Καλός bedeutet in diesem Zusammenhang nicht »schön«, sondern »gut«, wie σαπρός entsprechend nicht »faul«, sondern »schlecht«[41]. Die einfache Regel der bäuerlichen Weisheit versteht Lukas mit der Tradition metaphorisch, vor allem, weil er als Stadtmensch in Distanz zur Natur steht. Jeremia hatte schon im Namen des Herrn geklagt: »Ich aber hatte dich eingepflanzt als Edelrebe, lauter echtes Gewächs: Wie konntest du dich dennoch verkehren in einen Wildling, einen entarteten Weinstock?« (Jer 2,21). Jeremia wie Jesus bleiben rhetorisch im Bereich der Natur, weil sich die menschlichen Entschlüsse im Bereich des Glaubens und der Ethik ihrem Determinismus entziehen. Mit dem Bild der »Fäulnis« kämpft Lukas sicher nicht gegen Nomisten, sondern eher gegen sozial angesehene Christen, die aus Enthusiasmus oder Bequemlichkeit gern glauben möchten, ihren Glauben aber nicht konkret verwirklichen.

V 44a wiederholt zunächst V 43, hat dann aber auch mit γινώσκεται[42] den **44** Menschen im Blick, nämlich den Bauer. Dabei wird ἕκαστος hellenistisch für das ungebräuchlich gewordene ἑκάτερος (uterque) verwendet[43]. V 43 spricht nur von zwei Bäumen[44], leitet aber V 44b ein, wo sich mehrere Arten von Bäumen gegenüberstehen, also die Bedeutung »jeder« angemessen ist.

Trotz formaler Symmetrie (οὐ γὰρ ... οὐδέ) sind V 44b und V 43 nicht gleichbedeutend. Der konkretere V 44b, der zwei eßbare Früchte mit zwei fruchtlosen Bäumen kontrastiert, verläuft inhaltlich nur zur zweiten Hälfte von V 43 parallel[45]. Die Nutzlosigkeit des schlechten Baumes soll anklagend durch seine Unfruchtbarkeit bewiesen werden. Sollten die ἄκανθαι »wilde

---

38 Der Singular καρπόν (Lk 6,43) muß auch in der Überlieferung gestanden haben (vgl. Mt 12,33). Mt 7,17–18 hat einen Plural daraus gemacht.

39 Die Thematik nähert sich Lk 6,46 an.

40 Die periphrastische Form (ἐστὶν ... ποιοῦν) ist gewiß traditionell. Matthäus verbessert und schreibt ποιεῖ (Mt 7,17) und δύναται ... ποιεῖν (Mt 7,18). Ebenso verfährt er mit dem ersten καλός und dem ersten σαπρός (in Mt 7,17–18 notiert er im Blick auf den Baum 2mal ἀγαθός und im Blick auf die Früchte 2mal πονηρός).

41 Das gilt auf jeden Fall für die Frucht. Beim Baum könnte σαπρός die Bedeutung »verfault«, »vermodert«, »wurmstichig«, »morsch« vorliegen. Der Grieche denkt bei σαπρός an das Zuviel: »zu reif«, »zu alt«, »zu mürbe«.

42 Das zusammengesetzte Verb in der zweiten Person Plural des Futurs in Mt 7,16 und 20 (ἐπιγνώσεσθε) ist gegenüber dem einfachen Verb in der dritten Person Singular des Präsens in Lk 6,44 (γινώσκεται) sekundär.

43 Vgl. Sahlin, H., Stellen 5, bes. Anm. 5.

44 Die Worte ἕκαστον und ἰδίου sind laut Schulz, S., Q 317, der allerdings vorsichtig argumentiert, redaktionell.

45 In Mt 7,16 sind die Trauben mit den Dornsträuchern und dann die Feigen mit den Disteln verbunden, in Lk 6,44 dagegen zunächst die Feigen mit den Dornsträuchern und dann die Trauben mit den Disteln. Zu weiteren kleinen Unterschieden vgl. Schulz, S., Q 316f. Beide Evangelisten versuchen, jeder auf seine Art, der Wiederholung des Verbes »pflücken« (συλλέγω) aus dem Weg zu gehen: Matthäus verfolgt ein elliptischen Satz, Lukas verwendet ein Synonym (τρυγέω, das »Trauben lesen« bedeutet). Es ist im übrigen möglich, daß Lukas dieses Verbes wegen Trauben und Feigen vertauscht und sich so von Q (und Matthäus) entfernt hat. Ἡ oder ὁ βάτος (oder auch τὸ βατόν) bezeichnet den »Dornstrauch«, den wilden »Brombeerstrauch«.

Feigenbäume, die nur schlechte und kaum genießbare Früchte bringen«, sein und βάτος »Gebüsch mit wilden Trauben«[46], weil mindestens in Mt 7,16b eine Andeutung an Jes 5,2 LXX (καὶ ἔμεινα τοῦ ποιῆσαι σταφυλήν, ἐποίησεν δὲ ἀκάνθας) steht? Dann hätte Lukas m.E. aber gemäß Jes 5,2 Trauben und Dorngestrüpp miteinander verbunden. Für ihn entsteht der rhetorische Effekt gerade aus der Verschiedenartigkeit und nicht der Gleichheit von Feigenbaum und Dorngestrüpp. Weil kein vernünftiger Bauer Früchte sucht, wo sie nicht wachsen können, wird auch Gott nur nach den Früchten der Gläubigen fragen. Die Sätze des Lukas lehren keinen wesenhaften Dualismus: Die Beispiele aus der Natur sollen paränetisch die Christen ermutigen, ihr Bezogensein auf Christus in ihrem Leben durchzusetzen (vgl. V 47)[47].

45   In V 45 wechselt Lukas vom Bild auf die Sache über[48]: Alles entscheidet sich im Herzen. Nach Lukas bleibt es, solange es das Wort Gottes nicht hört und annimmt, wie gelähmt. Aus ihm kommt nichts Gutes. Aber die Glaubenden werden berufen, das Gute fortwährend[49], aus dem Schatz[50] ihres Herzens hervorzuholen.

Wenn man den Zusammenhang mit dem Voranstehenden im Auge behält, sieht man, daß die ethische Forderung sich auf die Tat wie auf das Wort des Glaubenden erstreckt. Besonders eindrücklich stehen diese zwei Konkretisierungsmöglichkeiten in der lukanischen Fassung der Feindesliebe nebeneinander (6,27–28). Deshalb kann Lukas die nicht immer logische Überlieferung in Kauf nehmen: In den VV 39–45a steht die Liebes*tat* im Vordergrund, in V 45b das Wort[51].

V 45b[52] spielt mit einem Bild. Was der Mensch ausspricht, kommt aus ihm heraus, er steht hinter seinem Wort, er ist für seine Rede verantwortlich. Das Herz gleicht so einem Brunnen, und der Mund kann die Worte des Herzens

---

[46]   So Sahlin, H., Stellen 6f.

[47]   Duplacy, J., Disciple 74f schreibt: »Quant au truisme apparent énoncé par 44v, son rôle semble bien être de rappeler *ab absurdo* que la correspondance entre ›l'être-tel‹ du fruit et ›l'être-tel‹ de l'arbre n'est au fond qu'un aspect d'une correspondance située, plus profondément, au niveau de ›l'être‹ tout court.«

[48]   Vgl. ebd. 75.

[49]   Kann das gnomische Präsens (προφέρει) *ad usum credentium* vielleicht dahingehend interpretiert werden, daß es eine andauernde Verpflichtung beinhaltet? George, A., Disciple 74 jedenfalls versteht es so, daß Lukas hier zu einer tiefgreifenden Umkehr, die sich im Leben konkret zeigen muß, aufruft.

[50]   In der Septuaginta wird θησαυρός in seiner Grundbedeutung für den Tempelschatz und den Königsschatz und im übertragenen Sinn für die göttlichen Schätze, z.B. den Himmel und seinen Regen (Dtn 28,12), und für die geistlichen Güter des Gläubigen ge-

braucht (zu diesem Gebrauch in der Weisheitsliteratur vgl. Spr 2,4; 8,21; 21,20; Weish 7,14). Sir 29,11 steht an der Schwelle von der wörtlichen zur übertragenen Bedeutung: »Verwende deinen Schatz gemäß den Geboten des Höchsten, und er wird dir mehr Nutzen bringen als das Gold«; vgl. Zeller, D., Art. θησαυρὸς κτλ., in: EWNT II (1981) 369–375.

[51]   V 46 wird präzisieren, daß das Sprechen, selbst das richtige Aussprechen des Glaubensbekenntnisses, nichts ist ohne das Tun, den Gehorsam gegenüber dem Willen Christi.

[52]   Im Gegensatz zu Matthäus, dessen Fassung (ohne αὐτοῦ) noch mehr an ein Sprichwort erinnert und wohl Q entspricht, fügt Lukas in V 45b nach τὸ στόμα ein αὐτοῦ ein. Lukas kann diese Präzisierung bringen, da er den ἄνθρωπος schon eingeführt hat (V 45a), während Matthäus vom Überfließen des Herzens (Mt 12,34b) spricht, bevor er den Menschen (Mt 12,35) erwähnt.

nur leiten wie eine Röhre. Das Logion unterscheidet nicht zwischen Ehrlichkeit und Heuchelei wie V 46; konform zu V 45a sagt es unerbittlich, daß der Wert der Worte exklusiv von der Qualität des Herzens abhängt. Der Mund kann die Sprache des Menschen so wenig beeinflussen, wie die Röhre oder das Schöpfgefäß das Wasser des Brunnens oder der Quelle. In einer Zeit, in der wir oft reden, ohne etwas zu sagen, staunen wir über diese alte Weisheit, nach der erst gesprochen wird, wenn zuviel auf dem Herzen liegt[53]. Hier liegt kein Kontrast zwischen Wort und Tat vor; entscheidend ist die Gegenüberstellung des Inneren des Menschen zu seinen Äußerungen. Hier wird von der Sprache geredet, aber der Spruch ist auch auf die Taten des Menschen anwendbar[54].

Words, words (V 46)

Ist die lukanische Fassung ursprünglich (H. Schürmann, G. Schneider) oder das Ergebnis einer nachträglichen Kürzung (F. Hahn)?[55] Da Lukas die Frageform manchmal vermeidet, ist sie hier wahrscheinlich traditionell. Das Fehlen des wohl matthäischen Zusatzes »wird nicht in das Himmelreich eintreten« besagt noch nicht, daß die eschatologische Perspektive abwesend ist. Da Matthäus »die Redefigur des auf eine Verneinung folgenden ἀλλά liebt«[56], dürfte auch das καὶ οὐ ποιεῖτε traditionell sein. Lukas unterstreicht aber die Beziehung zur Person Jesu am Ende der Feldrede (V 47), daher ist ἃ λέγω wahrscheinlich der Redaktion zuzuschreiben. Matthäus hat jedoch die Q-Version nicht getreuer überliefert, weil die Anrede »Herr!« eine Beziehung zu den Worten Jesu und nicht, wie bei Matthäus, zum Willen des Vaters verlangt. In Q eröffnete das Logion bereits das Gleichnis von den beiden Häusern. Über die Authentizität ist schwer zu urteilen: Der historische Jesus konnte »Herr, Herr!« unchristologisch meinen oder bildhaft, ja sogar ironisch. Wahrscheinlicher ist jedoch eine von Anfang an christologisch ausgerichtete Entstehung nach Ostern.

Anders als der vorausgehende Spruch setzt V 46 voraus, daß der Wille nicht immer der Absicht folgt und die Handlung der ausgesprochenen Verheißung oft untreu wird (vgl. Mt 21,30b). Mit der doppelten[57] Anrede denkt Lukas

[46]

---

[53] Duplacy, J., Disciple 77 schreibt: »N'est accessible à l'homme que ce qui sort de cette zone cachée: le ›produit‹, le ›trop plein‹, la parole. A mon avis, le v. 45 comporterait donc un *non-dit* qu'on pourrait par exemple énoncer ainsi: c'est l' ›être-tel‹ d'un certain paraître qui révèle un ›être-tel‹ qui est en soi inaccessible. Peut-être même ce *non-dit* est-il la raison d'être de ce qui est *dit*.«

[54] Vgl. ebd. 75f.78.

[55] Schneider, G., Christusbekenntnis 10–14 ist der Ansicht, die matthäische Überarbeitung des Logions entspreche derjenigen der Seligpreisungen. Seiner Meinung nach kann das ursprüngliche Logion nicht auf Jesus zurückgehen, da der christologische Titel »Herr« verwendet wird; vgl. auch Schürmann I 379f. Hahn, F., Hoheitstitel 97 verteidigt seine Position folgendermaßen: »Denn einer-

seits ist diesem Spruch bei Lukas die eschatologische Ausrichtung genommen, andererseits ist an Stelle eines Tuns des Gotteswillens von einem Tun dessen, was Jesus sagt, die Rede.« Krämer, M., Propheten 373 wiederum lokalisiert das Interesse der Christen an diesem Spruch Jesu und seine Entwicklung im Lager der Rigoristen.

[56] Schneider, G., Christusbekenntnis 11.

[57] Die Verdoppelung eines Vokativs ist im Judentum geläufig; vgl. Bill. I 943 und II 258. Sie kann Ehrerbietung oder Verbundenheit ausdrücken; so etwa Lk 10,41 (»Martha, Martha«) und 22,31 (»Simon, Simon«). Gibt es die Verdoppelung von »Herr« noch anderswo? In Joh 13,13 heißt es: »Meister und Herr«. Für Cullmann, O., Christologie 209f ist es möglich, daß dieser Spruch authentisch ist, da κύριος ursprünglich »Meister« bedeutet habe.

eher an das Gebet[58] als an das Bekenntnis. Die Anrede χύριε wurde damals in der privaten Andacht wie in der liturgischen Praxis gebraucht. Κύριος war nicht mehr allein Gott der Vater, sondern auch der auferstandene Herr, dem man für sein Heilswerk dankte, dessen Anwesenheit man erflehte und dessen Wiederkunft man erwartete[59].

Frage und Feststellung sind nur indirekt paränetisch. Zuerst wird eine Diagnose gestellt: Die Angeredeten erkennen zwar in ihrem Gebet, daß Jesus Herr über ihre ganze Existenz geworden ist, doch leben sie, als ob dies außerhalb der meditativen Sphäre keine Relevanz hätte[60]. Das Wort ist also, ähnlich alttestamentlichen Anklagen durch JHWH im Mund eines Propheten[61], eine schmerzliche Wehklage Jesu. Es fehlen aber Drohungen und eine Ankündigung von Strafen. Mit ἃ λέγω meint Lukas die ganze Lehre Jesu, die er in seinem Buch festzuhalten sucht. Lukas denkt holistisch, und der kurze Spruch verlangt wie das doppelte Liebesgebot (10,25–29) nicht so sehr Wort und Tat[62], sondern eher die authentische Beziehung der Glaubenden zum göttlichen und, analog dazu, zum menschlichen Gegenüber[63].

Richtig und falsch bauen (VV 47–49)

Nach einer Einführung (V 47) vergleicht der Text in einem symmetrischen Doppelspruch den guten Jünger mit einem richtig bauenden (V 48), den bösen Jünger mit einem falsch bauenden Mann (V 49). Der dahinterstehende Dualismus erinnert an die Gegenüberstellungen der Weisheitssprüche 6,43 und 6,45 wie an die Parusiegleichnisse 12,41–46 und 19,11–27. Auch der Form nach steht dieses Gleichnis in der alttestamentlichen Tradition der dualistischen Weisheit (vgl. z.B. den weisheitlichen Psalm 1) und in der Tradition des Segens und Fluches (vgl. Dtn 30,15–20 und später die Zwei-Wege-Lehre in Did 1,2–5,2). Inhaltlich dominiert der weisheitliche Einfluß. Der Kontext (Abschluß der Feldrede) und die mögliche Allegorisierung der Überschwemmung steigern aber die apokalyptische Perpektive.

Wie bei Lukas folgt auch bei Matthäus das Gleichnis (Mt 7,24–27) der Metapher der Bäume (Mt 7,15–20) und dem »Herr, Herr«-Logion (Mt 7,21–23). Die drei Einheiten

[58] Mit Hahn, F., Hoheitstitel 97f.
[59] Vgl. Lk 13,25, um das Klima zu erfassen. Zu χύριος bei Lukas vgl. Fitzmyer I 200–204 und Bovon, F., Luc le théologien 202–205.
[60] Vgl. Ernst 235 (mit einem Fragezeichen).
[61] Vgl. Westermann, C., Grundformen prophetischer Rede, München 1960 (BEvTh 31), 102–106.120–126; vgl. Mal 1,6.
[62] Schneider, G., Christusbekenntnis 14 schreibt: »Die Praxis wird hier nicht einer ›Theorie‹ gegenübergestellt, sondern es wird ein totales Bekenntnis zum Herrn verlangt.« Lukanische Texte, die in dieselbe Richtung weisen: Lk 6,27.47–49; 8,21; 10,25–42; 11,28;

13,24a. Nach Bouttier, M., Paraboles 179 wirft der Text des Evangeliums den Christen vor, daß sie nicht verstünden, was es bedeute, wenn sie Jesus als ihren Herrn anrufen: Daß nämlich der Herr, den sie anrufen und erwarten, nicht da ist und sie als Gläubige durch ihn zur Wachsamkeit und zur Verantwortung aufgerufen sind. »Hohe« Christologie und »weltliche« Erwartung gehören zusammen.
[63] Eine apokryphe Variante von Lk 6,46 findet man im Papyrus Egerton II, Fragm 2ʳ, 52–54; zitiert bei Aland, K., Synopsis 111 und übersetzt bei Hennecke-Schneemelcher I 60.

werden schon in Q den Abschluß der Bergpredigt gebildet haben. Q, Matthäus und Lukas weisen mit einer sehr ernsten letzten Note auf die höchste menschliche Verantwortung und auf die letzte Relevanz nicht mehr des Gesetzes Moses, sondern der Worte Jesu[64].

In V 47 findet man bei Lukas[65] sprachliche Verbesserungen und einen theologisch 47 wichtigen Zusatz (»der zu mir kommt«). Beiden Synoptikern sind das Paar »hören« und »tun« sowie die normativen »Worte« Jesu gemeinsam.

In V 48 entwickelt Lukas die sorgfältige Bautechnik des Fundaments: Über Matthäus hinaus genügt es ihm nicht, daß das Haus auf dem Fels steht. Was »bauen« voraussetzt, bezeichnet er durch drei Verben, die eigentlich nur zwei Momente umschreiben: man muß zuerst »graben«, ja »tief graben«, »ausschachten«[66], um dann »das Fundament zu legen«. Die Aufmerksamkeit des Lukas konzentriert sich auf das Fundament[67]. Wahrscheinlich veranschaulicht es das für Lukas entscheidende Aufbrechen des Glaubens, die μετάνοια[68], und steht symmetrisch zu der Feldrede selbst, welche die Grundlage der neuen Botschaft ist. Über den Aufbau selbst schweigt er der rhetorischen Kürze halber wie schon Q.

Mit einem adversativen δέ beginnt die Erprobung durch das Unwetter 48 (V 48b). Während Matthäus Regen, Flüsse und Winde erwähnt (Mt 7,25), spricht Lukas einzig von einer Überschwemmung, freilich in zwei Etappen. Zuerst beschreibt er das Anwachsen der Wasserflut. Das redaktionelle πλήμμυρα (auch in der Form πλήμυρα, klassisch πλημ[μ]ύρις)[69] ist ein literarischer Begriff, der zunächst die Flut des Meeres beschreibt, dann jede Flut, die Sintflut, in der medizinischen Sprache auch die übermäßige Anreicherung von Körperflüssigkeit, insgesamt also »Hochwasser«, »Überschwemmung« bedeutet. Sodann erzählt der Text von der Gewalt der Überschwemmung: Die Wasserfluten werfen sich gegen das Haus, brechen sich aber an ihm[70] und, fährt Lukas konsequent fort, können es nicht »erschüttern« (σαλεύω begegnet man auch in apokalyptischen Beschreibungen und Theophanien [vgl. Hebr 12,27])[71]. Wahrscheinlich steht die matthäische Beschreibung dem Q-Text näher, da sie den palästinischen Wetterverhältnissen entspricht[72]. Lukas' Bild erinnert an Überschwemmungen, wie sie im Süden während der Re-

---

[64] Vgl. Marguerat, D., Jugement 207.

[65] Lukas geht dem πᾶς ὅστις aus dem Weg, verwendet präsentische Partizipien und zieht die Wendung »ich werde euch zeigen, wem er gleicht« dem passivischen ὁμοιωθήσεται »wird gleichen« vor. (Der Text erscheint dadurch in einem anderen Licht als bei Matthäus: Die Zukunft steht unmittelbar bevor; die Vorstellung aber ist nicht mehr apokalyptisch.)

[66] Βαθύνω bildet den Aorist ἐβάθυνα. Es folgen also drei Aoriste aufeinander.

[67] Lukas »détaillerait la construction urbaine de son milieu«, schreibt Marguerat, D., Jugement 204 Anm. 131, der aber noch eine weitere Möglichkeit erwähnt: ein dogmati-

sches Anliegen (die Tätigkeit des Menschen als nötiges Mitwirken für sein Heil).

[68] Zur μετάνοια vgl. Bovon, F., Luc le théologien 285–307 und Taeger, J.W., Mensch 105–224.

[69] Vgl. Bl-Debr-Rehkopf § 43,1. Die Schreibweise mit einem μ ist in beiden Fällen die ältere.

[70] Zum Zusammenhang zwischen προσρήσσω und προσρήγνυμι vgl. Bauer s.v.

[71] Σαλεύω ist in 6,38 verwendet; zu diesem Verb vgl. Balz, H., Art. σαλεύω, in: EWNT III (1983) 534f.

[72] Vgl. Schulz, S., Q 313 (allerdings zögernd).

genzeit plötzlich auftreten. Am Schluß von V 48 meidet Lukas die Wiederholung von Q und benutzt die Hypotaxe διὰ τὸ καλῶς οἰκοδομῆσθαι αὐτήν. Καλῶς spielt in der Zeit des Lukas eine theologische Rolle: Das Adverb beschreibt die christliche Identität, sei es auf der Ebene der Schriftauslegung (Apg 28,25) oder auch – wie hier – auf dem Feld der Ethik. Der »gute« Christ ist zu Jesus gekommen (V 47a), er hat seine Worte nicht nur gehört (V 47b), sondern zugleich mit seinem ganzen Wesen angenommen (V 47c). Seine gläubige Existenz ist fest verankert (vgl. Hebr 2,1–4).

Bei Lukas besteht der Kontrast nicht zwischen Stein und Sand wie bei Matthäus, sondern zwischen Stein und Erde und vor allem zwischen vorhandenem und fehlendem Fundament. Da das Fundament Ergebnis einer intensiven Arbeit ist, kann man wohl schließen, daß Lukas die Leistung des Menschen unterstreicht. Aber er wägt nicht den Anteil Gottes und den des Menschen gegeneinander ab. Er denkt nicht juristisch, sondern zwischenmenschlich an persönlichen Einsatz. Die Ähnlichkeit mit V 46 ist groß: Das christliche Bekenntnis verliert jeden Wert, wenn es nicht zugleich im aktiven Einsatz und entsprechenden Handeln seinen Niederschlag findet.

Auch im Falle des nicht vorhandenen Fundaments »bricht« sich (gleicher Ausdruck wie in V 48) der Fluß am Haus, aber diesmal »bricht« auch das Haus, wie Lukas im Wortspiel ῥήγνυμι – ῥῆγμα feststellt. »Sofort« (lukanische Dramatisierung) fällt der Bau zusammen (συνπίπτω [Lukas liebt die zusammengesetzten Verben]).

49　　Der semitische Hintergrund ist evident. »Hören« und »tun« bilden eine Einheit; um diese notwendige Kombination zu veranschaulichen, haben bereits jüdische Gelehrte entweder Bäume oder Häuser im Gleichnis verwandt. Freilich erweisen sich vom jüdischen Standpunkt aus die synoptischen Evangelien eindeutig als häretische Schriften, denn die Worte, die zu hören und zu befolgen sind, sind nicht mehr die Gebote des Gesetzes, sondern die neue Lehre Jesu. In den letzten Versen der Feldrede wird ein starker christologischer Anspruch erhoben, der im wiederholten Auftauchen der ersten Person Singular klar wird (ἃ λέγω [V 46]; πρός με, μου τῶν λόγων [V 47]). Ist damit die Art des Gehorsams »wesentlich«[73] eine andere? Das hängt vom jüdischen Verständnis der Gesetzlichkeit ab: Es gab damals sicher fromme Juden, die einem Gesetzbuch utilitaristisch gehorchten und der antipharisäischen Kritik Jesu ausgesetzt waren. Aber es gab auch einen anderen jüdischen Gehorsam, der sich in selbstloser Liebe zeigte. Das ist genau die in der authentischen biblischen Tradition verwurzelte Erwartung Jesu seinen Jüngern gegenüber. Für ihn und dann auch für die christliche Tradition bestand kein Widerspruch zwischen dem Gesetz und der neuen Lehre, wohl aber zwischen einem falschen und einem richtigen Gehorsam, zwischen einem oberflächlichen und einem authentischen Verhältnis zu Christus. Die Problematik ist nicht antijüdisch, sondern innerchristlich: Mit diesem Gleichnis versuchen eine Reihe

---

[73]　So Marguerat, D., Jugement 206.

von Kirchenführern (von Q bis hin zu Matthäus und zu Lukas) mit aller Kraft, die Gemeindeglieder auf ihre Verantwortung hinzuweisen und sie für die richtige, endgültige Entscheidung auszubilden und »aufzubauen«.

Alle Glaubenden stehen vor der Wahl. Die Worte Jesu sollen ihnen helfen, den richtigen Weg mit Klarsicht zu wählen, und die Kraft verleihen, auf diesem Weg richtig zu handeln, dem Herrn und Lehrer, dem Bruder und der Schwester gegenüber. Aber erst in der Praxis enthüllt sich die Natur der Glaubenden. Die Güte ihres Wesens, die von der Güte des Schöpfers und Retters gespeist wird, stammt aus dem Innersten der Persönlichkeit, dem Ort, an dem sich die μετάνοια ereignet. Je tiefer der Glaube das Herz erneuert hat, desto entscheidender treten die ethischen Konsequenzen dieser Entscheidung zutage.

Zusammen-fassung

Der Hauptmann von Kafarnaum (7,1–10)

Literatur: Aubineau, M., Un traité inédit de christologie de Sévérien de Gabala in Centurionem et contra Manichaeos et Apollinaristas. Exploitation par Sévère d'Antioche (519) et le Synode du Latran (649), Genève 1983 (Cahiers d'Orientalisme 5); *Boismard, M.-E.,* Guérison du fils d'un fonctionnaire royal, ASeign (I) 75 (1965) 26–37; *ders.,* Saint Luc et la rédaction du quatrième évangile, RB 69 (1962) 185–211; *Busse, U.,* Wunder 141–160; *Derrett, J.D.M.,* Law in the New Testament. The Syro-Phoenician Woman and the Centurion of Capernaum, NT 15 (1973) 161–186 (= *ders.,* Studies in the New Testament, I, London 1977, 143–169); *Dodd, C.H.,* Historical Tradition in the Fourth Gospel, Cambridge 1963, 188–195; *George, A.,* Guérison de l'esclave d'un centurion, ASeign 40 (1972) 66–77; *Haenchen, E.,* Faith and Miracle, StEv 1 (1959) 495–498 (TU 73); *ders.,* Johanneische Probleme, ZThK 56 (1959) 19–54, bes. 23–31; *Haapa, E.,* Zur Selbsteinschätzung des Hauptmanns von Kapharnaum im Lukasevangelium, in: Glaube und Gerechtigkeit. In memoriam R. Gyllenberg, hrsg. v. J. Kiilunen u.a., Helsinki 1983, 69–76; *Haslam, J.A.G.,* Short comments. »The centurion at Capernaum: Luke 7,1–10«, ET 96 (1985) 109–110; *Jeremias, J.,* Jesu Verheißung für die Völker, Stuttgart 1959, 24–26.29; *Joüon, P.,* Notes philologiques sur les Evangiles. Luc 7,9, RSR 19 (1928) 352; *Kleist, J.A.,* »Axios« in the Gospels, CBQ 6 (1944) 342–346; *Martin, R.P.,* The Pericope of the Healing of the ›Centurion's Servant/Son (Matt 8,5–13 par. Luke 7,1–10). Some Exegetical Notes, in: Unity and Diversity in New Testament Theology (FS G.E. Ladd), hrsg. v. R.A. Guelich, Grand Rapids 1978, 14–22; *Mouson, J.,* De sanatione pueri Centurionis (Mt 8,5–13), CMech 44 (1959) 633–639; *Schnackenburg, R.,* Zur Traditionsgeschichte von Joh. 4,46–54, BZ NS 8 (1964) 58–88, bes. 69–76; *Schnider, F. – Stenger, W.,* Johannes und die Synoptiker. Vergleich ihrer Parallelen, München 1971, 54–88; *Schniewind, J.,* Die Parallelperikopen bei Lukas und Johannes, Leipzig 1914 (Neudruck Darmstadt 1970), 16–21; *Schramm, T.,* Markus-Stoff 40–43; *Schulz, S.,* Q 236–246; *Theißen, G.,* Wundergeschichten 183; *Wegner, U.,* Der Hauptmann von Kafarnaum (Mt 7,28a; 8,5–10.13 par Lk 7,1–10). Ein Beitrag zur Q-Forschung, Tübingen (WUNT II/14).

1 **Als er alle diese Worte für die Ohren des Volkes vollendet hatte, ging er nach Kafarnaum hinein.** 2 **Eines Hauptmannes Knecht aber, der ihm teuer war, war krank und lag im Sterben.** 3 **Als der von Jesus hörte, schickte er Älteste der Juden zu ihm und bat ihn zu kommen, um seinen Knecht zu erretten.** 4 **Und als sie zu Jesus gelangten, baten sie ihn eifrig und sagten: Er ist würdig, daß du ihm dies gewährst,** 5 **denn er liebt unser Volk, und er hat uns die Synagoge gebaut.** 6 **Jesus aber wanderte mit ihnen. Als er nicht mehr weit vom Haus entfernt war, sandte der Hauptmann Freunde und sagte ihm: Herr bemühe dich nicht, denn ich bin nicht wert, daß du unter mein Dach gehst;** 7 **darum habe ich mich auch nicht für würdig erachtet, zu dir zu kommen. Aber sprich ein Wort, und mein junger Knecht soll geheilt werden.** 8 **Denn auch ich bin ein Mensch, der unter Befehlsgewalt steht, und habe unter mir Soldaten und sage zu diesem: Geh!, und er geht, und zu einem andern: Komm!, und er kommt, und zu meinem Knecht: Tu dies!, und er tut es.** 9 **Als Jesus dies hörte, verwunderte er sich über ihn und wandte sich zu der begleitenden Menge und sprach: Ich sage euch, nicht einmal in Israel habe ich einen so großen Glauben gefunden.** 10 **Und als die Abgesandten in das Haus zurückgekehrt waren, fanden sie den Knecht gesund.**

Analyse   *Formale Analyse*

Nach der Feldrede gelangt Jesus direkt nach Kafarnaum (7,1), jene Stadt, die er in 4,42–44 verlassen hatte, ohne von seiner Rückkehr zu reden. Lukas erweckt also nicht den Eindruck, Kafarnaum sei Jesu wichtigster Aufenthaltsort gewesen; zudem verfaßt er gegen seine sonstige Gewohnheit keinen Sammelbericht als Übergang[1]. Die erste Hälfte von 7,1 gibt der vorausgehenden Rede Jesu einen Abschluß, während die zweite schon mit der folgenden Erzählung beginnt. Die matthäische (Mt 8,5–13) und die johanneische (Joh 4,46–54) Parallele lassen an einen Wunderbericht denken. Die Wichtigkeit des Gespräches und die wie ein Zusatz wirkende Heilung sprengen aber seine gattungmäßige Struktur[2].

Gedrängt erzählt V 2 die dramatische Lage. Unmittelbar darauf ist von einem ersten »Manöver« des Hauptmannes die Rede (V 3). Kaum bestellt (V 3), ist die Gesandtschaft auch schon bei Jesus angekommen (V 4a). Erstaunlicherweise stimmt ihre Rede an Jesus (VV 4b–5) mit ihrem Auftrag (V 3) nicht überein. Man erwartet einen Hilferuf und hört eine Lobrede. Im Sinn des Lukas aber war dies wie die Gesandtschaft selbst ein Element des »Manövers«, und wenn Lukas die Rede *vor* dem eigentlichen Anliegen der Gesandtschaft abbricht, vermeidet er eine Wiederholung (die Leser wissen ja schon, was er-

---

[1] Das ist deshalb nicht nötig, weil er hier nicht von einer Episode zu einer anderen, sondern von einer Rede zu einer Erzählung übergeht.

[2] George, A., *Guérison* 76 weist darauf hin, daß bei Lukas der Glaube des Heiden im Mittelpunkt steht.

hofft wird). Erst dann, und nur für eine kurze Weile, wird Jesus aktiv, indem er den Gesandten begleitet (V 6a). Dabei erreicht er aber gar nicht erst sein Ziel, denn der Hauptmann überrascht mit einer zweiten Gesandtschaft (V 6b), die die genauen Worte des Auftraggebers (sogar in der ersten Person Singular) übermittelt. Es ist eine relativ lange Rede (VV 6c–8), in der der Hauptmann durch den Mund seiner Freunde viel über sich selbst aussagt. Er möchte a) Jesus schonen, b) seine Unwürdigkeit ausdrücken, um Jesus von seinem Haus fernzuhalten und zugleich seine eigene Abwesenheit zu entschuldigen, c) Jesus um eine Fernheilung bitten, d) sein Vertrauen in Jesu Möglichkeiten zeigen mit dem Hinweis auf seine eigenen, die durch seine Stellung innerhalb der militärischen Hierarchie bedingt sind. Der Hauptmann steht bei alledem so sehr im Zentrum, daß Lukas es nicht für nötig hält, uns das Machtwort Jesu hören zu lassen. Jesus ergreift endlich das Wort, antwortet aber weder speziell den Freunden des Hauptmannes noch spricht er das erwartete heilende Wort. Er schließt in seiner Antwort vielmehr die ihn begleitende Volksmenge ein, um auch ihr etwas über den wirklichen Helden dieser Geschichte mitzuteilen (V 9). Hier liegt der Höhepunkt des Berichts. Der letzte Vers verhält sich zum vorherigen wie eine prosaische Folge, wie die Heimkehr vom Theater, nachdem der Vorhang gefallen ist.

Die Abfolge des Geschehens läßt sich damit so darstellen:

Jesus kommt nach Kafarnaum.
Der Hauptmann hat einen sterbenden Knecht.
Er schickt eine erste Gesandtschaft.
   Diese erreicht Jesus und lobt den Hauptmann.
   Jesus folgt ihr.
Der Hauptmann schickt eine zweite Gesandtschaft.
   Diese hält in seinem Namen eine lange Rede.
     Jesus äußert sich vor der Menge anerkennend über den Hauptmann.
  Rückkehr *der Gesandtschaft(en)* und Heilung des Knechtes.

Aus dieser ersten formalen Analyse wird ersichtlich:
a) die Hauptrolle des Hauptmannes, der selbst nie auftaucht, und seines in V 9n gelobten Glaubens; b) das Gegenüber zwischen ihm und Israel (vgl. die »Volksmenge« hinter Jesus in V 9); c) die Bedeutung der Distanzen: Der Hauptmann erbittet zuerst die Nähe Jesu, weist aber dann den direkten Kontakt ab; d) damit verbunden die wechselseitige Rolle der An- und Abwesenheit der Hauptdarsteller; e) ebenso die Funktion der Vermittlungen (die Gesandtschaften, das Wort Jesu); f) darauf bezogen die Relevanz der Würde: Der Hauptmann ist ἄξιος (V 4), behauptet aber, es nicht zu sein (VV 6–7), obwohl er in V 8 eine begrenzte, aber wirkliche Autorität beansprucht; g) der Knecht wird am Schluß geheilt, aber sein äußeres Los dient der inneren Einstellung des Hauptmanns nur als Folie.

Genetische Analyse

Diese Geschichte gehört zu den seltenen narrativen Stücken, die Matthäus und Lukas über Markus hinaus kennen. Für die Zugehörigkeit zu Q sprechen ihre Position bei beiden unmittelbar nach der Bergpredigt/Feldrede[3] sowie die Ähnlichkeit der Dialoge (7,6b–9 // Mt 8,8b–10)[4].

Die synoptische wie auch die johanneische (Joh 4,46b–54) Version gehen wohl auf ein und dasselbe Ereignis zurück[5], wie die vorliegenden Gemeinsamkeiten verdeutlichen: a) Der Kranke wohnt in Kafarnaum; b) der Hauptmann steht im Dienst der Herodes Antipas[6]; c) der Kranke gehört zum Haus des Hauptmannes; d) der Offizier ergreift die Initiative (ἐρωτάω [Lk 7,3; Joh 4,47]); e) der Glaube spielt eine bedeutende Rolle; f) der Knecht liegt im Sterben (Lk 7,2; Joh 4,47); g) Mt 8,13 und Joh 4,52–53a stellen die Stunde der Heilung fest[7].

Die wichtigsten Unterschiede betreffen die Pointe: In den synoptischen Evangelien bekräftigt der Hauptmann seine Unwürde und bittet um Fernheilung durch das Wort Jesu, während bei Johannes der »Königliche« auf das Kommen Jesu drängt und das Wort aus der Ferne direkt von Jesus ausgesprochen wird. Aber der erste Dialog (Joh 4,48–49) ist wohl ein redaktioneller Zusatz[8], was beide Versionen wiederum stark einander annähert.

Beide Traditionen, die aus Q und die johanneische, spiegeln also dieselbe Erinnerung wider, doch wurde diese danach unabhängig voneinander tradiert mit der Folge, daß ihr jeweiliger Skopus jetzt voneinander abweicht[9].

Bei Matthäus spielt die Distanz eine so geringe Rolle, daß der Hauptmann Jesus gleich zu Anfang begegnet. Matthäus vereinfacht oft das Szenarium der Wunderberichte; die beiden Gesandtschaften gehen also nicht zwangsläufig auf die lukanische Redaktion zurück[10]. Doch wird die Rede der zweiten bei Lukas so ungeschickt eingeführt, daß ich sie als redaktionellen Zusatz betrachte[11]. Lukas vermeidet demnach den

---

[3] Matthäus fügt zwischen dem Ende der Bergpredigt (Mt 7,28–29) und der Episode mit dem Hauptmann (Mt 8,5–13) in Mt 8,1–4 (Heilung eines Aussätzigen) markinische Überlieferung (Mk 1,40–45) ein.

[4] Die in der Perikope vorhandenen Dialoge begünstigen ihre Eingliederung in Q, oder ihre Eingliederung in Q bewirkte ihre Umwandlung in Richtung einer »Rede«.

[5] Im Jahr 1964 bemerkte Schnackenburg, R., Traditionsgeschichte 70, daß sich beinahe alle modernen protestantischen Kommentare dafür aussprechen, die beiden Erzählungen auf ein und denselben Ursprung zurückzuführen, während dies bei den katholischen Kommentaren nicht der Fall sei. Seither hat sich bei letzteren einiges gewandelt; vgl. Schürmann I 397; Schneider I 165; Fitzmyer I 648, die alle davon ausgehen, daß den unterschiedlichen Versionen ein einziges Ereignis zugrunde liege.

[6] Unter Herodes Antipas scheinen in Galiläa keine römischen Truppen stationiert ge-

wesen zu sein. Βασιλικός (Joh 4,46b [bei Josephus findet man häufig den Plural zur Bezeichnung der Truppen, des Hofes, der Beamten oder der Offiziere; vgl. Rengstorf, K.H., Concordance I s.v.]) kann einen Beamten oder Offizier im Dienst eines Prinzen wie Antipas bezeichnen.

[7] Diese Aufzählung von Ähnlichkeiten stützt sich auf Schnackenburg, R., Traditionsgeschichte 71f.

[8] Vgl. ebd. 65–67.

[9] Man kann noch weitere Unterschiede zwischen Q und Johannes erwähnen, insbesondere den Umstand, daß Johannes der heidnischen Herkunft des Königsoffiziers keine Beachtung schenkt; vgl. ebd. 73–75.

[10] Schulz, S., Q 238 Anm. 410 zeigt jedoch, daß das Vokabular der VV 3–6a sehr lukanisch ist.

[11] Vergleicht man Lk 7,6b–8 mit Mt 8,8, kommt man zur Überzeugung, daß die Überlieferung diese Worte dem Hauptmann selbst, der Jesus entgegengegangen war, in

direkten Kontakt zwischen Jesus und dem Heiden. Eindeutig stellt Mt 8,11–13 eine matthäische Erweiterung in Gestalt eines zunächst isoliert tradierten Jesuslogions dar, das Lukas nicht von ungefähr in einem anderen Kontext (13,28–29) notiert.

Eine stilistische Überarbeitung durch Lukas läßt der Vergleich mit Apg 10,1–11,18 erwarten. Auch dort ist von einem heidnischen, aber frommen Hauptmann die Rede, der der jüdischen Bevölkerung gegenüber besonders gütig ist, wird eine Gesandtschaft geschickt und geschieht etwas, kurz bevor der Übermittler der göttlichen Botschaft das Haus betritt. Jesus begegnet dem Hauptmann jedoch nicht und kommt auch nicht in sein Haus. Wahrscheinlich ist die erste Gesandtschaft trotz der lukanischen Formulierung traditionell. Möglich ist ebenso, daß Lukas zwei Varianten kennt: die von Q und eine andere. Bei Johannes blieb die Erinnerung an eine Gesandtschaft erhalten, freilich in einer anderen Funktion (Joh 4,51).

Zur Grundstruktur des Q-Berichts gehört also die Situation des Kranken in Kafarnaum, der Hilferuf des Hauptmannes (vielleicht durch Vermittlung einer Gesandtschaft), die lange Rede des Hauptmannes, seine Bewunderung durch Jesus und die Heilung. Unsicher ist, ob Jesus nur zögert, nicht gleich mitkommt und dadurch die Rede des Hauptmannes verursacht (Q und Matthäus) oder ob dieser erst kurz vor dem Eintreffen Jesu herbeieilt und in diesem Zusammenhang seine Rede beginnt (vorlukanische Überlieferung). Im zweiten Fall wäre die erste Gesandtschaft traditionell[12].

Die Bitte (VV 1–6a)   **Erklärung**

V 1: Πληρόω weist nicht nur auf das Ende der Feldrede (τελέω), sondern auch auf die **1** Fülle der Worte Jesu[13]: Jesus hat alles gesagt, was er sagen wollte[14]. Τὰ ῥήματα αὐτοῦ ist wohl synonym mit μου τῶν λόγων (6,47), klingt aber feierlicher und semitischer. Wichtig ist die Erwähnung des Volkes, denn nach hinten wird auf die Zuhörer der Botschaft Jesu hingewiesen, nach vorne auf die Begleiter Jesu und das Gegenüber der Leute des Hauptmannes (7,9)[15]. Εἰσῆλθεν bedeutet: Er ging nach Kafarnaum hinein (der Aorist kann hier nicht in ingressiver Bedeutung[16] vorliegen).

---

den Mund legte, wie das noch Matthäus tut, der natürlich auch von der Rückkehr der Ausgesandten (Mt 8,13; vgl. Lk 7,10) nichts weiß.

12   Vgl. Schulz, S., Q 236–240; Schramm, T., Markus-Stoff 40–43; Busse, U., Wunder 142 Anm. 3.

13   Lukas verwendet das Wort πληρόω zwar häufig, aber nirgendwo sonst für das Ende einer Rede; vgl. Apg 13,25, wo es für das Ende des Lebens, das mit einem (Wett)lauf verglichen wird, gebraucht ist. Vermeidet er τελέω (Mt 7,28) wegen des folgenden τελευτᾶν in Lk 7,2?

14   Ἐπειδή: Lukas verwendet diese Konjunktion nur hier in zeitlicher (sonst immer in kausaler) Bedeutung.

15   Ἀκοή bedeutet zunächst »Gehör«, dann »Ohr«, »Zuhören« und bezeichnet schließlich auch das »Gehörte«; vgl. Apg 17,20; Sophokles, Ai 147. Es handelt sich hier nicht um einen Semitismus.

16   Zum ingressiven Aorist vgl. Bl-Debr-Rehkopf § 331. Ich habe mich gefragt, ob es sich nicht um einen solchen Aorist handelt, denn wenn Jesus schon nach Kafarnaum hineingegangen ist, wo befinden sich dann der Hauptmann und sein kranker Diener? Lukas muß sich trotz allem an die Überlieferung halten (vgl. Mt 8,5 und Joh 4,46b), nach der sie sich ebenfalls in Kafarnaum befinden. Nach Lukas müssen die Boten also keinen sehr langen Weg zurücklegen.

2–6a   VV 2–6a: Der Hauptmann[17] wird von Lukas als Nicht-Jude angesehen. Da zur Zeit Jesu unter Antipas normalerweise keine römischen Truppen in Galiläa stationiert waren, konnte der Centurio nur zur Miliz des Antipas gehören, der auch nichtjüdische Truppen angeworben hatte[18]. Ob Lukas darüber nachgedacht hat, ist nicht sicher.

Außer auf seinen Beruf wird auf die Einstellung des Mannes[19] zum Judentum verwiesen. »Er liebt unser Volk«[20] klingt wie eine (ironische?) Anwendung wenn nicht der Feindes-, so doch der Fremdenliebe. Ἀγαπάω (7,5) wird also von der Feldrede suggeriert. Das Fremdsein des Mannes taucht im Wort τὸ ἔθνος ἡμῶν der Ältesten[21] auf. Die Liebe konkretisiert sich darin, daß er eine Synagoge[22] gestiftet hat[23]. Weihinschriften[24] bezeugen, daß damals einige Synagogen von Ausländern bezahlt wurden. Soziologisch gesehen stoßen wir auf die Kategorie der »Gottesfürchtigen«, die in der Geschichte der urchristlichen Mission eine wichtige Rolle spielten. Vom Judentum, seinem Monotheismus und seiner ethischen Perspektive angezogen, vermieden sie doch den Schritt zur Beschneidung, um nicht ihre Rasse und Heimat zu verraten. Sie besuchten aber die jüdischen Gottesdienste, kannten das Gesetz und hielten die Hauptgebote. Bei diesen Menschen hatten die christlichen Missionare schnelle Erfolge. Wahrscheinlich war Lukas selbst einer von ihnen. Deshalb hat er besonderes Interesse für sie[25]. Die christliche Botschaft wird ihnen laut Lukas die Zugehörigkeit zum Volk Gottes (λαός [7,1]) ermöglichen – durch den Glauben, nicht durch die Beschneidung.

Die erste Gesandtschaft[26] bringt den Hilferuf des Hauptmannes zum Ausdruck[27] und zeigt diskret auf, daß der Offizier die vom Gesetz verlangte Tren-

---

[17] Zu ἑκατοντάρχης (Lukas) und ἑκατόνταρχος (Matthäus) vgl. Bauer s.v.

[18] Lagrange 205 meint, man könne an einen römischen Offizier denken, der außerhalb seines Dienstes mit der Ausbeutung einer Mine zu tun hatte.

[19] Im Gegensatz zu einem Kornelius, Jairus oder Zachäus hat dieser Mann noch keinen Namen erhalten.

[20] Vgl. Josephus, Ap II 4 § 43, der in der Auseinandersetzung um das alexandrinische Bürgerrecht der Juden anführt, Alexander sei ἐτίμα γὰρ ἡμῶν τὸ ἔθνος.

[21] Für Lukas sind es nicht Schriftgelehrte, sondern Notabeln.

[22] Zur Geschichte des Wortes συναγωγή vgl. Schrage, W., Art. συναγωγή, in: ThWNT VII (1964) 800–808.

[23] Zu Spenden und Schenkungen im Römischen Reich vgl. Veyne, P., Le pain et le cirque. Sociologie historique d'un pluralisme politique, Paris 1976 (Univers Historique). Das Motiv der Schenkung eines Gebäudes wird im Christentum aufgegriffen: In ActPhil VII 87–93 liegen zwei Männer im Wettstreit darüber, wer von beiden eine Kirche stiften dürfe.

[24] Vgl. Lifshitz, B., Donateurs et fondateurs dans les synagogues juives. Répertoire des dédicaces grecques relatives à la construction et à la réfection des synagogues, Paris 1967 (CRB 7).

[25] Mit Schweizer 4. Zu den »Gottesfürchtigen« vgl. den Exkurs von K. Lake, in: Beginnings V 74–96 sowie jetzt Finn, T.M., The God-fearers Reconsidered, CBQ 47 (1985) 75–84.

[26] Die Gesandtschaft wird sichtlich für die nichtjüdischen Leser vorgestellt (vgl. »die Ältesten der Juden« [V 3]; »unser Volk« [V 5]).

[27] Das Verb παρακαλέω (V 4) findet man in Mt 8,5 wieder; es gehört der Überlieferung an. Das Tempus des Verbs, das Imperfekt, sowie das Adverb σπουδαίως unterstreichen die Eindringlichkeit der von den Notabeln ausgesprochenen Bitte. Drei Bedeutungsschattierungen des Adverbs: Fleiß, Ernsthaftigkeit und Eindringlichkeit. Die Bedeutung von διασῴζω wird sich von der des einfachen σῴζω wohl kaum sehr stark unterscheiden. Das δια- präzisiert vielleicht, daß sich die Rettung weit über die Genesung von der Krankheit hinaus erstreckt.

nung zwischen Juden und Nicht-Juden respektiert (vgl. Apg 10,28). Die Ältesten geben zuerst eine moralische Rechtfertigung: Der Hauptmann ist der Hilfe Jesu würdig (ἄξιος)[28]. Natürlich hat der Mann wie auch Kornelius den Pelagianern und Semipelagianern ein Argument gegen die Theologie Augustins im Blick auf das *initium fidei* geliefert. In der Tat spricht Lukas ohne weiteres vom Verdienst des Hauptmannes. Aber es geht ihm um eine lebendige, persönliche Beziehung zwischen Gott und Mensch. Wo man sich liebt, ist die Frage »Wer hat angefangen?« sinnlos.

Der Hauptmann hat einen Knecht[29], der krank ist[30], ja im Sterben liegt[31]. Die Bedrohung durch den Tod ist um so tragischer, als der Knecht seinem Herrn »wertvoll« ist. Nach dem juristischen Sklavenverständnis der Antike könnte dies finanziell verstanden werden. Lukas will jedoch auf eine bedrohte zwischenmenschliche Beziehung hinaus (vgl. auch die Freunde in V 6). Der Offizier liebt nicht nur das fremde Volk Israel, sondern auch seinen Nächsten (10,25–37). Seine Hochachtung gegenüber seinem Knecht zeigt, daß er diesen nicht nur in seiner Funktion ansieht, sondern als Person. Dieser doppelten Zuneigung wird Jesu Liebe antworten, die den Nächsten und den Fernsten erreicht. Glaube und Liebe bilden beim Hauptmann eine beispielhafte Einheit.

Das Vertrauen des Hauptmanns (VV 6b–10)

Die Struktur der Erzählung läßt auf die Bitte nicht einfach eine Antwort folgen. Die Bitte (VV 2–6a) wird sich vielmehr in einer selbstauferlegten Probe bewähren. Freiwillig will der Hauptmann auf die Nähe Jesu verzichten. Diese Erprobung und die gleichzeitige Bitte werden von Jesus als Ausdruck der πίστις verstanden. Nach Lukas vertraut der Heide darauf, die Heilsgüter des Messias Jesus zu empfangen, ohne ihm persönlich zu begegnen. Damit erklärt der Evangelist den Heiden seiner Zeit, daß sie gegenüber den Juden oder der ersten Generation der Christen nicht zurückstehen. Weder die körperliche Nähe noch die chronologische Unmittelbarkeit entscheiden über das Heil, sondern die persönliche Einstellung, die Liebe zum anderen und der Glaube zum Herrn.

6b–7a

Die redaktionelle Konstruktion der zweiten Gesandtschaft will den Rhythmus der Heilsgeschichte darstellen. Die eigentliche Berufung der Hei-

---

[28] Die Rede ist natürlich kein wörtliches Zitat, sondern gänzlich auf den Leser zugeschnitten. Dieser erfaßt sogleich, daß παρέξῃ τοῦτο die Heilung des Dieners meint. Im Gegensatz zum aktiven παρέχω (»verschaffen«) unterstreicht das mediale παρέχομαι (»sich selbst etwas verschaffen«) die persönliche Anteilnahme, die die Boten von Jesus erhoffen.

[29] Die Überlieferung las παῖς (Mt 8,6), das von Johannes als »Sohn« (υἱός [Joh 4,46]) und von Lukas als »Diener« (δοῦλος [Lk 7,2]) interpretiert wurde. Lukas bedient sich des

Wortes δοῦλος als inclusio für seine Erzählung: Es erscheint zweimal zu Beginn (VV 2–3) und einmal am Schluß (V 10). Das traditionelle παῖς hat sich da erhalten, wo wenig verändert wurde: in einer Rede (V 7).

[30] Matthäus, der eine Vorliebe für Gelähmte hat, änderte die von Lukas (vgl. Joh 4,46) weitergegebene Überlieferung. Die volkstümliche Wendung κακῶς ἔχων in Lk 7,2 ist nicht lukanisch; vgl. Marshall 279.

[31] Die Parallele in Joh 4,47 erweist den Hinweis als traditionell.

den soll auf das Heilsgeschehen (Lk 22–24), das Ereignis von Pfingsten (Apg 2) und eine folgende Offenbarung (Apg 10,9–16) warten, bis der göttliche Beschluß endlich herangereift ist. Während der Vorbereitungsetappe des Lebens Jesu treten die Heiden nicht direkt mit dem Herrn in Kontakt. Lukas erreicht also ein Doppeltes: Er qualifiziert den Glauben durch die Distanz[32] und markiert in ihr das Unvollendete der Heilsverwirklichung. Einzelexistenz und Heilsgeschichte sind ineinander verflochten.

Lukas dramatisiert die Erzählung: Als Jesus schon (ἤδη) in der Nähe des Hauses steht[33], schickt der Hauptmann seine Freunde. Durch das im Neuen Testament seltene Wort φίλοι wie mit der schönen Beziehung zwischen Herrn und Sklaven suggeriert Lukas eine harmonische Atmosphäre im gastfreundlichen Haus des Hauptmannes.

Μὴ σκύλλου[34] klingt volkstümlich, aber das Verb hat wohl schon viel von seiner Derbheit (wörtlich »schinden«) verloren[35]. Der Hauptmann hält sich für οὐ γὰρ ἱκανός (»nicht zureichend, zuständig, genügend«; »nicht groß, stark, reich« bzw. »nicht gut genug« oder »wert«). Neben das Heilsbedürfnis und die objektive Ehrlichkeit des Hautpmanns tritt das subjektive Gefühl der Unzulänglichkeit. Lukas weiß von diesem existentiellen Mangel (»wir sind unnütze Diener« [17,10]), und wir erinnern uns an die Theologie der ἱκανότης im 2. Korintherbrief (2Kor 3,5–6: Erst Gott kann uns zu unserem Dienst befähigen). Das ist mit einem starken anthropologischen Bewußtsein verbunden. Die Erzählung betont jedoch, daß der Mann würdig wird, indem er glaubt, es nicht zu sein (vgl. 9,24); paulinisch gesprochen, daß er in dem Moment stark wird, da er schwach ist (2Kor 12,9)[36]. Die Wiederholung der Unwürdigkeitsbezeugung in V 7a (noch nicht in Matthäus und Q) suggeriert, daß der Heide sich auch dem Gesetz Gottes gegenüber für unwürdig hält.

7b   Nach diesem negativen, aber doch höchst positiven Teil der Rede macht der Hauptmann einen Vorschlag. Er vertraut Jesus so weit, daß er meint, sein Wort werde genügen, seinen Knecht zu heilen. Der Unterschied liegt also zwischen Geste und Wort, nicht zwischen einem Wort und vielen Worten (man sollte demnach nicht, wie so oft in der auf Matthäus ausgerichteten Abendmahlsliturgie mit »Sage nur ein einziges Wort …« übersetzen). Wohl ist daran zu erinnern, daß in der Antike Wunderheilungen erst durch direkten Kontakt als möglich betrachtet wurden (vgl. auch Lk 5,17 und 6,19). Der Hauptmann glaubt aber an die göttliche Wirksamkeit des Wortes Jesu, eine

---

[32]   Er versteht ihn aber auch als ein Überwinden der Trennung.

[33]   Wettstein 698 führt verschiedene Verwendungsmöglichkeiten an für die Worte οὐ μακρὰν ἀπέχω, z.B. Dionysius Halicarnassensis, Ant Rom IV 27.

[34]   Schramm, T., Markus-Stoff 42 ist der Ansicht, Lukas habe diesen Ausdruck aus der Geschichte der Tochter des Jairus (Mk 5,35 // Lk 8,49) übernommen. Doch die Umstände

sind dort ganz anders, da der Bote, der dem Vater den Tod seiner Tochter mitteilt, diesen auffordert, den Meister nicht mehr zu bemühen; vgl. Loisy 217.

[35]   Vgl. Plummer 196.

[36]   Handelt es sich bei den Worten »daß du unter mein Dach gehst« um eine banale Aussage oder nicht? Man findet denselben Ausdruck auf jeden Fall im Codex Alexandrinus (Gen 19,8).

Auffassung von Sprache, die in der Antike nicht unmöglich war. Was die Verwunderung Jesu bewirkt, ist also nicht so sehr der Unterschied in der Vermittlung der göttlichen Kraft (die Sprache tritt an die Stelle der Tat), sondern das Urvertrauen in die Kraft *Jesu* im Wort[37]. Das Christologische ist im Glauben des Hauptmannes das Entscheidende.

Er schließt seine zweite Anfrage mit dem berühmten Vergleich mit der militärischen Disziplin. Das hat nichts mit der Frage der Loyalität der Christen gegenüber dem Staat zu tun. Man kann höchstens sagen, daß Lukas hier keine Abneigung gegen die Vertreter der Armee zeigt; im Gegenteil. Der Hauptmann setzt jedoch nicht mit *seiner* Autorität ein, sondern betont seine Unterordnung. Entweder versteht man den Vergleich als unvollendetes Argument des Typus »wieviel mehr« oder als strikt analogischen Syllogismus. Im ersten Fall läßt der Hauptmann sagen: »Obwohl ich untergeben bin, habe ich die Macht, Befehle ausführen zu lassen. Wieviel mehr du ...« Im zweiten Fall taucht Gott hinter Jesus auf: »Wie ich unterstellt bin, bist du dem Vater unterstellt, und gerade deswegen ist dein Wort göttlich wirksam.« Ich plädiere für die erste Auslegung, aber nicht unbedingt für den konzessiven Sinn von ταυσόμενος, denn in der militärischen Organisation (und hier liegt der Vergleichspunkt) geht auf den Untergebenen die Macht der Vorgesetzten über. | **8**

Der Gleichniserzähler Jesus vernimmt hier seinerseits ein Gleichnis. Was er hört, kommt aus der persönlichen Erfahrung des Gläubigen und zeigt ein höchst einsichtiges Verständnis der Autorität Jesu: Glauben heißt, sich selbst nicht nur psychologisch, sondern auch im sozialen Feld seiner Verantwortung zu kennen, heißt nicht nur die Person, sondern auch die Position Jesu Christi zu schätzen, vor allem aber die Analogie und den Unterschied zwischen der menschlichen Realität und der göttlichen Sphäre richtig einzustufen. Analog ist die Struktur des befehlenden Wortes, analogielos die Anwendung: Von sich aus kann der Mensch keinen Kranken durch das Wort heilen[38]. Trotz seiner übergeordneten Stellung steht der Hauptmann wort- und machtlos vor seinem Knecht (das gleiche Wort wie im Vergleich V 8). | **9**
Was uns heute vielleicht stört, war damals möglicherweise der springende Punkt des Vergleichs: Der gehorsame Soldat oder Knecht darf keinen eigenen Willen zeigen. Die Hilfskraft des heilenden Messias ist so wirksam, glaubt der Hauptmann, wie das Wort eines befehlenden Offiziers[39].
Der Hauptmann bleibt die Hauptfigur. Jesus handelt wie in V 6a nicht selbständig, sondern reagiert nur, und zwar wie ein Zuschauer (ἐθαύμασεν)[40], der

---

[37] Das Vokabular bleibt im Bereich der physischen Gesundheit (ἰάομαι [V 7]; ὑγιαίνω [V 10]). Nur διασῴζω (V 3) läßt vielleicht für christliche Ohren eine Errettung anklingen, die über die Wiederherstellung der körperlichen Krankheit hinausgeht.
[38] Lukas setzt sich hier in schroffen Gegensatz zu den magischen Glaubensauffassungen seiner Zeit. Er glaubt an die δύναμις Jesu, nicht aber an deren Aneignung durch magische Formeln oder menschliche Riten und Praktiken.
[39] Die Beispiele (V 8) sind sehr gut gewählt: Einem Soldaten befiehlt man, sich in Bewegung zu setzen, einem Sklaven, etwas zu tun.
[40] Im Verlauf der Geschichte der Exegese haben sich die christlichen Leser immer wieder gefragt, wie sich Jesus, der Sohn Gottes, »wundern« konnte; vgl. Calvin, J., Harmonie 216.

die anderen Zuschauer anspricht[41]. Doch sein Wort wandelt sich blitzartig von einer Bemerkung zum wirksamen Urteil. Autoritativ (λέγω ὑμῖν) vergleicht er den Glauben des Fremden[42] mit dem »in Israel«. Damit verschiebt sich jetzt das Gewicht vom Hauptmann auf Jesus, und die Zuschauerrolle hat nun das Volk inne.

Während Matthäus »bei niemandem in Israel« notiert, heißt es bei Lukas »nicht einmal (οὐδέ) in Israel«[43]. In der lukanischen Formulierung ist der Vorwurf an Israel sehr viel zurückhaltender als in der matthäischen, dennoch geht es auch hier, wie die positive Beschreibung des Fremden kontrastierend verdeutlicht, um eine prophetische Kritik Jesu an seinem Volk. Ursprünglich erzählte man die Geschichte im Sinne einer Klage gegen Israel, später als Beispiel des Glaubens, schließlich als freudige Zustimmung für die Einbeziehung der Heiden in die christliche Gemeinde.

10   Das Aussprechen des erwarteten Heilungswortes (ἀλλὰ εἰπὲ λόγῳ [V 7]) wird absichtlich nicht erwähnt, so daß die Leser die Heilung vor allem dem Glauben des Hauptmanns zuschreiben. Der Feststellung dieses Glaubens folgt die seiner Wirkung[44]. Wer die zurückkehrenden Boten sind, bleibt unbestimmt, vielleicht ein Zeichen dafür, daß die Urfassung nur eine Delegation kannte. Zu Hause angekommen, finden die Boten den Knecht gesund, ein Sachverhalt, der nicht allegorisch verstanden werden darf[45].

Zusammen-   Die Perikope gibt uns Einsicht in die soziale Herkunft einiger Christen: Die
fassung   christliche Botschaft hat starken Anklang gefunden bei Heiden in Galiläa wie in Syrien, die sich mit ihrem religiösen Bedürfnis und moralischen Sinn dem Judentum nahe fühlten, ohne wirklich den Sprung ins Judentum zu wagen. Sie gehörten der mittleren wie der oberen Klasse der Gesellschaft an. Formgeschichtlich steht die Perikope zwischen einem Wunderbericht (wie die Jairusperikope [8,40–56]) und einer Personalegende (wie die Korneliuserzählung [Apg 10,1–11,18]). Die Hauptperson ist der Offizier, und sein Glaube steht im Zentrum, die Heilung seines Knechts hingegen eher am Rand. Durch einen solchen Glauben an Christus, verbunden mit dem Gehorsam gegenüber den ethischen Verpflichtungen des Gesetzes Gottes, gehört ein Mensch

---

[41]   Nach Joüon, Notes 352 hängt der Dativ τῷ ἀκολουθοῦντι αὐτῷ ὄχλῳ nicht von στραφείς, nach dem ein πρός oder ein εἰς stehen müßte, sondern von εἶπεν ab: »Und nachdem er sich umgewandt hatte, sagte er zur Menge, die ihm folgte«. In Mt 5,39 steht jedoch στρέψον αὐτῷ καὶ τὴν ἄλλην.

[42]   Τοσοῦτος bezeichnet die Größe oder die Anzahl. Hier wird – in übertragenem Sinn – die Größe angegeben (»also, *so great* [in rank, skill, or character]«; Liddell-Scott-Jones s.v.). In seiner Bedeutung steht das Wort also in der Nähe von τοιοῦτος.

[43]   Auch wenn andere Bedeutungen mög-

lich sind, hat οὐδέ hier wahrscheinlich die genannte. So verstand bereits Ambrosius, Exp Luc V 6, 87 den griechischen Text.

[44]   Lukas kann zwar die passivische Formulierung, die in Q vorliegt (ἰάθη, Mt 8,13), vermeiden, doch gelingt es ihm nur auf Kosten einer unglücklichen Wiederholung von εὗρον (dritte Person Plural [Lk 7,10]; vgl. die erste Person Singular in 7,9).

[45]   Auch wenn das Vokabular der Gesundheit zur Zeit des Lukas von den Christen metaphorisch für die Unterweisung (Tit 1,9) oder das Glaubensleben (Tit 1,13) gebraucht wurde.

voll zum Volk Gottes. Beschneidung und Ritualverpflichtungen sind überholt. Die Redaktionsarbeit des Lukas erreicht ein Paradox: Der Hauptmann ist die Hauptfigur und tritt doch nie persönlich auf die Bühne. Damit zeigt der Evangelist, daß die Heiden von Gott als Hauptempfänger der christlichen Botschaft vorgesehen sind (vgl. Apg 28,28), aber erst in der Abfolge der Heilsökonomie, d.h. nach Pfingsten dieses Ziel erreichen können (vgl. die Korneliusgeschichte, in der es explizit dazu kommt [Apg 10,1–11,18]). Damit verbunden wird das Wesen des Glaubens für die heutigen Hörer veranschaulicht. Glauben heißt: vertrauen, konkreter: vertrauen, ohne gesehen zu haben (vgl. Joh 20, 29)[46], sich bewähren, vor allem: in persönliche Verbindung mit Jesus Christus kommen.

Erstaunlich ist die von Irenäus überlieferte Auslegung der Valentinianer, die den Hauptmann mit dem Demiurgen identifizieren, der bei der Ankunft des Heilands sein Unwissen ablegt. Was er von ihm lernte, bewirkt, daß er mit seinen Heerscharen ihm anhängt. Er erfüllt die Ökonomie der Welt bis zu der dafür festgesetzten Zeit, sowohl wegen der Kirche, für die er Verantwortung trägt, als auch wegen seines zugesprochenen Lohns (seiner Versetzung in den sogenannten Ort der Mutter). Die Zusammenfassung bei Irenäus geht mit einer Unterscheidung der drei Kategorien von Menschen weiter[47].

Wirkungsgeschichte

Eine solche Unterscheidung begegnet drei Jahrhunderte später in einer vor kurzem zum ersten Mal veröffentlichten Predigt des Severian von Gabala. Der Gegner des Chrysostomos beginnt mit einer Auslegung des synoptischen Berichtes[48], beschreibt dann die wahren Gläubigen, die Halbgläubigen sowie die Ungläubigen und verwendet bei dieser Gelegenheit ausführlich den Bericht der Sturmstillung (mit der Kleingläubigkeit der Jünger[49]), um schließlich die Manichäer und ihr Verständnis der bösen σάρξ[50] anzuprangern. Es könnte eine exegetische Tradition gegeben haben, die den Hauptmann mit den Gläubigen in Verbindung brachte. Die orthodoxe Variante davon wären wie bei Severian die Gläubigen, die Kleingläubigen und die Ungläubigen. Nach Severian hat der Hauptmann die Würde des Heilands erkannt, die viele Häretiker nicht begreifen, wenn sie ihn dem Vater unterordnen (*De centurione* 2). Dem Glauben des Hauptmannes, der die körperliche Nähe Jesu nicht verlangt, steht die Kleingläubigkeit der Juden (Lk 7,3) gegenüber (*De centurione* 2–3). »Sage ein Wort« zeigt, daß der Hauptmann die Kraft des Wortes Gottes in der Schöpfung wie in den Wundern versteht: Λόγου χρῄζω παρὰ τοῦ θεοῦ λόγου (»ich bedarf eines Wortes von Gott, dem Wort« [*De centurione* 4])[51].

---

[46] Luther hat ein feines Gespür für diese Kraft des Wortes, selbst wenn Christus abwesend ist; vgl. Luthers Evangelien-Auslegung 366.

[47] Vgl. Irenäus, Adv Haer I 7,4–5.

[48] Severian von Gabala, De centurione greift sowohl auf Matthäus als auch auf Lukas zurück; vgl. Aubineau, M., Traité.

[49] Vgl. Severian von Gabala, De centurione 1–13. Luther bezeugt, daß sich dem christlichen Gewissen die Frage stellte: Hatte dieser Offizier mehr Glauben als die Apostel und als Maria?; vgl. Luthers Evangelien-Auslegung 367.

[50] Ab De centurione 24 setzt sich Severian von Gabala mit den Apollinaristen auseinander, die behaupten, das göttliche Wort habe in einem menschlichen Körper, der zwar eine Seele, aber keinen Intellekt (νοῦς) besaß, Wohnung genommen.

[51] Ambrosius, Exp Luc V 6,83 faßt die Heilung des Dieners als einen Fall gelebter Feindesliebe auf.

Luther wie Calvin anerkennen die Tugend und den Glauben des Hauptmannes, führen sie aber ausdrücklich auf die vorausgehende Gnade Gottes zurück[52]. Zum Glauben gehört nach Luther auch die Demut (7,6) gegenüber dem von den Juden verachteten Jesus, die bewundernswert ist[53]. Calvin bestaunt überdies die Liebe des Hauptmannes zu Gott und zum Gesetz in einer Zeit, da die Heiden die Juden haßten[54]. Beide Reformatoren verstehen (mit einer mittelalterlichen Auslegung?), daß der Hauptmann die beiden Naturen des Christus noch nicht bekennen, aber die Kraft Gottes in der Person Christi erkennen konnte, die ihm genügte, um zu glauben[55]. Luther und Calvin sehen im Vergleich mit der militärischen Disziplin (7,8) den Unterschied zwischen dem Hauptmann und dem Herrn und führen einen Schluß a minori ad majus aus[56]. Über V 9 schreibt Luther: »Darüber hat man mit großen Sorgen gehandelt, auf daß ja die Mutter Gottes und die Apostel nicht geringer seien denn dieser Hauptmann.« Dann gibt er zu, daß Jesus hier »vom großen Haufen rede« und nicht von seiner nächsten Umgebung. Dennoch sollen wir »Christi Worte nicht mit unserem Deuten beugen«. Darauf folgt eine evangelische Auslegung der Heiligen, die durch die Gnade Gottes sind, was sie sind[57]. Indem Luther beide Wunder[58] betrachtet, den Glauben des Hauptmannes und das Wort Christi, kommt er zu dem Schluß: »Da stimmt beides, sein Glaube und Christi Herz, recht zusammen.«[59]

Der Jüngling zu Nain (7,11–17)

Literatur: *Abel, F.-M.,* Géographie de la Palestine II, Paris 1967, 394–395; *Achtemeier, P.J.,* The Lucan Perspective on the Miracles of Jesus. A Preliminary Sketch, JBL 94 (1974) 547–562; *Bornhäuser, K.,* Sondergut 52–64; *Brodie, T.L.,* Toward Unravelling Luke's Use of the Old Testament. Luke 7,11–17 as an *Imitatio* of I Kings 17,17–24, NTS 32 (1986) 247–267; *Bultmann, R.,* Syn. Trad. 230; Ergänzungsheft 80f; *Busse, U.,* Wunder 161–179; *Dibelius, M.,* Formgeschichte 71f; *Dubois, J.-D.,* La figure d'Elie dans la perspective lucanienne, RHPhR 53 (1973) 155–176; *Fuller, R.H.,* Interpreting the Miracles, London ²1966, 64; *George, A.,* Le miracle dans l'œuvre de Luc, in: Les miracles de Jésus selon le Nouveau Testament, hrsg. v. X. Léon-Dufour, Paris 1977, 249–268 (= *ders.,* Etudes 133–148); *Gils, F.,* Jésus prophète d'après les évangiles synoptiques, Louvain 1977, 26–27 (OBL 2); *Harbarth, A.,* »Gott hat sein Volk heimgesucht.« Eine form- und redaktionsgeschichtliche Untersuchung zu Lk 7,11–17: »Die Erweckung des Jünglings von Nain«, Heidelberg 1977; vgl. ThRv 74 (1978) 510; *Jeremias, J.,* Sprache 156–160; *Kopp, C.,* Stätten 294–299; *Lindars, B.,* Elijah, Elisha and the Gospel Miracles, in: Miracles. Cambridge Studies in Their Philosophy and History, hrsg. v. C.F.D. Moule, London 1965, 63–79; *van der Loos, H.,* Miracles 573–576; *Petzke, G.,* Hi-

---

[52] Vgl. Luthers Evangelien-Auslegung 364: »Sondern Gott hatte es also geschickt . . .«; Calvin, J., Harmonie 214: »Ainsi doncques devant que Christ guarist son serviteur, il avoit desjà luy-mesme esté guari par le Seigneur.«
[53] Vgl. Luthers Evangelien-Auslegung 365.
[54] Vgl. Calvin, J., Harmonie 214.
[55] Vgl. Luthers Evangelien-Auslegung 365; Calvin, J., Harmonie 215f.
[56] Vgl. Luthers Evangelien-Auslegung 366;

Calvin, J., Harmonie 216. »Der Heide und Kriegsmann wird ein Theologus und fäht an zu disputiren so schön und christlich, daß genug wäre einem, der vier Jahre wäre ein Doctor gewesen«; Luthers Evangelien-Auslegung 365.
[57] Vgl. ebd. 367.
[58] Vgl. ebd. 366: »ein zwiefältig Wunder«.
[59] Vgl. ebd. 369.

storizität und Bedeutsamkeit von Wunderberichten. Möglichkeiten und Grenzen des religionsgeschichtlichen Vergleichs, in: Neues Testament und christliche Existenz (FS H. Braun), hrsg. v. H.D. Betz und L. Schottroff, Tübingen 1973, 367–385; *ders.*, Die Traditionen über Apollonius von Tyana und das Neue Testament, Leiden 1970 (SCHNT 1), passim, bes. 129f. 135–137; *Richardson, A.*, The Miracle Stories of the Gospels, London 1959, 113–114; *Schnyder, C.*, Zum Leben befreit. Jesus erweckt den einzigen Sohn einer Witwe vom Tode (Lukas 7,11–17). Eine Totenerweckung, in: Wunder Jesu, hrsg. v. A. Steiner und V. Weymann, Zürich/Basel 1978 (Bibelarbeit in der Gemeinde: Themen und Materialien, 2), 77–87; *Theißen, G.*, Wundergeschichten 163.273; *Ternant, P.*, La résurrection du fils de la veuve de Naïn, ASeign 41 (1971) 69–79; *Vogels, W.*, A Semiotic Study of Luke 7,11–17, EeT(O) 14 (1983) 273–292.

11 Und es geschah in der Folge, daß er in eine Stadt wanderte, die Nain genannt war, und seine Jünger und eine große Menge wanderten mit ihm. 12 Als er sich dem Tor der Stadt näherte, siehe, wurde ein Verstorbener herausgetragen, einziger Sohn seiner Mutter, und sie war Witwe, und eine beträchtliche Menge aus der Stadt war mit ihr. 13 Und als der Herr sie sah, erbarmte er sich über sie und sprach zu ihr: Weine nicht! 14 Und hinzutretend rührte er den Sarg an, und die Träger blieben stehen. Und er sprach: Jüngling, ich sage dir, wach auf! 15 Und der Tote richtete sich auf und fing an zu reden, und er gab ihn seiner Mutter. 16 Furcht aber ergriff alle, und sie priesen Gott und sagten: Ein großer Prophet ist unter uns aufgestanden, und: Gott hat sein Volk besucht. 17 Und dieses Wort über sein Wirken ging aus in ganz Judäa und der ganzen Umgebung.

Die Perikope 7,11–17 ist ohne Parallele in den anderen Evangelien. Sie wird zwar innerhalb einer Q-Sektion (6,20–7,10; 7,18–35) überliefert, stammt aber anderswoher. Hätte Matthäus diesen Bericht gekannt, hätte er ihn sicher nicht ausgelassen.[1]   Analyse

Neben vielen Lukanismen enthält die Erzählung auch nicht-lukanische Elemente. Nain (V 11), ἐκκομίζω und τεθνηκώς (V 12), eventuell σπλαγχνίζομαι und μὴ κλαῖε (V 13), das Berühren der Bahre, das Verbum ἐγείρω (V 14), ἀνακαθίζω (V 15) und προφήτης μέγας (V 16)[2]. Lukas wird daher eine schriftliche, griechisch verfaßte Vorlage aus seinem Sondergut benutzt haben. Während er aus Markus und Q in aller Regel längere Texte alternativ nacheinander aufgreift, übernimmt er aus seinem Sondergut eher Einzelabschnitte, die er dann in den jeweiligen Block aus Markus oder Q einfügt: so

---

[1] Dank Harbarth, A., Gott 17–79, der wichtigsten Arbeit zu dieser Perikope, und Jeremias, J., Sprache 156–160 können wir die Lukanismen dieses Abschnittes ausfindig machen: z.B. ἐγένετο, ἐξῆς, πορεύομαι εἰς, πόλις, καλέω, συμπορεύομαι, μαθηταί, ὄχλος

πολύς (V 11), ὡς δέ, ἐγγίζω, καὶ ἰδού, ὄχλος ... ἱκανός (V 12) usw.

[2] Die Sprache ist untersucht bei Harbarth, A., Gott 17–79; Busse, U., Wunder 165–170 und Jeremias. J., Sprache 156–160.

z.B. die Berufung des Petrus (5,1–11) in einen Markus-Block, die jetzt behandelte Perikope in eine Q-Sektion.

Der Grund der Einfügung der VV 11–17 an gerade dieser Stelle ist klar: Jesus wird in 7,22 vor den Abgesandten des Täufers betonen, daß auch Tote auferstehen. Da Lukas bis jetzt keine Totenauferweckung geschildert hat, füllt er nun diese Lücke, wie auch 7,21, wo von Jesu umfassender Heiltätigkeit die Rede ist, bestätigt. Wenn wir die Heilung des Gelähmten (5,17–26), die Genesung des Aussätzigen (5,12–16), unsere Perikope (7,11–17), die Seligpreisungen (6,20–22) und den Sammelbericht 7,21 zusammennehmen, erkennen wir, daß der Evangelist Jesu Antwort an den Täufer (7,22) mit der Wirklichkeit seines messianischen Auftretens voll zur Deckung bringt.[3]

Lukas hat seine Vorlage derart redaktionell bearbeitet, daß es nahezu unmöglich ist, die vorliegende Tradition exakt zu rekonstruieren. Durch eine lange Analyse mit philologischen, stilistischen und traditionsgeschichtlichen Kriterien gelangt A. Harbarth zu einer skelettartigen Rekonstruktion, die einer anderen, der von U. Busse, so nahe steht, daß wir ihren Aufbau und ihre Elemente als traditionell betrachten können.[4] Was Lukas vor sich hatte, wird freilich mehr gewesen sein als nur dies wenige; manches traditionelle Element wird er redaktionell übergangen oder ersetzt haben.

Vermutlich respektierte Lukas den klaren Aufbau der ihm vorgegebenen Erzählung:

1.   Die *Einleitung* mit dem Motiv des Kommens des Wundertäters (VV 11–12a).

2.   Die *Exposition* mit der Charakterisierung der Not und dem Auftreten des Hilfsbedürftigen, seiner Stellvertreterin (der Witwe) und der Menge (V 12b: καὶ ἰδού . . .).

3.   Die *Mitte* der Erzählung mit dem durch das Erbarmen des Wundertäters begründeten Wunder: Da ist zum einen die Initiative des Thaumaturgen durch zwei Worte (an die Mutter und an den verstorbenen Sohn) und eine eingeschobene Geste (Berühren der Bahre), zum anderen die Reaktion des Jünglings (das sich Aufsetzen und das Sprechen bestätigen das Wunder [VV 13–15: καὶ ἰδὼν . . .]).

4.   Der *Schluß* mit der Reaktion des Volkes und der Akklamation (VV 16–17).[5]

Gegenüber dem üblichen Aufbau solcher Wunderberichte[6] sind zwei Beson-

---

[3]   Von den in Lk 7,22 aufgezählten Heilungen ist nur die Heilung von Tauben nicht durch eine Geschichte eingeführt; in der Folge wird jedoch eine Episode (Lk 11,14) diese Behauptung bestätigen.

[4]   Vgl. Harbarth, A., Gott 111; Busse, U., Wunder 169 Anm. 3.

[5]   Die Perikope wird etwas anders strukturiert bei Schnyder, C., Leben 80: 1. Einleitung (VV 11–12a), 2. Exposition (VV 12b–13), 3.

Wunder (V 14), 4. Reaktionen (VV 15–17). Der Unterschied betrifft V 15, den Schnyder als Demonstration auffaßt und gemäß der Unterscheidung zwischen Konstatierung und Demonstration bei Theißen, G., Wundergeschichten 75f dem Schlußteil zuschlägt. Für die Zuweisung des V 15 zum Mittelteil spricht der Umstand, daß wiederum *Jesus* Subjekt des letzten Verbes in V 15 ist.

[6]   Vgl. ebd. 82f.

derheiten zu bemerken: a) Die Geschichte erzählt eine Begegnung zwischen dem Zug des Lebens (Jesus und seine Jünger) und dem Zug des Todes (der Verstorbene, seine Mutter und das trauernde Volk)[7]. b) Das Verhalten des Wundertäters (V 13a) steht eindeutig am Anfang der zentralen Sektion (Mitte) und nicht am Ende der Exposition.

Zwei weitere Merkmale entsprechen dem üblichen Aufbau: a) Die mittlere Sektion mit der autoritativen Initiative des Thaumaturgen ist eindeutig die wichtigste; dies in deutlichem Unterschied zur voranstehenden Geschichte vom Hauptmann (7,1–10). b) Die Aufmerksamkeit gilt Mutter *und* Sohn (wieder im Unterschied zu 7,1–10)[8].

Neben dieser Totenauferweckung[9] wird noch die der Tochter des Jairus erzählt; neben Mutter und Sohn treten Vater und Tochter. Auch von Petrus und Paulus wird je eine solche große Tat berichtet (Tabita [Apg 9,36–42]; Eutychus [Apg 20,7–12])[10]. Immer sind es junge Menschen, deren Tod besonders tragisch ist. Immer sind der Messias oder seine wichtigsten Jünger die Thaumaturgen. Die jeweilige Tendenz geht wegen der Verschiedenartigkeit der Traditionen manchmal auseinander: Über dem Jairusbericht schwebt eine geheimnisvolle Atmosphäre, wie die geschlossenen Türen verdeutlichen. Dem steht die öffentliche souveräne Vollmacht des »großen Propheten« unserer Perikope gegenüber. Die Geschichte der Tabita gleicht zum Teil einer Personallegende (die Werke der jungen Frau sind wichtig, nicht ihre Familie). Weiter ist Tabita schon eine Jüngerin. Mit 7,11–17 vergleichbar ist die Situation des Trauerns (Apg 9,39). Aber während der Apostel um Kraft flehen muß (Apg 9,40), besitzt Jesus sie schon in sich. Der leibliche Kontakt ist beim schwächeren Petrus intensiver (ἐπιστρέψας πρὸς τὸ σῶμα [Apg 9,40]) als bei Jesus (hier genügt das Berühren der Bahre). Beide Male ist von einem Sich-Aufsetzen die Rede (ἀνεκάθισεν [7,15 und Apg 9,40]). In 7,15 bestätigt das Sprechen das Wunder, dort das Öffnen der Augen (Apg 9,40). Wie bei Tabita ist die Auferstehung des Etychus mit dem Versammlungsort der Christen verbunden, dem Obergemach. Wie Petrus veranschaulicht Paulus die Übertragung des Lebens durch eine sehr konkrete Geste (ἐπέπεσεν αὐτῷ). Die nächtliche Atmosphäre wie die Raumverhältnisse (oben – unten, drinnen – draußen) in Apg 20 schaffen eine liturgische Stimmung, die zu einer Allegorisierung des Geschehens (im Sinne des neuen Lebens durch den Glauben [vgl. Eph 5,14]) führt. Solcher christlichen Bedeutung steht 7,11–17 noch fern.

Stil, Struktur und Gattung sind in allen vier Wunderberichten mit alttestamentlichen und außerbiblischen verwandt. Durch die Schrift kannte die christliche Tradition zwei Auferstehungsberichte, die des Sohnes der Witwe von Sarepta und die breitere Parallelerzählung von Schunem (1[3]Kön 17; 2[4]Kön 4). Im Kreis der Jünger des Elischa wurde das Elija-Wunder auf ihren Meister übertragen. Der Einfluß beider Berichte auf einen jüdisch-christlichen Kreis, der Jesus als große prophetische Gestalt betrach-

---

[7] Diesen Doppelausdruck findet man in nicht wenigen Kommentaren, z.B. Grundmann 159.

[8] Vgl. Harbarth, A., Gott 121–125.

[9] Die Auferstehung Jesu gehört, wie Lindars, B., Elijah 63.76 richtig gesehen hat, nicht der gleichen literarischen Form an. Sie ist eine Gründungsgeschichte (wie die Exodusgeschichte), in der Gott allein handelt.

[10] Auch wenn es sich nicht um eine Auferweckung handelt, kann man – wie dies Harbarth, A., Gott 85–91.107 tut – die Heilung des epileptischen Kindes (Lk 9,37–43a) zum Vergleich hinzuziehen.

tete (7,16), liegt nahe, und zwar wohl schon auf vorlukanischer Stufe[11]. Doch hat ihn Lukas noch weiter vertieft[12]. a) Es handelt sich um den kürzlich verstorbenen Sohn[13] einer Witwe (1[3]Kön 17,9.17 und 2[4]Kön 4), b) der Wundertäter erreicht das Stadttor (1[3]Kön 17,10), c) nach dem Wunder gibt der Prophet den Sohn seiner Mutter zurück (vgl. das redaktionelle Zitat von 1[3]Kön 17,23–24 auch in Lk 9,42), d) der Wundertäter wird als Bote Gottes anerkannt (1[3]Kön 17,24), e) Nain und Schunem liegen nicht weit voneinander entfernt[14]. Das Modell lieferte eher der Bericht über Elija (1[3]Kön 17), weil dieser im Bewußtsein Israels der wichtigste Prophet der Vergangenheit und der erwartete Prophet der letzten Zeit (Mal 3,23–24) war. Seine Vorbildlichkeit erklärt vielleicht auch die Straffheit des evangelischen Wunders, die sich wie 1[3]Kön 17 von den barocken Ausschmückungen der anderen Komposition in 2[4]Kön 4 unterscheidet.

Lk 7,11–17 ist aber keine bleiche Nachahmung von 1[3]Kön 17. Die diskrete Überbietung ist deutlich: a) Der Zeitraum zwischen dem Tod des Jünglings und dem Eingreifen des Wundertäters wird größer (vgl. 1[3]Kön 17,17–18 und 2[4]Kön 4,18–21), b) Jesus ergreift die Initiative, während sich in 1[3]Kön 17,18 und 2[4]Kön 4,22 die Witwe an den Propheten wendet, c) die Auferstehung geschieht spontaner (vgl. 1[3]Kön 17,19–22 und 2[4]Kön 4,31–35), d) im lukanischen Bericht folgt ein zusätzlicher Chorschluß durch die Menge (7,16)[15]. »Hier ist dem Wesen jener alttestamentlichen Parallele Entsprechendes und doch ›mehr‹ als das.«[16]

Wichtig ist der Epiphaniecharakter des lukanischen Berichts: Die Witwe ist nur Empfängerin und kämpft nicht mit ihrem Glauben für ihren Sohn. Der Grund für die Tat liegt im Erbarmen und in der Macht des göttlichen Boten begründet. Deshalb ist der Hoheitstitel ὁ κύριος (V 13) so wichtig wie μέγας neben dem Wort προφήτης (V 16). Während im Zentrum der vorherigen Perikope (7,1–10) der Glaubende stand, herrscht hier der allmächtige Herr über den Tod.

Im 1. Jahrhundert konnte eine solche Behauptung seitens der Christen im jüdischen Rahmen nicht nur typologisch verstanden werden, sondern im interkulturellen Gespräch auch polemisch. In den verschiedenen Pantheons und buntfarbigen Kultusstätten erstrahlten damals die Figuren der heilenden Götter[17], besonders Asklepios

---

[11]   Vgl. Harbarth, A., Gott, bes. 80–110.

[12]   Vgl. ebd. 109; Gils, F., Prophète 26f.45.164; Dubois, J.-D., Elie 168.

[13]   Die Witwe in 1(3)Kön 17,15.17 hat allem Anschein nach neben ihrem Sohn (υἱός) noch andere Kinder (τέκνα). Der Sohn der Witwe von Schunem (2[4]Kön 4,8–37) dagegen ist ihr einziger. Darüber hinaus wurde die bis dahin kinderlos gebliebene Frau erst durch das Eingreifen des Propheten schwanger. In der Septuaginta heißt der Sohn in 1(3)Kön 17 υἱός und παιδάριον, in 2(4)Kön 4 παιδάριον. Weder hier noch dort verwendet die Septuaginta das Adjektiv μονογενής, das wie in Lk 8,42 und 9,38 auch in 7,12 ein lukanischer Zusatz sein wird.

[14]   Wie die beiden Erzählungen liegen auch die beiden Ortschaften nahe beieinander, sind aber nicht identisch. Schunem liegt etwa 5 km von ʿAffûle entfernt am Fuß des *Dschebel dahî*, d.i. des Kleinen Hermon; vgl. Wildberger, H., Art. Sunem, BHH III (1966) 1895; vgl. unten S. 360 Anm. 31.

[15]   Vgl. Harbarth, A., Gott 209.

[16]   Goppelt, L., Typos. Die typologische Bedeutung des Alten Testaments im Neuen, Gütersloh 1939 (Nachdruck Darmstadt 1973), 240 (zitiert bei Harbarth, A., Gott 210); vgl. 242.

[17]   Vgl. Duprez, A., Jésus et les dieux guérisseurs. A propos de Jean, V, Paris 1970 (CRB 12), 57–85.

und Serapis. Erinnerungen, Inschriften und Berichte bezeugen die heilende Kraft dieser Gestalten. Im Serapeion von Kanope behielt man Bücher mit dem Namen ἀρετα-λόγοι, die Träume und Heilungen zu Ehren des Gottes erzählten[18]. Von den verschiedenen heidnischen Wundertypen interessiert uns hier einer, der schon im 4. Jahrhundert v.Chr. in Epidauros belegt ist: Asklepios begegnet »unterwegs einem Schwerkranken, den man auf einer Bahre trägt. Er befiehlt, die Bahre abzustellen, und heilt den Kranken«.[19] Dieses Motiv wird mehrmals bezeugt, besonders bei einem Toten[20]. Das klassische Beispiel[21] lesen wir bei Philostrat (2. Jahrhundert n.Chr.) im *Leben von Apollonios von Tyana* 4,45: »Ein Mädchen schien zur Stunde der Hochzeit gestorben zu sein, und der Bräutigam folgte der Bahre und klagte viel über die unvollendete Hochzeit; und mit ihm klagte auch Rom, denn das Mädchen zählte zu einer konsularischen Familie. Als Apollonios nun auf diesen Trauerzug traf, sagt er: Setzt die Bahre ab; denn ich will euch von den Tränen über das Mädchen befreien, und zugleich fragte er, was ihr Name sei. Und die Menge glaubte, er wolle eine Rede halten, eine von den Reden, die bei Totenbestattungen üblich sind und die Klagen aufrühren; er aber tat nichts dergleichen, sondern er berührte sie, sagte undeutlich etwas und erweckte das Mädchen aus dem angeblichen Tod; und das Mädchen ließ die Stimme vernehmen und kehrte in das Haus des Vaters zurück, wie Alkestis, die von Herakles wiederbelebt wurde. Als die Verwandten des Mädchens ihm 150000 Denare boten, sagte er, daß er es dem Mädchen als Mitgift dazugebe. Ob er bei ihr einen Lebensfunken gefunden hat, der denjenigen, die sie gepflegt hatten, verborgen geblieben war – denn es heißt, daß Zeus es habe regnen lassen und daß von ihrem Gesicht Dampf aufstieg – oder ob er das erloschene Leben wieder erwärmt und zurückgeholt hat, das ist nicht nur mir, sondern sogar den Anwesenden geheimnisvoll zu begreifen.«

Interessant ist die Erweiterung des Motivs vom heilenden Gott zum weisen Mann und die Übertragung von der göttlichen auf die menschliche Sphäre (freilich die des göttlichen Menschen[22]). Die Struktur bleibt erstaunlicherweise fest. Eine schlichte Übernahme dieses Wundertypus[23] liegt in Lk 7,1–10 nicht vor, obgleich ein Einfluß unleugbar ist[24]: a) Das Wunder geschieht draußen und ist öffentlich, b) es ist der letzte Augenblick vor der Beerdigung, c) eine Begegnung findet statt, d) der Thaumaturg ergreift von selbst die Initiative der Heilung, e) er heilt durch das Wort und durch das Berühren. Als Unterschiede kann man a) das Geschlecht und die soziale Stellung des

---

[18] Vgl. Strabo, Geogr XVII 1,17; Artemidorus, Onirocriticus II 44.

[19] Zusammenfassung von Harbarth, A., Gott 132. Es handelt sich um IG IV 952,27–35.

[20] Vgl. Apuleius von Madaurus, Florida 19; Iamblichus der Syrer, Babyloniaca 6; Artemidorus, Onirocriticus IV 82.

[21] Vgl. Petzke, G., Historizität, der Lk 7,11–17 mit der Erzählung des Philostrat vergleicht. Diogenes Laertius, VIII 60 erzählt, daß Empedokles eine Tote auferweckt habe.

[22] Die heilige Macht, die seit langem mit dem Heiligtum verbunden war, wurde nun auch auf den heiligen Mann übertragen; vgl. Brown, P., The Making of Late Antiquity, Cambridge (Mass.) 1978, 11–13, der sich vor

allem auf das 3. Jahrhundert n.Chr. konzentriert. M.E. hat diese Bewegung schon im 1. Jahrhundert n.Chr. begonnen.

[23] So nach Harbarth, A., Gott 178–181 und Schütz, H.-J., Beiträge zur Formgeschichte der synoptischen Wundererzählungen, dargestellt an der Vita Apollonii des Philostratus, masch. Diss. Jena 1953.

[24] Die Erzählung des Philostrat ist jünger als die Evangelien und könnte eine heidnische, gegen die heiligen Bücher der Christen gerichtete polemische Wiederaufnahme dieser Themen sein. Das Motiv ist jedoch älter als das Christentum. Darum spreche ich von einer Beeinflussung durch das Motiv oder den Typus und nicht durch ebendiese Erzählung des Philostrat.

Hilfsbedürftigen festhalten, b) den Gebrauch geheimer Worte durch Apollonios und c) die Abwesenheit jeder Hoheitstitulatur für Apollonios (es gibt keinen Chorschluß).[25]

Bei den synkretistischen Tendenzen im damaligen Galiläa darf man die von Lukas überarbeitete Tradition dort lokalisieren in einem urchristlichen Milieu, in dem die Typologie Elija – Jesus und die göttliche Kraft der fremden heilenden Kultgestalt miteinander verschmolzen. Eine solche außergewöhnliche Tat wurde Jesus, dem Mann Gottes, ohne Bedenken zugeschrieben. Die Geschichtswissenschaft kann natürlich über die Historizität kein Urteil fällen. Geschichtlich faßbar sind die Glaubenszeugnisse der Überlieferungsträger, die Jesus als den eschatologischen Propheten (V 16) und vollmächtigen Herrn (V 13) bekannten und ihre Hoffnung auf den Übergang von einer tödlichen Existenz in ein neues Leben durch solche Berichte ausdrückten[26]. Ihre Funktion war sicher missionarisch, denn narrativ strömte durch eine solche Anekdote etwas von der evangelischen Heilsbotschaft aus: Erbarmen des Herrn vor der sterblichen Existenz, Initiative des göttlichen Boten, Leben innerhalb einer christlichen Gemeinde. Zugleich bestärkten sie die Gemeinde in ihrem Glauben und spornten sie ethisch an. Wie Jesus sollten sich die Christen mit den Sterbenden und den Witwen beschäftigen, so daß diese und auch die Waisen Hoffnung innerhalb der Gemeinde haben konnten[27].

Erklärung   *Die Einleitung (VV 11–12a)*

11–12a   Eine chronologische (ἐν τῷ ἑξῆς[28]) und eine örtliche Angabe machen deutlich, daß es um eine neue Episode geht. Die Stadt Nain[29] liegt südlich vom Tabor am nördlichen Fuß des Berges *Dschebel dahi*[30] an der Straße, die vom See Gennesaret herauf in die Ebene Jesreel führt[31]. Der Ort ist im Alten Testament nicht erwähnt, wohl aber in BerR 98,12(62a)[32] unter dem Namen נָעִים (»lieblich«). Eusebius (Onomastikon 140–141)

---

[25]   Man darf jene Version der Alkestisgeschichte nicht vergessen, in der sie an Stelle ihres Mannes den Tod auf sich nimmt und dann von Herakles dem Hades entrissen wird.
[26]   Nach Calvin, J., Harmonie 218 »ce jeune homme lequel Christ a ressuscité de mort, est comme un miroir de la vie spirituelle en laquelle il nous a remis«. Zum Problem der wörtlichen oder geistlichen Interpretation der Wunder vgl. Fuller, R.H., Miracles 124f.
[27]   Die literarische Form des Erweckungswunders bleibt in der apokryphen und hagiographischen Literatur lebendig; vgl. ActPetr 26–27 und ActPhil I 1–5; VI 80–85.
[28]   Der Text schwankt zwischen dem Maskulinum (zu ergänzen: χρόνῳ) und dem Femininum (zu ergänzen: ἡμέρᾳ).
[29]   Die griechischen Handschriften lesen Ναΐν, nur f[1] hat Ναΐμ. In Übereinstimmung mit f[1] liest ein Teil der lateinischen Überlieferung, darunter auch die Vulgata, Naim.
[30]   Vielleicht mit dem Berg More (Ri 7,1) gleichzusetzen. Die Bezeichnung »Kleiner Hermon« geht auf eine falsche mittelalterliche Gleichsetzung dieses Berges mit dem Berg Hermon, die sich auf die Auslegung der Psalmen (Ps 41[42],7 und 88[89],13) stützte, zurück. Seine Höhe: 515 m; vgl. Kopp, C., Stätten 296.
[31]   Man muß dieses Nain vom Ναΐν unterscheiden, das Josephus, Bell IV 9,4–5 § 513–514 erwähnt; vgl. Flavius Josephus, De Bello Judaico. Der jüdische Krieg II,1, hrsg. v. O. Michel und O. Bauernfeind, Darmstadt 1963, 229 Anm. 161; Bill. II 161 und Saunders, E.W., Art. Nain, BHH II (1964) 1283f.
[32]   Vgl. Bill. II 161; Midrasch Rabbah. Genesis, II, übers. v. H. Freedman, London ³1961, 961.

und Hieronymus (Ep 46,13 und 108,13) kennen die Stadt[33]. Das erste Zeugnis für eine dortige Kirche zum Gedenken des Wunders stammt aus dem 10. Jahrhundert[34]. Im Mittelalter hat man auch das Felsengrab, in das die Witwe ihren toten Sohn legen wollte, gezeigt und geglaubt, Jesus habe nicht weit davon, auf dem Berg *Dschebel dahī* oder an seinen Abhängen gegessen (in Erinnerung an das Ährenraufen der Jünger [Lk 6,1 par]). Die Zeugnisse aus dem Mittelalter sind spärlich und ungenau, weil die Pilger Nain oft nur von weitem[35] gesehen hatten. Heute ist die Stadt ein von rund 200 Moslems bewohntes Dorf (Neīn, gesprochen Nēn). Da Ausgrabungen bisher fehlen, ist das von Lukas erwähnte Tor (siehe aber 1[3]Kön 17,10!) nicht wiedergefunden worden.

Der Leichenzug tritt durch das Tor aus der Stadt heraus. Jesus, der Messias, den sich Lukas als ambulanten Lehrer und Arzt vorstellt, geht in Begleitung seiner Jünger und der Menge stadtwärts. Der Gang Jesu in der gefährlichen Zone zwischen den Lebensräumen der Menschen[36] hat für Lukas heilsgeschichtliche Bedeutung[37]. Jesus befindet sich sowohl auf *seinem* Weg (vgl. 9,51; 13,22) nach Jerusalem als auch auf dem Weg seines *Volkes*, dem er helfen will. In den Rollen des Lehrers, der begleitenden Jünger und der Menge werden die Verhältnisse in der Kirche zur Zeit des Lukas transparent, in der der erhöhte Lehrer mit seiner Gemeinde eine große Schar von Sympathisanten anzieht. Christologie und Ekklesiologie stehen also im Hintergrund dieser Szene.

Die Exposition (V 12b)

V 12a gehört syntaktisch zum folgenden Satz V 12b. Er wiederholt und präzisiert 12b V 11 und hat Verbindung nach hinten und nach vorn. Καὶ ἰδού (V 12b) ist ein Textsignal, das innerhalb einer Daueraktivität das erzählenswerte Ereignis einführt[38].

In wenigen Worten ist eine Notlage dramatisch inszeniert: ein Verstorbener (τεθνηκώς [das Partizip Perfekt gilt fast als Substantiv]), einziger Sohn, und seine Mutter, die Witwe ist[39] – eine Kumulierung von traurigen Umständen. Die christliche Botschaft darin: Jesus, der heilende Messias, meistert jede Situation, weil er dieser hier nicht ausgewichen ist. Psychoanalyse und Systemik haben uns von der konstitutiven Bedeutung der Beziehung zwischen Mutter und Sohn wie von ihren möglichen pathologischen Effekten unter-

---

[33] Obgleich sie der eine, Eusebius, zu weit (12 Meilen) vom Tabor entfernt und der andere, Hieronymus in seiner lateinischen Übersetzung des Onomastikons des Eusebius, zu nahe (2 Meilen) am Berg ansetzt. In Wirklichkeit liegt Nain etwa 6 km südlich des Berges Tabor; vgl. Kopp, C., Stätten 296.

[34] Bei dem Patriarchen Eutychius (gest. 940); vgl. ebd. 298.

[35] Vgl. ebd. 298.

[36] Vgl. Aymard, M., Espaces, in: La Méditer-

ranée. L'espace et l'histoire, hrsg. v. F. Braudel, Paris 1977, 179–218.

[37] Vgl. Robinson, W.C., Weg des Herrn 39–43.

[38] Zu καὶ ἰδού vgl. 1,20.36 usw.

[39] Die handschriftliche Überlieferung schwankt in V 12 zwischen αὕτη (diese) und αὐτή (das man hier als hellenistische Form für αὕτη auffassen muß; vgl. Bauer, s.v. αὐτός [2]).

richtet. Wichtig ist das damalige Vorverständnis, denn als Inbegriff engster Zusammengehörigkeit war diese Beziehung auch auf die Zukunft hin orientiert. Der Sohn war der einzige Reichtum einer armen Witwe und die erwartete Stütze für ihr Alter. Lukas denkt nicht nur an die spezielle Situation der Königsbücher (1[3]Kön 17 und 2[4]Kön 4), sondern auch an die allgemeine Tragik des Verlustes des einzigen Kindes nach der Weisheitstradition[40].

Die Mitte des Wunderberichtes (VV 13–15)

13–15   Nach Lukas nimmt Jesus als Herr (V 13) die Sache in die Hand. Wie in Berufungsgeschichten (vgl. 5,27) beginnt alles mit dem Blick Jesu, der sich auf die Mutter und nicht auf den Sohn richtet. Der Blick bewirkt oder begleitet[41] ein Gefühl Jesu, sein Mitleid. Lukas zögert nicht, die Gefühle Jesu auszudrücken, und hebt die herrliche Liebe Jesu hervor[42]. Daß er sonst σπλαγχνίζομαι vermeidet[43], mag philologisch, nicht jedoch theologisch begründet sein[44]. Wie in 10,33 und 15,20 wird das Verb auch hier bereits im Sondergut gestanden haben. Lukas übernimmt es, theologisch zustimmend[45]. Wie Gott barmherzig ist (6,36), so auch der heilende Messias, der hier ein starkes Mitgefühl empfindet[46]. Er besitzt dabei nicht nur diese Fähigkeit des Herzens, sondern

[40] Vgl. Harbarth, A., Gott 37 Anm. 104: »Die ›Trauer um den einzigen Sohn‹ ist darüber hinaus im Alten Testament ein stehender Begriff, um die Tiefe der Trauer auszudrücken; vgl. Am 8,10; Jr 6,26; Zach 12,10.« Von den etwa 10 Stellen, an denen die Septuaginta μονογενής gebraucht, seien erwähnt: Tob 3,15; 6,15 S; 8,17; Ps 21(22),21; 24(25),16; 34(35),17.

[41] Das Partizip Aorist ἰδών muß hier die Vorzeitigkeit gegenüber dem Hauptverb ἐσπλαγχνίσθη bezeichnen. Die Verbindung von »Sehen« und »Erbarmen« ist bei den Synoptikern häufig; vgl. Mt 9,36; Mk 6,34; Lk 10,33.

[42] Mit Dibelius, M., Formgeschichte 71 gegen George, A., Miracle 254 und Ternant, P., Résurrection 74.

[43] Matthäus: 5mal; Markus: 4mal; Lukas: 3mal (hier von Jesus ausgesagt; in 10,33 zudem vom barmherzigen Samariter und in 15,20 vom Vater des verlorenen Sohnes; jeweils also an einer wichtigen Stelle der Geschichte).

[44] Im klassischen Griechisch kennt man σπλαγχνεύω, von dem das jüngere σπλαγχνίζω abgeleitet ist. Das Verb bedeutet im Aktiv »die Innereien eines Opfertieres essen« oder »sie begutachten«, »betrachten« (um die Zukunft vorherzusagen). In hellenistischer Zeit zeichnet sich ein übertragener Sinn für σπλάγχνα (»Innereien«) und die davon abgeleiteten Verben ab, da die Einge-

weide als Sitz der heftigen Gemütsbewegungen angesehen wurden, wie die καρδία Sitz der höheren Gefühle war. In der Septuaginta kommt σπλαγχνίζω nur 2mal vor, einmal in wörtlichem (2Makk 6,8; vgl. den Gebrauch von σπλαγχνισμός in diesem Buch zur Bezeichnung eines heidnischen rituellen Mahles: 2Makk 6,7; 7,42), zum anderen in übertragenem Sinn: Spr 17,5 A (B und S lesen ἐπισπλαγχνόμενος): »... wer sich aber erbarmt, wird Mitleid erfahren«. Vgl. dann die Weisheitsliteratur (vgl. Spr 12,10), die den neutestamentlichen Gebrauch vorbereitet, vor allem aber die Testamente der 12 Patriarchen, insbesondere TestSeb 8,1: Καὶ ὑμεῖς οὖν, τέκνα μου, ἔχετε εὐσπλαγχνίαν κατὰ πάντος ἀνθρώπου ἐν ἐλέει ἵνα καὶ ὁ κύριος εἰς ὑμᾶς σπλαγχνισθεὶς ἐλεήσῃ ὑμᾶς. Vgl. insgesamt Köster, H., Art. σπλάγχνον κτλ., in: ThWNT VII (1964) 551f. In einigen hellenistisch-jüdischen Texten, etwa den Testamenten der 12 Patriarchen, nicht aber bei Philo und Josephus, werden die Wörter der Wurzeln σπλαγχν- und οἰκτιρ- (hebräisch רחם) zu Synonyma.

[45] Zu dem Verb in der synoptischen Tradition meint Köster, ebd. 554 (der später sagen wird, daß dies auch für Lukas gilt): »Vielmehr handelt es sich um eine theologische Charakterisierung Jesu als des Messias, in dem die göttliche Barmherzigkeit gegenwärtig ist.«

[46] Vgl. Ternant, P., Résurrection 73.

auch die Macht, das Schicksal zu ändern. Daher ist das sonst unerträgliche »Weine nicht!« annehmbar. Der Ursprung des Trostes kann nur bei Gott liegen, der die Toten auferweckt. Seine Absicht und seinen Willen zeigt Jesus nicht durch ein zweites Wort, sondern auch durch eine Geste an. Der Sinn dieser nonverbalen Kommunikation, des Berührens der Bahre, ist im Laufe der Überlieferung nicht der gleiche geblieben. Eine antimagische Rationalisierung hat stattgefunden: Jetzt bedeutet die Tat Jesu prosaisch das Anhalten des Zuges (so die redaktionelle Folge: »Und die Träger blieben stehen« [V 14]). Ursprünglich bedeutete die Berührung wohl wie in anderen Wunderberichten Übertragung göttlicher, lebenschaffender Kraft[47]. Durch die antimagische Umdeutung verschiebt Lukas das Gewicht auf das Wort Jesu. Der zweite Befehl wird freilich nicht mehr an die Mutter, sondern an den Sohn adressiert. Schon am Anfang von V 14 hat sich Jesus von dieser weg an jenen gewandt. Die Tröstung der Mutter erfolgt durch das Los ihres Sohnes.

Die Formel »Jüngling, ich sage dir« (V 14b) klingt feierlich[48]. Schließlich kommt der entscheidende Befehl: ἐγέρθητι. Das bedeutet zunächst »wach auf!«[49] Aber – und das kann die deutsche Übersetzung nicht hervorheben – damit erklingt zugleich auch der Ruf zur Auferstehung. Die Doppeldeutigkeit kann mit ἐγέρθητι ἐξ ὕπνου und mit ἐγέρθητι ἐκ νεκρῶν[50] umschrieben werden.

Der Erfolg des Mannes Gottes tritt nicht nur augenblicklich ein, sondern auch mühelos. Der Text klingt einfach und naiv, aber es ist eine gepflegte, sekundäre Schlichtheit. Im Moment, da der Angesprochene anfängt, wieder zu leben, heißt er gerade nicht »Jüngling« (V 14b), sondern »Toter« (ὁ νεκρός [V 15]). Und im ἀνεκάθισεν hört der aufmerksame Leser das ἀνα- (»auf« und »wieder«): Er »richtete sich auf«[51] bezeichnet sein »wach werden«; »er fing an« deutet auf das neue Leben. Er begann »zu sprechen«: Die Sprache erscheint hier als Indiz der menschlichen Existenz[52]. Die durch den Tod abgebrochene Beziehung ist wiederhergestellt. Der Sohn wird seiner Mutter wieder »gegeben«. Damit soll nicht eine statische Beziehung Mutter – Sohn über den Tod

---

[47] Vgl. Lk 5,17; 6,19; 8,46; Apg 19,11–12; zudem Apg 5,15.

[48] Einige Handschriften gestalten die Szene noch feierlicher, indem sie den Vokativ νεανίσκε »Jüngling« wiederholen.

[49] Ἐγείρω hat zunächst die Bedeutung »wecken« (intransitiv: »erwachen«) und dann »heben« (intransitiv: »sich erheben«). Die Logik der Erzählung ruft nach dem Bild des Erweckens/Erwachens.

[50] Der passivische Imperativ Aorist hebt weniger die Passivität des Jünglings im Unterschied z.B. zum Handeln Gottes als vielmehr den Umstand hervor, daß das Subjekt, der Jüngling, die Erweckung realisiert und manifestiert. Zu diesem deponentischen Gebrauch des passivischen Aorists vgl. Caird,

G.B., The Glory of God in the Fourth Gospel. An Exercise in Biblical Semantics, NTS 15 (1968–1969) 268.

[51] Delebecque, E., Evangile 39: »La position s'explique parce que, selon l'usage, le cercueil n'a pas son couvercle.«

[52] In Apg 9,40 spielt das Sehen-Können (»und sie schlug ihre Augen auf«) diese Rolle. In einem vergleichbaren apokryphen Stück, ActPhil I 4, beginnt der auferweckte Jüngling zu erzählen, was er bis zum Zeitpunkt seiner Auferweckung im Totenreich erlebt habe. In einer unveröffentlichten weiterentwickelten Version derselben Geschichte in der Athoshandschrift Xenophontos 32 berichtet der Jüngling ausführlich von den Züchtigungen, die er im Hades gesehen habe.

hinaus verlängert, sondern in anagogischer Auslegung eine mögliche existentielle Glaubenserfahrung bezeugt werden. Wie Jesus den Jüngling zu seiner Mutter zurückgeführt hat, kann er uns im Namen Gottes ein neues Leben im Glauben schenken.

Der Schluß (VV 16–17)

16–17 Der Schluß mit dem Eindruck, den das Wunder auf die Zuschauer (V 16) und dann auf das Volk (V 17) macht, ist breit angelegt. V 17 dürfte lukanisch sein, da er die Frage des Täufers geschickt vorbereitet (7,19) und eine Übergangsfunktion erfüllt. Wortschatz, Duktus und Inhalt sind für Lukas typisch[53].

V 16 wurde stark von Lukas überarbeitet. Stereotyp sind die Wendung »sie priesen Gott« und die Erwähnung des göttlichen Besuches. Der Chorschluß kommt der Erwartung der Leser entgegen. Der Ausdruck der Furcht vor dem Göttlichen und das Bekenntnis zum großen Propheten (kein lukanischer Hoheitstitel) dürften traditionell sein. Lukas übernimmt beides und erweitert den ursprünglichen Schluß[54].

Die Furcht aller[55] unterstreicht die Größe des Ereignisses. Sie ist nicht nur eine psychische, sondern auch eine religiöse Reaktion. Deshalb äußert sie sich in einem Lobgesang. Da im traditionellen Satz über den Propheten der Glaube spricht, der im Wundertäter den Gottesgesandten entdeckt, ist die historisierende Feststellung (ἠγέρθη [Aorist]) ein Glaubensbekenntnis. Ereignis (ἠγέρθη) und Deutung (προφήτης μέγας) begleiten einander in einer autoimplikativen[56] (ἐν ἡμῖν) Aussage. Es ist ein Glauben wirkendes Zeichen für das Auftreten (ἐγείρω [V 16; vgl. auch V 14] eines großen Propheten. Durch προφήτης μέγας nach einem an 1(3)Kön 17 erinnernden Wunder wird natürlich eine Beziehung zu Elija hergestellt. Doch fehlt der Artikel. Die Zuschauer erkennen Gottes Hand in dessen menschlichem Gesandten und seinem Handeln, identifizieren ihn aber nicht ausdrücklich mit dem Elija redivivus. Doch zeigt μέγας[57] die Sonderstellung dieses Propheten an, und ἐγείρω deutet nicht nur auf sein Auftreten, sondern vielleicht auch auf seine Auferstehung. Kurz, der Verfasser läßt die Zuschauer mit einem noch unvollkommenen Glaubensbekenntnis zu Wort kommen, bringt aber zugleich zum Ausdruck,

---

[53] Zur Wendung »ganz Judäa« (vgl. 1,65), d.h. ganz Palästina, Galiläa eingeschlossen, vgl. 1,5 und 4,44; zu »Umgebung« (περί mit Genitiv nach einem Verb des Sagens) vgl. 4,14; vgl. Jeremias, J., Sprache 159f.

[54] Der Vergleich mit den oben S. 356 genannten Rekonstruktionsversuchen zeigt, daß sich meine Analyse denjenigen von A. Harbarth und U. Busse anschließt; dies mit der einen Ausnahme, daß ich mit letzterem und gegen Harbarth die Erwähnung des Gotteslobs (V 16) für redaktionell halte. Auf den redaktionellen Charakter von ἐδόξασον τὸν θεόν weist die Reaktion der Menge in der Überlieferung hin (»ein großer Prophet ist unter uns aufgetreten« [V 16]), die nicht eigentlich eine Lobpreisung Gottes ist.

[55] Ähnliches in 1,65; 5,26; 8,37; Apg 2,43; 5,5.11; 19,17.

[56] Unter autoimplikativer Sprache versteht man Aussagen, deren Gültigkeit mit der Existenz des Sprechenden unlösbar verknüpft ist. Das klassische Beispiel ist das Glaubensbekenntnis »Ich glaube, daß . . .«. Man beachte hier das »unter uns«.

[57] Vgl. den Kommentar zu 1,15 oben S. 55 Anm. 68 und zu 1,32 oben S. 75.

daß Jesus seiner Meinung nach der eschatologische Prophet (Dtn 18,15) und der Elija redivivus ist (Mal 3,23–24)[58].

Durch den redaktionellen Zusatz (καὶ ὅτι ... [V 16c]) erweitert Lukas die Folge des Geschehens in drei verschiedene Richtungen. 1. Soteriologisch stellt das Auftreten des Propheten einen heilvollen Besuch (ἐπεσκέψατο) dar[59], nicht im Sinne eines *Gerichts*, sondern der notwendigen Rettung[60]. Daß dies keine billige Gnade nach sich zieht, kommt im Glaubensbekenntnis der Zuschauer schön zum Ausdruck. Wie sie sollen auch die Leser im Ereignis das heilsgeschichtliche Moment erkennen und bekennen. 2. Ekklesiologisch gilt die Handlung Jesu dem Volk Gottes insgesamt, das in der Rettung eines seiner Glieder die Genesung des ganzen erfährt und anerkennt. 3. Christologisch expliziert Lukas mit dem Subjekt ὁ θεός die Beziehung zwischen dem Werk Jesu und dem Werk Gottes. Was jener tut, ist nichts anderes als die Erfüllung des Willens Gottes, ja ist letztlich Gottes persönliche Tat. Diese Gleichsetzung erhöht einerseits die Person Jesu in die göttliche Sphäre, erniedrigt sie aber andererseits auf die Funktion eines gehorsamen Vermittlers[61].

Während die Leser den allgemeinen Sinn von V 17 leicht verstehen, bleibt die präzise Bedeutung von ὁ λόγος οὗτος[62] schwer zu erfassen. Wenn man περὶ αὐτοῦ eng mit λόγος verknüpft, weist »dieses Wort« auf die voranstehende Aussage der Zuschauer (V 16b)[63]. Die vergleichbaren Belege 5,15 und Apg 11,22, denen lediglich erzählenswerte Geschehnisse vorausgehen, zeigen jedoch, daß ὁ λόγος οὗτος eher das christologisch gedeutete Ereignis meint (gegen zahlreiche Übersetzungen[64]).

Mit »ganz Judäa« zielt Lukas auf Palästina. Diese Angabe erweist nicht des Evangelisten schlechte Kenntnis der Geographie Palästinas[65]. Judäa ist für Lukas das Land der Juden, und Galiläa gehört zu diesem hinzu. Doch selbst diese Angabe genügt ihm noch nicht. Er fügt, elegant durch das περὶ αὐτοῦ getrennt, die »ganze Umgebung« hinzu. Damit weist er voraus auf die Apostelgeschichte, wo sich das Wort Gottes durch die Zeugen außerhalb Palästinas verbreiten wird. Lukas spricht »biblisch«, da ἡ περίχωρος (sc. γῆ) besonders in der Septuaginta vorkommt: Lot wählt die reiche περίχωρος des Jordans, während Abraham sich mit Kanaan begnügt. Gott aber verheißt ihm beide Länder für seine Nachkommen. Die Zusammenschau eines armen,

---

[58] Zu Jesus, dem Propheten, vgl. Gils, F., Prophète; Fitzmyer I 213–215; Bovon, F., Luc le théologien 191–193.

[59] Zu ἐπισκέπτομαι vgl. den Kommentar zu 1,68 oben S. 104.

[60] In Lk 1,68 ist neben ἐπεσκέψατο die zu Gunsten des Volkes bereits erwirkte Erlösung (ἐποίησεν λύτρωσιν) erwähnt. Zur soteriologie des Lukas vgl. Dömer, M., Heil; Bovon, F., Luc le théologien 255–284.

[61] Fitzmyer I 660 lehnt es zu Recht ab, die Worte »ein großer Prophet« mit der messianischen Funktion Jesu zu identifizieren; es geht hier in der Tat nicht um einen Gesalbten. Für die Überlieferung trifft diese Bemerkung so zu, auf redaktioneller Ebene jedoch verliert

sie ihre Aussagekraft, denn Lukas verknüpft diese Perikope mit der von Johannes dem Täufer an Jesus gerichteten Frage und seiner Antwort darauf. Nach dem Evangelisten hält die Menge Jesus für einen großen Propheten, während er doch in Wahrheit der neue Elija und Messias ist.

[62] Zu λόγος vgl. Bauer s.v. λόγος (1aβ.γ.ε).

[63] Περὶ αὐτοῦ (V 17) könnte grammatikalisch auf das Subjekt des letzten Verbs in V 16, auf Gott, verweisen, doch ergäbe dies keinen befriedigenden Sinn.

[64] Vgl. z.B. die TOB und jene von Delebecque, E., Luc 39.

[65] Gegen Conzelmann, H., Mitte 35 Anm. 1; vgl. den Kommentar zu 4,44 oben S. 226.

aber heiligen Landes (Judäa) und einer reichen, aber heidnischen Nachbargegend liegt also nach Lukas schon in der Schrift begründet (Gen 13,5–18).

Zusammen-
fassung

Die Erzählung zeigt, daß das wiedergewonnene Glück der Hilfsbedürftigen den Ruf Jesu verbreitet. Indem Jesus den Sohn seiner Mutter zurückgibt, erweist er sich als Herr über Leben und Tod und als Prophet des Höchsten. Diese Theologie der Beziehung verbindet auch die Menschen miteinander: Was Jesus mit dieser Mutter erreicht, ist eine neue, erlöste Beziehung zwischen Eltern und Kindern (vgl. Joh 19,26–27). Deshalb deutet der Evangelist den Einzelfall als allgemeine Erlösung (»Gott hat sein Volk besucht«).

Ein zwischenpersönliches Verhältnis taucht auch auf der Ebene der Gottheit auf: Jesu Mitleid wird anschaulich verdeutlicht, und die Folge seiner persönlichen Reaktion ist sein persönliches Engagement. *Er* handelt. Und doch deutet Lukas das Ereignis am Schluß als ein Werk *Gottes*. Programmatisch und malerisch bezeugt der Evangelist einerseits die Harmonie des Empfindens, des Wohlwollens und der Tat zwischen dem Vater und dem Sohn, andererseits, als frei empfangene Gabe, die wiederhergestellte Beziehung zwischen den Menschen innerhalb der christlichen Gemeinde[66].

Wirkungs-
geschichte

Ein Zitat soll als Beispiel für die Wirkungsgeschichte genügen. Es zeigt, wie aus einer völligen Umdeutung ein neues Verständnis erwachsen kann: »Es war an einem 9. September, dem Geburtstag des Großherzogs Friedrich I. von Baden. Ich ging mit meinem Bruder zum Festgottesdienst. Ich erwähne diese Tatsache, weil das, was wir in ihm erlebten, so unglaublich ist, daß man versucht wird, an das Wort zu erinnern: Auf zweier oder dreier Zeugen Mund stehet jede Sache. Schon der Text überraschte uns sehr, denn es gab für einen solchen Gottesdienst keinen vorgeschriebenen Text. Der Pfarrer las die Geschichte von der Auferweckung des Jünglings von Nain. Wir trauten unseren Ohren nicht, als es dann in der Predigt hieß: Wenn irgendwo im Badnerlande eine Frau in schwerem Leide seufzt und weint, dann kommt unsere Frau Großherzogin und spricht zu ihr: Weib, weine nicht! Und wenn irgendwo im Badnerlande ein Mann unter seiner Not und Last zusammengebrochen ist, dann kommt unser Großherzog und spricht: Jüngling, ich sage dir: stehe auf! Muß man da nicht fragen: Wie ist so etwas möglich? Es ist ja begreiflich, daß es nicht leicht ist, über die Geschichte zu predigen, wenn man nicht zu ihr ja sagen kann.«[67]

---

[66] Verschiedene Arbeiten haben die Frage des Wunders im Werk des Lukas untersucht: Achtemeier, P., Perspective; Busse, U., Wunder; George, A., Miracle (Lukas folgt den Regeln der literarischen Form. Jesus ist hier Elija vergleichbar, doch ist er weit mehr als Elija. Das Wunder ist ein Werk Gottes, das als Zeichen den Menschen zum Glauben ruft); Lindars, B., Elija (siehe oben S. 357 Anm. 9); Neirynck, F., The Miracle Stories in the Acts of the Apostles. An Introduction, in: Actes 169–

213. Petzke, G., Historizität 385 kommt zu dem Schluß: »Die vom naturwissenschaftlichen Standpunkt aus unhistorischen Wunderberichte sind vom wissenssoziologischen Standpunkt aus Zeugnisse des antiken Realitätsverständnisses.« Diese Berichte wurden von den antiken Autoren dazu benutzt, die Aufmerksamkeit auf ihre Lehre oder ihre Theologie hinzulenken; vgl. van der Loos, H., Miracles.

[67] Bornhäuser, K., Sondergut 52.

Das Zeugnis Jesu über den Täufer (7,18–35)

Literatur: *Bammel, E.*, The Baptist in Early Christian Tradition, NTS 18 (1971/1972) 95–128; *Böcher, O.*, Aß Johannes der Täufer kein Brot (Luk. 7,33)?, NTS 18 (1971/ 1972) 90–92; *Bultmann, R.*, Syn. Trad. 22; Ergänzungsheft 22–23; *Busse, U.*, Wunder 176–185; *Craghan, J.F.*, A Redactional Study of Lk 7,21 in the Light of Dt 19,15, CBQ 29 (1967) 353–367; *Christ, F.*, Jesus Sophia. Die Sophia-Christologie bei den Synoptikern, Zürich 1970 (AThANT 57), 63–80; *Daniel, C.*, Les Esséniens et »ceux qui sont dans les maisons des rois« (Matthieu 11,7–8 et Luc 7,24–25), RdQ 6 (1967) 261–277; *Davies, S.L.*, John the Baptist and Essene Kashruth, NTS 29 (1983) 569–571; *Dupont, J.*, L'ambassade de Jean-Baptiste (Matthieu 11,2–6; Luc 7,18–23), NRTh 83 (1961) 805–821.943–959; *ders.*, Jésus annonce la bonne nouvelle aux pauvres, in: Evangelizare pauperibus, hrsg. v. B. Antonini, Brescia 1978 (ASB 24), 127–189; *Gander, G.*, Notule sur Luc 7,29–30, VC 5 (1951) 141–144; *Grundmann, W.*, Weisheit im Horizont des Reiches Gottes. Eine Studie zur Verkündigung Jesu nach der Spruchüberlieferung Q, in: Die Kirche des Anfangs (FS H. Schürmann), hrsg. v. R. Schnackenburg u.a., Freiburg i. Br. 1977, 175–199; *Hoffmann, P.*, Logienquelle 190–233; *Jacobson, A.D.*, Wisdom Christology in Q, Ph. D. Claremont Graduate School 1978; vgl. DissAb 39 (1978) 3653A; *Jeremias, J.*, Gleichnisse 139–141; *ders.*, Sprache 160–168; *Jülicher, A.*, Gleichnisreden II 23–36; *Kearney, S.M.*, A Study of Principal Compositional Techniques in Luke-Acts based on Lk 4,16–30 in conjunction with Lk 7,18–23, Ph. D. Boston University 1978; vgl. DissAb 38 (1978) 7395A; *Kilgallen, J.J.*, John the Baptist, the Sinful Woman, and the Pharisee, JBL 104 (1985) 675–679; *Kümmel, W.G.*, Jesu Antwort an Johannes den Täufer. Ein Beispiel zum Methodenproblem der Jesusforschung, Frankfurt a.M. 1974 (SbWGF XI,4), 129–159 (= *ders.*, Heilsgeschehen und Geschichte. Gesammelte Aufsätze 1965–76, II, hrsg. v. E. Gräßer und O. Merk, Marburg 1978, 177–200; *Linton, O.*, The Parable of the Children's Game. Baptist and Son of Man (Mt 11,16–19 = Lk 7,31–35). A Synoptic Text-Critical, Structural and Exegetical Investigation, NTS 22 (1975/1976) 159–179; *Mattill, A.J.*, Luke and the Last Things. A Perspective for the Understanding of Lukan Thought, Dillsboro 1979; *Mearns, Ch.*, Realized Eschatology in Q? A Consideration of the Sayings in Luke 7,22; 11,20 and 16,16, SJTh 40 (1987) 189–210; *Mitton, C.L.*, Uncomfortable Words. IX. Stumbling-block Characteristics in Jesus, ET 82 (1970/1971) 168–172; *Moessner, D.P.*, The ›Leaven of the Pharisees‹ and ›This Generation‹. Israel's Rejection of Jesus according to Luke, JSNT 10 (1987/1988) 21–46. *Mußner, F.*, Der nicht erkannte Kairos (Mt 11,16–19 = Lk 7,31–35), Bib. 40 (1959) 599–612; *Orbe, A.*, El Hijo del hombre come y bebe (Mt 11,19; Lc 7,34), Gr. 58 (1977) 523–555; *Peretto, E.*, Evangelizare pauperibus (Lc 4,18; 7,22–23) nella lettura patristica dei secoli II–III, Aug. 17 (1977) 71–100; *Pirot, J.*, Paraboles 62–70; *Sabugal, S.*, La embajada mesiánica de Juan Bautista (Mt 11,2–6 = Lc 7,18–23). Historia, exégesis teológica, hermenéutica, Madrid 1980; *ders.*, La embajada mesiánica del Bautista (Mt 11,2–6 = Lc 7,18–23). Análisis histórico-tradiciónal, Aug. 13 (1973) 215–278; 14 (1974) 5–39; 17 (1977) 395–424.511–539; *Schlosser, J.*, Les logia du règne. Etude sur le vocable »basileia tou theou« dans la prédication de Jésus, Lille 1982, 71–83, passim; *Schmid, J.*, Matthäus und Lukas 282–286; *Schrage, W.*, Thomas-Evangelium 107–109.160–164; *Schulz, S.*, Q 190–203.229–236.379–386; *Siburt, C.*, The Game of Rejecting God, Lk 7,31–35, RestQ 19 (1976) 207–210; *Strobel, A.*, Untersuchungen zum eschatologischen Verzögerungsproblem, Leiden 1961, 265–298 (NT.S

2); *Suggs, M.J.*, Wisdom, Christology and Law in Matthew's Gospel, Cambridge 1970, 33–61; *Testa, E.*, Un ostrakon sull'elogio funebre e Mt 11,16ss e paralleli, RivBib 16 (1968) 539–546; *Vögtle, A.*, Wunder und Wort in urchristlicher Glaubenswerbung (Mt 11,2–5; Lk 7,18–23), in: *ders.*, Evangelium 219–242; *Völkel, M.*, Anmerkungen zur lukanischen Fassung der Täuferanfrage Luk 7,18–23, in: Theokratia (FS K.H. Rengstorf), II, hrsg. v. W. Dietrich und H. Schreckenberg, Leiden 1973, 166–173; *Wink, W.*, John the Baptist in the Gospel Tradition, Cambridge 1968 (MSSNTS 7), 42–58.82–86; *Zeller, D.*, Die Bildlogik des Gleichnisses Mt 11,16f / Lk 7,31f, ZNW 68 (1977) 252–257.

18 **Und dem Johannes meldeten seine Jünger all das, und Johannes rief zwei seiner Jünger** 19 **und schickte sie zum Herrn und sagte: Bist du es, der kommen soll, oder müssen wir auf einen andern warten?** 20 **Als die Männer aber zu ihm gelangten, sprachen sie: Johannes der Täufer hat uns zu dir gesandt und sagt: Bist du es, der kommen soll, oder müssen wir auf einen andern warten?** 21 **In jener Stunde heilte er viele von Krankheiten und Geißeln und bösen Geistern, und vielen Blinden schenkte er das Sehen.** 22 **Und er antwortete und sprach zu ihnen: Geht hin und meldet Johannes, was ihr gesehen und gehört habt: Blinde sehen, Lahme gehen, Aussätzige werden rein und Taubstumme hören, Tote stehen auf, Arme empfangen Frohbotschaft,** 23 **und glücklich der, der nicht an mir zu Fall kommt.** 24 **Als die Boten des Johannes weggegangen waren, begann er zur Menge über Johannes zu reden: Was seid ihr hinausgegangen, in der Wüste zu sehen? Ein Rohr, das vom Winde gebeugt wird?** 25 **Was seid ihr hinausgegangen zu sehen? Einen Menschen, mit weichen Gewändern bekleidet? Siehe, die prächtig gekleidet und üppig leben, sind in den Königspalästen.** 26 **Oder was seid ihr hinausgegangen zu sehen? Einen Propheten? Ja, ich sage euch, mehr noch als einen Propheten.** 27 **Dieser ist es, von dem geschrieben steht: »Siehe, ich sende meinen Boten vor deinem Angesicht her«, »der deinen Weg vor dir zurichten wird«.** 28 **Ich sage euch, kein Größerer ist unter den Weibgeborenen als Johannes. Aber der Kleinste im Reich Gottes ist größer als er.**
29 **Und das ganze Volk, das zugehört hatte, und die Zöllner, hatten Gott recht gegeben und sich mit der Taufe des Johannes taufen lassen.** 30 **Die Pharisäer aber und die Gesetzeskundigen hatten den Plan Gottes verworfen, was sie selbst betraf, und sich nicht von ihm taufen lassen.** 31 **Wem nun soll ich die Menschen dieses Geschlechts vergleichen, und wem sind sie gleich?** 32 **Kindern gleichen sie, die auf dem Marktplatz sitzen und einander zurufen, die sagen: Wir haben euch Flöte gespielt, und ihr habt nicht getanzt, wir haben ein Klagelied angestimmt, und ihr habt nicht geweint.** 33 **Denn Johannes der Täufer ist hergekommen, aß kein Brot und trank keinen Wein, und ihr sagt: Er hat einen Dämon.** 34 **Der Menschensohn ist gekommen, ißt und trinkt, und ihr sagt: Siehe, der Fresser und Weinsäufer, Freund der Zöllner und Sünder.** 35 **Und die Weisheit wurde gerechtfertigt von allen ihren Kindern.**

Zwischen zwei Erzählungen aus dem Sondergut (7,11–17 und 7,36–50) fügt   Analyse
Lukas einen dreiteiligen Abschnitt aus Q (7,18–35) ein, der vielleicht in Q der
Geschichte vom Hauptmann (7,1–10) unmittelbar folgte. Ob der Verfasser
von Q damit einen Teil seines Werkes abschließen wollte[1], ist schwer zu sagen. Die Zugehörigkeit zu Q ist durch die Reihenfolge wie durch die Sprache
bewiesen.

Bis jetzt benutzte Lukas abwechselnd Q und Markus. Ab 8,1–9,50 kommt
wieder Markus zur Sprache. Wie jedoch steht es in Kapitel 7 mit den neben Q
verarbeiteten Stücken aus seinem Sondergut? Bestand letzteres vorlukanisch
aus einer einzigen Quelle oder einer Mehrzahl von Einzeldokumenten? Die
stilistische Gleichheit vieler Erzählungen läßt eher an ein geschlossenes Do-
kument denken, was aber die Existenz einiger Einzelabschnitte nicht auszuschließen braucht. Wenn die Q-Abschnitte (7,1–10 und 7,18–35) einerseits,
die S^Lk-Abschnitte (7,11–17 und 7,36–50) andererseits schon verbunden waren, hätte Lukas mit ihnen verfahren wie sonst mit Markus und Q. Was der
Prolog ankündigte, wäre also nicht viel mehr als ein Zerschneiden und Neu-
zusammensetzen der Quellen, wobei sowohl die Treue zur Überlieferung als
auch eine gewisse Freiheit des Verfassers gewahrt blieben. Indem Lukas von
der Gesandtschaft erst nach einigen Wunderberichten erzählt, besteht seine
Arbeit aber auch in der Komposition eines Nacheinanders von Reden (6,20–
49; 7,18–35; 8,2–18) und Taten (7,1–17; 7,36–50), was er in seinem zweiten
Prolog in Apg 1,1 ausdrücklich bestätigt.

Die Gesandtschaft (VV 18–23)

Matthäus und Lukas haben die Antwort Jesu (VV 22–23 par) fast unberührt gelassen.
Der einzige Unterschied[2] betrifft die Reihenfolge der Verben »sehen«, »hören« (V 22b
par) und das jeweilige Tempus. Die von Lukas gewählte Lösung dürfte redaktionell
sein, da der Messias bei ihm mit einer Tat beginnt (vgl. Apg 1,1)[3]; dies im Unterschied
zu Matthäus (vgl. auch Mt 5–7 und 8–9). Der Gebrauch des Aorists ist lukanisch und
von der Zeitfolge her grammatisch besser. In der Frage des Täufers (V 19b par) besteht
der einzige Unterschied in ἄλλον (Lukas) neben ἕτερον (Matthäus)[4], wahrscheinlich
nach damaliger Tendenz synonym gebraucht[5].
In die Einleitung[6] und die Szenenschilderung haben die Evangelisten jedoch stark eingegriffen. Matthäus setzt abrupt mit der Erwähnung des Gefängnisses und der

---

[1]   Durch den Rückgriff auf das Stilmittel der
inclusio: Von Johannes dem Täufer ist am Anfang von Q und am Ende dieser Perikope die
Rede.
[2]   Nach Schulz, S., Q 192 hat Lukas die
Worte ὁ Ἰησοῦς in der Einleitung zur Antwort (V 22) gestrichen, weil sie nach den Ausführungen in den VV 20–21 nicht mehr nötig
waren.
[3]   Vgl. Conzelmann, H., Mitte 179.
[4]   Etliche Handschriften gleichen ihren Text
Matthäus an und lesen in den VV 19–20 ἕτερον.

[5]   Ἕτερος bedeutet: a) »der andere von beiden«, d.h. von einem Paar derselben Art, b)
»von anderer Art«, c) »der andere« in der gewöhnlichen Bedeutung von ἄλλος. Durch
seine Wahl von ἄλλος hat sich Lukas unter
den verschiedenen Bedeutungsmöglichkeiten
von ἕτερος, das ihm in Q vorlag, für die allge-
meinste und unserem Kontext angemessen-
ste entschieden.
[6]   D hat in V 18 einen anderen Text. Er
schließt die Perikope anders an die vorangehende an; vgl. Bartsch, H.-W., Codex Bezae 64.

»Werke des Messias« ein. Bei Lukas lesen wir in den VV 18–19 vom Entschluß des Täufers, durch seine Jünger Nachrichten einzuholen, in V 20 von seiner Ausführung durch zwei als Boten gesandte Jünger. Es ist wohl nicht so, daß Matthäus das Szenarium vereinfacht (wie sonst öfter), sondern daß Lukas Q erweitert hat. Er liebt es, Ereignisse zu veranschaulichen und hebt überall die Rolle der Zeugen hervor (hier sind es zwei, wie es sich ziemt). Die Monotonie in den VV 18b–20 ist beabsichtigt[7]; es paßt zu Gesandten, daß sie aufs Wort gehorchen. Bemerkenswert ist der lukanische Titel für Jesus: »der Herr« (V 19a)[8].

Der stärkste redaktionelle Eingriff liegt in V 21 vor: Lukas legt zwischen Frage und Antwort einen Bericht über verschiedenartige Wunder Jesu ein. Wortschatz und Syntax sind lukanisch. Der Aorist[9] zeigt, daß es sich nicht um einen Sammelbericht handelt, sondern daß Jesus sich gerade in diesem Augenblick zu heilen entschließt, damit die Jünger des Täufers eine Bestätigung der folgenden Antwort Jesu mitnehmen können. Freilich finden die Heilungswunder ihre Begründung nicht in seiner Barmherzigkeit, sondern in seinem messianischen Programm und seiner Beweisführung! Doch könnte der Aorist nicht wie ein Plusquamperfekt eine gegebene Situation im Moment der Ankunft der Gesandten beschreiben?

Ursprünglich gehörten die VV 18–23 zur Gattung des Apophthegmas. Es ist unmöglich, die Anfrage des Täufers oder die Antwort Jesu zu isolieren und sie für ursprüngliche Einzellogien zu halten. Sicher war die Seligpreisung (V 23) dem Apophthegma fremd. Sie wurde im Lauf der Überlieferung als generalisierende Auslegung angefügt, wohl als urchristlicher Prophetenspruch. Anders als die implizite Christologie der Antwort Jesu mit seiner Schriftandeutung (keinem Schriftzitat), die auf die Authentizität des Gesprächs verweist, enthält ἐν ἐμοί eine explizite Christologie. Ob diese Eschatologie des Täufers ursprünglich und mit der Gotteserwartung der anderen, archaischer klingenden Sprüche des Johannes vereinbar ist, ist umstritten[10] (siehe unten zu ὁ ἐρχόμενος).

Jesu Zeugnis über den Täufer (VV 24–28)

Wieder bleiben Lukas und Matthäus ihrer gemeinsamen Quelle treu[11]. Gegenüber Worten Jesu bleiben sie sehr zurückhaltend mit redaktionellen Eingriffen. Doch Lukas versucht V 25 verständlicher zu machen. Er erläutert ἐν μαλακοῖς (»in weichen«) durch ἱματίοις (»Gewänder«), dann durch eine Umschreibung (»die prächtig gekleidet

---

[7] Lukas ersetzt πέμπω durch ἀποστέλλω und μαθηταί durch ἄνδρες. Gewissenhaft präzisiert er, daß der Johannes, der sie schickt, Johannes der Täufer ist, und er fügt – was für die Abfolge der Geschichte nötig ist – hinzu, daß die Gesandten bei Jesus angelangt sind.
[8] Seltsamerweise bezeichnet Jeremias, J., Sprache 161 den Titel ὁ κύριος als traditionell. Man beachte weiterhin, daß viele Handschriften πρὸς τὸν Ἰησοῦν lesen.

[9] So wählt Delebecque, E., Evangile 40 in seiner Übersetzung das historische Perfekt: »Sur l'heure, il guérit . . .«
[10] Dupont, J., Ambassade; Kümmel, W.G., Antwort; Vögtle, A., Wunder.
[11] Eine Parallele zu den ersten beiden Fragen und Antworten findet man in EvThom 78; vgl. Schrage, W., Thomas-Evangelium 160–164.

sind und üppig leben«)[12]. In dem Mischzitat (V 27) korrigiert diesmal Matthäus nach der Schrift und fügt ἐγώ hinzu. Das Logion V 28 vereinfacht Lukas: Er tilgt das Fremdwort ἀμήν[13] und ersetzt das doppeldeutige ἐγήγερται durch das eindeutige ἐστίν. In der narrativen Einleitung (V 24a par) sind die Divergenzen größer: Matthäus dürfte Q näher stehen, denn es ist Lukas, der hier (τῶν ἀγγέλων Ἰωάννου) wie in V 18 und V 20 auf den Gesandten insistiert[14].

Vor dem nächsten Gleichnis (VV 31–35 // Mt 11,16–19) überliefert Matthäus den berühmten Spruch über die Stellung des Täufers innerhalb der Heilsgeschichte (Mt 11,12–15). Lukas kennt ein ähnliches Logion in 16,16 (siehe dort). Entweder haben Matthäus und Lukas ein isoliertes Wort je in einem für sie adäquaten Zusammenhang gebraucht, oder es war in Q an der Stelle enthalten, wo Matthäus es liest, und in S[Lk], wo Lukas es beibehält. Da Lukas nach antiker literarischer Gewohnheit Dubletten vermeidet, hat er es hier wohl absichtlich weggelassen. Angesichts der vorliegenden Betonung der Gewalt könnte ihm der Spruch fragwürdig gewesen sein.

Formgeschichtlich gehören die VV 24b–26 zusammen. Die zwei ersten Fragen bilden einen Pol und verlangen beide eine negative Antwort[15], die dritte bildet den anderen Pol. Sie erhält zwei Antworten: die erste ist die der Scharen (»einen Propheten«), die zweite bestätigt und vervollständigt rätselhaft die erste (»mehr noch als einen Propheten«). Die Rhetorik dieser Fragen paßt zum historischen Jesus und zu seinen öffentlichen Gesprächen. Die Bemühung um die Schrift, die in V 27 auftaucht, hat einen anderen Sitz im Leben, den der frühchristlichen Lehrtätigkeit. Die Anwendung von Ex 23,20 und Mal 3,1 auf den Täufer ist uns auch durch Mk 1,2 vertraut. Der temperamentvolle antithetische Spruch V 28 par gehört wieder einer anderen Situation zu. Er stellt eine prophetische Aussage dar, die fast retrospektiv auf den Täufer schaut und seine Stellung innerhalb beider Äonen präzisiert. Ein solcher Spruch könnte innerhalb der kultischen Aktivität eines frühchristlichen Propheten entstanden sein. Natürlich kann man seine Authentizität nicht ausschließen. Sicher ist die Zusammenstellung der drei Sprüche sekundär und Frucht einer progressiven Entwicklung: Man hat die rätselhafte Antwort Jesu (V 26) »verchristlicht«, d.h. durch die Schrift vereindeutigt (V 27), sowie um einen zusätzlichen Spruch erweitert (V 28). Damit zeigt sich das hohe Interesse der christlichen Gemeinde für die Gestalt des Täufers. Ob sich dahinter Polemik versteckt, ist unsicher. Man kann höchstens von der Sorge um eine richtige Einschätzung des Täufers sprechen.

---

[12] Mit Schulz, S., Q 229. Lukas wird ἐν τοῖς οἴκοις τῶν βασιλέων in ἐν τοῖς βασιλείοις verbessert haben. Welche ist die ursprüngliche Stellung von ἰδεῖν in V 26? Vermutlich die matthäische, denn Lukas hat ἰδεῖν umgestellt, um den ersten Teil dieser dritten Frage mit der Struktur der beiden ersten (VV 24 und 25) gleichzusetzen.

[13] Schulz, S., ebd. 230 ist anderer Ansicht. Mit Schulz, S., ebd. 230 halte ich dagegen den erklärenden Zusatz »des Täufers« und die Bezeichnung »Himmelreich« an Stelle von »Reich Gottes« für matthäisch.

[14] Sowohl πορεύομαι (Matthäus) als auch ἀπέρχομαι (Lukas) könnte in Q gestanden haben. Πρός mit Akkusativ nach dem Verb »sagen« ist lukanisch, Matthäus hat den Dativ aus Q bewahrt.

[15] Dieselbe Aufteilung von drei Beispielen in zwei Gruppen findet man im Gleichnis von den anvertrauten Pfunden in Lk 19,16–23.

Das Gleichnis der unwilligen Kinder (VV 29–35)

Wie Lukas das Gespräch zwischen Johannes und Jesus durch einen narrativen Satz (V 21) unterbrochen hatte, legt er hier eine Zwischenbilanz über den relativen Erfolg des Täufers (VV 29–30) ein. Zweierlei ist klar: a) Wer sich damals für den Täufer entschlossen hatte, stand auf der Seite Gottes (δικαιόω [V 29] ist Lukas durch V 35 suggeriert). b) Dies waren nicht die religiösen Führer Israels, sondern das Volk und die zweifelhaften Leute. Die Spaltung Israels hatte zu jener Zeit begonnen und dauert seither an (vgl. Apg 28,24). Inhaltlich und sprachlich ist der lukanische Charakter dieser beiden Verse eindeutig[16], doch könnten die Sprüche Jesu, die wir aus Mt 21,31–32 kennen, dahinter stehen.

Klein sind die sprachlichen Unterschiede zwischen Matthäus und Lukas in den folgenden VV 31–35 par. Im Gleichnis selbst (VV 31–32) präzisiert wahrscheinlich Lukas die Q-Version durch τοὺς ἀνθρώπους. Ob die doppelte Frage auf sein Konto geht, bleibt unsicher. Der Parallelismus membrorum verweist eher auf semitische Überlieferung[17]. Indem Lukas durch ἀλλήλοις sprachlich glättet, ändert er, vielleicht ohne es zu bemerken, die Spielregeln[18]. Den Trauerritus (κόπτω [Q – Matthäus]) übersieht er oder will er nicht verstehen. Er zieht das allgemeinere κλαίω (»weinen«) vor.

Das Gleichnis wird in direkter Rede gedeutet (VV 33–34 [siehe γάρ]). Wahrscheinlich fügte Lukas »Brot« und »Wein« von 1,15 her[19] hinzu. Außer einem Tempuswechsel, einem Personenwechsel und einer Inversion[20] sind diese für das Urchristentum bedeutenden Logia bei Matthäus und Lukas identisch.

Als Abschluß taucht das Wort über die Weisheit mit der bekannten Abweichung (ἔργα [Matthäus], τέκνα [Lukas]) auf. Die matthäische Fassung weist eine Inklusio mit der redaktionellen Einleitung (τὰ ἔργα τοῦ Χριστοῦ [Mt 11,2]) auf und ist sekundär[21]. Die Erweiterung durch πάντων ist aber lukanisch (siehe unten).

---

[16]   Anzeichen für die lukanische Bearbeitung der VV 29–30: πᾶς ὁ λαός, ἀκούω, ἡ βουλὴ τοῦ θεοῦ.

[17]   So Schulz, S., Q 379.

[18]   Vgl. den Kommentar unten S. 380f. Lukas setzt das Verb nach dem neutralen Subjekt im Plural ἅ (= τὰ παιδία) korrekterweise in den Singular (λέγει). Die parataktische Formulierung καθημένοις καὶ προσφωνοῦσιν ist eleganter als das dem Subjekt als Apposition angehängte Partizip προσφωνοῦντα des Matthäus. Auch der Singular »der Platz« (ἀγορά) ist dem Plural bei Matthäus vorzuziehen, doch scheint er schon in Q gestanden zu haben, denn Matthäus verallgemeinert hier (vgl. ebd. 379), während Lukas dieses Wort gewöhnlich mit dem Artikel gebraucht (vgl. Jeremias, J., Sprache 166).

[19]   Lukas stützt sich vielleicht auch auf Markus (Mk 1,6), dessen Erzählfaden er in 3,1–6 verlassen hatte, um Q zu folgen. Der sekundäre Charakter der Worte »Brot« und »Wein«

wird in der Folge bestätigt: Sie tauchen in V 34, der bei Matthäus und Lukas identisch ist, nicht auf; gegen Böcher, O., Johannes 92, der für den traditionellen Charakter der beiden Substantive eintritt und vorschlägt, man solle hinter ἄρτον ein hebräisches לֶחֶם sehen, das mit κρέας (Fleisch) hätte übersetzt werden müssen.

[20]   Im Vergleich zu ἦλθεν (Matthäus = Q) ist das Perfekt ἐλήλυθεν bei Lukas, das die Gesamtheit des Auftretens der beiden Hauptfiguren umfaßt, besser geeignet; es ist gewiß redaktionell. Ebenso ist Lukas die zweite Person Plural καὶ λέγετε (VV 33 und 34) zuzuschreiben, während die elegante Wortstellung τελωνῶν φίλος καὶ ἁμαρτωλῶν (Mt 11,19) von Matthäus stammt.

[21]   Die »Werke« passen auch besser in den Kontext der Rechtfertigung als die »Kinder«. Es handelt sich bei ihnen daher wohl um eine Verbesserung; vgl. Schulz, S., Q 380 Anm. 18, der eine Anzahl von Autoren anführt.

Formgeschichtlich schafft Lukas eine dritte Episode durch die VV 29–30. Der Aorist (ἐδικαίωσαν und ἠθέτησαν) deutet die Vorzeitigkeit dieser Spaltung an[22], zielt aber wie ein Plusquamperfekt auf den Zustand der jetzigen Zuhörer Jesu und liefert eine Situationsangabe. Das folgende Gleichnis (VV 31–32) gilt natürlich nur der Gruppe der Hartnäckigen (V 30). Seine Deutung (VV 33–34) paßt Lukas ins Konzept: Die Menschen haben den Plan Gottes und seine durch den Täufer und den Menschensohn geprägten Etappen nicht erkannt[23]. Lukas schließt die Perikope mit dem letzten Spruch seiner Vorlage ab (V 35).

Die Überlieferungsgeschichte dieser VV 29–35 gleicht der voranstehenden Einheit 24–28: Einem Gleichnis des historischen Jesus (VV 31–32) gaben urchristliche Propheten eine erste Deutung (VV 33–34), welche die beiden Situationen (verpaßte Freude und Tränen) an die Hauptgestalten der frühen Bewegung anknüpft[24]. Einen Abschluß ergab das isolierte, jetzt damit verbundene Wort über die Weisheit (V 35)[25]. Diese Komposition war von Q in eine größere Einheit über den Täufer eingebaut worden; Lukas hat sie durch die Einleitung (VV 29–30) »narrativisiert«.

Der Evangelist stellt nämlich seine Leser vor drei aufeinander folgende Szenen, die ihren Anfang je in einer Situationsangabe haben (VV 18–19.24a.29–30) und ihren Höhepunkt in einer Kette wertvoller Sprüche des Herrn erreichen (VV 22–23.24b–28.31–35). Alle drei haben mit dem Täufer zu tun: die erste mit seinen Jüngern, die zweite mit der positiven Bewegung zu ihm hin, die dritte mit der negativen Antwort vieler auf seine Botschaft. Überall ist auch die Bedeutung Jesu relevant: Er gehört zur eschatologischen Erwartung des Täufers (VV 18–23), deutet die heilsgeschichtliche Funktion des Johannes (VV 24–28) und steht auf seiner Seite, im Blick auf die Heilsabsicht Gottes wie auch angesichts der menschlichen Ablehnung beider (VV 29–35).

Die Gesandtschaft (VV 18–23)

Nachdem Lukas den Täufer eingeführt und ihm eine heilsgeschichtliche Rolle auf der Schwelle beider Äonen zugewiesen hatte (1,5–80 und 3,1–20), konzentrierte er sich auf das Wirken Jesu, besonders auf seine Mission und Heilungsfähigkeit in Galiläa (4,14ff). Schon damals wurden erstaunte oder polemische Stimmen gegen Jesus laut (4,32 und 5,21). Später werden Fragen zur Identität Jesu gestellt und Meinungen dazu geäußert werden (9,7–9 und 9,18–21). Deshalb ist es nicht erstaunlich, daß der Evangelist hier die Frage des Täufers übernimmt (7,19–20).

Erklärung
18–23

---

[22] Dasselbe Phänomen vielleicht auch in V 21.

[23] Vgl. den gut gewählten Titel des Aufsatzes von F. Mußner: »Der nicht erkannte Kairos«.

[24] Daß die VV 33–34 überarbeitet worden sind, wird aus der Umkehr der Reihenfolge ersichtlich: Nachdem zuerst die Freude und dann die Trauer erwähnt werden (V 32), handelt die Anwendung zunächst von Johannes dem Täufer und danach von Jesus (VV 33–34).

[25] Hat der Spruch seinen Ursprung in der jüdischen Weisheitsliteratur oder geht er auf den historischen Jesus zurück?

Aus der Verarbeitung der traditionellen Geburtsgeschichten erfuhren die Leser von der Beziehung zwischen Täufer und Messias. Johannes wurde die Funktion des Wegbereiters und Vorläufers zuteil (1,17.76). Sein Weg verläuft dem Jesu parallel, aber eine Etappe voraus; seine prophetische Stimme soll das Volk für die endgültige Phase zu Buße und Umkehr führen und so den Weg des Messias ebnen. Hier schildert Lukas den Vorläufer als den, der sich umwendet und die berühmte Frage stellt: »Bist du es, der kommen soll, oder müssen wir auf einen andern warten?« (7,19.20).

Geschichtlich spiegelt dies die Unsicherheit der Täufergemeinde nach Ostern gegenüber der frisch geborenen christlichen Bewegung wider. Lukas übernimmt von Q die narrative Schilderung dieser Erfahrung. Zweierlei wird ihm dabei klar: a) die Beschleunigung der Heilsgeschichte, denn bis jetzt konnte ein Prophet nie Zeitgenosse der Erfüllung seiner eigenen Weissagung werden, b) das Fehlen nationaler Eindeutigkeit in Prophetie und Erfüllung. Redaktionell betont Lukas selbst den rätselhaften Charakter jedes Orakels (vgl. 2,35.49; 24,49; Apg 21,11) und gibt dem Ausdruck ὁ ἐρχόμενος den geheimnisvollen Anstrich echter Weissagung. Die Antwort Jesu entbehrt ebenfalls sichtbarer Eindeutigkeit. Zwischen den Ereignissen und dem auf seinen Glauben hin angesprochenen Johannes erläutert die Redaktion die Vermittlungsrolle der aufgerufenen und gut unterrichteten Zeugen[26]. Johannes steht vor der Entscheidung.

Der Schluß der Geschichte, besser gesagt das Fehlen des erwarteten Abschlusses – eines eindeutigen Ja des Täufers zu Jesus – drückt dramatisch aus, daß die Mehrheit der Johannesjünger der Jesusbewegung ferngeblieben ist und das Skandalon nicht bewältigt hat. Narrativ aber endet die Erzählung in einer zum Anfang symmetrisch stehenden Unsicherheit. Daraus hat schon die Tradition eine allgemeine Folgerung in Form einer Seligpreisung (V 23) gezogen. So wird die kontextuelle Geschichte des Täufers in die aktuelle Sphäre des Hörers und des Lesers versetzt.

Selten hat man Verwandtschaft und Distanz in der formalen Struktur wie in der theologischen Relevanz zwischen dieser Episode und der Thomaserzählung in Joh 20,24–29 bemerkt. Was dort vom auferstandenen Jesus gilt, gilt hier vom »messianischen« Jesus. Ein Mensch zweifelt; um die Situation zu entspannen, entscheidet sich Jesus zu handeln. Von da an divergieren die narrativen Strategien: Im Johannesevangelium entscheidet sich Jesus für die unvermittelte und zwingende Offenbarung, während Q, Matthäus und Lukas die Vermittlung des Zeugnisses und den offenen Entschluß wählen. Aber die Pointe beider Seligpreisungen (Joh 20,29; Lk 7,23) ist gleich und entspricht dem gleichen Ruf zum Glauben im Stand der Entfernung.

Von diesen allgemeinen Prämissen her versuchen wir einige Sonderfragen zu beantworten und die redaktionellen Abschnitte auszulegen.

---

[26] Zu V 21 vgl. Craghan, J.F., Study: Der Vers ist redaktionell. Er steht im Mittelpunkt der Perikope 7,18–24a. Er ist vom Gesetz des Deuteronomiums über die Zeugenschaft (Dtn 19,15) beeinflußt. Die beiden Boten werden berichten, was sie gehört haben, den Ereignissen dadurch ihren Sinn verleihen und somit die Funktion von Zeugen übernehmen. So kommt die lukanische Theologie des Zeugnisses zum Ausdruck.

1. Was Johannes sucht, ist eine Bestätigung der Nachrichten und die Enthüllung ihrer Bedeutung (im Sinne der âsfáleia, die Lukas dem Theophilos gibt [1,3–4])[27]. Zwei jüdische Theologumena erhellen den Abschnitt: a) die Theorie der zwei Offenbarungsphasen, wie sie in Qumran ersichtlich ist: »Und Gott sprach zu Habakuk, er solle aufschreiben, was (da) kommt über das letzte Geschlecht, doch die Vollendung der Zeit tat Er ihm nicht kund. Und wenn es heißt: ›Damit eilen kann, der darin liest‹, geht seine Deutung auf den Lehrer der Gerechtigkeit, dem Gott kundgetan hat all die Geheimnisse der Worte Seiner Knechte, der Propheten«[28]. Das Verhältnis zwischen Täufer und Jesus ist symmetrisch zur Beziehung zwischen dem Propheten Habakuk und dem Lehrer der Gerechtigkeit; b) der Gedanke der wißbegierigen Propheten (vgl. 1Petr 1,10–11). Johannes möchte wie die Propheten das Ende und das eschatologische Heil genau kennen.

2. Ob ὁ ἐρχόμενος eine geläufige oder eine ungewöhnliche Bezeichnung des Messias war, ist umstritten. In Hab 2,3 (προσδέχου αὐτόν, ὅτι ἐρχόμενος ἥξει nach der Version von Aquila) läßt der Ausdruck auf eine messianische Gestalt (nicht unbedingt und ausschließlich eine königliche) schließen[29]. »›Kommend‹ ist alles, was mit der Heilszeit in Verbindung steht.«[30]

3. Durch die Erfüllung des Befehls in V 20 und die Heilstätigkeit Jesu, die in V 21 so evident wird wie selten, erreicht Lukas eine Dramatisierung: Die messianische Gestalt wird in der Frage (V 20), die messianische Tat in der beschriebenen Lage (V 21)[31] umrissen. Es fehlt nur das deutende Wort Jesu, um die Elemente zusammenzuhalten.

4. »Die Botschaft an den Täufer stellt in der vorliegenden Gestalt eine in einfache poetische Form gebrachte Sammlung von ›messianischen‹ Jesaja-Sprüchen dar: Jes 26,19 (Tote), 29,18f (Taube, Blinde, Arme), 35,5f (Blinde, Taube, Lahme, Stumme) und vor allem 61,1 (Armenbotschaft, Blinde; dazu Stichworte wie ›heilen‹, ›verkündigen‹)«.[32]

5. Die seine eigenen Taten auslegende Antwort Jesu hebt den gütigen und heilenden Messias hervor, nicht die kriegerische und richterliche Gestalt mancher jüdischen Hoffnung[33].

6. Das synoptische Skandalon (V 23)[34] ist nicht mit dem paulinischen identisch. Im

---

[27] Sie sind ausgeschickt worden, um eine Bestätigung zu erhalten, Zeugen werden sie erst später. Eine Übereinstimmung mit der Aussendung der Zwölf oder der Siebzig ist nur zum Teil vorhanden.

[28] 1QpHab 7,1–5 (Übers. nach Maier, J. – Schubert, K., Qumran-Essener 274f).

[29] Strobel, A., Untersuchungen 265–277 weist darauf hin, daß die Frage nicht »Bist du es, der kommen soll oder nicht?« lautet, sondern – mit ethischem Anstrich – »Bist du es, der kommen soll, oder sollen wir auf einen anderen warten?«.

[30] Hahn, F., Hoheitstitel 393. In Dan 7,13 Theodotion begleitet das Wort ἐρχόμενος den Titel Menschensohn.

[31] Νόσοι sind chronische Krankheiten, μάστιγες Krankheitsanfälle (wörtlich Peitschenhiebe). Lukas unterscheidet zwischen Besessenheit und Krankheit, auch wenn beide auf

derselben Leidensliste erscheinen. Zuletzt wird, feierlich vom Rest abgesetzt, die Blindheit als besonders schlimmes Unglück genannt.

[32] Strobel, A., Untersuchungen 274.

[33] Dupont, J., Ambassade denkt an die unbehagliche Überraschung Johannes des Täufers, der den Tag des Weltgerichts und das Kommen eines rächenden Richters angekündigt habe und nun vernehme, daß der Messias voller Erbarmen ist. Die Antwort Jesu bringe Johannes den Täufer also in Verlegenheit, er stehe da wie die Christen vor dem Ärgernis des Kreuzes. Daher auch die Aufforderung, nicht an Jesus irre zu werden (V 23).

[34] Zu μακάριος und der literarischen Form der Seligpreisungen vgl. den Kommentar zu 1,45 oben S. 87 und vor allem zu 6,20 oben S. 296f und 300f.

Zentrum steht nicht die Entscheidung für oder gegen den Gekreuzigten, sondern für oder gegen den irdischen Jesus mit seiner Größe und seinen Grenzen.

Die Jünger des Johannes kehren mit der Antwort Jesu zurück[35]. Sie werden ihrem Lehrer nicht nur wie in V 18 von Heilsereignissen berichten, sondern auch von deren eschatologischer Deutung durch Jesu Wort. Was Johannes hinzulernen wird, ist die Konformität der Heilstaten Jesu mit der Schrift. Deren jesuanische Deutung ist eine Aktualisierung der Prophetie nach dem Schema Verheißung – Erfüllung. Inhaltlich entspricht dies der Pescher-Exegese der Qumran-Gemeinde. Die Antwort Jesu nimmt die Verheißung der Schrift in Anspruch und wendet sie auf die jetzigen Ereignisse an. Damit beantwortet Jesus die Frage des Täufers mit einem Ja, ohne auf ihre persönliche Seite explizit einzugehen.

Das Urteil Jesu über Johannes (VV 24–28)

24–26 V 24a: Das Weggehen der Boten eröffnet einen Abschnitt und rundet durch inhaltliche und formale Verwandtschaft mit V 18 die Perikope ab[36]. Zu oft wurde nur das Gegenüber von Vorläufer und Messias betrachtet. Aber schon in V 22 appelliert Jesus an die Mitarbeit der Zuhörer[37]. Wieder klingt hier die Frage nicht abstrakt, sondern exhortativ, denn τί ἐξήλθατε … θεάσασθαι stellt nicht die theoretische Identität des Täufers in den Mittelpunkt, sondern die Beziehung der Scharen zu ihm. Wie Jesu Werk mit dem Engagement der Zeugen zusammengehört (V 22), kann die Person des Täufers nicht isoliert vom Zustrom seiner Hörer betrachtet werden. Die Wahrheit des Evangeliums existiert nur in der Glaubensbeziehung: Die Erfahrung der Jünger des Täufers wie der Scharen lädt dazu ein, ein gleiches Verhältnis zu Wort und Schrift zu suchen.

Daß Johannes in der Wüste wirkt, wird vorausgesetzt[38], und damit das charismatische Moment seines Amtes. Lukas teilt wohl mit der Überlieferung die Symbolik der Wüste als Ort der Buße und des eschatologischen Neuanfangs.

Schwer verständlich sind für uns die beiden negativen Beispiele[39]. In der Antike kennt man den Vergleich eines schwankenden oder gebrechlichen[40]

---

[35] Lk 7,24 zeigt, daß ἄγγελος zwar häufig die Bedeutung »Engel« hat, manchmal aber auch – wie hier und in 9,52 – die ursprüngliche Bedeutung »Gesandter«, »Bote« beibehält.

[36] Vgl. ἀπήγγειλαν (V 18) und ἀπελθόντων δὲ τῶν ἀγγέλων (V 24) sowie den Namen des Johannes hier (V 24) und in V 18.

[37] Ἀπαγγείλατε Ἰωάννη ἃ εἴδετε καὶ ἠκούσατε.

[38] Vgl. 1,80 und 3,2.4.7.

[39] Vgl. Daniel, C., Esséniens 262–268. Seiner Meinung nach hält Jesus, indem er sie mit Schilfrohren (hebräisch קָנֶה), die vom Wind hin und her bewegt werden, vergleicht, die Schwäche der Zeloten (hebräisch קַנָּא) gegenüber den Römern fest, und mit der Frage nach den Kleidern übt er Kritik an den Essenern, die zu viel Wert auf ihre luxuriösen Kleider legten.

[40] Von der Rhetorik her betrachtet springt der Gegensatz zwischen der Wüste und dem Schilfrohr, das das Bild vom Wasser nahelegt, ins Auge.

Menschen mit einem Schilfrohr[41]. Dem Volk galt Johannes[42] als das genaue Gegenteil[43]. Auch wußte man um das asketische Leben des Täufers, so daß die zweite rhetorische Frage wie die erste eine negative Antwort verlangt. Μαλακός wurde öfter für »weiche« Gewänder gebraucht[44], hier im negativen Sinn von »weichlich«, »weibisch«. Im Unterschied zur ersten folgt auf die zweite Frage eine Antwort: Die vornehmen Leute trifft man nicht in der Wüste, sondern in den Palästen. In der redaktionellen Wiederholung (V 25b) ergänzt Lukas die Schönheit der Gewänder[45] durch die Üppigkeit (τρυφή) des Lebensstils (vgl. 8,14). Nach der dritten rhetorischen Frage kommt die richtige Antwort (ναὶ λέγω ὑμῖν). Ein Prophet ist ein Mensch, den Gott gerufen und gesandt hat. Auf einen solchen soll man hören und zu ihm hineilen. Das typisch Jesuanische ist eine Offenbarung in der Form eines Rätselwortes: »mehr noch als einen Propheten« (vgl. ähnlich Lk 11,31–32).

Zwischen einem Propheten und dem Messias ist nur eine Position frei: die des eschatologischen, letzten Propheten, des Propheten wie Mose[46]. Diese frühchristliche Auslegung des Rätsels Jesu ergibt sich aus dem überlieferten Mischzitat[47]. Die Tradition von Mk 1,2 kennt sie auch, nur daß hier noch ἔμπροσθέν σου (V 27b) den Parallelismus ergänzt (vgl. πρὸ προσώπου σου in V 27a). Die Hoffnung auf den eschatologischen Propheten war auch in anderen Reformbewegungen lebendig, wie die Qumran-Texte beweisen[48]. Doch war in der jüdischen Hoffnung der Elija redivivus Vorläufer zunächst nicht des Messias, sondern Gottes selbst[49]. Wie Q sieht Lukas in Johannes den letzten Propheten, der aber auch schon zur Zeit der Erfüllung gehört. Anders als Markus benutzt er die Elija-Typologie für Jesus selbst, eben weil er Gottes Kommen eröffnet und heilende Kraft besitzt.

V 27 erläutert die rätselhafte Identität des Täufers (V 26). Das »Mehr« des 27

---

[41] Vgl. z.B. Lukian aus Samosata, Hermotimus 68; zitiert bei Bauer s.v.

[42] Vgl. die furchtlose Haltung des Johannes gegenüber Herodes (Mk 6,18).

[43] Man könnte die Zeichen anders setzen und dadurch die rhetorischen Fragen anders stellen; setzt man das Fragezeichen *vor* den Infinitiv (θεάσασθαι, ἰδεῖν), muß man die drei τί mit »warum« übersetzen: »Warum seid ihr in die Wüste hinausgegangen? Um ein Schilfrohr zu sehen ...?« Ich ziehe es jedoch vor, die Zeichensetzung des Nestle[26] beizubehalten.

[44] In malam partem kann μαλακός einen verweichlichten Menschen bzw. einen Lustknaben bezeichnen.

[45] Zur Abwechslung sagt er hier »in einem ἐνδόξῳ Kleid«, d.h. in einem »herrlichen«, »üppigen«, »leuchtenden« oder gar »funkelnden«, »gleißenden« Kleid.

[46] Zum Propheten als Vorläufer in der jüdischen Messiaserwartung vgl. Hahn, F., Ho-

heitstitel 351–371; vgl. zudem zu 11QMelch, Z. 18–20 de Jonge, M. – van der Woude, A.S., 11Q Melchizedek and the New Testament, NTS 12 (1965/1966) 301–326.

[47] Zu diesem Zitat vgl. Fitzmyer I 674. Der Anfang entspricht Mal 3,1, aber auch Ex 23,20; »vor deinem Angesicht« ist aus Ex 23,20 übernommen, denn Mal 3,1 liest »vor meinem Angesicht«; »der ... bereiten soll« steht näher beim hebräischen als beim griechischen Text von Mal 3,1 und ist weit von Ex 23,20 entfernt. Es handelt sich also um ein Mischzitat semitischen Ursprungs, das schon im Stadium von Q, allerdings nur teilweise, an die Septuaginta angeglichen worden war. Für die Christen spricht in diesen Worten *Gott* zu seinem *Sohn* über *Johannes* den Täufer.

[48] Außer dem schon erwähnten Beleg 11QMelch (siehe oben Anm. 46) vgl. noch 1QS 9,1–2 und 4QTest.

[49] Vgl. Fitzmyer I 671f.

Prophetentums wird durch das Mischzitat aus Ex 23,20 und Mal 3,1 illustriert. Als letzter Prophet ist Johannes nach Lukas der erste Begleiter des Messias, besser gesagt: der heilsgeschichtliche Vorläufer. Weil er als erster den Weg der eschatologischen Vollendung geht, kann er als Größter unter den

28 bisherigen Menschen angesehen werden (V 28a). Da er aber noch mit dem einen Fuß im alten Äon steht, ist jedes Vollmitglied des Reiches Gottes größer als er. Die metaphorischen Vergleiche (»größer« – »kleiner«[50]) betreffen nicht die Personen als isolierte Individuen, sondern als Glieder einer Gemeinschaft: der Menschheit (ἐν γεννητοῖς γυναικῶν) bzw. der Gottesherrschaft, wo sie ihren neuen Wohnort und ihre neue Identität empfangen haben. Diese doppelte Zugehörigkeit wird narrativ in den VV 29–30 weitergeführt. Jeder Mensch gehört zum ersten Kreis, nämlich zur Menschheit. Um den zweiten zu betreten, ist eine Antwort nötig (hören und bekennen [V 29a])[51].

Die Spaltung Israels (VV 29–35)

29–30 Durch das redaktionelle Summarium (VV 29–30)[52] wird eine prophetische Anklage (VV 31–35) durch die Feststellung der Hartnäckigkeit der Führer Israels narrativ vorbereitet. Im Hintergrund steht also das deuteronomistische Motiv der Verstocktheit[53].

Aber nicht alle in Israel verschließen ihre Ohren und Herzen, sondern nur die Leiter des Volkes: die Pharisäer und Schriftgelehrten[54]. So entsteht schon am Anfang der letzten Phase der Heilsgeschichte eine Spaltung Israels[55]. Das Volk[56] hört und tut, was Gott von ihm erwartet. Selten wird die christliche Identität so eindrücklich als eine hörende definiert[57]. Daß dieses Hören Buße impliziert, wird aus dem Signalwort »Zöllner«[58] ersichtlich, daß es mehr ist

---

[50] Die Bedeutung von ὁ μικρότερος ist umstritten: Handelt es sich um einen echten Komparativ (»kleiner« als Johannes der Täufer) oder um einen Komparativ mit superlativischer Bedeutung (»der Kleinste«)? Ich neige zum Superlativ; vgl. Bl-Debr-Rehkopf § 60. Verschiedene Autoren, bereits solche aus alter Zeit (vgl. dazu Fitzmyer I 675), identifizieren den »Kleineren« (als Komparativ aufgefaßt) mit Jesus.

[51] Vgl. EvThom 46: »Jesus sprach: Von Adam bis zu Johannes dem Täufer gibt es unter den von Weibern Geborenen keinen, der Johannes den Täufer übertrifft, so daß seine Augen nicht brechen. Aber ich habe gesagt: Jeder, der unter euch klein werden wird, wird das Reich erkennen und wird Johannes übertreffen« (Übers. nach E. Haenchen); vgl. Schrage, W., Thomas-Evangelium 107–109.

[52] Verschiedene Kommentatoren, z.B. Schürmann I 421f und Schneider I 172, halten die VV 29–30 zu Unrecht für einen Teil der Rede Jesu.

[53] Vgl. Dtn 10,16; Ex 32,9; 33,3.5; Apg 7,51–

53; vgl. Steck, O.H., Israel.

[54] Zur Literatur zu den Pharisäern bei Lukas siehe oben S. 246 Anm. 22. Das von Lukas propagierte Wort νομικός (sechs Belege) entspricht dem γραμματεύς der synoptischen Tradition: Schriftgelehrter, Spezialist für das jüdische Gesetz; vgl. Hübner, H., Art. νομικός κτλ., in: EWNT II (1981) 1157, der festhält, daß νομικός im klassischen Griechisch ein Adjektiv ist und sodann im Spätgriechischen – zum Substantiv geworden – den Juristen, den Notar bezeichnet.

[55] Vgl. Jervell, J., Das gespaltene Israel und die Heidenvölker. Zur Motivierung der Heidenmission in der Apostelgeschichte, ST 19 (1965) 68–96; jetzt auf englisch in: ders., Luke 41–74.

[56] Vgl. Dupont, J., Un peuple d'entre les nations (Actes 15,14), NTS 31 (1985) 321–335.

[57] Vgl. die πίστις ἐξ ἀκοῆς in Röm 10,17.

[58] Zu den Zöllnern siehe oben S. 174 Anm. 37 sowie 257 Anm. 16. Der Zusammenhang zwischen der Taufe des Johannes und der Buße zeigt sich auch in Apg 19,4.

als eine innerliche Angelegenheit, verdeutlicht die Erwähnung des sichtbaren Siegels, der Taufe. Apg 19,4 legt Paulus eine lukanische Erklärung der Rolle des Täufers in den Mund. Wort und Ritus des Täufers sollten Buße und Glauben wecken und zu Jesus führen. Chronologisch nur leicht voneinander getrennt, gehören beide Gesandten zum einen Heilsplan Gottes (V 30). In der Verweigerung der Taufe (V 30b) haben die Führer Israels die heilsgeschichtliche und für sie eschatologische Stunde nicht erkannt. Genau diese verpaßte Chance, diese verpaßten καιροί[59], wollen die folgenden Sprüche (VV 31–35) veranschaulichen.

Die historisierende Prosa des Lukas greift jedoch noch weiter zurück, denn die Ablenkung der Johannestaufe bedeutet die Verwerfung (ἀθετέω ist schwierig zu übersetzen[60]) des Gotteswillens.

Der außerhalb des lukanischen Schrifttums im Neuen Testament nur dreimal belegte Begriff βουλή (wörtlich »was man will«, d.h. »die Absicht«, »der Rat«, »das Projekt«, »der Plan«[61]) erscheint hier erstmals bei Lukas. Er taucht an neun weiteren Stellen auf, besonders in der Apostelgeschichte. Meistens bezeichnet βουλή im theologischen Sinn Gottes Plan (besonders Apg 2,23 und 20,27)[62]. Der Tod Jesu entspricht der Absicht Gottes (Apg 2,23 und 4,28), aber diese erstreckt sich nach hinten in die Zeit der Verheißungen (Apg 13,36: Zeit Davids) wie nach vorn in die Zeit des Gerichts (ohne βουλή, aber mit dem Verb ὁρίζω [Apg 10,42]). Der Gott, der so seinen Plan durchführt, ist kein blindes Fatum, sondern eine für das Gespräch offene, verwundbare Person, die in der Verweigerung der Führer Israels sieht, wie die Menschen seinem Plan entgegentreten können. Die Präzision εἰς ἑαυτούς zeigt jedoch die Grenze der menschlichen Macht an: Pharisäer und Schriftgelehrte haben Gottes Willen (vgl. Apg 20,27) nur so weit aufgehoben, als er für sie bestimmt war[63]. Trotzdem bleibt bei Gott nach diesem Mißerfolg ebensoviel Leiden wie Zorn. Gezwungen hat er niemanden.

Der bußfertige und gehorsame Teil Israels hat Gott gerechtfertigt (ἐδικαίωσαν). Das bei Lukas ungewöhnliche Verbum wurde ihm wahrscheinlich durch das letzte Logion der Einheit (V 35) suggeriert. Hier bedeutet es, daß die Glaubenden Gottes Wollen gutgeheißen, seinen Plan gebilligt haben. In der Initiative seines Wohlwollens hat sich also der Herr gerecht erwiesen, nicht

---

[59] Vgl. oben S. 373 Anm. 23.

[60] Ἀθετέω bedeutet »beseitigen«, »verwerfen«, »ablehnen«, »(einen Vertrag, ein Bündnis, ein Gesetz) brechen«, »aufheben«; vgl. 10,16; vgl. Limbeck, M., Art. ἀθετέω, in: EWNT I (1980) 83–85.

[61] Die βουλή ist das Produkt des Willens (θέλημα), wie dies aus Eph 1,11 gut ersichtlich ist: »nach der βουλή seines θέλημα«.

[62] Vgl. Conzelmann, H., Mitte 141f; Dupont, J., Paulus an die Seelsorger. Das Vermächtnis von Milet (Apg 20,18–36), Düsseldorf 1966, 85–90; Christ, F., Sophia 78; Fitzmyer I 179.

[63] Obwohl sie in ℵ und D fehlen, müssen die schwierigen Worte εἰς ἑαυτούς (V 30) beibehalten werden. Der Streit der Exegeten um die Frage, ob die Worte auf das Verb ἀθετέω oder auf das Substantiv βουλὴ τοῦ θεοῦ bezogen werden müssen, ist müßig, da Lukas die (schlechte?) Gewohnheit hat, Sätze zu konstruieren, die verschiedene Deutungen zulassen. Gander, G., Notule (zusammengefaßt und kritisch beleuchtet bei Fitzmyer I 676) sieht darin einen falsch verstandenen Aramaismus. Das ist jedoch in einem so stark überarbeiteten Vers unwahrscheinlich.

im Sinn der justitia distributiva, sondern einer dynamischen Heilsbereit-
schaft, die nach den Regeln der *aequitas* gerade nicht »gerecht« ist[64].

31   V 31 knüpft an die tragische Feststellung von V 30 an. So wird das durch eine
rhetorische Frage eingeführte Gleichnis[65] die Widerspenstigen beschreiben,
anklagen und ansprechen. Unleugbar aber ist eine gewisse Spannung zwischen der Verallgemeinerung der Redaktion (V 29: Das Volk nimmt die Botschaft an) und derjenigen der Tradition (V 31: Die Mehrheit dieser Generation ist *dagegen*). Aber wichtiger ist die durchreflektierte Spaltung Israels:
Dem in den Gottgesandten eingewurzelten Erfolg steht die im eigenwilligen,
launischen und hartnäckigen Herzen eingebettete Ablehnung gegenüber.
Auch in der verwandten Situation am Ende der Apostelgeschichte spaltet
sich die jüdische Führerschaft (Apg 28,25). Hier wie dort führt die Spaltung
zur Gerichtsrede gegen die Widerspenstigen.

32   V 32: Es ist nicht leicht, die spielenden Kinder[66] zu visualisieren, da uns dieses
Spiel[67] sonst unbekannt ist. Trotz der redaktionellen Wendung προσφωνοῦσιν ἀλλήλοις denkt Lukas nicht an zwei verschiedene Gruppen, die je einen
Teil des Spruchs äußern[68]. Die von Lukas übernommene »Lösung« in den
VV 33–34 teilt anders auf: »Wir« sind die Gottesgesandten (und die ihre Botschaft annehmenden Zuhörer), »ihr« meint ihre Widersacher. Das Spiel scheitert, weil die sitzenden, d.h. die widerspenstigen Kinder beide Vorschläge (zu
tanzen wie bei einer Hochzeit oder zu weinen wie bei einer Beerdigung) der
Initianten, nämlich der Musikanten, ablehnen. Die Schwierigkeit liegt in den
unklaren Worten ἀλλήλοις ἃ λέγει[69], nach denen der Spruch, der eindeutig
voraussetzt, daß er von den Musikanten stammt[70], aus dem Mund der sitzenden Kinder kommt.

Das »Wir« entfaltet zwei komplementäre Vorwürfe. Es hat »Flöte gespielt«,
d.h. zum Tanz, zum Fest (häufig als Hochzeit verstanden) eingeladen[71]. Und

---

[64]   Δικαιόω: 7mal bei Lukas (5mal Lk und
2mal Apg), 2mal bei Matthäus, kein einziges
Mal bei Markus. Außer hier und in V 35 handelt es sich bei Lukas immer um die Rechtfertigung des Menschen.
[65]   Dieselbe durch τίνι eingeleitete Frage findet man in Lk 13,18.20.
[66]   Zu τὰ παιδία vgl. Delebecque, E., Evangile 42.
[67]   Wertvolle Überlegungen zum Spiel bietet Huizinga, J., Homo Ludens. Versuch einer
Bestimmung des Spielelements der Kultur,
Basel ²1944.
[68]   Mit Jülicher, A., Gleichnisreden II 26. Zu
den verschiedenen Möglichkeiten, sich das
Spiel bei Matthäus und bei Lukas vorzustellen, vgl. Mußner, F., Kairos 599–601 (Mußner
plädiert schließlich für die Lösung mit zwei
Gruppen, die ich ablehne) und Zeller, D.,
Bildlogik.
[69]   Die handschriftliche Überlieferung be-

zeugt, daß das ἃ λέγει (V 32) Schwierigkeiten
bereitet.
[70]   Man beachte die originelle Interpretation, die Linton, O., Parable 175 gibt: Die sitzenden Kinder reagieren nicht, im Gegenteil,
sie ergreifen die Initiative. *Sie* sprechen und
werfen Jesus und Johannes dem Täufer vor,
nicht »getanzt« und »geweint«, d.h. nicht gemäß den jüdischen Zeiten und Festen gelebt
zu haben.
[71]   Vgl. Jülicher, A., Gleichnisreden II 26f:
»Ein ähnliches Wort wie hier ruft bei Aesop
(fab. 27 [ed. Halm]) der Flöte blasende Fischer
den Fischen zu, ὅτε μὲν ηὔλουν, οὐκ
ὠρχεῖσθε, eine nach Herodot I 141 schon von
Cyrus gegenüber den Joniern angewendete
Fabel«; vgl. Zeller, D., Bildlogik 253. Im Hymnus, den Christus in ActJoh 95 singt, umgeben von seinen Jüngern, spielt er auf unseren
– wörtlich genommen – Text an: »»Flöten
will ich, tanzet alle!‹ – ›Amen.‹ ›Ein Klagelied

die zum Spiel eingeladenen Kinder[72] haben sich diesem Ansinnen versagt. Das »Wir« hat auch zu einem Trauerspiel gerufen[73], das »Ihr« hat auch dies abgelehnt.

Trotz des schlechten Rufs von Tanz und Flötenspiel wagt Jesus, solche Gleichniselemente aufzugreifen. Damit will er auf die Kategorie der Freude, der Befreiung und des Festes in seiner Botschaft hinweisen, dies im Anschluß an die Propheten, die die apokalyptische Notzeit durch das Verstummen der Lieder kennzeichneten[74]. Die eschatologische, einem Tanz vergleichbare Situation verbietet trotzdem nicht, den Ernst der Lage zu bedenken. Über die Sünde gilt es zu klagen und zu weinen. Was beide Teile des Spruches zu einer Einheit verbindet, ist die Haltung der Angesprochenen. Sie wollen nicht mitmachen. Deshalb ist der Satz letztlich eine prophetische Anklage[75] gegen die hochmütige Ablehnung oder die resignierte Passivität. Erstaunlich – Zeichen für die Authentizität des Spruches – ist die Reihenfolge, weil die heilsgeschichtliche Sequenz von Johannes zu Jesus umgekehrt ist. Diese wird in der Auslegung des Gleichnisses (VV 33–34) wiederhergestellt.

VV 33–34: Die prophetische Sendung wird durch das theologisch geprägte Verb »kommen« ausgesprochen[76]. Im Hintergrund steht das Schema der beiden sukzessiven göttlichen Boten[77]. Jeder empfängt ein Merkmal: Johannes als Täufer und Jesus als Menschensohn.

Wichtiger als das Epitheton »Täufer«[78] ist die Beschreibung des Lebensstils.

33–34

---

anheben will ich, schlagt euch alle auf die Brust!‹ – ›Amen‹«; vgl. dazu die Erklärungen bei Junod, E. – Kaestli, J.-D., Acta Iohannis II, Turnhout 1983 (CCSA 2), 598f.

[72] Muß man – mit Jeremias, J., Gleichnisse 139f – nach dem Vorbild der Erwachsenen bei den Tanzenden an Knaben und bei den Wehklagenden an Mädchen denken? Ich glaube nicht. Nach Wallis, G., Art. Tanz, BHH III (1966) 1931f waren die beiden wichtigsten Formen des Gruppentanzes der Prozessionstanz und der Reigentanz. Man wird wohl an den letzteren denken müssen. Zu den verschiedenen Flötenformen vgl. Wallis, G., Art. Musik usw., BHH II (1964) 1258–1262.

[73] Ist nach ἐθρηνήσαμεν ein ὑμῖν zu setzen oder nicht? Die äußere Kritik scheint dagegen zu sprechen (vgl. Nestle[26]). Die innere Kritik – das parallele ὑμῖν der vorangehenden Zeile – scheint nach dem ὑμῖν zu verlangen. Lukas gebraucht das Bild der Tränen (κλαίω), Matthäus denkt an die Trauergeste (κόπτω »sich auf die Brust schlagen«).

[74] Vgl. die Liste, die Wallis, G., Art. Musik usw., BHH II (1964) 1261 vorschlägt: Jes 16,10; Jer 7,34; 16,9; 25,10; 48,33; Ez 26,13.

[75] Vgl. Apg 7,51–53. Zeller, D., Bildlogik 255f betont den Sprichwortcharakter von

V 32b und verweist auf Koh 3,4b (»Klagen hat seine Zeit und Tanzen hat seine Zeit«) und auf rabbinische Sprichwörter, besonders auf dieses: »Welchen Gesang auch immer einer singt, er geht nicht ein in die Ohren der Tanzenden, welchen Gesang auch immer einer singt, der verstockte Sohn hört es nicht« (12. Proömium des Midrasch über die Klagelieder).

[76] Matthäus verwendet 2mal den Aorist, Lukas 2mal das Perfekt (ἐλήλυθεν). Das Perfekt hat den theologischen Vorteil, die Vergangenheit (das Ereignis) mit der Bedeutung für das Heute zu verbinden.

[77] Vgl. Bornkamm, G., Der Paraklet im Johannes-Evangelium, in: ders., Geschichte und Glaube I. Gesammelte Aufsätze III, München 1968 (BEvTh 48), 68–76.

[78] Die beiden einzigen anderen Stellen, an denen im lukanischen Doppelwerk ὁ βαπτιστής verwendet wird, sind Lk 7,20 und 9,19. Außer in der christlichen Literatur wird das Wort nur noch von Josephus, Ant XVIII 5,2 § 116 gebraucht, und hier gerade für Johannes. Bauer s.v. verweist jedoch auf Epiktet, Diss II 9,21, wo man ἡμεῖς παραβαπτισταί lesen kann.

Von einem Enkratiten erwartet man im 2. Jahrhundert, daß er kein Fleisch ißt und keinen Wein trinkt. Μὴ ἐσθίων ἄρτον ist also erstaunlich[79]. Wenn ἄρτος nicht, wie oft im Alten Testament, »Speise« meint (wobei an spärliches Essen zu denken wäre), heißt dies, daß Johannes, wie Mk 1,6 auch vermuten läßt, nur Rohes, von Menschen nicht Zubereitetes, aß. Seine Ernährung war auf jeden Fall asketischer, als das Gesetz Moses es befohlen hatte, so daß dieser Lebensstil[80] auf Kritik stieß: »Er hat einen Dämon«[81]. Jesus, der »aß und trank«, war für das Volk das andere Extrem: ein Libertinist (vgl. das von Paulus kritisierte hedonistische Sprichwort in 1Kor 15,32). Nicht anders als die Weisheitsliteratur (vgl. Spr 31,4–7) und die christliche Paränese (Eph 5,18) beurteilen die Gesprächspartner Jesus nach einem moralischen Gesichtspunkt (Kritik des Exzesses[82]).

Lukas übernimmt die Q-Formulierung mit ihrer merkwürdigen Assoziation mit den Zöllnern (ein Beruf) und den Sündern (eine moralische oder eine ethnische Kategorie). Der Begriff »Zöllner« hat hier Gleichnischarakter und steht für die von Johannes, dann von Jesus angesprochenen »Sünder« (V 29; vgl. 5,27–28 und 15,1). Die Freundschaft Jesu zu ihnen (er ist ihr φίλος) drückt anschaulich die εὐδοκία Gottes für sie aus (vgl. Lk 15,1–2.3–32).

35 Das ursprüngliche Einzellogion V 35 wurde als Abschluß von der Tradition angefügt. Vielleicht spielte dabei der Begriff Kind (παιδίον – τέκνον) eine Rolle als Aufhänger. Der Spruch ist eines der wenigen sogenannten Weisheitslogien Jesu[83]. Die Weisheit soll nicht mit Jesus identifiziert werden, wohl aber mit einer personalisierten Qualität Gottes. Sie steht hier für die Gottheit in ihrer Zuwendung zu den Menschen, besonders zum erwählten Volk, und bekommt ihr Recht durch ihre treuen Anhänger, »ihre Kinder«. Im Lauf der Heils- bzw. Unheilsgeschichte wurde sie immer wieder von diesen wenigen »Kindern« anerkannt und angekündigt und insofern gerechtfertigt[84]. Zu den »Kindern« zählen die Tradition und die Redaktion sowohl den Täufer als

---

[79] Zur unwahrscheinlichen Hypothese von Böcher, O., Johannes vgl. oben S. 372 Anm. 19.

[80] Lohse, B., Askese und Mönchtum in der Antike und in der alten Kirche, München 1969 (RKAMW 1), 112 spricht sich gegen einen Einfluß der griechischen Askese aus, da der Körper-Seele-Dualismus fehlt; er schreibt: »Möglicherweise stand die enthaltsame Lebensweise des Täufers in Zusammenhang mit seiner Botschaft von dem nahe bevorstehenden Gericht. Wahrscheinlicher aber ist noch, daß sie, ähnlich wie bei den Essenern und den Therapeuten, Heiligkeitsaskese war.«

[81] Das »Er hat einen Dämon« findet man in Joh 10,20–21 auf Jesus angewandt wieder.

[82] Die Bedeutung »Fresser«, »Vielfraß« des Wortes φάγος ist zwar klar ersichtlich, doch ist es ein seltenes und junges Wort (außer Lk 7,34 und Mt 11,19 verzeichnen Liddell-Scott-Jones s.v. nur noch Zenobius Paroemiographus I 73, einen Schriftsteller aus dem 2. Jahrhundert n.Chr.). Οἰνοπότης in der Bedeutung »Trinker«, »Besoffener« scheint geläufiger gewesen zu sein; vgl. Liddell-Scott-Jones s.v. und Marshall 302.

[83] Vgl. Christ, F., Sophia 63.80 und Suggs, M.J., Wisdom 33–61.

[84] Ἀπό hat hier die Bedeutung eines ὑπό nach dem Passiv; vgl. Christ, F., Sophia 64. Indem Matthäus die »Werke« an die Stelle der »Kinder« setzte, wollte er nichts grundlegend anderes aussagen.

auch Jesus. Mit dem Aorist (ἐδικαιώθη)[85] schaut die christliche Geschichtsschreibung rückblickend auf den Anfang der neuen Bewegung, die sie unter
die Obhut der göttlichen Weisheit stellt[86].

Im 2. und 3. Jahrhundert bewirkte die Behauptung, Jesus habe gegessen und
getrunken, große Auseinandersetzungen. Weder das moralische Moment des
Exzesses noch der rituale Aspekt des Gesetzes haben die Geister aufgeregt
und geteilt, sondern die Behauptung des Körperlichen. Die christologische
Welle hat zur Inkarnationsfrage geführt. Gefährdete man nicht Jesu göttliche
Natur, indem man sagte, der Sohn Gottes habe gegessen und getrunken?
Zwischen den Extremen (Ignatius, der betont, Jesus habe *wirklich* gegessen
und getrunken [Trall 9,1][87], und Marcion, der nur von einem Schein sprach
[vgl. Tertullian, Adv Marc III 8,4])[88], genießt ein mittlerer Weg weit verbreite-
tes Ansehen: Christus aß und trank, aber bevor er die Speise und die Getränke verdaute, wurde ein brennender Geist aktiv, der die Elemente ganz eli-
minierte und sie wie Ganzopfer verbrannte. Zu dieser oder einer ähnlichen
Lösung kamen Theologen wie Klemens von Alexandrien (Strom VI 9,71,1–2)[89]
und einige doketische Gnostiker (vgl. ebd. III 7,59,3). Solche Antworten[90]
schöpften aus der jüdischen Theologie, die die gleiche Erklärung für den Besuch der Engel in Mamre (Gen 17; vgl. TestAbr A 4) angewandt hatte. Was zu
vermeiden war, war die Annahme der Stuhlbildung im Körper des inkarnier-
ten Logos[91]. Irenäus, für den die Tatsache des Essens und Trinkens ein wichtiger Beweis des Menschseins Jesu war (Adv Haer IV 31,2), benutzte die gleiche
Theorie, freilich auf den Auferstandenen bezogen (Adv Haer V 12,2).

Jesus und die Sünderin (7,36–50)

Literatur: *Bouwman, G.*, La pécheresse hospitalière (Lc 7,36–50), EThL 45 (1969)
172–179; *Braumann, G.*, Die Schuldner und die Sünderin Luk. 7,36–50, NTS 10 (1963/
1964) 487–493; *Brodie, Th.L.*, Luke 7,36–50 as an Internalization of 2 Kings 4,1–37. A

---

[85] Der Aorist ist anders aufgefaßt worden:
als gnomischer Aorist oder als Übersetzung
eines hebräischen »prophetischen Perfekts«
(mit futurischem Sinn); vgl. Christ, F., Sophia
64.
[86] Wir befinden uns in der Weisheitstradition: Die personifizierte Weisheit ruft, nähert
sich, wird zurückgewiesen und erwählt einige
Gläubige; vgl. ebd. 67. Zur Hypostatisierung
der Weisheit vgl. Wilckens, U., Art. σοφία
κτλ., in: ThWNT VII (1964) 497–514 und Bovon, F., Le Christ, la foi et la Sagesse dans
l'épître aux Hébreux, RThPh 101 (1968) 130–
144. Im Gegensatz zu Christ, F., Sophia 73.79
kann ich in Lk 7,35 keine Identifizierung Jesu
mit der Weisheit erkennen.

[87] Vgl. TestAss 7,3. Auch Apg 10,40–41 ist
in diese Auseinandersetzung hineingezogen
worden.
[88] Marcion hat vielleicht auch diese Verse in
seinem Evangelium ausgelassen; vgl. Orbe,
A., Hijo 524.
[89] Klemens von Alexandrien, Strom III
6,52,3–6,53,2 zitiert Lk 7,34 in einem gegen
die Enkratiten gerichteten Zusammenhang.
[90] Das Problem hat auch Origenes beschäftigt; vgl. Pamphylus, Apologia pro Origene, V
Responsio ad quartam criminationem (PG 17,
586A–588A = PG 14, 1295D–1298A).
[91] Vgl. Orbe, A., Hijo 552. Der Abschnitt
über die Wirkungsgeschichte ist in vielem
diesem Aufsatz Orbes verpflichtet.

Study in Luke's Use of Rhetorical Imitation, Bib. 64 (1983) 457–485; *Bultmann, R.*, Syn. Trad. 19; Ergänzungsheft 21; *Charpentier, E.*, Le prophète, ami des pécheurs, ASeign 42 (1970) 80–94; *Delobel, J.*, Encore la pécheresse. Quelques réflexions critiques, EThL 45 (1969) 180–183; *ders.*, L'onction par la pécheresse. La composition littéraire de Lc 7,36–50, EThL 42 (1966) 415–475 (= ALBO 4/33 [1966]); *Derrett, J.D.M.*, The Anointing at Bethany and the Story of Zacchaeus, in: StEv 2 (1964) 174–182 (TU 87) (= *ders.*, Law in the New Testament, London 1970, 266–285); *Drexler, H.*, Die große Sünderin Lucas 7,36–50, ZNW 59 (1968) 159–173; *Dupont, J.*, Le pharisien et la pécheresse (Lc 7,36–50), ComLi 4 (1980) 260–268; *Elliott, J.K.*, The Anointing of Jesus, ET 85 (1973/1974) 105–107; *Feuillet, A.*, Les deux onctions faites sur Jésus, et Marie-Madeleine. Contribution à l'étude des rapports entre les Synoptiques et le quatrième évangile, RThom 75 (1975) 357–394; *Frei, R.C.*, Die Salbung Jesu durch die Sünderin. Eine redaktionskritische Untersuchung zu Lk 7,36–50, Diss. masch. Mainz 1978; vgl. ThRv 74 (1978) 510; *Heutger, N.*, Münzen im Lukasevangelium, BZ NS 27 (1983) 97–101; *Henß, W.*, Das Verhältnis zwischen Diatessaron, christlicher Gnosis und »Western Text«. Erläutert an einer unkanonischen Version des Gleichnisses vom gnädigen Gläubiger. Materialien zur Geschichte der Perikope von der namenlosen Sünderin Lk 7,36–50, Berlin 1967 (BZNW 33); *Jeremias, J.*, Gleichnisse 108–110.126–127; *ders.*, Lukas 7,45: ΕΙΣΗΛΘΟΝ, ZNW 51 (1960) 131; *Joüon, P.*, Notes philologiques sur les Evangiles. Luc 7,44, RSR 18 (1928) 353; *ders.*, La Pécheresse de Galilée et la Parabole des deux Débiteurs (Luc 7,36–50), RSR 29 (1939) 615–619; *Kilgallen, J.J.*, John the Baptist, the Sinful Woman, and the Pharisee, JBL 104 (1985) 675–679; *Korenhof-Scharffenorth, M.*, Und siehe eine Frau, in: »Aus dem Brunnen schöpfen . . .«. Geschichten aus der Hebräischen Bibel und dem Neuen Testament, von Frauen erzählt und ausgelegt, hrsg. v. I. Böhm u.a., Neukirchen-Vluyn 1986, 31–37; *Legaré, C.*, Jésus et la pécheresse. Analyse sémiotique d'un fragment de l'évangile de Luc 7,36–50, Sémiotique et Bible 29 (1983) 19–45; *Legault, A.*, An Application of the Form-Critique Method to the Anointings in Galilee (Lk 7,36–50) and Bethany (Mt 26,6–13; Mk 14,3–9; Jn 12,1–8), CBQ 16 (1954) 131–145; *Leroy, H.*, Vergebung und Gemeinde nach Lk 7,36–50, in: Wort Gottes in der Zeit (FS K.H. Schelkle), hrsg. v. H. Feld u.a., Düsseldorf 1973, 85–94; *ders.*, Zur Vergebung der Sünden, Stuttgart 1974, 71–81; *Löning, K.*, Ein Platz für die Verlorenen. Zur Formkritik zweier neutestamentlicher Legenden (Lk 7,36–50; 19,1–10), BiLe 12 (1971) 198–208; *März, C.-P.*, Zur Traditionsgeschichte von Mk 14,3–9 und Parallelen, in: SNTU A 6/7, hrsg. v. A. Fuchs, Linz 1981/1982, 98–112; *Manns, F.*, Luc 7,47 et les traditions juives sur Rahab, RevSR 61 (1987) 1–16; *Orchard, R.K.*, On the composition of Luke 7,36–50, JThS 38 (1937) 243–245; *Platt, E.E.*, The Ministry of Mary of Bethany, ThTo 34 (1977) 32–35; *Ramaroson, L.*, »Le premier, c'est l'amour« (Lc 7,47a), ScEs 39 (1987) 319–329; *Ravens, D.A.S.*, The Setting of Luke's Account of the Anointing, Luke 7,2–8,3, NTS 34 (1988) 282–292; *Roloff, J.*, Kerygma 161–163; *Schäfer, K.*, Zu Gast bei Simon. Eine biblische Geschichte langsam gelesen, Düsseldorf 1973; *Spicq, C.*, Agapè, i, Paris 1958, 120–137; *Steiner, A.*, Une rencontre inattendue. Jésus dans la maison de Simon, Lc 7,36–50, in: Rencontres de Jésus, hrsg. v. A. Steiner und V. Weymann, Lausanne 1978, 23–35; *Taeger, J.-W.*, Mensch 34–43; *Urrutia, J.L. de*, La parábola de los dos dendores, Lc 7,39–50, EE 38 (1963) 459–482; *Völkel, M.*, Freund der Zöllner und Sünder, ZNW 69 (1978) 1–10; *Weiß, K.*, Der westliche Text von Lc 7,46 und sein Wert, ZNW 46 (1955) 241–245; *Wilckens, U.*, Vergebung für die Sünderin (Lk 7,36–50), in: Orientierung an Jesus. Zur Theologie der Synoptiker (FS J. Schmid), hrsg. v. P. Hoffmann, Freiburg i. Br. 1973, 394–424.

36 Es bat ihn aber einer von den Pharisäern, daß er mit ihm esse. Und als er ins Haus des Pharisäers eingetreten war, legte er sich zu Tisch. 37 Und siehe, eine Frau, die in der Stadt eine Sünderin war, als sie erfuhr, daß er im Hause des Pharisäers zu Tische lag, brachte sie ein Alabastergefäß mit Salböl, 38 stand weinend hinten zu seinen Füßen und begann damit, mit ihren Tränen seine Füße zu benetzen, und trocknete sie mit den Haaren ihres Hauptes und küßte seine Füße und salbte sie mit dem Salböl. 39 Als der Pharisäer, der ihn eingeladen hatte, das sah, sprach er bei sich selbst: Wenn dieser ein Prophet wäre, wüßte er, wer und was für eine die Frau, die ihn anrührt, ist, sie ist doch eine Sünderin. 40 Und Jesus antwortete und sprach zu ihm: Simon, ich habe dir etwas zu sagen. Der aber sagt: Sprich, Lehrer. 41 Ein Geldverleiher hatte zwei Schuldner. Der eine schuldete ihm 500, der andere 50 Denare. 42 Da sie nicht zurückzahlen konnten, schenkte er es beiden. Wer also von ihnen wird ihn mehr lieben? 43 Simon antwortete und sprach: Meiner Ansicht nach der, dem er mehr geschenkt hat. Er aber sprach zu ihm: Recht hast du geurteilt. 44 Und sich zu der Frau wendend, sagte er zu Simon: Siehst du diese Frau? Ich kam in dein Haus; du gabst mir kein Wasser für die Füße, sie aber benetzte meine Füße mit ihren Tränen und trocknete sie mit ihren Haaren. 45 Einen Kuß hast du mir nicht gegeben, sie aber hörte nicht auf, meine Füße zu küssen, seit ich hereinkam. 46 Mit Öl hast du mir das Haupt nicht gesalbt, sie aber salbte mit Salböl meine Füße. 47 Deswegen, sage ich dir, sind ihre vielen Sünden vergeben worden, denn sie hat viel geliebt. Wem aber wenig vergeben wird, zeigt wenig Liebe. 48 Und er sprach zu ihr: Vergeben sind deine Sünden. 49 Und die Tischgenossen fingen an, bei sich selbst zu sagen: Wer ist dieser, der Sünden vergibt? 50 Er sprach aber zu der Frau: Dein Glaube hat dich gerettet; geh in Frieden!

Die Geschichte von der Sünderin beeindruckt durch ihre ästhetische Geschlossenheit. Ihre »Einfachheit« ist alles andere als simpel, wie ihre heftig umstrittene Vorgeschichte beweist[1].   Analyse

Soll man in V 46 dem D-Text folgen[2], der von einer Salbung der Füße nichts berichtet?[3] Seit jeher war V 47 Anlaß zu vehementen dogmatischen Disputen angesichts der Frage, ob die hier beschriebene Liebe der Frau die Ursache oder die Folge der göttlichen Vergebung sei; dies je nach dem jeweiligen grammatischen Verständnis des Satzes.

Mit einer geradezu langweiligen Ausdauer haben die Exegeten die beiden Salbungsberichte in Betanien (Mk 14,3–9) und hier miteinander verglichen. Gehen, falls ein einziges Ereignis zugrunde liegt, die vorhandenen Unterschiede auf Varianten inner-

---

[1]   Zum Stand der Forschung vgl. Delobel, J., Onction 415–421.

[2]   Genauer D W 079 b q arm.

[3]   Vgl. Weiß, K., Text: Johannes hat die Salbung in eine Salbung der Füße umgewandelt; diese Version hat auf die Mehrheit der handschriftlichen Zeugen des lukanischen Textes eingewirkt.

halb der mündlichen Volkstradition zurück oder auf eine bewußte theologische Gestaltung durch die Tradenten bzw. die Evangelisten? Gehört das Gleichnis von Anfang an zum Salbungsbericht? Zudem: Warum endet die Perikope nicht mit V 47? Zu deren rechtem Verständnis gehört sicherlich die Kenntnis der damaligen sozialen Verhältnisse. Die Situation der Frau, die Regeln der Gastfreundschaft und die Sitte der Salbung wurden von Kennern des Nahen Ostens wie von Soziologen untersucht. Auch die Gattung der Perikope (Apophthegma, Legende oder Gastmahlgespräch) wie ihre Stellung im Evangelium (Ende der kleinen Einschaltung [Lk 6,19–8,3]) wurden diskutiert. Aber die letzte und erste Frage lautet: Geht es im lukanischen Text wirklich um die Frau oder um den Pharisäer oder um Jesus?

Nach der Feldrede (6,20–49) hat Lukas Stoff aus seinem Sondergut und aus Q übernommen (7,1–35). Unsere Perikope steht am Schluß dieses Abschnitts, bevor der Evangelist nach einem Übergang (8,1–3) wieder an Markus anknüpft (8,4ff). Die übergreifende Thematik des Kapitels 7 ist einerseits der heilende Besuch Gottes und andererseits die Identität der vermittelnden Boten (vgl. 7,49). Während die Kapitel 6 und 8 die Botschaft Jesu wiedergeben, behandelt Kapitel 7 diese doppelte Thematik mit Hilfe kurzer Erzählungen. Die Einladung Jesu durch einen Pharisäer dient als Einstieg und gibt dem Text den Charakter eines Symposiums (V 36). Wie oft bewirkt ein außergewöhnlicher Zwischenfall das Gespräch (die Handlung der Frau [VV 37–38]). Freilich ist dieser Zwischenfall so bedeutend, daß der Verfasser auf ihn zurückkommen wird (VV 48–50). Er wird abgeschlossen durch die Reaktion des Pharisäers (V 39), der in Gedanken Jesus verurteilt, kein Gespräch mehr erwartet und vielleicht seine Einladung bedauert. Was für den einen als das Ende erscheint, ist für den anderen der Anfang. Jesu Handeln zeigt eine prophetische Herzenskenntnis (V 40a). In unserer Erzählung stoßen die verschiedenen »Programme« dreier Personen aufeinander, die sich alle durch Tat und Wort äußern. Jesus erzählt dann eine kurze Geschichte (VV 41–42a), die auf den ersten Blick in keinem Verhältnis zum von der Frau ausgelösten Vorfall steht; er benutzt also das Stilmittel einer in eine Erzählung eingeschalteten Erzählung. Daß Jesus ein »Programm« verfolgt, kommt in der abschließenden Frage zum Ausdruck. Während »Sünde« (für die Frau) und »Nicht-Prophet« (für Jesus)[4] das Urteil des Pharisäers (V 39) bewirkten, steht nun die mäeutische Frage Jesu nach der aktiven Liebe zur Debatte (V 42b). Der Schüler gewordene Lehrer muß fast widerwillig (ὑπολαμβάνω) die allein richtige Antwort geben. Der in V 39 umstrittene Prophet wagt sich in die Rolle des Lehrers (διδάσκαλε [V 40]) und beurteilt (ὀρθῶς ἔκρινας) das Urteil seines pharisäischen Schülers positiv. Während dieser von der Stufe des Lehrers (in der ersten Szene) auf die des Schülers (in der zweiten) hinuntersteigen muß[5], gewinnt Jesus

---

4   Für Charpentier, E., Prophète 86 liegt der Schwerpunkt des Interesses in dieser Perikope auf der Frage nach dem Prophetentum Jesu.

5   Das auffällige Fehlen des Namens des Pharisäers in V 36 läßt sich so erklären: In

den ersten Versen (37–39) beschreibt ihn Lukas als den, der er zu sein glaubt: Herr und Meister; in der Folge wird er aber zum Jünger, Schüler und erhält mit seinem Namen (V 40) auch seine Bestimmung.

seine angezweifelte Autorität langsam zurück. Aber er ist noch nicht da, wo er hin will. In der dritten Szene (VV 44–47) läßt ihn Lukas zwei Verbindungen ziehen: erstens zwischen der Frau und Simon; dies mit Hilfe der erstaunlichen narrativen Wendung, daß sich Jesus der Frau zuwendet, um den Mann anzusprechen (V 44a); zweitens zwischen den zwei ersten Etappen des Geschehens, der Tat der Frau und dem Wort Jesu. Das Ergebnis dieses Vergleichs ist nicht: Sie hat getan, was du nicht getan hast, sondern: Sie hat *mehr* getan als das, was du *nicht* getan hast. Simon muß also noch eine Stufe tiefer steigen. Er hat nichts mehr zu sagen, deshalb läßt ihn Lukas wortlos vor der Entscheidung stehen (vgl. VV 29–30). Umgekehrt spricht Jesus anspruchsvoll weiter und legitimiert (V 47a) sowohl das Handeln der Frau wie seine vorausgehende Haltung, bevor er blitzartig ein schweres Urteil ausspricht (V 47b). Der verurteilende Pharisäer von V 39 soll sich jetzt verurteilt fühlen, obwohl der Satz bis in seine Form hinein nichts als eine weisheitliche Beobachtung ist. Nach dem harten, aber vom liebevollen Überzeugungswillen getragenen Gespräch mit Simon ist Jesus der Frau eine Antwort schuldig. Deshalb schließt sich das Wort der Vergebung an (V 48), und wir verstehen, weshalb Lukas diese Geschichte nach der Perikope über den Täufer eingeordnet hat. Nicht nur weil Jesus, wie es in V 34 steht, ißt und trinkt und bei Sündern weilt, sondern weil der Gang der Erzählung die dramatische Spaltung Israels (VV 29–30) veranschaulicht. Zur Zeit des Täufers wie zur Zeit Jesu oder der Kirche hörten unerwartet die Sünder die befreiende Botschaft und glaubten (V 29), während sich die sogenannten Gerechten davon ausnahmen (V 30)[6]. Am Schluß wird dann noch ein vierter Pol sichtbar: die bis dahin unerwähnten Gäste (οἱ συνανακείμενοι). Durch eine Frage (V 49) unterstreichen sie in ihren Herzen die christologisch diskreten Worte Jesu (VV 47–48) und setzen ihn als Person in Beziehung zu der von ihm zugesprochenen Vergebung. Wie sie die Frage beantworten, wird nicht gesagt, ebensowenig, wie Jesus auf sie reagiert. Auch sie stehen vor der Entscheidung und der bekennenden Antwort. Doch will die Erzählung mit der Frau enden. Weil sie ins Haus eingetreten war, soll sie auch nicht darin bleiben. Jesus schickt sie liebevoll (εἰς εἰρήνην) weg, indem er in einer bisher nicht benutzten Terminologie (Glaube und Heil) den Grund ihrer Vergebung enthüllt, ohne von seiner eigenen Person zu reden (V 50). So schließt die Erzählung eher farblos, aber betont dogmatisch ab.

Trotz gegenteiliger Meinungen[7] verstehe ich alle vier Berichte (Mk 14,3–9; Mt 26,6–13; Joh 12,1–8 und Lk 7,36–50) als schriftliche Fixierungen einer einzigen evangelischen Erinnerung[8]. Das gleiche narrative Schema wird überall angewandt: a) Jesus

---

[6] Bis hierher deckt sich meine Einteilung der Szenenfolge mit der von Löning, K., Platz 200, die auch Dupont, J., Pharisien 262f aufnimmt.

[7] Legault, A., Application nimmt zwei Ereignisse an, deren eines sich in Judäa (Matthäus, Markus, Johannes), das andere in Galiläa (Lukas) abgespielt habe, und deren Berichte sich im Verlauf der Überlieferung gegenseitig beeinflußt hätten; vgl. vor ihm bereits Zahn 334.

[8] Mit Elliott, J.K., Anointing 105.

wird zu einem Mahl eingeladen, b) eine Frau kommt hinzu und salbt Jesus, c) diese Geste löst eine negative Reaktion aus, d) Jesus verteidigt die angeklagte Frau und e) anerkennt ihr Handeln als lobenswert[9]. Außerdem finden sich wörtliche Übereinstimmungen: ἀλάβαστρον μύρου (Markus, Matthäus, Lukas), Σίμων als Gastgeber (Markus, Matthäus, Lukas), die Salbung der Füße und das Abtrocknen mit den Haaren (Lukas, Johannes). Dazu kommt – was zu wenig bemerkt wird – die Frage nach dem Geld in der Kritik der Zuschauer (Markus, Matthäus, Johannes) oder im Gleichnis Jesu (Lukas), ausgedrückt mit dem Wort δηνάρια, auch wenn die Summe nicht gleich ist (Markus, Johannes, Lukas). Schließlich ignoriert Lukas die Salbung in Betanien (22,2–3), weil er sie der vorliegenden Episode gleichsetzt.

Wer die Regeln der mündlichen Literatur und der Hagiographie kennt, weiß, wie eine Einzelepisode verschieden angewendet werden kann. Die markinische Tradition las die Salbung Jesu christologisch. Der zweite Evangelist verband sie mit seiner Theologie des Kreuzes; die messianische Salbung des Hauptes (Mk 14,3) wird bei ihm zur Vorwegnahme des Todesritus (Mk 14,8), weshalb er sie in den ihr ursprünglich fremden Kontext der Passion hineinstellt[10]. In der vorlukanischen Tradition erzählte man die Geschichte anthropologisch als Legende, d.h. als Erzählung über die ungewöhnliche Geste einer Frau einschließlich der Diskussion über ihre Liebe zu Jesus, weniger der Liebe Jesu zu ihr. Das narrative Gegenüber zwischen dem respektablen Gastgeber und der störenden Frau ermöglichte eine *theologische* Deutung, die schließlich zum Vergleich des »mehr« oder »weniger« Liebens und zu dem aus ihm entstandenen und an sich banalen Gleichnis führte[11]. Jedenfalls fand dieser Prozeß noch während der mündlichen Überlieferung statt. Das Gleichnis steht in Spannung zur Erzählung, weil es eben nicht deren Ursinn veranschaulicht, sondern die im Laufe der Tradition aktuell gewordene Interpretation. Damals wurde die spontane Geste der verachteten Frau als Ausdruck menschlicher Buße und göttlicher Vergebung ausgelegt. Das Geschehen wurde dadurch dogmatisiert, wahrscheinlich aus katechetischen Gründen; man reflektierte über die göttliche Initiative und die Größe der Gnade, ein der ursprünglichen Geschichte fremder Gedanke. Gleichzeitig wurde die Liebe quantifiziert und mit der Last der Sünde in Verbindung gebracht. Während V 47a in seiner Doppeldeutigkeit mehr zur Geschichte der Frau gehört, erläutert V 47b das Gleichnis und vertritt dessen katechetische Aussage[12]. Paradox ist diese sekundäre Interpretation deshalb, weil sie die göttliche Vergebung an die erste Stelle setzt, das Heilsgeschehen aber dennoch moralisiert (siehe die zwei ὀλίγον und die zwei schwer zu ertragenden πλεῖον in den VV 42 und 43).

Sitz im Leben dieser Entwicklung war eine Gemeinde, die die Ausbildung ihrer Gläubigen nicht von der Polemik gegen die Synagoge abstrahieren

---

[9] Dieses fünfte Element fehlt bei Johannes. Zu diesem Schema vgl. Delobel, J., Onction 467.

[10] Vgl. Elliott, J.K., Anointing 106.

[11] Der Schöpfer des Gleichnisses hat sich gewiß von anderen Gleichnissen Jesu, dem Gleichnis vom unbarmherzigen Knecht (Mt 18,23–35) und/oder dem Gleichnis vom unehrlichen Verwalter (Lk 16,1–9), inspirieren lassen. Wilckens, U., Vergebung ist dagegen der Ansicht, daß Erzählung und Gleichnis von Anfang an zusammengehörten: Es handle sich um ein Apophthegma, das seine Wurzel in der Taufpredigt habe (mit Braumann, G., Schuldner 490).

[12] Diese Durchschnittstheologie findet man in vielen Schriften des Urchristentums, in denen die gnädige Liebe Gottes Seite an Seite mit der würdigen Buße des Menschen steht.

konnte. Diese polemischen Untertöne sind nämlich nicht zu überhören: Aus dem Gastgeber ist ein Pharisäer geworden (bei Markus ein Aussätziger, bei Johannes der geliebte Lazarus), und die größere Liebe der Dirne ist nicht ohne Beziehung zur Berufung der Heiden zu verstehen. Jeder Neubekehrte sah hinter den ἀμφότεροι in V 42 einerseits die Juden, die wenig gesündigt, andererseits die Heidenchristen, die viel geliebt haben.

In dieser Gestalt erreichte die Erzählung eine erste literarische Form, die dann auch im lukanischen Sondergut ihren Niederschlag fand[13]. Sie teilt nämlich mit anderen lukanischen Perikopen die für das Sondergut typische Form, zudem charakteristische Merkmale wie etwa die Eigennamen und das Interesse für Jesu Gesprächspartner. Die heute vorliegende Gestalt verdankt sie jedoch nach Sprache und Wortschatz der lukanischen Redaktion, die auch den Schluß der Erzählung noch überarbeitet hat[14]. Im Anschluß an vorausgehende Perikopen (besonders 5,20–24) richtet Lukas das Interesse auf die christologische Wurzel der Sündenvergebung[15] und endet mit einer frommen Formel (V 50 ist Vorwegnahme von 8,48). Die wiederholten Einführungsformeln (die VV 48 und 50 nach V 44) verraten schon die redaktionelle Erweiterung gerade des Schlusses[16].

Erste Szene (VV 36–39)

In einem Atemzug werden Einladung (V 36a)[17] und Annahme (V 36b) erwähnt[18]. Während die erste Hälfte unlukanische, vielleicht sogar ungriechische Elemente bezeugt (ἵνα nach ἐρωτάω, ἐσθίω μετά)[19], paßt die zweite zum

---

[13] Vgl. Delobel, J., Onction 422–444. Tatsächlich aber ist das Vokabular, das die Vertreter dieser Hypothese einem Protolukas zuschreiben, viel eher lukanisch: ἐρωτάω, ἀμαρτωλός, κλαίω, παρὰ τοὺς πόδας, ἄρχομαι, εἶπεν πρός, zusammengesetzte Verben, Wiederholung der Präposition nach zusammengesetzten Verben usw.

[14] Die lukanische Terminologie ist in der ganzen Perikope spürbar: δέ (V 36); καὶ ἰδού, ἥτις, πόλις (V 37); ἰδών, καλέω, Jesus als προφήτης (V 39); ἀποκριθεὶς ... εἶπεν, ἔχω mit Infinitiv (V 40) usw. Ἔχω mit Infinitiv findet man z.B. in Lk 12,4.5; 14,14; Apg 4,14; 23,17.18.19; 25,26; 28,19.

[15] Vgl. Leroy, J., Gemeinde; ders., Sünden.

[16] Vgl. Bultmann, R., Syn. Trad. 19, dessen Untersuchungsergebnisse sich von den meinen wesentlich unterscheiden: Er ist der Ansicht, daß einer ursprünglichen Überlieferung, die sich aus dem Gleichnis und seiner Anwendung, deren Anfang überarbeitet wurde, zusammensetzte, Stücke aus der Salbung in Betanien (Mk 14,3–9) angefügt wurden. Mit Bultmann halte ich dagegen die

VV 38–50 für sekundär. Zu den verschiedenen Hypothesen über den Zusammenhang zwischen Tradition und Redaktion vgl. Grundmann 169f; Marshall 304–307; Bultmann, R., Syn. Trad., Ergänzungsheft 21.

[17] Zum Imperfekt bei Verben, die eine Handlung, die erst später stattfindet, bezeichnen, vgl. Bl-Debr-Rehkopf, § 328. Ἐρωτάω wurde zu jener Zeit für Einladungen verwendet, z.B. für eine Einladung zu einem kultischen Essen zu Ehren Serapis'; vgl. New Documents I 5.

[18] Vgl. Lk 11,37 (eine etwas gefälligere Formulierung) und 14,1.

[19] Der partitive Genitiv (»einer der Pharisäer«) dagegen ist korrekt. Er war zu jener Zeit im Verschwinden begriffen und wurde durch eine präpositionale Formulierung ersetzt; vgl. Abel § 44d. In der Septuaginta findet man den Ausdruck »essen mit« in 1Sam (LXX 1Kön) 1,18 und Spr 23,8; es liegt ein Semitismus vor. Zu φάγομαι, das von Phrynichus, Ecl (hrsg. v. W.G. Rutherford, London 1881, 376) als barbarisch bezeichnet wird, vgl. Antoniadis, S., Evangile 116.

Stil des Evangelisten. Lukas hat also den Rahmen für das Gastmahl nicht selbst erfunden, aber gern übernommen, wie die große Komposition Lk 14 beweist, denn von seiner literarischen Ausbildung her schätzt er solche Szenen, die bestimmten Regeln folgen[20], für die Übermittlung philosophischer oder religiöser Botschaften. Die Juden hatten für das Festmahl die hellenistische Sitte des Liegens[21] übernommen (V 38: παρὰ τοὺς πόδας αὐτοῦ, V 49: συνανακείμενοι)[22]. Die literarische Gattung des Symposiums benutzte oft einen Zwischenfall, hier das Eindringen der Frau (V 37), als Anknüpfungspunkt für ein Gespräch. Die Wiederholung des Wortes »Pharisäer« bereitet die harte Diskussion vor (vgl. 15,1–2).

37 V 37: Lukas macht sich keine Illusion über die Frau. Ihre »Sünde« ist vor allem eine soziale. Daß er in ihr eine Dirne sieht, zeigt der Ausdruck ἐν τῇ πόλει[23]. Das Unerwartete ihrer Anwesenheit[24] wird durch das beliebte καὶ ἰδού signalisiert. Die Nuance von ἐπιγνοῦσα ist schwierig zu bestimmen: »beobachten«, »wissen«, »merken«, »erfahren«[25]. Der Übergang von οἶκος (V 36) zu οἰκία (V 37) verrät vielleicht den Unterschied zwischen Redaktion und Tradition.

Die Zuteilung der καί und die Beziehung der präsentischen und aoristischen Partizipien zueinander sind nicht ganz klar. Mit κομίσασα »bringen«[26] (in diesem Zusammenhang schöner als das johanneische λαβοῦσα und das markinische bzw. matthäische ἔχουσα) hat die Frau den Übergang von der bloßen Erkenntnis zur entsprechenden Tat vollzogen. Ὁ ἀλάβαστρος bzw. τὸ ἀλάβαστρον ist das meistens aus Alabaster (Kalksinter) verfertigte henkellose Salbgefäß, nicht einfach ein Glasfläschchen, das man zum Öffnen am Halse abbrach.[27] Vom Preis des Salböls wird bei Lukas im Unterschied zu den drei anderen Evangelien nichts gesagt. Bei ihm zeigt sich die Intensität der Beziehung nicht an den Kosten, sondern an der Demut der Haltung. Immerhin soll die elegante Formel (κομίσασα ἀλάβαστρον μύρου) auf den Wert des Parfüms hinweisen. In der Antike war nicht Alkohol, sondern Öl das Fixativ des Parfüms. Deshalb übersetzt man oft μύρον mit Salböl; es muß auf jeden Fall flüssig gewesen sein (ἤλειφεν).

38 V 38: Im Gefälle der Erzählung tritt dann die Frau an Jesus heran, und zwar

---

[20] Vgl. Delobel, J., Onction 458–462.

[21] Vgl. Reicke, B., Art. Tisch 4, BHH III (1966) 1993. Zur Kritik der historischen Rekonstruktion von Jeremias, J., Gleichnisse 109 (Jesus wird nach der Predigt zum Sabbatmahl eingeladen) vgl. Drexler, H., Sünderin 161.

[22] Nestle[26] notiert κατεκλίθη (κατακλίνω »sich zu Tische legen«, »niederlegen«; κατάκειμαι [V 37] »bei Tisch liegen«). Der Text ist nicht gesichert, doch Lukas verwendet lieber κατακλίνω als ἀνακλίνω.

[23] Vgl. Orchard, R.K., Composition 244 Anm. 1.

[24] Ihr Eintreten ins Haus wird nicht erwähnt; vgl. die Diskussion des V 45 (εἰσῆλθον).

[25] Καὶ ἰδοὺ γυνὴ . . . καί mit Partizip ist redaktionell. Zum Triumph von ἥτις über ἥ zu jener Zeit – und zwar nicht nur in der Populärliteratur – vgl. Rydbeck, L., Fachprosa 98–118, bes. 100f.110.113; dank ἥτις wird jedenfalls der Hiatus ἥ ἥν vermieden.

[26] Vgl. Moulton-Milligan s.v. (mit Beispielen).

[27] Vgl. Fohrer, G., Art. Glas, BHH I (1963) 574f. Die Kommentatoren (vgl. Fitzmyer I 689 und Bauer s.v., die Literatur verzeichnen) zitieren jedoch gerne Plinius den Älteren, Nat hist XIII 3,19: »unguenta optime seruantur in alabastris«.

von hinten. Das ὀπίσω manifestiert vielleicht nach dem narrativen Schweigen über den Eintritt der Frau die Überraschung, da man jetzt plötzlich merkt, daß sie dasteht (στᾶσα)[28]. Sie weint so sehr (das Partizip Präsens wirkt durativ), daß ihre Tränen (auf βρέχω bezogen [vgl. V 44]) die Füße Jesu benetzen[29]. Die Erzählung versteht diese Tränen im Sinne eines Ersatzes für die damals übliche Fußwaschung der Gäste (V 44). Theatralischer Ersatz des Tuches ist das Haar der Frau[30]. In ἐκμάσσω vernimmt ein damaliger Leser zuerst die Bewegung des Abwischens und erst dann das Ergebnis des Abtrocknens[31]. Darauf erwähnt der Evangelist zum dritten Mal die Füße Jesu, die die Frau jetzt lange küßt (Imperfekt). Erst dann führt sie die schon in V 37b vorbereitete Salbung aus. Gesalbt wurden in Israel rituell der König, der Priester oder der Prophet, während die Salbung des Kopfes auch zu den damaligen Empfangsriten, ja sogar zur täglichen Körperpflege gehörte[32]. Wie Joh 12,3 spricht Lukas jedoch eindeutig[33] von einer Salbung der Füße, was »an und für sich ein für die Antike ungewöhnlicher, ja unerhörter Vorgang«[34] ist. Aber Wettstein[35] zeigt, daß auch Fußsalbung »ihren Platz entweder in der häuslichen Pflege des Mannes durch Gattin oder Tochter« hat oder »in das Leben von Lüstlingen und Weichlingen« gehört[36]. Die Erinnerung an diese Salbung ist bei den Christen lebendig geblieben, weil etwas Ungewöhnliches geschah, eben eine Salbung der Füße[37]. Das kann man noch präzisieren, denn als Ausdruck ihrer Liebe konnte diese Frau nichts Besseres finden als eine Geste des Eros. Natürlich soll man darin keine erotische Szene sehen, schließlich weint die Frau[38], wohl aber eine nach damaligen Kriterien ungehörige Handlung: Sie kommt mitten in ein für Männer reserviertes Gastmahl, trägt eine Vase mit Parfüm, löst ihr Haar, was für jüdisches Empfinden besonders erotisch wirkte, küßt wiederholt die Füße[39] Jesu und tut endlich vor aller Augen, was

[28] Der Akkusativ nach παρά (V 38) besagt nicht unbedingt, daß sich die Frau fortbewegt (vgl. Bauer s.v. παρά [III 1]). Στᾶσα: sie steht da.
[29] Gemäß seiner Gewohnheit hält Lukas fest, daß sie die Füße zu benetzen »beginnt« (ἤρξατο). Warum? Um zu markieren, daß etwas Wichtiges beginnt? Zu ἄρχομαι vgl. den Kommentar zu 3,23 oben S. 189. Zu βρέχω zitieren Liddell-Scott-Jones s.v. eine griechische Inschrift (IG 14,1422): δακρύοισιν ἔβρεξαν ὅλον τάφον. Βρέχω bedeutet zunächst »(durch Untertauchen oder Überfluten) naß machen« und dann »regnen« oder »regnen lassen«.
[30] Da θρίξ zugleich »Fell« bedeutet, sind die Worte τῆς κεφαλῆς αὐτῆς nicht ganz überflüssig. Αἱ τρίχες (τῆς) κεφαλῆς mit Genitiv ist sogar ein geläufiger Ausdruck (Lk 12,7); vgl. Bauer s.v.
[31] Meines Wissens gibt es keine Studie über ἐκμάσσω »abtrocknen«; vgl. Bauer s.v. Die

handschriftliche Überlieferung schwankt zwischen dem Imperfekt (Nestle[26]) und dem Aorist.
[32] Vgl. Segelberg, E., Art. Salbung, BHH III (1966) 1646f.
[33] Es sei denn, man folgte – wie Weiß, K., Text – dem D-Text (vgl. oben S. 385 Anm. 2).
[34] Ebd. 242.
[35] Wettstein 702f.
[36] Weiß, K., Text 243.
[37] Der Wechsel von den Füßen zum Kopf läßt sich leichter erklären als der umgekehrte Vorgang, da die Salbung des Kopfes für die vormarkinische Überlieferung Salbung zum König bedeutete.
[38] Die Frau weint über sich selber und nicht über Jesus; ihre Tränen sind Tränen der Reue und nicht Tränen der Trauer.
[39] Man sollte den alttestamentlichen Euphemismus nicht vergessen; vgl. Ex 4,25; Jes 6,2; 7,20; Hentschke, R., Art. Fuß, BHH I (1963) 505f.

in den intimen Bereich oder gar in den Bereich der perversen Sitten gehört: Sie salbt seine Füße. Jesus aber interpretiert das Ganze anders als der Pharisäer und lehnt die Gesten nicht ab. Jener empört sich darüber, daß Jesus sich durch eine solche Frau »berühren« läßt (V 39), eine Tatsache, über die man viel zu wenig nachgedacht hat. Jesus deutet die nach den damaligen Klischees erotischen Gesten um, weil die Tränen der Frau den wahren Sinn ihres Handelns aufzeigen, obwohl dieses rein äußerlich in einer Weise zum Ausdruck kommt, die von ihrer Vergangenheit geprägt ist.

39   V 39: Indem Lukas an die Einladung erinnert (καλέσας[40]), steigert er nochmals den Grad der Empörung des Pharisäers, der prompt auf dieses Geschehen in Form eines Selbstgesprächs[41] reagiert. Dabei interessiert ihn nicht die Frau, sondern ausschließlich Jesus, der (οὗτος ist in abschätzigem Sinn gebraucht) nach alledem kein Prophet[42] sein kann, sonst wüßte er[43], a) wer (τίς) diese Frau ist (persönliche Identität) und b) was für eine Frau (ποταπή[44]) sie ist (soziale Kategorie), nämlich eine Sünderin (ἁμαρτωλός als Etikette). Die Frau weiß also um Jesus (ἐπιγνοῦσα [V 37]), der Pharisäer wiederum meint zu wissen (V 39), daß Jesus nichts über die Frau weiß (ἐγίνωσκεν ἄν). Die Mäeutik Jesu wird das Pseudowissen des Pharisäers zu einem echten Wissen hinführen, das Wissen der Frau und sein eigenes jedoch bestätigen. Ironisch setzt Lukas in V 40 das prophetische Wissen Jesu[45] dem Fehlurteil des Pharisäers (V 39) entgegen.

Zweite Szene (VV 40–43)

40   Der bis jetzt passive und schweigende Jesus ergreift nun die Initiative. Ἔχω σοί τι εἰπεῖν ist kaum orientalische Höflichkeit, die um das Wort bittet, sondern betont die Autorität des Lehrers, der Aufmerksamkeit verlangt. Διδάσκαλε und Σίμων veranschaulichen diese neue pädagogische Beziehung[46].
Jesus erzählt eine zur Situation passende Geschichte wie einst Natan David[47].

41–42 Auf diese Weise gelingt es ihm, das Gespräch aufrechtzuerhalten und dort Überzeugung zu bewirken, wo die eigentliche Rede scheitern würde. Als Gleichnis will die Geschichte Simon eine neue Wirklichkeit eröffnen, aber

---

[40]   Καλέω bedeutet hier »einladen«; vgl. Lk 14,7–14 und Bauer s.v. καλέω (1b).

[41]   Lukas kennt den inneren Dialog eines einzelnen Menschen mit sich selbst (Lk 15,17). Manchmal versucht er, die inneren Vorgänge nach außen zu verlegen (vgl. Lk 5,21–22 mit Mk 2,8). Zur redundanten, von der Septuaginta angeregten Formulierung εἶπεν ... λέγων vgl. Fitzmyer I 115.

[42]   Ὁ προφήτης (d.h. *der* [eschatologische] Prophet) ist weniger gut bezeugt als das artikellose Substantiv. Der Pharisäer denkt – wie die Menge (7,16) und die Emmausjünger (24,19) – an einen Propheten; vgl. oben S. 365 Anm. 58.

[43]   V 39b stellt einen korrekt formulierten Bedingungssatz dar; es liegt ein Irrealis der Gegenwart vor; vgl. Kaegi § 187.

[44]   Ποταπός: »von welcher Beschaffenheit«, »von welcher Art«; vgl. dazu Bauer s.v., der diesen Ausdruck mit »wer und was für eine die Frau ist« übersetzt.

[45]   Zu solchem wunderbaren Wissen vgl. Bieler, L., ΘΕΙΟΣ ΑΝΗΡ 87–90.

[46]   Vgl. dazu Gen 24,33–34, wo man dieselbe Abfolge vorfindet: Der eine kündigt eine Rede an – der andere fordert ihn auf zu sprechen – der erste spricht.

[47]   Vgl. 2Sam (LXX 2Kön) 12.

das Tragische liegt darin, daß diese sich ihm in der Beziehung zwischen Jesus und der Sünderin *schon* offenbart hat und er dabei blind geblieben ist. Weil ihn aber die parabolische Sprache weniger direkt angeht, könnte ihn Jesus auf diese Weise behutsam überzeugen[48]. Geschichten von Schuldnern und Geldverleihern wurden von jüdischen Lehrern oft als Beispiele, Sprichwörter oder Gleichnisse aufgenommen[49].

»Das Gleichnis erzählt fast farblos, alle konkreten Umstände weglassend, um jeden Hörer mit seiner Situation einbeziehen zu können. Nur eines fällt hell in die Augen: die Ungewöhnlichkeit in der Bildhälfte, daß ein Geldgeber seinem Schuldner die Schuld gänzlich streicht. Hier dringt schon der Sachverhalt, das Neue, ins Bild: Gottes eschatologische Vergebungstat.«[50]

Χαρίζομαι meint zunächst »jemandem etwas wohlwollend tun«, dann »schenken«. Der Terminus ist als Bezeichnung für den Erlaß einer finanziellen Schuld ungebräuchlich, taucht aber bei Philo im Bereich des rituellen Schuldenerlasses auf; als Ethiker plädiert Philo für Großzügigkeit (χάρις) und lehnt das verzinsliche Darlehen heftig ab[51].

Als Reaktion auf diese Geschichte, die den theologischen *Ursprung* der Liebe enthüllt, erwartet der lukanische Jesus, daß der Pharisäer die Tat der Frau positiv sieht und höher schätzt als die seine. Das führt zum Komparativ πλεῖον (V 42). Das Moment der Dankbarkeit gehört im Gleichnis zu ἀγαπάω [52], aber es zielt auf die Sache, und ἀγαπάω lädt daher zur Übertragung ein.

Unwillig gibt der Pharisäer zu (ὑπολαμβάνω [»ich nehme an, bin der Ansicht«]), daß der größte Schuldner die größte Dankbarkeit empfindet. »Richtig«, schließt Jesus fast mit den Worten des Sokrates[53].   43

Sehr wahrscheinlich hat Tatian in seinem *Diatessaron* in V 42b statt »*wer* also von ihnen wird *ihn* mehr lieben« »*wen* also von ihnen wird *er* am meisten lieben« gelesen[54]. Nicht mehr die dankbare Tat der Frau, sondern die Erwählung, besser gesagt die Vorliebe des Herrn ist bei ihm entscheidend geworden. Damit verbunden ist die hypothetisch rekonstruierte gnostische Rezeption,

[48] Vgl. Watzlawick, P. – Beavin, J.H. – Jackson, D.D., Menschliche Kommunikation. Formen, Störungen, Paradoxien, Bern ⁴1974, 61–68; Kopperschmidt, J., Allgemeine Rhetorik. Einführung in die Theorie der persuasiven Kommunikation, Stuttgart 1973.
[49] Vgl. Bill. II 163 und Grundmann 171. Daß die Wahl auf diesen Vergleich fiel, läßt sich sicher durch den Doppelsinn des aramäischen Wortes חוֹבָה erklären, das sowohl »Schuld« als auch »Sünde« bedeutet; vgl. Joüon, P., Pécheresse 616.
[50] Schürmann I 434.
[51] Vgl. Philo, Spec leg II 39.71–78. Χαρίζομαι kommt bei Philo häufig vor; vgl. Mayer, G., Index 303.

[52] Vgl. Joüon, P., Pécheresse 616; Jeremias, J., Gleichnisse 109. Als Grund wird angeführt: Es gibt im Aramäischen und im Hebräischen kein Verb, mit dem man seine Dankbarkeit zum Ausdruck bringen kann. Fitzmyer I 690 weist darauf hin, daß das griechische Verb ἀγαπάω auch diese Bedeutungsschattierung haben kann.
[53] Ὀρθῶς ἔκρινας erinnert an das πάνυ ὀρθῶς, das der Sokrates der Dialoge Platos seinem Jünger auf eine richtig beantwortete Frage erwidert; vgl. Godet 495.
[54] Vgl. das gelehrte Buch von Henß, W., Verhältnis.

die wie Tatian die Vorliebe des Heilands für diese von ihr mit Maria-Magda-
lena identifizierte und als Sinnbild der gefallenen Sophia verstandene Frau
behauptet[55].

Erklärung   *Dritte Szene (VV 44–47)*
44–46   Jetzt soll der Pharisäer einen neuen Blick auf die Frau werfen (βλέπεις [V 44];
vgl. ἰδών in V 39). Die drei Gesten der Frau sollen ihm durch das Mittel des
Kontrastes seine eigene Haltung offenbar machen. Er hat Jesus nicht empfangen, wie er es hätte tun können. Dieser Mangel an Höflichkeitsgesten, die für
ausgewählte Gäste und besondere Gelegenheiten reserviert bleiben[56], spiegelt eine innere Verachtung oder einen Zweifel an der Größe Jesu (vgl. V 39).
Wenn man die erste Person (εἰσῆλθον) gegenüber der leichter verständlichen
dritten (εἰσῆλθεν) annimmt (V 45)[57], muß man voraussetzen, daß die Intervention der Frau kurz nach Jesu Eintritt stattgefunden hat und daß die Gäste
ihre plötzliche Anwesenheit nicht erklären konnten.

47   Der nächstliegende Sinn von V 47a (Vergebung wegen Liebe) wird durch
V 47b (Liebe als Folge der Vergebung) widerlegt[58]. Eine Lösung wäre, daß
nicht die Kausalität der Taten, sondern der Erkenntnisse anvisiert sei. Ὅτι
hieße dann nicht »denn«, sondern »in Anbetracht von« (»evidenced by the
fact that«[59]) und wäre von λέγω σοι abhängig; ihre Liebe wäre ein Beweis für
die Vergebung ihrer Sünden. Die exegetische Diskussion wurde seit der Reformationszeit von der dogmatischen Polemik belastet[60]. Aber Lukas stellt
die theologische Frage des initium fidei nicht. Für ihn sind beide, Gott und
Mensch, in der Versöhnung tätig; auch wenn die Liebe Gottes das Zentrum

---

55   Vgl. Henß, W., Verhältnis 39–45. Übrigens gibt auch Papias (zitiert bei Eusebius,
Hist Eccl III 39,17) an, daß das Hebräerevangelium die Geschichte einer Frau, die wegen
ihrer vielen Sünden vor dem Herrn verklagt
wurde, enthalten habe; vgl. Henß, W., Verhältnis 55. Es könnte sich hier jedoch um die
Ehebrecherin aus Joh 7,53–8,11 handeln.
56   Jülicher, A., Gleichnisreden II 296f zeigt,
daß es im Judentum jener Zeit so zuging;
ebenso Schürmann I 435 Anm. 31–34.
57   »Die Verteidiger der ersten Person treiben . . . Korruptelenkult« schreibt Drexler, H.,
Sünderin 163, der die Wiederherstellung der
ursprünglichen dritten Person für unvermeidlich hält. Die Hypothese eines aramäischen Originals, das sowohl »ich bin gekommen« als auch »sie ist gekommen« hätte bedeuten können (Jeremias, J., Lukas 7,45), wird
in Zweifel gezogen von Fitzmyer I 691.
58   Die Frage ist aufgeworfen worden, ob οὗ
χάριν sich nicht über λέγω σοι hinaus auch
auf die Verzeihung beziehen müsse und so die
Verbindung von Ursache (Liebe) und Wir-

kung (Verzeihung) verstärke. Ich halte dagegen, daß diese beiden Worte auf λέγω σοι zu
beziehen sind: Jesus zieht einen Schluß.
59   Die Grammatiken (Liste bei Marshall
313) lassen diese Bedeutung zu; vgl. Moule,
C.F.D., Idiom Book 147.
60   Die traditionelle katholische Exegese –
Lagrange 230f ist in diese Richtung einzuord-
nen – sieht in diesem Vers die Bestätigung dafür, daß die Liebe vorausgeht und zur Vergebung führt (das Gewicht liegt demnach auf
V 47a). Viele Protestanten sind der Ansicht,
daß man diesen Vers nicht auslegen kann,
ohne den Gesamtsinn des Gleichnisses zu be-
rücksichtigen: Der Vergebung kommt der erste Rang zu; so Marshall 313; Wilckens, U.,
Vergebung 404–411 (das Gewicht liegt also
auf V 47b). Dupont, J., Pharisien 261 seinerseits vertritt die Meinung, daß das Wichtige
nicht der Kausalzusammenhang sei, da ja
Liebe und Vergebung unauflöslich miteinander verknüpft sind. Elemente zur Wirkungsgeschichte des V 47 im 16. Jahrhundert bei
Wilckens, U., Vergebung 394.

seiner Botschaft ist, stellt er immer wieder die menschliche Verantwortung in den Vordergrund. Es gibt keine göttliche Liebe ohne Reziprozität. Nicht der prinzipiell und chronologisch erste Schritt Gottes steht hier zur Debatte, sondern wer von beiden (die Frau oder Simon) in der Gegenseitigkeit der Liebesbeziehung zu Gott und zu Jesus gestanden hat. In diesem Sinn sind die Gesten der Frau gleichzeitig Indizien und Gründe ihrer Vergebung. Das scheint mir die lukanische Lösung zu sein, die am Ende eines langen Überlieferungsprozesses steht: Die Episode erzählte zuerst, ohne Gleichnis, die liebevolle Haltung der *Frau*, dann wurde sie, nach der Einfügung des Gleichnisses, im Blick auf die katechetische Zuordnung von Vergebung und Ethik erzählt. V 47a gehört sachlich zur ersten Etappe der Überlieferung, V 47b zur zweiten. Lukas selbst steht in der dritten und läßt die Spannung in V 47 unausgeglichen stehen[61].

Vierte Szene (VV 48–50)

Abgesehen von der Meinung des Pharisäers beschreibt Lukas selbst die Frau als Sünderin (V 37). Deshalb spricht er ihr in V 48 auch unabhängig von Simon die Gewißheit der Vergebung zu. Am Zeitpunkt der Vergebung ist Lukas nicht interessiert. Wie in 5,20 zieht er das Perfekt ($\dot{\alpha}\varphi\acute{\epsilon}\omega\nu\tau\alpha\iota$) dem Präsens ($\dot{\alpha}\varphi\acute{\iota}\epsilon\nu\tau\alpha\iota$ [Mk 2,5 und Mt 9,2] vor. Dadurch wird die Verwurzelung der Vergebung in Gott wie ihre anthropologische Verwirklichung ausgesprochen[62]. Daß sich die Frau darüber freut, wird nicht gesagt, wahrscheinlich, weil es selbstverständlich ist. Die christologische Verwurzelung zeigt sich an der erstaunten Frage der Gäste. V 49 erinnert wie auch V 48 an die Perikope vom Gelähmten: Beide Verse wirken geradezu wie Kopien von 5,20–21 und sind Erzählelemente, die einen gediegenen, wenn auch ein wenig formelhaften und banalen Abschluß der Erzählung darstellen. Ihr christologisches Interesse ist jedoch kein oberflächliches. Dringlich wird die Reaktion der Zuhörer aus 5,21 wiederholt, die so die Frage des Herodes (9,7–9), die Meinung der Leute (9,18–20) sowie das Petrusbekenntnis (9,20) und die Leidensankündigung Jesu (9,22) vorbereitet.

Die Perikope geht aber weiter. Lukas will sie nicht mit einer Antwort Jesu abschließen. Die Frage bleibt offen (bis 9,20.22), der Frau wird jedoch noch ein abschließendes Wort Jesu zuteil. Wieder begnügt sich Lukas mit einer Formel (V 50), diesmal dem folgenden Stoff (Mk 5,34 // Lk 8,48) entnommen. Aber

---

61 V 47b konnte aus verständlichen Gründen falsch aufgefaßt werden: So mußten sich z.B. die Kirchenväter mit Hilfe von Röm 3,8 und 6,1 gegen eine zügellose Auslegung (Laßt uns noch mehr sündigen, damit wir eine noch größere Vergebung erhalten!) wenden; vgl. Henß, W., Verhältnis 33f, der unter anderem auf Augustinus, Sermo 99,4–6 (PL 38,597f) verweist. Henß, W., Verhältnis 24–31 hat auch aufgezeigt, daß im antiken Christentum ein Agraphon zirkulierte, das Johannes Chrysostomus, Hom Act 30,4 (PG 60,225) so zitiert: $\dot{\hat{\omega}}$ γὰρ πλεῖον ἀφέθη πλεῖον ἀγαπήσει (»Wem mehr vergeben worden ist, wird mehr lieben«).

62 Vgl. den Kommentar zu 5,20 sowie den Exkurs oben S. 247f. Die Vergebungsformel ist hier (7,47–48) und dort (5,20.23) nicht dieselbe, doch zieht Lukas in beiden Fällen das Perfekt dem Präsens (vgl. Mk 2,5.9) vor.

vielleicht ist es eher eine stehende Wendung. Die Liebe zu Jesus und die Vergebung werden jetzt anders benannt und als »Glaube« und »Heil« bezeichnet. Sachlich verwendet Lukas diese Begriffe deckungsgleich. Die Formel »Dein Glaube hat dich gerettet« ist also weder paulinisch noch semipelagianisch zu deuten[63]. Eher soll der Leser auf die doppelte Bewegung aufmerksam werden: von der Sünde zum Heil (ἡ πίστις σου σέσωκέν σε) und vom Heil zum christlichen Leben (πορεύου εἰς εἰρήνην)[64].

<table>
<tr><td>Zusammen-
fassung</td><td>Die Überwindung der Sünde, besser gesagt die Beseitigung der vernichtenden Vorurteile in der *Gesellschaft* (der Klischees, die von den Drogensüchtigen bis zu den Bankiers reichen) wie die eigene Selbstprüfung (wo liegt meine Sünde?) beim *Individuum*, erfolgt hier nicht in der gesetzlichen Kontrolle von Unfähigkeit und in der Anwendung schriftlicher Regeln[65], sondern in einer *Begegnung.* Es genügt nicht zu sagen, daß die Frau (an Stelle von Simon) Jesus als Gast richtig empfängt. Sie kommt zu ihm und will ihm anhängen. Das wird durch die Geste deutlich veranschaulicht, in der der Körper Ausdrucksmittel nicht nur des Glaubens (V 50), sondern auch der Liebe (V 47a) ist. Von einer so engen Gemeinschaft mit Jesus ist sonst kaum erzählt worden. Immer wieder erklingt das Verbum »lieben«, wo wir sonst »hören« oder »glauben« lesen. Ἀγαπάω beweist hier, daß nach Lukas das Heil aus der freien Entscheidung Gottes, aus seinem χαρίζομαι (V 42) und aus der uneigennützigen Bewegung des Menschen zu Gott (VV 37–38) entsteht. Nach Lukas hat Jesus dies während seines Lebens und durch seinen Tod verkündigt und ermöglicht. Das so entstandene Heil ist jedoch keine passive, infantile und euphorische Verschmelzung der Glaubenden mit Gott. Diese sollen zurückkehren in das konkrete Leben (πορεύου), freilich nicht allein. »In Frieden« gehen heißt, daß sie in eine Gemeinschaft hineingerufen sind und daß Christus auch in seiner Abwesenheit die Seinen nicht verläßt.</td></tr>
</table>

Die Nachfolge der Frauen (8,1–3)

Literatur: Bovon, F., Le privilège pascal de Marie-Madeleine, NTS 30 (1984) 50–62; *Cassidy, R.J.,* Jesus 35–37; *Conzelmann, H.,* Mitte 40–41; *Daillez, L.,* Les Saintes Maries de la Mer. Mythes ou légendes, Nice 1978; *Dumont, L.,* La Tarasque. Essai de description d'un fait local d'un point de vue ethnographique, Paris 1951 (L'Espèce Humaine 8); *Guillaume, P.-M.,* Marie-Madeleine (sainte), DSp 10 (1978) 559–575; *Hastings, A.,* Prophet and Witness in Jerusalem, Baltimore 1958, 38–49; *Hengel, M.,* Maria Magdalena und die Frauen als Zeugen, in: Abraham unser Vater. Juden und Christen im Ge-

---

[63] Vgl. den Kommentar zu 8,48 unten S. 450f.

[64] Das Verb der Bewegung ruft nach einem Akkusativ. Der Friede stellt sich nicht erst am Ende des Weges ein, wie man etwa meinen möchte; der Gläubige lebt schon im wieder-hergestellten Frieden.

[65] Dupont, J., Pharisien 267f schließt seine Studie mit der Unterscheidung zweier Gottesvorstellungen: der des Pharisäers und der Jesu.

spräch über die Bibel (FS O. Michel), hrsg. v. O. Betz u.a., Leiden 1963 (AGSU 5), 243–256; *Moltmann-Wendel, E.*, Ein eigener Mensch werden. Frauen um Jesus, Gütersloh [2]1981 (GTB Siebenstern 1006), 66–95.134–148; *Mosco, M.* (Hrsg.), La Maddalena tra Sacro e Profano. Da Giotto a De Chirico. Centro Mostre di Firenze, Milano 1986; *Ryan, R.*, The Women from Galilee and Discipleship in Luke, BibTheolBull 15 (1985) 56–59; *Saxer, V.*, Marie-Madeleine (sainte), Cath. 8 (1978) 631–638; *Witherington, B., III*, On the Road with Mary Magdalene, Joanna, Susanna, and Other Disciples – Lk 8,1–3, ZNW 70 (1979) 243–248.

1 Und es geschah in der Folgezeit, da zog er von Stadt zu Stadt und Dorf zu Dorf, predigend und das Gottesreich als Frohbotschaft verkündend, und die Zwölf mit ihm 2 und einige Frauen, die von bösen Geistern und Krankheiten geheilt worden waren, Maria, die sogenannte Magdalenerin, von der sieben Dämonen ausgefahren waren, 3 und Johanna, die Frau des Chuzas, eines Verwalters des Herodes, und Susanna und viele andere, die ihm aus ihrem Vermögen dienten.

Wir stehen am Ende der sogenannten »kleinen Einschaltung«, eines Teilstücks, für das Lukas alternierend die Quellen Q und S[Lk] benutzt hat (6,20–7,50). Mit einer kunstvollen Überleitung knüpft er nun wieder an Markus (8,4ff) an. V 1 führt fast mit den gleichen Worten wie in 5,1 und 7,11 einen neuen Abschnitt ein, die VV 2–3 fassen abschließend die frühere Aktivität Jesu zusammen.

Analyse

Stilistisch gehören die Verse, die im Imperfekt Zustände oder dauernde Aktivitäten beschreiben, zur Gattung des Sammelberichts[1]. Der Anteil der Redaktion ist wie stets entscheidend[2]. Hier konzentriert er sich auf V 1. Die Liste der Frauen ist traditionell, auch wenn die Beschreibung ihrer Heilung (V 2a) und ihres Engagements (V 3b) redaktionelle Elemente enthält[3]. Die Hypothese, die VV 1–3 stammten aus Q und bildeten dort mit 7,1–17.36–50 eine Einheit, die sich besonders der Frauen annahm, ist unwahrscheinlich[4].

Formgeschichtlich ist die Liste mit den Jüngerkatalogen[5] zu vergleichen. Hier und dort geht es um Anhänger und Mitarbeiter Jesu. Die Urkirche fand darin ihr doppeltes Wirken in der Gesellschaft bestätigt. Durch die Männer verbreitete sie die Botschaft nach außen, durch das »Dienen« der Frauen wurde die

---

[1] Zu den lukanischen Summarien vgl. den Kommentar zu 4,31–44 oben S. 218.

[2] Zu καὶ ἐγένετο ἐν τῷ ... καὶ αὐτός vgl. 5,1, zu καὶ ἐγένετο ἐν τῷ καθεξῆς 7,11, zu διώδευεν κατὰ πόλιν καὶ κώμην 13,22, zu κηρύσσων καὶ εὐαγγελιζόμενος τὴν βασιλείαν τοῦ θεοῦ 4,43–44. Lukas vermeidet als guter Schriftsteller wörtliche Wiederholungen.

[3] Zum Beispiel ἀσθένεια in V 2a und τὰ ὑπάρχοντα in V 3b.

[4] Schürmann I 447f, der in V 1 einige redaktionelle Elemente erkennt, bringt die VV 1–3 mit Mt 9,35 und 11,1 in Verbindung. Ich teile die Vorbehalte von Schneider I 179f. Schlatter 267 meint: »Diese Angabe stand nicht in einer Spruchsammlung, sondern in demjenigen Evangelium, das mit der von L. [Lukas] wiedergegebenen Passions- und Ostergeschichte schloß.«

[5] Vgl. Lk 6,12–16; Apg 1,13; Mk 3,13–19 und Mt 10,1–4.

Gemeinde nach innen gefestigt. Die Eigennamen zeigen, daß die Autoritäts-
frage durch *persönliche* Verantwortung gelöst wurde. Die Diakonie der
Frauen wurzelt in Wunderheilungen, während die Predigt der Männer ihre
Legitimation in einer Berufung findet. Die Zahl der Jünger bzw. der Jüngerinnen ist ebenfalls nicht willkürlich: Es sind hier drei Frauen, die an die innere
Gruppe des Zwölferkreises erinnern. Maria Magdalena steht an der Spitze.
Wie die Urkirche das außergewöhnliche Los des Petrus (Verrat und Bekeh-
rung) im Gedächtnis behielt, so im Falle der Maria Magdalena eine außer-
gewöhnliche Dämonenaustreibung. Die nachösterliche Aktivität der Urge-
meinde in Predigt und Diakonie muß sich schon vor Ostern entfaltet haben.
Von daher läßt sich eine Perikope wie die unsrige erklären. Sitz im Leben und
Sitz in der Rede können wir leider nicht präziser erhellen[6].

Am leeren Grab (Lk 24,10) begegnen wir drei Frauen, von denen zwei dieselben Namen tragen wie die hier[7]. In 23,55–56, wo Namen fehlen, ist von den
Frauen die Rede, die mit Jesus aus Galiläa gekommen waren. Wie für das lukanische Apostelamt genügte eine *österliche* »Einsetzung« nicht. Um den
kirchlichen Dienst der Frauen zu rechtfertigen, war eine *vorösterliche*, in die
galiläische Periode Jesu datierbare Entstehung nötig.

Für das damalige Empfinden war die Freiheit Jesu, Frauen als Jüngerinnen
aufzunehmen, unerhört, ebenso die Freiheit dieser Frauen, die ihr Heim verließen, um in die Gemeinschaft Jesu einzutreten[8]. Die Beschränkung der Aktivität der Frauen auf die Diakonie entspringt wohl der kirchlichen Tendenz,
nicht der jesuanischen Intention. Sicher ist die historische Maria Magdalena
Zeugin der Auferstehung gewesen[9], was ihr aber mit der Zeit abgesprochen
wurde; bei Lukas darf sie nur noch im praktischen Bereich mitwirken[10]. Die
Frau stand in der damaligen Gesellschaft am Rand. Doch während für den historischen Jesus ihre Vernachlässigung Ansporn für eine Begegnung war,
blieb diese Beziehung im kirchlichen Gedächtnis nur apologetisch oder ha-
giographisch erhalten. Zumindest nach Lukas gehören die Begleiterinnen
Jesu zur »guten« Gesellschaft[11].

Erklärung   Seinem Episodenstil treu, bezeichnet Lukas in V 1 Zäsur und Übergang. In beliebten
1   Ausdrücken[12] beschreibt er die typische Aktivität Jesu: Ständig (Imperfekt) wandert

---

[6]   Zu diesem rechtlichen Aspekt vgl. Hengel, M., Maria 247–251 und Bovon, F., Privilège 51.
[7]   Vgl. Lk 24,1 (keine Namen), Mk 16,1 (drei
Namen) und Mt 28,1 (zwei Namen); vgl. die
Aufzählungen der Frauen, die von weitem
der Kreuzigung zusehen (Mk 15,40 und Mt
27,55–56 mit drei Namen, Lk 23,49 ohne Namennennung), und derjenigen, die die Grab-
stätte beobachten (Mk 15,47 und Mt 27,61
mit zwei Namen, Lk 23,55–56 ohne Namennennung).

[8]   Vgl. Witherington, B., III, Road 244f und
Cassidy, R.J., Jesus 35–37.
[9]   Vgl. Bovon, F., Privilège 50–52.
[10]   In Apg 6,1–6 scheint den Frauen selbst
dieser Dienst entzogen worden zu sein.
[11]   Eine ähnliche Tendenz zeigt sich in der
Apostelgeschichte; vgl. Apg 17,4 und Haenchen, E., Apostelgeschichte 488.
[12]   Vgl. oben S. 397 Anm. 2.

er von Ort zu Ort[13] (bisher waren es Städte, jetzt sind es auch Dörfer[14]). Das Hin- und Herreisen[15] der galiläischen Periode ist vom gezielten Gang nach Jerusalem (9,51ff) abgesondert[16]. Hier will Jesus die ganze Bevölkerung erreichen, dort wird er sein Los erfüllen. Das Reisen steht im Dienst der Verkündigung; κηρύσσω weist auf ihr Lautwerden hin, εὐαγγελίζομαι auf ihren Inhalt[17]. Daß Gott herrscht oder herrschen wird, wirkt nicht beängstigend, sondern befreiend und erfreuend (εὐ-). Σύν ist nicht gleich μετά[18]; deshalb sind die Zwölf hier noch nicht (vgl. 9,1–6) Mitarbeiter, sondern Begleiter.

V 2 führt andere und unerwartete Begleiter Jesu ein: einige Frauen, die als Geheilte 2 vorgestellt werden (unausgesprochen, aber doch unzweifelhaft: durch Jesus). Ein einziges Verb steht für ihre Rehabilitation, zwei Worte jedoch für den vergangenen Zustand: Besessenheit und Krankheit[19]. Im Hintergrund steht die in der galiläischen Periode verbreitete Christologie des Arztes[20].

Die erste der drei Frauen ist Maria[21] aus dem Dorf Magdala am westlichen Ufer des Sees von Gennesaret, nicht weit von Tiberias. Die Präzision Μαγδαληνή ist durch die Häufigkeit des Namens Maria bedingt. Besessenheit durch sieben Dämonen wird von Jesus[22] und wohl allgemein von den Juden als besonders schlimm angesehen (davon abhängig wohl der unechte Schluß des Markusevangeliums [Mk 16,9]). Diese Präsentation der Maria verbietet ihre Identifikation mit der Sünderin von Lk 7,36–50.

V 3: Nur Lukas kennt eine Johanna und erwähnt sie neben Maria von Magdala (auch 24,10). Der Name Johanna ist selten[23]. Den aramäischen Namen ihres Mannes Chuza kennt man aus nabatäischen Inschriften[24]. Ein ἐπίτροπος ist ein Verwalter, Aufseher, Statthalter[25]. Lag seine Verantwortung im wirtschaftlichen oder im politischen Bereich? War er in den privaten Besitztümern der Fürsten oder in einem der Distrikte tätig? Die erste Annahme

---

[13] Κατά mit Akkusativ ist hier – wie in Lk 8,4 – distributiv gebraucht (Bl-Debr-Rehkopf § 224,3): von Stadt zu Stadt, von Dorf zu Dorf. Diese Worte sind an das διοδεύω (»durchreisen«) anzuschließen.

[14] Vgl. Lk 4,43. Zwar werden schon in Lk 5,17 Dörfer genannt, doch geschieht es dort, um anzuzeigen, daß die Schriftgelehrten und Pharisäer aus den Dörfern heraus zu Jesus gehen.

[15] Vgl. Conzelmann, H., Mitte 40.

[16] Διοδεύω ist im Neuen Testament nur hier und in Apg 17,1 belegt. Man findet das Verb in der Septuaginta (mehr als 20mal; z.B. Gen 12,6), bei Polybius (z.B. II 15,5), Plutarch (z.B. Ages 17,4) und Josephus (etwa 3–5mal; z.B. Bell II 15,2 § 340 und V 1,1 § 1).

[17] Zu κηρύσσω und εὐαγγελίζω bei Lukas vgl. oben S. 169f und 59.

[18] Vgl. Plummer 215.

[19] Zu ἀσθένεια in der Bedeutung »Krankheit« vgl. 5,15; 13,11–12; Apg 28,9. Zur be-

wußten Trennung der beiden Phänomene vgl. den Kommentar zu 4,40–41 oben S. 223 Anm. 30.

[20] Vgl. den Kommentar zu 4,40–41 oben S. 225 Anm. 38.

[21] Zu der vom Lateinischen beeinflußten Form Μαρία und der semitischen Form Μαριάμ und deren Gebrauch je nach sozialem Umfeld vgl. Bovon, F., Privilège 58 Anm. 1.

[22] Vgl. Lk 11,26.

[23] Vgl. Lagrange 235. Vom Hebräischen her etymologisch gedeutet besagt der Name Johanna: »Gott ist gnädig«.

[24] Vgl. Hoehner, H.W., Herod 303 Anm. 2.

[25] Lagrange 235 denkt eher an eine amtliche Funktion als an die Stellung eines privaten Gutsverwalters. Bei Josephus (vgl. Rengstorf, K.H., Concordance II s.v.) bezeichnet das Wort meistens einen römischen Statthalter, doch kennt der jüdische Geschichtsschreiber auch andere Verwendungen des Begriffs; vgl. Hoehner, H.W., Herod 303f.

scheint mir die wahrscheinlichste[26]. »Dies spezielle lukanische Interesse an der Herodesfamilie und die Notiz, daß Johanna aus der Hofgesellschaft stammt, müssen zusammen gesehen werden. Gegenüber der halben Sympathie, die dann aus Laschheit und Unentschlossenheit zur Gegnerschaft wird, die die Hinrichtung Jesu fordert, steht der radikale Entschluß der Johanna, ihren Mann und den Hof zu verlassen und Jesus nachzufolgen. Und Johanna wird nicht nur die Lieferantin von Wohlstand und Fürsorge. Für Lukas ist sie ein Glied der galiläischen Frauengruppe, die an der Kreuzigung dabei ist, und er erwähnt speziell ihren Namen in der Auferstehungsszene.«[27] Susanna, als Eigenname selten, bedeutet auf Hebräisch »Lilie«. Von ihr hören wir sonst nichts im Neuen Testament. Von den »vielen anderen«[28] wissen wir nur, daß sie, wie die drei schon erwähnten Frauen, die Gemeinde mit dem, was sie besaßen, unterstützten.

Διακονέω ist für Lukas und die urchristliche Literatur allgemeiner Ausdruck für verschiedene Dienste, bei Frauen normalerweise Gastfreundschaft und Führung des Haushalts (so bei der Schwiegermutter des Petrus in 4,39)[29]. Es meint nicht nur finanzielle Unterstützung. Der lukanische Gebrauch ist so konsequent, daß man sich das »Dienen« bildlich vor Augen führen muß: Diese Frauen sind für die Versorgung der Gemeinschaft Jesu verantwortlich und schöpfen für die Einkäufe aus ihrem eigenen Vermögen. Dienstbereitschaft und Großzügigkeit sind also vorhanden[30]. Wie in der Apostelgeschichte ist keine juristische Gütergemeinschaft vorausgesetzt, wohl aber die charismatische Verfügbarkeit des Besitzes[31].

Zusammenfassung   Durch einen Sammelbericht bestätigt Lukas das Bild von Jesus, das er sukzessiv ausgebaut hat. In der ersten Periode seines Wirkens ist er der reisende Messias, der durch sein Wort überzeugen will. Seine Tätigkeit wird erfolgreich, weil er sie gleichzeitig auch als ärztlicher Messias durchführt. Folge seines Wirkens ist die Ausbildung einer Jüngergemeinschaft, die ihn begleitet. Nicht nur Männer, sondern auch Frauen, sogar Frauen der besten Gesell-

---

[26] Zu dieser Gestalt und seiner Frau vgl. Hoehner, H.W., Herod 120f; 303–305.317 Anm. 4.

[27] Moltmann-Wendel, E., Mensch 142f.

[28] Zu ἕτερος vgl. den Kommentar zu 7,19–20 oben S. 369 Anm. 5. Dem Ausdruck καὶ ἕτεροι πολλοί begegnet man vor allem am Schluß einer Aufzählung; vgl. Bauer s.v. ἕτερος (1bβ). Bei Lukas: Apg 15,35 und, im Neutrum, Lk 22,65.

[29] Vgl. Lk 10,40; 12,37; 17,8; 22,26–27; Apg 6,2. In all diesen Fällen handelt es sich in erster Linie um einen »Tischdienst«. Nach Witherington, B., III, Road 246f geben die Frauen ihre traditionelle Rolle nicht auf, sondern erfüllen ihren Dienst nun für andere. Seiner Meinung nach bewahrt Lukas in der Rolle, die den christlichen Frauen zukommt, das Alte und das Neue.

[30] Die handschriftliche Überlieferung schwankt zwischen διηκόνουν αὐτοῖς und διηκόνουν αὐτῷ. Der Plural αὐτοῖς ist wohl ursprünglich. Die Verbesserung in einen Singular, die schon im 2. Jahrhundert stattgefunden hat, läßt sich laut Metzger, B., Textual Commentary 144 als Ausdruck der Verehrung Christi erklären: »The singular (compare Mt 27,55; Mk 15,41) appears to be a Christocentric correction, due perhaps to Marcion.«

[31] Vgl. Bovon, F., Luc le théologien 410–415.

schaft, treten in diese Bewegung ein[32]. Die unerhörte Neuheit eines solchen vom Inhalt der Predigt (Reich Gottes) geprägten gemeinsamen Lebens wird notwendig auf harte Reaktionen stoßen. Sowohl von den Jüngern als auch von den Jüngerinnen wird im Zusammenhang der Passion, die hier also schon vorbereitet wird, erneut die Rede sein[33].

Das Gleichnis vom Sämann und anderes (8,4–21)

Literatur zu Lk 8,4–15: *Bovon, F.,* »Schön hat der heilige Geist durch den Propheten Jesaja zu euren Vätern gesprochen« (Act 28,25), ZNW 75 (1984) 224–232; *Brown, S.,* Apostasy 5–34; *Carlston, C.E.,* The Parables of the Triple Tradition, Philadelphia 1975, 70–76; *Cerfaux, L.,* Fructifiez en supportant (l'épreuve). A propos de Luc VIII,15, RB 64 (1957) 481–491 (= *ders.,* Recueil L. Cerfaux, III [Suppl.], Gembloux 1962, 111–122); *Courthial, P.,* Du texte au sermon, 17: La parabole du semeur en Luc 8,5–15, ETR 47 (1972) 397–420; *Crossan, J.D.,* The Seed Parables of Jesus, JBL 92 (1973) 244–266 (= *ders.,* Parables 37–52 [überarbeitet]); *Dietzfelbinger, C.,* Das Gleichnis vom ausgestreuten Samen, in: Der Ruf Jesu und die Antwort der Gemeinde (FS J. Jeremias), hrsg. v. E. Lohse u.a., Göttingen 1970, 80–93; *Dodd, C.H.,* Parables 14–15.135–136; *Dumézil, G.,* La parabole du Semeur et la parabole de l'Allumeur de feu, in: Mémorial A.-J. Festugière. Antiquité païenne et chrétienne, hrsg. v. E. Lucchesi und H.D. Saffrey, Genève 1984 (Cahiers d'Orientalisme 10), 107–112; *Dupont, J.,* Le chapitre des paraboles, NRTh 89 (1967) 800–820; *ders.,* La parabole du semeur dans la version de Luc, in: Apophoreta (FS E. Haenchen), hrsg. v. W. Eltester und F.H. Kettler, Berlin 1964 (BZNW 30), 97–108 (= *ders.,* Synoptiques II 1019–1031); *Fusco, V.,* Parola e Regno. La sezione delle Parabole (Mc. 4,1–34) nella prospettiva marciana, Brescia 1980 (Aloi. 13), 307–339; *Gerhardsson, B.,* The Parable of the Sower and its Interpretation, NTS 14 (1967/1968) 165–193; *Gervais, J.,* Les épines étouffantes (Lc 8,14–15), EeT 4 (1973) 5–39; *Gnilka, J.,* Die Verstockung Israels. Isaias 6,9–10 in der Theologie der Synoptiker, München 1961 (StANT 3), 119–154; *Hahn, F.,* Das Gleichnis von der ausgestreuten Saat und seine Deutung (Mk 4,3–8.14–20), in: Text and Interpretation (FS M. Black), hrsg. v. E. Best und R. McL. Wilson, Cambridge 1979, 133–142; *Houston, T.,* Preaching to the People of Luke's Time Today, ChrTo 25 (1981) 731–734; *Jeremias, J.,* Gleichnisse 5–12.65–67.130–131; *ders.,* Palästinakundliches zum Gleichnis vom Säemann (Mc 4,3–8 par.), NTS 13 (1966/67) 48–53; *Jülicher, A.,* Gleichnisreden II 514–538; *Klauck, H.-J.,* Allegorie 185–209; *Köster, H.,* Three Thomas Parables, in: The New Testament and Gnosis (FS R. McL. Wilson), hrsg. v. A.H.B. Logan und A.J.M. Wedderburn, Edinburgh 1983, 195–203; *Krämer, M.,* Die Parabelrede in den synoptischen Evangelien. Eine überlieferungsgeschichtliche Untersuchung der parallelen Stellen Mt 13,1–53 – Mk 4,1–34 – Lk 8,4–18, in: Theologie und Leben (FS G. Söll), hrsg. v. A. Bodem und A.M. Kothgasser, Roma 1983, 31–53; *Léon-Dufour, X.,* La parabole du semeur, in: *ders.,* Etudes d'Evangile, Paris 1965, 255–301; *Lindemann, A.,* Zur Gleichnisinterpretation im Thomas-Evangelium, ZNW 71 (1980) 214–243; *Lohfink, G.,* Das

---

[32] Witherington, B., III, Road 244 sieht in Lk 8,1–3 einen Mikrokosmos lukanischer Themen.

[33] In den letzten Jahren haben sich etliche Theologinnen mit dem Thema Frauen im Evangelium befaßt, besonders auch in Lk 8,1–3; vgl. Moltmann-Wendel, E., Mensch 66–95 (Maria Magdalena) und 135–148 (Johanna).

Gleichnis vom Sämann (Mk 4,3–9), BZ NS 30 (1986) 36–69; *ders.*, Die Metaphorik der Aussaat im Gleichnis vom Sämann (Mk 4,3–9), in: A cause de l'Evangile 211–228; *März, C.-P.*, Wort Gottes 57–59.67–69; *Marshall, I.H.*, Tradition and Theology in Luke (Luke 8,5–15), TynB 20 (1969) 56–75; *Miguens, M.*, La predicazione di Gesù in parabole (Mc 4; Lc 8,4–18; Mt 13), BeO 1 (1959) 35–40; *Moule, C.F.D.*, Mark 4,1–20 yet once more, in: Neotestamentica et Semitica (FS M. Black), hrsg. v. E.E. Ellis und M. Wilcox, Edinburgh 1969, 95–113; *Neil, W.*, Expounding the Parables, II. The Sower (Mk 4,3–8), ET 77 (1965/1966) 74–77; *Quispel, G.*, Some Remarks on the Gospel of Thomas, NTS 5 (1958/1959) 277–278; *Robinson, W.C.*, On Preaching the Word of God (Luke 8,4–21), in: Keck, L.E. – Martyn, J.L., Studies 131–138; *Schrage, W.*, Thomas-Evangelium 42–48; *Schramm, T.*, Markus-Stoff 114–123; *Schürmann, H.*, Lukanische Reflexionen über die Wortverkündigung in Lk 8,4–21, in: Wahrheit und Verkündigung (FS M. Schmaus), hrsg. v. L. Scheffczyk u.a., I, Paderborn 1967, 213–228 (= *ders.*, Ursprung, 29–41); *Siegman, E.F.*, Teaching in Parables (Mk 4,10–12; Lk 8,9–10; Mt 13,10–15), CBQ 23 (1961) 161–181; *Vogels, H.J.*, Lk 8,8 im Diatessaron, BZ 18 (1928/1929) 83–84; *Weder, H.*, Gleichnisse 99–117; *Wenham, D.*, The Interpretation of the Parable of the Sower, NTS 20 (1973/1974) 299–319; *Wilder, A.N.*, The Parable of the Sower. Naïveté and Method in Interpretation, Semeia 2 (1974) 134–151; *Zingg, P.*, Wachsen 76–100.

Literatur zu Lk 8,16–18:   *Derrett, J.D.M.*, The Lamp which must not be hidden (Mk IV,21), in: *ders.*, Law in the New Testament, London 1970, 189–207; *Dupont, J.*, La lampe sur le lampadaire dans l'évangile de saint Luc (VIII,16; XI,33), in: Au service de la Parole de Dieu (FS A.-M. Charue), Gembloux 1969, 43–59 (= *ders.*, Synoptiques II 1032–1048); *ders.*, La transmission des paroles de Jésus sur la lampe et la mesure dans Marc 4,21–25 et dans la tradition de Q, in: Logia. Les paroles de Jésus – The Sayings of Jesus (Mémorial J. Coppens), hrsg. v. J. Delobel, Leuven 1982 (BETL 59), 201–236 (= *ders.*, Synoptiques I 259–294); *Fusco, V.*, Parola e Regno. La sezione delle parabole (Mc. 4,1–34) nella prospettiva marciana, Brescia 1980 (Aloi. 13), 99–104.279–304; *Jeremias, J.*, Die Lampe unter dem Scheffel, ZNW 39 (1940) 237–240 (= *ders.*, Abba. Studien zur neutestamentlichen Theologie und Zeitgeschichte, Göttingen 1966, 99–102); *Jülicher, A.*, Gleichnisreden II 79–88; *Kennedy, H.A.A.*, The Composition of Mark 4,21–25. A Study in the Synoptic Problem, ET 25 (1913/1914) 301–305; *Krämer, M.*, Ihr seid das Salz der Erde … Ihr seid das Licht der Welt, MThZ 28 (1977) 143–147; *Laufen, R.*, Die Doppelüberlieferungen der Logienquelle und des Markusevangeliums, Königstein/Ts. / Bonn 1980 (BBB 54), 165–173.463–469; *Lindeskog, G.*, Logia-Studien, StTh 4 (1950) 129–189; *Schneider, G.*, Das Bildwort von der Lampe. Zur Traditionsgeschichte eines Jesus-Wortes, ZNW 61 (1970) 183–209; *Schrage, W.*, Thomas-Evangelium 81–85.34–37.96–98; *Schramm, T.*, Markus-Stoff 23–26; *Schürmann, H.*, Lukanische Reflexionen über die Wortverkündigung in Lk 8,4–21, in: Wahrheit und Verkündigung (FS M. Schmaus), hrsg. v. L. Scheffczyk u.a., I, Paderborn 1967, 213–228 (= *ders.*, Ursprung 29–41); *Steinhauer, M.G.*, Doppelbildworte in den synoptischen Evangelien. Eine form- und traditionskritische Studie, Würzburg 1981 (fzb 44), 384–404; *Zimmermann, H.*, Neutestamentliche Methodenlehre. Darstellung der historisch-kritischen Methode, Stuttgart 1967, 181–191.

Literatur zu Lk 8,19–21:   *Blinzler, J.*, Die Brüder und Schwestern Jesu, Stuttgart 1967 (SBS 21), 88; *Brown, R.E.*, u.a., Mary in the New Testament, New York / Philadelphia 1978, 167–170; *Conzelmann, H.*, Mitte 28f.41f; *Dibelius, M.*, Formgeschichte 43f.46f; *März, C.-P.*, Wort Gottes 67–68; *Oberlinner, L.*, Historische Überlieferung und christologische Aussage. Zur Frage der »Brüder Jesu« in der Synopse, Stuttgart 1975 (FzB 19); *Schneider, G.,* Jesu überraschende Antworten. Beobachtungen zu den Apophthegmen des dritten Evangeliums, NTS 29 (1983) 321–336; *Schramm, T.,* Markus-Stoff 123f.

4 Als aber die große Volksmenge zusammenlief und sie von Stadt zu Stadt zu ihm herzogen, sprach er durch Gleichnisse: 5 Der Sämann ging aus, um seinen Samen zu säen, und als er säte, da fiel das eine auf den Rand des Weges und wurde zertreten, und die Vögel des Himmels fraßen es. 6 Und anderes fiel auf den Felsen nieder, und als es herangewachsen war, vertrocknete es, weil es keine Feuchtigkeit hatte. 7 Und anderes fiel inmitten der Dornen, und die mit ihm herangewachsenen Dornen erstickten es. 8 Und anderes fiel in die gute Erde, und als es herangewachsen war, brachte es hundertfältige Frucht. Als er das sagte, rief er: Der, der Ohren hat zu hören, der höre. 9 Es fragten ihn aber seine Jünger, was dieses Gleichnis bedeute. 10 Und er sprach: Euch ist es gegeben, die Geheimnisse des Reiches Gottes zu erkennen, den übrigen aber in Gleichnissen, denn sie sollen sehen und doch nicht sehen, hören und doch nicht verstehen. 11 Dieses Gleichnis aber bedeutet: Der Same ist das Wort Gottes. 12 Die am Wege sind die, die gehört haben, dann kommt der Teufel und nimmt das Wort weg aus ihrem Herzen, damit sie nicht zum Glauben kommen und gerettet werden, 13 die aber auf dem Felsen, die, wenn sie gehört haben, das Wort mit Freuden annehmen, und sie haben keine Wurzel, sie glauben eine Zeitlang, und zur Zeit der Versuchung fallen sie ab. 14 Das aber in die Dornen Fallende, das sind die, die gehört haben und von Sorgen und Reichtum und Vergnügungen des Lebens in ihrem Lebenswandel erstickt werden und die Frucht nicht reifen lassen. 15 Das aber in der guten Erde sind die, die in einem schönen und guten Herzen das Wort, das sie gehört haben, behalten und in Ausdauer Frucht bringen. 16 Niemand aber, der ein Licht angezündet hat, verbirgt es durch ein Gefäß oder stellt es unter ein Bett, sondern er stellt es auf einen Leuchter, damit die Hereinkommenden das Licht sehen. 17 Denn nichts ist verborgen, das nicht offenbar werden wird, und nichts geheim, das nicht erkannt würde und ins Licht käme. 18 Seht nun zu, wie ihr hört! Denn wer da hat, dem wird gegeben werden, und wer da nicht hat, von dem wird auch das, was er zu haben meint, weggenommen werden. 19 Es gelangten aber seine Mutter und Brüder zu ihm und konnten nicht mit ihm zusammentreffen wegen der Menge. 20 Und es wurde ihm gemeldet: Deine Mutter und deine Brüder stehen draußen und wollen dich sehen. 21 Er aber antwortete und sprach zu ihnen: Meine Mutter und meine Brüder sind diese, die das Wort Gottes hören und tun.

Lukas verfolgt bis V 21 das eine Thema des »Wortes Gottes«. Wenn formgeschichtlich die Episode der Familie Jesu (VV 19–21) eine abgerundete Szene   **Analyse**

bedeutet, gehört sie doch redaktionsgeschichtlich mit dem Gleichnis vom Samen (VV 4–15) und von den drei Sprüchen (VV 16–18) zu einer größeren Perikope[1]. Nach langer Unterbrechung knüpft Lukas wieder an seine Markus-
Vorlage an. In 6,11–19 hat er noch die Einsetzung der Jünger (Mk 3,13–19)
und einen Sammelbericht (Mk 3,7–12) übernommen. Hier (8,4ff) greift er auf
Markus zurück, freilich nicht direkt auf die nächste Erzählung (Mk 3,20),
sondern zuerst auf das Gleichnis vom Sämann. Die für ihn anstößige Aussage
der Verwandten Jesu (Mk 3,20–21) übergeht er ebenso wie die Beelzebulperi-
kope (Mk 3,22–30)[2]. Wie in 6,12–19 nimmt er eine Umstellung vor: Der Abschnitt über die wahre Familie (Mk 3,31–35) steht erst nach dem Gleichnis,
seiner Deutung (8,4–15) und den drei Sprüchen (8,16–18) in 8,19–21. Der
Grund ist klar: Das richtige Verhältnis zum Wort Gottes (8,19–21) kann erst
nach der Reflexion darüber (8,4–18) definiert werden. Den Drang, aus diesen
Elementen eine Einheit zu bilden, spürt man in der Auslassung der markinischen Trennungselemente. Die private Belehrung über die Funktion der Parabel und den Sinn des Gleichnisses (Mk 4,10) reduziert Lukas auf eine Frage
der Jünger (8,9), und da, wo der zweite Evangelist neue Reden einführt (Mk 4,
13 und 4,21), streicht Lukas die Einleitungsformeln. Die spektakuläre Position Jesu auf einem Schiff (Mk 4,1) hat Lukas schon erwähnt (5,1); deshalb
nennt er in V 4 nur das Herbeiströmen der Zuhörer.

L. Cerfaux und T. Schramm plädieren für Sonderüberlieferung beim Gleichnis selbst,
nicht jedoch hinsichtlich seiner Deutung[3]. In der von Markus abweichenden Einleitung (8,4) sind nicht alle Ausdrücke redaktionell (so σύνειμι, ἐπιπορεύομαι und λέγω
διὰ παραβολῆς). Übereinstimmungen mit Matthäus sind z.B. in 8,5 τοῦ σπεῖραι, καὶ
ἐν τῷ σπείρειν αὐτόν, in 8,7 ἀπέπνιξαν (καὶ καρπὸν οὐκ ἔδωκεν des Markus fehlt); in
8,8 das Hundertfache (bei Matthäus steht diese Angabe am Anfang, bei Lukas ist es
die einzige Zahl, die genannt wird); in 8,9 οἱ μαθηταί (καὶ ὅτε ἐγένετο κατὰ μόνας
des Markus fehlt); in 8,10 ὑμῖν δέδοται γνῶναι τὰ μυστήρια τῆς βασιλείας (der markinische Schluß des Zitats fehlt)[4]. »Bei Lukas fehlen gerade die Elemente, die bei Mk
und Mt die Deutung vorbereitend unterstreichen und das Gleichnis selbst schon stark
in die Nähe der Allegorie bringen.«[5] Καὶ κατεπατήθη (8,5) wird in der Deutung nicht
berücksichtigt. Die lukanische Fassung von 8,6 entspricht der Deutung (8,13) weniger
gut als Mk 4,5–6. Erstaunlich ist der Gebrauch von ἱκμάς (»Feuchtigkeit« [8,6]), wo
Mk 4,6 und die Deutung (8,13) von ῥίζα (»Wurzel«) sprechen.
Die meisten Forscher erklären aber die lukanischen Besonderheiten des Gleichnisses
und der Deutung aus der literarischen und theologischen Intention der Redaktion.
Das außergewöhnliche διὰ παραβολῆς in 8,4 ist Ausdruck des Staunens des Lukas

---

[1] Vgl. Robinson, W.C., Preaching 131–133
und Dupont, J., Semeur 97–99.
[2] Lk 11,14–23 entspricht Mk 3,22–30, doch
könnte das Stück aus Q stammen. In diesem
Falle würde Lukas, seiner Gewohnheit folgend, Mk 3,22–30 weglassen, um Dubletten
zu vermeiden.
[3] Vgl. Cerfaux, L., Fructifiez 111 Anm. 2

(Sammelband) und Schramm, T., Markus-
Stoff 114–123, dem nicht verborgen blieb
(123 Anm. 1), daß seine Hypothese jene von
Gerhardsson, B., Parable, der für die ursprüngliche Einheit von Gleichnis und Auslegung eintritt, ausschließt.
[4] Vgl. Schramm, T., Markus-Stoff 114–116.
[5] Ebd. 118.

vor einem von einer Deutung begleiteten Gleichnis[6], κατεπατήθη in 8,5 eine ungeschickte, durch den »Weg« hervorgerufene Verzierung[7]. Die Verkürzungen in 8,6 sind
auf den literarischen Geschmack wie den Stadtmenschcharakter des Lukas zurückzuführen[8]. In 8,7 sind es eher literarische, in 8,8 theologische Gründe, die die lukanische
Version des Gleichnisses erklären[9].

Nach einer anderen Hypothese[10] bezeugen die drei Synoptiker eine vor-markinische
Version der *Deutung* des Gleichnisses, die besonders Matthäus beibehalten habe.
Hauptargument sind die Übereinstimmungen zwischen Matthäus und Lukas auch in
der Deutung (z.B. die Erwähnung des Herzens in Lk 8,12 und Mt 13,19). »In this pericope the situation appears to be this: each evangelist was familiar with a primitive tradition of the interpretation, likely enough an oral tradition; in addition Mark knew
Matthew and Luke knew Mark.«[11]

Ich bin der Meinung, daß Lukas im Gleichnis wie in der Deutung Markus als
einzige schriftliche Vorlage benutzte. Die Abweichungen erklären sich aus der
mündlichen Tradition wie aus der theologischen Eigenständigkeit jedes
Evangelisten. Man spürt das Gewicht der mündlichen Tradition besonders im
Gleichnis selbst, das bedeutend älter ist als seine Deutung[12]. Das zeigt auch
das *Thomasevangelium*, welches das Gleichnis noch ohne Deutung überliefert[13].

Gattungsgemäß lesen wir zuerst ein echtes Gleichnis: Ein vertrautes Geschehen soll die Hörer in Bewegung setzen und sie zu einer Entscheidung bringen.
Das Gleichnis erwähnt zuerst drei Mißerfolge und dann einen (riesigen) Erfolg. Es liegt also ein Kontrastgleichnis vor, das allen Nachdruck auf den letzten Teil konzentriert. Der implizite Anredecharakter des Gleichnisses wird
explizit gemacht mit der wohl sekundären Aufforderung V 8b, wobei ἀκούω
nicht nur »hören« heißt, sondern auch »(das Gehörte) aufnehmen«, »gehorchen«[14].

Mit V 9 beginnt eine urchristliche Auslegung des Gleichnisses. Sitz im Leben
dürfte die christliche Unterweisung sein. Sobald man ein Gleichnis zum zweiten Mal hört, verschwindet die Überraschung, und bei der Wiederholung be-

[6] Vgl. Dupont, J., Semeur 100 Anm. 8 mit
dem Hinweis, διὰ παραβολῆς bezeichne die
Gleichnishaftigkeit und nicht den Inhalt des
Gleichnisses; ebenso Carlston, C.E., Parable
70–76, der Schramms Hypothese kritisiert
(70 Anm. 1).
[7] Vgl. Dupont, J., Semeur 100, der sich an
Lagrange 237 hält.
[8] Vgl. Dupont, J., Semeur 103.
[9] Vgl. ebd. 104.106.
[10] Vgl. Wenham, D., Interpretation.
[11] Ebd. 318 Anm. 4.
[12] Gegen Gerhardsson, B., Parable, der a)
für den inneren Zusammenhalt von Gleichnis
und Auslegung, b) für die Ursprünglichkeit

der beiden Teile und c) für einen Einfluß des
Sch[e]ma Israël auf das Gleichnis eintritt.
[13] Vgl. EvThom 9. Einige Gelehrte (z.B.
Quispel, G., Remarks 277f und Köster, H.,
Thomas 195–197) sind der Meinung, daß
EvThom 9 spiegele eine von den Synoptikern
unabhängige Überlieferung wider. Andere
dagegen (z.B. Schrage, W., Thomas-Evangelium 42–48) halten dafür, daß EvThom 9 von
den Synoptikern und nicht etwa einer vor-
synoptischen Tradition beeinflußt sei. 1Clem
24,5 belegt, daß das Gleichnis dem Autor bekannt war, m.E. durch eine mündliche Überlieferung.
[14] Vgl. Weder, H., Gleichnisse 108–111.

ginnt der Prozeß der Auslegung und der Allegorisierung[15]. Unter dem Einfluß von Markus erfolgt die Deutung nicht direkt auf die Anfrage der Jünger (8,9). Das schafft Raum für eine Zwischenbemerkung über die Empfänger der Mysterien des Reiches Gottes (8,10). Nach dieser Konzession an die markinische Redaktion entfaltet Lukas die Auslegung (8,11–15), d.h. das Bild der menschlichen Einstellungen gegenüber dem Wort Gottes.

Seiner Quelle treu, überliefert Lukas sodann drei Sprüche (8,16–18). Die beiden ersten laufen parallel und unterstreichen im Stil der Weisheit die Verantwortung der *Verkündiger* (8,16) und die unverdeckbare Ausstrahlungskraft des Wortes (8,17). In Form eines Paradoxes wird der dritte Spruch (8,18b) von einem Imperativ (8,18a) eingeleitet; bei Lukas geht es um das *Wie* des Hörens und nicht mehr um das *Was* wie bei Markus. Mahnung (8,18a) und Bestandsaufnahme (8,18b) gelten den Zuhörern.

Die folgenden Verse (8,19–21) liefern ein Apophthegma[16], das die gut Zuhörenden als Handelnde beschreibt und sie mit Jesus selbst verbindet. Die Einheit über das Wort Gottes endet also mit einem ekklesiologischen Ausblick (Kategorie der Familie) und einem christologischen Orientierungspunkt (μου).

Erklärung   *Der Rahmen (V 4)*

4   Am Anfang (8,4) *inszeniert* Lukas ein Kommunikationsmodell, dem die Gedanken der Rede Jesu *nachgehen* werden (besonders 8,10.18.21): Das Gegenüber von Jesus und seinen Hörern bleibt aktuell in der Begegnung der Menschen mit dem Wort. Dieses Zusammentreffen ist voller Hoffnung, aber auch gefährlich. Die Menschen versammeln sich und kommen aus jeder Stadt zu Jesus hin. Er spricht durch Parabeln[17]. Was werden sie dadurch verstehen und

---

[15]   Vgl. Klauck, H.-J., Allegorie 201 hebt hervor, es liege eine Allegorisierung nicht im Sinne der griechischen Interpretation der Mythen vor, sondern in der Art der jüdischen apokalyptischen Tradition (Deutung von Träumen und Gesichten). Diese Auslegungstendenz läßt sich bis ins Gleichnis selbst verfolgen: Immer neu erzählt, wurde aus einem *Gleichnis* schließlich eine *Parabel*; vgl. ebd. 191.

[16]   Schneider, G., Antworten 323 weist auf ein Indiz für die literarische Form hin: Es ist der Umstand, daß Jesus hier *antwortet* (ὁ δὲ ἀποκριθεὶς εἶπεν πρὸς αὐτούς [8,21]).

[17]   Ein Gleichnis will nicht eine Wahrheit illustrieren. Es ist ein indirektes Mittel der Kommunikation und Persuasion. Der Sprecher versucht auf metaphorische Weise in einen Dialog mit seinem Gegenüber einzutreten; dabei soll die gleichnishafte Ausdrucksweise dem Angesprochenen erlauben, sich nicht angegriffen zu fühlen und sich nicht auf eine defensive Haltung zu versteifen. Oft wird ein Gleichnis erzählt, wenn die Lage

festgefahren scheint und sich die gewöhnliche Redeweise als unwirksam erweist. Darüber hinaus sagt die Bildersprache des Gleichnisses mit ihrem Rückgriff auf das tägliche Leben und die Natur und mit ihren vielen kulturellen Anspielungen (bei Jesus auch auf biblische Figuren und Symbole) weit mehr aus als die lehrhafte Redeweise. Das Gleichnis richtet sich an den ganzen Menschen. Lukas verwendet das Wort παραβολή 18mal. Er versteht darunter entweder ein Gleichnis oder eine Gleichnisrede. Seine Vorliebe gilt dem Ausdruck »er erzählte ein Gleichnis« (13mal). Die Wendung »er sprach durch ein Gleichnis« (8,4) ist bei Lukas eine Ausnahme, denn sie bezeichnet die Redeweise und nicht das Gleichnis selbst. Die Frage der Redeweise wird in den VV 9–10, wo es um die Auswirkungen der Gleichnisrede geht, wieder aufgenommen. Zum Wesen des Gleichnisses vgl. Crossan, J.D., Parables; Dupont, J., Paraboles; Klauck, H.-J., Allegorie; Weder, H., Gleichnisse; Harnisch, W., Gleichniserzählungen.

wie werden sie hören (V 18a)? Mit 8,5 setzt das Gleichnis abrupt ein (ἐξῆλ-θεν): mit dem Hinausgehen des Sämanns[18]. Die Alliteration (ὁ σπείρων τοῦ σπεῖραι τὸν σπόρον αὐτοῦ) erinnert an die Wiederholung der Gesten des Sämannes. Stilmittel und Thematik verstärken sich gegenseitig.

Der entscheidende Anfang (VV 5a und 9.11)

Lukas stellt im Unterschied zur Tradition und zu Mk 4,14 nicht den Sämann, sondern den Samen (ὁ σπόρος) in die Mitte (4,11). Da er ἐξέρχομαι keine christologische Betonung gibt[19], denkt er offenbar weniger an die Initiative Jesu als an die Bewegung Gottes in der Verbreitung seines Wortes (Jes 55), besonders in der Zeit der Kirche. 5a.9.11

Redaktionsgeschichtlich läßt sich das Gleichnis gleichzeitig mit seiner Deutung erklären[20]. V 11 gibt die Interpretation von V 5a: a) Weil V 11a auf V 9 antwortet, ist αὕτη (V 11a) eher Adjektiv als Pronomen[21], und αὕτη ἡ παραβολή (V 11a) ist Subjekt von ἔστιν. b) Ἔστιν wie ἐστίν gehören zur Terminologie der jüdischen Exegese, sei es des *Pescher* der Propheten, sei es der Lösung der apodiktischen Visionen der Träume[22], und sind mit »bedeuten« zu übersetzen[23]. c) Bei keinem anderen Synoptiker ist die Gleichsetzung mit dem Wort Gottes so eindeutig und die Verschiebung vom Sämann zum Samen so offensichtlich[24]. Das heißt doch wohl, daß Lukas damit weniger die historische Verkündigung durch Jesus als die kerygmatische Predigt der Kirche im Blick hat. Er nimmt sich die Erlaubnis zu dieser Aktualisierung *vom Wesen des Gleichnisses* selbst her, verschiebt aber den Akzent vom ursprünglich eschatologischen zu dem in der Geschichte immer wieder neu gegenwärtigen Wort Gottes.

Die Metapher des Samens für das Wort begegnet in der Antike häufig. Ps-Plutarch vergleicht z.B. die Erziehung mit der Landwirtschaft: »Der Boden (= Anlage) muß gut sein, der Landmann (= Lehrer) geschickt und der Same (= Wort der Lehre) brauchbar.«[25] Im jüdischen Bereich taucht das Bild des Säens

---

[18] Σπείρων ist kein Substantiv, sondern ein substantiviertes Partizip Präsens; in Verbindung mit dem Artikel bedeutet es: »der Säende«, »derjenige, dessen Beruf das Säen ist«; vgl. Plummer 218. Der Ausdruck ist semitisch, der Grieche nennt den Sämann ὁ σπορεύς oder ὁ σπορευτής, doch sind diese Worte – wie mir scheint – nicht sehr häufig belegt.

[19] Lukas hat das εἰς τοῦτο γὰρ ἐξῆλθον des Markus (1,38) zu ἐπὶ τοῦτο ἀπεστάλην (Lk 4,43) korrigiert.

[20] Mit Dupont, J., Semeur.

[21] Marshall 324 und Fitzmyer I 713 fassen dagegen αὕτη als Prädikat zu »Gleichnis« auf, was grammatikalisch zwar möglich ist, den

Zusammenhang mit V 9 jedoch außer acht läßt.

[22] Vgl. Klauck, H.-J., Allegorie 88 Anm. 273.

[23] Delebecque, E., Evangile 47 schreibt: »Rien ne déroute plus, tout redevient logique si l'on donne au verbe εἰμί, depuis le verset 9, son sens de ›signifier‹.«

[24] Vgl. Dupont, J., Semeur 97–99.

[25] Klauck, H.-J., Allegorie 192 Anm. 38, der Ps-Plutarch, Lib Educ 4 (2b) zusammenfaßt. Die Seiten 192–196 dieser Monographie sind diesbezüglich sehr wertvoll; vgl. Quell, G. – Schulz, S., Art. σπέρμα κτλ., in: ThWNT VII (1964) 537–547. Nicht zu vergessen ist natürlich Plato, Phaidros 276B–277A.

in verschiedenen Vergleichen auf. Im 4. Esrabuch liest man z.B., daß Gott sein Gesetz ins Herz der Väter gesät habe, damit es Frucht bringe[26].

Die Ungläubigen (VV 5b.12)

5b.12 Es wurde viel diskutiert, ob damals in Palästina das Pflügen vor oder nach dem Säen stattfand. Im ersten Fall wäre der Text ein Gleichnis, im zweiten eine Parabel[27]. Lukas scheint ihn als Parabel zu verstehen; die Aoriste weisen bei ihm nicht auf eine *Sitte*, sondern auf ein *Geschehen* hin. Für ihn ist das Ereignis jedoch nicht töricht, sondern *tragisch*. Der Sämann kann den Boden nicht ändern und die Mißerfolge nicht verhindern.

Ein Teil[28] der Samen fällt[29] auf den Rand des Weges (παρὰ τὴν ὁδόν meint weder auf den Weg noch am Weg entlang). Die vorübergehenden Menschen treten auf die Körner[30], die Vögel finden sie leicht und picken sie auf[31]. Die Deutung (V 12) paßt nicht ganz zum Gleichnis. Die Menschen (οἱ) werden weder mit der Saat noch mit dem Boden identifiziert. Doch im Geschehen liegt die Analogie: Es gibt Menschen, die auf das Wort hören (ἀκούω ist zentral in der Deutung), aber es kommt ein Gegner, wie etwa die Vögel des Gleichnisses. Lukas kennt ihn, den διάβολος[32], der das Wort stiehlt. Er lokalisiert dieses Geschehen im Herzen[33], das zuerst von Gott und dann vom Teufel besucht wird. Jener *schenkt*, dieser *stiehlt*. Wir sind nicht weit entfernt von den

---

[26] Vgl. 4Esr 9,31; Klauck, H.-J., Allegorie 193; vgl. auch 4Esr 8,41: »Denn wie der Bauer viele Samen auf die Erde sät und viele Pflanzen pflanzt, aber nicht alles, was gesät wurde, zu (seiner) Zeit bewahrt bleibt, und nicht alles, was gepflanzt wurde, Wurzeln schlägt, so werden auch die, die in die Welt gesät sind, nicht alle bewahrt bleiben.« [Übers. nach Schreiner, J., Das 4. Buch Esra, Gütersloh 1981 [JSHRZ V/4], 368.)

[27] Bekanntlich hat Jeremias, J., Gleichnisse 5f mit Nachdruck darauf hingewiesen, daß die Feldarbeit nach dem Säen vorgenommen wurde, und die kluge, natürliche Arbeitsweise des Sämanns des Gleichnisses hervorgehoben. Anderer Ansicht ist ohne besonderen Nachdruck Klauck, H.-J., Allegorie 189–191, der das ganze Problem sehr klar darstellt. Antike jüdische Texte, die bezeugen, daß das Säen dem Pflügen vorangeht, sind Jub 11,11 und bShab 73b.

[28] Muß man in V 5 ὁ (maskuliner Artikel) oder ὅ (neutrisches Relativpronomen) lesen? In beiden Fällen hat das Wort die – ursprüngliche – Bedeutung eines Demonstrativpronomens. Zugunsten eines Relativpronomens spricht das neutrale αὐτό am Ende des Verses. Ein Teil der Handschriften lesen ἅ (neutri-

sches Relativpronomen im Plural). Von Markus hat Lukas auch den Stilfehler, daß auf μέν (V 5) kein δέ folgt, übernommen.

[29] Πίπτω kehrt im Gleichnis 4mal (1mal in der Form καταπίπτω) wieder, was ihm seine Einheitlichkeit verleiht.

[30] Κατεπατήθη (von καταπατέω) kommt im Neuen Testament nur bei Lukas vor; vgl. jedoch Plato, Leges 714A: »die Gesetze mit Füßen treten«.

[31] Lukas setzt τοῦ οὐρανοῦ hinzu – wohl um seinen Stil biblischer zu gestalten (vgl. z.B. Gen 1,26.28.30 LXX).

[32] Im lukanischen Doppelwerk kann man 7mal ὁ διάβολος und 7mal ὁ Σατανᾶς (einmal ohne Artikel) lesen. Diese Ausgeglichenheit darf jedoch nicht darüber hinwegtäuschen, daß Lukas – wie hier – versucht, das semitische Wort durch das griechische zu ersetzen (von Lk 22,3 abgesehen erscheint »Satan« immer in Reden Jesu oder der Apostel, d.h. an Stellen, die Lukas – aus Respekt – zu ändern vermeidet). Zum Teufel bei Lukas vgl. den Exkurs oben S. 196f zu Lk 4,1–13.

[33] Das Bild von der ins Herz des Menschen gestreuten Saat ist im Judentum geläufig; vgl. Klauck, H.-J., Allegorie 192–196.

zwei »Trieben« der rabbinischen Literatur[34]. Ziel des Teufels ist es, den Glauben und das Heil, also seine eigene Niederlage, zu verhindern[35].

Die Schwachen (VV 6 und 13)

Im zweiten der vier Fälle (8,6) kürzt Lukas die Wiederholungen des Markus[36]. Andere Körner fallen also auf einen steinigen Boden[37]. Lukas denkt nicht an eine törichte Handlung des Sämannes, sondern an die unregelmäßige Beschaffenheit des natürlichen Bodens. Nachdem die Saat aufgesproßt ist[38], verdorrt sie sofort aus Wassermangel[39]. Ersetzt Lukas den Fehlzustand der Saat (keine Wurzeln) durch den Defekt des Bodens (keine Feuchtigkeit), um das Wort Gottes zu respektieren und die Aufmerksamkeit auf die Empfänger zu richten?

6.13

Die Deutung (8,13) erinnert an die markinische Version des Gleichnisses und an ihre Deutung (Mk 4,6.17; vgl. ῥίζα in V 13 an Stelle von ἰκμάς in V 6). Es gibt eine Verschiebung, die man auch in der markinischen Deutung findet: Das Los dieser Körner wird nicht mit dem Los des Wortes Gottes, sondern mit dem Schicksal seiner schwachen Hörer verbunden.

»Auf dem Felsen« – das sind die Menschen, die auf das Wort hören und es mit Freude empfangen (bis hierher sind Markus und Lukas sehr ähnlich), aber »sie haben keine Wurzel«: Sie glauben nur vorübergehend und halten der Versuchung nicht stand[40]. Lukas präzisiert das ambivalente πρόσκαιροι des

---

[34] Vgl. Harnisch, W., Verhängnis und Verheißung der Geschichte. Untersuchungen zum Zeit- und Geschichtsverständnis im 4. Buch Esra und in der syr. Baruchapokalypse, Göttingen 1969 (FRLANT 97), 167–169 zu 4Esr 4,28–32 (Einpflanzen des Bösen in das Herz des Menschen).

[35] Lukas fügt die Absicht des Teufels (ἵνα μὴ πιστεύσαντες σωθῶσιν) wohl im Anschluß an Mk 4,12b hier ein; in seinem dortigen Text (Lk 8,10b) hat er sie weggelassen.

[36] Mk 4,5–6: 2mal »Erde«, 2mal »nicht haben«, kurz nacheinander ἐξανέτειλεν und ἀνέτειλεν. Weiteres siehe unter Analyse oben S. 404.

[37] Warum vermeidet Lukas τὸ πετρῶδες (Mk 4,5) zugunsten von τὴν πέτραν? Man beachte auch die Alliterationen κατεπατήθη, καὶ τὰ πετεινά . . . κατέφαγεν . . . καὶ ἕτερον κατέπεσεν.

[38] Φυέν (klassisch: φύν): Partizip des Wurzel-Aorists mit intransitiver Bedeutung des Verbs φύω (»wachsen«, »hervorbringen«); vgl. dazu das aktive Partizip Präsens φύουσα in Hebr 12,15 (Dtn 29,17); vgl. Bauer s.v.

[39] Ἡ ἰκμάς: »Feuchtigkeit«, »Erdfeuchtigkeit«, »Ausfluß«, »Säfte des Körpers«. In seiner Beschreibung der wundertätigen Quelle in der Nähe von Jericho lobt Josephus, Bell IV 8,3 § 471 die Wärme der Luft und die Güte des Wassers: Die Feuchtigkeit (ἰκμάς) läßt die Pflanze wachsen und stark werden, so daß sie der Hitze des Sommers zu widerstehen vermag; vgl. Rengstorf, K.H., Concordance II s.v.

[40] Hier einige grammatikalische und stilistische Bemerkungen zu V 13: a) In 8,13a und 8,13b muß man sich ein ἐστίν (hier: »bedeutet«) hinzudenken; b) ὅταν mit Konjunktiv Aorist ist korrekt; c) δέχομαι ist eleganter und ehrerbietiger als das markinische λαμβάνω; d) durch die gegenüber Markus vorgenommene Umstellung wird τὸν λόγον zum Akkusativobjekt der beiden Verben ἀκούσωσιν und δέχονται, αὐτόν wird dadurch zugleich überflüssig; e) die Wendung ἐν ἑαυτοῖς des Markus ist zwar suggestiv, wirkt aber unbeholfen und wird von Lukas gestrichen; f) οὗτοι greift das οἱ zu Beginn des Verses auf; g) stellt sich die Frage, ob die Wiederholung des καιρός in V 13b beabsichtigt ist, wobei ich sie eher für eine stilistische Ungeschicklichkeit als für einen theologischen Kunstgriff halte.

Markus und zeigt, worum es geht, nämlich um den Glauben, und ersetzt die apokalyptische Terminologie (θλῖψις und διωγμός) durch eine ethische (πειρασμός im lukanischen Gebrauch).

Während die Gefahr bei Markus spezifisch mit der Mission (Mk 4,17) zusammenhängt, bekommt bei Lukas das Wort πειρασμός ein breites Spektrum. Es ist die ständige[41] Versuchung, seinen Glauben in der Gesellschaft zu verleugnen. Das Ergebnis ist der unwiderstehliche Abfall dieser Menschen[42].

Die Erstickten (VV 7 und 14)

7.14 Formal verbessert Lukas seine Vorlage (Mk 4,7) in der Beschreibung des dritten Falles (8,7)[43]. Sachlich bleibt er ihr jedoch treu: Die Saat fällt mitten in die Dornen[44], wächst zunächst mit diesen zusammen auf, erstickt aber schließlich. Die Deutung (8,14) schreibt Lukas neu, obwohl er die sachlichen Elemente aus Mk 4,18–19 respektiert[45]: Auch diese Gruppe hat auf das Wort gehört (ἀκούω[46]), aber (adversatives καί) sie wird in ihrem an einen Lauf (πορευόμενοι)[47] erinnernden Leben von allerlei Gefahren nicht nur gebremst, sondern erstickt[48].

Wie Markus unterscheidet Lukas drei Hauptgefahren: a) die egozentrischen Sorgen (in der urchristlichen Literatur weisen die μέριμναι selten auf berechtigte Sorgen hin[49]), b) den Reichtum, den Lukas früher (6,24) und auch später (18,24 u.ö.) als heilsgefährdend betrachtet, c) die Vergnügungen des Le-

---

[41] Vgl. das zugefügte »jeden Tag« in Lk 9,23.

[42] Vgl. Mk 4,17: σκανδαλίζονται; Lk 8,13: ἀφίστανται. Dieses Verb hat die intransitive Bedeutung »sich entfernen«, »weichen«, »ablassen«. Zur (religiösen) Apostasie vgl. Jer 3,14 LXX; Dtn 9,9 LXX und Theodotion; Hebr 3,12 und öfter im Hirt des Hermas, z.B. 7 (= Vis II 3,2) und 75 (= Sim VIII 9,1); vgl. Bauer s.v.

[43] a) Lukas zieht auch hier ἕτερον vor (Mk 4,7: ἄλλο); b) »mitten unter die Dornen« (Lukas hat eine Vorliebe für ἐν μέσῳ anstatt »in die Dornen« (Mk 4,7); c) »mit ihm aufgehen« (Lukas) ist genauer als das unbestimmte »emporwachsen« (Mk 4,7). Man beachte schließlich auch die beiden minor agreements mit Matthäus, die sich jedoch durch den Einfluß der mündlichen Tradition erklären lassen: ἀποπνίγω (Mk 4,7: συμπνίγω) sowie die Worte »und es brachte keine Frucht«, die Markus (Mk 4,7) nicht überliefert.

[44] Wenn man ἄκανθα mit »Dornstrauch« übersetzt, kann man συμφυεῖσαι nicht die Bedeutung »gleichzeitig aus der Erde hervorsprießen« geben, sondern allenfalls, indem man an die neuen Triebe denkt, »miteinander wachsen«. Der Dornstrauch ist nämlich eine mehrjährige Pflanze. Der Ausdruck ἐν μέσῳ scheint darauf hinzuweisen, daß Lukas an »Dornen« denkt, die zum Zeitpunkt der Aus-

saat sichtbar waren. Lagrange 238 übersetzt dagegen ἄκανθα mit »Distel« und denkt an die einjährige, in Galiläa wohlbekannte Art der notobasis syriaca, unter deren weitausladenden Blättern alles erstickt.

[45] Man vermißt den »Betrug« (ἀπάτη) des Reichtums (Mk 4,19); vgl. Dupont, J., Béatitudes III 44 Anm. 1.

[46] Ἀκούω begegnet in Lk 8,4–21 9mal!

[47] Dieses Verb drängte sich Lukas aus der Parallelstelle bei Markus auf, doch benutzt er es in einer ganz anderen Absicht; vgl. Dupont, J., Semeur 104 Anm. 26. Der absolute Gebrauch von πορεύομαι ist im Neuen Testament ein Einzelfall, doch erinnert er an den »Weg« Jesu (Lk 9,51; 13,22).

[48] Das mit drei Genitiven konstruierte ὑπό ist hier von συμπνίγονται und nicht, wie manchmal angenommen wird, von πορευόμενοι abhängig.

[49] Vgl. Lk 21,34. Das Verb μεριμνάω erscheint in Lk 10,41; 12,11.22.25.26; Mt 6,25–34; 1Kor 7,32–34. Verb und Nomen sind in positiver Bedeutung in 2Kor 11,28 belegt. Man beachte, welche Rolle Ps 54(55),23 (ἐπίρριψον ἐπὶ κύριον τὴν μέριμνάν σου) in der Paränese des Hermas 19 (= Vis III 11,3) und 23 (= Vis IV 2,4–5) spielt.

bens (Lukas vermeidet die markinischen ἐπιθυμίαι, die die griechische Sprache eher positiv wertet). Was er damit meint, expliziert er an Stellen wie 7,25;
12,19 und 16,19. Die »Sorgen« hat man, wenn man in seinem »Haben« bedroht wird, und die »Vergnügungen« sind ohne Wohlstand nicht möglich. So
denkt Lukas bei dieser dritten Gruppe vor allem an die Gefahr des nicht nur
materiellen Besitzes. Auf die von Gott durch sein Wort angefangene Tat reagiert sie zwar zuerst positiv (οἱ ἀκούσαντες), dann aber angesichts der drei
Sünden so negativ, daß sie keine Früchte reifen lassen kann[50]. Sie bringt
nichts zu Ende und zur Vollkommenheit (vgl. τέλος in τελεσφορέω). Der lukanische Ausdruck insistiert auf der Dauer der Reife, während Mk 4,19 nur
auf das erfolglose Ergebnis (ἄκαρπος) schaut.
Während die erste Gruppe ihr Gut *sofort* verliert, erliegt die dritte einer in der
Zeit des Lukas gefährlichen Versuchung, dem Wohlstand. Und während die
zweite Gruppe nach einer freudigen »Flitterwoche« plötzlich (ἐν καιρῷ πει-
ρασμοῦ) abtrünnig wird, weicht die dritte langsam ab. Sie geht zwar los (πορευόμενοι), erreicht aber das von Gott festgelegte Ziel nicht. Ihr Glaube wird
nicht vollkommen, denn sie hält, gerade im Bereich der Ethik, nicht durch.
Selten ist Lukas so persönlich wie hier, selten aber auch so repräsentativ für
seine Zeit. Die Hauptgefahren, die er brandmarkt, kommen immer wieder
vor, besonders im *Hirt* des Hermas[51]. Aber wo dieser auf die ethischen Folgen
des Glaubens schaut, beschäftigt sich Lukas mit dem Glauben selbst, den er
nicht anders als eine integrale Realität versteht: Ausdauer und Ausstrahlung
sind seine beiden Hauptkennzeichen, wie er anhand der vierten Gruppe zeigt.

Die Erfolgreichen (VV 8 und 15)

Die Reihe der Mißerfolge läßt einen kontrastierenden erfreulichen Abschluß   8.15
erwarten. Lukas (8,8a) streicht alles bei Markus Nebensächliche (z.B. die Steigerung der Ernte)[52]. Das Geschehen betrifft den Menschen in seinem Herzen,
d.h. dort, wo er am meisten er selbst ist, nicht im Sinn einer Religion des Individuums oder einer Pietät der Innerlichkeit, sondern eines persönlichen und
verantwortlichen Glaubens innerhalb der von Gott erhofften Gemeinde (Plural οἵτινες [V 15] und nicht einfach οἱ [VV 12.13.14]). Um die Besonderheit

---

[50] Zu τελεσφορέω vgl. Liddell-Scott-Jones s.v.; dem Verb steht in V 15 καρποφορέω gegenüber.
[51] Vgl. Hermas 19 (= Vis III 11,3); 23 (= Vis IV 2,4–5); 51 (= Sim II 5–7); 74 (= Sim VIII 8,5); 75 (= Sim VIII 9,4). An zwei Stellen nimmt dieser Autor Elemente des Gleichnisses und seiner Auslegung auf: in Hermas 15 (= Vis III 7,3) und 97 (= Sim IX 20,1–2).
[52] Womit also Überlieferung nicht immer Erweiterung bedeutet. Leaney 151 ist der Ansicht, Lukas habe das Wachstum aus antigno-
stischen Gründen weggestrichen. Etwas vor-
sichtiger urteilt Schürmann I 465, der meint, Lukas lehne es ab, graduelle Unterschiede zwischen Christen zu machen. Die Abweichungen von Markus sind, von einer Aus-
nahme abgesehen, unbedeutend. Lukas läßt ἀναβαίνοντα καὶ αὐξανόμενα (Mk 4,8) aus, was überrascht, da ihm doch die Vorstellung vom Wachstum lieb ist; vgl. Zingg, P., Wachsen). Hier wird wohl die mündliche Tradition entscheidenden Einfluß gehabt haben.

christlicher Existenz verständlich zu machen, benutzt Lukas den Inbegriff des griechischen Idealbildes, die καλοκἀγαθία[53].

Das Wort ist wirklich *ins* Herz gefallen; die Präpositionen werden kunstvoll variiert: παρά (V 5), ἐπί (V 6), ἐν μέσῳ (V 7), hier εἰς (V 8) und ἐν (15). Dieser Boden ist gute Erde[54] und steht damit für Menschen, die nicht nur gehört, sondern auch am Wort festgehalten und Früchte getragen haben.

Hundertfache Frucht[55] weist auf eine wunderbare Ernte hin (8,8), und kein Wunder geschieht ohne die Mitwirkung Gottes. Aber den Evangelisten liegt an der anthropologischen Seite; deshalb spielt die dauernde Verantwortung des Menschen (8,15) die Hauptrolle (ὑπομονή ist nicht passive Geduld, sondern Standhaftigkeit[56]). Sie besteht in der Treue zur göttlichen Vermittlung des christologischen Wortes (ἀκούω und κατέχω) und im Fruchttragen (καρποφορέω), das im ethischen Sinn zu verstehen ist. Die eschatologische Vergeltung steht nur im Hintergrund. Während die am heftigsten verurteilte Haltung ein falsches Festhalten am Besitz war (8,14), ist hier das Ausharren im Wort die adäquate Beschreibung des Christseins. Was das konkret heißt, wird nicht ausgeführt, kann aber am Bild der Nachfolge (9,23) veranschaulicht werden.

Im paränetischen Zusatz (8,8b) wird redundant gesagt, daß Jesus spricht (λέγων), ja laut spricht (ἐφώνει), und daß der Mensch, der hören kann (ὁ ἔχων ὦτα ἀκούειν), zu hören hat (ἀκουέτω). Dadurch stellt uns der Evangelist in die Entscheidungssituation der damaligen Hörer Jesu (8,4–8), die der Situation jedes Hörers des Wortes Gottes (8,11–14) entspricht[57].

---

[53] Vgl. Dupont, J., Semeur 107 und Ernst 269. Der Ausdruck war schon ins Judentum eingedrungen; vgl. Tob 5,14–15; 7,7–8; 9,6–7; 2Makk 15,12; 4Makk 4,1. Grundmann, W., Art. καλός, in: ThWNT III (1938) 540–542 unterscheidet für den Ausdruck καλὸς κἀγαθός im griechischen Sprachgebrauch zwei verschiedene Bedeutungen: eine sozio-politische und eine – von Sokrates eingeführte – ethisch-geistliche.

[54] In 8,8 benutzt Lukas lieber ἀγαθή als καλή (Mk 4,8), um die Qualität des Erdbodens zu beschreiben, in 8,15 dagegen behält er das Adjektiv καλή aus Mk 4,20 bei. Man beachte, wie er mit dem Artikel spielt: In 8,8 notiert er zwei Artikel (»die Erde, die gute nämlich«), in 8,15 nur noch einen, da die Qualität des Bodens nun bekannt ist (»die gute Erde«). Das syrische Diatessaron enthielt laut Vogels, H.J., Lk 8,8 die Wendung »gute und fette Erde«.

[55] Vgl. Klauck, H.-J., Allegorie 191. Gen 26,12 sagt von der Ernte Isaaks, daß sie dem Hundertfachen der Saat entspreche, und vermittelt so ein Bild für den gleich danach genannten göttlichen Segen.

[56] Zu der von Lukas angefügten ὑπομονή vgl. Cerfaux, L., Fructifiez.

[57] Dieses Sprichwort findet man in Lk 14,35 und in einigen Handschriften auch in Lk 12,21 und 21,4 wieder; vgl. die Parallelstellen in den anderen neutestamentlichen Büchern, die Nestle[26] zu Mt 11,15 und Offb 2,7 anführt.

Die Spaltung Israels (VV 9–10)

In der lukanischen Version geht es nicht allgemein wie bei Markus um das 9–10
Problem der Gleichnisse, sondern konkret um die Bedeutung dieser (αὔτη)
Parabel (8,9)[58]. Das gibt der Einheit 8,4–21 zwar eine bessere Kohärenz, bewirkt aber eine Spannung zur traditionellen Antwort Jesu (8,10)[59]; doch werden die Jünger in der Deutung (8,11–15) eine Antwort auf ihre Frage bekommen. V 10 wird damit zu einer für den lukanischen Jesus notwendigen Vorbe-
merkung[60]. Ihr Inhalt ist die Spaltung des Volkes. Der Spruch spiegelt die soziologische Absonderung der Christen (ὑμῖν) innerhalb Israels und später der
Völker (τοῖς δὲ λοιποῖς) wider. Der schmerzhafte Mißerfolg wird durch die biblische Tradition verständlich gemacht und durch ein starkes Identitätsbe-
wußtsein der Gemeinde überwunden. Die christliche Kirche soll sich an die
Gabe Gottes erinnern (δέδοται), nämlich die Eröffnung der Geheimnisse des
Reiches Gottes[61]. Ohne eine antignostische Tendenz aufdecken zu wollen[62],
ist doch festzustellen, daß der Evangelist in den redaktionellen Teilen seines
Werkes, besonders in der Apostelgeschichte, auf Begriffe wie γνῶναι (»wissen«) und μυστήρια (»Geheimnisse«) verzichtet[63]. In den Spuren des Paulus
bevorzugt er die Terminologie des Glaubens gegenüber der des Wissens, und
der jüdisch-apokalyptische Wortschatz der Geheimnisse Gottes bleibt ihm
fremd. Nur aus Treue zur Tradition überliefert er die Sprüche Jesu, in denen
ihm der Plural τὰ μυστήρια, den er gegen Markus mit Matthäus teilt,
wahrscheinlich durch die mündliche Tradition vorgegeben war. Nach dieser
urchristlichen Überlieferung gehört die Predigt Jesu vom Reiche Gottes zur
Gattung der Apokalyptik. Die Christen sind die Empfänger einer enthüllen-
den, übernatürlich übermittelten Offenbarung. Wie Visionen oder Träume
werden die Gleichnisse von der versteckten und doch wirklichen Macht Gottes über diese Welt für sie entfaltet. Die μυστήρια sind sowohl das »signifié«
wie der »référent« der als »signifiant« verstandenen Gleichnisse. Was Lukas in
der Tradition vorfindet, ist also einerseits die privilegierte Stellung der Christen (emphatisches ὑμῖν), andererseits ihre gegenüber der Offenbarung passive (δέδοται) und aktive (γνῶναι) Haltung.

---

[58] Lukas gefällt es, zusammengesetzte Verben (ἐπηρώτων) und den Optativ (εἴη) anzuwenden.

[59] Vgl. Gnilka, J., Verstockung 120.

[60] Verglichen mit Markus ist bei Lukas das
Gleichgewicht zwischen Lk 8,10aα und
8.10aβ gestört, da Lukas das zweite Glied
verkürzt; vgl. Gnilka, J., Verstockung 123.

[61] Die Handschriften, die wie Eusebius τῆς
βασιλείας weglassen, tun dies wohl aus stilistischen Gründen, um den doppelten Genitiv
zu vermeiden.

[62] Mit van Unnik, W.C., Die Apostelgeschichte und die Häresien, ZNW 58 (1967)

240–246 (jetzt in: ders., Sparsa Collecta I
402–409) gegen Talbert, C.H., Luke and the
Gnostics, Nashville 1966.

[63] Lukas erwähnt nirgends ausdrücklich
eine esoterische Lehre, sondern neigt dazu,
die Schranke zwischen Jüngern und Volk, die
er bei Markus und in Q vorfindet, aufzuheben; vgl. Gnilka, J., Verstockung 124. Lukas
schwächt den Markus-Text auch dadurch ab,
daß er τὰ πάντα sowie den letzten Teil des Zitats aus Jes 6,9–10, das die Unmöglichkeit der
Umkehr und der Vergebung erwähnt, weg-
streicht.

Ihnen gegenüber stehen die anderen; τοῖς δὲ λοιποῖς klingt abschätzig. Ihr Los ist tragisch und wird bis zum Schluß der Apostelgeschichte (28,25–28) mehrmals erwähnt. Denn sie haben gehört und nicht verstanden, vor Augen gehabt und doch nicht gesehen. Die inhaltsreiche Botschaft ist ihnen leer und verschlossen geblieben. So liegen die Gleichnisse vor ihnen wie ungelöste Rätsel.

Die semitischen Sprachen differenzieren nicht genau zwischen Folge und Ziel. Das dürfte mutatis mutandis auch für das Griechische gelten, da ἵνα einen finalen oder konsekutiven Nebensatz einführen kann. Die Tradition will also zunächst nur feststellen: Die Mehrheit hat das Evangelium abgelehnt. Dann folgt eine Erklärung dazu: Dieser negative Entschluß steht in der Linie der langen Verstockungsgeschichte Israels und kann mit den gleichen Worten (sehen und nicht sehen, hören und nicht verstehen) ausgesprochen werden. Schließlich hat Gott diese Situation nicht nur vorgesehen, sondern von sich aus aktiv herbeigeführt. Die Verantwortung der Menschen steht neben der göttlichen Macht, die hier durch das Schriftwort der Anklage ausgesprochen ist.

Im Anschluß daran haben Markus und vor allem Matthäus an Jes 6,9–10 gedacht. Lukas reserviert dieses Zitat für das Ende der Apostelgeschichte, wo er die Trennung zwischen Gläubigen und Ungläubigen eindrucksvoll ausmalen wird[64]. Hier bleibt er auf der Linie der biblischen Tradition: Israel hat seinen Gott nicht hören wollen. Und die Anklage in V 10b, abgekürzt gegenüber Markus, ruft einfach einen prophetischen Spruch in Erinnerung. Damit unterstreicht er genau die Spaltung Israels: Die Christen haben gehört und verstanden (8,10a), deshalb sind sie immer wieder aufgerufen (8,8b), am Wort festzuhalten (8,15), während die »übrigen« umsonst gesehen und gehört haben (8,10b). Lk 8,10b antwortet negativ auf 8,8b. Die christliche Existenz ist eine hörende. Aber die Folgen daraus stehen mitten im konkreten Leben; Theologie (Wort Gottes und Erwählung) und Soziologie des Christentums (Absonderung der christlichen »Sekte«) werden mit dem gleichen Blick betrachtet.

Lukas streicht die letzten Worte des markinischen Jesajazitats (μήποτε ἐπιστρέψωσιν καὶ ἀφεθῇ αὐτοῖς). Will er das theologische Problem der *Folgen* der Verstockung vermeiden und die Hauptverantwortung dem Teufel auferlegen (ἵνα μὴ πιστεύσαντες σωθῶσιν [8,12])?[65] Will er Israel noch bis zur Zeit der Apostel die Chance der Bekehrung offenhalten, um erst dann den Schlußstrich zu ziehen? Überliefert er solche prädestinatianisch klingenden Worte mit Überzeugung? In einer naiven Paradoxie dringt er sowohl auf die erfolgreiche Durchführung des göttlichen Plans wie auf die entscheidende Verantwortung des menschlichen Willens.

---

[64] Vgl. Bovon, F., Schön.   [65] So Gnilka, J., Verstockung 125.

Die Ausstrahlung des Wortes (VV 16–18)

In Reihenfolge und Inhalt bleibt Lukas in V 16 Markus treu. In der Formulierung aber 16
steht er unter dem Einfluß der Q-Version dieses Logions, das er trotz seiner Antipathie gegenüber der zweimaligen Aufnahme ähnlicher bzw. paralleler Logien in 11,33 noch einmal zitiert[66]: Die Lampe wird zuerst angezündet, und zwar der ankommenden Gäste wegen. Das sind zwei Merkmale aus Q. Weshalb Lukas das Fremdwort μόδιος hier vermeidet und es durch das banale σκεῦος ersetzt, ist nicht klar[67]. Die Vorliebe des Lukas für die Q-Fassung ist jedoch verständlich, denn sie ist sprachlich viel flüssiger formuliert als die ungeschickte markinische Version[68].

Formal ist das Logion ein antithetisches Weisheitswort, denn der von allen vermiedenen törichten Haltung (8,16a) steht die weise (8,16b) gegenüber. Die Weisheit betrifft aber nicht den literarischen, sondern den metaphorischen Sinn des Spruches. Das damals leicht verständliche Bild muß heute erklärt werden: Λύχνος ist die kleine, meist aus Ton fabrizierte Lampe, die mit Öl gefüllt und mit einem Docht versehen ist. Sie konnte auf den Halter (λυχνία) gestellt oder an ihm aufgehängt werden. Dieser konnte beweglich sein oder an der Wand befestigt werden. Mit σκεῦος denkt Lukas an eine Vase, deren Form an die des Scheffels erinnert.

Daß niemand eine brennende Lampe verstecken will, ist selbstverständlich. Zur Frage, weshalb hier dennoch von einer Vase und einem Bett die Rede ist, gibt es drei mögliche Antworten: a) Mit einer umgestülpten Vase kann man eine Lampe löschen, ohne sich die Finger schmutzig zu machen; der Spruch würde dann »anzünden« und »auslöschen« als Gegensätze gegenüberstellen[69]. b) Das Bild unterscheidet »zeigen« und »verstecken«: Vase und Bett wären zwei mögliche Verstecke. Während in der erstgenannten Lösung das Bett unerklärt bleibt, ist es hier die Vase. c) Die Lampe ist ein ritueller Gegenstand, vergleichbar z.B. der immer brennenden Lampe von Ḥanukka. Weil man sie nicht auslöschen darf, kann man, wenn man Dunkelheit wünscht[70], sie nur brennend verbergen[71]. Man könnte eine vierte Auslegung vorschlagen: Der Hohlraum der Vase löscht die Lampe, das Bett hingegen bzw. die Strohmatratze kann in Brand geraten. Zwischen zuwenig Licht und zuviel Feuer soll die Lampe ihre ihrem Wesen entsprechende Funktion erfüllen.

Lukas hat bis jetzt von der Annahme des Wortes gesprochen (8,4–15), jetzt spricht er von seiner Ausstrahlung. Mit ἅψας denkt er nicht unbedingt allegorisch an Jesus. Aber in den Gästen sieht er sicher die von der gegenwärtigen

---

[66] Zwei Unterschiede zwischen Lk 8,16 und 11,33 seien erwähnt: a) zwei verschiedene Ausdrücke für »verbergen«; b) der Scheffel fehlt in 8,16, steht aber in 11,33.

[67] Μόδιος ist ein Lehnwort aus dem Lateinischen. Lukas vermeidet solche fremden Worte. Warum aber läßt er es in Lk 11,33 stehen?

[68] Die Fassung, die in EvThom 33b steht, scheint nach Schrage, W., Thomas-Evangelium 81–85 von jener des Lukas (Lk 8,16 und vor allem 11,33) abhängig zu sein. EvThom 33b fügt »und die, die hinausgehen« an.

[69] Vgl. Jeremias, J., Lampe 101–102 (Sammelband).

[70] Nach dem Gesetz umarmen sich die Gatten in der Dunkelheit; vgl. Derrett, J.D.M., Law 192.

[71] Vgl. ebd.

Mission angezogenen Menschen. In der Sprache der Weisheit ruft 8,16 zur Durchführung der Mission, zuerst durch das Wort, aber auch durch die Tat. Von Markus übernimmt er die Verbindung zwischen Wort und Licht, aber er intensiviert sie: Das Licht hilft nicht nur, die Wirklichkeit zu sehen, es ist vielmehr als solches die zu betrachtende Wirklichkeit (ἵνα ... βλέπωσιν τὸ φῶς); in der dunklen Welt erstrahlt das Licht des Evangeliums. Demgegenüber ist die volkstümliche Auslegung, nach der man nicht allzu bescheiden sein soll, völlig textfern. Näher am Text steht Origenes, der diejenigen, die die Lampe anzünden, οἱ φωτίζοντες ἑαυτοῖς φῶς γνώσεως nennt[72].

17   V 17: Der zweite Spruch wird auch in Q (Lk 12,2) und EvThom 5 (sogar griechisch erhalten)[73] überliefert. Vielleicht erklärt sich die Abänderung der Finalsätze des Markus in Relativsätze aus der Q-Variante (Lk 12,2; Mt 10,26). Der Spruch besteht aus einem strikten Parallelismus membrorum. Um des ὅ willen zieht Lukas das markinische φανερόν nach vorn (er hätte ebenso gut φανερωθήσεται schreiben können). Die Wiederholung von φανερόν versucht er mit Hilfe der Q-Version zu mildern, indem er γινώσκω einschiebt. So hat bei ihm die zweite Hälfte des Spruches einen doppelten Ausgang bekommen (οὐ μὴ γνωσθῇ und καὶ εἰς φανερὸν ἔλθῃ), was auch stilistische Absicht sein kann, da viele Sprüche oder Reden am Schluß eine rhetorische Erweiterung haben (wie etwa die Seligpreisungen zeigen[74]).

Wenn 8,16 die Verantwortung des Lichtträgers unterstreicht, könnte 8,17 eine *innere* Notwendigkeit und eine immanente Selbstoffenbarung darstellen[75]. Daß κρυπτόν und ἀπόκρυφον grammatische Subjekte sind, bedeutet nicht, daß sie es sachlich sind. Sie sind im Gegenteil eine Wirklichkeit, die ein anderer von außen ans Licht bringt. Dieser diskrete andere soll beleuchtet werden! Es kann nur Gott sein. Aber was ist das »Versteckte« und das »Apokryphe«? Nach jüdischer Anschauung gibt es viele göttliche und eschatologische Realitäten, die vor der Zeit der Erfüllung verborgen bleiben. Es geht hier also nicht um eine esoterische Lehre. Nach diesem jüdischen Theologumenon fällt die göttliche Endoffenbarung mit der allumfassenden Manifestation der bis dahin verborgenen menschlichen Taten und Gedanken zusammen[76]. Hier wie bei Markus ist jedoch im Kontext mit κρυπτόν und ἀπόκρυφον nur die göttliche Absicht gemeint. Nach 8,10 empfängt die christliche Gemeinde die Geheimnisse des Reiches Gottes, indem ihr die wahre Bedeutung dieser μυστήρια eröffnet wird. Darin (8,17) besteht das Privileg der Christen. Doch soll die futurisch-eschatologische Pointe nicht entschärft werden. Trotz ihrer Ge-

---

[72] Vgl. Origenes, Fragment 95 I, in: Matthäuserklärung, III, Fragmente und Indices, 1. Hälfte (Origenes, Werke XII), 53; Schrage, W., Thomas-Evangelium 84.

[73] Vgl. Pap. Oxyrhynch. 654 Nr. 4, zitiert bei Aland, K., Synopsis 180. Man beachte die Einleitung: »Erkenne das, was vor deinem Angesicht ist, und das, was dir verborgen ist,

wird dir offenbart werden.«

[74] Vgl. Lk 6,22.

[75] Im Sinne einer Selbstoffenbarung Gottes in der Geschichte.

[76] Zur Offenbarung der eschatologischen Heilsgüter vgl. den Kommentar zu Lk 2,30–32 oben S. 143–146, dazu 1Kor 3,12–13 zum Sichtbarwerden der menschlichen Werke.

wißheit steht die Kirche dem Wort gegenüber noch *vor* der endgültigen Manifestation (vgl. 1Kor 13,12).

Aus Mk 4,23–24 übernimmt Lukas nur die uminterpretierte Aufforderung (πῶς und nicht mehr τί), richtig zu hören[77]. Die beiden Verben ἀκούετε und βλέπετε bestätigen also die organische Beziehung zwischen der zu hörenden *Predigt* Jesu in der Parabel und ihrer richtig zu begreifenden *Auslegung* durch die Kirche in der Deutung. Vermutlich spiegeln die beiden Sprüche (8,16–17) die gleiche Struktur wider, erweitern sie jedoch im Blick auf die Gegenwart, wo das Kerygma (8,16) und seine narrative, paränetische oder theologische Entfaltung (8,17) einander verstärken. Da die Aufforderung, richtig zu hören, wie in 8,8b erstaunlicherweise *nach* der Botschaft erklingt, ist dies ein Indiz, daß »hören« keine äußere, akustische, sondern eine innere, zustimmende Handlung bedeutet.

18a

V 18b: Wie Markus fügt Lukas das umstrittene Wort über den Besitz und den Verlust hier ein. Es hat Lukas auf zwei Wegen erreicht: über Markus (unsere Stelle) und über Q (Lk 19,26). Wie beim Logion 8,16 und 11,33 hat Lukas beide Varianten aufgenommen[78]. Was ihre ursprüngliche Bedeutung gewesen ist, bleibt rätselhaft. Es könnte eine realistische Feststellung der Weisheit gewesen sein, wonach die Reichen immer reicher und die Armen immer ärmer werden, oder der Spiegel einer pädagogischen oder religiösen Erfahrung, daß der Lehrer oder die Gottheit seine Erfahrung gern dem Jünger weitergibt, der sein empfangenes Wissen zu pflegen weiß. In der synoptischen Tradition, besonders bei Lukas, handelt es sich eindeutig um die Beziehung zum Wort Gottes (γάρ). Wer durch das christliche Zeugnis in ein lebendiges Verhältnis zu Gott getreten ist, wird schon innerhalb der Gemeinde durch lebendige und affektive Bande bereichert, zudem aber einst, beim eschatologischen Festmahl. Jetzt und später ist er »selig« (vgl. 6,20–22 im Blick auf das gegenwärtige und 14,15 [ein ursprünglich isoliert tradiertes Logion] im Blick auf das zukünftige Heil).

18b

Abgesehen von einer stilistischen Veränderung modifiziert Lukas den Markus-Text nur in einem Punkt; dies insofern, als dem zu Strafenden nicht genommen wird, »was er hat«, sondern »was er zu haben meint« (ὃ δοκεῖ ἔχειν). Diese Präzisierung ist nicht nur logisch, sondern wird zugleich durch die Erfahrung bestätigt. Lukas denkt wie in den Gleichnissen über die Selbstgerechtigkeit (15,7; 18,9) an religiöse Menschen, die glauben, bei Gott eine Art Eigenkapital zu besitzen und sich beruhigt darauf stützen zu dürfen. Das ist jedoch Scheinbesitz, wie Lukas in der Tradition des Paulus betont[79].

---

[77] Lukas streicht Mk 4,23 (»wer Ohren hat . . .«), um eine Wiederholung von Lk 8,8 zu vermeiden, und Mk 4,24b (über das Maß), da er die Q-Fassung hiervon schon in Lk 6,38 verwendet hat.

[78] Der Spruch hat auch Eingang ins Thomasevangelium gefunden (EvThom 41), das präzisiert, daß der, der etwas hat, dieses »in

der Hand« hat, und daß jenem, der nicht hat, auch »das Wenige«, das er hat, genommen wird.

[79] Vgl. das polemische Bild, das Paulus in Röm 4,1–2 von Abraham zeichnet, der das καύχημα, das ihm die jüdischen Theologen zuschreiben, nicht »gefunden« hat und es auch nicht »besitzt« (ἔχει).

Die Wahlverwandtschaft (VV 19–21)

19–21   Überspringt Lukas die drei nächsten Perikopen des Markus (Mk 4,26–34), weil er
nicht den heutigen Markus-Text vor Augen hatte? Da jedoch eine vorausgesetzte
kürzeren Fassung des Markus durch die handschriftliche Überlieferung in keiner Weise
angedeutet wird, können wir uns diese Hypothese ersparen. Will Lukas das Gleichnis
von der selbstwachsenden Saat (Mk 4,26–29) nicht übernehmen, a) weil es den Sämann
mit dem Reich Gottes identifiziert, b) weil die Verschiedenheit der Böden auf eine einzige Art (guter?) Erde reduziert wird, c) weil die Erde *automatisch* produziert und damit
der menschlichen Verantwortung entweder zuviel oder zuwenig Gewicht beigemessen wird, d) weil Lukas die Pointe nicht verstand? Der Terminus αὐτόματος störte ihn
wie auch Matthäus, der dieses Gleichnis symptomatisch durch das vom Unkraut im
Weizen »ersetzte« (Mt 13,24–30). Das Gleichnis vom Senfkorn (Mk 4,30–32) streicht
Lukas nicht, überliefert es jedoch erst an späterer Stelle (13,18–19). Die Reflexion
über die Gleichnisse (4,33–34) tilgt er nicht deshalb, weil sie ihm zuwider ist, sondern
weil sie nach seinem Verständnis nur eine Wiederholung der bereits vorgetragenen
Gleichnistheorie darstellt (Lk 8,9–10).

So kann Lukas seine Komposition durch das Apophthegma über die wahre
Familie abrunden, das in Mk 3,31–35 *vor* dem Gleichnis vom Sämann und
den damit zusammenhängenden Versen steht. Das bestätigt eine Kompositionsregel des Lukas: Sobald er den markinischen Erzählfaden verläßt oder
wieder daran anknüpft, verändert er die Reihenfolge der Perikopen, vermutlich aus inhaltlichen Gründen[80]. Formgeschichtlich haben wir es mit einem
Apophthegma zu tun[81]. In einer bestimmten Situation (Zusammensein des
erfolgreichen Jesus mit der Menge) gibt ein Ereignis (das Ankommen der Familie Jesu) dem mit Geistesgegenwart begabten Lehrer die Gelegenheit, einen
treffenden und geistreichen Spruch zu formulieren[82].
Lukas knüpft zwar an die Markus-Version an, seine redaktionelle Hand ist jedoch deutlich zu spüren: Stilistisch formuliert er sie neu, und besonders am
Ende kürzt er sie drastisch[83]. In der katholischen Tradition erkennt man darin
die theologische Absicht, die provozierende Frage Jesu zu streichen und zugleich auf das Gegenüber »außen« – »innen« zu verzichten, um die Familie
Jesu zu schonen und ihr einen Platz innerhalb des Kreises der Gläubigen zu
verschaffen[84]. Das entspricht dem Kindheitsevangelium und »rettet« den
Glauben der Jungfrau Maria.

---

[80]   Vgl. Lk 6,12–19.
[81]   Schramm, T., Markus-Stoff 123 bemerkt,
daß die »Abweichungen von Mk 3,31–35 …
spezifisch lukanisch« sind. (In Anm. 3 zählt er
eine Reihe von Beispielen auf, vor allem das
»Sehen-Wollen« Lk 9,9; 19,3–4; 23,8 und
»das Wort Gottes«.) Es ist also nicht nötig, neben Markus eine weitere Quelle vorauszusetzen.
[82]   Vgl. Schneider, G., Antworten.
[83]   EvThom 99 teilt mit Lukas die Kürze,

bedient sich aber eines Markus und Matthäus näherstehenden Vokabulars (z.B.
»Wille meines Vaters« an Stelle von »Wort
Gottes«). Das Thomasevangelium fügt zum
Schluß eine Erklärung an: »Sie sind es,
die eingehen werden ins Reich meines Vaters.«
[84]   Blinzer, J., Brüder 88 und Brown, R.E.,
u.a., Mary 167–170 weisen auf die Abschwä-
chungen des lukanischen Textes gegenüber
Markus hin.

Verfolgen wir die Episode in ihrer lukanischen Fassung[85]. Zunächst erfolgt in einer ersten Szene die Ankunft der Mutter und der Brüder Jesu[86], die aber ihr Ziel, nämlich ihm zu begegnen[87] (V 19), d.h. ihn zu sehen (V 20), wegen der Menge nicht erreichen. Zwei Gruppen stehen sich also gegenüber. In einer zweiten Szene übermittelt eine anonyme Stimme[88] Jesus die Nachricht, die die Leser schon kennen. Aber während der Bericht (V 19) besonders das äußere Hindernis unterstreicht, legt die Botschaft (V 20) das Gewicht auf die innere Absicht. So wiederholt V 20 nicht einfach V 19, sondern bereitet die zwei möglichen Haltungen vor, in denen sich Menschen um Jesus scharen können. Die eine ist durch »sehen« (V 20) bezeichnet, die zweite durch »hören« (V 21). Die erste begnügt sich mit der sichtbaren Gestalt des Menschen Jesu auf der Ebene menschlicher Blutsverwandtschaft, die zweite erkennt in der Gestalt Jesu den dem Menschen gnädig zugewandten Gott (bzw. das Wort Gottes). Damit entsteht eine neue Definition der Familie, denn diese Wahlverwandtschaft hängt von der göttlichen Initiative wie von der menschlichen Bereitschaft (ἀκούοντες) und Durchhaltekraft (ποιοῦντες) ab. Narrativ werden hier die Konturen der Opposition zwischen Geist und Fleisch gezeichnet.

Wie bringt Lukas dieses Verständnis mit den Kindheitsgeschichten in Einklang? Durch den Glaubensbegriff. Maria wird erst nach Ostern dem Kreis der Jünger zugehören, nicht wegen ihrer Mutterschaft, sondern wegen ihres dort (Lk 1,38; 2,19.51) beschriebenen Glaubens. Sicher ist, daß nach der Fassung des Lukas die Möglichkeit zur Jüngerschaft für die Mutter Jesu und für seine Brüder *nicht* ausgeschlossen ist, während Markus und Matthäus den Spruch auf die Blickrichtung Jesu zu Jüngern oder Hörern beschränken. Aber die Pointe des Apophthegmas bleibt die, daß die stärkste menschliche Beziehung (Mutter – Kind) durch das Evangelium in Frage gestellt wird. Dieser anthropologische Bruch gilt als Heilsereignis, soweit die Christologie ihn bewirkt und begründet. Denn die damals wie heute erträumte neue Familie erfährt ihren Anfang in der Beziehung zum Träger des Wortes Gottes (»*Meine* Mutter und *meine* Brüder ...« [V 21]). Erst dann entfaltet sie sich innermenschlich. Der Nachvollzug des Weges des Lukas (von V 19 zu V 21) erhellt dies[89]. Bei Lukas findet freilich in der Tat eine Abschwächung der Härte statt, aber nicht um der Mariologie, sondern um des Glaubensverständnisses willen.

---

[85] In Lk 8,19–21 begegnet man verschiedenen etwa gleichwertigen Varianten, die jedoch den Sinn nicht beeinflussen (z.B. steht in V 19 in einigen Handschriften das Verb »ankommen« im Singular, in anderen im Plural).

[86] Für Lukas müssen es wirkliche Brüder sein (vgl. die konfessionelle Auseinandersetzung in diesem Punkt). Warum sind die »Schwestern« verschwunden? Wohl weil sie bei Markus nur im Mund der Menge vorkamen (Mk 3,32).

[87] Συντυγχάνω (»begegnen«, »sich treffen«) kommt bei Lukas nur hier vor.

[88] Man beachte die passivische Formulierung ἀπηγγέλη; das Verb ist zwar typisch lukanisch (45mal im Neuen Testament, davon 26mal bei Lukas), doch steht es bei ihm nur hier im Passiv.

[89] Vgl. Brown, R.E., u.a., Mary 169f.

Zusammen-
fassung

In der Komposition 8,4–21 denkt Lukas über das Verhältnis zwischen dem Wort Gottes und seiner Aneignung durch die Menschen nach. Über das Wort Gottes selbst erfahren die Leser, daß es sie durch Gleichnisse und Geheimnisse erreicht. Die Kommunikation besorgt laut Lukas Jesus, dessen Vermittlungsrolle voll anerkannt wird. Die erwartete Aufnahme durch die Menschen wird ostentativ in den Vordergrund gerückt. Die Rezeption des Wortes Gottes soll sich in der Treue und in der Klugheit, d.h. in der Ethik bewähren. Diese Ethik aber beschränkt sich aber nicht auf die Pflicht, sie entfaltet sich vielmehr in der als Familie Jesu verstandenen Gemeinde.

Die Stillung des Seesturmes (8,22–25)

Literatur: Birdsall, J.N., Khanmeti Fragments of the Synoptic Gospels from Ms. Vind. Georg. 2, OrChr 55 (1971) 62–63.86–89; *Bornkamm, G.,* Die Sturmstillung im Matthäus-Evangelium, in: *ders. – Barth, G. – Held, H.J.,* Überlieferung und Auslegung im Matthäusevangelium, Neukirchen-Vluyn [7]1975 (WMANT 1), 48–53; *Busse, U.,* Wunder 196–205; *Goldammer, K., Navis Ecclesiae.* Eine unbekannte altchristliche Darstellung der Schiffsallegorie, ZNW 40 (1941) 76–86; *Hilgert, E.,* Symbolismus und Heilsgeschichte in den Evangelien. Ein Beitrag zu den Seesturm- und Gerasenererzählungen, in: Oikonomia. Heilsgeschichte als Thema der Theologie (FS O. Cullmann), hrsg. v. F. Christ, Hamburg-Bergstedt 1967, 51–56; *Kertelge, K.,* Die Wunder Jesu im Markusevangelium, München 1970, 91–100; *Léon-Dufour, X.,* La tempête apaisée, in: *ders.,* Etudes d'Evangile, Paris 1965, 149–182; *van der Loos, H.,* Miracles 638–649; *Pokorný, P.,* Die Romfahrt des Paulus und der antike Roman, ZNW 64 (1973) 233–244; *Schenke, L.,* Die Wundererzählungen des Markusevangeliums, Stuttgart 1974 (SBB), 1–93; *Schramm, T.,* Markus-Stoff 124–125; *Theißen, G.,* Wundergeschichten 107–111.

22 Es geschah an einem der Tage, da stieg er in ein Boot und seine Jünger. Und er sprach zu ihnen: Laßt uns ans andere Ufer des Sees hinüberfahren. Und sie liefen aus. 23 Während sie aber dahinfuhren, schlief er ein, und ein Fallwind fuhr herunter auf den See, und ihr Boot lief voll Wasser, und sie kamen in Gefahr. 24 Als sie auf ihn zugegangen waren, weckten sie ihn und sagten: Meister, Meister, wir sind verloren. Er aber, als er aufgewacht war, schalt den Wind und das Gewoge des Wassers, und sie hörten auf, und es ward eine Windstille. 25 Und er sprach zu ihnen: Wo ist euer Glaube? Voll Furcht staunten sie und sagten zueinander: Wer ist denn dieser, daß er den Winden und dem Wasser gebietet und sie ihm gehorchen?

Analyse

Während für Markus die Stillung des Sturms noch zum Tag der Gleichnisrede gehörte (Mk 4,35), verlegt sie Lukas auf später, da für ihn dieser Tag durch die Begebenheiten mit den Verwandten Jesu abgeschlossen wird (Lk 8,19–21). Der Einbruch der Dunkelheit und der mit ihr verbundenen Vorstellung von der Abwesenheit Gottes fällt also weg. Der Übergang[1] zu unserer Perikope und damit von der Lehre zur Tat wird nur durch die redaktionelle Einleitungsformel (ἐγένετο δὲ ἐν μιᾷ τῶν ἡμερῶν [8,22]) angezeigt.

Nach der Umstellung seiner markinischen Vorlage (»Verwandte Jesu« – »Gleichnisrede«) folgt Lukas von hier an wieder der Reihenfolge von Markus (Mk 4,35ff). Da Jesus bei Lukas nicht vom Boot aus gelehrt hat (siehe oben zu 404), muß der Evangelist hinzufügen, daß er ein solches besteigt (8,22). Sicher bildet Markus die Vorlage. Freilich gibt es Semitismen, von denen aber keiner unlukanisch wirkt[2], und kleine Übereinstimmungen mit Matthäus[3], die von unterschiedlichem Gewicht sind. Die Erwähnung des Einsteigens in das Schiff und der Anwesenheit der Jünger (V 22) ist im dritten wie im ersten Evangelium wegen ihres Kontextes notwendig[4]. Daß Lukas ohne Traditionsvariante οἱ δώδεκα geschrieben hätte[5], ist nach 8,1–3 unwahrscheinlich. Andere Übereinstimmungen mit Matthäus sind auffällig, aber wohl durch die mündliche Überlieferung erklärbar.

Lukas bereinigt seine markinische Vorlage sprachlich und inhaltlich. Das volkstümliche Präsens historicum des Markus verschwindet. In V 22 streicht Lukas die Verabschiedung Jesu von der Menge und die Erwähnung der übrigen Schiffe (Mk 4,36) und verwendet die adäquate Sprache der Seeleute (z.B. ἀνάγω, πλέω und συμπληρόω[6] in V 23). In V 23 verbessert er die narrative Reihenfolge: Er erwähnt den Schlaf[7] Jesu, bevor der Sturm losbricht. Während er die anschaulichen Details des Markus (Heck des Schiffes, Kopfkissen) als überflüssig betrachtet, ist ihm die ausdrückliche Erwähnung der *Gefahr* (κινδυνεύω) sehr wichtig. Im Hilferuf (V 24)[8] paßt a) ἐπιστάτης (»Chef«) besser zur Situation als das markinische διδάσκαλος (»Lehrer«), unter-

---

[1] Fitzmyer I 726 überschätzt die Zäsur, wenn er sagt, hier beginne ein neuer Absatz. M.E. ist in 8,1 ein deutlicher Einschnitt zu erkennen.

[2] Vgl. ἐγένετο als Satzeinleitung, ἐν μιᾷ τῶν ἡμερῶν und καὶ αὐτός; vgl. Schramm, T., Markusstoff 125.

[3] Zusätzlich zu dem im Text Angeführten vgl. die Lukas und Matthäus gemeinsame Wortfolge in V 24: προσελθόντες ... διήγειραν (ἤγειραν) αὐτὸν λέγοντες. Daß in V 25 das Erstaunen (ἐθαύμασαν) erwähnt wird, überrascht am Ende eines solchen Wunders kaum: Matthäus und Lukas können das Verb unabhängig voneinander gewählt haben.

[4] Markus (Mk 4,35) dagegen kann unbesehen auf die Situation von Mk 4,1 zurückweisen.

[5] Vgl. Schramm, T., Markus-Stoff 124.

[6] Der Plural συνεπληροῦντο überrascht, da ja das Schiff voll wird und nicht die Passagiere! Wie soll man diese Ungeschicklichkeit erklären? Durch eine Angleichung an den –

korrekten – Plural ἐκινδύνευον oder durch die Identifikation des Menschen mit seinem Transportmittel? Zum nautischen Vokabular dieser Verse vgl. Plummer 225f, der auch auf den Kontrast zwischen dem Imperfekt dieser beiden Verben und dem Aorist κατέβη hinweist.

[7] Das »er schlief ein« (ἀφύπνωσεν) des Lukas ist anschaulicher als das »er schlief« (καθεύδων) des Markus (Mk 4,38). Im klassischen Griechisch bedeutet ἀφυπνόω »erwachen«; »einschlafen« heißt καθυπνόω. Zur Zeit der Evangelien benutzten jedoch auch andere Schriftsteller ἀφυπνόω in der Bedeutung »einschlafen«; vgl. Godet 526 und Lagrange 246; Hermas I 3 (= Vis I 1,3).

[8] Lukas benutzt 2mal διεγείρω (V 24a und b), während bei Markus (4,38–39) 1mal das einfache und 1mal das zusammengesetzte Verb steht (in Mk 4,38 ist allerdings die handschriftliche Überlieferung nicht einheitlich). Mt 8,25–26 verwendet 2mal das einfache Verb.

streicht b) die Wiederholung des Vokativs ἐπιστάτα die Größe der Gefahr[9] und wird c) die im Schrei der Jünger bei Markus vorliegende Kritik an Jesus (»kümmert es dich nicht?«) ausgelassen. Auch wird die Scheltrede Mk 4,39 nicht zitiert, sondern nur erwähnt, weil Lukas Wind und Wasser vermutlich nicht personifiziert. Alles geht sehr schnell: Jesus schilt, Wind und Wasser beruhigen sich, es herrscht Stille. Die kritische Frage Jesu (V 25) wird straffer formuliert und hat auch einen anderen Inhalt. Jesus wirft den Jüngern nicht Feigheit, auch nicht eine absolute, sondern nur eine relative Glaubenslosigkeit vor. Nach Lukas wie nach Matthäus ist die letzte Reaktion der Jünger, die fast wie ein Bekenntnis klingende Frage, nicht nur als Ergebnis der Furcht (φοβηθέντες [vgl. Mk 4,41]), sondern auch der Bewunderung (ἐθαύμασαν [vgl. Mt 8,27]) zu verstehen. Wie überall weiß Lukas, daß es sich um einen See, nicht um ein Meer handelt (VV 22–25).

Formgeschichtlich gehört die Geschichte zur Gattung des wunderbaren Sieges des Helden über die Elemente, d.h. zum Rettungswunder[10]. Die Distanz zum Exorzismus ist nicht groß, besonders da, wo die Elemente, wie bei Markus, personifiziert werden. Ἐπιτιμάω (»schelten« [V 24]) ist bei Exorzismen[11] wie bei Rettungswundern belegt. Unsere Perikope steht jedoch auch in der Nähe einer anderen Gattung, der Epiphanie, denn sie hat in ihrer jetzigen Form[12] eine doppelte Pointe: die Rettung der Jünger und das rätselhafte Verhalten des Herrn. Durch sein Erwachen und seine aktive Vollmacht offenbart Jesus etwas von seiner Identität. So kann man von einem christologischen Rettungswunder oder von einer soteriologischen Epiphanie sprechen.

Folgende Strukturelemente sind vorhanden: a) In einer normalen Situation (V 22) droht plötzlich die Katastrophe (V 23); b) als einzige Hilfe bleibt der Hilferuf an die höhere Instanz (V 24a); c) schlagartig siegt der Held über die Elemente (V 24b). Nach diesem ersten Abschluß entfaltet aber die Geschichte eine doppelte Reaktion: d) die kritische Anfrage des Siegers (V 25a) und e) die fragende Bewunderung der Geretteten (V 25b)[13]. Besonders die Punkte d) und e) verweisen auf die jetzige Funktion der Erzählung in der Kirche: In analogen Situationen soll der Glaube der Gemeindeglieder geprüft und bekenntnisartig die Identität Jesu begriffen werden. Wie die Punkte a)–c) veranschaulichen, bestand die ursprüngliche Funktion der Episode darin, die durch Jesus von Gott her vermittelte Heilskraft zu bezeugen. Über eine Trennung zwischen materieller und geistiger Welt wurde so wenig reflektiert wie in den alttestamentlichen Zeugnissen über die Durchquerung des Schilfmeeres. Als

---

[9] Diese rhetorische Figur der Wiederholung nennt man *Epanadiplosis;* vgl. Bl-Debr-Rehkopf § 493,1. Nach Lagrange 246 enthält die Verdoppelung des ἐπιστάτα, die eher der Gemütsverfassung als dem Stil des Lukas zuzuschreiben ist, keinerlei Vorwurf an die Adresse Jesu. Sie unterstreicht vielmehr die Dringlichkeit der an den Freund gerichteten Bitte.

[10] Vgl. Theißen, G., Wundergeschichten

107–111 und van der Loos, H., Miracles 641–644.

[11] Vgl. 4,35 und 9,42.

[12] Schon bei Markus.

[13] Fitzmyer I 72 kommt ebenfalls auf fünf Elemente, doch faßt er meine Nummern 4 und 5 zu einer zusammen, unterteilt dafür meine Nummer 3 (Befehl Christi und Folge dieses Befehls).

Symbol – im damaligen Sprachverständnis ist damit die Teilhabe an der Wirklichkeit bezeichnet – galt die Erzählung als Zeugnis für die Rettung der Jünger wie für das Heil der angesprochenen Hörer[14].

Schilderungen von Seenot gehören in der Antike zu mehreren Gattungen: zur Epik, zur Geschichtsschreibung, zum antiken Roman, zur Biographie und zur Erbauungsliteratur[15]. Die Juden fürchteten das für sie fremde Element des Meeres und brachten es in Beziehung mit dem Urelement der chaotischen Mächte (Symbolik des Sturms und des Schiffsbruchs)[16]. Deshalb drückten sie ihr Glaubensbekenntnis als ein Vertrauen in den über das Meer[17] und den Sturm siegenden Gott aus. Daraus erwuchs das Gebet mitten in Seenot als adäquater Ausdruck dieses Glaubens[18].

Im Unterschied zu den jüdischen Parallelen, wo *Gott* z.B. den Schiffsbruch benutzt, um zu strafen (Jona), oder das Gebet eines Kindes (yBer 9, 13b) oder eines Gerechten (bBM 19b) in Seenot wunderbar erhört, bewirkt hier Jesus selbst das Wunder. Um diese Delegation an den Messias zu ermöglichen, übernimmt die Episode das hellenistische Motiv des rettenden oder schützenden Passagiers[19]. Die dramatische Spannung in solchen Erzählungen wird oft dadurch erreicht, daß der übermächtige Passagier zuerst als ohnmächtig betrachtet wird, als Kind[20], als Gefangener (so Paulus Apg 27,14–44) oder als Schlafender (wie hier). Christologisch ist es andererseits wichtig, daß Jesus

---

[14] Mit Ernst 274. Schenke, L., Wundererzählungen 77f ist gar der Ansicht, eine solche allegorische Auslegung der Geschichte sei noch vor der Redaktion durch Markus möglich gewesen.

[15] Vgl. Theißen, G., Wundergeschichten 108. Léon-Dufour, X., Tempête 155 und Schenke, L., Wundererzählungen 60–69 untersuchen antike Erzählungen über die Bezwingung des entfesselten Meeres. Sturm- und Schiffbruchgeschichten sowie Geschichten wunderbarer Errettung findet man auch in den apokryphen Apostelgeschichten, z.B. in den Timotheusakten 9,24–28 (hrsg. v. H. Usener, Bonn 1877), den Johannesakten des Pseudo-Prochor 5–14 (hrsg. v. Th. Zahn, Erlangen 1880 [Reprint Hildesheim 1975]) oder auch in ActPhil 33–34; vgl. Junod, E. – Kaestli, J.-D., Acta Iohannis, II, Turnhout 1983 (CCSA 2), 738–740; Bovon, F., Les Actes de Philippe, in: ANRW II 25/6 (1988) 4479–4481.

[16] Zum Symbolgehalt des Wassers vgl. Reymond, Ph., L'eau, sa vie et sa signification dans l'Ancien Testament, Leiden 1958 (VT.S 6).

[17] Vgl. Ps 17(18),16; 28(29),3; 64(65),8; 88(89),10; 103(104),6–7; 105(106),9 und vor allem 106(107),23–32 (nach Fitzmyer I 728).

[18] Vgl. TestNaph 6 (Sturmstillung, Schiffbruch und Gebet); vgl. Theißen, G., Wundergeschichten 108 und van der Loos, H., Miracles 643–646, die weitere Beispiele anführen. Nach Schenke, L., Wundererzählungen 60 kannten die Träger der Überlieferung der Geschichte von der Sturmstillung die Jonaerzählung (es bestünden, meint er, enge Beziehungen zu Jon 1,4–16), doch hat der Kern der Geschichte – das vollmächtige Tun Jesu und die Bezwingung der dämonischen Mächte – dort keine Entsprechung.

[19] Vgl. Theißen, G., Wundergeschichten 109f und Schenke, L., Wundererzählungen 63: Die heilenden Götter Asklepios, Sarapis oder die Dioskuren erretten aus den Gefahren des Meeres.

[20] Vgl. yBer 9,1.

ohne zu beten den Sieg erreicht. Damit wird er in die Sphäre Gottes erhöht, und seine Siege sind in die Rettungstaten Jahwes einzureihen[21].

Interessant ist die literarische Technik des Lukas: In seiner Akzentuierung der gattungsgemäßen Kürze der Erzählung bestätigt sich seine Tendenz, möglichst viele solcher Episoden zu bewahren.

Erklärung In dieser kurzen Erzählung erkennen die Leser drei Pole: Jesus, seine Jünger und den Sturm. Ihre Bedeutung erwächst aus der Interaktion dieser beweglichen Pole. Während der Reise nimmt *Jesus* drei Haltungen ein, sich selbst (Schlaf), den Elementen (Befehl) und seinen Jüngern (kritische Frage) gegenüber. Die *Elemente*, Wind und Wasser, agieren ebenso in drei Phasen: Sie beginnen und enden in der Normalität, um kurz in eine Krise umzuspringen. Von den *Jüngern* wird in der ersten Etappe abgesehen von ihrer Anwesenheit nichts erwähnt, in der zweiten wird nicht ihr Gefühl, sondern ihr Tun beschrieben (sie wecken Jesus und flehen ihn an), während in der dritten ihre innere Haltung zum Ausdruck kommt[22].

22 V 22: Lukas leitet die Episode mit dem alttestamentlichen ἐγένετο und dem formelhaften ἐν μιᾷ τῶν ἡμερῶν als Signal des Anfangs ein. Jesus (christologisches καὶ αὐτός) steigt in ein Schiff, natürlich um wegzufahren (das wird am Ende des Satzes durch ἀνήχθησαν bestätigt). Vom Steuermann wird absichtlich nichts gesagt, wohl aber von den Begleitern Jesu, den Jüngern; nach 8,1–3 sind dies mindestens die Zwölf und die Frauen[23]. In ihren und Jesu Händen liegt die Verantwortung für die Fahrt. Auch der Bestimmungsort wird angegeben, von Jesus selbst: »ans andere Ufer«. Es soll also eine gemeinsame Reise (διέλθωμεν [erste Person Plural]) und eine Überfahrt (διά in διέλθωμεν, εἰς τὸ πέραν [»hinüber«, »jenseits«]) sein. Natürlich denkt Lukas an eine konkrete historische Reise, aber gleichzeitig weiß er vom literarischen und rhetorischen Vergleich zwischen dem menschlichen Leben und einer prekären Seefahrt.

23 In V 23 tauchen zwei zusätzliche Gefahren auf: der Schlaf Jesu und der plötzlich hereinbrechende Sturm. Der Schlaf Jesu erfüllt zunächst einige narrative Funktionen: Er drückt das Selbstvertrauen des Helden aus[24], bereitet durch

---

[21] Vgl. Léon-Dufour, X., Tempête 174. Man denkt unwillkürlich an den Durchzug durch das Schilfmeer (Ex 14,15–31), den die kürzlich entdeckten altchristlichen Wandmalereien der Via Latina typologisch mit der Erweckung des Lazarus verbinden; vgl. Kötzsche-Breitenbruch, L., Die neue Katakombe an der Via Latina in Rom. Untersuchungen zur Ikonographie der alttestamentlichen Wandmalereien, Münster 1976 (JAC.E 4), 79–83. Zum Ausfall in 2Makk 9,8 gegen Antiochus IV. Epiphanes, den Gottesfeind, der sich anmaßt, den Wellen des Meeres zu gebieten, vgl. Fitzmyer I 728.

[22] Léon-Dufour, X., Tempête 164 schließt: »Chez Luc, l'attention se porte moins sur l'événement que sur les disciples.«
[23] Nur allzu viele Kommentatoren – Männer! – denken ausschließlich an die Jünger und vergessen, daß auch Frauen zugegen sind.
[24] Vgl. das Beispiel Cäsars, der – nach Plutarch, Caes 38,5 – mitten im Sturm ausgerufen haben soll: »Geh, sagte er, mein Guter, sei unverzagt, fürchte dich nicht! Du führst Cäsar an Bord und mit ihm sein Schicksal!« Ähnlich Dio Cassius XLI 46.

den Kontrast seine nächste mächtige Intervention vor und ermöglicht den Sturm, den Jesus sonst hätte kommen sehen. Aber auch eine theologische Funktion wird dem Schlaf zugewiesen: Im Alten Testament bringt das Bild des Schlafes[25] die Inaktivität und die geglaubte Abwesenheit Gottes zum Ausdruck. Es gibt eben Zeiten, in denen Jesus »schläft« bzw. in denen seine Gemeinde dies meint. Besonders in der nachösterlichen Zeit[26] ist seine Abwesenheit schwer zu fassen. Sie ist mit dem Schlaf vergleichbar, weil eine schlafende Person gleichzeitig an- und abwesend ist. Die Episode zwingt zur richtigen Interpretation dieses Schlafes: Die *zweifelnden* Jünger sehen nur das Sichtbare und stehen zuerst blind und dann zögernd vor der unsichtbaren Autorität Christi. Vom *gläubigen* Leser wird erwartet, daß er sich der Macht des Herrn trotz seiner Abwesenheit bewußt wird. Der Zweifel sieht und schwankt, während der Glaube fest steht, auch wenn er nichts sieht.

Der Sturmwind stürzt herunter (καταβαίνω). Lukas denkt an die Berge und Schluchten an der westlichen Seite des Sees, aus denen der Wind plötzlich herabfährt[27]. Ein λαῖλαψ[28] ist ein Wirbelsturm, der sich von unten nach oben bewegt, oder ein heftiger Fallwind. Es ist ein Wind (oft begegnet das Wort neben ἄνεμος oder πνεῦμα), der alles zerstört. Als Bild hilft λαῖλαψ, die über den Menschen hereinstürzende Drangsal anschaulich zu machen. In Jer 25(32),32 LXX ist λαῖλαψ μεγάλη die eschatologische Prüfung. Bei Philo, Somn II 85–86 findet man eine rhetorische Beschreibung eines Sturmes mit dem weisen Rat, daß bei solchem Wetter das Schiff im Hafen bleibe. Nur der Tor oder der Betrunkene versuche, bei der λαῖλαψ hinauszusegeln. »Denn wer ohne Gefahr segeln will, sollte, wenn immer möglich, auf einen ruhigen, günstigen und flachen Wind warten.«

Jesus gleicht also einem unvorsichtigen Seemann: Er schläft, statt aufzupassen, und fährt weiter, während er besser im Hafen hätte bleiben sollen. So füllt Wasser das Schiff[29] und gefährdet alle Mitfahrenden. Das Gefühl der Machtlosigkeit, das die Jünger ergreift, packt analog die ersten Christen, die sich von Gott und Christus in der Drangsal der Welt verlassen fühlen. V 24: Durch drei Verben wird eine einzige Tat der Jünger beschrieben: Sie su- 24

---

[25] Vgl. Ps 7,7; 34(35),23; 43(44),24; 58 (59),5–6; 79(80),3; Jes 51,9 (Gott wird angerufen, er solle erwachen, d.h. für die Seinen eintreten); Ps 77(78),65 (Gott ist erwacht und hat die Feinde geschlagen); Ps 120(121),4 (der Gott Israels schläft nicht, er behütet sein Volk).

[26] Vgl. McAlpine, Th.H., Sleep, Divine and Human, in the Old Testament, Sheffield 1987 (JSOT Supplement Series 38). Zum Problem der Abwesenheit des Auferstandenen in der Apostelgeschichte vgl. Bovon, F., Lukas 83.

[27] Über die Unwetter auf dem See Gennesaret ist schon viel geschrieben worden; vgl.

Finegan, J., The Archeology of the New Testament, Princeton 1969, 47f.

[28] Vgl. Ijob 21,18; Weish 5,14.23; Sir 48,9.12 (Entrückung des Elija); TestNaph 6,4; 2Petr 2,17. In der Septuaginta und den anderen griechischen Übersetzungen des Alten Testaments wird das Wort sowohl in seiner ursprünglichen als auch in der übertragenen Bedeutung (um die tatsächlich gelebte oder apokalyptische Heimsuchung zu bezeichnen) gebraucht; vgl. Hatch-Redpath s.v. und Bauer s.v.

[29] Zu diesem merkwürdigen Plural vgl. oben S. 421 Anm. 6.

chen Zuflucht bei ihrem Herrn, indem sie zu ihm gehen[30], ihn wecken und ihn ansprechen. V 24a löst drei Momente des Gebets aus, nämlich die Bewegung zu Gott, die Anrede und die Aussprache. Das Gebet selbst (V 24b) ist äußerst gestrafft; es erfolgt lediglich eine doppelte Anrede und eine in einem Verb vorgetragene Notsituation.

Ἐπιστάτης heißt »Vorsteher«, »Chef«. Die Jünger erkennen in Jesus also weniger den Lehrer (so Markus) als den Träger der Autorität und der Macht. In der Gegenüberstellung dieses Titels und der dramatischen Situation (»wir sind verloren«) drückt sich die christliche Hoffnung aus. Der ἐπιστάτης schläft jetzt nicht mehr (διεγερθείς). Im Gegenteil erfahren die Jünger, wie er auch der Herr der Elemente ist und sie ihm gehorchen. Dem Toben von Wind und Wasser[31] bereitet er durch sein Wort[32] ein Ende. Was danach geschieht, ist nicht die Ruhe des Todes, sondern die Stille des Friedens[33].

25 In dieser wiedergewonnenen angenehmen Situation dürfen die Jünger ihrerseits nicht einschlafen. Dafür sorgt der rettende, aber auch gebietende Messias mit der Frage (V 25): Ποῦ ἡ πίστις ὑμῶν; Der Nominalsatz erweitert die Perspektive, besonders auf die Zukunft hin; er lautet eben nicht: Wo *war* oder wo *ist* euer Glaube[34], sondern: Wo *euer Glaube?* Die Hoffnung des lukanischen Jesus ist, bei seiner Parusie »den Glauben auf der Erde zu finden« (18,8).

Die Reaktion der Jünger ist eine christologische, keine ethische. Sie stehen der *Macht* des ἐπιστάτης mit dem doppelten Gefühl von Furcht und Bewunderung gegenüber und fragen nach der *Identität* Jesu. Durch die Schrift wissen sie, daß nur Gott ein derart wirksames Wort eigen ist (Ps 103[104],6–7; Nah 1,4)[35]. Diese christologische Frage bereitet die Frage des Herodes Antipas in 9,9 und die messianische Diskussion in 9,18–22 vor. Die Leser aber wissen schon aus der Erzählung vom Hauptmann von Kafarnaum (7,7–8), daß der christliche Glaube dem Vertrauen zu einem gebietenden Messias gleichzuset-

---

30 Man muß wohl nicht so sehr an das Schaukeln des Bootes denken als vielmehr an die (gleichsam liturgische?) Bewegung auf Christus hin.

31 Κλύδων meint eine heftige Wellenbewegung; vgl. Antoniadis, S., Evangile 101.

32 Zu ἐπιτιμάω vgl. 4,35 und oben S. 223 Anm. 28.

33 Γαλήνη bezeichnet die Meeresstille; eine Reihe von Belegen bei Bauer s.v., der darauf hinweist, daß γαλήνη auch in übertragener Bedeutung gebraucht werden kann. Lukas hält es, anders als Markus und Matthäus, nicht für nötig, γαλήνη (in Verbindung mit dem Adjektiv μεγάλη) besonders herauszuheben. Er interessiert sich nur wenig für den Ursprung des Bösen (des Unwetters), um so mehr aber für dessen Überwindung (durch

das Eingreifen Christi und den Glauben der Seinen).

34 Nicht wenige Handschriften lesen: »Wo ist (ἐστίν) euer Glaube?«; vgl. den kritischen Apparat in Nestle[26] z.St. Roloff, J., Kerygma 165 bemerkt, daß die Frage der πίστις hier im Gegensatz zu den anderen Wundergeschichten erst nach der Rettung gestellt wird. Dieser »Glaube« ist nicht ein allgemeines Vertrauen in Gott, sondern das besondere, während der mit Jesus gelebten Gemeinschaft gewachsene Vertrauen: Die Jünger hätten glauben müssen, daß Jesus sie selbst im Schlaf nicht allein läßt.

35 Diese beiden Belege nennt Fitzmyer I 730. Man muß das erste καί mit »sogar« (»sogar den Winden . . . und dem Wasser«) übersetzen.

zen ist. Doch erweitert sich hier die Tragweite der messianischen Macht: Der Herr der Gemeinde ist sogar (καί) Herr des Kosmos[36].

Feinfühlig harmonisiert die Perikope zwischen Christologie und Glaubens- Zusammen-
verständnis und deutet an, daß es keine christologische Definition außerhalb fassung
der Sprache des Glaubens und keinen aktiven Glauben ohne Beziehung zum
erhöhten Jesus gibt[37].

Der Besessene von Gergesa (8,26–39)

Literatur: *Annen, F.,* Heil für die Heiden. Zur Bedeutung und Geschichte der Tradition vom besessenen Gerasener (Mk 5,1–20 parr.), Frankfurt a.M. 1976 (FTS 20); *Baarda, T.,* Gadarenes, Gerasenes, Gergesenes and the »Diatessaron« Traditions, in: Neotestamentica et Semitica (FS M. Black), hrsg. v. E.E. Ellis und M. Wilcox, Edinburgh 1969, 181–197; *Bligh, J.,* The Gerasene Demoniac and the Resurrection of Christ, CBQ 31 (1969) 383–390; *Böcher, O.,* Christus Exorcista, Stuttgart 1972 (BWANT 96); *ders.,* Dämonenfurcht und Dämonenabwehr, Stuttgart 1970 (BWANT 90); *Bultmann, R.,* Syn. Trad. 224–225; Ergänzungsheft 77–78; *de Burgos, M.,* El poseso de Gerasa (Mc 5,1–20). Jesús portador de una existencia liberadora, Communio 6 (1973) 103–118; *Busse, U.,* Wunder 205–218; *Cave, C.H.,* The Obedience of Unclean Spirits, NTS 11 (1964/1965) 93–97; *Craghan, J.F.,* The Gerasene Demoniac, CBQ 30 (1968) 522–536; *Dibelius, M.,* Formgeschichte 66–100; *Féliers, J.,* L'exégèse de la péricope des porcs de Gérasa dans la patristique latine, Studia Patristica X/1, Berlin 1970, 225–229 (TU 107); *Haenchen, E.,* Weg Jesu 189–204; *Jülicher, A.,* Gleichnisse II 218; *Kertelge, K.,* Die Wunder Jesu im Markusevangelium, München 1970, 101–110; *Kleist, J.A.,* The Gadarene Demoniacs, CBQ 9 (1947) 101–105; *Koch, D.-A.,* Die Bedeutung der Wundererzählungen für die Christologie des Markusevangeliums, Berlin 1975 (BZNW 42), 55–64; *Lamarche, P.,* Le possédé de Gérasa (Mt 8,28–34; Mc 5,1–20; Lc 8,26–39), NRTh 100 (1968) 581–597; *Masson, Ch.,* Le démoniaque de Gérasa (Marc 5,1–20; Mt 8,28–34; Lc 8,26–39), in: *ders.,* Vers les Sources d'eau vive, Lausanne 1961, 20–37; *Pesch, R.,* Der Besessene von Gerasa. Entstehung und Überlieferung einer Wundergeschichte, Stuttgart 1972 (SBS 56); *Robinson, J.M.,* Das Geschichtsverständnis des Markus-Evangeliums, Zürich 1956, 42–54; *Sahlin, H.,* Die Perikope vom gerasenischen Besessenen und der Plan des Markusevangeliums, StTh 18 (1964) 159–172; *Schenke, L.,* Die Wundererzählungen des Markusevangeliums, Stuttgart 1974 (SBB), 173–195; *Schramm, T.,* Markus-Stoff 126; *Smith, M.,* Jesus the Magician, London 1978; *Starobinski, J.,* Le démoniaque de Gérasa. Analyse littéraire de

---

[36] Léon-Dufour, X., Tempête 153.182 übernimmt die patristische Analogie zwischen dem vom Unwetter geschüttelten Schiff und der von der Welt bedrohten Kirche; vgl. Tertullian, Bapt 12 und Goldammer, K., Navis. Zusätzliche Literatur nennt Léon-Dufour, X., Tempête 179 Anm. 13.

[37] Ansätze zu einer modernen Forschungsgeschichte bei Godet 529 und van der Loos, H., Miracles 639f. Letzterer versucht, einen Mittelweg zwischen Fundamentalismus und Rationalismus zu gehen. Er unterstreicht (647f) den Kampf der beiden Mächte: der Macht des Unwetters und der Macht Christi.

Marc 5,1–20, in: Analyse structurale et exégèse biblique. Essais d'interprétation, hrsg. v. F. Bovon, Neuchâtel-Paris 1971 (BT[N]), 63–94; *Theißen, G.*, Wundergeschichten 94–102.

**26 Und sie fuhren in die Gegend der Gergesener hin, die Galiläa gegen-
überliegt. 27 Da lief ihm, als er auf das Land ausstieg, ein Mann aus der
Stadt entgegen, der Dämonen hatte und seit geraumer Zeit kein Kleid
mehr anhatte und sich nicht in einem Hause aufhielt, sondern in den
Grabstätten. 28 Da er Jesus sah, schrie er auf, fiel vor ihm nieder und
sprach mit lauter Stimme: Was habe ich mit dir zu schaffen, Jesus, Sohn
des höchsten Gottes? Ich bitte dich, quäle mich nicht. 29 Denn er hatte
dem unreinen Geist geboten, aus dem Menschen auszugehen. Lange Zeit
hindurch hatte er ihn nämlich gepackt, und er war gebunden, mit Hand-
und Fußfesseln gesichert. Und wenn er die Bande zerriß, wurde er vom
Dämon in die Wüstengegenden getrieben. 30 Jesus aber fragte ihn: Was
ist dein Name? Er sprach: Legion, weil viele Dämonen in ihn hineinge-
fahren waren. 31 Und sie baten ihn, er möchte ihnen nicht befehlen,
auszufahren in den Abgrund. 32 Es war aber dort eine ansehnliche
Schweineherde, die auf dem Berg weidete. Und sie baten ihn, ihnen zu erlauben, in jene hineinzufahren, und er erlaubte es ihnen. 33 Und als die
Dämonen aus dem Menschen ausgefahren waren, fuhren sie in die
Schweine hinein, und die Herde stürmte den Abhang hinunter in den See
und ertrank. 34 Als die Hirten aber das Geschehene sahen, flohen sie
und brachten die Nachricht in die Stadt und auf die Gehöfte. 35 Und sie
kamen heraus, das Geschehene zu sehen, und kamen zu Jesus und fanden den Menschen, aus dem die Dämonen ausgefahren waren, bekleidet
und vernünftig zu Jesu Füßen sitzen und gerieten in Furcht. 36 Es berichteten ihnen aber die, die es gesehen hatten, wie der Besessene gerettet wurde. 37 Die ganze Menge aus der Umgebung der Gergesener bat
ihn, von ihnen wegzugehen, weil sie von großer Furcht bedrängt waren.
Und er, nachdem er ins Boot gestiegen war, kehrte zurück. 38 Der
Mann, aus dem die Dämonen ausgefahren waren, bat ihn aber, mit ihm
sein zu dürfen. Er entließ ihn und sagte: 39 Kehre in dein Haus zurück
und erzähle alles, was Gott an dir tat. Und er ging weg und verkündete in
der ganzen Stadt alles, was Jesus an ihm getan hatte.**

Analyse *Der Kontext*
Die von Markus übernommene Verknüpfung der Stillung des Sturms mit der
Heilung des Besessenen bleibt bei Lukas bestehen. In 8,22 hat er Jesus die Ab-
sicht, auf die andere Seite des Sees hinüberzufahren[1], klar aussprechen lassen.

---

[1] In der Parallelstelle Mk 4,35 heißt es lediglich: »auf der anderen Seite«; der See wird
nicht erwähnt.

Jetzt, nachdem ihm die Urelemente Wind und Wasser[2] gehorcht haben, kann der Herr ruhig hinübersegeln[3]. Was ihn *dort,* in diesem Land des »Unterschiedes«, ἀντιπέρα τῆς Γαλιλαίας (das »Gegenüber von Galiläa« [8,26]), wie Lukas es als einziger sagt, erwartet, wird befremdend erzählt (8,26–39). Es ist eine einzige Geschichte, so daß die Reise Jesu die Form eines geschlossenen Vorstoßes ins Fremde annimmt. Sie dauert auch nicht lang, denn das Volk wartet auf ihn und empfängt ihn wieder bei der Rückkehr (8,40). Daß das Geschehen sich auf nichtjüdischem Boden ereignet, wird (schon bei Markus) angedeutet durch die Zahl und den Namen der Dämonen, das unreine Leben in der Gegenwart der Toten, die Anwesenheit der Schweine und den Beinamen ὕψιστος für Gott[4]. Eine Anspielung auf die heilsgeschichtliche Berufung der Heiden ist nicht überzubewerten, da Lukas die markinische Reise Jesu nach Tyrus und Sidon (Mk 7,24–37) übergeht.

Die übernommene Struktur

Obwohl der Markus-Text nicht ohne Unstimmigkeiten ist, behält ihn Lukas in seiner Struktur so gut wie unverändert bei: Die Begegnung wird eigentlich doppelt erzählt (8,27–28), der Austreibungsbefehl (8,29a) erfolgt *vor* dem Gespräch mit dem Dämon (8,30–32), die Bitte der Dämonen wird doppelt ausgesprochen (Lk 8,31–32b). Auch bleibt der Ausgang der Episode (8,34–39) bei Lukas so weitläufig, schwerfällig und unübersichtlich wie bei Markus: Es geht um die Flucht der Hirten, das Herbeikommen der Landesbewohner, die Weiterverbreitung des Geschehenen (durch die, welche die Heilung gesehen haben?), die Bitte der Bewohner an Jesus, das Land zu verlassen, den Aufbruch Jesu, die Ablehnung der Bitte des Geheilten und den Verkündigungsauftrag. Die einzige Abweichung des Lukas besteht in der Zweiteilung und stückweisen Verlegung der langen markinischen Beschreibung des Besessenen (Mk 5,3–5): Eine erste kurze Angabe beläßt Lukas an ihrem ursprünglichen Ort (Lk 8,27b), während er die längere Beschreibung zwischen den beiden Voten Jesu (siehe Mk 5,8–9) einschiebt. Der Grund dieser Umstellung dürfte die Zäsur zwischen den beiden einander folgenden Anreden Jesu an den Dämon bei Markus sein. Die Beschreibung (8,29b) dient jetzt der Begründung (γάρ) der Heilsabsicht (8,29a.30) Jesu.

---

[2] Vgl. Lk 8,25. Lukas meidet das Wort »Meer«, denn er kennt die Größe und die Art des »Sees« (dieses Wort gebraucht er in Lk 8.22.23.33).

[3] Der Schweizer Evangelische Pressedienst (Zürich) vom 13. März 1986, Nr. 10, S. 14 schreibt: »Israelische und amerikanische Archäologen sind bemüht, die Überreste eines im See Genezareth versunkenen Bootes zu retten, das höchstwahrscheinlich aus der Zeit Jesu stammt.« Zur Symbolik des Schiffes vgl. Hilgert, E., The Ship and Related Symbolism in the New Testament, Assen 1962.

[4] Dies ist ein in der Septuaginta und den Schriften des hellenistischen Judentums häufiger Titel. Er wird besonders von Nicht-Israeliten zur Bezeichnung des Allgottes oder des Gottes Israels gebraucht; vgl. Gen 14,19–20 (im Munde Melchisedeks) und Josephus, Ant XVI 6,2 § 163 (Augustus nennt Hyrkan II. einen »Hohenpriester des ὕψιστος Gottes«); vgl. Bertram, G., Art. ὕψος κτλ., in: ThWNT VIII (1969) 613–619.

Die relecture des Textes

V 26: Da Jesus mit dem Schiff fährt, ist καταπλέω (statt ἔρχομαι . . .) passend. Die Wiederholung der Richtung (εἰς τὸ πέραν . . . und εἰς τὴν χώραν) vermeidet Lukas, indem er den zweiten Ausdruck durch einen präzisierenden Relativsatz ersetzt (ἥτις . . .).

V 27: Die Begegnung findet wie bei Markus gleich bei der Landung statt[5]. Der Vergleich zwischen den beiden Evangelisten zeigt folgendes: die Vorliebe des Lukas für ἀνήρ, die Anpassung an die Vielzahl der Dämonen (Umgestaltung zu ἔχων δαιμόνια[6]), die Tilgung einer Wiederholung (das markinische ἐκ τῶν μνημείων wird geschickt durch »aus der Stadt« ersetzt), die redaktionelle, auf 8,35 vorbereitende Notiz über die Nacktheit und die, verglichen mit Markus, hier kurze Angabe über den Wohnort des Besessenen.

V 28: Stilistisch verbessert Lukas den berichtenden Teil (δέ statt καί, Aufhebung des Pleonasmus κράξας φωνῇ μεγάλῃ). Inhaltlich arbeitet er seine Tendenzen heraus: Da die Begegnung schon stattgefunden hat, verschwinden das markinische »von weitem« und das »er lief«, und da nur Gott oder höchstens Christus *nach* Ostern angebetet werden dürfen, wird προσκυνέω durch προσπίπτω ersetzt. In die gleiche Richtung geht die Korrektur von ὁρκίζω (»ich beschwöre«) in δέομαι (»ich bitte«). In V 29a paßt παραγγέλλω besser als das einfache λέγω. Der Übergang von direkter (Markus) zu indirekter Rede (Lukas) koordiniert beide Aussprüche Jesu (8,29 und 8,30) besser. V 29b übernimmt in lukanischer Sprache die umständliche Beschreibung von Mk 5,3–5. Während Markus die Überlegenheit des Besessenen über seine Wächter beschreibt, stellt Lukas die überwältigende Macht des Dämons über den Besessenen in den Vordergrund (lukanisch sind συναρπάζω und ἐλαύνω)[7].

V 30 enthält drei lukanische Eigenheiten: a) den Aorist ἐπηρώτησεν nach dem Imperfekt (V 29), b) zwei δέ an Stelle zweier καί bei Markus, c) den Kausalsatz (ὅτι . . .), der zu einer Bemerkung des Verfassers wird und nicht mehr zur Antwort des Dämons gehört.

V 31: Die erste, negative Bitte der Dämonen enthält neben der sprachlichen Glättung[8] einen theologischen Fingerzeig des Lukas auf eine mögliche Austreibung der Dämonen in die Hölle (ἄβυσσος). Während die Abweichungen von Markus in V 32 winzig sind, mehren sie sich in V 33 durch das bei Lukas beliebte δαιμόνιον und durch »See« (statt »Meer«). Wie Matthäus streicht Lukas die phantastisch-volkstümliche Zahl (2000) der Schweine[9].

Die Reaktion der Hirten (VV 34–35) erzählt Lukas mit den Worten des Markus. Er

---

[5] Wie auch sonst oft streicht Lukas das εὐθύς des Markus (Mk 5,2).
[6] Inkonsequenterweise verwendet Lukas später, in V 29, den Singular.
[7] Ein weiterer kleiner Unterschied liegt im Ort, wohin der Unglückliche von den Dämonen getrieben wird: Bei Markus sind es Grabstätten und Berge, bei Lukas ist es die Wüste. Lukas vermeidet so die Wiederholung des Wortes »Grabstätten« und läßt gleichzeitig den allgemein vertretenen Glauben anklingen, die Wüste sei der Wohnort der Dämonen.

[8] Lukas denkt an die Vielzahl der Dämonen und zieht daher den Plural (παρεκάλουν) dem Singular (Mk 5,10) vor. Mit der Streichung von πολλά geht er einer Wiederholung des Wortes und gleichzeitig einer umgangssprachlichen Wendung aus dem Weg. Die Bitte der Dämonen wird bei Lukas freundlicher vorgetragen als bei Markus.
[9] Ἀποπνίγω (Markus: πνίγω). Lukas liebt zusammengesetzte Verben; darüber hinaus wird ἀποπνίγω im Passiv besonders zur Bezeichnung des »Erstickens im Wasser« gebraucht; vgl. Bailly s.v.

bringt nur ein paar Verbesserungen: 2mal δέ für καί; Hinzufügung von ἰδόντες, um die Flucht zu erklären; Streichung des unnötigen αὐτούς; ἐξῆλθον statt ἦλθον (2mal εἰς in V 34); Harmonisierung der Tempora[10]; den lebendigeren Aorist εὗρον statt θεωροῦσιν; »Flickarbeit«, um den markinischen Eindruck zu beseitigen, daß der Mann noch nicht geheilt wird[11]. Die einzige theologisch relevante Korrektur ist die Hinzufügung der Worte παρὰ τοὺς πόδας. Damit unterstreicht Lukas den Jüngercharakter des Geheilten[12].

Die Reaktion der Bevölkerung (VV 36–37) überrascht, denn einerseits wiederholt Lukas die Verben ἀπήγγειλαν und ἰδόντες aus V 34, andererseits erwähnt er aus theologischen Gründen zusätzlich die Bewunderung des Volkes darüber, »wie der Besessene[13] gerettet wurde (ἐσώθη)« (8,36). Außerdem wird V 37 neu formuliert mit einer Ortsangabe und dem Motiv der Furcht[14]. Weshalb Lukas aus einem Nebensatz einen Hauptsatz macht, wird nicht ersichtlich, um so mehr, als der Aorist ὑπέστρεψεν wegen der VV 38–39 noch nicht die *Realisierung* der Rückkehr aussprechen kann. Über Markus hinaus will Lukas sagen, daß Jesus (αὐτὸς δέ hat christologischen Charakter[15]) auf die Furcht der Menschen Rücksicht nimmt. Seine Rückreise bedeutet keine Niederlage.

Die Schlußszene (VV 38–39) ist stärker redaktionell geprägt: Δέομαι beschreibt die Stellung des Mannes gegenüber Jesus besser als παρακαλέω. Da Lukas entsprechend seiner Gewohnheit ὁ δαιμονισθείς (Markus) nach vorn geschoben hat (8,36), rekurriert er auf eine freilich schon in 8,35 angewandte Periphrase[16]. Von seinem Sprachgefühl her zieht Lukas σύν dem markinischen μετά vor. Ἀπολύω (»entlassen«) paßt besser als ἀφίημι (»verlassen«). Mit ὑπόστρεφε (Markus: ὕπαγε) schafft Lukas einen dramatischen Effekt: Wie Jesus (ὑπέστρεψεν [8,37]) muß auch der geheilte Mensch zurückkehren[17]. Jetzt kann Lukas das in V 36 vermiedene διηγήσομαι nachtragen. Er vereinfacht das Ende der Szene und schafft dadurch einen Parallelismus zwischen dem Werk Gottes im Befehl (V 39a) und dem Werk Jesu in der Ausführung (V 39b). Nach V 37 verwendet er auch keine neue Ortsangabe mehr. Vielleicht verweigert er damit eine voreilige Mission ins fremde Land, denn die Stunde der Heidenmission hat noch nicht geschlagen. Der Verzicht auf das Mitleid Gottes (καὶ ἠλέησέν σε [Mk 5,13]) hat einen sprachlichen Grund, denn ἐλεέω kann nicht ὅσα als Objekt nach sich ziehen[18]. Die letzte Reaktion der Bevölkerung (καὶ πάντες ἐθαύμαζον [Mk 5,20]) läßt

---

[10] Lukas wählt den Aorist; er eliminiert damit das historische Präsens des Markus (Mk 5,15a).

[11] Markus notiert τὸν δαιμονιζόμενον . . . τὸν ἐσχηκότα τὸν λεγιῶνα, Lukas τὸν ἄνθρωπον ἀφ' οὗ τὰ δαιμόνια ἐξῆλθεν.

[12] Lukas zieht hier ἄνθρωπος dem sonst bei ihm geläufigen ἀνήρ vor; vielleicht deshalb, weil er an die wiedergewonnene Menschheit des Geheilten denkt und sein Geschlecht in den Hintergrund stellen will.

[13] Ὁ δαιμονισθείς (Partizip Aorist Passiv) steht an Stelle des zweideutigen ὁ δαιμονιζόμενος (Mk 5,16).

[14] Ὅτι φόβῳ μεγάλῳ συνείχοντο ist eine lukanische Wendung. Die »große Furcht« findet man auch in Lk 2,9 und Apg 5,5.11. Das Verb συνέχω (vor allem im Medium und im Passiv) kehrt im lukanischen Doppelwerk 9mal, im ganzen übrigen Neuen Testament dagegen nur 3mal wieder; vgl. Lk 4,38.

[15] Man kann diesen Ausdruck mit dem von Jeremias, J., Sprache 37f untersuchten καὶ αὐτός in Verbindung bringen.

[16] Das Plusquamperfekt (ἐξεληλύθει) entspricht der zeitlichen Abfolge besser als der Aorist (ἐξῆλθεν) des V 35 – es sei denn, man faßte diesen Aorist im Sinne eines Plusquamperfekts auf.

[17] Lukas streicht die Worte »bei den Deinen« (Mk 5,19), da er sie nach dem Ausdruck »in dein Haus« für überflüssig hält.

[18] Der auf ἐλεέω folgende Akkusativ bezeichnet den Empfänger des Mitleids.

er wegfallen. Damit weist der letzte Satz auf das doppelte Werk des Vaters und des Sohnes hin[19].

Der Vergleich zeigt m.E. eindeutig, daß Lukas über keine andere Quelle als Markus verfügt[20]. Auch die wieder vorgeschlagene Griesbachsche Hypothese[21] scheitert aus sprachlichen Gründen, denn ein Einfluß von Matthäus auf Lukas ist nicht nachweisbar, und die Frage, weshalb in diesem Fall Markus seine Hauptvorlage – hier Lukas – sprachlich so nachlässig behandelte, läßt sich nicht beantworten.

In der Vorgeschichte dieser Erzählung[22] ist das Gewicht der markinischen Redaktion gegenüber der Tradition umstritten. Der sekundäre Charakter des letzten Abschnitts (der Geheilte als Zeuge Christi)[23] wird allgemein angenommen. Gattungsmäßig ist er unnötig und spiegelt eine kirchliche Fragestellung. Oft wird die Episode mit den Schweinen als sekundär angesehen, einmal der Dublette wegen und zum anderen vom Ende der Erzählung her (Lk 8,34–39), wo sie keine Rolle mehr spielt[24]. Dennoch ist sie für die Erzählung konstitutiv, wobei der Schluß der Erzählung mit seinen verschiedenen Reaktionen allerdings allmählich erweitert wurde[25].

In ihrer schriftlichen Fassung gehört die Geschichte der Gattung der Exorzismen an[26], die man von den Heilungen unterscheiden muß. Jene beschäftigen sich mit dem Dasein des Dämons, diese mit seinen Auswirkungen, nämlich der Krankheit. Im Exorzismus greift der Held den Dämon selbst an, während in der Heilung der Kranke und sein Leiden im Blickpunkt stehen. Das Heilverfahren ist überdies anders. Abschluß eines Exorzismus kann nur die Austreibung des Dämons sein und die damit verbundene Befreiung des Besessenen. Fünf Strukturelemente der Gattung Exorzismus finden sich hier: a) die Begegnung, b) die Abwehr des Dämons und seine Auseinandersetzung mit dem Exorzisten, c) die Apopompe[27], d) die Epipompe, e) der Eindruck der Aus-

---

[19] Warum verzichtet Lukas zweimal in diesem Abschnitt auf das Verb ἄρχομαι (vgl. Mk 5,17 und 5,20), das er doch sonst gern gebraucht?

[20] Der gleichen Meinung sind Schramm, T., Markus-Stoff 126 und Annen, F., Heil 22.

[21] Siehe oben S. 292 Anm. 19.

[22] Annen, F., Heil 11–19 faßt die älteren Arbeiten zusammen.

[23] Matthäus war der sekundäre Charakter von Mk 5,18–20 noch bewußt; er schließt (Mt 8,34) mit der an Jesus gerichteten Aufforderung, er möge das Land verlassen.

[24] Die Worte καὶ περὶ τῶν χοίρων (Mk 5,16) erscheinen als eine ungelenke Beifügung.

[25] Pesch, R., Besessene 21–49 ist der Ansicht, es liege hier ein Bericht über einen Exorzismus zugrunde, der später a) um die charakteristischen Formelemente des Heilungs-

wunders und b) um dem Exorzismusritual entnommene Elemente erweitert worden ist. Annen, F., Heil 70f dagegen erkennt eine traditionelle Struktur mit ihren verschiedenen Elementen, die aber von Markus stark bearbeitet worden ist.

[26] Zur literarischen Form des Exorzismus und den Exorzismen im allgemeinen vgl. Theißen, G., Wundergeschichten 94–98; Böcher, O., Dämonenfurcht; ders., Christus Exorcista; Thraede, K., Art. Exorzismus, in: RAC VII (1969) 44–117.

[27] Die Apopompe, der Befehl an die Dämonen auszufahren, ist in dieser performativen Sprache zugleich auch die Austreibung selbst. Die Epipompe, die Überführung des Dämons auf ein anderes Opfer – Tier, Gegenstand, Naturelement – muß stattfinden, da der Dämon ja nicht getötet werden kann.

treibung auf die Zuschauer. Ungewöhnlich und eindrucksvoll ist hier die Art, wie Jesus die Wunderhandlung einleitet: Er verlangt, den Namen des Dämons zu wissen, um Macht über ihn zu erlangen. Beide Konzessionsbitten des Dämons entsprechen der normalen Abwicklung einer Austreibung. Die Epipompe (neue Behausung des Dämons) ist nicht ungewöhnlich[28]. Erstaunlich ist nur die Fülle der Elemente.

Lukas erzählt nicht viele Austreibungen; die erste, viel nüchternere findet sich in 4,33–37, die nächste in 11,14[29]. Aber er glaubt fest an die Existenz und an die Macht der Dämonen (siehe z.B. 11,14–26). Hinter den Dämonen steht der Teufel, der auf die Erde und ihre Bewohner immer noch seine Macht ausübt[30].

In der vorkritischen Exegese hat man immer wieder die gleichen Fragen gestellt: Hat Jesus einen (Markus und Lukas) oder zwei (Matthäus) Besessene geheilt? Wie heißt der Ort, wo das Wunder stattfand, und gibt es dort eine steil abfallende Felsenküste? Wie kann man Jesus für den Verlust der Schweine entlasten? Welchen Historizitätsgrad besitzt der Bericht, und wie sind solche Austreibungsfälle zu beurteilen?[31] Solche Fragen lenken von dem ab, was Lukas wichtig ist. Ihm geht es einerseits um die Epiphanie der göttlichen Herrschaft Jesu, andererseits darum, das Abnehmen der Macht der Dämonen hervorzuheben. Beides ereignet sich weder in der bekannten Heimat noch in einer geschützten »Stadt«, sondern »drüben«, auf der anderen Seite der unheimlichen Wasser, auf dem ungeschützten »Land«[32]. Beides findet in einer *Begegnung* statt.

Erklärung

Die Begegnung (VV 26–28)

Als Grieche versteht Lukas den geographischen Raum als ein System von Städten mit dazugehörigem Hinterland[33]. Er betont nicht explizit, daß Jesus in die *heidnische* Welt hinein vorstößt, obwohl er die geopolitische Situation kennt (3,1–2) und mit der Tradition die jüdische Symbolik des Unternehmens Jesu empfindet. Das Gefährliche dieser Reise unterstreicht er mit der traditionellen Seefahrt, das Unheimliche mit der Begegnung außerhalb einer Stadt.

26–28

---

[28] Man kennt einen babylonischen Text, in dem der Dämon aus- und in ein Schwein getrieben wird; vgl. Pesch, R., Besessene 37f.

[29] Vgl. den Verweis auf verschiedene Exorzismen in Lk 8,2.

[30] Vgl. den Exkurs über den Teufel oben S. 196f zu Lk 4,1–13.

[31] Ich übernehme diese verschiedenen Fragen der Zusammenfassung von Lamarche, P., Possédé 581, der seinerseits anders an das Problem heranzugehen versucht.

[32] Im Gegensatz zu heute, wo man der Stadt entflieht und die friedliche Landschaft sucht, wurde der Raum zwischen den Städten in der Antike als etwas Bedrohendes empfunden; vgl. Aymard, M., Espaces, in: La Méditerranée, l'espace et l'histoire, hrsg. v. F. Braudel, Paris 1977, 185.

[33] Vgl. Busse, U., Wunder 215.

Die Handschriften bezeugen für die Gegend, in der sich die Handlung abspielt, drei Eigennamen: die Gegend der Gerasener (mit Markus), die der Gadarener (Einfluß von Matthäus) und die der Gergesener (dort will Origenes das Wunder lokalisieren[34]). Gerasa (heute Jerash) liegt mehr als 30 km südöstlich vom See. Es gab damals mehrere Gadara, das nächstgelegene (heute Um Qeis) befindet sich auf der Südseite des Wadi Jarmuk, ungefähr zehn Kilometer südöstlich des Sees. Ob das Gergesa des Origenes und der Handschriften mit der Ortschaft am Ostufer des Sees beim Wadi es Samak zu identifizieren ist, bleibt unsicher[35]. Die alte Lesung »Gergesener« könnte Anpassung an eine christliche Lokaltradition sein, nach der man dort die Erinnerung an das Geschehen pflegte, ist also verdächtig. Aber Gadara ist es auch, weil es geographisch besser als das berühmte Gerasa zur Erzählung paßt. Damit bleibt nur das am weitesten entfernte Gerasa übrig. Was sich geographisch als falsch erweist, könnte demnach die ursprüngliche Lesart sein. Aber da Gerasa eine bekannte Stadt war, könnte es auch Korrektur einer weniger bekannten Ortschaft sein. Ich würde also doch für »Gergesener« plädieren[36].

Sobald Jesus auf festem Boden steht, kommt ihm der Besessene entgegen. Die ersten Worte lassen an einen höflichen Bewohner der Stadt denken. Also hat er unter der dämonischen Herrschaft nicht alles Menschliche verloren. Höflichkeit und Identität sind ein narrativer Fingerzeig für sein theologisches Heilsverlangen. Dann jedoch wird der jetzige miserable Zustand des Besessenen ausgemalt[37]. Die *Vielzahl* der Dämonen hat ihm (vgl. 8,2) zwei Zeichen seines Menschseins geraubt: das Bekleidetsein und die Gemeinschaft mit den Mitmenschen. Daß er zwischen den Gräbern haust, deutet an, daß er den Toten nähersteht als den Lebenden. Die Friedhöfe sind überdies für antikes, besonders jüdisches Empfinden unrein. Die unmenschlich gewordene Existenz ohne Gott ist eindringlich charakterisiert. Sicher hat die synoptische Tradition an die Symbolik einer solchen Situation gedacht und ihre Elemente midraschartig mit der Schrift verbunden, besonders mit Jes 65 LXX[38]. Ob auch Lukas diesen Schriftbezug vor Augen hat, bleibt offen, die symbolischen Konnotationen waren ihm jedoch eher bewußt (vgl. Apg 26,18).

In V 28 ist die Stimme, die durch den Besessenen spricht, die der Dämonen,

---

[34] Vgl. Origenes, Comm Iohan 6,41 [24 = §§ 208–211], in: Origenes, Werke 4 (GCS 10), 150 und Origène, Commentaire sur Saint Jean II (Livres VI et X), hrsg. v. C. Blanc, Paris 1970 (SC 157), 288–291.

[35] Vgl. die dem Band IV des BHH beigefügte historisch-archäologische Karte (Blatt Nord). Dieser Ort trägt heute den Namen Korsi oder Kersa. Zur Fragestellung insgesamt vgl. Abel, F.-M., Géographie de la Palestine, Paris ³1967, I 323–325 und II 300.332 (EtB).

[36] Zu dieser Frage vgl. Fitzmyer I 736f, der sich schließlich mit Nestle²⁶ für »Gerasener« entscheidet, und Schille, G., Art. Γερασηνὸς κτλ., in: EWNT I (1980) 588f.

[37] Zu ἱκανός, das bei Lukas »beträchtlich« bedeuten kann, vgl. Cadbury, H.J., Style 196 und Rengstorf, K.H., Art. ἱκανὸς κτλ., in: ThWNT III (1938) 294.

[38] Vgl. Craghan, J.F., Demoniac und Cave, C.H., Obedience. Zu weiteren Verfechtern dieser Verbindung zu dem Alten Testament vgl. Annen, F., Heil 92. Der Text der Septuaginta identifiziert in Jes 65,3 die Götzenbilder mit den Dämonen, in Jes 65,4 erwähnt er die heidnischen Kulte in den Gräbern und Höhlen; vgl. Röm 10,20–21.

und diese anerkennen sofort die Übermacht Jesu, wie der Titel »Sohn des höchsten Gottes« bestätigt. Ein Kampf wird eigentlich nicht geführt, sondern nur eine Verhandlung um eine möglichst schmerzlose Kapitulation (zum christologischen Wissen der Dämonen siehe zu 4,34[39]). Ὁ ὕψιστος mag zusätzlicher Hinweis auf die heidnische Welt sein, da in der Septuaginta Nicht-Juden Gott so nennen[40]. Will Lukas, wenn er die Beschwörung der Dämonen (ὁρκίζω)[41] durch eine Bitte (δέομαι) ersetzt, die von vornherein anerkannte Herrschaft Jesu anzeigen[42], Jesus von der magischen Macht der Dämonen frei halten oder die Antwort auf die Bitte als eine Gnade bestimmen[43]?

Ein Blick auf den Verfasser (V 29)

Die Reaktion Jesu kommt erst in V 30 narrativ zum Ausdruck. In V 29 spricht Lukas.   29
Je nach der Lesart von παραγγέλλω (Imperfekt oder Aorist)[44] ist von der Heilsabsicht Jesu, vom Anfang seiner Heilstat, vom ganzen Verlauf der Handlung oder allgemein von der Austreibung die Rede[45]. Wichtiger ist die Tatsache der Intervention des Verfassers, in der sein Gestaltungswille zum Ausdruck kommt (besonders in γάρ).
In der Beschreibung der Besessenheit sind zunächst Mensch und Dämonen miteinander vermischt; συνηρπάκει hat die Dämonen als unausgesprochenes Subjekt, während allein der Mann Subjekt des nächsten Verbs ἐδεσμεύετο sein kann (V 29b). Für die Heilung[46] hält Lukas jedoch Mensch und Dämonen auseinander und reduziert die Vielzahl der Dämonen auf eine Einzahl, um sie besser beherrschen zu können. Während V 27 die Entmenschlichung des Opfers knapp darstellte, malen die VV 28–29 seine Ohnmacht gegenüber den wiederholten[47] Angriffen des Dämons aus. Συναρπάζω (»gewaltsam ergreifen«, »packen«) und ἐλαύνω (»treiben«) konnten damals auf übernatürliche Kräfte angewandt werden, auch auf die Naturelemente, wenn sie ein Schiff übel behandelten[48]. Die lächerlichen Fesseln[49], die ihm die vorsichtigen, aber

---

[39]   Vgl. oben S. 222f.
[40]   Vgl. Plummer 229. Siehe oben S. 429 Anm. 4.
[41]   Lukas verwendet ὁρκίζω nur in Apg 19,13, einer Exorzismusformel.
[42]   Vgl. Grundmann 181.
[43]   Die mit δέομαι verbundene Aussage richtet sich manchmal an einen Menschen (Apg 8,34; 26,3), meist aber an Gott (Lk 10,2) oder an Jesus (Lk 5,12; 9,38).
[44]   Es ist sehr schwierig, zwischen παρήγγελλεν (Imperfekt), das z.B. in ℵ steht, und παρήγγειλεν (Aorist), das man z.B. in P75 findet, zu wählen.
[45]   Im Imperfekt »er befahl«, »er wollte befehlen«, »er hatte befohlen«? Im Aorist »er befahl«, »er begann zu befehlen«, »er hatte befohlen«? Vgl. Bl-Debr-Rehkopf §§ 318. 325–328.331f; Kleist, J.A., Demoniacs 103 und Masson, Ch., Démoniaque 24f (über das Imperfekt der Parallelstelle Mk 5,8).
[46]   D und e führen unter dem Einfluß von

Mk 5,8 die direkte Rede wieder ein: ἔξελθε (»fahre aus!«).
[47]   Πολλοῖς ... χρόνοις ist nicht eindeutig: »on many occasions« (Plummer 230) ist hier »seit langem« (Bl-Debr-Rehkopf § 201) vorzuziehen; der Gebrauch des Dativs an Stelle des Akkusativs ist unklassisch.
[48]   Zu diesen beiden Verben vgl. Bauer s.v. Das nur für συναρπάζω gebrauchte Plusquamperfekt zeigt, daß die Plagen vor dem Befehl Jesu stattfanden. Im Neuen Testament verwendet nur Lukas das Verb συναρπάζω (vgl. Apg 6,12; 19,29; 27,15).
[49]   Das Verb δεσμεύω bedeutet »binden« im Sinne von »zwei Teile zusammenbinden, die sonst auseinanderfallen würden«. Ἅλυσις (»Kette« [um die Hände zusammenzubinden]) und πέδη (»Fußfessel«) sind Begriffe, die in den Schriften der Zeit oft zusammen auftauchen; vgl. Bauer s.v. Der Überbegriff τὰ δεσμά nimmt die beiden Spezialbegriffe wieder auf; vgl. Tob 8,3.

machtlosen Mitmenschen[50] anlegten, zeigen, daß der arme Besessene[51] unter einem viel gefährlicheren Zwang zu leiden[52] hat[53].

Das unabgeschlossene Gespräch (VV 30–31)

30-31 Formgeschichtlich gehört die Frage nach dem Namen zur magischen, nicht zur christlichen Austreibung. Wenn sie hier trotzdem auftaucht, erfüllt sie eine bestimmte Funktion. Nach dem Zugeständnis der Dämonen in V 28b handelt es sich nicht darum, Macht über sie zu erlangen, sondern narrativ »ein Maximum von dämonischer Konzentration«[54] zu erreichen. Der Singular (»unreiner Geist« und »Dämon« [V 29]) darf nicht täuschen: Viele Dämonen (ἔχων δαιμόνια [8,27]; δαιμόνια πολλά [8,30]) beherrschen diesen Mann, ja eine riesige Zahl: Legion (vgl. die 2000 Schweine). Der Name ist anschaulich: Wie die Engelscharen (Mt 26,53) sind auch die Dämonen militärisch organisiert (vgl. die einander gegenüberstehenden Truppen in der Kriegsrolle von Qumran). Wenn man z.B. von der Akropolis von Massada auf die Ruinen der Lager der römischen Legionen hinabschaut, kann man sich eine Vorstellung vom metaphorischen Wert dieser Bezeichnung machen[55].

Eine weitere Bitte der Dämonen[56] folgt. Lukas bleibt unter dem Eindruck der vielen Dämonen und benutzt entgegen der grammatikalischen Regel die dritte Person Plural. Jetzt, da Jesus ins Gespräch mit ihnen gekommen ist, wagen die Dämonen, inständig zu bitten (παρακαλέω [V 31] gegenüber δέομαι [V 28]). Mit ἄβυσσος verdeutlicht Lukas[57] die Angabe des Markus, bei dem der Dämon nur bittet, daß Jesus ihn nicht aus der Gegend verweise[58]. Der Begriff ist theologisch beladen, denn er bezeichnet die Unterwelt, einen Strafort,

---

[50] Die Fesseln sollten ihn schützen (φυλασσόμενος). Zu dieser Bedeutung von φυλάττω vgl. Bauer s.v. φυλάττω (1c), auch wenn Bauer diese Stelle unter 1b einreiht (»bewachen, um am Entfliehen zu hindern«). Die beiden Bedeutungen fallen hier wahrscheinlich zusammen: Man schützt, indem man am Entfliehen hindert.

[51] Das Partizip Präsens διαρρήσσων (von διαρρήσσω, einer jüngeren Form von διαρρήγνυμι) und das Imperfekt ἠλαύνετο geben eine iterative Nuance wieder.

[52] Er wird in die Wüste getrieben. Zur Wüste (man muß sich χώρα zum Adjektiv ἔρημος hinzudenken) als dem bevorzugten Aufenthaltsort der Dämonen (ein anderer war das Wasser) vgl. Böcher, O., Dämonenfurcht 50–53.

[53] Es geht weniger darum zu fragen, ob die Dämonen existieren oder nicht, als vielmehr darum festzustellen, wie das, was in einer bestimmten Kultur in einer bestimmten

Sprachgestalt zum Ausdruck kommt, inhaltlich gefüllt ist; vgl. Starobinski, J., Démoniaque 93f.

[54] Haenchen, E., Weg Jesu 193.

[55] Das Schwanken der Abschreiber ist darauf zurückzuführen, daß im Griechischen zwei Schreibweisen für »Legion« gebräuchlich sind: λεγιών und λεγεών. Zu diesem Begriff vgl. Annen, F., Art. λεγιών in: EWNT II (1981) 852f. Wie in V 29 greift Lukas auch hier in die Erzählung ein; er verändert den durch ὅτι eingeführten Nebensatz des Markus (Mk 5,9) und kommentiert das Ereignis wie ein Reporter. Der Aorist εἰσῆλθεν hat die Bedeutung eines Plusquamperfekts.

[56] Eine erste Bitte liegt in V 28b vor.

[57] Sie wollen nicht in die Unterwelt gehen (V 31). Zu ἵνα μή vgl. Bl-Debr-Rehkopf § 369.

[58] Man beachte das Detail, daß die Dämonen an ihrer Beute festhalten und nicht von ihr »weichen« (ἀπελθεῖν) wollen.

wo nach der jüdischen Apokalyptik[59] die Gegner Gottes, angefangen beim Teufel (Offb 20,1.3), festgehalten werden. Es ist ein Ort, der nach jüdischer Vorstellung Assoziationen mit dem negativ besetzten Meer weckt. Zur Zeit des Lukas wird er »als *Geistergefängnis* verschlossen gedacht«, in welchem seine Insassen, besonders der Antichrist, »bis zu ihrer in der Notzeit vor dem Ende erfolgenden Freilassung«[60] festsitzen. Ἄβυσσος klingt aber auch anschaulich für ein griechisches Ohr.

Das Zugeständnis (VV 32–33)

Mit dem Hinweis auf die große[61] Herde von Schweinen wird der bevorstehende Absturz vorbereitet. Die Schweine als unreine Tiere (Lev 11,7) lassen auf eine heidnische oder halbheidnische Umgebung (vgl. Lk 15,15) schließen. »Für das zeitgenössische Judentum wie für die frühen Judenchristen ist das Schwein das Aushängeschild, das Kennzeichen für die Heiden. Daß dabei vor allem die heidnische Macht, mit der die Juden damals in erster Linie in Konflikt waren, die Römer, geradezu als Schweine tituliert wurden, kann nicht verwundern. Es ist Ironie der Geschichte, daß die Römer diese nicht gerade schmeichelhafte Identifizierung noch durch das Feldzeichen der in Syrien-Palästina stationierten Legion X Fretensis selber förderten.«[62]
Da die Dämonen auch zur unreinen Welt gehören, schlagen sie den Umzug in die Schweine[63] vor. In V 31 haben sie mehrmals (Imperfekt) allgemein gebeten, hier, in V 32, kommen sie mit einem konkreten Vorschlag (Aorist). In V 31 wollten sie einem Befehl (ἐπιτάσσω) Jesu entgehen. Jetzt bitten sie um eine Erlaubnis Jesu (zweimal ἐπιτρέπω). Indem Jesus daraufhin sein Einverständnis ausspricht, geschieht die Austreibung. Von der Unruhe der Dämonen haben wir schon gehört (V 29b); wie vorher in den Besessenen fahren sie jetzt in die Schweine und stürzen mit ihren unfreiwilligen Gastgebern über

32–33

[59] Vgl. Jeremias, J., Art. ἄβυσσος, in: ThWNT I (1933) 9: »Unter dem Einfluß persischer und hellenistischer Vorstellungen wird der Abgrund auch zum Gefängnis der abtrünnigen Geister (Jub 5,6; äthHen 10,4ff.11ff; 18,11ff u.ö.; Jud 6; 2Petr 2,4).« In der Septuaginta wird damit תְּהוֹם (»Urwasser«) übersetzt. Im hellenistischen Griechenland kann das Wort den Hades bezeichnen.
[60] Jeremias, J., ebd. 9. Neuere Literatur bei Schneider, K., Art. Abyssos, RAC I (1941) 60–62; Hoffmann, P., Die Toten in Christus. Eine religionsgeschichtliche und exegetische Untersuchung zur paulinischen Eschatologie, Münster 1966 (NTA NS 2), 176–180; Böcher, O., Art. ἄβυσσος, in: EWNT I (1980) 8f.
[61] Das von Lukas gern verwandte Adjektiv ἱκανοί – hier in der Bedeutung »viele« (vgl.

oben S. 434 Anm. 37) – ersetzt das von Markus etwas später (Mk 5,13) eingeführte »ungefähr zweitausend«.
[62] Annen, F., Heil 173.
[63] Das Griechische besitzt mehrere Wörter zur Bezeichnung des Schweins: ὁ ὗς oder σῦς (»Wildschwein«, »Schwein«) und ὁ χοῖρος (eigentlich »Ferkel«, dann aber allgemein »Schwein«; davon das Diminutiv τὸ χοιρίον). Seit hellenistischer Zeit herrscht ὁ χοῖρος vor. Zum Schwein bei den Juden vgl. Bill. I 448–450.492f; de Vaux, R., Les sacrifices de porcs en Palestine et dans l'ancien Orient, in: Von Ugarit nach Qumran. Beiträge zur alttestamentlichen und altorientalischen Forschung (FS O. Eißfeldt), hrsg. v. J. Hempel und L. Rost, Berlin ²1961 (BZAW 77), 250–265; Annen, F., Heil 162–173.

die Felsen[64] ins Wasser. Während die Schweine umkommen (buchstäblich »ersticken«[65]), wird von den Dämonen angenommen, daß sie in der ἄβυσσος gefangen bleiben. Außer der narrativen Bestätigung der gelungenen Austreibung[66] veranschaulicht der Sturz der Schweine die Macht des Herrn Jesus über die dämonische Welt, was beim Leser Zuversicht und Hoffnung weckt. Nach Lukas ist Jesus am Tode der Tiere nicht schuldig. Die Dämonen haben den entsprechenden Vorschlag gemacht und tragen allein die Verantwortung. Daß hinter dieser Episode eine volkstümliche Legende vom betrogenen Teufel steckt, ist nicht ausgeschlossen[67].

Die Reaktionen auf das Wunder (VV 34–39)

34–39 Vorausgesetzt wird zunächst die Nähe zwischen Jesus und den Hirten, die das Geschehen miterlebten, sowie die Beziehung zwischen dem Besessenen und den Schweinen. Ob Lukas denkt, daß man die wohl fliegenden Dämonen gesehen habe, ist möglich. Die Hirten[68] wagen es nicht, bei Jesus zu klagen. Sie flüchten vor dem Heiligen und finden Erleichterung in der Erzählung ihres Unglücks (ἀπαγγέλλω bedeutet »antworten«, »mit einer Botschaft zurückkommen«, »eine Nachricht bringen«). »In die Stadt und auf die Gehöfte« bedeutet »überall«. Wie bereits Markus denkt sich also auch Lukas die Geographie so, daß es in dieser Gegend eine Stadt gibt. Zu ihrem Hinterland gehören die fruchtbaren (οἱ ἀγροί [8,34]) und die unfruchtbaren (αἱ ἔρημοι [8,29]) Zonen sowie das Bergland (τὸ ὄρος [8,32]) mit den Weiden. Der See (ἡ λίμνη [8,22]) dient auf der einen Seite als natürliche Grenze. Ἡ περίχωρος (8,37) könnte die Gebiete bezeichnen, die auf den anderen Seiten die Gegend umgrenzen. Aber es steht eher da für die Gegend der Gergesener selbst; περι- weist auf die Umgebung hin, nicht auf Nachbargegenden. Die Schlußepisoden (VV 34–39) sind nicht so anschaulich beschrieben; Lukas verbessert die banale Prosa seiner Vorlage kaum[69].

Die Funktion der VV 34–35 ist die öffentliche Bestätigung des Geschehens. Die Hirten und die von ihnen Informierten »sehen das Geschehene«. Freilich sehen sie nicht alle das gleiche, wohl aber das offenkundige Ergebnis des Gan-

---

[64] Ὁ κρημνός: »abschüssige Stelle«, »Böschung«, »Absturz«, »Klippe«. Das Wort, das bei Lukas nur hier auftaucht, ist fest in der Überlieferung verwurzelt, findet man es doch bei allen drei Synoptikern.

[65] Zu ἀποπνίγω vgl. oben S. 430 Anm. 9.

[66] Apollonius von Tyana begnügte sich nicht mit einem erfolgreichen Exorzismus, er verlangte vom ausgetriebenen Dämon ein sichtbares Zeichen; dieser warf daraufhin eine Statue um (vgl. Philostratus, Vit Ap IV 20). Denkt man an das – Lukas eigene (V 31) – ἄβυσσος, kann man vielleicht auch an den Eubuleusmythos erinnern: Der Schweinehirt Eubuleus wurde samt seiner Herde von der Erde verschluckt, als sich diese beim Raub der Kore (Persephone) öffnete (der Raub der Demetertochter wurde in Athen während der

Thesmophorien gefeiert); vgl. Dibelius, M., Formgeschichte 85f (in der dritten Auflage fragt er sich jedoch, wieviel Gewicht diesem Vergleich zugemessen werden kann).

[67] Zum geprellten Teufel vgl. Bultmann, R., Syn. Trad. 224 Anm. 4.

[68] Οἱ βόσκοντες (wörtlich »die Weidenden«, »die grasen lassen«): diejenigen, die die Schweine hüteten und für sie verantwortlich waren (man beachte, daß das Partizip im Präsens steht: »Sie waren dabei, Schweine zu hüten«); vgl. dazu die ποιμένες (»Hirten«) in Lk 2,8 und das »Hüte (βόσκε) meine Schafe« in Joh 21,15.17.

[69] Man beachte die Wiederholungen: ἐξῆλθον und ἦλθον in V 35, ἀπήγγειλαν in V 34 und V 36.

zen: den Geheilten. Dieser wird gegenüber V 27 und V 29 antithetisch beschrieben: Er sitzt ruhig da, während er bislang herumtobte[70]; er trägt Kleider, ist also nicht mehr nackt[71]; er sieht vernünftig aus und nicht mehr wie ein Besessener[72]. Normalität und Heil schließen sich nicht aus, da Jesus die Menschen in ihrer wiedergewonnenen Menschlichkeit um sich haben will. Das Heil wird jedoch nicht auf die Normalität reduziert: Wie die redaktionellen Worte παρὰ τοὺς πόδας τοῦ Ἰησοῦ es explizieren, ist der geheilte Mensch ein Jünger geworden und in die Phase der Ausbildung für das Reich Gottes getreten. Die Wirkung bei den Zuschauern ist noch nicht Glaube, sondern Furcht[73], weil die Botschaft bisher reine Erzählung ohne Deutung ist (ἀπαγγέλλω). Christliches Zeugnis mit dem Ergebnis, daß Menschen zum Glauben kommen, wird erst möglich, wenn der geheilte und gläubig gewordene Mann das Werk *Gottes*, das im Werk Jesu steckt, verkündigen wird (κηρύσσω [V 39]).

Unklar bleibt die Identität der nächsten Empfänger der Nachricht (αὐτοῖς), denn wichtig ist dem Evangelisten allein die Verbreitung der Information. Was damals noch fehlte, nämlich die *Interpretation* der Nachricht, wird entsprechend der kerygmatischen Absicht des Lukas den *Lesern* mitgeteilt. Hier, in V 36, kommt also wieder der Evangelist zu Wort, der mit Nachdruck sein eigenes Anliegen unterstreicht: Er hebt hervor, daß die Zuschauer gesehen haben (ἰδόντες), wie ein Besessener geheilt wurde. Sowohl der vormalige Zustand der Besessenheit als auch die schließliche Dämonenaustreibung sind für ihn vergangene Tatsachen (Aorist). Das bloße Wissen darum genügt jedoch nicht; es gibt also ein Sehen von Heilstatsachen, das noch nicht als der von Jesus erhoffte Glaube zu verstehen ist. Erst aufgrund der christlichen Deutung der Historie wird deren Darstellung bzw. Verkündigung zum Evangelium, das Glaube und Rettung nach sich zieht.

Der Begriff σῴζω meint zunächst aus einer tragischen Gefangenschaft »befreien«, »retten« (aus Krankheit, Besessenheit, Tod). In diesem Sinn kann Lukas oft von der gegenwärtigen Realität des Heils sprechen. Der lukanische Jesus bezeugt dies in seiner Verkündigung und seinem Wirken im Namen Gottes; von daher bezeichnet Lukas die Glaubenden in der Apostelgeschichte ohne weiteres als σῳζόμενοι[74]. Diese Gegenwärtigkeit des Heils, die die zu-

---

[70] »Sitzen« ist die Stellung insbesondere des Schülers; vgl. Apg 22,3, wo Paulus »zu Füßen Gamaliels« lernt. Der geheilte Besessene sitzt, bekleidet und bei Sinnen, zu Jesu Füßen.

[71] In einer zivilisierten Gesellschaft ist die Kleidung ein Identitätsmerkmal und korrektes Anziehen ein Zeichen der Normalität; in der Schrift erhält die Bekleidung gar eine geistliche Dimension; vgl. Haulotte, E., Symbolique du vêtement selon la Bible, Paris 1966 (Théol[P] 65).

[72] Welche Bedeutung der σωφροσύνη als

Zeichen zunächst der Normalität und dann moralischer Qualität in Griechenland zukommt, ist bekannt. Das Vokabular der σωφροσύνη ist in das hellenistische Judentum und dann in das Christentum eingedrungen; vgl. Spicq, C., Notes II 867–874 und Zeller, D., Art. σωφροσύνη κτλ., in: EWNT III (1983) 790–792.

[73] Zur Furcht vor dem Numinosen vgl. Balz, H., Art. φοβέω κτλ., in: ThWNT IX (1973) 205f.

[74] Vgl. Apg 2,47.

künftige Erfüllung weder ersetzt noch ausschließt, ist typisch für die lukanische Soteriologie[75]. Ohne die kerygmatische Erklärung des Geschehens bleiben die Zuschauer von der Angst bedrängt[76]. Deshalb entscheiden sie sich alle[77] für die Bitte an Jesus, daß er angesichts seiner Macht durch seine Abreise die nötige Distanz zu ihnen gewährleiste[78]. Die Antwort Jesu ist konkret, denn er steigt ins Boot, um nach Galiläa zurückzukehren[79].

In den VV 34–39 drückt die physische Distanz eine innere Haltung aus. Die Furcht der Hirten und der Bevölkerung verlangt die räumliche Entfernung, während der Geheilte die Gemeinschaft (εἶναι σὺν αὐτῷ) mit Jesus wünscht[80]. Jesus geht aber nicht auf sein Verlangen ein, da eine solche Nachfolge in den Augen Jesu eine billige wäre. An die Stelle der ethischen Verantwortung des Christseins träte eine kindliche Abhängigkeit. Geheilt zu sein (V 36) heißt für Lukas, eine Aufgabe zu übernehmen, die allerdings nicht als Gesetz formuliert wird; dieser Jünger soll zu seiner Familie zurückkehren, während andere ihre Familie verlassen müssen (9,59–60; 14,26 und 18,28). Er war durch seine Besessenheit aus der Gesellschaft ausgeschlossen, seine Rückkehr nach Hause ist nun ein Symbol der Heilung. An die Rückkehr, die nicht nur eine soziale Reintegration sein wird (was nicht wenig ist!), wird jedoch von Jesus die Aufgabe gebunden, das Geschehene als Wort Gottes zu verkündigen (V 39a; vgl. 1,1). Nur durch die mündige Trennung von seinem Retter wird er im Glauben wachsen. Der Geheilte gehorcht (V 39b) und verkündigt (κηρύσσω), was ihm widerfahren ist. Das Tun Gottes (V 39a) interpretiert er zu Recht christologisch (V 39b). Nicht nur sein Haus (V 39a), sondern die ganze Stadt (V 39b) erfährt das Geschehene, was den Schritt von der Furcht zum Glauben möglich macht.

Zusammen-
fassung

In diesem anschaulichen Exorzismus beschreibt Lukas eine doppelte Epiphanie. Einerseits offenbart sich in ihm die rettende Macht des Sohnes Gottes, andererseits der Sturz der bösen Mächte. Diese doppelte Epiphanie, die also

---

[75]   Zum Heil bei Lukas vgl. Bovon, F., Luc le théologien 255–284.

[76]   Συνέχω heißt »zusammenhalten«, »zusammenpressen«, im Passiv »gepreßt«, »gedrückt«, »unterdrückt werden«; vgl. Euripides, Herac 634.

[77]   In diesem Punkt sind sich alle einig: ἅπαν τὸ πλῆθος κτλ.

[78]   Man beachte die Redundanz und die Alliteration in ἀπελθεῖν ἀπ᾽ αὐτῶν. Es soll wohl die Distanz unterstrichen werden.

[79]   Auch wenn Jesus in den VV 38–39 noch einmal mit dem Geheilten spricht, läßt sich der hier gesetzte Aorist ὑπέστρεψεν (Subjekt = Jesus) verstehen, wird doch hier mit der Situation Jesu abgeschlossen, dort mit jener des

Geheilten. Es ist auch möglich, daß der Aorist ὑπέστρεψεν ingressive Bedeutung hat (»er begann wegzugehen«). Zum ingressiven Aorist vgl. Bl-Debr-Rehkopf § 331.

[80]   Ἐδεῖτο (V 38) meint »er bat«, »er sprach eine Bitte aus« (man darf die ursprüngliche Bedeutung von δέομαι »nötig haben« nicht außer acht lassen). Ἐπερωτάω in V 30 und auch ἐρωτάω in V 37 haben dagegen die Bedeutungsschattierung »fragen, um etwas zu erfahren«, d.h. also »nachfragen«. Παρακαλέω in V 31 und V 32 wiederum bedeutet »bitten«, »anrufen«, »um Hilfe angehen«. Das Vokabular der Bitte ist in diesem Abschnitt, wie man sieht, sehr nuancenreich.

mit einem Sieg Christi zusammenfällt, wird nicht abstrakt behauptet, sondern ereignet sich in einer Begegnung und entfaltet sich in einer Genesung. Deshalb fühlen sich die Leser angesprochen und zählen zu den Hörern der ersten Zeugen des Wunders.

Nach der Auslegung der lateinischen Väter[81] soll diese Geschichte das Heil der verlorenen Menschheit veranschaulichen. Das Leben bei den Gräbern bedeutet ein abgöttisches Leben, so wie die Nacktheit auf die Abwesenheit des Glaubens oder auf die sündige Schamlosigkeit hinweist. Angesichts des Sieges Christi wünschen die Dämonen bis zum Tage des Herrn noch außerhalb der Hölle bleiben zu können. Sie bitten, von den Heiden in die Häretiker, Hochmütigen und Götzenanbeter umziehen zu dürfen. Die Hirten werden mit den Verantwortlichen entweder der Synagoge oder der Häresie gleichgesetzt, die Bevölkerung dieser Gegend mit den Juden, die Christus verstoßen. Im Missionsbefehl (VV 38–39) erkennen die lateinischen Väter eine Einladung (paulinisch gesprochen; vgl. Phil 1,22), um des Heils der Brüder willen noch im Fleische zu wandeln. Der heutige Exeget kann m.E. die Details dieser allegorischen Auslegung kritisieren, aber er muß ihr insofern zustimmen, daß die synoptischen Berichte die Aufmerksamkeit auf eine breitere Deutung lenken als nur auf eine historische Erinnerung.

Wirkungs-
geschichte

Die Tochter des Jairus und die blutflüssige Frau (8,40–56)

Literatur: *Bultmann, R.*, Syn. Trad. 228–230; Ergänzungsheft 80; *Busse, U.*, Wunder 219–231; *Dambrine, L.*, Guérison de la femme hémorroïsse et résurrection de la fille de Jaïre. Un aspect de la lecture d'un texte. Marc 5,21–43; Matthieu 9,18–26; Luc 8,40–56, CBFV, N⁰ hors série (1971) 75–81; *Kertelge, K.*, Die Wunder Jesu im Markusevangelium, München 1970, 110–120; *Kreyenbühl, J.*, Ursprung und Stammbaum eines biblischen Wunders, ZNW 10 (1909) 265–276; *van der Loos, H.*, Miracles 509–519.567–573; *Marxsen, W.*, Bibelarbeit über Mk 5,21–43 / Mt 9,18–26, in: *ders.*, Der Exeget als Theologe. Vorträge zum Neuen Testament, Gütersloh 1968, 171–182; *Pesch, R.*, Jairus (Mk 5,22 / Lk 8,41), BZ NS 14 (1970) 252–256; *Potin, J.*, L'Evangile (Mt 9,18–26). Guérison d'une hémoroïsse et résurrection de la fille de Jaïre, ASeign 78 (1965) 25–36; *Robbins, V.K.*, The Woman who touched Jesus' Garment. Socio-Rhetorical Analysis of the Synoptic Accounts, NTS 33 (1987) 502–515; *Roloff, J.*, Kerygma 153–155; *Schenke, L.*, Die Wundererzählungen des Markusevangeliums, Stuttgart 1974 (SBB), 196–216; *Schmithals, W.*, Wunder und Glaube. Eine Auslegung von Markus 4,35–6,6a, Neukirchen-Vluyn 1970 (BSt 59), 69–91; *Schramm, T.*, Markus-Stoff

---

[81]   Der interessierte Leser findet im Aufsatz von *Féliers, J.*, Exégèse Verweise auf die Kirchenväter und die Stellen, an denen sie eine Reihe von Einzelfragen (Bekenntnis der Dämonen, Bitte der Dämonen, Tod der Schweine) behandeln. Auf der Holzdecke der Martinskirche von Zillis (Graubünden, Schweiz) zeigen die Felder 107 und 108 unsere Szene.

126–127; *Verweyen, H.,* Einheit und Vielfalt der Evangelien am Beispiel der Redaktion von Wundergeschichten (insbesondere Mk 5,25–34 parr.), Didaskalia 11 (1981) 3–24.

40 **Als Jesus zurückkam, empfing ihn die Menge; denn sie waren alle da und warteten auf ihn.** 41 **Und siehe, es kam ein Mann, dessen Name Jairus war, und dieser war ein Vorsteher der Synagoge. Und als er zu Füßen Jesu gefallen war, bat er ihn, in sein Haus zu kommen,** 42 **weil er eine einzige Tochter hatte, die um die zwölf Jahre alt war, und die war am Sterben. Während er aber hinging, erdrückte ihn die Menge beinahe.** 43 **Und eine Frau, die seit zwölf Jahren blutflüssig war, die ihr ganzes Vermögen bei Ärzten verbraucht hatte und von niemandem geheilt werden konnte,** 44 **kam herzu und berührte die Schaufäden seines Kleides von hinten, und sofort hörte das Fließen ihres Blutes auf.** 45 **Und Jesus sprach: Wer ist es, der mich berührt hat? Da alle es bestritten, sprach Petrus: Meister, die Menge umstellt und bedrängt dich.** 46 **Jesus aber sprach: Es hat mich jemand berührt, denn ich erkannte, daß eine Kraft von mir ausging.** 47 **Als die Frau aber sah, daß sie nicht verborgen bleiben konnte, kam sie zitternd, fiel vor ihm nieder und berichtete vor allem Volk den Grund, weshalb sie ihn berührt hatte und wie sie sofort geheilt worden war.** 48 **Er aber sprach zu ihr: Tochter, dein Glaube hat dich gerettet; gehe in Frieden.** 49 **Während er noch redete, kommt einer vom Synagogenvorsteher und sagt: Deine Tochter ist gestorben, plage den Lehrer nicht mehr.** 50 **Als Jesus es aber hörte, antwortete er ihm: Fürchte dich nicht, glaube nur, und sie wird gerettet werden.** 51 **Und als er ins Haus gekommen war, ließ er niemanden mit sich hineinkommen außer Petrus und Johannes und Jakobus und dem Vater des Kindes und der Mutter.** 52 **Alle weinten und klagten über sie. Er aber sprach: Weint nicht, denn sie ist nicht gestorben, sondern schläft.** 53 **Und sie verlachten ihn, wohl wissend, daß sie gestorben war.** 54 **Als er aber ihre Hand ergriffen hatte, rief er und sagte: Kind, wach auf!** 55 **Und ihr Geist kehrte zurück, und sie stand sofort auf, und er ordnete an, daß ihr zu essen gegeben werde.** 56 **Und ihre Eltern waren außer sich. Er aber gebot ihnen, niemandem von dem Geschehenen zu sagen.**

Analyse Die Priorität von Markus im Verhältnis der Synoptiker untereinander ist in dieser Perikope trotz kleinerer Übereinstimmungen zwischen Matthäus und Lukas[1] so eindeutig, daß keine Nebenüberlieferung anzunehmen ist[2].

---

[1] V 41: ἰδοὺ … ἄρχων, V 42: θυγάτηρ, V 44: προσελθοῦσα ὄπισθεν ἥψατο τοῦ κρασπέδου τοῦ ἱματίου αὐτοῦ, V 51: εἰς τὴν οἰκίαν.

[2] Anders Boismard, M.-E., in: Benoit-Boismard, Synopse II 194–211. Auch Schramm, T., Markus-Stoff 126f setzt hier keine Nebenüberlieferung voraus.

Rätselhaft ist lediglich die Ähnlichkeit in Duktus und Inhalt von Lk 8,44 mit Mt 9,20. Haben beide unabhängig voneinander Mk 6,56b im voraus benutzt? Oder ist die Erwähnung des κράσπεδον in Lk 8,44 sekundär (D und it lesen es nicht)? Wahrscheinlich müssen wir mit dem Gewicht der zur Zeit des Lukas noch lebendigen mündlichen Tradition rechnen.

Lukas übernimmt seine Vorlagen, besonders Markus, nie ohne *rewriting*. Während der Inhalt der gleiche ist[3], werden Sprache und Stil narrativer, flüssiger, eleganter, in einem Wort: leichter lesbar[4]. Hinsichtlich des Rahmens ist festzuhalten: Um die Dauer der Schiffsreise bewußt zu machen, erwähnt Lukas schon in V 37 die Abfahrt Jesu und füllt die Zwischenzeit mit der Heimkehr des Geheilten (VV 38–39). So kehren alle zurück (dreimal ὑποστρέφω [VV 37.39.40]). Am Schluß (V 56) überspringt Lukas die Predigt in Nazaret (Mk 6,1–6a), die er schon ausführlich erzählt hat (4,16–30), und fährt mit der Aussendung der Jünger fort. Der Übergang wird dadurch schroff, doch stellt Lukas durch die Zufügung des Wortes δύναμις in 9,1 (vgl. 8,46 // Mk 5,30) eine Verbindung zwischen den beiden Perikopen her[5].

Lukas vernachlässigt bei seiner Einführung der Perikope manche Nebensächlichkeit (vgl. V 37b), um sich auf das Gefühl der Menge zu konzentrieren. Dieses wird, wie oft, narrativ ausgemalt: Die Menge wartet auf Jesus und empfängt ihn herzlich[6]. Dadurch schafft Lukas einen kleinen Übergangssammelbericht. Der Gang der Erzählung wird sodann in ihrem weiteren Verlauf gestrafft, geglättet oder leicht verändert. Laut der Bitte des Jairus[7] ist die Tochter sein einziges Kind (μονογενής), und ihr Alter (zwölf Jahre) wird schon jetzt angegeben (vgl. Mk 5,42). Weshalb übergeht Lukas jedoch, anders als in 4,40, die Handauflegung? Die Hoffnung auf Heilung bleibt im Unterschied zu Mk 5,24 unausgesprochen (V 42), weil Lukas das Heil mit dem Glauben verknüpft (vgl. 8,12.25a.50)[8].

Lukas vereinfacht die Krankheitsgeschichte, die Hoffnung und die Wunderheilung der Frau, um das Gewicht auf das folgende Gespräch zu legen[9]. Jesus fragt *rhetorisch* (V 46a), weil er weiß, wer ihn berührt hat (V 46b). Der »vorwurfsvolle Unterton der Antwort«[10] der Jünger (Mk 5,31) verschwindet in der höflichen Antwort des Petrus[11]. Es stehen die Allwissenheit Jesu und die Unwissenheit der Jünger einander gegenüber. Lukas kontrastiert die allgemeine Verleugnung (ἀρνουμένων δὲ πάντων ist neu gegenüber Markus) mit dem späteren Bekenntnis der Frau vor dem Volk (ἀπήγγειλεν

---

[3]   Vgl. Schlatter 89.
[4]   Klostermann 101–103 und Busse, U., Wunder 219–226 haben die neue Version bis ins Detail durchgesehen. Nach Schramm, T., Markus-Stoff 127 sind zwei Besonderheiten des Lukasabschnittes 8,40–56 nicht typisch für den Evangelisten: in V 42 ὑπάγειν und in V 46b die direkte Rede. Dazu ist zu bemerken, daß die direkte Rede – unter dem Einfluß der Markusfassung – schon in V 46a einsetzt (ἥψατό μού τις); ὑπάγειν fehlt zwar in der Apostelgeschichte, doch findet man das Wort in ähnlicher Verwendung in Lk 17,14.
[5]   Vgl. Busse, U., Wunder 220.
[6]   Lukas verwendet προσδοκάω noch in Lk 1,21; 3,15; 7,19–20 und 12,46. Meist ist es das Volk, das wartet. Ἀποδέχομαι wird im

Neuen Testament nur von Lukas gebraucht: außer im behandelten Abschnitt in Lk 9,11; Apg 2,41; 18,27; 21,17; 24,3 und 28,30. Das Wort bezeichnet immer ein positives Anbzw. Aufnehmen.
[7]   Vgl. Busse, U., Wunder 221: »Teils in eine indirekte Rede, teils in einen objektiven Bericht mit den nötigen Informationen transformiert.«
[8]   Vgl. ebd. 221.
[9]   Lukas streicht die Absicht der Frau, Jesus zu berühren (Mk 5,28); er kann so in V 48 leichter von ihrem Glauben reden. Die Kraft, die von Jesus ausgeht, wird von der Erzählung (Mk 5,30) auf den Dialog (V 46) übertragen.
[10]   Busse, U., Wunder 222.
[11]   Vgl. Klostermann 102f.

ἐνώπιον παντὸς τοῦ λαοῦ [anders Mk 5,33b: »sie sagte ihm die ganze Wahrheit«]). Weil die Frau schon geheilt ist, streicht Lukas die Aufforderung »sei von deinem Leiden gesund« (Mk 5,34).

Ausnahmsweise[12] behält Lukas das Präsens historicum (ἔρχεται [V 49]) um der Dramatik willen bei. Er ändert aber den präsentischen Imperativ in einen Aorist um (πίστευσον [V 50]), wahrscheinlich deshalb, weil für ihn Jairus bis jetzt noch nicht *glaubt*. Die Begleitung der drei Jünger, das zweimal erwähnte Hineingehen ins Haus und der Eintritt ins Zimmer (Mk 5,37–40) werden in einem einzigen Satz zusammengefaßt[13]. Der Nachteil dieser Straffung ist der, daß man nicht mehr genau weiß, wer diese halb Trauernden und halb Spottenden sind (VV 52–53). Auf jeden Fall steht Jesus allein gegen alle, die wissen, daß das Mädchen gestorben ist. Diese jeweilige Gewißheit erhöht die dramatische Spannung. Wie in V 40 zieht Lukas die innere Intensität der äußeren Verwirrung vor (θόρυβος bzw. θορυβεῖσθε [Mk 5,38.39]). Streicht er ταλιθὰ κοῦμ, weil er Fremdwörter vermeidet oder weil diese βαρβαρικὴ λέξις in den Ohren der griechischen Leser nach Magie klingt?[14] Für Lukas ist wichtig, daß des Mädchens Geist wiederkehrt, bevor es aufstehen kann. Er vereinfacht das Schweigegebot (V 56), und die Aufforderung, etwas zu essen zu bringen, verlegt er als Demonstration der Heilung logischerweise nach vorn (V 55).

Formgeschichtlich können wir feststellen, daß der Sammelbericht (V 40) als Übergang und Einführung gilt. Mit καὶ ἰδού beginnt eine Wundergeschichte, deren Einleitung und Exposition die VV 41–42a bilden[15]. Die Kranke tritt nicht selbst auf, sondern ihr Vater, der seine Bitte begründet[16]. Die Begleitung der Menge (V 42b) ermöglicht die retardierende zweite Wundergeschichte, die ihrerseits in einer anderen Reihenfolge die Hauptelemente der Gattung[17] aufweist (VV 43–48). Da in der Jairusgeschichte ausnahmsweise ein Stellvertreter (der Vater) und dann ein Gesandter (der Diener) auftreten, ist ein Zwischenspiel nötig, um Zeit für den Tod des kranken Mädchens zu gewinnen. Geschickt hat die Tradition oder Markus selbst dies[18] benutzt und zwei Wundergeschichten nach dem Gesetz des »Sandwiches« ineinandergeschoben. Die zweite Geschichte paßt erzählerisch und theologisch zur ersten, denn zwei Frauen, eine jüngere und eine ältere, werden geheilt und von Jesus aufgenommen; für beide spielen auch die zwölf Jahre eine Rolle. In beiden Fällen wird aus einem schwachen ein starker Glaube.

Der erste Wunderbericht wird mitten in der Exposition unterbrochen. Erst

---

[12] Von allen 90 Fällen ist dies der einzige, in dem Lukas das historische Präsens des Markus nicht umwandelt; vgl. Busse, U., Wunder 222 Anm. 1.

[13] Vgl. Klostermann 103.

[14] Vgl. Busse, U., Wunder 223, der sich für die zweite Lösung (Lukas will dem Mißverständnis der Magie aus dem Wege gehen) entscheidet.

[15] Vgl. Theißen, G., Wundergeschichten 82f.

[16] Es sind die Nummern 1, 2, 4, 8, 10 und 12 der Gliederung ebd. 82f.

[17] Zur Struktur des eingeschobenen Wunders (VV 43–48): a) Einleitung (auf die Frau konzentriert) und Exposition (V 43); b) Wunder (V 44); c) langer Schlußteil in Dialogform (Jesus wendet sich zuerst an die Jünger und darauf an die Frau [VV 45–48]).

[18] Vgl. Theißen, G., Wundergeschichten 60: »Die schönste erzählerische Gestaltung des Verzögerungsmotivs.«

mit der Nachricht vom Tod des Mädchens wird er dramatisch fortgesetzt (V 49). Nach einem Zuspruch (V 50)[19] folgt nun die eigentliche Schilderung des Wunders: a) szenische Vorbereitung (V 51), b) Mißverständnis und Spott, die gewöhnlich zur Exposition hinzugehören (VV 52–53), c) Berührung und wunderwirkendes Wort (V 54), d) das Wunder selbst[20] und seine Feststellung (V 55). V 56 bildet mit dem Staunen über das geschehene Wunder und dem Geheimhaltungsgebot den Abschluß des Ganzen[21].

Die Perikope ist Lukas nicht nur deshalb literarisch wichtig, weil er sie in seiner markinischen Vorlage vorfand, sondern auch wegen ihres soziologischen Sitzes im Leben. Gewöhnlich wird diesbezüglich auf die Missionspredigt in der hellenistischen Welt hingewiesen[22]. Aber schon in der Tradition spielt Jesus als Thaumaturg nicht die einzige wichtige Rolle. Beide Frauen und vor allem das Verhältnis zwischen ihnen und Jesus ist relevant. Soziologisch geht es nicht nur um das *crescendo* von einer Heilung zu einer Auferweckung[23], sondern auch um die Aufnahme zweier Frauen durch Jesus, d.h. doch wohl auch durch die Urgemeinde. Die eine empfängt die Genesung trotz ihrer gesetzlichen Unreinheit. Heißt das nicht, daß die Urgemeinde die Vergebung und die Kirchenaufnahme wie Jesus, aber in deutlichem Abstand von der Synagogendisziplin, handhabte? Wenn man weiß, wie sehr der Wortschatz der Auferstehung in der Urgemeinde für die Beschreibung der christlichen Existenz verwandt worden ist[24], darf man in der Jairustochter die Erfahrung junger Christinnen sehen, und der Synagogenvorsteher Jairus könnte, soziologisch gesehen, das Angezogensein der Synagoge durch das junge Christentum widerspiegeln. In dieser Sicht wäre also der Glaube auch geschichtlich als Ausdruck des Erfolgs der urchristlichen Predigt zu betrachten[25].

Die Handschriftenüberlieferung ist an vielen Stellen unsicher. Die Wendung »die ihr ganzes Vermögen bei Ärzten verbraucht hatte« (V 43) fehlt in wichtigen Handschrif-

---

[19] Das αὐτῷ in V 50 ist etwas ungelenk: Lukas will damit den dabeistehenden Vater bezeichnen, während der Leser zunächst wohl eher an den Diener denkt, der eben gesprochen hat.

[20] Ein Zeichen für die Weiterentwicklung des Textes gegenüber dem des Markus ist der Hinweis darauf, daß der Lebenshauch wieder zurückgekehrt ist (V 55a). Diese Rückkehr des Atems ist nicht die Bestätigung des Wunders, sondern das Wunder selbst, das im allgemeinen im Neuen Testament nicht geschildert wird.

[21] Es sind die Nummern 18, 21, 13, 14, 22, 24, 26, 30 und 29 der Gliederung von Theißen, G., Wundergeschichten 83.

[22] Vgl. Gnilka, J., Markus I 213. Kertelge, K., Wunder 110–120 unterscheidet genau zwischen der vormarkinischen Überlieferung und der Redaktion des Markus. Markus schreibt er das Geheimnismotiv und die hermeneutische Funktion der Auferstehung Jesu für das Verständnis der beiden Wunder zu. Neben den für die hellenistischen Wundererzählungen charakteristischen Zügen erwähnt er auch die dem Alten Testament entliehenen. Er fragt sich, ob die Heilung der blutflüssigen Frau nicht in die mosaische Linie (während des Exodus gab es keine Krankheit) und die Auferweckung des Mädchens in die Elijas und Elischas zu stellen ist.

[23] Blättert man zurück, findet man vor der Heilung einen Exorzismus (Lk 8,26–39).

[24] Vgl. den Taufhymnus in Eph 5,14.

[25] Diese soziologische Perspektive wurde mir durch die Vorträge von R.B. Ward und H.C. Kee auf dem SNTS-Seminar 1983 in Canterbury eröffnet.

ten[26]. Sie stellt m.E. dennoch eine gute stilistische Überarbeitung von Mk 5,26 durch Lukas dar[27]; jede Entscheidung bleibt hier jedoch letztlich hypothetisch. In V 44 sind die Worte »berührte die Schaufäden seines Kleides von hinten« angesichts des Gewichts der betreffenden Handschriften wohl ursprünglich[28], während in V 45 die Erwähnung der Jünger neben Petrus (καὶ οἱ σὺν αὐτῷ) eine harmonisierende nachlukanische Zufügung darstellt. Entsprechendes gilt für die in zahlreichen Handschriften belegten Worte καὶ λέγεις · τίς ὁ ἁψάμενός μου (»und du sagst: Wer hat mich berührt?«) am Schluß des V 45. Die Unterschiede innerhalb dieser Lesart und der kurze Text in wichtigen Zeugen wie P[75], ℵ und B sprechen gegen ihre Ursprünglichkeit. Obwohl in V 49 das gut bezeugte μηκέτι bei Lukas Hapaxlegomenon ist, hat er es hier vermutlich unter dem Einfluß von Mk 5,35 (τί ἔτι) und dem eben von ihm selber geschriebenen ἔτι verwendet. Die Reihenfolge der Apostel (Petrus, Johannes, Jakobus) in V 51 ist wohl die von Apg 1,13 im Unterschied zu Lk 6,14. Jakobus vor Johannes ist zwar gut bezeugt, aber durch Mk 5,37 beeinflußt. In V 54 spürt man das Gewicht des markinischen Texts in den Handschriften, die ἐκβαλὼν ἔξω πάντας καί hinzufügen. Im Lauf der Textüberlieferung kann es gewiß zu Textverderbnissen kommen (der kurze Text von V 43 spiegelt vielleicht den Verlust einer Zeile wider), die große Zahl der Varianten erklärt sich jedoch aus bewußten Tendenzen, vor allem als Annäherung an die anderen Evangelien.

Erklärung   **V 40:** Die Menge hat Jesus begleitet (8,4), aber wahrscheinlich sind seither
40   mehrere Tage vergangen (8,22). Jesus hat seine Heimat verlassen, um auf der anderen Seite des Sees Halt zu machen (8,26–27). Nach einem Wunder kehrt er zurück und wird von der Menge willkommen geheißen.
In der jüdischen Hoffnung »erwartet« (προσδοκάω) man den Messias (7,19–20), zur Zeit des Lukas erwarten die Christen seine Parusie (2Petr 3,12–14)[29]. Die Erwartung in V 40 ist also schwerlich neutral, wie auch ὄχλος nicht als irgendeine Menge, sondern als Abbild des Volkes Gottes zu betrachten ist (vgl. 8,47). Lukas verleiht also einer Angabe des Markus einen theologischen Sinn. Der Empfang ist daher mit Freude verbunden[30]. Wie die Christen zur Zeit des Lukas erfährt das Volk Abwesenheit und erneute Gegenwart des Herrn. Theologie und Erfahrung sind untrennbar miteinander verbunden[31]. V 42 wird zeigen, daß die Menge, die bei Lukas (im Unterschied vor allem zu Mat-

---

[26] So bei Nestle[26]; vgl. den dortigen Apparat sowie in NTG, zudem die Bemerkungen von Metzger, B.M., Textual Commentary 145.
[27] Das Verb προσαναλίσκω ist freilich ein Hapaxlegomenon im Neuen Testament. In 9,54 gebraucht Lukas ἀναλίσκω im wörtlichen Sinn in einer dem Alten Testament entnommenen Formulierung. Lukas kennt auch die Bedeutung »materielle Güter« für ὁ βίος (z.B. Lk 21,4, wo er πάντα [und nicht – wie hier – ὅλον] τὸν βίον notiert).

[28] Vgl. Metzger, B.M., Textual Commentary 145f.
[29] Oder sie erwarten sie nicht mehr; vgl. Lk 12,46 und Mt 24,50.
[30] Vgl. Plummer 234. In 9,11 empfängt Jesus die Menge.
[31] Ὑποστρέφω wird im Neuen Testament ausschließlich von Lukas verwendet, z.B. in Lk 10,17 für die glückliche Rückkehr von einer Missionsreise.

thäus) keine nebensächliche Rolle spielt[32], noch zu lernen hat, wie man jemandem wirklich begegnet.

V 41 erteilt nüchtern eine Reihe von Auskünften, von denen einige eigentlich   41
entbehrlich sind. Wer der Etymologie des Namens Jairus[33] vom Hebräischen
her Bedeutung zumißt, rechnet ihn schon der Urform zu. Aber er ist eher der
novellistischen Tendenz der späteren Überlieferung zu verdanken, ebenso
seine Stellung als Haupt der Synagoge[34]. Kein Leser kann die Größe Jesu verkennen, wenn dieser hohe Amtsträger sich vor ihm beugt und ihn bittet. Die
Sache der Christen ist keine Nebensächlichkeit einer zweifelhaften Sekte[35].

V 42 enthält sowohl unentbehrliche Elemente des »Knochengerüsts« der Er-   42
zählung als auch Hinweise auf ihr »Fleisch«. In der Antike bezeugen mehrere
Belege die väterliche Liebe für eine Tochter. Eine solche exklusive Verbindung
will Lukas in einer Welt, in der im Unterschied zur unsrigen die Kinderzahl
eine große Rolle spielte, mit μονογενής ausdrücken[36]. Die Tragik wird dadurch verstärkt, daß die im Sterben[37] liegende Tochter eben erst heiratsfähig
geworden ist, also in einem Alter steht, in dem sie Leben weitergeben könnte.
Das doch wichtige Einverständnis Jesu hinzugehen wird nur nebenbei erwähnt, da jetzt die Erzählung abbiegt. Sie wendet sich der Menge zu[38]. Die
Tatsache, daß diese Jesus umdrängt, erlaubt die Erwähnung der zweiten Frau.
Ihr Zustand ist um so dramatischer, als sie durch diesen Blutfluß auch unrein   43–48
und damit sozial ausgeschlossen ist. Der Kontakt mit ihr ist vom Gesetz verboten. Deshalb taucht hier ἅπτομαι als Schlüsselwort auf.

---

[32] Mit »Menge« bezeichnet Lukas die Gesamtheit derer, die von der Liebe Gottes in Christus erfaßt werden. Die Menge bleibt, auch wenn sie Jesus schon lange anhängt, eine Versammlung von Menschen. Als berufene Versammlung der engeren Verwandtschaft Jesu gegenüber vorgezogen, kann sie aber auch wieder weggewiesen werden. Wird sie sich gegen Jesus wenden? Vgl. Meyer, R., Art. ὄχλος, in: ThWNT V (1954) 585–587.

[33] Wohl eher »Den-Gott-Erleuchtet« als »Den-Gott-Erweckt«. Die Exegeten, die der Etymologie großes Gewicht beimessen, optieren natürlich für die zweite Möglichkeit. Gegen übermäßiges Etymologisieren plädiert Gnilka, J., Markus I 211, bes. Anm. 12. Zu den verschiedenen Personen mit dem Namen Jairus in der Bibel und zu jener Zeit vgl. Fitzmyer I 745.

[34] In V 41 korrigiert Lukas εἷς τῶν ἀρχισυναγώγων (Mk 5,22) zu »Oberster der Synagoge«, in V 49 (Mk 5,35) behält er den Titel bei und in V 51 läßt er ihn mitsamt dem Vers Mk 5,38 aus. Diese Verfahrensweise läßt sich durch das Bemühen des Lukas erklären, ein ungewöhnliches Wort zu erläutern (selbst

wenn der Titel ἀρχισυνάγωγος nach Bauer s.v. auch in anderen als der jüdischen Religionsgemeinschaft gebraucht wurde) und Wiederholungen zu vermeiden. Zur Organisation der Synagogen zu jener Zeit vgl. Penna, R., Les Juifs à Rome au temps de l'apôtre Paul, NTS 28 (1981/1982) 321–347, bes. 328–330. Der Titel ἄρχοντες zur Bezeichnung des Exekutivausschusses des Ältestenrates kommt in den literarischen Belegen und den Inschriften, die sich auf die jüdische Gemeinde von Rom beziehen, recht häufig (mindestens 50mal) vor. (Ἀρχισυνάγωγος ist 5mal belegt und bezeichnet den für das Gebäude, die Gottesdienste und die äußere Ordnung Verantwortlichen.)

[35] Vgl. Apg 26,36.

[36] Das Adjektiv μονογενής fehlt bei Matthäus und Markus.

[37] Man beachte das Imperfekt ἀπέθνησκεν.

[38] Um zu unterstreichen, daß Jesus von allen Seiten umdrängt wird, setzt Lukas »Menge« in den Plural (V 42). Συμπνίγω bedeutet »erdrücken«, »ersticken«; vgl. Lk 8,14 (Gleichnis von der Saat).

Lev 15,25–30 handelt vom Blutfluß einer Frau. Auf die Behauptung ihrer Unreinheit folgt die Liste der Gegenstände und Leute, die beim Kontakt mit ihr unrein werden. Schließlich wird das Opfer für den Fall der Genesung beschrieben. Lev 15,31 gilt für alle behandelten Fälle: Die unreine Person muß abgesondert werden, und jeder Kontakt mit dem Heiligtum ist ihr streng verboten[39]. Der Mischna-Trakat Zavim behandelt Lev 15, aber eher in der Perspektive des samenflüssigen Mannes als der der blutflüssigen Frau, die jedoch analog zu betrachten ist. Großes Gewicht wird auf die Ansteckungsgefahr und den Grad der Unreinheit gelegt. Der Samenfluß kommt aus einem toten Glied im Unterschied zum Samenerguß, der aus lebendigem Fleisch kommt[40]. Hier liegt der Grund der Unreinheit. Wie verbreitet diese komplizierten Regelungen der Pharisäer zur Zeit Jesu schon waren, ist schwer zu sagen[41]. Es sieht so aus, als ob die Septuaginta Lev 15 weniger ritualistisch gelesen habe (vgl. Lev 15,31 LXX). Vielleicht genügt es, die Struktur von Reinheit und Unreinheit als hermeneutisches Hilfsmittel zu erwähnen.

Blutfluß während oder außerhalb der Menstruation gehört zur Sphäre des Todes und der Unreinheit, im Unterschied zum lebendigen Blut, dem Geschenk Gottes, dem Träger des Lebens (Lev 17,11). Unreinheit kann sich wie eine Krankheit ausbreiten. Das Gesetz Gottes und die menschliche Überlieferung sollen das Leben schützen, mit größtem Ernst die Ausbreitung und den Grad der schon geschehenen Verunreinigung wahrnehmen und vor größerem Übel schützen. Sowohl die Kranke wie das übrige Volk Gottes sollen geschont werden.

Nach dem Gesetz und seiner damaligen Auslegung dürfte sich die unreine Frau nicht in der Menge aufhalten. Daß sie jemanden berührt (V 44), ist sündig und verunreinigt Jesus für einen Tag. In V 48 deutet Jesus diese Bewegung der Frau jedoch im Gegenteil als Glaube. V 43 bringt ihre bisherige vergebliche Mühe, geheilt zu werden, anschaulich zum Ausdruck. Sie hat ihr ganzes Vermögen bei den Ärzten verbraucht[42], doch niemand konnte sie heilen. So ist ihr Elend ein dreifaches: Sie hat keinerlei Besitz mehr, sie hat die Gesundheit verloren, ihre Unreinheit trennt sie von ihren Mitmenschen und von Gott. In diesem Zustand wagt sie dennoch zu hoffen und Jesus zu vertrauen. Die stereotype Formel »dein Glaube hat dich gerettet« hat einen soziologischen Sitz im Leben der Urgemeinde: Die Blutflüssige ist Abbild der Leute, die gern in die Kirche aufgenommen würden. Mit einer solchen Formel und mit der Erzählung solcher Wunderberichte betont die Urgemeinde gegenüber

---

[39] Man kann den Masoretischen Text von Lev 15,31 verschieden auffassen: als Verstoßung der Unreinen oder als Abwendung der Reinen von den Unreinen. Der Text der Septuaginta unterscheidet sich merklich davon: Die unreinen Israeliten sollen vorsichtig und fromm werden, indem sie sich von ihren Unreinheiten abwenden (Καὶ εὐλαβεῖς ποιήσετε τοὺς υἱοὺς Ἰσραὴλ ἀπὸ τῶν ἀκαθαρσιῶν αὐτῶν).

[40] Vgl. tZav 2,4, zudem die Einleitung zum Traktat Zavim in der Ausgabe der Mischnajot von L. Goldschmidt, VI, Basel 1968, 588.
[41] Vgl. Neusner, J., A History of the Mishnaic Law of Purities, Part 16, Leiden 1977, 194–211.
[42] Dies ist ein fast romanhafter Zug; vgl. ActPhil 40–44: Dem Apostel Philipp gelingt es, die Tochter des Nikokleides, der kein Arzt Linderung verschaffen konnte, zu heilen.

der Synagoge ihre Überzeugung, daß Gott solche Menschen nicht fernhalten will. Jesus als Vertreter Gottes bringt, im Unterschied zum Heiligtum (Lev 15,31), solche Blutflüssige nicht in Lebensgefahr. Im Gegenteil strömt von ihm eine heilende Kraft aus, die das Leben wiederherstellt (V 46). Die sofortige Heilung[43] (παραχρῆμα [V 44] wird in der Zusammenfassung V 47 wiederholt) bestätigt die göttliche Zustimmung und die neue Definition des Glaubens.

Auf uns wirkt diese ungebändigte Kraft magisch. Lukas berichtet aber auch an anderen Stellen von Wundern durch direkten Kontakt (7,14; Apg 5,14; 19,11–12). Hier will er die neue Heilsabsicht Gottes durch seinen Gesandten hervorheben. Trotz des mißverständlichen Wortlauts der verwendeten Formel heilt nicht der Glaube, sondern die göttliche Kraft; die neue Heilsökonomie ermöglicht und verlangt jedoch eine menschliche Haltung: die πίστις. Damit sind wir weit von der Magie entfernt. Tod und Leben, Unheil und Heil stehen nebeneinander und nacheinander in dieser Erzählung: Anschaulich wird der Blutfluß von der göttlichen Kraftwirkung angehalten.

Trotz der Kritik am Gesetz, die die Geschichte enthält, wird Jesus als Jude vorgestellt. Er trägt an seinem Kleid die Schaufäden, die Mose verlangt hat (Num 15,37–39 und Dtn 22,12). Sie waren aus vier wollenen noch unberührten Einzelfäden geflochten, von denen drei (später zwei) von weißer Farbe waren und einer (später zwei), um auf den Himmel hinzuweisen, purpurblau. Sie wurden an die vier Zipfel des oberen Kleides genäht und geknotet, aber nicht ganz an der Spitze[44]. Getragen wie heutzutage ein Schal, fiel das obere Kleid nicht ganz bis unten. Deshalb versteht man gut, daß die Blutflüssige angesichts der Menge das Kleid Jesu von hinten berühren konnte[45]. Die Hauptstelle über die Schaufäden, Num 15,37–39, besagt, daß dieses Zeichen den Menschen daran erinnern soll, nicht seinen eigenen, sündigen Gedanken nachzulaufen (ὀπίσω kommt zweimal vor), sondern den Geboten Gottes. Soll also diskret festgehalten werden, daß die Frau, wenn sie hinter Jesus steht und seine *Schaufäden* berührt, das Gesetz Gottes im Kopf haben will und nicht ihre sündigen Eigengedanken? Dann wäre die Problematik Gesetz – Evangelium noch tiefer in der Erzählung verwurzelt und die Frau nicht nur als Modell des Glaubens, sondern auch des neuen Gehorsams dargestellt.

Der *Ablauf* der Erzählung beginnt für Jesus mit einem zweifachen Hindernis, zunächst durch die Menge (V 42b), dann durch die Blutflüssige. Es folgt eine normale Reaktion Jesu (V 45a), die ihrerseits eine Antwort der Verdächtigten

---

[43] Der Wechsel von ξηραίνω (Markus) zu ἵστημι (Lukas) ist wohl eher dem literarischen Empfinden als den angeblichen medizinischen Kenntnissen des Lukas zuzuschreiben. Zum intransitiven Gebrauch von ἵστημι vgl. Bauer s.v. ἵστημι (IIa) (z.B. um auszudrücken, daß der Blutfluß zum Stillstand kommt).

[44] Vgl. Bill. IV,1 277–292. Das griechische Wort τὸ κράσπεδον bezeichnet den Rand, den Saum, die Kante einer Sache. In der Septuaginta wird der Begriff 5mal (davon 4mal im Plural) gebraucht, 3mal für צִיצָת, 2mal für כָּנָף.

[45] Vgl. Godet 544f.

bewirkt: Alle wehren sich[46], und Petrus verteidigt sie höflich und ausführlich (V 45b)[47]. Jesus gibt sich mit dieser Auskunft jedoch nicht zufrieden und widerspricht (V 46). Das Verb »erkennen«[48] wirkt wie eine Drohung. Die Frau, deren Zustand ausführlich beschrieben wird (V 47), legt ein Geständnis ab. Als sie sieht, daß dem Herrn nichts verborgen bleibt, kommt sie zitternd herbei und fällt zu seinen Füßen nieder. Sie erzählt die zwei Phasen des Geschehens, nämlich den Anlaß für ihr Handeln und das schließliche Ergebnis. Jetzt erwartet der Leser gespannt den Schluß. Höhepunkt ist nicht das Wunder, sondern das Wort Jesu, das kein Strafwort, sondern ein Wort der Annahme ist. Hier liegt die Pointe der Episode. Die Frau braucht keine Angst zu haben; ihre Berührung Jesu war, anders als das Drängen des Volkes, ein Zeichen ihres Glaubens. Und Gott sagt ja zu solchem Glauben[49]. Θυγάτηρ im Munde Jesu für eine Frau, die vermutlich älter ist als er, ist erstaunlich. Man muß darin die Gewohnheit des jüdischen Lehrers[50] und zugleich die Autorität des christlichen Messias erkennen[51].

Durch den Einschub »soll noch klarer das Zuspät zum Ausdruck kommen«[52]. Wahrer Glaube erweist sich vor allem dann, wenn angesichts bestimmter Ereignisse menschlich gesehen alles zu spät ist. Die letzte Erprobung des Glaubens ist der Tod. »Vom grenzenlosen Glauben«[53] sollte man die markinische und lukanische Version der Perikope sachgemäß überschreiben; dies im Unterschied zur matthäischen, die das Wunder der Auferstehung preist und die Glaubensproblematik vernachlässigt. Die Episode der Blutflüssigen zwingt Jesus dazu, zu spät zu dem kranken Mädchen zu gelangen[54]. Ob die Verkoppelung beider Erzählungen auch das Problem der Diskriminierung andeutet? Wenn sich jemand mit einem Bedürftigen beschäftigt[55], werden dann nicht andere Arme, Kranke und vor allem Verstorbene vernachlässigt? Diese Frage

---

[46]   Man kann jemanden berühren, weil man in einem Gedränge gestoßen wird oder weil man jemanden berühren will. Wer abstreitet, jemanden berührt zu haben, streitet ab, ihn willentlich berührt zu haben.

[47]   Zu ἐπιστάτης vgl. den Kommentar zu Lk 5,5 oben S. 223 Anm. 15. Ἀποθλίβω bedeutet »pressen«, »ausdrücken«, »herauspressen«; vgl. in der Septuaginta Num 22,25. Petrus meint, die Menge umdränge und bedrücke Jesus.

[48]   Der Aorist ἔγνων bezieht sich auf den Augenblick, in dem Jesus fühlt und feststellt, daß Kraft von ihm ausgegangen ist.

[49]   Roloff, J., Kerygma 153–155 hebt die πίστις der Frau hervor. Zu Recht betrachtet er V 48 als den Höhepunkt der eingeschobenen Geschichte. Dieser Glaube hat nichts mit Magie oder mit Autosuggestion zu tun. Nach Roloff ist es aber nicht das Motiv des Glaubens, das zum Zusammenfügen der beiden Geschichten geführt hat.

[50]   Der Vokativ »Tochter« wird schon im Alten Testament außerhalb verwandtschaftlicher Bande gebraucht. Der Sprechende wendet sich in dieser Weise an eine Frau, die entweder jünger ist oder eine niedrigere Stellung einnimmt als er; vgl. Ps 44(45),11; Zef 3,14; Klgl 4,21–22; Kühlewein, J., Art. בַּת, in: ThHAT II (1977) 319f.

[51]   Vgl. Lk 13,16.

[52]   Marxsen, W., Bibelarbeit 175.

[53]   Ebd. 180. Bei Matthäus ist das Mädchen schon zu Beginn der Geschichte tot; der Glaube des Vaters wird nicht geprüft (Mk 5,36 // Lk 8,50 ist ohne Parallele bei Matthäus).

[54]   Marxsen, W., ebd. erklärt jedoch nicht, warum gerade eine Geschichte wie die der blutflüssigen Frau als Verzögerungselement dient.

[55]   Vgl. die für Lukas typische (vgl. Lk 22,47) Formulierung ἔτι αὐτοῦ λαλοῦντος.

stellten sich die Thessalonicher[56]. Ist diese Tragik der Nächstenliebe unausweichlich? Fast paulinisch, aber mit johanneischen Akzenten versehen, betont Lukas in Übernahme seiner markinischen Vorlage: Für Gott ist es nie zu spät, denn Gott benutzt, um die Herrlichkeit seines Sohnes zu offenbaren, auch solche Gelegenheiten, in denen – menschlich gesehen – alles längst viel zu spät ist.

V 49: Die Geschichte scheint zuerst zu bestätigen, daß die leise Hoffnung aus V 42 jetzt erloschen ist. Ausgelöst wird dies durch die Botschaft eines Hausdieners[57] des Jairus, der zugleich in Form eines fast frechen Ratschlags seinem Herrn gegenüber erklärt: »Plage[58] den Lehrer nicht mehr.« Daß Jesus jetzt als »Lehrer« bezeichnet wird, liegt in der markinischen Vorlage begründet. **49**

V 50 steht narrativ etwas ungeschickt da, ist aber theologisch höchst relevant: Αὐτῷ betrifft natürlich, trotz aller grammatischen Zweideutigkeit, den Vater. Weshalb er sich nicht »fürchten« soll, hängt mit dem Offenbarungs-Kontext zusammen[59], denn jetzt gelangt das Ganze zu seinem Höhepunkt. Der göttliche Bote wird aktiv. Zunächst bittet er um Vertrauen[60]. Der Verfasser knüpft an das letzte Wort Jesu in der interpolierten Geschichte an, das schon Glaube und Heilung miteinander verband (V 48); hier wird der Glaube aber nicht nach dem Wunder festgestellt, sondern schon vorher erwartet. Der Bericht sagt nichts mehr vom Glauben des Vaters; überlieferungsgeschichtlich beschrieb die Erzählung zuerst *Jesus* als Thaumaturgen und übernahm erst dann die Thematik des Glaubens, d.h. die Haltung des *Vaters*. Die Bedeutung von πιστεύω wie von σῴζω beschränkt sich zunächst auf den konkreten Fall des verstorbenen Mädchens, aber der Leser sieht weiter und versteht, daß es sich um jedermanns Tod und Auferstehung und um den christlichen Glauben als solchen handelt. **50**

V 51 folgt einer Regel der Gattung: Das Wunder wird vorbereitet, d.h. inszeniert. Das Mysterium wird dadurch angedeutet, daß nur einige Privilegierte zugegen sein sollen: jene Dreiergruppe aus dem Jüngerkreis, die auch sonst bei besonders wichtigen Etappen im Leben Jesu zugegen ist (vgl. 9,28), sowie der Vater und, an letzter Stelle, die Mutter[61]. **51**

VV 52–53: Wahrscheinlich, obwohl bei Lukas nicht ganz klar, sind die Leute **52–53**

---

[56] Marxsen, W., Bibelarbeit 176f erwähnt 1Thess 4,13–18, jedoch ohne diesen Schluß zu ziehen.

[57] Wörtlich »einer von seiten des Synagogenobersten« (im Gegensatz zu V 41 behält Lukas hier den von Markus regelmäßig verwendeten Titel ἀρχισυνάγωγος bei); vgl. oben Anm. 34.

[58] Σκύλλω heißt wörtlich »schinden«. Wurde der Gebrauch in der übertragenen Bedeutung »ermüden«, »belästigen« zur Zeit des Lukas vom kultivierten Publikum als vulgär empfunden? In Lk 7,6 liest man das Medium (μὴ σκύλλου).

[59] Zu μὴ φοβοῦ in »numinosem« Zusammenhang vgl. den Kommentar zu 1,13 oben S. 54 Anm. 55 und zu 1,30 oben S. 74 Anm. 30.

[60] Markus setzt den Imperativ Präsens (πίστευε), der Dauer und Allgemeingültigkeit ausdrückt, Lukas (8,50) den Imperativ Aorist (πίστευσον), der nach einer baldigen Ausführung in einem bestimmten Kontext ruft.

[61] Lukas nennt das Mädchen hier (V 51) ἡ παῖς; denselben Ausdruck legt er Jesus in den Mund (V 54). Markus gebraucht 4mal τὸ παιδίον und 2mal τὸ κοράσιον.

aus V 52 andere Personen, Freunde und Trauerleute. Man kennt die Trauerriten vom Alten Testament her ziemlich gut[62]. Lukas beschränkt die Beschreibung in sparsamem Stil auf das Weinen und das Sich-die-Brust-Schlagen. Die Trauerzeremonie entfaltet sich ruhiger und normaler als bei Markus. Um die notwendige Ruhe für das Wunder zu schaffen, fordert Jesus die Anwesenden auf, den Trauerritus abzubrechen[63]. Das Lachen dieser zum Teil Professionellen erinnert an die gattungsgemäßen Zweifel an einem Wunder[64] wie an das heidnische Lachen über die christliche Predigt der Auferstehung (Apg 17,32). Eindrucksvoll stehen sich die vermeintlich vernünftigen Menschen (V 53) und der in Gott ruhende Jesus gegenüber.

54   V 54: »Die Hand ergreifen« ist in der Bibel Ausdruck der Hilfe[65]. Durch Geste und Wort, nonverbal und verbal, bewirkt Jesus die Wiederbelebung des Mädchens[66]. Ἐφώνησεν beschreibt (anders als λέγων) die Rolle der Stimme und bereitet die Wirkung des Wortes vor[67]. Ἔγειρε ist ein Imperativ in der intransitiven Bedeutung »wach auf«, »steh auf«[68].

55–56   V 55: Lukas eigen ist der Ausdruck »Und ihr Geist kehrte zurück«. Dahinter steht der Gedanke, daß der Geist oder die Seele der Verstorbenen eine Weile (gewöhnlich dachten die Juden an drei Tage) in der Nähe des Leichnams bleibe, bevor er für immer in die Welt der Verstorbenen hinübergehe. Das Wunder ist größer in 7,12–13, wo der Jüngling schon im Sarg liegt, und noch größer in Joh 11, wo Lazarus bereits vier Tage zuvor in sein Grab gelegt worden ist. Symmetrisch zum ersten Wunder (καὶ παραχρῆμα ἔστη ἡ ῥύσις . . . [8,44]) geschieht das zweite (καὶ ἀνέστη παραχρῆμα). Lukas konnte hier wie Markus die zwei üblichen Verben für die Auferstehung verwenden: ἐγείρω (V 54) und ἀνίστημι (V 55). Die Geschichte hat ihren Höhepunkt erreicht. Jetzt kommt nur noch die Bestätigung des Wunders dadurch, daß das Mädchen etwas ißt (V 55), sowie der Hinweis auf das Staunen der Eltern (V 56), das ebenfalls die Funktion hat, das unglaubliche Geschehen zu beglaubigen. Die an dieser Stelle fehlende Reaktion der drei Jünger zeigt, daß ihre Erwähnun innerhalb der Erzählung als sekundäre Einfügung zu beurteilen ist.

Das Schweigegebot verweist nicht auf die Christologie des Lukas, sondern gehört stilgemäß zur Gattung des Wunders; es unterstreicht die geheimnisvolle

---

[62]   Vgl. Oßwald, E., Art. Trauer usw., BHH III (1966) 2021–2023.

[63]   Καθεύδω heißt »sich hinlegen«, »sich schlafen legen«, »schlafen«; κοιμάω, im Neuen Testament oft im Passiv oder Medium gebraucht, bedeutet im aktiven Gebrauch »auf ein Bett legen«, »hinstrecken«.

[64]   Vgl. Theißen, G., Wundergeschichten 66.

[65]   Vgl. von der Osten-Sacken, P., Art. κρατέω, in: EWNT II (1981) 776–778. Um die Errettung durch Gott auszudrücken, verwendet das Alte Testament gelegentlich die Wen-

dung »Gott nimmt jemanden bei der Hand« (vgl. Ps 72[73],23: ἐκράτησας τῆς χειρὸς τῆς δεξιᾶς μου).

[66]   Der an Stelle des Vokativs gebrauchte Nominativ ὁ oder ἡ παῖς ist häufig; man scheint den Vokativ παῖ zu meiden oder nicht mehr zu kennen.

[67]   Zur Rolle, die das Wort selbst in der antiken Medizin spielte, vgl. Laín Entralgo, P., La Curación por la Palabra en la Antigüedad Clásica, Madrid 1958.

[68]   Vgl. Bauer s.v. ἐγείρω (1b).

Stimmung und die bescheidene Haltung des Thaumaturgen, der weder Geld
(vgl. V 43) noch Ruhm wünscht.

Inmitten einer erwartungsvollen Menge akzeptiert Jesus den gesetzeswidri-　Zusammen-
gen Kontakt mit dem Unreinen und dem Tod. Trotz ihres Leidens, ja obgleich　fassung
alles dagegen zu sprechen scheint, verlassen sich der Vater des Mädchens und
die blutflüssige Frau uneingeschränkt auf ihn. Im Glauben an Gott und im
Vertrauen zu Jesus erfahren die Frau und das Mädchen daraufhin die heilende
Kraft Gottes und werden zum Vorbild der juden- und heidenchristlichen Gemeinden.

Die Aussendung der Zwölf (9,1–6)

Literatur:　Beare, F.W., The Mission of the Disciples and the Mission Charge. Matthew 10 and Parallels, JBL 89 (1970) 1–13; *Bultmann, R.,* Syn. Trad. 155–156.357; Ergänzungsheft 59; *Degenhardt, H.-J.,* Lukas 60–68; *Delebecque, E.,* »Secouez la poussière
de vos pieds«. Sur l'hellénisme de Luc IX,5, RB 89 (1982) 177–184; *Ford, J.M.,* Money
»bags« in the Temple (Mk 11,16), Bib. 57 (1976) 249–253; *Frizzi, G.,* Mandare-inviare
in Luca-Atti, una chiave importante per la comprensione dell'escatologia di Luca,
RivBib 24 (1976) 359–401; *ders.,* La »missione« in Luca-Atti, RivBib 32 (1984) 395–
423; *Goulder, M.D.,* From Ministry to Passion in John and Luke, NTS 29 (1983) 561–
568; *Goulet, R.,* Les Vies de philosophes dans l'Antiquité tardive et leur portée mystérique, in: Actes apocryphes 161–208; *Haenchen, E.,* Weg Jesu 220–234; *Hahn, F.,* Das
Verständnis der Mission im Neuen Testament, Neukirchen-Vluyn ²1965 (WMANT
13), 33–36; *Hengel, M.,* Nachfolge und Charisma. Eine exegetisch-religionsgeschichtliche Studie zu Matt 8,21f. und Jesu Ruf in die Nachfolge, Berlin 1968 (BZNW 34),
82–89; *Hoffmann, P.,* Logienquelle 245–248; *Kaestli, J.-D.,* Les scènes d'attribution des
champs de mission et de départ de l'apôtre dans les Actes apocryphes, in: Actes apocryphes 249–264; *Kasting, H.,* Die Anfänge der urchristlichen Mission, München
1969, 110–114; *Leo, F.,* Diogenes bei Plautus, Hermes 41 (1906) 441–446; *Lührmann,*
D., Logienquelle 59; *Manson, T.W.,* Sayings 179–182; *Miyoshi, M.,* Anfang 59–94;
Moessner, D.P., Luke 9,1–50. Luke's Preview of the Journey of the Prophet Like Moses
of Deuteronomy, JBL 102 (1983) 575–605; *O'Toole, R.F.,* Luke's Message in Luke 9,1–
50, CBQ 49 (1987) 74–89; *Schott, E.,* Die Aussendungsrede Mk 10. Mc 6. Lc 9.10,
ZNW 7 (1906) 140–150; *Schramm, T.,* Markus-Stoff 26–28.128 Anm. 1; 186; *Schulz,*
S., Q 404–419; *Schürmann, H.,* Mt 10,5b–6 und die Vorgeschichte des synoptischen
Aussendungsberichtes, in: Neutestamentliche Aufsätze (FS J. Schmid), hrsg. v. J.
Blinzler u.a., Regensburg 1963, 270–282 (= *ders.,* Untersuchungen 137–149); *Testa,*
E., I »discorsi di missione« di Gesù, SBFLA 29 (1979) 7–41.

**1 Er rief aber die Zwölf zusammen und gab ihnen Kraft und Vollmacht
über alle Dämonen und zur Heilung von Krankheiten 2 und sandte sie
aus, das Reich Gottes zu verkünden und die Kranken zu heilen. 3 Und
er sprach zu ihnen: Nehmt nichts mit auf den Weg, weder Stock noch
Ranzen noch Brot noch Silber, noch daß jeder zwei Unterkleider**

habe. 4 Und in was für ein Haus ihr einkehrt, da bleibt, und von dort werdet ihr ausgehen. 5 Und jedesmal, wenn man euch nicht aufnimmt, geht aus der Stadt hinaus und schüttelt den Staub von euren Füßen zum Zeugnis über sie. 6 Sie aber zogen aus und durchstreiften Dorf um Dorf, überall Frohbotschaft verkündend und heilend.

Analyse   In Kap. 9 folgt Lukas weiterhin seiner Markus-Vorlage, an die er sich schon von 8,4 an gehalten hat. Allerdings überspringt er verschiedene markinische Perikopen.

Wegen der programmatischen Konstruktion von 4,16–30 (Jesu Predigt in Nazaret) läßt er Mk 6,1–6a zwischen den Kapiteln 8 und 9 aus. Nach dem Bericht über die Frage des Herodes und die Meinungen des Volkes (9,7–9) übergeht er die Darstellung des Todes des Johannes (Mk 6,17–29), die er als anekdotische Abschweifung empfindet. Zwischen 9,17 und 18 fällt erstaunlicherweise eine ganze Reihe von Perikopen weg (Jesu Wandeln auf dem See, Krankenheilungen am Westufer, der Dialog über Rein und Unrein, die Syrophönizierin, die Heilung des Taubstummen, die Speisung der Viertausend, die Zeichenforderung, der Sauerteig der Pharisäer und die Heilung des Blinden vor Betsaida [Mk 6,45–8,26]). Dadurch wird das übrige Markus-Material in ein neues Licht gerückt. Lk 9,1–50 erhält eine christologische und, da die Zwölf aktiv einbezogen sind, ekklesiologische Konzentration (Frage des Herodes, Bekenntnis des Petrus, zwei Leidensankündigungen, Verklärung Jesu).

Die Aussendung der Jünger wurde von Markus und Q sehr ähnlich erzählt[1], so daß wir auf eine einzige ursprüngliche literarische Einheit schließen dürfen[2]. »Zur Grundform gehört als erstes die Aussendung, sodann die Regelung der Ausrüstung, weiter die Anweisung über das Verhalten in Häusern und endlich die Anweisung über das Verhalten in Ortschaften.«[3] Diese Grundform ist wahrscheinlich eine nachösterliche Konstruktion mit archaischen Elementen, die unabhängig voneinander überliefert worden sind (siehe unten S. 457). Matthäus hat in seinem Kap. 10 beide Berichte miteinander verschmolzen, Lukas hingegen hält sie auseinander, wobei er im Gegensatz zu 9,1–6 die Q-Vorlage in einen breiten Aussendungsbericht der Siebzig umgestaltet (Lk 10,1–16). Beide Aussendungen entsprechen den zwei Phasen der christlichen Verkündigung sowie dem doppelten Ursprung der Kirche aus Juden und Heiden, der die Struktur der Apostelgeschichte prägen wird.

Bereits in Kap. 9 hat Lukas das Material des 10. vor Augen[4]. Das ist nicht erstaunlich, da Q an eine Aussendung der *Zwölf* dachte. Aus Q stammen die Heilung der Krankheiten (V 1), das Reich Gottes (und nicht die Buße [Mk 6,12]) als Inhalt der Predigt (V 2), das Verbot des Wanderstabes (V 3), die Formulierung des Staubabschüttelns (V 5). Das Schweigen von Lukas und Matthäus über die Aussendung zu zweit (Mk 6,7) wie über die Sandalen (Mk 6,9) könnte ebenso als Einfluß des Q-Berichts verstanden werden. Die neuen Einführungen Mk 6,8 und 10, die bei Lukas (nur noch 9,3) und besonders bei Matthäus am Verschwinden sind, bezeugen den Sammlungscha-

---

[1] Zu Mk 6,6b–13 und dem Matthäus und Lukas gemeinsamen Material vgl. Hahn, F., Mission 33–36.

[2] Vgl. Bultmann, R., Syn. Trad. 155f.

[3] Hahn, F., Mission 34.

[4] Vgl. Schramm, T., Markus-Stoff 186 und Schneider I 200.

rakter der Worte Jesu und ihre ursprüngliche Selbständigkeit: Das erste Wort bestimmt die Reisebedingungen (V 3), das zweite die Haltung während der Aufenthaltszeiten (VV 4–5).

Die Verdoppelung der Sendung liefert uns ein wichtiges Indiz für die Funktion, die Lukas seinem literarischen Werk beimißt: Er überliefert die Aussendung der Zwölf; für seine Zeit, seine Kirche und seine Missionspraxis benötigt er jedoch eine im Leben Jesu verankerte proleptische Heidenmission. Besonders dieser zweite Bericht ist also auch transparent und verrät die Sorge und die Verantwortung der christlichen Mission in der lukanischen Zeit. Mit allem konzipiert Lukas keine völlige Neubildung, denn für Markus wie für Q besaß auch die Aussendung der Zwölf diesen doppelten Charakter[5]. Er hat deren Intention lediglich konsequent weitergeführt, sowohl im Sinn der vergangenen als auch der gegenwärtigen Heilsgeschichte[6].
Die missionarische Praxis der Urgemeinde ist sicher der Sitz im Leben dieser Überlieferungen; trotz der üblichen Überschrift »Die Aussendung der Jünger«[7] legt der Bericht weniger Gewicht auf die Mission der Jünger als auf den Auftrag des Herrn. Strukturell liegt ein narrativer Rahmen (VV 1–2 und V 6) und, darin eingebettet, eine Rede *Jesu* vor (VV 3–5 [mit »Und er sprach zu ihnen« eingeführt]). Letztere besitzt natürlich einen bleibenderen Wert für die Kirche als einige hagiographische Missionserfolge der Zwölf. Der erste Teil des Rahmens (VV 1–2) berichtet ebenso über die Initiative und das Handeln des Herrn, nicht der Jünger. Als Einsetzung der Zwölf besitzt diese Perikope wie die Berufung der Zwölf (6,12–16) aber noch eine weitere kirchliche Bedeutung. Die Urgemeinde und dann Lukas vernehmen darin die legitimierende Begründung der Mission als deren normierende Praxisregelung.
Lukas ist jedoch bewußt, daß die zeitgenössische Praxis die ursprüngliche Methode nicht sklavisch übernehmen kann; damals war Jesus noch als Mensch anwesend, jetzt nicht mehr. Außerdem gilt es, die Auferstehung des Sohnes und nicht mehr allgemein das Reich Gottes zu predigen. Und schließlich (vgl. 22,35–38) ist das Detail der Zurüstung zur Zeit des Lukas nicht mehr anwendbar. Trotzdem zeigen die Erzählungen der Apostelgeschichte eine Verwandtschaft zwischen der erzählten vorösterlichen und der erlebten nachösterlichen Missionspraxis: a) Hier wie dort empfängt der Missionar Kraft und Vollmacht vom Herrn (Apg 26,15–18); b) Predigt und Heilung gehören zusammen (Apg 3,1–26); c) der Missionar findet Aufnahme oder Ablehnung: Er soll das gastfreundliche Haus als Zentrum seines Wirkens benutzen (z.B. Apg 18,7), im Fall der Verweigerung (Apg 13,51 und 18,6) jedoch weitergehen und den Staub von sich abschütteln. Man kann sich fragen, ob die Aussen-

---

[5] Vgl. Haenchen, E., Weg Jesu 221 und 226.
[6] Loisy 261 findet in dieser Perikope einen Niederschlag der Doppelfunktion der ersten Missionare: Predigt und Geisteraustreibung. Dieses Bemühen um Aktualisierung erklärt auch, daß Mt 10,5–6 (das Verbot, zu den Samaritanern und den Heiden zu gehen) weggestrichen wurden. Zu dieser Auslassung vgl. Godet 557.
[7] Vgl. Aland, K., Synopsis 200.

dungsberichte in Num 13 und Jos 2 auf die Form der neutestamentlichen eingewirkt haben. Jedoch sind außer dem Wortschatz der Sendung (Num 13,3.16.17; Jos 2,1), der Zahl der zwölf Delegierten in Num 13 (»einer von jedem Stamm« [Num 13,2]) und einem Bericht bei der Rückkehr (διηγήσαντο αὐτῷ [Num 13,27 LXX; vgl. Lk 9,10]) das Ziel der Mission und die Struktur der Berichte verschieden.

Erklärung   *Die Einsetzung und die Aussendung (VV 1–2)*

1   Zum dritten Mal kommen die Zwölf[8] im Lukasevangelium als geschlossene Gruppe vor: Nach ihrer Berufung (6,12–16) begleiteten sie Jesus zusammen mit einer Frauengruppe (8,1–3), jetzt sollen sie an der Mission Jesu teilnehmen, die schon vorher angekündigt wurde (6,13)[9]. Zunächst ruft Jesus sie herbei und versammelt sie um sich[10]. Dann gibt er ihnen Anteil an seiner Vollmacht[11] und sendet sie aus. Ohne die empfangene Kraft wäre die Mission unerfüllbar, aber: »Er gibt, was er befiehlt«. Darum stellt der Evangelist die markinische Reihenfolge (ἀποστέλλω – δίδωμι) um[12]. Die δύναμις, die die Heilungen, und die ἐξουσία, die die Exorzismen ermöglichen, sind diesen Wundern chiastisch zugeordnet[13].

2   Der Hinweis auf die doppelte Aufgabe bricht, wenn man nicht »die Kranken« nach »heilen« liest[14], abrupt ab. Im Unterschied zu Matthäus und wahrscheinlich zu Q ist das Reich Gottes nicht mehr durch seine Nähe bestimmt (Mt 10,7; Lk 10,9). Der redaktionelle Ausdruck »das Reich Gottes zu verkünden« (vgl. Apg 28,31) umfaßt den Inhalt der Predigt Jesu und des vorösterlichen Evangeliums (vgl. 4,43)[15]. Lukas gibt hier dem Begriff »Reich Gottes«

---

[8]   Einige gute Handschriften fügen zu »die Zwölf« den Titel »Apostel« hinzu; vgl. Metzger, B.M., Textual Commentary 146, der etwas zu kritisch von »later copyists« spricht.

[9]   Nach Godet 554 bringt Jesus seine Wirksamkeit in Galiläa zum Abschluß, indem er sein Wirken durch die Mithilfe der Zwölf vervielfacht.

[10]   Während Markus und Matthäus das Verb προσκαλέω verwenden, gebraucht Lukas συγκαλεσάμενος. Man beachte a) die mediale Form (er ruft sie zu sich) und b) das συν- in συγκαλέω (er ruft sie zusammen).

[11]   Lukas wählt den punktuellen Aorist ἔδωκεν, Markus hingegen das Imperfekt ἐδίδου. Im Gegensatz zu Schneider I 201 und mit Marshall 351 schließe ich daraus aber nicht, daß Jesus seinen Jüngern Gewalt und Vollmacht nur für dieses eine Mal gegeben hat.

[12]   Lukas, der doch das Vokabular des »Beginns« liebt, streicht hier das ἤρξατο des Markus (Mk 6,7). (Um der Vieldeutigkeit des markinischen Ausdrucks ἤρξατο αὐτοὺς ἀποστέλλειν ... auszuweichen?)

[13]   Die Parallele bei Matthäus zeigt, daß das Thema der Heilungen aus Q stammt. Um es zu integrieren, fügt Lukas das Wort δύναμις ein (zu δύναμις vgl. den Kommentar zu 5,17 oben S. 246 Anm. 23). Der Umstand, daß Lukas aus zwei Quellen schöpft, erklärt die grammatikalische Ungeschicklichkeit. Plummer 239 allerdings ist der Ansicht, daß es keine grammatikalischen Probleme gebe: »νόσους θεραπεύειν depends on δύναμιν καὶ ἐξουσίαν, and is co-ordinate with ἐπὶ πάντα τὰ δαιμόνια.«

[14]   Die Worte »die Kranken« sind in der Form τοὺς ἀσθενεῖς oder τοὺς ἀσθενοῦντας (vgl. Mt 10,8) gut bezeugt.

[15]   Zu κηρύσσω vgl. den Kommentar zu 3,3 oben S. 170 Anm. 16. Nach Godet 555 zählt die eindringliche Verkündigung (Predigt des Reiches Gottes) mehr als die Wunder. Es geht darum weiterzusagen, was Jesus getan hat, seine Lehre in Erinnerung zu rufen und deren entscheidende Tragweite zu verkünden.

mehr christologisches als eschatologisches Gewicht[16]. Wie bis jetzt der lukanische Messias eine heilende Gestalt gewesen ist, so sollen auch seine Gesandten die Menschen heilen. Sie werden im Namen Jesu, der im Namen
Gottes gekommen ist, die soteriologischen Güter durch Wort und Tat bringen. Was das Wirken Jesu charakterisierte, wird auch die Zwölf und die Siebzig (d.h. die Kirche) bestimmen.

Die Ausrüstung (VV 3–5)

Auf den grundsätzlichen Auftrag folgen die praktischen Regeln für die Reise 3
(εἰς τὴν ὁδόν) und die einzelnen Etappen (in den Häusern). Die Reiseregeln
enthalten archaisches Gut, das die christliche Tradition mit Respekt und wenig Anpassung weitergibt. V 3 ist logisch aufgebaut: a) Zuerst wird die allgemeine Regel genannt (nichts nehmen), dann b) vier verbotene Güter (Wan-
derstab, Reisetasche, Brot und Geld), jeweils durch μήτε verbunden, c) als Abschluß ein fünftes Elementargut, das man tragen, aber nicht zweifach mitnehmen darf (Unterkleid). Solche Weisungen des evangelischen Radikalismus wurden in der Anfangszeit der Kirche von Wanderpredigern womöglich
buchstäblich befolgt und spiegeln wahrscheinlich die eschatologische und polemische Forderung des historischen Jesus wider. Zur Zeit des Lukas werden
sie mit Verehrung betrachtet, sind aber, wie wir in der Apostelgeschichte sehen, nicht mehr alle aktuell[17]. Die Liste beschreibt die minimale Reiseausrü-
stung vielleicht in kritischer Anlehnung an die Ausrüstung des nach Jerusalem ziehenden Pilgers[18]. Jesus hätte dann das Ziel wie den Inhalt und die Bedingungen der Pilgerschaft radikal umgedeutet: Statt nach Jerusalem hinauf-
zusteigen, geht man zu den verstreuten Israeliten; anstatt seine eigene religiöse Pflicht zu erfüllen, bringt man die neue Botschaft anderen. An Stelle der
Pilgerausrüstung trägt man die minimale Bekleidung der letzten Zeit. Wenn
diese Hypothese stimmte, käme der Mission eine liturgische Bedeutung zu.
Der Missionar würde durch seine Tätigkeit die profane Sphäre des Hauses
heiligen. Das Heilige würde den Menschen in seiner Weltlichkeit erreichen
und der Mensch den heiligen Tempel nicht mehr betreten. Voraussetzung dieser radikalen Umdeutung wäre eine Überlegung hinsichtlich des *Ortes* der
heiligen Präsenz Gottes, die nicht mehr vom Tempel abhinge, sondern von
der Person der göttlichen Boten. Die Verschiebung des Heiligen vom Tempel
zur Person entspricht der Überzeugung Jesu und ist Teil seines Selbstver-
ständnisses. Eine solche Übertragung prägt aber auch die Spätantike[19]. Lukas
versteht vielleicht die polemische und apokalyptische Pointe der Rede Jesu

[16]   Vgl. Conzelmann, H., Mitte 105 Anm. 3.

[17]   Mk 6,8 liest χαλκόν (»Bronze«; die griechische Drachme war 6 Oboli und 1 Obolus 8
χαλκοί wert). Lukas zieht ἀργύριον (»Silber-
stück« vor (Silber als Metall und dann auch
als geprägte Münze heißt ἄργυρος). Ἀργύριον ist in der Septuaginta häufig belegt; vgl.
Kanael, B. – Höhne, E., Art. Münzen, in: BHH
II (1964) 1249–1256.

[18]   Vgl. Bill. I 565 (zu Mt 10,9).

[19]   Vgl. Brown, P., The Making of Late Antiquity, Cambridge (Mass.) 1978, 1–26.

nicht mehr, wohl aber, daß Jesus die Zwölf ohne menschliche Hilfsmittel, aber mit der göttlichen Hilfe ausgesandt hat. Was am Anfang konkret war, gilt jetzt metaphorisch. Später, in 22,35–38, hat Lukas diese Veränderung nach der Passion im Blick und begreift die göttliche Hilfe durch die menschlichen Vermittlungen, ohne die metaphorische Sprache (im Bild des Schwertes) zu verleugnen. Vielleicht will Lukas auch den christlichen Missionar vom reisenden Kyniker, dem Philosophen, der mit Ranzen, Stock und Mantel seine Weisheit zu Markte trägt, unterscheiden[20]. Die markinische Aussage über den »Stock«[21] klingt umständlich und ist ein erster Versuch der Anpassung, während Lukas und Matthäus die Urfassung weitergeben. Das Verbot des Pilgerstabs wäre ein Element der schon erwähnten Kritik am jüdischen Pilgertum.

Ursprünglich war die Besitzlosigkeit der Jünger wohl eine Übernahme derjenigen der Leviten (vgl. Num 18,31). Das steht nicht im Gegensatz zum Gesetz des verdienten Lohns in 10,7 (erscheint bei Paulus in 1Kor 9,4.14 als Herrengebot). Was Lukas vom Empfang in den Häusern sagt, paßt dazu. Da 1Tim 5,18 den Lohn durch Num 18,31 (eine Regelung für die Leviten) legitimiert, ist wohl die Einkommens- und Besitzlosigkeitsethik der Leviten auf die ersten christlichen Missionare übertragen worden. Die Harmonisierung beider Gebote zielt (wie in der Mannatradition) auf ein einfaches Überleben der Gläubigen, das jede menschliche Hoffnung auf einen akkumulierten Besitz ausschließt. Ohne vielleicht alle alttestamentlichen Konnotationen dieser Regelungen verstanden zu haben, hat Lukas diese grundsätzliche Haltung begriffen und sich zu eigen gemacht[22].

4   Merkwürdig ist das Wort über die Häuser (V 4)[23]. Die Parallelstelle 10,7 erhellt es: Die Gemeinde soll aus dem ersten gläubig gewordenen Haus heraus wachsen. Ein Wechsel der Häuser würde Eifersucht verursachen und den Eindruck vermitteln, der Missionar hätte Lieblingsbekehrte. Damit wird auch die natürliche Tendenz des Menschen, den größeren Komfort zu wählen, bekämpft. Überdies wären mehrere Kirchen an einem Ort unzulässig. Denn das Haus wird der Versammlungsort der Lokalgemeinde werden, wie aus Röm 16,5; 1Kor 16,19 und aus der Apostelgeschichte hervorgeht. »Von dort werdet ihr ausgehen« bedeutet: aus diesem *Haus* und aus dieser *Stadt*[24].

---

[20]   Vgl. Leo, F., Diogenes; Schürmann I 502 Anm. 24; Schneider I 201. Zum vielschichtigen antiken Bild des Philosophen vgl. Goulet, R., Vies.

[21]   Vgl. dazu die interessanten Bemerkungen von Marshall 352.

[22]   Von beiden Unterkleidern wird das eine angezogen, das andere bleibt als Reserve übrig. Zum distributiven ἀνά vgl. Bl-Debr-Rehkopf § 248,1.

[23]   Vgl. Reiling, J. – Swellengrebel, J.L., Handbook 365: »The clause appears to mean that in each place the disciples are to stay in the very first house which offers them hospitality.«

[24]   Vgl. Lagrange 259. Die missionarische Situation, die hier vorausgesetzt ist (neue Gemeinden entstehen), unterscheidet sich von der späteren, in der Didache beschriebenen, denn Did 11,3–6 regelt den kurzen Aufenthalt der wandernden Apostel in den schon bestehenden Gemeinden; vgl. Haenchen, E., Weg Jesu 222f und Rordorf, W. – Tuilier, A., La doctrine des douze apôtres (Didachè), Paris 1978 (SC 248), 51–63.184f.

V 5 beschreibt die negative Möglichkeit: die Ablehnung der Boten und ihrer 5
Botschaft[25]. Die Geste ist im Alten Orient bekannt. Sie drückt keine Wut und
kein Rachegefühl aus, sondern symbolisiert das Abbrechen der menschlichen
Verbindung und den Abscheu vor Verunreinigung. Die Pharisäer, die aus
heidnischen Ländern nach Judäa zurückkehrten, schüttelten den Staub von
ihren Sohlen[26]. Wir empfinden diese Geste als Mangel an Nächstenliebe, aber
sie ist nicht einem Fluch gleichzusetzen[27]. Liebe zum Nächsten verlangt
manchmal, daß man den anderen mit seiner Verantwortung allein läßt, denn
Liebe, die zu zwingen versucht, ist keine Liebe mehr. Zur Zeit des Paulus ist
laut Lukas diese symbolische Handlung lebendig geblieben (Apg 13,51)[28]. Die
nonverbale Geste spricht lauter als eine Rede; sie gilt als »Zeugnis über sie«
(eher als »gegen sie«)[29], das die Mitmenschen und vor allem Gott vernehmen
sollen.

Die Verwirklichung (V 6)

V 6 besagt viel und gleichzeitig wenig[30]; wenig, weil wir gern Einzelheiten über diese 6
erste Mission hören möchten, viel, weil Lukas uns nüchtern und doch eindrucksvoll
das entscheidende Faktum mitteilt: Die Jünger kommen gehorsam dem Auftrag ihres
Herrn nach. Die apokryphen Apostelgeschichten erwähnen demgegenüber die ersten
Hemmungen und das anfängliche Zögern der vom auferstandenen Herrn ausgesandten Apostel und spiegeln auf diese Weise die damaligen Reisegefahren und die urchristlichen Missionsschwierigkeiten wider[31].
Διήρχοντο führt den ganzen Weg durch (δια-) das Land vor Augen, κατὰ κώμας die
verschiedenen Etappen. Die Wahl des Wortes »Dorf« erfolgte bewußt[32]: Lukas sieht
Jesus selbst am Werk in den *Städten*. Er empfindet die *Dörfer* als adäquate Probestät-
ten für die unerfahrenen Zwölf.

---

[25] Lukas präzisiert, daß sie »aus dieser
Stadt« hinausgehen sollen (der Ausdruck
fehlt in Mk 6,11, steht aber – noch ausführlicher – in Mt 10,14). Wie Mt 10,14 scheint
auch er die Worte »und wenn man euch nicht
zuhört« (Mk 6,11) nicht zu kennen.
[26] Vgl. Plummer 240 und Bill. I 571.
[27] Lukas liest ἀποτινάσσω, Markus und
Matthäus ἐκτινάσσω (beide Verben sind
praktisch Synonyme). Ansonsten steht Lukas
in V 5b nahe bei Matthäus, d.h. also bei Q.
[28] Apg 13,51 formuliert nicht gleich, aber
doch ähnlich: Als Verb steht ἐκτινάσσω (vgl.
Anm. 27), dem »Staub« folgt ein einfacher
Genitiv (»der Füße«), und auch den Ausdruck
»über sie« findet man, nicht aber »zum Zeugnis«. Die Bedeutung dieser Gebärde ist m.E.
dieselbe wie in Lk 9,5; vgl. dazu Apg 18,6, wo
Paulus seine Kleider ausschüttelt, und Apg
22,23, wo die Paulus feindlich gesinnten Juden ihre Mäntel in die Luft werfen und Staub
aufwirbeln.

[29] Man spürt in dieser die Trennung mar-
kierenden Gebärde eine gewisse Aggressivität und hört einen richtenden Unterton heraus.
[30] V 6 ist stark lukanisch geprägt. Das im
Evangelium seltene πανταχοῦ (»überall«) ist
in der Apostelgeschichte gang und gäbe (Apg
17,30; 24,3; 28,22), was nicht erstaunt, da Lukas ja in diesem Buch seinen Universalismus
ausbreitet. Schürmann I 504 seinerseits faßt
πανταχοῦ eher in intensivem als extensivem
Sinn auf.
[31] Vgl. Kaestli, J.-D., Scènes. Während der
bewegten Zeit des Anfangs genügte es den
Christen zu wissen, daß Jesus seine Jünger
ausgesandt hatte (Lk 9,1–6); in späteren, weniger euphorischen Zeiten taten konkrete
Ausführungen über die Anfänge der Mission
not (vgl. die apokryphen Apostelakten).
[32] Vgl. Grundmann 185. Ernst 286 ist anderer Ansicht.

Knapp, aber treffend faßt er den Inhalt der Mission in ihrer doppelten Struktur zusammen: Die Jünger Jesu bringen in Wort und Tat das Evangelium[33]. Damit erreicht Lukas eine literarische *inclusio* mit dem Anfang der Perikope (VV 1–2).

Nur Lukas benutzt πανταχοῦ (»überall«) für die Mission der Zwölf. Er denkt universalistisch und versteht diese erste Mission als Prolepse der zukünftigen Mission der Apostel (Apg 1,8)[34].

Zusammenfassung Die Jünger sind nicht nur Glaubende geworden (5,1–11 und 6,12–16), sondern durch ihre Nachfolge auch Zeugen Jesu (8,1 und Apg 1,21–11) und hier schließlich Boten des Reiches Gottes (vgl. schon 6,13). Damit konkretisiert Jesus ein unentbehrliches Moment des Glaubens, die Sendung. Das Evangelium schickt uns immer wieder einmal »weg«[35]. Das hatte Gott schon von Abraham verlangt. Hier jedoch kehren die Jünger anschließend zu ihrem Herrn zurück (9,10a). Aber der Bericht antizipiert dennoch die grundsätzliche Trennung durch die Himmelfahrt[36]. Am Schluß (V 5) erwähnt er eine weitere und ganz andere Trennung: den Abbruch der menschlichen Beziehung mit den verstockten Hörern. So stehen die Zwölf thematisch in einer doppelten Einsamkeit: von ihrem Herrn weggeschickt (VV 1–2) und von den Menschen verworfen (V 5). Aber der Bericht läßt sie nicht völlig isoliert. Sie werden auch gastfreundliche Häuser betreten und dort den fruchtbaren Austausch zwischen den materiellen und den geistlichen Gütern erfahren, von dem Paulus spricht.

Was die Perikope vom Verzicht auf die Güter (VV 3–4) betont, steht symmetrisch zu dem, was Jesus von den persönlichen Trennungen sagt. Indem die Jünger auf ihr Eigentum verzichten, machen sie sich von der Gemeinde abhängig. Während hier die erste Mission besprochen wird, werden auch die wichtigsten Komponenten des gemeinschaftlichen Lebens in der Kirche erwähnt. Das kann nicht geschehen, ohne die Struktur des Glaubens als doppelte Antwort auf den Zuruf und die Sendung Christi zu bestimmen.

Das wichtigste Moment jedoch betrifft die Beziehung zwischen den Jüngern und ihrem Herrn, denn durch ihre Sendung sind die Zwölf bevollmächtigt und haben Anteil am Wirken Jesu. Diese Mitwirkung der Zwölf erklärt viel-

---

[33] Das in V 6 gesetzte Verb θεραπεύω nimmt jenes aus V 1 auf und schließt so die Klammer. Merkwürdigerweise übernimmt Lukas, der doch sonst zwischen Heilungen und Exorzismen unterscheidet (vgl. V 1), die von Markus (6,12–13) durchgeführte Differenzierung nicht.

[34] Nach Lagrange 260 will Jesus, daß alle in Galiläa vom Kommen des Gottesreiches wissen. Von den Evangelisten begründe Matthäus die Mission mit dem Erbarmen für das

Volk, Markus mit dem Bemühen, die Jünger auszubilden, und Lukas halte »die Mitte zwischen Matthäus und Markus«.

[35] Auf diese dringliche Aufforderung, sich aufzumachen, als eine grundlegende Forderung des Evangeliums hat mich J. Moingt (mündlich) aufmerksam gemacht.

[36] Die zweite Himmelfahrtserzählung (Apg 1,9–11) handelt von dieser Trennung; vgl. Lohfink, G., Himmelfahrt 251–275 und Bovon, F., Luc le théologien 187f.

leicht, weshalb Lukas uns nicht sagt, ob die Jünger zu zweit, allein oder gemeinsam ihren Auftrag durchführen. Entscheidend ist, daß sie mitverantwortlich geworden sind[37].

Die Verwirrung des Herodes (9,7–9)

Literatur: Berger, K., Die Auferstehung des Propheten und die Erhöhung des Menschensohnes. Traditionsgeschichtliche Untersuchungen zur Deutung des Geschickes Jesu in frühchristlichen Texten, Göttingen 1976 (StUNT 13), 18–21; *Conzelmann, H.*, Mitte 44; *Fitzmyer, J.A.*, The Composition of Luke, Chapter 9, in: Talbert, C.H., Perspectives 139–152; *Gils, F.*, Prophète 20–21; *Haenchen, E.*, Weg Jesu 234–237; *Hengel, M.*, Nachfolge und Charisma. Eine exegetisch-religionsgeschichtliche Studie zu Mt 8,21f. und Jesu Ruf in die Nachfolge, Berlin 1968 (BZNW 34), 40; *Hoehner, H.W.*, Herod 110.113.123.127.149.159.184–197.215; *Pesch, R.*, Das Messiasbekenntnis des Petrus, BZ NS 17 (1973) 178–195; 18 (1974) 20–31; *ders.*, Zur Entstehung des Glaubens an die Auferstehung Jesu, ThQ 153 (1973) 201–228; *Rese, M.*, Einige Überlegungen zu Lukas XIII,31–33, in: Jésus aux origines de la christologie, hrsg. v. J. Dupont, Leuven 1975 (BEThL 40), 201–225; *Schnackenburg, R.*, Die Erwartung des »Propheten« nach dem Neuen Testament und den Qumran-Texten, StEv 1 (1959) 622–639 (TU 73); *Schramm, T.*, Markus-Stoff 128–129; *Wilkens, W.*, Die Auslassung von Mark. 6,45–8,26 bei Lukas im Licht der Komposition Luk. 9,1–50, ThZ 32 (1976) 193–200.

7 Und es hörte Herodes, der Vierfürst, all das Geschehene und war in Verlegenheit, weil von einigen gesagt wurde: Johannes wurde von den Toten auferweckt, 8 von einigen aber: Elija erschien, und von anderen: Ein Prophet, einer der alten, ist auferstanden. 9 Herodes aber sprach: Johannes habe ich enthauptet, wer aber ist dieser, von dem ich solches höre? Und er suchte ihn zu sehen.

Lukas hat hier zwei Worte mit Matthäus gemeinsam (ὁ τετραάρχης und   Analyse
ἠγέρθη [V 7]), sonst stimmt er zumeist mit Markus überein, ausgenommen den Zweifel des Herodes (V 7b und V 9b) und seinen Wunsch, Jesus zu sehen (V 9c)[1].

Man darf die beiden kleineren Übereinstimmungen zwischen Lukas und Matthäus nicht überschätzen[2]. Beide haben unabhängig voneinander Markus in gleicher Richtung korrigiert. Ὁ τετραάρχης war der richtige Titel des Herodes; »König« war zu volkstümlich oder politisch verdächtig.
Die Propria der Lukas-Fassung entstammen der lukanischen Redaktion[3]. In V 7 sind es vor allem Glättungen der Vorlage, denn ἤκουσεν verlangt ein Objekt; Lukas no-

---

[37] Schürmann I 501 ist der Meinung, das apostolische Kerygma gründe nach Ansicht des Lukas auf dem von Jesus verkündigten.

[1] Vgl. Lagrange 260.
[2] Vgl. Schramm, T., Markus-Stoff 128f.
[3] Vgl. ebd. 128.

tiert τὰ γινόμενα πάντα⁴, der Ausdruck bleibt aber vage und betrifft wahrscheinlich die Missionsarbeit der Zwölf und das Wirken Jesu. In der Folge meidet Lukas durch die elegante neue Fassung (καὶ διηπόρει διὰ τὸ λέγεσθαι ὑπό τινων ...) das doppelsinnige αὐτοῦ und das unglückliche Doppelsubjekt des Markus (ἐγένετο τὸ ὄνομα und ἔλεγον). Die Korrektur ἐγήγερται in ἠγέρθη ist vielleicht durch Mk 6,16 bedingt (οὗτος ἠγέρθη). Wie sonst verweigert Lukas dem Täufer seinen Titel ὁ βαπτίζων, wahrscheinlich nicht eines theologischen Gesichtspunkts, sondern des Stils wegen⁵. Weshalb er die Erwähnung der Machttaten Jesu (Mk 6,14b) tilgt, ist nicht klar.

Herodes bleibt bei Lukas alleiniges Subjekt; die Meinungen der Leute⁶ sind nicht unabhängig davon erwähnt wie bei Markus, sondern – mit ὑπό τινων, ... ὑπό τινων ... ἄλλων δέ stilistisch schön formuliert – in den Zweifel des Tetrarchen integriert. Inhaltlich bekommen die zweite und die dritte⁷ Meinung eine andere Bedeutung als bei Markus (siehe die Erklärung).
Die markinische Reihenfolge ist aufrechterhalten. Nachdem Herodes die Meinungen über Jesus zur Kenntnis genommen hat, kommt er selbst zu Wort. Lukas verwendet diese Aussage nun ganz in seinem Sinn, indem er sie abwandelt. Es bleibt allein die historische Feststellung (Todesstrafe) übrig; an Stelle des Urteils taucht bei Lukas jedoch eine Frage auf, die durch ἀκούω τοιαῦτα auf die gegenwärtige Lage (ἤκουσεν ... τὰ γινόμενα πάντα [V 7]) Bezug nimmt⁸. Der Monarch wie die Leser erwarten eine christologische Antwort. Damit ist Lukas aber noch nicht zufrieden. Er gibt sich selbst und nicht Herodes das letzte Wort, indem er eine narrative, psychologisierende Konsequenz des fürstlichen Zweifels hinzufügt, die Absicht des Herodes nämlich, Jesus zu sehen (V 9c), womit 23,6–12 vorbereitet wird⁹.

Erklärung Das Schicksal des Herodes zeichnet sich diskret und sporadisch hinter dem
7a Los der Erwählten Gottes ab: Sein Vater hatte die Herrschaft inne (1,5), als die

---

⁴ Im Ausdruck τὰ γινόμενα πάντα ist πάντα hervorgehoben. Während πάντα bei Lukas häufig vorkommt (vgl. Lk 12,30; 16,14; 18,21), verwendet er γινόμενον – als Verb oder Substantiv, im Singular oder im Plural – nur selten (vgl. Lk 21,31; 23,8; Apg 12,9; 28,6).
⁵ Lukas erachtet es offenbar als nicht korrekt, das Partizip (ὁ βαπτίζων) als Titel zu verwenden.
⁶ Zu Recht weist Haenchen, E., Weg Jesu 237 darauf hin, daß die Markushandschrift, die Lukas vorlag, in Mk 6,14 den Plural ἔλεγον und nicht den – gut belegten – Singular ἔλεγεν las.
⁷ Mit den Worten τῶν ἀρχαίων (»der alten Propheten« oder »der alten Zeiten«) vermeidet Lukas die unglückliche Wiederholung des Wortes »Prophet« in Mk 6,15.

⁸ Die schon in V 7 erwähnte Unruhe des Herodes (διηπόρει) bereitet die Haltung vor, die der Monarch zum Schluß einnehmen wird: Unbefriedigt bleibt er bei seiner Frage (V 9). Man beachte den Wechsel vom punktuellen Aorist ἤκουσεν zum durativen Imperfekt διηπόρει; vgl. Plummer 241. Das Verb διαπορέω fehlt in der Septuaginta und taucht im Neuen Testament nur bei Lukas auf, der mit δια- zusammengesetzte Verben liebt (Apg 2,12; 5,24; 10,17 [immer im Imperfekt]). Lukas verwendet dieses Verb gewiß deshalb, weil er das einfache Verb ἀπορέω (in der Form ἠπόρει) im Bericht über den Tod des Täufers (Mk 6,20), den er selbst nicht in sein Evangelium aufnimmt, vorgefunden hat.
⁹ Conzelmann, H., Mitte 44 unterstreicht zu Recht, daß Herodes Antipas mit allen drei Lebensabschnitten Jesu (Galiläa, Reise, Jerusalem) verknüpft ist.

Geschichte ihren Anfang nahm; er selbst war Tetrarch von Galiläa, als Gott seinen Ruf an Johannes ergehen ließ (3,1–2). Seinetwegen verlor der Täufer seine Freiheit (3,19–20) und schließlich sein Leben (9,9). Er wollte die Identität Jesu erkennen (9,7–9), ihn töten (13,31–33) oder manipulieren (23,6–12). Angesichts des Widerstands Jesu schlug er sich zuletzt auf Pilatus' Seite (23,12 und Apg 4,27) und verspottete Jesus (23,11). Sein Enkel starb den verdienten Tod des Verfolgers (Apg 12). Dieser Schicksalsverlauf läßt sich erst vom Standpunkt der Erwählten aus verstehen. Das daraus entstandene Bild des Herodes liegt also im Interesse der Heilsgeschichte: Lukas beschreibt die politische Macht nicht im volkstümlichen und hagiographischen Stil, sondern als Historiker in ihrer Wirklichkeit und Begrenzung. Aber auch dort liegt nicht die letzte Aufmerksamkeit des Lukas; diese gilt dem Verhältnis des Herodes und seiner Familie zu der jungen Bewegung Jesu und seiner Jünger. Der Fürst wird nicht ipso facto verurteilt[10]. Lukas möchte im Gegenteil das Interesse der zeitgenössischen Fürsten für die Sache des Evangeliums gewinnen. Herodes war ein schlechtes Beispiel, aber sein Bild ist nicht rein negativ gezeichnet; seine Verlegenheit ist der erste notwendige Schritt zum Evangelium hin (9,7). Folgerichtig stellt er *Fragen*[11] (9,9; 23,9). Vor allem möchte er *sehen* (9,9; 23,8). Lukas verurteilt dieses Interesse für Jesus nicht, im Gegenteil[12]. Aber der Wille, der dahinter steckt (9,9; 23,8), ist ein negativer, denn Herodes möchte ein von Jesus verwirklichtes Zeichen bewundern (23,8), nicht einmal, um zu glauben, sondern um in seiner fürstlichen Identität bestätigt zu werden. Nach Lukas kann ein Fürst auch anders reagieren und aus seiner existentiellen Unruhe den Glauben als möglichen Entschluß betrachten (Apg 26,28). Davon erwartet Lukas für die Zukunft der Kirche viel. Sein ganzes Werk, besonders Lk 23,6–12, ist neben Mk 6,14–16 ein Schlüssel zum Verständnis unserer Perikope.

Die drei Identitätsmöglichkeiten (VV 7b–8) sind nicht als solche wichtig. In der Struktur des Kapitels 9 ist nur die christologische Frage entscheidend: Τίς δέ ἐστιν οὗτος . . .; Sie bereitet die Frage Jesu und das Petrusbekenntnis, das Jesus durch das Leiden des Messias kommentieren wird (9,18–22), vor. Im Unterschied zu Markus[13], für den Herodes Jesus als Johannes redivivus betrachtete, ist er bei Lukas eine gierige und neugierige Persönlichkeit, der eines von vornherein klar war: die Nichtidentität von Johannes und Jesus[14].

7b–9

---

[10] Rese, M., Überlegungen 212–215 ist anderer Ansicht. Seiner Meinung nach neigt Lukas dazu, Herodes anzuschwärzen.

[11] Nach Grundmann 185 ist das Problem »Johannes der Täufer« für Herodes gelöst; bleibt das Problem »Jesus«.

[12] Schmithals 109 meint, Herodes stelle diese Frage einfach aus Neugierde, während sie doch »als Frage der Betroffenheit . . . eine wichtige Station auf dem Weg zur Wahrheit« wäre.

[13] Dies unterstreichen besonders Loisy 263 und Grundmann 185.

[14] Klostermann 104 und Reiling, J. – Swellengrebel, J.L., Handbook 368 weisen auf das emphatische ἐγώ des Herodes hin: Da *ich* ihn getötet habe, weiß ich, daß es nicht Johannes der Täufer sein kann. Lagrange 261 spricht von der dreisten Ungeniertheit, mit der sich der Tyrann hier ausdrückt.

Lukas zeichnet also sein eigenes Bild des Herodes. Er ist ein Mann, der zu fragen weiß, legitim sehen möchte, sich aber Johannes und dann Jesus gegenüber aus Unglauben falsch verhält. Das dürfte schriftstellerische Konstruktion sein, obschon manche denken, der Historiker Lukas habe Leute wie Chuzas (Lk 8,3) oder Menahem (Apg 13,1), die Herodes persönlich kannten, befragt[15].

Über Jesus gibt es also drei Meinungen:

1.   Jesus ist Johannes redivivus. Die Synoptiker setzten den Glauben an die Auferstehung eines verstorbenen Propheten[16] voraus, ohne ihn auf die Gruppe der Johannesjünger zu beschränken. Er war m.E. damals verbreitet[17], da die antike Welt vielerlei anthropologische Anschauungen vertrat (Kontinuität der Person über den Tod hinaus, ins Leben zurückgekehrte Menschen usw.). In der von synkretistischen Tendenzen nicht freien Bevölkerung Galiläas konnte wohl die Überzeugung eines Neuerscheinens des Täufers entstehen, wobei der Ausdruck »von den Toten auferweckt« vielleicht christliche Formulierung ist.

2.   Jesus ist Elija redivivus. Lukas weiß, daß Elija wie Enoch nicht gestorben sind. Die angekündigte Wiederkunft Elijas kann also nicht als Auferstehung bezeichnet werden, sondern sach- und schriftgemäß nur als »Erscheinung«[18] (wobei offenbleiben muß, wie stark ausgeprägt die Erwartung des Elija redivivus im damaligen Judentum wirklich vorlag[19]). Lukas läßt den Täufer im Geist Elijas wandeln (1,17) und Jesus prophetische Züge des Elija tragen (9,54)[20], bezeichnet aber im Unterschied zu Mk 9,11–13 den Täufer nicht als Elija redivivus[21].

3.   Jesus ist ein alttestamentlicher Prophet redivivus. Markus hatte nur die Ähnlichkeit unterstrichen (προφήτης ὡς . . .), Lukas identifiziert hinsichtlich der Meinung des Volkes Jesus mit einem auferstandenen (ἀνέστη) Propheten. Als Möglichkeit stört ihn dieser Volksglaube also nicht.

Diesen drei Möglichkeiten gemeinsam sind das Prophetische und der Tatbestand des redivivus. Alle sind vom neuen Aufblühen der als erloschen geltenden Prophetie[22] überrascht, und alle messen sie mit der Elle der Vergangenheit. Möglich ist nur das Bekannte. Lukas bewertet diese Meinungen nicht. Wahrscheinlich sind es für ihn Halbwahrheiten. Jesus hat zwar mit der altte-

---

[15]   Vgl. etwa Godet 562 und Zahn 21.270.

[16]   Zur heftigen Debatte der Frage nach der Auferstehung im Glauben des damaligen Judentums vgl. Wilckens, U., Auferstehung. Das biblische Auferstehungszeugnis historisch untersucht und erklärt, Stuttgart 1970 (ThTh 4), 137–143; Pesch, R., Entstehung 201–228, bes. 222–226; Gnilka, J., Markus I 247f. In diesem Zusammenhang oft zitierte Texte sind CD 6,10–11; Offb 11,3–12; ApkEl 4,14–15 und 5,32. Schon Lagrange 261 bemerkte, daß die Auferstehung der Gerechten eher im Jenseits, also nach der messianischen Zeit anzusetzen sei.

[17]   So der Glaube an einen *Nero redivivus*, worauf Offb 17,11 anzuspielen scheint.

[18]   Vgl. Mal 3,23–24 (= 4,6–7 LXX); Sir 48,10.

[19]   Zur Elijaerwartung im antiken Judentum vgl. Hahn, F., Hoheitstitel 354–356.

[20]   Vgl. Dubois, J.-D., La figure d'Elie dans la perspective lucanienne, RHPR 53 (1973) 155–176.

[21]   Vgl. Conzelmann, H., Mitte 19f.

[22]   Vgl. 1Makk 14,41; Rengstorf 116.

stamentlichen Prophetie zu tun, aber nicht in der Art, wie diese Leute meinen. Historisch wichtig ist der prophetische Eindruck, den Jesus bei den Leuten hinterlassen hat und den die gesamte synoptische Überlieferung weitergibt. Weder messianische Züge noch hypothetische priesterliche Momente haben sie beeindruckt, wie auch 9,19 betont, wo die gleiche Reihenfolge (Johannes, Elija, ein Prophet) begegnet. Daraus ist auf eine christliche Vereinfachung der jüdischen Volksmeinung über Jesus zu schließen. Trotz der christlichen Prägung bleibt die Hervorhebung des prophetischen Moments auffallend[23]. Wunder (vgl. Mk 6,14b) wurden eher als Zeichen des Propheten denn als Werke des Messias angesehen. In jüdischen Quellen wird der Wundertäter Jesus bald als Magier gebrandmarkt[24].

9,1–6 lenkte die Aufmerksamkeit von Jesus auf seine Jünger und durch diese auf das ganze Land. Nun geht es um den Fürst dieser Gegend und die Meinung des Volkes über Jesus (9,7–9). Ausnahmsweise steht der politische Herrscher im Zentrum, halb in seiner Richterfunktion, halb als interessierte Einzelperson. Herodes weiß weder, was er tun, noch, was er denken soll. Wie wird dieser zögernde Fürst schließlich reagieren? Mit den Christen der ersten Zeit wird Lukas zu einem negativen Ergebnis kommen.

Zusammenfassung

Die Speisung der Fünftausend (9,10–17)

Literatur: Bagatti, B., Dove avvenne la moltiplicazione dei pani?, Salm. 28 (1981) 293–298; *Becker, U.,* Die wunderbare Speisung, in: *Becker, U. – Wibbing, S.,* Wundergeschichten, Gütersloh 1965, 55–74; *Brock, S.P.,* A Note on Luke IX.16 (D), JThS 14 (1963) 391–392; *Busse, U.,* Wunder 232–248; *van Cangh, J.-M.,* La multiplication des pains dans l'évangile de Marc. Essai d'exégèse globale, in: M. Sabbe, L'Evangile selon Marc. Tradition et rédaction, Gembloux 1974 (BEThL 34), 309–346; *ders.,* La multiplication des pains et l'eucharistie, Paris 1975 (LeDiv 86), bes. 148–155; *ders.,* Le thème des poissons dans les récits évangéliques de la multiplication des pains, RB 78 (1971) 71–83; *Farrer, A.M.,* Loaves and Thousands, JThS 4 (1953) 1–14; *Fowler, R.M.,* Loaves and Fishes. The Function of the Feeding Stories in the Gospel of Mark, Chico 1981 (SBLDS 54); *Friedrich, G.,* Die beiden Erzählungen von der Speisung in Mark 6,31–44; 8,1–9, ThZ 20 (1964) 10–22; *Hebert, A.G.,* History in the Feeding of the Five Thousand, StEv 2 (1964) 65–70 (TU 87); *Heising, A.,* Exegese und Theologie der alt- und neutestamentlichen Speisewunder, ZKTh 86 (1964) 80–96, bes. 90–96; *ders.,* Die Botschaft der Brotvermehrung. Zur Geschichte und Bedeutung eines Christusbekenntnisses im Neuen Testament, Stuttgart ²1967 (SBS 15); *van Iersel, B.,* Die wunderbare Speisung und das Abendmahl in der synoptischen Tradition, NT 7 (1964/1965) 167–194; *Kertelge, K.,* Die Wunder Jesu im Markusevangelium, München 1970, 129–145; *Knackstedt, J.,* Die beiden Brotvermehrungen im Evangelium, NTS 10

---

[23] Zu Jesus als Prophet vgl. Lk 4,24; 7,16; 13,33; 24,19 und Gils, F., Prophète 25–29.

[24] Vgl. Smith, M., Jesus the Magician, London 1978.

(1963/1964) 309–335; *Körtner, U.H.J.,* Das Fischmotiv im Speisungswunder, ZNW 75 (1984) 24–35; *van der Loos, H.,* Miracles 619–637; *Müller-Pozzi, H.,* Die Speisung der Fünftausend als Ansatz eines psycho-analytischen Verständnisses der Person und Verkündigung Jesu, in: Doppeldeutlich. Tiefendimensionen biblischer Texte, hrsg. v. Y. Spiegel, München 1978, 13–23; *Neirynck, F.,* The Matthew-Luke Agreements in Mt 14,13–14 / Lk 9,10–11 (par. Mk 6,30–34). The Two-Sources Theory beyond the Impasse, EThL 60 (1984) 25–44; *Patsch, H.,* Abendmahlsterminologie außerhalb der Einsetzungsberichte. Erwägungen zur Traditionsgeschichte der Abendmahlsworte, ZNW 62 (1971) 210–231; *Petersen, K.,* Zu den Speisungs- und Abendmahlsberichten, ZNW 32 (1933) 217–218; *Pettem, M.,* Le premier récit de la multiplication des pains et le problème synoptique, Studies in Religion 14 (1985) 73–84; *Richardson, A.,* The Feeding of the Five Thousand, Interp. 9 (1955) 144–149; *Stegner, W.R.,* Lucan Priority in the Feeding of the Five Thousand, BR 21 (1976) 19–28; *Theißen, G.,* Wundergeschichten 112–113.170.209; *Wehr, G.,* Wunder, in: Doppeldeutlich. Tiefendimensionen biblischer Texte, hrsg. v. Y. Spiegel, München 1978, 24–32; *Ziener, G.,* Die Brotwunder im Markusevangelium, BZ NS 4 (1960) 282–285.

10 Und nach ihrer Rückkehr erzählten ihm die Apostel alles, was sie getan hatten. Und er nahm sie zu sich und zog sich abseits in die Richtung einer Stadt, Betsaida genannt, zurück. 11 Die Menge aber, die es merkte, folgte ihm. Und er nahm sie an und redete zu ihnen vom Reich Gottes, und die, die Heilung nötig hatten, heilte er. 12 Der Tag aber begann, sich zu neigen. Die Zwölf, die zu ihm gekommen waren, sprachen zu ihm: Entlasse die Menge, daß sie in die umliegenden Dörfer und Gehöfte wandern, um Unterkunft und Nahrung zu finden; denn hier sind wir an einem einsamen Ort. 13 Und er sprach zu ihnen: Gebt ihr ihnen zu essen. Sie aber sprachen: Wir haben nicht mehr als fünf Brote und zwei Fische, falls wir nicht hingehen und Nahrung für dieses ganze Volk einkaufen sollen. 14 Denn es waren an die fünftausend Mann. Er sprach aber zu seinen Jüngern: Laßt sie sich lagern in Gruppen von je fünfzig. 15 Und sie taten so und ließen alle sich lagern. 16 Und die fünf Brote und die zwei Fische nehmend, zum Himmel aufschauend, sprach er den Segen über sie und brach und gab sie den Jüngern, sie der Menge vorzulegen. 17 Und sie aßen und wurden alle satt. Und die Menge der übriggebliebenen Brotbrocken wurde aufgehoben, zwölf Tragkörbe voll.

Analyse *Der Kontext*

Die Einleitung dieser Perikope schließt zugleich eine frühere Episode ab[1]: die Aussendung der Zwölf (9,1–6). Lukas konnte nichts Näheres von ihrer Missionstätigkeit erzählen und führt deshalb auch den Inhalt ihres Berichtes an Jesus bei ihrer Rückkehr nicht aus. Diese Einleitung steht in Verbindung mit der Absicht Jesu, sich nun mit sei-

---

[1] Lukas hat sie mit der Reaktion des Herodes auf das Wirken Jesu unterbrochen. Markus geht einen Schritt weiter, indem er ein zusätzliches Zwischenspiel, den Bericht über den Tod Johannes des Täufers (Mk 6,17–29), einschiebt.

nen Jüngern zurückzuziehen (9,10b). Nach der nach außen gerichteten Arbeit ist es Zeit für eine innergemeinschaftliche Besinnung. Die Brotverteilung (dies ist treffender als »Brotvermehrung«), die in der Abgeschiedenheit stattfindet, verhält sich zur Missionstätigkeit der Apostel wie das in der Antike geheim gefeierte Abendmahl zur öffentlichen Predigt.

In Mission (9,1–6) und Brotverteilung (9,10–17) spielen die zwölf Apostel eine bedeutende Rolle. Die »große Auslassung« des Lukas (zwischen 9,17 und 18)[2] hat den brüsken Einsatz des Petrusbekenntnisses zur Folge, das thematisch eine eindrucksvolle Antwort auf die Frage des Herodes (9,7–9) liefert. Wir stehen also vor zwei ineinandergefügten Doppelblöcken: Mission und Brotverteilung einerseits, christologische Frage und Antwort andererseits.

Die Überlieferung

Die vier Evangelien überliefern sechs Berichte über wunderbare Speisungen: die Speisung der Fünftausend in Mk 6,32–44 // Mt 14,13–21 // Lk 9,10–17, der Viertausend in Mk 8,1–10 // Mt 15,32–39 und der Fünftausend in Joh 6,1–15, wobei die johanneische Darstellung Eigentümlichkeiten der beiden synoptischen Varianten widerspiegelt. Die Situation ist also nicht die übliche, daß Markus und Q Dubletten tradieren. Der zweite markinische Bericht fällt bei Lukas der »großen Auslassung« zum Opfer. Dies ist erstaunlich, weil die Lokalisation in einer heidnischen Gegend und die symbolische Zahl der sieben übrigbleibenden Körbe auf die heidenchristliche Kirche hinweisen, die Lukas besonders wichtig ist. Doch meidet Lukas Dubletten[3]. Jedenfalls läßt sich in 9,10–17 keinerlei Einfluß der zweiten Brotverteilungserzählung des Markus nachweisen. Auch die johanneische Version hat nur zwei zufällige Berührungspunkte mit dem lukanischen Bericht[4].
Lk 9,10–17 verarbeitet den ersten markinischen Bericht in gleicher Ordnung und inhaltlich davon beeinflußt. Größere oder kleinere Übereinstimmungen zwischen Matthäus und Lukas verraten kaum den Einfluß einer Q-Variante[5], denn die drastische Kürzung des Übergangs Mk 6,31 (Lk 9,10), die Tilgung der Schriftandeutung von den Schafen ohne Hirten und die Einfügung von Heilungen (Lk 9,11), die Auslassung des Wortwechsels zwischen »Gebt ihr ihnen zu essen« und der Feststellung der fünf Brote und der zwei Fische (Lk 9,13), ὡσεί (vgl. Mt 14,21) und εἶπεν (Lk 9,14) sowie das Überspringen der Austeilung der Fische (Lk 9,16) besitzen keine hinreichende Beweiskraft. Lukas überarbeitete nämlich die Einführung der Perikope anders als Matthäus (das Schiff z.B. verschwindet bei ihm), dieser schweigt zudem über Num 27,17 (oder 1[3]Kön 22,17), weil er das Zitat zuvor schon verwendet hat (Mt 9,36). Seiner Kürzungstechnik treu bleibend, empfindet er ebenso die Replik der Jünger (Mk 6,37b) als überflüssig, während Lukas sie nur umstellt (V 13b). Erstaunlich bleibt lediglich die Erwähnung der Heilungen Jesu in Lk 9,11 // Mt 14,14, doch läßt sich hier mit der fortdauernden parallelen Wirkung der mündlichen Tradition rechnen[6].

---

[2] Vgl. unten S. 477.
[3] Vgl. Fitzmyer I 81f und 102f (Literatur).
[4] Vgl. ebd. 762: »These points are the crowds following Jesus (9:11; cf. John 6:2) and the mention of the five thousand present prior to the miracle itself (9:14; cf. John 6:10).«
[5] Stegner, W.R., Priority geht sogar so weit zu bekräftigen, der Bericht des Lukas stelle die älteste Version dar.
[6] Vgl. Marshall 358.

Die Besonderheiten der lukanischen Redaktion

1. *Die Einführung* (VV 10–11a): Wie üblich fühlt sich der Evangelist in der Bearbeitung des Rahmens der ihm vorliegenden Tradition freier als in deren Hauptteil. Die doppelte Erwähnung der Wüste und die Gegenüberstellung »mit dem Schiff« und »zu Fuß« verschwinden; der Gedanke des Sich-Zurück-ziehens wird durch ὑποχωρέω unterstrichen. Ist »Betsaida« (belegt in Mk 6,45 und 8,22, also innerhalb der »großen Auslassung«) Indiz dafür, daß Lukas Mk 6,45–8,26 zwar nicht als Block übernahm, aber dennoch kannte[7]? Wahrscheinlich soll εἰς die Richtung, nicht den Bestimmungsort angeben, da sich Jesus, die Jünger und die Menge laut V 12 »an einem einsamen Ort« befinden. Die Begleitung der wissenden[8] Menge ist eine vage Paraphrase des markinischen Szenariums.

2. *Der Anfang* (V 11b): An Stelle eines Ausdrucks des Mitleids und der Schriftandeutung notiert Lukas καὶ ἀποδεξάμενος αὐτούς. Er ersetzt also den biblischen Stil[9] durch einen griechischen Ausdruck der Gastfreundschaft. Wie in 9,1–2 vermeidet er den unklaren Ausdruck ἤρξατο mit Infinitiv und benennt den Inhalt der Lehre Jesu: das Reich Gottes (nicht: seine Nähe). Wie in 9,1–2 verläuft die Heilungstätigkeit Jesu parallel zu seiner Predigt.

3. *Das Einschreiten der Jünger* (V 12): Gegenüber Markus verschiebt Lukas die Ursache des Einschreitens der Jünger (ὅτι-Satz) auf später und vermeidet die Wiederholung der Stunde. Eleganter als seine Vorlage formuliert er: »Der Tag aber begann, sich zu neigen«. Er spricht von den »Zwölf«, um einer weite-ren Wiederholung zu entgehen (vgl. τοῖς μαθηταῖς [V 16]). Sachlicher als Markus beschreibt er, warum die Jünger ihren Herrn auffordern, die Menge in die umliegenden Dörfer und Gehöfte zu entlassen: Sie benötigt eine Unter-kunft, wie Lukas gegenüber Mk 6,36 hinzufügt, sowie Proviant, präzis mit dem Terminus ἐπισιτισμός beschrieben[10].

4. *Der Dialog* (VV 13–15): Der Dialog Jesu mit seinen Jüngern wird gegen-über Markus um eine Replik der Jünger und eine Replik Jesu verkürzt. Hat Markus die mündliche Erzählung narrativ, fast apokryph erweitert? Die Nen-nung der 200 Denare auch in Joh 6,7 spricht eher für eine Erweiterung schon innerhalb der mündlichen Tradition, die Markus übernimmt, die aber Mat-thäus und Lukas stört. Lukas trägt den Inhalt der weggelassenen Reaktion der

---

[7]   Der Text ist hier, am Ende des V 10, unsi-cher. Zu den verschiedenen Lesarten vgl. Go-det 564f und Marshall 359. Godet vertritt die überholte These, es habe zwei Ortschaften mit dem Namen Betsaida gegeben. Tatsäch-lich gab es nur eine: in der Gaulanitis, im Norden des Sees Genesaret östlich des Jor-dans. Etymologie: »Versorgungsstätte« oder »Fischereihaus«; vgl. Grundmann 186 und Léon-Dufour, X., Dictionnaire 145.

[8]   Den absoluten Gebrauch von γινώσκω

(γνόντες ohne Objekt: »davon unterrichtet«) findet man auch anderswo, aber eher in der Bedeutung »vernünftig sein«, »begreifen«, »recht haben«; vgl. Bailly s.v. γιγνώσκω (II,1).

[9]   Vgl. das Verb σπλαγχνίζομαι und das bi-blische Zitat in Mk 6,34.

[10]   Vgl. Plummer 243. Interessanterweise wird das Wort צֵידָה (das zusammen mit בֵּית Betsaida ergibt) in der Septuaginta mit ἐπισι-τισμός, einem Wort, das Lukas in V 12 ver-wendet, übersetzt.

Jünger (Mk 6,37b) am Schluß ihrer nächsten Antwort (V 13b) nach. Formal tauchen lukanische Lieblingswörter wie πᾶς und λαός auf. Ἀγοϱάζω, in V 12 durch εὑϱίσκω ersetzt, kann er nun hier verwenden. Den Abschluß der markinischen Erzählung zieht er nach vorn (V 14a), so daß die große Zahl der Leute[11] dem folgenden Wunder eine dramatische Zuspitzung verleiht. Die Aufforderung, sich zu lagern, formuliert er neu: Das grüne Gras wird (wie oben der Hirtengedanke) nicht erwähnt, vielmehr nur die Fünfzigergruppen[12]. Die semitische Syntax συμπόσια συμπόσια und πϱασιαὶ πϱασιαί wird ersetzt[13].

5.   *Die zentrale Handlung* (V 16): Wegen des bekannten konservativen Charakters der liturgischen Sprache steht Lukas hier Markus am nächsten. Von sechs Verben findet man fünf auch bei ihm[14]. Wie 9,17 bestätigt, nimmt bei ihm das Interesse an den Fischen ab[15].

6.   *Ausgang* (V 17): Außer der emphatischen Stellung von πάντες am Ende ist der erste Satz identisch mit Markus. Die Sättigung, nicht die Vermehrung, d.h. die ekklesiologische, nicht die thaumaturgische Betonung, ist Lukas wichtig. Er vereinfacht die Beschreibung des Überflusses (die Zahl »zwölf« betonen alle Evangelisten) und vernachlässigt dabei die Fische. Die Anzahl der Teilnehmer hat er bereits am Anfang erwähnt (V 14a).

Die Gattung

Die Beschreibung des Wunders als Naturwunder ist ungenau und überholt[16]. In neueren Einteilungen gehört unsere Erzählung zur Kategorie des wunderbaren Geschenkes[17]: Der Thaumaturg schenkt durch ein Wunder *materielle* Gaben, oft Nahrungsmittel oder Speisen. Er ergreift die Initiative für ein Wunder, das also weder erhofft noch verlangt wird. Nicht die Handlung zählt, sondern das Ergebnis. Das Wunder selbst wird nicht geschildert, und die Gabe scheint normal und natürlich zu sein. Solche Erzählungen unterstreichen die Fülle der Gabe. Sie sind nicht an eine Institution gebunden und haben weder die Funktion, eine Praxis zu begründen, noch die, eine Alternative polemisch zu rechtfertigen; weshalb sie kein Gewicht auf die Thaumaturgie als solche legen. Sie sollen eher die gläubige Phantasie (affektive Ebene) und den

[11]   Vgl. V 14: Ὡσεὶ ἄνδϱες πεντακισχίλιοι (Mt 14,21 ergänzt: »Frauen und Kinder nicht mitgezählt«); ὡσεί ist lukanisch.
[12]   Die Hundertergruppen fehlen. Ἀνά hat (wie in 9,3) distributive Bedeutung.
[13]   Dadurch geht auch das schöne griechische Wort συμπόσιον verloren. Lukas verwendet lieber κατακλίνω als ἀνακλίνω.
[14]   Lukas fügt αὐτούς nach εὐλόγησεν hinzu und tilgt – im Gegensatz zu Markus – die Wiederholung der Brote und Fische. Einer Segnung von Brot begegnet man bei Lukas noch in Lk 24,30, eine Segnung von Fischen aber erwähnt er nur hier (V 16). Im übrigen können bei Lukas die Menschen Gott segnen (Lk 1,64; 2,28; 24,53) und ebenso Gott, Chri-

stus oder ein Mann Gottes die Menschen (Lk 2,34; 6,28; 24,50.51; Apg 3,26; im Passiv: Lk 1,28 v.l.; 13,35; 19,38; Apg 3,25).
[15]   Lukas und Markus notieren das Imperfekt ἐδίδου (wegen der großen Zahl von Menschen dauert die Handlung eine Weile), während Matthäus und Johannes den Aorist setzen (Einmaligkeit der Handlung). Nach Godet 570 bedeutet das Imperfekt »er gab andauernd«. Lukas ersetzt im übrigen den finalen Nebensatz des Markus durch einen Infinitiv des Zwecks.
[16]   Man findet sie allerdings noch bei Fitzmyer I 763.
[17]   Vgl. etwa Theißen, G., Wundergeschichten 111–114.

Glauben dazu auffordern, »allegorisch« zu arbeiten, d.h. das wahre Gut hinter der materiellen Gabe zu entdecken (kognitive Ebene).

Die Geschichte der Gattung reicht zurück bis zu den alten Schichten des Alten Testaments, zur Mannatradition (Ex 16 und Num 11) und zu den Elija- und Elischa-Erzählungen (1[3]Kön 17 und 2[4]Kön 4,42–44). Die rabbinische Literatur kennt Legenden von frommen Armen, die Gott während einer Hungersnot wunderbar ernährt[18]. Und die Gattung ist bis in die byzantinische Zeit hinein belegt, wo eine unveröffentlichte apokryphe Apostellegende von einem Wunder der nie ausgehenden Nahrung erzählt[19]. Der Sitz im Leben der Wunderspeisungen im Neuen Testament ist ein anderer als der der Abendmahlstexte. Für letztere ist es laut H. Patsch die gottesdienstliche Feier, für erstere die Gemeindebelehrung bzw. die Missionspredigt[20]. M.E. scheidet die Missionspredigt als Sitz im Leben der Wunderspeisungen jedoch eher aus, so daß ich für die Gemeindebelehrung eintrete. Dabei ist mir bewußt, daß auch dieser Hinweis letztlich zu allgemein ist, es ist andererseits aber schwierig, eine noch konkretere Situation zu bestimmen. Die Theologie, die hinter diesen Berichten steht, kann uns vielleicht weiterhelfen, denn sie verweist auf die im Glauben des Volkes überlieferte Überzeugung, daß Gott sein Volk nicht verläßt und es in Notsituationen immer wieder ernährt. Soziologisch gesehen laufen solche Berichte in einer *bedrohten* Bevölkerung um, deren Weisheit sich auf den väterlichen Glauben stützt (vgl. 1[3]Kön 17,14)[21]; jede konkrete Erzählung aktualisiert diesen traditionellen Glauben.

Wir müssen jedoch auch mit einer möglichen Kontamination mit den Abendmahlstexten rechnen, deren Sitz im Leben, Funktion und Gattung andere sind. Deshalb ist in unserem Bericht im Unterschied zur normalen Gattung auch auf die Reihenfolge der Gesten des Thaumaturgen zu achten. Sie sind sogar zentral geworden und als gemeinsames Kernstück aller Versionen der Speisungsberichte zu betrachten. Gattungsmäßig wird die Perikope also immer mehr zur Kultlegende[22].

Erklärung
10–11   Die Rückkehr der Zwölf wird nur kurz erzählt. Bedeutung bekommt sie erst durch den Vergleich mit der Sendung (9,1–6). Jesus, der die Zwölf in eine verantwortungsvolle Aufgabe gerufen hatte (9,1), nimmt sie wieder in seine Obhut (9,10). Damals ging es darum zu predigen, nach außen zu wirken, jetzt wollen die Apostel erzählen, sich in der Intimität der Gemeinschaft nach innen wenden. Dem öffentlichen Wirken setzt Lukas die private Retraite Jesu gegenüber[23], so wie zuvor die angestrengte Rastlosigkeit (9,6) und die schließliche Rast (9,10) einander kontrastieren.

---

[18] Vgl. die Geschichte vom wundersam gefüllten Backofen des Chanina ben Dosa (bTaan 24b–25a) (zitiert bei Theißen, G., Wundergeschichten 112).

[19] Vgl. ActPhil XV nach der Handschrift Athos, Xenophontos 32, fol. 90^v.

[20] Vgl. Patsch, H., Abendmahlsterminologie 210f.231.

[21] Vgl. unten S. 473f.

[22] Diese Zusammenhänge untersucht mit großer Sorgfalt Patsch, H., Abendmahlsterminologie. Petersen, K., Zu den Speisungs- und Abendmahlsberichten sieht im Partizip λαβών den Einfluß der Eucharistieliturgie (mit der Tendenz, ἔλαβεν durch λαβών zu ersetzen), die auf die synoptische Tradition, die Abschreiber des Neuen Testaments und die Kirchenväter eingewirkt habe.

[23] Entgegen seinem eigenen Wunsch folgt Lukas der synoptischen Tradition und setzt die διήγησις der Zwölf (9,10a) vor das Sich-Zurückziehen der Jüngerschar (9,10b). Ὑποχωρέω bedeutet »sich zurückziehen«, »das Feld überlassen«, »verlassen«. Dem Verb kann, wie hier, ein durch die Präposition εἰς eingeführtes Ortsobjekt folgen; vgl. Bauer s.v.

Im Unterschied zu Markus ist bei Lukas ein ungestörter Ort nicht für eine Geheimlehre Jesu[24], wohl aber für das Gebet (5,16) oder für ein intimes Gespräch wichtig (Apg 23,19). Es ist eindeutig, daß Jesus mit seinen Jüngern beten und ruhige Gespräche führen will; eben dies wird die lukanische Bearbeitung der nächsten Episode (9,18) zeigen. Wie in 4,42 hindert ihn hier der Andrang der Menge daran. Diesmal geht der Herr auf diese Störung oder eher diesen Erfolg ein und verschiebt sein Vorhaben (auf 9,18). Das Verb ἀποδέχομαι hat hier die Bedeutung des freundlichen Empfangs durch einen höheren Angestellten[25]. Dann erfüllt Jesus seine übliche Heilsmission in Wort und Heilung, im Imperfekt der Dauer formuliert[26]. Nach diesem refrainartigen Sammelbericht beginnt die eigentliche Handlung mit der anbrechenden Nacht[27]. Die Zwölf ergreifen nun wie schon in V 10 die Initiative[28], da sie sich um die Unterkunft[29] und die Verpflegung[30] der Menge sorgen. Jesus und seine Jünger sowie die Menge stehen also am Übergang von einem Ort zum anderen, zwischen Tag und Nacht. In diesem gefährlichen Zwischenzustand wird sich Jesus um die Verpflegung kümmern, aber wie in der Zeit der Kirche durch die Vermittlung der Zwölf[31].   **12**

Die Jünger reagieren weise und töricht zugleich (9,13b)[32]: weise, wenn man   **13–15** außerhalb des Glaubens steht, töricht, wenn man die Geschichte kennt. Die Zahlen (fünf Brote und zwei Fische) sind fest in der Evangelienüberlieferung verwurzelt; aber ich finde in ihnen keine symbolische Bedeutung[33]. Brot und »etwas drauf« (hier Fisch) ist eine gewöhnliche Speise (vgl. Joh 21,9)[34]. Jesus geht auf den rationalistischen Einwand seiner Jünger nicht ein und verlangt ihre Mitarbeit. Weshalb zählen die κλισίαι jeweils fünfzig Menschen? Weil sie fünftausend sind? Oder hat das Wort eine ekklesiologische Bedeutung wie im

---

[24] Vgl. Mk 4,34; 6,31–32; 7,33; 9,2.28; 13,3.

[25] Vgl. Plummer 242. Jesus nimmt die Menge auf, obwohl sie ihm und seinen Jüngern die Ruhe raubt.

[26] Zur βασιλεία vgl. Fitzmyer I 153–157. Λαλέω περὶ κτλ. erinnert an die Aktivität der Philosophen. Zu λαλέω bei Lukas vgl. Jaschke, H., Λαλεῖν bei Lukas. Ein Beitrag zur lukanischen Theologie, BZ NS 15 (1971) 109–114.

[27] Bei Sonnenuntergang: 4,40; des Nachts: 2,8.

[28] Nach Lagrange 262 ist V 12 ein sehr sorgfältig gebauter Satz; ἰᾶτο ist ein Imperfekt.

[29] Zu κατάλυμα vgl. oben S. 122 zu κώμη oben S. 226 und 243. Ἀγρός, das zunächst »Feld« und dann »Landgut« bedeutet, könnte hier einen Hof bezeichnen.

[30] Zu ἐπισιτισμός (»Proviant«, »Verpflegung«) vgl. Plummer 243.

[31] Ans Ende des Satzes gestellt, ist ὑμεῖς

(V 13a) hervorgehoben; vgl. ebd. 244.

[32] Die Anregung der Jünger in V 13b ist weit eher eine verkappte Ablehnung als ein ernstgemeinter Vorschlag; vgl. Loisy 265.

[33] Gegen Farrer, A.M., Loaves, der festhält, bei Markus bestehe eine Verbindung zwischen den fünf Broten und den fünftausend Menschen sowie den zwölf Schaubroten (Lev 24,8) und den zwölf Stämmen: »Seven thousands have still to receive their loaves« (S. 4). Auf S. 12 bekräftigt er, daß Lukas diese Symbolik von Markus übernommen habe.

[34] Das neugriechische Wort für »Fisch«, ψάρι, kommt vom altgriechischen ὀψάριον (Diminutiv zu ὄψον), das zunächst »Geröstetes«, »Gegrilltes« (von ὀπτάω [»rösten«, »braten«]) bedeutet und dann das bezeichnet, was – als Geröstetes – zusammen mit dem Brot eine ganze Mahlzeit ergibt. Erst in dritter Linie steht das Wort für den – gebratenen – Fisch; vgl. Lk 24,42: ἰχθύος ὀπτοῦ μέρος (»eine Portion gebratenen Fisches«).

Alten Testament oder in Qumran?[35] Die Apostelgeschichte bestätigt es nicht. Ἡ κλισία ist in diesem Kontext eine Speisegruppe [36]. Der Leser soll sich also hundert solcher Gruppen vorstellen, die von den zwölf Jüngern bedient werden.

16   In der Mitte der Erzählung stehen das Volk und die Jünger im Hintergrund. Jetzt handelt allein Jesus. Mit den Händen nimmt er die Brote und die Fische, mit den Augen vollführt er eine Geste des Gebets[37] (damit *spricht* er nicht nur zu Gott, sondern auch zu den Zuschauern). Auf die beiden Partizipien, die die Vorbereitungen für sein Handeln darstellen, folgen die zwei Hauptverben: Jesus segnet und bricht das Brot. Ein Segen über Brot und Salz gehört an den Anfang jeder jüdischen Mahlzeit, bei dem nur ein Stück Brot nötig ist. Hier erinnert die Geste Jesu an das Abendmahl (22,19), wo er das ganze Brot in die Hand nimmt. Mit αὐτούς nach »segnen«[38] will Lukas die markinische Wiederholung τοὺς ἄρτους vermeiden, die auch die Fische nicht erwähnt. Da er αὐτούς nicht hinter κατέκλασεν stellt, denkt er nicht wie die anderen Evangelisten an ein Gotteslob, sondern an das Segnen der Elemente. Freilich ist segnen ein Beziehungsbegriff[39]. Gott kann die Menschen segnen, wie auch Menschen Gott segnen dürfen. Hier ist allein schon der Blick Jesu ein Gebet. Es ist hier aber keine Bitte um Gottes Kraft, sondern Dankgebet. Durch seinen Segen überträgt er seine Kraft auf die Brote und die Fische; wie in den Heilungen (5,17; 6,19; 8,46) geht eine δύναμις von ihm aus und ermöglicht das Wunder. Trotz der Abendmahlsreminiszenz in V 16 verwendet Lukas die Worte seines eigenen Einsetzungsberichtes[40] jedoch nicht, da sich die altkirchliche Treue zum Überlieferten nicht unbedingt in der sklavischen Wiederholung unantastbarer Formeln niederschlägt.

Trotz ἐμέρισεν in Mk 6,41 und διαμερίσατε in Lk 22,17 verwendet Lukas παρατίθημι (»vorlegen«, »vorsetzen«), ein Verb, das besonders im Kontext des Essens verwandt wurde[41] (vgl. 10,8). Daß die Bedeutung »übergeben«, »anvertrauen« mitschwingt, ist unwahrscheinlich; symbolisch könnte sich eine παραθήκη nur auf die Jünger, nicht auf die Menge beziehen.

17   V 17: Wer noch nie Hunger gelitten hat, erfaßt schwerlich die Bedeutung des

---

[35]   Vgl. Ex 18,21.25; 1QS 2,21–22; 1QSa 1,14–15 und 1QM 4,1–5, zudem 3,16 und CD 13,1; vgl. Fitzmyer I 767 und Schürmann I 516.

[36]   Nach Godet 570 bezeichnet dieses Wort das »Lager«, das »Zelt« der Hirten und der Soldaten, das »Bett«, den »Diwan« und schließlich die sitzenden bzw. liegenden Menschen: die »Tischgesellschaft«; vgl. 3Makk 6,31.

[37]   Im Alten Testament kann diese Gebärde auch ein Zeichen des Götzendienstes sein: die Augen zum Himmel emporheben, um die Sterne anzubeten (Dtn 4,19). Vor allem später aber ist es eine Geste des Gebets; vgl. Ijob 22,26.

[38]   Zu Recht widerspricht Brock, S.P., Note dem Argument, die Lesart εὐλόγησεν ἐπ᾽ αὐτούς sei ein Semitismus und darum ursprünglich. Die Formulierung entspricht der jüdisch-hellenistischen Ausdrucksweise.

[39]   Vgl. oben S. 469 Anm. 14.

[40]   Καὶ λαβὼν ἄρτον εὐχαριστήσας ἔκλασεν καὶ ἔδωκεν αὐτοῖς λέγων (Lk 22,19). Zu den Zusammenhängen zwischen den fünf Broten unserer Geschichte und dem Brot des Abendmahls vgl. Farrer, A.M., Loaves 5f und Hebert, A.G., History 70–72.

[41]   Vgl. Bauer s.v.

elementaren Verbs ἔφαγον und die Freude der Sättigung. Essen bedeutete damals weiterleben, sich daran freuen und Gemeinschaft erleben. Der Text will den Überfluß anschaulich machen: Fünftausend Menschen bekommen zu essen, und alle werden satt; es bleiben sogar große Mengen Brot und Fisch übrig. Ich möchte eine Theologie der »Fülle« schreiben, deren Hauptteil sich allerdings mit paulinischen Texten beschäftigen würde, denn περισσεύω ist bei Lukas nur in Lk 9,17; 12,15; 15,17; 21,4 und in Apg 16,5 belegt, wobei sich jeweils die Fülle in Gott vom irdischen Überfluß unterscheiden läßt. Lk 12,21 könnte den Schlüssel zum theologischen Gebrauch von περισσεύω liefern.

Es sind noch vier Einzelbemerkungen anzufügen, bevor ich zu einer zusammenfassenden Deutung komme: a) Joh 6,12–13 erklärt das synoptische Verb αἴρω (V 17). Der Überfluß darf nicht verloren gehen, muß also mitgenommen werden. b) Περισσεύω (trotz Mk 6,43, aber vgl. Mk 8,8) und τὰ κλάσματα sind fest in der Überlieferung verwurzelt, ebenso die Zahl der Brote und der Fische. Was übrigbleibt, sind nicht ganze Brote oder Fische, sondern Brocken als Teile der ersten fünf Brote und zwei Fische, die vom Herrn gesegnet worden sind. c) Ὁ κόφινος (der große, feste Korb, der »Tragkorb«) ist in allen vier Berichten von der Speisung der Fünftausend erwähnt, während Markus und Matthäus für die Viertausend ἡ σπυρίς (der kleinere »Korb«, besonders für Eßwaren) verwenden[42]. Die redaktionelle Überlegung Mk 8,19–20 // Mt 16,9–10 respektiert diesen wohl wichtigen Unterschied, wie auch niemand an der Zahl der Körbe etwas zu ändern wagt. Vielleicht benutzten Juden eher κόφινοι, während für die Griechen die σπυρίδες zum täglichen Leben gehörten[43]. Die zwölf Tragkörbe stünden dann symbolisch für die zwölf Apostel und Israel, die sieben Körbe (Mk 8,1–9.14–21 spricht von den Jüngern und nicht von den Zwölf) für die siebzig Heidenvölker. d) Die Symbolik des Getränks spielt im Unterschied zum Abendmahl keine Rolle, die Worte Jesu während des Segens fehlen, ebenso ein Chorschluß, z.B. der Ausdruck der Freude des Volkes[44].

Der Bote Gottes schenkt dem von ihm angelockten Volk Israel auf wunderbare Weise mehr als seine tägliche Portion an Mundvorrat. Der Herr sorgt für das ganze Leben des Menschen. Der Terminus Brot ist reich an Konnotationen; wenn es gesegnet ist und im Glauben und in der Gemeinschaft gegessen wird, steht es dem Wort Gottes nahe. Hier ist es mit dem Brot des »Unser-Vater« (11,3) und nicht mit dem teuflischen Wunderbrot der Versuchung (4,3–4) zusammenzubringen[45].
Jeder damalige Christ, der mit der Schrift vertraut war, konnte die typologi-

---

[42] Folgte man dieser Unterscheidung, erwartete man zumindest ein κόφινος für den Gegenstand, der Paulus die Flucht aus Damaskus ermöglicht hat; Lukas gebraucht jedoch das Wort σπυρίς (Apg 9,25), Paulus den Begriff σαργάνη (2Kor 11,33).

[43] Juvenal 3,14 und 6,542 läßt einen Juden bzw. eine Jüdin einen *cophinus* tragen; vgl. Fitzmyer I 769.

[44] Dies haben Lagrange 265 und Fitzmyer I 769 bemerkt; vgl. dagegen Joh 6,14.

[45] Hebert, A.G., History 68 vergleicht die Brotvermehrung mit der Weigerung Jesu in der Versuchungsgeschichte (Lk 4,1–4), Stein in Brot zu verwandeln, und stellt die Episoden einander gegenüber.

sche Bedeutung dieser Perikope nicht verfehlen. In der prophetischen Tradition ist Gott der Herr der Hungersnot wie der Fülle. Neben 1(3)Kön 17,8–16 ist besonders die Geschichte des Elischa in 2(4)Kön 4,42–44 zu vergleichen[46]. Beide alttestamentliche Texte wie auch unsere Perikope enthalten die folgenden Komponenten: a) die Begegnung mit dem göttlichen Thaumaturgen, b) die Feststellung des Mangels an Brot, c) die Anwesenheit der Schüler des Gottesmannes, d) seinen Befehl, die Speise zu verteilen, e) den Widerstand der Schüler, f) die Ausführung des Befehls, g) die wunderbare Speisung und die Erwähnung des Überflusses. Jesus steht in dieser biblischen Tradition und ernährt das hungrige Volk, besser sogar als die Propheten. So aktualisiert sich der israelitische Glaube: »Wir werden zu essen bekommen, und es werden noch Reste übrig bleiben.« Daß dieser Glaube schon in der alttestamentlichen Zeit traditionell und Teil der hebräischen Weisheit war, wird aus dem Sprichwort ersichtlich: »Das Mehl im Topf soll nicht ausgehn, und das Öl im Krug soll nicht versiegen bis zu dem Tag, da der Herr dem Land Regen spendet« (1[3]Kön 17,14). Der Herr bleibt also treu, er ernährt sein Volk auf natürliche Weise durch den Regen und die Erde, aber auch wunderbar in Krisenzeiten. Die Speisung ist gewiß materieller Art, aber da ihr Ursprung direkt oder indirekt göttlich ist, ist das Brot auch spirituelle Nahrung und dem Wort Gottes gleich.

Der Ursprung des israelitischen Glaubens im Exodus bleibt über die Propheten hinaus bei Elija und Elischa[47] lebendig; Johannes sieht in unserem Wunder die Erfüllung der Verheißung eines neuen Mose (Dtn 15,15.18). Die Lokalisierung der Episode in der Wüste erinnert Israel an den Ursprung der Verlorenheit wie der göttlichen Geborgenheit. Gott nahm den Hunger ernst, antwortete auf die damalige Not jedoch nicht auf natürliche Weise, sondern vermittelte seinem Volk durch »himmlische« Gaben »irdische« Güter: Manna und Wachteln. Die Manna-Symbolik führt bis zum neutestamentlichen Brotbegriff, während sich die Fische möglicherweise von den Wachteln her erklären lassen, schließlich sind sie zwar »vom Himmel gefallen«, aber doch zuvor auch »aufgestiegen« (Ex 16,13), sogar vom »Meer« her. In diesem Zusammenhang sind sie so etwas wie fliegende Fische[48]. Jesus ist also nicht nur ein Prophet wie Elischa oder Elija, sondern auch der letzte Prophet wie Mose[49].

---

[46] Vgl. van Cangh, J.-M., Thème 71 und Heising, A., Exegese. Heising ist der Ansicht, Joh 6,1–15 stehe 2(4)Kön 4,42–44 am nächsten, da man hier wie dort Gerstenbrote vorfindet (S. 91 Anm. 39).

[47] Zu Elischa vgl. TOB zu 2(4)Kön 4,1 Anm. e (S. 681).

[48] Vgl. Weish 19,10–12.

[49] Die von van Cangh, J.-M., Marc 336 angeführten Texte über das eschatologische Festmahl (syrBar 29,3–8; äthHen 60,24 [Bedeutung umstritten]), bei dem Behemot und Leviatan verspeist werden, sind wenig überzeugend. Dagegen sollte man nicht vergessen, daß Mose Gott vorwurfsvoll entgegnet, alle Fische des Meeres genügten nicht, um Israel zu sättigen (vgl. Num 11,22). Man vergleiche hierzu SifBam 11,22: Im Wasser, das aus dem Felsen fließt, den Mose mit seinem Stab schlägt, schwimmen Fische; vgl. ders., Eucharistie 106f. Zu weiteren, jedoch abzulehnenden Versuchen, die Präsenz der Fische in den Vermehrungserzählungen zu erklären, vgl. ders., Thème 73–76.

Die Geschichte der Erzählung verläuft in fünf Etappen[50]. Am Anfang steht ein typologischer Bericht: Jesus macht dem Hunger des Volkes ein Ende und aktualisiert, ja erfüllt den biblischen Glauben. In der öden Gegend, im Raum des Übergangs, übernimmt er die Rolle des Propheten und des neuen Mose. Er rettet das Volk aus dem Elend.

Die erste Überlegung dazu setzt eine Verbindung mit dem Abendmahl voraus. Das Interesse für die »unliturgischen« Fische tritt zurück, während die Handlung nach den Einsetzungsworten gestaltet wird. Nur dort und hier tauchen gleichzeitig die vier das Brot betreffenden Verben auf: nehmen, segnen, brechen und geben.

Die Handlung wird auf die zwei Hauptzentren des Urchristentums bezogen: in Mk 6 auf Jerusalem, in Mk 8 auf Antiochien. Indizien dafür sind einerseits die Zahl zwölf (Mk 6,43), die Wörter κόφινοι (Mk 6,43) und εὐλογέω, das wir in der »aramäischen« Einsetzungstradition lesen (Mk 14,22), andererseits die Zahl sieben (wie die führenden sieben Hellenisten [Apg 6] und die siebzig Missionare [Lk 10]), das griechische σπυρίς und εὐχαριστέω, das wir in den Einsetzungsworten der Hellenisten lesen (1Kor 11,24 und Lk 22,19). Markus nimmt beide Traditionen auf: Die erste Version (6,32–44) lokalisiert er auf der westlichen, also der jüdischen Seite des Sees, die zweite (8,1–9) auf der östlichen, also der heidnischen Seite. Lukas übernimmt nur die eine Version, freilich die »aramäische«, nicht die ihm durch die mündliche Überlieferung doch bekanntere »hellenistische«, weil die zweite zur »großen Auslassung« gehört. Zugleich möchte er Dubletten möglichst vermeiden[51].

Christologisch erscheint Jesus als Prophet wie Elija und als letzter Prophet wie Mose. Nicht zufällig erscheinen in der Perikope von der Verklärung Jesu (9,28–36) genau diese beiden und stehen dort neben dem verklärten Christus. Zwischen der Frage des Herodes und vor der Antwort des Petrus (du bist »der Messias Gottes« [9,20]) handelt Jesus also seiner Identität gemäß[52]: per Pre-

Zusammen-
fassung

---

[50] Heising, A., Exegese rekonstruiert eine andere Überlieferungsgeschichte: Hinter unseren Erzählungen stehen zwei Traditionen, eine den Synoptikern bekannte Tradition A (Jesus = der barmherzige Hirte) und eine von Johannes aufgenommene, aber auch Markus bekannte Tradition B (Jesus = größerer Prophet als Elija und Elischa). Ziener, G., Brotwunder weist auf die immer neu nötige Interpretation eines einmaligen Ereignisses hin; je mehr Zeit vergeht, desto weiter entfernt man sich von diesem Ereignis, so daß man zu guter Letzt – wie Markus – glaubt, es mit ursprünglich zwei Ereignissen zu tun zu haben. Meine Erklärung steht jener von van Cangh, J.-M., Marc 345f nahe, allerdings vermag ich im Verlauf der vormarkinischen Überlieferung nicht das Verblassen und spätere Wiedererstarken des Fischmotivs zu erkennen.

[51] Matthäus bewahrt beide markinische Versionen (Mt 14,13–21 und 15,32–39).
[52] Vgl. Marshall 357 und den schönen Aufsatz von Richardson, A., Feeling, nach dem die Vermehrungsberichte die Identität Jesu, die Universalität des Heils, die Sättigung in der Eucharistie und die eschatologische Erwartung offenbaren. Nach Hebert, A.G., History 72 liegt mit der Brotvermehrung »a case in which an incident of the ministry of Jesus has been meditated upon and preached upon in the church, in order to focus all the light upon Jesus himself, and show who he is« vor. Thema des Aufsatzes von Hebert ist die Historizität des Ereignisses, der er kritisch gegenübersteht. Godet 569 unterstreicht die Historizität dieses Wunders, eines der offensichtlichsten und unleugbarsten.

digt und Heilungen einerseits, durch die Speisung andererseits; jeweils ist das christologische Anliegen ein soteriologisches.

Ekklesiologisch erwartet Jesus die Mitarbeit der Jünger, obwohl diese vor Ostern letztlich nicht ganz verstehen, was sich hier in Wahrheit ereignet. Die Vermittlungsrolle der Zwölf antizipiert dabei ihre spätere, nachösterliche Amtsverantwortung[53], wobei Christus dieses Amt nicht im Sinne der Herrschaft über andere versteht, sondern als Dienst für ihn und damit auch für seine Menschen[54]. Zugleich begründet nicht die Person des Amtsträgers die Berufung in diesen Dienst, vielmehr der dazu erwählende und sendende Gott. Die Funktion des Amtsträgers ist keine statische und ein für allemal festgelegte, sondern ist ausgerichtet auf die Bedürfnisse der sich nach außen (9,1–6.10a) und innen weiterentwickelnden Kirche (9,10b–17), d.h. auf ihre Existenz im profanen Alltag wie auf die Errichtung der heiligen Gemeinde[55].

Das Volk Gottes ist also unterwegs: zwischen Tag und Nacht, zwischen Land und Stadt, in der Öde. Der Herr liebt es, sorgt für es, nährt es, möglicherweise anders, als das Volk es möchte. Auf jeden Fall beschenkt es Gott durch seinen Sohn und dessen Beauftragte im Überfluß. Der Überfluß gehört dem Volk aber nicht, er ist für andere vorgesehen. Die Kommunikation der Liebe Gottes ist nicht ausschließende Kraft, sondern integrierende Dynamik[56].

Das Messiasbekenntnis des Petrus (9,18–22)

Literatur: Bastin, M., Jésus devant sa Passion, Paris 1976 (LeDiv 92), 123–142; *Brown*, R.E., u.a., Peter in the New Testament, Minneapolis / New York 1973, 111–112.64–69; *Bultmann*, R., Die Frage nach dem messianischen Bewußtsein Jesu und das Petrus-Bekenntnis, ZNW 19 (1919/1920) 165–174 (= *ders.*, Exegetica, hrsg. v. E. Dinkler, Tübingen 1967, 1–9); *Conzelmann*, H., Mitte 48–50; *Cullmann*, O., L'Apôtre Pierre instrument du diable et instrument de Dieu. La place de Matt. 16,16–19 dans la tradition primitive, in: New Testament Essays. Studies in Memory of T.W. Manson, hrsg. v. A.J.B. Higgins, Manchester 1959, 94–105; *Dietrich*, W., Petrusbild 94–104; *Dinkler*, E., Petrusbekenntnis und Satanswort. Das Problem der Messianität Jesu, in: Zeit und Geschichte (FS R. Bultmann), hrsg. v. E. Dinkler, Tübingen 1964, 127–153 (= *ders.*, Signum Crucis, Tübingen 1967, 283–312); *Flender*, H., Heil 46–48; *Haenchen*, E., Lei-

---

[53] Vgl. Ziener, G., Brotwunder 284; Schürmann I 514.

[54] Marshall 357 hebt den Umstand hervor, daß die ohnmächtigen Jünger von Christus die Kraft erhalten, die ihnen bislang fehlte.

[55] Darum werden sie nach außen hin »Apostel« (9,10), intern aber »die Zwölf« (9,12) genannt. Möglicherweise spricht Lukas in V 16 von »Jüngern«, weil die Aufgabe über die »Zwölf« hinaus bis zur gegenwärtigen Zeit der Kirche reicht.

[56] Müller-Pozzi, H., Speisung unternimmt weniger eine psychoanalytische Exegese des Textes als vielmehr eine Ausdeutung der Psyche Jesu. Der Text zeigt einen »mütterlichen« Jesus, der die wohltuende Einheit mit der Quelle alles Guten anbietet (vgl. »orale Phase« bei Freud). Mit der Nahrung gibt Jesus mehr als ein materielles Gut, er vermittelt Wohlbefinden und Schutz; er befriedigt ein Bedürfnis. Als Mythos löst die Erzählung einen Konflikt: Wiederherstellung der ursprünglichen, bei der Individuation verlorenen Einheit.

densnachfolge. Eine Studie zu Mk 8,27–9,1 und den kanonischen Parallelen, in: *ders.,* Die Bibel und wir. Gesammelte Aufsätze, II, Tübingen 1968, 102–134; *Hahn, F.,* Hoheitstitel 226–230; *Miller, D.E.,* Luke 9,18–24, Interp. 37 (1983) 64–67; *Schramm, T.,* Markus-Stoff 130–136; *Schütz, F.,* Christus passim; *Vögtle, A.,* Messiasbekenntnis und Petrusverheißung. Zur Komposition Mt 16,13–23 par., BZ NS 1 (1957) 252–272; 2 (1958) 85–103 (= *ders.,* Das Evangelium und die Evangelien. Beiträge zur Evangelienforschung, Düsseldorf 1971, 137–170).

18 Und es geschah, als er einsam betete, daß seine Jünger bei ihm waren. Und er fragte sie und sagte: Wer sagen die Scharen, daß ich sei? 19 Sie aber antworteten und sprachen: Johannes der Täufer, andere aber: Elija, wieder andere: Ein Prophet, einer der alten, ist auferstanden. 20 Er sprach zu ihnen: Ihr aber, wer sagt ihr, daß ich sei? Petrus antwortete und sprach: der Messias Gottes. 21 Er aber bedrohte sie und befahl ihnen, das niemandem zu sagen, 22 indem er sprach: Der Menschensohn muß viel leiden und verworfen werden von den Ältesten, Hohenpriestern und Schriftgelehrten und getötet und am dritten Tag auferweckt werden.

Lukas übergeht eine ganze Anzahl von Perikopen des Markus (Mk 6,45–8,26); die Ursache dafür bleibt unklar. Einige Indizien weisen darauf hin, daß er den Abschnitt kannte, so z.B. die Ortsangabe Betsaida (9,10; vgl. Mk 6,45 und 8,22)[1]. Ein Versehen in der Art eines Homoioteleuton kann die Auslassung nicht sein, da der lukanische Text nicht nur das übergeht, was Markus zwischen den beiden Brotvermehrungen erzählt. Ist die Vermeidung eines allzu umfangreichen Werkes bei gleichzeitiger Bevorzugung des Sonderguts, das er demnächst in seinen Reisebericht einbringen wird, der Grund für diese Kürzung? Will er zugleich Dubletten vermeiden? Das Wandeln Jesu auf dem See (Mk 6,45–52) ist allerdings keine echte Dublette zur Stillung des Sturms (Mk 4,35–41 // Lk 8,22–25). Die Blutflüssige (Mk 5,25–34 // Lk 8,43–48) ist ebensowenig der Syrophönizierin (Mk 7,24–30) parallel zu setzen. Als wirkliche Dubletten können nur die zwei Speisungen (Mk 6,31–44 // Lk 9,10–17 und Mk 8,1–10) gelten. Ob sich Lukas an der jüdischen Frage nach Gesetz und Tradition (Mk 7,1–23) stieß, bleibt eine offene Frage, da die markinische Lösung seiner Ethik nicht entgegensteht. Und es ist unwahrscheinlich, daß er den Aufenthalt des Messias im Ausland (Tyrus und Sidon [Mk 7,24.31]) vermeidet, weil sich Jesus schon vorher in der Dekapolis aufhielt (Lk 8,26–39).

Analyse

Nach der »großen Auslassung« knüpft er mit Lk 9,18 also wieder an den markinischen Erzählfaden an und setzt mit Mk 8,27 neu ein. Dabei fügt er jedoch in V 18a eine Angabe über Jesu Gebet ein, die er an anderer Stelle vorfand: In Mk 6,31–32 sucht Jesus mit seinen Jüngern Ruhe (zweimal κατ᾿ ἰδίαν [vgl. Lk

---

[1]   Godet 573–577, der den Forschungsstand am Ende des 19. Jahrhunderts zusammenfaßt, ist der Ansicht, Lukas habe weder Markus noch Matthäus vorgelegen, sondern eine Anzahl von Erzählzyklen im Stadium ihrer ersten, noch ungelenken Niederschrift. An dieser Stelle habe Lukas, so Godet, einen ganzen Zyklus weggelassen. Einen Exkurs zu dieser Frage findet der Leser bei Schürmann I 525–527, eine Übersicht der neueren Lösungsversuche bei Fitzmyer I 770f.

9,10: κατ' ἰδίαν und Lk 9,18a: κατὰ μόνας]) und zieht sich nach der Speisung der Fünftausend allein zurück (Mk 6,46). Da Lukas die gleiche Struktur aufweist und das gleiche Verb προσεύχομαι benutzt, dürfte 9,18a Mk 6,46 widerspiegeln, also einen Vers *innerhalb* der »großen Auslassung«, die Lukas demnach kennt. Die Spannung zwischen der Einsamkeit Jesu (9,18a) und der Anwesenheit der Jünger (9,18b) erklärt sich aufgrund dieser doppelten markinischen Herkunft aus Mk 6,46 einerseits und Mk 6,31–32 und Mk 8,27 andererseits. Aus Mk 8,27a übernimmt Lukas nur die Anwesenheit der Jünger, die er durch das ihm eigene Verb σύνειμι ausdrückt[2], nicht aber die Ortsangabe (»in die Dörfer Cäsarea Philippi«); dies wahrscheinlich deshalb, weil ihm die Einsamkeit wichtig ist, er den markinischen Ausdruck als ungeschickt empfindet und sich zugleich für Betsaida entschieden hat (9,10).

Von V 18b bis V 22 folgt er Markus, weil die Perikope Worte Jesu enthält. Doch gibt es Abweichungen: »unterwegs« (Mk 8,27) verschwindet, weil nach Lukas die Reise bereits beendet ist, zugleich vermeidet er die Wiederholung »seine Jünger« und ersetzt »die Menschen« (Mk 8,27) durch sein Lieblingswort »Scharen«. Die drei Volksäußerungen gleichen Lk 9,7–8[3], besonders die dritte: ὅτι προφήτης τις τῶν ἀρχαίων ἀνέστη (9,19). Der Ausruf des Petrus[4] ist bei Lukas literarischer[5] als bei Markus: Der Akkusativ im Munde des Petrus entspricht der Frage Jesu. Lukas hat in seiner Markus-Handschrift den Sohnestitel nicht gelesen; er ist nur schwach bezeugt[6]. Die sprachliche Verbesserung von Mk 8,30 in V 21 liegt im lukanischen Verb παραγγέλλω, wobei die jetzige Formulierung an 5,14 und 8,56 erinnert. Wichtig ist die enge Beziehung, die Lukas zwischen dem Schweigegebot und der ersten Leidensankündigung herstellt (VV 21–22). Während Markus einen neuen Satz anfängt (in Nestle[26] sogar einen Abschnitt), verbindet Lukas die zwei Themen in einem einzigen Satz[7]. Damit verschwinden der Anfang (ἤρξατο) und die Lehre (διδάσκειν [Mk 8,31]). Anders als Markus versteht Lukas die Gegner Jesu als Gruppe und denkt sicher an den Hohen Rat (22,66), weshalb er im Blick auf die jüdischen Instanzen nur vor den erstgenannten Ältesten den Artikel τῶν benutzt. Gemeinsam mit Matthäus verwendet Lukas – anders als Markus – den Ausdruck καὶ τῇ τρίτῃ ἡμέρᾳ ἐγερθῆναι. Während Markus durchweg »nach drei Tagen« formuliert (z.B. Mk 8,31; 9,31 und 10,34), no-

---

[2]   Im Neuen Testament findet man σύνειμι (»zusammensein mit«) nur 2mal, jeweils bei Lukas: hier und in Apg 22,11. Einige Handschriften, darunter B*, lesen συνήντησαν (»sie begegneten«).
[3]   Was Johannes und Elija angeht, folgt Lukas jedoch in 9,19 seiner Quelle Mk 8,28: Johannes wird ὁ βαπτιστής genannt, Elija erhält keine Zusatzbezeichnung. Beim Propheten, der dritten vom Volk erwogenen Möglichkeit, weicht Lukas von Markus ab und greift auf Lk 9,8 zurück.
[4]   Warum läßt Lukas – im Gegensatz zu Markus – den Artikel vor Πέτρος fallen? Vgl. Bl-Debr-Rehkopf § 260: »Die Setzung des Ar-

tikels bei Eigennamen war vulgär.« Der lukanische Sprachgebrauch ist in dieser Hinsicht nicht konstant, wie 9,32 zeigt.
[5]   Die Frage Jesu: »Wer sagt ihr, daß ich sei?« hat sich so tief ins christliche Bewußtsein eingeprägt, daß sie bei allen drei Synoptikern in der gleichen Form erhalten geblieben ist.
[6]   Zu den Lesarten υἱόν oder τὸν υἱόν nach τὸν χριστόν vgl. NTG 197 sowie den Apparat bei Nestle[26].
[7]   Der Leerraum bei Nestle[26] zwischen V 21 und V 22 ist nicht angebracht. Noch weniger läßt sich der Punkt rechtfertigen, der bei Aland, K., Synopsis 231 nach V 21 steht.

tiert Lukas ausschließlich »am dritten Tag« (außer hier noch 18,33 und 24,7.46)[8]. Lukas übergeht sodann den kurzen Sammelbericht und das Gespräch zwischen Petrus und Jesus in Mk 8,32–33, weil er den Sinn einer Predigt in diesem Zusammenhang nicht nachvollziehen kann und weil ihm der Ton und die Härte dieses nicht ganz durchsichtigen Gespräches unerträglich sind.

Lukas setzt das Petrusbekenntnis in einen anderen Kontext als Markus. Den Leser hat er von Anfang an auf die Messianität Jesu vorbereitet. Bis jetzt ist wohl vom Glauben die Rede gewesen, aber nie vom Christusbekenntnis eines Jüngers. Kunstvoll hat er die großartige Berufungsszene 5,1–11 gestaltet. Etwas später geht es um die Wahl und die Einsetzung der Zwölf als Apostel (6,12–16), wobei Petrus an erster Stelle genannt wird und seinen neuen Namen empfängt (6,14). Dann treten die Zwölf in den Dienst der Mission (9,1–6) und der Sammlung (9,10–17). Während der fragende Herodes gegenüber den verschiedenen Volksmeinungen im Ungewissen und allein bleibt (9,7–9), leitet Jesus in Frageform ein Gespräch mit Petrus ein, das zur Enthüllung der christologischen Identität des Fragenden führt. Durch diesen Aufbau will Lukas bezeugen, daß die Jünger ihren Herrn noch in Galiläa, also längst vor seiner Passion, durch den Mund des Petrus anerkannt und christologisch korrekt bekannt haben. Im Unterschied zu Markus legt er hier kein Gewicht auf das Unverständnis der Jünger gegenüber dem Leiden Jesu (wohl aber 9,45 und 18,34). Das heißt jedoch nicht, daß sie das Kreuz nicht stolpern lassen wird. Selbst Petrus wird Jesus verleugnen (22,31–34.54–62), aber das wird ein einzelner und vorläufiger Akt der Schwäche sein. Nach seinen Tränen (22, 62), nach seiner Bekehrung (22,32b) und nach der Auferstehung Jesu wird Petrus ihn wieder christologisch richtig bekennen und als Sprecher der Zwölf auftreten. Es geht hier also nach Lukas sowohl um die Ekklesiologie als auch um die Christologie. Der Leser erfährt, daß Petrus dem Herrn richtig geantwortet hat: Das Bekenntnis der Kirche ist in der vorösterlichen Zeit verwurzelt.

Erklärung 18–20

Wie versteht Lukas das überlieferte Schweigegebot? Zwei Auslegungen sind möglich, denn a) ist der Christus-Titel ohne die folgende (V 22) Korrektur durch die Leidensankündigung gefährlich, b) können die Führer des Volkes an die Messianität Jesu nicht glauben, weshalb das Wirken des Herrn durch deren gewaltsames Eingreifen kein zu frühes Ende finden soll (vgl. 22,66–71).

21

Das Petrusbekenntnis (V 20b) ist zugleich auch eine Zusammenfassung des ersten Teils des Evangeliums. Aber ein Wort Jesu selbst, die erste Leidensankündigung, nimmt jetzt den Fortgang und den Abschluß des Lukasevangeliums vorweg (V 22). So vertieft sich im Gespräch mit dem Herrn der Glaube der Jünger: Jünger (und Leser) sollen ihre Aufmerksamkeit dem leidenden Christus zuwenden.

Von Markus übernimmt Lukas zwei Theologumena besonders gern: δεῖ und

22

---

[8] Daß Lukas das ὑπό des Markus durch ἀπό ersetzt hat, läßt sich durch das Vorkommen des Verbs ἀποδοκιμασθῆναι erklären.

παθεῖν. Gott hat nämlich einen Plan (vgl. Apg 2,23). Zwischen dem göttlichen Fatum und der menschlichen Freiheit verläuft der Weg des lebendigen Gottes, der das Leiden des Menschensohns vorhersieht und integriert. Nicht nur der Tod, sondern auch das Leiden ist nach Lukas ein Merkmal des christlichen Messianismus (vgl. Apg 26,23). Παθεῖν umfaßt also die Ablehnung und das Sterben Jesu. Die höchste Instanz des Judentums wird sich täuschen und den göttlichen Botschafter verwerfen. Ἀποδοκιμάζω heißt »nach einer Probe als unbrauchbar erklären«, »verwerfen«. Je größer das Sendungsbewußtsein, desto größer ist normalerweise die Enttäuschung angesichts des Unverständnisses. Aber der lukanische Jesus drückt hier keine Gefühle aus; Lukas überliefert die liturgische, harte und nackte Formel weiter. Jesus wird nicht nur wie jedermann sterben (ἀποθνήσκω), sondern er wird getötet werden (ἀποκτείνω). Das Gericht*surteil* des Hohen Rates (von Pilatus ist hier nicht die Rede) wird in einen Mord umgewandelt. So benutzt auch der lukanische Petrus in der Apostelgeschichte das gleiche Verb, sogar im Aktiv (Apg 3,15: ἀπεκτείνατε). Die Menschen können aber nicht mehr als den Leib töten (Lk 12,4–5). Gott wird weiterhin handeln, den Mord in seinen Plan einfügen und ihm durch die Auferstehung Jesu eine völlig neue Bedeutung geben.

Zusammen- Nicht nur Karfreitag tritt hier zum ersten Mal in den Blick, sondern auch
fassung   Ostern. Obwohl die ganze christliche Botschaft bei Lukas in der Auferstehung ihr Fundament hat, ist die Perikope hinsichtlich dieses entscheidenden Ereignisses zurückhaltend. Der Sinn des Leidens und die Tragweite der Auferstehung bleiben noch verhüllt.

Über die Nachfolge (9,23–27)

Literatur: Bultmann, R., Syn. Trad. passim; Dautzenberg, G., Sein Leben bewahren. Ψυχή in den Herrenworten der Evangelien, München 1966 (StANT 14), 51–82; Dinkler, E., Jesu Wort vom Kreuztragen, in: Neutestamentliche Studien (FS R. Bultmann), hrsg. v. W. Eltester, Berlin 1954 (BZNW 21), 110–129 (= ders., Signum Crucis, Tübingen 1967, 77–98); Gräßer, E., Parusieverzögerung 131–137; Green, M.P., The Meaning of Cross-Bearing, BiblSac 140 (1983) 117–133; Ko Ha Fong, M., Crucem tollendo Christum sequi. Untersuchung zum Verständnis eines Logions Jesu in der alten Kirche, Münster 1984; Künzi, M., Das Naherwartungslogion Markus 9,1 par. Geschichte seiner Auslegung, Tübingen 1977 (BGBE 21); Lindeskog, G., Das Rätsel des Menschensohnes, StTh 22 (1968) 149–176; O'Callaghan, J., Nota critica a Mc 8,36, Bib. 64 (1983) 116–117; Roosen, A., »Quand il viendra dans la gloire des saints anges« (Lc 9,26) . . ., in: La Pâque du Christ, Mystère du salut (FS F.-X. Durrel), hrsg. v. M. Benzerath u.a., Paris 1982 (LeDiv 112), 147–158; Schneider, G., Parusiegleichnisse im Lukas-Evangelium, Stuttgart 1975 (SBB 74), 66–69; Schulz, A., Nachfolge und Nachahmen. Studien über das Verhältnis der neutestamentlichen Jüngerschaft zur urchristlichen Vorbildethik, München 1962 (StANT 6), 82–90.97.162–165.267; ders., Wer mein Jünger sein will, der nehme TÄGLICH sein Kreuz auf sich!, BiKi 24 (1969) 9; Wijngaards, J., Let Him Up His Cross . . ., Vidyajyoti 47 (1983) 106–117.

23 Er sagte dann zu allen: Will jemand hinter mir hergehen, so verneine er sich selbst, nehme täglich sein Kreuz auf und folge mir nach, 24 denn wer sein Leben retten will, wird es verlieren. Wer aber sein Leben verliert um meinetwegen, der wird es erretten; 25 denn nützt es einem Menschen, wenn er die ganze Welt gewinnt, sich selbst aber verliert oder einbüßt? 26 Denn wer immer sich meiner und meiner Worte schämt, dessen wird sich auch der Menschensohn schämen, wenn er kommt in seiner, des Vaters und der heiligen Engel Herrlichkeit. 27 Ich sage euch aber in Wahrheit, es sind einige unter den Dastehenden, die den Tod nicht schmecken werden, bis sie das Reich Gottes sehen.

Nach Lukas war Jesus zwar beim Petrusbekenntnis und der Leidensankündigung mit den Jüngern allein (V 18a), aber das Volk blieb möglicherweise im Hintergrund anwesend (anders als in Mk 8,34a, wo Jesus die Menge herbeiruft), so daß er jetzt seine Rede an alle richten kann (V 23a). In V 23b geht Lukas über Mk 8,34b hinaus, indem er das Kreuztragen mit dem täglichen Leben verbindet (καθ' ἡμέραν und Wechsel von ἐλθεῖν zu ἔρχεσθαι). In einem Punkt folgt Lukas (V 24) wie Matthäus der traditionellen, wohl mündlichen Version des Wortes über »sein Leben verlieren« (Mk 8,35): Er behält nur die christologische Betonung des Wortes (ἕνεκεν ἐμοῦ) bei und übergeht die kerygmatische Erweiterung des Markus (καὶ τοῦ εὐαγγελίου). Im Wort über »die ganze Welt gewinnen« (Mk 8,36–37) tilgt Lukas (V 25) als einziger der Synoptiker die rationalistische Begründung (»was würde ein Mann geben als Ersatz für sein Leben?«). Obwohl er genauso beginnt wie Markus (τί γάρ [Mk 8,36 und 37]), ist dies kaum ein Versehen, sondern eher eine bewußte Streichung, um die Verbindung zwischen dem Verlust des Lebens (V 24) und dem Wort über den Gewinn der Welt (V 25) zu verstärken. Die kausale Funktion der verschiedenen γάρ (VV 24.25.26) ist nicht sicher. Das Wort über das »Sich-Schämen« (Mk 8,38) erfährt sowohl in Mt 16,27 wie in Lk 9,26 eine Korrektur, stärker bei Matthäus, wo der Gedanke des Endgerichtes explizit auftaucht, schwächer bei Lukas, der die wahrscheinlich sekundäre Zufügung des sündigen Geschlechtes bei Markus (nach dem deuteronomistischen Topos[1]) zugunsten der mündlichen Version des Spruches streicht. Einerseits behält Lukas den seinem theologischen Anliegen entgegenstehenden Spruch Mk 9,1 (über die Menschen, die bis zur Parusie nicht sterben werden) bei (9,27) und erweist sich so als treuer Tradent, andererseits deutet er ihn im Sinn seines Eschatologieverständnisses um (siehe unten).

Formgeschichtlich stehen wir vor einer Kette einzelner Sprüche, die wohl unabhängig von der Leidensankündigung entstanden und überliefert wurden, wie ihre Verstreutheit in Q[2], wo sie zum Teil ebenso belegt sind (14,27; 17,33; 12,9), beweist. Hier wurden sie aufgrund ihrer inhaltlichen Verwandtschaft mit der Leidensankündigung angefügt.

V 23 ist ein halb im Stil der Kasuistik, halb im Stil der Paränese verfaßter Aufruf. Die drei Imperative spiegelten ursprünglich drei Etappen der Jüngerschaft. Durch die Zufügung von »täglich« sind sie dabei, zu Synonyma zu werden. Lukas, der Dubletten

Analyse

---

[1] Vgl. Dtn 1,35; 32,5.20.
[2] Da schon Mt 10,38–39 – aus Q übernommen – die Logien über das Kreuztragen und das Verlieren des Lebens zusammenstellt,

kann man annehmen, daß die beiden Sprüche sehr früh, sicher noch vor Markus (vgl. Gnilka, J., Markus II 22), miteinander in Zusammenhang gebracht worden waren.

normalerweise ungern weitergibt, überliefert in 14,27 auch die Q-Version dieses Logions.

V 24 ist ein weisheitlich geprägter Doppelspruch mit antithetischem Charakter. Thematisch steht die Lehre von den zwei Wegen im Hintergrund oder auch Texte wie Dtn 30,15–18, die ebenso den Dualismus des Gleichnisses von den beiden Häusern (6,47–49) erklären. Wie 17,33 und Joh 12,25 beweisen, ist die christologische, vormarkinische Deutung (ἕνεκεν ἐμοῦ) sekundär und stört den strikten parallelen Aufbau. Daß »wollen« nur im negativen Halbsatz auftaucht, hat wohl einen theologischen Sinn.

V 25 ist eine rhetorische Frage, die der Weise natürlich verneinen wird. Subjekt der Handlung ist nicht der einzelne Christ, sondern wie in der Weisheit der als Teil des Volkes betrachtete Mensch. Auch die Übertreibung (»die ganze Welt gewinnen«) bezeugt den weisheitlichen Charakter des Wortes (wie in 18,25).

V 26 spiegelt den alttestamentlichen Vergeltungsgedanken wider. Das Bild Jesu ist das eines Lehrers, der unterrichtet (»meine Worte«), nicht das eines herrschenden oder leidenden Messias. Der ὅταν-Nebensatz stört die Symmetrie und kann als christliche Verdeutlichung betrachtet werden: Vermutlich hat der apokalyptische Inhalt die Einfügung des Titels »Menschensohn« in den Hauptsatz provoziert (vgl. 12,9, wo er fehlt).

Das Logion V 27, das in Q nicht belegt ist, ist eher apokalyptisch als weisheitlich geprägt. Jesus sieht den Anbruch des Reiches Gottes voraus. Die Stellung Jesu selbst wird in der Vision nicht ausgesprochen, doch steht er eher auf der Seite des kommenden Reiches als auf der der überlebenden Zeitgenossen; der Spruch setzt also den Tod Jesu voraus.

Diese kleine Sammlung vereinigt weisheitliche Sprüche Jesu über das rechte Leben und gibt ihnen eine christologische Färbung (»Kreuz«, »meinetwegen« usw.) sowie einen apokalyptischen Einschlag (besonders im letzten Spruch, der das Thema der Entscheidung nicht behandelt). Der jetzige Zusammenhang mit der ersten Leidensankündigung (9,22) gibt eine christliche Deutung wieder; nur in der Nachfolge des gekreuzigten Messias Jesus ist das Leben im Glauben möglich. Andererseits verleiht die Anwesenheit dieser kleinen Sammlung der Christologie des Petrusbekenntnisses (9,18–21) einen exemplarischen Charakter[3].

Q kannte diese Logien zum größten Teil noch als Einzelsprüche. Daß sie parallel zu der markinischen Tradition und isoliert voneinander weiterlebten, kommt auch in Zitaten der frühchristlichen Literatur zum Ausdruck. Einige von ihnen entstammen eher der mündlichen Überlieferung als einem schriftlichen Evangelium[4].

---

[3] Vgl. Voss, G., Christologie 171.
[4] Verschiedene sind im Anschluß an Mk 8,34–9,1 par bei Aland, K., Synopsis 236 zusammengestellt. 2Tim 2,12 (Parallele zu Lk 9,26) geht sicher auf eine mündliche Überlieferung zurück. Auch 2Clem 6,2 und Justinus, Apol I 15,12 (Parallele zu Lk 9,25, aber noch näher bei Mt 16,26) greifen wahrscheinlich noch auf die mündliche Überlieferung zurück. EvThom 55 steht näher bei der Q-Version vom Kreuztragen (Lk 14,27 par) als bei der des Markus (Lk 9,23 par). EvThom 67 ist eine gnostisierende Abwandlung der synoptischen Fassung des Logions vom Verlieren des Lebens (Lk 9,25 par).

Lukas folgt also Markus in der Anknüpfung an die Leidensankündigung, in der Reihenfolge dieser Logienreihe und in der breiten Hörerschaft. Hier und da läßt er die Stimme der mündlichen Tradition hören oder drückt sein eigenes Anliegen aus. Wichtig ist besonders die redaktionelle Streichung des harten Gespräches zwischen Petrus und Jesus (Mk 8,32–33).

Im lukanischen Verständnis dieser Logien[5] hat die Volksmenge das gnädige Wohlgefallen Gottes in der Speisung erlebt (VV 10–17). Jetzt gilt es, sie zu lehren, wie der Mensch vor Gott besteht (VV 23–27). Der Imperativ nimmt also auf keinen Fall die erste Stelle ein. Es gibt aber auch kein christologisches Wissen (VV 18–22), das nicht auf die Umkehr zu Gott abzielt (VV 23–27). Deshalb ist das Volk zu einem Bekenntnis wie dem des Petrus derzeit noch nicht in der Lage. Hier beginnt nun eine zum Teil informative, zum Teil exhortative, an das ganze Volk, d.h. gleichzeitig an alle Leser oder Hörer gerichtete Rede (V 23a).

Erklärung

23

Glauben ist nicht nur ein Für-wahr-Halten. Es ist eine persönliche Bewegung zu der Person des Stellvertreters Gottes hin. V 23 insistiert nicht so sehr auf der Begegnung wie die VV 10–17, sondern besteht auf der mündigen ethischen Mitarbeit, denn christliche Existenz ist nach Lukas ein Wandeln (ἔρχεσθαι) in der Begleitung (ἀκολουθείτω μοι) und unter der Leitung Jesu (ὀπίσω μου). In der nachösterlichen Situation heißt dies, unter dem Kerygma, unter der Taufe und in der Gemeinschaft mitten in der Welt leben, was Paulus mit »Nachahmung« umschreibt. Ohne Bruch mit sich selbst (ἀρνησάσθω ἑαυτόν) bleibt die Bekehrung ohne Folge. »Sich selbst verneinen« bedeutet nicht, sich selbst hassen (vgl. 10,27), sondern, modern ausgedrückt, seine nichtauthentische Existenzweise verneinen, die stolze Fassade seiner Identität abbauen, sein eigentliches, nüchternes, fragiles Ich in der Beziehung zu Christus zum Vorschein bringen. Der Zöllner des Gleichnisses (18,13) konkretisiert dieses Logion.

Während ἀρνησάσθω ἑαυτόν das Moment der Trennung von der eigenen Vergangenheit angibt, beschreibt καὶ ἀράτω τὸν σταυρὸν αὐτοῦ καθ᾽ ἡμέραν die Richtung der persönlichen Ethik. Die Treue im Glauben weist auf das Leiden und auf die Nachfolge Jesu. Lukanisch ausgedrückt: »Durch viele Drangsale müssen wir in das Reich Gottes eingehen« (Apg 14,22). Jesus verlangt nicht das Leiden als solches, sieht aber voraus, daß sich die Liebe zu Gott wie die zum Mitmenschen (Lk 10,27–28) ohne Selbstopfer und Mitleiden nicht verwirklichen lassen. Freilich herrscht nicht mehr die Naherwartung vor, aber doch die Erwartung der Ruhe in Gott, sei es nach dem Tod, sei es nach der Parusie. Der erste Spruch ist also so aufgebaut, daß die Nachfolge

---

[5] Zur Bedeutung dieser Sprüche bei Markus und in der Überlieferung vgl. Gnilka, J., Markus II 23–27, zu V 23 Schulz, A., Nachfolge und ders., Wer mein Jünger sein will, zu V 24 Dautzenberg, G., Leben, zu V 25 O'Callaghan, J., Nota critica, zu V 26 Lindeskog, G., Rätsel und zu V 27 Gräßer, E., Parusieverzögerung.

zweimal angesprochen ist, am Anfang und am Ende, und daß sie in der Mitte doppelt exegesiert wird, durch den Gedanken des Bruchs mit der sündigen Vergangenheit und durch die Beschreibung der gehorsamen Gegenwart und Zukunft.

24 Vielleicht diente das Verb θέλω der Anknüpfung von V 24 an V 23. Es ging in der Überlieferung um den Entschluß des Willens: in V 23 des bejahenden, in V 24a des abweisenden Willens. Für die lukanische Theologie der Beziehung handelt es sich um die beiden möglichen Antworten des menschlichen Willens gegenüber der göttlichen Initiative (VV 10–17).

Was den katastrophalen Versuch, sein Leben zu retten, konstituiert, wird in der Doppeldeutigkeit des Ausdrucks selbst (V 24) ausgesagt: Der Mensch rettet sein Leben gerade nicht, wenn er es retten will. »Sein Leben retten« ist für sich genommen keine negative Ausdrucksweise. Im Gegenteil, Gott selbst will, daß wir unser Leben retten. Was der lukanische Christus verurteilt, ist eine Selbstrettung, bei der der Mensch seine legitime Hoffnung aus eigener Kraft verwirklichen will, durch sein Tun, seine Leistung, seine Gedanken. Der Mensch verpaßt also, worauf er abzielt, wenn er sein Leben für sich selbst aufsparen will. Gott schenkt uns ein Leben, das uns gehört, wenn wir es den anderen schenken. Diese merkwürdige Natur des menschlichen Lebens erklärt sich theologisch, weil Gott selbst Grund und Ergebnis dieses Lebens ist. Solches Scheitern der Selbstrechtfertigung läßt sich schon psychologisch anhand zwischenmenschlicher Erfahrungen feststellen, denn die rein selbstbezogene Existenz ist eine gescheiterte, solange sie die Qualität und die Wärme der menschlichen Kommunikation verpaßt.

Im zweiten Halbsatz sollte »sein Leben verlieren« in Anführungszeichen stehen, weil es nur so scheint, als sei es ein verlorenes Leben. So wurde die christliche Existenz im 2. Jahrhundert von vielen Heiden bewertet: miserabel, vergnügungslos, traurig, leidensvoll[6]. »Meinetwegen« expliziert die Absicht Jesu. Die christologische Referenz bestimmt das christliche Leben nicht als ein Leben unter einem neuen Gesetz, sondern als ein Leben in Gemeinschaft mit dem Herrn. Gott wird letzten Endes dieses Leben retten.

25 Lukas symbolisiert in seinem Werk den Unglauben nicht mit dem alttestamentlichen Bild der Unzucht, sondern mit dem der Gier[7]. Das semitisch klingende Wort V 25 stellt didaktisch den Allbesitz und das Sich-Verlieren nebeneinander[8]. Der Drang, sein Leben zu retten, wird hier durch das Besitzstreben präzisiert, wobei »die Welt gewinnen«[9] zusätzlich auch Macht ein-

---

[6] Zu dieser Verachtung der christlichen Lebensauffassung durch die Heiden vgl. de Labriolle, P., La Réaction païenne. Etude sur la polémique antichrétienne du Ier au VIe siècle, Paris [10]1950, 117–124 (über Celsus).

[7] Vgl. Bovon, F., Lukas 110–112.

[8] Lukas fügt ἀπολέσας, Partizip Aorist zu ἀπόλλυμι, hinzu, um diesen Vers (V 25) noch enger mit dem vorherigen (V 24), in dem das

σῴζω gegenübergestellte ἀπόλλυμι eine wesentliche Rolle spielt, zu verknüpfen.

[9] Κερδαίνω bedeutet »gewinnen«, »profitieren«, »Nutzen ziehen aus«, »Geld, Zeit, Ansehen usw. gewinnen«; vgl. Liddell-Scott-Jones s.v. Das zu ὁ κόσμος gesetzte ὅλος trifft den Sachverhalt: die Welt in ihrer Gesamtheit.

schließt. Die Folge dieses Trugbilds wäre die Besitzlosigkeit aller anderen und ihr unerbittliches Verlangen nach einer Revanche. Positiv ausgedrückt bewirkt die Gütergemeinschaft ein gelungenes Leben: Der Mensch empfängt, indem er gibt[10].

Die heutigen Humanwissenschaften und schon der gesunde Menschenverstand sagen, daß ein Mensch ohne strukturiertes Ich und einige Besitzobjekte als Symbole seiner Identität nicht leben kann. Dem lukanischen Christus geht es sicher nicht um solchen Lebensverzicht. Was er verlangt, steht mitten in einer lebendigen und lebenschaffenden Beziehung zwischen Gott und Mensch. Aus dieser Kommunikation heraus kommt es überhaupt erst zu der Möglichkeit, sich anders als selbstgerecht zu verstehen und das »Haben« anders als durch Eigenbesitz zu definieren. Die Kirchengeschichte kennt viele Gestalten, die »sich« gefunden haben, indem sie »sich« verloren haben. Für den Westen ist Franziskus von Assisi die Verkörperung dieses evangeliumsgemäßen Anspruchs[11].

V 26 werden wir ausführlich im Zusammenhang der Auslegung der parallelen Q-Version Lk 12,8–9 kommentieren; hier sei nur auf seine spezifischen Eigenheiten hingewiesen. Statt einer ausgewogenen Doppelformel (12,8–9) wird hier nur die Gefahr der Verleugnung genannt; dies parallel zu V 25. Dabei entfällt aber nicht nur das »Bekenntnis« (vgl. 12,8), zugleich notiert Lukas anders als in 12,9 ein aus Mk 8,38 übernommenes gefühlsbetontes Verb: ἐπαισχύνομαι. Glaube und Zeugnis sind also nicht nur Sache der Intelligenz, sondern auch des Herzens. Es braucht innere Festigkeit und Mündigkeit, sich nicht wie alle anderen zu benehmen, sondern eine eigene Meinung zu vertreten und Zivilcourage zu haben. Man schämt sich leicht bestimmter Beziehungen, die nicht zum Konsens gehören. In der Welt des Judentums wie des städtischen Hellenismus mußten die Christen dieses Schamgefühl überwinden[12]. Die Person (με) wie die Lehre (τοὺς ἐμοὺς λόγους) konnten anstößig sein. Paulus bezeugt dieses Gefühl und seine Überwindung: »Denn ich schäme mich des Evangeliums nicht« (Röm 1,16). Aber ἐπαισχύνομαι steht nicht nur für ein Gefühl, es ist eine integrale Haltung. Die Scham paralysiert den Menschen und determiniert ihn nach innen wie nach außen. Rhetorisch will der

26

---

[10] Lukas verleiht dem Satz Eleganz: Er ersetzt das καί des Markus durch ein δέ und baut einen Chiasmus κερδήσας (A) τὸν κόσμον ὅλον (B) ἑαυτὸν δὲ (B') ἀπολέσας ἢ ζημιωθείς (A') ein. Warum ersetzt Lukas darüber hinaus das markinische »seine Seele« durch »sich selbst«? Gewiß sind die beiden Ausdrücke für Lukas Synonyme. D* und einige andere Handschriften lesen – zweifellos unter dem Einfluß von Markus – Infinitive an Stelle der Partizipien.
[11] Vgl. Goez, W., Art. Franciscus von Assisi (1181/82–1226), in: TRE XI (1983) 299–307.
[12] Zur Scham im Alten Testament vgl.

Stolz, F., Art. בוש, in: THAT I (1971) 269–272, der auf die beiden sich ergänzenden Aspekte, einen objektiven (Elend, Verfall, Schande) und einen subjektiven (Scham, Schande), verweist. Der Autor unterschätzt jedoch den subjektiven Aspekt dieses Verbs im religiösen Zusammenhang. Zu ἐπαισχύνομαι im Neuen Testament vgl. Bultmann, R., Art. αἰσχύνω κτλ., in: ThWNT I (1933) 188–190, der auf den großen Einfluß der Septuaginta hinweist. »Scham« meint weniger ein Gefühl als vielmehr eine Gegebenheit, die Erfahrung des Gerichts Gottes; vgl. Horstmann, A., Art. αἰσχύνομαι, in: EWNT II (1981) 100–102.

Spruch im Bild bleiben, darum spricht er cum grano salis von der Scham des Menschensohnes.

27   Mk 9,1 überliefert einen Spruch, der auf die Parusie hinweist, speziell in seiner matthäischen Parallelfassung Mt 16,28[13]. Lukas seinerseits verleiht dem Logion dadurch, daß er aus seiner markinischen Vorlage die Worte »in Macht gekommen« streicht, einen zu seiner Zeit erträglichen Sinn. Sein Blick überbrückt nicht mehr die Zeitspanne von der Gegenwart zum Eschaton, denn das Ende steht für ihn nicht mehr unmittelbar bevor. Was er der apokalyptischen Naherwartung abspricht, spricht er aber der Heilsgeschichte[14] zu: Mit Jesus ist das Reich Gottes schon gegenwärtig, wenn auch noch nicht »in Macht«. Lukas läßt sich in seinen Kapiteln 1–2 von diesem Logion inspirieren, um die jetzt erfüllte Verheißung an Simeon (2,26) zu gestalten[15]: Der Greis darf sterben, da er das Heil gesehen hat (2,30). Gleicherweise dürfen die Zeitgenossen Jesu sterben, weil sie ihn gesehen haben (9,27). Doch behält Lukas, indem er die Form des Spruches möglichst unangetastet läßt, auch den Gedanken einer Zeitspanne zwischen der Formulierung des Logions und dem schließlichen »Sehen des Reiches« bei. Wann also werden die Zeitgenossen das Reich Gottes sehen? Er gibt darauf keine eindeutige Antwort, da seine Treue zur Tradition mit »später« antwortet, während sein Glaube »schon jetzt« meint. Da die Himmelfahrt (Anfang der Apostelgeschichte) die zweitgrößte Zäsur nach der Inkarnation (Anfang des Evangeliums) darstellt, wird die visierte Zeitspanne von jetzt bis zur Auferstehung und Himmelfahrt reichen[16]. Damit stehen wir im Bereich der Jünger, die Zeitgenossen und Zeugen sind und deren Leben bis nach der Passion andauern wird. Nach Lukas sind die τινές von V 27 die in den VV 23–26 angesprochenen Gläubigen, besonders die Zwölf. Sofort denken wir an die lukanische Definition des Apostels (Apg 1,21–23), welche die gleiche Zeitspanne ins Auge faßt und die gleiche Anwesenheit der Zeugen hier (im Leben Jesu) und dort (in der Zeit der Kirche) voraussetzt. Lukas interpretiert das Logion in einem radikal neuen Sinn, tut dies jedoch im Bewußtsein, damit die überlieferte Intention Jesu zu treffen, da das Logion vom Reich Gottes und nicht von der Parusie des Menschensohnes sprach. Nach Lukas stellt Jesus selbst eine Verbindung zwischen seinem Auftreten und dem Reich Gottes her (11,20).

Zusammenfassung   Lk 9,23–27 stellt die vierte Rede Jesu dar; sie folgt auf die Feldrede (6,20–49), die Gleichnisrede (8,4–21) sowie die Missionsvorschriften (9,3–5) und steht in einem christologischen Kontext. Dieser Zusammenhang bringt zweierlei zum Vorschein: 1. Es gibt keine Bejahung der in den drei ersten Reden auftauchenden Lehre ohne eine persönliche Beziehung zu Christus. Was 6,47 schon

---

13 Zur Auslegungsgeschichte dieses Verses (Lk 9,27) vgl. Künzi, M., Naherwartungslogion.

14 Vgl. Conzelmann, H., Mitte 95f (zwar spreche ich auf dieselben redaktionellen Ver-

änderungen wie Conzelmann an, doch würde ich sie etwas anders darstellen als er).

15 Vgl. oben S. 141–143.

16 Vgl. Bovon, Luc le théologien 22–24.45–47.31.48 Anm. 1.

sagte, gilt hier noch mehr: Jeder auf Jesu Lehre Hörende ist zugleich eine affektiv an ihn gebundene Person (πᾶς ὁ ἐρχόμενος πρός με [6,47]). Sich des anderen zu »schämen« beschreibt hier in V 26 das Gegenteil dieses Verhältnisses. 2. Die Folge dieser gegenseitigen Anhängerschaft ist die Gemeinschaft im Leiden; das in der Antike so gefürchtete Kreuz steht als erste Bezeichnung dieses gemeinsamen Weges. Die lukanische Theologie der Freude soll diese ernste Tatsache nicht verdecken. Aber die Jünger, die »den Tod schmecken werden«, können sich wie Simeon freuen, denn sie haben »das Reich Gottes schon gesehen« (V 27).

Die Verklärung (9,28–36)

Literatur: *Autret, G., u.a.,* Le récit de la transfiguration selon Saint Marc. Proposition de lecture, Sémiotique et Bible 9 (1978) 36–58; *Baldacci, P.R.,* The Significance of the Transfiguration Narrative in the Gospel of Luke. A Redactional Investigation, Marquette University 1974; vgl. DissAb 36 (1975) 1591–A; *Baltensweiler, H.,* Die Verklärung Jesu. Historisches Ereignis und synoptische Berichte, Zürich 1959 (AThANT 33); *Best, T.F.,* The Transfiguration. A Select Bibliography, JETS 24 (1981) 157–161; *Bovon, F.,* Luc le théologien 46.100f.175 Anm. 2; *Caird, G.B.,* The Transfiguration, ET 67 (1955/1956) 291–294; *Conzelmann, H.,* Mitte 50–52; *Coune, M.,* Saint Luc et le mystère de la Transfiguration, NRTh 108 (1986) 3–12; *Dietrich, W.,* Petrusbild 104–116; *Eichinger, M.,* Die Verklärung Christi bei Origenes. Die Bedeutung des Menschen Jesus in seiner Christologie, Wien 1969; *Feuillet, A.,* Les perspectives propres à chaque évangéliste dans les récits de la transfiguration, Bib. 39 (1958) 281–301; *Gause, R.H.,* The Lukan Transfiguration Account. Luke's Pre-Crucifixion Presentation of the Exalted Lord in the Glory of the Kingdom of God, Emory University 1975; vgl. DissAb 36 (1976) 4569–A; *George, A.,* La transfiguration (Luc 9,28–36), BVC 33 (1960) 21–25; *Gerber, W.,* Die Metamorphose Jesu, Mk 9,2f. par, ThZ 23 (1967) 385–395; *Glombitza, O.,* Die Titel διδάσκαλος und ἐπιστάτης für Jesus bei Lukas, ZNW 49 (1958) 275–278; *Haulotte, E.,* Symbolique du vêtement selon la Bible, Paris 1966 (Theol[P] 65); *Junod, E.,* Polymorphie du Dieu Sauveur, in: Gnosticisme et monde hellénistique, hrsg. v. J. Ries, Louvain-La-Neuve 1982 (PIOL 27), 38–46; *Junod, E. – Kaestli, J.-D.,* Acta Iohannis, Turnhout 1983 (CCSA 1–2), I, 192–197; II, 466–493; *Léon-Dufour, X.,* La transfiguration de Jésus, in: *ders.,* Etudes d'Evangile, Paris 1965, 83–122; *McGuckin, J.A.,* Jesus Transfigured. A Question of Christology, CleR 69 (1984) 271–279; *Miquel, P.,* Le mystère de la Transfiguration, QLP 42 (1961) 194–223; *Neirynck, F.,* Minor Agreements Matthew-Luke in the Transfiguration Story, in: Orientierung an Jesus. Zur Theologie der Synoptiker (FS J. Schmid), hrsg. v. P. Hoffmann u.a., Freiburg i.Br. 1973, 253–266; *Nützel, J.M.,* Die Verklärungserzählung im Markusevangelium. Eine redaktionsgeschichtliche Untersuchung, Würzburg 1973 (fzb 6); *Orbe, A.,* Cristología gnóstica, II, Madrid 1976, 96–141; *Pamment, M.,* Moses and Elijah in the Story of the Transfiguration, ET 92 (1981) 338–339; *Ramsey, A.M.,* The Glory of God and the Transfiguration of Christ, London 1949; *Riesenfeld, H.,* Jésus transfiguré. L'arrière-plan du récit évangélique de la transfiguration de Notre-Seigneur, Copenhagen 1947 (ASNU 16); *Ringe, S.H.,* Luke 9,28–36. The Beginning of an Exodus, Semeia 28 (1983) 83–99; *Sabbe, M.,* La rédaction du récit de la transfiguration, in: La venue du Messie.

Messianisme et eschatologie, Bruges 1962 (RechBib 6), 65–100; *Schramm, T.,* Markus-Stoff 136–139; *Stroumsa, G.,* Polymorphie divine et transformation d'un mythologème. L'Apocryphon de Jean et ses sources, VigChr 35 (1981) 412–434; *Trites, A.A.,* The Transfiguration in the Theology of Luke. Some Redactional Links, in: The Glory of Christ in the New Testament (Memorial G.B. Caird), hrsg. v. L.D. Hurst u.a., Oxford 1987, 71–82.

28 Und es geschah nach diesen Worten, etwa acht Tage, da nahm er Petrus und Johannes und Jakobus mit sich und stieg auf den Berg, um zu beten. 29 Und es geschah, während er betete, daß das Aussehen seines Gesichtes anders wurde und seine Kleidung weiß aufblitzte. 30 Und siehe, zwei Männer unterhielten sich mit ihm, die Mose und Elija waren. 31 Sie erschienen in Herrlichkeit und sagten seinen Ausgang an, den er in Jerusalem erfüllen sollte. 32 Und Petrus und die mit ihm waren vom Schlaf bedrängt. Da sie sich aber wachgehalten hatten, sahen sie seine Herrlichkeit und zwei Männer, die bei ihm standen. 33 Und es geschah, als sie sich von ihm trennten, daß Petrus zu Jesus sprach: Meister, es ist gut, daß wir hier sind, und wir wollen drei Hütten machen, eine für dich und eine für Mose und eine für Elija; dabei wußte er nicht, was er sagte. 34 Und als er das sagte, kam eine Wolke und überschattete sie. Und sie fürchteten sich, als sie in die Wolke eingingen, 35 und eine Stimme kam aus der Wolke, die sagte: Dieser ist mein Sohn, der Erwählte, auf ihn hört! 36 Und da die Stimme kam, fand Jesus sich allein. Und sie schwiegen und verkündeten in jenen Tagen niemandem etwas von dem, was sie gesehen hatten.

Analyse   *Synoptischer Vergleich*
Die Verklärungsgeschichte steht bei Lukas in der gleichen Perikopenfolge wie bei Markus und Matthäus. Besonders wichtig ist ihre Nähe zum Petrusbekenntnis (9,18–22). Lukas benutzt wie in 9,23–27 Markus als Vorlage, erweist sich aber auch als selbständig (z.B. die VV 31–33) und hat zugleich viele kleine Gemeinsamkeiten mit Matthäus[1]. Lukas könnte neben Markus eine Sonderüberlieferung[2] oder einen von der heutigen Form abweichenden vormarkinischen Text gekannt haben[3]. Sowohl die lukanischen Eigentümlichkeiten wie die Gemeinsamkeiten mit Matthäus lassen sich aber überzeugender aus den Tendenzen der Redaktion erklären[4]. Wenn 9,28–36 Markus ferner steht als 9,23–27, liegt dies daran, daß Lukas die Erzählungen mit größerer Freiheit als die Sprüche Jesu behandelt. Markus ist für ihn keine kanonische heilige Schrift, sondern ein respektabler, aber durchaus zu verbessernder Versuch

---

[1] Vgl. Neirynck, F., Minor Agreements.
[2] So z.B. Schramm, T., Markus-Stoff 136–139. Weitere Beispiele bei Neirynck, F., Minor Agreements 253–256.

[3] So z.B. Boismard, M.-E., in: Benoit-Boismard, Synopse II 30–32.251f.
[4] Zu dieser Hypothese kommt Neirynck, F., Minor Agreements nach einer minuziösen Untersuchung.

(vgl. 1,1–4). So streicht Lukas im Unterschied zu Matthäus das Ende der markinischen Perikope (Dialog beim Hinuntergehen [Mk 9,9–13]), weil er den Täufer nicht mit Elija gleichsetzt[5].

Er schreibt die markinische Fassung offensichtlich neu. Nach der Anknüpfung an das Vorausgehende mit »nach diesen Worten« benutzt er zweimal seine Lieblingskonstruktion, eine ἐγένετο-Formulierung (in V 28 nicht so geschickt, in V 29 mit ἐν τῷ und Infinitiv). Inhaltlich korrigiert er das Datum (acht, nicht sechs Tage) und die Reihenfolge der Jünger (Johannes vor Jakobus). Er ersetzt das Verb μεταμορφόω durch τὸ εἶδος . . . ἕτερον, streicht die zu prosaische, naive oder bäurische Bemerkung über den Tuchscherer (Mk 9,3b) und insistiert (V 31) auf dem Gespräch Moses und Elijas[6] mit Jesus, wobei οἱ ὀφθέντες ἐν δόξῃ vom markinischen ὤφθη aus Mk 9,4 inspiriert sein dürfte. Er unterstreicht die Herrlichkeit der beiden Männer (V 31) und Jesu (V 32) und fügt aus der Gethsemani-Perikope Mk 14,37–42 (Lk 22,45–46) die Müdigkeit der Jünger (V 32) hinzu. In V 33a antizipiert er das Alleinsein Jesu (Mk 9,8; Lk 9,36) und läßt dessen Begleiter sich schon jetzt entfernen. Ἐπιστάτα geht auf seine Antipathie gegen Fremdwörter zurück[7]; die Furcht der Jünger (Mk 9,6b) nimmt er erst nach der Beschreibung der Wolke auf und erklärt sie durch den zweideutigen Ausdruck ἐν τῷ εἰσελθεῖν αὐτοὺς εἰς τὴν νεφέλην. Die Stimme Gottes folgt mit Ausnahme eines Wortes (Markus: ἀγαπητός, Lukas: ἐκλελεγμένος) der markinischen Fassung. V 36 dient als freier Abschluß, wobei V 36a eine Anpassung an Mk 9,8 darstellt, V 36b hingegen (das Schweigen der Jünger) eine redaktionelle Eigentümlichkeit des Lukas. Matthäus und Lukas gemeinsam ist das besondere Interesse für das Gesicht Jesu. Beide gebrauchen das Wort πρόσωπον (9,29 und Mt 17,2). Aber bei Matthäus ist es eine der Wiederholungen, wie er sie liebt (vgl. Mt 28,3), Lukas wiederum ersetzt im Gegenteil μεταμορφόω durch einen biblischen Ausdruck (z.B. Dan 3,19 LXX). Dieses *minor agreement* ist so zufällig[8] wie das andere in V 34 (ταῦτα δὲ αὐτοῦ λέγοντος, Mt 17,5: ἔτι αὐτοῦ λαλοῦντος), wo beide Wendungen weder miteinander identisch sind noch die gleiche Funktion haben. Redaktionell in seiner Form (vgl. 13,17) dient der lukanische Genitiv als Anfang eines neuen Abschnitts[9]. Lukas kennt also keine zweite schriftliche Vorlage für diese Perikope. Natürlich wurde die Verklärungsgeschichte auch mündlich erzählt[10].

Struktur der Einheit[11]
Formale strukturierende Elemente sind ἐγένετο (VV 28.29.33), καὶ ἰδού (V 30) und der Genitivus absolutus (V 34). Sie grenzen verschiedene nachein-

---

[5] Vgl. Conzelmann, H., Mitte 19f.184.
[6] »Elija mit Mose« bei Markus (Mk 9,4; in Mk 9,5 jedoch wird Mose zuerst genannt) wird bei Lukas zu »Mose und Elija«. Er setzt Mose an die Spitze, was dem Ablauf der Heilsgeschichte und dem Gesamtplan der Schrift entspricht (vgl. 24,27.44).
[7] Auch der Gebrauch des πρός nach εἶπεν (V 33; also dort, wo Markus den Dativ setzt) ist typisch für Lukas.
[8] Vgl. Neirynck, F., Minor Agreements 256–260.

[9] Vgl. ebd. 260–264.
[10] Dietrich, W., Petrusbild 106–109 ist der Ansicht, die VV 28–33a stammten aus einer anderen Quelle.
[11] Vgl. Godet 593; Gnilka, J., Markus II 30–32; Fitzmyer I 795f; Nützel, J.M., Verklärungserzählung 46.296. Die Durchsicht dieser Auszüge macht deutlich, wie sehr die Frage der Gliederung des Textes mit dessen Interpretation verquickt ist.

ander folgende Episoden voneinander ab. V 28 erzählt den Aufstieg auf den Berg, V 29 die Verklärung, die VV 30–31 das Gespräch, während V 32 die Lage der Jünger und V 33 den Vorschlag des Petrus erwähnt. V 34 erzählt das Kommen der Wolke und V 35 den Inhalt der Stimme, während die Reaktion der Jünger den letzten Vers (V 36) füllt. Die verschiedenen Episoden bilden aber eine literarische Einheit, wie aus den symmetrischen Anfangs- und Abschlußversen hervorgeht (V 28 und V 36). Der erste Teil des Ereignisses, die Verklärung und das Gespräch mit Mose und Elija (VV 29–31), ist zu *sehen*, der zweite Teil hingegen, die göttliche Stimme (VV 34–35), ist zu *hören*. Die Dreiergruppe der Jünger sieht die Herrlichkeit der anderen Dreiergruppe und hört die himmlische Stimme; beide Reaktionen der Jünger (V 32 und V 36) stehen symmetrisch zueinander. Die einzige Einzelepisode, die kein symmetrisches Pendant hat, ist der merkwürdige Vorschlag des Petrus (VV 33–34). Die damit vorliegende Struktur soll nicht als statischer Chiasmus betrachtet werden, sondern als dynamischer Prozeß von einem übernatürlichen Zeichen (VV 29–31) zu seiner göttlichen Deutung (VV 34–35).

V 28   Rahmen
VV 29–31   Göttliches Zeichen
V 32   Menschliche Reaktion (allgemein)
V 33   Menschliche Reaktion (konkret)
VV 34–35   Göttliche Deutung
V 36   Menschliche Reaktion und Rahmen

Gattung und Religionsgeschichtliches[12]
Verschiedene Auslegungen, die das Unbehagen der Exegeten widerspiegeln, haben versucht, die Gattung des Berichtes zu bestimmen: als Inthronisationsszene (H. Riesenfeld), als prophetische (F. Gils) oder apokalyptische (M. Sabbe) Vision, als göttliche Epiphanie (R. Silva), als Midrasch (L.F. Rivera) oder als Kulterzählung (R.H. Gause)[13]. M.E. ist das Problem der Gattung untrennbar mit der religionsgeschichtlichen Fragestellung verbunden. Verschiedene Wege kreuzen sich hier. Die Sinaitradition (Ex 24)[14] und die Verklärung des Vermittlers Mose (Ex 34,29–35)[15] stehen im Hintergrund, ebenso die alttestamentliche Königs- und Messiasideologie hinter der göttlichen Stimme. Beides könnte apokalyptisch gefärbt sein. Der Hinweis auf die jüdische Tradi-

---

[12] In der letzten Zeit wurde das religionsgeschichtliche Problem dieses Textes vor allem von den alttestamentlichen und jüdischen Überlieferungen her angegangen; vgl. Nützel, J.M., Verklärungserzählung 75, der Gerber, W., Metamorphose vorstellt. Gerber tritt für eine apokalyptische oder gar mystische jüdische Überlieferung ein.
[13] Die Dissertation von Gause, R.H., Transfiguration wird in DissAb 36 (1976) 4569–A,

die anderen Standpunkte bei Nützel, J.M., Verklärungserzählung 17.50.27.68.38 vorgestellt.
[14] Mose steigt mit drei Verwandten und siebzig Ältesten auf den Berg. Auch von einer Wolke und einer göttlichen Stimme ist die Rede; vgl. Gnilka, J., Markus II 32.
[15] Fitzmyer I 799 ist nicht sicher, ob man darin einen Einfluß von Ex 34,29–35 erkennen kann.

tion reicht jedoch nicht aus, um Gattung und Inhalt zu erschließen[16]. Die Thematik der Polymorphie umfaßt »gleichzeitige oder nacheinanderfolgende Erscheinungen eines gleichen Wesens unter verschiedenen Formen, die bestimmt sind, bewundert zu werden.«[17] Leider fehlt noch eine gründliche Monographie darüber, so daß der Ursprung wie die Gattungen unbestimmt bleiben. Klar ist, daß man verschiedene Typen der Polymorphie unterscheiden muß und daß diese nicht unbedingt den Doketismus voraussetzt. Polymorphie erklärt a) die Verwandlung Jesu (seine menschliche und seine göttliche Form), b) die Trias Mose – Elija – Jesus und c) den Epiphaniecharakter der Szene.

Als menschlicher Führer steht Jesus auf der jüdischen Linie des verklärten Mose und der Messiasvorstellungen, als göttlicher Gesandter auf der fremden Linie der polymorphen Gottheiten. In dieser jüdischen Tradition wird der Erwählte in die himmlische Sphäre emporgehoben, in der hellenistischen erscheint die barmherzige Gottheit und erniedrigt sich. Diese zwei Bewegungen, Erhöhung und Offenbarung, bezeugen narrativ eine noch nicht eindeutige Zwei-Stufen-Christologie, die in der Gattung der Homologie auch vorkommt (vgl. Röm 1,3b–4). Der Taufbericht Jesu (3,21–22) verrät die gleichen christologischen Bemühungen und eine ähnliche Gattung (mit Zeichen und Deutung). Der komplizierte christologische Hintergrund zeigt, daß ein solcher Bericht nicht volkstümlich-neugieriger Art ist, sondern zur gelehrten Reflexion gehört. Da aber Theologie gleichzeitig Doxologie war, setzen wir als Sitz im Leben nicht das Studierzimmer des isolierten Theologen, sondern den Gottesdienstraum einer jüdisch-hellenistischen christlichen Gemeinde voraus[18].

Im 2. Jahrhundert kannte man die Erzählung von der Verklärung Jesu. 2Petr 1,17–18 liegt auf der Linie der matthäischen Version[19]. Die *Petrusapokalypse* beschreibt die Verklärung mit eigenen Worten. Eine dialogische Form ermöglicht Jesus, die Fragen des Petrus zu beantworten (z.B. über die Identität Moses und Elijas oder über die anderen Gerechten aus dem alten Bund). Zwischen zwei Fragen fügt der Verfasser eine Beschreibung des Paradieses ein, und nach dem Zitat der göttlichen Stimme erzählt Petrus, wie eine Schar von Menschen die drei Gestalten grüßt und in einen zweiten Himmel hineinkommt (Ps 23[24],6 und 7 wird als erfülltes Wort zitiert). Da der Verfasser am Ende explizit vom Schließen der Himmel spricht, versteht er die Szene als

---

[16] Muß man mit Strousma, G., Polymorphie die jüdische Mystik, die Spekulationen über den ›kleinen Jahwe‹ und den ›Metatron‹ anstellt und die Erscheinung dieses himmlischen Wesens mit Hld 5 und Dan 7 in Verbindung bringt, heranziehen? Miquel, P., Mystère 197 zeigt, daß auch die Exegese des Mittelalters den Verklärten mit dem Geliebten des Hohenliedes vergleicht.

[17] Junod, E., Polymorphie 39.
[18] Zur Vorgeschichte des markinischen Textes, insbesondere zur unwahrscheinlichen Hypothese einer an eine andere Stelle versetzten Ostererscheinung vgl. Fitzmyer I 795f.
[19] Vgl. Fuchs, E. – Reymond, P., La deuxième épître de saint Pierre, Neuchâtel 1980 (CNT 13b), 68–71.

eine apokalyptische Vision mit Jesus als »angelus interpres«[20]. In den *Petrusakten* lesen wir eine Predigt des Petrus über die Verklärung, deren liturgische Lektüre vorausgesetzt wird. Der Apostel verteidigt zuerst die Niedrigkeit der Schrift, weil sich der Herr je nach der Aufnahmefähigkeit seiner Zuhörer gezeigt habe: ». . . der Herr in seiner Barmherzigkeit veranlaßt war, sich in anderer Gestalt zu zeigen und im Bilde eines Menschen zu erscheinen« (ActPetr 20)[21]. Der Verfasser versteht den Bericht als Christophanie und vergißt Mose und Elija völlig. Das Interesse liegt auf der Beziehung des erschrockenen Jüngers zu seinem sich offenbarenden Herrn. Vorausgesetzt ist eine Anpassung der Gestalt Jesu an die menschliche Fähigkeit, die Gottheit wahrzunehmen. In den *Johannesakten* erwähnt der Lieblingsjünger in einer Predigt die verschiedenen Gestalten, die Jesus, um sich seinen Jüngern anzupassen, angenommen hat. In diesem Rahmen erwähnt Johannes kurz auch die Verklärungsgeschichte, die er als unaussprechliche Theophanie versteht (Mose und Elija werden nicht erwähnt) (ActJoh 90). Dann erzählt er breit eine Szene, in der er die Polymorphie Jesu bewundern konnte (ActJoh 90). Er fügt dann (ActJoh 91) den Eindruck ein, den diese zweite Verklärung Jesu auf Jakobus und Petrus gemacht hat, denn diese Jünger haben ein anderes Bild gesehen. Diese Zeugnisse der verschiedenen Gestalten Jesu und seiner Scheinleiblichkeit sollen nach dem Schlußwort der Predigt den Glauben wecken[22]. In den späteren *Philippusakten* erfahren die Leser eine Verklärung des Apostels selbst im Kreis seiner Jünger, und als diese voller Angst die Intensität des Lichts nicht ertragen können, erinnert er sich an Jesus (wohl an die evangelische Verklärungsszene), verwandelt sich wieder in seine ursprüngliche Gestalt und beruhigt die Leute (ActPhil 60)[23]. Vielleicht stehen die Offenbarungen Jesu vor drei Gestalten (z.B. *Apokryphon Johannis* [NHC II, 1,30–2,9]) unter dem Einfluß der evangelischen Verklärungsgeschichte, das Motiv der drei Gestalten ist jedoch eher vorchristlich[24] und hat seine Spuren schon in den Evangelien hinterlassen. Alle apokryphen Stellen betonen einerseits ein Verständnis der Verklärung als Theophanie, andererseits eine Interpretation der Vielfalt der Gestalten als pädagogisches Mittel und als adäquater Ausdruck der unsagbaren Gottheit[25].

Erklärung Während die Verklärungsgeschichte für viele Christen und Gnostiker der Antike am treffendsten ihre Christologie und ihr Wirklichkeitsverständnis ausdrückte, bereitet sie den heutigen Lesern Schwierigkeiten. Ihre Geschichtlichkeit scheint ihnen unmöglich und die Menschwerdung Jesu durch den Bericht

---

[20] Vgl. ApkPetr 15–17, in: Hennecke-Schneemelcher II 481–483. Dieses nicht mit der gleichnamigen Schrift aus Nag Hammadi (NHC VII,3) zu verwechselnde Werk ist in äthiopischer und zum Teil in griechischer Sprache überliefert; vgl. Maurer, Ch., in: ebd. 468–472.

[21] Übersetzung nach Schneemelcher, W., in: ebd. 207; vgl. Poupon, G., Les Actes de Pierre, in: Actes apocryphes 299–301.

[22] Vgl. Junod, E. – Kaestli, J.-D., Acta Iohannis I 192–197 (Text und Übersetzung) und II 466–493 (Kommentar). Man beachte die Stille, die nach solchen Offenbarungen (Act Joh 93) – wie in Lk 9,36 – eintritt. Der lukani-

sche Einfluß wird auch im Motiv des Gebets, das den Aufstieg auf den Berg begleitet (Act Joh 90), sichtbar. Im übrigen greifen die Johannesakten mit großer Freiheit auf die Erzählung des Evangeliums zurück.

[23] Vgl. Bovon, F., Les Actes de Philippe, in: Actes apocryphes 301–304.

[24] Man kann etwa an die drei Phasen des Horus als Sonnengott (morgens ein Kind, mittags ein Erwachsener, abends ein Greis) oder an die Gottheiten der palmyrischen Triade denken.

[25] Weitere Elemente der Rezeption vgl. unten S. 502–504.

gefährdet. Gleichzeitig können sie vor der Schönheit der Erzählung nicht die Augen verschließen. Wenn sie zudem die orthodoxe Theologie näher kennen, spüren sie, daß Jesus hier nicht eine fremde Natur provisorisch annimmt, sondern seine wahre Identität enthüllt[26].

Der Rahmen (V 28)

In wenigen Worten wird vieles, wenn nicht gesagt, so doch angedeutet. Die Verklärungsperikope antwortet auf die Fragen der vorausgegangenen Diskussion (»nach diesen Worten«). Durch sie und speziell durch die himmlische Stimme bestätigt Gott die Voraussage Jesu (9,22). Aber während Jesus sein messianisches Leiden an die erste Stelle setzte, zeigt sich hier die Herrlichkeit des Sohnes. Anders ausgedrückt: Dem kurzen herrlichen Schluß des V 22, dem Hinweis auf Jesu Auferstehung (καὶ τῇ τρίτῃ ἡμέρᾳ ἐγερθῆναι), entspricht hier umgekehrt die knappe, nüchterne Formulierung εὑρέθη Ἰησοῦς μόνος (9,36). 28

Neben dieser *christologischen* Verknüpfung mit den vorherigen Perikopen gibt es auch eine *anthropologische* oder *ekklesiologische* Bezugnahme auf den Kontext: Im Anschluß an das Petrusbekenntnis haben die Jünger (und durch sie die Gemeinde und die Leser) von der Notwendigkeit des Leidens des Messias (9,22) wie auch seiner Anhänger (9,23–24) erfahren. Der Verklärung wohnt eine paränetische und tröstliche Funktion inne[27].

Soll die Perikope symmetrisch zum Taufbericht einen Abschluß der galiläischen Periode bilden? Freilich beginnt der Reisebericht erst in 9,51, aber das redaktionelle Gespräch der drei Gestalten (9,31) weist schon auf die zukünftige Passion hin. Eine formale Beziehung (*inclusio* des ersten Teils des Evangeliums) zum Taufbericht ist wohl anzunehmen, vor allem aber bereiten die erste Leidensankündigung wie die Verklärung das Folgende vor und kündigen es an[28].

Die lukanische Zeitangabe stellt vor zwei Fragen: a) Weshalb steht sie im Nominativ (vgl. Jos 1,11 LXX als Parallele)?[29] b) Will der Evangelist die markinische Rede von sechs Tagen bewußt korrigieren oder durch den Einschluß des vorherigen (Petrusbekenntnis) und des nächsten Tages (Verklärung) nach antiker Zählung die gleiche Zeitspanne wie Markus zum Ausdruck bringen? Eher besitzt die Zahl acht für Lukas einen besonderen Wert. Der achte Tag, der Tag nach der Woche, der Auferstehung, der

---

[26] Vgl. Clément, O., Transfigurer le temps. Notes sur le temps à la lumière de la tradition orthodoxe, Neuchâtel 1959, 97–121.

[27] Baltensweiler, H., Verklärung 55f und Caird 132 heben hervor, daß die Verklärung einer Krisensituation im Leben Jesu entsprochen haben müsse. Nach Baltensweiler sei Jesus ein letztes Mal der Versuchung eines politischen Messianismus begegnet; vgl. Nützel, J.M., Verklärungserzählung 23.48.

[28] Zur literarischen Funktion der Ankündigung des Themas vgl. Vanhoye, A., La structure littéraire de l'Epître aux Hébreux, Paris 1963 (SN Studia 1), 37.

[29] Bl-Debr-Rehkopf § 144,2 und Anm. 5 führen aus, daß Lk 9,28 die Konstruktion ἐγένετο δὲ . . . καί (§ 442,4a) mit der Zeitangabe im Nominativ vermischt. Lukas flicht zwischen dem καί und dem Hauptverb (ἀνέβη) noch einen Partizipialsatz (παραλαβὼν κτλ.) ein, was das Ganze schwerfällig macht.

neuen Schöpfung, der ewigen Ruhe könnte eschatologisch bestimmt sein[30]. Aber hatte die Zahl acht damals schon diese patristische Bedeutung[31]? Außerdem steht hier nicht »am achten Tag«. Bezieht sich die Zahl acht möglicherweise sogar auf das Laubhüttenfest (Lev 23,36), dessen achter Tag in verschiedenen jüdischen Kreisen größere Bedeutung als nur die einer bloßen Zelebration der Rückkehr in das Alltagsleben gewonnen hatte[32]? Lukas will also nicht einfach von einer Woche[33] sprechen. Diese Zeitangabe ist die einzige im Leben Jesu, sieht man einmal vom Passionsbericht ab[34].

Die Tatsache, daß Jesus nur Petrus, Johannes und Jakobus zu seinen Begleitern bestimmt (vgl. 8,51 und Mk 14,33; anders Lk 22,39) charakterisiert das Folgende als besonders wichtig. Lukas setzt Johannes öfter hinter Petrus an die zweite Stelle (vgl. 8,51; Apg 4,13; 8,14). Seinem Kirchenverständnis nach hat er wenig Interesse für Jakobus (vgl. Apg 12,2). Die Treue zur Tradition (hier Markus) verlangt dessen Aufnahme, das theologische Anliegen des Lukas setzt ihn aber an die letzte Stelle.

Das Motiv des Berges[35] bereitet eine Begegnung mit dem Göttlichen vor, was das Gebet auch als Ziel andeutet. An den entscheidenden Punkten seines Lebens will der lukanische Jesus mit seinem Vater betend in Verbindung bleiben[36].

Ein jüdischer Leser übersieht das alttestamentliche »Zitat« im Szenarium nicht und denkt sofort an Mose, seine drei Begleiter, den Berg und die Nähe Gottes (Ex 24). Aber das »Zitat« wird ein Mischzitat, denn die Perikope wird

---

[30] Zum achten Tag vgl. slHen 33,1–2. Es ist dies ein Abschnitt der längeren Fassung (redaktioneller Zusatz?); vgl. Vaillant, A., Le livre des secrets d'Hénoch. Texte slave et traduction française, Paris 1952 (Textes publiés par l'Institut d'Etudes slaves 4), 102–105; Andersen, F.I., 2 (Slavonic Apocalypse of) Enoch in: The Old Testament Pseudepigrapha, hrsg. v. J.H. Charlesworth, London 1985, I 156.93f. Vgl. ebenso Barn 15,8–9; vgl. Prigent, P. – Kraft, R.A., Epître de Barnabé, Paris 1971 (SC 172), 186–188; Luneau, A., L'histoire du salut chez les Pères de l'Eglise. La doctrine des âges du monde, Paris 1964 (ThH 2), 438 (Index s.v. »Jour, huitième«).

[31] Zustimmend Ellis 142.276, vorsichtig bejahend Grundmann 192, dagegen Marshall 382.

[32] Vgl. Jub 32,27–29; Martin-Achard, R., Essai biblique sur les fêtes d'Israël, Genève 1974, 83–88.

[33] Nach Schmidt, K.L., Rahmen 223f wollte Lukas dasselbe sagen wie Markus: eine Woche. Er wird es nach der Art der Römer, für die »acht Tage« gleichbedeutend mit »einer Woche« ist, getan haben.

[34] Vgl. Fitzmyer I 797. Man beachte auch das bei Lukas beliebte ὡσεί vor einer Zahl.

[35] Warum hat Lukas das Adjektiv »hoch« weggelassen? Zum Berg vgl. Riesenfeld, H., Jésus transfiguré 217.244.293. Der im Fragment 3 des Hebräerevangeliums (vgl. Hennecke-Schneemelcher I 108) mit dem Tabor identifizierte Berg ist der Berg der Versuchung. Fitzmyer I 798 ist der Ansicht, daß die Gleichsetzung des Berges der Verklärung mit dem Berg Tabor zum ersten Mal in einem Origenes (oder einem Pseudo-Origenes) zugeschriebenen Text, Exegetica in Psalmos, Ps 88,13 (PG 12 1548), durchgeführt wurde. Die Gleichsetzung ist gesichert in der Zeit Kyrills von Jerusalem (Catech. 12,16).

[36] Lukas zieht »um zu beten« dem κατ' ἰδίαν μόνους des Markus vor (Mk 9,2; der markinische Ausdruck unterstreicht das gemeinschaftliche Moment). Monloubou, L., Prière 57–61 ist der Meinung, Lukas wolle mit diesen Erwähnungen der Gebete Jesu die Christen zum Dialog mit Gott auffordern. Man beachte, daß Lukas das Gebet Jesu in V 29 erneut erwähnt.

eine Verklärung (Ex 34,29–35) erzählen. Außerdem geschieht die Rezeption des Alten Testaments nicht sklavisch, sondern in schöpferischer Kraft: Die neutestamentliche Szene schafft ein originelles Gebilde aus dem frei benutzten »Zitat« und den neuen Elementen.

Lukas sagt nicht, Jesus habe das Wunder der Verklärung selbst bewirkt. Wahrscheinlich meint er aber, daß Jesus die »Empfangsbedingung« (V 28) erfüllt habe und Gott der Handelnde sei (V 29).

Das göttliche Zeichen (V 29)

Während des Betens verändert sich das εἶδος des Gesichtes Jesu, gleichzeitig 29 beginnt sein Kleid zu glänzen. Τὸ πρόσωπον meint hier »Gesicht«, könnte aber auch die ganze »Gestalt« bezeichnen. Nicht die Identität, die τὸ πρόσωπον visiert, sondern das Aussehen, das τὸ εἶδος[37] ausdrückt, wird »anders«. In diesem ἕτερον wird nicht ein Wechsel im *Wesen*, sondern im *Verhältnis* Jesu zu den anderen und der anderen zu ihm ausgedrückt. Nach Lukas wurde Jesus nicht anders, als er vorher war, sein Aussehen wurde jedoch einen Augenblick lang zum göttlichen Zeichen für die Menschen, Zeichen seiner eigentlichen Identität. Diese christologische Betrachtung bleibt bei Lukas in die Lehre über Gott eingebettet; »das andere Aussehen« drückt nicht eine göttliche Natur, sondern eine *Beziehung* Gottes zu ihm aus, wie auch er selbst im Gebet jetzt in der rechten Beziehung zu Gott steht. Doch im Unterschied zu den Theophanien (besonders der von Ex 24,9–11) steht die Verwandlung des Aussehens im Zentrum[38], die anders als bei Mose (Ex 34,29–35) nicht nur ein Spiegel der jetzt empfangenen Herrlichkeit ist, sondern Fenster in die Vater-Sohn-Beziehung, die die Stimme erklären wird.

Zugleich verändert sich das Kleid[39] Jesu, das λευκός (»weiß«, »glänzend«) wird. Ἐξαστράπτω (»hervorblitzen«, »aufblitzen«) ist selten; Lukas übernahm es wahrscheinlich aus alttestamentlichen Visionen (Ez 1,4.7; Nah 3,3). Glänzende Kleider und Gestalten gehören zum apokalyptischen Material[40]. Wenn man weiß, daß das Kleid Ausdruck des Standes und, weiter gefaßt, der Identität war, versteht man den Fingerzeig: Jesus gehört zur göttlichen

---

[37] Zu den beiden Begriffen πρόσωπον und εἶδος vgl. die umfangreichen Angaben bei Bauer s.v.

[38] Zur Verwandlung vgl. Bill. I 752; Behm, J., Art. μορφή κτλ., in: ThWNT IV (1943) 762–767; Gnilka, J., Markus II 33 und Fitzmyer I 798f, der einen Text aus Qumran (1QApGen 2,16–17) anführt. Etliche Exegeten behaupten, Lukas habe das Verb μεταμορφόω des Markus (Mk 9,2) vermieden, um eine Verwechslung mit den heidnischen Metamorphosen auszuschließen. Ich zweifle daran: Lukas spricht auch von der Verklärung des Gesichtes des Stephanus mit ähnlichen Worten

(Apg 6,15). Paulus wiederum erwähnt in 2Kor 3,18 die gegenwärtige Verklärung des Gesichtes der Gläubigen von Herrlichkeit zu Herrlichkeit und bezeugt im selben Kapitel, daß er das Motiv vom leuchtenden Gesicht des Mose kennt.

[39] Ὁ ἱματισμός (»Gewandung«, »Kleidung«) ist zwar ein Singular, doch entspricht er genau dem Plural τὰ ἱμάτια von Mk 9,3 und bezeichnet – im Unterschied zu χιτών, das hier bewußt nicht gebraucht wird – die sichtbaren Oberkleider.

[40] Vgl. Dan 10,5–6; Offb 1,12–16; Bill. I 752f.

Sphäre. Daß damit auch an eine Überwindung der natürlichen Kleider Adams, Zeichen seines Falls, gedacht wird, ist nicht ausgeschlossen; wie Adam vor dem Fall ist Jesus hier mit Herrlichkeit bekleidet[41]. Die Kirchenväter, z.B. Anastasius der Sinait, haben die Verbindung gesehen[42].

Der Weg Jesu (VV 30–31)

30–31 Mit καὶ ἰδού fängt eine neue Episode an. Die Hauptfigur bleibt anwesend, aber plötzlich ist sie von zwei Männern flankiert (wohl einer auf jeder Seite). Lukas übernimmt die Rolle des »angelus interpres« und nennt deren Namen. Die merkwürdige Formulierung des Markus wird chronologisch eingereiht: Mose und Elija. Weshalb und wofür sie dastehen, wird nicht gesagt[43]. Es geht nicht darum, daß sie nie gestorben sind (Henoch wäre in diesem Fall die Hauptfigur), sondern daß sie Gesetz und Propheten repräsentieren, die das Los Christi, vor allem sein Leiden, vorausgesehen haben. Lukas kennt neben der Zwei- (24,27; Apg 26,22) auch die Dreiteilung der Schrift (24,44).

Der redaktionelle V 31 bestätigt dies: Inhalt des Gespräches ist der »Ausgang Jesu«. Nach dem Heilsplan, dessen Realisierung bevorsteht (ἤμελλεν), wird dieses Ereignis in Jerusalem stattfinden (Ἰερουσαλήμ in der semitischen, heiligen und heilsgeschichtlichen Orthographie). In πληροῦν sieht Lukas eine »Erfüllung«[44] des Willens Gottes. Ἔξοδος ist doppeldeutig. Nach Lukas gehört die Eindeutigkeit zur geschichtlichen Erzählung, während eine rätselhafte Wendung die Form des Orakels ist[45]. 9,31 deutet also diskret die nähere Zukunft an, wie das Wort des zwölfjährigen Jesus (2,49) oder die Verheißung des Auferstandenen (24,49). Ἔξοδος ist also ein Euphemismus für den Tod,

---

[41] Haulotte, E., Symbolique 186–190 verweist auf BerR 20,12, auf PRE 14–20 (vor seinem Fall trug Adam, König und Priester, ein leuchtendes ungeschnittenes Kleid) und auf die griechische Schrift VitAd 20–21 (Verlust des Kleides der Herrlichkeit und Gerechtigkeit nach dem Fall); vgl. Riesenfeld, H., Jésus transfiguré 115.246; Gnilka, J., Markus II 33.

[42] Σήμερον ἐπὶ τοῦ ὄρους ὁ τοὺς στυγνοὺς καὶ κατηφεῖς περιβληθεὶς δερματίνους χιτῶνας ἀμφιέννην θεότευκτον, ἀναβαλλόμενος φῶς ὡς ἱμάτιον. »Heute, auf dem Berge, hat er, der jene schrecklichen und abscheulichen Fellkleider trug, das gottgemachte Gewand angezogen, *er ist angetan mit Licht wie mit einem Mantel* (Ps 103[104],2)« (Verklärungshomilie des Anastasius Sinaiticus, hrsg. v. Guillou, A., Le Monastère de la Theotokos au Sinaï, Mélanges d'Archéologie et d'Histoire 47 [1956] 217–258 [Text 237–257], hier 239); vgl. Léon-Dufour, X., Transfiguration 97–99, der hervorhebt, daß im verklärten Jesus die erwartete, eschatologische Herrlichkeit vorweggenommen wird.

[43] Daß hier Mose und Elija auftauchen, bringt die Exegeten in Verlegenheit; vgl. Riesenfeld, H., Jésus transfiguré 253; Gnilka, J., Markus II 32–34; Nützel, J.M., Verklärungserzählung 43–46.79–82. Um ihre Gegenwart zu erklären, hat man das biblische Prinzip der Zweizahl der Zeugen angeführt; auch an die zwei Zeugen von Offb 11 hat man gedacht. Schon Mal 3,22–24 nennt Mose und Elija zusammen. Lukas sagt nicht, daß die beiden ebenfalls verklärt worden seien, sondern daß sie in der eschatologischen Herrlichkeit erschienen seien.

[44] Lukas gebraucht πληρόω mit Vorliebe im Passiv, im Aktiv hingegen, zudem in ähnlichem Kontext und ähnlicher Formulierung, in Apg 3,18 und vor allem Apg 13,25.

[45] Vgl. Bovon, F., Effet de réel et flou prophétique dans l'œuvre de Luc, in: A cause de l'Evangile 349–359.

aber Lukas weiß, daß dieser nicht das letzte Wort Gottes ist. Der Weg Jesu führt über Karfreitag zu Ostern und schließlich zur Himmelfahrt, die Lukas wie eine Trennung und eine ἔξοδος erzählen wird (siehe Lk 24,50–51: ἐξήγαγεν . . . ἔξω und Apg 1,9–11). Daß er auch an die Grunderfahrung Israels, den Ausgang (ἔξοδος) aus Ägypten, denkt, ist möglich[46].

Die Zuschauer (VV 32–33)

Der Blick des Schriftstellers schwenkt von der außergewöhnlichen Szene zu den erwählten Zuschauern hinüber. Aber ihre Beschreibung dient noch der Majestät des Ereignisses. Ihre Betäubung sagt dem Leser etwas vom unerträglichen Glanz der Verklärung. Lukas hätte die Jünger auf den Boden fallen (wie Paulus in Apg 9,4), vor Angst laut schreien (wie Johannes in Offb 19,10) oder plötzlich blind werden lassen können (wie Paulus in Apg 9,8). Das sind typische Folgen einer Theophanie. Hier jedoch bringt Petrus seine Zufriedenheit über das Gesehene zum Ausdruck; ein allzu großer Schock wäre also fehl am Platz. Deshalb wählt Lukas das auch bekannte Motiv des Schlafes, das ihm vielleicht der markinische Getsemani-Text (Mk 14,37–42) suggeriert. Damit wird in der numinosen Verklärung weniger das Tremendum als das Faszinosum ausgedrückt. Das ungewöhnliche Ereignis hat sie gleichsam hypnotisiert. Im Schlaf und im Traum glaubte der antike Mensch dem Göttlichen nahe zu sein[47]. Die wunderbare Verwandlung Jesu bewirkt auch eine Art ἔξοδος der Jünger. Gewöhnlich denkt man an zwei Phasen: Zuerst sind die Jünger vom Schlaf überwältigt und dürfen erst nach ihrem Aufwachen die Herrlichkeit betrachten. Psychologisch und narrativ ist das unwahrscheinlich. Im Unterschied zu den schuldigen Jüngern von Getsemani (Mk 14,37–42) sind die Jünger nicht eingeschlafen, sondern vom Schlaf beschwert (βεβαρημένοι), bedroht[48]. Διαγρηγορήσαντες δέ (wohl adversativ) sagt aus, daß die Jünger trotzdem wachgeblieben sind (δια- darf nicht übersehen werden: Sie verlieren

---

[46] Zum Wort ἔξοδος vgl. Riesenfeld, H., Jésus transfiguré 261.277, der an Isaak denkt; Marshall 384f; Fitzmyer I 800 und Dietrich, W., Petrusbild 106f. Feuillet, A., Perspectives 290 unterstreicht, daß die Verklärung bei Lukas auf das Schlußdrama hin ausgerichtet ist. In dem in Anm. 44 erwähnten Text, Apg 13,25, bezeichnet Lukas mit εἴσοδος den Beginn des Ministeriums Jesu. Ἔξοδος wurde zu jener Zeit auch als Euphemismus für »Tod« gebraucht; vgl. 2Petr 1,15; Weish 3,2; 7,6; Josephus, Ant IV 8,2 § 189. In der Septuaginta bezeichnet das Wort den Austritt in verschiedener Hinsicht: Heraustreten aus einem Haus, Auszug aus Ägypten, Herauskommen aus dem Leib der Mutter, Heraustreten aus dem Leben. Im biblischen Sprachgebrauch wird es, um die Ganzheit auszudrücken, manchmal mit dem Wort »Eintreten« verbunden, z.B. 1Sam (LXX 1Kön) 29,6 (»Dein Eingang und dein Ausgang«) oder 1(3)Kön 3,7.

[47] Vgl. Oepke, A., Art. καθεύδω, in: ThWNT III (1938) 434–436. Literatur zum Schlaf in der Antike bei Balz, H., Art. ὕπνος κτλ., in: ThWNT VIII (1969) 545 und in den Literaturnachträgen in ThWNT X/2 (1979) 1287. Während κοιμάω ursprünglich »jemanden zu Bett legen« und καθεύδω »sich hinlegen, um zu schlafen« bedeutet, bezeichnet ὑπνόω (aktiv intransitiv und passiv) den Schlaf selbst; vgl. oben S. 425 Anm. 25.

[48] Läßt sich Lukas, indem er βεβαρημένοι schreibt, vom καταβαρυνόμενοι des Markus (Mk 14,40), das Matthäus ebenfalls mit βεβαρημένοι wiedergibt, inspirieren?

in keinem Moment ihr Bewußtsein[49]). Die lukanische Formulierung suggeriert also, daß ihr Zustand weder als Schlaf noch als Wachsein zu bezeichnen
ist[50], sondern ein »zweites« Bewußtsein, das die Bibel zum Beispiel[51] Abraham (Gen 15,12) und Daniel (Dan 8,18 und 10,9) zuschreibt, als Gott mit ihnen kommuniziert. Die Verklärung war ebenso wahr wie die Ankunft des
Geistes σωματικῷ εἴδει bei der Taufe Jesu (Lk 3,22). Die drei Jünger sahen die
Herrlichkeit der drei Gestalten und wurden irgendwie in diese göttliche Welt
mit hineingenommen; deshalb hebt Petrus hervor, daß es hier gut sei (V 33).
Etwas von der Doppeldeutigkeit von 2Kor 3,18 gilt auch an dieser Stelle: Die
Jünger sehen die Herrlichkeit, spiegeln sie aber auch wider. Die Symmetrie
der drei Gestalten oben und der drei Jünger unten unterstreicht die menschliche Teilnahme an der Herrlichkeit Gottes. Für die Einführung des Wortes
δόξα ist Lukas verantwortlich (VV 31–32). Er benutzt es allerdings nicht im
griechischen (»Meinung«, »Schein«), sondern im biblischen Sinn (göttliche
»Herrlichkeit« [so die Septuaginta für כָּבוֹד]). Vielleicht hatte sich die Bedeutung »Glanz« in der damaligen hellenistischen Hofsprache schon eingebür-
gert. Damit verlagert sich das Bild: Von der hebräischen Urbedeutung »Gewicht« geht man zum Bild des »Lichtes« (Lichtglanz) und des »Glanzes«
(Machtglanz) über, was schon im Hebräischen begann (besonders bei Tritoje-
saja; vgl. Jes 60,1–2)[52]. Die Verbindung der δόξα zum Tempel gehört der Vergangenheit an. Nach Lukas gehört die δόξα zu Gott und seiner Welt. Sie ist
für die Menschen jetzt an die Auferstehung gebunden; insofern kann ihre
eschatologische Dimension nicht von ·der Christologie getrennt werden. Allein Jesus ist durch die Auferstehung in seine δόξα, nämlich die *ihm* jetzt zugesprochene Herrlichkeit Gottes, eingetreten (24,26). Als Sohn Gottes ist Jesus der vorgesehene Träger der göttlichen Herrlichkeit, aber mit Ausnahme
der Verklärung wird er sie erst nach seinem Leiden übernehmen. Erst in seiner
Parusie wird sie schließlich allen Menschen offenbar (9,26; 21,27)[53].

[49] Andere Exegeten halten dafür, daß
διαγρηγορέω hier nichts anderes als γρηγο-
ρέω heiße und δια- seine spezifische Bedeutung verloren habe. Noch anders interpretieren Liddell-Scott-Jones: »start into full wakefulness«.
[50] Das Traktat aus Codex I von Nag Hammadi über die Auferstehung (Brief an Rhegi-
nus) (NHC I,3 48,3–19) erwähnt, daß Elija
und »Mose mit ihm« (die Formulierung erinnert eher an Mk 9,4 als an Mt 17,3 oder Lk
9,30) bei der Verklärung Jesu zugegen waren.
Wenn dieser Hinweis auf das Evangelium beweisen soll, daß die Auferstehung keine Illusion ist, dann deshalb, weil der Verfasser des
Traktats Elija und Mose als Auferstandene
betrachten.

[51] Gegen die Ansichten der Montanisten
und anderer Enthusiasten bekräftigten die
orthodoxen Theologen des christlichen Altertums, daß die biblischen Helden ihre Klarsicht selbst in der Ekstase nicht verloren; vgl.
Bovon, F., De vocatione gentium 145–
147.167–171.
[52] Vgl. Westermann, C., Art. כבד, in: THAT I
(1971) 807. Zur δόξα im allgemeinen und in
der Septuaginta im besonderen vgl. Heger-
mann, H., Art. δόξα, in: EWNT I (1980) 832–
841.
[53] Zur δόξα bei Lukas vgl. Riesenfeld, H.,
Jésus tranfiguré 98.245–247.294; Schürmann
I 554; Fitzmyer I 794; Léon-Dufour, X., Transfiguration 98f.

Petrus ist hier die zentrale Figur, nur seine persönliche Reaktion wird aufgenommen. Die lukanische Anrede Jesu als Chef oder Meister (ἐπιστάτα)[54] paßt gut. In καλόν ἐστιν[55] liegt zweierlei: Petrus fühlt sich subjektiv wohl und kleidet dieses Gefühl zugleich in eine objektive Form, indem er betont: Es ist angemessen, daß wir hier dabei sein dürfen, ja es entspricht dem göttlichen Willen.

V 33a bereitet den Spruch des Petrus vor. Dieser antwortet nicht mehr einzig auf die   33 Offenbarung der Herrlichkeit, sondern leicht ängstlich auf die Gefahr ihrer Vergänglichkeit (mit der Trennung der Gestalten beginnt der Vorhang vor dem »Schauspiel« zu fallen). Diese feinfühlig gezeichnete Ängstlichkeit ersetzt die markinische Scheu vor dem Göttlichen, die Lukas streicht.

Was Petrus anbietet, ist nicht ganz klar. Daß die Jünger für alle Beteiligten (und damit auch für sich selbst) Zelte wünschten, um den Anblick länger genießen zu dürfen, wäre verständlich. Aber weshalb drei Zelte, lediglich für Jesus, Mose und Elija? Nach Lukas wie nach Markus verstand der Apostel nicht, was er sagte, schätzte also die Situation falsch ein. Aber in welchem Sinn? Die Zelte verweisen auf die Wüstenwanderung, die man beim Laubhüttenfest dergestalt in Erinnerung brachte, daß die Israeliten eine Woche lang im Zelt wohnten. Nach dem Prinzip der Entsprechung zwischen Urzeit und Endzeit hoffte man auch auf eine eschatologische Existenz unter dem Zelt (vgl. Lk 16,9)[56]. Das Laubhüttenfest hatte damals diese eschatologische Perspektive übernommen, und die Herrlichkeit Gottes wurde mit besonderer Freude zelebriert und durch eine Überfülle von Lampen symbolisiert[57]. Das Judentum bezog die Zelte für die Gläubigen und das Zelt der Gegenwart Gottes aufeinander[58]. Mit den acht Tagen (V 28) wollte Lukas vielleicht schon eine Andeutung auf das Fest weitergeben. Die Fehlinterpretation des Petrus hängt also nicht mit dem Zeltmotiv, wohl aber mit der Beschaffenheit des Zeltes zusammen. Er verstand nicht, daß Jesus selbst zum neuen, eschatologischen Zelt, Ort der göttlichen Anwesenheit und Herrlichkeit wurde. Petrus erlebte Jesu Verklärung, verstand sie aber noch nicht[59]. Die nächste Episode hat eine Eigenbedeutung, aber sie kann auch als Antwort auf den Vorschlag des Petrus gelesen werden: Keine der drei Gestalten benötigt die für sie lächerlichen, weil von Menschen aufgestellten Zelte.

[54] Lukas verwendet nur ungern Fremdwörter. Darüber hinaus ist das ῥαββί (Mk 9,5) im gegebenen Zusammenhang eher farblos, wie schon Matthäus, der es durch κύριε ersetzt, bemerkte. Zu ἐπιστάτης bei Lukas vgl. Glombitza, O., Titel.

[55] Die Wendung καλόν ἐστιν mit nachfolgendem Infinitiv ist im Griechischen geläufig; vgl. Gnilka, J., Markus II 34 Anm. 27. Zur Interpretation dieses Vorschlags des Petrus bei den patristischen und mittelalterlichen Schriftstellern vgl. Miquel, P., Mystère 203–205.

[56] Vgl. Offb 12,12 (σκηνόω in der Bedeutung »bleiben«).

[57] Vgl. die oben S. 494 Anm. 32 angegebene Literatur. Zum Zusammenhang zwischen den Zelten in Lk 9,33 par und dem Laubhüttenfest vgl. Riesenfeld, H., Jésus transfiguré 256.297; Bühner, J.-A., Art. σκηνή, in: EWNT II (1981) 600.

[58] Vgl. Targum Neofiti zu Lev 23,42–43 (zitiert im Text unten S. 500).

[59] Nach Dietrich, W., Petrusbild 112–116 beweist Petrus mit seinem Vorschlag seine Unkenntnis der Heilsgeschichte. Gerade er, der doch Jesus als den Messias bekannte (Lk 9,20), hat nicht begriffen, daß die Passion Christi notwendig ist.

Wolke und Stimme (VV 34–35)

34 Der Blick des Lukas wendet sich von den Zuschauern weg und wieder dem »Schauspiel« zu. Statt von der »Herrlichkeit« lesen wir jetzt dreimal den Terminus »Wolke«
(im Verb ἐπισκιάζω steckt auch das Wort »Schatten«). Licht und Wolke, Blitz und
Rauch sind Begleitmotive der Theophanien[60]. In der Wüste wurde das Volk Israel in
der Nacht von der Feuersäule und am Tag von der Wolkensäule begleitet (Ex 13,21–
22). Die νεφέλη bezeichnet in der Wüste die Anwesenheit Gottes (Ex 33,9–10; 40,38),
sie steht sodann für das Kommen der Schekina in den Tempel am Tag der Einweihung
(1[3]Kön 8,10). Die νεφέλη besagt: Achtung, Gott wird auftreten. In der ersten Phase
war Gott aktiv in der sichtbaren Verherrlichung, in der hörbaren Stimme. Die νεφέλη
ist damit gerade kein Versteck Gottes oder ein Symbol des Leidens Christi, sondern
bezeugt Gottes Gegenwart. Die Jünger verstehen das und haben Angst vor Gott. Lukas hat also das markinische Motiv (Mk 9,6–8) verschoben und expliziert. Die Stelle
Lev 23,42–43 im Neofiti-Targum über das Laubhüttenfest bestätigt dieses natürliche
Verständnis des unklaren αὐτούς (V 34b)[61].

Lev 23,43	*Neophyti 1, III* (hrsg. v. A. Díez Macho, Madrid 1971, 173)
»damit eure Nachkommen erfahren, daß ich die Israeliten in Hütten habe wohnen lassen, als ich sie aus dem Land Ägypten herausführte, ich, der Herr, euer Gott.«.	»damit eure Nachkommen erfahren, daß ich die Kinder Israels in den Glanzwolken meiner Schekina habe wohnen lassen, in der Zeit, in der ich sie befreit aus dem Land Ägypten hinausgehen ließ.«

35 Die göttliche Stimme braucht eine Identifikationsformel. Indem Lukas die Entfernung von Mose und Elija inszeniert (V 33a), vermeidet er geschickt jede Doppelsin-
nigkeit, denn οὗτος kann nur Jesus bezeichnen. Gegen eine messianische Interpretation der Verklärung als Inthronisation des Messias Jesus[62] ist festzustellen, daß im
vorchristlichen Judentum »Sohn« kein messianischer Titel war[63]. Wenn die Stimme

---

[60] Nach Riesenfeld, H., Jésus transfiguré
130–145 bezeichnet die Wolke die Gegenwart und den Schutz Gottes; vgl. Ex 13,21–
22; 1(3)Kön 8,10; Ez 10,3; m.E. weisen eher
die Bilder des Schattens und des Zeltes auf
den göttlichen Schutz (vgl. Ps 60[61],5), während die Wolke an die Gegenwart Gottes denken läßt. Fitzmyer I 802 verweist auf Josephus, Ant III 12,5 § 290 und 14,4 § 310. Im ersten Text steht die Wolke gemäß den Priestern und Leviten, die in der Wüste zugegen
waren, für die Gegenwart Gottes, im zweiten
Text explizit für »die Epiphanie Gottes«.

[61] P[75] streicht das unangenehme αὐτούς
und drückt so ganz klar aus, daß sich die Jünger fürchteten, als sie in die Wolke eintraten.

Vom Standpunkt der äußeren Kritik (Anzahl
und Gewichtung der Handschriften) aus gesehen, ist die Lesart ἐκείνους εἰσελθεῖν am
besten belegt; sie wird vom NTG 204 bevorzugt. Die innere Kritik (sie erklärt das Entstehen neuer Lesarten nach bestimmten Kriterien, von denen hier das der *lectio difficilior –
lectio melior* anzuwenden ist) weist die in den
Text des Nestle[26] aufgenommene Lesart
(εἰσελθεῖν αὐτούς), der wir uns anschließen,
als die beste aus.

[62] Vgl. Riesenfeld, H., Jésus transfiguré passim; ähnlich Baltensweiler, H., Verklärung
116–118.

[63] Vgl. Fitzmyer I 802f.485f.

Jesus als »Sohn« bezeichnet, spricht sie vom präexistenten Sohn im christlichen Sinn der Vater-Sohn-Beziehung[64].

M.E. führt die Symbolik der Szene nicht in die Richtung der davidischen Tradition, sondern der Sinaiüberlieferung, und fragt weniger nach dem Messias als nach dem Ort der Gegenwart Gottes. Die Antwort verweist weder auf die heilige Vergangenheit noch auf die liturgische Gegenwart, sondern auf die Person Jesu. Die Verklärung hat für das Leben Jesu die gleiche gewaltige Bedeutung wie die Auferstehung für seinen Tod: Diesen Menschen, der weder Priester noch König ist, der aus Nazaret und nicht aus Jerusalem stammt, sollt ihr als die letzte und endgültige Offenbarung Gottes erkennen. Legitimierende *Zeichen* hat Gott nur wenige gegeben, doch zusammen mit der Taufstimme hat die Verklärungsstimme die größte Beweiskraft. Hinter der Entstehung und der Funktion dieses Textes steht also die Frage, wie sich die Christen den Mißerfolg Jesu in Israel erklären.

Auffällig ist die Bezeichnung ὁ ἐκλελεγμένος, wo Markus und Matthäus ὁ ἀγαπητός lesen[65]. Lukas bevorzugt das Verb ἐκλέγω, besonders das Medium ἐκλέγομαι (bei ihm findet man die Hälfte der neutestamentlichen Belege), nicht aber das Verbaladjektiv ἐκλεκτός, das er nur in Lk 18,7 und 23,35 verwendet. Dies erklärt aber nicht das wohl gleichbedeutende Hapaxlegomenon ἐκλελεγμένος[66]. In der Folge der Gottesknechtlieder (Jes 42,1 LXX: ὁ ἐκλεκτός) hat sich im Judentum ein Titel »der Erwählte Gottes« ausgeprägt, der nicht ausschließlich messianisch zu deuten ist[67]. Der Lukastext fußt wahrscheinlich auf dieser semitischen Linie und folgt wohl der mündlichen Tradition, die einen aramäischen oder hebräischen theologischen Ausdruck ins Griechische übersetzt hat (»der Erwählte«); dies in redaktioneller Übernahme eines überlieferten Substantivs (als Titel) oder Adjektivs, das mit dem markinischen Text (ὁ ἀγαπητός) konkurrierte.

Inhaltlich bildet ὁ ἐκλελεγμένος einen willkommenen Zusatz, denn »mein Sohn« verbindet Jesus mit seinem Vater, »der Erwählte« mit seiner Mission und seinem Volk. Der alttestamentliche Hintergrund von ὁ ἐκλελεγμένος (vgl. Jes 42,1) wie auch von αὐτοῦ ἀκούετε (vgl. Dtn 18,15) geht in die Rich-

---

[64] Lukas zeigt, daß eine neue Etappe der Offenbarung angebrochen ist. Während in Lk 3,22 (Taufszene) Jesus angesprochen wird und erfährt, daß er der Sohn Gottes ist (erste Person Singular), sind es hier die drei wichtigsten Jünger, denen das Mysterium der göttlichen Sohnschaft offenbart wird (dritte Person Singular).

[65] 2Petr 1,17 berichtet, die Stimme habe bei der Verklärung gesagt (der Text ist jedoch nicht gesichert): ὁ υἱός μου ὁ ἀγαπητός μου οὗτός ἐστιν, εἰς ὃν ἐγὼ εὐδόκησα. Die Form ἀγαπητός, die man in verschiedenen Handschriften des Lukas findet, erklärt sich als

Übernahme aus den beiden anderen Synoptikern; NTG 204 nimmt sie dennoch in den Text auf. Etliche, wohl durch den matthäischen Text und den Text der Taufszene kontaminierte Lukas-Handschriften fügen ἐν ᾧ ηὐδόκησα (bzw. εὐδόκησα) hinzu. Einige Handschriften lesen ἐκλεκτός an Stelle von ἐκλελεγμένος; vgl. den Apparat in NTG 205.

[66] Dieses im Neuen Testament einmalige Partizip findet man weder in der Septuaginta noch bei Josephus.

[67] Vgl. Fitzmyer I 803; Schrenk, G., Art. λέγω κτλ., in: ThWNT IV (1943) 189–191.

tung der prophetischen Mission Jesu. Die Verklärung bleibt also der Sinaitradition treu und verbindet Jesus in seiner prophetischen Vermittlungsrolle mit Mose. Aber im Unterschied zu Mose sollen die Menschen vom Sohn nicht die Worte des Gesetzes, sondern des Heils hören (von Lk 3,6 bis zu Apg 28,28). Der nächste Kontext und die Parallelstelle 23,35 zeigen, daß Lukas die Erwählung mit der *leidenden* Mission Jesu zusammenbringt.

In der Gesamtkomposition des Lukas hat der Taufbericht eine christologische Funktion (Jesus wird selbst von Gott angesprochen: »Du bist mein geliebter Sohn . . .«), die Verklärung hingegen eine ekklesiologische (Gott belehrt hier die Jünger). Den Jüngern wird die wahre Identität Jesu offenbart[68]. Von ihnen wird eine Entscheidung (αὐτοῦ ἀκούετε) verlangt.

Mit αὐτοῦ ἀκούετε geht der lukanische Text wieder seinen eigenen Weg, vielleicht auch hier aufgrund mündlicher Tradition. Dabei entspricht die Reihenfolge der Wörter Dtn 18,15, wo die Septuaginta freilich ein mediales Futur verwendet (αὐτοῦ ἀκού-σεσθε). Lukas strebt also nicht nach einem exakten Zitat. In ἀκούω klingt die spätere Bedeutung »gehorchen« schon mit[69].

Der Schlußakt (V 36)

36 Die Verklärungsstimme ist Höhepunkt wie auch Abschluß der Offenbarung. Mit der Gleichzeitigkeit der Stimme Gottes und der Einsamkeit Jesu drückt Lukas das markinische »plötzlich« aus. Bei Lukas fehlt das subjektive Moment der markinischen Parallelstelle (der Blick der Jünger). Als Reaktion der Jünger nennt er nur ihr Schweigen. Bis Pfingsten erzählen die Jünger nach Lukas nichts von der Göttlichkeit Jesu, wie sie bis Ostern nichts von seinem Leiden verstehen. Die Heilsgeschichte hat ihren eigenen Rhythmus.

Wirkungs-
geschichte
und
Zusammen-
fassung

Da die Verklärungsgeschichte an das Sehen appelliert, spielen auch die bildenden Künste eine wirkungsgeschichtlich bedeutende Rolle: Man denke nur an das Mosaik im Sinaikloster, das Bild Raffaels, die Buchminiaturen und die Glasfenster. Die Auslegung der Verklärung wurde schon im 2. Jahrhundert heftig debattiert, vor allem die Metamorphose selbst und deren Wahrnehmung durch die Jünger. Sie hat zur Spaltung wie zum Aufbau der Kirche beigetragen[70]: Marcion las aus der Szene eine radikale Kritik des göttlichen Christus an der alttestamentlichen Ökonomie heraus[71]. Gnostiker fühlten sich durch die Verklärung in ihrem Doketismus unterstützt[72]. Während der

---

[68] Vgl. oben S. 501 Anm. 64.
[69] Zu »auf ihn hört« vgl. Riesenfeld, H., Jésus transfiguré 270.298 und Gnilka, J., Markus II 36. Man beachte das Partizip Präsens, das die dauernde Gültigkeit des Befehls ausdrückt.
[70] Zur Wirkungsgeschichte der Perikope vgl. Orbe, A., Cristología II 96–141; Miquel, P., Mystère; Gnilka, J., Markus II 37–39.

[71] Vgl. Tertullian, AdvMarc IV 22,2. Nach Tertullian hat Marcion das Gespräch Jesu mit den Gestalten aus dem Alten Testament über seinen ἔξοδος zu lesen vermieden. Nach Epiphanius, Haer 42 11,6, schol. 17 dagegen hat Marcion die Unterhaltung der drei Gestalten »in Herrlichkeit« zwar zugelassen, aber das Thema des ἔξοδος ausgeschlossen.
[72] Vgl. Orbe, A., Cristología II 139.

christologischen Konflikte haben orthodoxe Väter über die Inkarnation und die zwei Naturen Jesu bei der Betrachtung des verklärten Christus nachgedacht[73]. Die Wirkungsgeschichte der Verklärung ist größtenteils noch zu schreiben[74].

Die lukanische Verklärungsgeschichte bringt dicht nebeneinander die Herrlichkeit und die Niedrigkeit Jesu, seine δόξα und seine ἔξοδος. Die Fürsorge Gottes ist so konkret, daß durch die Mission des Sohnes Gott in die menschliche Geschichte eingetreten ist. Die Bewegung der Heilsgeschichte führt den Sohn durch das Leiden in die Herrlichkeit. Licht und Dunkelheit der Verklärung fassen die göttliche Ökonomie zusammen. Ein byzantinischer Theologe denkt sich die Diskussion der drei Gestalten so: Mose sagte vielleicht: »Du bist der, dessen Passion ich durch das geschlachtete Lamm und durch das vollbrachte Passa vorgezeichnet habe«, während Elija möglicherweise die Worte aussprach: »Ich habe deine Auferstehung vorgezeichnet, indem ich den Sohn der Witwe auferweckt habe.«[75]

Blitzartig scheint durch die menschliche die göttliche Wirklichkeit hindurch: bei der Verkündigung an Maria (1,35), bei der Taufe (3,22), bei der Verklärung (9,35) und an Ostern (24,36–40). Nicht nur die Heilsgeschichte, die Kategorie der Zeit, sondern auch die göttliche Sphäre, nämlich der Raum, werden uns zugänglich. Aber das Wunder liegt nicht nur in der göttlichen Herrlichkeit begründet (daß Gott *Gott* ist, ist klar), sondern auch in der Niedrigkeit Jesu (in der ἔξοδος [V 31]) und in seiner Einsamkeit (Ἰησοῦς μόνος [V 36])[76].

In dieser Szene gibt Lukas den Jüngern keine passive Rolle. Er unterstreicht besonders, daß sie sehen (εἶδον τὴν δόξαν αὐτοῦ ... [V 32]; ὧν ἑώρακαν [V 36]). Sie verstehen jetzt noch nicht alles, besonders das Leiden des Messias bleibt ihnen noch verborgen. Was sie sehen, ist für sie dennoch nicht nur ein äußerliches Wunder: Sie begreifen plötzlich die wahre Identität des Sohnes. Die Verklärung geschieht besonders für sie[77] und in ihnen. Ohne Übertreibung kann man sagen, daß letztlich sie verklärt werden. Die Verwandlung der

---

[73] Vgl. dazu den Sermo 38 (LI) über die Verklärung von Leo dem Großen (Léon le Grand, Sermons III, übers. v. R. Dolle, Paris 1961 (SC 74), 14–21. Leo vertritt in dieser Predigt in § 2 die Ansicht, Lk 9,27 par (»Es sind etliche von denen, die hier stehen, die werden den Tod nicht schmecken, bis daß sie das Reich Gottes sehen«) meine die drei Jünger, die den Verklärten schauen. Dieser zeige ihnen nicht seine Göttlichkeit, die den noch im verderblichen Fleisch Lebenden verborgen bleibt, sondern die königliche Herrlichkeit des Menschensohnes.

[74] Zu Origenes vgl. Eichinger, M., Verklärung. Das Fest der Verklärung hat sich merkwürdigerweise erst spät durchgesetzt; vgl. Dienst, K., Art. Verklärungsfest, RGG³ VI (1962) 1358; Sachot, M., L'homélie pseudo-

chrysostomienne sur la Transfiguration (CPG 4724, BHG 1975 ...), Frankfurt a.M. 1981, (EHS.T 151), 22–37.

[75] Theophylactus, Enarr Matth 17,3 (PG 123,328C).

[76] Vgl. Klemens von Alexandrien, Strom VI, 16 140,3.

[77] Vgl. Klemens von Alexandrien, Theodotius-Fragmente 4,1: »Und als er den Jüngern auf dem Berg erschien, tat er dies nicht um seinetwillen, sondern wegen der Kirche, die das auserwählte Geschlecht darstellt, auf daß sie den Fortschritt (προκοπή) erkenne, den er nach seinem Verlassen (ἔξοδος) des Fleisches erlangt hat.« F. Sagnard, der Herausgeber dieser Fragmente in SC 23 (Paris 1970), schreibt diesen Abschnitt (S. 58f) Klemens selber zu. Anders Orbe, A., Cristología II 136–139.

Jünger drückt Lukas mit der Ekstase aus, die er ihnen zuschreibt (V 32). Dieses besondere Bewußtsein entspricht dem Glauben in der Zeit der Kirche, wenn der Mensch durch den heiligen Geist erleuchtet wird. Dem christologischen Inhalt dieses Glaubens (von der Herrlichkeit zur Niedrigkeit) entspricht eine anthropologische Hoffnung (von der Niedrigkeit zur Herrlichkeit der Auferstehung). »Christus wurde verklärt, nicht indem er nahm, was er nicht war, sondern indem er seinen Hausgenossen, den Jüngern, offenbarte, was er war, ihre Augen öffnete und die Blinden sehen ließ[78]. Das Geheimnis der Verklärung war kein Wunder, sondern das Ende des Wunders[79]. Wie die Taufe Christi das Mysterium der ersten Wiedergeburt beleuchtet hat, so ist die Verklärung das Sakrament der zweiten Wiedergeburt. Deshalb hat sich dort die ganze Trinität offenbart: der Vater in der Stimme, der Sohn im Menschen und der Geist in der hellen Wolke.«[80]

Die Heilung des besessenen Sohnes (9,37–43a)

Literatur: _Aichinger, H._, Zur Traditionsgeschichte der Epileptiker-Perikope Mk 9,14–29 par Mt 17,14–21 par Lk 9,37–43a, in: Probleme der Forschung, hrsg. v. A. Fuchs, Linz 1978 (SNTU A 3), 114–143; _Achtemeier, P.J._, The Lukan Perspective on the Miracles of Jesus. A Preliminary Sketch, JBL 94 (1975) 547–562 (= C.H. Talbert, Perpectives 153–167); _ders._, Miracles and the Historical Jesus. A Study of Mk 9,14–29, CBQ 37 (1975) 471–491; _Bornkamm, G._, Πνεῦμα ἄλαλον. Eine Studie zum Markusevangelium, in: Das Altertum und jedes neue Gute (FS W. Schadewaldt), hrsg. v. K. Gaiser, Stuttgart 1970, 369–385 (= _ders._, Geschichte und Glauben, II, München 1971, 21–36); _Bultmann, R._, Syn. Trad., 225–226; Ergänzungsheft 78; _Busse, U._, Wunder 249–267; _Conzelmann, H._, Mitte 52; _Fitzmyer, J.A._, The Composition of Luke, Chapter 9, in: C.H. Talbert, Perpectives 139–152; _Howard, V.P._, Das Ego Jesu in den synoptischen Evangelien, Marburg 1975 (MThS 14), 86–97; _Kertelge, K._, Die Wunder Jesu im Markusevangelium, München 1970, 174–179; _Léon-Dufour, X._, L'épisode de l'enfant épileptique, in: La formation des Evangiles. Recherches Bibliques, II, Bruges/Paris 1957, 85–115 (= _ders._, Etudes d'Evangile, Paris 1965, 183–227); _Lesky, E. – Waszink, J.H._, Art. Epilepsie, in: RAC V (1962) 819–831; _van der Loos, H._, Miracles 397–405; _Rist, J.M._, On the Independence of Matthew and Mark, Cambridge 1968, 61–62; _Roloff, J._, Kerygma 143–152; _Schenk, W._, Tradition und Redaktion in der Epileptiker-Perikope Mk 9,14–29, ZNW 63 (1972) 76–94; _Schmithals, W._, Die Heilung des Epileptischen (Mk 9,14–29). Ein Beitrag zur notwendigen Revision der Formgeschichte, ThViat 13 (1975/1976) 211–233; _Schramm, T._, Markus-Stoff 139f; _Talbert, C.H._, Patterns 26.28; _Theißen, G._, Wundergeschichten, bes. 139f.177–178; _Vaganay, L._, Les accords négatifs de Matthieu-Luc contre Marc. L'épisode de l'enfant épileptique (Mt 17,14–21; Mc 9,14–29; Lc 9,37–43a), in: _ders._, Le problème synoptique. Une hypothèse

---

[78] Vgl. Johannes Damascenus, Hom in Transfigurationem 12 (PG 96,564C); zitiert bei Miquel, P., Mystère 220.

[79] Vgl. Miquel, P., ebd. 218, der auf Franz von Sales und Cajetanus verweist.

[80] Thomas von Aquin, Summa theologica III q. 45 a. 4 ad 2.

de travail, Tournai 1954 (Bibliothèque de théologie 3/1), 405–425; *Wilkinson, J.*, The Case of the Epileptic Boy, ET 79 (1967) 38–42.

37 Es geschah aber am nächsten Tage, als sie vom Berg herabstiegen, da lief eine große Menge auf ihn zu. 38 Und siehe, ein Mann aus der Menge rief und sagte: Lehrer, ich bitte dich, deinen Blick auf meinen Sohn zu richten, denn er ist mein einziger, 39 und siehe, ein Geist ergreift ihn, und plötzlich schreit er und zerrt ihn, mit Schaum vor dem Mund, und er läßt ungern von ihm ab, wenn er ihn zerquetscht hat. 40 Und ich bat deine Jünger, sie möchten ihn austreiben, und sie vermochten es nicht. 41 Jesus aber antwortete und sprach: Du ungläubiges und verkehrtes Geschlecht, bis wann werde ich bei euch sein und euch ertragen? Bring deinen Sohn hierher. 42 Wie er aber noch am Herbeikommen war, zerrte der Dämon an ihm und zerzauste ihn. Und Jesus bedrohte den unreinen Geist und heilte den Knaben und gab ihn seinem Vater zurück. 43a Alle aber gerieten außer sich über die Großartigkeit Gottes.

Synchronie   Analyse

Die kleine Perikope Lk 9,37–43a steht zwischen dem Herrlichkeitsanspruch Jesu (9,29–36) und der zweiten Leidensankündigung (9,43b–45)[1]. Wer ist Jesus? Wer ist er für die Menschen? Diese Fragen dominieren in Kap. 9 mit der sich daraus ergebenden weiteren Frage: Welches ist die menschliche Reaktion ihm gegenüber?

Die Einheit 37–43a stellt ein abgerundetes Heilungswunder dar[2]. Zeit und Ort sind relativ zur vorausgehenden Verklärung am Anfang (V 37a) angegeben. Nach einer kurzgefaßten Situationsbeschreibung[3] (V 37b) beginnt die Geschichte mit dem bekannten Signal καὶ ἰδού (V 38a). Aus der Menge[4] tritt ein Mensch hervor und bittet stilgemäß um Hilfe[5]. Die Rede des Vaters, die fast die Hälfte des Berichts einnimmt, umfaßt einen Hilferuf mit einer Begründung (V 38b), eine lange Beschreibung der als Besessenheit verstandenen Krankheit (V 39) und die Erwähnung eines erfolglosen Heilungsversuchs seitens der Jünger Jesu (V 40). Der Vater beschreibt volkstümlich die immer wiederkehrenden Anfälle[6]. Der Menge, aus der der Vater spricht, gegenüber

---

[1] Zum Aufbau von Lk 9 vgl. oben S. 454. 475f und Fitzmyer, J.A., Composition.

[2] Vgl. Léon-Dufour, X., Épisode 208–210. Ich sehe nicht ein, warum Busse, U., Wunder 252f das ganze Stück (Lk 9,37–50) als Einheit auffaßt.

[3] Hier wird der Aorist gebraucht und nicht das Imperfekt. Den verallgemeinernden Aspekt bringt die Erwähnung der Volksmenge zum Ausdruck.

[4] Man beachte die besondere Stellung, die Lukas der Menge zuweist, indem er sie zweimal (V 37 und V 38) erwähnt.

[5] Nicht nur der Ruf des Mannes, sondern auch die Bitte, er möge nach seinem Sohn sehen, richten die Aufmerksamkeit des Lesers auf die erwartete Hilfe.

[6] Man beachte den Indikativ *Präsens*, den Lukas zur Beschreibung der wieder und wieder auftretenden Anfälle verwendet.

muß man sich die Gruppe der Jünger um Jesus vorstellen. Die Antwort Jesu ist kurz. Nicht zufällig wird nicht eigens erwähnt, wem sie gilt (V 41a), denn der erste Teil ist eine an »euch« gerichtete Klage (V 41b), der zweite ein kurzer Befehl an den Vater (V 41c), der die Bitte (V 38b) aufnimmt. Die Initiative Jesu weckt den Widerstand des bösen Geistes (V 42a), so daß der Befehl an den Dämon wie ein Gegenangriff aussieht (V 42b). Diese letzte Reaktion Jesu (V 42b) wird dreifach, je nach dem Gegenüber – dem unreinen Geist, dem Knaben oder dem Vater – beschrieben. Es folgt noch die stilgemäß zu erwartende Bewunderung der Menge (V 43a).

A   Auftreten der Menge (V 37)
  B   Ruf des Vaters für seinen Sohn (V 38)
    C   Beschreibung der Anfälle des bösen Geistes (V 39)
      D   Mißerfolg der Jünger (V 40)
      D'   Kritik dieser Generation (V 41ab)
  B'   Befehl an den Vater (V 41c)
    C'   Widerstand des bösen Geistes (V 42a)
  B''   Genesung des Sohnes durch das Wort Jesu (V 42b)
A'   Bewunderung der Menge (V 43a)

Dieses vereinfachende Schema bringt Klärung in folgende Momente der Perikope: a) Die erstaunliche Klage Jesu (D' = V 41ab) steht in Verbindung mit dem Scheitern der Jünger (D = V 40)[7]. Diese beiden Elemente sind für die Erzählung entbehrlich; die Jünger spielen am Schluß keine Rolle. b) Ein retardierendes Motiv ist der erste Befehl Jesu (B' = V 41c). Er will nicht die Heilung bewirken, sondern nur die Voraussetzung dafür schaffen. So bekommt der Vater nicht auf einmal, was er will. Trotzdem ist die Erzählung zweiteilig: Dem Vorstellen des Bösen und des Verlusts entspricht die siegreiche Rückgabe des Sohnes an den Vater durch Jesus[8].

Formgeschichtlich haben wir es mit einem Exorzismus zu tun, nicht mit einer Therapie[9]. Die entsprechenden Motive[10] sowie die Themen der Gattung sind vorhanden[11].

---

[7] Anderer Ansicht ist Plummer 255, der annimmt, Jesus übe hier Kritik am Vater und der Menge. Zu den verschiedenen Stellungnahmen hierzu vgl. Godet 612f.

[8] Folgt man Theißen, G., Wundergeschichten 82f, erkennt man vier Teile: 1. Einleitung (V 37); 2. Exposition (VV 38–40); 3. Mitte (VV 41–42); 4. Schluß (V 43a).

[9] Es ist offensichtlich, daß es sich um einen Fall von Besessenheit handelt; Jesus bedroht den unreinen Geist (V 42b). Die Austreibung wird zwar nicht erzählt – an ihre Stelle tritt der Hinweis auf die Heilung des jungen Mannes (V 43a) –, doch ist dies die einzige Stelle der Erzählung, die sich einem Heilungswunder nähert.

[10] Vgl. Theißen, G., Wundergeschichten 57–81.

[11] Zum Ausgeliefertsein an den Dämon und den Kampf des Exorzisten mit dem Geist vgl. ebd. 94–98.

Diachronie

Im Duktus wie im Wortschatz erinnert der vorliegende Bericht an die Auferweckung des Sohnes der Witwe in Nain (7,10–17) und der Tochter des Jairus (8,40–56), so daß wir die redaktionelle Hand des Evangelisten spüren[12].

Aber Lukas arbeitete nicht ohne Tradition (vgl. Mt 17,14–21 und Mk 9,14–29). Obwohl die Perikope in einer Markus-Sektion steht, spricht viel gegen die markinische Parallele (9,14–29) als Grundlage. Diese stellt ein kompliziertes Gebilde mit zusätzlichen Gesprächen dar, mit dem Vater über den Ursprung der Besessenheit (Mk 9,21–24), mit den Jüngern über den Exorzismus (Mk 9,28–29). Formgeschichtlich kann man diese Zusätze fast als »apokryph« bezeichnen, da sie zu in der Tradition unbeantworteten Fragen Stellung nehmen. Die Scheidung zwischen Redaktion und Tradition in der markinischen Parallele bringt m.E. als Ergebnis eine überlieferte Einheit[13], die der lukanischen Fassung des Wunders ähnlich ist.

Freilich vermuten manche Exegeten[14], daß Markus oder die Tradition vor ihm zwei Parallelüberlieferungen bearbeitet habe, eine erste mit dem von den Jüngern und ihrem Lehrer besprochenen Problem der Kraft des Wundertäters, eine zweite mit der Behandlung der Glaubensfrage[15] durch den Vater und durch Jesus. Andere[16] sind der Meinung, daß einem ursprünglichen Bericht über die von Jesus überwundene Unfähigkeit der Jünger die Problematik des Glaubens des Vaters zugefügt worden sei[17].

M.E. darf man nicht vergessen, daß die mündliche Überlieferung mit der ersten schriftlichen Fixierung durch Markus nicht aufhörte. So kennt Lukas wie Matthäus

---

[12] Ähnlichkeiten mit der Auferweckungsgeschichte des Jünglings von Nain: die Volksmenge (7,11), an deren Gegenwart noch einmal erinnert wird (7,12); der einzige Sohn (7,12); die Rückgabe des Sohnes an seine nächste Verwandte, seine Mutter (7,15). Ähnlichkeiten mit der Auferweckungsgeschichte der Tochter des Jairus: die wartende Volksmenge (8,40); der Ausdruck »und siehe . . . ein Mann . . .« (8,41); das einzige Kind (8,42), das am Schluß (8,51.54) παῖς genannt wird.

[13] Zur vormarkinischen Form vgl. Bornkamm, G., Pneuma 25 (Sammelband).

[14] Vgl. Bultmann, R., Syn. Trad. 225f; Loisy 276f; Bornkamm, G., Pneuma 24 (Sammelband); Achtemeier, P.J., Miracles 482, der schreibt: »In that way, a miracle story previously uninterpreted (vss. 17–18, 20?, 26b–27), and a miracle story (vss. 20–22,25–26a) previously unacceptably interpreted (vss. 23–24) were given a new interpretation by their combination, and by the addition of a new statement about faith (vs. 19) which turned the point from Jesus' faith to the lack of faith of the disciples, thus also throwing new emphasis on the ambiguous faith of the father.«

[15] Bornkamm, G., Pneuma 24.28–30 (Sammelband) meint in der Doppelkrankheit des Jünglings (Epilepsie und Stummheit) ein weiteres Indiz für zwei ursprünglich getrennte Berichte zu finden.

[16] Vgl. z.B. Roloff, J., Kerygma 148, der die VV (14–17a.)17b–19a.19c–20.25–27 der Tradition zuweist. Ohne die Übereinstimmungen zwischen Matthäus und Lukas einzubeziehen, erblickt Schenk, W., Tradition hinter dem Markusbericht nur eine einzige Erzählung. Für Kertelge, K., Wunder sind die VV 14–19 und 28–29 des Markus redaktionell, während die VV 20–27 dem traditionellen Kern zuzurechnen sind.

[17] Ohne die Arbeiten L. Vaganays und P.J. Achtemeiers zu kennen, vermutet Aichinger, H., Traditionsgeschichte die Priorität des Markus, nimmt aber einen Deutero-Markus an, den Matthäus und Lukas benutzt hätten (daher die Übereinstimmungen zwischen beiden).

eine andere Form[18] und ist davon beeinflußt, obwohl er die markinische Reihenfolge respektiert. Den redaktionellen Zusatz Mk 9,28–29 (Privatgespräch) nimmt er unter dem Druck der mündlichen Tradition nicht auf. Damit kann er zugleich die Jünger schonen. Der zweite und vielleicht vormarkinische Zuwachs (Mk 9,21–24: Gespräch mit dem Vater) ist für ihn unnötig, da er Wiederholungen (Beschreibung der Krankheit [Mk 9,21–22]) vermeidet, zudem liegt sein Interesse nicht beim menschlichen Glauben (Mk 9,23–24), sondern bei der göttlichen Kraft (Lk 9,43a).

In seiner ursprünglichen Funktion half der Bericht, die Frage zu beantworten, wie ein solches Wunder geschehen kann[19]. In der ursprünglichen Fassung wies er auf *die Kraft des Wundertäters* hin (Mk 9,18). Mit der Zeit wurde eine weitere Antwort nötig: Das Wunder wird erst möglich durch *den Glauben des Bittenden* (Mk 9,21–24), wobei das Gewicht auf dem Empfänger des Wunders zu liegen kommt. Markus hält beide überlieferte Gesichtspunkte zusammen, Lukas steht vor allem unter dem Einfluß der ersten Fassung des Wunders, freilich in einer abgeleiteten Bedeutung: Das Wunder geschieht weniger durch die Macht des Wundertäters, vielmehr durch die göttliche Kraft des Messias (Lk 9,43a). Er nimmt also seine schriftliche markinische Vorlage nur abgeschwächt auf; die theologischen Gründe dafür sind einerseits die Treue zur mündlichen Tradition, andererseits der Wille zu einer starken globalen Komposition (Kapitel 9).

Auch den Dialog zwischen der Verklärung und dem Wunder, den Markus (Mk 9,11–13) mitteilt, läßt er weg, weniger wegen des uneschatologischen Charakters des Täufers als wegen der Hoffnung auf die Wiederherstellung aller Dinge, die Lukas mit dem Messias verbindet (Apg 3,19–20). Die Erfüllung der Elija-Weissagung erfolgt daher in Jesus, nicht im Täufer. Trotzdem gehört dieser nicht zum alten Bund[20], sondern steht auf der Schwelle zur neuen Zeit, wie die Kindheitsgeschichte beweist.

Erklärung   *Einleitung und Exposition (VV 37–40)*

37   Die Nachterfahrung des kleinen Kreises ist vorbei. Jetzt ist es Tag, »der nächste Tag«[21]. Jesus und seine drei Jünger sind vom Berg hinuntergestiegen wie nach der Wahl der

---

[18]   Auch wenn ich mit L. Vaganays These, die ursprüngliche Fassung hätte in einem griechischen Proto-Matthäus gestanden, nicht einverstanden bin, hat mich dessen meisterhafte Analyse überzeugt. In dieselbe Richtung einer nicht-markinischen Überlieferung geht Schramm, T., Markus-Stoff 139f, der die Studie Vaganays ebenfalls nicht kennt. Busse, U., Wunder 256 hält sich an Markus als die einzige Vorlage für Lk 9,37–43a. Léon-Dufour, X., Episode 210–227 (Sammelband) spricht sich für lediglich literarische Kontakte zwischen den drei Fassungen und gegen eine direkte Abhängigkeit des Lukas von Markus aus.

[19]   Die Verben »können« und »nicht können« tauchen sowohl in Verbindung mit den Jüngern (Mk 9,18.28–29) als auch mit dem Vater (Mk 9,23) auf.

[20]   So bekanntlich die These von Conzelmann, H., Mitte 156 Anm. 1.

[21]   Ἑξῆς kommt im Neuen Testament 5mal vor, jedesmal bei Lukas. NTG 205f, das die Lesart ἐν τῇ ἑξῆς ἡμέρᾳ (textus receptus) weitergibt, erwähnt im Apparat weitere Varianten, darunter διὰ τῆς ἡμέρας.

Zwölf (6,17). Wie dort erwartet sie das Volk[22], präziser gesagt, es kommt ihnen entgegen; συναντάω[23] beschreibt hier eine wichtige und erwartungsvolle Begegnung. An der entsprechenden Stelle 6,17–19 erwähnt Lukas ausdrücklich die Hoffnung der Menge, die Jesus hören und seine Heilungskraft erfahren möchte. Hier ist nur von dieser letzten Erwartung die Rede, durch den Mund einer einzelnen Person, des Vaters[24].

Der Mann[25] ruft[26]. Bei Lukas drückt βοάω entweder wie hier einen Notruf oder wie in Apg 25,24 einen Zornschrei aus. Er bittet[27] Jesus um einen »Blick« (δέομαι heißt oft bei Lukas »beten«). Ἐπιβλέπω[28] bezeichnet hier den helfenden und kraftvollen Blick des Wundertäters[29]; die Richtung wird durch die Wiederholung des ἐπί angegeben: auf seinen einzigen Sohn. Durch die Besessenheit seines Sohnes ist der Vater nicht nur affektiv betroffen, sondern in der damaligen Gesellschaft auch sozial gebrandmarkt. Seine Nachkommenschaft wie sein jetziges Ansehen sind gefährdet. Sein Leiden gründet in der Angst vor den unberechenbaren Anfällen[30], in der Trauer um seinen Sohn und in seiner eigenen Scham (vgl. das ähnliche ὄνειδος der Elisabet in Lk 1,25)[31].

38

---

[22] Ὄχλος πολύς stammt aus Mk 9,14, während die Notiz, die das Heruntersteigen vom Berg erwähnt, Mk 9,9a entnommen ist.

[23] Ein lukanisches Verb; vier von sechs Stellen im Neuen Testament finden sich bei Lukas: Lk 9,37; 22,10; Apg 10,25 und 20,22, die beiden anderen Belege im Zusammenhang der Begegnung Abrahams mit Melchisedek in Hebr 7,1 und 10).

[24] Mk 9,14 formuliert viel gewandter. Er respektiert genauer als Matthäus und Lukas die Logik der Handlung und präzisiert, daß Jesus und die drei auserwählten Jünger zunächst mit den übrigen Jüngern zusammenstießen. Dem mündlichen Überlieferungsstück, das Matthäus und Lukas neben Markus vorlag, war die Verbindung mit der Verklärung unbekannt; dies zeigt der Vergleich zwischen Lk 9,37 und Mt 17,14.

[25] Wie V 37 verrät auch V 38 ein recht lukanisches Vokabular: καὶ ἰδού, ἀνήρ, βοάω. Zwischen ἀπὸ τοῦ ὄχλου (Lukas) und ἐκ τοῦ ὄχλου (Markus) besteht ein geringer Bedeutungsunterschied, wobei die lukanische Formulierung dem Kontext besser entspricht, da ja weniger die Herkunft des Vaters (ἐκ) als vielmehr die Distanz, die er zwischen sich und das Volk zu setzen wagt (ἀπό), wichtig ist.

[26] Matthäus und Lukas bezeugen beide – auf je verschiedene Weise – die Bitte des Vaters. Bei Matthäus fällt er Jesus zu Füßen (Mt

17,14), bei Lukas ruft er und formuliert seine Bitte (Lk 9,38; vgl. 18,38).

[27] Δέομαί σου kann man bei Lukas viermal lesen: Lk 8,28; 9,38; Apg 8,34; 21,39. Da man danach einen Imperativ erwartet, ist man geneigt, das Proparoxyton ἐπίβλεψαι (Imperativ Aorist Medium) zu lesen, doch wird ἐπιβλέπω kaum im Medium gebraucht. Ich halte mich also an den auf der Pänultima betonten aktiven Infinitiv Aorist ἐπιβλέψαι, jedoch nicht ohne zu erwähnen, daß nicht wenige Handschriften den aktiven Imperativ Aorist ἐπίβλεψον bieten. Interessant wäre zu wissen, wie die Minuskelhandschriften ἐπιβλέψαι akzentuieren; das geht leider aus dem kritischen Apparat des NTG 206, das übrigens ἐπίβλεψον (dem textus receptus folgend) aufnimmt, nicht hervor.

[28] Ἐπιβλέπω für einen sich erbarmenden Blick in 1Sam (LXX 1Kön) 1,11; 9,16.

[29] Lukas behält das διδάσκαλε des Markus bei, was bei einem Aufruf zu einem Wunder nicht mehr so sehr erstaunt, seit man sich der thaumaturgischen Kraft gewisser antiker Rabbinen bewußt geworden ist; vgl. Vermes, G., Jesus the Jew. A Historian's Reading of the Gospels, London ²1976, 69–82.

[30] Wer schon mit Epilepsie in Berührung gekommen ist, weiß um die Angst der Familie dieses jungen Mannes.

[31] Vgl. Lesky, E., Epilepsie 829 (unten) – 830 (oben).

39 Die Beschreibung der Krankheit besteht in einer kurzen Erzählung (καὶ ἰδού) der sich wiederholenden Anfälle. Grund der Krisen ist ein Geist (V 39), ein unreiner Geist (V 42), der im Unterschied zu dem aus Mk 9,17 schreien kann (κράζει). Einige Worte, nicht aber der Satzbau, erinnern an Markus: λαμβάνει αὐτόν (vgl. αὐτὸν καταλάβῃ in Mk 9,18), σπαράσσει (vgl. συνεσπάραξεν in Mk 9,20 und σπαράξας in Mk 9,26), μετὰ ἀφροῦ (vgl. ἀφρίζει in Mk 9,18). Das Zähneknirschen und das Austrocknen von Mk 9,18a, die Gefährdung durch Wasser und Feuer (Mk 9,22; Hauptmerkmale der »Mondkrankheit« nach der matthäischen Fassung [Mt 17,15]) wie das Symptom des Scheintoten (Mk 9,26) haben aber kein Gegenstück in Lk 9,37–43a. Was Lukas übernimmt, entspricht sachlicher Beobachtung: Der Anfall »ergreift« den Kranken, und der Zuschauer ist von der »Plötzlichkeit«, vom »Schrei« (besser gesagt: vom »Seufzen«) und vom »Schaum vor dem Mund« beeindruckt. Auch die langsame Beruhigung und die Erschöpfung nach dem Anfall (V 39b) entsprechen der klinischen Betrachtung[32]. Ein gebildeter antiker Leser der synoptischen Berichte würde aus der Schilderung das Krankheitsbild der ἱερὴ νοῦσος (= *morbus sacer*) lesen. Denn die antike wissenschaftliche Medizin kannte die Hauptmerkmale des epileptischen Anfalls, unterschied die drei Phasen einer Krise, erwähnte die vor einem Anfall auftretenden Zeichen und bemerkte auch den Schrei beim Niederstürzen[33]. Das Hauptverdienst des berühmten hippokratischen Traktats περὶ ἱερῆς νοῦσου ist es, den Ursprung der Krankheit nicht mehr im Irrationalen von Gottheit oder Dämon zu suchen. Aber nach dem ursprünglichen Verständnis, das in der volkstümlichen Betrachtung wie in der bis zur Spätantike verbreiteten Magie wach geblieben ist, ist die Herkunft des Übels nicht aus der Natur zu erklären. »Heilig« wurde diese Krankheit genannt, weil man sie der Macht einer Gottheit, besonders der Mondgöttin Selene (vgl. Mt 17,15), oder eines Dämons zuschrieb, im Judentum verbunden mit einer entsprechenden Sündenlehre. Auch der sogenannte »Arzt« Lukas weiß nichts von der wissenschaftlichen Erklärung der Epilepsie. Origenes teilt diese dämonologische Voraussetzung und gibt sie der Christenheit für mehrere Jahrhunderte weiter: »Ärzte mögen immerhin eine natürliche Erklärung (der Krankheit) versuchen, da nach ihrer Überzeugung hier kein unreiner Geist im Spiel ist, sondern eine Krankheitserscheinung des Körpers vorliegt. In ihrer natürlichen Erklärungsweise mögen sie behaupten, das Feuchte bewege sich im Kopfe nach einer gewissen Sympathie mit dem Lichte des Mondes, das selbst eine feuchte Natur habe. Wir aber glauben dem Evangelium auch darin, daß diese Krankheit in den damit Behafteten offenkundig von einem unreinen, stummen und tauben Geist gewirkt wird.«[34]

Auch wenn die damaligen Christen die wissenschaftliche Erklärung nicht übernahmen, teilten sie trotz der gleichen dämonologischen Erklärung dennoch nicht die volkstümliche Resignation oder die mannigfaltigen Vorschläge

---

[32]   Die Handschriften schwanken in V 39b zwischen den beiden Synonyma μόλις und μόγις.

[33]   Vgl. Lesky, E., Epilepsie 826 (unten). Auf den Spalten 824–829 behandelt der Verfasser Definition, Pathologie, klinische und therapeutische Aspekte der Epilepsie nach den verschiedenen antiken Medizinwissenschaften; vgl. Wilkinson, J., Case.

[34]   Comm Matth 13,6 zu Mt 17,15 (Origenes, Werke X [GCS 11] 193). Die Übersetzung stammt von F.J. Dölger und ist dem Artikel von Lesky, E. – Waszink, J.H., Epilepsie 830f entnommen.

der Magie[35]. Nur das Wort des heilenden Messias kann ihrer Meinung nach den Knaben befreien. Jesus forscht nicht nach der Schuld des Vaters – nach einer damals im Judentum möglichen Vergeltungslehre –, sondern hat nur die Zukunft des Besessenen im Auge. Er zeigt keine Angst vor der Verunreinigung und weicht dem Kontakt mit der dämonischen Welt nicht aus[36].

V 40 erwähnt einen mißlungenen Exorzismus seitens der Jünger[37]. Lukas   40 bleibt hier in der Nähe des Markus[38], ist aber an diesem Mißerfolg wenig interessiert. Bei ihm steht allein der siegende Herr im Zentrum der Szene.

Mitte und Schluß (VV 41–43a)

Am Anfang spricht Jesus wie die jüdische Gestalt der abgewiesenen Weis-   41 heit[39]. Der Zitatcharakter seiner Worte erklärt die leichte Diskrepanz mit dem Kontext (z.B. daß Jesus die Jünger angreift mit einer Kritik an diesem Geschlecht). Unabhängig voneinander oder unter dem Einfluß der gleichen mündlichen Variante haben Lukas wie Matthäus die Schmährede der Schrift[40] angepaßt: Das angesprochene Geschlecht[41] ist nicht nur ἄπιστος (»ungläubig«), sondern auch διεστραμμένη (»verkehrt«, »verdorben«). Gegenwärtig verkörpert es die volle Schuld Israels. Wie die Gestalt der Weisheit steht der Bote Gottes dem widerspenstigen Volk allein gegenüber und fragt, wie lange er diese Situation noch ertragen könne[42]. Solche Urteile über »dieses Geschlecht« lesen wir noch in 11,29–32 (Jonazeichen); 11,49–51 (Blut der Propheten); 17,25 (Leidensankündigung); Apg 2,40 (Rettung aus diesem Geschlecht). Nach der zweiten Leidensankündigung (9,43b–45) wird Lukas auf die Verständnislosigkeit der Jünger hinweisen. Das Wort 9,41 geht schon in diese Richtung[43].

Mit einem Wechsel vom Plural zum Singular in der Anrede verlangt Jesus vom Vater, daß er seinen Sohn herbringe (προσάγαγε für das markinische φέρετε). Vorausgesetzt ist, daß der Vater mit diesem Befehl einverstanden ist. Auf dem Weg zu Jesus spürt   42 der Dämon die drohende Gefahr und wehrt sich (formgeschichtlich typisch[44]). Jesus

---

[35] Vgl. Lesky, E., Epilepsie 821–824 und van der Loos, H., Miracles 402–405.

[36] Durch Spucken versuchen die Heiden den Dämon der Epilepsie auf Distanz zu halten; vgl. Lesky, E., Epilepsie 829.

[37] Vgl. dazu den Präzedenzfall des Gehasi in 2(4)Kön 4,31.

[38] Ausgenommen das redaktionelle ἐδεήθην und das οὐκ ἠδυνήθησαν, das Lukas mit Matthäus gemeinsam hat.

[39] Vgl. Dibelius, M., Formgeschichte 278; Bornkamm, G., Pneuma 26f (Sammelband), der auf äthHen 42,1–3 und Spr 1,20–33 verweist; Busse, U., Wunder 265f.

[40] Vgl. Num 14,27; Dtn 32,5.20; Jes 6,11; 65,2. Schürmann I 570 meint, Jesus bediene

sich nicht nur der Sprache der enttäuschten Propheten, sondern auch jener des über sein Volk aufgebrachten Gottes.

[41] Zu dieser Generation vgl. Steck, O.H., Israel 32 Anm. 1; 39 Anm. 1; 162 Anm. 1.

[42] Nach Godet 613 fühlt sich Jesus als Fremder auf der Erde; das Fest des vorangegangenen Abends, die Verklärung, hat in ihm das Heimweh geweckt.

[43] Lukas steht hier Matthäus nicht näher als Markus. Lukas notiert πρὸς ὑμᾶς nach dem Verb ἔσομαι, streicht das zweite ἕως πότε und fügt ein καί an.

[44] Es ist das 16. Motiv Theißens, G., Wundergeschichten 66f.83.

benutzt nicht das Wort als Waffe, sondern greift den Dämon während eines Anfalls des Kranken an. Dies hat zur Folge, daß sich die heilende Kraft des Messias um so eindrücklicher entfaltet. Der Begriff ἔτι erscheint bedeutungsvoll, denn der Dämon schlägt zurück, noch bevor das Kind bei Jesus angekommen ist. Lukas drückt mit zwei Verben einen Gedanken aus, den ihm Markus suggeriert[45]: Der Dämon zerrt an dem Kind und zerzaust es (συνεσπάραξεν).

Die Scheltrede Jesu, an deren Inhalt Lukas im Unterschied zu Mk 9,25 kein Interesse hat, genügt metonymisch für die Austreibung selbst[46]; ἐπιτιμάω kommt in den Dämonenaustreibungen der Synoptiker häufig vor. Der Vater empfängt seinen Sohn gesund wieder; das ist für ihn wie eine Rückgabe des Verlorenen.

43a   Lukas beendet den Wunderbericht stilgemäß mit einem Chorschluß (9,43a; »außer sich geraten« ist vielleicht vom schlecht situierten ἐξεθαμβήθησαν [Mk 9,15] inspiriert). Die zahlreiche Menge (Lk 9,37) bzw. »alle« (Lk 9,43) bewundern die Größe Gottes. Hinter der handelnden Person Jesu sehen sie Gott am Werk. Ἡ μεγαλειότης ist nicht ganz τὸ μέγεθος (»die Größe«), sondern »die Großartigkeit«, »die Hoheit«, »die Pracht«, »die Majestät«[47].

Zusammen-
fassung   In Kapitel 9 stellt Lukas Jesus abwechselnd in öffentlichen Episoden und in privaten Gesprächen vor. Durch die Szenen, die der Menge verborgen bleiben, erhalten die Leser einen hermeneutischen Schlüssel für die allen sichtbaren Taten des Herrn, durch die sichtbaren Taten wiederum eine Bestätigung der geoffenbarten Lehre. Was die Jünger gelernt haben, betrifft zuerst die Identität Jesu und dann seine Mission. Durch den Sieg über den bösen Geist (9,37–43a) bestätigt sich die Beziehung Jesu zu Gott und seine heilende Kraft, deren Ursprung die Verklärung (9,28–36) blitzartig beleuchtet hat[48].

Was wir heute Epilepsie nennen, gehört zu den rätselhaftesten Krankheiten. Daß der Kranke zeitweise das Bewußtsein verliert, deutete damals auf die Besessenheit durch eine übermenschliche Macht hin. Was kann dann der Mensch, der erschrockene Zuschauer wie der Kranke selbst, dagegen tun? Der Text nennt als Lösung das heilende Wort des göttlichen Sohnes, das die bescheidenen Ergebnisse der damaligen Medizin und die Scheinerfolge der Magie in den Schatten stellt[49].

Können wir heute als Christen mehr haben als Hoffnung auf den Sieg Gottes über den Tod und die Krankheit? Mit einem epileptischen Sohn gehen wir

---

[45] Vgl. Mk 9,18: ῥήσσω (spätere Form zu ῥήγνυμι); Mk 9,20: συσπαράσσω.

[46] In Mk 9,25–27 spielt sich das Ereignis auf dramatische Weise ab.

[47] Nach Bauer s.v.; Lukas verwendet das Wort ein weiteres Mal in Apg 19,27, wo er es einem Heiden in den Mund legt, der die Majestät der Artemis verteidigt. Das Wort kommt im Neuen Testament nur noch in 2Petr 1,16 vor und bezeichnet die Herrlichkeit Christi bei der Verklärung.

[48] Busse, U., Wunder 260 schreibt: »Lukas gibt der Episode die Form einer Epiphaniegeschichte des Messias.«

[49] Mit Bornkamm, G., Pneuma 30f (Sammelband).

zum Arzt, der die »heilige« Krankheit (zwar) vielleicht nicht heilen, aber doch stabilisieren kann. Ist andererseits der schöne Satz von Ambroise Paré: »Je le pansay, Dieu le guarit« (»Ich verband ihn, Gott heilte ihn«) für den christlichen Glauben nicht zu billig? Sollen wir das heutige Wirken Gottes exklusiv auf die Innerlichkeit beschränken? Als Exegeten dürfen wir unsere zeitbedingte Auffassung der Wirklichkeit nicht in das erste Jahrhundert hineinprojizieren und erklären, daß die Heilung dieses Knaben »unmöglich« gewesen sei[50]. Aber wir sind auch nicht in der Lage, die geschichtliche Wahrheit der Wunder durch die theologische Relevanz der Wunderberichte zu beweisen[51]. Neben Jesus gab es viele Zeitgenossen mit einem vergleichbaren Wunderanspruch[52]. Die Definition des »Wunders« variiert von einem Zeitalter zum andern. Dadurch wandelt sich auch das »Wesen« des Wunders: Was für viele unserer Zeitgenossen eine unmögliche Verletzung der Naturgesetze ist, war damals ein erstaunlicher Kraftbeweis göttlicher Herkunft, denn das Göttliche war aus der Natur nicht ausgeschlossen. Die Beweiskraft eines Wunders für eine religiöse Idee war weder null noch total. Jesus selbst hat eine Exorzistentätigkeit ausgeübt, und die ersten Christen fanden in den Wunderberichten ein Zeugnis, nicht einen Beweis neben dem Wort.

Die zweite Ankündigung der Passion. Der Rangstreit der Jünger. Der fremde Wundertäter (9,43b–50)

Literatur zu Lk 9,43b–45: Bastin, M., L'annonce de la passion et les critères de l'historicité, RevSR 50 (1976) 289–329; 51 (1977) 187–213; *ders.,* Jésus devant sa Passion, Paris 1976 (LeDiv 92), 123–142; *Dömer, M.,* Heil 83–85; *Gamba, G.,* Senso e significato funzionale di Luca 9,43b–45, in: Il messianismo, Brescia 1966 (ASB 18), 233–267; *Hooker, M.D.,* Jesus and the Servant. The Influence of the Servant Concept of Deutero-Isaiah in the New Testament, London 1959, 92–97.
Literatur zu Lk 9,46–48: Leaney, R., Jesus and the Symbol of the Child (Lc 9,46–48), ET 66 (1954/1955) 91–92; *Légasse, S.,* Jésus et l'enfant. »Enfants«, »Petits« et »Simples« dans la tradition synoptique, Paris 1969 (EtB), 27–32.72–75; *Lindeskog, G.,* Logia-Studien, StTh 4 (1950) 129–189, bes. 171–177; *Robbins, V.K.,* Pronouncement Stories and Jesus' Blessing of the Children. A Rhetorical Approach, Semeia 29 (1983) 43–74; *Schnackenburg, R.,* Mk 9,33–50, in: Synoptische Studien (FS A. Wikenhauser), hrsg. v. J. Schmid und A. Vögtle, München 1953, 184–206; *Schramm, T.,* Markus-Stoff 140–141; *Vaganay, L.,* Le schématisme du discours communautaire, RB 60 (1953) 203–244 (= *ders.,* Le problème synoptique. Une hypothèse de travail, Tournai 1954 [BT.B 1], 361–404); *Weber, H.R.,* Jesus and the Children. Biblical Resources for Study and Preaching, Genève 1980, 34–51.92–94.
Literatur zu Lk 9,49–50: Baltensweiler, H., »Wer nicht gegen uns (euch) ist, ist für uns (euch)!« Bemerkungen zu Mk 9,40 und Lk 9,50, in: Festschrift B. Reicke, ThZ 40

---

50 Vgl. Achtemeier, P.J., Miracles 488.   52 Vgl. ebd. 489f.
51 Vgl. ebd. 489.

(1984) 130–136; *Fridrichsen, A.,* »Wer nicht mit mir ist, ist wider mich«, ZNW 13 (1912) 273–280; *Nestle, W.,* »Wer nicht mit mir ist, der ist wider mich«, ZNW 13 (1912) 84–87; *Roloff, J.,* Kerygma 185–186; *Wilhelms, E.,* Der fremde Exorzist. Eine Studie über Mark. 9,38ff, StTh 3 (1949) 162–171.

43b Da alle staunten über alles, was er tat, sprach er zu seinen Jüngern: 44 Nehmt diese Worte in eure Ohren auf: Der Menschensohn wird nämlich ausgeliefert werden in Menschenhände. 45 Sie aber verstanden dieses Wort nicht, und es blieb vor ihnen verborgen, so daß sie es nicht begriffen, und sie fürchteten sich, ihn zu fragen über dieses Wort. 46 Es nistete sich aber eine Frage bei ihnen ein, wer der Größte von ihnen sei. 47 Und Jesus wußte die Frage ihrer Herzen, nahm ein Kind zu sich, stellte es hin 48 und sprach zu ihnen: Wer immer dieses Kind aufnimmt um meines Namens willen, nimmt mich auf, und wer immer mich aufnimmt, nimmt den auf, der mich gesandt hat. Denn wer der Kleinste unter euch allen ist, der ist groß. 49 Johannes aber antwortete und sprach: Meister, wir sahen einen, der in deinem Namen Dämonen austreibt, und wir wollten es ihm verwehren, weil er nicht mit uns in der Nachfolge ist. 50 Und Jesus sprach zu ihm: Verwehrt es nicht; denn wer nicht gegen euch ist, ist für euch.

Analyse   Nach dem erstaunlichen Wechsel von der Verklärung (9,28–36) zur Not des »Epileptikers« (9,37–43a) findet der erste Teil des Evangeliums (1,1–9,50) einen noch rätselhafteren Abschluß (9,43b–50). Auf dem Hintergrund des vor dem Volk gelungenen[1] Wunders wählt der lukanische Jesus den Ton der Paränese (9,44a) und den Stil der Prophetie (9,44b). Verglichen mit dem betonten Erfolg der Taten Jesu (9,43ab)[2] stoßen diese Worte auf Unverständnis (9,45a) und schweigsame Furcht (9,45b) der Jünger. Die Paradoxie der Situation erklärt sich dadurch, daß das *Volk* der göttlichen Macht applaudiert, während das angekündigte Leiden des göttlichen Stellvertreters die Jünger sprachlos macht[3]. Es entsteht eine Auseinandersetzung innerhalb des Jüngerkreises (9,46), der Rangstreit. Ohne befragt zu werden, greift Jesus aufgrund übernatürlichen Wissens ein (9,47a). Wie oft bei Lukas zeichnet sich das Bild eines weisen Lehrers ab, der durch eine gleichnisartige Handlung (das Zu-sich-Nehmen eines Kindes [9,47b]) eine Lehre erteilt, die gleichzeitig die Lösung des Streites darstellt. Aber der dazu passende Spruch ist nicht das nächste Wort, sondern das Weisheitslogion vom Kleineren, der in der Tat »groß« ist (9,48b).

---

[1]   Man beachte, wie Lukas das »Außer-sich-Geraten« der Menge angesichts der Heilung (9,43a) und die allgemeine Verwunderung vor dem Wirken Jesu (9,43b) miteinander verknüpft.

[2]   Auch Loisy 279 verweist (für V 43b) auf V 43a.

[3]   Gamba, G., Senso 234f ist der Ansicht, die VV 43b–45 seien mit Sorgfalt konstruiert: Es liegen zwei antithetische Strophen vor; Jesus ist Subjekt der ersten (V 43b–44), die Jünger Subjekt der zweiten (V 45).

Auf den ersten Blick behandelt das dazwischenliegende Wort (9,48a) ein anderes Thema: die theologische Zugehörigkeit der Gesandten zum göttlichen Urheber und die entscheidende ethische Haltung ihnen gegenüber. Aber die Reihenfolge innerhalb des Wortes (das Kind – ich [= Jesus] – der Aussendende [= Gott]) begründet das theozentrische Wort vom Kind. Damit wird also auch hier auf den Streit angespielt, wie die Zusammengehörigkeit der Geste (Jesus nimmt ein Kind zu sich [9,47b]) und des ersten Wortes (Anspielung auf dieses Kind [9,48a]) zeigt.

Indem Lukas dieses Material bearbeitet, versucht er auch die nächste, die letzte Episode damit in Verbindung zu setzen, was daraus ersichtlich wird, daß die Johannesfrage (9,49) als Reaktion (ἀποκριθεὶς δέ) erscheint. Abschließend gibt Jesus eine doppelte Antwort. Im ersten Teil fordert er für den konkreten Fall Toleranz (9,50a), im zweiten gibt er sprichwortartig eine allgemeine Begründung (9,50b). Nach diesem weisheitlichen Abschluß wird Lukas feierlich den Reisebericht (9,51ff) beginnen. Die Einzelexegese wird zeigen, ob wir es mit drei Einheiten (9,43b–45.46–48 und 49–50)[4], zwei (9,43b–45 und 46–50) oder nur einer Einheit (9,43b–50) zu tun haben.

Lukas übernimmt wiederum die Reihenfolge des Markus: Auf die zweite Leidensankündigung (Mk 9,30–32 // Lk 9,43b–45) folgt der Rangstreit der Jünger (Mk 9,33–37 // Lk 9,46–48) sowie der fremde Exorzist (Mk 9,38–41 // Lk 9,49–50)[5]. Er ignoriert allerdings Mk 9,42–50[6]. Beide Evangelisten beginnen dann ihren Reisebericht zwar an der gleichen Stelle (Mk 10,1 // Lk 9,51), jedoch bei totaler inhaltlicher Diskrepanz. Die verschiedenen Hypothesen über den vorliterarischen Ursprung der Perikope weichen völlig voneinander ab[7]. Überzeugend scheint mir die Lösung, die einen Sitz im Leben der kleineren Einheiten im mündlichen Unterricht der Urgemeinde findet und die gegenwärtige Annäherung dieser Episoden und der Wunderlogien durch Stichwörter und Gedankenassoziationen erklärt[8]. Auf jeden Fall ist die erste erreichbare Niederschrift die des Markus, nicht die des Matthäus oder des Lukas. Trotzdem bleibt

---

[4] Gamba, G., ebd. 251–254 schlägt folgende Struktur vor: Die drei Szenen der VV 43b–50 schließen das Lehrthema des dreiteiligen Abschnittes (4,14–6,49; 7,1–23; 7,24–9,50) ab; dieser ist dem Zeugnis, das Schrift, Wunder und Lehre von Jesus ablegen, gewidmet. Seiner Meinung nach bezieht sich 9,43b–45 auf das zu bewältigende Ärgernis des Kreuzes, 9,46–48 auf den Vater und 9,49–50 auf die Nachfolge.

[5] Bei Matthäus ist die Abfolge anders: Der Evangelist notiert zwischen Mt 17,22–23 (zweite Leidensankündigung) und Mt 18,1–5 (Rangstreit der Jünger) die Frage der Tempelsteuer (Mt 17,24–27). Darüber hinaus kennt er die Episode mit dem fremden Exorzisten (Mk 9,38–40 // Lk 9,49–50) nicht und bringt das Logion über das Glas Wasser (Mk 9,41) an anderer Stelle (Mt 10,42).

[6] Mk 9,42 (das Logion vom Mühlstein) wird von Lukas in 17,1–2 aufgenommen.

[7] Zwischen der Konstruktion von L. Vaganay bis zur erstaunlichen Lösung von W. Bussmann, der den Ursprung von Mk 9,33–40 in einem kürzeren Text findet, der praktisch identisch mit Lk 9,46–50 ist, liegt ein sehr weiter Weg. Vaganay, L., Discours vertritt die These, eine Gemeinderede habe den vierten Teil des ins Griechische übersetzten aramäischen Matthäus abgeschlossen; verschiedene Elemente davon seien in Mt 18,1–35; Mk 9,33–50 und Lk 9,46–50 erhalten geblieben. Bussmann, W., Synoptische Studien I, Halle 1925, 171ff kenne ich nur über Schnackenburg, R., Mk 9,33–50, 190–192.

[8] Vgl. ebd. 184–206.

das Zusammenwachsen des Blocks (zweite Leidensankündigung, Rangstreit der Jünger und fremder Exorzist) rätselhaft. Lukas hat auch hier die markinische Reihenfolge wie den Inhalt dieser Vorlage beibehalten.

Synoptischer Vergleich

Lukas läßt die markinische Überleitung am Anfang der Perikope aus, nämlich das Umherziehen Jesu mit seiner Gruppe durch Galiläa und seine Inkognito-Absicht (Mk 9,30)[9]. An ihrer Stelle wiederholt er mit anderen Worten (9,43b) die Ausstrahlung der Wunder Jesu (9,43a). Die Bewunderung darüber bleibt bestehen (ἐκπλήσσομαι dort, θαυμάζω hier), und bleibt zugleich universal (πάντες dort, ἐπὶ πᾶσιν hier). Nur verglichen mit der punktuellen Bewunderung von 9,43a erweitert die Einleitungsformel von 9,43b die Perspektive durch ihre Generalisationsformel (οἷς ἐποίει [Imperfekt]). Und während 9,43a auf die Größe Gottes verwies, variiert 9,43b das Thema, indem er die Rolle des Vermittlers[10] unterstreicht. In 9,48 werden wir aber wieder auf die Komplementarität Gottes und seines Gesandten aufmerksam. Am Schluß von V 43 kommt Lukas wieder in die Nähe von Markus[11], z.B. mit der Erwähnung der Jünger. Am Anfang von V 44 fügt er einen Aufruf zur Aufmerksamkeit ein, dessen Ursprung redaktionell ist[12]. Abrupt endet er mit der Erwähnung der Auslieferung des Menschensohnes in die Hände der Menschen[13]. Bei dem großen Respekt vor den Sprüchen Jesu ist dies verwunderlich, streicht er damit doch die explizite Erwähnung des Todes und der Auferstehung Jesu aus Mk 9,31[14], doch vermeidet er dadurch jede formale Wiederholung mit der ersten Leidensankündigung (9,22) und unterstreicht mit dem Spruch, wie er ihn formuliert[15], eine Deutung des Todes Jesu, die ihm am Herzen liegt: das Ausgeliefertwerden, also auch sein vorausgehendes Leiden[16].

---

[9] Auch in diese Überleitung greift Matthäus wiederum massiv ein, wie Mt 17,22 zeigt.

[10] Auch wenn man es sich hinzudenken muß, kann nur Jesus Subjekt zu ἐποίει (Lk 9,43b) sein. Man beachte den Übergang von der Herrlichkeit Gottes (Lk 9,43a) zum Tun Jesu (Lk 9,43b).

[11] Das Verb ändert er jedoch, denn Lukas notiert εἶπεν mit πρός, Mk 9,31 ἐδίδασκεν mit Akkusativ.

[12] Obgleich etliche Exegeten – wie etwa Marshall 393 – beteuern, τίθημι εἰς τὰ ὦτα sei ein Semitismus. Man beachte die für Lukas charakteristische Komplementarität von Tun (V 43b) und Sagen (V 44), wobei das Handeln vor dem Sprechen den Vorrang hat oder ihm wenigstens vorausgeht (vgl. Apg 1,1).

[13] Wie Matthäus formuliert auch Lukas präziser als Markus, indem er μέλλει, das den Infinitiv παραδίδοσθαι nach sich zieht, einfügt und also die präsentische markinische Aussage durch eine futurische ersetzt. Das matthäisch-lukanische minor agreement ist der mündlichen Überlieferung zuzuschreiben. Mt 17,22–23 folgt Markus sodann bis zum Ende des Prophetenwortes (Tod und Auferstehung), während Lukas nach der Überantwortung des Menschensohnes in die Hände der Menschen abbricht. Das γάρ in Lk 9,44 kann man verschieden erklären: a) formal: Es könnte eine – etwas unglückliche – Anpassung an das markinische ὅτι vorliegen; b) thematisch: Die Problematik der Prophetie (9,44b) rechtfertigt den Aufruf, aufmerksam zu sein (9,44a). Zu diesem γάρ vgl. Gamba, G., Senso 243. Bastin, M., Annonce 329 glaubt mit großem Optimismus, die lukanische Formulierung des Prophetenwortes (9,44b) komme der ursprünglichen, authentischen Form des Jesuswortes am nächsten.

[14] Daß der markinische Text Worte enthielt, die Lukas ausließ, beweist die Parallele Mk 9,31 // Mt 17,23.

[15] Offensichtlich scheint mir – gegen Gamba, G., Senso 239–248 –, daß der V 43b (Prophetenwort) Inhalt dessen ist, was die Jünger zu Ohren nehmen sollen (V 43a).

[16] Vgl. die in dieser Hinsicht besonderen lukanischen Leidensankündigungen: Lk 17,25 und 24,46 (Inhalt) und 24,7 (Form); vgl. Lk 18,32–33 (stützt sich auf Markus).

Während Mt 17,23b mit dem Satz über das Trauern der Jünger seinen eigenen Weg geht, bleibt Lukas seiner Vorlage (Markus) treu, erweitert aber in V 45 beide Teile von Mk 9,32 durch den Hinweis auf das Unverständnis der Jünger[17] und den Inhalt der verdrängten Frage[18].

Wie oft modifiziert Lukas den markinischen Anfang des nächsten Abschnittes stark[19]. Dabei kürzt er die topographischen Angaben[20] und übergeht zugleich die dialogische Einleitung aus Mk 9,33. Damit erreicht er eine bessere Verklammerung beider Abschnitte (Leidensankündigung und Rangstreit), die jetzt bei gleicher Gelegenheit stattfinden. Daß er auch das übernatürliche Wissen Jesu ausdrücken will, zeigt der Vergleich von Lk 9,46 mit 9,47a; in etwas anderer Form war dies freilich auch schon die Absicht von Mk 9,33–35. Läßt Lukas auch Mk 9,35 um der Kürze willen weg[21]? Eher kennt er ein Wort mit ähnlichem Inhalt, das er am Schluß des Abschnitts einfügen wird (Lk 9,48b)[22], und übergeht (wie auch Matthäus) Mk 9,35 wegen der sonst vorliegenden Dublette zu Lk 22,26[23]. Letzte Klarheit über das Fehlen von Mk 9,35 bei Lukas läßt sich freilich nicht erreichen[24].

Nach dem redaktionellen Ausdruck des Wissens Jesu (9,47a) beschreibt Lukas dessen Geste dem Kind gegenüber in einer Form[25], die zwar nur wenig, dafür aber bezeichnend von Markus abweicht (9,47b): Jesus nimmt das Kind an seine Seite (Markus: »in ihre Mitte« und »in seine Arme«). Der Grund liegt nicht in einer Ablehnung der Gefühlsäußerung Jesu[26], sondern darin, daß es sich bei ihm um ein Kind handelt, das stehen kann, nicht um einen Säugling, den man tragen muß (wie bei Markus)[27]. Das Be-

---

[17] Die Worte ἵνα μὴ αἴσθωνται αὐτό sind m.E. redaktionell, nach Ansicht von Zahn 391 Anm. 14 und Marshall 393 jedoch traditionell.

[18] Mit der Wiederholung des Wortes ῥῆμα erweist sich Lukas entweder als Pedant oder beweist sein literarisches Feingefühl, da er so eine Klammer schafft. Man beachte ebenfalls, daß alle Wörter des Verses Mk 9,32 auch in Lk 9,45 erscheinen; einzige – zudem noch schlecht belegte – Ausnahme: ἐπερωτῆσαι (Markus) – ἐρωτῆσαι (Lukas); dies überrascht, da doch Lukas zusammengesetzte Verben bevorzugt. Es ist möglich, daß Lukas zwischen der Verwendung von ἐρωτῆσαι mit Akkusativ für »jemanden fragen« und ἐπερωτῆσαι für »nach jemandem, nach etwas fragen« unterscheiden möchte. Beide Verben können jedoch einen doppelten Akkusativ nach sich ziehen, und auch die Formulierung ἐρωτάω mit Akkusativ für die befragte Person und περί mit Genitiv für den Gegenstand der Frage ist gängig und korrekt.

[19] Lagrange 281 bemerkt mit Recht, daß Lukas in den VV 46–48 die im Zusammenhang mit dem Kind ausgesprochene Lehre als Antwort auf den Streit der Jünger darstellt, während Markus beide Elemente lediglich nebeneinanderstellt.

[20] Vgl. etwa auch V 43b.

[21] Lukas kennt die Sprüche Mt 18,3–4 (werden wie Kinder) nicht, wird sich also an Markus gehalten haben. Schramm, T., Markus-Stoff 130–136.140f setzt eine Parallelfassung zu Markus zwar nicht für Lk 9,43b–45, jedoch für Lk 9,46–50 voraus.

[22] Lk 9,48b (der Kleinste ist der Größte) zeichnet sich dadurch aus, daß der Vers das semantische Feld der Größe, mit dem die Perikope beginnt (Lk 9,46), wieder aufnimmt. Légasse, S., Jésus 29 weist auf die Klammer μείζων (V 46) – μέγας (V 48) hin.

[23] Vgl. Lk 13,30 (die Letzten – die Ersten) und Lk 22,24–27 (der Begriff der Größe wird als Dienst definiert).

[24] Vgl. Schnackenburg, R., Mk 9,33–50 199, der die Ansicht vertritt, Lk 9,48b (der Kleinere ist groß) sei eine auf die Konfliktsituation der Jünger und die Gegenwart des Kindes zugeschnittene Parallele zu Mk 9,35 (vgl. das lukanische μικρότερος für ἔσχατος [Mk 9,35] und das Fehlen des διάκονος [Mk 9,35] bei Lukas).

[25] Mit Vaganay, L., Discours 377 schreibe ich ἐπιλαβόμενος und παρ᾽ ἑαυτῷ Lukas zu.

[26] Zu Unrecht meint Marshall 396, Lukas vermeide die Angabe, daß Jesus das Kind in seine Arme schloß, um nicht die menschlichen Gefühle Jesu erwähnen zu müssen.

[27] Vgl. Lk 2,28, wo Simeon den Säugling Jesus in die Arme nimmt.

gleitwort (9,48a) steht in engster Nähe zu seiner markinischen Vorlage (Mk 9,37)[28], während Lukas[29] wahrscheinlich den letzten Spruch der Szene (9,48b) selbst verfaßte[30].

In 9,49–50 spüren die Leser die geschickte Hand des Schriftstellers, denn wieder verknüpft er die Episode enger als Markus mit der vorausgehenden Szene (durch ἀποκριθεὶς δέ), vermeidet die Wiederholung (hier die »Nachfolge« aus Mk 9,38 [allerdings ist diese Wiederholung in Mk 9,38 textkritisch nicht gesichert]) und korrigiert theologische Unstimmigkeiten (man folgt nicht den Jüngern selbst [Mk 9,38], sondern Jesus »mit« seinen Jüngern nach [μεθ' ἡμῶν]). Seine Vorliebe für den Titel ἐπιστάτης (»Chef«; im Unterschied zum markinischen διδάσκαλος [»Lehrer«]) ist bekannt. Aufgrund dieser Anrede erwartet Johannes einen Befehl, keine Belehrung. Im dunkeln bleibt der Grund für die Tilgung von Mk 9,39.41–50. Wahrscheinlich drängt es Lukas, endlich beim Reisebericht (Lk 9,51ff) anzukommen. So beschließt er den Abschnitt mit der Aussage: »Denn wer nicht gegen euch ist, ist für euch« (9,50b // Mk 9,40)[31], die in 11,23 ein nur scheinbar widerspruchsvolles Gegenüber hat: »Wer nicht mit mir ist, ist gegen mich, und wer nicht mit mir sammelt, zerstreut.«

Zusammenfassend läßt sich sagen, daß in Lk 9,43b–50 der Evangelist nicht ohne Kürzung und Reinterpretation drei kürzere Einheiten aus Markus übernimmt, welche aus schwerverständlichen Gründen mit anderen (Mk 9,41–50) zusammengefügt worden waren.

Erklärung *Das Rätsel der Auslieferung*

In Lk 9 wechseln christologische Fragen und solche nach dem kirchlichen Amt miteinander ab; zum einen geht es also um Jesus, zum anderen um seine Jünger. Bei der Heilung des besessenen Knaben wird sogar auf den Unterschied zwischen der Macht Jesu und der vorläufigen Ohnmacht der Jünger

43b–44 angespielt. Dieses Gegenüber des Lehrers zu seinen »Nachfolgern« spitzt sich in der zweiten Leidensankündigung zu. Verglichen mit der allgemeinen Be-

---

[28] Zwei kleine Unterschiede sind erwähnenswert: a) »dieses Kind« (Lukas) – »eines der Kinder« (Markus), während Matthäus im Anschluß an die zusätzlichen Logien Mt 18,3–4 in Mt 18,5 wiederum anders formuliert; b) Lukas strafft das Logion.

[29] Nach Vaganay, L., Discours 372 gehören ἐν ὑμῖν und μέγας am Ende des V 48 einer alten Schicht an, während πᾶσιν und ὑπάρχων aus der Feder des Lukas stammen.

[30] Zur Ansicht Schnackenburgs vgl. oben Anm. 25.

[31] Der Text dieses Verses ist ziemlich schlecht überliefert. Es stellen sich drei Probleme: a) Steht in V 50 der Artikel ὁ vor Ἰησοῦς oder nicht? Lukas setzt in der Regel den Artikel, und auch die handschriftliche Überlieferung weist in diese Richtung. b) Einige Zeugen lesen nach μὴ κωλύετε (V 50a): »denn

er ist nicht gegen euch«; dies ist gewiß eine Glosse. P[45] (Chester Beatty I) liest: »denn er ist weder für euch noch gegen euch«. c) Unter dem Einfluß der synoptischen Parallelen und des Iotazismus (ὑμῶν und ἡμῶν werden gleich ausgesprochen) gibt es in der Überlieferung des Schlußwortes (V 50b) große Schwankungen; vier Lösungen stehen zur Wahl: a) wer nicht gegen euch ist, ist für euch (Nestle[26]), b) wer nicht gegen uns ist, ist für uns (= Mk 9,40), c) wer nicht gegen euch ist, ist für uns, d) wer nicht gegen uns ist, ist für euch. Die Lösung d) ist schlecht belegt, c) ist schwach, aber gut belegt und ergibt einen paränetischen Sinn, b) ist zu sehr von Mk 9,40 abhängig. Für die verbleibende Lösung a) hat sich Nestle[26] sicher zu Recht entschieden; vgl. schon Godet 622.

wunderung (9,43b)[32] ist die Stummheit der engsten Begleiter angesichts der Prophetie Jesu (9,44b) trotz der paränetischen Ermunterung (9,44a) um so peinlicher.

Besonders lukanisch ist der Rat bzw. der Befehl, sich von der nötigen Auslieferung des Menschensohnes überzeugen zu lassen. Auf der Ebene der Metakommunikation möchte Jesus seine Jünger zum Hören und Verstehen überzeugen (9,44a). In diesem Halbvers wird die Absicht der gesamten lukanischen Komposition faßbar, besser gesagt »hörbar«, denn Christsein ist eine hörende Existenz, wobei nicht irgendwelche, sondern explizit diese Worte (τοὺς λόγους τούτους) empfangen werden sollen, die zur Anamnese gehören und die Christologie und, innerhalb der Christologie, die Leidensgeschichte behandeln.

Für die Streichung von Tod und Auferstehung ist vielleicht das Unverständnis der Jünger in V 45 der wichtigste Grund: In ihrer lukanischen Form bleibt Jesu Prophetie (9,44b) rätselhafter als die erste Leidensankündigung (9,22). Der geheimnisvolle Menschensohn, heißt es hier, wird oder soll in die Hände der Menschen ausgeliefert werden[33]. Welcher Menschen? Weshalb die Auslieferung? Was für eine Passion ist gemeint?

Das Unbehagen der Jünger über dieses Wort[34] wird von Lukas absichtlich betont. Sie verstehen es nicht nur nicht (ἠγνόουν), seine Bedeutung bleibt ihnen zudem verborgen[35]. Als ob dies noch nicht genügte, fügt Lukas außerdem hinzu: »so daß sie es nicht begriffen«. Hinter der verschlüsselten Bedeutung dieses Logions steht einerseits der prädestinierende Gott (finales ἵνα), andererseits aber auch der Mensch in seiner Blindheit gegenüber der Heilsgeschichte (konsekutives ἵνα)[36]. Wenn die Wahrheit so erschreckend klingt, ist

45

---

[32] Zu θαυμάζω vgl. Gamba, G., Senso 236: Grundbedeutung ist »staunen«, »in Verwunderung vor einem θαῦμα stehen«, d.h. vor etwas Sichtbarem; in übertragener Bedeutung: »sich wundern«, »bewundern« (zustimmend, nur selten in abschätzigem Sinn).

[33] Die Literatur zu παραδίδωμι ist unüberschaubar. Nach Hooker, M.D., Jesus 92–95 kommt das Verb in der Septuaginta ungefähr 250mal vor und bezeichnet beinahe immer ein Tun Gottes (nur 20mal ein menschliches Tun). Die Autorin spricht hier von einem Handeln Gottes, scheidet aber jeglichen Einfluß von Jes 53,12 auf unseren Text aus; vgl. Bastin, M., Annonce 313–322.

[34] Ῥῆμα (Mk 9,32) ist traditionell und gehörte schon in den vormarkinischen Schichten zur Leidensankündigung. Der redaktionelle Beitrag des Lukas besteht in der Wiederholung des Begriffs. Redaktionell ist auch der Plural οἱ λόγοι οὗτοι (V 44a). Hooker, M.D., Jesus 95 weist darauf hin, daß man in den Leidensankündigungen oft drei Motive nebeneinander vorfindet: den Titel »Men-

schensohn« und die Themen der Notwendigkeit und des Leidens.

[35] Gebrauch und Bedeutungsschattierungen von παρακαλύπτω wären eine genauere Untersuchung wert. Nach Marshall 394 ist παρακαλύπτω mit ἀπό ein Hebraismus. Zu ἀγνοέω vgl. Gamba, G., Senso 255–257: Wie Paulus (1Kor 1,30; 2,6–9) sei Lukas der Ansicht, die Menschen hätten das Mysterium trotz des Offenbarungswillens Jesu und Gottes nicht erkennen können, bevor es endgültig verwirklicht wurde (Gamba faßt demnach ἵνα konsekutiv und nicht final). Dasselbe Unverständnis der Jünger begegnet in Lk 18,34.

[36] Nach Godet 616 erklärt der durch ἵνα eingeführte Satz, daß Gott in seiner Vorsehung diese Blindheit zuläßt. Zu ἵνα vgl. Gamba, G., Senso 255–257 (vgl. oben Anm. 35). Loisy 280 bemerkt, daß die Verstocktheit der Jünger zwar kennzeichnend für Markus, nicht aber für Lukas ist. Bei Lukas drängt sich eine Erklärung auf, und der Evangelist gibt sie auch: Gott hat es gewollt.

es verständlich, daß die Interessierten aus Angst nicht zu fragen wagen. Im Kontrast zur Begeisterung des Anfangs (9,43b) gibt es am Schluß nur noch Unverständnis (9,45); dazwischen (9,44) steht die rätselhafte Aussage über die Auslieferung des Menschensohnes. Ist das nicht das Verhältnis des ersten (1,5–9,50) zum zweiten Teil (9,51–19,27) des Evangeliums, ein Verhältnis, das man in der Verklärung schon spürte (9,28–36)?

Die wahre Größe (9,46–48)

46 Διαλογισμός[37] ist eher als Diskussion denn als Streit zu verstehen. In diesem Sinn ist das Wort bei Lukas gewöhnlich negativ gefärbt und die Sache in die Herzen verlegt. Wie der Teufel von außen auf Menschen einwirkt (vgl. 22,3), tritt auch hier die Auseinandersetzung gleichsam als eine objektive, fast personalisierte Größe von außen an die Jünger heran (εἰσῆλθεν). Es ist ein unausweichliches Geschehen, aber gleichzeitig auch eine innere Angelegenheit, weil es die Menschen nicht ohne ihre Mitverantwortung beherrscht.

Der Inhalt der Diskussion ist in einem gepflegten Nebensatz (mit einem zur neutestamentlichen Zeit selten gewordenen Optativ[38]) zusammengefaßt: Es geht darum, wer der größte[39] sei unter den Jüngern[40], nicht um die Frage, wer größer sei als die Jünger, wie die endgültige Antwort in V 48b bestätigt.

47 V 47 bringt den Lesern zweierlei zur Kenntnis. In einem Partizipialsatz betont der Verfasser zunächst, daß Jesus – wie Gott selbst[41] – die Herzen sondiert[42]; dann fügt er Jesu symbolische Geste in zwei Phasen an: Jesus nimmt[43] ein Kind[44] und stellt es an seine Seite. Wie der Unterschied zu Markus zeigt, hat

---

[37] Zu διαλογισμός vgl. oben 148 und 245. Einige Autoren wie Légasse, S., Jésus 28 und Weber, H.R., Jesus 45 sind der Ansicht, es handle sich bei diesem Dialog um eine innerliche Angelegenheit eines jeden einzelnen, daß Jesus ihre Gedanken erkennt, erscheint so noch wunderbarer. Ich glaube jedoch eher, daß bei Lukas eine gewisse Spannung zwischen V 46 und V 47a besteht: Da der Evangelist versucht, die Leidensankündigung (VV 43b–45) und den Rangstreit (VV 46–48) eng miteinander zu verknüpfen, wird Jesus Zeuge der Auseinandersetzung. Der Effekt, den sein wunderbares Wesen hervorrufen soll, wird dadurch abgeschwächt. Zum wunderbaren Wissen um verborgene Gedanken vgl. Bieler, L., ΘΕΙΟΣ ΑΝΗΡ I 87.90. Godet 617 faßt διαλογισμός in V 46 als »Gespräch« und in V 47a als »Auseinandersetzung« auf.
[38] Vaganay, L., Discours 369f weist auf die Eleganz der Formulierung hin, mit der Lukas eine Möglichkeit in der Gegenwart ausdrückt.
[39] Zur Form: Der Komparativ steht in der Sprache jener Zeit oft an Stelle des Superlativs; vgl. Vaganay, L., Discours 369 und Bl-

Debr-Rehkopf §§ 60 und 244. Zum Inhalt: Nach Bill. I 249f stellten die Rabbinen die Frage, wer – in der kommenden Welt – der Größte sein werde.
[40] Nach Plummer 259 muß man αὐτῶν auf τίς beziehen: »Wer von ihnen ist der Größte?« Derselbe Sinn ergibt sich, wenn man αὐτῶν auf den Komparativ bezieht: »der Größte von ihnen« (und nicht, wie bei Grundmann 197, »der größer ist als sie [die Jünger]«).
[41] Gott erforscht die Herzen: 1Chr 28,9; Ps 138(139),23; Röm 8,27; Offb 2,33.
[42] Vgl. oben Anm. 37.
[43] In ἐπιλαβόμενος erkenne ich die Hand Jesu, die sich auf (ἐπί) das Kind legt. Durch diesen Akt Jesu wird, so Plummer 257 und Marshall 396, das Kind geehrt. Für Lagrange 281 ist es eine Gleichnishandlung.
[44] Παιδίον ist zwar ein Diminutiv, doch bedeutet dies nicht, daß das Kind ein Säugling ist. Zum Bild, das man sich von den Kindern machte, und welche Erziehung man ihnen angedeihen ließ, lese man die gelungenen Darstellungen bei Légasse, S., Jésus 276–287 und Weber, H.R., Jesus 65–78.

diese Nähe zu Jesus eine besondere Bedeutung, bringt sie doch eine Wahl und ein Privileg zum Ausdruck, genau wie das Christsein selbst (vgl. 10,21–22).

Ohne Wort bleibt eine symbolische Handlung jedoch mehrdeutig. Deshalb 48a fügt Jesus wie die älteren Propheten eine Interpretation hinzu. Merkwürdigerweise steht das deutende Wort zur Eingangsfrage nach der Größe in einer gewissen Spannung, weil das Kind nicht sofort nach dem erwarteten Paradox als der Erwachsene, d.h. als der »Große« vorgestellt wird. Nicht auf die »Größe« des Kindes zielt der Inhalt des Spruches V 48a, sondern auf die Empfangsbereitschaft[45]. Die Leser sehen sich also mit einer doppelten Umstellung der Worte konfrontiert: Innerhalb des Beweises, daß der Kleine (V 47) der wahre Große (V 48b) ist, kommt es zum Wechsel des Gesichtspunkts: Nicht nur dies steht zur Debatte, *wen* der Herr als den »Großen« ansieht, sondern zugleich und zuerst die Frage, *wer* Gott und seine Gesandten annimmt. Die Rechtfertigung hat also zwei Seiten: Es geht um die Annahme des Erwählten durch Gott, symbolisiert in der Annahme des Kleinen durch Jesus (V 47 und V 48b), sowie um die Annahme des Vaters (ὁ ἀποστείλας με), des Sohnes (ἐμέ) und auch des geringgeschätzten Mitmenschen durch die Glaubenden (V 48a)[46].

Die VV 46–48 lassen sich also dergestalt unterteilen:

A   Frage (V 46)
  B   Nonverbale, d.h. doppeldeutige Antwort (V 47)
  B′   Erste indirekte Antwort (V 48a)
A′   Zweite, direkte Antwort (V 48b)

Diese beiden Seiten der Rechtfertigung sind auch die beiden Gesichter des Glaubens: das passive Angenommenwerden und die aktive Diakonie[47]. Beide Strukturelemente des christlichen Wesens sind ebenso in der Dublette 22,26 belegt.

Wenn wir die Empfangsbereitschaft betrachten (V 48a), bemerken wir, daß zwischen der Ebene der geschichtlichen Existenzweise[48] und der der eschato-

---

[45] Plummer 258 bemerkt hierzu, daß nicht das Kind der wahre Jünger ist, sondern der, der ein solches Kind aufnimmt.

[46] Das Kind steht demnach für Jesus, zugleich stehen beide gemeinsam in ihrer Wenigkeit und ihrem Leiden für die Gegenwart Gottes. Nach Weber, H.R., Jesus 78–92 steht diese Aussage im Widerspruch zur antiken – auch jüdischen – Denkweise. Laut Schürmann I 576 führt sie eher eine alttestamentliche Tradition, die Gott auf der Seite der Armen stehen läßt, weiter. Légasse, S., Jésus 30 bemerkt, daß dem Kind nicht einfach, weil es Kind ist, sondern um Jesu willen Ehre gebührt. Er unterstreicht, daß die in diesem Logion implizierte Umkehr der Werte dem Handeln Gottes entspricht, der die Reichen erniedrigt und die Armen erhöht. Seines Erachtens fordert Lukas nicht, daß jeder klein werde, sondern daß auch der Kleinste in der Gemeinde geehrt werde.

[47] Vgl. Schürmann I 576: »Δέχεσθαι meint hier ein karitatives ›Annehmen‹, wohl gar ein dauerndes ›Aufnehmen‹, weil Jesus und Gott ›aufgenommen‹ sein wollen.«

[48] In der Geschichte »der Kleinste«, eschatologisch »groß«.

logischen[49] Gottesreichswirklichkeit keine Kluft besteht, sondern, wie die ähnlichen Sprüche in Lk 12,8–9 beweisen, eine enge Klammer: Gott oder Christus im Glauben anzunehmen ist die Folge des ethischen Empfangs des

48b Kleinen durch den einzelnen Gläubigen oder durch die Gemeinde. Das »Großsein«[50] wird sich nicht erst in der eschatologischen Zeit erfüllen, sondern auch schon im Jetzt[51].

Trotz ihrer Zusammengehörigkeit sind jedoch auch zwei Stufen zu unterscheiden. So ist der Täufer »groß« innerhalb der geschichtlichen Heilsökonomie (1,15) und bleibt doch der »Kleinste« nach den Kriterien des Reiches Gottes (7,28). Kirche und Reich, Mission und Heil sind zu unterscheiden, auch wenn die Verben ἐπιλαμβάνω und δέχομαι den Austauschcharakter der Liebe und der Glaubenserfahrung ausdrücken. Christus nimmt uns auf (V 47), wie auch wir ihn empfangen dürfen. Wie wäre nicht dabei der »Kleinste«[52] »groß« durch eine solche gegenseitige Anerkennung?

Der fremde Exorzist (VV 49–50)

49–50 Seiner Struktur nach gleicht der kleine Dialog[53] zwischen Johannes[54] und Jesus (9,49–50) der längeren Geschichte von Eldad und Medad in Num 11,24–30. Der Lieblingsjünger Josua fordert Mose auf, die beiden Erwählten, die bei der offiziellen Geistverleihung beim Zelt der Begegnung fehlten, an ihrem Wirken zu »hindern« (κώλυσον αὐτούς [Num 11,28 LXX]). Der Führer Israels geht aber nicht auf seine Forderung ein.

Daß die alttestamentliche Episode einen literarischen Einfluß auf Lk 9,49–50 ausgeübt hat, ist unleugbar. Sie ist zwar nicht der einzige Schlüssel dieser Verse, doch hilft sie, die Situation zu verstehen. Zuerst wird der Name Johannes verständlich. Der Zebedaide steht zum inneren Kreis der Jünger Jesu wie Josua zu Mose. Damit übt der fremde Exorzist die gleiche Funktion aus wie die Jünger (9,1). Die ihm zur Verfügung stehende göttliche Kraft wird nicht zu einem extravaganten Zweck ausgeübt. Wie Eldad und Medad ist er gleichzeitig in und doch out: out, indem er außerhalb der Gruppe um Jesus

---

[49] Diesen eschatologischen Aspekt hat vor allem Matthäus erkannt, der die Frage der Jünger in diesen Rahmen stellt, indem er präzisiert: »Wer ist der Größte *im Himmelreich?*« (Mt 18,1).

[50] Diese Größe drückt sich beim Christen im Dienst aus, wie Lk 22,26 zeigt.

[51] »In meinem Namen«: Der Ausdruck, der schon in der Vorlage des Lukas, in Mk 9,37, erscheint, ist im dritten Evangelium häufig anzutreffen (vgl. die Liste bei Plummer 258). Grammatikalisch verbinde ich ihn – wie Godet 618 – mit »aufnehmen« und nicht mit »dieses Kind«.

[52] Im gegebenen Zusammenhang (ἐν πᾶσιν ὑμῖν) muß der Komparativ ὁ μικρότερος superlativische Bedeutung haben. Daß Lukas »groß« und nicht »der Größte« sagt, heben Godet 618f und Plummer 258 hervor, die beide moralisieren: Jesus will die Jünger vor der Sünde des Stolzes bewahren.

[53] Nach Plummer 257f stellen Lk 9,46–48 und 49–50 zwei Beispiele der Demut dar; das zweite bezeichnet die Demut der Toleranz. Nach Schürmann I 574 behandelt Lk 9,46–48 ein innergemeindliches Problem, Lk 9,49–50 ein Problem mit der Außenwelt.

[54] Godet 616–620 formuliert: ein »außer Rand und Band geratener« Johannes (wie in V 46 die Jünger).

steht[55], in, indem er die christologische Wurzel der göttlichen Kraft kennt (ἐν
τῷ ὀνόματί σου). M.E. ist der fremde Exorzist ein Außenseiter und kein Usur-
pator (im Unterschied zu den Skevassöhnen [Apg 19,13–17]). Hinter der nach
dem alttestamentlichen Muster gespalteten Episode steckt die Tatsache des
konfessionellen Pluralismus im Urchristentum[56]. Die spontane Reaktion
Jesu, die der Antwort Moses gleich ist (μὴ κωλύετε), löst ein brennendes Problem: die Anerkennung der konkurrierenden Missionswerke.

Im Text werden freilich nicht die Details solcher Anerkennung diskutiert. Die
prinzipielle und zugleich positive Antwort Jesu ist ausreichend. Man muß die
christliche Mission der anderen Gruppen nicht sabotieren. Das hat mit der
Thematik der Größe zu tun, weil die Arbeit des Missionars »groß« ist, nicht in
seiner Einzigartigkeit, sondern in seiner adaequatio ad rem. Deshalb gibt es
keinen »Größten«, sondern nur Christen, die, solange sie wahre Christen
sind, »groß« sind. Die Größe des fremden Exorzisten wirft keinen Schatten
auf den gewöhnlichen, auch als »groß« geltenden Missionar. Den Fremden zu
hindern würde bedeuten, für die Gruppe, d.h. für die Kirche zu arbeiten, nicht
jedoch für die Sache, d.h. für den Herrn.

Deshalb hat in dieser Situation der Weisheitsspruch seine Wahrheit. »Wer
nicht gegen euch ist, ist für euch«[57]. Natürlich gilt für den fremden Exorzisten,
d.h. für die konkurrierende Gruppe, die gleiche Regel wie für die nächsten
Jünger Jesu: Die Missionsarbeit (hier die Austreibungen) soll dem Lob Gottes
und nicht dem eigenen Ruhm dienen. Nur so ist der Fremde nicht »gegen
euch«. Aber wenn das so ist, ist er für uns, d.h. für die Mission und das Heil der
Menschheit. Eine weitere Beobachtung ist in diesem Zusammenhang wichtig: Die Kraft des Namens Jesu, die mit der Freiheit des heiligen Geistes

---

[55] Zum Verb ἀκολουθέω bei Lukas vgl.
oben S. 258f. Die Reise nach Jerusalem, ans
Kreuz, wird bald beginnen. Auch die Jünger
sind in der Nachfolge, im Dienst, sie leiden
und sind klein wie ihr Meister. Das Verb
»nachfolgen« verknüpft das Vorausgegan-
gene (Jüngersein [Lk 9,43b–50]) mit dem Folgenden, wo sowohl Außenstehende (Lk 9,51–
56) – die man ebensowenig wie den fremden
Exorzisten verstoßen darf – als auch Jünger
(Lk 9,57–62) zur Nachfolge aufgerufen werden.
[56] Man beachte das Evangelienfragment
des POxy 1224, fol. 2ʳ, col. 1 (S. 176), zitiert
oben S. 315 Anm. 29.
[57] Seit dem 17. Jahrhundert (vgl. Fridrichsen, A., Wer 273 Anm. 1 und 280 Anm. 2)
wird auf eine lateinische Parallele (sowohl zu
Lk 9,50 als auch zu Lk 11,23), auf die Verteidi-
gungsrede Ciceros (46 v.Chr.) für den exilier-

ten Pompejusanhänger Q. Ligarius, hingewiesen (Lig 33): »Valeat tua vox illa, quae vi-
cit. Te enim dicere audiebamus nos omnes ad-
versarios putare, nisi qui nobiscum essent; te
omnes, qui contra te non essent, tuos. (Dein
Wort, das zum Sieg geführt hat, möge sich erfüllen! Haben wir doch vernommen, du hät-
test gesagt, wir hielten alle für Feinde, die
nicht mit uns waren, während du alle, die
nicht gegen dich waren, als die Deinen be-
trachtetest.)« Nestle, W., Wer folgert aus diesem außerchristlichen Paralleltext, daß der
Spruch nicht von Jesus stammt, sondern ihm
in den Mund gelegt worden sei. Fridrichsen,
A., Wer widerspricht Nestle: Eine außer-
christliche Parallele schließt die Authentizität
des Wortes nicht a priori aus. Es wird sich um
einen verbreiteten Weisheitsspruch gehandelt haben, den Jesus aufgenommen und auf
seine Weise angewandt hat.

gleichzusetzen ist, wirkt zwar innerhalb der Institution, steht aber nicht ausschließlich den Amtsträgern zur Verfügung[58].

Zusammen-
fassung

Trotz der formalen Unterschiede und der bunten Breite der verschiedenen Themen herrscht in Lk 9,43b–50 eine imponierende Kohärenz: Wie lebt eine Kirchenleitung mit der Doppelbotschaft von Erfolg und Leiden (VV 43b–45)? Welches ist die wahre Größe der Amtsträger und allgemeiner jedes Gläubigen (VV 46–48)? Wie ist die oft vorliegende Konkurrenz in Kooperation umzuwandeln (VV 49–50)?[59]

---

[58] Godet 621 macht zwei wichtige Bemerkungen: Jesus wendet sich hier gegen das Monopol der Jünger und gegen die einschränkende Determinierung der göttlichen Kraft. Mit Recht weist Schürmann I 578f darauf hin, daß in den VV 49–50 eine ekklesiologische Frage erörtert und als Antwort bekräftigt wird, die Gnade Jesu sei auch außerhalb des Jüngerkreises wirksam.

[59] M.E. sind Lk 9,50 und Lk 11,23 zwei Versionen desselben Originals; Lk 9,50 stammt aus Markus, Lk 11,23 aus Q (Mt 12,30 hat nur diese Fassung bewahrt). Lukas überwindet den scheinbaren Widerspruch zwischen den beiden Aussagen, indem er sich in 9,50 an die wohlgesinnten Außenstehenden wendet und in 11,23 an die Lauen (aus dem inneren Kreis, wie Marshall 399 meint?), die sich nicht entscheiden wollen. Wohl wegen des Verbes κακολογῆσαι, das man in Mk 9,39 findet, einem Logion, das Lukas wegläßt, nehmen Wilhelms, E., Exorzist 166 und Schürmann I 799 an, der Spruch Lk 9,50 setze eine Verfolgungssituation voraus.